BIBLIOTHÈQUE DES ÉCOLES FRANÇAISES D'ATHÈNES & DE ROME

PUBLIÉE

SOUS LES AUSPICES DU MINISTÈRE DE L'INSTRUCTION PUBLIQUE

2ᵉ SÉRIE.

VII, I.

LES

REGISTRES D'HONORIUS IV

RECUEIL DES BULLES DE CE PAPE

PUBLIÉES OU ANALYSÉES

D'APRÈS LE MANUSCRIT ORIGINAL DES ARCHIVES DU VATICAN

PAR

M. MAURICE PROU

Ancien membre de l'École française de Rome, ancien élève de l'École des Chartes, élève diplômé de l'École des Hautes Études.

PREMIER FASCICULE

Feuilles 1 à 16 (Colonnes 1 à 256).

PARIS

ERNEST THORIN, ÉDITEUR

LIBRAIRE DES ÉCOLES FRANÇAISES D'ATHÈNES ET DE ROME, DU COLLÈGE DE FRANCE
ET DE L'ÉCOLE NORMALE SUPÉRIEURE

Rue de Médicis, 7.

JUILLET 1886

BIBLIOTHÈQUE

DES

ÉCOLES FRANCAISES D'ATHÈNES ET DE ROME

2e SÉRIE

LES

REGISTRES D'HONORIUS IV

PUBLIÉS PAR

MAURICE PROU

IMPRIMERIE GÉNÉRALE DE CHATILLON-SUR-SEINE. — A. PICHAT.

LES REGISTRES
D'HONORIUS IV

PUBLIÉS

D'APRÈS LE MANUSCRIT DES ARCHIVES DU VATICAN

PAR

MAURICE PROU

ANCIEN MEMBRE DE L'ÉCOLE FRANÇAISE DE ROME

PARIS

ERNEST THORIN, ÉDITEUR

LIBRAIRE DU COLLÈGE DE FRANCE, DE L'ÉCOLE NORMALE SUPÉRIEURE,
DES ÉCOLES FRANÇAISES D'ATHÈNES ET DE ROME
DE LA SOCIÉTÉ DES ÉTUDES HISTORIQUES

7, RUE DE MÉDICIS, 7

——

1888

A LA MÉMOIRE

DE

MA MÈRE

AVANT-PROPOS

Les *Registres d'Honorius IV* sont, comme les autres registres pontificaux déjà publiés par l'Ecole française de Rome, un témoignage de la haute protection accordée aux études historiques par Sa Sainteté Léon XIII, qui a si libéralement ouvert aux érudits les magnifiques archives du Vatican.

Avant d'exposer le résultat des recherches que j'ai faites dans cet incomparable dépot, j'ai à cœur de remercier les savants qui pendant mon séjour à Rome ont bien voulu me soutenir et me diriger dans l'accomplissement de mon travail. Je prie Son Eminence le cardinal Pitra, cardinal bibliothécaire de l'Eglise Romaine, Son Eminence le cardinal Hergenroether, cardinal archiviste de l'Eglise Romaine, et M. Edmond Le Blant, membre de l'Institut, directeur de l'Ecole française, d'agréer l'expression de ma profonde reconnaissance.

C'est un devoir pour moi de rappeler la bienveillance avec laquelle m'ont accueilli Mgr Ciccolini, préfet de la bibliothèque du Vatican, et le R. P. Denifle, archiviste, et les services continuels que ces savants m'ont rendus avec une si grande obligeance pendant le temps que j'ai travaillé dans les dépôts confiés à leur garde. J'adresse aus' mes remerciements à mes confrères et amis, MM. Digard et Grandjean, qui ont voulu relire les épreuves de l'*introduction* ainsi qu'à MM. Auvray, Fabre et Langlois, membres de l'Ecole française, que j'ai toujours trouvés prêts à vérifier sur les registres du Vatican celles de mes lectures dont l'exactitude me laissait des doutes. Je ne saurais non plus oublier l'empressement avec lequel mon confrère et ami, M. Georg-Guigue, archiviste de la ville de Lyon, a recherché dans les archives départementales du Rhône les bulles originales d'Honorius IV.

INTRODUCTION

CHAPITRE PREMIER.

LES REGISTRES D'HONORIUS IV [1].

L'inventaire des registres pontificaux rédigé en 1339 et récemment publié par le Père H. Denifle [2] mentionne les registres d'Honorius IV. Ils étaient alors divisés en trois volumes couverts de parchemin, le premier contenant les lettres de la première année du pontificat, le second les lettres de la seconde année, le troisième les lettres expédiées par la Chambre apostolique sous Honorius IV et pendant la vacance qui suivit sa mort. Dans le catalogue de la bibliothèque d'Urbain V dressé à Avignon en mai 1369, figurent quatre livres de parchemin contenant les registres des lettres d'Honorius IV [3]. Ce renseignement n'est pas, comme il semble tout d'abord, en contradiction avec celui qui précède. En effet il indique seulement que le registre caméral,

---

1. La mention *Reg.* employée dans les notes de cette introduction indique la publication des *Registres d'Honorius IV* et le chiffre qui la suit représente le numéro d'ordre attaché à chaque pièce.

2. H. Denifle, *Inventar der päpstlichen Regesten vom J. 1339*, dans *Archiv für litteratur-und Kirchengeschichte des Mittelalters*, 2e vol. L'indication des registres d'Honorius IV se trouve à la page 92 : « Registra domini Honorii pape IIII. Et primo, quoddam volumen dicti domini Honorii primi anni, copertum de carta pecudis veteri, quod incipit in secundo folio *in* et finit *benedictionem*, et in penultimo incipit *dudum* et finit *supra*. Item, aliud volumen predicti domini pape anni secundi, copertum de consimili carta, quod incipit in secundo folio *quam* et finit *t.*, et in penultimo incipit *quam* et finit *benigne*. Item, fuit repositus in dicto fardello unus liber parvus copertus de consimili carta intitulatus exterius ut sequitur : littere que transiverunt per Cameram tempore domini Honorii pape IIII et vacationis etc. »

3. « Item, quatuor libri de pergameno, literarum domini Honorii pape quarti regestra continentes. » (Faucon, *La librairie des papes d'Avignon*, t. I, p. 259, no 2077.)

HONORIUS.   *b*

mentionné par l'inventaire de 1339, n'était plus en 1369 à côté des deux autres registres d'Honorius IV. Quant aux quatre livres de l'inventaire de 1369, ils doivent être identifiés avec les deux premiers volumes de l'inventaire de 1339. Seulement le mode de reliure n'est pas le même. Il est évident que le premier volume mentionné en 1339 contenait les deux registres de la première année d'Honorius IV, c'est-à-dire le registre des lettres communes et celui des lettres curiales; le second volume contenait de la même façon les deux registres de la seconde année. Au contraire en 1369 chacun de ces quatre registres formait un volume. Mais plus tard, sous Sixte IV, les deux registres de chaque année étaient reliés ensemble, de façon à ne plus former que deux volumes, comme en témoignent les inventaires publiés par MM. Müntz et Fabre [1]. Enfin ces deux volumes furent réunis en un seul. C'est celui qui est conservé aujourd'hui dans les Archives du Vatican sous le numéro 43. La reliure est aux armes d'Innocent XII.

Ce volume comprend 211 feuillets de parchemin numérotés, plus deux feuillets de garde non numérotés placés en tête et un dernier feuillet collé sur le plat intérieur de la couverture. Ces feuillets sont groupés par cahiers de dix [2]; mais entre le douzième et le treizième cahier on a intercalé deux feuillets numérotés 121 et 122. Ces feuilles de parchemin mesurent 383 millimètres de hauteur sur une largeur de 293 millimètres. Le registre des lettres communes de la première année s'étend jusqu'au fol. 120, mais le verso du fol. 118, le fol. 119 et le recto du fol. 120 sont blancs. Au verso du fol. 120, on a écrit la table des lettres curiales de la première année qui occupent les fol. 121 à 130 r°. Les fol. 130 v°, 131 et 132 ont été laissés en blanc. Le registre de la deuxième année commence au fol. 133 et finit au verso du fol. 201. Le recto du fol. 202 est resté blanc; mais au verso sont analysées quelques-unes des lettres curiales de la seconde année. Enfin au fol. 203 commence le registre de ces lettres qui finit au fol. 210.

Nous ne parlerons pas du mode de transcription des bulles dans les registres d'Honorius IV; car il ne diffère pas de celui qui a été suivi pour tous les autres registres du xiiie siècle [3]. Nous ne pourrions que répéter ce qu'a si bien dit à ce sujet M. Elie Berger dans la préface du tome premier des *Registres d'Innocent IV*. Aussi bien, les nombreuses et remarquables études dont les registres pontificaux du xiiie siècle ont été l'objet en France, en Allemagne et en Italie sont la justification de notre silence. Les registres d'Honorius IV apportent toutefois un éclaircisse-

---

1. Inventaire de la Bibliothèque du Vatican, rédigé sous Sixte IV : « Registrum Honorii IIII. Ex membranis. Registrum Honorii IIII. Ex membranis. » (Müntz et Fabre, *La Bibliothèque du Vatican au XVe siècle*, p. 200.) — Autre inventaire rédigé sous le même pape : « Registrum Honorii quarti, pontificatus sui anno primo. Ex memb. in charta (in viridi. B.). Registrum Honorii quarti, pontificatus sui anno secundo. Ex membr. in charta (in viridi. B.) Vidi. Drago. » (*Ibidem*, p. 255.)

2. On lit au fol. 111 cette remarque marginale : « usque hic sunt XI quaterni et quolibet quaterno X folia. » Cette note a été écrite soit par un des copistes qui au XIVe siècle ont transcrit les registres du XIIIe siècle, soit par la personne chargée de surveiller ce travail et d'assigner aux scribes leur salaire.

3. Des fac-similé photographiques du fol. 5 r° et du fol. 199 v° du registre d'Honorius IV conservé aux Archives du Vatican sous le n° 43 ont été donnés dans l'ouvrage intitulé *Specimina palæographica regestorum Romanorum pontificum ab Innocentio III ad Urbanum V*, Rome, 1888, in-fol., tab. XXXVIII et XXXIX.

ment nouveau sur la façon dont on procédait à l'enregistrement des bulles dans la chancellerie pontificale. Au fol. 199 v°, on lit en marge, écrite de la main du rubricateur, en face d'une bulle adressée à l'archevêque de Gran, la note suivante : *Ista littera, postquam fuit bullata et regestrata, fuit remissa domino et postea mutata, sed nondum remissa ad regestrum.* C'est bien là, comme l'a déjà remarqué le Père Denifle [1], la preuve que les bulles étaient souvent enregistrées, non d'après les minutes, mais d'après les originaux, et aussi que le registre d'Honorius IV a été écrit à l'époque même où les bulles étaient expédiées.

L'inventaire de 1339 mentionne le registre caméral d'Honorius IV. Ce volume n'existe plus aux Archives du Vatican. Mais le P. H. Denifle a pensé en retrouver un fragment dans le manuscrit latin 4038 B de la Bibliothèque Nationale à Paris [2]. Les fol. 235 à 238 constituent en effet un cahier où sont transcrites des bulles d'Honorius IV dont une seule se trouve déjà dans le registre du Vatican. Nous avions d'abord adopté l'opinion du Père Denifle, et on trouvera plus loin le fragment, dont il est ici question, publié sous le titre de *Registre caméral.* C'est là une erreur. En effet, d'abord ce fragment ne contient aucune bulle qui soit relative à des affaires camérales. Je ne connais qu'une bulle d'Honorius IV dont l'expédition originale porte au dos la mention de l'enregistrement à la Chambre; c'est celle qui est indiquée ici sous le n° 973 et dont l'original est conservé à Londres au *Record Office* sous la cote *Papal bulls, bundle* 19, *n°* 9. Sur le repli supérieur on lit : *R[egistrata] in regesto Camere per magistrum Jacobum de Viterbio.* Or cette bulle traite d'une matière financière ; il y est question de la levée de la décime en Angleterre, en Irlande et en Ecosse [3]. Ce qui prouve encore que la Chambre apostolique insérait dans ses registres seulement les bulles relatives aux affaires qui étaient de son ressort, c'est la nature des bulles contenues dans le registre caméral de Nicolas IV, conservé à la Bibliothèque Nationale de Paris [4], et qui toutes se rapportent soit à la levée des décimes, soit à la perception des revenus du Saint-Siège, soit à l'administration du temporel. Il devait en être de même du registre caméral d'Honorius IV. En second lieu, l'inventaire de 1339 qualifie le registre caméral d'Honorius IV de *petit* : « unus liber parvus. » Or les feuillets du manuscrit de Paris mesurent 360 millimètres de hauteur sur 275 millimètres de largeur, c'est-à-dire qu'ils proviennent d'un livre qui avait à peu près le même format que les registres conservés au Vatican et qui dans l'inventaire de 1339 n'ont reçu aucune épithète. Mais nous savons

1. Voyez *Specimina palæographica regestorum Romanorum pontificum,* p. 40. On trouvera à la planche XXXIX de cet ouvrage le fac-simile du fol. 199 v° du registre d'Honorius IV.
2. Voyez plus haut la note 2 de la page IX. — Ce fragment a été signalé par J. Garampi dans une note manuscrite insérée en tête du registre n° 43 des Archives du Vatican. — On trouvera le fac-simile photographique de la partie inférieure du fol. 235 v° dans *Specimina palæographica,* tab. XL.
3. Voyez l'analyse de cette bulle dans la présente *introduction,* plus loin.
4. Bibl. Nat., *ms. lat.* 4047.

ce que le rédacteur de cet inventaire entendait par un *petit livre*. Enumérant les registres de Nicolas IV, il dit : « Item, fuit repositus quidam *liber parvus* dicti domini Nicolay pape copertus de simili carta, intitulatus exterius ut sequitur : littere que transiverunt per Cameram tempore domini Nicolay pape IIII ». Il s'agit bien d'un volume analogue à celui que nous recherchons ; il contient les mêmes matières, il est du même format. Or ce livre existe; c'est le registre caméral de Nicolas IV que nous avons mentionné plus haut; il est petit par rapport aux autres registres de la chancellerie pontificale; sa hauteur est de 315 millimètres, sa largeur de 238 millimètres. Le registre caméral d'Honorius IV devait être semblable; les feuillets du manuscrit latin 4038 [B] de Paris n'en sont donc pas un fragment. Il nous a été impossible de déterminer la nature du volume dont ils faisaient partie. Ce n'était pas un registre de lettres closes; car nous connaissons les expéditions originales des bulles n°s 818 et 819 qui y sont transcrites; elles n'ont pas le caractère de lettres closes ; il n'y a pas d'adresse au dos, pas d'entailles [1].

La mention de l'enregistrement figure au dos d'un grand nombre d'expéditions originales dont les registres pontificaux contiennent la copie. Cette mention consiste en un grand R tracé au dos de la bulle et à l'intérieur duquel on a écrit les abréviations des mots *scriptum* et *capitulo*, puis à côté, le numéro du chapitre du registre; formule qui, comme l'a établi le P. Denifle, doit être lue *scriptum in regesto capitulo tali* [2]. Ainsi, au dos de l'original de la bulle qui dans la présente publication porte le n° 394 et qui est conservé aux Archives Nationales de Paris sous la cote L 272, n° 23 *bis*, on lit la formule *scriptum in regesto capitulo CCCLXXXX*, et de fait, c'est bien sous le n° 390 que cette lettre a été transcrite dans le registre de la première année du pontificat d'Honorius IV. La mention de l'enregistrement ne se rencontre pas au dos de tous les actes enregistrés; car quand on faisait un *duplicata* de l'expédition, on n'inscrivait la mention que sur l'un des deux exemplaires, sur celui qui était à proprement parler l'original [3]. Ainsi la bulle n° 389 du registre du Vatican (n° 393 de notre publication) est conservée en double expédition aux Archives Nationales (J 714, 305 [9 a] et 305 [9 b]), et la mention d'enregistrement se trouve seulement sur l'une des deux expéditions.

Au dos des expéditions originales figurent généralement l'indication des destinataires et celle des mandataires ou procureurs des personnes qui avaient sollicité la bulle.

1. Ces bulles sont conservées au *Record Office, Papal bulls*, bundle 18, n° 15, et *bundle* 19, n° 2. Mon confrère et ami, M. Bougenot, a bien voulu les examiner; c'est à lui que je dois aussi l'indication de la bulle du *Record office*, qui porte l'intéressante mention de l'enregistrement à la Chambre.

2. Voyez P. Heinrich Denifle, *Zum päpstlichen Urkunden und Regestenwesen des 13 und 14 Jhs.* dans *Archiv für Litteratur-und Kirchen-Geschichte des Mittelalters*, vol. 3 (1887), p. 631 à 633.

3. P. H. Denifle, *Ibidem*, p. 633.

Mais il s'en faut qu'on ait pu donner l'explication de toutes les notes de chancellerie écrites sur les lettres pontificales.

Au recto on remarque souvent dans un des angles supérieurs un trait vertical légèrement incliné vers le bas, placé entre deux points. Sur l'original[1] de la bulle qui porte dans la présente publication le n° 51, on lit à la suite de ce signe l'abréviation *dupl.*

Les points, les traits, les chiffres romains et les signes divers tracés dans la marge inférieure, à gauche, sous le repli, indiquent les frais de chancellerie; mais on n'en a pas jusqu'ici donné une interprétation complète. Enfin, on considère comme des noms de scribes les noms propres abrégés qui sont écrits sur le repli inférieur à droite.

On a respecté dans la présente publication l'ordre où sont transcrites dans les registres les bulles d'Honorius IV. Tout ce qui est imprimé en caractères ordinaires et placé entre guillemets est la reproduction exacte du texte du registre; les passages supprimés sont remplacés par des traits. Les caractères plus petits indiquent des analyses qui nous sont personnelles, mais où nous nous sommes efforcé de conserver les expressions mêmes de la chancellerie pontificale. Il était en effet inutile de reproduire *in extenso* les bulles dont un bon texte avait été donné ailleurs ou qui n'ont d'autre intérêt que de fournir des noms propres.

Enfin on trouvera dans l'*appendice* un certain nombre de bulles d'Honorius IV qui n'ont pas été enregistrées et qui nous sont parvenues en expéditions originales; pour la plupart, je les ai empruntées à l'ouvrage de Potthast; mais il en est quelques-unes que j'ai retrouvées dans les archives de France ou d'Italie.

---

1. Cet original est conservé à la Bibliothèque de Sens (Archives départementales), sous la cote G 135, n° 3.

CHAPITRE II.

HONORIUS IV ET SA FAMILLE.

Le pape Martin IV mourut à Pérouse le 29 mars 1285 [1]. Le 1er avril le sacré collège se réunit [2] et le lendemain, 2 avril, Jacques Savelli, cardinal-diacre de Sainte-Marie *in Cosmedin*, fut élu pape à l'unanimité des voix [3].

La famille Savelli, à laquelle appartenait le nouveau pape, était une des plus considérables parmi les familles romaines [4]. L'église lui avait déjà demandé un pontife, Honorius III. C'est sans doute par respect pour la mémoire de celui-ci que Jacques Savelli, son neveu, prit, comme pape, le nom d'Honorius IV. Le père du nouveau pontife, Luca Savelli, avait été à deux reprises sénateur de Rome, une première fois en 1234, et une seconde fois en 1266, année de sa mort [5]. Sa mère, Jeanne Aldobrandesca, était de la famille des comtes de Santa-Fiora [6]. Enfin, au moment même où Jacques fut élevé au pontificat, son frère, Pandolfo Savelli, partageait la dignité sénatoriale avec Anibaldo di Pietro Anibaldi [7]. Une première fois investi de cette magistrature en 1279 par Nicolas III [8], il s'était fait remarquer par la fermeté et la justice [9] de

1. Les chroniqueurs ne s'accordent pas sur la date de la mort de Martin IV. Mais il n'est pas douteux que leurs opinions ne doivent s'effacer devant le renseignement précis fourni par la bulle d'Honorius IV, n° 472 : « Nuper siquidem quarto kal. Aprilis felicis recordationis Martino papa, predecessore nostro,... per naturalis mortis occasum de nequam seculi hujus angustiis liberato. » Voyez encore la bulle n° 828.

2. *Registres d'Honorius IV*, n° 472.

3. *Reg.*, 472 et 828.

4. Voyez sur la famille Savelli l'œuvre manuscrite d'Onofrio Panvinio intitulée *De gente Sabella liber*, à la Bibliothèque de la Minerve à Rome, manuscrit coté DIII, 35; Ratti, *Della famiglia Sforza*, t. II, p. 297 ; Litta, *Le famiglie celebri Italiane*, vol. X.

5. Vitale, *Storia diplomatica de' senatori di Roma*, t. I, p. 93 et 94.

6. Ratti, *Della famiglia Sforza*, t. II, p. 300.

7. Vitale, *ouvrage cité*, t. I, p. 193; Gregorovius, *Geschichte der Stadt Rom im Mittelalter*, Stuttgard, 1878, t. V, p. 476; Pflugk-Harttung, *Iter italicum*, 2e partie, p. 619.

8. Vitale, *ouvrage cité*, t. I, pp. 179 et 180.

9. Ptolemæi Lucensis, *Historia eccles.*, l. XXIV, c. XIII, dans Muratori, *Rerum ital. scriptores*, t. XI, col. 1191.

son administration. Les Savelli avaient embrassé le parti guelfe, et les deux frères d'Honorius IV, Jean, mort avant le 24 février 1279 [1], et Pandolfo, le sénateur, avaient combattu à Tagliacozzo sous les étendards de Charles d'Anjou [2]. Ce prince reconnut leurs services en faisant rétablir aux frais des partisans d'Henri de Castille leurs maisons et leurs tours dont celui-ci avait ordonné la démolition [3]. On ne sera donc pas surpris de l'ardeur avec laquelle Honorius IV défendit la cause des héritiers de Charles d'Anjou. Que les cardinaux, sans qu'aucune pression ait été exercée sur eux, aient élevé à la dignité pontificale un partisan des princes français de la maison d'Anjou, cela ne doit pas étonner si l'on songe qu'à l'époque même où l'élection avait lieu, le roi de France, Philippe III, prenait les armes pour défendre les droits de l'église romaine. D'autre part, le conclave donnait au peuple romain, peu favorable à la dynastie angevine, un témoignage suffisant de déférence en choisissant pour l'établir sur le siège de saint Pierre un membre de la noblesse romaine. Il importait sans doute assez peu aux habitants de Rome que leur évêque fût gibelin ou guelfe pourvu qu'il n'introduisît pas les princes angevins dans le gouvernement intérieur de la cité.

On sait peu de choses de la vie de Jacques Savelli antérieurement à son élévation au trône pontifical. Il avait étudié pendant plusieurs années à l'Université de Paris [4]. Il fut pourvu d'une prébende et d'un canonicat dans l'église de Châlons-sur-Marne [5]. Il avait été aussi investi du rectorat de l'église de Berton au diocèse de Norwich [6]. En 1261, Urbain IV le créa cardinal-diacre de Sainte-Marie *in Cosmedin* [7]. Il fut un des quatre cardinaux que le pape Clément IV envoya à Rome en mai 1265 pour recevoir du roi de Sicile le serment d'obéissance à l'église romaine [8]. On le voit en 1271 au nombre des six cardinaux à qui le conclave confia le choix du successeur de Grégoire X [9]. Une mission lui fut confiée par Adrien V en 1276; ce pape le députa à Viterbe, en compagnie de l'évêque de la Sabine et de Jean Orsini, cardinal-diacre de Saint-Nicolas *in Carcere*, devenu pape sous le nom de Nicolas III, pour apaiser la querelle soulevée entre Charles d'Anjou et Rodolphe, roi des Romains, qui préparait une expédition en Italie [10].

Les biens du cardinal Jacques Savelli étaient considérables; le testament qu'il rédigea le

1. Le 24 février 1279 est la date du testament d'Honorius IV, où est mentionné feu Jean Savelli. *Reg.*, 823
2. Gregorovius, *Geschichte der Stadt Rom etc.*, t. V, p. 479.
3. Mandement de Charles d'Anjou à son vicaire à Rome, en date du 11 avril 1274, dans Minieri-Riccio, *Saggio di codice diplomatico*, t. I, p. 78. n° LXXXIII.
4. *Reg.*, 267.
5. *Reg.*, 19.
6. *Reg.*, 422.
7. Voyez Raynaldi, *Annales eccles.*, a. 1261, § XXIII, et a. 1262, § LII.
8. Lettres de Clément IV, n°s LVII, LX et LXII dans Martène, *Thesaurus novus anecdotorum*, t. II, col. 130, 132 et 134.
9. Raynaldi, *Annales eccles.*, a. 1271, § VIII.
10. Raynaldi, *Annales eccles.*, a. 1276, § XXVI; Saint-Priest, *Histoire de la conquête de Naples*, t. III, p. 287.

24 février 1279 nous en a conservé la liste [1]. A Rome, il possédait des maisons et des tours depuis l'église Sainte-Marie *de Gradellis* jusqu'à la Marmorata, d'autres dans la Marmorata et sur le mont Aventin, d'autres encore dans la région de la Ripa [2] et sur le mont *de Sasso* [3]. Il possédait aussi Albano et Castro Savelli, la plus grande partie de Castelleone, le domaine appelé *Casale de Columna*, la moitié de Castel Gandolfo et Torre Tedesca; toutes ces propriétés étaient dans la *Maritima*, au diocèse d'Albano. Dans le diocèse de Tusculum, il avait Faggiola; dans le diocèse de Città di Castello, Rignano avec des moulins à Città di Castello et la moitié de Cersano; dans le diocèse de Nepi, la moitié de Torrita; au diocèse de Viterbe, trois portions à Ferriera; enfin dans la Sabine, Palombara et Monteverde.

Il institua comme héritiers Pandolfo, son frère, et Luca, fils de Jean Savelli, son neveu, et leurs descendants mâles à l'exclusion des femmes. Toutefois, s'il arrivait que l'un de ses héritiers ne laissât que des filles, celles-ci, mariées ou non, percevraient, chacune à titre de dot, mille livres de provinois sur les biens du cardinal. A défaut de descendance mâle, tout l'héritage devait échoir à l'église romaine, qui serait tenue de donner une somme déterminée à chacune des filles de Pandolfo et de Luca; dans ce cas aussi, les maisons du cardinal sises dans la Marmorata et sur l'Aventin reviendraient aux fils de sa sœur Finitia, Léon et maître Jean; et ses maisons de la Ripa et du mont *de Sasso* à une autre de ses sœurs, Mabilia, veuve de Giovanni Alberti, ou, à son défaut, à ses fils; enfin, la troisième sœur du cardinal, Marsilia, veuve de Napoleone de Mateo Rosso, aurait l'usufruit sa vie durant, du tiers de toutes les dites maisons. Jacques Savelli désigna comme exécuteurs testamentaires Jacques Colonna, cardinal-diacre de Sainte-Marie *in via lata*, Jean Boccamazza, archevêque de Monreale, Jacques, évêque de Ferentino, et Cintio de *Pinea*, chanoine de Courtrai, son cousin. Au moment où il fit ce testament, le cardinal Jacques Savelli habitait à Rome dans l'hôpital de San-Spirito *in Saxia*. Devenu pape, il transforma son testament en une donation à cause de mort et investit de tous ses immeubles son frère et son neveu par acte daté de Palombara le 5 juillet 1285 [4]. L'état de ses propriétés ne s'était que peu modifié depuis 1279. Toutefois il avait acquis le château de Castiglione, près Palombara, et avait échangé ce qu'il possédait à Ferriera contre trois portions à Castel Gandolfo et deux portions à Scrofano. Il fixa à six mille florins la somme à payer par l'église romaine aux filles ou petites-filles de Pandolfo et de Luca, au cas où ceux-ci, mourant sans laisser d'héritiers mâles, l'héritage reviendrait à la dite église. Enfin il se réserva le pouvoir de modifier ou révoquer cette donation.

---

1. *Reg.*, 823.
2. La *Ripa* s'étendait sur la rive gauche du Tibre depuis le Ghetto jusqu'à la Marmorata.
3. C'est le monticule factice où s'élève aujourd'hui le Palais Orsini dans l'ancien théâtre de Marcellus.
4. *Reg.*, 830.

Ciacconius [1] et d'autres historiens après lui ont reproché à Honorius IV d'avoir enrichi sa famille au détriment de l'église. Il suffit de comparer les deux testaments d'Honorius pour voir combien cette accusation est mal fondée : en effet la fortune de Jacques Savelli était plus ancienne que son élévation au pontificat; c'est à peine si elle s'était augmentée entre le 24 février 1279 et le 5 juillet 1285; et la plupart des biens qu'il possédait en 1279 constituaient son patrimoine. Il est étonnant qu'un historien moderne ait renouvelé contre Honorius IV une aussi grave accusation. Honorius IV, dit M. Perrens [2], était un « noble romain, impotent par la goutte et qui n'avait de libres que la langue et l'esprit pour combler de biens sa famille. » Ptolémée de Lucques dit, il est vrai, d'Honorius qu'il fut très utile aux siens, mais il ajoute qu'il ne nuisit à personne [3]. Ce chroniqueur a donc simplement voulu le louer de sa générosité à l'égard de ses parents, générosité qui ne coûta qu'à lui puisqu'elle portait sur ses biens propres. Si l'on en croit Francesco Pipino [4], le cardinal Benoît Caetani se serait un jour écrié au milieu d'un consistoire : « Je crois, saint Père, que cette parole de l'Évangile s'est vérifiée en vous : lorsque je me serai élevé au-dessus de la terre, je tirerai tout à moi. » Mais comment ajouter foi au récit d'un chroniqueur qui s'est plu à recueillir dans son œuvre tous les bruits malveillants qui avaient cours sur les papes. Et puis à supposer qu'un cardinal eût osé protester contre la générosité du souverain pontife à l'égard de ses parents, Benoît Caetani eût été moins que tout autre autorisé à le faire. La collation d'un canonicat dans l'église d'Arras ayant été dévolue au Saint-Siège, Honorius IV en investit le neveu du cardinal de Saint-Nicolas *in Carcere*, qui s'appelait comme lui Benoît Caetani [5]. C'est aussi grâce à l'intervention du même cardinal qu'Eudes, fils d'Adenolfo Mathia d'Anagni, obtint du souverain pontife, le 13 décembre 1286, un canonicat dans l'église Saint-Amé de Douai [6]. Qu'Honorius IV ait accordé à ses parents des faveurs et des bénéfices, on ne saurait le contester. C'est ainsi qu'il conféra à son neveu Albert de' Normanni, déjà archidiacre de Paris, l'archidiaconat de Tours [7]. Il serait difficile de dresser la liste des bénéfices dont Honorius IV gratifia ses parents; car les registres ne contiennent pas toutes les bulles de provisions. On n'y trouve pas trace,

1. Ciacconius, *Vitæ et res gestæ pontific. romanor.*, éd. 1630, in-fol., col. 779 « Suorum amore non caruit quos ex ecclesiæ redditibus dilavit. »

2. Perrens, *Histoire de Florence*, t. II, p. 286, note 2.

3. « Hic (Honorius) sapiens homo fuit, nulli læsivus, sed suis bene profectivus. » (Ptolemæi Lucensis *Historia eccles.*, l. XXIV, c. XIII, dans Muratori, *Scriptores*, t. XI, col. 1191.)

4. « Studuit (Honorius) magnificare opibus suos, unde multum captator pecuniarum erat. Nam quum quadam vice esset cum cardinalibus in consistorio, habita fuit mentio de quodam abbate qui diu pro confirmatione sua in curia fuerat et quum papa a verbis diverteret, Benedictus cardinalis, qui fuit postea papa dictus Bonifacius, fertur dixisse quasi jocando : credo, Pater, in vobis illud verificatum Evangelii : quum exaltatus fuero a terra, omnia traham ad me ipsum. » (*Chronicon* F. Pipini, l. IV, c. XXII, dans Muratori, *Scriptores*, t. IX, col. 727.)

5. *Reg.*, 945 et 946.

6. *Reg.*, 957.

7. *Reg.*, 719.

par exemple, de la collation de la prévôté de Chablis, au diocèse de Langres, faite à Pandolfo Savelli, petit-neveu du pape Honorius, après la mort du cardinal Ancher [1]. Nombre d'évêchés, comme on le verra plus loin, furent donnés à des familiers et à des chapelains du pape. Mais Honorius IV ne faisait que suivre en cela l'exemple de ses prédécesseurs et se conformer à un usage de tous les temps et de tous les pays. Il ne nous semble pas qu'il ait plus qu'aucun autre pape pratiqué le népotisme.

Il n'oubliait pas d'ailleurs ses devoirs envers l'église. N'étant que cardinal, il donna un témoignage éclatant de sa piété en fondant à Albano, sur ses terres et celles de son frère et de son neveu, un monastère dédié à la Vierge et à saint Paul. L'acte de fondation fut dressé le 21 octobre 1282 à Montefiascone dans l'hôtel qu'occupait alors Jacques Savelli [2]. Il donna ce monastère à l'ordre de saint Guillaume. Treize moines, dont huit, sans compter le prieur, devaient être prêtres, étaient chargés du service divin ; le nombre des convers et des domestiques ne fut pas limité. Il assura la subsistance des religieux en leur donnant le domaine dit *Mandra de Candulfis* avec une forêt voisine de Castel Gandolfo, un moulin à Albano au-dessous de la citadelle, des vignes, une forêt achetée des héritiers de Grégoire d'Ariccia, et enfin un domaine dit *Juvaci*, sis sur le territoire d'Albano à quatre ou cinq milles de Rome en dehors de la porte Appia. Le premier prieur fut le frère Maure.

Le 28 février 1283, Gérard, évêque de la Sabine, donna commission à Jacques Savelli pour réformer le monastère de San-Giovanni d'Argentella, de l'ordre de saint Benoît [3]. L'état de décadence temporelle et spirituelle où était tombé ce monastère exigeait qu'on y apportât prompt remède. L'évêque Gérard, retenu dans le royaume de Naples par ses fonctions de légat pontifical, se déchargea de ce soin sur le cardinal Savelli, seigneur du territoire de Palombara, dans l'étendue duquel était située l'abbaye. Les religieux qui l'occupaient furent envoyés dans divers monastères bénédictins. Quant à l'abbé Jacques, on le mit à la tête de l'abbaye de Saint-Saba de Rome. Puis, par acte daté de Palombara, le 10 mai 1284, le cardinal Savelli attribua le monastère d'Argentella à l'ordre de saint Guillaume. Il fixa à treize le nombre des frères qui résideraient dans le monastère ; neuf d'entre eux, y compris le prieur, devaient être prêtres. Il confirma un échange de biens conclu antérieurement entre le couvent de San-Giovanni et un

---

1. Ancher, cardinal-prêtre du titre de Sainte-Praxède, prend le titre de « prepositus Chableyarum » dans un acte du 22 mai 1285 conservé aux Archives du département de l'Yonne dans la liasse G 2299. Il mourut avant le 9 décembre 1286, car à cette date la prévôté de Chablis était vacante « per mortem reverendi patris domini Ancheri », comme le déclare le doyen de Saint-Martin de Tours. (*Archives du départ. de l'Yonne*, G 2299). Mais dans un troisième document du 26 décembre suivant « Pandulphus, natus nobilis viri domini Luce de Sabello, domini pape nepotis » est déjà qualifié « canonicus Sancti Martini Turonensis et prepositus Chableyarum » (*Ibidem*, G 2299.)

2. Acte de fondation publié par Ughelli, *Italia sacra*, t. I, col. 265 à 267. Voyez aussi la bulle de confirmation datée du 20 avril 1286, *Reg.*, 435.

3. *Reg.*, 974.

certain Renaud, seigneur de Palombara. Il se réserva à lui et à ses successeurs dans la sei-
gneurie de Palombara et de Castiglione, le droit de patronat sur le monastère et sur les hommes
du village de San-Giovanni qui en était voisin.

A peine Jacques Savelli eut-il été élu pape que les Romains lui conférèrent le titre de sénateur à vie et lui envoyèrent des ambassadeurs à Pérouse. Honorius IV adressa au peuple romain, le 5 avril 1285, une bulle [1] où il le remerciait du témoignage de confiance qu'il lui accordait. Au reste, depuis le 18 juillet 1278, jour où Nicolas III avait promulgué une constitution [2]
par laquelle il s'était réservé le droit de nommer les sénateurs, le gouvernement de la ville était
entre les mains du souverain pontife. Le 10 mars 1281, les Romains affirmèrent leur désir de
rester soumis à l'autorité pontificale en conférant à Martin IV le gouvernement de la ville avec
le droit d'instituer un ou plusieurs sénateurs [3]. Martin IV investit Charles d'Anjou de la dignité sénatoriale. En janvier 1284 les Romains se révoltèrent contre le vicaire de Charles,
Geoffroy de Dragona [4]. Revenus à l'obéissance ils se placèrent de nouveau en la puissance du
pape et choisirent pour sénateurs Pandolfo Savelli et Anibaldo, fils de Pietro Anibaldi, qui n'é-
taient que les vicaires de Martin IV [5]. Honorius dut confirmer son frère et son collègue dans
leur charge; car ils prennent encore le titre de sénateurs le 21 mai 1285 [6]. Ils eurent pour
successeurs Orso Orsini, et Nicolas Conti qui apparaissent comme sénateurs dans des actes du
10 juillet et du 26 septembre 1285 [7]. Honorius n'intervint donc pas directement dans l'administration de Rome. Le titre de sénateur fut pour lui purement honorifique; il n'eut sur la
ville qu'une sorte de droit de patronage.

Honorius IV resta à Pérouse au moins jusqu'au 25 avril 1285 [8]. Il s'empressa de terminer
les affaires les plus importantes laissées en suspens par la mort de Martin IV. Un certain nombre de lettres préparées à la chancellerie pontificale du vivant de son prédécesseur, mais qui
n'avaient pas encore été munies de la bulle, furent confirmées et expédiées [9]. Il s'occupa aussi
de réaliser les dernières volontés de Martin IV, dont il était l'exécuteur testamentaire. Le
18 avril 1285 il écrivit au trésorier du Temple à Paris [10] de remettre à divers marchands italiens une somme de deux mille gros tournois que Martin IV avait déposée au Temple et dont il

1. *Reg.*, 825.
2. Theiner, *Codex dominii temporalis S. Sedis*, t. I, n° 371.
3. Document cité par Gregorovius, *Geschichte der Stadt Rom*, t. V, p. 469.
4. Gregorovius, *Ibidem*, p. 475.
5. Voyez Gregorovius, *Ibidem*, p. 476; Muratori, *Scriptores*, t. III, part. I, p. 609.
6. Acte cité par Pflugk-Harttung, *Iter italicum*, 2e partie, p. 619.
.7 Pflugk-Harttung, *Ibidem*, pp. 619 et 620. *Ursus de filiis Ursi* est encore qualifié *senator Urbis* dans une bulle du 21 mai
1286, *Reg.*, 927.
8. *Reg.*, 828.
9. Voyez *Reg.*, 2, 3, 4, 5, 6, 7, 9, 175, 469.
10. *Reg.*, 471.

avait disposé en faveur de la Terre Sainte. C'est encore comme exécuteur testamentaire de Martin IV qu'il remit au chapitre de l'église de Sainte-Cécile au Transtévère, dont son prédécesseur avait été cardinal, une statue d'argent doré, d'un travail exquis, ornée de perles et de pierres précieuses, représentant sainte Cécile et contenant dans un petit vase de cristal une dent de la sainte. Par bulle du 17 juin 1285 il en interdit aux chanoines l'aliénation [1]. Plus tard Honorius fit transporter le corps de Martin IV de Pérouse à Assise, en l'église de Saint-François, où il avait ordonné qu'on l'enterrât. La bulle par laquelle les magistrats, la commune et le clergé de Pérouse furent avertis de cette translation est datée du 1er février 1286 [2].

Honorius IV quitta Pérouse et vint à Rome au mois de mai 1285. Il fut sacré et couronné le 20 mai, après avoir été ordonné prêtre par le cardinal Latino, évêque d'Ostie [3]. Il demeura au Vatican jusqu'à la fin du mois de juin [4]. Il quitta cette résidence pour son château de Palombara où l'on constate sa présence les 4 et 5 juillet 1285; de là il se rendit à Tivoli, où il était déjà le 10 juillet et où il passa tout l'été. Son retour à Rome eut lieu entre le 11 et le 14 octobre [5]. Il s'établit sur l'Aventin. C'est sur cette colline, au centre de ses biens patrimoniaux, que, dès son avénement au trône pontifical, il avait fait construire, près de l'église de Sainte-Sabine, un magnifique palais; tout autour s'élevèrent bientôt d'autres constructions [6]. Honorius IV ne quitta plus l'Aventin que pendant l'été de l'année 1286; le 27 juin il était à Tivoli [7] et il y resta au moins jusqu'au 2 octobre suivant [8]. L'état de sa santé lui interdisait les voyages. Il était atteint de la goutte et si perclus des mains et des pieds qu'il ne pouvait célébrer la messe que soutenu par un appareil [9]. Il avait cependant conservé une grande vigueur d'esprit. Sa remarquable intelligence et la dignité de son caractère avaient déterminé les cardinaux à lui donner la tiare. Un homme supérieur pouvait seul faire face aux dangers qui menaçaient alors l'église romaine. Il fallait que le nouveau pontife se montrât prudent et modéré; un homme violent, comme avait été Martin IV, n'eût fait qu'aggraver la situation déjà si pleine de périls pour le Saint-Siège. La lutte entre la maison d'Aragon et la maison d'Anjou avait ému tous les princes chrétiens. L'acharnement avec lequel les deux partis défendaient

1. *Reg.*, 65.
2. *Reg.*, 270.
3. Voyez Potthast, p. 1797.
4. Voyez à la fin du volume la *Table chronologique*, col. 661.
5. Voyez la *Table chronologique*, col. 683.
6. « Honorius, statim creatus, ad Urbem se transfert et in monte Aventino juxta Sanctam Sabinam magna fabricat palatia et ibidem sedem pontificalem constituit totusque ille mons renovatur in ædificiis. » (Ptolemæi Lucensis *Historia eccles.*, l. XXIV, c. XIII, dans Muratori, *Scriptores*, t. XI, col. 1191.)
7. Voyez la *Table chronologique*, col. 764.
8. Voyez la *Table chronologique*, col. 777.
9. « Honorius ita impeditus in manibus et pedibus quod celebrare non poterat nisi cum quibusdam instrumentis. » (Ptolemæi Lucensis *Historia eccles.* l. XXIV, c. XIII, dans Muratori, *Scriptores*, t. XI, col. 1191.)

leurs prétentions, la conscience que chacun d'eux avait de son bon droit ne permettaient pas d'espérer que cette guerre eût une fin prochaine.

Nul ne se rendait compte, mieux qu'Honorius IV, des embarras multiples que créait au souverain pontife la situation de l'Europe. Aussi ne put-il se défendre d'un sentiment de frayeur quand il apprit sa promotion au pontificat. Cependant il lui sembla qu'il devait accepter l'honorable mais lourd fardeau qu'on lui imposait, plutôt que de provoquer une vacance du Saint-Siège et laisser ainsi l'église et le monde sans chef dans un si grand péril [1].

1. *Reg.*, 472.

CHAPITRE III.

LES AFFAIRES DE SICILE.

Les affaires de Sicile attirèrent tout d'abord l'attention du nouveau pontife. La Sicile était perdue pour les héritiers de Charles d'Anjou. Il fallait faire en sorte que Naples, avec les provinces de la péninsule, ne leur échappât point. Cette partie du royaume s'agitait et semblait prête à suivre l'exemple de la Sicile. La révolte des Napolitains qui avait éclaté après la défaite du prince de Salerne par Loria avait assez témoigné de la disposition des esprits [1]. Quelques villes, telles que Gallipoli, Cerchiara, San-Lucido, s'étaient données au roi Pierre d'Aragon. Conrad d'Antioche avait soulevé l'Abruzze [2]. La flotte aragonaise ne cessait de menacer les côtes napolitaines. Tels étaient en quelques mots les dangers qui menaçaient le royaume de Naples et qu'Honorius IV devait s'efforcer de conjurer.

A la mort de Charles d'Anjou, survenue le 6 janvier 1285, le gouvernement de son royaume avait passé aux mains de Martin IV; le souverain pontife en prenant la direction des affaires n'usait pas seulement de son droit de suzeraineté, il se conformait aux dernières volontés de Charles I, qui, avant de mourir, lui avait recommandé son royaume [3]. Le prince de Salerne était prisonnier des Aragonais de sorte que la famille royale n'était représentée dans le royaume de Naples que par Charles Martel, un enfant de douze ans; en même temps il avait confié la tutelle du jeune prince à son oncle Robert d'Artois, et établi son cousin, Jean de Montfort, comte de Squillace, capitaine général du royaume [4]. Martin IV s'empressa de ratifier les dispositions du feu roi, mais il adjoignit à Robert d'Artois, dans le gouvernement du royaume, le cardinal Gérard de Parme, légat du Saint-Siège. Ces deux personnes exercèrent donc le pouvoir au nom du souverain pontife avec le titre de « bailes du royaume de Sicile établis par l'église romaine [5]. » Sur l'ordre du pape ils préparèrent la réforme législative et administrative du

---

1. Amari, *La guerra del Vespro Siciliano*, éd. 1886, cap. X, t. II, p. 54.
2. Raynaldi *Annales eccles.*, a. 1285, § IX.
3. *Ibidem*, a. 1285, § III.
4. Raynaldi *Annales eccles.*, a. 1285, § V; Scotti, *Syllabus*, t. II, 1ª pars, p. 1, n° 1.
5. Voyez la bulle du 16 février 1285, dans Raynaldi *Annales eccles.*, a. 1285, § VI.

royaume et s'efforcèrent de le protéger à l'intérieur et à l'extérieur contre les attaques des Aragonais et de leurs alliés.

On ne s'explique pas comment Villani [1] a pu reprocher à Honorius d'avoir abandonné la cause des Angevins et de ne pas leur avoir fourni de subside, alors que le pontife affirma, deux jours après son avénement au trône pontifical, l'intention qu'il avait de maintenir la maison d'Anjou dans la possession du royaume de Naples. En effet l'évêque de Larino, dans le comté de Molise, s'était déclaré pour les Aragonais. Suspendu de ses fonctions par le légat et cité devant le Saint-Siège, il s'était rendu à la cour pontificale où il était resté quelques jours secrètement sans se présenter devant Martin IV, puis il était revenu dans sa ville épiscopale pour y fomenter des séditions, tramer des conjurations contre les héritiers de Charles d'Anjou, allant même jusqu'à pousser le peuple de sa cité et des lieux voisins à la révolte ouverte et à une prise d'armes. Honorius IV manda à l'archevêque de Bénévent [2], le 4 avril 1285, de citer l'évêque rebelle à comparaître en personne devant le Saint-Siège dans l'espace d'un mois.

Honorius IV donna bien d'autres preuves de son dévouement à la maison d'Anjou. Son prédécesseur, après avoir déclaré Pierre d'Aragon déchu de la dignité royale, ne s'était pas contenté de fournir à Charles d'Anjou un appui moral. Pour lui permettre de recouvrer la Sicile et d'arrêter les entreprises de son ennemi qui était aussi celui de l'église romaine, il lui avait concédé pour une durée de trois ans la décime des revenus ecclésiastiques de toute l'Italie. Après la mort de Charles d'Anjou, Martin IV, résolu à soutenir ses héritiers et à continuer la lutte, confirma cette concession. Honorius IV organisa la levée de ce subside [3]. Il fixa à la fête de Saint Jean-Baptiste, c'est-à-dire au 24 juin 1285, le commencement de la période triennale pendant laquelle la décime serait prélevée sur les revenus du clergé. Le premier paiement devait avoir lieu à Noël suivant et le second à la Saint Jean-Baptiste de l'année 1286, et ainsi de suite [4].

L'Italie fut divisée en un certain nombre de départements comprenant chacun plusieurs diocèses. A la tête de chacune de ces divisions se trouvait un collecteur général de la décime, choisi parmi les dignitaires de l'église ou les chapelains du pape.

Hugues, évêque de Bethléem, était chargé de procéder à la perception de la décime dans la province ecclésiastique de Ravenne, les diocèses de Parme, Reggio et Modène exceptés, dans la Marche d'Ancône, dans le diocèse d'Urbino et la *Massa Trabaria* [5]. La *Maritima* et la Campagne formaient une autre circonscription mise sous la surveillance de Jacques, évêque de Feren-

---

1. Jean Villani dit en parlant d'Honorius IV : « Questo papa sostenne anzi parte ghibellina che guelfa e poco ajuto o niente diede all'herede del re Carlo alla guerra di Cicilia... » (l. VII, c. CXII, dans Muratori, *Rerum Italicarum Scriptores*, t. XIII, col. 314.)
2. *Reg.*, 468.
3. *Reg.*, 12.
4. *Reg.*, 36.
5. Bulle du 13 avril 1285 ; *Reg.*, 12.

tino [1]; on y adjoignit plus tard [2] le territoire romain, les diocèses de la Sabine, de Palestrina, Frascati, Albano, Porto, Tivoli et Rieti. Christophe de' Tolomei, chapelain du pape, prieur de Sarteano, au diocèse de Sienne, fut nommé collecteur dans les patriarchats d'Aquilée et de Grado, dans la province de Milan, y compris les diocèses de Pavie et de Plaisance directement soumis à l'église romaine [3], dans la province de Gênes et les diocèses de Côme, Ferrare, Parme, Reggio et Modène [4]. La levée de la décime fut confiée dans le duché de Spolète, le Patrimoine de saint Pierre en Toscane, et les diocèses de Todi, Pérouse et Città-di-Castello, à Angelotto des Alfani, archidiacre de Florence [5]. Celui-ci mourut après le 25 mai 1285; le pape, par bulle du 31 juillet 1285, lui donna pour [6] successeur Raynuce, prieur de Saint-Michel de Castiglioni in Val-di-Pesa au diocèse de Florence. La Toscane, en dehors du Patrimoine, et la Maremme furent confiées à Simon de Lucques, chanoine de Lichfield [7]. L'archevêque d'Arborea (*Oristano*) eut dans son département la Corse et la Sardaigne [8]. Le pape accorda à ces collecteurs des saufs-conduits, ou pour parler plus exactement il enjoignit à tous les fidèles clercs et laïques de les aider dans l'accomplissement de leur mission [9]. Les collecteurs étaient affranchis du paiement de la décime pour leurs revenus ecclésiastiques [10]. De plus ils recevaient une indemnité prélevée sur le montant de leurs recettes; le taux en fut fixé à dix-huit sous de petits tournois par chaque jour que le collecteur vaquait à son office [11]. Exceptionnellement Honorius IV assigna à l'archevêque d'Arborea une indemnité d'un florin par jour [12]. Les collecteurs ainsi députés par le Saint-Siège prêtaient le serment devant les saints Évangiles de s'acquitter avec zèle de leur office [13]. Ils ne procédaient pas eux-mêmes à la levée de la décime, mais ils députaient à cet effet dans chaque diocèse deux personnes d'une probité reconnue, et jouissant, autant que possible, d'une fortune personnelle qui leur enlevât tout désir de commettre des détournements; d'ailleurs, pour le choix de ces collecteurs, ils étaient tenus de prendre conseil de l'évêque et de deux chanoines de l'église cathédrale. Les collecteurs diocésains prêtaient un ser-

---

1. Bulle du 23 mai 1285, *Reg.*, 12, col. 18.
2. Bulle du 15 février 1286, *Reg.*, 333.
3. *Reg.*, 335. Le clergé des diocèses de Pavie et de Plaisance refusait de payer la décime au collecteur de la province de Milan sous prétexte que ces deux diocèses relevaient directement de l'église romaine. Honorius IV, par bulle du 13 février 1286, manda à Christophe de' Tolomei d'exiger la décime dans les diocèses de Pavie et de Plaisance.
4. Bulle du 23 mai 1285, *Reg.*, 12, col. 18.
5. Bulle du 25 mai 1285, *Reg.*, 12, col. 18.
6. *Reg.*, 12, col. 19.
7. Bulle du 26 mai 1285, *Reg.*, 12, col. 19.
8. Bulle du 12 juin 1285, *Reg.*, 12, col. 19.
9. *Reg.*, 38, 109, 130.
10. *Reg.*, 334, 336, 430.
11. *Reg.*, 12, col. 17.
12. Bulle du 12 juin 1285, *Reg.*, 12, col. 19.
13. *Reg.*, 12, col. 18.

ment dont la formule nous a été conservée[1] : « Je (un tel) collecteur député par vous (tel), en vertu de l'autorité apostolique, à exiger, recueillir et recouvrer la décime de tous les revenus et profits ecclésiastiques de toutes les personnes ecclésiastiques exemptes et non exemptes, établies dans (tels) cité et diocèse, la dite décime étant concédée par le Saint-Siège apostolique pour l'achèvement de la guerre de Sicile, je jure qu'en toute fidélité j'exigerai, recueillerai, recouvrerai et garderai la dite décime, sans acception de personnes, quels que soient l'ordre, l'état et la condition auxquels elles appartiennent, de quelques dignités qu'elles soient revêtues, sans céder à la prière, à la faveur ou à quelque considération que ce soit, et que je restituerai entièrement la dite décime et l'assignerai suivant le mode que vous me prescrirez ; et que de toutes les choses susdites et de chacune d'elles, je vous rendrai plein et entier compte. S'il arrive que vous vous démettiez de votre office, je continuerai à agir de même à l'égard de celui qui vous succédera, en me conformant à ses ordres ; et qu'ainsi Dieu et les saints Évangiles me soient en aide. » Les collecteurs diocésains étaient dispensés du paiement de la décime pendant la durée de leur commission [2]. Le collecteur général avait la haute surveillance sur la perception ; il devait parcourir sa province et s'enquérir de la façon dont les collecteurs diocésains s'acquittaient de leur mandat. Il avait le droit d'exiger d'eux qu'ils lui rendissent leurs comptes devant l'ordinaire et deux autres dignitaires ecclésiastiques, aussi souvent qu'il le jugeait convenable ; et il disposait de la censure ecclésiastique contre tous ceux qui s'opposaient à la reddition des comptes. Il correspondait directement avec le Saint-Siège, qu'il devait informer fréquemment de l'état de la perception dans sa province [3].

L'argent perçu n'était pas envoyé directement à la Chambre apostolique, mais remis entre les mains de banquiers ou marchands désignés aux collecteurs généraux par le Saint-Siège. De cette façon le pape pouvait obtenir de ces banquiers les avances de fonds qui lui étaient nécessaires. Les sociétés de marchands entre lesquelles fut réparti le produit de la décime étaient celles des Amannati de Pistoie, des Abbati et Bacarelli[4], des Spiliati et des Alfani de Florence[5], des Ricciardi de Lucques [6].

Pour diminuer le nombre des contestations qui ne pouvaient manquer de survenir entre les collecteurs et les personnes soumises à la décime, Honorius IV promulgua le 17 juin 1285 un règlement relatif à la perception de ce subside [7], et qui n'est que la reproduction des déclara-

1. *Reg.*, 12.
2. Bulle du 22 septembre 1285, *Reg.*, 12, col. 19 ; voyez encore *Reg.*, 334 et 336.
3. Bulle du 13 avril 1285, *Reg.*, 12.
4. *Reg.*, 192 et 331.
5. *Reg.*, 125 et 520.
6. *Reg.*, 193.
7. *Reg.*, 60.

tions de Grégoire X sur la levée de la décime pour la Terre Sainte [1]. Il détermina d'abord ceux des revenus ecclésiastiques qui seraient atteints par cet impôt et ceux qui en seraient exempts. Les léproseries, maisons-Dieu et hôpitaux ne devaient pas la décime pour ceux de leurs revenus qui étaient consacrés à l'entretien et au soulagement des lépreux, des malades et des pauvres [2]. Il dut plus d'une fois rappeler les collecteurs à l'observation de cet article. Au moins voyons-nous que certains hôpitaux obtinrent du pape qu'il leur reconnût spécialement le droit de ne pas contribuer à la décime [3]. Etaient encore exempts les religieux ou religieuses que l'exiguité de leurs revenus contraignait à mendier publiquement [4]. C'est sans doute en raison de leur pauvreté que le pape accorda par bulles spéciales à plusieurs ordres religieux et monastères une dispense de décime. L'ordre des religieuses de sainte Claire [5], les monastères de femmes de Sainte-Marguerite, de Saint-Bénigne de Todi, de Saint-Paul d'Orvieto et de Sainte-Marie *de Canalibus*, au diocèse d'Amelia [6], les sœurs cloîtrées de saint Augustin [7] obtinrent cette faveur. La même exemption était accordée aux clercs séculiers dont les revenus n'excédaient pas sept livres de petits tournois [8]. Mais si une personne possédait plusieurs bénéfices dont aucun n'atteignait cette somme, et qui pris ensemble produisaient un revenu supérieur, elle payait la décime pour la totalité de ses revenus [9]. On ne devait rien percevoir sur les pitances des moines non plus que sur les biens laissés par les fidèles aux églises à l'effet de constituer des rentes perpétuelles [10]; ni sur les dons faits aux personnes ecclésiastiques [11]. Cette exemption ne s'appliquait pas aux legs faits à ces mêmes personnes à cause des églises qu'elles détenaient ou à raison des fonctions qu'elles exerçaient [12]. On prélevait la décime sur les revenus des fabriques des églises [13]. Toutefois les aumônes et offrandes faites par les fidèles aux fabriques et spécialement les offrandes en cierges faites à certains jours de fêtes n'étaient pas comprises dans ces revenus [14].

Pour tous les autres revenus ecclésiastiques la décime était due; son taux était établi d'après

1. Rymer, *Fœdera*, I, iii, p. 67.
2. *Reg.*, 60, art. 1. Voyez encore, comme exemple de l'application de cette règle, la bulle 242, du 9 janvier 1286, par laquelle le pape mande à maître Simon, collecteur, de ne pas exiger la décime des frères de l'hôpital de Sainte-Marie de Sienne s'il trouve, après enquête, que les revenus de l'hôpital sont, comme le prétendent les frères, employés à secourir les pauvres.
3. Voyez, outre la bulle 242, les bulles 246 et 749.
4. *Reg.*, 60, art. 2.
5. *Reg.*, 207.
6. *Reg.*, 304.
7. *Reg.*, 258.
8. *Reg.*, 60, art. 3.
9. *Ibidem*, art. 4.
10. *Ibidem*, art. 5.
11. *Ibidem*, art. 6.
12. *Ibidem*, art. 30.
13. *Ibidem*, art. 39.
14. *Ibidem*, art. 40.

le revenu net, déduction faite des dépenses nécessaires à la production du revenu, c'est-à-dire les frais de culture, de labourage, de récolte [1] ou de garde des troupeaux [2] comme aussi le salaire des officiers de justice [3]. N'étaient pas considérées comme dépenses nécessaires celles qui étaient faites par les églises pour la garde de leurs châteaux, la défense des villes en temps de guerre, les constructions ou réparations d'édifices [4]. De même les prêtres qui, à cause de l'étendue de leur paroisse, étaient obligés d'avoir des chapelains pour les aider dans l'accomplissement de leur devoir, déduisaient de leurs revenus les salaires qu'ils donnaient à ces chapelains, mais non pas les sommes qu'ils dépensaient pour leur nourriture [5].

Le pape crut devoir énumérer spécialement dans ses déclarations certaines espèces de revenus qui pouvaient paraître exempts de la décime ou qui dans certains cas y échappaient. Tout clerc qui avait engagé ses biens à cause d'une dette payait la décime pour les biens engagés [6]. Les offrandes faites aux églises à l'occasion des bénédictions nuptiales ou des enterrements [7], les revenus provenant du droit de sceau des prélats et les amendes reçues des excommuniés donnaient lieu à la perception de la décime [8]. Elle était aussi levée sur les biens des prélats ou clercs exilés [9], sur les distributions faites aux chanoines aux heures canoniales [10]. Les fruits des arbres et des jardins [11], les poissons des étangs, les bêtes des garennes n'étaient soumis à la décime qu'au cas où le propriétaire ne les consommait pas. Les églises ne devaient pas la décime pour leurs forêts et bois qui d'ordinaire ne donnaient lieu à aucune aliénation; mais si elles venaient à en vendre quelque portion pendant la durée de la décime, elles devaient payer la dixième partie du revenu annuel présumé de la partie vendue [12]. Il en était de même pour les pacages, herbages et autres revenus de ces forêts, comme aussi des bois taillis [13], sur lesquels on ne percevait la décime qu'en cas d'aliénation. Quant aux pêcheries et chasses des étangs [14], des fleuves et des lacs, et aux bois taillis [15] on procédait à l'estimation de leur revenu de la façon suivante [16]. Supposons que la dernière vente d'une pêcherie faite avant

1. *Reg.*, 60, art. 24.
2. *Ibidem*, art. 40.
3. *Ibidem*, art. 26.
4. *Ibidem*, art. 25 et 43.
5. *Ibidem*, art. 37.
6. *Ibidem*, art. 27.
7. *Ibidem*, art. 44.
8. *Ibidem*, art. 29.
9. *Ibidem*, art. 42.
10. *Ibidem*, art. 45.
11. *Ibidem*, art. 47 et 48.
12. *Ibidem*, art. 8.
13. *Ibidem*, art. 9.
14. *Ibidem*, art. 10.
15. *Ibidem*, art. 11.
16. *Ibidem*, art. 10.

l'établissement de la décime remontât à cinq années, et que cette vente eût été faite pour cent livres, on divisait le prix de vente par le nombre d'années écoulées depuis la dernière vente, c'est-à-dire, dans l'espèce, par cinq, ce qui donnait vingt livres; puis on multipliait le quotient par le nombre d'années pendant lesquelles la décime était perçue, ici par trois, ce qui donnait soixante livres; la décime n'était levée que sur cette somme. Comme il arrivait que les clercs et les églises aliénaient ou louaient leurs bénéfices ou leurs biens, le pape, pour prévenir toute difficulté, détermina les cas où la décime serait payée par les vendeurs ou propriétaires et ceux où elle serait payée par les acquéreurs ou les usufruitiers. Un clerc qui vendait les revenus de ceux de ses bénéfices pour lesquels la résidence n'était pas exigée payait le dixième du prix reçu; celui qui faisait desservir son bénéfice par un fermier ou un vicaire en lui abandonnant, à titre de rétribution, une partie des revenus du dit bénéfice, payait la décime même pour la partie ainsi abandonnée [1]. Quant à la décime des revenus des prieurés, granges, maisons, pensions et cens concédés par des églises à des personnes étrangères, si ces concessions avaient été faites à titre de bénéfice ou par pure grâce, c'était aux détenteurs de ces biens à la payer [2]; si au contraire il y avait eu contrat c'est-à-dire si les biens avaient été abandonnés moyennant le paiement d'une ferme annuelle, c'était non au fermier mais au propriétaire à payer la décime [3]. Il en était de même pour les biens concédés comme récompense d'un travail ou d'un service, ou pour les revenus des biens ecclésiastiques qu'une personne avait achetés pour sa vie et sans qu'aucun avantage lui eût été fait [4]; mais si on lui avait cédé les revenus à un prix moindre que leur valeur véritable, dans ce cas le tenancier devait la décime pour la portion des revenus qu'on lui avait abandonnée sans rétribution, et l'église propriétaire payait le reste [5]. Quant à la décime sur les procurations données aux prélats par les églises, elle était payée par les églises pour les procurations en nature [6] et par les prélats pour les procurations en argent [7].

Ceux qui devaient la décime pouvaient à leur choix, l'acquitter ou bien au prorata du chiffre réel de leurs revenus annuels, ou bien au prorata d'une estimation faite de la moyenne de leurs revenus. Le mode de paiement une fois choisi, il n'était plus loisible aux personnes ecclésiastiques ou aux églises d'en changer [8]. Comme il était difficile à certains couvents d'établir un compte exact et détaillé de leurs revenus, le pape leur accordait volontiers de payer chaque année à des

---

1. *Reg.*, 60, art. 7.
2. *Ibidem*, art. 13.
3. *Ibidem*, art. 14.
4. *Ibidem*, art. 15.
5. *Ibidem*, art. 16.
6. *Ibidem*, art. 23.
7. *Ibidem*, art. 21 et 22.
8. *Ibidem*, art. 7.

termes fixés par les collecteurs une somme déterminée, établie d'après une estimation de l'ensemble de leurs revenus [1].

En dépit de ces instructions si précises, les contestations ne pouvaient être complètement évitées entre les collecteurs et les clercs ; le pape s'en était réservé l'examen [2]. L'excommunication était la plus forte peine dont on pût frapper les délinquants [3]. On n'avait recours au bras séculier qu'à la dernière extrémité [4].

Grégoire X, par bulle du 13 octobre 1275 avait concédé à Charles d'Anjou la décime des revenus ecclésiastiques dans les comtés de Provence et de Forcalquier [5]. On continua de la percevoir sous le pontificat d'Honorius IV, comme le prouvent deux bulles, l'une du 22 octobre 1285 [6], l'autre du 13 mars 1286 [7], par lesquelles le pape mande à Bertrand, archevêque d'Arles, de remettre l'argent recueilli ou à recueillir à deux compagnies de marchands de Pistoie et de Sienne. Après la mort de Bertrand, Rostaing, son successeur sur le siège archiépiscopal d'Arles, le remplaça aussi comme collecteur de la décime [8].

1. *Reg.*, 190 et 266.
2. *Reg.*, 60, art. 32.
3. *Ibidem*, art. 34 et 52.
4. Art. 34.
5. Potthast, *Regesta pontificum romanor.*, n° 21082.
6. *Reg.*, 186.
7. *Reg.*, 331.
8. Bulles du 19 et du 20 septembre 1286, *Reg.*, 610 et 609.

CHAPITRE IV.

LES CONSTITUTIONS DU ROYAUME DE SICILE.

Ayant préparé la résistance, Honorius IV pensa s'attacher les populations du royaume de Naples d'en deçà du Phare par des mesures de modération et de bienveillance envers les rebelles. En conséquence il manda le 30 juillet 1285 au légat, Gérard de Parme, d'absoudre de l'excommunication qu'ils avaient encourue, tous ceux qui après avoir donné aide et conseil au feu roi d'Aragon, Pierre, rentreraient dans l'obéissance et prêteraient serment de fidélité à l'église romaine [1]. Quelques mois plus tard [2] il accorda l'absolution à des seigneurs et habitants d'Atino qui, après avoir suivi Conrad d'Antioche pendant six jours, avaient fait leur soumission au capitaine général du royaume de Sicile. Enfin il pardonna à Henri de Castille, fils de Ferdinand le Saint, qui avait jadis pris parti pour Conradin contre Charles d'Anjou, s'était emparé d'une partie des biens de l'église romaine, avait porté dommage à divers cardinaux, emprisonné des clercs, mis la main sur des dépôts d'argent conservés dans les églises de Rome. La profonde misère où il était tombé toucha le cœur d'Honorius IV qui le 8 mars 1286 manda [3] au légat Gérard de l'absoudre des diverses sentences d'excommunication prononcées contre lui.

Mais l'acte d'Honorius IV le plus propre à pacifier le royaume fut la promulgation de la Constitution de Sicile faite le 17 septembre 1285.

Les impôts dont Charles I avait accablé ses sujets, et surtout les abus de pouvoir et les exactions des officiers royaux, que le souverain n'avait pas pu ou n'avait pas su réprimer, avaient provoqué la révolte des Siciliens [4]. Les historiens contemporains nous ont transmis les plain-

---

1. *Reg.*, 477.
2. Bulle du 5 février 1286, *Reg.*, 282.
3. *Reg.*, 319.
4. Amari, *La guerra del Vespro Siciliano*, éd. 1886, cap. IV, t. I, p. 67.

tes du peuple. Sans doute on doit se mettre en garde contre l'opinion d'écrivains partisans de Pierre d'Aragon et ennemis de la dynastie angevine. Mais on ne saurait pas d'autre part attacher une grande importance aux préambules des ordonnances de Charles I, où ce prince déclare vouloir s'opposer à l'oppression des faibles par les puissants et aux charges intolérables que ses officiers font peser sur le peuple [1]. Ce sont là formules habituelles aux souverains. Les ordonnances de Charles I relatives à l'administration du royaume, celles même qui ont pour but spécial d'arrêter les exactions des représentants du pouvoir royal sont nombreuses, il est vrai [2] ; mais dans quelle mesure furent-elles appliquées, voilà ce qu'on n'a pas recherché jusqu'ici. De plus, c'est seulement après les Vêpres Siciliennes que Charles I et son fils, le prince de Salerne, firent de réels efforts pour améliorer le gouvernement et soulager le peuple, comme en témoignent la Constitution du 10 juin 1282 et les Chapitres de San-Martino. Si les historiens siciliens se sont parfois laissé emporter par leur haine contre la domination étrangère, tout n'est pas déclamation dans les tableaux qu'ils ont tracés de l'état de leur patrie et des maux qu'elle eut à souffrir sous le règne de Charles I. Que pourrait-on opposer aux griefs si précis articulés par Bartolomeo de Neocastro [3] et aussi par Nicolas Speziale [4] dans leurs histoires ? Ce qui prouve bien l'exactitude de leur témoignage, c'est qu'à la plupart des exactions qu'ils rappellent, ou peu s'en faut, répond comme on le verra plus loin un article de la Constitution promulguée par Honorius IV en vue de la réforme du royaume.

Dès l'année 1283, Charles I se rendant à Bordeaux, avait prié le pape Martin IV de réformer, de concert avec le prince de Salerne, vicaire du royaume, les abus dont se plaignaient tous ses sujets [5]. Peu de temps après, le prince de Salerne convoqua dans la plaine de San-Martino, où campait son armée, une assemblée générale du royaume à laquelle devaient prendre part les prélats, les seigneurs et les représentants des communautés. Charles d'Anjou avait gouverné sans avoir jamais eu recours à ces parlements généraux qui avaient joué un rôle important sous la maison de Souabe [6]. Il avait prescrit par une ordonnance du 15 février 1267 la réunion deux fois par an d'une assemblée générale du royaume (curia generalis); mais les justiciers et les officiers de l'administration judiciaire devaient seuls y prendre part. Il ne fallut pas moins que le péril où la guerre d'Aragon mettait la monarchie angevine et la crainte de voir les ha-

1. Durrieu, Archives angevines, t. I, p. 75.

2. Voyez : Capitula inquirenda contra vicarios (1274) dans Minieri-Riccio, Saggio di codice diplomatico, t. I, p. 109, n° CXXVII; un mandement de Charles I, du 8 janvier 1277, adressé aux justiciers pour leur ordonner de punir les officiers royaux de leur province qui ont commis des exactions, dans Minieri-Riccio, Ibid., t. I, p. 122, n° CXLV; les Chapitres promulgués le 10 juin 1282, dans Constitutiones regni utriusque Siciliæ, Vènise, 1580, in-folio, p. 302.

3. Bartholomei de Neocastro Historia Sicula, c. XII: « Quomodo rex Carolus opprimebat populum et quibus oppressionibus. » dans Muratori, Rerum Italicarum Scriptores, t. XIII, col. 1026.

4. Nicolai Specialis Historia Sicula, l. I, c. II, dans Muratori, Scriptores, t. X, col. 924, et l. I. c. XI, Ibidem, col. 930.

5. Voyez une bulle de Martin IV, du 11 février 1285, dans Raynaldi Annales ecclesiastici, a. 1285, § III.

6. Durrieu, Archives angevines, t. I, p. 38.

bitants de la Péninsule suivre l'exemple des Siciliens pour décider le prince de Salerne à convoquer une assemblée générale qui méritât vraiment ce nom, et où les représentants de toutes les
classes de la société vinssent siéger à côté des officiers royaux. Le 30 mars 1283, le prince de
Salerne promulgua donc à San-Martino une ordonnance composée de quarante-sept chapitres,
ayant pour but la réforme du royaume [1]. Sur beaucoup de points elle n'était que la reproduction
d'une ordonnance de Charles I donnée à Naples le 10 juin 1282, et qui avait été le premier ef-
fort fait par ce souverain après les Vêpres Siciliennes pour améliorer le sort de son peuple [2]. Le
prince de Salerne s'en remit à Martin IV et aux délégués des villes du soin de déterminer le mode
de perception de l'impôt général dit *subventio generalis*, point sur lequel l'accord n'avait pu s'établir au parlement de San-Martino entre le gouvernement et les membres de l'assemblée. La réforme du royaume n'était pas terminée. Charles d'Anjou avant de mourir écrivit au pape pour
lui en recommander l'achèvement [3]. Le pape chargea son légat, Gérard de Parme, d'ouvrir une
enquête sur l'état du royaume de Sicile; cette enquête poursuivie sous Honorius IV aboutit à
la rédaction de la Constitution de Sicile.

Le 17 septembre 1285, Honorius IV promulgua deux bulles importantes, l'une intitulée dans le
registre du Vatican *Constitutio super ordinatione regni Sicilie* [4] et qui vise la réforme du gouvernement civil; l'autre [5], qui n'est guère que la confirmation des premiers chapitres de l'ordonnance de San-Martino, et qui vise la réforme du gouvernement ecclésiastique, ou, pour parler plus exactement, règle les rapports des officiers royaux avec les églises.

On se propose ici d'analyser et d'examiner brièvement chacun des articles de ces deux bulles.
Honorius IV, dans le préambule de la Constitution, expose les raisons qui l'ont déterminé à la
promulguer. Il rappelle en termes éloquents les malheurs qui ont accablé le royaume de Sicile
depuis le règne de Frédéric II, les exactions de ce prince, les révoltes qu'elles ont suscitées, l'ap-
pauvrissement général qui en a été le résultat. Charles d'Anjou, égaré par l'exemple de ses
prédécesseurs, a continué leurs errements, et sur quelques points exagéré leur iniquité, ajou-
tant de nouveaux impôts aux anciens, considérant comme légitime l'exercice de certains droits
qui avaient leur origine dans des usurpations. La révolte des Siciliens, leur alliance avec les
ennemis des princes angevins prouvent assez qu'il est grand temps que le chef de l'église romaine, usant de son droit de suzerain et en cela même se conformant aux dernières volontés de

---

1. On trouvera le texte de cette ordonnance dans les recueils des Constitutions du royaume de Sicile et spécialement dans
Constitutiones regni utriusque Siciliæ, Venise, 1580, in-fol. Voyez Giannone, *Istoria civile del regno di Napoli*, l. XX, c. II, éd. 1723,
t. III, p. 73; Amari, *La guerra del Vespro Siciliano*, éd. 1886, c. X, t. II, p. 4.

2. Ordonnance du 10 juin 1282 dans les *Constitutiones regni utriusque Siciliæ*, éd. 1580, p. 302.

3. Voyez la bulle de Martin IV, en date du 11 février 1285, citée plus haut.

4. *Reg.*, 96.

5. *Reg.*, 97.

Charles d'Anjou, intervienne pour mettre fin aux charges iniques qui pèsent sur tout le peuple, pour rétablir l'ordre et rendre au royaume la paix et la prospérité. D'ailleurs Charles d'Anjou et son fils ont senti eux-mêmes la nécessité de procéder à la réforme du royaume, et ont édicté dans ce but diverses Constitutions.

La diminution des impôts était la réforme qui s'imposait tout d'abord; c'était la plus urgente, celle que tous les sujets s'accordaient à réclamer. Les guerres de Charles d'Anjou l'avaient obligé à rendre permanent l'impôt dit *subventio generalis*, impôt foncier d'abord accidentel, perçu sur les possesseurs de biens roturiers, et qui n'était à l'origine que l'aide féodale [1]. Le chiffre de cette imposition avait toujours été croissant d'année en année sous le règne de Charles I : en 1277, il était de soixante mille onces, et en 1282 il s'éleva à cent sept mille huit cent quatre-vingt-onze onces, neuf tarins, cinq grains [2]. Les ressources des sujets ne pouvaient plus suffire [3]. Dès 1267, Clément IV avait protesté contre cette charge imposée aux Siciliens : « Quant à la collecte, écrivait-il à son légat, que le roi de Sicile a levée dans son royaume de son propre mouvement ou sur le conseil de ses familiers, sachez qu'elle est contraire aux lois divines et qu'elle nous déplaît. » Le roi, ajoutait-il, ne peut l'exiger « sans avoir pris conseil de ses sujets et sans avoir obtenu leur gracieux assentiment [4]. » Cette protestation resta sans effet. Au parlement de San-Martino, le prince de Salerne décida qu'en ce qui concernait la subvention générale dans la partie péninsulaire du royaume, on reviendrait aux usages suivis sous le règne de Guillaume II, usages que Charles d'Anjou, au moment où il avait reçu l'investiture de son royaume, s'était engagé à respecter. Malheureusement le souvenir des lois de Guillaume II était perdu : personne ne les connaissait plus. Aussi décida-t-on de s'en remettre à la décision du souverain pontife. Le prince envoya à la cour romaine deux ambassadeurs, et autorisa les habitants de chaque justicerie à y déléguer deux représentants choisis parmi les plus honorables et les plus riches personnages de la province. En outre, sur l'ordre de Martin IV, on procéda à une enquête. Le résultat en est consigné dans une lettre de ce pape du 26 novembre 1283. On trouva qu'avant le règne de Frédéric II le roi n'exigeait de collecte que dans quatre cas : pour la défense du royaume, pour son couronnement, pour la chevalerie de son fils, pour le mariage de sa fille. C'était Frédéric II qui avait établi la permanence des collectes [5]. La Constitution de Guillaume relative à l'aide royale ne nous est pas parvenue, mais nous savons qu'il avait déterminé d'une façon analogue à celle qui vient d'être

---

1. Durrieu, *Archives angevines*, t. I, p. 87.

2. Durrieu, *Ibidem*, p. 88.

3. « Quid referendum est inventi sceleris novum genus?... Quid collecta pecunie generalis, pro cujus solutione vix sufficiebant hominum facultates? » (Bartholomei de Neocastro *Historia Sicula*, c. XII, dans Muratori, *Scriptores*, t. XIII, col. 1026.)

4. Lettre de Clément IV du 5 février 1267, dans Martène, *Thesaurus novus anecdotorum*, t. II, p. 443.

5. Lettre de Martin IV au légat, en date du 26 novembre 1283, dans Raynaldi *Annales eccles.*, a. 1283, § XLVI.

énoncée la levée des aides féodales que les barons et les prélats pouvaient exiger de leurs hommes [1]. Honorius IV dans sa Constitution se conforma au résultat de l'enquête. Les articles 3 à 7 portent que le roi ne pourra demander de subsides à ses sujets que dans quatre cas : 1° pour la défense du royaume, s'il arrive que celui-ci soit l'objet d'une invasion imprévue, grave, durable et non simulée, ou si quelque sédition dangereuse s'y élève; 2° pour la rançon du roi; 3° pour sa chevalerie, celle de son frère utérin ou consanguin, ou celle d'un de ses fils; 4° pour le mariage d'une de ses filles ou petites-filles au cas où il la dotera. Toutefois le chiffre de l'imposition ne pouvait excéder cinquante mille onces dans les deux premiers cas, douze mille dans le troisième cas, et quinze mille dans le dernier. Deux collectes ne pouvaient être faites la même année. Et quant au chiffre fixé, c'était un maximum que le roi ne devait exiger qu'en cas d'urgente nécessité.

Les libéralités de Charles d'Anjou envers les chevaliers français qui l'avaient suivi en Italie ou qu'il y avait attirés avaient singulièrement appauvri le domaine royal [2]. Le pape interdit aux rois de Sicile les aliénations domaniales qui, en diminuant leurs revenus, les obligeaient à recourir aux impositions extraordinaires (article 8).

Les fréquentes émissions de deniers pesaient lourdement sur le peuple. C'était une des variétés les plus intolérables de l'impôt. En effet, on obligeait les villes à se pourvoir d'une certaine quantité de deniers neufs et à verser au trésor une somme équivalente en monnaies d'or. D'après les calculs de M. Blancard [3], le denier ne valait que 6/7 de centime, et l'émission était faite au change légal et forcé de trois livres par once, c'est-à-dire de 9 centimes par denier. Bartolomeo de Neocastro a, dans une phrase assez obscure [4], marqué tout ce qu'une pareille mesure avait de vexatoire. Nicolas Speziale s'indigne aussi de cette sorte d'impôt [5]. Il convient d'être juste à l'égard de Charles d'Anjou; ne le chargeons pas seul de fautes dont la responsabilité ne lui revient pas tout entière; il n'avait fait en cela que continuer les pratiques de l'administration monétaire de Frédéric II [6]. Honorius IV les condamna. Par l'article 9 de sa Constitution, il protesta contre les mutations fréquentes de monnaies, et stipula que chaque roi n'aurait le droit de faire qu'une seule émission de monnaie nouvelle pendant sa

1. Constitution du roi Guillaume dans les *Constitutiones regni Siciliæ*, l. III, titre XX, éd. Huillard-Bréholles, t. IV, p. 132.

2. Durrieu, *ouvrage cité*, t. II, p. 217 et p. 241.

3. Blancard, *Essai sur les monnaies de Charles I*, p. 508.

4. « Quid referendum est inventi sceleris novum genus?... quid exacti census inaudita materies; denariorum quidem novam monetam incudi mandabat ex ære purissimo, quolibet anno, et cum usque in quadringentos pro tareno uno ascenderent, utinam triplicatum, et, quod deterius erat, decies triplicatum denarium a quolibet pro danario siculo compellebat exsolvi. » (Bartholomei de Neocastro *Historia sicula*, c. XII, dans Muratori, *Scriptores*, t. XIII, col. 1026).

5. « Quot numerem in sonum tubarum exactas ostiatim pecunias quotiens nova regia pecunia cudebatur? » (Nicolai Specialis *Historia sicula*, l. I, c. XI, dans Muratori, *Scriptores*, t. X, col. 90.)

6. Blancard, *Des monnaies frappées dans les Deux-Siciles au* xIII° *siècle par les suzerains de Provence*, dans *Revue Numismatique*, nouv. série, t. IX (1864), p. 293.

vie; encore celle-ci devait-elle être de bon aloi, et de faible valeur, de façon à ce que cette valeur pût rester la même pendant toute la durée du règne; de plus pour lui donner cours, on devait s'abstenir de toute collecte et distribution, mais seulement la remettre aux changeurs et autres marchands qui consentiraient à la recevoir; en d'autres termes, la répartition des nouveaux deniers (*distributio*) entre les villes du royaume et leur échange contre l'or des particuliers (*collecta*) étaient abolis. Cet article 9 n'est guère que la reproduction de l'article 25 des Chapitres de San-Martino [1].

Honorius IV abaissa aussi l'amende à payer par les universités [2] pour les homicides clandestins commis sur leur territoire. L'empereur Frédéric II avait pris des mesures à l'effet d'arrêter les crimes nocturnes. Il avait décidé que si les coupables ne pouvaient être découverts, ou si leurs concitoyens les cachaient et les dérobaient à l'action de la justice, ceux-ci seraient tenus à la réparation du dommage et, dans le cas d'homicide, au paiement d'une amende fixée à cent augustales pour le meurtre d'un chrétien, et à cinquante seulement pour celui d'un Juif ou d'un Sarrasin [3]. Le taux de cette amende fut élevée par Charles d'Anjou à cent onces d'or pour les villes ayant mille feux ou davantage, cinquante onces pour celles dont le nombre de feux était compris entre cinq cents et mille, vingt-cinq onces pour les villes ayant cinq cents feux ou moins [4]. Nous voyons en effet qu'un homme ayant été assassiné sur le territoire de Naples sans qu'on pût découvrir le meurtrier, la ville de Naples fut condamnée à payer au fisc cent onces d'or [5]. La Constitution du 10 juin 1282 [6] et les Chapitres de San-Martino [7] ramenèrent l'amende au chiffre fixé par Frédéric II. Honorius IV n'eut qu'à reproduire (article 10) les dispositions de ces deux ordonnances. Il ajouta toutefois qu'on ne devait exiger les cent augustales dues pour l'assassinat d'un chrétien et les cinquante dues pour l'assassinat d'un Juif ou d'un Sarrasin que dans les villes importantes; il convenait d'accorder aux communautés

---

1. « Item, permittimus atque statuimus quod de consilio proborum et legalium virorum habentium hujusmodi rei peritiam cudi faciemus monetam bonæ tenutæ, pretii et valoris, secundum quod statui prediclarum partium videbitur expedire. Pro qua expendenda non fiat collecta, nec distributio, sed dabitur campsoribus et aliis mercatoribus eam volentibus sponte recipere et prefata moneta erit perpetua, nec mutabitur aliquo tempore sed in suo pretio et statuto observabitur. » (*Constitutiones*, éd.1580, p. 318.)

2. On désignait dans le royaume de Sicile les *communautés* par le mot *universitates*.

3. Constitution de Frédéric II, dans *Constitutiones regni Siciliæ*, l. I, t. XXVII et XXVIII, éd. Huillard-Bréholles, t. IV, p. 28 et 29.

4. Constitution de Charles I dans Minieri-Riccio, *Saggio di codice diplomatico*, t. I, p. 143.

5. Acte du 26 février 1277, dans Minieri-Riccio, *Ibidem*, t. I, p. 134, n° CLIII.

6. « Statuimus ut constitutio quondam Frederici olim imperatoris quæ pro quolibet christiano invento clandestine occiso pœnam centum Augustalium, et pro Judæo vel Sarraceno quolibet quinquaginta, universitatibus infligebat, in suis finibus perseveret, constitutione nostra super augmento prædictæ pœnæ edita in posterum quiescente, foeculariorum distinctione soluta. » (*Constitutiones*, éd. 1580, p. 307).

7. Art. 26 : « Item, statuimus quod pœna quæ pro homicidiis clandestinis commissis in aliquibus locis seu territoriis ipsorum ad summam centum unciarum vel quinquaginta fuerat augmentata reducatur ad formam constitutionis antiquæ, secundum quod per novellam et ultimam constitutionem domini patris nostri nuper extitit ordinatum. » (*Constitutiones*, éd. 1580, p. 318.)

moins considérables et moins riches une réduction de l'amende. On sentira mieux toute l'importance de cet article si l'on se rappelle que l'augustale était le quart de l'once.

De nombreuses charges pesaient sur les villes. Le gouvernement exigeait d'elles des services très divers. Honorius IV chercha à les dispenser des plus onéreux. L'article 11 de sa Constitution, se conformant en cela à l'article 32 des Chapitres de San-Martino [1] interdisait à la cour royale de contraindre les universités au paiement des amendes dues pour des vols commis par des particuliers.

Le roi, sa cour et ses officiers ne pourraient plus exiger des communautés de prêts d'argent, ni les forcer à recevoir en garde des *masseries* (fermes royales) ou à prendre à leur charge l'administration de domaines royaux. La répugnance des communautés et des particuliers à prendre en ferme des biens domaniaux est facile à comprendre; la rente annuelle qu'on exigeait du fermier était trop élevée. Nicolas Speziale dit [2] : « Les agriculteurs se plaignaient qu'on leur imposât la garde des troupeaux et des juments et la reddition annuelle de produits que la nature ne suffisait pas à fournir. »

Charles d'Anjou se préoccupa tout spécialement de l'entretien de sa flotte. Il avait sans cesse besoin de nouveaux vaisseaux, et, quand l'occasion était pressante, tous les moyens lui semblaient licites pour en hâter la construction. C'est ainsi que le 8 février 1267, il écrit à ses officiers de faire achever rapidement les vaisseaux qu'il a commandés en divers lieux et de contraindre les charpentiers par les voies de coercition qui leur paraîtront les meilleures à travailler sans relâche [3]. L'article 43 des Chapitres de San-Martino portait que dans le cas où la cour voudrait faire faire des vaisseaux neufs ou réparer les anciens, on n'imposerait à personne ce travail, mais qu'on le livrerait à ceux qui consentiraient à s'en charger [4]. Honorius IV décida de même (art. 11) que la construction des vaisseaux et la fabrication du biscuit ne seraient plus imposées à qui que ce fût mais faites aux frais du trésor et confiées, moyennant un salaire convenable, à des ouvriers compétents.

On imposait aussi aux universités et aux particuliers la garde des captifs. Honorius IV se contenta sur ce point de rappeler (art. 12) le chapitre de la Constitution du 10 juin 1282 [5]

---

1. « Item, statuimus quod universitates locorum non teneantur ad emendationes furtorum quæ per speciales personas contigerit fieri, constitutione antiqua super damnis claudestinis edita in suo robore duratura. » (*Constitutiones*, éd. 1580, p. 319.)

2. « Lugebant agricolæ quibus lex erat imposita de commissis violenter eorum custodiæ pecudibus et jumentis cum numero fœtuum, quem non posset natura producere, post anni circulum reddere rationem » (Nicolai Specialis *Historia sicula*, l. I, c. XI, dans Muratori, *Scriptores*, t. X, col. 930.)

3. Lettre de Charles d'Anjou, du 8 février 1267, dans Giudice, *Codice diplomatico*, t. I, p. 281, n° XCIII.

4. « Item statuimus quod quoties contigerit curiam velle de novo fieri facere naves, vascella et alia opera construi facere, vel etiam reparari, non deputentur ad hoc aliqui inviti pro tertio facienda, nisi ea forte aliqui ad extalium velint sponte recipere facienda, alioquin hujusmodi opera committant bonis viris ad credentiam qui teneantur exinde debitam ponere rationem.» (*Constitutiones*, éd. 1580, p. 321.)

5. Art. 25 de la Constitution du 10 juin 1282 : « Provisum est pro meliori et salubriori custodia captivorum et quod homines

par laquelle Charles I avait proscrit cette coutume et établi dans chaque justicerie des sergents spécialement préposés à la surveillance des prisonniers.

Les trésoriers et justiciers royaux avaient coutume de faire parvenir à la Chambre royale par l'intermédiaire de personnes que désignaient les universités, aux frais et sous la responsabilité des dites universités, l'argent du fisc. Le prince de Salerne déclara dans les Chapitres de San-Martino [1] que le transport de cet argent serait désormais confié à des personnes choisies par les officiers royaux et aux frais du trésor. Honorius IV renouvela cette disposition (art. 13), déclarant en outre que ce service ne pourrait pas plus être imposé aux particuliers qu'aux communautés.

Les dépenses nécessaires à la réparation des châteaux incombaient d'ancienneté aux habitants du royaume; de là à exiger d'eux la construction de nouveaux édifices il n'y avait qu'un pas; ce pas, l'administration royale l'avait fait. Le prince de Salerne décida qu'on ne pourrait demander de l'argent aux communautés que pour la réparation des anciens châteaux [2]. Mais il avait négligé de déterminer ce qu'on devait entendre par anciens châteaux. Honorius IV compléta le chapitre rédigé au parlement de San-Martino. D'après l'article 14 de sa Constitution, ne devaient être reconnus comme anciens que les édifices dont la construction remontait à plus de cinquante ans.

Charles I avait interdit l'emprisonnement des accusés qui offraient de fournir à la cour des cautions [3], à moins toutefois d'un ordre spécial émané du roi et réserve faite de certains cas prévus dans les Constitutions. Ces exceptions laissaient place à l'arbitraire. Honorius IV prescrivit de se conformer en cela aux règles du droit civil (art. 15).

Il semble que la propriété privée ait été, sous le règne de Charles I, et à en juger par les mesures que ce roi dut prendre pour la garantir, assez peu respectée. D'ailleurs les confiscations opérées par Charles d'Anjou sur les biens de ses ennemis et d'autre part les donations de terres

---

regni et cujuslibet officialis, sicut hactenus, in eorum custodia non graventur, præcipue pauperes quos ex præmissis onus hujusmodi attingebat, quod in quolibet justitiariatu regni debeant deputari per justitiarium servientes in numero inscripto, videlicet in justitiariatu Aprucii servientes quindecim..., qui servientes morentur continue cum justitiario regionum et ad captivorum custodiam deputentur. Et quando captivus aliquis esset ad nostram curiam transmittendus de loco ad locum, universitates locorum seu personæ singulares propterea non graventur, sed aliqui de ipsis servientibus ad captivorum custodiam deputatis, juxta provisionem justitiarii, ducant et transferant sub ipsorum custodia captivos eosdem... » (Constitutiones, éd. 1580, p. 307.)

1. Art. 33 : « Item, statuimus quod thesaurarii, justitiarii et alii officiales regni non gravent universitates quod pecuniam per homines sub universitatum expensis et periculo eligendos ad cameram vel curiam regiam vel alia loca mittant, sed per viros sufficientes et idoneos de jurisdictione ipsorum ad expensas curiæ debeant destinare. » (Constitutiones, éd. 1580, p. 319.)

2. Art. 44 des Chapitres de San-Martino : « Item, statuimus quod ab universitatibus terrarum et locorum deputatorum ad reparationem castrorum, requiratur et exigatur per curiam pecunia necessaria tantum pro reparatione veterum ædificiorum, castrorum ipsorum et non ad nova ædificia construenda ; in his vero prædicta pecunia in reparatione prædicta per homines fidedignos, eligendos ab universitatibus quæ ad ipsorum reparationem tenentur, fideliter expendatur. » (Constitutiones, éd. 1580, p. 321.)

3. Constitution du 10 juin 1282, art. 10 et art. 14, dans Constitutiones, éd. 1580. p. 305.

faites aux chevaliers français, ses compagnons d'armes, avaient dû jeter le trouble dans l'économie des propriétés. Les feudataires empiétaient sur les terres de leurs voisins [1]; et ces feudataires mêmes étaient sans cesse troublés dans la possession de leurs fiefs par les agents du fisc qui cherchaient à étendre indûment les limites du domaine royal [2]. N'est-ce pas une chose singulière que de voir Charles d'Anjou obligé, comme il le fit dans une ordonnance du 15 mars 1272, de rappeler à ses sujets que nul ne peut de sa propre autorité enlever le bien de son voisin : « Nous défendons, dit-il, qu'aucun de nos sujets, puissant ou faible, noble ou roturier, de quelque classe ou condition qu'il soit, n'ose de sa propre autorité dépouiller de sa possession un autre de nos sujets [3]. » Par la même Constitution le roi déterminait la procédure à suivre devant les tribunaux pour réclamer les possessions dont on se prétendait indûment privé. Cette procédure était assez compliquée. Honorius IV se contenta de décider que dans l'examen de ce genre de causes, comme aussi dans les procès intentés à ceux qu'on prétendait avoir trouvé un trésor, on devait se référer au droit civil (art. 15).

Les habitants du royaume se plaignaient de la surveillance trop sévère exercée aux frontières; les formalités nombreuses qu'il fallait remplir pour sortir du royaume et les obstacles mis à l'exportation des marchandises mettaient des entraves au commerce. Des bureaux de douane (*passus*) étaient établis à la frontière sur toutes les routes [4]. Le piéton qui voulait sortir du royaume devait montrer aux *maîtres des pas* (*magistri passuum*) une lettre close, écrite sur papier, et scellée d'un petit sceau [5]. Quant aux armes, denrées alimentaires, légumes, bœufs, vaches, porcs, brebis, moutons, béliers, juments et animaux de toutes sortes, nul ne pouvait les faire sortir sans présenter aux douaniers des lettres patentes du roi munies du grand sceau et indiquant son nom, avec la quantité et la qualité des objets qu'il voulait exporter. Toute chose sortie furtivement était confisquée. Les peines les plus sévères frappaient les contrebandiers comme les officiers royaux qui se prêtaient à la fraude. Honorius IV chercha à tempérer la sévérité de ces règlements (art. 16). En temps de guerre ou de troubles, quand un danger menaçait le roi ou l'état, le souverain pourrait prendre telles mesures qui lui sembleraient bonnes pour faire garder les passages. Mais en temps de paix, l'entrée et la sortie du royaume

---

1. Constitution du 10 juin 1282, art. 55 : « Item prædicti (terrerii, videlicet comites, barones et feudatarii), contenti antiquis territoriis terrarum suarum, videlicet quas prædecessores eorum pro tempore habuerunt, ad territoria vicina tam demanii quam ad alia se aliquatenus non extendant. » (*Constitutiones*, éd. 1580, p. 312.)

2. Article 15 de la Constitution d'Honorius IV.

3. « Statuimus igitur quod nullus de regno nostro potens vel humilis, nobilis vel plebeius, cujuscumque gradus vel conditionis existat, aliquem alium de regno similiter vel in regno possessione vel quasi possessione rei mobilis vel immobilis authoritate propria spoliare præsumat. » (*Constitutiones*, éd. 1580, p. 287, et Minieri-Riccio, *Saggio di codice diplomatico*, t. I, p. 145.)

4. Voyez la liste des *passus* dans la Constitution du 10 juin 1282, art. 41, dans *Constitutiones*, éd. 1580, p. 309.

5. Voyez, sur le règlement des *passus*, les instructions adressées le 6 novembre 1279 à Guillaume de Joinville établi *magister passuum* de l'Abruzze, dans Minieri-Riccio, *Saggio di codice diplomatico*, t. I, p. 178.

étaient déclarées libres pour les habitants du royaume ou toute autre personne non suspecte. Cependant une permission spéciale du roi était nécessaire pour exporter des chevaux et des armes. Quant aux victuailles, animaux et autres produits que chacun récoltait dans ses terres ou ses fermes, on pouvait les envoyer hors du royaume même pour les vendre, pourvu qu'on ne les destinât pas à des ennemis, et à moins que la stérilité ne contraignît le roi à empêcher l'exportation. Mais s'il s'agissait d'objets acquis, en tout temps, même dans les années fertiles, une autorisation était nécessaire pour leur sortie. Le roi continuait à percevoir les droits qui lui étaient dus. A l'intérieur du royaume la circulation était libre, même par mer, pour les grains et légumes que les habitants, ecclésiastiques ou laïques, récoltaient sur leurs terres, sans qu'ils eussent à payer aucun droit de sortie, d'entrepôt ou de douane. Quant aux objets de commerce, leur transport était permis dans de petites barques dont le tonnage était déterminé, d'un port libre à un autre port également libre; mais le roi pouvait percevoir un droit, pourvu que ce ne fût pas un droit de sortie ou d'entrepôt; ces deux derniers droits, *jus exiture* et *jus fundici* étaient classés parmi les droits nouveaux (*jura nova*), établis par Frédéric II; la dynastie normande ne les connaissait pas [1]. De plus, ceux qui transportaient ou faisaient transporter les marchandises devaient s'engager sous caution envers le capitaine du port d'embarquement à obtenir dans un certain délai du capitaine du port d'arrivée des lettres constatant le déchargement.

Le droit d'épaves était rigoureusement appliqué dans le royaume de Sicile. Les maîtres des ports et les douaniers saisissaient au profit de la cour tous les objets que le flot, à la suite des naufrages apportait à la côte [2]. Honorius IV abolit cette coutume (art. 17) et ordonna de rendre les objets recueillis à leurs propriétaires.

Parmi les abus de pouvoir dont les habitants avaient à souffrir de la part des officiers royaux, ceux auxquels donnait lieu l'hébergement des curiaux n'étaient pas les moins graves. Charles d'Anjou s'en était inquiété et avait cherché à les réprimer. Le 8 janvier 1277 il adressa des remontrances aux justiciers : « Les personnes à gages qui parcourent le royaume avec les justiciers pour s'acquitter de leurs services..., comme aussi nos autres officiers et familiers..., outre les autres charges dont ils oppriment arbitrairement nos fidèles, s'emparent violemment de toutes leurs victuailles, non seulement de celles qui sont à vendre et qu'on leur offre au prix courant, mais aussi de celles que les dits fidèles se réservent, et cela sans les payer sinon en injures, insultes et coups [3]. » Et dans une Constitution sans date le roi revient sur les mêmes

---

1. Durrieu, *Archives angevines*, t. I, p. 91.

2. On lit dans les *Capitula inquirenda contra vicarios etc.* (1274) : « Item, (inquiratur) quantum habuerunt (magistri portulani et dohanerii) de naufragiis et de quibus vassallis. » (Minieri-Riccio, *Saggio di codice diplomatico*, t. I, p. 110.)

3. Mandement de Charles d'Anjou, en date du 8 janvier 1277 : « Stipendarii cum justitiariis regni nostri ad nostra servitia deputati, sive in comitiva justitiariorum ipsorum per provincias eisdem decretas discurrant, sive pro recollectione fiscalis pecunie

excès : « De nombreuses plaintes nous sont parvenues au sujet de certains officiers de notre suite, qui, toutes les fois qu'ils arrivent dans une cité ou tout autre lieu, s'y arrogent le droit d'*hostise* dans les mêmes maisons qui leur avaient été assignées par le maréchal ou son vicaire lorsqu'ils avaient séjourné précédemment dans ces lieux avec la cour; et ils y demeurent à leur bon plaisir comme chez eux. C'est pourquoi, par le présent édit, nous défendons que nul n'ose de sa propre autorité entrer dans une maison, malgré le maître. Quiconque osera contrevenir à cet ordre encourra les effets de notre mécontentement et sera privé de ses chevaux. Toutefois nous faisons une exception pour nos conseillers, les gens de notre office, le maître justicier, les juges de notre grand' cour, les protonotaires, les maîtres des comptes et les notaires à qui nous réservons le privilège de notre hôtel, de telle sorte qu'il leur soit permis, quand nous reviendrons dans un lieu, d'habiter dans la même maison qui leur aura été assignée une première fois par le maréchal ou son vicaire et d'y séjourner aussi longtemps que nous resterons dans le dit lieu [1]. » Ces deux ordonnances n'arrêtèrent pas les excès des officiers contre leurs hôtes, car le roi fut obligé de renouveler ces prescriptions dans un article de la Constitution du 10 juin 1282 : « Que les personnes au service des justiciers ou leurs familiers... ne prennent dans les habitations ni paille, ni foin, ni bois, ni animaux, ni lits; qu'ils ne violent pas les domiciles privés mais se contentent des logements et des lits à eux assignés par les bailes ou les jurés...; qu'ils ne commettent ni exactions ni oppressions et qu'ils achètent, en payant d'avance, toutes les choses nécessaires à leur entretien et à celui de leurs chevaux, au prix courant et sans user de violence envers les vendeurs. Et s'ils contreviennent à nos ordres en saisissant les personnes ou en commettant à leur égard quelque injustice, qu'ils soient privés de leurs chevaux et de leurs armes. S'ils obtiennent des victuailles par la violence ou la menace,

vel aliis nostris servitiis transmittantur, non contenti eorum sufficientibus et statutis gagiis... necnon familiares ipsorum, emptores precipue et magistri hospitiorum ac etiam alii officiales et familiares nostri, qui pro diversis serviliis pro tempore destinantur, et familiares eorum, preter alia gravamina et presuras que fidelibus nostris regnicolis temerarie inferunt, bona eorum victui oportuna, non tantum ea que affluuntur, ipsis stipendiariis, officialibus et familiaribus communi pretio venalia exponuntur, sed ea que fideles ipsi pro usibus eorun sibi reservant violenter extorquent, pretio pro eis aliquo non soluto, quin potius, quod horribilius reputatur, pro pretio venditoribus rependunt injurias ipsosque afficiunt contumeliis, verberibus et molestiis aliis... » (Minieri-Riccio, *Saggio di codice diplomatico*, t. I, p. 122)

1. « Ad audientiam nostram ex clamosa multorum insinuatione pervenit quod nonnulli de stipendiariis nostris et alii etiam qui de nostra familia nostraque comitiva existunt, hospitia, que in ipsis civitatibus locisque aliis regni nostri ad que nos declinare contigerit per marescalcum nostrum aut ejus vicarium assignantur, ad hoc sibi appropriare aut vendicare presumunt, ut quandocumque et quotiescumque ad easdem civitates eademque loca nobiscum convenerint, et etiam sine nobis, temeritate propria prædicta ingrediuntur hospitia; et in eis etiam tanquam propriis laribus pro eorum libito commorantur. Et ideo nos præsenti edicto inviolabiliter præcipimus ut nullus ad hujusmodi hospitia, etiam nobis in civitate et locis prædictis presentibus, invitis hospitiorum dominis, authoritate propria declinare præsumat. Quicumque autem secus præsumpserit, indignationem nostri culminis et pœnam amissionis equorum suorum se noverit incursurum. Ab hujusmodi autem constitutione excipimus consiliarios nostros et officiales officii nostri, necnon magistrum justitiarium et judices magnæ curiæ nostræ, prothonotarios, magistros rationales et notarios, quibus hospitii nostri privilegium reservamus ut liceat eis, ad locum nobis aliquem redeuntibus, assignata eis pridem per marescalcum vel ejus vicarium hospitia ingredi, etiam eis, quamdiu in eisdem locis fuerimus, commorantibus. » (*Constitutiones*, éd. 1580, p. 298.)

qu'ils payent une once d'or. Nous voulons que ces mêmes règles s'appliquent aux autres serviteurs et familiers, et que l'amende pour l'extorsion des victuailles soit exigée par notre cour [1]. » Enfin, par un des Chapitres de San-Martino [2], le prince de Salerne établit que partout où dans le royaume son père et lui séjourneraient avec leurs gens, le froment, le vin et autres victuailles à leur usage, et l'orge pour les chevaux seraient achetés par les officiers et familiers de la cour au prix ordinaire; que les tonneaux ne seraient pas mis sous scellé, que les choses susdites seraient achetées de ceux-là seuls qui en auraient à vendre; enfin que la Constitution récemment promulguée par Charles I serait observée.

Les articles 18 et 19 de la Constitution d'Honorius IV tendent à la répression des abus signalés et condamnés dans les ordonnances que nous venons de transcrire. « Les habitants du royaume, écrit le pape, se plaignent très fort que les curiaux, les serviteurs du roi, et tous ceux qui sont attachés à la cour, dans les cités ou autres lieux où ils viennent avec la cour et même sans elle, envahissent les maisons, parfois même jettent les maîtres dehors, s'emparent des volailles, des animaux et autres biens, et à l'occasion se laissent aller à des sévices contre les personnes. Désirant porter remède à de tels maux, nous défendons qu'aucun curial, serviteur, ou toute autre personne attachée à la cour ne s'arroge de son autorité propre le droit d'*hostise* dans une maison; mais nous voulons que les logements leur soient assignés par deux ou trois élus, ou même plus, suivant l'importance de la ville, à ce députés par la cour, et autant d'élus choisis par les habitants. Les dits curiaux ne prendront rien chez leurs hôtes, ne se rendront coupables d'aucune injure envers les personnes; et aucun d'eux s'autorisant du fait qu'un logement lui a été assigné dans une maison, au cas où il reviendra dans le même lieu, seul ou avec la cour, ne réclamera le droit d'hébergement dans la même maison sans une assignation faite dans la forme prescrite. Le roi, les personnes de sa maison et toute sa suite seront hébergés gratuitement. Quant aux serviteurs à gages et autres personnes, leur hébergement

---

1. Constitution du 10 juin 1282, art. 15 : « Item, stipendiarii cum justitiariis commorantes vel alii familiares eorum... nec etiam paleam, fœnum, vel ligna in locis inhabitationis recondita, nec animalia, nec lectos accipiant, nec domus singularum personarum, eis invitis, ad aliquid sibi inferendum ingrediantur, sed contenti hospitiis sibi per locorum bajulos seu magistros juratos assignandis lectis per eorum manus recipiant; qui bajuli sint soliciti circa celerem assignationem hospitiorum et locorum et etiam disseasu ipsorum sine pretio et difficultate restituant; hospitibus eorum nullas extorsiones vel oppressiones inferant, victualia et necessaria omnia tam pro personis quam equis eorum emant, pretio prius per eos soluto, quo communi pretio in terra ubi hospitantur communiter distrahantur, prout melius possunt, sine comminatione et coercione, cum venditoribus convenire, et si contrafecerint per captionem personarum, in injuriis illatis in personis, priventur equis et armis; pro victualibus vero per violentiam cum comminatione et coercione ablatis, amittant qualibet vice unciam auri unam. Idem etiam statuitur de aliis stipendiariis et familiaribus, quantum ad extorsiones victualium, quæ pœna per nostram curiam exigatur. » (*Constitutiones*, éd. 1580, p. 306.)

2. Chapitres de San-Martino, art. 34 : « Item, statuimus quod ubicumque per regnum dominum patrem nostrum et nos cum gente nostra morari contigerit, frumentum, vinum et alia victualia pro usu ipsius gentis ac ordeum pro equis ab eis qui ea victualia habuerint emantur per officiales curiæ et familiares communi pretio, nec sigillentur vegetes hominum, nec predicta emantur nisi ab habentibus ea venalia, servata in predictis omnibus forma novæ constitutionis vel capituli editi super his de novo per dominum patrem nostrum. » (*Constitutiones*, éd. 1580, p. 319.)

HONORIUS.

ne sera gratuit que pendant un mois; si la cour demeure plus longtemps ou s'ils voyagent sans la cour, ils paieront aux maîtres des maisons une rétribution pécuniaire fixée par les élus. Dans les lieux où l'on peut trouver à acheter des marchandises, du vin et des victuailles, la cour, les curiaux ou leurs officiers ne pourront forcer personne à vendre son vin ou ses victuailles, ni les enlever malgré les propriétaires; les tonneaux de vin ne seront pas mis sous scellé, et s'il arrivait qu'ils y fussent mis, les maîtres des tonneaux pourront enlever les sceaux; d'autant plus que le roi Charles l'a permis. Mais si dans le lieu où la cour et les curiaux s'arrêtent, il n'y a pas de victuailles exposées à la vente, les habitants qui en posséderont en abondance seront forcés par des élus, que la cour et les habitants désigneront et qui seront députés par l'autorité royale, de vendre à la cour et à sa suite, moyennant un prix convenable et fixé par les élus, tout ce qui ne sera pas nécessaire à eux et à leur famille. »

Charles I avait trouvé dans l'application rigoureuse et tyrannique du principe du droit féodal qui voulait que le vassal ne se mariât qu'avec l'assentiment de son suzerain un moyen d'enrichir ses compagnons d'armes et le fisc. On lit dans le discours que Nicolas Speziale prête à l'orateur envoyé par les Siciliens au roi d'Aragon : « Quelle iniquité rappellerai-je d'abord? L'enlèvement des jeunes filles... ou bien la défense faite aux femmes nobles et riches de se marier sans le consentement du roi, de sorte qu'elles devaient épouser des Français ou des Provençaux; sinon, elles restaient stériles, et comme elles n'avaient pas d'héritiers, leurs fiefs revenaient au fisc [1]. » Une lettre du 30 décembre 1270 écrite par Hugues de Bourgogne, vicaire de Charles d'Anjou, à une veuve nommée Isolda de Molinaria témoigne de la pression qu'on exerçait sur les veuves pour leur faire épouser les chevaliers du roi [2]. Charles d'Anjou pouvait d'ailleurs invoquer une Constitution de Frédéric II [3] qui portait qu'aucun comte, baron ou chevalier tenant des baronies, châteaux ou fiefs directement de la couronne, ne pourrait sans la permission du roi ni se marier, ni marier et doter ses filles, sœurs, petites-filles et fils. De plus Charles I avait pris des mesures restrictives relativement aux mariages des enfants des traîtres et des bannis qui ne pouvaient, sans avoir obtenu une autorisation spéciale, ni se marier entre eux, ni épouser quelque autre personne du royaume sous peine de confiscation de tous leurs

1. « Quid primum referam? Raptasne virgines... an vetita nobilium et divitum mulierum absque consensu regis ea ratione conjugia ut vel suis Gallicis et Provincialibus nuberent, vel, dilato per moram coeundi tempore, steriles remanerent, quo casu eorum feuda, sublatis heredibus, verterentur ad fiscum? » (Nicolai Specialis *Historia sicula*, l. I, c. XI, dans Muratori, *Scriptores*, t. X, col. 930.)

2. Minieri-Riccio, *Saggio di codice diplomatico*, t. I, p. 71, n° LXXIII.

3. « Honorem nostri diadematis debitum conservantes, presenti constitutione sancimus ut nullus comes, baro vel miles vel quilibet alius qui baronias, castra vel feuda [in capite] a nobis teneat vel ab alio, que in quaternionibus dohane nostre inveniuntur in scriptis, sine permissione nostra uxorem ducere audeat, maritare filias, sorores aut neptes [vel quaslibet alias], quas ipsi possint aut debeant maritare, aut filios uxorare cum immobilibus aut mobilibus, huic legi consuetudine que in aliquibus regni partibus obtinuisse dicitur non obstante. » (Constitution de Frédéric II dans *Constitutiones regni Siciliæ*, l. III, titre XXIII, éd. Huillard-Bréholles, t. IV, p. 134.)

biens. Le prince de Salerne, au Parlement de San-Martino [1], déclara que toute personne, quelle qu'elle fût, même les barons, comtes, et autres feudataires, serait libre de contracter mariage, ou pourrait marier ses filles, tantes, sœurs, et petites-filles, sans demander comme auparavant l'assentiment de la cour, pourvu que la dot ne consistât pas en fiefs et que le mariage eût lieu entre fidèles; mais il maintint l'interdiction de donner des fiefs en dot sans une permission spéciale du roi. Il faut arriver à la Constitution d'Honorius IV pour voir proclamer dans le royaume de Sicile la liberté complète des mariages (art. 20). Le pape défendit au roi et à ses officiers de créer des embarras à ceux qui voudraient s'unir; et il déclara que les habitants du royaume pourraient non seulement se marier entre eux comme bon leur semblerait, mais encore se donner réciproquement à titre de dots des fiefs et des biens féodaux sans avoir aucune permission à demander à la cour, et sans crainte d'être inquiétés à ce sujet ni dans leur personne ni dans leurs biens.

L'enquête formait la base de la procédure suivie dans les tribunaux royaux. Exagérée et pratiquée à l'insu des parties l'enquête devient l'inquisition.

Honorius IV, pour prévenir ce danger, établit qu'une enquête ne pourrait être dirigée contre un particulier qu'en sa présence, à moins qu'il ne fût contumace; de plus on devait lui donner connaissance des points sur lesquels on se proposait de faire l'enquête afin de le mettre en état de se défendre.

En dehors des enquêtes particulières, les justiciers, aidés des juges et des notaires, faisaient chaque année une enquête générale dans leur province, mais il paraît que c'était encore là pour les justiciers une occasion d'extorquer de l'argent aux populations. Car Charles d'Anjou leur défendit de profiter de ces enquêtes générales pour exiger à titre de composition de l'argent des universités qui préféraient transiger plutôt que courir les risques d'une condamnation [2]. La procédure devait suivre son cours jusqu'à la condamnation ou l'acquittement. Honorius IV, dans l'article 22 de sa Constitution, confirma cette prescription; il rappelle même l'ordonnance du roi Charles. Le pape ajouta (art. 23) que dans les procès qui surviendraient entre le fisc et des particuliers, on devrait se conformer dans l'examen des droits des parties, dans le prononcé de la sentence définitive et dans son exécution, à la procédure ordinaire, sans que le fisc cherchât

1. Chapitres de San-Martino, art. 20 : « Item, statuimus quod licitum sit baronibus, comitibus et aliis feuda tenentibus vel etiam quibuscumque personis libere matrimonia contrahere, filias, amitas, sorores et neptes maritare, filios uxorare et alia matrimonia celebrare in quibus hactenus requirebatur assensus, sine assensu curiæ impetrando, dummodo feuda vel res feudi non dentur in dotem et dummodo eadem inter fideles contrahant et fiant. Quod si secus factum fuerit, sive quod feudalia dentur in dotem sine curiæ assensu, sive quod cum infidelibus contrahant, feuda amittant illi qui sine assensu contraxerint, et ad jus curiæ applicentur...; si vero bona feudalia dentur in dotem, requiratur assensus... » (Constitutiones, éd. 1580, p. 316.)

2. Constitution de Charles I, sans date: « Item, quod prædicti justitiarii occasione generalium inquisitionum quas per se cum judicibus et actorum notariis faciunt semel in anno, nihil ab universititatibus vel singularibus personis recipiant pro compositione sed secundum merita probatorum ex inquisitione ipsa ad condemnationem vel absolutionem, sicut fuerit de jure, procedant... » (Constitutiones, éd. 1580, p. 296.)

à l'interrompre ni à la retarder; de façon à ce que les particuliers n'eussent à souffrir aucune injustice de la part de l'administration fiscale.

L'article suivant se rapporte encore à la répression des empiétements du fisc sur les propriétés privées; car il s'agit de la création et de la garde des forêts. Charles d'Anjou, dans l'ordonnance du 10 juin 1282, avait recommandé aux maîtres des forêts et *défens* de ne pas exercer leur juridiction en dehors des limites des dites forêts, et de laisser les personnes qui avaient des terres à l'intérieur des forêts et aux alentours, les labourer et cultiver librement. Il avait en outre enjoint aux justiciers d'avoir un registre contenant l'énumération et la description des forêts de leur province, afin de pouvoir s'opposer à la création par les forestiers de nouveaux *défens* et à l'extension des anciens [1]. Honorius IV renouvela ces prescriptions (art. 24). Il défendit absolument au roi, aux grands de sa cour et à ses officiers d'établir des forêts sur les terres des particuliers, et à la cour, aux maîtres et aux gardes des forêts d'inquiéter personne dans la culture de ses terres ou la récolte de ses fruits. De plus, il ordonna la suppression de toutes les forêts récemment créées.

L'article suivant (art. 25) reconnaissait à toute personne ecclésiastique ou laïque possédant des salines, le droit de les exploiter et d'en vendre le produit.

Par l'article 26, les corvées que les châtelains imposaient aux habitants, à savoir : le transport de pierres, de bois et d'autres choses, furent supprimées. Il fut également défendu aux châtelains de percevoir des droits de péages sur les objets qui passaient par leurs châteaux ou à proximité.

Le pape régla aussi les droits de chancellerie et de sceau perçus pour l'expédition des lettres royaux. Il est probable que le tarif avait été élevé dans les dernières années du règne de Charles d'Anjou, car au Parlement de San-Martino, le prince de Salerne avait promis [2] de revenir au tarif en usage sous les chanceliers Jean d'Acy, Geoffroy de Beaumont et Simon de Paris, dont le dernier était mort en 1273 [3].

---

1. Constitution du 10 juin 1282, art. 51 : « Magistri forestarum et defensarum ultra defensarum et forestarum antiquos terminos homines et animalia non capiant nec ultra forestas ipsas officium suum extendant, nec faciant forestarios burgenses nec alios
divites homines locorum...; et dimittant libere homines habentes terras et possessiones in defensis et circa defensas, quas ut antiquas laborare et colere consueverunt, ipsas per se vel alios sicut olim fecerunt; et pro affidatura vel defensione pro prædictis
terris et possessionibus eorum propriis aliquid non exigant vel recipiant ab eisdem... » Art. 52: « Et ne novas forestas nec defensas prædicti magistri forestarii [facere] possint, justitiarii regionum habeant forestas et defensas et terras eorum distinctas in
scriptis, sicut magistri forestarum habent a curia, ut possint melius scire et invenire si magistri forestarum manus suas exten-
dunt extra terminos. » (*Constitutiones*, éd. 1580, pp. 310 et 311.)

2. Chapitres de San-Martino, art. 35 : « Item, statuimus et ordinamus quod pro sigillo domini patris nostri et nostro non
recipiatur ab impetrantibus, secundum quod nunc recipitur, nisi secundum quod recipiebatur tempore dominorum cancellariorum
domini decani Meldensis, domini Goffredi de Bellomonte et domini Simonis de Parisiis, quorum temporibus recipiebatur in forma
subscripta, videlicet:... » (*Constitutiones*, éd. 1580, p. 319.) Voyez Durrieu, *Archives angevines*, t. I, p. 221 à 223, et la note 2 de
la p. 222.

3. Durrieu, *Archives angevines*, t. I, p. 234.

Le pape ne se préoccupa pas de déterminer, comme l'avait fait le prince de Salerne, le droit à percevoir pour chaque espèce de lettres; il se contenta de les distinguer en trois catégories, et de fixer pour chacune de ces catégories un droit maximum. C'étaient : 1° les lettres de justice; 2° les lettres de grâce, patentes ou closes, ne portant pas concession de fief ou de terre; 3° les lettres de grâce relatives à une concession de fief ou de terre, et les autres privilèges.

Pour les premières, on ne devait rien percevoir; or, d'après l'ancien tarif remis en vigueur au parlement de San-Martino, une lettre patente de justice donnait lieu à la perception de quatre tarins [1]. Quant aux lettres de grâce de la première catégorie, on ne pouvait exiger de l'impétrant plus de quatre tarins; précédemment le droit de sceau pour ces sortes de privilèges pouvait s'élever jusqu'à douze tarins [2]. Le droit de sceau pour les concessions de fief et de terre, et les autres privilèges, varie suivant l'importance de la concession et le bon vouloir du concédant, mais en aucun cas il ne pouvait s'élever à plus de dix onces par fief : sur ce dernier point, il ne semble pas que le tarif ait été abaissé.

L'article 28 n'est guère que la confirmation d'un chapitre de l'ordonnance du 10 juin 1282 par lequel Charles d'Anjou [3] avait interdit aux justiciers et aux officiers placés sous leurs ordres de s'emparer des animaux destinés au service des moulins; pour faire les charrois, ils devaient se procurer d'autres animaux et en payer le loyer; toute infraction à cette ordonnance comportait la restitution des dits animaux, le remboursement du dommage au propriétaire, et le paiement à la cour d'une amende d'une once d'or par animal saisi. Honorius IV ajouta qu'aucun animal, quel qu'il fût, ne pourrait être pris par la cour ou les officiers royaux pour un service public sans que le maître y consentît; et on devait lui payer un prix de location convenable fixé de bon gré entre les parties.

Honorius IV attira l'attention du souverain sur le soin avec lequel il devait choisir des officiers qui fussent capables de remplir leur charge. Il devait particulièrement se méfier des étrangers qui, par suite de l'ignorance des Constitutions du royaume, et aussi grâce à la bienveillance que la cour montrait à leur égard, opprimaient impunément les sujets. De plus comme ceux-ci se plaignaient (art. 30) de ne pouvoir parvenir jusqu'au souverain pour obtenir réparation des torts qui leur étaient faits, le pape engageait le roi à se rendre plus accessible à ses sujets.

L'article 31 complétait l'article 24 relatif à l'administration des forêts. Interdiction était

---

1. Art. 35 des Chapitres de San-Martino, dans *Constitutiones*, éd. 1580, p. 319, et Durrieu, *ouvrage cité*, t. I, p. 222.

2. Durrieu, *Ibidem*.

3. Art. 20 : « Item, justitiarii et subofficiales eorum ac stipendiarii non capiant animalia ad centimulos deputata, sed, cum necesse, inveniant animalia alia habilia ad vecturam et loerium convenientia; et, si contra fecerint, restitutis animalibus cum toto damno eorum dominis, pœnæ nomine pro quolibet vice et quolibet animali solvant unciam auri unam. « (*Constitutiones*, éd. 1580, p. 306.)

faite d'inquiéter quiconque trouvait, prenait et tuait un animal sauvage en dehors des limites
d'une forêt ou d'un *défens*, pourvu qu'il ne l'eût pas poursuivi, et qu'il n'eût employé pour le saisir
aucun artifice. On comprendra mieux la portée de cet article si l'on songe que la chasse était
rigoureusement interdite, même aux nobles, dans les forêts royales [1].

Les derniers articles de la Constitution d'Honorius IV se rapportent au droit féodal et aux
relations du roi avec les barons. Il est assez difficile de déterminer les modifications qu'ils ont
fait subir au régime féodal tel qu'il existait ou était pratiqué sous le règne de Charles I; car,
parmi les ordonnances de ce prince publiées jusqu'à ce jour, celles qui touchent à cette matière
sont peu nombreuses.

Le souverain pontife décréta (art. 32) qu'on ne pourrait exiger d'aucun comte ou baron qu'il
construisît des tartanes ou des vaisseaux à ses frais. Toutefois il n'entendait pas qu'on dérogeât
au droit du roi sur les bois de construction, les mariniers et tout autre service maritime, dus
par certaines villes ou par des particuliers.

L'article 33 concerne le bail des enfants mineurs qui, sous le règne de Charles I, était confié
à un officier royal de l'ordre financier [2]. Désormais, au cas où un baron viendrait à mourir
laissant un fils ou une fille mineurs, le roi devait leur choisir pour baile leur parent le plus proche, s'il était en état de s'acquitter de cette charge.

L'article 34 porte que si un feudataire du roi ou même un sous-feudataire meurt sans laisser
d'héritier en ligne directe, mais seulement un frère ou des neveux, si de plus le fief vacant était
échu au défunt de parents communs à lui et à son frère, le dit frère ou, à son défaut, celui de
ses enfants, jusqu'à la troisième génération, qui sera le plus proche, succédera au fief et à toutes ses charges; en admettant également à la succession du fief tous ceux qui seront parents du
défunt au même degré. Le droit sicilien, tel que l'avait fixé Frédéric II, n'accordait dans la succession féodale aucun avantage aux fils sur les filles [3]. Les chevaliers français refusaient de
se soumettre à cette Constitution. Honorius IV décida qu'en ce qui concernait la succession des
feudataires ou sous-feudataires vivant dans le royaume de Sicile d'après le droit français, on
continuerait d'observer les prérogatives du sexe et de l'âge, de façon à ce qu'entre deux héri-

1. Instructions aux justiciers, du 23 janvier 1277 : « Item, quod in ingressu tui officii per terras et loca singula jurisdictionis
tue expresse facias puplice inhiberi quod nullus comes, baro, miles, burgensis et quilibet alius, cujuscumque conditionis existat, in defensis et forestis ad nostra solatia deputatis vel al aliquo modo venari presumat... « (Minieri-Riccio, *Saggio di codice
diplomatico*, t. I, p. 128.)

2. Durrieu, *Archives angevines*, t. I, p. 57.

3. « In aliquibus regni nostri partibus consuetudinem pravam audivimus hactenus obtinuisse, quod in bonis comitis, baronis vel
militis qui decesserit, filiis masculis non relictis, filie non succedunt, sed consanguinei [quantumcumque remoti] masculini sexus
tam balium pupillarum ipsarum post mortem patris accipiunt quam successionem usurpant, et ipsas pro ipsorum dispositione
maritant... Hac igitur legitur lege nostra... sancimus, patre mortuo, tam filios quam filias puberes aut majores minoresve ad
parentum successionem absque sexus discretione vocari... » (Constitution de Frédéric II, dans les *Constitutiones regni Sicilie*,
l. III, titre XXVI, éd. Huillard-Bréholles, t. IV, p. 136.)

tiers, parents du défunt au même degré, les mâles fussent préférés aux femmes et l'aîné aux cadets; si cependant deux filles étaient en concurrence et si l'aînée était mariée et la plus jeune encore fille, dans ce cas celle-ci devait être preférée à la première; mais s'il arrivait que toutes les héritières fussent mariées, alors le droit de primogéniture devait être observé. Si le fief vacant n'était pas un bien patrimonial, mais si le défunt en avait été le premier investi, son frère seul pouvait, à défaut d'héritiers directs, y prétendre, à moins que l'acte de concession ne renfermât des dispositions particulières. Toute coutume ou constitution contraire se trouvait abrogée par cette disposition pontificale.

Par l'article 35 le sous-feudataire est déclaré ne devoir aucun service au roi pour le fief qu'il tient d'un feudataire du roi; il n'est obligé au service vis à vis du roi que s'il tient de lui directement un autre fief.

L'article suivant déclare qu'au cas où un sous-feudataire commettra un crime qui entraîne la confiscation de ses biens ou mourra sans héritiers légitimes, son suzerain immédiat pourra investir du fief vacant, même si ce fief est inscrit dans les registres de la cour, une personne idoine, pourvu qu'il la présente au roi afin d'obtenir son approbation. Mais s'il s'agit d'un fief non enregistré, celui-ci fait retour au seigneur immédiat qui pourra le concéder à telle personne qui lui conviendra, sans avoir besoin ni de la présenter au roi ni de demander son assentiment.

La cour ne pouvait imposer l'exercice d'aucune charge aux vassaux des barons; mais s'il arrivait que ceux-ci acceptassent volontairement un office et que par là même ou pendant la gestion du dit office ils contractassent une dette ou commissent un délit, les barons ne devaient à cette occasion subir aucun préjudice dans les biens de leurs vassaux ni dans les leurs.

L'administration des universités (*communautés*) était confiée à des magistrats élus, nommés *judices* dans le territoire du domaine royal et *magistri jurati* dans les terres des églises et des seigneurs laïques. Mais les uns comme les autres devaient obtenir du justicier de la province la confirmation de leur élection [1]. Il semble que l'article 38 de la constitution d'Honorius IV ait tendu à supprimer toute intervention du pouvoir royal dans le choix des maîtres jurés. Il porte en effet défense d'établir des maîtres jurés dans les terres des églises, des barons et des comtes, et ordonne de révoquer tous ceux qui auraient été ainsi imposés aux communautés des terres ecclésiastiques ou seigneuriales.

L'article 39 nous autorise à croire que le roi avait fondé des sortes de villes neuves où il cherchait à attirer les hommes des seigneurs. Car Honorius IV défendit qu'on pût obliger les vassaux des barons ou d'autres seigneurs à quitter leur résidence pour venir habiter dans de

1. Durrieu, *Archives angevines*, t. I, p. 47.

nouvelles communautés. On ne devait même pas les y admettre, s'ils étaient attachés à la terre de leur seigneur, ou s'ils étaient tenus envers lui à des services personnels. Quant à ceux qui ne lui devaient que des services réels, ils pouvaient, s'ils le désiraient, être incorporés dans de nouvelles communautés, pourvu qu'ils remissent leurs possessions à leur seigneur. Les droits des barons et de leurs vassaux se trouvaient ainsi garantis.

L'article 40 rappelait que les barons et autres vassaux de la couronne ne devaient au roi en dehors du royaume ni service personnel ni renforts (*adduamenta*) d'aucune sorte. Dans les cas où ils étaient tenus, à l'intérieur du royaume, au service personnel ou à certains renforts, on n'exigerait rien au delà de ce qui était accoutumé: c'est à savoir, le service personnel pendant trois mois avec un nombre déterminé de chevaliers ou bien le paiement pour chacun des chevaliers de trois onces et demi d'or.

Le souverain pontife, prévoyant que sa Constitution ne serait pas un obstacle suffisant aux abus de pouvoir des officiers royaux, et n'aurait aucun résultat utile si elle demeurait sans sanction, déclara que les communautés et les particuliers pourraient porter leurs plaintes au Saint-Siège toutes les fois qu'ils se croiraient lésés dans leurs droits et libertés. Il ajouta que si le roi venait à enfreindre quelqu'un des articles de la présente Constitution et spécialement ceux qui concernaient l'imposition des collectes, les mutations de monnaies, les prohibitions de mariages, et s'il ne révoquait pas sa décision dans l'espace de dix jours, sa chapelle serait par ce fait même frappée d'un interdit qui durerait jusqu'à ce que le roi eût réparé son tort. La même peine atteindrait le roi si, ayant appris que ses officiers s'opposaient à ce qu'un particulier ou une université eussent recours au Saint-Siège, il ne levait pas dans un délai d'un mois l'empêchement mis par les dits officiers à cet appel. Au cas où le roi s'obstinerait dans sa faute, après deux mois écoulés, tous les lieux où le roi, sa femme ou ses fils se rendraient, seraient frappés d'interdit pendant toute la durée de leur séjour. Au bout de six mois à l'interdit s'ajouterait l'excommunication. Après six autres mois les sujets cesseraient, sur l'ordre du Saint-Siège, d'obéir à leur souverain aussi longtemps qu'il resterait excommunié.

Enfin, chaque nouveau roi de Sicile devait, au moment où il prêtait le serment de foi et hommage à l'église romaine, s'engager vis-à-vis d'elle, par lettres patentes munies de son sceau pendant, à observer et faire observer la présente Constitution (art. 43).

La réforme du pape ne portait que sur un certain nombre d'abus; les exactions au sujet desquelles des plaintes lui étaient parvenues étaient les seules qu'il pouvait prévenir. Mais il entendait bien que les rois ne s'autorisassent pas du silence de la Constitution pontificale sur certains autres points pour opprimer leurs sujets. Il leur fallait se souvenir de leur devoir qui consistait à maintenir et assurer la prospérité du royaume en s'abstenant de toute exaction illicite à l'égard des habitants.

Honorius IV se réserva expressément, à lui et à ses successeurs, le droit, qui lui appartenait d'ailleurs comme au suzerain, de trancher toutes les difficultés auxquelles pourrait donner lieu l'interprétation et l'exécution de l'ordonnance.

Il résulte, croyons-nous, de l'examen qui précède, que le pape a pris pour base de sa réforme la Constitution de Charles I donnée à Naples le 10 juin 1282 et les Chapitres rédigés au Parlement de San-Martino. Mais il ne s'est pas borné à reproduire et confirmer ces deux ordonnances; il les a amplifiées et modifiées. On a pu remarquer que sur tous les points où il a fait des additions et des changements, ç'a toujours été dans un sens libéral et favorable aux diverses classes de la nation. Nobles et roturiers, particuliers et communautés trouvaient dans cette Constitution la garantie de leurs droits et une protection contre les abus de pouvoir du roi et de ses officiers. Il restait encore au souverain pontife à assurer aux églises et aux clercs la jouissance de leurs antiques libertés.

C'est le but qu'il se proposa en confirmant les premiers articles de la Constitution de San-Martino, qu'il transcrivit presque textuellement dans une bulle du 17 septembre 1285 [1].

Le premier article concerne le paiement des dîmes aux églises. Frédéric II avait ordonné autrefois à tous ses officiers et sujets de continuer à payer intégralement les dîmes aux prélats et aux églises comme au temps du roi Guillaume [2]. Il semble que Charles d'Anjou se soit préoccupé de faire observer cette prescription, car en 1274 il manda aux enquêteurs de s'informer si les fermiers des impôts (*secreti*) avaient payé intégralement les dîmes aux prélats [3]. Le prince de Salerne, et après lui Honorius IV, décréta que les dîmes dues aux églises et aux personnes ecclésiastiques leur seraient payées sans difficulté et aux termes fixés, c'est à savoir les dîmes en argent à la Pentecôte et les dîmes en nature à l'époque de leur récolte ou aux termes accoutumés, sans que les décimateurs eussent besoin d'obtenir chaque année des lettres de la cour; tout retard dans l'acquittement de la redevance entraînait un paiement double; les fermiers des impôts (*secreti seu magistri procuratores*), les maîtres des salines et autres officiers royaux devaient rendre les dîmes sans mandement spécial de la cour. La même règle (art. 2) s'appliquait aux comtes et barons, aux bailes des enfants mineurs, à tous ceux qui devaient des dîmes aux églises.

L'article 3 concerne le privilège de *for* ecclésiastique : les clercs ne pouvaient être appelés

---

1. *Reg.*, 97.

2. « ... Officialibus nostris universis et singulis presentis legis auctoritate mandamus ut decimas integras, prout regis Guillelmi tempore... ab antecessoribus officialibus et bajulis exsolute fuerunt, locorum prelatis exsolvere absque omni difficultate procurent...; subjectis nostris etiam indicimus ut decimas quas de feudis et bonis suis antecessores eorum, predicti regis Guillelmi tempore, prestiterunt, venerabilibus locis, quibus decime ipse debentur, cum integritate persolvant. » (Constitution de Frédéric II, dans les *Constitutiones regni Sicilie*, l. I, titre VII, éd. Huillard-Bréholles, t. IV, p. 11.)

3. *Capitula inquirenda contra vicarios etc.*, dans Minieri-Riccio, *Saggio di codice diplomatico*, t. I, p. 110.

HONORIUS.   *g*

devant les tribunaux séculiers, si ce n'était à raison de leurs biens féodaux, comme cela résultait d'ailleurs d'un accord intervenu entre Charles I et l'église romaine.

Les églises étaient pour les accusés des asiles inviolables sauf dans certains cas prévus par les Constitutions du royaume (art. 4.)

Aucun séculier ne pouvait exiger l'hébergement dans les maisons des prélats et des religieux ni dans aucune demeure ecclésiastique; s'il y était reçu volontairement, il devait s'abstenir d'y exercer la juridiction criminelle et n'y commettre aucune déprédation; autrement, il était tenu à la réparation du dommage et au paiement d'une amende qui variait suivant sa qualité : cette amende était de douze onces d'or pour un baron, six onces pour un chevalier et trois onces pour un bourgeois.

Défense était faite aux laïques quels qu'ils fussent (art. 6), officiers royaux, comtes, barons ou autres, d'intervenir dans les élections des prélats ou les collations de bénéfices, à moins qu'ils n'eussent un droit de patronage ou un privilège spécial. L'élection des prélats ne devait être pour les chapitres et les couvents le sujet d'aucune molestation.

Les clercs vivant cléricalement étaient dispensés de participer aux collectes (art. 7); on ne pouvait lever aucune imposition ni sur les biens d'église ni sur les biens patrimoniaux.

Tous les biens libres d'obligations envers la cour ou quelque personne que ce fût étaient susceptibles d'être donnés ou légués aux églises (art. 8); pour ceux qui étaient grevés d'une obligation qui n'empêchait juridiquement ni la donation ni le legs, ils seraient transférés aux églises avec leurs charges.

L'article 9 portait interdiction aux vassaux des églises, tenus envers elles à des services personnels, d'accepter de la cour, des comtes, des barons ou d'autres personnes aucun office sans l'aveu des prélats.

Les privilèges et droits concédés autrefois par les rois catholiques de Sicile aux églises et aux personnes ecclésiastiques et dont celles-ci étaient encore en possession, demeureraient sans atteinte; quant à ceux dont elles ne jouissaient plus, on devrait leur en rendre raison dans une cour de justice compétente (art. 10.)

Le onzième chapitre de San-Martino n'a pas été inséré par le pape dans la bulle que nous analysons, peut-être parce qu'il autorisait les juges séculiers à intervenir dans la juridiction spirituelle. En effet, les prélats devaient dénoncer à la cour, afin que celle-ci leur infligeât une peine, les personnes qui par contumace resteraient plus d'un an dans les liens de l'excommunication.

L'article suivant (art. 12 de San-Martino et art. 11 de la bulle) garantissait les possessions des églises contre les empiétements des officiers royaux et des commissaires de la cour.

L'exercice de la juridiction spirituelle était assuré aux prélats par l'article 12 (art. 13

de San-Martino) qui interdisait aux séculiers la connaissance des crimes ecclésiastiques.

Le chapitre qui dans l'ordonnance de San-Martino porte le n° 14 est ici passé sous silence, car il avait été inséré à la fin de l'article 16 de la grande Constitution.

Nous avons vu plus haut que les clercs jouissaient du privilège de *for* ecclésiastique. Ce privilège fut étendu en partie aux vassaux des églises. Le prince de Salerne (art. 15) avait décidé que les justiciers ne pourraient les citer à leurs tribunaux que pour les causes criminelles. Honorius IV (art. 13) donna à cet article une rédaction différente; il déclara que les vassaux des églises ne seraient pas justiciables des officiers royaux au civil.

L'article 14 porte que les prélats, les clercs et leurs officiers pourront exiger de leurs vassaux l'acquittement de leurs dettes et services sans que personne s'y oppose.

Le prince de Salerne avait établi (art. 17) que les églises pourraient par tous les modes de coercition ramener dans leurs terres et les y retenir ceux de leurs vassaux qui, obligés envers elles à des services personnels, se seraient enfuis. Cet article ne déterminait pas le droit des églises sur les vassaux qui leur devaient des services à raison de leurs tenures. Honorius IV suppléa à cette lacune et décida que ces derniers pourraient quitter la terre où ils habitaient en abandonnant leurs possessions au seigneur ecclésiastique. On se souvient que Honorius IV avait pris (art. 39 de la Constitution) une disposition analogue relativement aux hommes des seigneurs laïques.

Enfin le prince de Salerne et le pape défendirent de confier aucun office aux Juifs vassaux des églises, de leur imposer aucune charge ni d'exercer sur eux aucune oppression.

Les mêmes cardinaux qui avaient apposé leurs seings au bas de la Constitution, souscrivirent aussi à cette bulle qui en était le complément. On pourra s'étonner au premier abord que le pape se soit abstenu d'assurer l'observation de cette bulle par l'édiction contre les rois qui l'enfreindraient de peines particulières analogues à celles qui figurent dans la Constitution précédente.

Il est facile, croyons-nous, d'expliquer cette apparente anomalie. Dans la grande Constitution, relative au gouvernement civil du royaume, Honorius IV avait pris des décisions personnelles; il avait apporté d'importantes modifications aux lois et coutumes du royaume, et cela sans avoir obtenu pour chacune de ces réformes l'adhésion spéciale du prince de Salerne, qui était prisonnier, ni de Charles Martel, trop jeune pour intervenir dans le gouvernement; il s'était autorisé seulement de la prière que Charles I et son fils lui avaient faite de procéder à la réforme du royaume, en même temps qu'il avait usé de son droit de suzeraineté; mais ce droit de suzeraineté avait été souvent contesté; il pouvait l'être encore. Il était à craindre que les princes angevins une fois rétablis dans la plénitude de leur puissance royale oubliassent les services que leur avait rendus la papauté, contestassent la légitimité de son intervention dans le gouvernement civil, et ne tinssent aucun compte de ses prescriptions. C'est là ce qui avait déterminé le souverain pontife à entourer du plus grand nombre de garanties possibles l'observation de son ordonnance et à menacer des peines les plus sévères les rois qui oseraient y contrevenir. En ce qui regarde la seconde bulle, celle qui réglait les rapports du pouvoir royal avec les églises, deux raisons pouvaient rassurer le pape sur son exécution dans l'avenir; d'abord, en la promulguant il n'avait pas dépassé ses droits de souverain spirituel chargé de veiller à la conservation des privilèges et libertés de l'église; en second lieu, il n'avait fait que transcrire et confirmer les articles d'une convention intervenue entre le prince de Salerne, vicaire du roi, et les représentants du clergé, de la noblesse et du peuple du royaume. Le souverain et ses sujets étaient donc engagés par là même (et d'ailleurs le représentant du roi en avait fait pour lui et ses successeurs la promesse solennelle) à respecter des décisions qu'ils avaient prises librement, dans une assemblée nationale.

Honorius IV fit porter la nouvelle Constitution au légat Gérard de Parme par son chapelain maître Bérenger du Frédol, sous-chantre de Béziers, et à Robert, comte d'Artois, par maître Raoul de Cros, clerc du comte; il leur manda par bulle du 22 septembre 1285 de la faire publier à Naples et dans les autres villes du royaume, tout particulièrement dans les lieux voisins de la Sicile, et de veiller à son observation [1]. En même temps il leur fit savoir qu'il s'était réservé le droit d'exclure du bénéfice de la Constitution tous ceux, particuliers ou communautés, qui dans le royaume et spécialement dans l'île de Sicile, s'étaient déclarés contre Charles d'Anjou et ses héritiers [2].

La seconde Constitution pontificale, relative aux immunités ecclésiastiques, fut publiée par les bailes du royaume de Sicile le 27 octobre 1285 [3].

Honorius IV veilla à ce que les habitants du royaume n'eussent pas à se plaindre du gouvernement de Robert d'Artois et de Gérard de Parme; il intervint plus d'une fois soit pour leur dicter des ordres soit pour les rappeler à leur devoir, préoccupé également des intérêts du clergé et de ceux des laïques. Bien que les affaires ecclésiastiques fussent plus spécialement dévolues au légat, le pape en prit souvent la direction.

La bulle par laquelle Martin IV avait réservé au Saint-Siège pendant toute la durée des troubles, la collation des évêchés vacants dans l'île de Sicile fut remise en vigueur [4]. C'était pour le pape le seul moyen d'avoir en Sicile des prélats qui fussent à sa dévotion; car la plus grande partie du clergé sicilien suivait le parti aragonais. Le siège épiscopal de Patti étant devenu

1. Reg., 98.
2. Bulle donnée à Tivoli le 8 septembre 1285, Reg., 99.
3. Minieri-Riccio, Saggio di codice diplomatico, t. I, p. 215.
4. Bulle du 2 janvier 1286, Reg., 490.

vacant par la mort de Bartolomeo, Honorius IV y établit, le 25 février 1286, un de ses chapelains, Pandolfo [1]. La bulle de consécration est datée du 26 novembre suivant [2].

Les élections épiscopales en deçà du Phare furent laissées aux chanoines des églises cathédrales ; mais le pape, toutes les fois qu'il le put sans violer les règles du droit canon, y substitua la nomination directe par le Saint-Siège. Le 22 décembre 1285, il transféra Jean Boccamazza, du siège archiépiscopal de Monreale à l'évêché de Tusculum ; mais il lui laissa provisoirement le gouvernement du diocèse de Monreale [3]. Ce prélat lui était particulièrement dévoué, et plus tard il l'envoya comme légat en Allemagne. C'est alors seulement, le 22 juillet 1286, qu'il donna l'archevêché de Monreale à Pierre, alors évêque de Rieti [4]. Le 20 août 1286, il conféra à ce prélat l'administration du diocèse de Sora, alors vacant [5]. Jean, évêque de Sorrente, étant mort, les chanoines partagèrent leurs voix entre un diacre de Naples et un de leurs collègues ; le premier renonça aux droits qu'avait pu lui conférer cette élection ; le second négligea de faire confirmer son élection dans les délais prescrits par les canons ; de sorte que le pape put légitimement conférer le siège vacant à un personnage de son choix, Marco, évêque de San-Marco en Calabre (25 février 1286) [6]. Une négligence analogue, mais qui cette fois venait des chanoines, permit au souverain pontife d'assigner de son autorité propre à Tolomeo, évêque de Sardes, le siège vacant de Ravello (2 mars 1286) [7]. Mais nous avons une preuve certaine qu'Honorius IV se préoccupait de n'établir sur les sièges épiscopaux du royaume de Naples que des prélats dévoués à la cause angevine. L'église de Rossano n'avait plus de pasteur. Le chapitre choisit à l'unanimité pour archevêque l'abbé du monastère de Santa-Maria *de Patyro* ; on fit parvenir au légat l'acte constatant l'élection, car les guerres qui troublaient ces contrées ne permettaient pas à l'élu de venir lui-même trouver le représentant du pape. Celui-ci manda aux évêques d'Umbriatico et d'Isola et à l'abbé du monastère de San-Adriano, au diocèse de Rossano, d'examiner l'élection, et, s'ils la trouvaient canonique, de procéder à la consécration de l'élu avec le nombre d'évêques prescrit par l'église romaine. Mais les mandataires du légat, ne tenant pas compte de cette dernière recommandation, plutôt par ignorance que par malice, conférèrent eux-mêmes à l'abbé de Santa-Maria *de Patyro* la consécration épiscopale. La nouvelle en vint au légat qui, n'osant pas prendre de décision, en informa le Saint-Siège, tout en plaidant la cause de l'élu qui était, ainsi que ses parents, dévoué à l'église romaine et aux héri-

1. *Reg.*, 323.
2. *Reg.*, 727.
3. *Reg.*, 491 et 492.
4. *Reg.*, 560.
5. *Reg.*, 592.
6. *Reg.*, 324.
7. *Reg.*, 316.

tiers de Charles d'Anjou. Aussi, le pape manda-t-il le 30 janvier 1287 à Gérard de Parme [1] de faire consacrer à nouveau par trois évêques l'élu au siège archiépiscopal de Rossano.

En toutes circonstances, Honorius IV recommanda à son légat d'éviter de susciter aucun trouble dans le royaume. Il avait prescrit par bulle du 1er février 1286 la translation dans le monastère de San-Demetrio de Naples, alors presque désert (il n'y restait que deux moines), des religieuses de l'abbaye de San-Giovanni ad Nidum, qui se plaignaient que leur habitation fût ouverte aux regards de tous les voisins, et touchât de trop près à la maison des frères Prêcheurs [2]. Mais on lui remontra que cette mesure pourrait faire des mécontents et susciter un scandale dans la ville de Naples. Aussitôt il revint sur sa décision, et écrivit le 19 mars 1286 à son légat de ne procéder à la translation d'abord ordonnée que s'il ne devait en résulter aucun trouble [3].

Honorius IV usa envers les prélats rebelles ou qui étaient seulement soupçonnés d'avoir trahi la maison d'Anjou, mais qui voulaient bien se soumettre à l'église romaine, de la même clémence dont nous avons vu qu'il usait envers les laïques qui abandonnaient la cause des Aragonais; ainsi l'évêque de Lettere ayant jadis reçu l'ordre d'assister au couronnement de Manfred, avait refusé de s'y rendre; sa fidélité à l'église romaine lui avait coûté cher : Manfred lui avait fait son procès, et il avait subi mille vexations; son église avait été accablée d'impôts. Bien contre son gré, l'évêque avait dû payer les collectes et offrir des présents aux familiers de Manfred pour éviter à son église de plus grands malheurs. Dès lors, il s'était abstenu de remplir l'office pontifical jusqu'à ce qu'il eût obtenu le pardon du Saint-Siège, pardon qu'il avait en vain sollicité à plusieurs reprises. Honorius IV manda le 21 février 1286 à son légat [4] d'imposer une pénitence au prélat et, s'il n'y voyait aucun inconvénient, de lui faire grâce pour sa désobéissance involontaire. Un dernier fait achèvera de montrer l'esprit de conciliation qui inspirait la conduite d'Honorius IV : le légat avait cité devant lui l'évêque d'Alife; celui-ci ne comparut pas; le légat priva le contumace de la perception de tous ses revenus : il le mettait ainsi dans l'impossibilité de soutenir sa cause. Le souverain pontife tempéra la rigueur de la décision de son légat, et lui manda [5], le 8 avril 1286, d'assigner annuellement à l'évêque d'Alife sur les biens de son évêché une somme qui lui permît de rétribuer ses procureurs, de poursuivre son procès, et de subvenir à ses propres dépenses et à celles de ses serviteurs.

Mais Honorius IV intervint directement même dans le gouvernement civil du royaume de Naples. Adenolfo, comte d'Acerra, était soupçonné de trahison; un noble, Renaud d'Avella le provoqua en duel avec l'autorisation de Robert d'Artois qui fit entamer une enquête et un procès

1. *Reg.*, 725.
2. *Reg.*, 330.
3. *Reg.*, 329.
4. *Reg.*, 290.
5. *Reg.*, 431.

contre Adenolfo. Le pape, informé de l'affaire, se hâta de rappeler au comte d'Artois les prescriptions de l'église contre le duel; d'ailleurs le royaume était assez troublé; ce n'était pas le moment de permettre des luttes entre les nobles : il fallait plutôt les apaiser et les concilier. Au cas où tout accord serait impossible, Honorius IV mandait au baile de surseoir à l'examen du procès; ou bien, si la fidélité du comte d'Acerra était suspecte, de remettre le comte entre les mains du légat afin que celui-ci exigeât de lui la promesse sous caution, de se présenter dans un délai déterminé devant le Saint-Siège. Le pape promettait de faire en sorte que Robert d'Artois n'eût à redouter pour lui ou ses héritiers aucune vengeance de la part de l'accusé. Il avait même envoyé auprès de Robert l'évêque de Gubbio, pour lui expliquer ses intentions. Le baile ne tint aucun compte des lettres pontificales et envoya des ambassadeurs à Honorius. Celui-ci s'obstina dans sa première décision; il interdit au comte d'Artois de continuer l'enquête et d'ordonner ni de souffrir qu'aucun duel eût lieu entre les parties. En dépit de cette injonction, le procès suivit son cours. Vainement le souverain pontife envoyait au baile lettres sur lettres, courriers sur courriers. L'enquête continuait et on parlait même d'un jugement public. Le pape s'émut et le 15 juillet 1286, il déclara [1] nulle et non avenue toute enquête faite ou à faire contre le comte d'Acerra. Il s'excusait auprès de Robert d'Artois de ces mesures de rigueur et lui exprimait tous ses regrets d'être obligé de lui tenir un langage aussi dur; mais le maintien de la tranquillité dans le royaume de Naples et les intérêts supérieurs des héritiers de Charles d'Anjou l'exigeaient. En réponse à cette bulle, Robert déclara traître le comte d'Acerra, fit saisir tous ses biens et les fiefs qui mouvaient de lui, et cela avec l'assentiment du légat pontifical. Le comte d'Acerra en appela au Saint-Siège, mais le comte d'Artois n'en maintint pas moins ses biens sous séquestre et en distribua une partie à diverses personnes. Honorius IV accueillit l'appel du comte d'Acerra et le 4 mars 1287 manda [2] à Jean degl' Alfendi, chanoine de Bergame, de citer les bailes, Robert d'Artois et Gérard de Parme, à comparaître devant le Saint-Siège avant le 1er mai. On voit qu'Honorius IV, tout impotent qu'il fût, ne manquait pas d'énergie quand il s'agissait de faire respecter ses ordres et observer les règles de la justice.

1. *Reg.*, 556.
2. *Reg.*, 759.

CHAPITRE V.

SUITE DES AFFAIRES DE SICILE.

Vers le même temps où Honorius IV s'efforçait de rétablir l'ordre dans la partie péninsulaire du royaume en publiant son ordonnance de réforme, il cherchait, si nous en croyons l'historien Bartolomeo de Neocastro [1], à soulever la Sicile et à y susciter une conjuration. Il envoya deux frères Prêcheurs, Perron d'Aidone et Antonio del Monte, qui, arrivés à Randazzo, remirent à Guillaume, abbé de Maniace, des lettres pontificales lui conférant le droit d'accorder des indulgences à tous ceux qui prêteraient serment de fidélité à l'église romaine. L'abbé Guillaume gagna des partisans. Mais la conspiration ne tarda pas à être connue de Jacques d'Aragon. Les frères Prêcheurs furent arrêtés; mais l'infant leur pardonna et les fit reconduire à Naples, voulant par là témoigner de son respect pour l'église romaine et donner une preuve éclatante de sa modération. Quant aux autres conjurés, les uns furent mis à mort; les autres, comme l'abbé Guillaume, jetés en prison. Cette tentative de soulèvement de la Sicile n'a laissé aucune trace dans la correspondance officielle d'Honorius IV.

Le roi Pierre d'Aragon étant mort le 11 novembre 1285, le royaume d'Aragon échut à son fils aîné, Alfonse, tandis que son fils cadet, Jacques, se fit couronner roi de Sicile. Le couronnement eut lieu à Palerme le 2 février 1286 en présence d'un grand concours de nobles et de trois évêques, à savoir Juanetta, évêque de Cefalù, Philippe, évêque de Squillace, et Tancrède, évêque de Nicastro [2]. Désireux de se réconcilier avec le Saint-Siège, le nouveau roi député auprès d'Honorius IV deux ambassadeurs, Gilberto de Castelletto et Bartolomeo de Neocastro. Ce dernier nous a transmis la harangue que l'un d'eux adressa au pape [3]. « Très saint Père,

---

1. *Historia sicula*, c. XCVIII, dans Muratori, *Scriptores*, t. XIII, col. 1112. — Voyez Amari, *La guerra del Vespro Siciliano*, éd. 1886, c. XI, t. II, p. 105.

2. Bartholomæi de Neocastro, *Historia sicula*, c. CII, dans Muratori, *Scriptores*, t. XIII, col. 1117.

3. Bartholomæi de Neocastro, *Historia sicula*, cc. CV et CVI, dans Muratori, *Ibidem*, col. 1118.

daignez, s'il vous plaît, accueillir avec bienveillance la promesse d'obéissance et de fidélité que nous vous apportons au nom du nouveau roi de Sicile et des Siciliens qui vous invoquent en pleurant, et ne désirent rien tant que conclure la paix avec le Saint-Siège; daignez leur montrer les effets de votre miséricorde, très saint Père, et par là faites-vous semblable au Très-Haut que vous représentez sur cette terre; car, si vous les désespérez, vous leur donnerez l'occasion de pécher encore davantage. Il convient, saint Père, que vous oubliiez la révolte des Siciliens; en vous irritant contre eux, vous iriez contre le précepte du premier pontife; écoutez plutôt sa parole, et ne refusez pas votre grâce à ceux qui l'implorent. » A ces paroles de paix, le pontife répondit : « Nous nous étonnons de l'élégance et de l'habileté avec laquelle parlent ces Siciliens dont les actes sont si répréhensibles. Certes vous parlez bien, vous autres qui travaillez si mal et ne savez pas vivre convenablement. Nous connaissons votre message, mais nous ne vous accorderons pas ce que vous demandez, à moins que le Seigneur n'incline à la clémence ces oreilles qui, aujourd'hui, sont si éloignées d'accueillir vos requêtes. »

En réponse aux paroles de paix des Siciliens, Honorius IV frappa d'excommunication, le 11 avril 1286, Jacques d'Aragon, sa mère Constance et les Siciliens [1], renouvelant contre eux les anathèmes jadis prononcés par Martin IV contre Pierre d'Aragon. Il sommait Jacques et Constance de quitter la Sicile avant l'Ascension, enjoignant d'ailleurs aux Siciliens de les chasser. En revanche, il montra quelque bienveillance à l'égard d'Alphonse, roi d'Aragon, plus traitable que son frère Jacques et plus respectueux des droits du Saint-Siège. Alphonse s'était excusé auprès d'Honorius IV de ne pas lui avoir envoyé d'ambassadeurs depuis la mort de son père; mais il affirmait que ses envoyés étaient en route pour Rome. Le pape, malgré l'avis de quelques cardinaux, déclara solennellement qu'il suspendait le procès contre Alphonse jusqu'à l'Ascension [2].

Celui-ci, malgré le complet échec de Philippe III dans sa campagne de 1285, craignait de voir Philippe IV reprendre les projets de son père et une armée française fondre de nouveau sur l'Aragon. Charles de Valois n'avait pas renoncé à ses prétentions à la couronne d'Aragon et de Valence. Au moment même où Honorius IV semblait user de modération à l'égard d'Alphonse, il cherchait cependant à lancer contre lui Philippe le Bel qui, instruit par l'insuccès de son père, se montrait peu disposé à guerroyer pour l'église romaine. Honorius IV n'en faisait pas moins prêcher la croisade contre l'Aragon. Dès le 1er mars 1286, le légat en France, Jean Cholet, ordonnait à tous les évêques de sa légation de publier chaque dimanche, et tous les jours de fêtes, au son des cloches et en présence des fidèles, l'excommunication d'Alphonse, et de prêcher

1. Reg., 494; Raynaldi Annales eccles., a. 1286, § VI.
2. Bulle du 11 avril 1286, Reg., 495.

la guerre sainte contre lui [1]. Le 30 avril 1286, Honorius manda au légat de faire remettre au roi de France ou à son frère, Charles de Valois, tous les châteaux et lieux forts que les prélats et les couvents possédaient dans le voisinage de l'Aragon [2]. A la même date, il lui donnait ordre de suspendre de leur office tous les ecclésiastiques qui favorisaient la cause d'Alphonse [3]. Enfin des indulgences étaient accordées à tous ceux qui paieraient au roi de France, à un terme fixé par le légat, ce qu'ils lui devaient encore sur la décime accordée pour quatre ans par le pape Martin IV au roi Philippe le Hardi [4]. Ces mesures étaient surtout des mesures de précaution prises en vue d'une attaque du roi d'Aragon. Car le pape n'ignorait pas qu'une trève était imminente entre la France et l'Aragon.

Le roi d'Angleterre, Edouard I, s'employait avec activité à rétablir la paix en Europe, et à faire mettre en liberté le prince de Salerne, toujours prisonnier des princes d'Aragon. Edouard I, dès le jour où la guerre avait éclaté entre Philippe III et Pierre d'Aragon, avait cherché à la conjurer [5]. Informé de l'avénement d'Honorius IV au trône pontifical, il lui écrivit aussitôt pour le prier d'user de son autorité en vue du rétablissement de la paix. Le pape, par lettres du 5 août 1285 [6] lui répondit que certainement il désirait la fin des hostilités : c'était même son devoir de s'opposer aux guerres entre chrétiens. Mais cette fois il lui semblait difficile de prendre le rôle d'arbitre. Le pape rappelait, en effet, la désobéissance de Pierre d'Aragon à l'église romaine. Contre ce prince impie, l'église avait lancé le roi de France qui, en fils dévoué, n'avait pas hésité à s'engager, lui, ses enfants et son peuple, dans une expédition pleine de périls. Ne serait-ce pas le jouer que venir maintenant l'arrêter au milieu de son entreprise en lui imposant la signature d'une paix avec un ennemi obstiné et irréconciliable de l'église romaine. Après la mort des deux souverains, Edouard reprit entre leurs héritiers son rôle de médiateur. Honorius IV finit par l'approuver, au moins tacitement; car nous verrons plus loin qu'il craignait, en encourageant trop ouvertement les projets du roi d'Angleterre, d'entrer en lutte avec la plupart des cardinaux qui lui auraient reproché sa faiblesse. On l'eût accusé d'abandonner la cause de la maison d'Anjou. Edouard envoya au pape un noble, Eudes de Grandson, pour lui donner avis des démarches qu'il avait faites en vue de prévenir la reprise des hostilités entre la France et l'Aragon. Par bulle du 5 mai 1286, Honorius IV le

---

1. Lettres du légat datées de Compiègne, le 1er mars 1286, conservées à Paris, aux Archives Nationales, sous la cote L 272, n° 12.
2. Reg., 392.
3. Reg., 393.
4. Reg., 395.
5. Voyez Langlois, Le règne de Philippe III, p. 151 et pièces justific., XXVII.
6. On trouvera ces lettres à l'Errata.

félicita et l'encouragea [1]. Il donna d'ailleurs de vive voix ses instructions à Eudes de Grandson : elles ne nous sont pas parvenues.

Toutefois, il continuait de fulminer les sentences d'excommunication contre Jacques d'Aragon et ses partisans. Le 23 mai 1286, il déclara illégitime et criminel le couronnement de Jacques comme roi de Sicile, cita devant le Saint-Siège les évêques de Cefalù et de Nicastro qui l'avaient sacré, frappa d'interdit tous les lieux que le prétendu roi souillerait de sa présence, ordonna aux nobles et aux prélats de s'éloigner de lui [2]. Quant à Alphonse d'Aragon, il l'épargna encore, attendant toujours ses ambassadeurs, mais se réservant de procéder contre lui quand il le jugerait convenable [3]. L'intervention d'Edouard I retenait assurément le pape et l'empêchait de sévir contre le roi d'Aragon. Mais il n'osait encore se prononcer pour la conclusion d'une trêve. Il écrivait le 17 juin 1286 au roi d'Angleterre [4] qu'il ne pouvait répondre avec précision aux demandes qu'il lui avait adressées par son ambassadeur; qu'il n'avait pas cru devoir encore parler au sacré collège de l'affaire dont il s'agissait, c'est-à-dire de la trêve entre la France et l'Aragon, de peur d'entraver les négociations; qu'il en avait seulement conféré avec les cardinaux qu'il savait avoir la confiance d'Edouard. Cependant, comme le roi d'Angleterre lui annonçait l'arrivée d'un nouvel ambassadeur pour le 2 février 1287, il ferait en sorte de prendre une décision avant cette date.

Alphonse d'Aragon avait donné, par lettres du 13 mai 1286, plein pouvoir au roi d'Angleterre pour la conclusion de la trêve [5]. Edouard se rendit à Paris; là, il obtint l'adhésion de Philippe IV au traité qu'il avait préparé [6]. Enfin la trêve fut conclue à Paris entre la France et l'Aragon, le 25 juillet 1286, sous réserve de l'approbation pontificale [7]. La trêve devait durer jusqu'au 29 septembre 1287. Aussitôt le roi Edouard fit porter au souverain pontife par Hamon de Joeles, chevalier, et un clerc nommé Raoul l'Allemand, une lettre [8] où il le priait de ratifier les conventions arrêtées entre Alphonse d'Aragon et Philippe IV; il lui demandait en même temps de lui envoyer en Gascogne, où il se rendait, des plénipotentiaires pour préparer une paix définitive entre les deux souverains. Il adressa des lettres de même teneur aux divers cardinaux [9]. Honorius IV ne répondit à Edouard que le 6 novembre 1286. Il lui annonçait son intention de

1. *Reg.*, 920; Rymer, *Fœdera*, 3e édit., I, II, p. 240.
2. *Reg.*, 768.
3. *Reg.*, 769.
4. *Reg.*, 944.
5. Rymer, *Fœdera*, 3e édit., I, III, p. 8. Voyez sur toutes ces négociations Amari, *La guerra del Vespro Siciliano*, c. XIII, t. II, pp. 194, 195, 197.
6. Rymer, *Ibidem*, p. 10.
7. Rymer, *Ibidem*, pp. 12 et 13.
8. Lettre datée du 27 juillet 1286, dans Rymer, *Ibidem*, p. 13.
9. Rymer, *Ibidem*, p. 14.

députer auprès de lui pour l'aider dans ses négociations, Boniface, archevêque de Ravenne, et Pierre, archevêque de Monreale [1]. Mais le Souverain Pontife, en raison de l'importance de l'affaire, ne leur donna pas pouvoir pour ratifier le traité de paix à conclure entre la France et l'Aragon; il les autorisa seulement à ratifier la trève; encore ne devaient-ils le faire que si Alphonse d'Aragon acceptait certaines clauses que lui imposait le Saint-Siège [2].

Tout en approuvant les négociations entamées pour le rétablissement de la paix, Honorius IV continuait à sévir contre Jacques d'Aragon. Le 18 novembre 1286, il confirma la sentence d'excommunication prononcée le 23 mai et la fit afficher sur la porte de l'église de Sainte-Sabine [3].

Quant à Alphonse d'Aragon, il tint la promesse qu'il avait faite naguère d'envoyer à Rome des ambassadeurs. Les registres d'Honorius IV nous ont conservé un sauf-conduit en date du 5 janvier 1287 accordé par le pape à Raymond de Reus, archidiacre de Ribagorce dans l'église de Lérida, à noble homme Gilabert de Cruilles, à Rui Sanchez de Calatayub, et à Pierre de Costa, professeur de droit civil, tous quatre députés d'Alphonse auprès du Saint-Siège et qui retournaient vers leur maître [4]. Il est probable que l'entrevue entre ces personnages et le pape n'eut pas tous les résultats qu'on en attendait, et que le Souverain Pontife réclama du roi d'Aragon l'envoi de nouveaux ambassadeurs, car Honorius IV manda le 5 janvier 1287 à tous les laïques et ecclésiastiques d'accorder libre passage et protection dans leurs domaines aux députés qui devaient venir à Rome de la part d'Alphonse [5].

En même temps, le prince de Salerne travaillait de son côté à recouvrer la liberté et négociait directement avec les Aragonais. La cour de Sicile demandait l'exécution d'un accord conclu jadis à Cefalù [6] avec le fils aîné de Charles I d'Anjou, c'est-à-dire que Jacques d'Aragon exigeait pour prix de la liberté du prince de Salerne la cession complète de la Sicile, des îles adjacentes et du territoire de l'archevêché de Reggio, et l'abandon du tribut de Tunis. Enfin le prince de Salerne devait obtenir du Saint-Siège la ratification du traité, la reconnaissance du droit d'Alphonse à la couronne d'Aragon, la révocation des sentences prononcées contre Jacques et Constance. On scellerait la paix par le double mariage de la fille aînée du prince de Salerne avec Jacques, roi de Sicile, et de son fils aîné avec Yolande, sœur d'Alphonse et de Jacques. Des trèves seraient conclues pour deux ans à dater du mois de mai 1287, Jacques se réservant toutefois de pouvoir secourir son frère dans quelque guerre qu'il eût à soutenir.

1. Reg., 950 ; Rymer, *Ibidem*, p. 15.
2. Reg., 951 et 952 ; Rubei *historiarum Ravennatum libri decem*, Venetiis, 1589, p. 465.
3. Reg., 807.
4. Reg., 810.
5. Reg., 811.
6. Voyez Amari, *La guerra del Vespro Siciliano*, t. II, pp. 152, 153, 197.

Le prince de Salerne souscrivit à toutes ces conditions, et fit porter le projet de traité au pape par Raymond, évêque de Gap, et Geoffroy de Lincel, prévôt de l'église d'Apt. Honorius IV à cette nouvelle ne put retenir son indignation. Il cassa le traité par bulle du 4 mars 1287, s'étonnant que le prince de Salerne eût pu seulement prêter l'oreille à de pareilles proposi- tions [1]. Toutefois, voulant adoucir la captivité de Charles, il lui accorda de pouvoir faire célébrer l'office divin par ses chapelains malgré l'interdit qui pesait sur le royaume d'Aragon et le comté de Barcelone [2].

Le prince de Salerne dut donc mettre tout son espoir dans le succès des négociations du roi d'Angleterre qui avaient l'approbation du Souverain Pontife[3]. Ce dernier accrédita à nouveau le 1er mars 1287, les archevêques de Ravenne et de Monreale, ses représentants, auprès du roi Edouard [4]. Il est peu probable que ceux-ci aient tardé aussi longtemps à s'acquitter de la mission qui leur avait été confiée au mois de novembre 1286; nous croyons plutôt qu'en mars 1287, ils se rendaient pour la seconde fois auprès du roi d'Angleterre.

Honorius IV ne vit pas la fin de la lutte entre les maisons d'Aragon et d'Anjou, car il mourut le 3 avril 1287.

1. *Reg.*, 814.
2. Bulle du 4 mars 1287, *Reg.*, 813.
3. Bulle du 4 mars 1287, *Reg.*, 966; Lazeri, *Miscellanea ex manuscriptis libris bibliothecæ collegii Romani S. J.*, t. II, p. 105.
4. *Reg.*, 818 et 819.

CHAPITRE VI.

L'affaire d'Aragon ne fut pas la seule qui mit en relations la cour d'Angleterre et le Saint-Siège; un projet de croisade en Terre-Sainte donna lieu à un échange de lettres entre Edouard I et Honorius IV.

La croisade avait été décidée au concile de Lyon en 1274. Mais les troubles qui agitaient les divers royaumes de l'Europe, et spécialement les guerres d'Aragon et de Sicile s'opposaient à ce que les souverains prissent la mer. En vain Grégoire X, Jean XXI et Nicolas III s'efforcèrent de lancer les chrétiens contre l'Orient [1]; eux-mêmes comprenaient l'impossibilité d'entreprendre une expédition outre-mer avant que l'Europe fût pacifiée. La guerre sainte était remise d'année en année.

Les prélats assemblés au concile de Lyon avaient consenti à abandonner pendant six ans, à partir du 24 juin 1274, la dixième partie de leurs revenus ecclésiastiques pour la défense de la Terre-Sainte [2]. La perception de cette décime qui aurait dû être terminée en 1280 durait encore quand Honorius IV monta sur le trône pontifical. Un grand nombre de bulles expédiées en son nom sont relatives à cette affaire. Le soin de recueillir l'argent de la décime dans les royaumes chrétiens était confié par le Saint-Siège à des prélats, ou encore à des chapelains pontificaux. Les registres d'Honorius nous ont conservé les noms de quelques-uns d'entre eux [3]. Le collecteur en Sicile et en Calabre était l'évêque de Cassano [4]. En Sardaigne et en

---

1. Langlois, *Le règne de Philippe III*, p. 109.
2. Labbe, *Concilia*, t. XI, première partie, col. 957.
3. On trouvera la liste des collecteurs de la décime dans Munch, *Pavelige Nuntiers Regnskabs-og Dagböger*, p. 1 à 4.
4. *Reg.*, 43.

Corse, le pape députa le 9 août 1285 l'archevêque d'Arborea [1]. L'évêque de Gubbio, Benvenuto d'Orvieto [2], avait sous son autorité le patrimoine de Saint-Pierre en Toscane, le duché de Spolète, la *Massa Trabaria* et la Marche d'Ancône [3]. Dans les patriarcats d'Aquilée et de Grado, les provinces de Milan et de Gênes, les diocèses de Côme, Ferrare, Parme, Reggio et Modène, le même personnage était préposé à la fois à la perception de la décime de Terre-Sainte et de celle de Sicile : c'était un chapelain du pape, Christophe de' Tolomei, prieur de Sarteano, au diocèse de Sienne [4]. Grégoire X, par bulle du 20 septembre 1275 [5], avait nommé collecteur en Hongrie et en Pologne, et dans la province de Zara, Gérard de Modène, simple scribe; élevé à la dignité d'évêque de Cajazzo, il ne put continuer à remplir ses fonctions de collecteur [6]. Honorius IV lui substitua le 6 février 1287 Adam de Pologne, chanoine de Cracovie [7]. Maître Aliron [8], chanoine de Saint-Marc de Venise, était collecteur dans la province de Salzbourg et dans les diocèses de Prague, Olmutz, Eichstadt, Bamberg, détachés, en ce qui concernait la décime, de la province de Mayence [9]. La perception de la décime dans le reste de cette province avait été confiée par Martin IV à Thierry, prieur de l'église Saint-André d'Orvieto; il avait aussi dans son département la province de Trèves [10], les provinces de Cologne, Brème, Magdebourg, et le diocèse de Kammin [11]. L'archevêque de Drontheim (*Nidrosia*,) à qui Grégoire X avait confié la perception de la décime dans le royaume de Norwège [12] étant mort, il fut remplacé, le 1er novembre 1285, par Uguccio, recteur de la paroisse de Castiglione au diocèse d'Arezzo, chapelain du pape [13]. Honorius IV le chargea en outre des mêmes fonctions en Danemark et en Suède, à la place de l'évêque d'Aarhuus [14]. Enfin en Angleterre, le Saint-Siège s'en était remis au nonce apostolique, Geoffroy de Vezzano, chanoine de Cambrai, du soin de lever la décime [15].

Nous avons indiqué précédemment les obligations imposées aux collecteurs de la décime de

1. *Reg.*, 95, 100 et 125.
2. Munch, *Ibidem*, p. 4.
3. *Reg.*, 108.
4. *Reg.*, 38.
5. Theiner, *Monumenta Hungariæ*, t. I, p. 319.
6. *Monumenta vaticana Hungariæ, Rationes collectorum pontificiorum in Hungaria*, Budapest, 1887, in-4, p. XX et XXI. Le compte que Gérard rendit à la Chambre apostolique à la sortie de charge nous a été conservé dans le manuscrit des Archives du Vatican n° 243 de la série intitulée *Rationes collectariæ*; il a été publié dans *Monumenta vaticana Hungariæ*, p. 1 et suiv.
7. *Reg.*, 765.
8. Le registre de comptes publié par Munch, *Pavelige Nuntiers Regnskabs-og Dagbóger*, p. 3, le nomme *Alcron de Riccadis*.
9. *Reg.*, 5.
10. *Reg.*, 114, 115 et 116.
11. *Reg.*, 153, 156, 157 et 158.
12. *Reg.*, 216.
13. *Reg.*, 214.
14. *Reg.*, 217, 220, 221, 247 et 249.
15. *Reg.*, 469.

Sicile; celles auxquelles étaient tenues les collecteurs de la décime de la Terre-Sainte étaient les mêmes. Leur office leur procurait quelques avantages. D'abord ils participaient aux indulgences accordées aux croisés [1]; le Saint-Siège leur allouait une indemnité pécuniaire. Ainsi Martin IV et, après lui, Honorius IV assignèrent à Geoffroy de Vezzano trois sous sterling par jour en outre des sept sous qu'il percevait déjà comme nonce apostolique [2]. L'archevêque d'Arborea, comme collecteur en Sardaigne et Corse, devait retenir un florin par jour sur le produit de la décime [3].

Ces collecteurs provinciaux avaient sous leurs ordres des collecteurs diocésains qui étaient tenus de rendre leurs comptes aussi souvent qu'ils en étaient requis. Il arriva que malgré toutes les garanties dont on entourait le choix de ces collecteurs inférieurs et les précautions qu'on prenait contre eux, les redditions de comptes furent parfois difficiles à obtenir. Ainsi maître Aliron, ayant député à la perception de la décime dans certaines parties de la province de Salzbourg, Frédéric, abbé de Moggio (diocèse d'Aquilée), ne put obtenir de lui le compte de sa recette. A la suite d'injonctions répétées, l'abbé se décida à produire un état de sa recette, affirmant qu'il avait déposé une partie de l'argent en divers lieux; quant au reste, il l'avait employé aux dépenses de son monastère. Mais des sommes perçues, on n'obtint pas un denier. Aliron excommunia l'abbé; celui-ci arma contre Aliron son parent Othon de Pernich, qui s'empara du représentant du Saint-Siège pendant qu'il voyageait en Styrie, le dépouilla et mit à mort plusieurs personnes de sa suite. Ce crime parvint à la connaissance du Saint-Siège. Martin IV manda le 15 mars 1285 à l'abbé d'Admont, d'ouvrir une enquête; sur ces entrefaites il mourut, et ce fut Honorius IV qui expédia la bulle le 5 avril 1285 [4]. D'ailleurs, notons-le en passant, ces excès de la part des personnes ecclésiastiques n'étaient malheureusement pas aussi rares qu'on pourrait le croire; car le même jour Honorius IV mandait à l'évêque de Ripen de citer devant le Saint-Siège un frère Mineur, Pierre, qui, par ordre de l'archevêque de Lund, et fort de son appui, avait fait jeter en prison un certain *Trugillus*, son compétiteur à l'évêché de Viborg [5].

Les collecteurs de la décime recueillaient toutes les sommes destinées à la croisade : l'argent provenant des legs, des offrandes, des rachats de vœux [6]. Les sommes perçues étaient déposées dans les églises [7]. Les couvents ou les dignitaires ecclésiastiques considéraient comme une

---

1. *Reg.*, 95.
2. Bulle du 17 avril 1285, *Reg.*, 469.
3. *Reg.*, 95, col. 71.
4. *Reg.*, 5.
5. *Reg.*, 6.
6. *Reg.*, 156, 219 et 766.
7. *Reg.*, 43. Voyez *Monumenta Vaticana Hungariæ, Rationes collectorum etc*, pp. 2, 3, 5, 6 et 7.

charge le soin de conserver l'argent qui leur était confié, car ils craignaient toujours qu'on ne le leur enlevât. Ainsi Thierry, collecteur dans la province de Trêves, ayant remis certaines sommes à la garde des frères Prêcheurs de Verdun, Metz et Toul, ceux-ci insistèrent auprès du Saint-Siège pour obtenir qu'elles fussent retirées de leurs maisons [1]. Honorius IV manda le 23 mars 1286 au collecteur de faire droit à la requête des religieux [2].

Le produit de la décime ne restait pas longtemps dans les églises : il était remis à des marchands désignés par le Saint-Siège et qui se trouvaient ainsi remboursés des avances de fonds faites par eux à la Chambre apostolique. Les banquiers du Saint-Siège étaient tous Italiens; c'étaient les sociétés des Frescobaldi [3], des Spiliati [4], des Alfani [5], des Abbati et Bacarelli [6], toutes sociétés florentines. C'était encore la compagnie de Bonaventure Bernardini de Sienne [7]. Honorius IV se préoccupa de centraliser entre les mains de ces banquiers tout l'argent destiné à la croisade. Ainsi il manda le 11 octobre 1285 au patriarche de Jérusalem de réclamer à Ibrahim, changeur de Saint-Jean-d'Acre, une somme de 12,000 livres tournois que le pape Adrien avait destinée aux dépenses de la Terre-Sainte, et de la remettre à la société de Bonaventure Bernardini de Sienne [8]; il devait en agir de même à l'égard de la décime perçue dans le royaume de Chypre et dans le diocèse de Tripoli [9]. Nous ne savons quels événements empêchèrent le patriarche d'exécuter ce mandement, mais le pape fut obligé de donner, le 19 septembre 1286, les mêmes ordres à Geoffroy, évêque de Lecce [10].

La remise de l'argent aux banquiers était constatée dans un acte authentique fait en deux expéditions, dont l'une restait entre les mains du collecteur, et l'autre était renvoyée au Saint-Siège [11].

Les marchands tenaient la main à ce que toutes les sommes que le Saint-Siège leur assignait fussent déposées chez eux par les collecteurs. L'archevêque d'Arborea, en dépit des ordres du pape, n'avait donné aux marchands florentins qu'une très faible partie des sommes recueillies par lui en Sardaigne et en Corse; le 26 mai 1286, Honorius IV, sur les plaintes des marchands, lui manda de leur remettre tout l'argent de la Terre-Sainte déjà perçu dans sa province [12].

1. Reg., 428.
2. Reg., 429.
3. Reg., 43, 640.
4. Reg., 125, 155, 218, 219 et 519.
5. Reg., 218, 219, 519 et 766.
6. Reg., 640.
7. Reg., 183.
8. Reg., ibidem.
9. Reg., 184.
10. Reg., 617 et 618.
11. Reg., 43 et 156.
12. Reg., 519.

D'autres fois, c'étaient les banquiers qui refusaient de rendre aux collecteurs des dépôts provisoires; le pape devait encore intervenir [1].

Les collecteurs provinciaux, à leur sortie de charge, rendaient compte de leur gestion financière à la Chambre apostolique. Les comptes de Gérard de Modène, collecteur en Hongrie, Pologne et Esclavonie, furent jugés par Bernard de Carcassonne, chapelain du cardinal Jacques Savelli, et Bérard, camérier du pape, en présence de trois marchands de la Chambre apostolique [2]. C'est ainsi encore que Bertrand Amalric, chanoine de Reims, et plus tard archevêque d'Arles, collecteur en Danemark et en Suède, rendit ses comptes aux mêmes personnages au mois de mai 1282, en présence de trois marchands de la Chambre et de maître Angelo de Foligno, clerc de la même Chambre [3].

Les dispenses de paiement de la décime semblent avoir été peu nombreuses; les registres d'Honorius IV n'en contiennent qu'une seule en faveur de l'évêque et du clergé de Prague; encore était-elle partielle [4].

Le produit de cette décime ne fut pas tout entier employé à la défense de la Terre-Sainte. Car Martin IV, par bulle du 18 mars 1282, en avait concédé une partie, à savoir tout ce qui serait levé en Sardaigne et dans le royaume de Hongrie, à Charles d'Anjou et à son fils, le prince de Salerne [5]. Les Alfani de Florence leur remirent sur l'argent de la décime perçu en Hongrie, Pologne et Esclavonie, diverses sommes dont le total s'élevait à 3259 onces et 16 tarins [6].

La décime consentie par le concile de Lyon ne fut pas le seul subside destiné à la Terre-Sainte qu'Honorius IV eut à faire recueillir.

La perception du vingtième, jadis accordé par le Saint-Siège au roi Louis IX, n'était pas encore terminée. Le chanoine Henri de Bastogne, collecteur, retenait une partie de l'argent recueilli par lui dans le diocèse de Liège; il se refusait à le rendre au Saint-Siège sous prétexte que Philippe III lui réclamait ce reliquat. Mais Honorius IV, ne reconnaissant au fils de saint Louis aucun droit sur cet argent, ordonna au chanoine, le 27 septembre 1285, de le remettre entre les mains du collecteur préposé à la levée de la décime dans cette région [7].

Jean XXI avait accordé à Gui, comte de Flandre et marquis de Namur, qui avait promis de prendre part à la prochaine croisade et d'emmener avec lui une troupe de chevaliers assez

1. *Reg.*, 108.
2. *Monumenta Vaticana Hungariæ, Rationes collectorum etc.*, p. 1.
3. Munch, *Pavelige Nuntiers etc.*, p. 4.
4. Bulle du 27 février 1286, *Reg.*, 337.
5 Potthast, *Regesta pontificum romanorum*, n° 21873, vol. II, p. 1768.
6. *Monumenta Vaticana Hungariæ, Rationes collectorum etc.*, pp. 11 et 12.
7. *Reg.*, 153 et 154.

considérable, la décime des revenus ecclésiastiques pendant six ans dans la partie du diocèse de Cambrai située en dehors du royaume de France, comme aussi dans toutes les terres que lui et sa mère, Marguerite, possédaient dans les diocèses d'Arras, Tournai, Liège et Utrecht hors les limites du même royaume. Renier de Passay, chanoine de Cambrai, l'abbé du monastère de Vaucelle, et Jean *de Brueriis*, chantre, puis doyen de Cambrai, avaient reçu du Saint-Siège commission pour lever ce subside. L'un d'eux, Renier de Passay, étant mort, Honorius IV ordonna le 11 mai 1286 aux collecteurs survivants de rendre leurs comptes au doyen de l'église de Courtrai, à Barthélemi de Mantoue, archidiacre de Hainaut, et à Francon de Wegga, chanoine de Cambrai et de déposer en lieux sûrs les sommes qu'ils avaient perçues [1]. L'abbé de Vaucelle et le doyen de Cambrai furent toutefois maintenus dans leurs fonctions de collecteurs [2]. Ceux-ci avaient prêté au comte de Flandre sur l'argent de la décime quarante mille livres tournois ou environ; comme il ne pouvait les rendre, Honorius IV leur manda [3] de lui fixer divers termes de remboursements. Ils accordèrent à Gui un délai de quatre ans à commencer le jour de Pâques 1287. Le pape y ajouta deux autres années, à condition que le comte s'engagerait à payer deux mille livres tournois la première année et ensuite six mille livres dans chacune des cinq autres années [4].

Les efforts, que seul parmi les princes chrétiens Edouard I avait faits après la mort de saint Louis pour la délivrance de la Terre-Sainte [5], le désignaient comme chef de la prochaine croisade. Revenu dans son royaume, il n'avait cessé de s'intéresser à la Terre-Sainte; il avait même fourni des sommes considérables pour fortifier la ville d'Acre [6]. Mais il tenait à ce que le Saint-Siège s'engageât à lui donner la direction de la prochaine expédition outre-mer. Des messagers, envoyés par lui, se présentèrent à la cour pontificale quelque temps avant la mort de Martin IV : ce fut donc Honorius IV qui les reçut. Les réponses du Souverain Pontife aux diverses demandes que lui adressait le roi d'Angleterre ont été consignées dans une bulle du 20 avril 1285 [7]. Honorius IV savait toute l'expérience qu'Edouard s'était acquise dans son expédition en Terre-Sainte; mais comme le Saint-Siège, après mûre délibération et pour prévenir toute compétition entre les souverains, s'était réservé la direction de la croisade projetée, il ne croyait pas pouvoir revenir sans motif sur cette décision; la seule promesse qu'il pût faire au roi Edouard, c'était de lui demander conseil quand le temps serait venu. En second lieu, le

1. *Reg*, 423 et 424.
2. Bulle du 11 mai 1286, *Reg.*, 426.
3. Bulle du 11 mai 1286, *Reg.*, 425.
4. Bulle du 28 février 1287, *Reg.*, 753.
5. Röhricht, *Etudes sur les derniers temps du royaume de Jérusalem* dans *Archives de l'Orient latin*, t. I, p. 622.
6. Röhricht, *Ibidem*, p. 628.
7. *Reg.*, 14; Rymer, *Fœdera*, éd. 1705, I, ii, p. 239.

roi d'Angleterre, considérant le peu d'argent qu'avait produit la décime triennale qui lui avait été accordée en Angleterre, en Irlande et dans le Pays de Galles, comme aussi la décime levée en Écosse, demandait l'autorisation de continuer la perception pendant deux années encore. Cette requête surprit Honorius IV; la concession de la décime au roi d'Angleterre remontait à neuf ans; comment ne s'était-il pas aperçu plus tôt qu'elle ne pouvait suffire? Le pape ne voulait rien octroyer de plus à Edouard avant qu'il n'eût pris la croix. En revanche, il l'autorisa à percevoir en Écosse, comme il le faisait déjà en Angleterre, en Irlande et dans le Pays de Galles, tous les revenus assignés par le concile de Lyon au subside de la Terre-Sainte. Mais il refusa de concéder au roi d'Angleterre les biens des intestats qui viendraient à échoir aux églises. Enfin Edouard demandait à prendre la croix avant la prochaine fête de Saint-Jean-Baptiste (24 juin) ou, au plus tard ce jour-là, mais à rester libre de s'embarquer quand bon lui semblerait, pendant cinq ans, à partir de la Saint-Michel 1285 (29 septembre.) Ce délai passé, le Saint-Siège pourrait le contraindre à prendre la mer. Honorius IV lui accorda jusqu'à Noël pour se croiser. Sur l'époque du départ, il ne voulut pas se prononcer; d'ailleurs il tenait avant de rien décider, à être renseigné sur le nombre de guerriers que le roi se proposait d'équiper et sur la durée du séjour qu'il ferait en Terre-Sainte; de plus, l'envoi d'une armée considérable en Orient était pour le moment inutile, car il suffisait d'un petit nombre de gens d'armes pour garder les possessions chrétiennes jusqu'à l'expiration des trèves conclues avec les Infidèles. Les mêmes ambassadeurs qui portèrent à Edouard les réponses du pape furent sans doute aussi chargés de lui remettre une bulle datée du 24 avril 1285 [1] qui confirmait la fondation royale du nouveau monastère d'Aberconway au diocèse de Bangor. Trois mois après, le 28 juillet 1285, le pape, sur la demande du roi d'Angleterre, prorogea jusqu'à la Pentecôte 1287 le terme auquel il devrait prendre la croix [2].

L'occasion paraissait favorable cependant, en 1285, pour entreprendre une expédition outre-mer. En effet, les Mongols, qui, depuis le règne de saint Louis, avaient envoyé maints ambassadeurs aux rois d'Europe et au Souverain Pontife, cherchaient plus que jamais à s'allier avec les chrétiens pour renverser la puissance musulmane [3]. Le sultan Ahmed, persécuteur des chrétiens, avait été détrôné par son neveu Argoun [4], qui, après avoir fait confirmer son usurpation par le Grand Khan, Khoubilaï, résolut d'enlever Jérusalem aux Musulmans et de s'y faire baptiser. Il écrivit en mai 1285 une lettre au pape; il demandait à ce que les Francs se joignissent à lui pour envahir l'Égypte. La lettre parut assez importante pour être insérée dans

1. Reg., 15.
2. Reg., 478.
3. Abel Rémusat, *Mémoires sur les relations politiques des rois de France avec les empereurs mongols*, dans *Mémoires de l'Institut, Académie des Inscriptions*, t. VI, p. 336.
4. A. Rémusat, *deuxième mémoire*, t. VII, p. 352.

le registre de la chancellerie pontificale. Elle est rédigée dans un latin si barbare qu'il ne nous paraît pas inutile d'en essayer ici la traduction :

« Au nom du Christ, amen.

Par la grâce du Grand Khan paroles de moi, Argoun, à notre saint père le pape. Gingis-Khan, premier père de tous les Tartares, par affection pour le sérénissime roi des Francs et pour le sérénissime roi Charles, a décidé que les chrétiens ne lui paieraient aucun tribut, et qu'ils seraient libres dans sa terre. Le Grand Khan a remis à Ise, ambassadeur et interprète, des présents et des parfums que moi, Argoun, vous envoie en son nom par mes ambassadeurs, Ise l'interprète, Bogagoc, Mengilic, Thomas Banchrinus et Ugeto, qui resteront en Occident le temps nécessaire à l'accomplissement de leur mission. Notre première mère était chrétienne; le Grand Khan, notre bon père, Houlagou et son fils, le bon Abaga, ont maintenu les chrétiens dans leur terre et leur puissance, et vous, très saint père, devez le savoir. Et maintenant que le Grand Khan Khoubilaï, notre chef suprême, m'a accordé sa grâce, j'ai songé à envoyer au très saint père le pape des présents, des vêtements et des parfums. Et nous, Argoun, sur l'ordre du Khan, nous délivrerons la terre des chrétiens et la prendrons sous notre protection; car c'est là ce que nous proposons.

L'an passé Ahmed s'est fait musulman et a envahi la terre des chrétiens au lieu de la garder; c'est pourquoi notre ambassade a été retardée. Comme la terre des Sarrasins qui ne nous appartient pas, c'est-à-dire la terre de Cham ou Égypte, est placée entre nous et vous, nous l'étreindrons. Nous vous envoyons les susdits messagers pour vous prier de diriger une armée sur l'Égypte, afin que nous, venant d'un côté, et vous de l'autre, nous puissions avec de bons guerriers la prendre. Faites-nous savoir par un messager sûr où vous voulez que le combat ait lieu. Nous chasserons ces Sarrasins avec l'aide du Seigneur, du pape et du Khan. La présente lettre écrite l'année du coq, le dix-huitième jour de la lune de mai, à [Tauris] [1]. »

Nous ne connaissons pas la réponse d'Honorius IV, à cette lettre. Mais il est probable qu'il se contenta, comme le fit plus tard Nicolas IV à qui les Mongols envoyèrent aussi des ambassadeurs, d'adresser à Argoun des remerciements pour sa bienveillance envers les chrétiens [2].

Cependant le roi d'Angleterre continua d'échanger des lettres et des ambassadeurs avec le Saint-Siège au sujet de la croisade. En 1286, il envoya Eudes de Grandson auprès du pape pour l'informer de l'état des négociations qu'il poursuivait entre la France et l'Aragon; il le chargea aussi de présenter au pape cinq requêtes relatives à l'expédition en Terre-Sainte; le pape répondit par bulle du 17 juin 1286 [3].

---

1. Le texte porte *in coris*, que Rémusat, t. VII, p. 357, propose de traduire par *à Tauris*.
2. Langlois, *Les registres de Nicolas IV*, bulle n° 571.
3. *Reg.*, 943; Rymer, *Fœdera*, éd. 1705, I, iii, p. 9.

Le roi d'Angleterre demandait d'abord à ce que le Saint-Siège obligeât tous les croisés à passer outre-mer; sur ce point Honorius IV ne voulut prendre aucun engagement.

En second lieu, le roi demandait à ce que la croisade fût prêchée partout. Honorius IV déclara qu'il ne ferait procéder à la prédication qu'après qu'Edouard aurait pris la croix, et que l'époque du passage aurait été fixée par le Saint-Siège.

En troisième lieu, Edouard, qui se considérait comme le chef de la croisade, aurait voulu qu'on lui remît le produit total de tous les subsides destinés à la Terre-Sainte perçus dans tous les royaumes ou terres dont les souverains ne prendraient pas part à la croisade. Honorius avait de sérieuses raisons de ne pas répondre à cette demande; mais plus tard, quand ces raisons n'existeraient plus, c'était bien son intention d'employer tout l'argent de la décime et des autres subsides à subvenir aux frais du roi d'Angleterre. Les prêts faits par le Saint-Siège à Charles d'Anjou et à son fils étaient sans doute ce qui empêchait Honorius IV de faire droit pour le moment à cette requête.

En quatrième lieu, le roi Edouard sollicitait la concession d'une nouvelle décime de sept ans. Honorius IV se contenta d'ajouter une décime triennale à celle qu'Edouard avait obtenue de Martin IV. Quant à l'époque où Edouard devait prendre la croix, elle restait fixée à la Pentecôte prochaine.

Le roi demandait, comme il l'avait fait précédemment, qu'on lui accordât cinq ans pour prendre la mer à sa convenance, après quoi on pourrait le contraindre à accomplir son vœu. Ce délai de cinq ans parut trop long au pape qui proposa à Edouard de le réduire à trois. Honorius IV exprima en outre son intention de faire assigner au roi d'Angleterre l'argent de la décime perçu en Angleterre, Écosse, Pays de Galles et Irlande pendant les deux années qui précéderaient l'époque du passage. Mais si le roi renonçait à l'expédition, toutes les sommes versées reviendraient au Saint-Siège qui en aurait la libre disposition sans qu'il fût en rien engagé par la présente bulle. Le pape demandait au roi d'Angleterre de lui faire savoir s'il acceptait ses propositions. L'année suivante, deux ambassadeurs, Richard de Punisei, et maître Jean Gereberd, se présentèrent de nouveau au Saint-Siège de la part du roi d'Angleterre, insistant auprès d'Honorius pour qu'il répondît favorablement aux requêtes de leur souverain. Le pape, par bulle du 15 mars 1287, fit les mêmes réponses que l'année précédente [1]. Toutefois Edouard avait consenti à n'avoir qu'un délai de trois ans après sa prise de croix pour s'embarquer. D'autre part, Honorius IV lui fit une concession : il consentit à ce que le produit de la décime recueillie en Angleterre, Écosse, Pays de Galles et Irlande lui fût remis en trois ans à raison d'un tiers par an, à condition qu'il s'engageât sous caution à restituer l'argent reçu s'il renonçait à ses projets.

1. *Reg.*, 969 ; *Fœdera*, éd. 1705, I, iii, p. 16.

Peu après, Honorius revint sur quelques-unes de ces décisions. Par bulle du 1er avril 1287 [1], il accorda à Edouard de lever la décime des revenus ecclésiastiques en Angleterre, en Écosse, en Irlande et dans le Pays de Galles pendant six années; car il avait reconnu qu'on ne s'était pas conformé dans la levée de la décime concédée par Martin IV, aux prescriptions du Saint-Siège, et que par suite, la décime n'avait pas produit ce qu'on devait en attendre. De plus, en raison du long séjour que les envoyés du roi avaient fait à la cour romaine et de la longueur du chemin qu'ils avaient à parcourir au retour, il prorogea le terme où Edouard devait prendre la croix jusqu'à la Saint-Jean-Baptiste.

1. *Reg.*, 973; Rymer, *Ibidem*, I, III, p. 7.

CHAPITRE VII.

RELATIONS D'HONORIUS IV AVEC LES ROYAUMES DU NORD, LA FRANCE ET L'EMPIRE.

Il nous reste à parler de quelques autres lettres adressées par Honorius IV à Edouard I. Le pape accorda aux fils et filles de ce souverain, par bulle du 27 mai 1286 [1], une dispense pour leur permettre d'épouser des personnes qui leur fussent apparentées au quatrième degré. Mais il était bien entendu, comme le pape le rappela au roi le 27 mai 1286 [2], puis le 17 juin de la même année [3], que cette dispense ne concernait pas un mariage avec les fils ou filles, les petits-fils ou petites-filles de Pierre d'Aragon, ou avec quelque personne qui ne fût pas dévouée à l'Église romaine.

Honorius IV chercha d'ailleurs à être agréable à Edouard, et à se concilier la faveur d'un prince qui se montrait si empressé à seconder le Saint-Siège dans ses efforts pour pacifier l'Europe, et à combattre les ennemis de la foi. C'est ainsi que le 17 avril 1285 [4], il accorda une dispense à Jean de Stanford, sous-diacre [5], doyen de l'église de Dublin, auquel s'intéressait le roi d'Angleterre et qui était né d'une union illicite; il lui permit de posséder à la fois plusieurs bénéfices ecclésiastiques et des églises paroissiales, et de pouvoir être promu à la dignité épiscopale et même archiépiscopale. Cette dispense était d'autant plus nécessaire que peu de temps après Jean de Stanford fut élu archevêque de Dublin; Honorius IV confirma son élection le 30 mai 1285 [6]; il lui fit remettre le pallium le 12 juin suivant [7]. C'est ainsi encore qu'il

1. Reg., 932.
2. Reg., 933.
3. Reg., 944.
4. Reg., 10.
5. Voyez sur cette qualification la bulle 44.
6. Reg., 30.
7. Reg., 46.

récompensa Eudes de Grandson, ambassadeur du même roi, du zèle avec lequel il s'était
acquitté de ses missions auprès du Saint-Siège, en lui permettant de choisir un confesseur [1].
Le 22 juin 1285, il accorda une dispense à un clerc d'Edouard, maître Gautier de Bath, professeur de droit civil, dont la naissance était illégitime [2].

Les progrès inquiétants de la religion juive en Angleterre préoccupèrent aussi Honorius IV.
Une bulle adressée à l'archevêque de Cantorbéry résume les accusations portées par l'Église
contre les Juifs. Ils s'adonnaient, disait-on, avec ardeur à l'étude d'un livre nommé Talmud,
plein d'abominations et d'erreurs. C'est là qu'ils puisaient cette doctrine mortelle qui dirigeait
tous leurs actes, et qu'ils enseignaient à leurs enfants dès l'âge le plus tendre. Ils ne cherchaient
pas seulement à gagner les fidèles à leur secte; mais encore ils attiraient par des présents de
toutes sortes ceux qui, renonçant à l'erreur, s'étaient convertis à la religion catholique; ces
renégats vivaient publiquement avec les Juifs, prenaient part à leurs cérémonies religieuses,
et dans les paroisses mêmes des églises où ils avaient reçu le baptême, menaient une vie infâme
au grand scandale des fidèles. La malice des Juifs allait jusqu'à inviter les chrétiens à assister
aux solennités du Sabbat et à adorer dans les synagogues le rouleau de la loi. Ils retenaient
chez eux des chrétiens et les occupaient, le dimanche et les jours de fête, à des œuvres serviles.
Ils prenaient des femmes chrétiennes pour élever leurs enfants. Juifs et chrétiens entretenaient
des relations continuelles, et c'est ce qui paraissait dangereux. Les évêques, encore qu'ils
eussent été avertis à plusieurs reprises du péril, s'étaient abstenus de le conjurer. Le pape leur
reprocha leur indifférence. Puis, voulant couper le mal dans sa racine sans lui laisser le temps
de croître, il ordonna, le 18 novembre 1286, à l'archevêque de Cantorbéry et à ses suffragants [3]
de réprimer ces abus, d'empêcher toute communauté de vie entre les Juifs et les chrétiens, et
d'avoir recours pour cela aux peines spirituelles et temporelles. Un mandement de même teneur
fut adressé à l'archevêque d'York et à ses suffragants.

Nous avons vu que la décime des revenus ecclésiastiques du royaume d'Écosse avait été
concédée à Edouard I. Mais la perception ne se fit pas sans difficulté; les officiers royaux y
apportaient des obstacles et molestaient les marchands de Florence, de Sienne et de Lucques,
à qui Martin IV avait ordonné qu'on remît le produit de la décime. Le 5 juillet 1285, Honorius IV écrivit au roi d'Écosse, le priant de mettre fin à ces vexations [4]. Et quelques jours
après, il l'invitait à protéger les églises, à les maintenir dans leurs droits et possessions, et à
ne pas permettre que ses officiers inquiétassent les évêques de Ross et de Murray. La nou-

1. Bulle du 13 juin 1286, Reg., 535.
2. Reg., 74.
3. Reg., 809.
4. Reg., 66.

HONORIUS.

velle de la mort récente d'Alexandre III, roi d'Écosse, n'était sans doute pas encore parvenue au Saint-Siège.

Le fils d'Alexandre III, mort avant son père, avait épousé Marguerite, fille du comte de Flandre. Mais sa veuve, au milieu des troubles qui agitèrent l'Écosse après la mort d'Alexandre III, craignit que les prétendants au trône ne lui contestassent le douaire de 1300 marcs sterling de revenu annuel que lui avait assigné son beau-père sur divers manoirs royaux. Aussi le fit-elle confirmer par le Souverain Pontife le 8 octobre 1285 [1]. Peu après, le 4 février 1286, elle obtint du pape une dispense qui lui permit d'épouser son parent, Renaud, comte de Gueldre [2].

La promesse que le comte Gui avait faite de se croiser portait Honorius IV à accorder ses faveurs à la maison de Flandre. A la même date où il autorisait le mariage de Marguerite, il releva Gui, comte de Flandre, et Robert, comte de Nevers, son fils, du serment qu'ils avaient fait jadis de marier Louis, fils du dit Robert, avec Jeanne, héritière du feu comte de Rethel [3]. Il permit encore à Isabelle, femme de Gui, de construire sur ses terres, dans la paroisse de Wercken au diocèse de Tournay, un monastère en l'honneur de sainte Claire, et d'y installer des religieuses de l'ordre de saint François [4]. Enfin le 11 janvier 1287, Honorius donna son consentement à un échange de biens entre l'église de Lille et le comte de Flandre [5].

On ne manquera pas de s'étonner du petit nombre de lettres adressées par Honorius IV aux rois de France Philippe III et Philippe IV, champions du Saint-Siège. Toutefois le défaut de relations épistolaires entre la cour de Rome et la cour de France surprendra moins si l'on songe que Philippe III, s'étant mis en campagne contre l'Aragon peu après l'avénement d'Honorius IV au trône pontifical, celui-ci n'avait plus à l'exhorter à cette expédition; si l'on songe encore que Philippe III mourut à son retour d'Espagne, que le pape avait un représentant en France, le légat Jean Cholet, qu'enfin le roi d'Angleterre, Edouard, s'entremit entre Philippe IV et Honorius IV et dirigea toutes les négociations qui intéressaient à la fois la France, le Saint-Siège et l'Aragon.

Philippe III avait fourni à Martin IV des subsides en hommes et en argent pour ramener à l'obéissance les barons de la Romagne [6], et en particulier les habitants de Forli [7]. En dépit des sommes considérables que le roi avait dépensées pour l'entretien des chevaliers français

1. Reg., 149.
2. Reg., 283.
3. Reg., 307.
4. Reg., 284.
5. Reg., 709.
6. Voyez Langlois, Le règne de Philippe III, p. 136.
7. Reg., 470.

envoyés au Saint-Siège, le pape dut encore leur prêter quatre mille livres tournois; ils s'engagèrent vis-à-vis de Nicolas et Pierre de Milan, capitaines de l'armée pontificale, à les rendre dans un délai déterminé. Ils tardèrent à s'acquitter, car le 18 avril 1285, Honorius IV, qui avait besoin d'argent, manda à son légat en France de contraindre ces chevaliers à restituer à la Chambre apostolique la somme qu'ils lui devaient [1].

Honorius IV, voulant donner un témoignage public de sa reconnaissance envers Philippe III, honora sa mémoire et accorda dix jours d'indulgence à ceux qui prieraient pour l'âme de ce pieux monarque [2].

On ne doit pas considérer comme une faveur particulière les privilèges qu'Honorius IV accorda à Philippe le Bel [3], à Jeanne sa femme [4], à Marie de Brabant sa mère [5], et aux clercs de leurs chapelles. Ce ne sont pas là les marques d'une bienveillance toute spéciale de la part du Souverain Pontife, car ces privilèges étaient renouvelés à tous les rois de France; ils constituaient les privilèges de la couronne [6]. L'abbé de Saint-Denis en était le conservateur [7].

Mais il convient de mentionner spécialement la permission [8] qu'Honorius IV donna à Blanche, fille de Saint Louis, veuve de Ferdinand, infant de Castille, d'habiter le monastère de Longchamp près Saint-Cloud.

Honorius IV eut quelques démêlés, peu graves d'ailleurs, avec la cour de France. Philippe III, lors de son départ pour l'Aragon, avait donné à l'abbé de Saint-Denis tout pouvoir pour conférer les bénéfices ecclésiastiques dont la collation appartenait au roi. L'évêque de Lisieux, Gui, mourut le 25 avril 1285 [9]; il appartenait au roi de pourvoir aux bénéfices de cette église pendant la vacance du siège épiscopal; l'abbé de Saint-Denis, ayant appris qu'un archidiaconat et une prébende étaient vacants par la mort d'un certain Nicolas de Terracine, il en pourvut, au nom du roi, certains personnages dont les noms ne nous sont pas parvenus. Deodato de Rome, chapelain du pape et son parent, s'opposa à cette collation. L'abbé de Saint-Denis écrivit au pape qui prit la défense de son chapelain. Il répondit à l'abbé de Saint-Denis, le 11 octobre 1285, que s'il ne voulait pas empiéter sur les droits et prérogatives du roi de France, il entendait que celui-ci de son côté ne portât pas atteinte aux privilèges de l'église romaine;

---

1. *Reg.*, 470.
2. Bulle du 3 août 1286, *Reg.*, 501.
3. Voyez les bulles 374 à 379, 381, du 27 avril 1286; 380, du 29 avril; 651, du 8 novembre.
4. Voyez les bulles 391, du 27 avril 1286; 384 à 387, du 29 avril; 383, 388 à 390, du 1er mai; 652, 658, du 6 novembre; 651, 653, du 8 novembre; 654, du 9 novembre; 650, du 10 novembre; 663, du 26 novembre.
5. Bulle du 1er mai 1286, *Reg.*, 382.
6. Voyez Tardif, *Privilèges de la Couronne de France.*
7. Bulle du 27 avril 1286, *Reg.*, 396.
8. Bulle du 26 octobre 1286, *Reg.*, 637.
Reg., 488, col. 344.

or Nicolas de Terracine étant mort deux ans auparavant en cour de Rome, c'était au pape qu'il appartenait de conférer les bénéfices devenus vacants par sa mort. Il avait usé de son droit en donnant l'archidiaconat et la prébende de Lisieux à l'un de ses cousins. Il ne doutait donc pas que l'abbé de Saint-Denis ne renonçât à ses prétentions et ne laissât jouir tranquillement Deodato de ses bénéfices.

Dès la première année de son règne, Philippe le Bel viola l'un des privilèges les plus importants du clergé, celui du *for* ecclésiastique. En effet la comtesse de Chartres ayant contesté à l'église de Chartres la possession de certaines terres et certains droits, assigna le doyen et le chapitre devant un tribunal royal. Ceux-ci refusèrent d'y comparaître, déclarant toutefois qu'ils étaient prêts à soumettre l'affaire à un juge ecclésiastique. Le roi interdit alors à qui que ce fût de cuire aux fours du chapitre, de moissonner ses récoltes, de faucher ses prés, de vendanger ses vignes, d'acheter ses bois, de cultiver ses terres, en même temps qu'il mettait sous la main royale tous les biens temporels du dit chapitre. La comtesse, forte de l'appui de son suzerain, ne garda plus dès lors aucune mesure dans ses vexations contre l'église de Chartres. Le chapitre vit ses hommes emprisonnés, mis à la question, condamnés à mort, ses biens meubles enlevés et dissipés, ses maisons envahies.

De tels crimes n'attirèrent pas l'attention du légat; ou du moins il ne chercha pas à y porter remède. Abandonnés de tous, exposés sans défense aux attaques du pouvoir séculier, menacés dans leurs personnes et leurs biens, les chanoines firent parvenir leurs plaintes au Saint-Siège. Honorius IV, étonné et mécontent de l'indifférence de son légat, lui écrivit le 2 septembre 1286 [1] -d'intervenir auprès du roi et de la comtesse pour qu'ils missent fin à leurs attaques contre l'église de Chartres.

Si le pape arrêtait les empiétements du pouvoir royal sur les privilèges des églises, il ne souffrait pas d'autre part que le clergé abusât de ses privilèges. C'est ainsi qu'il seconda la royauté dans sa lutte contre cette masse de clercs inférieurs adonnés au commerce, qui se retranchaient derrière le privilège de cléricature pour échapper aux impositions et à la juridiction des tribunaux séculiers, tout en invoquant au besoin et quand cela leur était profitable, les lois et coutumes du pays. Honorius IV manda aux archevêques et évêques le 7 mai 1286 [2], d'interdire aux clercs toute espèce de commerce, et de leur imposer la vie cléricale; si, après trois injonctions de l'ordinaire, les clercs marchands se refusaient à obéir, ils perdraient de fait le privilège de cléricature et retomberaient sous les lois ordinaires du royaume.

Une autre catégorie de gens cherchaient à se soustraire aux obligations féodales : c'étaient les croisés qui, invoquant les immunités accordées par le Saint-Siège à tous ceux qui s'arme-

1. *Reg.*, 604.
2. *Reg.*, 394.

raient pour la défense de la Terre-Sainte, se refusaient à payer à leur seigneur les tailles et collectes, et se prétendaient exempts de leur juridiction. Les évêques, qui trouvaient là un moyen d'étendre la compétence de leurs tribunaux, soutenaient les croisés contre les seigneurs laïques. Honorius IV rappela aux évêques que les privilèges concédés par les pontifes aux croisés n'étaient valables que du jour où le passage général en Terre-Sainte était ordonné; que, par suite, ils ne devaient pas jusque-là s'opposer à l'exercice de la juridiction seigneuriale sur les personnes qui avaient pris la croix.

Le pape eut aussi des relations avec l'Université de Paris. Il la maintint dans le rôle qu'elle s'était d'ailleurs arrogé de gardienne de l'orthodoxie. Gilles de Rome, frère de l'ordre de saint Augustin, avait émis des opinions entachées d'hérésie qu'Etienne Tempier, évêque de Paris, et le chancelier avaient condamnées; Gilles refusa d'abord de rétracter ses opinions; puis, cité devant le Saint-Siège, il se déclara prêt à satisfaire l'Université. C'est alors qu'Honorius IV, estimant qu'il était bon que ces propositions fussent révoquées là où elles avaient été exprimées, renvoya Gilles à Paris, et manda [1] le 1er juin 1285 à l'évêque de Paris, successeur d'Etienne, de convoquer le chancelier Nicolas de Toury, et les maîtres de la faculté de théologie, afin que Gilles rétractât devant eux la partie de sa doctrine que la faculté jugerait contraire à l'orthodoxie, et spécialement les propositions déjà condamnées par l'évêque Etienne.

Innocent IV et Alexandre IV avaient voulu fonder, au sein même de l'Université de Paris, une sorte d'école de missionnaires [2]. Dans ce but, ils y avaient envoyé des clercs connaissant la langue arabe et les autres langues orientales pour y recevoir l'enseignement théologique, et pouvoir ensuite répandre la bonne nouvelle en Orient. Honorius IV se préoccupa d'assurer le développement de cette institution. Il écrivit, le 23 janvier 1286, au chancelier de l'église de Paris, d'assurer à cette catégorie d'étudiants des moyens d'existence en les pourvoyant de bénéfices [3].

Les désaccords qui s'élevèrent sous les règnes de Philippe III et de Philippe IV entre le chancelier de l'église de Paris et les maîtres de l'Université, donnèrent occasion au Souverain Pontife d'intervenir dans les affaires de cette importante corporation.

Le chancelier Philippe de Toury et l'Université s'étaient accordés pour remettre au Saint-Siège l'examen et le jugement de leur procès. L'Université choisit comme procureur maître Jean de Malines. Le chancelier et le procureur de l'Université comparurent devant Martin IV. Là, le chancelier articula ses griefs contre l'Université : d'abord il se plaignit que l'Université l'eût sommé par ses bedeaux de se rendre à ses assemblées sous menace, s'il

---

1. *Reg.*, 35.
2. Voyez Jourdain, *Un collège oriental à Paris au XIII° siècle*, dans *Revue des sociétés savantes*, 2 série, t. VI (1861), p. 66.
3. *Reg.*, 274; bulle publ. par Jourdain, *Ibid.* p. 70, sous la date du 23 janvier 1285.

n'obéissait pas à cette injonction, de suspendre ses cours. Sur le refus du chancelier d'obtempérer à cette sommation, l'Université lui interdit tout enseignement et l'exclut de ses exercices, en même temps qu'elle déclara rejetés de son sein tous ceux qui assisteraient aux leçons du chancelier, ou qui solliciteraient de lui la permission d'enseigner. Défense fut faite aux écoliers parisiens de plaider devant le chancelier ou son official; le recteur de l'Université institua un tribunal où il cita les personnes qui relevaient de la juridiction du chancelier. Enfin l'Université avait conféré la licence à divers étudiants en médecine et en droit. Les réponses du procureur de l'Université à ces accusations ne nous sont pas connues. Martin IV donna gain de cause au chancelier. Il déclara que l'Université devrait se conformer dorénavant à l'ancienne et louable coutume observée jusque-là, d'adresser une supplique respectueuse au chancelier pour le prier d'assister à ses réunions. Toute licence d'enseigner accordée par l'Université était annulée. Il tempéra la rigueur de cette décision en permettant au chancelier d'accorder à nouveau la licence aux écoliers qui avaient indûment obtenu ce grade de l'Université; mais il délégua des commissaires pour punir les maîtres qui s'étaient arrogé le droit de donner la licence, et ceux qui avaient contraint certain bachelier déjà licencié par le chancelier à recevoir d'eux une seconde fois la licence. Ces mêmes commissaires étaient chargés de rétablir l'ordre dans l'Université. La mort de Philippe de Toury arrêta le procès. Martin IV mourut avant la nomination d'un autre chancelier; la sentence qu'il avait rendue ne fut ni grossoyée ni scellée de la bulle. C'est alors que le nouveau chancelier, maître Nicolas de Nonancourt, ayant à souffrir de la part des maîtres les mêmes vexations que son prédécesseur, vint trouver Honorius IV pour le prier de le rétablir dans la jouissance de ses droits. Mais l'Université n'ayant pas envoyé de représentant auprès du Saint-Siège, Honorius IV ne crut pas pouvoir prendre de décision. Il manda [1], le 1er février 1286, à Jean Cholet, légat apostolique en France, d'accorder l'Université et le chancelier; si dans un délai de quatre mois la concorde n'avait pas été rétablie, il citerait les deux parties à comparaître par procureurs devant le Saint-Siège. En attendant la fin du procès, il maintenait le chancelier dans toutes ses prérogatives. Les registres d'Honorius IV ne font pas connaître le résultat des démarches du légat.

A la même époque, un démêlé s'éleva entre les chanoines de Paris, étudiant à l'Université d'une part, et l'abbé et le chancelier de Sainte-Geneviève d'autre part. Ceux-ci avaient reçu ordre de Martin IV de contraindre tous les membres de l'Université qui versaient chaque semaine deux sous parisis dans la bourse commune de l'Université, à contribuer aux collectes faites par les maîtres et écoliers de Paris pour subvenir à leurs dépenses communes. Les chanoines opposaient une dispense obtenue par eux en 1269 de l'archevêque de Reims et de l'évêque

1. *Reg.*, 267.

d'Auxerre, représentants du pouvoir pontifical [1]. De plus, ils faisaient observer qu'ils vivaient dans leur propre maison, subvenaient de leurs propres deniers à leurs besoins, et n'avaient par conséquent rien à verser dans la bourse commune. Honorius IV, par bulle du 1er avril 1286, reconnut le bien fondé de leurs prétentions.

Nous avons indiqué sous le n° 975 une bulle par laquelle le pape Honorius prie un roi de France du nom de Philippe, de mettre fin aux vexations des bourgeois de Paris contre les écoliers. Cette lettre ne nous est connue que par le texte qu'en a publié Schannat; elle ne porte ni date topographique, ni date chronologique. Schannat, et après lui Potthast, l'ont attribuée à Honorius IV. Nous remarquerons qu'il n'y est pas question de l'Université, mais seulement des écoles de Paris; de plus, le style nous semble différer de celui de toutes les autres bulles d'Honorius IV, de sorte que nous sommes portés à considérer ce document comme émané d'Honorius III et adressé à Philippe-Auguste.

Les écoles parisiennes n'ont pas été les seules à attirer l'attention d'Honorius IV. C'est ici le lieu de rappeler qu'il favorisa l'enseignement du droit à la cour pontificale. Une école de droit avait été en effet instituée à Rome par Innocent IV en 1243 [2]. Honorius, voulant donner à Bindo da Siena qui enseignait le droit civil dans cette école un témoignage d'estime, permit [3] à toutes les personnes à qui Honorius III avait interdit l'étude des lois, excepté toutefois aux abbés, évêques et religieux, d'assister aux leçons de ce savant professeur.

Les relations entre Honorius IV et l'empereur Rodolphe de Habsbourg furent essentiellement pacifiques. Dès que Rodolphe eut connaissance de l'élection d'Honorius IV, il lui envoya un de ses protonotaires, Henri [4], pour le féliciter et lui adresser quelques requêtes [5]. Il savait tout l'intérêt que le Saint-Siège portait à la maison d'Anjou; aussi, pour se concilier le nouveau pontife, promit-il de soutenir la cause des héritiers de Charles I. Mais il manifesta son étonnement qu'une décime eût été concédée au roi de France dans les diocèses de Liège, Metz, Verdun et Bâle, c'est-à-dire en terre d'empire. Honorius IV lui fit remarquer que l'octroi de cette décime remontait au pontificat de Martin IV, et que lui ne pouvait la révoquer au moment où le roi de France faisait de si grands sacrifices pour soutenir la lutte contre l'Aragon. En revanche, Honorius IV déféra au désir manifesté par le roi des Romains d'avoir sur le siège archiépiscopal de Mayence une personne qui lui fût particulièrement attachée. L'archevêque Werner étant

---

1. Guérard, *Cartulaire de l'église Notre-Dame de Paris*, t. II, p. 394, n° XIV.
2. Gregorovius, *Geschichte der Stadt Rom im Mittelalter*, éd. 1878, t. V, p. 580.
3. Bulle du 18 octobre 1285, *Reg.*, 168.
4. Il s'agit probablement de Henri de Klingenberg, protonotaire et vice-chancelier de Rodolphe ; Honorius IV le créa chapelain pontifical, mais Rodolphe sollicita pour lui du même pape, par lettres missives du 5 février 1286, la collation d'une haute dignité. Voyez Sybel et Sickel, *Kaiserurkunden in abbildungen*, lief. VIII, taf. 19, b 1.
5. Voyez la réponse d'Honorius IV du 1er août 1285 , *Reg.*, 476 ; Raynaldi *Annales eccles.*, a. 1285, § XXIII.

mort, les chanoines avaient partagé leurs voix entre Pierre, leur prévôt, et Gérard d'Eppenstein archidiacre de Trèves. L'affaire fut portée à l'examen du Saint-Siège; on obtint des deux élus la renonciation à leurs droits. Honorius IV put dès lors donner l'archevêché de Mayence à Henri, évêque de Bâle, candidat de Rodolphe [1]. Quant au prévôt de Mayence, il obtint comme compensation le siège épiscopal de Bâle [2]. L'autre élu de Mayence, Gérard d'Eppenstein reçut du pape une dispense en vertu de laquelle il put continuer à détenir en même temps que son archidiaconat, divers autres bénéfices, dont quatre églises paroissiales [3].

Le pape manda encore le 31 janvier 1286 à l'évêque de Constance [4] d'accorder une dispense à l'un des chanoines de son église, Rodolphe de Dietikon, neveu du roi des Romains, dont la naissance était illégitime.

En 1286, le roi des Romains établit, de l'aveu du pape, un vicaire général en Toscane. Ce n'était pas que Rodolphe, qui avait sacrifié l'Italie, songeât à restaurer le pouvoir impérial dans la péninsule : ce vicaire n'eut d'autres fonctions que de surveiller la perception des quelques revenus que l'empire possédait encore au-delà des Alpes. L'empereur investit de cette dignité un chapelain pontifical, le sous-diacre Percival de Fiesque, de la famille des comtes de Lavagna. Les villes de la Toscane refusèrent, malgré les exhortations du pape [5], de lui obéir; elles ne voulurent pas davantage prêter le serment à l'empire [6].

Rodolphe de Habsbourg n'avait pas encore reçu la couronne impériale; il en sollicita l'obtention du Souverain Pontife; dans ce but il lui envoya dès le mois de novembre 1285, quatre ambassadeurs parmi lesquels son chapelain, Pierre, le futur élu de Mayence [7].

La réponse d'Honorius est datée du 31 mai 1286 [8]. La date du couronnement fut fixée à la prochaine fête de la Purification de la Vierge, c'est-à-dire au 2 février 1287; la consécration devait avoir lieu à Rome en la basilique de Saint-Pierre. Afin de rehausser l'éclat de la cérémonie, Honorius IV invita tous les hauts barons de l'empire à accompagner leur souverain; il adressa spécialement des lettres [9] aux marquis de Brandebourg, aux ducs de Bavière, au duc de Carinthie, aux ducs de Saxe, au roi de Bohême, aux archevêques de Cologne, de Mayence, de Salzbourg. Les prélats allemands furent même invités à fournir un subside au prince pour lui permettre de déployer dans son voyage à Rome une magnificence digne de son rang [10]. Enfin Ho-

1. Bulle du 15 mai 1286, *Reg.*, 368.
2. Bulle du 15 mai 1286, *Reg.*, 372.
3. Bulle du 19 mai 1286 , *Reg.*, 457.
4. *Reg.*, 250.
5. *Reg.*, 548 et 942.
6. Villani, l. VII, c. CXI, dans Muratori, *Scriptores*, t. XIII, col. 313.
7. Lettres de Rodolphe datées du 22 novembre 1285, dans Raynaldi *Annales eccles.*, a. 1285, § XXII.
8. *Reg.*, 550 ; Raynaldi *Annales eccles.*, a, 1286, § I et II.
9. Bulle du 31 mai 1286 , *Reg.*, 551.
10. Bulle du 22 juillet 1286 , *Reg.*, 806.

norius IV envoya comme légat en Allemagne Jean Boccamazza, évêque de Tusculum [1]. Le légat reçut du pape les faveurs et délégations de pouvoir qu'on avait coutume d'accorder aux légats [2]. Tous ces préparatifs demeurèrent sans résultat : Rodolphe ne put venir à Rome recevoir la couronne impériale.

La Hongrie était gouvernée en 1285 par le roi Ladislas, prince de mœurs relâchées, mais vaillant, qui, après de vains efforts pour résister à l'invasion des Cumans et des Tartares, avait fini par les admettre dans son royaume et faire alliance avec eux. Il s'était autrefois attiré par ses vices et par ses attaques contre les églises les réprimandes de Nicolas III. Mais en 1285 il alla plus loin : il abjura la religion chrétienne pour adopter les mœurs et les croyances des Tartares, Sarrasins et autres infidèles [3]; puis voulant donner un libre cours à ses passions, il fit emprisonner sa femme et lui infligea les plus cruels traitements, comme la privation de nourriture et la flagellation [4]. Honorius IV lui enjoignit de renoncer à ses erreurs et de reprendre sa femme [5]. C'est à l'archevêque de Gran que le Souverain Pontife confia la mission de ramener le roi de Hongrie dans la voie droite [6], l'autorisant même à prêcher la croisade contre les Tartares, et autres païens de Hongrie, s'ils continuaient leurs agressions contre les chrétiens. Honorius IV invita le roi des Romains, le roi de Bohême, le duc d'Autriche, les ducs de Pologne et d'Esclavonie, et tous les prélats de Hongrie à seconder l'archevêque de Gran [7].

Le clergé endurait de nombreuses vexations dans ces principautés de l'est de l'Europe, à peine constituées et encore voisines de la barbarie. Ainsi le duc de Cracovie, Lesko le Noir, avait attiré sur lui l'excommunication en emprisonnant Paul, évêque de Cracovie; mais il faut dire à la décharge du prince que cet évêque s'était opposé à son élection et n'avait cessé de lui susciter des ennemis. Toutefois, Lesko rendit la liberté au prélat, et le Saint-Siège lui pardonna son crime en considération des services qu'il avait rendus à la foi chrétienne : il avait combattu les païens qui attaquaient son duché. Par bulle du 27 juillet 1285, Honorius IV manda [8] au prieur provincial des frères Prêcheurs en Pologne, d'accorder une dispense à tous les clercs du diocèse de Cracovie, et spécialement aux chapelains du duc, qui avaient violé les lois ecclésiastiques en célébrant l'office divin pendant la captivité de leur évêque.

La perception du denier de saint Pierre avait été négligée en Pologne et en Poméranie

1. Bulle du 31 mai 1286, *Reg.*, 770.
2. *Reg.*, 771 à 805.
3. *Reg.*, 761 ; Theiner, *Monumenta historica Hungariæ*, t. I, p. 353, no DLXXIII.
4. *Reg.*, 762.
5. *Reg.*, 761.
6. *Reg.*, 761 et 762.
7. *Reg.*, 761.
8. *Reg.*, 113.

HONORIUS. *k*

depuis plusieurs années quand Honorius IV donna commission [1], le 11 juillet 1285, à Jean *Muscati*, archidiacre de Leczyc dans l'église de Gnesen, de recueillir toutes les sommes dues de ce chef à la Chambre apostolique. Une partie très considérable de cette redevance avait été perçue par divers prélats qui l'avaient gardée ; le collecteur délégué par le Saint-Siège devait leur faire restituer ces sommes indûment retenues [2]. Le pape invita les ducs de Pologne et de Poméranie, le duc de Silésie, le duc de Cracovie [3], l'archevêque de Gnesen et ses suffragants, les frères de l'ordre teutonique, et l'évêque de Kammin à aider Jean *Muscati* dans l'accomplissement de sa mission [4]. Les ducs des diocèses d'Oppeln, de Breslau, et Cracovie, reçurent l'ordre de contraindre les Teutoniques qui avaient mis en culture des terres de ces régions, à payer le cens à l'église romaine [5]. Honorius IV mit enfin à la charge des églises de Pologne et de Poméranie le paiement de l'indemnité de seize sous tournois assignée au collecteur [6].

Henri, duc de Silésie et seigneur de Breslau, s'étant emparé des biens de l'évêque et de l'église de Breslau, exigeait divers services des hommes de leurs terres et de leurs vassaux. Une première fois Philippe, évêque de Fermo, et légat apostolique en Pologne, avait ménagé un accommodement entre l'église et le duc. Celui-ci n'ayant pas respecté le compromis, Honorius IV manda le 28 mars 1286 aux évêques de Breslau et de Posen [7] de l'excommunier.

1. *Reg.*, 194.
2. *Reg.*, 103.
3. *Reg.*, 196.
4. *Reg.*, 197.
5. *Reg.*, 198.
6. *Reg.*, 199.
7. *Reg.*, 432.

CHAPITRE VIII.

Les relations d'Honorius IV avec les villes italiennes ont laissé peu de traces dans les registres de la chancellerie pontificale. La plupart des républiques montraient assez de soumission à l'autorité du pape. Toutefois Venise attira sur elle les foudres du Saint-Siège en refusant de donner des secours à Charles d'Anjou. Martin IV avait envoyé à Venise un légat, le cardinal Bernard de Languisel, évêque de Porto, pour obtenir de la république qu'elle équipât des vaisseaux [1]. Cette ville de marchands ne s'intéressait pas aux affaires de Sicile, et se souciait peu de se lancer dans une aventure qui ne pouvait être pour elle d'aucun profit. Non seulement le conseil refusa tout secours, mais, craignant que quelque particulier ne fournît des navires au pape, il remit en vigueur une ancienne loi qui défendait à tout habitant de Venise de s'armer contre quelque seigneur ou quelque commune que ce fût, sans l'assentiment du doge et du conseil [2]. Le légat frappa la république d'interdit. Il se trouva quelques citoyens pour fournir des secours au pape : ils furent traduits devant les tribunaux, et ou décréta contre eux des peines sévères. Mais bientôt une terrible inondation ravagea la ville : c'était un châtiment du ciel [3]. Les Vénitiens songèrent à demander pardon au Saint-Siège. Le doge envoya à Honorius IV des ambassadeurs choisis parmi les plus nobles familles de la ville qui, au nom de la commune, affirmèrent au pape qu'en renouvelant le statut incriminé, le conseil n'avait songé qu'à assurer la paix à la république et à éloigner d'elle tout danger de guerre, sans avoir eu en rien l'intention d'entrer en hostilité avec l'église romaine et de favoriser la cause des Arago-

---

1. Cappelletti, *Storia della republica di Venezia*, t. III, p. 74 et suiv.
2. *Reg.*, 479.
3. *Memoriale potestatum regiensium*, dans Muratori, *Scriptores*, t. VIII, col. 1166.

nais. C'est alors qu'Honorius IV écrivit le 5 août 1285 [1] à l'évêque de Castello di Olivola de lever l'interdit qui pesait sur Venise, après avoir obtenu du doge et du conseil la révocation de l'édit, la déclaration qu'ils ne l'avaient pas promulgué contre l'église romaine et les héritiers du royaume de Sicile, l'insertion de cette déclaration dans le livre des statuts, et enfin l'abolition des sentences prononcées contre les habitants qui avaient secouru le Saint-Siège [2]. Le pape comptait bien d'ailleurs que les Vénitiens donneraient un témoignage de fidélité à l'église romaine en lui envoyant des navires pour l'expédition de Sicile [3]. Venise se soumit aux conditions imposées par le pape. Deux frères Prêcheurs et deux frères Mineurs vinrent en informer Honorius IV qui, le 18 mars 1286, adressa une nouvelle bulle [4] à l'évêque de Castello pour le prier de lever l'interdit.

Honorius IV eut aussi quelques rapports avec la ville de Gênes. Cette ville était en hostilité avec les Fieschi, comtes de Lavagna. La commune de Gênes les empêchait d'établir, comme c'était leur droit, deux consuls annuels dans chacune des villes de Sestri et de Lavagna ; elle exigeait d'eux des redevances illégales, et refusait de leur payer divers revenus, en même temps qu'elle conservait sous sa main plusieurs de leurs châteaux et possessions. Cette querelle était déjà ancienne, et elle avait été assoupie à l'amiable par Innocent V ; mais la commune ne se conforma pas à la sentence arbitrale. Comme il avait été convenu entre les parties que le Saint-Siège veillerait à l'exécution de cette sentence, Jacques, Nicolas, *Thedisius*, *Adreolus*, Percival, Albert et Ottoboni de' Fieschi en appelèrent à Honorius IV. Celui-ci confia l'examen de l'affaire à Gervais, cardinal prêtre de Saint-Martin. Puis, le 23 juillet 1285, il manda à l'archevêque de Gênes de citer la commune à comparaître par procureur devant le Saint-Siège [5].

La république de Gênes soutenait à cette époque une lutte acharnée contre les Pisans et la cité de Cagliari. Elle invita les Napolitains à ne pas naviguer vers Pise ou Cagliari, ni entre ces deux villes, car il pourrait arriver que les vaisseaux napolitains rencontrassent les galères que les Génois avaient armées contre leurs ennemis, et dans ce cas ils seraient pris avec leur cargaison sans avoir à espérer aucune amende ni restitution. Ces menaces furent suivies d'effet : les Génois saisirent des vaisseaux napolitains qui conduisaient du vin grec à Rome. Honorius IV s'émut. Il fit porter à la commune de Gênes par Jacques de Parme, clerc de la Chambre, des lettres en date du 13 mai 1286 [6], par lesquelles il lui enjoignait de rendre la

1. *Reg.*, 479.
2. *Reg.*, 480.
3. *Reg.*, 479.
4. *Reg.*, 345.
5. *Reg.*, 101.
6. *Reg.*, 364.

liberté aux Napolitains qu'elle avait emprisonnés, et de leur restituer leurs marchandises : attaquer les Napolitains, c'était attaquer l'église romaine. Le pape espérait bien que de pareils actes ne se renouvelleraient plus.

Au reste, ces actes de piraterie étaient familiers aux Génois. Les Napolitains n'étaient pas les seuls à en souffrir. Ainsi, en 1283, un citoyen romain venant de Terracine, avait vu son vaisseau saisi par des Génois. Comme il n'avait pu obtenir du podestat de Gênes la restitution des marchandises qui lui avaient été enlevées, les sénateurs de Rome lui accordèrent, par acte du 21 mai 1285 [1], le droit de représailles contre la commune de Gênes.

Les actes de violence étaient trop fréquents à cette époque.

Guillaume, marquis de Montferrat, assiégeant Tortone en 1284, avait fait saisir Melchior, évêque de cette ville et l'avait laissé mettre à mort. Le souverain pontife cita le marquis devant son tribunal ; mais celui-ci ne se hâta pas de comparaître, alléguant toutes sortes d'empêchements : comment quitter ses domaines en présence des menaces de la Savoie? A qui en confier la défense? Son fils n'avait que sept ans. Et puis, quel chemin suivre pour aller jusqu'à Rome? La guerre entre les Génois et les Pisans rendait la navigation dangereuse [2]. Cependant le marquis aurait voulu obtenir du Saint-Siège le pardon de son crime. Honorius IV le dispensa de tout voyage en lui faisant accorder l'absolution par l'archevêque de Conza et le prieur des frères Prêcheurs de Lombardie [3], à condition qu'il se soumît à une pénitence publique. Il devait aller en chemise, pieds nus, la tête découverte, depuis le lieu où l'évêque avait été pris jusqu'à l'église de Tortone, se rendre dans le même appareil des portes de Verceil, d'Ivrée et d'Alba jusqu'aux églises cathédrales de chacune de ces trois cités; restituer à l'église de Tortone les biens qu'il lui avait enlevés; fonder et doter un autel dans la même église, et enfin prendre la croix, ou, s'il préférait, faire un pèlerinage à Saint-Jacques de Compostelle.

Les seigneurs n'étaient pas seuls à persécuter le clergé; celui-ci était encore en butte aux attaques des communes qui cherchaient surtout à restreindre le privilège de *for* ecclésiastique. Ainsi les magistrats de Bergame décidèrent que tout clerc de la cité ou du diocèse de Bergame qui aurait commis quelque excès contre un laïque, devrait comparaître devant le podestat qui pourrait même lui infliger une peine corporelle. Cette commune, non contente d'avoir porté atteinte aux privilèges ecclésiastiques, ne recula pas devant une violation de la liberté personnelle, interdisant à tous ceux qui ressortissaient à la juridiction du podestat, de faire aucun don ou legs aux églises et aux clercs, et même de leur transférer une partie de leurs biens, de quelque façon que ce fût. Honorius IV manda [4], le 18 décembre 1286, à l'évêque de Lodi, d'en-

1. Pflugk-Harttung, *Iter italicum* p. 619, 28 et 29.
2. Raynaldi *Annales eccles.*, a. 1285, § LXVII.
3. Bulle du 20 décembre 1285, *Reg.*, 228.
4. *Reg.*, 714.

joindre au podestat, aux anciens, au conseil et à toute la commune de Bergame d'abroger ces statuts détestables.

Des dispositions analogues, également contraires aux libertés de l'église, furent remises en vigueur par les Florentins. Et Honorius IV dut, le 5 novembre 1285 [1], faire citer par Raimond Atgier, doyen de l'Eglise du Puy, le podestat, le capitaine, le conseil, la commune et les prieurs des arts de Florence, à comparaître dans un délai de quinze jours devant le Saint-Siège.

Et cependant Florence était à ce moment soumise à la papauté; le gouvernement de cette république était aux mains du parti guelfe. Honorius IV, dès les premiers temps de son pontificat, avait même été mêlé aux affaires de politique extérieure de Florence. Grâce à son intervention, la paix avait été conclue entre cette ville et la république gibeline de Pise [2].

Honorius IV interposa encore sa médiation entre les Guelfes et les Gibelins de Pistoie. Il y avait à la fois dans cette ville deux administrations, l'une guelfe, l'autre gibeline; il en résultait des dissensions continuelles entre les habitants. Quelques années auparavant, Nicolas III avait cherché à rétablir la paix; mais la mort était venue le surprendre avant qu'il y eût réussi. Comme les deux partis avaient accepté l'arbitrage du Saint-Siège, Honorius IV manda [3], le 20 mars 1286, d'une part au podestat, au capitaine, aux anciens, au conseil et au commun de Pistoie, c'est-à-dire aux magistrats du parti guelfe, et d'autre part au capitaine, au conseil et à l'Université des Gibelins de la même ville, d'envoyer au Saint-Siège dans l'espace d'un mois des ambassadeurs et un syndic, munis de pouvoirs suffisants pour conclure un accord.

Vers le même temps, le Souverain Pontife suspendit jusqu'au terme de la Toussaint le double interdit dont l'évêque d'Arezzo et l'évêque de Sienne, ce dernier agissant au nom de l'évêque de Porto, légat du Saint-Siège, avaient frappé la cité d'Arezzo [4]. Il chargea l'évêque de Chiusi d'accorder une dispense aux clercs qui avaient, durant l'interdit, célébré l'office divin [5].

Honorius IV eut aussi des relations avec la noblesse de Toscane. Grégoire X avait jadis fait remettre à Charles d'Anjou, investi par Clément IV du titre de vicaire impérial en Toscane, pour faciliter sa lutte contre les partisans de Conradin, un certain nombre de châteaux et, entre autres, Rocca di Ampinana et Montaguto, qui appartenaient au comte Guido Novello; il avait été convenu que Charles aurait la garde de ces châteaux encore deux ans après qu'il aurait cessé d'exercer l'office de vicaire impérial, et même plus longtemps si l'église romaine le voulait. En 1285, le comte Guido représenta au Saint-Siège que plusieurs années s'étaient

1. Reg., 167.
2. Voyez Perrens, *Histoire de Florence*, t. II, pp. 286 à 288, 291, 491, 493 et 501.
3. Reg., 328.
4. Bulle du 23 juillet 1286, Reg., 562.
5. Reg., 567.

écoulées depuis que Charles d'Anjou n'était plus vicaire impérial. Il sollicitait la restitution de ses châteaux. Honorius IV manda [1] le 22 juin 1285 à Bérard du Puy, son chapelain, de faire rendre à Guido Novello les dits châteaux par Obert de' Pucci, marchand florentin, que le Saint-Siège avait commis à leur garde; à condition toutefois que le comte remît à Bérard une somme de deux mille marcs d'argent à titre de caution, et qu'il s'engageât à tenir les châteaux à la disposition de l'église romaine, et à ne les donner à personne, pas même à ses fils, sans l'assentiment du Saint-Siège.

Clément IV avait autrefois privé du droit de municipe, de façon à les rendre déserts, tous les lieux où résidaient les meurtriers de l'évêque de Silves, du doyen et de l'archidiacre de Salamanque, du chevalier Arnaud, ambassadeurs d'Alphonse de Castille, et de tous leurs compagnons pris, dépouillés et mis à mort comme ils traversaient la Toscane pour se rendre auprès du pape. Quelques-uns de ces criminels étaient originaires du château de Ganghereto, au diocèse d'Arezzo, appartenant à Simon de Battifolle, comte palatin de Toscane; d'autres s'y étaient réfugiés une fois le crime commis; aussi la commune de Florence l'avait-elle fait détruire. Le comte Gui de Battifolle désirant faire réédifier ce lieu, supplia le Souverain Pontife de lui en accorder la permission, affirmant que ni son père ni lui n'avaient en rien trempé dans le meurtre de l'évêque de Silves. Honorius IV, par bulle du 2 novembre 1285 [2], manda à l'évêque de Sienne de faire une enquête sur le rôle tenu par les comtes Simon et Gui dans cette affaire. Le Saint-Siège devait être d'autant plus désireux de faire droit à la requête de Gui de Battifolle que c'était lui qui avait conduit les troupes envoyées en 1282 par les Florentins à Charles d'Anjou. L'enquête fut sans doute favorable au comte palatin, car Honorius IV lui accorda, le 9 février 1287, la permission de réédifier le château de Ganghereto [3].

Honorius IV acheva de pacifier la Romagne dont la révolte avait donné tant d'embarras à Martin IV. Il reçut la soumission du comte Gui de Montefeltro, qu'il exila aux confins du Piémont, tandis qu'il retenait ses deux fils comme otages [4]. Le soin de gouverner la Romagne fut confié à Guillaume Durant, doyen de l'église de Chartres.

Le Souverain Pontife se montra tout prêt à pardonner à ceux des révoltés qui implorèrent sa bienveillance et donnèrent des marques non équivoques de repentir. Plusieurs citoyens de Cesena, Balducio Barrachie, Benvenuto son frère, Ardensio et Carmaniolo, leurs neveux, avaient été exilés par Jean d'Eppe, recteur de Romagne. Honorius IV leur permit de revenir dans leur patrie, non sans avoir mandé à Guillaume Durant, le 11 décembre 1285 [5], d'exiger

1. *Reg.*, 55.
2. *Reg.*, 172.
3. *Reg.*, 748.
4. Villani, l. VII, c. CVII, dans Muratori, *Scriptores*, t. XIII, col. 312.
5. *Reg.*, 224.

d'eux des cautions de leur fidélité. Il fit encore lever par le recteur [1] l'excommunication prononcée contre la commune de Bologne pour s'être emparée de Medicina, terre de l'église romaine, et s'y être attribué la juridiction. Un certain nombre d'habitants de San Leo qui avaient mis à mort Guillaume *de Alba*, vicaire de Guillaume Durant, et avaient tenu comme prisonniers pendant plus de huit mois ses alliés, l'évêque de Montefeltro et le prévôt de la même église, obtinrent aussi leur pardon [2].

Guillaume Durant venait d'être élu à l'évêché de Mende. Le Souverain Pontife confirma son élection le 4 février 1286 [3] et, comme Guillaume ne pouvait quitter immédiatement son poste de recteur dans la Romagne et la *Massa Trabaria* pour aller recevoir de son métropolitain dans les délais prescrits par les canons la consécration épiscopale, il lui accorda sur ce point une dispense [4]. Guillaume Durant présida plusieurs mois encore à l'administration de la Romagne, car c'est seulement le 1ᵉʳ juin 1286 que le Souverain Pontife manda à l'archevêque de Ravenne de le consacrer [5]. Il fut remplacé comme recteur de Romagne par un cousin du pape, le Romain Pietro Stefani. C'est à celui-ci qu'Honorius IV manda, le 5 janvier 1287 d'accorder à Léon de' Fonti, citoyen de Cervia, en récompense de sa fidélité à l'église romaine, une dispense de péage pour le transport d'une partie du sel qu'il tirait de ses salines [6].

La marche d'Ancône n'était pas aussi tranquille que la Romagne. Trois citoyens de Jesi, les trois frères Mercennario, Renaud et Guillaume Simoneti s'étaient emparés du gouvernement de Jesi. Au reste, le peuple leur était favorable et avait élu Mercennario capitaine de la ville. Puis, sur les remontrances de Geoffroy d'Anagni, recteur de la Marche, la commune de Jesi et les Simoneti avaient envoyé des procureurs au Saint-Siège pour faire soumission et remettre entre les mains du pape le gouvernement de la ville. Mais le repentir des révoltés dura peu; à peine Nicolas Boccamazza, nommé par le pape gouverneur de Jesi, eut-il fait son entrée dans la ville qu'il fut en butte aux persécutions de Mercennario et de ses partisans. Il dut se retirer avec toute sa suite. Alors l'audace des rebelles n'eut plus de bornes; ils se jetèrent sur la ville de Ripe, possession de l'église romaine, s'emparèrent de plusieurs habitants, tuèrent les uns, mirent les autres à rançon; le pillage de Collemontano suivit de près celui de Ripe. Le recteur Geoffroy d'Anagni reçut l'ordre du Saint-Siège de lever et d'équiper une armée pour marcher contre les Simoneti. Puis, le 23 juillet 1285, le pape pria la commune de Gênes [7] et

1. Bulle du 23 février 1286, *Reg.*, 301.
2. Bulle du 31 octobre 1286, *Reg.*, 686.
3. *Reg.*, 285.
4. Bulle du 13 février 1286, *Reg.*, 286.
5. *Reg.*, 511.
6. *Reg.*, 723.
7. *Reg.*, 839.

celle d'Osimo [1] d'envoyer des secours au recteur de la Marche d'Ancône. Les rebelles furent vaincus; Geoffroy d'Anagni imposa à la commune de Jesi une amende de cinq mille livres de monnaie de Ravenne, à payer à la Chambre apostolique. Ce fut Frédéric, élu d'Ivrée, successeur de Geoffroy d'Anagni comme recteur de la Marche d'Ancône, à qui le pape manda, le 24 février 1286, de recouvrer cette somme [2].

L'emploi de la force semblait à Honorius IV un mauvais moyen de rétablir la paix; aussi n'avait il recours aux mesures de rigueur qu'à la dernière extrémité, quand l'obstination de ses ennemis l'y obligeait. Il préférait se concilier l'esprit de ses sujets par la bienveillance. Sous le pontificat de Martin IV, les Pérugins s'étaient révoltés contre l'autorité du Saint-Siège. Ils avaient attaqué la cité de Foligno restée fidèle au pape. Les habitants de Cascia et de Visso, accusés d'avoir pris parti pour Pérouse contre Foligno, avaient été excommuniés. Mais eux prétendaient n'avoir pas favorisé les Pérugins. Honorius IV manda [3], le 13 juin 1285, à Roland de Ferentino, recteur du duché de Spolète, d'ouvrir une enquête à ce sujet, et, si le résultat prouvait l'innocence des habitants de Cascia et de Visso, de leur accorder l'absolution. Il agit de même à l'égard des habitants de Spello, excommuniés eux aussi par Martin IV pour avoir soutenu les Pérugins rebelles contre les citoyens de Foligno [4].

Honorius IV intervint encore pour mettre fin à un procès entre la commune de Rieti et les seigneurs de Chiavano [5]. L'origine du procès remontait au temps de Nicolas III. Les habitants de Rieti s'étaient portés caution pour les hommes de Cascia vis-à-vis des seigneurs de Chiavano du paiement d'une certaine somme. Des contestations s'étant élevées à ce sujet entre la commune de Rieti et les seigneurs de Chiavano, l'affaire fut portée devant le tribunal de Nicolas III qui en confia l'examen au cardinal Jacques Savelli, celui qui fut plus tard Honorius IV; la sentence rendue par celui-ci fut favorable aux seigneurs, mais les habitants de Rieti refusèrent de s'y soumettre; de là contre eux des condamnations et des peines de toutes sortes prononcées par maître Angelo de Magliano, vicaire spirituel de Rieti, et Orso Orsini, recteur temporel de la même ville, si bien que la commune de Rieti finit par se soumettre, et offrit de payer deux mille livres de provinois aux seigneurs de Chiavano pour obtenir l'abolition de toutes les sentences prononcées contre elle. La somme fut payée à la Chambre apostolique qui la remit aux seigneurs de Chiavano. Craignant d'être encore inquiétés, les magistrats et la commune de Rieti sollicitèrent et obtinrent d'Honorius IV une bulle qui annulait tous les procès faits contre eux à cette occasion [6].

1. *Reg.*, 840.
2. *Reg.*, 896.
3. *Reg.*, 23.
4. Bulle du 15 juillet 1285, *Reg.*, 835.
5. *Reg.*, 496.
6. Bulle du 5 mai 1285, *Reg.*, 496.

HONORIUS.

Grâce aussi à l'intervention d'Honorius IV, la paix fut rétablie dans le Patrimoine de saint Pierre en Toscane, troublé par la lutte des Viterbiens et de Pierre de Vico contre les Orsini [1]. A la mort de Nicolas III (22 août 1280), les Viterbiens, las du gouvernement des Orsini, et poussés par Charles d'Anjou, chassèrent de leur ville le podestat Orso Orsini, et arrachèrent du conclave, pour les jeter en prison, les deux cardinaux Matteo et Jordano Orsini. La guerre éclata entre les Orsini et les Viterbiens. Ceux-ci trouvèrent un puissant allié dans Pierre de Vico qui prétendait n'avoir pas reçu des Orsini le prix de la vente qu'il leur avait faite de ses droits sur Vallerano. Les Viterbiens et Pierre de Vico prirent et saccagèrent Vallerano, Cornienta, Corbiano, Roccalta, et Fratta [2], possessions d'Orso Orsini. Mais les alliés craignirent bientôt d'être allés trop loin dans leur vengeance. Les Viterbiens implorèrent la grâce de Martin IV et d'Honorius IV. Celui-ci leur pardonna, mais à de dures conditions. Il condamna la commune de Viterbe, par sentence du 4 septembre 1285 [3], à détruire le mur d'enceinte et toutes les tours de la ville, à l'exception des deux palais du Sénat, et à employer 24000 livres de monnaie pontificale à la fondation et dotation d'un hôpital qui serait soumis à l'hôpital San-Spirito *in Saxia* de Rome. De plus, il priva la commune de toute juridiction, et réserva au Saint-Siège le gouvernement de la cité. Il avait chargé Angelo de Rieti de ménager un accord entre la cité de Viterbe et Orso Orsini, et de régler leurs droits réciproques sur Vallerano, Cornienta, Roccalta, Corbiano et Fratta [4]. Le traité conclu entre les deux parties fut confirmé le 21 mai 1286 [5]. La paix avait été également signée entre Orso Orsini et Pierre de Vico, et confirmée par Honorius le 4 septembre 1285 [6]. Orsini rentra en possession de Vallerano; son ennemi dut réparer tous les dommages qu'il lui avait causés. Ainsi les Viterbiens et Pierre de Vico furent réconciliés avec le Saint-Siège.

Honorius IV fit aussi grâce à un citoyen d'Anagni, Adenolfo Mathie, et à ses complices qui, pour s'être emparés du château de Frosinone, avaient été privés de leurs biens [7].

Il prit la défense des habitants de Terracine contre Ricardo, comte de Fondi, qui avait élevé des prétentions sur une de leurs propriétés [8].

Le maintien de la paix en Italie et dans les États de l'église fut donc l'objet des constantes préoccupations d'Honorius IV.

---

1. Voyez sur ces événements : Ciampi, *Cronache e statuti della città di Viterbio*, pp., 375 et 376; Calisse, *I prefetti di Vico*, dans *Archivio della R. società Romana di storia patria*, t. X. (1887), p. 49.
2. *Reg.*, 486 et 487.
3. *Reg.*, 485 ; Raynaldi *Annales eccles.*, a. 1285, § LXX.
4. Bulle du 4 septembre 1285, *Reg.*, 486.
5. *Reg.*, 927.
6. *Reg.*, 487.
7. *Reg.*, 129.
8. *Reg.*, 864.

Nous avons passé en revue les divers actes politiques du gouvernement d'Honorius IV; nous avons examiné successivement les relations de ce pontife avec le royaume de Sicile, avec les héritiers de Charles d'Anjou et les princes aragonais, avec l'Angleterre, la France, l'Empire et les principautés de l'Europe orientale; nous avons parlé de ses rapports avec les républiques d'Italie et avec les États de l'Église. En un mot, nous n'avons envisagé jusqu'ici Honorius IV que comme souverain temporel et arbitre de la chrétienté. Il nous reste à parler du souverain spirituel.

CHAPITRE IX.

On s'étonnera peut-être que dans le tableau d'un pontificat, le gouvernement de l'Église n'ait pas trouvé place au premier rang. Mais c'est qu'à vrai dire, les relations du pape avec le clergé de 1285 à 1287 ne présentent aucun trait original. L'affaire capitale du pontificat d'Honorius, ce fut la guerre de Sicile : c'est vers la restitution de la Sicile aux princes angevins que convergèrent en ce temps-là tous les efforts du Saint-Siège.

Nous ne croyons pas que la souveraineté spirituelle du Saint-Siège ait reçu aucun accroissement sous le pontificat d'Honorius IV; mais pour décider cette question, il faudrait pouvoir comparer les actes de ce pontife comme chef de l'église avec ceux de ses prédécesseurs. Or c'est ce qu'on ne pourra faire qu'après l'achèvement de la publication de tous les registres pontificaux du XIIIᵉ siècle. Alors seulement les progrès de la souveraineté pontificale d'Innocent IV à Boniface VIII pourront être mesurés. En attendant, la correspondance particulière de tel ou tel pape avec les églises du monde chrétien, servira surtout à rectifier et compléter les listes d'évêques et d'abbés. C'est un travail que nous ne pourrions entreprendre ici sans dépasser les limites d'une préface. Nous nous contenterons donc d'esquisser les relations d'Honorius IV avec le clergé régulier et le clergé séculier.

A la fin du XIIIᵉ siècle, un grand nombre de monastères, et surtout ceux de l'ordre de saint Benoît, relevaient directement du Saint-Siège. Ainsi le clergé régulier se trouvait presque entièrement soustrait à la juridiction diocésaine. Cet état de choses explique l'intervention continuelle de la papauté dans les affaires intérieures des monastères. Les moines ne demandaient pas seulement au Souverain Pontife la confirmation de leurs privilèges. C'est encore à lui qu'on s'adressait pour apaiser les querelles qui s'élevaient fréquemment entre les membres du clergé régulier.

Les élections d'abbés ou de prieurs provoquaient le plus souvent dans les maisons religieuses de vives discussions et donnaient lieu à de longs procès. Il n'y avait qu'une sentence de la cour de Rome qui pût y mettre un terme. Très souvent les moines ou les religieuses partageaient leurs voix entre divers candidats à la dignité abbatiale. Il était rare que les divers partis s'accordassent; les élus et leurs partisans en appelaient alors au Saint-Siège [1]. Le pape confiait l'examen de la cause à des cardinaux et, sur leur rapport, prononçait sa sentence.

Ces sortes de procès étaient très fréquents. Les bulles d'Honorius IV en rapportent un grand nombre. Ils sont très variés dans leurs détails, mais, dans l'ensemble, ils ne diffèrent guère les uns des autres; aussi croyons-nous que le récit de deux d'entre eux donnera une idée suffisante de leur longueur et de leurs complications.

Le premier sur lequel nous attirerons l'attention du lecteur est relaté dans une bulle de Martin IV, datée de Pérouse le 14 janvier 1285, et expédiée par Honorius IV le 5 avril de la même année [2]. Gérard, abbé de San-Benedetto Polirone, au diocèse de Mantoue, étant mort, les moines se réunirent en chapitre et commencèrent par déclarer qu'en vertu d'une ancienne coutume, les religieux présents devaient seuls prendre part à l'élection de l'abbé, sans qu'il fût nécessaire de convoquer les absents. Puis, après avoir invoqué la grâce du Saint-Esprit, ils décidèrent de procéder à l'élection par voie de compromis. A cet effet, trois moines, frère Gérard de Parme, le panetier Benoît, et frère Baudoin furent choisis pour élire à leur tour trois autres mandataires (*compromissarii*) qui, au nom du couvent, pourvoiraient à la dignité abbatiale alors vacante; les moines promettaient de reconnaître pour abbé celui d'entre eux que ces mandataires désigneraient. Ceux-ci furent Albert, prieur de l'hôpital du monastère, le chambrier Ubalde, et frère Conrad. Leur choix s'arrêta sur le grand prieur, frère Jean, qui consentit à l'élection. L'affaire semblait terminée quand certains moines qui ne résidaient pas dans le monastère, s'appuyant sur un édit du dernier abbé, prétendirent qu'on aurait dû les appeler à l'élection, car ils faisaient partie du couvent. Ils invoquèrent l'appui de l'archevêque de Ravenne, Philippe. Mais l'élu et ses électeurs en appelèrent au Saint-Siège, et déclarèrent s'opposer à ce qu'on procédât à une seconde élection avant que la première n'eût été examinée en cour de Rome. L'archevêque passa outre, déclara que l'élection de Jean n'était pas canonique, la cassa sans avoir cité l'élu et, de sa propre autorité, mit à la tête du monastère de San-Benedetto qui relevait directement de l'église romaine, Gilles, alors abbé de Saint-Pontien de Lucques. Mais les parties s'étant présentées devant le Saint-Siège, Clément IV, qui occupait alors le trône pontifical, désigna comme auditeurs du procès Simon, cardinal prêtre de Saint-Martin, et Jacques Savelli cardinal diacre de Sainte-Marie *in Cosmedin*. Clément IV

1. *Reg.*, 7, 138, 140, 226, 236, 252.
2. *Reg.*, 7.

mourut avant la fin du procès. Profitant de la vacance du Saint-Siège, l'archevêque de Ravenne, qui remplissait alors les fonctions de légat, mit Gilles, l'abbé de son choix, en possession
du monastère de San-Benedetto. Cependant le procès continua sous Grégoire X devant
les mêmes cardinaux que Clément IV avait désignés comme auditeurs. La première question
à résoudre était celle de savoir s'il appartenait à la cour romaine de juger cette affaire. Les
cardinaux déclarèrent que le procès avait été légitimement porté devant le Saint-Siège. Puis
la discussion s'engagea sur le fond même de l'affaire. Le cardinal Simon étant mort au milieu
des débats, le pape Jean XXI désigna Mathieu, cardinal diacre de Sainte-Marie *in Porticu*
pour le remplacer. Bientôt après mourut Gilles, l'élu de l'archevêque de Ravenne. Mais
deux moines de San-Benedetto continuèrent de s'opposer à l'élection du grand prieur Jean.
Enfin après divers interrogatoires, les cardinaux auditeurs présentèrent au pape Martin IV un
rapport dont les conclusions étaient favorables à Jean. Le Souverain Pontife, après avoir fait
examiner la procédure de l'élection de Jean par trois cardinaux, l'un évêque, l'autre prêtre, le
troisième diacre, déclara que cette élection était conforme aux canons, que la personne de l'élu
était idoine et en conséquence conféra à Jean le titre d'abbé du monastère de San-Benedetto
Polirone. Martin IV étant mort avant que la bulle de plomb n'eût été attachée à cette lettre
de provision, le soin de l'expédier revint à Honorius IV.

Le second procès d'élection que nous signalerons est relatif à un autre monastère bénédictin,
celui de Chelles, au diocèse de Paris. Après la mort de l'abbesse Mathilde, survenue le
16 avril 1274 [1], les religieuses du monastère de Chelles procédèrent par voie de scrutin à
l'élection d'une nouvelle abesse. Soixante-seize religieuses prirent part à l'élection. Les suffra-
ges se partagèrent entre Marguerite, alors trésorière du couvent, Jeanne, *chanteresse*, et
quelques autres. Marguerite avait obtenu quarante voix, et Jeanne trente seulement. Les
religieuses qui avaient élu Jeanne en appelèrent au Saint-Siège, prétendant faire casser
l'élection de la trésorière. Le procès, entamé sous Grégoire X, se poursuivit sous ses successeurs jusqu'à ce qu'une sentence définitive de Gervais, cardinal prêtre de Saint-Martin des
Monts, rendue le 20 août 1285 et confirmée par Honorius IV le 5 septembre 1285 [2], eût déclaré
nulle l'élection de Jeanne et validé celle de la trésorière Marguerite.

La papauté trouvait dans ces procès le moyen de s'attribuer de plus en plus la provision des
abbayes. En effet il arrivait souvent que les élus, las des lenteurs de la procédure romaine, ou
craignant même de les affronter, renonçaient entre les mains du pape aux droits que leur avait
conférés l'élection : dans ce cas, la provision de l'abbaye revenait au Souverain Pontife qui, ou
bien établissait comme abbé du monastère vacant l'un des élus, ou bien donnait cette dignité à

1. *Gallia christiana*, t. VIII, col. 564-565.
2. *Reg.*, 176.

une personne de son choix [1]. Un couvent tardait-il trop à élire un abbé, la nomination de ce dignitaire, après un certain laps de temps, revenait de droit au Saint-Siège [2]. Dans des cas particuliers, le pape se réservait la nomination des abbés. Ainsi Martin IV ayant permis à Jean, abbé de Saint-Seine, au diocèse de Langres, élu évêque de Valence et de Die, de conserver pendant plusieurs années tout à la fois son abbaye et son évêché, Honorius IV confirma cette libéralité, mais réserva pour cette fois la provision de l'abbaye au Saint-Siège.

Enfin, dans les monastères jouissant du privilège d'exemption, l'élection de l'abbé, même quand elle n'était pas contestée, devait être confirmée par le Saint-Siège [3]. Le décret d'élection une fois présenté au Saint-Siège, le pape en confiait l'examen à trois cardinaux, l'un évêque, l'autre prêtre, le troisième diacre, puis sur leur rapport, confirmait ou cassait l'élection. Parfois la confirmation pontificale se faisait singulièrement attendre. C'est ainsi qu'après la mort de Landolfo, abbé du monastère bénédictin de Nonantola, au diocèse de Modène, les moines tombèrent d'accord pour élire leur sacriste, Jean. Le décret d'élection fut présenté à Jean XXI. Il fut jugé conforme au droit canon. Mais des obstacles retardèrent la confirmation, si bien que le monastère resta sans abbé pendant plus de dix ans [4]. Les monastères de la ville de Rome étaient, plus que tous autres, soumis à la juridiction du souverain Pontife qui, ou bien usait volontiers de son droit de translation pour y nommer des abbés de son choix [5], ou bien au moins autorisait les moines à procéder à l'élection [6]. Les abbés des monastères relevant immédiatement du Saint-Siège devaient prêter, entre les mains de l'évêque délégué pour leur donner la bénédiction, un serment de fidélité au pape et à l'église romaine [7].

Le souverain Pontife ne restait pas non plus étranger à l'administration du temporel des abbayes. Son autorisation devait être requise par les couvents pour toutes les aliénations d'immeubles. Ainsi Honorius IV délia l'abbé de Saint-Paul de Rome du serment qu'il avait prêté de ne pas louer les possessions de son monastère [8]; c'est ainsi encore qu'il autorisa un échange de biens entre le même couvent de Saint-Paul et celui de Palazzuola, au diocèse d'Albano [9]. Le 6 décembre 1285, il manda à l'évêque de Tusculum et à l'abbé de Saint-Grégoire d'autoriser l'abbé et le couvent de Saint-Paul de Rome, après enquête, à renouveler à des citoyens romains la location de la moitié d'un de leurs châteaux [10]. Il permit à l'abbé et au

1. Reg., 103, 124, 643.
2. Reg., 17.
3. Reg., 3, 16, 119, 251, 563, 629, 643, 746.
4. Reg., 563.
5. Reg., 419, 445.
6. Reg., 8.
7. Reg., 16 et 17.
8. Reg., 48.
9. Reg., 49.
10. Reg., 227.

couvent de Saint-Laurent in Paneperna de Rome de faire des échanges de propriétés avec un citoyen romain [1]. Des échanges de biens furent également autorisés entre le monastère de Cluny d'une part, l'église de Langres et le connétable de France d'autre part [2]. Nous voyons encore que l'abbé et le couvent de Saint-Corneille *de Inda*, au diocèse de Cologne, demandèrent au Saint-Siège de leur permettre de vendre au comte de Flandre un certain nombre de propriétés sises dans le diocèse de Cambrai [3].

La discipline s'était beaucoup relâchée dans les monastères bénédictins. Des désordres étranges s'y produisaient trop souvent, qui nécessitaient l'intervention du Souverain Pontife. Qu'il nous suffise de rappeler les scandales de l'abbaye de Pouthières, au diocèse de Langres, sur lesquels une bulle d'Honorius IV nous donne de curieux détails [4]. Profitant d'une absence de l'abbé, un certain nombre de religieux, unis à des laïques, avaient brisé les portes de la chapelle abbatiale, celles du trésor, des chambres, des celliers et des granges du monastère, et pris l'argent déposé dans le trésor, pillé les réserves de vin et de blé, s'emparant même du sceau de l'abbaye; ils avaient en outre chassé le bailli et les serviteurs de l'abbé. Celui-ci se présentant pour rentrer dans son monastère, ils avaient refusé de lui ouvrir les portes. L'abbé s'était réfugié dans la maison de Villers, dépendance de l'abbaye, où les rebelles le tinrent assiégé huit jours, proférant contre lui des menaces de mort. Telles étaient du moins les plaintes articulées par l'abbé Pierre contre les moines. Ceux-ci niaient. Ils accusaient Pierre d'avoir ruiné leur monastère par sa négligence et sa conduite déréglée. Ils contaient même qu'à la suite d'un meurtre commis dans une maison de l'abbaye, l'abbé avait exprimé en public son regret qu'il n'y eût pas eu plus de crimes commis. Il avait fait détruire le village de Pouthières, emporté les privilèges qui devaient se conserver dans le monastère, en un mot offensé Dieu et scandalisé les hommes de mille façons par les crimes les plus atroces. De sorte que, tandis que Pierre demandait au Saint-Siège d'être rétabli dans son office d'où les moines l'avaient chassé, ceux-ci au contraire prétendaient que l'autorité pontificale l'en déclarât déchu. Honorius IV, embarrassé par des accusations si graves et si contradictoires, chargea par bulle du 18 décembre 1285 les abbés de Saint-Bénigne de Dijon et de Moutiers-Saint-Jean, d'ouvrir une enquête et de procéder à la réforme de l'abbaye de Pouthières.

Certains monastères bénédictins d'Italie étaient arrivés à ce point de décadence qu'on dut ou les supprimer ou les réformer complètement en les attribuant à d'autres ordres. Nous avons vu précédemment que le monastère de San-Giovanni d'Argentella avait été concédé à l'ordre de

1. *Reg.*, 229.
2. *Reg.*, 85 et 86.
3 *Reg.*, 150.
4. *Reg.*, 296.

saint Guillaume. C'est au même ordre que fut incorporé le monastère de San-Pietro *Aquæ Ortæ*, au diocèse d'Orvieto [1]. Ses biens avaient été dilapidés, le service divin y était négligé, si bien que l'abbé lui-même avait réclamé la réforme. Dans le monastère de Saint-Quirice de Populonia, il ne restait plus qu'un seul moine; quant à celui de Saint-Pancrace, au diocèse de Grosseto, il était complètement abandonné. Honorius IV les concéda l'un et l'autre à l'ordre de saint Guillaume [2]. Un autre monastère bénédictin, celui de Saint-Florent d'Osimo, fut donné aux frères Prêcheurs par bulle du 13 février 1286; l'abbé et les moines qui y restaient encore furent répartis entre divers couvents de la cité d'Osimo [3].

Nous ne donnerons pas la liste des bulles par lesquelles Honorius IV confirma les privilèges de diverses abbayes bénédictines; elles ne présentent pour la plupart aucun intérêt. C'est dans notre *appendice* qu'on en trouvera le plus grand nombre; elles étaient donc rarement enregistrées.

L'ordre de Cluny obtint d'Honorius IV la confirmation de la plupart de ses privilèges [4] et spécialement de ceux que lui avaient concédés les papes Innocent II [5], Luce III [6], Célestin III [7], Innocent IV [8], Alexandre IV [9] et Clément IV [10]. Par bulle en date du 18 mars 1286, Honorius IV permit aux moines clunisiens qui se rendaient à Paris comme étudiants à la faculté de théologie, d'avoir un cimetière annexé à la chapelle de leur maison et des cloches dans la chapelle [11]. En même temps il accorda à Yves, abbé de Cluny, la faveur spéciale de percevoir pendant neuf ans les revenus du prieuré de Saint-Vivant de Vergy [12].

Des discussions s'élevèrent en ce temps-là entre les frères de Grandmont. Le prieur, Pierre, ayant été privé de son office par des correcteurs qu'avait députés le Saint-Siège, un certain nombre de frères de Grandmont élurent pour lui succéder frère Bernard. Pierre, prétendant que l'élection était nulle, en appela au Saint-Siège. Mais les parties, pour éviter les longueurs d'un procès, s'en remirent à la décision du Souverain Pontife. Honorius IV confia l'examen de l'affaire à l'évêque d'Ostie; celui-ci ne tarda pas à s'apercevoir qu'il lui était impossible de connaître la vérité sur la révocation de Pierre et l'élection du nouveau prieur. Aussi Hono-

---

1. Bulle du 18 juin 1285, *Reg.*, 67.
2. Bulle du 10 juillet 1285, *Reg.*, 68 et 69.
3. *Reg.*, 294.
4. *Reg.*, 402, 406, 411, 413, 414, 416.
5. *Reg.*, 412.
6. *Reg.*, 408.
7. *Reg.*, 410.
8. *Reg.*, 404, 407.
9. *Reg.*, 405, 464.
10. *Reg.*, 409, 415.
11. *Reg.*, 403.
12. *Reg.*, 401.

HONORIUS. *m*

rius IV manda-t-il, le 22 février 1287 [1], à Bertrand de Montaigu, abbé du monastère de Moissac, à frère Bernard Géraud, prieur provincial des Prêcheurs en Provence, et à maître Raoul de Mirebeau, doyen de Poitiers et chapelain du pape, de se rendre à Grandmont, d'y ouvrir une enquête et de rétablir l'ordre dans la maison; il leur donna tout pouvoir de corriger et réformer les abus, comme aussi de casser ou confirmer la révocation du prieur Pierre et l'élection de son successeur, et, si besoin en était, de faire procéder à une nouvelle élection.

L'ordre des Prémontrés obtint d'Honorius IV, le 17 décembre 1285, la confirmation de ses privilèges et immunités [2].

Le même pape mit sous la protection du Saint-Siège le monastère du Val des Ecoliers et, par bulles du 16 avril et du 26 mai 1285 [3], confirma la règle que lui avait concédée le pape Honorius III. Plus tard, le 29 août 1285 [4], il autorisa les prieurs de cet ordre à permettre à ceux de leurs novices dont la santé serait mauvaise de manger de la viande.

L'ordre des Humiliés obtint d'Honorius IV divers privilèges. D'abord le 10 octobre 1285 [5], il donna permission au maître général de l'ordre de ne pas convoquer cette année-là le chapitre général qui devait se tenir annuellement. Puis il l'autorisa, le 7 avril 1286, à reculer à son bon plaisir le terme où les Humiliés devraient suivre le mode romain dans la célébration de l'office divin [6]. Par bulle du 1er juin 1286, il décida qu'au cas où les diocésains négligeraient de confirmer dans un délai de quinze jours les élections des prévôts des Humiliés dont les procès-verbaux leur auraient été présentés, les dits prévôts pourraient entrer en fonctions librement et sans plus attendre [7]. A la même date, Honorius IV exempta les Humiliés du paiement de toute collecte aux diocésains, à moins qu'il ne s'agît d'impositions frappant d'une façon générale tous les religieux, ou nécessaires à l'entretien des légats apostoliques [8]. Enfin, le 4 juillet 1286, il déclara [9] que le maître général de l'ordre, élu à l'unanimité par les *diffinitores* réunis en chapitre général, pourrait vaquer librement à l'administration de l'ordre, avant même d'avoir été confirmé par le Saint-Siège.

On a déjà vu de quelle faveur jouissaient en Italie les frères de l'ordre de saint Guillaume, appelés encore ermites de saint Guillaume ou Guillelmites. C'est à leur ordre qu'avaient été rattachés divers monastères bénédictins. Honorius IV leur accorda par bulles datées du

---

1. *Reg.*, 757.
2. *Reg.*, 875.
3. *Reg.*, 11.
4 *Reg.*, 122.
5. *Reg.*, 134.
6. *Reg.*, 910.
7. *Reg.*, 526.
8. *Reg.*, 527.
9. *Reg.*, 540.

20 avril 1286 divers privilèges : de ne pouvoir être excommuniés par lettres de légats apostoliques sans que ces lettres fissent mention du présent privilège [1], de pouvoir résider sur les
terres de personnes excommuniées et d'y recevoir des excommuniés eux-mêmes toutes les choses
nécessaires à leur subsistance [2]. Les prieurs pouvaient de leur propre autorité absoudre les
frères des sentences d'excommunication générale et accorder des dispenses à ceux qui auraient
célébré la messe dans des lieux frappés d'interdit [3]. Honorius IV plaça sous la protection du
Saint-Siège toutes les maisons et églises des Guillelmites [4], et manda aux évêques de faire
déposer l'habit de l'ordre de saint Guillaume par tous ceux qui seraient reconnus le porter
indûment [5]. Enfin, le 5 mai 1286 [6], il confirma tous les privilèges, statuts et biens du même
ordre.

Les ermites de saint Augustin obtinrent du pape un privilège (23 mai 1286) [7], en vertu
duquel ils pouvaient, durant un interdit général, célébrer l'office divin dans leurs églises et
chapelles.

Honorius IV se préoccupa de faire exécuter le décret du concile de Lyon (1274) qui avait
supprimé tous les ordres ne possédant pas de revenus et vivant d'aumônes, à l'exception des
quatre ordres mendiants des Prêcheurs, des Mineurs, des Augustins et des Carmes. C'est ainsi
que les maisons des frères de la Pénitence de Jésus-Christ, appelés encore Sachets et en latin
fratres de Sacco [8], furent vendues à d'autres ordres religieux. Ces ventes profitèrent surtout
aux Prêcheurs : ceux-ci acquirent sous le pontificat d'Honorius IV les maisons que les frères
de la Pénitence possédaient dans la ville de *Veranyco*, en Écosse [9] ; à Guingamp [10], au diocèse
de Tréguier ; à Villa Xativa, au diocèse de Valence en Espagne [11] ; à Tarascon [12] ; à Valence en
Espagne [13]. Les maisons de la Pénitence sises à Brignoles [14], diocèse d'Aix, et à Saint-Jean-
d'Acre [15], furent vendues aux Templiers. La maison de Marseille fut vendue aux Hospitaliers
de Jérusalem résidant à Saint-Gilles en Provence [16]. Le chapitre de San-Frediano de Lucques

1. *Reg.*, 440.
2. *Reg.*, 437.
3. *Reg.*, 438.
4. *Reg.*, 441.
5. *Reg.*, 439.
6. *Reg.*, 373.
7. *Reg.*, 538.
8. *Reg.*, 456.
9. *Reg.*, 77.
10. *Reg.*, 81.
11. *Reg.*, 83.
12. *Reg.*, 84.
13. *Reg.*, 353.
14. *Reg.*, 151.
15. *Reg.*, 255.
16. *Reg.*, 467.

acquit la maison des Sachets de Bologne [1]. En Angleterre, un noble acheta la maison des frères de la Pénitence de Newcastle-upon-Tyne pour y établir un monastère de l'ordre de sainte Claire [2]. Cependant les frères de la Pénitence conservèrent quelques biens; puisque le pape consentit, le 23 mai 1286, à l'échange d'une pièce de terre entre les frères Sachets de Florence et un habitant de la même ville [3].

L'ordre de Notre-Dame du Val Vert, dont les frères devaient vivre d'aumônes, fut soumis au même traitement que celui des frères de la Pénitence. Ainsi, le 7 juin 1285, Honorius IV manda à l'évêque de Lausanne de vendre aux Prêcheurs la maison que les frères de l'ordre du Val Vert possédaient à Soleure [4].

Toutes ces ventes étaient faites par les diocésains ou d'autres dignitaires du clergé séculier, en vertu d'une commission émanée du Saint-Siège; le produit était converti en subside de la Terre-Sainte.

Honorius IV refusa de reconnaître un ordre religieux institué à cette époque sous le nom d'ordre des Apôtres. Le 11 mars 1286, il manda à tous les archevêques et évêques de faire déposer par tous ceux qui le porteraient l'habit de cet ordre [5].

Les deux ordres religieux qui apparaissent le plus souvent dans les bulles d'Honorius IV sont ceux des Prêcheurs et des Mineurs. Ils jouissaient auprès du Saint-Siège d'un crédit considérable. Chacun de ces deux ordres obtint d'Honorius IV la confirmation de ses privilèges et constitutions par bulles du 20 novembre 1285 [6]. De plus, le même pape donna au maître des Prêcheurs tout pouvoir pour accorder à cent frères de naissance illégitime des dispenses afin qu'ils pussent obtenir les prélatures de leur ordre, à l'exception de la maîtrise générale, et pourvu que les dits frères ne fussent ni adultérins, ni incestueux, ni issus de prêtres ou de réguliers [7]. Il permit aussi aux frères Prêcheurs de célébrer la messe et de recevoir les sacrements en temps d'interdit [8]. Il ratifia le 1er octobre 1285 [9] la décision prise par trois chapitres généraux relativement aux modifications à apporter dans le mode de célébrer l'office divin, tel qu'il avait été institué par feu maître Humbert, maître de l'ordre. Le général et les ministres provinciaux des Mineurs furent autorisés par bulle en date du 10 février 1286 [10], à confier le soin de prêcher à des frères de leur ordre connaissant la théologie. Enfin Honorius IV reconnut aux

1. Reg., 9 et 456.
2. Reg., 679.
3. Reg., 521.
4. Reg., 82.
5. Reg., 310.
6. Bulle pour les Mineurs, Reg., 203. Bulle pour les Prêcheurs, Reg., 204.
7. Bulle du 13 septembre 1285, Reg., 230.
8. Bulle du 13 septembre 1285, Reg., 260.
9. Reg., 240.
10. Reg., 889.

Prêcheurs [1] comme aux Mineurs [2], le droit de faire consacrer leurs églises par tel évêque qu'ils voudraient, au cas où le diocésain serait empêché. Mentionnons encore les faveurs octroyées par le Saint-Siège aux Prêcheurs de Lyon et de Florence : le pape accorda une indulgence de quarante jours à tous les fidèles pénitents qui visiteraient l'église des Prêcheurs de Lyon depuis le dimanche des Rameaux jusqu'à l'octave de la Résurrection [3], comme à ceux qui aideraient les Prêcheurs de Florence à construire leur église [4].

Les frères Prêcheurs et Mineurs apparaissent fréquemment comme agents du Saint-Siège; ils étaient les exécuteurs des volontés du souverain Pontife. C'était le plus souvent aux prieurs des frères Prêcheurs et aux gardiens des frères Mineurs que le pape confiait le soin d'examiner, de confirmer ou d'annuler les élections des évêques [5], des abbés ou abbesses [6], des recteurs d'hôpitaux [7]; de réformer les monastères [8], d'ouvrir des enquêtes sur les aliénations d'immeubles faites par les églises [9], de citer les parties à comparaître devant le Saint-Siège [10], d'examiner les témoins dans certains procès [11], d'accorder des dispenses à des ecclésiastiques [12], de donner aux laïques des dispenses de mariages [13]. Tantôt les prélats des Prêcheurs, et des Mineurs recevaient seuls ces commissions, tantôt ils devaient agir concurremment avec le diocésain ou quelque autre dignitaire ecclésiastique.

Mais l'office d'inquisiteur était réservé aux frères de ces deux ordres. Les populations ne laissaient pas toujours les inquisiteurs exercer librement leurs fonctions. Ainsi le 5 novembre 1285, Honorius IV mande aux frères Prêcheurs, Jean Galand et Jean Vigoureux, inquisiteurs en France, d'entamer un procès contre les habitants de la cité et du diocèse de Carcassonne qui mettaient des entraves à leur mission [14]. Une autre bulle, en date du 13 décembre 1285, est adressée à Jean Galand : le pape l'invite à lui transmettre les dépositions qu'il a recueillies contre Sanche Morlana, archidiacre de Carcassonne [15].

Honorius IV organisa l'inquisition dans l'île de Sardaigne qui était devenue le refuge des

1. Bulle du 25 novembre 1285, *Reg.*, 223.
2. Bulle du 18 janvier 1286, *Reg.*, 223.
3. Bulle du 30 novembre 1286, *Reg.*, 681.
4. Bulle du 27 avril 1286, *Reg.*, 918.
5. *Reg.*, 2, 143.
6. *Reg.*, 251, 460, 581.
7. *Reg.*, 64, 165, 696.
8. *Reg.*, 427.
9. *Reg.*, 150, 237, 506.
10. *Reg.*, 675.
11. *Reg.*, 24.
12. *Reg.*, 113, 144, 507.
13. *Reg.*, 93, 94, 259, 268, 458, 634, 635, 639, 642, 744.
14. *Reg.*, 173.
15. *Reg.*, 869.

hérétiques. Il en confia la direction, le 18 octobre 1285, aux inquisiteurs de Toscane qui étaient
des frères Mineurs [1]. Une bulle du 16 avril 1286 nous fournit le nom d'un inquisiteur de la
Marche de Trévise; c'était le frère Mineur Philippe de Mantoue [2]. Le 27 novembre 1286,
Honorius IV manda à Galgano de Gubbio, frère Mineur, inquisiteur dans le duché de Spolète,
de faire une enquête sur un chevalier de Spolète, *Archionus*, et sur ses fils, soupçonnés d'hérésie,
et de leur permettre, si l'enquête leur était favorable, de briguer et d'obtenir des offices civils
et des bénéfices ecclésiastiques [3].

La sévérité que les frères Prêcheurs apportaient dans la recherche des hérétiques leur
aliéna les populations de certaines villes d'Italie. Les frères Prêcheurs avaient été
chassés de Parme en 1279 ; la ville avait été frappée d'interdit, et les habitants excommuniés [4]. La commune de Parme ne put obtenir son pardon qu'en rappelant les frères Prêcheurs. Honorius IV engagea les magistrats de Parme, le 22 novembre 1286 [5], à prier le
provincial de Lombardie de réinstaller dans leur ville le couvent des Prêcheurs; les habitants
devaient en outre fournir un subside aux frères pour réparer leur maison et construire une
église; et, détail piquant, cesser de brûler les hérétiques dans le lieu accoutumé : ce lieu était
trop voisin du couvent des Prêcheurs, et la fumée du bûcher des ennemis de la foi infestait les
maisons des défenseurs de cette foi. L'évêque de Parme fut chargé [6] de faire exécuter la décision du Souverain Pontife et d'obtenir que la commune de Parme s'engageât par serment à
laisser les inquisiteurs de Lombardie exercer librement leur office à Parme [7]. Les habitants de
Parme se soumirent. Ils envoyèrent des ambassadeurs à Reggio, où se trouvait le prieur provincial des frères Prêcheurs, pour le prier de rétablir le couvent dont ils avaient chassé les
habitants. Le podestat, le capitaine et vingt-quatre notables de Reggio plaidèrent la cause de
la commune de Parme ; le 22 février 1287, les frères Prêcheurs firent solennellement leur ren-
trée à Parme [8].

La puissance des Prêcheurs et l'étendue de leurs privilèges éveillèrent la jalousie des ordres
religieux plus anciens. L'abbé et le couvent du monastère bénédictin de Montauban s'opposaient
à ce que les Prêcheurs du même lieu enterrassent dans leur cimetière les fidèles qui avaient
choisi ce lieu de sépulture. L'évêque de Toulouse, conservateur des privilèges des frères

1. *Reg.*, 163.
2. *Reg.*, 358.
3. *Reg.*, 713.
4. *Chronicon Parmense*, a. 1286, dans Muratori, *Scriptores*, t. IX, col. 809. Voyez Grandjean, *Benoît XI avant son pontificat*, dans *Mélanges* publiés par l'Ecole de Rome, t. VIII, p. 238.
5. *Reg.*, 693.
6. *Reg.*, 692.
7. Bulles du 22 novembre et du 7 décembre 1286, *Reg.*, 694 et 695.
8. *Chronicon Parmense*, a. 1287, dans Muratori, *Scriptores*, t. IX, col. 811.

Prêcheurs, prit parti contre les Bénédictins; mais il dépassa la limite de ses droits, de telle sorte que l'affaire fut portée au Saint-Siège. Honorius IV, par bulle du 7 janvier 1286 [1], délégua comme arbitre entre les parties l'abbé du monastère de Moissac.

Nous trouvons dans le registre d'Honorius IV un écho de la lutte qui s'était engagée entre le clergé séculier et les ordres mendiants. Dominicains et Franciscains battaient en brèche l'autorité épiscopale. Au reste, nombre d'évêchés étaient aux mains des frères Prêcheurs et Mineurs. Ainsi l'évêque de Foligno, Jean Paparono [2], appartenait au premier de ces deux ordres. C'était encore un Prêcheur, frère Bartolomeo, qui occupait l'évêché d'Amelia; il résigna sa charge en 1286, avant le 30 juin, entre les mains du souverain Pontife [3]. Honorius IV favorisa cette occupation des sièges épiscopaux par les moines de saint Dominique et de saint François. De son autorité propre, il donna l'évêché de Salamanque [4] à un frère Mineur, Pierre; l'archevêché de Compostelle à Rodrigue Gonsalve, provincial des Prêcheurs d'Espagne [5]; l'évêché de Florence à Jacques de Pérouse, prieur des Prêcheurs du couvent de Sainte-Sabine à Rome [6]; l'évêché de Novare à frère Langlois, Mineur [7]. De pareilles provisions n'étaient pas faites pour rétablir la concorde entre les mendiants et les séculiers.

Ceux-ci étaient particulièrement jaloux du droit que le Saint-Siège avait conféré aux Dominicains et aux Franciscains de confesser et de prêcher. Ainsi, en 1285, les Prêcheurs de Zamora réclamèrent auprès du Saint-Siège contre l'interdiction que leur avait faite l'évêque de Zamora de prêcher et de célébrer l'office divin ailleurs que dans leurs couvents; le même prélat avait défendu sous peine d'excommunication aux fidèles de son diocèse de se confesser aux Prêcheurs, d'assister à leurs prédications, de les appeler lors de la rédaction des testaments, d'élire sépulture dans leurs cimetières. Les Dominicains de Zamora se plaignaient même qu'un des leurs eût été, sur l'ordre de l'évêque, arraché de la chaire tandis qu'il prêchait dans une église. Enfin, l'évêque avait soustrait à leur direction le couvent de femmes de Notre-Dame de Zamora; et comme les religieuses refusaient d'obéir à l'évêque, celui-ci avait fait envahir leur monastère, avait destitué la prieure, saisi le sceau du couvent, jeté les sœurs hors de leur maison. Honorius IV prit de suite parti pour les Prêcheurs et fit citer l'évêque de Zamora à son tribunal [8]. Voilà qui donne une idée du degré de violence auquel avait atteint la lutte entre les évêques et les Dominicains.

[1]. Reg., 277.
[2]. Reg., 830, col. 591.
[3]. Reg., 545.
[4]. Bulle du 5 mars 1286, Reg., 320.
[5]. Bulle du 25 mai 1286, Reg., 536.
[6]. Bulle du 28 mai 1286, Reg., 500.
[7]. Bulle du 14 février 1287, Reg., 738.
[8]. Bulle du 17 septembre 1285 adressée à l'archevêque de Tolède, Reg., 147.

Un assez grand nombre de couvents de femmes qui suivaient la règle de saint Augustin étaient soumis aux frères Prêcheurs. Honorius IV confia à ceux-ci la direction et la surveillance des sœurs de Santa-Maria dell' Oliveto à Pérouse [1], du monastère de Sainte-Marie-Madeleine de Valence en Espagne [2], et du monastère de Santa-Maria *ad Virgines*, au diocèse d'Aquilée [3].

Le même pape accorda aux membres du tiers ordre des frères Prêcheurs, appelé Pénitence de saint Dominique, ou Milice de Jésus-Christ, par bulle du 28 janvier 1286 [4], le privilège d'entendre l'office divin dans leurs églises et de recevoir les sacrements, même durant un interdit général.

Honorius IV transporta à Rome et établit dans le monastère de Saint-Silvestre *in Capite*, un certain nombre de religieuses qui vivaient jusque-là à Palestrina; il leur imposa la règle de sainte Claire, modifiée par Urbain IV [5]; le monastère de Saint-Silvestre leur fut assigné comme résidence par bulle du 24 septembre 1285 [6]. Les frères Mineurs furent chargés de célébrer l'office divin dans leur église et de leur donner les sacrements [7].

Des religieuses du même ordre furent établies en 1287 au bourg de Saint-Marcel à Paris dans les maisons que donna maître Galien de Pise, chanoine de Saint-Omer [8].

Honorius IV confirma l'ordre des Carmes. Mais ce qui paraît avoir particulièrement frappé les contemporains, c'est la modification qu'il apporta dans le costume de ces religieux. Ils étaient jusque-là vêtus d'un manteau orné de barres alternativement blanches et noires; ils le laissèrent pour prendre une cape blanche, ce qui, au dire de Villani, était plus décent [9].

Les registres d'Honorius IV ne contiennent qu'une bulle relative aux frères du Mont Carmel; elle est datée du 6 mars 1286, et les confirme dans le privilège qu'ils avaient de célébrer l'office divin dans leurs oratoires [10].

Nous ne parlerons que pour mémoire des privilèges, peu importants, accordés par Honorius IV aux ordres militaires. Par bulle du 23 octobre 1285 [11], il valida les privilèges octroyés jadis aux

1. Bulle du 17 juin 1285, *Reg* , 40.
2. Bulle du 28 juillet 1286, *Reg.*, 588.
3. Bulle du 13 août 1286, *Reg.*, 600.
4. *Reg.*, 886.
5. Bulle du 9 octobre 1285, *Reg.*, 170.
6. *Reg.*, 121. Voyez Ciaconius, éd. 1630, col. 781.
7. Bulle du 2 novembre 1285, *Reg.*, 182.
8. Bulle du 9 janvier 1287, *Reg.*, 747.
9. Giov. Villani, l. VIII, c. CVIII, dans Muratori, *Scriptores*, t. XIII, col. 312 : « Al tempo del detto papa Honorio' de' Savelli, portando i Frati del Carmino uno habito il quale secondo religiosi parea molto dishonesto, ció era la cappa di sopra acerchiata bianca e bigia con larghe doghe, dicendo che quello era l'habito di santo Helia profeta, il quale istava nel Monte Carmelo in Soria ; il detto papa pel piuè honestade il fece mutare e portare la cappa tutta bianca. » — Ptolemæi Lucensis *histor.*, l. XXIV, c. XIV, dans Muratori, *Scriptores*, t. XI, col. 1191 : « (Honorius IV) ordinem Carmelitarum solidavit, qui prius in concilio remanserat in suspenso; tunc mantellos sbarratos mutaverunt in cappas albas. »
10. *Reg.*, 305.
11. *Reg.*, 857.

Templiers par le Saint-Siège, et dont ces religieux avaient négligé de faire usage. Il confirma par bulle du 15 mai 1286 toutes les libertés, immunités et exemptions concédées au même ordre soit par les Souverains Pontifes, soit par des rois ou princes [1]. Des bulles analogues avaient été expédiées par la chancellerie pontificale en faveur des chevaliers Teutoniques le 23 juillet 1285 [2] et des Hospitaliers de Saint-Jean de Jérusalem le 23 octobre 1285 [3]. Enfin Honorius IV permit, le 28 août 1286, à ceux des Templiers qui étaient prêtres, de donner des dispenses et l'absolution à leurs frères [4].

1. *Reg.*, 924.
2. *Reg.*, 842.
3. *Reg.*, 856.
4. *Reg.*, 625.

CHAPITRE X.

Nous examinerons brièvement les relations du Saint-Siège avec le clergé séculier.

Le Souverain Pontife disposait en vertu des règles canoniques d'un grand nombre de bénéfices ecclésiastiques. Un des principes du droit canon qui trouvait de fréquentes applications était celui en vertu duquel la collation des bénéfices dont les titulaires mouraient en cour de Rome revenait de droit au Saint-Siège [1]. De sorte qu'une fois des bénéfices tombés entre les mains du pape, ils en sortaient rarement, puisqu'il les donnait le plus souvent soit à des chapelains apostoliques attachés à sa personne, soit aux familiers des cardinaux. On voyait même des évêques qui, pour s'attirer les faveurs apostoliques, demandaient au pape de conférer les dignités ou les prébendes de leur église à une personne de son choix. Ainsi, l'évêque d'Arras adressa à Honorius IV, le 17 janvier 1286 [2], une requête pour le prier d'installer comme chanoines dans l'église d'Arras, deux de ses neveux, ou tels autres clercs qu'il voudrait. Il s'engageait à servir aux chanoines une pension annuelle de cinquante livres tournois jusqu'à ce que des prébendes fussent vacantes. Le pape donna l'un de ces canonicats à Benoît Caetani d'Anagni, neveu de Benoît, cardinal de Saint-Nicolas *in Carcere Tulliano*, qui possédait déjà des canonicats dans les églises d'Anagni et de Bayeux [3].

Le cumul des bénéfices, malgré les interdictions répétées des conciles, était devenu fréquent [4]. Il suffisait pour retenir légitimement plusieurs bénéfices ecclésiastiques d'obtenir du pape une dispense; le pape l'accordait volontiers, surtout lorsqu'il s'agissait de clercs recommandables

1. *Reg.*, 448.
2. *Reg.*, 946, col. 627.
3. *Reg.*, 945.
4. *Reg.*, 4, 27, 145, 261, 288, 318, 525, 542, 701, 711.

par leurs vertus et leur science, ou protégés par un souverain [1], un grand personnage [2] ou quelque cardinal [3]. Les dispenses de résidence permettaient aux bénéficiers de retenir à la fois entre leurs mains plusieurs bénéfices qui entraînaient avec eux charge d'âmes, tels que les églises paroissiales [4]. Ces églises étaient alors desservies par des vicaires.

Les clercs dont la naissance était illégitime — et ils paraissent avoir été nombreux au XIIIe siècle — ne pouvaient canoniquement ni recevoir les ordres, ni obtenir des bénéfices; mais ici encore, l'autorité apostolique intervenait en leur faveur. Les registres d'Honorius IV contiennent un grand nombre de bulles par lesquelles le Souverain Pontife accorde à des clercs des dispenses *super defectu natalium;* aux uns, il permet simplement de rester dans les ordres qu'ils ont reçus et de se faire donner les ordres supérieurs [5]; aux autres, de pouvoir être promus même à la dignité archiépiscopale [6]; à d'autres encore, de retenir des bénéfices [7]; à des moines, de pouvoir briguer la dignité abbatiale [8].

Les évêchés tendaient de plus en plus à être assimilés à des bénéfices ordinaires. Régulièrement, les chanoines auraient dû élire les évêques sans que l'autorité apostolique eût à intervenir. Il suffisait que l'élu fût confirmé par son métropolitain. Mais il était rare qu'une élection épiscopale se fît sans provoquer des divisions dans les chapitres. Les mêmes difficultés que nous avons signalées dans les monastères se présentaient dans les églises cathédrales. De là, nombreux appels au Saint-Siège [9]. Le Souverain Pontife était appelé à se prononcer sur la validité des élections. De plus, il obtenait souvent que les élus fissent cession de leurs droits légitimes ou prétendus entre ses mains, de façon à ce que la provision du siège épiscopal lui revînt [10].

Le pape avait droit de pourvoir à tout siège épiscopal dont le titulaire mourait en cour de Rome [11]. Voulait-il donner à une église dont la provision lui était échue une marque particulière d'affection, il abandonnait son droit, permettant aux chanoines de procéder à une nouvelle élection. C'est ainsi que maître Olivier, archevêque élu de Tours, étant mort à Rome pendant qu'il sollicitait du pape la confirmation de son élection, Honorius IV autorisa le chapitre de Tours, par bulle du 5 septembre 1285, à élire un autre prélat [12].

1. *Reg.,* 245, 557.
2. *Reg.,* 347.
3. *Reg.,* 54, 208, 287, 422.
4. *Reg.,* 447, 457, 764, 820.
5. *Reg.,* 243, 313, 703.
6. *Reg.,* 10, 279.
7. *Reg.,* 245, 250, 295, 347, 557, 648, 684, 703.
8. *Reg.,* 34, 507. 672.
9. Les bulles où sont mentionnés des appels au Saint-Siège faits à l'occasion d'élections épiscopales sont trop nombreuses pour qu'il soit utile de les citer ; il suffit d'ouvrir le registre pour en trouver des exemples.
10. *Reg.,* 25, 26, 71, 343, 528, 657.
11. *Reg.,* 234, 504. 536.
12. *Reg.,* 100.

Nous trouvons aussi des exemples de postulations, soit qu'un chapitre eût choisi comme évêque un clerc qui n'était pas prêtre [1], ou qui n'avait pas l'âge requis par les canons [2], soit qu'il eût élu [3] l'évêque d'une autre église, (car le pape seul avait qualité pour transférer un évêque d'un siège à un autre [4] et la provision du siège épiscopal devenu vacant par un transfert appartenait au Saint-Siège [5]), soit encore que l'élu appartînt à un ordre religieux [6].

La provision des évêchés suburbicaires appartenait au pape : Honorius IV transféra Jean Boccamazza de l'archevêché de Monreale à l'évêché de Tusculum [7]. Enfin le pape s'attribuait la provision aux églises qui souffraient d'une trop longue vacance [8].

Le souverain Pontife usait souvent de son droit de provision pour donner des évêchés soit à des chapelains pontificaux, soit à d'autres dignitaires de la cour romaine. C'est ainsi qu'Honorius IV établit sur le siège de Nevers un de ses notaires, Gilles du Châtelet [9]. Il nomma à l'évêché de Foligno, Bérard de Foligno, qui n'était que diacre [10] ; à l'évêché de Tripoli, son chapelain Cencio *de Pinea* [11] ; à l'évêché d'Oviedo, son chapelain Peregrino [12] ; à l'évêché de Monopoli, son chapelain Pierre Sarrasin de Rome [13] ; à l'évêché de Lisbonne, son chapelain Etienne [14] ; à l'évêché d'Ancône, son chapelain Bérard du Puy [15] ; à l'évêché d'Emmelly en Irlande, son chapelain Guillaume de Glifford [16] ; à l'évêché de Lipari, son chapelain Pandolfo [17] ; à l'évêché de Padoue, Bernard, auditeur des causes de la Chambre apostolique [18].

Nous voyons le pape confirmer les évêques de Pistoie et de Florence, dont l'élection avait été régulière. Ce n'est pas là un fait exceptionnel. Il n'y avait pas de métropole en Toscane ; le Souverain Pontife y remplissait l'office de métropolitain [19].

Il était de droit commun que les évêques établis par l'autorité apostolique dussent prêter au pape et à l'église romaine un serment de fidélité [20] ; ils s'engageaient en outre à venir tous les

1. *Reg.*, 22, 111, 326, 573.
2. *Reg.*, 19.
3. *Reg.*, 2, 120, 143, 233, 560, 566, 571.
4. *Reg.*, 311, 372.
5. *Reg.*, 18, 560.
6. *Reg.*, 166.
7. Bulle du 22 décembre 1285, *Reg.*, 491.
8. *Reg.*, 309, 314, 324.
9. Bulle du 23 juillet 1285, *Reg.*, 71.
10. Bulle du 24 septembre 1285, *Reg.*, 110.
11. Bulle du 18 décembre 1285, *Reg.*, 231.
12. Bulle du 25 février 1286, *Reg.*, 311.
13. Bulle du 25 février 1286, *Reg.*, 314.
14. Bulle du 31 mai 1286, *Reg.*, 504.
15. Bulle du 27 août 1286, *Reg.*, 601.
16. Bulle du 1er octobre 1286, *Reg.*, 627.
17. Bulle du 7 mars 1286, *Reg.*, 897.
18. Bulle du 4 mars 1287, *Reg.*, 743.
19. *Reg.*, 522, 700.
20. *Reg.*, 22.

deux ans à Rome ou, pour employer l'expression de la chancellerie pontificale, à visiter le seuil des Apôtres; mais pour peu que leur résidence fût éloignée de Rome, le Souverain Pontife les déliait volontiers de ce dernier serment [1].

En ce qui concerne les archevêques, leur élection, d'après les règles du droit canon, devait être confirmée par le Saint-Siège. Cette confirmation était suivie de la remise du pallium; le pallium était transmis à l'élu soit par un cardinal [2], soit par un archevêque [3], soit par trois [4] ou deux évêques [5]. Une bulle d'Honorius IV nous a conservé la formule du serment de fidélité que le nouvel archevêque prêtait à l'église romaine devant les saints Évangiles et en présence du délégué du Saint-Siège, comme aussi la formule que prononçait ce même délégué en remettant le pallium [6].

« Formule de serment pour l'archevêque de Salzbourg : Je, Raoul, archevêque de Salzbourg, à partir de cette heure serai fidèle et obéissant à saint Pierre, à la sainte Église apostolique et romaine, et à monseigneur le pape Honorius et à ses successeurs canoniquement élus. Je ne consentirai point à ce qu'ils perdent la vie ou un membre, ou à ce qu'ils soient emprisonnés. Je n'aiderai ni de mes conseils ni de fait ceux qui voudraient commettre de tels crimes. Les projets que me confieront les papes directement par leurs nonces ou par lettres, je n'en ferai part à personne à mon escient et à leur dommage. Je les aiderai à défendre et à conserver contre toute personne le pontificat romain et les régales de saint Pierre, tout en respectant les devoirs que m'impose mon ordre. Je traiterai honorablement tout légat apostolique allant ou revenant, et lui fournirai les subsides nécessaires. Appelé au synode, j'y viendrai, à moins d'être retenu par un empêchement canonique. Je visiterai tous les deux ans en personne ou par procureur le seuil des Apôtres, à moins d'obtenir une dispense apostolique. Quant aux possessions appartenant à la mense de mon archevêché, je ne les vendrai, ni les donnerai, ni les engagerai, ni les inféoderai à nouveau, ni les aliénerai de quelque façon que ce soit sans avoir pris l'avis du pontife romain. Qu'ainsi Dieu et ces saints Évangiles me viennent en aide. »

« Formule pour donner le pallium au même archevêque : En l'honneur du Dieu tout-puissant, de la bienheureuse Vierge Marie, des bienheureux apôtres Pierre et Paul, et de monseigneur le pape Honorius, de la sainte Église romaine et de l'église à toi commise, nous te livrons le pallium pris sur le corps de saint Pierre qui symbolise la plénitude de l'office pontifical, afin que tu en uses dans ton église aux jours déterminés dans les privilèges concédés par le siège apostolique. »

1. *Reg.*, 200, 615, 730.
2. *Reg.*, 357.
3. *Reg.*, 454.
4. *Reg.*, 564 et 565.
5. *Reg.*, 28, 29, 46, 435.
6. *Reg.*, 29.

Les procès relatifs à des élections d'abbés ou d'évêques n'étaient pas les seuls qui fussent soumis à l'examen du Souverain Pontife.

Les bulles d'Honorius IV fourniront aux historiens du droit de nombreux renseignements sur la procédure de la cour de Rome. Parmi les affaires les plus considérables que cette cour souveraine eut à examiner ou dans lesquelles elle dut prononcer une sentence sous le pontificat d'Honorius IV, nous citerons les procès entre l'archevêque et le chapitre de Lyon sur la juridiction temporelle de la même ville [1]; entre l'évêque de Poitiers et les moines d'Airvau [2]; entre l'archevêque de Rouen et l'évêque de Bayeux [3]; entre ce dernier évêque et plusieurs clercs des diocèses de Bayeux et d'Avranches [4]; entre l'évêque de Lisieux et l'archevêque de Rouen [5]; entre le comte de Bretagne et le monastère de Redon [6].

Le pape étendait en outre sa juridiction gracieuse sur toute la chrétienté par l'intermédiaire des notaires. Il avait droit d'instituer des notaires dans tous les diocèses. Ces offices de tabellions étaient conférés soit à des clercs pourvus seulement des ordres mineurs, soit à des laïques : les uns comme les autres n'étaient investis de leur charge qu'après avoir été examinés par un chapelain du pape [7] ou quelquefois par le vice-chancelier de la cour romaine [8]. Le pape donnait souvent pouvoir aux archevêques et évêques [9], et cela surtout immédiatement après leur élection [10], d'instituer des notaires. C'était un droit qu'il conférait encore aux délégués du Saint-Siège tels que les légats [11], les nonces [12], les inquisiteurs [13].

Tous les chroniqueurs s'accordent à rapporter la mort d'Honorius IV au jeudi saint de l'année 1287 [14], qui était le 3 avril. La dernière bulle qu'à notre connaissance il ait expédiée est datée du 1er avril [15]. Il avait été élu pape le 2 avril 1285; il occupa donc le trône de saint

---

1. *Reg.*, 62.
2. *Reg.*, 139.
3. *Reg.*, 128 et 666.
4. *Reg.*, 127.
5. *Reg.*, 142.
6. *Reg.*, 433.
7. *Reg.*, 135, 191, 235, 237, 340, 348, 449.
8. *Reg.*, 244.
9. *Reg.*, 33, 359, 418, 636, 641, 646.
10. *Reg.*, 47, 87, 579, 647, 705.
11. *Reg.*, 800.
12. *Reg.*, 205.
13. *Reg.*, 358.
14. Ptolemaei Lucensis *historia ecclesiastica,* l. XXIV, c. XIX, dans Muratori, *Scriptores,* t. XI. col. 1194 : « Anno autem Domini MCCLXXXVII Honorius moritur apud Sanctam Sabinam et in ecclesia Sancti Petri juxta sepulcrum Nicolai III honorifice sepelitur » — Bernardi Guidonis *flores chronicorum,* dans Muratori, *Scriptores,* t. III, p. 611, et dans *Rec. des hist. de France,* t. XXI, p. 708 : « Hic Honorius papa obiit Romæ in Cœna Domini. »—Villani, l. VII, c. XII, dans Muratori, *Scriptores,* t. XIII, col. 314, rapporte la mort d'Honorius IV au 3 avril. Quant au *Memoriale potestatum Regiensium* (Muratori, *Script.,* t. VIII, col. 1168) il rapporte bien la mort d'Honorius au jeudi saint mais se trompe sur le quantième qu'il indique comme étant le 4 avril.
15. *Reg.*, 973.

Pierre deux ans et un jour. Il mourut en son palais de Sainte-Sabine sur l'Aventin. Il fut
enterré dans la basilique de Saint-Pierre à côté de Nicolas III. Son tombeau était orné d'une
statue en marbre blanc qui le représentait couché, revêtu du costume pontifical, la tête couverte
de la tiare. Le pape Paul III fit transporter [1] cette image dans la chapelle que la famille Savelli
avait fait construire au XIIIe siècle dans l'église d'Araceli. Elle fut posée sur le beau mausolée
qui servait de sépulture à sa mère : c'est là qu'on peut encore l'admirer [2].

Arrivé au terme de cette étude, j'éprouve quelque embarras à formuler une conclusion. Sur
la personne d'Honorius IV, à peine trouve-t-on dans les historiens contemporains quelques
renseignements épars. Honorius IV n'a pas eu de biographe : les documents officiels, les seuls
qui nous restent de son pontificat, émanés d'une chancellerie attachée plus que toute autre à
la tradition et aux formules, ne permettent pas de saisir sa personnalité. Sa politique fut plus
modérée que ne l'avait été celle de son prédécesseur. Sans doute il fulmina des excommuni-
cations contre les Aragonais, et il se montra l'adversaire des Siciliens en même temps que le
protecteur et l'allié fidèle de la maison d'Anjou; mais il apporta dans la lutte contre les ennemis
de l'église romaine moins d'emportement et de violence que n'avait fait Martin IV. Qu'il nous
suffise de rappeler le zèle qu'il déploya pour ménager une trève entre la France et l'Aragon.
Rien n'empêche donc de souscrire au jugement si éloquent dans sa brièveté que Ptolémée de
Lucques porte sur Honorius IV : Ce fut un homme sage. « *Hic sapiens homo fuit.* »

1. P. Casimiro, *Memorie istoriche della chiesa e convento di S. Maria in Araceli*, p. 110.
2. On trouvera la figure du tombeau de Vana Aldobrandesca à l'église d'Araceli, dans Ciaconius, t. II, col. 254, et dans Litta
Famiglie celebri italiane, vol. X. Voyez Gregorovius, *Le tombe dei papi, prima traduzione italiana* (Roma, 1879), p. 67.

SOMMAIRE DE L'INTRODUCTION

HONORIUS.   o

CHAPITRE VIII

RELATIONS D'HONORIUS IV AVEC LES VILLES ITALIENNES.

CHAPITRE IX

RELATIONS D'HONORIUS IV AVEC LE CLERGÉ SÉCULIER.

R/ G/

CHAPITRE X

RELATIONS D'HONORIUS IV AVEC LE CLERGÉ SÉCULIER.

DOMINI HONORII PAPE IIII.

1   Pérouse, 5 avril 1285.

Honorius decano Pictavensis ecclesie mandat quatinus electionem Petri de Milangis, in priorem domus Dei pauperum de Monte Maurilio electi, examinet eandemque, prout justum erit, confirmet vel infirmet. (Archives du Vatican, Registre 43, n° 1, fol. 1; LA PORTE DU THEIL, Paris, Bibl. Nat., fonds Moreau, vol. 1223, fol. 1.)

« *Honorius electus episcopus, servus servorum Dei, dilecto filio.. decano ecclesie Pictavensis salutem et apostolicam benedictionem.* Vacante dudum prioratu domus Dei pauperam de Monte Maurilio, Pictavensis diocesis, due electiones, una videlicet de Petro de Milangis, et altera de quondam Aymerico de Agia, fratribus dicte domus, fuerunt ibidem in discordia celebrate. Partibus itaque apud Sedem Apostolicam constitutis et consentientibus inibi litigare, felicis recordationis Martinus papa predecessor noster venerabilem fratrem nostrum J. Penestrinum episcopum concessit eisdem partibus auditorem, coram quo in negotio ipso lite legitime contestata, prefatus A. diem clausit extremum; postmodum vero, cum pro parte dicti Petri in hujusmodi negotio procedi cum instantia peteretur, dictus predecessor volens super hoc eidem prioratui de salutaris et celeris expeditionis remedio providere, tibi suis sub certa forma dedit litteris in mandatis ut, vocatis qui vocandi essent, et auditis hinc inde propositis, habito quoque super hoc coram eodem episcopo legitimo servato processu, electionem de dicto Petro celebratam, prout justum existeret, confirmare vel infirmare auctoritate apostolica procurares ; quod si forsan illam te contingeret infirmare, illis ad quos spectat electio prioris in dicto prioratu eadem auctoritate injungeres ut per electionem canonicam seu postulationem concordem de priore dicto prioratui providerent, prout in predictis ipsius predecessoris bullatis litteris plenius continetur ; con-

HONORIUS.

tradictores per censuram ecclesiasticam, appellatione postposita, compescendo. Verum eodem predecessore, antequam dicte littere tibi presentate fuissent, viam universe carnis ingresso, tu in dicto negotio procedere nequivisti. Quocirca discretioni tue per apostolica scripta mandamus quatinus in negotio ipso auctoritate nostra procedas juxta predictarum ipsius predecessoris continentiam litterarum. Nec mireris quod bulla non exprimens nomen nostrum est appensa presentibus, |que ante consecrationis et benedictionis nostre sollempnia transmittuntur, quia hii qui fuerunt hactenus in Romanos electi pontifices consueverunt in bullandis litteris ante consecrationis et benedictionis sue munus modum hujusmodi observare. Dat. Perusii, nonis aprilis, suscepti a nobis apostolatus officii anno primo. »

2   Pérouse, 12 avril 1285.

Abbati monasterii Sancte Marie de Tuta Insula, priori Predicatorum Nidrosiensi, ac guardiano fratrum Minorum Bergensi mandat quatinus, juxta tenorem litterarum Martini pape IV non bullatarum, Perusii vero XV kalendas februarii, pontificatus ejusdem anno quarto datarum, Nervam, Bergensem episcopum, in ecclesia Nidrosiensi archiepiscopum electum, de persona et moribus examinent eundemque, si idoneum invenerint, in ecclesie Nidrosiensis preficiant archiepiscopum. (n° 2, fol. 1; POTTHAST, *Regesta Pontificum Romanorum*, n° 22228.)

« *Dilectis filiis .. abbati monasterii Sancte Marie de Tuta Insula, Nidrosiensis diocesis, Cisterciensis, et.. priori Predicatorum Nidrosiensi, ac .. guardiano fratrum Minorum Bergensi ordinum.* Dilectus filius magister Petrus, sancte Romane ecclesie vicecancellarius, retulit in nostra presentia constitutus quod ipse, felicis recordationis Martino papa predecessore nostro adhuc vivente, quasdam

1

recepit confectas sub ejusdem predecessoris nomine in hac forma :

Pérouse, 18 janvier 1285.

« Martinus, episcopus servus servorum Dei, dilectis
» filiis .. abbati monasterii Sancte Marie de Tuta Insula,
» Nidrosiensis diocesis, Cisterciensis, et .. priori Predi-
» catorum Nidrosiensi, ac .. guardiano fratrum Mino-
» rum Bergensi ordinum, salutem et apostolicam be-
» nedictionem. Militanti ecclesie disponente—. Dudum
» siquidem Nidrosiensi ecclesia per obitum bone me-
» morie Johannis, archiepiscopi Nidrosiensis, pastoris
» solatio destituta, dilecti filii capitulum ipsius eccle-
» sie, vocatis omnibus qui voluerunt, debuerunt et
» potuerunt comode interesse, die ad eligendum pre-
» fixa, ut moris est, convenientes in unum pro futuri
» substitutione pastoris, venerabilem fratrem nostrum
» Nervam, episcopum Bergensem, in ejusdem ecclesie
» Nidrosiensis archiepiscopum per viam scrutinii ca-
» nonice et concorditer postularunt; nobis postmodum
» per dilectos filios Sigwatum et Audoenum, Nidro-
» sienses canonicos, ad nos propter hoc specialiter
» destinatos, humiliter supplicantes ut postulationem
» ipsam admittere de benignitate apostolica dignare-
» mur. Presentato itaque nobis hujus postulationis de-
» creto, nos examinationem decreti et processus pos-
» tulationis ejusdem venerabili fratri L. Ostiensi epis-
» copo ac dilectis filiis nostris Anchero tituli Sancte
» Praxedis presbytero et Matheo Sancte Marie in Por-
» ticu diacono cardinalibus duximus committendam ;
» quibus decretum et processum postulationis ejus-
» dem examinantibus diligenter, nobisque ac ceteris
» fratribus nostris super hiis fideliter veritate relata,
» processus hujusmodi super eadem postulatione ha-
» bitus canonicus est repertus. Nos igitur, cupientes
» predicte Nidrosiensi ecclesie, que prudentis guber-
» natoris regimine indiget, de persona ydonea salu-
» briter provideri, quia nobis de ydoneitate persone
» postulati predicti ad plenum non constat, ne circa
» hoc aliquid de contigentibus omittere videamur,
» vobis examinationem persone ipsius postulati duxi-
» mus committendam. Quocirca discretioni vestre per
» apostolica scripta mandamus quatinus, habentes pre
» oculis solum Deum, si eundem episcopum, dili-
» genti inquisitione per vos facta de ipso, vita, mo-
» ribus, honestate, scientia et aliis virtutum meritis
» esse ydoneum atque dignum ad supportationem ar-
» chiepiscopalis oneris et honoris [inveneritis], ipsum
» a vinculo quo ecclesie Bergensi tenetur auctoritate
» apostolica absolventes, eum in predicte ecclesie Ni-

» drosiensis preficiatis archiepiscopum et pastorem,
» curam et administrationem ipsius sibi spiritualiter
» et temporaliter committendo, ac faciendo sibi a sub-
» ditis suis obedientiam et reverentiam debitam exhi-
» beri; recepturi ab eo postmodum pro nobis et Ro-
» mana ecclesia fidelitatis solite juramentum juxta
» formam quam vobis sub bulla nostra mittimus in-
» terclusam; alioquin, postulatione predicta rite cassata
» faciatis eidem Nidrosiensi ecclesie de persona ydo-
» nea per electionem seu postulationem canonicam per
» capitulum ipsius Nidrosiensis ecclesie provideri;
» contradictores per censuram ecclesiasticam appella-
» tione postposita compescendo ; formam autem jura-
» menti quod ipse prestabit per vestras et ipsius
» patentes litteras suo sigillo signatas per proprium
» nuntium nobis quantocius transmittatis. Non obs-
» tantibus indulgentiis per quas vobis seu ordinibus
» vestris ab eadem Sede dicitur esse concessum quod
» non teneamini vos intromittere de quibuscumque
» negotiis que vobis per ipsius Sedis litteras commit-
» tuntur, nisi in eis de indulgentiis hujusmodi plena
» et expressa mentio habeatur. Quod si non omnes
» hiis exequendis potueritis interesse, duo vestrum ea
» nichilominus exequantur. Dat. Perusii, XV kal. fe-
» bruarii, pontificatus nostri anno quarto. » (POTTHAST,
n° 22205.)

Verum quia, antequam littere bullate fuissent hujusmodi, dictus predecessor diem clausit extremum,
idem vicecancellarius illas nobis postquam sumus licet
immeriti ad apicem summi apostolatus assumpti attentius legere procuravit. Nos itaque earundem litterarum intellecto tenore, quod idem predecessor inchoavit
in hac parte favorabiliter prosequentes discretioni
vestre per apostolica scripta mandamus quatinus premissa, juxta prescriptam formam, exequi auctoritate
nostra curetis. Nec miremini etc. Dat. Perusii, II idus
aprilis, suscepti a nobis apostolatus officii anno
primo. »

3   Pérouse, 12 avril 1285.

Fredericum, mortuo Gerungo abbate monasterii Medelicensis, a priore et conventu per viam scrutinii in ejusdem
monasterii abbatem electum, quamvis idem electus pro obtinenda confirmatione ad Sedem Apostolicam accedere non
curasset, juxta tenorem litterarum Martini pape IV non bullatarum, Perusii vero XII kal. februarii, ejusdem pontificatus
anno quarto datarum, confirmat. (n° 3, fol. 1 v°.)

« Dilecto filio Frederico, abbati monasterii Medelicensis,
ad Romanam ecclesiam nullo medio pertinentis, ordinis

sancti Benedicti, Pataviensis diocesis. Dilectus filius magister —. Dat. Perusii, II idus aprilis, suscepti a nobis apostolatus officii anno primo. »

In eundem modum priori et conventui monasterii Medelicensis mandat quatinus eidem abbati obedientiam et reverentiam debitam exhibere curent. Dat. ut supra.

In e. m. universis vassallis monasterii Medelicensis mandat quatinus eidem abbati devote fidelitatis solite juramentum prestent, consueta exhibeant servitia et de juribus ac reddititibus debitis respondeant. Dat. ut supra.

In e. m. episcopo Chimensi mandat quatinus eidem abbati munus benedictionis impendat eique a suis subditis obedientiam et reverentiam debitam exhiberi faciat. Dat. ut supra.

4   Pérouse, 8 avril 1285.

Archembaudo, rectori ecclesie de Duglas, Glasguensis diocesis, indulget, juxta tenorem litterarum Martini pape IV non bullatarum, Perusii vero XI kal. januarii, ejusdem pontificatus anno quarto datarum, ut, si aliqua prebenda parrochialem ecclesiam habens annexam, ei de jure debita, in ecclesia Aberdonensi, in qua se canonice receptum asserit in canonicum et in fratrem nec prebendam aliquam assecutum, vacare contigerit, prebendam ipsam recipere et unacum prefata ecclesia de Duglas, curam animarum habente, quam canonice se proponit adeptum, licite retinere valeat. (n° 4, fol. 2.)

« Dilecto filio Archembaudo, rectori ecclesie de Duglas, Glasguensis diocesis. Dilectus filius magister—. Dat. Perusii, VI idus aprilis, suscepti a nobis apostolatus officii anno primo. »

5   Pérouse, 5 avril 1285.

Abbati Admontensi mandat quatinus, juxta tenorem litterarum Martini pape IV non bullatarum, Perusii vero idibus martii, pontificatus ejusdem anno primo datarum, inquisita diligenter veritate de negotio Frederici, abbatis monasterii Mosacensis, qui, in Salzburgensi provincie partibus decime subsidio Terre Sancte deputate collector, de pecunia recepta rationem reddere recusabat, diversosque excessus in nuntios magistri Alironis, canonici ecclesie Sancti Marci de Venetiis, commiserat, ab eodem Frederico plenam et debitam satisfactionem impendat. (n° 5, fol. 2.)

« Dilecto filio .. abbati Admontensi, ordinis sancti Benedicti, Salzburgensis diocesis. Dilectus filius magister Petrus de Mediolano, sancte Romane ecclesie vicecancellarius, etc. usque in hac forma :

« Martinus episcopus etc. dilecto filio .. abbati Admontensi, ordinis sancti Benedicti, Salzburgensis diocesis, salutem et apostolicam benedictionem. Significante nobis dilecto filio magistro Alirone, canonico ecclesie Sancti Marci de Venetiis, collectore decime deputate subsidio Terre Sancte in Salzburgensi provincia et Pragensi, Olomucensi, Eistetensi et Bambergensi civitatibus et diocesibus provincie Maguntinensis a Sede Apostolica constituto, quod, cum ipse, de consilio bone memorie F. Salzburgensis archiepiscopi et quorumdam aliorum prelatorum et religiosorum virorum illarum partium, Fredericum abbatem monasterii Mosacensis, ordinis sancti Benedicti, Aquelegensis diocesis, in quibusdam ejusdem Salzburgensis provincie partibus collectorem predicte decime, prout ex forma litterarum dicto magistro super hoc ab eadem Sede directarum poterat, deputasset, et a predicto abbate, postquam in eisdem partibus sibi ab eodem magistro decretis decimam supradictam collegerat, de hiis que ad ipsum abbatem occasione decime predicte pervenerant, exigeret rationem, idem abbas, post multas citationes et terminos a dicto magistro assignatos eidem, coram magistro comparuit memorato ac ei quendam quaternum rationis decime collecte per ipsum exhibuit, asserens certam partem pecunie que pervenerat ex decima supradicta se apud diversa loca et remota deposuisse, ac aliam partem ipsius decime in usus expendisse monasterii memorati. Prefatus autem magister, cum aliud tunc ab eodem abbate obtinere non posset, recepit ab ipso quoddam publicum instrumentum per quod idem abbas promisit se memorato magistro vel cuicumque alii nuntio Romane ecclesie integre reddituturum ac restiturum in Carinthia pecuniam supradictam, tam depositam quam expensam, quandocumque ab eo per eundem magistrum vel alium nomine ipsius Romane ecclesie peteretur, corporali super hoc ab eo nichilominus prestito juramento. Vero quia postmodum prefatus abbas pluries et peremptorie monitus et etiam requisitus predictam pecuniam eidem magistro restituere contumaciter non curavit, idem magister in eum, cum nichil rationabile proponeret quare hoc facere non deberet, auctoritate predictarum litterarum excommunicationis sententiam exigente justitia promulgavit, et si per unum mensem sententiam ipsam indurato animo sustineret, eum extunc peremptorie secundum formam predictarum litterarum citare

» curavit ut infra certum terminum competentem sibi
» ab eodem magistro prefixum per se vel per procura-
» torem ydoneum nostro se conspectui presentaret,
» redditurus rationem plenariam de predictis, ac fac-
» turus et recepturus quod justitia suaderet ; at pre-
» fatus abbas, premissa vel aliquod premissorum adim-
» plere dampnabiliter vilipendens, predictum ma-
» gistrum tunc pro decime predicte negotio per partes
» Stirie procedentem per nobilem virum Ottonem de
» Pernich consanguineum suum ausu nephario capi
» et carcerali mancipari custodie temere, sicut dicitur,
» procuravit et aliquandiu taliter detineri, quibusdam
» ex clericis et familiaribus prelibati magistri usque
» ad effusionem sanguinis vulneratis ac spoliatis etiam
» rebus suis quas secum tunc temporis deferebant, ac
» idem abbas hujusmodi excessibus non contentus sed
» mala malis adiciens et excessus excessibus coacer-
» vans prefati magistri nuntios, quos ad Apostolicam
» Sedem interdum et illos etiam quos pro decime su-
» pradicte negotio, cum sine litteris per provincias
» dirigit memoratas, capere ac litteris rebusque aliis
» quas secum deferunt spoliare et captivos detinere
» presumit, in grandem predicte Sedis injuriam et
» contemptum ac dicti magistri non modicum preju-
» dicium et gravamen. Ne igitur tante presumptionis
» excessus remaneat impuniti, discretioni tue per
» apostolica scripta in virtute obedientie districte pre-
» cipiendo mandamus quatinus, si, inquisita super
» premissis diligentius veritate, rem inveneris ita
» esse, prefatum abbatem quod de omnibus per ipsum
» receptis ex decima supradicta eidem magistro reddat
» plenariam rationem et tam de receptis hujusmodi
» quam etiam de injuriis et dampnis sibi et ejus fa-
» milie irrogatis ab eo plenam et debitam satisfactio-
» nem impendat, monitione preposita, per censuram
» ecclesiasticam, appellatione reservata, compellas.
» Quod si forte prenominatus abbas tuis immo potius
» apostolicis monitis super hiis contempserit obedire,
» tum eum ab officio beneficioque suspendas et nichilo-
» minus auctoritate nostra peremptorie cites eundem
» ut infra bimestris temporis spatium post tue cita-
» tionis edictum se Apostolice Sedis conspectui repre-
» sentet pro meritis recepturus ; invocato ad hoc si
» opus fuerit auxilio brachii secularis ; contradictores
» etc. Non obstante si aliquibus a Sede sit indultum
» eadem quod interdici, suspendi vel excommunicari
» non possint per litteras dicte Sedis non facientes ple-
» nam et expressam ac de verbo ad verbum de indulto
» hujusmodi mentionem, et constitutione de duabus

» dietis edita in concilio generali. Dat. Perusii, idibus
» martii, pontificatus nostri anno quarto. »
Verum quia etc. usque prosequentes, mandamus
quatinus premissa juxta formam prescriptam exequi
auctoritate nostra procures. Dat. Perusii, nonis aprilis,
suscepti a nobis apostolatus officii anno primo. »

6   Pérouse, 5 avril 1285.

Episcopo Ripensi mandat, juxta tenorem litterarum Martini
pape IV non bullatarum sed apud Urbem Veterem X kal. julii,
ejusdem pontificatus anno quarto datarum, quatinus fratrem
Petrum ordinis Minorum, qui, ab archiepiscopo Lundensi
Wibergensis episcopus constitutus, Trugillum in episcopum
ejusdem ecclesie per capitulum concorditer electum, mancipare
carcerali custodie presumpserat et pluries apostolicas citationes
contempserat, citare procuret ut infra sex menses coram papa
personaliter compareat. (n° 6, fol, 2 v°; POTTHAST, n° 22227.)

« *Venerabili fratri .. episcopo Ripensi*. Dilectus filius
magister Petrus de Mediolano sancte Romane ecclesie
vicecancellerius etc. usque in hac forma :

Orvieto, 22 juin 1284.

« Martinus episcopus servus servorum Dei, venerabi-
» li fratri .. episcopo Ripensi salutem et apostolicam
» benedictionem. Exposuerunt nobis dilecti filii Magnus
» et Johannes, canonici ecclesie Wibergensis, ordinis
» sancti Augustini, quod, olim ecclesia ipsa pastoris
» solatio destituta, capitulum ejusdem ecclesie quon-
» dam Asserum, ipsius ecclesie canonicum tunc viven-
» tem, in Wibergensem episcopum concorditer et
» canonice elegerunt, et tandem cum ipsi bone memo-
» rio Jacobo archiepiscopo Lundensi loci metropoli-
» tano electionem hujusmodi presentantes illam pos-
» tulassent humiliter confirmari, quia dictus archie-
» piscopus electionem ipsam confirmare contra justi-
» tiam recusavit, dicti electus et capitulum ad Sedem
» Apostolicam appellarunt, vero dictus archiepiscopus,
» hujusmodi appellatione contempta, de fratre Petro
» ordinis Minorum eidem ecclesie de facto, cum de jure
» non posset, providit, munus consecrationis sibi
» postea impendendo ; propter quod dicti capitulum,
» cum id ad eorum pervenit notitiam, iterato vocem
» appellationis ad Sedem emiserunt eandem, cumque
» coram felicis recordationis Clemente papa quarto
» predecessore nostro dictus Petrus personaliter et
» procuratores alterius partis aliquandiu in negotio
» electionis et provisionis hujusmodi devoluto ad Sedem
» ipsam postmodum processissent, prefatus Asserus

» cupiens consulere sue quieti sponte et libere renun-
» tiavit electioni hujusmodi in manibus capituli me-
» morati. Iidem autem capitulum, hujusmodi resigna-
» tione recepta, quondam Nicolaum prepositum ecclesie
» de Sallin., Wibergensis diocesis, tunc viventem, in
» suum episcopum per electionem canonicam concor-
» diter assumpserunt. Et tandem procuratoribus eo-
» rum Nicolai, et capituli, pro sepefati negotii prose-
» cutione apud Sedem constitutis eandem, bone me-
» morie Gregorius decimus primo, felicis recordatio-
» nis Johannem papam XXI predecessorem nostrum,
» tunc episcopum Tusculanum, et postmodum pie
» memorie Nicolaus tertius, predecessores nostri Ro-
» mani pontifices, venerabilem fratrem Latinum Os-
» tiensem episcopum et demum, ipso se transferente
» ad partes remotas, dilectum filium nostros Jacobum,
» Sancte Marie in Via Lata diaconum cardinalem con-
» cesserunt in negotio hujusmodi partibus auditores.
» Coram quo quidem Jacobo cardinali cum Petrus et
» Nicolaus electus ac procuratores prefati in negotio
» hujusmodi processissent et fuissent tandem ab eodem
» Jacobo cardinali a quadam interlocutoria, quam in ne-
» gotio ipso tulerat, pro parte predictorum Nicolai electi
» et capituli ad Nicolaum predecessorem nostrum appel-
» latum eundem dictus electus Nicolaus apud eandem
» Sedem diem clausit extremum. Sicque postmodum
» dicti capitulum quondam Trugillum, ejusdem Wiber-
» gensis ecclesie prepositum tunc viventem, in suum
» episcopum concorditer elegerunt. Postea vero cum
» dictus Petrus propter hoc apud Sedem constitutas
» eandem, cupiditatis ductus consilio, eodem indeciso
» negotio, ad ecclesiam Wibergensem predictam acce-
» dens, ipsamque temeritate propria manu occupans
» violenta, in eadem temerarius ministraret, ac de-
» mum, Dei timore sueque religionis honestate propo-
» sitis, eundem Trugillum temere capi faciens eum
» denique mancipare carcerali custodie presumpsisset,
» nos tibi nostris sub certa forma dedimus litteris in
» mandatis quod prefatum Petrum ex parte nostra
» peremptorie citare curares ut infra sex menses post
» citationem tuam pro excessu presumptionis hujus-
» modi, recepturus pro meritis et super premissis
» etiam aliis, cum omnibus juribus et munimentis suis
» compararet personaliter coram nobis, super hoc jus-
» tam dante Domino sententiam recepturus. Quamvis
» autem tu mandati nostri hujusmodi diligens executor
» prefatum Petrum peremptorie citaveris ut recepturus
» pro meritis, sicut premittitur, et super premissis
» cum omnibus actis, juribus et munimentis suis pre-
» fatum negotium contigentibus infra prescriptum

» terminum compararet personaliter coram nobis, jus-
» tam super hoc sententiam recepturus ; idem tamen
» Petrus, ut presumitur, ipsius ecclesie Wibergensis
» uberi allectus dulcedine, in hujusmodi negotio for-
» midans eventum judicii vehementer comparare co-
» ram nobis in eodem termino contumaciter non cura-
» vit, licet fuerit in audientia publica, ut moris est,
» citatus pluries ut postmodum diutius expectatus.
» Nos igitur tam superbe obstinationis cervicem et
» obstinate rebellionis audaciam in eodem Petro humi-
» liare volentes virga salutifere discipline in ipsum
» Petrum propter hujusmodi contumaciam manifestam
» excommunicationis sententiam promulgamus ; et
» nichilominus ut hujusmodi calumpniosam ejusdem
» Petri malitiam adjectione mansuetudinis superemus,
» fraternitati tue per apostolica scripta mandamus
« quatinus ex superhabundanti ipsum per te vel per
» alium ex parte nostra peremptorie citare procures ut
» infra sex menses post hujusmodi citationem tuam,
» sub pena privationis juris, si quod sibi competit in
» premissis, quam ipsum nisi paruerit hujusmodi tue
» citationi incurrere volumus, eo ipso similiter cum
» omnibus actis, juribus et munimentis suis, negotium
» hujusmodi contingentibus, personaliter compareat
» coram nobis, justam, ut premissum est, auctore Do-
» mino sententiam auditurus ; ceterum, prefatis Magno
» et Johanni cum proprium utpote religiosi non ha-
» beant de quo suis in ejusdem negotii prosecutione
» necessitatibus valeant providere, ne per defec-
» tum necessariorum cessare a prosecutione hu-
» jusmodi negotii compellantur, de redditibus ad
» mensam episcopalem Wibergensem spectantibus
» usque ad valorem quinquaginta librarum turonen-
» sium propter hoc, quandiu duraverit causa hujus-
» modi, annis singulis facias ministrari ; invocato ad
» hoc si opus fuerit auxilio brachii secularis ; contra-
» dictores per censuram ecclesiasticam appellatione
» postposita compescendo; diem autem hujusmodi cita-
» tionis et formam et quicquid inde duxeris faciendum
» nobis per tuas litteras harum seriem continentes
» fideliter intimare procures. Dat. apud Urbem Vete-
» rem, X kal. julii, pontificatus nostri anno quarto. »
(Potthast, n° 22163).

Verum quia antequam littere bullate fuissent hujusmodi etc. usque in finem. »

Johannem, a conventu monasterii Sancti Benedicti de Padolirone, Mantuane diocesis, per viam compromissi electum in abbatem, juxta tenorem litterarum Martini pape IV non bullatarum, Perusii vero XVIIII kal. februarii, ejusdem pontificatus anno quarto datarum, preficit. (n° 7, fol. 3.)

« *Dilecto filio Johanni, abbati monasterii Sancti Benedicti de Padolirone, ad Romanam ecclesiam nullo medio pertinentis, ordinis sancti Benedicti, Mantuane diocesis.* Dilectus filius magister Petrus sancte Romane ecclesie vicecancellarius etc. usque in hac forma :

Pérouse, 14 janvier 1285.

. « Martinus, episcopus etc., dilecto filio Johanni abbati
» monasterii Sancti Benedicti de Padolirone, ad Roma-
» nam ecclesiam nullo medio pertinentis, ordinis sancti
» Benedicti, Mantuane diocesis, salutem et apostolicam
.» benedictionem. Dudum monasterio Sancti Benedicti
» de Padolirone, ad Romanam ecclesiam nullo medio pe-
» rti nente, ordinis sancti Benedicti, Mantuane diocesis,
» per mortem quondam Gerardi ipsius monasterii abba-
» tis vacante, dilecti filii conventus et monachi ejusdem
» monasterii tunc in ipso presentes in capitulo conve-
» nerunt, et, asserentes quod de antiqua et hactenus
» pacifice observata consuetudine ipsius monasterii
» est obtentum quod soli presentes in eodem monas-
» terio, absentibus minime requisitis, in electione
» abbatis ipsius monasterii, cum instat, facienda pro-
» cedunt, ac, invocata Spiritus Sancti gratia, per viam
» compromissi procedere eligentes, absentibus non
» vocatis, assumpserunt tres monachos de ipsorum
» collegio fidedignos, videlicet fratres Gerardum de
» Parma, Benedictum panatarium et Balduinum, con-
» cessa eis plena et libera potestate eligendi tres alios
» de predicto collegio compromissarios, qui vice ac
» nomine omnium de conventu et monachorum ipso-
» rum presentium possent et deberent eidem provi-
» dere monasterio de abbate ; promittentes quod illum
» in suum et ejusdem monasterii abbatem reciperent
» et haberent quem ipsi compromissarii de dicti mo-
» nasterii gremio ducerent eligendum. Predicti vero
» Gerardus, Benedictus et Balduinus, secundum for-
,» mam et potestatem eis in hac parte traditam, tres
» compromissarios de conventu predicto, scilicet fratres
» Albertum priorem hospitalis ipsius monasterii, Ubal-
» dum camerarium, et Conradum, ejusdem monasterii
» monachos, concorditer elegerunt, eis a conventu et
» monachis presentibus supradictis potestate concessa
» ut iidem compromissarii eligerent, nominarent seu
» postularent aliquem de ipsius monasterii gremio in
» abbatem monasterii supradicti ; dicti quoque com-

» promissarii, hujusmodi potestate recepta, secedentes
» in partem, deliberatione inter se habita diligenti, in
» te tunc majorem monasterii prelibati priorem oculos
» direxerunt ; ac memoratus prior dicti hospitalis, juxta
» formam hujus compromissi, nomine suo et de colle-
» garum suorum ac singulorum monachorum, tunc in
» monasterio ipso presentium, mandato, de te monaste-
» rio memorato providit, et te nichilominus elegit in ab-
» batem monasterii supradicti ; tuque hujusmodi electio-
» ni de te facte ad eorundem conventus et monachorum
» instantiam consensisti. Postmodum autem monachi
» quidam qui de conventu prelibato non erant neque in
» eodem monasterio residebant, pretextu cujusdam
» statuti ab abbate monasterii ipsius defuncto de facto
» editi, pretendentes falso se predicti monasterii fore
» conventum, in bone memorie Philippum, archiepis-
» copum Ravennatem, compromittere curaverunt, con-
» cessa ei eligendi seu postulandi abbatem ipsius mo-
» nasterii potestate,..procuratore tuo et electorum tuo-
» rum propter hoc ad Sedem Apostolicam appellante,
» ne per aliquem ad electionem secundam in monas-
» terio procederetur eodem, nisi cognito de electione
» de te, ut premittitur, celebrata. Prefatus autem ar-
» chiepiscopus, asserens quod sibi constiterat hujus-
» modi electionem tuam celebratam fuisse post inhibi-
» tionem ex causis pluribus a se factam et electionem
» ipsam extitisse minus canonice celebratam, te ab-
» sente, non per contumaciam immo nec monito nec
» citato, electionem cassavit eandem et subsequenter
» quondam Egidium, tunc monasterii Sancti Pontiani
» Lucani abbatem, in dicti monasterii Sancti Benedicti
» abbatem elegit ; demum, partibus propter hoc apud
» Sedem constitutis eandem, felicis recordationis Cle-
» mens papa IIII predecessor noster bone memorie
» Symonem tituli Sancti Martini presbyterum et dilec-
» tum filium nostrum J. Sancte Marie in Cosmedin dia-
» conum cardinales concessit in hujusmodi electionis
» negotio auditores, qui, eodem predecessore vivente,
» in negotio ipso aliquandiu processerunt. Postea vero
» per ipsius predecessoris obitum predicta Sede vacan-
» te, prefatus archiepiscopus fungens tunc in partibus
» illis legationis officio, electionem eandem a se factam
» de predicto Egidio confirmavit, ipsum in possessio-
» nem predicti monasterii Sancti Benedicti jurium et
» pertinentiarum ejus nichilominus inducendo ; cum-
» que postmodum pie memorie Gregorius papa X pre-
» decessor noster in summum pontificem fuisset as-
» sumptus pro parte tua coram cardinalibus supra-
» dictis quibus ab eodem G. predecessore nostro ne-
» gotium ipsum fuit iterato commissum, extitit libellus

» oblatus, per quem electionem hujusmodi de te factam
» confirmari et reliquam infirmari petebas. Et tandem
» cum coram cardinalibus ipsis questio referretur an
» hujusmodi negotium apud Sedem prefatam tractari
» deberet, dicti cardinales pronuntiaverunt negotium
» ipsum ad eandem Sedem legitime devolutum; lite
» itaque in predicto negotio contestata et de veritate
» dicenda prestito a partibus juramento, ac positioni-
» bus et articulis exhibitis hinc et inde, prefatus Sy-
» mon cardinalis debitum nature persolvit. Cui demum
» in causa hujusmodi dilectus filius noster M. Sancte
» Marie in Porticu diaconus cardinalis per felicis re-
» cordationis Johannem papam predecessorem nos-
» trum extitit subrogatus. Et cum coram ipsis J. et
» M. cardinalibus contra eundem Egidium processum
» in aliquo extitisset, idem Egidius apud Sedem pre-
» dictam diem clausit extremum ; processu vero tem-
» poris, fratres Radulphus et Joseph, dicti monasterii
» monachi, ae quondam magister Petrus, canonicus
» Mantuanus, procurator conventus ipsius monasterii
» Sancti Benedicti, ad Sedem accedentes eandem se tibi
» et electioni de te celebrate opponere curaverunt, eo-
» dem magistro Petro ab ipsis Radulfo et Joseph post-
» modum procuratore in jam dicto negotio constituto.
» Deinde, factis nonnullis interrogationibus eidem
» procuratori a prefatis J. et M. cardinalibus, et ad
» eas responsionibus subsecutis, in negotio extitit se-
» pedicto conclusum. Demum autem per eosdem car-
» dinales super toto negotio ipso nobis et fratribus
» nostris facta relatione fideli, quia per confessionem
» partis adverse constitit quod de antiqua et approbata
» et a tempore cujus non extat memoria observata
» consuetudine memorati monasterii Sancti Benedicti
» monachi presentes in ipso, cum illud vacare con-
» tingit, possunt, monachis aliis monasterii ejusdem
» absentibus et irrequisitis, procedere ad electionem
» abbatis inibi faciendam, quoque electionis tempore
» de te in dicto monasterio celebrate non erant nisi
» illi duntaxat qui interfuerunt electioni hujusmodi
» de te facte, et quod post appellationes predictas, te
» non absente per contumaciam, immo etiam non
» vocato, neque de ipsius electionis tue forma seu eli-
» gentium studiis tuisque meritis inquisito, prenomi-
» natus archiepiscopus ad cassationem ejusdem elec-
» tionis tue processit; quia insuper nichil contra te
» probatum extitit quod confirmationem electionis tue
» debeat impedire, quanquam aliqua objecta fuissent,
» predictam electionem quia eam, cujus processum
» per venerabilem fratrem episcopum Tusculanum et
» dilectos filios nostros C. tituli Sanctorum Marcellini

» et Petri presbyterum, et prefatum Jacobum, cardi-
» nales, examinari fecimus diligenter quo ad formam
» invenimus esse canonicam, et canonice de persona
» ydonea celebratam, de fratrum predictorum consilio
» confirmamus teque monasterio memorato preficimus
» in abbatem, curam tibi et administrationem illius in
» spiritualibus et temporalibus committentes, tibi
» subsequenter benedictionis munere de manibus nos-
» tris impenso, firma concepta fiducia quod, dirigente
» Domino actus tuos, prefatum monasterium per tue
» circumspectionis industriam prospere dirigetur et
» salubria dante Domino suscipiet incrementa. Suscipe
» itaque jugum Domini reverenter et suavi ejus oneri
» humiliter colla submitte, ipsius monasterii sollicitam
» curam gerens, gregem dominicum in eo tibi com-
» missum doctrina verbi et operis informando. Itaque
» per tue diligentie studium monasterium ipsum vo-
» tivis proficere commodis et optatis confugere valeat
» incrementis. Dat. Perusii XVIIII kal. februarii, pon-
» tificatus nostri anno quarto. »

Vero quia etc. usque legere procuravit. Nos itaque
litterarum ipsarum intellecto tenore hujusmodi provisionis et confirmationis negotium de quo nobis etiam
alias evidenter constitit favorabiliter prosequentes
mandamus quatinus impositum tibi in hac parte onus
juxta prescriptam formam suscipias reverenter. Nec
mireris etc. Dat. Perusii, nonis aprilis, suscepti a nobis apostolatus officii anno primo. »

In eundem modum conventui monasterii Sancti Benedicti de
Padolirone mandat quatinus eidem abbati obedientiam et reverentiam debitam exhibeat. Dat. ut supra.

In e. m. universis abbatibus et prioribus eorumque conventibus, monasterio Sancti Benedicti de Padolirone immediate
subditis.

In e. m. universis vassallis et hominibus monasterii Sancti
Benedicti de Padolirone mandat quatinus eidem abbati prestent fidelitatis solite juramentum, consueta exhibeant servitia
et de juribus ac redditibus debitis respondeant. Dat. ut supra.

8   Pérouse, 16 avril 1285.

Priori et conventui monasterii Sancti Laurentii extra muros
Urbis licentiam elargitur, obitu Guillelmi abbatis dicti monasterii per Landum et Andream monachos nuper ipsi pape nuntiato, eligendi vel postulandi canonice aliquam personam ydoneam in abbatem. (n° 8, fol. 4.)

« *Dilectis filiis .. priori et conventui monasterii Sancti
Laurentii extra muros Urbis, ad Romanam ecclesiam nullo
medio pertinentis, ordinis sancti Benedicti.* Obitu quon-

dam Guillelmi —. Dat. Perusii, XVI kal. maii, suscepti a nobis apostolatus officii anno primo. »

9   Pérouse, 5 avril 1285.

B., Portuensi episcopo, Apostolice Sedis legato, mandat quatinus, juxta tenorem litterarum Martini pape IV non bullatarum, Perusii vero XII kal. aprilis, ejusdem pontificatus anno quarto datarum, priore ac fratribus ordinis penitentie Jhesu Christi de Bononia domum cum pertinentiis suis, quam Bononie obtinent,dimittentibus,eam priori et capitulo ecclesie Sancti Fridiani Lucani, ordinis sancti Augustini, qui, cum in dicta civitate pro ecclesie sue negotiis frequenter transeant ac commorentur, non habent ubi caput reclinare possint, apostolica auctoritate vendere studeat pro pretio competenti; volens quod pecuniam, quam ex hujusmodi venditione receperit, idem legatus deponat in aliquo tuto loco, in subsidium vel usus juxta Apostolice Sedis beneplacitum convertendam,significaturus preterea pape quod et quantum inde receperit et locum in quo pecuniam deposuerit antedictam. (n° 9, fol. 4 v°.)

« *Venerabili fratri B.Portuensi episcopo Apostolice Sedis legato.* Dilectus filius magister —. Dat. Perusii, nonis aprilis, suscepti etc. anno primo. »

10   Pérouse, 17 avril 1285.

Magistro Johanni de Stanford, decano ecclesie Dublinensis, concedit ut, licet defectum natalium patiatur de soluto genitus et soluta, consideratis virtutibus ejus et regis Anglie ad Sedem Apostolicam instantiis, thesaurariam ecclesie Fervensis primo, deinde parrochialem Kavenedisse,Norwicensem intitulatam ac postmodum de Loitheburche, Lincolinensis diocesis, ei commendatam, ecclesias licite retinere, ministrare in susceptis ordinibus et ad majores necnon ad episcopalem et archiepiscopalem dignitatem promoveri possit. (n° 10, fol. 4 v°; POTTHAST, n° 22229.)

« *Magistro Johanni de Stanford decano ecclesie Dublinensis.* Petitio tua nobis —. Dat. Perusii, XV kal. maii, suscepti a nobis apostolatus officii anno primo. »

11   Pérouse, 16 avril 1285.

Prioris et conventus Vallis Scolarium, Lingonensis diocesis, personas et bona sub protectione beati Petri et sua suscipit, confirmatque vivendi formam juxta beati Augustini regulam observandam eis ab Honorio papa III concessam (n° 11, fol. 5 ; LA PORTE DU THEIL, fol. 3.)

« *Dilectis filiis .. priori et conventui Vallis Scolarium,*

Lingonensis diocesis. Exhibita nobis fili —. Dat. Perusii, XVI kal. maii, suscepti a nobis apostolatus officii anno primo. »

Saint-Pierre, 26 mai 1285.

« In e. m. [1] conceditur eisdem sub integra bulla sub Dat. Rome apud Sanctum Petrum, VII kal. junii, pontificatus nostri anno primo . »

12   Pérouse, 13 avril 1285.

Hugoni, episcopo Bethleemitano, mandat quatinus decime ad negotii Sicilie prosecutionem deputate,in provincia Ravennate, exceptis Parmensi, Regino et Mutinensi episcopatibus, necnon et in Anconitana marchia et diocesi Urbinate-ac etiam in Massa Trabaria colligende curam gerat. (n° 12,fol. 5.)

« *Venerabili fratri Hugoni episcopo Bethleemitano.* Quantas et quam graves quamque ignominiosas injurias sacrosancte Romane ecclesie cunctorum matri fidelium et magistre hactenus irrogare presumpserit, quam enormibus et quam magnis immo premaximis illam perturbare offensis, Sicilie insulam, peculiarem terram ipsius ecclesie, dampnatibus, ausibus occupando ac detinendo, adhuc taliter occupatam, Petrus quondam rex Aragonie quem pridem, propter hujusmodi et alias gravissimas culpas suas, tam honore regio et regno Aragonie quam terris ceteris quas habebat felicis recordationis Martinus papa IIII, predecessor noster, apostolica duxit auctoritate privandum, in totius pene orbis notitiam, divulgante fama et ipsa etiam facti evidentia publicante, non ambigimus pervenisse. Unde dictus predecessor ad ejusdem Petri conatus nepharios compescendos ejusque detestanda molimina reprimenda sollerter intendens et attente considerans quod hoc per clare memorie Carolum regem Sicilie facilius et efficatius perduci poterat ad effectum, regem ipsum dum viveret ad hujusmodi negotium exequendum elegit, sibi pro ejusdem prosecutione negotii omnium ecclesiasticorum reddituum proventuum et obventionum decimam totius Italie sub certa forma et modo per triennium concedendo;sed quia prefatus rex, sicut Domino placuit, quasi statim post concessionem ipsius decime sibi factam viam extitit universe carnis ingressus, hujusmodi negotium ad finem non potuit producere concupitum ; prefatus autem predecessor, postmodum diligenter attendens quod tam urgentis et periculosi negotii necessitas non cessarat,

---

1. Mention ajoutée en marge du registre.

sicuti etiam nondum cessat, quin immo artius imminet, predictam decimam per idem triennium negotio
memorato concessit. Nos igitur, qui nuper summi
apostolatus officium, Domino disponente, suscepimus,
felicem et celerem prefati promotionem negotii votis
ferventibus cupientes, et propterea non indigne volentes id quod per eundem predecessorem in hac parte
factum extitit oportunis favoribus prosequi et perduci
sollicite ad effectum, fraternitati tue, de qua in Domino
gerimus fiduciam specialem, presentium auctoritate
mandamus quatinus predicte decime colligende in provincia Ravennate, Parmensi, Regina et Mutinensi episcopatibus exceptis, necnon et in Anconitana marchia
et civitate ac diocesi Urbinate ac etiam in Massa Trabaria subscripto modo sollicite curam geras, videlicet
ut in singulis civitatibus et diocesibus illarum partium
de consilio locorum ordinarii aut ejus vices gerentis,
si diocesanus ipse absens fuerit, et duorum fide dignorum de ecclesia cathedrali constitutorum in dignitatibus seu aliorum tam quoad non exemptos quam etiam
quoad exemptos deputes duas personas fide, facultatibus, si tales inveniantur commode, ac alias ydoneas
ad collectionis hujusmodi ministerium exequendum;
collectores autem quos, ut premittitur, deputabis in
forma jurare facias infrascripta; et tu nichilominus
partes easdem circumeas, diligentius scrutaturus qualiter in commisso sibi dicte collectionis officio prefati
se habeant collectores, qualiter ipsis de decima satisfiat collectamque per illos ex decima ipsa pecuniam de
predictorum ordinarii et aliorum consilio facias per
collectores ipsos, quotiens videris expedire, ac eos
compellendi ad reddendum coram eisdem ordinariis et
aliis tibi computum de collectis, et contradictores
quoslibet auctoritate apostolica per censuram ecclesiasticam compescendi plenam auctoritate predicta
concedimus potestatem. Et ut tam tu quam dicti collectores fructum de vestris laboribus reportetis, premissa tibi et eis in remissionem injungimus peccatorum, et quod de pecunia ex ipsa decima colligenda
singulis diebus in quibus circa premissa vacabis decem et octo solidos turonensium parvorum percipias
pro expensis. Non obstantibus si aliquibus a Sede
Apostolica sit indultum quod interdici, suspendi vel excommunicari non possint per litteras apostolicas, que
de indulto hujusmodi ac tota ejus continentia de verbo
ad verbum et de propriis locorum et personarum nominibus plenam et expressam non fecerint mentionem,
sive quibuslibet aliis privilegiis —. Volumus etiam ut
frequenter nobis scribere studeas quod actum fuerit in
partibus supradictis, tam circa collectores quam circa
HONORIUS.

collectionem, quantitatem collectam, ipsius depositionem, et locum depositionis et modum; et insuper de
premissis diligenter ac sollicite prosequendis prestes
evangeliis coram te positis juramentum; considerans
itaque quod in premissis negotium Dei prosequeris.
sic prudenter in illis habere te studeas sic consulte —
quod laudis titulos et gratiam ac retributionis premium assequaris. Forma autem juramenti quod prestare volumus collectores eosdem hec est: Juro ego .. a
vobis .. auctoritate apostolica deputatus collector ad
exigendum, colligendum et recipiendum decimam omnium reddituum et proventuum ecclesiasticorum ab
omnibus personis ecclesiasticis exemptis et non exemptis in.. civitate et diocesi constitutis, a Sede Apostolica pro jam dicti negotii prosecutione concessam
quod fideliter exigam, colligam, recipiam, atque custodiam ipsam decimam non deferendo in hiis alicui
persone cujuscumque ordinis, status, conditionis aut
dignitatis existat, prece, timore, gratia vel favore vel
quacumque de causa et eam integre restituam et assignabo prout a vobis recepero in mandatis et super premissis omnibus et singulis plenam et fidelem rationem
reddam vobis. Et si contingat vos officium quod in
premissis geritis dimittere hec eadem faciam juxta
mandatum illius quod substituetur in eodem officio;
sic me Deus adjuvet et hec sancta Dei evangelia. Nec
mireris etc. Dat. Perusii, idibus aprilis, suscepti a
nobis apostolatus officii anno primo. »

Saint-Pierre, 23 mai 1285.

In eundem modum Jacobo, episcopo Ferentinati, mandat
quatinus predictam decimam in Campania et Maritima colligat. Dat. Rome apud Sanctum Petrum, X kal. junii, pontificatus
nostri anno primo.

Saint-Pierre, 25 mai 1285.

In e. m. Angelotto, archidiacono Florentino, mandat quatinus predictam decimam in ducatu Spoletano, patrimonio
Beati Petri in Tuscia, necnon Tudertina, Perusina et Castelli
civitatibus colligat. Dat. Rome apud Sanctum Petrum, VIII kal.
junii, pontificatus nostri anno primo.

Saint-Pierre, 23 mai 1285.

In e. m. Christoforo, priori de Saltiano, Senensis diocesis,
capellano suo, mandat quatinus predictam decimam in Aque-
legensi et Gradensi patriarchatibus ac Mediolanensi et Januensi
provinciis necnon in Cumana, Ferrariensi, Parmensi, Regina

2

et Mutinensi civitatibus et diocesibus colligat. Dat. Rome apud Sanctum Petrum, X kal. junii, anno primo.

Saint-Pierre, 26 mai 1285.

In e. m. magistro Symoni de Luca, canonico Lichefeldensi, mandat quatinus predictam decimam in Tuscia et Maremma colligat. Dat. Rome apud Sanctum Petrum, VII kal. Junii, anno primo.

Saint-Pierre, 12 juin 1285.

In e. m. P., archiepiscopo Arborensi, mandat quatinus predictam decimam in Corsica et Sardinia colligat, eique indulget ut singulis diebus in quibus circa premissa vacabit unum florenum auri recipiat. Dat. Rome apud Sanctum Petrum, II idus junii, pontificatus nostri anno primo.

Tivoli, 22 septembre 1285.

In e. m. Hugoni, episcopo Bethlemitano, scribit se personas ad decimam percipiendam ab eodem episcopo electas et eligendas a prestatione decime pro annis illis quibus in premissis laboraverint absolvere. Dat. Tibure, X kal. octobris, anno primo.

Tivoli, 31 juillet 1285.

Raynucium, priorem secularis ecclesie Sancti Michaelis de Castillione Vallispese, Florentine diocesis, Angelotto de Alfanis, archidiacono Florentino, jam mortuo, in predictis partibus, scilicet in ducatu Spoletano etc. ad decimam colligendam subrogat. Dat. Tibure, II kal. augusti, anno primo. .

13   Pérouse, 17 avril 1285.

Archiepiscopo Consano testandi plenam et liberam concedit facultatem ac de bonis mobilibus, ejus dispositioni seu administrationi commissis, et que non sint altaris seu altarium ecclesiarum ei commissarum, ad illorum qui ipsi viventi servierint remunerationem disponendi (n° 13, fol. 5 v°.)

« Venerabili fratri archiepiscopo Consano. Quia presentis vite —. Dat. Perusii, XV kal. maii, suscepti etc. anno primo. »

14   Pérouse, 20 avril 1285.

Regi Anglie respondet ad ea que per nuntios suos super collecta decime in Terre Sancte subsidium in Anglie, Scotie, Hibernie regnis et Wallie partibus concesse,Sedi Apostolice exposuit; et specialiter negat hanc decimam per tres annos concessam ad quinquennium extendere. (n° 14, fol. 6; Potthast, n° 22230.)

« Regi Anglie illustri. Accedentes ad Apostolicam —.

Dat. Perusii, XII kal. maii, suscepti etc. anno primo. »

15   Pérouse, 24 avril 1285.

Monasterium quoddam Cisterciensis ordinis in Assavensi diocesi ab E.,Anglie rege,fundatum, et cui unitum erat monasterium de Aberconoweye,confirmat et sub Apostolice Sedis protectione suscipit. (n° 15,fol. 6 v°.)

« Carissimo in Christo filio E., regi Anglie illustri. Magne devotionis affectus quem erga Romanam ecclesiam habere dinosceris promeretur ut petitionibus tuis, quantum cum Deo possumus, favorem apostolicum impendamus. Sane petitio tua nobis exhibita continebat quod tu, pridem divine pietatis intuitu et pro anime tue salute quoddam monasterium, Cisterciensis ordinis, in fundo proprio in Assavensi diocesi consistente, de assensu venerabilis fratris.. episcopi Assavensis de bonis propriis fundasti pariter et dotasti; et venerabilis frater noster episcopus Bangorensis, ad tue petitionis instantiam, monasterium de Aberconoweye ejusdem ordinis, Bangorensis diocesis, ipsius monasterii utilitate pensata, duxit predicto monasterio de assensu prefati Assavensis episcopi uniendum, dilectos filios.. abbatem et conventum dicti monasterii de Aberconoweye ad illud nichilominus transferendo, ita quod ipsum monasterium de novo fundatum monasterium de Aberconoweye, diocesis Assavensis, nominatur communiter et habetur, tuque postmodum possessiones et bona ipsius monasterii de munificentia regia non modicum augmentasti. Nos itaque tuis devotis supplicationibus inclinati, quod in hac parte provide factum est et in alterius prejudicium non redundat, gratum et ratum habentes, id auctoritate apostolica confirmamus et presentis scripti patrocinio communimus. Nichilominus decernentes ut idem abbas et conventus privilegiis et indulgentiis ante unionem et translationem hujusmodi a Sede Apostolica concessis eisdem gaudeant de cetero sicut prius. Nulli ergo etc. nostre confirmationis et constitutionis etc. Nec mireris etc. Dat. Perusii, VIII kal. maii, suscepti etc. anno primo. »

16   Pérouse, 24 avril 1285.

Jacobum Parreche a monasterii Sancti Petri Eugubini conventu, post P. abbatis obitum, in ejusdem monasterii abbatem electum preficit. (n° 16, fol. 6 v°.)

« Jacobo Parreche, electo monasterii Sancti Petri Eugu-

bini, ad Romanam ecclesiam nullo medio pertinentis, ordinis sancti Benedicti. Dudum monasterio Sancti Petri —. Dat. Perusii, VIII kal. maii, suscepti etc. anno primo. »

In eundem modum conventui monasterii Sancti Petri Eugubini mandat quatinus eidem electo obedientiam et reverentiam debitam et devotam exhibeat. Dat. ut supra.

In e. m. episcopo Asisinati mandat quatinus eidem electo munus benedictionis impendat, et formam juramenti quod idem prestaverit pape et Romane ecclesie de verbo ad verbum per patentes litteras episcopali sigillo munitas ad Apostolicam Sedem transmittere studeat. Dat. ut supra.

17   Pérouse, 24 avril 1285.

Monasterio Sancti Benedicti de Monte Subasio, per obitum Petri abbatis, deinde per fratris Johannis a monachis electi liberam resignationem pastoris regimine destituto, cum propter lapsum temporis ejusdem monasterii provisio esset ad Sedem Apostolicam legitime devoluta, consideratis monachorum precibus ad felicis recordationis Martinum papam IV directis, Matheum, monachum heremi Sancte Crucis Fontis Avellani, Eugubine diocesis, in abbatem preficit. (n° 17, fol. 7.)

« *Matheo, electo monasterii Sancti Benedicti de Monte Subasio, ad Romanam ecclesiam nullo medio pertinentis, ordinis sancti Benedicti, Asisinate diocesis.* Sponso celesti cui —. Dat. Perusii ut supra. »

In eundem modum conventui monasterii Sancti Benedicti de Monte Subasio mandat quatinus eidem electo obedientiam et reverentiam debitam impendat. Dat. ut supra.

In e. m. episcopo Castellano mandat quatinus eidem electo munus benedictionis impendat et formam juramenti quod idem prestaverit pape et Romane ecclesie de verbo ad verbum per patentes litteras ejusdem sigillo munitas ad Apostolicam Sedem transmittere studeat. Dat. ut supra.

18   Pérouse, 24 avril 1285.

Bernardum, olim Humanatem episcopum, a Castrensis ecclesie capitulo per viam compromissi electum, in ejusdem ecclesie episcopum preficit. (n° 18, fol. 7 v°.)

« *Venerabili fratri Bernardo episcopo Castrensi.* Ex suscepte servitutis —. Dudum siquidem Castrensi ecclesia per obitum bone memorie Hermandi, Castrensis episcopi, destituta pastore, dilecti filii capitulum ipsius ecclesie primo dilectum filium Christoforum, priorem secularis ecclesie de Sartiano, capellanum nostrum, in eorum et ejusdem ecclesie episcopum elegerunt, sed eo electioni hujusmodi consentire nolente, subse-quenter fratrem Leonardum de Montefiascone, de ordine fratrum Predicatorum, in ejusdem ecclesie presulem postularunt, qui, cum tunc consentiendi postulationi hujusmodi a priore suo licentiam non haberet, dicte postulationi renuntiavit expresse. Sed postmodum prefato capitulo eundem fratrem Leonardum denuo in eorundem et dicte ecclesie episcopum canonice postulante, ac felicis recordationis Martino papa IIII predecessore nostro consentiendi postulationi hujusmodi eidem fratri Leonardo licentiam tribuente, idem frater L., antequam idem predecessor postulationem hujusmodi admisisset diem clausit extremum ; sicque prefati capitulum pro futuri substitutione pastoris, vocatis omnibus qui voluerunt, debuerunt et potuerunt comode interesse, die ad hoc prefixa convenientes in unum et deinde ad electionem hujusmodi per viam compromissi procedere intendentes, in Anselloctum et Vulpellum presbyteros, ac Philippum canonicos ejusdem ecclesie unanimiter et concorditer compromittere curaverunt —. Qui tandem secedentes in partem ac votis eorum discussis in te tunc Humanatem episcopum unanimiter et concorditer consenserunt, et deinde dictus Anselloctus vice sua et de collegarum suorum et totius capituli prefati consensu juxta ejusdem compromissi tenorem, te in eorum et prefate Castrensis ecclesie postulavit episcopum et pastorem, dictique capitulum dilectos filios Bonumcomitem et Vulpellum eorum canonicos ad Sedem Apostolicam transmiserunt per eos felicis recordationis Martino pape IIII predecessori nostro humiliter supplicantes ut postulationem hujusmodi admittere de speciali gratia dignaretur. Sed antequam hujusmodi postulationis negotium optatum consequeretur effectum idem predecessor, sicut Domino placuit, debitum nature persolvit. Nos igitur qui licet immeriti summi dispositione pastoris consequenter fuimus ad apicem apostolatus assumpti, eidem Castrensi ecclesie paterno compatientes affectu ac cupientes ut ecclesia ipsa utilis presidio suffulta pastoris Deo propitio releveturanoxiis, et optatis proficiat incrementis ad personam tuam quam sincera dilectione complectimur, nobis de honestate vite, conversatione laudabili, litterarum scientia et aliis virtutum meritis fide dignorum testimonio commendatam apostolice direximus considerationis intuitum, ipsam fore perutilem ad ejusdem ecclesie regimen arbitrantes, ad que siquidem gratiosi fructus ex tuis provenientes operibus maxime quia ecclesiam Humanatem dudum tuo commissam regimini spiritualiter et temporaliter feliciter augmentasti, multipliciter nos inducunt. Hiis igitur digna meditatione pensatis, te olim Humanatem episcopum a vinculo quo tunc prefate Humanati ecclesie tenebaris absolvimus teque ad Castrensem ecclesiam transferentes illi de fratrum nostrorum consilio et nostre plenitudine potestatis prefecimus in episcopum et pastorem. Ideoque fraternitati tue per apostolica scripta mandamus quatinus curam et administrationem ejusdem Castrensis ecclesie prudenter et utiliter exequaris ita quod —. Nec mireris etc. Dat. Perusii ut supra. »

In eundem modum capitulo ecclesie Castrensis mandat quatinus eidem episcopo obedientiam et reverentiam debitam exhibeat. Dat. ut supra.

In e. m. clero civitatis et diocesis Castrensis.

In e. m. populo civitatis Castrensis mandat quatinus ejusdem episcopi salubribus mandatis et monitis humiliter intendant. Dat. ut supra.

19 Pérouse, 24 avril 1285.

Ecclesie Cathalaunensi, per obitum R. episcopi pastoris solatio destitute, Johannem, tunc ipsius ecclesie canonicum, preficit in episcopum. (n° 19, fol. 7 v° ; La Porte du Theil, fol. 5.)

« *Johanni, electo Cathalaunensi*. Inter cetera que —. Cum autem ecclesiis omnibus hunc affectum, hoc studium debeamus, specialiter tamen illis nos esse cognoscimus debitores a quibus cum essemus in minori officio constituti grata nos recolimus beneficia percepisse. Id quippe lex gratitudinis exigit ut qui percipit gratiam, gratiam rependere studeat unusquisque videlicet, prout a gratiarum datore acceperit facultatem. Sane Cathalaunensi ecclesia per obitum bone memorie R., ipsius episcopi, pastoris solatio destituta, capitulum ejusdem ecclesie, die ad eligendum prefixa, vocatis et presentibus omnibus qui debuerunt, voluerunt et potuerunt comode interesse, convenientes in unum, et Spiritus Sancti gratia invocata, per viam scrutinii procedentes, te tunc ecclesie ipsius canonicum concordia unanimi et unanimitate concordi in Cathalaunensem episcopum postularunt, ac subsequenter per duos ex se ipsis ad hoc procuratores nuntios constitutos felicis recordationis Martino papa IIII predecessori nostro ut eandem postulationem dignaretur admittere humiliter supplicarunt, et te ipso ad prosequendum negotium postulationis ipsius ad Sedem Apostolicam accedente. Idem vero predecessor habitum in eadem postulatione processum venerabili fratri L., Ostiensi episcopo, et dilectis filiis nostris G., tituli Sancte Susanne presbitero, ac M., Sancte Marie in Porticu diacono cardinalibus, examinandum commisit. Sed ipso predecessore, sicut Domino placuit, priusquam in examinatione procederetur eadem, nature debitum persolvente, nos consequenter, licet immeriti, ad apicem apostolatus assumpti, memores qualiter ipsa Cathalaunensis ecclesia nos olim inter suos agnoverat filios suisque beneficiis foverat, ac dignum non immerito extimantes, ut ex quo patris omnium voluntate, patris super ipsam acceperamus officium, paterno eam refoveremus affectu, ad prosperam expeditionem predicti negotii cepimus intendere diligenter, et in ipsis nostre promotionis auspiciis predictis episcopo et cardinalibus primo ut ad memorati processus et deinde ad persone tue examinationem procederent duximus committendum ; per quos, facta nobis eorum que invenerant relatione fideli, processus idem apparuit fuisse canonicus, et persone tue sufficientia multiplex est comperta. Invenimus siquidem, quod, quamvis nondum etatem perfeceris que ad episcopalem requiritur dignitatem, tamen multiplici testimonio eidem etati assereris esse propinquus. Comperimus etiam tantam fuisse in tua postulatione concordiam ut omnes et singuli predicte ecclesie canonici, qui ad electionem celebrandi convenerant, te nominaverunt in ipso primo scrutinio postulandum. Accedit ad hoc quod venerabiles fratres nostri .. Remensis archiepiscopus loci metropolitanus omnesque ipsius suffraganei per suas patentes litteras ut postulationem ipsam Apostolica Sedes admitteret supplicarunt personam tuam multipliciter commendantes, quodque non solum ipsi, sed plerique alii boni viri, quibus fides est merito adhibenda, te de nobilibus et devotis parentibus fore progenitum, in disciplinis scolasticis honeste nutritum, ac honestis moribus adornatum, cumulatis preconiis asseverant. Ex quibus non indigne spes nobis ingeritur quod, gratia tibi cooperante divina, prefata Cathalaunensis ecclesia per te poterit et preservari a noxiis et ad salutaria dirigi, et tam in spiritualibus quam in temporalibus grata percipere incrementa. Consideravimus insuper quod si postulationem hujusmodi contingeret non admitti ecclesia eadem ex vacatione protracta multiplicem pati poterat in spiritualibus et temporalibus lesionem. Hiis igitur matura deliberatione pensatis, predictorum tam capituli quam archiepiscopi et suffraganeorum votis et precibus digne duximus annuendum, ac predictam postulationem de te factam admittentes de gratia speciali te ipsi Cathalaunensi ecclesie preficimus in episcopum et pastorem. Discretionem itaque tuam monemus —. Dat. Perusii, VIII kal. maii, suscepti a nobis apostolatus officii anno primo. »

In eundem modum capitulo ecclesie Cathalaunensis mandat quatinus eidem electo obedientiam et reverentiam debitam exhibeant. Dat. ut supra.

In e. m. clero civitatis et diocesis Cathalaunensis.

In e. m. populo civitatis Cathalaunensis mandat quatinus ejusdem electi mandatis et monitis intendant. Dat. ut supra.

In e. m. universis vassallis ecclesie Cathalaunensis mandat quatinus eidem electo prestantes fidelitatis solite juramentum consueta exhibeant servitia. Dat. ut supra.

In e. m. regem Francie rogat et hortatur quatinus regalia ecclesie Cathalaunensis que vacationis ejus tempore per ipsum tenebantur eidem electo restituat.

« Ad fovendum in —. Dat. ut supra. »

LITTERE HABITE POST CORONATIONEM.

20 — Saint-Pierre, 27 mai 1285.

Litteras superiores, Perusii VIII kal. maii datas, quibus Johannem in Cathalaunensem episcopum prefecerat, Honorius, consecrationis munus consecutus, confirmat. (n° 20, fol. 8 v°; La Porte du Theil, fol. 9 v°.)

« *Honorius episcopus, servus servorum Dei, dilecto filio Johanni, electo Cathalaunensi.* Inter cetera que —. Dat. Rome apud Sanctum Petrum, VI kal. junii, pontificatus nostri anno primo. »

In eundem modum capitulo ecclesie Cathalaunensis mandat quatinus eidem electo obedientiam et reverentiam debitam exhibeant. Dat. ut supra.

In e. m. regem Francie rogat et hortatur quatinus regalia Cathalaunensis ecclesie eidem electo restituat.

« Ad fovendum in. — Dat. ut supra. »

21 — Saint-Pierre, 4 juin 1285.

Johanni, electo Cathalaunensi, indulget quod usque ad annum computandum a festo Omnium Sanctorum proxime venturo munus consecrationis suscipere minime teneatur. (n° 20 bis, fol. 9; La Porte du Theil, fol. 80.)

« *Johanni electo Cathalaunensi.* Tue devotionis exigunt merita ut que fiducialiter postulas, quantum cum Deo possumus, ad exauditionis gratiam admittamus. Tuis igitur supplicationibus inclinati, quod usque ad annum computandum a festo Omnium Sanctorum proxime venturo munus consecrationis suscipere minime tenearis, nec ad illud suscipiendum compelli

possis invitus, constitutione de consecrandis episcopis non obstante, auctoritate tibi presentium indulgemus; ita tamen quod tu, qui in diaconatus ordine dinosceris constitutus, in Quatuor Temporibus Septembris, si comode poteris, alioquin Decembris proximorum mensium futurorum te in presbiterum facias promoveri. Nulli ergo etc., nostre concessionis, etc. Dat. Rome apud Sanctum Petrum, II nonas junii, pontificatus nostri anno primo. »

22 — Saint-Pierre, 13 juin 1285.

Archiepiscopo Remensi mandat quatinus J., ecclesie Cathalaunensis in episcopum electo, postquam se fecerit idem episcopus in presbiterum promoveri, munus consecrationis impendat, recepturus ab ipso postea ergo papam et ecclesiam Romanam fidelitatis debite juramentum. (n° 20 ter, fol. 9; La Porte du Theil, fol. 87.)

« *Venerabili fratri .. archiepiscopo Remensi.* Cum postulationem de —. Dat. Rome apud Sanctum Petrum, idibus junii, anno primo. »

23 — Saint-Pierre, 13 juin 1285.

Rollando de Ferentino, capellano suo, ducatus Spoletani rectori mandat quatinus homines castrorum Cassie et Vissi, Spoletane diocesis, si Perusinis adversus civitatem et cives Fulignates nullum dederint auxilium, ab excommunicatione, cujus vinculo eosdem astrinxerat Martinus papa, absolvat. (n° 21, fol. 9; Potthast, n° 22247.)

« *Rollando de Ferentino, capellano nostro, ducatus Spoletani rectori.* Ex parte universitatum —. Dat. Rome apud Sanctum Petrum, idibus junii, pontificatus nostri anno primo. »

24 — Saint-Pierre, 28 mai 1285.

Priori Predicatorum et ministro Minorum fratrum Lombardie et Januensis provinciarum mandat quatinus, cum inter religiosos ordinis Humiliatorum Mediolanensis, Cumane, et Brixiensis civitatum et diocesium ex una parte, et Mediolanensem archiepiscopum, Cumanum et Brixiensem episcopos ex altera diutius litigaretur, juxta Martini pape IV litterarum tenorem, testes, quos in hujusmodi negotio producebant dicti religiosi, prudenter recipiant et diligenter examinent. (n° 22, fol. 9 v°; Potthast, n° 22235.)

« *Dilectis filiis .. priori Predicatorum ac .. ministro Minorum fratrum ordinum, Lombardie et Januensis provincia-*

rum. Exhibita nobis dilectorum —. Dat Rome apud Sanctum Petrum, V kal. junii, anno primo. »

25   Saint-Pierre, 25 mai 1285.

R., tunc archidiaconum Camerinensem, post obitum vero G. episcopi, a capitulo Camerinensis ecclesie per viam compromissi electum, qui, cum inter canonicos ecclesie Sancti Venantii Camerinensis ex una parte asserentes se in electione Camerinensis episcopi pro parte seu voce tertia jus habere, et dictum capitulum Camerinensis ecclesie ex altera parte quod adversariis imponi perpetuum silentium petebat apud Sedem Apostolicam diutius litigaretur, in pape manibus predicte electioni de se facte sponte renuntiaverat, de speciali gratia in ejusdem ecclesie episcopum preficit. (n° 23, fol. 9 v°.)

« *Dilectis filiis capitulo ecclesie Sancti Venantii Camerinensis.* Vacante olim Camerinensi —. Dat. Rome apud Sanctum Petrum, VIII kal. junii, anno primo. »

26   Saint-Pierre, 27 mai 1285.

R., Camerinensis ecclesie archidiaconum, post obitum Guidonis ejusdem ecclesie episcopi a capitulo per compromissum episcopum electum, et qui, cum capitulum Sancti Venantii Camerinensis se habere vocem pro tertia parte in electione Camerinensis episcopi asserens, de dicta electione ad Sedem Apostolicam appellasset, officium suum in pape manibus resignaverat, tunc Camerinensi ecclesie apostolica auctoritate in episcopum preficit; decernens preterea, ne ex hoc juri quod Camerinensi ecclesie et capitulo Sancti Venantii in electione competit aliquod prejudicium generetur, ut, donec inter prefata capitula causa diffinita fuerit, in electione que pro tempore occurrerit celebranda pro tertia parte vocum capitulum Sancti Venantii intersit. (n° 24, fol. 10.)

« *Venerabili fratri R., Camerinensi episcopo.* Dudum Camerinensi ecclesia —. Dat. Rome apud Sanctum Petrum, VI kal. junii, anno primo. »

In eundem modum capitulo ecclesie Camerinensis mandat quatinus eidem episcopo obedientiam et reverentiam debitam intendat. Dat. ut supra.

In e. m. clero Camerinensis civitatis et diocesis.

In e. m. populo Camerinensis civitatis et diocesis mandat quatenus ejusdem episcopi monitis et mandatis salutaribus humiliter intendant. Dat. ut supra.

27   Saint-Pierre, 30 mai 1285.

Uberto, Astensi episcopo, indulget ut beneficiis ecclesiasticis, que tempore electionis sue confirmate et adhuc tenebat, usque ad tres alios annos fruatur. (n° 25, fol. 10 v°.)

'« *Venerabili fratri Uberto episcopo Astensi.* Tua nobis fraternitas intimavit quod olim felicis recordationis Martinus papa IIII predecessor noster paterna consideratione pensans quod Astensis ecclesia propter guerrarum discrimina illarum partium gravia dispendia pertulisse diutius et gravata propter hoc debitorum onere dicebatur, omnia beneficia ecclesiastica, cum cura vel sine cura, que tempore confirmationis de te tunc electo Astensi canonice, sicut asserebas, facte obtinueras, et que tempore indulgentie hujusmodi obtinebas ex tunc usque ad unum annum et tandem postmodum usque ad unum alium annum incipiendum a fine ipsius primi anni tibi per suas diversas sub certis formis litteras reservavit, prout in eisdem litteris plenius dicitur contineri. Cum autem postmodum renuntiaveris libere in nostris manibus precentorie ecclesie Aberdonensis, ecclesie de Hoterlis, ejusdem precentorie annexe, et decimis garbarum, fructibus, redditibus et proventibus quos in beneficium in ecclesia de Donotre ejusdem Sancti Andree diocesis simili similiter obtinebas, ac a nobis hujusmodi renuntiatione recepta humiliter supplicasti ut cum anni hujusmodi fere jam elapsi existant dictaque ecclesia hujusmodi debitorum onere sit gravata tibi et eidem ecclesie super hoc affectu paterno compati dignaremur; nos itaque diligentius attendentes quod quanto habundabis fecundius tanto facilius succurrere poteris oportunitatibus ecclesie supradicte, canonicatum et prebendam ipsius ecclesie Astensis ac ecclesiam de Kilmany, Sancti Andree diocesis, quos tempore confirmationis predicte tenebas quosque adhuc virtute dispensationis hujusmodi obtines, usque ad tres alios annos incipiendos a fine prefati secundi anni tibi auctoritate presentium de speciali gratia reservamus; decernentes ex nunc irritum et inane si secus super premissis a quoquam contigerit attemptari; proviso quod beneficia ipsa per nos taliter reservata interim debitis non fraudentur obsequiis et animarum cura in ipsa ecclesia de Kilmany cui illa imminet nullatenus negligatur. Nulli ergo etc., nostre reservationis et constitutionis, etc. Dat. Rome apud Sanctum Petrum, III kal. junii, anno primo. »

28   Saint-Pierre, 29 mai 1285.

Rudolfum, archiepiscopum Salzeburgensem, certiorem facit se palleum, insigne pontificalis officii, de corpore beati Petri sumptum, Laventino et Chimensi episcopis per magistrum Hen-

ricum Cosse, prepositum ecclesie Frisacensis et Fredericum canonicum Salzeburgensem, destinasse ut illud eidem archiepiscopo assignare procurent. (n° 26, fol. 10 v°; Posse, *Analecta
Vaticana*, p. 163, n° 24.)

« *Venerabili fratri Rudolfo, archiepiscopo Salzeburgensi.*
Cum palleum insigne —. Dat. Rome apud Sanctum
Petrum, IIII kal. junii, anno primo. »

29   Saint-Pierre, 30 mai 1285.

Laventino et Chimensi episcopis mandat quatinus palleum,
a Rudulfo, Salzeburgensi archiepiscopo postulatum, ipsique
destinatum, prefato archiepiscopo assignare curent. (n° 27,
fol. 10 v°; Posse, *Analecta*, p. 164, n° 25.)

« Venerabilibus fratribus .. Laventino et .. Chimensi
episcopis. Ex parte venerabilis fratris nostri R., Salzeburgensis archiepiscopi, fuit nuper a nobis per dilectos filios magistrum Henricum de Gosse, prepositum ecclesie Frisacensis, Salzeburgensis diocesis, et
Fredericum, canonicum Salzeburgensem, ipsius archiepiscopi procuratores et nuntios, palleum, insigne
videlicet pontificalis officii, cum ea qua decuit instantia
postulatum, cum itaque ipsius archiepiscopi supplicationibus benigne duxerimus annuendum et predictum
palleum de corpore beati Petri sumptum vobis, de quorum probitate fiduciam in Domino gerimus specialem,
per eosdem prepositum et canonicum destinemus per
vos eidem archiepiscopo assignandum fraternitati vestre per apostolica scripta mandantes quatinus palleum
ipsum a preposito et canonico recipientes eisdem, illud
prefato archiepiscopo sub forma quam vobis sub bulla
nostra mittimus interclusam ex parte nostra assignare
curetis; recepturi ab eo nostro et ecclesie Romane nomine sub forma quam vobis sub eadem bulla dirigimus
fidelitatis debite juramentum ac nichilominus significaturi nobis plenarie per vestras litteras harum seriem
continentes quod in hac parte duxeritis faciendum.
Quod si non ambo etc., alter vestrum etc. Dat. Rome
apud Sanctum Petrum, III kal. junii, anno primo.

Forma juramenti pro .. archiepiscopo Salzeburgensi.
Ego Rudolfus, archiepiscopus Salzeburgensis, ab
hac hora in antea fidelis et obediens ero beato Petro,
Sancte Apostolice Romane ecclesie et domino meo pape
Honorio suisque successoribus canonice intrantibus.
Non ero in consilio, consensu, aut facto ut vitam per-
dant aut membrum, aut capiantur mala captione. Con-

silium vero quod mihi credituri sunt per se aut per
nuntios suos seu per litteras ad eorum dampnum me
sciente nemini pandam. Papatum Romanum et regalia
sancti Petri adjutor eis ero ad retinendum et defendendum, salvo meo ordine, contra omnem hominem.
Legatum Apostolice Sedis in eundo et redeundo honorifice tractabo et in suis necessitatibus adjuvabo. Vocatus ad synodum veniam nisi prepeditus fuero canonica
prepeditione. Apostolorum limina singulis bienniis aut
per me aut per meum nuntium visitabo nisi apostolica
absolvat licentia. Possessiones vero ad mensam mei
archiepiscopatus pertinentes non vendam neque donabo
neque impignorabo neque de novo infeudabo vel aliquo
modo alienabo inconsulto Romano pontifice. Sic me
Deus adjuvet et hec sancta Dei evangelia.

Forma dandi palleum pro eodem. Ad honorem omnipotentis Dei et Beate Marie virginis ac beatorum
apostolorum Petri et Pauli et domini pape Honorii et
Sancte Romane ecclesie necnon ecclesie tibi commisse
tradimus tibi palleum de corpore beati Petri sumptum,
plenitudinem videlicet pontificalis officii, ut utaris eo
infra ecclesiam tuam certis diebus qui exprimuntur in
privilegiis ab Apostolica ei Sede concessis. »

30   Saint-Pierre, 30 mai 1285.

Johannem de Saunfordia, decanum ecclesie Sancti Patricii
Dublinensis, quem Sancte Trinitatis et Sancti Patricii Dublinensium ecclesiarum capitula concorditer elegerant in archiepiscopum Dublinensem in hac dignitate confirmat. (n°28, fol. 11;
Potthast, n° 22237.)

« *Johanni de Saunfordia, electo Dublinensi.* Dudum ecclesia Dublinensi —. Dat. Rome apud Sanctum Petrum, III kal. junii, anno primo. »

In eundem modum decano et capitulo ecclesie Sancti Patricii
Dublinensis mandat quatinus eidem electo obedientiam et reverentiam debitam exhibeant. Dat. ut supra. (fol. 11 v°)

In e. m. priori et conventui ecclesie Sancte Trinitatis Dublinensis.

In e. m. clero civitatis Dublinensis.

In e. m. populo civitatis Dublinensis mandat quatinus ejusdem electi mandatis et monitis obediat. Dat. ut supra.

In e. m. universis ecclesie Dublinensis vassalis mandat quatinus eidem electo prestantes fidelitatis solite juramentum,
consueta exhibeant servitia et de juribus ac redditibus debitis
respondeant. Dat ut supra.

In e. m. regem Anglie illustrem rogat quatinus erga eundem
electum se favorabilem exhibeat et benignum. Dat. ut supra.

31   Saint-Pierre, 30 mai 1285.

Sancte Trinitatis et Sancti Patricii ecclesiarum Dublinensium capitulis, ad se communiter jus eligendi archiepiscopum Dublinensem spectare asserentibus, indulget ut, quamvis in electione magistri Johannis de Saunfordia nuper celebrata quatuor de canonicis ecclesie Sancti Patricii et duo duntaxat de canonicis Sancte Trinitatis interfuerint, juri tamen ejusdem ecclesie Sancte Trinitatis non derogetur in aliquo quin juxta ordinationem Nicolai pape III in electione Dublinensis archiepiscopi facienda pro tempore procedatur. (n° 29, fol. 11 v°; POTTHAST, n° 22238.)

« *Dilectis filiis Sancte Trinitatis et Sancti Patricii ecclesiarum Dublinensium capitulis.* Cum sicut asseritis —. Dat. ut supra. »

32   Saint-Pierre, 31 mai 1285.

Potestati, consilio, officialibus et communi Senensibus, qui, contemptis privilegiis a Clemente papa majori et fratribus ordinis Militie Beate Marie virginis concessis, priorem provincialem et fratres ejusdem ordinis in provincia Tuscie, in datiis, talliis et collectis pro tempore civibus impositis contribuere ac ipsos ad exercitus et cavalcatas accedere per captionem ipsorum bonorum contra justitiam compellebant, mandat quatinus eosdem fratres super hiis contra indultum prefatum ulterius non gravent. (n° 30, fol. 11 v°.)

« *Dilectis filiis .. potestati, consilio, officialibus et communi Senensibus.* Habet conquestio dilectorum —. Dat. Rome apud Sanctum Petrum, II kal. junii, anno primo. »
« *In eundem modum, dilectis filiis .. potestati, .. capitaneo, consilio et communi Urbevetanis.* »

33   Saint-Pierre, 31 mai 1285.

Radulpho, Lugdunensi archiepiscopo, tabellionatus officium tribus personis ad hoc idoneis concedendi tribuit facultatem. (n° 31, fol. 11 v°; LA PORTE DU THEIL, fol. 77.)

« *Venerabili fratri Radulpho, archiepiscopo Lugdunensi.* Volentes personam tuam —. Dat. Rome apud Sanctum Petrum, II kal. junii anno primo. »

34   Saint-Pierre, 8 juin 1285.

Thebaldo, monacho, de quondam Johanne comite Cabilonensi conjugato et de soluta genito, ut, non obstante hujusmodi de-fectu, in aliquo monasterio ordinis sancti Benedicti in abbatem eligi valeat. (n° 32, fol. 12; LA PORTE DU THEIL, fol. 85.)

« *Thebaldo, monacho monasterii Sancti Eugendi Jurensis, ordinis sancti Benedicti, Lugdunensis diocesis.* Sensus hominis proni ab adolescentia sua in malum plerumque sic efficiunt lubricos actus parentum, quod hii in copulam legitimam delinquentes inlegimitatis rubigine ortum maculant filiorum. Verumtamen sic genitis auxiliis virtutum adjutis, in hiis que juris rigor talibus interdicit Apostolice Sedis benignitas consuevit interdum, et oportunis assistere favoribus, et donum demum votive gratie impartiri. Constitutus siquidem in nostra presentia nobis exponere humiliter curavisti, quod quondam Johannes comes Cabilonensis, pater tuus, in lubricum carnis illapsus, te de soluta genuit conjugatus. Unde, cum propter hoc in assequendo regularis prelationis munere in ordine tuo tibi canonice constitutiones obsistant, ad providentiam Sedis Apostolice humiliter recurristi. Cum itaque, sicut tam ex tui abbatis quam plurium aliorum fide dignorum laudabili assertione percepimus, tu in monasterio tuo fere annis XII sub obedientie jugo et virga discipline laudabiliter conversatus, quantum sinit humana fragilitas, precidisti vitia, honestatis induisti decorem, et conversationem honestis moribus decorasti, lumine satagens illuminari virtutum, propter quod defectum natalium hujusmodi redimere comprobaris; nos horum et maxime dilecti filii nostri J. Sancte Marie in Via Lata diaconi cardinalis pro te implorantis gratiam nostram consideratione inducti, volentes te prosequi gratia specialis favoris, quod in aliquo monasteriorum Sancti Benedicti ordinis in abbatem eligi valeas, defectu hujusmodi non obstante, tecum auctoritate presentium dispensamus. Nulli ergo etc. nostre dispensationis etc. Dat. Rome apud Sanctum Petrum, VI idus junii, anno primo. »

35   Saint-Pierre, 1er juin 1285.

Episcopo Parisiensi mandat quatinus, convocatis magistris theologice Facultatis Parisius commorantibus, fratrem Egidium Romanum de ordine fratrum Heremitarum, qui apud Sedem Apostolicam constitutus, revocanda que dixerat sive scripserat revocare se paratum obtulerat, examinet. (n° 33, fol. 12; LA PORTE DU THEIL fol. 78; POTTHAST, n° 22239.)

« *Venerabili fratri.. episcopo Parisiensi.* Licet dilectus filius frater Egidius Romanus, de ordine fratrum Heremitarum sancti Augustini, olim Parisius vacans studio, aliqua, sicut intellexerimus, dixerit, et redegerit in scripturam, que bone memorie Stephanus, Parisiensis episcopus, predecessor tuus, per seipsum examinans, et per cancellarium Parisiensem, ejus temporis, ac per alios theologice facultatis magistros examinari faciens, censuit revocanda, et ea minime revocarit, quin potius variis rationibus nisus fuerit confirmare, nuper tamen apud Sedem Apostolicam constitutus humiliter obtulit se paratum revocanda que dixerat sive scripserat, revocare pro nostre arbitrio voluntatis. Nos vero hujusmodi ejus oblationem humilem acceptantes, et moti spiritu compassionis, ad ipsum, quia decentius et utilius reputavimus, ut premissa ibi consultius revocentur, ubi dicta et scripta inconsulte dicuntur, ipsum ad te duximus remittendum, fraternitati tue per apostolica scripta mandantes quatinus dilecto filio magistro Nicolao, Parisiensi cancellario et omnibus aliis magistris theologice facultatis Parisius commorantibus, tam actu in eadem facultate regentibus quam etiam non regentibus, ad hoc specialiter convocatis, procedentes de ipsorum consilio in predictis, dicto fratre coram omnibus eis revocante que de dictis contra ipsum una cum majore parte magistrorum eorundem judicaveris revocanda, et specialiter que dictus predecessor tuus mandavit, ut predicitur, revocari, circa licentiam et expeditionem ipsius auctoritate nostra providas, prout secundum Deum, fidei catholice ac Parisiensis studii utilitati, de consensu majoris partis magistrorum ipsorum videris expedire. Dat. Rome apud Sanctum Petrum, kal. junii, anno primo. »

36 Saint-Pierre, 22 juin 1285.

Jacobo, episcopo Ferentinati, mandat quatinus ad decimam adversus Petrum, Aragonie regem, concessam in partibus ipsi commissis colligendam sollicite procedere studeat. (n° 34, fol. 12.)

« *Venerabili fratri Jacobo, episcopo Ferentinati.* Ad compescendos conatus nepharios et superbos ac detestanda molimina reprimenda Petri, quondam regis Aragonum, quem felicis recordationis Martinus papa IIII, predecessor noster, propter enormes et ignominiosas injurias ac offensas permaximas, quas idem Petrus sacrosancte Romane ecclesie hactenus irrogavit, et adhuc irrogare dampnabili continuatione presumit, ac etiam ob culpas alias ejusdem Petri gravissimas, tam honore regio et regno Aragonie quam terris ceteris quas habebat, apostolica duxit auctoritate privandum, dictus predecessor, omnium ecclesiasticorum proventuum, HONORIUS.

redituum et obventionum decimam totius Italie per tres annos sub certa forma et modo concessit. Cum autem hujusmodi negotii multa necessitas concessum sibi subsidium accelerari desideret, predictos tres annos in instanti festo beati Johannis Baptiste volumus inchoari, ita quod prima decime supradicte solutio in festo Natalis Domini primo venturo et secunda fiat in festo ejusdem sancti Johannis deinde proxime subsequenti, et in hujusmodi terminis per tempus residuum predicta decima persolvatur. Tu ergo ad prefatam decimam colligendam in partibus tibi commissis sic sollicite procedere studeas ut proinde a Domino premium consequaris et nos tue diligentie studium proinde non immerito commendemus. Dat. Rome apud Sanctum Petrum, X kal. julii, anno primo. »

In eundem modum archiepiscopo Arborensi.

In e. m. magistro Symoni de Luca, canonico Lichefeldensi.

Saint-Pierre, 21 juin 1285.

In e. m. episcopo Bethelimitano. Dat. Rome apud Sanctum Petrum, XI kal. julii, anno primo.

In e. m. Angelotto de Alfanis, archidiacono Florentino.

In e. m. Christoforo, priori de Salteano, Senensis diocesis, capellano suo. (fol. 12 v°.)

37 Tivoli, 1er août 1285.

Raynutio, priori seculari ecclesie Sancti Michaelis de Castillione Vallispese, Florentini diocesis, mandat quatinus in partibus quibus Angelotto de Alfanis, archidiacono Florentino, subrogatus est, ad colligendam decimam procedere studeat. (n° 34 bis, fol. 12.)

« *Dilecto filio Raynutio, priori secularis ecclesie Sancti Michaelis de Castillione Vallispese, Florentine diocesis.* Nuper quondam Angelotto —. Dat. Tibure, kal. Augusti anno primo. »

38 Saint-Pierre, 5 juin 1285.

Patriarchis, archiepiscopis et episcopis, abbatibus, prioribus etc. mandat quatinus Christoforo, priori de Salteano, Senensis diocesis, capellano suo, cui collectionem decime in Aqualegensi et Gradensi patriarchatibus, ac Mediolanensi et Januensi provinciis, necnon et Cumana, Ferrariensi, Parmensi, Regina et Mutinensi civitatibus et diocesibus duxit committendam, de securo conductu cum super hoc ab eodem requisiti fuerint liberaliter provideant. (n° 35, fol. 12 v°).

3

« *Honorius etc, venerabilibus fratribus universis patriarchis, archiepiscopis, et episcopis, ac dilectis filiis abbatibus, prioribus, decanis, archidiaconis, prepositis et aliis ecclesiarum prelatis, necnon et capitulis, collegiis, ceterisque personis ecclesiasticis, exemptis et non exemptis, ad quos littere iste pervenerint.* Ad compescendos conatus —. Dat. Rome apud Sanctum Petrum, nonis junii, anno primo. »

39   Saint-Pierre, 11 juin 1285.

Petro Ruffo dicto Ankaille juxta tenorem litterarum Martini pape IV, non bullatarum, Perusii vero XVI kal. aprilis ejusdem pontificatus anno quarto datarum, tabellionatus officium, ad quod per magistrum Nicolaum de Terracena, capellanum pape, archidiaconum Lexoviensem, examinatorem super hoc deputatum, fuerat repertus ydoneus, concedit.(n° 36, fol. 12 v°).

« *Dilecto filio Petro Ruffo, dicto Ankaille, clerico Ambianensi, in minoribus ordinibus constituto.* Dilectus filius magister —. Dat. Rome apud Sanctum Petrum, III idus junii, anno primo. »

In eundem modum Martino de Vivianis de Pinayrolio, clerico in minoribus ordinibus constituto, Taurinensis diocesis.

In e. m. Johanni Renulphi de Ussello, clerico in minoribus ordinibus constituto, Lemovicensis diocesis.

In e. m. Guillelmo Radulphi, clerico Viennensi in minoribus ordinibus constituto.

In e. m. Zacharie Expallerii de Guiore, clerico in minoribus ordinibus constituto, Lugdunensis diocesis.

« In e. m. dilecto filio Gentili Boniscagni de Castrobono, laico Spoletane diocesis usque etc. Dat. Perusii XIIII kal. aprilis, pontificatus nostri anno quarto. Verum quia dictus predecessor etc. usque in finem. »

In e. m. Petro Martini de Cadulla, clerico in minoribus ordinibus constituto, Ruthenensis diocesis.

40   Saint-Pierre, 17 juin 1285.

Margaritam, Riccam, Claram, Catherinam etc., sorores domus Collis Sancte Marie de Oliveto Perusine, in domo sua sub congrua clausura vivere volentes, cure magistri et prioris fratrum Predicatorum Romane provincie committit. (n° 37, fol. 12 v°.)

« *Dilectis in Christo filiabus, Margarite, ac Ricce, Clare, Catherine, Andre, Johanne, et Elisabeth natis ac Rose vri-*

vigne ipsius M., sororibus domus Collis Sancte Marie de Oliveto Perusine. Pia desideria personarum —. Ex parte siquidem vestra fuit reverenter propositum coram nobis quod — in domo vestra propria, quam dudum in claustrum regulare, diligenti deliberatione prehabita, et voto unanimi convertistis, sub communi vita degitis ac sponte sub congrua clausura vivere in perpetuum eligentes, aliquas de institutionibus dilectorum filiorum fratrum ordinis Predicatorum competentes vobis diutius observastis, ferventer gerentes in animo ut, cum nondum profexe fueritis, aliquam de regulis approbatis, ordinem seu regulam sancti Augustini secundum instituta fratrum assumatis ipsorum quam profiteri devote ac sub salutaris obedientie bono cum Dei adjutorio in perpetuum observare proponitis, necnon cure dilectorum filiorum .. magistri et .. prioris provincialis Romane provincie suorumque successorum ipsius ordinis Predicatorum committi ac in prefata domo ecclesiam erigere, et juxta illam officinas regulari clausure congruas vestrisque usibus oportunas construere quamplurimum affectatis. Nos itaque —, vos et domum ipsam auctoritate presentium magistro et priori committimus supradictis, ut ipsi vel alter eorum premissam regulam sive ordinem vobis tradant, ejusque professionem a vobis recipiant cum super hoc fuerint requisiti. Auctoritate quoque predicta statuimus ut deinde sub magisterio et doctrina magistri et prioris ipsorum qui pro tempore fuerint maneatis illis gaudentes privilegiis et indulgentiis que vobis competentia ordini predicto ab Apostolica Sede concessa sunt vel in posterum concedentur. Iidem quoque magister et prior animarum vestrarum sollicitudinem gerentes et curam ac vobis de institutionibus ejusdem ordinis illas que vobis competunt sine difficultate qualibet exhibentes per se vel alios fratres ipsius ordinis quos ad hoc ydoneos viderint vobis quotiens expedierit officium visitationis impendant—; confessiones insuper vestras audiant et ministrent vobis ecclesiastica sacramenta, et ne, pro eo quod in loco vestro predicto ipsius ordinis fratres residere continue non tenentur, pro defectu sacerdotis possit periculum imminere, predicti magister et prior ad confessiones in necessitatis articulo audiendas et ministranda sacramenta predicta vobis deputent aliquos discretos et providos capellanos —. Nulli ergo etc. —. Dat. Rome apud Sanctum Petrum, XV kal. julii, anno primo. »

In eundem modum magistro et priori provinciali Romane provincie ordinis fratrum Predicatorum mandat quatinus omnia premissa diligenter studeant adimplere. Dat. ut supra.

41   Saint-Pierre, 17 juin 1285.

Abbati et conventui monasterii Fiscanensis indulget ut in causis quibuscumque, ad exhibitionem privilegiorum suorum compelli non possint inviti.(n° 38,fol.13; La Porte du Theil,fol.61.)

« .. *Abbati et conventui monasterii Fiscanensis, ad Romanam ecclesiam nullo medio pertinentis, ordinis sancti Benedicti,Rothomagensis diocesis.* Lecta coram nobis vestra petitio continebat quod, vobis, olim significantibus felicis recordationis Alexandro pape IV predecessori nostro quod contingebat interdum vos et priores ac monachos prioratuum ad monasterium vestrum pleno jure spectantium, tam auctoritate ordinaria quam etiam delegata super diversis questionibus conveniri, et ex variis causis requiri ut ostendatis privilegia et indulgentias quibus vos Sedes Apostolica communivit, et quod ex ostensione ipsorum grave vobis imminebat sepius detrimentum, petentibus quoque vobis super hoc provisione apostolica cum instantia subveniri, dictus predecessor noster per suas litteras extunc post quinquennium minime valituras vobis indulxit, ut in causis hujusmodi, quacumque agerent auctoritate, ad exhibitionem privilegiorum vel indulgentiarum ipsorum compelli non possetis inviti, quamdiu parati essetis in monasterio vestro, vel in alio loco ad hoc congruo et ydoneo, judici et adversario coram aliquibus bonis viris facere sine fraude tam de bulla quam de capitulis indulgentiarum et privilegiorum ipsorum necessariis et articulo super quo causam agi contingeret plenam fidem. Quare humiliter petebatis a nobis ut, ne, pro eo quod predictum quinquennium est elapsum, ex ostensione privilegiorum et indulgentiarum ipsorum detrimentum simile incurratis, providere super hoc vobis paterna diligentia curaremus. Nos igitur ipsius predecessoris nostri vestigiis inherentes, vestrisque supplicationibus inclinati, ad instar ejusdem predecessoris, auctoritate vobis presentium indulgemus, ut in predictis causis quacumque auctoritate agantur, ad exhibitionem privilegiorum et indulgentiarum ipsorum cogi non possitis inviti, quamdiu parati fueritis de bulla, capitulis et articulo supradictis, juxta tenorem dictarum litterarum predecessoris ejusdem, judici et adversario facere plenam fidem. Nulli ergo etc. nostre concessionis etc. ; presentibus post quinquennium minime valituris. Dat. Rome apud Sanctum Petrum, XV kal. julii, anno primo. »

42   Saint-Pierre, 17 juin 1285.

Guillelmo, abbati monasterii Fiscanensis, Rothomagensis diocesis, concedit, ad instar Martini pape IV, facultatem benedicendi calices, pallas altaris, corporalia et vestes sacerdotales ad usum dicti monasterii et ecclesiarum ei pleno jure subjectarum, dummodo ipsi abbati ab aliquo episcopo gratiam et communionem Apostolice Sedis habente manus impositio facta sit. (n° 39, fol. 13, v° ; La Porte du Theil, fol. 97.)

« *Guillelmo, abbati monasterii Fiscanensis, ad Romanam ecclesiam nullo medio pertinentis, ordinis sancti Benedicti, Rothomagensis diocesis.* Ut ex sincere —. Dat. ut supra. »

43   Saint-Pierre, 4 juin 1285.

Episcopo Cassanensi, collectori decime Terre Sancte concesse subsidio, mandat quatinus quasdam pecuniarum summas in Sicilia et Calabria collectis Petro Foresii civi et mercatori Florentino assignet. (n° 40, fol. 13 v°.)

« *Venerabili fratri .. episcopo Cassanensi, collectori decime Terre Sancte concesse subsidio in Sicilie et Calabrie partibus a Sede Apostolica deputato.* Cum, sicut ad audientiam nostram pervenit, quasdam pecuniarum summas quas de decima Terre Sancte in Sicilie et Calabrie partibus collegisti in certis monasteriis et locis aliis partium earundem Romane ecclesie ac predicte Terre Sancte nomine duxeris deponendas, nosque pecunias ipsas pro ejusdem Terre Sancte commodis habere velimus, fraternitati tue per apostolica scripta mandamus quatinus dilecto filio Petro Foresii, civi et mercatori Florentino, de societate Lambertutii de Fliscobaldis de Florentia, vel alii de societate ipsa, tibi has litteras deferenti, prefatas pecuniarum summas nostro et predictarum ecclesie ac Terre Sancte nomine, sublato cujuslibet obstaculo difficultatis, assignes per eum nobis vel cui mandaverimus apud Sedem Apostolicam assignandas, faciens nichilominus de assignatione hujusmodi duo confici publica similia instrumenta quorum alterum tibi retineas et reliquum nobis mittas. Quod autem in hac parte feceris nobis per tuas litteras harum seriem continentes studeas fideliter intimare. Dat. Rome apud Sanctum Petrum, II nonas junii, anno primo. »

44   Saint-Pierre, 11 juin 1285.

Johanni, Dublinensi electo, in subdiaconatus ordine constituto, recipiendi rite statutis temporibus superiores ordines a quocumque maluerit catholico episcopo Anglie vel Ybernie, gratiam et communionem Apostolice Sedis habente, plenam et liberam concedit facultatem. (n° 41, fol. 13 v°; Potthast, n° 22242.)

« *Johanni, Dublinensi electo.* Devotionis tue supplicationibus —. Dat. Rome apud Sanctum Petrum, III idus junii, anno primo. »

45   Saint-Pierre, 11 juin 1285.

Lechlinensi et Fernensi episcopis mandat quatinus Johanni, Dublinensi electo, postquam superiores ordines receperit, alter eorum, ascitis sibi duobus vel tribus episcopis Dublinensis ecclesie suffraganeis, munus consecrationis impendat. (n° 42, fol. 13 v°; POTTHAST, n° 22243.)

« *Venerabilibus fratribus .. Lechlinensi et .. Fernensi episcopis.* Cum nos dilecti —. Dat. ut supra. »

46   Saint-Pierre, 12 juin 1285.

Lechlinensi et Fernensi episcopis mandat quatinus palleum, insigne pontificalis officii, ipsis per fratrem Audoenum Sancte Trinitatis et magistrum Henricum de Rathkenni, Dublinensium ecclesiarum canonicos, transmissum, Johanni, Dublinensi electo, postquam consecrationis munus receperit, liberaliter assignare curent. (n° 43, fol. 13 v°; POTTHAST, n° 22244.)

« *Eisdem.* Dilecti filii Johannis —. Dat. Rome apud Sanctum Petrum, II idus junii, anno primo. »

47   Saint-Pierre, 13 juin 1285.

Johanni, Dublinensi electo, conferendi tabellionatus officium duabus duntaxat personis ad hoc ydoneis concedit facultatem. (n° 44, fol. 13 v°; POTTHAST, n° 22246.)

« *Johanni, Dublinensi electo.* Tua nobis devotio —. Dat. Rome apud Sanctum Petrum, idibus junii, anno primo. »

48   Saint-Pierre, 1er juin 1285.

Abbati monasterii Sancti Pauli de Urbe, qui juramentum de non locandis possessionibus dicti monasterii prestiterat, indulget ut domos et casalina cum consuetis ortis et canapinis, et aliquas ex dictis possessionibus monasterii quas noverit ad hoc aptas, personis alienis locare valeat. (n° 45, fol. 14.)

« *.. Abbati et conventui monasterii Sancti Pauli de Urbe.* Ea libenter quantum —. Dat. Rome apud Sanctum Petrum, kalendis junii, anno primo. »

49 [1]   Tivoli, 25 août 1285.

Abbati monasterii Sancte Praxedis et magistro Alberto, ca-

1. Potthast indique sous le n° 22282 une bulle de même teneur, mais datée du 27 août. Les mots *Tibure, VIII kal. septembris* ont été ajoutés dans le registre postérieurement à la transcription.

nonico Basilice principis apostolorum de Urbe mandat quatinus conventibus Sancti Pauli de Urbe et de Palatiolis, Albanensis diocesis, quasdam possessiones ad dicta monasteria pertinentes, et in Sancti Proculi et Cerqueti casalibus existentes, sed adeo commistas ut se mutuo in usu impedirent monachi, permutandi, facta super hoc inquisitione, licentiam concedant. (n° 46, fol. 14.)

« *Dilectis filiis .. abbati monasterii Sancte Praxedis et magistro Alberto, canonico Basilice principis apostolorum de Urbe.* Exposuerunt nobis dilecti —. Dat. Tibure, VIII kal. septembris, anno primo. »

50   Saint-Pierre, 13 juin 1285.

Episcopo Fuliginati mandat quatinus, Reatino episcopo in remotis agente, Bernardi de Podio, olim ecclesie Sancti Andree Tudertini rectoris, nuper vero in abbatem ecclesie Sancti Eleutherii a capitulo ejusdem ecclesie electi, electionem studeat confirmare. (n° 47, fol. 14.)

« *Venerabili fratri .. episcopo Fuliginati.* Exposuit nobis dilectus —. Dat. Rome apud Sanctum Petrum, idibus junii, anno primo. »

51   Saint-Pierre, 13 juin 1285.

Litteras patentes, quibus quondam Guillelmus, Senonensis archiepiscopus, decimas, quas de manibus laicorum redemerat, pro anniversario suo annis singulis faciendo, Senonensis ecclesie capitulo concesserat, confirmat. (n° 47, fol. 14; LA PORTE DU THEIL, fol. 88; POTTHAST, n° 22248.)

« *Venerabili fratri Egidio, archiepiscopo, et dilectis filiis capitulo Senonensibus.* Cum a nobis petitur etc., usque effectum. Exhibita siquidem nobis vestra petitio continebat quod bone memorie Guillelmus, archiepiscopus Senonensis, predecessor tuus, frater archiepiscope, quasdam decimas, quas redemerat de manibus laicorum, qui eas ab archiepiscopali sede Senonensi in feudum tenuerant ab antiquo, quarum quidem decimarum redditus annuam summam XXIV librarum turonensium non excedunt, vobis, filii capitulum, pro anniversario suo in ecclesia Senonensi annis singulis faciendo provida deliberatione concessit, prout in patentibus litteris inde confectis ipsius Guillelmi archiepiscopi sigillo signatis plenius dicitur contineri. Nos itaque vestris, quas super hoc porrexistis supplicationibus inclinati, quod ab eodem G. archiepiscopo super hoc provide factum extitit, ratum et firmum habentes, id auctoritate apostolica confirmamus etc., usque communimus. Nulli ergo etc., nostre confirmationis etc. Dat. Rome apud Sanctum Petrum, idibus junii, anno primo. »

52   Saint-Pierre, 13 juin 1285.

Donationem redditus annui decem modiorum frumenti ab Egidio, Senonensi archiepiscopo, capitulo Senonensis ecclesie factam confirmat.(n° 48, fol.14 v°; La Porte du Theil, fol. 88 v°.)

« .. *Decano et capitulo Senonensibus.* Solet annuere Sedes —. Exhibita siquidem nobis ex parte venerabilis fratris nostri Egidii, archiepiscopi Senonensis, et vestra petitio continebat, quod, cum idem archiepiscopus multos redditus et bona immobilia acquisierit, sibique benignitas Sedis Apostolice per speciale privilegium duxerit indulgendum, ut aliquam partem de redditibus ac aliis bonis predictis vobis erogare valeret, aliqua constitutione contraria non obstante, tandem archiepiscopus ipse vobis redditum annuum decem modiorum frumenti in bonis eisdem liberaliter in perpetuum erogavit, prout in patentibus litteris inde confectis, ipsius archiepiscopi sigillo munitis, plenius dicitur contineri. Nos itaque dicti archiepiscopi et vestris supplicationibus inclinati, quod ab ipso archiepiscopo super hoc provide factum est ratum et firmum habentes, id auctoritate apostolica confirmamus etc., usque communimus. Nulli ergo etc., nostre confirmationis etc. Dat. ut supra. »

53   Saint-Pierre, 13 juin 1285.

Egidio, archiepiscopo Senonensi, ordinandi clericos in Senonensis provincie diocesibus, tempore visitationum, suffraganeis ipsius non requisitis, concedit facultatem. (n° 49, fol. 14 v°; La Porte du Theil, fol. 89 v°.)

« *Venerabili fratri Egidio, archiepiscopo Senonensi.* Significastis nobis quod —. Dat. ut supra. »

54   Saint-Pierre, 18 juin 1285.

Magistro Henrico de Somersete, rectori ecclesie de Coririvel, supplicante H. tituli Sancti Laurentii presbytero cardinale, indulget quod, ecclesia Sancti Michaelis de Sevenhamthon., Bathoniensis diocesis, quam commendatam ante generale nuper Lugduni celebratum concilium habuisse et nunc habere asserebat, resignata, unicum aliud beneficium similem curam habens, si ipsi canonice offeratur, libere recipere ac cum predicta eccle-

sia de Coririvel hujusmodi curam habente retinere possit. (n° 50, fol. 14 v°.)

« *Magistro Henrico de Somersete, rectori ecclesie de Coririvel, Bathoniensis diocesis.* Tuis pensatis meritis —. Dat. Rome apud Sanctum Petrum, XIIII kal. julii, anno primo. »

55   Saint-Pierre, 22 juin 1285

Berardo de Podio, capellano suo, mandat quatinus Roccam Ampenane et castrum Montis Acuti, ad quorum custodiam Obertus de Pulcis, civis et mercator Florentinus, auctoritate apostolica deputatus erat, comiti Guidoni restituat. (n° 51, fol. 14 v°.)

« *Berardo de Podio, capellano nostro.* Exhibita nobis dilecti filii nobilis viri, comitis Guidonis dicti Novelli, petitio continebat quod ipse, dudum de speciali mandato felicis recordationis Gregorii pape X predecessoris nostri, Roccam Ampenane et castrum Montis Acuti ejusdem comitis, clare memorie Carolo regi Sicilie, tunc in Tuscie partibus ex commissione Sedis Apostolice vicariam imperii exercenti exhibuit custodiendam per eum vel de mandato ipsius nomine Romane ecclesie quamdiu vicaria hujusmodi perduraret, ac post ipsius vicarie terminum per biennium et ultra etiam juxta summi pontificis et ejusde․ ecclesie voluntatem. Quare prefatus comes nobis humiliter supplicavit, ut, cum post hujusmodi vicarie ac biennii exitum non modici temporis spatium sit elapsum, Roccam et castrum prefata sibi restitui faceremus. Nos itaque ipsius comitis supplicationibus inclinati, discretioni tue per apostolica scripta mandamus quatinus ad partes illas te personaliter conferens, ac Roccam et castrum predicta a dilecto filio Oberto de Pulcis, cive et mercatore Florentino, ad illorum custodiam auctoritate apostolica deputato, cui super hoc nostra dirigimus scripta, recipiens, ea prefato comiti restituere non postponas, recepta prius ab eo ydonea fidejussoria cautione duorum milium marcharum argenti, quod Roccam et castrum predicta tenebit ad mandatum ecclesie supradicte, quodque illa ipsi ecclesie quandocumque ac quotienscumque ab ea super hoc fuerit requisitus restituet sine mora, et quod dictus comes Roccam et castrum predicta vel eorum aliquod filiis vel eorum alicui non dabit absque Sedis ejusdem licentia speciali. Super hiis autem fieri facias duo publica similia instrumenta, quorum alterum tibi retineas, nobis reliquum delaturus. Dat. Rome apud Sanctum Petrum, X kal. Julii anno primo. »

In eundem modum Oberto de Pulcis , civi et mercatori Florentino, ad custodiam Rocce Ampenane et castri Montis Acuti auctoritate apostolica deputato, mandat quatinus dicto Berardo de Podio Roccam et castrum predicta assignet.

56   Saint-Pierre, 22 juin 1285.

Magistro Guillelmo Durandi, rectori Romaniole, mandat quatinus arcem Mucille, olim nobili viro Guidoni, comiti Salvatico, assignatam, nunc si hoc expedire viderit, nobilibus viris Conrado ejusque sociis custodiendam restituat. (n° 32, fol. 15); POTTHAST, n° 22250.)

« *Magistro Guillelmo Durandi, decano ecclesie Carnotensis, rectori Romaniole, capellano nostro.* Dilecti filii nobiles —. Dat ut supra. »

57   Saint-Pierre, 22 juin 1285.

Guidoni, comiti Salvatico, mandat quatinus magistro Guillelmo Durandi, Romaniole rectori, arcem Mucillam assignet. (n° 53, fol. 15.)

« *Dilecto filio nobili viro Guidoni comiti Salvatico.* Dilecti filii nobiles —. Dat. ut supra. »

58   Saint-Pierre, 13 juin 1285.

Capitulo Senonensis ecclesie concedit ut in feudis et retrofeudis, que ab archiepiscopali sede Senonensi tenentur, aliqua bona acquirere valeant. (n° 54, fol. 15 ; LA PORTE DU THEIL, fol. 90.)

« *Venerabili fratri Egidio, archiepiscopo, et dilectis filiis capitulo Senonensibus.* Devotionis vestre supplicationibus inclinati, presentium vobis auctoritate concedimus ut vos, filii capitulum, in feudis et retrofeudis, que ab archiepiscopali sede Senonensi tenentur, aliqua bona, quorum proventus in augmentum distributionum, que in anniversariis vel alias fiunt in ecclesia Senonensi, cedant, recompensatione prius tibi, frater archiepiscope, propter hoc exhibita congruenti, acquirere, tu quoque, predicte archiepiscope, tuum super hoc prestare assensum, non obstante juramento quod de non alienandis bonis ad mensam tuam spectantibus inconsulto Romano pontifice prestitisti, libere valeatis. Dat. Rome, apud Sanctum Petrum, idibus junii, anno primo »

59   Saint-Pierre, 13 juin 1285.

Egidio, archiepiscopo, et capitulo Senonensibus concedit ut redditus dignitatum et prebendarum ad ipsorum collationem spectantium, que vacare contigerit, per annum integrum percipere, in ecclesie Senonensis opus convertendos, possint.(n° 55, fol. 15 v° ; LA PORTE DU THEIL, fol. 91.)

« *Venerabili fratri Egidio,archiepiscopo,et dilectis filiis.. decano et capitulo Senonensibus.* Venerandam Senonensem ecclesiam —. Exhibita siquidem nobis vestra petitio continebat quod vos predictam ecclesiam Senonensem, reparatione sumptuosa quamplurimum indigentem, cupitis reparare, sed ad hoc proprie vobis non suppetunt facultates. Quare a nobis humiliter postulastis ut super hoc vobis et eidem ecclesie curaremus de benignitate apostolica gratiosius providere. Nolentes itaque opus tam pium tamque laudabile ob defectum aliquod retardari, presertim cum ipsius dilatio dispendiosa, sicut asseritis, esse possit, vestris devotis supplicationibus inclinati, ut per triennium, a tempore quo hujusmodi operi vacare ceperitis inchoando, fructus, redditus et proventus dignitatum, personatuum, prebendarum et aliorum beneficiorum omnium et singulorum, etiam si curam habeant animarum, ad vestram communiter vel divisim collationem spectantium, que in civitate vel diocesi Senonensi vacare contigerit, possitis per annum integrum dumtaxat libere percipere, et habere in hujusmodi opus integraliter convertendos auctoritate vobis presentium indulgemus ; proviso quod interim hujusmodi dignitates, personatus, prebende et beneficia debitis non fraudentur obsequiis, et animarum cura in eis quibus illa imminet nullatenus negligatur. Nulli ergo etc.,nostre concessionis etc. Dat.ut supra. »

60   Saint-Pierre, 17 juin 1285.

Christoforo, priori secularis ecclesie de Salteano, Senensis diocesis, et capellano suo, decime de proventibus ecclesiasticis per Italiam in regni Sicilie subsidium concesse collectori deputato, declarationes de eadem decima colligenda a se nuper editas transmittit [1]. (n° 56, fol. 15 v°.)

« *Dilecto filio Christoforo, capellano nostro, priori secularis ecclesie de Salteano, Senensis diocesis.* Declarationes quas nuper edidimus in negotio decime de proventibus ecclesiasticis per Italiam extra regnum Sicilie in subsidium ejusdem regni ab Apostolica Sede concesse, cujus quidem decime te in quibusdam partibus ipsius Italie collectorem duximus deputandum, tales sunt:

1. Ce règlement pour la levée de la dîme a été inséré, sous le nom de Boniface VIII, dans les Extravagantes communes, III, VII.

1. De redditibus et proventibus leprosorum, domorum Dei et hospitalium pauperum qui in usus leprosorum, infirmorum et pauperum convertuntur decima non solvetur.

2. Moniales etiam alieque regulares persone, quarum redditus et proventus ecclesiastici adeo sunt tenues et exiles, quod de illis sustentari non possunt, sed pro habenda vite sue sustentatione necesse habent publice mendicare et elemosinas publice petere, dictam decimam non persolvent.

3. Seculares quoque clerici, quorum ecclesiastici redditus et proventus annui summam septem librarum parvorum turonensium non excedunt, eandem decimam non prestabunt.

4. Si vero una persona plura habet beneficia, quorum nullum per se acceptum dictam summam septem librarum turonensium parvorum annuatim attingat, simul tamen collecta in annuis proventibus summam memoratam excedat, quotquot vel quantumcunque modica fuerit, de omnibus et singulis decima persolvetur.

5. Set non solvetur de pitantiis monachorum, similiter de ipsis que a Christi fidelibus relinquuntur ecclesiis ut ex eis perpetui emantur redditus.

6. Item de exenniis, prelatis et aliis personis ecclesiasticis liberaliter factis decima non solvetur.

7. Solventium decimam electioni seu arbitrio committatur utrum ipsam velint solvere per totum tempus quo durabit decima pro rata proventuum quos singulis annis dicti temporis ipsos percipere contigerit, an per ipsum totum tempus pro rata communis extimationis proventuum eorundem. Set una via electa non licebit alicui variare ad aliam recurrendo. Et fiat et redigatur per collectores in scriptis electio hujusmodi expresse in prima solutione decime supradicte. Alioquin juxta extimationem communem per totum tempus solvere tenebuntur. Declaramus autem quod, si hii, qui elegerint solvere decimam pro rata qua perceperint annuatim, vendant proventus beneficiorum suorum que personalem residentiam non requirunt, solvent decimam pro solo pretio quod recipient de eisdem, dumtamen circa hoc in fraudem decime nichil omnino agatur ; sed ecclesiastica persona, que in ecclesia sua vel beneficio quod residentiam personalem requirit, non resident sed faciat in eodem per firmarium vel vicarium deserviri, deputando ipsi vicario vel firmario certam suorum proventuum portionem, non deducet partem vicarii seu firmarii sed de universis ipsius ecclesie vel beneficii proventibus decimam exhibebit.

8. Declaramus etiam quod de silvis seu nemoribus, que non consueverunt vendi, nichil solvetur, nisi forte aliquid de illis venditum fuerit durante decima, et tunc extimabitur quantum valere debeat annui redditus pars vendita, secundum assisiam que consuevit fieri de nemoribus in partibus illis in quibus nemus venditum situm fuerit, et de sola extimatione decima persolvetur ; et nisi[1] de eo quod perciperetur de dictis silvis seu nemoribus que vendi non consueverunt, nec[2] forte vendentur, durante decima, ex venditione pascuagii seu herbagii seu alterius consimilis proventus eorundem nemorum et silvarum, et si non vendantur hujusmodi pascuagia, herbagia et similia, non solvetur decima de hiis, ita tamen quod in fraudem decime nichil circa hoc attemptetur.

9. Idemque de pascuagiis et herbagiis et consimilibus obventionibus silvarum ceduarum volumus observari.

10. De stagnis et piscariis decima sic solvetur, videlicet, quod fiat collatio de numero annorum, quibus ante venditionem ultimam vendita non fuerint, ad quantitatem pretii ex ipsa venditione ultima recepta[3], ut, pretio diviso in partes secundum annorum terminum, durante decima, solvetur decima ipsa de tot partibus pretii ex ipsa venditione recepti, quot fuerint anni predicti ; ut, si forte sunt quinque anni elapsi, ex quo fuerat stagnum venditum et nunc vendatur pro centum libris, fiant de pretio quinque partes, ut pro tribus annis quibus durabit decima solvetur ipsa decima de tribus partibus pretii tantum, videlicet de sexaginta libris ; et sic multiplicabuntur et minuentur partes pretii, prout plures et pauciores fuerint dicti anni.

11. De venationibus autem et piscariis fluminum et lacuum, si vendantur, et silvis ceduis idem quod de stagnis fiet.

12. De piscibus stagnorum vel bestiis garenarum, quos pro usu vel esu suo consumi vel sine fraude donari contigerit, decima non solvetur.

13. Et quia nonnulli obtinent a monasteriis et ecclesiis prioratus, grangias, domos, redditus, pensiones et census, in solvenda de hiis decima credimus distinguendum videlicet an talia in beneficium habeantur, an ex contractu, an ex mera gratia, an pro mercede laboris vel obsequii. Et quidem obtinentes talia in beneficium et etiam ex mera gratia sive hoc sit concessum per Sedem Apostolicam sive per ipsorum monasteriorum vel ecclesiarum personas de illorum proventibus solvent decimam.

1. Corrigez *non*.
2. Corrigez *nisi*.
3. Corrigez *recepti*.

14. Cum autem obtinentur talia ex contractu, puta ad pensionem vel firmam annuam, in qua non est facta gratia obtinenti, sed in hoc uterque contrahentium studuit conditionem suam facere meliorem, perceptores pensionis vel firme de ipsa pensione vel firma decimam exhibebunt.

15. Si autem quis ante vel post concessionem hujusmodi decime ad vitam propriam emit proventus prioratus vel aliorum predictorum pro aliqua pecunia ita quod in hoc ei scienter gratia non est facta, considerabitur quantum extimatione communi valeant annui proventus prioratus, grangie, domus, terrarum, seu reddituum hujusmodi, et, secundum hoc, ab illis quorum est horum proprietas, qui inde pretium pro futuro tempore receperunt, per tres annos decima exigetur.

16. Si autem in hiis gratia facta sit obtinentibus, quia scienter pro minori pretio quam valeant sunt talia vendita vel locata, ipsi obtinentes, et non monasterium vel ecclesia de illo, in quo gratia facta est ipsis, et de reliquo illi, quorum est proprietas, decimam exhibebunt.

17. Si autem personis aliquibus pro justa mercede seu remuneratione laboris vel obsequii prestiti vel prestandi talia concessa sunt, hii quorum est illorum proprietas in decimatione proventuum suorum etiam horum proventus merito numerabunt et de illis, sicut de aliis, quos pro certis suis utilitatibus expendunt, decimam exhibebunt.

18. Quod si per illos qui ea obtinent rite in alios sunt translata, quia res transit cum onere suo, etiam circa illos que prediximus servabuntur. Nec deducentur expense que pro monachis, qui in talibus prioratibus, grangiis, seu domibus in beneficium seu ex mera gratia concessis, ex pacto teneri debent, fieri dinoscuntur.

19. Expense autem illorum monachorum vel personarum qui teneri debent ex pacto in prioratibus, grangiis seu domibus, ad justam firmam seu pensionem concessis, sive determinate fuerint sive non, extimabuntur extimatione communi ; et talem extimationem monachi vel ecclesia, cujus illorum est proprietas, cum suis proventibus decimabit.

20. Prelati de procurationibus quas in victualibus percipiunt, decimam non persolvent; sed qui eas prestant hujusmodi victualia in decimatione suorum proventuum et reddituum numerabunt et solvent decimam de eisdem.

21. De illis autem procurationibus quas prelati in pecunia numerata rite percipiunt ab antiquo, et quas percipient, etiam si non visitarent, decimam prestare tenentur.

22. Prelatus autem qui procurationem quam sine visitatione potuit de jure percipere in pecunia numerata, remittit, quia remittit quod sibi debetur, et de quo solvisset decimam, si recepisset illud, tenetur ex tali procuratione decimam exhibere.

23. Si vero procurationem quam tantum in victualibus licet percipi, fortasse remittat, persona ecclesiastica cui remissio facta est hujusmodi victualia cum aliis suis proventibus cum solvet decimam extimabit, cum, etiam si non esset remissa, hoc facere teneretur.

24. In solvendo decimam supradictam sole expense necessarie, que sunt in re, ex qua fructus percipiuntur arando, et colendo, ac colligendo fructus, sine quibus non possunt ipsi fructus percipi, deducentur.

25. Expense autem, que fiunt in castrorum custodibus, cum sint extra rem vel etiam in edificiis construendis vel conservandis nullatenus deducentur. Sic nec ille que pro villis tuendis fierent in guerris seu etiam cavalcatis.

26. De hiis quoque que consistunt in jurisdictione, mero imperio, regalibus atque similibus, solvetur decima, deductis moderatis salariis que ante concessionem decime consueverunt persolvi judicibus officialibus consimilibusque personis, sine quibus jurisdictio et cetera similia nequeunt exerceri, ita tamen quod in fraudem decime nichil circa hoc aliquatenus attemptetur ; sed expense officialium, judicum et consimilium personarum facte in vestibus sive victualibus minime deducentur, sicut nec alie expense similes facte circa aliam familiam prelatorum.

27. Ratione autem eris alieni quo persona solvens decimam obligata consistit nichil de decima minuetur, etiam si certe res ecclesiastice propter hoc a quocumque specialiter fuerint obligate.

28. Item de furnis et molendinis decima prestabitur.

29. Solvetur autem decima de oblationibus sive fiant pro benedictione nubentium sive pro exequiis mortuorum necnon de proventibus sigillorum prelatorum et de emendis que ab excommunicatis recipiuntur.

30. De legatis quoque sibi et aliis personis ecclesiasticis non personarum sed ecclesiarum vel officiorum ratione relictis decima persolvetur.

31. Pro decima supradicta non exigetur pecunia, nisi illa que communiter curret de mandato domini terre cujus est moneta in locis in quibus consistent fructus et redditus unde decima persolvetur, nec aliqui pecuniam cambire cogentur eandem.

32. Si ex probabilibus seu verisimilibus presumptionibus apparuerit aliquem, pensatis ejus proventibus, minus debito notabiliter de decima persolvisse, ita

quod super hoc merito suspectus debeat reputari, ex officio nostro per viros ydoneos deputandos a nobis faciemus inquiri ab illis, qui super hoc scire valeant veritatem, videlicet de consilio diocesani episcopi vel aliquo deputando ab ipso, si sit ejus subditus, et non aliter si episcopus ipse vel deputatus ab eo commode possit haberi, et tunc demum et non prius ille cujus proventus fuerint taliter extimati pro eo quod minus solverat etiam nominatim excommunicabitur, si ejus contumacia exegerit et visum fuerit expedire. Episcopi autem et abbates cetereque persone ecclesiastice honorabiles, non suspecte, proprie conscientie relinquentur, ita quod sufficiat quoad tales excommunicationis sententia, que in nullo modo solventes vel scienter adhibentes fraudem vel malitiam circa ipsius decime solutionem generaliter proferetur.

33. Super autem hiis fiet compulsio per censuram ecclesiasticam prout nobis et aliis, quibus hoc duxerimus committendum, visum fuerit expedire. Proferetur, si expediens visum fuerit, excommunicatio generaliter vel specialiter in eos qui contra solutionem decime vel suorum extimationem proventuum, cum fuerit facienda, fraudem vel malitiam scienter duxerint adhibendam.

34. Nullus autem non solventium compelletur per secularis violentiam potestatis, nisi ipsius non solventis contumacia vel rebellio talis aut tanta fuerit quod merito contra ipsum, sicut fieret in aliis casibus seu negotiis propter ecclesiastice censure contemptum, invocari debeat auxilium brachii secularis.

35. Fiet autem solutio decime non in ipsis rebus que percipiuntur de proventibus sed in pecunia numerata.

36. Solvetur autem decima illis personis quas ad hoc contigerit deputari.

37. Rector parrochialis ecclesie, qui, urgente necessitate, cure ecclesie sue, puta quia ipse residendo personaliter in eadem per se non sufficit ipsi cure, propter multitudinem parrochianorum vel diffusionem parrochie sue, sed necesse habet unum vel duos seu plures capellanos conducere, et eis preter victum salarium constituere, salarium hujusmodi poterit in decime solutione deducere, sed ratione victus capellanorum ipsorum aliquid non deducet.

38. Quod si in diversis civitatibus seu diocesibus diversa beneficia obtineat quis, de uno quoque beneficio in civitate vel diocesi in qua illud fuerit decima persolvetur.

39. De redditibus autem ecclesiasticis deputatis ad fabricam ecclesiarum decima persolvetur.

40. De elemosinis vero seu oblationibus datis ad

Honorius.

opus fabrice, maxime de hiis oblationibus que in civitatibus, et aliquibus castris, et locis Italie in certis festivitatibus in candelis et aliis consueverunt dari et offerri, ad opus fabrice deputatis, decima non solvetur.

41. Similiter, nec de illis oblationibus que colliguntur interdum per laicos, qui collectores consortiales dicuntur, et interdum per clericos, et que ad opus consortii offeruntur, ut inde luminaria in ecclesia, cruces et calices fiant, et reparentur, et etiam ut ex illis pauperibus subveniatur, et sepeliantur corpora pauperum defunctorum.

42. Prelati autem et clerici exules, cujuscumque conditionis aut dignitatis existant, de suis proventibus ecclesiasticis decimam exhibebunt.

43. Ille quoque expense que fiunt pro fossatis, et alias etiam pro terris bonificandis ut uberiores fructus producant, et ille que fiunt in conservandis et reparandis edificiis molendinorum, domorum, seu apothecarum, et similium, ex quibus fructus et pensiones percipiuntur, et nisi repararentur fructus ex eis percipi non valerent, de decima hujusmodi minime deducentur; nec etiam ille que fiunt pro custodia castrorum, quamvis fiant in hoc majores solito.

44. Insuper de oblationibus minutissimis, quas percipiunt ecclesiastice persone, ratione ecclesiarum suarum, pro sepulturis et dandis penitentiis, decima persolvetur.

45. Et quia non occurrit nobis, quando cotidiane distributiones proventus ecclesiastici sint, de distributionibus, que dantur in horis canonicis presentibus, debere solvi decimam declaramus.

46. Illi quoque, qui deputati fuerint ad collectionem decime, cum eis qui debent solvere decimam, de aliqua certa summa solvenda pro decima nequeunt convenire.

47. De fructibus arborum et ortorum, si vendantur, solvetur decima.

48. De hiis autem qui consumentur usu vel esu decima non solvetur.

49. Similiter et de fructibus gregum seu animalium, si sint ecclesiarum, persolvetur decima, deductis expensis necessariis que fient pro custodia.

50. Si vero sunt personarum, decima non solvetur.

51. Tu ergo in hiis solum Deum, et justitiam, ac predicte terre necessitatem pre oculis habens, ex predictis declarationibus in decidendis hujusmodi dubitationibus, que per te leviter deciti poterunt, informationem accipias. Super majoribus vero decisionem apostolici oraculi expetas et expectes.

52. Volumus quoque ac presentium tibi auctoritate apostolica mandamus ut in unamquamque personam ecclesiasticam deputatarum tibi partium, cujuscumque ordinis, conditionis vel dignitatis existat, que decimam ipsam nullo modo, vel non integre scienter, aut non secundum verum valorem fructuum suorum perceptorum, sive non in terminis constitutis exhibuerint, seu in illorum exhibitione malitiam commiserint sive fraudem, excommunicationis sententiam auctoritate nostra promulges, et etiam in singulos qui scienter impedimentum prestiterint directe vel indirecte, publice vel occulte, quominus decime predicte solvatur subsidium.

53. Omnes et singulos qui hujusmodi sententias latas incurrerunt, vel per te ferendas incurrerint, per te et alios singulis diebus dominicis et festivis, pulsatis campanis et candelis accensis, usque ad satisfactionem condignam excommunicatos publice nunties, et facias ab omnibus artius evitari; aggravaturus alias manus tuas contra ipsos, prout proterviam et contumaciam exigere videris eorundem. Quod si satisfacere forte decreverint, post plenam et integram satisfactionem ab hujusmodi excommunicationibus juxta ecclesie formam absolvas eosdem, et dispenses cum eis super irregularitate si taliter ligati non abstinuerint a divinis. Dat. Rome apud Sanctum Petrum, XV kal. julii, anno primo. »

In eundem modum Angelotto, archidiacono Florentino.

Sainte-Sabine, 13 janvier 1286.

In e. m. Jacobo, episcopo Ferentinati. Dat. Rome apud Sanctam Sabinam, idibus januarii, anno primo (fol. 16 vo.)

Tivoli, 22 septembre 1285.

In e. m. Hugoni, episcopo Bethleemitano. Dat. Tibure, X kal. octobris, anno primo. (fol. 17.)

Sainte-Sabine, 31 décembre 1285.

In e. m. magistro Symoni de Luca, canonico Lichefeldensi. Dat. Rome apud Sanctam Sabinam, II kal. januarii, anno primo.

Tivoli, 1er août 1285.

In e. m. Raynutio, priori secularis ecclesie Sancti Michaelis de Castillione Vallispese, Florentine diocesis. Dat. Tibure, kalendis augusti, anno primo.

61   Saint-Pierre, 13 juin 1285.

Cartusiensis ordinis fratribus, ad instar Clementis pape IV, indulget ut de possessionibus quas propriis manibus vel sumptibus infra suos terminos colunt, nulli decimas solvere teneantur. (n° 57, fol. 17 ; POTTHAST, n° 22245.)

« Dilectis filiis.. Cartusie, ac aliis prioribus et fratribus universis Cartusiensis ordinis. Speciali gratia et—. Dat. Rome [apud Sanctum Petrum, idibus junii, anno primo. »

62   Saint-Pierre, 13 juin 1285.

Archiepiscopo Viennensi, episcopo Eduensi, et abbati monasterii Sancti Stephani de Divione mandat quatinus causam, que inter archiepiscopum Lugdunensem ex una parte et capitulum Lugdunense ex altera, super temporali jurisdictione Lugdunensis civitatis, tempore Gregorii pape X orta erat et adhuc remanserat indecisa, infra unum annum studeant de communi partium concordia terminare, alioquin hujusmodi negotium ad Apostolice Sedis examen remittant. (n° 58, fol. 17 ; LA PORTE DU THEIL. fol. 92)

« Venerabilibus fratribus.. archiepiscopo Viennensi, .. episcopo Eduensi, et dilecto filio .. abbati monasterii Sancti Stephani de Divione, Lingonensis diocesis. Felicis recordationis Martinus papa predecessor noster, intellecto hactenus quod pie memorie Gregorius papa X, predecessor noster, pretendens quod inter bone memorie.. archiepiscopum ex parte una, et.. decanum et capitulum, necnon Hugonem, senescalcum, ac Henricum de Villars, canonicum, tunc cantorem, Lugdunenses, ex altera, querele erant super diversis articulis excitate, et quod partes se super querelis et questionibus quibuscumque, quas habebant, et habere poterant ad invicem, de alto et basso ipsius predecessoris Gregorii voluntati, mandato vel ordinationi omnimode, ac declarationi seu interpretationi vel sententie, fide hinc inde prestita sub certa forma, submiserant spontanea voluntate, et quod tam auctoritate apostolica quam ex juribus submissionis ejusdem procedens, super temporali seu seculari jurisdictione civitatis Lugdunensis, ac ejus exercitio declaravit, ordinando providit, et providendo ordinavit, decrevit atque statuit, reservata sibi expresse in premissis omnibus interpretandi, mutandi et detrahendi, sicut expedire videret, plena et libera potestate, prout in litteris ipsius predecessoris inde confectis plenius dicitur contineri, et quod postmodum cum hujusmodi declaratio, ordinatio, provisio atque statutum non solum redundare in enormem ipsius ec-

clesie lesionem, verum etiam prejudicare juri personarum, presertim ipsius decani et.. archidiaconi, senes-
calci et camerarii ejusdem ecclesie dicerentur, et quod
pie memorie Johannes papa predecessor noster ad devotam supplicationem eorundem decani et capituli eundem archiepiscopum sub certa forma citari mandaverat, ut coram eo certo termino compareret super premissis declaratione, ordinatione, provisione ac statuto
et singulis contentis in illis auditurus ordinationem,
interpretationem, provisionem et mandatum ejusdem
predecessoris Johannis, ac facturus, et recepturus, ac
etiam processurus super hiis, quantum justitia seu
equitas suaderet, et dicto predecessori Johanni expediens videretur, et quod etiam dictus predecessor Johannes, fecerat dicto archiepiscopo inhiberi, ne hujusmodi negotio pendente taliter coram eo, aliquid novi
in eorundem decani et capituli ac personarum prejudicium attemptaret, quodque, postmodum comparentibus partibus coram predicto predecessore Johanne, fuerat super ipso negotio inter partes apud Sedem Apostolicam disceptatum, et quod prefato predecessore Johanne, dum idem negotium sic coram eo ceptum, pen-
deret, viam universe carnis ingresso, dictoque archiepiscopo de Romana curia recedente, remanserat
dictum negotium indecisum, ac tandem percepto quod
inter archiepiscopum et decanum et capitulum ac alios
predictos non conquieverant concertationes hujusmodi
sed potius dispendiose concreverant, ac decano, et capitulo prefati asserentibus quod supradictus archiepiscopus post inhibitionem predictam contra homines
villarum et terrarum,ad capitulum prefatum pleno jure
immediate spectantium, per destructionem bonorum et
alias etiam injuriose processerat, et dictum capitulum
ac personas predictas in suis jurisdictionibus et libertatibus, ac in eorum et subditorum suorum personis per-
turbabat, et multipliciter molestabat, ac petentibus sibi
per Sedem Apostolicam provideri, et in negotio prefato
procedi, dilecto filio nostro, J., tituli Sancte Cecilie
presbitero, et nobis, tunc Sancte Marie in Cosmedin
diacono cardinalibus negotium predictum sub certa
forma commisit. Nosque adhuc in hujusmodi cardinalatus officio constituti ac idem J. cardinalis memoratum archiepiscopum citari fecimus in audientia publica, ut est moris, sed quodam non cum sufficienti
mandato ad premissa, nisi ad impetrandum, contradicendum ac proponendum, certas querelas, procuratore
pro parte ipsius archiepiscopi comparente, non fuit
ulterius in negotio predicto processum, sicque dictus
predecessor Martinus attendens premissa, et alia que
pro parte dictorum decani et capituli dicebantur, et

considerans quod dictus procurator asseruerat inter
alia decanum et capitulum eosdem in ipsius prejudicium et contemptum sine causa rationabili a divinorum
celebratione cessasse, et cessare, eundem archiepiscopum et predictos decanum et capitulum, ac personas
citari sub certa forma mandavit, ut certo termino super hiis apostolico se conspectui presentarent. Partibus
itaque comparentibus et de ipsius predecessoris Martini mandato aliquibus ex fratribus nostris de concordia super negotio ipso tractantibus, idem archiepiscopus viam fuit universe carnis ingressus. Demum vero,
postquam fuit eidem ecclesie provisum de venerabili
fratre nostro Rodulpho, archiepiscopo Lugdunensi,
predecessor ipse Martinus fecit per aliquos ex eisdem
fratribus hujusmodi resumi tractatum. Eodem vero
predecessore Martino interim morte prevento, tandem
licet exinde nondum effectus concordie, ut sperabatur,
advenerit, nos tamen ad apicem postmodum summi
apostolatus assumpti, intendentes nichilominus ut via
litigiorum anfractibus precidatur et prefata ecclesia,
quam oculis paternis respicimus pacis ubertate quiescat, sperantes quoque quod, divina nobis assistente
clementia, super hiis per vestre circumspectionis industriam salubre remedium apponetur, discretioni vestre, de qua plene confidimus, per apostolica scripta
mandamus quatinus traditas vobis virtutes a Domino
in hac parte ferventius exercentes negotium ipsum
infra unum annum computandum a receptione presentium studeatis simul de communi partium concordia,
si fieri poterit, terminare ; alioquin, extunc dictum negotium in eo statu, in quo fuerit, ad Apostolice Sedis
remittatis examen ; prefixo partibus termino peremptorio competenti, quo cum omnibus actis, juribus et
monumentis suis predictum negotium contingentibus
per se vel per procuratores ydoneos compareant coram
nobis super predictis interpretatione, mutatione ac de-
tractione ordinationem, provisionem et mandatum nostra audituri, ac etiam recepturi et facturi super omnibus aliis supradictis, et ea contingentibus, quod justitia seu equitas suadebit, et vobis videbitur expedire.
Mandantes nichilominus archiepiscopo, et decano ac
capitulo et aliis supradictis quod nullam interim faciant
indebitam novitatem ; diem autem citationis et formam,
et quicquid super hiis duxeritis faciendum nobis per
vestras litteras harum seriem continentes studeatis
fideliter intimare. Quod si non omnes hiis exequendis
potueritis interesse, duo vestrum ea nichilominus exequantur. Dat. Rome apud Sanctum Petrum, idibus
junii, anno primo. »

63   Tivoli, 18 juillet 1285.

Regem Scotie hortatur ne permittat ut Rossensis et Moraviensis episcopi a regiis officialibus molestentur, eumque rogat ut ecclesias, personas ecclesiasticas, illarumque jura et bona regii favoris presidio tueatur. (n° 59, fol. 17 v°; Potthast, n° 22264.)

« *Carissimo in Christo filio .. regi Scotie illustri*. Inter cetera desideria —. Dat. Tibure, XV kal. augusti, anno primo ».

64   Tivoli, 15 juillet 1285.

Priori Predicatorum et guardiano Minorum fratrum ordinum Pisanis mandat quatinus Raynerium Thomasi de Yndia, post mortem Raynerii hospitalis novi Misericordie Sancti Spiritus Pisani, ad Romanam ecclesiam nullo medio pertinentis, rectoris, per viam compromissi in ejusdem hospitalis rectorem electum examinent; et electionem, si de persona ydonea canonice celebratam invenerint, confirment. (n° 60, fol. 18; Potthast, n° 22261.)

« *Dilectis filiis .. priori Predicatorum, et .. guardiano Minorum fratrum ordinum Pisanis*. Sua nobis dilecti —. Dat. Tibure, idibus julii, anno primo. »

65   Saint-Pierre, 17 juin 1285.

Priori et capitulo ecclesie Sancte Cecilie yconam argenteam, in qua beate Cecilie imago sculpta erat, eisdem a Martino papa IV in eulogio ultime voluntatis legatam, assignat. (n° 61, fol.18.)

« *.. Priori, et capitulo ecclesic Sancte Cecilie in Transtiberim de Urbe.* Quoniam templa majestatis eterne laudibus dedicata ornatum varietate circumornari eo sollempnius convenit, quo verius in eis nostre redemptionis hostia immolatur, felicis recordationis Martinus papa, predecessor noster, ecclesiam vestram, cujus presbyter cardinalis extiterat, continens dum viveret infra intime caritatis amplexus, ac propterea illorum sacerdotum in ecclesia ipsa misterium desiderans adimplere, qui sine macula ad emundationem sanctorum electi demum faciem templi coronis aureis et scutulis ornaverunt, quandam ad ejusdem ornamentum ecclesie yconam argenteam, ad ipsum adhuc in minori constitutum officio, ut proponitur, pertinentem, in qua exquisiti artificis studio beate Cecilie ymago sculta dinoscitur, auri desuper splendore micantem, ornatam quoque gemmis pretiosis et pernis, ac continentem vasculum cristallinum in quo ejusdem sancte dens fore reconditus predicatur, eidem ecclesie non sine ingenti devotione in eulogio ultime voluntatis legavit, disponens per nostras, qui similiter adhuc in minori eramus constituti officio, et dilectorum filiorum nostrorum G., tituli Sancte Susanne, et G., tituli Sancti Martini presbyterorum, et B., Sancti Nicolai in Carcere Tulliano diaconi cardinalium manus vobis yconam hujusmodi exhiberi, quam denique nos et dicti cardinales, juxta ipsius predecessoris piam dispositionem, vobis nomine ipsius ecclesie duximus assignandam. Quia igitur plerumque res ecclesiasticas et maxime mobiles manus direptionis dampnabiliter disgregat et oculus avaritie concupiscit, nos qui omnium ecclesiarum curam gerimus, ex suscepte officio servitutis, res hujusmodi volentes fieri ab omni alienationis specie alienas auctoritate presentium districtius inhibemus ne predictam yconam in cujusvis necessitatis articulo obligare quomodolibet aut distrahere vel alii comodare sive de ipsa contractum facere vel eam alienare absque speciali licentia concessa vobis per litteras apostolicas presumatis. Nos enim decernimus ut hii qui contra hujusmodi nostre prohibitionis tenorem venire presumpserint, interdicti et excommunicationis sententias quas exnunc ferimus, a quibus non, nisi per Sedem Apostolicam absolvi valeant, et beneficiorum que in predicta ecclesia obtinent, eo ipso penam privationis incurrant. Adicimus quoque, ad hujusmodi nostre inhibitionis et decreti validioris roboris firmitatem, ut vos exnunc ac successores vestri antequam recipiantur in canonicos ejusdem ecclesie quod premissa inviolabiliter observabitis prestetis corporale juramentum. Nulli ergo etc., nostre inhibitionis et constitutionis etc. Dat. Rome apud Sanctum Petrum, XV kal. julii, anno primo. »

66   Palombara, 5 juillet 1285.

Regem Scotie rogat et hortatur quatinus quicquid super arrestatione, exactione et asportatione decime ad opus Terre Sancte in Scotie regno colligende per regios officiales vel alios de mandato eorum presumptum esse dinoscitur contra mercatores quosdam de diversis Florentine, Senensis, et Lucane civitatum societatibus, quibus dicta decima a Martino papa IV erat assignata, revocet et revocari faciat. (n° 62, fol. 18 v°; Potthast, n° 22252.)

« *Carissimo in Christo filio regi Scotie illustri*. Dilecti filii Maynectus —. Dat. Palumbarie, iii nonas julii, anno primo. »

67   Saint-Pierre, 18 juin 1285.

Monasterium Sancti Petri Aque Orte, ordinis sancti Benedicti, Urbevetane diocesis, spiritualiter et temporaliter collapsum, ordini sancti Guillelmi, de consensu bone memorie A., Urbevetani episcopi, incorporat ac submittit. (n° 63, fol. 18 v°.)

« *Dilectis filiis.. generali, ceterisque prioribus ac fratribus ordinis sancti Guillelmi*. Personas sub jugo religionis —. Verumtamen vos et ordinem vestrum eo ferventius continemus infra viscera caritatis quo specialius vestri ordinis curam gessimus dum adhuc essemus in minori officio constituti —. Exhibita siquidem nobis vestra petitio continebat quod Ambrosius, tunc abbas, et monachi monasterii Sancti Petri Aque Orte, ordinis sancti Benedicti, Urbevetane diocesis, cupientes monasterium ipsum, quod enormiter spiritualiter et temporaliter erat collapsum, de ordine vestro in quo ejusdem ordinis sancti Benedicti instituta servantur salubriter reformari, dictum monasterium cum membris suis eidem ordini vestro incorporare ac submittere de consensu bone memorie A., Urbevetani episcopi, deliberatione provida curaverunt, prout in instrumentis publicis inde confectis plenius continetur. Nos itaque — illud auctoritate apostolica ex certa scientia confirmamus —. Tenores autem predictorum instrumentorum de verbo ad verbum presentibus fecimus annotari, qui tales sunt :

Rome, 31 janvier 1279.

« In nomine Domini, Amen. Anno ejusdem M°CC° » septuagesimo nono, indictione septima, tempore do- » mini Nicolai pape tertii, die ultimo Januarii. Cum » monasterium Sancti Petri Aque Orte, Urbevetane » diocesis, quod inter cetera monasteria esse consueve- » rit in spiritualibus et in temporalibus opulentum, ut » ad tantam exinanitionem devenerit, malitia temporum » patiente ac etiam vicinorum, quod in eo jam pene » defecerit religio, religiosus vir frater Ambrosius, dicti » monasterii abbas, casum ejusdem monasterii diligen- » ter attendens, quodque in suo non poterat ordine re- » formari, habito cum capitulo suo diligenti consilio et » tractatu provida deliberatione statuit et decrevit mo- » nasterium ipsum cum omnibus membris suis unire » et incorporare ordini beati Guillelmi, in quo quidem » ordine per Dei gratiam viget sancta religio et per ip- » sum ordinem monasterium predictum resurgere po- » terit et in utrisque recipere incrementum ; ad quam » quidem unionem et incorporationem faciendam idem » abbas et capitulum dicti monasterii religiosum et » discretum virum dompnum Petrum, ejusdem monas- » terii monachum, procuratorem eorum et dicti monas-

» terii ordinaverunt, ut apparet publico instrumento » manu mei notarii infrascripti. Idem vero procurator » volens mandatum predictum juxta formam procura- » tionis exequi reverenter, in presentia venerabilis et » religiosi viri fratris Marci, ipsius ordinis generalis » prioris, et religiosi viri fratris Laurentii, procuratoris » generalis dicti ordinis, procuratorio nomine abbatis, » et conventus monasterii Sancti Petri Aque Orte et ip- » sius monasterii, ipsum monasterium cum omnibus » membris et juribus suis dicto ordini beati Guillelmi, » dictis fratribus Marco et Laurentio recipientibus pro » ipso ordine, univit et incorporavit modis et conditio- » nibus infradictis ; videlicet quod ipse abbas, mona- » chi et conversi qui nunc sunt in dicto monasterio et » ejus membris in eorum habitu commorentur nec ad » artiores observantias dum vixerint compellantur, nec » possint de eorum monasterio vel ejus membris per » priorem ipsius ordinis vel successoris ipsius vel alium » inviti aliquatenus removeri. In futurum autem nullus » in dicto monasterio vel membris ejus recipiatur in » monachum conversum vel oblatum nisi in habitu et » professione ordinis supradicti. Si vero abbas predic- » tus vel aliquis monachorum et oblatorum qui nunc » sunt ad aliquam domum ordinis transire voluerint in » domum quam elegerint recipiantur tanquam fratres » ordinis et benigne tractentur, nec in domo quam ele- » gerint valeant aliquatenus removeri inviti, nisi pro » manifesto scandalo vel peccato. Possit etiam idem » prior in dicto monasterio visitationis et correctionis » officium exercere. Post vero mortem abbatis et mona- » chorum et oblatorum, qui nunc sunt in monasterio » supradicto et membris ipsius, idem monasterium et » membra secundum ordinis sancti Guillelmi instituta » sicut alie domus ejusdem ordinis in omnibus guber- » nentur et quando contigerit dictum monasterium va- » care abbate, per capitulum ejusdem monasterii » eligatur, vel etiam postuletur de ipso ordine, et per » abbatem dictum monasterium omni tempore guber- » netur. Quam quidem unionem et incorporationem » predicti prior et procurator nomine dicti ordinis rece- » perunt et acceptaverunt, salvo semper diocesani epis- » copi in omnibus supradictis jure et jurisdictione, et » excepto et in omnibus reservato, promittentes pre- » dicti prior et procurator dicti ordinis et dictus procu- » rator monasterii inter se unionem incorporationem et » omnia et singula supradicta omni tempore inviolabi- » liter attendere et observare. Actum in Urbe, in domo » ecclesie Sancte Balvine, presentibus donno Angelo et » Laurentio clericis Sancti Nicolai in Carcere de Urbe, » Matheo mansionario dicte ecclesie, Nicolai Jentilis, et

» Paulo Gualterii testibus vocatis et rogatis. Et ego
» Henricus Bonjohannis Henrici notarius constitutus
» hiis interfui et rogatus ss. et ss. »

Florence, 8 mai 1279.

« Frater Aldebrandinus de ordine Predicatorum, Dei
» et Apostolice Sedis gratia Urbevetanus episcopus, ge-
» nerali priori ordinis sancti Guillelmi et fratribus ejus-
» dem ordinis, salutem in Domino. Petitio vestra nobis
» exhibita continebat quod abbas et conventus monas-
» terii Sancti Petri Aque Orte, nostre diocesis, ordinis
» sancti Benedicti, — ordini beati Guillelmi delibera-
» tione provida submiserunt, ut in instrumento publico
» super hoc confecto prospeximus contineri. Quare fuit
» ex parte vestra nobis humiliter supplicatum ut pre-
» dictis nostrum impartiremur adsensum. — Nos igi-
» tur — quod — in hac parte factum est, ratum habentes
» et gratum, salvo nobis et nostris successoribus et
» episcopatui Urbevetano omni jure competenti et com-
» petituro in eodem monasterio et membris ejus tam de
» jure communi quam de consuetudine speciali aucto-
» ritate qua fungimur confirmamus, tenorem instru-
» menti predicti de verbo ad verbum presentibus inseri
» facientes, cujus tenor talis est : In nomine Domini
» Amen, anno ejusdem M°CC°LXXVIIII, indictione
» vii —. Ad cujus rei certitudinem et memoriam in
» futurum presentes litteras per infrascriptum publicum
» notarium scribi fecimus et nostri sigilli appendimine
» communiri. Acta sunt hec Floren[tie] in domo fratrum
» Predicatorum, sub anno dominice incarnationis M°CC°
» septuagesimo nono, septime (sic) indictione, die lune
» octava maii, tempore domini Nicolai pape tertii, anno
» secundo. In presentia dicti venerabilis domini epis-
» copi Urbevetani et presentibus testibus ad hoc vocatis
» et rogatis, domino Consillio de Cerchiis, fratribus
» Dominico de Lucardo, Petro de Macciis, Johanne de
» Ultrarno et Matteo Comillo de ordine Predicatorum.
» Et ego Rogerius Soderini, imperiali auctoritate nota-
» rius, predicta me presente acta de mandato predicti
» domini venerabilis Urbevetani episcopi scribens in
» publicam formam redegi. »

Nulli ergo, etc., nostre confirmationis et suppletio-
nis etc. Dat. Rome apud Sanctum Petrum, xiii kal.
julii, anno primo. »

68   Tivoli, 10 juillet 1285.

Monasterium Sancti Quirici de Populonia, ordinis sancti Benedicti, Massane diocesis, adeo collapsum quod in eo nonnisi

unus monachus moraretur, eremo Sancti Guillelmi, de assensu
Rogerii Massani episcopi, concedit. (n° 64, fol. 19 v°; POTTHAST,
n° 22254).

« .. Priori, et fratribus heremi Sancti Guillelmi, ordinis
sancti Guillelmi, Grossetane diocesis. Justa desideria vestra —. Dat. Tibure, VI idus julii, anno primo. »

69   Tivoli, 10 juillet 1285.

Monasterium Sancti Pancratii, ad ecclesiam Romanam nullo
medio pertinens, ordinis sancti Benedicti, Grossetane diocesis,
ad illam facultatum exinanitionem deductum, ut ei a personis
ipsius ordinis omnino deserto desolationis irreparabilis immineret detrimentum, sancti Guillelmi ordini concedit cum omnibus ejus membris, juribus et pertinentiis (n° 65, fol. 20).

« Dilectis filiis.. priori Sancti Guillelmi, ceterisque prioribus et fratribus ordinis sancti Guillelmi. Infra cordis
nostri —. Dat. ut supra. »

70   Saint-Pierre, 1er juin 1285.

Episcopo Autisiodorensi, et abbati monasterii Sancti Petri
Autisiodorensis mandat quatinus Silvanectensem episcopum
moneant ut causam inter Mariam, monialem monasterii de
Landis, Milonemque de Tignonvilla, ex una parte, et Senonensem archiepiscopum ex altera, ad Apostolice Sedis examen remittat. (n° 66, fol. 20).

« Venerabili fratri .. episcopo, ac dilecto filio .. abbati
monasterii Sancti Petri Autisiodorensibus. Petitio venerabilis fratris nostri .. archiepiscopi Senonensis continebat quod cum, fama publica nuntiante, ad ejus notitiam pervenisset quod Maria, monialis monasterii de
Landis, ordinis sancti Benedicti, Carnotensis diocesis,
monasterium ipsum in quo sub habitu et observantia
regulari ac proposito regulariter inibi perpetuo Domino
serviendi per decem annos et amplius fuerat commorata
egrediens, cum Milone de Tignonvilla armigero Senonensis diocesis matrimonium, immo potius contuber-
nium clandestine duxerat contrahendum et in dicta
diocesi Senonensi dampnabiliter cohabitabat eidem,
dictus archiepiscopus Mariam et armigerum memoratos
fecit propter hoc ad suam presentiam evocari, ac tandem
cum sibi per confessionem Marie et Milonis predictorum
factam sibi in judicio de hoc ei legitime constitisset et
id etiam esset in illis partibus adeo notorium quod nulla
posset tergiversatione celari, armigero et Marie predictis districte inhibuit ne alter alteri cohabitare ac simul in una domo absque presentia trium personarum

fidedignarum et honestarum commorari presumerent, quousque negotium hujusmodi esset aliter plenius discussum et finaliter terminatum; ac postmodum cum idem archiepiscopus ad inquirendum super hoc procedere incepisset, .. officialis Senonensis, cui archiepiscopus ipse negotium hujusmodi specialiter commisit, cognitis ipsius cause meritis, et juris ordine observato, matrimonium hujusmodi nuntians esse nullum, predictam Mariam ad monasterium ipsum debere redire, ibi sub regulari habitu perpetuo Domino servituram, per diffinitivam sententiam condempnavit. Sed armiger et Maria predicti asserentes se ex sufficienti gravamine ab eodem archiepiscopo ad Sedem Apostolicam appellasse, super appellatione sua ad venerabiles fratres nostros .. Belvacensem primo, et post diversos processus tam coram ipso quam coram subdelegatis ab eo et aliis diversis judicibus a Sede ipsa delegatis habitos, ad .. Silvanectensem episcopos, sub certis formis ipsius Sedis litteras impetrarunt; prefato vero archiepiscopo supplicante felicis recordationis Martino pape predecessori nostro, ut cum causa hujusmodi que tunc per septem annos et amplius jam durarat propter malitiam et subterfugia partis adverse non posset commode in illis partibus terminari providere sibi super hoc paterna sollicitudine dignaretur, idem predecessor finem imponi litibus cupiens eidem episcopo Silvanectensi per alias suas sub certa forme dedisse dicitur litteras in mandatis ut in causa ipsa, juxta priorum litterarum sibi directarum, appellatione remota, previa ratione procedens causam ipsam infra sex menses post receptionem litterarum ipsarum, fine canonico terminaret; alioquin, causam eandem instructam vel non instructam remitteret ad predicte Sedis examen, prefixo eisdem partibus termino peremptorio competenti, quo per se vel per procuratores ydoneos cum omnibus actis, juribus, et munimentis suis predictam causam contingentibus Apostolice Sedis conspectui presentarent, facture ac recepture super premissis —. Et licet dictus episcopus in causa hujusmodi per idem sex mensium spatium post receptionem dictarum litterarum sibi ultimo directarum procedens eam per idem spatium minime terminarit, idem tamen episcopus — non absque temerario contemptu Sedis Apostolice, ad ipsius Sedis examen remittere pretermittit. Quare dictus archiepiscopus nobis humiliter supplicavit ut providere sibi super hoc paterna sollicitudine curaremus. Quocirca discretioni vestre per apostolica scripta mandamus quatinus predictum Silvanectensem episcopum auctoritate nostra per vos vel per alium seu alios monere curetis ut causam ipsam instructam vel non instructam infra unius mensis spatium

post monitionem |hujusmodi ad ipsius Sedis remittat examen —. Quicquid autem super predictis duxeritis faciendum nobis per vestras litteras harum seriem continentes studeatis fideliter et seriosius intimare. Dat. Rome apud Sanctum Petrum, kalendis junii, anno primo. »

71   Tivoli, 23 juillet 1285.

Nivernensi ecclesie, per obitum Egidii episcopi solatio destitute pastoris, Egidium de Castelleto, tunc apostolicum notarium, preficit in episcopum. (n° 67, fol. 20 v°; LA PORTE DU THEIL, fol. 107.)

« *Magistro Egidio de Castelleto electo Nivernensi.* Dudum Nivernensi ecclesia per obitum bone memorie Egidii olim ecclesie ipsius episcopi solatio destituta pastoris, dilecti filii .. decanus et capitulum ejusdem ecclesie certa die ad eligendum prefixa, vocatis omnibus qui voluerunt, debuerunt et potuerunt comode interesse pro futuri substitutione pastoris, prout moris est, insimul convenerunt, et tandem ipsorum votis in diversa divisis, nonnulli eorum dilectum filium .. archidiaconum, reliqui vero dilectum filium Johannem de Culento, canonicum ejusdem ecclesie, ad ipsius regimen elegerunt. Sicque duobus electionibus ibidem in discordia celebratis, et earum negotio ad Sedem Apostolicam legitime devoluto, felicis recordationis Martinus papa IIII predecessor noster dilectum filium nostrum Comitem, tituli Sanctorum Marcellini et Petri presbiterum cardinalem, concessit in hujusmodi negotio partibus auditorem, coram quo tam tempore predecessoris ejusdem quam post vocationem nostram ad apostolatus officium fuit in causa hujusmodi aliquandiu litigatum. Demum archidiaconus et canonicus supradicti, dubitantes ne occasione electionum ipsarum prolixe vacationis incommoda prefata ecclesia sustineret, jus quod eis ex electionibus ipsis competere videbatur in nostris manibus sponte ac libere resignarunt, quorum resignationem duximus admittendam. Nos autem paterne sollicitudinis studio attendentes quam gravibus sit onusta dispendiis ecclesiarum vacatio diuturna ; considerantes etiam laudanda probate tue conversationis et vite merita, honestatem morum, donum scientie, ac aliarum virtutum dotes, quibus personam tuam bonorum dator Altissimus decoravit, te tunc notarium nostrum, de fratrum nostrorum consilio, eidem ecclesie Nivernensi prefecimus in episcopum et pastorem, plenam et liberam administrationem —. Dat. Tibure, X kal. augusti, anno primo. »

In eundem modum decano et capitulo ecclesie Nivernensis mandat quatinus eidem electo obedientiam et reverentiam debitam exhibeant. Dat. ut supra.

In e. m. clero civitatis et diocesis Nivernensis.

In e. m. populo civitatis et diocesis Nivernensis mandat quatinus ejusdem electi mandatis et monitis intendant. Dat. ut supra.

In e. m. universis ecclesie Nivernensis vassallis mandat quatinus eidem electo, prestantes fidelitatis solite juramentum, consueta exhibeant servitia. Dat. ut supra.

In e. m. regem Francie rogat et hortatur quatinus eundem electum habeat commendatum. Dat. ut supra.

72   Tivoli, 23 juillet 1285.

Willelmo de Aweltona, dicto Trenchefuyl, ecclesiam de Bertone, diocesis Norwicensis, confert eumque de ipsa per suum annulum presentialiter investit; volens preterea quod idem Willelmus vicariam, quam in collegiata ecclesia de Boseham, Cicestrensis diocesis, obtinebat, dimittat. (n° 68, fol. 21.)

« *Willelmo de Aweltona dicto Trenchefuyl, rectori ecclesie de Bertone, Norwicensis diocesis.* Nuper ad apicem —. Dat. Tibure, X kal. augusti, anno primo. »

In eundem modum .. episcopo Norwicensi, et magistro |Riccardo, apostolico notario, mandat quatinus ipsi vel alter ipsorum per se vel per alium seu alios predictum Willelmum in corporalem possessionem ipsius ecclesie de Bertone mittant. Dat. ut supra.

73   Tivoli, 31 juillet 1285.

Lanfranco Bomperto, clerico Novariensi, tabellionatus officium ad quod, examinatus per magistrum Hugolinum de Sancto Michaele, canonicum Lucanum, pape capellanum, repertus fuerat idoneus, concedit. (n° 69, fol. 21.)

« *Lanfranco Bomperto, clerico Novariensi in minoribus ordinibus constituto.* Ne contractuum memoria —. Dat. Tibure, II kal. augusti, anno primo. »

74   Saint-Pierre, 22 juin 1285.

Magistro Gualtero de Bactonia, juris civilis professori, indulget ut, non obstante defectu natalium quem patitur de presbytero genitus et soluta, in susceptis ordinibus ministrare et ad personatum sive dignitatem, non tamen episcopalem, eligi possit. (n° 70, fol. 21 v°.)

« *Magistro Gualtero de Bactonia, clerico carissimi in*

Christo filii nostri E. regis Anglie illustris. Meritis tue probitatis —. Dat. Rome apud Sanctum Petrum, X kal. julii, anno primo. »

75   Tivoli, 23 juillet 1285.

Laurentio Johannis tabellionatus officium, ad quod repertus fuerat idoneus, concedit. (n° 71, fol. 21 v°.)

« *Laurentio Johannis, Girardi Insulani de Anguilaria clerico, in minoribus ordinibus constituto, Sutrine diocesis.* Ne contractuum memoria —. Dat. Tibure, X kal. augusti, anno primo. »

             Tivoli, 5 août 1285.

In eundem modum Jacobo filio Petri Pallonis, civi romano. Dat. Tibure, nonis augusti, anno primo.

76   Tivoli, 30 juillet 1285.

Lutuardum, priorem ecclesie Sancte Marie de castello de Corneto, Tuscanensis diocesis, cum, post mortem Thomasii episcopi Nepesini, ejusdem ecclesie archipresbyter et capitulum primo in episcopum elegissent, alii Radulfum, canonicum Sancti Quiriaci de Pruvino, Senonensis diocesis, alii vero fratrem Danyhelem de Urbe ordinis sancti Augustini, et postmodum universi concorditer Johannem priorem Lateranensis ecclesie, elegissent, sed cum idem Johannes, electioni celebrate de ipso consentire noluisset, dicte ecclesie Nepesine in episcopum preficit. (n° 72, fol. 21 v°.)

« *Venerabili fratri Lutuardo, episcopo Nepesino.* Dudum ecclesia Nepesina —. Dat. Tibure. III kal. augusti, anno primo. »

In eundem modum archipresbytero et capitulo ecclesie Nepesine mandat quatinus| eidem episcopo obedientiam et reverentiam ei debitam exhibeant. Dat. ut supra.

In e. m. clero civitatis et diocesis Nepesine.

In e. m. populo civitatis et diocesis Nepesine mandat quatinus ejusdem episcopi salubribus mandatis et monitis intendant. Dat. ut supra.

77   Saint-Pierre, 17 juin 1285.

Episcopo Sancti Andree in Scotia mandat quatinus locum, quem fratres ordinis Penitentie Jhesu Christi infra villam de Veranyco habuerant, priori et conventui domus de dicta villa ordinis Predicatorum vendat pro pretio competenti in Terre

Sancte subsidium convertendo. (n° 73, fol. 22; POTTHAST, n° 22249.)

« *Venerabili fratri.. episcopo Sancti Andree in Scotia.* Ex parte dilectorum —. Dat. Rome apud Sanctum Petrum, XV kal. julii, anno primo. »

78   Tivoli, 6 août 1285.

Fildesmidum, Nucerine ecclesie canonicum, a priore et capitulo in ejusdem ecclesie episcopum per compromissi viam electum confirmat. (n° 74, fol. 22; POTTHAST, n° 22279.)

« *Fildesmido electo Nucerino.* Debitum officii nostri —. Dat. Tibure, VIII idus augusti, anno primo. »

In eundem modum priori et capitulo ecclesie Nucerine mandat quatinus eidem electo debitam impendant obedientiam ac reverentiam. Dat. ut supra.|

In e. m. clero civitatis et diocesis Nucerine.

In e. m. populo civitatis et diocesis Nucerine mandat quatinus ejusdem electi salubribus monitis et mandatis intendat. Dat. ut supra.

79   Tivoli, 9 août 1285.

Episcopo Tudertino mandat quatinus Fildesmidum, Nucerinum electum, in subdiaconatus ordine constitutum, ad diaconatus et presbiteratus ordines promovere procuret ac deinde, presentibus duobus vel tribus episcopis, eidem munus consecrationis impendat. (n° 75, fol. 22 v°.)

« *Venerabili fratri .. episcopo Tudertino.* Cum nos nuper —. Dat. Tibure, V idus augusti, anno primo. »

80   Tivoli, 21 juillet 1285.

Berardum, ecclesie Fuliginatis priorem. cum per translationem Paparoni, Fuliginatis episcopi, ad ecclesiam Spoletanam factam Fuliginas ecclesia pastore vacaret, eidem ecclesie in episcopum apostolica auctoritate preficit. (n° 79, fol. 22 v°; POTTHAST, n° 22269.)

« *Berardo electo Fuliginati.* Dum attente considerationis —. Dat. Tibure, XII kal. augusti, anno primo. »

In eundem modum capitulo ecclesie Fuliginatis mandat quatinus eidem electo debitam obedientiam et reverentiam impendat. Dat. ut supra.

In e. m. clero civitatis et diocesis Fuliginatis.
HONORIUS.

In e. m. populo civitatis et diocesis Fuliginatis mandat quatinus ejusdem electi mandatis et monitis humiliter pareat. Dat. ut supra.

81   Saint-Pierre, 7 juin 1285.

Episcopo Trecorensi mandat quatinus domum, quam fratres ordinis Penitentie Jhesu Christi juxta muros ville Guengampi, Trecorensis diocesis, habebant, postquam eam prefati fratres dimiserint, priori ordinis Predicatorum auctoritate apostolica vendat pro pretio competenti in Terre Sancte subsidium convertendo. (n° 77, fol. 22 v°; LA PORTE DU THEIL, fol. 81 ; POTTHAST, n° 22240.)

« *Venerabili fratri.. episcopo Trecorensi.* In ordine fratrum —. Dat. Rome apud Sanctum Petrum, VII idus junii, anno primo. »

82   Saint-Pierre, 7 juin 1285.

Episcopo Lausanensi, petente priore provinciali ordinis fratrum Predicatorum in Alamannia, mandat quatinus domum, quam fratres ordinis Sancte Marie Vallis Viridis, qui est unus de ordinibus quorum professio questui necessariorum subjecta non patitur ipsorum professores possessiones habere, in castro Solodoro, Lausanensis diocesis, habebant, fratribus Predicatoribus, qui ibidem locum vel domum nondum obtinuerant, auctoritate apostolica vendat pro pretio competenti in Terre Sancte subsidium convertendo. (n° 78, fol. 23.)

« *Venerabili fratri.. episcopo Lausanensi.* In ordine fratrum —. Dat. ut supra. » »

83   Saint-Pierre, 7 juin 1285.

Archidiacono Valentino, petente priore provinciali ordinis fratrum Predicatorum in Ispania, mandat quatinus domum quam fratres ordinis Penitentie Jhesu Christi, qui est unus de ordinibus quorum professio questui necessariorum subjecta non patitur ipsorum professores possessiones habere, in Villaxacina, Valentine diocesis, habebant, fratribus Predicatoribus, qui ibidem locum vel domum nondum obtinuerant, auctoritate apostolica vendat pro pretio competenti in Terre Sancte subsidium convertendo. (n° 79, fol. 23.)

« *Archidiacono Valentino.* In ordine fratrum — usque anno primo. »

5

84   Saint-Pierre, 7 juin 1285.

Preposito ecclesie Avinionensis, petente priore provinciali de provincia Provincie ordinis Predicatorum, mandat quatinus, cum in domo fratrum ordinis Penitentie Jhesu Christi de Tarascona, Avinionensis diocesis, nonnisi tres vel quatuor remanserint fratres, domum ipsam fratribus ordinis Predicatorum de Tarascona, qui in regione illa locum obtinent nullum preter domum unicam loco Tarascone vicinam in qua quidem fratres propter fluvii Rodani inundationes morari dubitant, auctoritate apostolica vendat pro pretio competenti in Terre Sancte subsidium convertendo. (n° 80, fol. 23; LA PORTE DU THEIL, fol. 83 v°.)

« .. *Preposito ecclesie Avinionensis.* In ordine fratrum — usque anno primo. »

85   Tivoli, 5 août 1285.

Abbati monasterii Sancti Benigni Divionensis mandat quatinus Y. abbati et conventui monasterii Cluniacensis, ad Romanam ecclesiam nullo medio pertinentis, Matisconensis diocesis, licentiam largiatur quasdam terras, possessiones, jurisdictiones temporales, jura, et res alias, ad ipsum monasterium spectantia in Lingonensi diocesi, cum decano et capitulo Lingonensi pro quibusdam decimis, terris, possessionibus et bonis aliis que in Matisconensi diocesi obtinebat Lingonense capitulum, permutandi. (n° 81, fol. 23 ; LA PORTE DU THEIL, fol. 128.)

« .. *Abbati monasterii Sancti Benigni Divionensis, ordinis sancti Benedicti, Lingonensis diocesis.* Lecta coram nobis —. Dat. Tibure, nonis augusti, anno primo. »

86   Tivoli, 5 août 1285.

Abbati monasterii Sancti Illidii Claromontensis mandat quatinus Y. abbati et conventui monasterii Cluniacensis, licentiam concedat quasdam terras, possessiones et jura que prioratus de Rivis, eidem monasterio pleno jure subjectus, Claromontensis diocesis, in districtu et dominio conestabuli Francie in castellania videlicet Castri Oddonis habebat, cum eodem conestabulo permutandi pro quibusdam possessionibus non longe a dicto prioratu positis. (n° 82, fol. 23 v° ; LA PORTE DU THEIL, fol. 129.)

« .. *Abbati monasterii Sancti Illidii Claromontensis, ordinis sancti Benedicti.* Exhibita nobis dilectorum —. Dat. Tibure, ut supra. »

87   Saint-Pierre, 13 juin 1285.

J., electo Cathalaunensi, tabellionatus officium duabus per-

sonis ad hoc idoneis conferendi concedit facultatem. (n° 83, fol. 23 v°; LA PORTE DU THEIL, fol. 130 v°.)

« *Dilecto filio. J. electo Cathalaunensi.* Tue probitatis merita —. Dat. Rome apud Sanctum Petrum, idibus junii, anno primo. »

88   Tivoli, 21 juillet 1285.

Guillelmum, canonicum Callensis ecclesie, a capitulo dicte ecclesie per viam scrutinii electum, examinataque per Tusculanum episcopum, et Gifredum tituli Sancte Susanne presbiterum, ac Benedictum Sancti Nicolai in Carcere Tulliano diaconum cardinales hujusmodi electione, dicte ecclesie in episcopum preficit (n° 84, fol. 23 v°.)

« *Guillelmo ecclesie Callensis electo.* Ex suscepte servitutis —. Dat. Tibure, XII kal. augusti, anno primo. »

In eundem modum capitulo ecclesie Callensis mandat quatinus eidem electo obedientiam et reverentiam debitam impendat. Dat. ut supra.

In e. m. clero civitatis et diocesis Callensis.

In e. m. populo civitatis et diocesis Callensis mandat quatinus ejusdem electi salubribus mandatis et monitis intendat. Dat. ut supra. (POTTHAST, n° 22267.)

89   Saint-Pierre, 13 juin 1285.

Preposito et capitulo hospitalis de Monte Jovis, quorum sollicitudinis cura circa humanitatis solatia peregrinis et pauperibus exhibenda versatur, indulget, ad instar Clementis pape, ut nec ipsi nec ecclesie neque hospitalia ipsorum deputata usibus ad exhibendas tallias vel exactiones alias ulli ecclesiastice secularive persone cogi de cetero valeant. (n° 85, fol. 24.)

« *Dilectis filiis.. preposito et capitulo hospitalis de Monte Jovis, ordinis sancti Augustini, Sedunensis diocesis.* Apostolice sedis benignitas —. Dat. Rome apud Sanctum Petrum, idibus junii, anno primo. »

90   Tivoli, 19 juillet 1285.

Episcopo Tiburtino mandat quatinus fratribus ordinis Predicatorum qui locum in civitate Tiburtina non habebant in quo morari possent ecclesiam Sancti Blasii civitatis ejusdem conferre, et duobus clericis in ipsa ecclesia institutis de prebendis in Sancti Petri et Pauli prefate civitatis ecclesiis providere procuret. (n° 86, fol. 24 ; POTTHAST, n° 22266.)

« *Venerabili fratri.. episcopo Tiburtino.* Considerantes attentius fructus —. Dat. Tibure, XIIII kal. augusti, anno primo. »

91   Tivoli, 21 juillet 1285.

Abbati et conventui monasterii Sancti Luciani Belvacensis, cum ejusdem monasterii abbati in perpetuum utendi mitra et anulo ac baculo pastorali, benedicendi quoque pallas altaris et alia ornamenta ecclesiastica, et dandi primam tonsuram et quatuor minores ordines monachis et clericis secularibus ipsi monasterio subjectis Alexander papa plenam concessisset potestatem, neque abbates hujusmodi gratia usi hactenus fuissent, indulget ut premissa concessione abbates qui pro tempore erunt uti libere valeant. (n° 87, fol. 24 ; La Porte du Theil, fol. 105.)

« .. *Abbati et conventui monasterii Sancti Luciani Belvacensis, ordinis sancti Benedicti.* Meritis vestre religionis —. Dat. Tibure, XII kal. augusti, anno primo. »

92   Tivoli, 13 août 1285.

B. episcopo Castellano indulget ut de bonis suis libere testari valeat ac de bonis mobilibus ecclesiasticis sue administrationi commissis et que non fuerint altarium ministerio deputata, disponere possit. (n° 88, fol, 24 v°.)

« *Venerabili fratri B. episcopo Castellano.* Quia presentis vite —. Dat. Tibure, idibus augusti, anno primo. »

93   Tivoli, 18 juillet 1285.

Priori Predicatorum et guardiano Minorum fratrum ordinum Trajectensibus committit quatinus, cum Gerardo de Velsen laico et Hildegundi uxore ejus, Trajectensis diocesis, ut in matrimonio quod adinvicem in facie Ecclesie contraxerunt licite remanere possint, dispensare curent. (n° 89, fol. 24 v° ; Potthast, n° 22265.)

« ..*Priori Predicatorum et.. guardiano Minorum fratrum ordinum Trajectensibus.* Sicut ex parte —. Dat. Tibure, XV kal. augusti, anno primo. »

94   Tivoli, 18 juillet 1285.

Priori Predicatorum et guardiano Minorum fratrum ordinum Trajectensibus committit quatinus, cum quondam Nicolaus de Chaese, miles diocesis Trajectensis duos habens filios videlicet quondam Johannem et Nicolaum infra nubilem etatem constitutos, Johanni de Renisso tertio gradu consanguinitatis con-

junctos, puellam Sophiam nomine tunc infra septennium constitutam in propria domo nutrivisset, intendens eam dicto Johanni filio suo vel Nicolao tradere in uxorem et, cum, nullis sponsalibus vel consensu habitis, Johannes filius dicti Nicolai decessisset Nicolausque aliam puellam sibi matrimonialiter copulasset, Johanni de Renisso laico et Sophie ejus uxori concedant ut in matrimonio quod in facie Ecclesie legitime contraxerunt licite remanere possint (n° 90, fol. 24 v°).

« *Eisdem.* Exhibita nobis dilecti — usque in finem. »

95   Trivoli, 9 août 1285.

Archiepiscopo Arborensi mandat quatinus decime ad Terre Sancte subsidium concesse in Sardinie et Corsice partibus colligende curam gerat (n° 91, fol. 25).

« *Venerabili fratri .. archiepiscopo Arborensi.* Quanto extimamus negotium Terre Sancte sollempnius, quantoque potius insidet cordi nostro, tanto ad executionem ipsius et eorum que spectant ad ipsum personas magis ydoneas querimus ut fidelitate ac prudentia vigeant et zelo ferveant ad idem negotium prosequendum ; hec autem de persona tua nobis pastoralis officii debitum et habita de te in Romana curia notitia pollicentur. Cum itaque, approbante sacro generali concilio celebrato Lugduni, decimam omnium ecclesiasticorum reddituum et proventuum ad Terre prefate subsidium per sex annos a festo nativitatis beati Johannis Baptiste tunc transacto novissime numerandos felicis recordationis Gregorius papa X predecessor noster duxerit concedendam, fraternitati tue presentium auctoritate mandamus quatinus predicte decime colligende in Sardinie et Corsice partibus subscripto modo sollicite curam geras, videlicet ut in singulis civitatibus et diocesibus partium earundem de consilio locorum ordinarii aut ejus vices gerentis, si diocesanus ipse absens fuerit, et duorum fidedignorum de ecclesia cathedrali constitutorum in dignitatibus seu aliorum, quoad non exemptos, quoad exemptos, vero de consilio aliorum proborum de contrata, deputes duas personas fide facultatibus, si tales inveniantur comode, ac alias, ydoneas ad collectionis hujusmodi ministerium exequendum. Collectores autem quos, ut premittitur, deputabis in forma jurare facias infrascripta et tu nichilominus partes easdem circum eas diligentius scrutaturus qualiter in commisso sibi dicte collectionis officio iidem se habeant collectores, qualiter ipsis de decima satisfiat collectamque per illos ex decima ipsa pecuniam de predictorum ordinarii et aliorum consilio facias per collectores eosdem in tutis locis vel loco deponi ; tibique cum consilio eorundem ordinarii et aliorum mu tandi collectores ipsos quotiens videris expedire, ac eos compellendi ad reddendum coram eisdem ordinariis et aliis tibi computum de collectis, et contradictores quoslibet auctoritate apostolica per censuram ecclesiasticam, appellatione postposita, compescendi, plenam auctoritate apostolica concedimus potestatem. Et ut tam tu quam dicti collectores fructum de vestris laboribus reportetis, premissa tibi et eis in remissione injungimus peccatorum et preterea illius venie peccatorum concedimus esse participes que in crucesignatorum indulgentia generali transfretantibus in Terre predicte subsidium est concessa, et quod de pecunia ex ipsa decima colligenda singulis diebus in quibus circa premissa vacabis unum florenum auri percipias pro expensis; non obstantibus si aliquibus a Sede Apostolica sit indultum quod interdici, suspendi vel excommunicari non possint per litteras apostolicas que de indulto hujusmodi ac tota ejus continentia de verbo ad verbum et de propriis locorum et personarum nominibus plenam et expressam non fecerint mentionem, sive quibuslibet aliis indulgentiis, privilegiis vel litteris quibuscumque dignitatibus, ordinibus, locis vel personis generaliter vel specialiter sub quacumque forma vel conceptione verborum ab eadem Sede concessis de quibus quorumve totis tenoribus de verbo ad verbum in nostris litteris specialis plena et expressa mentio sit habenda. Volumus etiam ut frequenter nobis scribere studeas quod actum fuerit in partibus supradictis tam circa collectores quam circa collectionem, quantitatem collectam, ipsius depositionem et locum depositionis et modum. Et insuper de premissis diligenter et sollicite prosequendis prestes evangeliis coram positis juramentum. Considerantes itaque quod in premissis negotium Dei prosequeris et in conspectus agis ejus qui cuncta discernit, sibique necnon et nobis qui circa hoc omnem diligentiam adhibere intendimus teneberis reddere rationem ab utroque pro meritis recepturus, sic prudenter in illis habere te studeas sic consulte quod in utriusque judicio non solum vites pene confusionisque discrimina, sed laudis titulos et gratiam ac retributionis premium assequaris. Forma autem juramenti quod prestare volumus collectores eosdem hec est : Juro ego .. talis a vobis .. auctoritate apostolica deputatus collector ad exigendum, colligendum et recipiendum decimam omnium reddituum et proventuum ecclesiasticorum ab omnibus personis ecclesiasticis exemptis et non exemptis in .. civitate et diocesi constitutis a Sede Apostolica pro subsidio Terre Sancte concessam, quod fideliter exigam, colligam et recipiam atque custodiam ipsam decimam non deferendo in hiis alicui persone cujuscumque ordinis sta-

tus, conditionis aut dignitatis existat prece, timore, gratia, vel favore, vel alia quacumque de causa, et eam integre restituam et assignabo, prout a vobis recepero in mandatis, et super premissis omnibus et singulis plenam et fidelem rationem reddam vobis, et si contingat vos officium quod in premissis geritis dimittere, hec eadem faciam juxta mandatum illius qui substituetur in eodem officio. Sic me Deus adjuvet et hec sancta Dei evangelia. Dat. Tibure, V idus augusti, anno primo. »

96 Tivoli, 17 septembre 1285.

Provisionem sive ordinationem pro bono statu regni Sicilie promulgat. (nº 92, fol. 25 vº; POTTHAST, nº 22291.)

« CONSTITUTIO SUPER ORDINATIONE REGNI SICILIE. »

« *Ad perpetuam rei memoriam.* Justitia et pax complexe sunt se ita societate indissolubili sociate, sic se comitatu individuo comitantes ut una sine altera plene non possit haberi, et qui ledit alterutram pariter offendat utramque. Hinc complexus earum graviter impeditur injuriis per eas etenim lesa justitia pax turbatur, ipsaque turbata facile in guerrarum discrimina labitur, quibus invalescentibus justitia inefficax redditur, dum debitum sortiri nequit effectum. Sicque, ipsa sublata, nimirum pax tollitur, opus ejus et ipsius fructus subducitur seminandus in pace ac proinde complexis deficientibus necessario deficit et complexus. In horum vero defectu, licentia laxata dissidiis, multiplicantur bella, pericula subeunt animarum et corporum crimina frequentantur, nec rerum vastitas preteritur. Hec in presidentium injuriosis processibus et inductarum in subditos oppressionum excessibus patent apertius et evidentius ostenduntur. In quorum multiplicatione sauciantur corda lesorum et quanto minus datur oportunitas licite propulsandi que illicite inferuntur, tanto rancor altius radicatur interius et periculosius prorumpit exterius oportunitate concessa. Fiunt enim plerumque hostes ex subditis, transeunt auxilia securitatis in metum, munitiones in formidinem convertuntur; nutant regnantium solia, redundant regna periculis intestinis, quatiuntur insidiis, extrinsecis insultibus impetuntur audacius et regnantes in eis qui operantes justitiam exaltationis gloriam mererentur, humiliati propter injustitias frequenter opprobrium dejectionis incurrunt. In premissis etsi scripture non instruant efficacius tamen notis docemur exemplis. Quantis enim tempore quondam Frederici olim Romanorum imperatoris propter illatas regnicolis afflictiones illicitas, et oppressiones indebitas in regno Sicilie non absque immensitate gravaminum inductas ab ipso regnum ipsum tempestatibus fluctuaret, quot et quantis rebellionibus concussum extiterit, quot invasionibus attemptatum, quantum per ipsum et posteros suos depauperatum opibus, quot incolarum exiliis et stragibus diminutum, nullum fere angulum orbis latet; quam precipiti Fredericus idem et genus ipsius ruina corruerint probat notorius casus ejus et manifestum eorundem exterminium posterorum. Verum adeo Frederici ejusdem in dictis continuata et aucta posteris, ac in alios exemplari derivatione transfusa processit iniquitas, quod per eum inventa gravamina usque ad hec tempora duravisse necnon et augmentata dicuntur aliqua eorundem et adjecta nichilominus alia non minora; propter quod nonnullorum supponit opinio quod clare memorie C. regem Sicilie quem prosecutionis dictorum gravaminum eorundem Frederici et posterorum perniciosa exempla fecerunt saltem permissione participem, dum opinaretur forsitan licita que ab illis audiverat tam longis temporibus usurpata, reddiderunt etiam predictorum consequentium ad illa discriminum non prorsus expertem, prout Siculorum rebellio multis onusta periculis, aliorumque ipsam foventium persecutio manifestant, non solum in ejusdem regis ac heredum suorum grave adeo excitate discrimen, quod ipsis heredibus nisi per nos celeri occurratur prelactorum subductione gravaminum instans perditionis totius dicti regni periculum comminantur, sed et in grande nostrum et ecclesie Romane dispendium prorogate, cum sit per eas in Sicilie insula et nonnullis aliis ejusdem regni partibus ipsarum incolis nec nobis nec ecclesie ipsi parentibus, sed adherentibus potius inimicis, nostra et ipsius ecclesie civilis interversa possessio et in ceterarum aliquibus turbata frequentius et turbetur. Ex quo datur patenter intelligi quantum in iis nostrum et ecclesie prefate interesse versetur, quantumque ad nostrum spectet officium, et heredum ipsorum precipue necessitas exigat, non tantum premissis obortis in eodem regno, quod est ipsius ecclesie speciale tanquam ad jus et proprietatem ejus pertinens dictisque regi et heredibus in feudum ab ipsa concessum, obviare periculis, sed etiam ne similia oriantur in posterum, diligentem curam et curiosam diligentiam adhibere, pretacta gravamina eorundem periculorum, ut veritati concurrat expressio, manifestas occasiones et causas congrue provisionis beneficio abrogando cum proprietatis domino predium, in quo est jus alii constitutum, pro eo quod sua interest tueri fines ipsius custodire liceat eo etiam cui jus debetur invito custode autem nomen id habeat quod qui tenetur ad eam non solum id debeat ut si casu viderit in

re custodienda fieri quid adversum prohibeat facientem, verum etiam ut curet dare operam ne id fiat.

1. Multiplex itaque nos ratio interpellat et exigit illud in hujusmodi gravaminibus, super quibus fama publica et varie inquisitiones per venerabilem fratrem nostrum G. Sabinensem episcopum Apostolice Sedis legatum facte de speciali mandato Sedis ipsius et indagines alias habite nos informant, nostre provisionis edicto remedium adhiberi, per quod, injustis submotis oneribus circa ea, in regno prefato solide stabilita, justitie regium thronum firmet, pacis tranquilla producat, sit inibi publice tranquillitatis silentium cultus ejus et ipsa vinculum societatis humane sic superiorem populo sibi subjecto domesticet, eique ipsius populi corda consolidet, quod superior, insidiarum sollicitudine absolutus securitatis jocunditate letetur, populus pressuris indebitis liberatus in pacis pulcritudine sedeat, in requie opulenta quiescat, et in unanimitate ipsorum ac mutuo sinceritatis affectu, ejusdem regni statu roborato pacifico non sit profligatis hostibus, qui foris exterreat aut qui pacatis incolarum ejusdem animis intus turbet.

2. Instantie quoque premisse interpellationis non modicum adicit quod memorati regis dum viveret et dilecti filii nobilis viri C. sui primogeniti ex eo manifeste percepimus ad id vota concurrere, quod idem rex super directione, ordinatione, reformatione seu quacumque alia dispositione collectarum, exactionum, matrimoniorum aut aliorum quorumlibet que gravamina dicerentur vel dici possent, tam circa ecclesias, monasteria et alias ecclesiasticas personas quam circa communitates et universitates civitatum, castrorum et aliorum locorum, et etiam circa singulares potius totius regni predicti aut cujuslibet partis ejus felicis recordationis Martini pape quarti predecessoris nostri directioni, reformationi, dispositioni et ordinationi se plene ac libere, alte et basse submisit; dans et concedens eidem super iis plenam et liberam potestatem ac promittens quicquid per eundem predecessorem, ipso rege dictove primogenito tunc ejus vicario in regno eodem et aliis suis officialibus requisitis, vel irrequisitis, etiam actum foret, se ac heredes suos ad hoc specialiter obligando inviolabiliter observare, suis super hoc patentibus litteris predecessori concessis eidem. Premissa quoque in mortis articulo per alias suas similiter patentes litteras plenius repetens et confirmans eidem predecessori per eas humiliter supplicavit ut omnia onera fidelium regni sui et que gravamina dici possent removere, tollere et cassare dictumque regnum prospere reformare omniaque statuere que ad bonum statum heredum suorum et fidelium eorundem expedire videret, sua provisione curaret, non obstante si regem

ipsum tunc infirmitate graviter laborantem naturalis debiti solutione contingeret preveniri, sicut premisse ipsius regis littere que per nos et aliquos ex fratribus nostris diligenter inspecte in archivio ejusdem servantur ecclesie manifestius attestantur. Et tam idem rex quam dictus primogenitus super tollendis aliquibus eorundem gravaminum constitutiones varias edidisse dicuntur, licet et ille plenioris executione observationis indigeant, non plene, ut intelleximus hactenus observate.

3. Volentes igitur et illis robur apostolice confirmationis adicere, ut inferius exprimetur et pretactum, nostrum exequi accomode provisionis adjectione propositum, infrascripta omnia, prout subjecta eorum series indicat, de fratrum nostrorum consilio et assensu ac potestatis plenitudine providendo a gravamine illo deliberavimus inchoandum, quod majorem scandali materiam et generalius ministrabat. Ideoque ut omnino cesset in regno eodem onerosa exactio collectarum, presenti edictali provisione ac constitutione valitura perpetuo prohibemus per reges qui pro tempore fuerint seu pro eis dominantes in regno predicto, vel ministros ipsorum collectas fieri, nisi tantum in quatuor casibus infrascriptis.

4. Primus est pro defensione terre si contingat invadi regnum invasione notabili sive gravi, non procurata, non simulata, non momentanea, seu transitura facile sed manente, aut, si contingat in eodem regno notabilis rebellio sive gravis similiter non simulata, non procurata, non momentanea, sive facile transitura, sed manens.

5. Secundus est pro regis persona redimenda de suis redditibus et collecta si eam ab inimicis captivari contingat.

6. Tertius est pro militia sua, seu fratris sui consanguinei et uterini, vel saltem consanguinei, sive alicujus ex liberis suis, cum se hujusmodi fratrem suum vel aliquem ex eisdem liberis militari cingulo decorabit.

7. Quartus est pro maritanda sorore simili conjunctione sibi conjuncta vel aliqua ex filiabus aut neptibus suis, seu qualibet alia de genere suo ab eo per rectam lineam descendente quam et quando eam ipse dotabit. In predictis enim casibus, prout qualitas tunc imminentis casus exegerit, licebit regi collectam imponere ac exigere a subjectis, dum tamen pro defensione, invasione, seu rebellione predictis aut ipsius domini redemptione quinquaginta milium, pro militia duodecim milium, pro maritagio vero quindecim milium unciarum auri summam collecte universalis totius regni ejusdem tam ultra Farum quam citra quantitas non excedat. Nec concurrentibus etiam aliquibus ex predictis casibus collecta in uno et

eodem anno nisi una tantummodo imponatur. Sicut autem collecte quantitatum predictas summas in suis casibus limitatas excedere, ut premittitur, prohibemus, sic nec permittimus indistincte ad ipsas extendi, sed tunc tantum cum casus instantis qualitas id exposcet.

8. Et ut in predictis etiam casibus possit rex qui pro tempore fuerit, eo vitare commodius gravamina subditorum, quo uberiores fuerint redditus et obventiones ipsius, eum a demaniorum donatione volumus abstinere id sibi consultius suadentes.

9. Simili quoque prohibitioni subicimus mutationem monete frequentem, apertius providentes quod cuilibet regi Sicilie liceat semel tantum in vita sua novam facere cudi monetam, legalem tamen et tenute secundum consilium peritorum in talibus competentis, sicut in regnis illis observatur in quibus est usus legalium monetarum; quodque usualis moneta sit valoris exigui et talis quod in eodem valore sit apta manere toto tempore vite regis, cujus mandato cudetur, nec pro ea vel aliqua magna moneta quam idem rex semel tantum in vita sua fecerit, expendenda, fiat collecta vel distributio, sed censoribus et aliis mercatoribus, volentibus eam sponte recipere tribuatur. Et hoc ita precipimus perpetuis temporibus observari.

10. In homicidiis clandestinis providendo precipimus nihil ultra penam inferius annotatam ab universitatibus exigendum; videlicet ut pro Christiano quem clandestine occisum inveniri continget, ultra centum augustales, pro Judeo vero vel Sarraceno ultra quinquaginta nichil penitus exigatur, augmento, quod circa eandem penam idem rex dicitur induxisse, omnino sublato, presertim cum memorati rex et primogenitus dicantur idem per suas constitutiones noviter statuisse, quas quoad hoc decernimus inviolabiliter observandas, et hec intelligi tantum in homicidiis vere clandestinis in quibus ignoratur maleficus nec aliquis accusator apparet, adicientes quod non nisi tantum in locis magnis et populosis exigi possit quantitas supradicta. In aliis vero infra quantitatem eandem pro qualitate locorum exactio temperetur.

11. Eidem provisioni adiciendo precipimus universitates ad emendationem furtorum que per singulares personas contingit fieri nullatenus compellendas, nec ad mutuandum regi aut curie sue aut officialibus vel ministris ipsorum, aut recipiendam aliquatenus regie massarie custodiam sive onus seu possessionum regalium procurationem, aut cabelle vel navium seu quorumcumque vassellorum fabricandorum curam quemquam cogendum invitum, usurpationibus que contrarium inducebant penitus abrogatis, maxime cum

dicti rex et primogenitus ad relevanda non tamen plene gravamina in premissis inducta constitutiones varias promulgasse dicantur. Concedimus autem ut, si casus emergat, in quo sit necessarium naves vel alia vassella pro utilitate publica fabricari, liceat tunc regnanti committere curam fabricationis hujusmodi expensis regiis faciende personis idoneis, videlicet hujus rei peritiam habentibus et quas officium tale decet, et ipsis satisfaciat pro susceptione cure predicte de competenti mercede, et idem servari precipimus in faciendo biscotto.

12. Ad captivorum custodiam universitates vel singulares earum persone nullatenus compellantur, presertim cum hoc ipsum dicatur ejusdem regis constitutione provisum, quod precipimus inviolabiliter observari.

13. Gravamen quod in pecunia destinanda regi vel regali camere seu ad alia loca quecumque alicujus universitatis expensis per aliquas personas ejusdem universitatis inferri dicti regni universitatibus dicebatur, provisione simili prohibemus ipsis universitatibus vel singularibus personis earum de cetero irrogari ; maxime cum dicatur idem quoad universitates dicti primogeniti prohibitoria constitutione provisum quam in hoc decernimus inviolabiliter observandam.

14. Illud quod in eodem regno dicitur usurpatum videlicet quod incole ipsius regni ad reparanda castra et construenda in eis expensis propriis nova edificia cogebantur, emendatione congrua corrigentes, providendo precipimus ut nichil ultra expensas necessarias ad reparationem illorum antiquorum castrorum que consueverunt hactenus incolarum sumptibus reparari et edificiorum que in hujusmodi castris fuerant ab antiquo, ab eisdem incolis peti possit, et constitutio quam circa hoc idem primogenitus edidisse dicitur in hujusmodi antiquis castris et edificiis solummodo intelligenda servetur. Antiqua vero castra intelligi decernimus in hoc casu quorum constructio annorum quinquaginta jam tempore excessit.

15. Circa personas accusatas que in eodem regno injuste capi dicebantur si etiam ydoneos fidejussores offerrent, licet dictus rex aliquid statuisse dicatur ad gravamen hujusmodi temperandum, nos tamen ut nulla super hoc querela supersit providendo precipimus jura civilia observanda et eadem observari jubemus circa destitutionem possessorum comitum, baronum et quorumlibet aliorum qui per regalem curiam et officiales ipsius ac alios alienigenas feuda tenentes in regno suis possessionibus, si quando curia, officiales vel alienigene predicti se jus habere pretendebant in illis spoliari sive

destitui dicebantur et de possessoribus effici petitores, nullo juris ordine observato, necnon et cum aliquis dicitur invenisse thesaurum et etiam cum quis apud eandem curiam pro alio fidejussit, ita quod nec aliquis sue destituatur possessionis commodo vel spolietur aut destituatur eadem nec quoad illum qui defertur aut convincitur de inventione thesauri, nec quoad fidejussores curie datos aliter quam eadem jura statuunt procedatur.

16. Regibus futuris pro tempore in regno predicto et memoratis incolis qui de inordinata passuum ejusdem regni custodia querebantur se immoderate gravari, similiter providentes eidem custodie moderamen competens adhibemus, videlicet quod tempore impacato seu imminente turbatione aut verisimili turbationis suspicione contra ipsum regem aut dictum regnum seu in regno eodem, rex possit facere passus eosdem ad vitanda pericula custodiri. Tempore vero pacifico incolis regni habitantibus in eodem ac aliis non suspectis liber sit ex eo exitus et ingressus in illud, ita tamen quod equi ad arma nullo tempore sine regis licentia extrahantur exinde ad vendendum. Victualia vero quelibet de suis possessionibus vel massariis seu oves, boves et alia animalia humano competentia esui de propriis gregibus, armentis vel redditibus habita extra regnum dum tamen non ad inimicos eorundem regis aut regni unusquisque libere mittat etiam ad vendendum, nisi sterilitas aut pretacte turbationis instantia seu verisimilis suspicio suadeat circa missionem hujusmodi per regem ejus temporis aliud ordinandum. Si vero predicta victualia vel animalia ex negotiationis commercio habeantur, etiam fertilitatis tempore absque regnantis licentia extra regnum mittere vel ex ipso extrahere non liceat sic habenti, in omnibus premissis missionis seu extractionis casibus, jure quodcumque regi competit per omnia semper salvo. Infra regnum vero etiam per mare liceat cuilibet ecclesiastice secularive persone frumentum et alia blada necnon et legumina de propriis terris, massariis atque redditibus habita sine jure exitus fundici seu duane in loco in quo victualia recipiantur vel deponentur prestando de uno loco deferre seu facere deferri ad alium a rege seu ipsius officialibus licentia non petita. Emptitia vero, jure exiture ac fundici non soluto, sed alio si quod regi debetur dummodo emptitiorum, delatio de portu licito ad similem portum et cum barcis parvis centum solummodo salinarum vel infra capacium tantum fiat. Et deferentes seu deferri facientes premissa emptitia dent particulari portulano loci in quo fiet oneratio eorundem; fidejussoriam cautionem, quod litteras testimoniales de ipsorum victualium et

leguminum extractione a simili portulano loci in quo exoneratio ipsa fiet, habeant infra certum terminum pro locorum distantia prefigendum, et hec omnia perpetuo precipimus observari.

17. Abusum contra naufragos, ut fertur, inductum in eo quod bona que naufragium evadebant capiebantur per curiam nec ipsis naufragis reddebantur, ejusdem provisionis oraculo penitus abolemus, precipientes bona hujusmodi illis restitui ad quos spectant.

18. Querelam gravem hominum regni ejusdem super eo nobis exhibitam quod curiales stipendiarii regii et alii regalem sequentes curiam in civitatibus et locis ad que cum dicta curia vel sine ipsos declinare contingit, domos civitatis seu locorum eorundem pro suo arbitrio dominis intrahant invitis, et interdum ejectis, eisque in altilibus animalibus et aliis bonis eorum et quandoque horum occasione in personis ipsorum graves injurias inferebant, sopire competentis provisionis remedio cupientes, prohibemus ne aliquis curialis stipendiarius vel alius sequens curiam memoratam domum vel hospitium aliquod capere sive intrare propria auctoritate presumat, sed per duos vel tres aut plures, prout civitatis aut loci magnitudo poposcerit, per eandem curiam et totidem electos a locorum incolis, auctoritate tamen regia deputandos, hospitia memoratis curialibus, stipendiariis et aliis assignentur. Iidem autem curiales stipendiarii et alii nulla bona suorum hospitum capiant nec in illis aut in personis eorum ipsis aliquam injuriam inferant, nec ipsorum aliquis pro eo quod sibi hospitium fuerit aliquando taliter assignatum, si eum alias ad eundem locum cum curia vel sine curia venire contingat, sibi jus hospitandi vendicet in eodem aut ipsum intrare audeat, nisi fuerit sibi simili modo iterum assignatum. Hujusmodi autem hospitia taliter assignata profati rex, illi de domo, aut familia sua gratis semper obtineant. Reliqui vero sive stipendiarii sive quicumque alii per unum mensem solum si tanto tempore in eodem loco contingat curiam residere, si vero ultra resederit vel ipsos stipendiarios aut alios ad aliqua loca sine curia venire contigerit, satisfaciant dominis hospitiorum seu ipsorum actoribus de salario competenti per deputatos, ut premittitur, moderando.

19. Similiter prohibemus ne in locis in quibus vina et victualia possunt venalia repperiri, quisquam ea per regalem curiam aut curiales seu quoslibet ministros ipsorum vel quoscumque alios invitus vendere compellatur, nec aliqua bona nolentibus vendere auferantur, nec eorum vegetes consignentur, et, si de facto fuerint consignate, signa eis imposita liceat dominis auctoritate propria removere ; presertim cum prefatus rex hoc

ipsum de remotione hujusmodi statuisse dicatur. Si vero in loco ad quem curiam, curiales et alios predictos declinare contingit, talia venalia non habentur, habundantes in illis per aliquem vel aliquos ad hoc regali curia et totidem a locorum incolis electos, auctoritate tamen regia deputandos, omnia hujusmodi que habent ultra necessaria suis et familiarum suarum usibus non solum curie sed curialibus et aliis eam sequentibus cogantur vendere pretio competenti per deputatos, ut premittitur, moderando.

20. In matrimoniis, in quibus volentibus ea contrahere varia impedimenta, contrahendi adimentia libertatem, per regem et suos ingeri dicebantur, apostolice provisionis beneficium deliberavimus adhibendum. Ideoque provisione irrefragabili prohibentes regnicolis regni habitatoribus matrimonium intra se contrahere volentibus per regem vel suos officiales aut alios quoslibet inhibitionis seu cujuslibet obicem impedimenti prestari, declaramus et declarando precipimus libera esse matrimonia inter eos, ita quod bona mobilia vel immobilia, feudalia vel non feudalia, libere sibi mutuo dare possint in dotem nec iidem regnicole regni, ut premittitur, habitatores ejusdem super matrimonio inter se contrahendo aut in dotem dando bona quelibet licentiam petere teneantur, nec pro eo quod matrimonium cum bonis quibuslibet aut dote quantacumque contractum fuerit a rege licentia non petita contrahentibus aut alterutri eorundem vel parentibus consanguineis sive amicis ipsorum in personis aut rebus impedimentum, dispendium, vel gravamen aliquod irrogetur nulla in premissis constitutione vel consuetudine contraria de cetero valitura.

21. Providendo precipimus ut si quando in regno predicto contra certam personam fuerit inquisitio facienda, nisi ea presente vel se per contumaciam absentante, non fiat. Si vero presens fuerit, exhibeantur sibi capitula super quibus fuerit inquirendum, ut sit ei defensionis copia et facultas.

22. Simili provisione precipimus ut pro generalibus inquisitionibus nichil, vel sub compositionis colore vel alias, ab universitatibus exigatur, sed si procedendum fuerit, juste procedatur ex eis, presertim cum dictus rex C. id statuisse dicatur.

23. Hujusmodi precepto adicimus ut quotiens inter fiscum et privatum causam moveri contingit non solum in examinando jura partium, sed et ad diffinitivam sententiam juste ferendam sive pro privato, sive pro fisco necnon et ad ipsius executionem nulla in hoc difficultate ingerenda per fiscum, efficaciter procedatur ; ita quod nec in predicto examine, nec in prolatione

vel executione sententie, injustam moram vel aliam injuriam patiatur per fisci potentiam justitia privatorum.

24. Providendo districtius inhibemus forestas per regem aut magnates sue curie vel officiales seu quoscumque ministros in terris fieri privatorum, vel aliquarum forestarum occasione per regiam curiam, magistros vel custodes forestarum ipsarum aliquem in cultura terrarum suarum seu etiam perceptione fructuum impediri, sive ipsis propter hoc dampnum aliquod vel injuriam irrogari; factas vero de novo forestas hujusmodi omnino precipimus amoveri.

25. Omnes ecclesie seu ecclesiastice secularesve persone regni Sicilie libere suis salinis utantur, et presentis provisionis oraculo prohibemus ne illis per regem, officiales aut quoscumque ministros ipsius, usus aut exercitium interdicatur earum, neve quisquam prohibeatur sal de salinis ipsis proveniens emere ab eisdem.

26. Abusiones castellanorum per quas homines dicti regni ad portandum eis paleas, ligna, et res alias etiam sine pretio cogebantur inviti, et iidem castellani de rebus que circa seu per castra eadem portabantur pedagia exigebant, presentis provisionis beneficio prohibemus.

27. Ejusdem provisionis edicto precipimus ut pro litteris regiis et sigillo nichil ultra ipsius regni antiquam consuetudinem exigatur, videlicet ut pro litteris justitie nichil omnino, pro litteris vero gratie, in qua non est feudi vel terre concessio, nichil ultra quatuor tarenos auri ab impetrante solvatur; nulla in premissis distinctione habita inter clausas litteras et apertas. Pro litteris autem super concessione feudi vel terre confectis, necnon et pro privilegiis aliis, pro concessionis seu privilegii qualitate ac benevolentia concedentis curie satisfiat, dum tamen summam decem unciarum pro qualibet feudo integro concesso satisfactio non excedat. Sel nec pretextu sigilli regii, justitie sive gratie litteris in aliquo casuum predictorum impressi vel appensi, forsitan impetrans ultra quam premittitur solvere compellatur.

28. Animalia deputata molendinis que centimuli vulgariter nuncupantur, per regalem curiam vel officiales aut ministros ipsius eamve sequentes stipendiarios vel quoscumque alios nullo modo ad aliquod eorum ministerium dominis capiantur invitis nec alia etiam, sed pro competenti pretio de quo conventum fuerit inter partes a volentibus conducantur. Et hec ita de cetero precipimus observari; maxime cum idem rex statuisse dicatur quod justitiarii et subofficiales ac stipendiarii et subofficiales eorum non capiant animalia de-

putata ad centimulos, sed cum est necesse, inveniantur animalia alia habilia ad vecturam et loerium conveniens; et si contrafecerint, restitutis animalibus cum toto dampno eorum dominis, pene nomine et pro qualibet vice et quolibet animali solvant curie unciam auri unam. Premissam quoque constitutionem dicti regis similiter observare precipimus.

29. De creatione officialium, presertim extraneorum, qui propter ignorantiam status regni et favorem qui eis a regali curia prestabatur, subjectos impune gravabant, consulte suggerimus quod rex creare studeat officiales ydoneos qui subjectos injuste non gravent.

30. Super eo quod regnicole querebantur videlicet quod eis gravatis pro relevationis obtinendo remedio ad regem aditus non patebat, suademus per regem taliter provideri quod querele subditorum ad eum valeant libere pervenire.

31. Prohibemus ne quisquam pro animali silvestri extra defensam vel limites defense invento sine aliqua invenientis impulsione, arte vel fraude aliquatenus puniatur, etiamsi illud capiat vel occidat.

32. Nullus comes, baro, vel alius in regno predicto de cetero compellatur ad terridas vel alia quecumque vassella propriis sumptibus facienda. Per hoc autem juri regio in lignaminibus et marinariis vel alio servitio vassellorum, que a quibusdam universitatibus et locis aliis sive personis singularibus dicti regni deberi dicuntur, nolumus in aliquo derogari.

33. Si contigerit baronem aliquem mori, filio vel filia superstitibus etatis que debeat cura balii gubernari, providendo precipimus quod rex alicui de consanguineis ejus balium concedat ipsius et quoad hoc inter consanguineos proximior si fuerit ydoneus preferatur.

34. Si aliquem feudum a rege tenentem in capite, vel etiam subfeudatarium, nullo herede legitimo per lineam descendentem sed fratre aut ejus liberis superstitibus, mori contingat, si decedentis feudum ab aliquo ex parentibus sibi et fratri communibus pervenerat ad defunctum idem frater aut ex liberis suis usque ad trinepotem ille qui tempore mortis supererit defuncto proximior in feudo succedat habiturus illud cum onere servitii consueti; ad successionem feudi omnibus personis feudatario aut subfeudatario defuncto simili gradu conjunctis eodem ordine admittendis. In successione vero premissa inter feudatarios et subfeudatarios viventes in regno jure Francorum sexus et primogeniture prerogativa servetur, ut inter duos eodem gradu, feudatario defuncto, conjunctos feminam masculus, et juniorem major natu precedat, sive sint masculi, sive femine concurrentes, nisi forsan duabus concur-

rentibus esset primogenita maritata, et junior remanserat in capillo, tunc enim junior que in capillo man-
serat, primogenite maritate in successione hujusmodi
preferetur. Sed si nulla remanente in capillo due vel
plures fuerint maritate, majori natu jus primogeniture
servetur ut alias in dicta successione precedat. Si vero
feudum de quo agitur non ab aliquo parentum processerat, sed inceperat a defuncto, tunc solus defuncti
frater in eo succedat nisi lex concessionis in premissis
aliud induxisset. Et hec ita de cetero precipimus observari, qualibet contraria consuetudine vel constitutione
cessante.

35. Nullus subfeudatarius de feudo quod ab aliquo
feudatario regis tenet compellatur ipsi regi servire,
sed si aliquod aliud feudum ab ipso rege tenet in capite
pro eo sibi serviat ut tenetur.

36. Si contingat subfeudatarium crimen committere
propter quod publicanda fuerint bona ejus, aut ipsum
sine legitimis heredibus fati munus implere, si feudum
ejus fuerit quaternatum, nichilominus immediatus
dominus illud cum onere servitii consueti persone
concedat ydonee, regi postmodum presentande ut ejus
super hoc habeatur assensus. Si vero quaternatum non
fuerit, sic ad eundem immediatum dominum revertatur, ut ipsum hujusmodi persone pro sua voluntate
concedat, nec eam regi presentare aut ejus super hoc
requirere teneatur assensum, hiis ita deinceps ex nostro precepto servandis, constitutione vel consuetudine
contraria non obstante.

37. Vassalli baronum per curiam vel officiales ipsius
ad aliqua privata officia non cogantur, et si ea voluntarii subeant rationes debiti ex hujusmodi officii receptione, vel gestione contracti, vel delicti, forsan in ea
commissi baronibus eorum dominis, in bonis vasallo-
rum ipsorum, vel aliis prejudicium nullum fiat.

38. In terris ecclesiarum, comitum et baronum regni
predicti magistros juratos poni de cetero prohibemus
et positos exinde precipimus amoveri.

39. Ad novas communantias vassalli baronum vel
aliorum ire non compellantur inviti, sed nec voluntarii
admittantur si sint ascriptitie similisve fortune, vel
ratione persone, non rerum, tantum personalibus servitiis obligati. Si vero ratione rerum, tantummodo
hujusmodi servitiis teneantur, et ad easdem communantias transire voluerint, res ipsas dominis suis sine
contradictione dimittant.

40. Barones vel alii extra regnum nec servire personaliter nec adduamenta prestare cogantur ; in casibus
quoque in quibus intra regnum servire, vel adduamenta
prestare tenentur, servitia exhibeant et adduamenta

prestent antiquitus consueta, videlicet ut vel tribus
mensibus personaliter serviant cum numero militum
debitorum, vel pro singulis militibus ad quos tenentur,
pro quolibet trium mensium predictorum tres uncias
et dimidiam auri solvant ; et hec ita de cetero inconcusse de nostro precepto serventur.

41. Ceterum ut contra pericula que, sicut pretactum
est, propter gravamina illata subditis excitata creduntur,
ne, quod absit, recidant in tanto periculosius recidivum
quanto recidenti solet esse deterius quam cadenti, eo
major sit regnantibus in regno predicto securitas, quo
minus erit libera eadem gravamina irrogandi facultas,
provisioni premisse subjungimus ad perpetuum sui
roboris fulcimentum quod, si ventum fuerit in aliquo,
contra eam licitum sit universitatibus et gravato cuilibet libere ad Apostolicam Sedem habere pro sua querela
exponenda et obtinenda illati gravaminis emendatione
recursum, adicientes inter illa in quibus contra provisionem eandem fieri contigerit congrua distinctione
delectum, videlicet ut si ea fuerint que per ipsam pro-
hibitorie vel preceptorie sunt provisa et principaliter
factum regnantis respiciunt nec solent absque ipsius
auctoritate presumi, ut est collectarum impositio, monete
mutatio, matrimoniorum prohibitio vel impedimentum
aliud eorundem, nisi rex ejus temporis illa infra decem
dies revocaverit, per seipsum eo ipso capella sua ecclesiastico sit supposita interdicto, duraturo solum quousque gravamen fuerit revocatum.

42. In reliquis vero prohibitoriis et preceptoriis, et
specialiter si universitas singularisve persona gravata
volens propterea recurrere ad Sedem eandem per officiales regios seu quoscumque ministros vel quoslibet
alios fuerit impedita vel ipse aut alius pro eis exinde
dampnum passi, nisi satisfactione lesis prestita impedimentum infra mensem postquam ipse rex sciverit
revocetur, extunc sit capella eadem similiter interdicta.
In quolibet autem casuum premissorum, si regnans interdictum hujusmodi per duos menses substinuerit
animo contumaci, abinde loca omnia ad que ipsum,
uxorem, vel filios suos declinare continget, donec ibi
presentes fuerint simili subjaceant interdicto. Et si
deinde per sex menses interdicta hujusmodi substinuerit animo indurato, exinde sit excommunicationis sententia innodatus, quam si per alios sex menses contumacia obstinata substineat ex tunc subditi ad mandatum
Sedis ejusdem ipsis propterea faciendum in nullo sibi
obediant, quamdiu in hujusmodi obstinatione persistet.

43. Ad majorem quoque provisionis hujusmodi firmitatem, eidem specialiter illud adicimus, quod quilibet
rex Sicilie quando juramentum fidelitatis et homagii

prestabit summo pontifici, sollempniter eidem et ecclesie Romane pro se a suis heredibus in regno sibi successuris eodem promittere teneatur, quod provisionem presentem in omnibus et per omnia, quantum in eis erit, observabunt inviolabiliter et facient ab aliis observari nec contra eam vel aliquam partem ipsius per se vel per alium quoquo modo aliquid attemptabunt; et super hoc tam ipse quam quilibet eorundem successorum dent ipsi pontifici et ecclesie suas patentes litteras sui pendentis sigilli munimine roboratas.

44. Licet autem premisse provisionis verba gravamina certa respiciant, de quibus ad nos querela pervenit, reges tamen qui continuanda temporum et successionum perpetuitate regnabunt in regno predicto non propterea extiment gravandi alias subditos arbitrium sibi fore concessum, sed sciant potius se debere ipsos in bono statu tenere ab omnibus illicitis exactionibus et indebitis eorum oneribus per se ac alios abstinendo.

45. Sane si quod in eadem provisione vel aliquo ejus articulo dubium non tam sollicitam, quam rationabilem dubitationem continens oriri contingat, interpretationem dubii hujusmodi nobis quanquam etiam de jure competat reservamus expresse. Decernimus ergo ut nulli omnino hominum liceat hanc paginam nostre provisionis, constitutionis, inhibitionis, precepti, declarationis, abolitionis et abrogationis infringere vel ei ausu temerario contraire. Si quis autem etc.

Ego Honorius catholice ecclesie episcopus subscripsi.

Ego Ordonius Tusculanus episcopus s.s.

Ego frater Bentevenga Albanensis episcopus s.s.

Ego frater Latinus Ostiensis et Velletrensis episcopus s.s.

Ego frater Ieronimus Penestrinus episcopus s.s.

Ego Bernardus Portuensis et Sancte Rufine episcopus s.s.

Ego Ancherus tituli Sancte Praxedis presbyter cardinalis s.s.

Ego Hugo tituli Sancti Laurentii in Lucina presbyter cardinalis s.s.

Ego Gervasius tituli Sancti Martini presbyter cardilis s.s.

Ego Comes tituli Sanctorum Marcellini et Petri presbyter cardinalis s.s.

Ego Gaufridus tituli Sancte Susanne presbyter cardinalis s.s.

Ego Gottifridus Sancti Georgii ad Velum Aureum diaconus cardinalis s.s.

Ego Jordanus Sancti Eustachii diaconus cardinalis s.s.

Ego Jacobus Sancte Marie in Via Lata diaconus cardinalis s.s.

Ego Benedictus Sancti Nicolai in carcere Tulliano diaconus cardinalis s.s.

Dat. Tibure per manum magistri Petri de Mediolano sancte Romane ecclesie vicecancellarii, XV kal. octobris, indictione XIIII, incarnationis dominice anno MCCLXXXV, pontificatus vero donni [Honorii pape IIII anno primo. »

97   Tivoli, 17 septembre 1285.

Statuit ut constitutiones quas Carolus, clare memorie Caroli regis Sicilie primogenitus, tunc princeps Salernitanus et ejusdem regis in regno Sicilie vicarius generalis, pro bono statu ecclesiarum regni predicti statuit firmitatis perpetue robur obtineant et perpetuis temporibus inviolabiliter observentur. (n° 93, fol. 29; Potthast, n° 22290.)

« Ad perpetuam rei memoriam. Dilectus filius nobilis vir, clare memorie C. regis Sicilie primogenitus, tunc princeps Salernitanus et ejusdem regis in regno Sicilie vicarius generalis, tanquam vir catholicus de genere ortus christianissimo devotam ad Deum et ipsius ecclesias mentem gerens ejusdem generis vestigia imitatus pro bono statu ecclesiarum regni predicti et ad conservationem jurium earundem inter cetera, licet sub alio forsan verborum scemate, dicitur statuisse et mandasse inviolabiliter observari.

1. Quod decime que debebantur ecclesiis et personis ecclesiasticis regni ejusdem catholicorum regum Sicilie temporibus et debentur et recipi ab ecclesiis consueverunt, eisdem ipsis ecclesiis sine difficultatis obstaculo ac more dispendio persolvantur, scilicet que debentur in pecunia in festo Pentecostes et alia que debentur in frumento et aliis victualibus, vino, oleo, seu fructibus aliis, illis temporibus, quibus percipiuntur, et si aliqua sint que ceteris diebus persolvi consueverunt die debita persolvantur, et ne de hoc ecclesie vel persone ecclesiastice necesse habeant singulis annis a curia litteras impetrare, statuit quod sub pena dupli ejus quod pro decimis vel aliis juribus personis vel ecclesiis, quibus secundum ordinationem premissam solutum non fuit, debetur, secreti seu magistri procuratores ac magistri salis bajuli vel alii officiales qui eas debent persolvere tam presentes quam futuri teneantur ea integraliter solvere, secundum quod superius est distinctum, nullo inde mandato alio expectato.

2. Item, quod comites, barones et ceteri qui tenentur ad decimas et jura alia ecclesiis vel personis ecclesias-

ticis pro bonis que tenent ea teneantur solvere suis temporibus, quibus hactenus extitit consuetum, adiciens quod ad hoc auctoritate sui statuti super hoc editi ad requisitionem personarum quibus debentur per justitiarios provincie compellantur, quodque solvantur a baliis quibuscumque per quos bona pupillorum terras et feuda tenentium procurantur, sive baliatus curia teneat, sive alii sint commissi sive terre vel feuda aliquorum occasione delicti vel quacumque alia causa per curiam teneantur.

3. Item, quod clerici, nisi pro bonis feudalibus, prout continetur in conventionibus inter dictum regem et Romanam ecclesiam habitis, ad judicia secularia non trahantur.

4. Item, quod ecclesie in toto regno predicto gaudeant privilegio, eis per communia jura indulto, scilicet quod rei qui ad eas confugiunt abinde non extrahantur inviti, nisi in casibus a jure premissis.

5. Item, quod domus prelatorum, religiosorum et aliarum ecclesiasticarum personarum sine voluntate ipsorum causa hospitandi ab officialibus vel aliis personis, eis invitis, nullatenus capiantur; et si de voluntate ipsorum prelatorum, religiosorum vel aliarum personarum ecclesiasticarum recepti fuerint, ibi criminalia judicia exercere aliquatenus non presumant, nec lectos vel res eorum contra voluntatem ipsorum accipiant, et si, secus factum fuerit, post emendationem et restitutionem dampni, si comes fuerit vel baro qui contra fecerit, tenentur ad penam duodecim unciarum auri, si simplex miles ad sex, et si burgensis ad tres.

6. Item, quod officiales, comites, barones, vel alie quecumque persone laicales non intromittant se de electionibus prelatorum, vel collationibus prebendarum seu quorumlibet ecclesiasticorum beneficiorum directe vel indirecte, nec de aliis ad spiritualia pertinentibus, nisi quantum ratione juris patronatus aliquibus competit, vel ex privilegio est concessum, nec propter prelatos capitula ecclesiarum seu conventus piorum locorum ipsorum consanguinei vel vassalli quomodolibet molestentur.

7. Item, quod clerici qui clericaliter vivunt in collectis et exactionibus aliis quibuscumque nec pro bonis ecclesiasticis, nec pro patrimonialibus de portionibus eos legitime contingentibus cum aliis teneantur.

8. Item, quod res et possessiones, que non sunt in aliquo curie vel alii obligate, dari, donari possint ecclesiis et legari, sed, et si ea obligatione tenentur propter quam datio, donatio, vel legatio de jure impediri non possit, hoc casu res et possessiones hujusmodi prefatis titulis cum onere suo ad ecclesias transferantur.

9. Item, quod vassallis ecclesiarum, qui ea que habent ab ecclesiis tenent et sunt eisdem ecclesiis ad servitia personalia obligati, officia per curiam, comites, barones vel alios sine ipsorum prelatorum licentia nullatenus committantur.

10. Item, quod privilegia et jura concessa ecclesiis et personis ecclesiasticis a catholicis et antiquis regibus Sicilie, in quorum possessione sunt, serventur illesa; de illis vero in quorum possessione non sunt, fiat eis sine difficultate justitia in curia competenti.

11. Item, quod officiales et commissarii curie possessiones et res que ab ecclesiis possidentur non auferant nec in ipsis easdem ecclesias contra justitiam perturbare presumant.

12. Item, quod officiales seu seculares persone se nullatenus intromittant ad cognoscendum de aliquo crimine ecclesiastico nec impediant prelatos aut ipsorum officiales quin de hujusmodi crimine libere cognoscant et puniant ut est juris.

13. Item, quod justitiarii vel alii officiales vassallos ecclesiarum coram se vel ad ipsorum judicia in civilibus trahere non presumant.

14. Item, quod prelati ecclesiarum, ecclesiastice persone ac officiales ipsarum vassallos earum debitores suos possint, prout eis competit, compellere ad satisfaciendum sibi de debitis et juribus earundem, contradictione aliqua illegitima non obstante.

15. Item, licet idem princeps statuerit aliqua de vassallis ecclesiarum eis ad personalia servitia obligatis si forsan a terris in quibus morari debent aufugerint per prelatos et personas ecclesiasticas revocandis, nos tamen dicimus distinguendum ut, si ratione persone ad hujusmodi servitia teneantur, possint, si recesserint, legitime revocari; si vero tenentur rerum tantummodo ratione et recedere voluerint res ipsas ecclesiis et personis eisdem omnino dimittere compellantur.

16. Item, quod Judeis qui sunt ecclesiarum vassalli nulla committantur officia nec eis alie oppressiones vel gravamina inferantur.

17. Nos itaque, cum fratribus nostris deliberatione prehabita, premissa in favorem ecclesiarum Dei et ministrorum ipsius attendentes inducta de ipsorum fratrum consilio et assensu ac plenitudine potestatis ea firmitatis perpetue robur statuimus obtinere, ipsaque precipimus perpetuis temporibus inviolabiliter observari. Decernimus ergo ut nulli omnino hominum liceat hanc paginam nostre constitutionis atque precepti infringere, vel ei ausu temerario contraire. Si quis autem etc.

Ego Honorius catholice ecclesie episcopus subscripsi

Ego Ordonius Tusculanus episcopus subscripsi et sic de aliis ut in proxime superiori.

Dat. Tibure per manum magistri Petri de Mediolano etc., ut supra. »

98   Tivoli, 22 septembre 1285.

G. episcopo Sabinensi, Apostolice Sedis legato, et R. comiti Atrebatensi regni Sicilie bajulo, mandat quatinus ordinationem ab ipso papa de regni Sicilie reformatione editam in prefati regni civitatibus sollempniter publicari et observari procurent. (n° 94, fol. 29 v° ; POTTHAST, n° 22293.) [1]

« *Venerabili fratri G. episcopo Sabinensi, Apostolice Sedis legato, et unacum dilecto filio nobili viro R. comite Atrebatensi, bajulo regni Sicilie per Romanam ecclesiam constituto.* Quam gravis quamque dispendiosa et amara Sicilie regni conditio usque nunc a diebus olim Frederici quondam Romanorum imperatoris extiterit, quanta etiam et quam dura, quin immo pene inaudita gravamina, quot afflictionum et persecutionum angustias per ipsius F. posterorumque suorum inducta tyrampnidem usque ad tempora moderna pertulerit, quot propterea tempestatum fluctibus regnum ipsum et regnantes in eo patuerint, tibi verborum oraculis exprimi aut ministerio repeti scripturarum supervacuum fore putavimus, cum sic ea didiceris, sic quasi palpaveris digito et fide cognoveris oculata, quod de illis instructus plenius ad reformationem status regni ejusdem, felicis recordationis Martinum papam predecessorem nostrum et nos etiam, quamvis ab olim illa communis notitia publicasset, per tuas litteras plenius et seriosius informasti. Nos itaque per hec et alia informati, magno desiderio cupientes excitatis in regno eodem obviando periculis sic inibi thronum regium perpetuis stabilire temporibus et solida stabilitate firmare, quod et clare memorie C. Sicilie regis heredes in perpetuum et regnum idem statu pacifico et tranquillo, summi regis favente clementia, jocundentur, de fratrum nostrorum consilio et assensu circa premissa provisionem seu ordinationem edidimus generalem, prout in nostris litteris super hoc confectis, quas tibi per dilectum filium magistrum Berengarium Freduli, capellanum nostrum, succentorem Biterrensem, latorem presentium, mittimus, videbis expressius contineri. Licet

1. Gérard légat du Saint-Siège et Robert d'Artois publièrent les constitutions visées dans cette bulle, le 27 octobre 1285 ; voyez les lettres patentes données à Trani le 6 des calendes de novembre, la première année du pontificat d'Honorius IV, publ. par Riccio, *Saggio di codice diplomatico*, t. I, p. 215.

autem nullum incolam dicti regni ab illius participio series prefata provisionis excludat, nos tamen expresse in ipsius editione liberam nobis reservavimus potestatem universitates et singulares personas jamdicti regni et specialiter insule Sicilie cujuscunque sint preeminentie, conditionis aut status que a fidelitate regis et heredum ipsorum non sine gravi contemptu et offensa ecclesie recesserunt, nisi celeriter ad nostra et ipsius ecclesie mandata redierint, reddendi, quando et prout expedire viderimus, a beneficio provisionis ejusdem penitus alienas, et tam contra illos quam contra quoscumque alios qui extunc a predictorum heredum recedere fidelitate presumerent, non solum ad hoc sed et alias gravius spiritualiter et temporaliter procedendi, prout hec in specialibus nostris confectis exinde litteris quas per latorem ipsum unacum predictis aliis tibi duximus destinandas plenius exprimuntur. Quia vero parum esset provisionem sive ordinationem hujusmodi edidisse nisi eam observationis diligentia tueatur, volumus, et fraternitati tue per apostolica scripta mandamus quatinus predictam provisionem seu ordinationem nostram, necnon et predictas alias litteras super reservatione pretacta conceptas in Neapolitana et aliis sollempnibus civitatibus et locis dicti regni et specialiter in terris finitivis insule Sicilie convicinis, prout commodius fieri poterit, per te vel per alium seu alios de quibus tua viderit expedire discretio, sollempniter publicans, eam diligenter observes et ab aliis ac precipue ab officialibus in quibusvis ejusdem regni partibus deputatis facias observari, ut actore illo, cujus in pace factus est locus, quique in pacis habundantia delectatur, justitia et pax in eodem regno solido convenientes amplexu excludant inde gravamina injurias relegent et quibuslibet eliminatis abusibus quietem inibi tranquillitatemque conservent. Dat. Tibure, X kal. octobris, anno primo. »

« In eundem modum dilecto filio nobili viro R. comiti Atrebatensi et unacum venerabili fratre nostro G. episcopo Sabinensi Apostolice Sedis legato bajulo regni Sicilie per Romanam ecclesiam constituto. Quam gravis etc, usque supervacuum fore putavimus cum ea quasi palpaveris digito et fide cognoveris oculata. Nos itaque informatione habita premissorum magno desiderio cupientes subortis in regno eodem obviando periculis etc., usque quas tibi per dilectum filium magistrum Rodulfum de Croso clericum tuum latorem presentium etc., usque tueatur, volumus et nobilitati tue per apostolica scripta precipiendo mandamus quatinus predictam provisionem seu ordinationem nostram necnon et predictas alias litteras super reservatione pretacta con-

ceptas, in civitatibus et locis aliis dicti regni de quibus expedire videris et specialiter in terris finitimis
insule Sicilie convicinis, prout comodius fieri poterit,
procures sollempniter publicari, et eam diligenter observes ac ab aliis et precipue ab officialibus in quibusvis regni jamdicti partibus deputatis facias observari
etc. usque in finem. »

99   Tivoli, 8 septembre 1285.

Personas regni Sicilie que a fidelitate clare memorie C. regis
Sicilie recesserint, ab ordinationis generalis de prefati regni
reformatione facte beneficio reddendi alienas sibi reservat liberam potestatem. (n° 95, fol. 30; POTTHAST, n° 22289.) [1]

« *Ad perpetuam rei memoriam.* Ad tollenda de Sicilie
regno gravamina que inibi quondam Fredericus, olim
Romanus imperator, tunc Sicilie rex, induxit et conta-
giosa ejus iniquitas in posteros suo derivata contagio
usque ad hec tempora prorogavit, de fratrum nostrorum
consilio et assensu provisionem generalem edentes,
nullum incolam regni predicti a sui participio exclu-
dentem, nobis reservavimus expresse liberam potestatem universitatem et singulares personas regni ejusdem
et specialiter insule Sicilie, cujuscumque sint preeminentie, conditionis aut status, que a fidelitati clare memorie C. regis Sicilie vel heredum suorum, non sine
gravi contemptu et offensa ecclesie recesserunt, nisi
celeriter ad nostra et ipsius ecclesie mandata redierint,
reddendi, quando et prout nobis expedire videbitur, ab
ejusdem provisionis beneficio penitus alienas, et tam
contra eas quam contra quoscumque alios qui deinceps
ab eorundem heredum recedere fidelitate presumpserint
non solum ad hoc sed et alias gravius spiritualiter et
temporaliter procedendi. Ut autem de reservatione hujusmodi per presentes liquido constet in posterum, eas
fieri jussimus in testimonium veritatis. Dat. Tibure, VI
idus septembris, anno primo. »

100   Tivoli, 5 septembre 1285.

Mortuo magistro Oliverio, Turonensi electo, capitulo Turonensi ecclesie mandat quatinus eidem ecclesie de pastore ido-
neo studeat canonice providere. (n° 96, fol. 30; LA PORTE DU
THEIL, fol. 142.)

« *Capitulo Turonensi.* Turonensem ecclesiam que —.
Et ideo quondam magistrum Oliverium ecclesie ipsius

1. Potthast indique cette bulle sous la date du 14 septembre.

electum nuper ad nostram presentiam pro electionis sue
negotio accedentem benigne recepimus et electionis
ipsius audito processu, ad ejus expeditionem sollicite
intendentes, ne ipsa ecclesia prolixe¡ vacationis incomoda sustineret, venerabilem fratrem nostrum O. Tusculanum episcopum, et dilectos filios nostros Gervasium
tituli Sancti Martini presbyterum et Jordanum Sancti
Eustachii diaconum cardinales examinatores dicti processus juxta laudabilem prefate Sedis consuetudinem
duximus deputandos; quibus in hujusmodi examinatione procedentibus, memoratus electus in infirmitatem
incidit, et eodem jam examinato processu, cum persone
sola examinatio superesset, sicut Domino placuit, debitum nature persolvit. Nos itaque unanimitatem vestram
et laudandam concordiam, quam in vacatione novissima
ejusdem ecclesie, et in aliis pluribus in concordi electione pastoris vos refert longa memoria laudabiliter
observasse multipliciter commendantes, vos ut eam in
posterum observetis sollicite propensius exhortando, ac
desiderantes quod eadem ecclesia viduitatis evitatis incomodis celeriter sui pastoris solatio perfruatur, universitati vestre per apostolica scripta mandamus quatinus, Deum habendo pre oculis, ecclesie sepefate de
pastore ydoneo qui eam sciat et valeat gubernare salubriter studeatis canonice providere, ita quod illo faciente qui potest, ecclesia eadem sub ejus salubri regimine spiritualibus et temporalibus proficiat incrementis,
et laudande corcordie vestre preconium non decrescat,
sed ex illius continuatione laudabili potius augeatur.
Dat. Tibure, nonis septembris, anno primo. »

101   Tivoli, 23 juillet 1285.

Archiepiscopo Januensi, causa inter comites quosdam Januensis diocesis ex una parte et commune Januensis civitatis ex
altera pendente, mandat quatinus prefatum commune peremptorie citet ut per sindicum seu procuratorem coram Apostolica
Sede compareat, (n° 97, fol. 30 v°.)

« *Venerabili fratri .. archiepiscopo Januensi.* Significarunt nobis dilecti filii nobiles viri Jacobus, Nicolaus,
Thedisius, Andriolus, Percevallus, Albertus et Ottobonus de Flisco ac alii comites Lavanie, ipsis in hac
parte adherentes, Januensis diocesis, quod, dudum inter
ipsos ex parte una et commune civitatis Januensis super eo quod predictum commune quominus ipsi in
Sigestri et Lavanie burgis, ejusdem diocesis, in quolibet
videlicet dictorum burgorum annis singulis, prout ad
eos pertinebat, duos consules constituere possent impedire ac ab eis collectas et exactiones indebitas exigere

temere presumebat, ipsisque certos redditus in quibus predictum commune ipsis anno quolibet tenebatur exhibere ac quedam castra et possessiones eorum ipsis restituere indebite denegabat, ex altera, dissensionis et questionis materia suscitata, demum de utriusque partis assensu felicis recordationis Innocentius papa V, predecessor noster, eam amicabili compositione sopivit; de observanda compositione hujusmodi a partibus ipsis prestitis juramentis. Et ne predicta compositio posset in posterum eventu quolibet vacuari unanimiter voluerunt et consenserunt etiam partes ipse quod idem predecessor ac successores sui Romani pontifices qui essent pro tempore possent partes predictas ad observationem dicte compositionis, quotiens oportunum esset, spiritualiter et temporaliter coartare. Et, licet predictum commune in quibusdam compositionem predictam aliquandiu duxerit observandam, .. potestas tamen, .. capitanei, antiani et alii officiales dicti communis, non attendentes quod per bone memorie B. Sabinensem episcopum de speciali mandato ejusdem predecessoris et voluntate partium si contra compositionem per ipsos aut ipsum commune fieri quoquomodo contingeret, in eos excommunicationis sententia lata fuit, nec ipsam verentes incurrere, necnon et dictum commune contra juramentum ab eis super hoc, ut premittitur, prestitum et compositionem eandem non absque suarum animarum periculo venientes a predictis nobilibus quasdam collectas seu exactiones exigere propria temeritate nituntur. Propter quod, dicti nobiles ad nostram audientiam appellarunt, dictumque commune redditus predictos solvere eis ac castra et possessiones prefata ipsis restituere, juxta ipsius compositionis tenorem, pro sua voluntate non curant. Quare predicti nobiles nobis humiliter supplicarunt ut ipsis faceremus super predictis apud Sedem Apostolicam exhiberi justitie complementum. Nos itaque, attendentes quod tam de voluntate ac consensu partium earundem quam propter juramentum ab ipsis partibus prestitum de conservanda compositione premissa de predictis ad nos pertinet sine dubitatione censura, hujusmodi negotium dilecto filio nostro G. tituli Sancti Martini presbytero cardinali duximus committendum. Quocirca fraternitati tue per apostolica scripta mandamus quatinus prefatum commune ex parte nostra peremptorie citare procures, ut infra unius mensis spatium post citationem tuam per sindicum seu procuratorem ydoneum compareant coram nobis, facturi et recepturi super hoc quod dictaverit ordo juris; inhibens nichilominus districtius ex parte nostra .. potestati, .. capitaneis, consilio et communi predictis ne, in curia romana predicta causa pendente, circa collec-

tas seu exactiones prefatas quicquam innovare presumant; diem vero citationis et formam et quicquid inde feceris nobis per tuas litteras harum seriem continentes studeas fideliter intimare. Dat. Tibure, X kal. augusti, anno primo. »

102   Tivoli, 27 août 1285.

Jacobum, post mortem Guillelmi monasterii Farfensis abbatis, de monasterio Sancti Sabe de Urbe cujus preerat regimini ad Farfense monasterium transfert, eundem dicto monasterio apostolica auctoritate in abbatem preficiens. (n° 98, fol. 30 v°.)

« *Jacobo abbati monasterii Farfensis, ad Romanam ecclesiam nullo medio pertinentis, ordinis sancti Benedicti, Sabinensis diocesis.* Onerosa pastoralis officii —. Dat. Tibure, VI kal. septembris, anno primo. »

In eundem modum priori et conventui monasterii Farfensis mandat quatinus eidem abbati obedientiam et reverentiam debitam exhibeant. Dat. ut supra.

In e. m. universis vassallis et hominibus monasterii Farfensis mandat quatinus ejusdem salubribus mandatis et monitis intendant et prestantes fidelitatis solite juramentum eidem consueta exhibeant servitia. Dat. ut supra.

103   Tivoli, 9 août 1285.

Episcopo Lingonensi mandat quatinus infra unum mensem post presentium litterarum receptionem magistro et fratribus hospitalis Sancti Spiritus de Divione habendi oratorium in eodem hospitali et cimiterium licentiam largiatur. (n° 99, fol. 31; La Porte du Theil, fol. 131.)

« *Venerabili fratri .. episcopo Lingonensi.* Exposuerunt nobis dilecti filii .. magister et fratres hospitalis Sancti Spiritus de Divione, Lingonensis diocesis, ad hospitale nostrum Sancti Spiritus in Saxia de Urbe immediate spectantis, quod, ipsis dudum supplicantibus felicis recordationis Gregorio papa X predecessori nostro, ut cum magistro et fratribus dicti hospitalis Sancti Spiritus in Saxia a Sede Apostolica esset indultum quod in hospitalibus et domibus ad hospitale ipsum de Urbe spectantibus oratorium et cimiterium possent sine impedimento contradictionis habere ad opus fratrum, familiarium, infirmorum, et pauperum degentium in eisdem, habendi oratorium in eodem hospitali de Divione predictis magistro et fratribus ipsius hospitalis licentiam largiretur, et mandaret ibidem cimiterium benedici ad opus magistri et fratrum ipsius hospitalis de Divione ac familiarium, infirmorum et

pauperum degentium in eodem, dictus predecessor tibi
deferens in hac parte per suas tibi litteras demandavit
ut, si esset ita, eisdem magistro et fratribus ipsius hospitalis Sancti Spiritus de Divione juxta tenorem indulti
predicti licentiam concederes postulatam, ac in eodem
hospitali de Divione cimiterium benedicere procurares.
Verum licet tu ab eisdem magistro et fratribus super
hiis fuisses pluries humiliter requisitus, tamen direc-
tum tibi super hiis mandatum non curasti effectui de-
mandare, propter quod pie memorie Innocentius papa V
predecessor noster volens memoratos magistrum et fratres dicti hospitalis de Divione, cum ad prefatum hospitale Sancti Spiritus in Saxia de Urbe pertinere nosce-
retur, comodo indulti predicti gaudere, ipsosque concessa hospitali predicto Sancti Spiritus de Urbe gratia
non fraudari, tibi suis postmodum dedit litteris in mandatis ut, premissis veris existentibus memoratis, magistro et fratribus de Divione infra unum mensem post
receptionem litterarum ipsarum habendi oratorium in
predicto hospitali de Divione, juxta prenominati indulti
tenorem, sine difficultatis obice licentiam largireris
et in eodem hospitali de Divione cimiterium benedice-
res juxta predictarum ipsius predecessoris Gregorii
continentiam litterarum; sed tu mandato hujusmodi
dicti predecessoris Innocentii penitus obaudito, premissa efficere hactenus non curasti, sicque iidem magister et fratres coacti sunt jam tertio super hoc Apostolice Sedis remedium implorare. Quare nobis humiliter supplicarunt ut providere et super hoc auctoritate
apostolica curaremus. Nos igitur nolentes imperfectum
relinquere quod per dictum predecessorem Gregorium
pie in hac parte extitit inchoatum, fraternitati tue per
apostolica scripta mandamus quatinus infra unum
mensem post receptionem presentium eisdem magistro
et fratribus de Divione hujusmodi licentiam largiaris,
ac in eorum hospitali cimiterium benedicas, juxta earundem dicti predecessoris Gregorii continentiam litterarum; alioquin venerabili fratri nostro .. episcopo
Cabilonensi nostris damus litteris in mandatis ut ipse
extunc sepefatis magistro et fratribus de Divione auctoritate nostra prefatam licentiam tribuat, et in hospitali prefato de Divione cimiterium benedicat juxta
predictarum ejusdem predecessoris Gregorii continentiam litterarum. Dat. Tibure, V idus augusti, anno
primo. »

In eundem modum episcopo Cabilonensi mandat quatinus,
si Lingonensis episcopus precedens mandatum apostolicum infra tempus prescriptum neglexerit adimplere, in hospitali prefato de Divione cimiterium benedicat. Dat. ut supra.

104   Tivoli, 30 juillet 1285.

Johannem, monasterii Sanctorum Andree et Gregorii in Clivo
Scauri de Urbe monachum, monasterio sancti Petri de Villamagna, Anagnine diocesis, per obitum quondam Nicolai abbatis et deinde per fratris Roberti a conventu dicti monasterii
per viam compromissi electi resignationem, pastoris regimine
destituto, in abbatem preficit, eidemque per J. episcopum Penestrinum jubet munus benedictionis impendi. (nº 100, fol.
31 vº.)

« *Johanni, abbati monasterii Sancti Petri de Villamagna,
ad Romanam ecclesiam nullo medio pertinentis, ordinis sancti Benedicti, Anagnine diocesis.* Sponso celesti
cui —. Dat. Tibure, III kal. augusti, anno primo. »

In eundem modum conventui monasterii Sancti Petri de
Villamagna mandat quatinus eidem abbati obedientiam et
reverentiam debitam exhibeat. Dat. ut supra.

In e. m. universis vassallis ejusdem monasterii mandat
quatinus eidem abbati fidelitatis solite juramentum prestantes
consueta exhibeant servitia. Dat. ut supra.

105   Tivoli, 9 septembre 1285.

Monasterio Sancti Germani Autissiodorensis, per obitum
Johannis abbatis solatio pastoris destituto, Guidonem, tunc
priorem claustralem, preficit in abbatem. (nº 101, fol. 32 ; LA
PORTE DU THEIL, fol. 163.)

« *Guidoni, abbati monasterii Sancti Germani Autissiodorensis, ordinis sancti Benedicti.* Militanti ecclesie disponente —. Dudum siquidem monasterio Sancti Germani
Autissiodorensis, ordinis sancti Benedicti, per obitum
quondam Johannis abbatis ejusdem monasterii destituto
pastore, dilecti filii monachi ipsius monasterii ad tractandum de futuri substitutione abbatis die ad hoc statuta simul convenerunt et in hujusmodi negotio per
viam scrutinii procedentes —, extitit quod longe major
pars totius conventus ipsius monasterii Sancti Germani prestiterat suum in te, tunc priorem claustralem
monasterii supradicti, consensum ; — reliqui vero,
tribus eorum duntaxat exceptis, Johannem de Thientiis,
tunc priorem Lewensem, Cluniacensis ordinis, Cicestrensis diocesis, ad prefati monasterii Sancti Germani
regimen postularunt et elegerunt, ut eorum verbis
utamur, prout melius de jure valeret, predictis tribus
residuis in diversos dividentibus vota sua. Hujusmodi
autem negotio per appellationem pro parte predictorum eundem Johannem de Thientiis sic postulantium,
seu eligentium, ad Sedem Apostolicam devoluto, felicis

recordationis Nicolaus papa predecessor noster, nos tunc in minori officio constitutos deputavit in ipso negotio auditorem. Nosque post litem in eodem negotio coram nobis inter partes legitime contestatam, factis positionibus, — dictoque predecessore viam universe carnis ingresso, relationem super hiis pie memorie Martino pape predecessori nostro fecimus diligentem; et postmodum nos ad officium apostolatus assumpti prefato Johanni de Thientiis, tum quia illicenciatus de curia Romana recessit nec ad eam redire curavit, per annum et amplius expectatus, tum quia recepit alium prioratum, curam animarum habentem, propter que videbatur renuntiasse juri, si quod ex hujusmodi postulatione seu electione sua competebat, eidem interdiximus omnimodam prosecutionem negotii memorati, et pronuntiavimus illos ex predictis monachis qui contra te ad Sedem appellarant eandem — a prosecutione appellationum ipsarum penitus cecidisse ; quibusdam aliis insuper monachis dicti monasterii Sancti Germani qui electioni sic de te celebrate se duxerant opponendos omnino desistentibus ab objectis, ut sponte ac libere in manibus nostris cessisti omni juri si quod tibi ex eadem electione de te celebrata fuerat acquisitum, nosque admisimus hujusmodi cessionem ac deinde circa salubrem provisionem per nostre sollicitudinis studium faciendam eidem monasterio Sancti Germani — attentionem vigilem adhibentes, in te convertimus aciem nostre mentis, teque de fratrum nostrorum consilio eidem monasterio Sancti Germani prefecimus in abbatem, faciendo subsequenter per venerabilem fratrem nostrum .. Ostiensem episcopum tibi munus benedictionis impendi —. Dat. Tibure, V idus septembris, anno primo. »

In eundem modum Philippum illustrem regem Navarre, comitem Campanie, ad quem guardia monasterii Sancti Germani pertinet, rogat et hortatur quatinus predictum monasterium, ejusque abbatem, habeat commendatum oportunique favoris gratia prosequatur. Dat. Tibure ut supra.

In e. m. conventui monasterii Autisiodorensis mandat quatinus eidem abbati obedientiam ac reverentiam debitam exhibeat. Dat. ut supra.

In e. m. universis vassallis monasterii Sancti Germani mandat quatinus fidelitatem debitam exhibentes eidem abbati de redditibus et aliis juribus debitis respondeant. Dat. ut supra.

106   Tivoli, 2 août 1285.

Litteras Alexandri pape IV confirmat quarum tenore status tum erat quod, cum in monasterio Sancti Justi Tuscanensis diocesis, olim ordinis sancti Benedicti, nonnisi quinque vel sex

HONORIUS.

monachi residerent, dictum monasterium, de Cisterciensi ordine reformatum, unacum ecclesia Sancti Nicolai de Corneto, que ad id pertinebat, ab abbate Sancti Anastasii in perpetuum gubernandum esset. (no 102, fol. 32 vo.)

« .. Abbati, et conventui Sancti Anastasii de Urbe et Sancti Justi, Tuscanensis diocesis, monasteriorum, Cisterciensis ordinis. Ex tenore litterarum —. Dat. Tibure, IIII nonas Augusti, anno primo. »

107   Tivoli, 5 août 1285.

Monasterium Sancti Augustini de Monte Alto, Castrensis diocesis, olim ad monasterium Sancti Anastasii de Urbe pertinens, sed ab Innocentio papa IV ecclesie Sancti Salvatoris de Lavania, Januensis diocesis, collatum, et deinde ab Alexandro papa IV monasterio Sancti Anastasii restitutum ita tamen quod ibidem Cisterciensis ordo inviolabiliter in perpetuum servaretur, dicto monasterio Sancti Anastasii, ad instar Alexandri pape, concedit et donat. (no 103, fol. 32 vo.)

« .. Abbati, et conventui monasterii Sancti Anastasii de Urbe, Cisterciensis ordinis. Provisionis nostre provenire —. Dat. Tibure, nonis augusti, anno primo. »

108   Tivoli, 28 août 1285.

Episcopo Eugubino, collectori decime Terre Sancte in patrimonio Beati Petri constituto, committit quatinus a mercatoribus Lucanis et aliis, qui diversas pecunie quantitates, de prefata decima collectas ipsorumque in manibus depositas, reddere recusabant, dictas summas requirat et recipiat. (no 104, fol. 32 vo.)

« Venerabili fratri .. episcopo Eugubino, collectori decime Terre Sancte in patrimonio Beati Petri, in Tuscia, ducatu Spoletano, Romaniola, Massa Trabaria et Anconitana Marchia, per Sedem Apostolicam deputato. Te nuper accepimus —. Dat. Tibure, V kal. septembris, anno primo. »

109   Tivoli, 4 septembre 1285.

Cleri, nobilium et communium universitati mandat quatinus archiepiscopo Arborensi pro ipso et familia et bonis ipsius de securo conductu liberaliter auxilium procurent. (no 105, fol. 33.)

« Honorius etc. Venerabilibus fratribus archiepiscopis et episcopis, ac dilectis filiis abbatibus, prioribus, decanis, archidiaconis, prepositis, archipresbyteris, plebanis et aliis ecclesiarum prelatis, necnon et nobilibus viris ducibus, mar-

7

chionibus, comitibus, baronibus, militibus, prepositis, communitatibus et aliis dominis seu rectoribus sive consiliis civitatum, castrorum et aliorum locorum ad quos littere iste pervenerint salutem etc. Cum venerabilis frater —. Dat. Tibure, II nonas septembris, anno primo. »

110   Tivoli, 24 septembre 1285.

Episcopo Asisinati mandat quatinus magistrum Berardum de Fulginio, diaconum, capellanum pape, electum Fulginatem, ad presbyteratus ordinem studeat promovere, non obstante quod olim idem Berardus per bone memorie Innocentium papam IV in subdiaconum extiterit ordinatus, ac postmodum eidem munus consecrationis impendat. (no 106, fol. 33.)

« *Venerabili fratri .. episcopo Asisinati.* Volumus et presentium —. Dat. Tibure, VIII kal. octobris, anno primo. »

111   Tivoli, 24 septembre 1285.

Episcopo Auximano mandat quatinus Guillelmum Saxonis diaconum, electum Callensem, ad presbyteratus ordinem promovere procuret, et postmodum eidem munus consecrationis impendat. (no 107, fol. 33.)

« *Venerabili fratri .. episcopo Auximano.* Volumus et presentium —. Dat. ut supra. »

112   Tivoli, 24 septembre 1285.

G., Sancti Georgii ad Velum Aureum diacono cardinali, cum bone memorie T. patriarcha Jerosolimitanus auctoritate apostolica ordinasset quod unus de cardinalibus ecclesie Romane ad abbatie monialium Sancti Andree de Fractis de Urbe, ordinis sancti Augustini, curam et protectionem deputaretur, juxta tenorem litterarum Martini pape IV non bullatarum, curam ejusdem ecclesie Sancti Andree committit. (no 108, fol. 33.)

« *Dilecto filio. G., Sancti Georgii ad Velum Aureum diacono cardinali.* Personas in locis —. Dat. ut supra. »

113   Tivoli, 27 juillet 1285.

Priori provinciali ordinis fratrum Predicatorum de Polonia mandat quatinus cum decanis, prepositis, canonicis, rectoribus et clericis ecclesiarum in quibus dux Cracovie jus obtinet patronatus necnon et capellanis ejusdem ducis, super irregularitate quam divinis officiis immiscendo dum Cracoviensis epis-

copus a prefato duce detineretur contraxerant, dispenset. (no 109, fol. 33.)

« .. *Priori provinciali ordinis fratrum Predicatorum de Polonia.* Sua nobis decani, prepositi, canonici, rectores et clerici ecclesiarum in quibus nobilis vir dux Cracovie jus obtinet patronatus necnon et capellani ejusdem ducis petitione monuerunt, quod ipsi olim, dum prefatus dux venerabilem fratrem nostrum .. Cracoviensem episcopum, quem idem dux violenter ceperat, detinebat invitum, juxta cujusdam synodalis statuti tenorem occasione detentionis hujusmodi a divinis officiis sicut et ceteri clerici Cracoviensis civitatis et diocesis cessassent, demum tamen iidem decani, prepositi, et canonici, rectores, et clerici ac capellani, intellecto quod idem episcopus qui per quandam pacis compositionem inter ipsos episcopum et ducem initam se quodammodo reputans liberatum, canonicis Cracoviensibus et aliis clericis civitatis et diocesis predictarum mandaverat ut divina officia celebrarent, in suis ministraverunt ordinibus se alias divinis officiis immiscendo, sicut alii clerici supradicti, propter mandatum hujusmodi eundem episcopum liberatum fore presumerent, ac interdictum quod hac de causa servaverunt ulterius non tenere, quanquam dictus episcopus adhuc sub ejusdem ducis custodia teneretur; cumque postmodum, prefato episcopo libertati pristine restituto, et interdicto hujusmodi relaxato, dictus dux ab excommunicationis sententia quam occasione hujusmodi captionis et detentionis episcopi ejusdem incurrerat, dum bellum contra paganos pro defensione fidei Christiane ac terre sue ipsum subire oportebat, fuisset legitime per predictum Cracoviensem et Plocensem, venerabiles fratres nostros episcopos, juxta formam ecclesie absolutus, et cum aliis clericis supradictis super irregularitate quam exinde contraxerant auctoritate Sedis Apostolice dispensatum, dicti decani, prepositi, canonici, rectores et clerici, capellani pluries, ipso duce ac ejus uxore presentibus, divina officia non tamen in contemptum clavium celebrarunt. Quare, pro parte ipsorum nobis fuit humiliter supplicatum ut providere ipsis super hoc de dispensationis beneficio dignaremur, de itaque tua circumspectione plenam in Domino fiduciam obtinentes, discretioni tue per apostolica scripta mandamus quatinus, si est ita, cum eisdem decanis, prepositis, canonicis, rectoribus, et clericis ac capellanis super irregularitate, si quam ipsi se taliter divinis officiis immiscendo exinde contraxerunt, imposita eis propter hoc penitentia salutari, auctoritate nostra dispenses, prout, secundum Deum et animarum suarum salutem videris expedire. Dat. Tibure, VI kal. augusti, anno primo. »

114   Tivoli, 1er septembre 1285.

Theoderico, priori secularis ecclesie Sancti Andree Urbevetani, cui per suas litteras Martinus papa quartus collectionem decime Terre Sancte concesse subsidio in Treverensi et Maguntina provinciis duxerat committendam, idem officium de novo committit. (n° 110, fol. 33 v°.)

« *Theoderico, priori secularis ecclesie Sancti Andree Urbevetani, capellano nostro, collectori decime in Treverensi et Maguntina provinciis, Pragensi, Olomucensi, Eistetensi et Bambergensi civitatibus et diocesibus duntaxat exceptis, Terre Sancte subsidio deputate.* Nota nobis tue —. Dat. Tibure, kalendis septembris, anno primo. »

115   Tivoli, 1er septembre 1285.

Cleri, nobilium et communium universitatem hortatur, ut Theoderico, collectori decime Terre Sancte per eorundem partes transeunti pro ipso ac familia et bonis ipsius super securo conductu in eundo, morando et redeundo liberaliter auxilium impendant. (n° 111, fol. 34.)

« *Honorius etc., venerabilibus fratribus archiepiscopis et episcopis, ac dilectis filiis abbatibus, prioribus, decanis, archidiaconis, prepositis, archipresbyteris, plebanis et aliis ecclesiarum prelatis necnon, nobilibus viris ducibus, marchionibus, comitibus, baronibus, militibus, prepositis, communitatibus et aliis dominis seu rectoribus sive consiliis civitatum, castrorum et aliorum locorum ad quos littere iste pervenerint salutem.* Considerantes attentius experte —. Dat. ut supra. »

116   Tivoli, 1er septembre 1285.

Theoderico, in Treverensi et Maguntina provinciis decime ad Terre Sancte subsidium concesse collectori, mandat quatinus, sicut ei mandaverat per litteras Martinus papa IV, in ministerio ipsi commisso juxta continentiam litterarum quondam magistro Rogero canonico Virdunensi in eisdem provinciis collectori directarum, procedere procuret. (n° 112, fol. 34.)

« *Eidem Theoderico ut in secunda superiori.* Licet felicis recordationis —. Dat. Tibure ut supra. »

117   Tivoli, 9 août 1285.

Episcopo Macloviensi committit ut Benabio de Derval militi, qui voverat in Terre Sancte subsidium proficisci, concedat quod votum suum redimere possit. (n° 113, fol. 34.)

« *Venerabili fratri .. episcopo Macloviensi.* Ex parte dilecti filii Benabii de Derval, militis tue diocesis, fuit nobis humiliter supplicatum ut, cum ipse zelo fidei ac devotionis accensus voverit in Terre Sancte subsidium proficisci, nec id personaliter perficere valeat, jam senectute ac debilitate proprii corporis impeditus, ei concedere quod ad hoc sufficientem et ydoneum bellatorem loco sui transmittere vel alias hujusmodi votum redimere valeat, concessa sibi indulgentia que transfretantibus in dicte Terre succursum in concilio generali conceditur de benignitate Sedis Apostolice curaremus. Nos itaque de tua circumspectione plenam in Domino fiduciam obtinentes, fraternitati tue presentium auctoritate committimus ut si tibi constiterit impedimentum hujusmodi fore perpetuum, quod idem miles allegat, facultatibus ejus diligenter pensatis, ac recepta competenti redemptione voti ejusdem in ipsius Terre subsidium fideliter transmittenda ipsum auctoritate nostra a voto absolvas eodem, sibique juxta quantitatem subsidii et devotionis affectum concedas indulgentiam competentem. Quid et quantum ab eo propter hoc receperis et penes quem illud deposueris nobis per tuas litteras fideliter et quantotius rescripturus. Dat. Tibure, V idus augusti, anno primo. »

118   Tivoli, 1er septembre 1285.

Waltero Le Noreys, Eboracensis diocesis, in minoribus ordinibus constituto, per magistrum Hugolinum de Sancto Michaele, canonicum Lucanum, pape capellanum, examinato, tabellionatus officium committit. (n° 114, fol. 34.)

« *Waltero Le Noreys filio quondam Roberti Lawys de Kyllun, Eboracensis diocesis, in minoribus ordinibus constituto.* Ne contractuum memoria —. Dat. Tibure, kalendis septembris, anno primo. »

Tivoli, 23 septembre 1285.

In eundem modum Raymundo Guillelmi de Pichasairi, clerico in minoribus ordinibus constituto, Aquensis diocesis, per magistrum Pandulfum de Subura, pape capellanum, archidiaconum Tripolitanum, examinato. Dat. Tibure, X kal. septembris, anno primo.

In e. m. Nicolao Petri Leonis de Guarcino clerico in minoribus ordinibus constituto, Alatrine diocesis.

In e. m. Martiali Majoris de Bello loco, clerico in minoribus ordinibus constituto, Lemovicensis diocesis.

Tivoli, 13 août 1285.

In e. m. Stephano Chalari clerico Lemovicensis diocesis in minoribus ordinibus constituto. Dat. Tibure, idibus augusti, anno primo.

119   Tivoli, 9 septembre 1285.

Thomasium, post obitum Raynaldi abbatis, a conventu monasterii Sancti Petri de Massa Montisneronis per viam compromissi electum in abbatem, examinata per episcopum Penestrinum ac Hugonem tituli Sancti Laurentii in Lucina presbiterum et G. Sancti Georgii ad Velum Aureum diaconum cardinales hujusmodi electione, confirmat. (n° 115, fol. 34 v°.)

« *Thomasio, abbati monasterii Sancti Petri de Massa Montisneronis, ad Romanam ecclesiam nullo medio pertinentis, ordinis Sancti Benedicti, Callensis diocesis.* Licet juxta pastoralis —. Dat. Tibure, V idus septembris, anno primo. »

In eundem modum conventui monasterii Sancti Petri de Massa Montisneronis mandat quatinus eidem abbati obedientiam et reverentiam debitam exhibeant. Dat. ut supra.

In e. m. universis vassallis ejusdem monasterii mandat quatinus eidem Thomasio tanquam abbati fidelitatis solite juramentum prestantes consueta exhibeant servitia. Dat. ut supra.

120   Tivoli, 21 juillet 1285.

Paparonum episcopum de Fulginate ecclesia in Spoletanam transfert. (n° 116 , fol. 34 v° ; POTTHAST, n° 22268.)

« *Venerabili fratri Paparono, episcopo Spoletano.* In dispensatione ministeriorum —. Sane Spoletana ecclesia, per mortem bone memorie Rolandi, episcopi Spoletani, pastoris solatio destituta, canonici ejusdem ecclesie, qui sunt duodecim numero, ad tractandum de futuri substitutione prelati insimul convenerunt, quorum octo deliberantes et consentientes ut nos procederemus ad provisionem ipsius ecclesie faciendam suas super hoc nobis patentes litteras destinarunt, reliquis quatuor postulantibus, quantum in eis extitit, te Predicatorum ordinis professorem, tunc episcopum Fulginatem, in episcopum Spoletanum. Nos igitur — a vinculo, quo tenebaris Fulginati ecclesie absolventes, ad predictam ecclesiam Spoletanam transferimus ac concedimus te ipsi ecclesie Spoletane in episcopum et pastorem —. Dat. Tibure, XII kal. augusti anno primo. »

In eundem modum capitulo ecclesie Spoletane mandat quatinus eidem episcopo obedientiam et reverentiam debitam exhibeat. Dat. ut supra.

In e. m. clero civitatis et diocesis Spoletane.

In e. m. populo civitatis et diocesis Spoletane mandamus quatinus ejusdem episcopi mandatis et monitis intendant. Dat. ut supra.

In e. m. universis vassallis ecclesie Spoletane mandat quatinus eidem episcopo fidelitatis solite juramentum prestantes consueta exhibeant servitia. Dat. ut supra.

121   Tivoli, 24 septembre 1285.

Sororibus certis quibus olim, dum in Monte Prenestino habitarent, regula sororum minorum inclusarum assignata erat, concedit ut ad monasterium Sancti Silvestri in Capite de Urbe, hactenus ordinis sancti Benedicti, per monachorum ad alium locum translationem vacans, transeant. (n° 117, fol. 35; POTTHAST, n° 22295.)

« *Dilectis in Christo filiabus Herminie, abbatisse monasterii Sancti Silvestri in Capite de Urbe, ejusque sororibus tam presentibus quam futuris regularem vitam professis, in perpetuum.* Ascendi fumus aromatum —. Dat. Tibure, per manum magistri Petri de Mediolano, sancte Romane ecclesie vicecancellarii, VIII kal. octobris, indictione XIIII, incarnationis dominice M° CC° LXXX° V°, pontificatus vero donni Honorii pape IIII anno primo. »

122   Tivoli, 29 août 1285.

Capitulo generali ac universis prioribus ordinis Vallis Scolarium concedit ut, cum fratribus ipsius ordinis debilibus carne vesci liceat, priores in commissis sibi domibus de subditorum suorum debilitate constare valeant. (n° 118, fol. 36.)

« *Dilectis filiis capitulo generali ac universis prioribus ordinis Vallis Scolarium.* Cum sicut asseritis —. Dat. Tibure, IIII kal. septembris, anno primo. »

123   Tivoli, 13 août 1285.

Archiepiscopo Arborensi mandat quatinus interdictum, cui plura loca Sardinie occasione cujusdam intolerabilis collecte olim imposite per bone memorie archiepiscopum Turritanum, subjacere dicuntur, relaxet, et tam clericos quam laicos eadem occasione excommunicatos absolvat. (n° 119, fol. 36.)

« *Venerabili fratri .. archiepiscopo Arborensi.* Ad nostrum pervenit —. Dat. Tibure, idibus augusti, anno primo. »

124   Tivoli, 29 août 1285.

Girardum tunc abbatem monasterii Sancti Silvestri de Capite de Urbe, cum, post mortem Guillelmi abbatis monasterii Sancti Laurentii foris muros Urbis, ex monachis ejusdem monasterii, qui decem et septem numero erant, novem M. abbatem monasterii Sancte Praxedis postulassent in abbatem, reliqui vero Johannem de Signia abbatem monasterii Ville Magne, Anagnine diocesis, tunc monachum monasterii Sancti Laurentii elegissent, et cum deinde prefati electi in pape manibus resignassent, eidem monasterio preficit in abbatem. (nᵒ 120, fol. 36.)

« *Girardo, abbati monasterii Sancti Laurentii foris muros Urbis, ad Romanam ecclesiam nullo medio pertinentis, ordinis sancti Benedicti.* Debitum officii nostri —. Dat. Tibure, IIII kal. septembris, anno primo. »

In eundem modum conventui monasterii Sancti Laurentii foris muros Urbis mandat quatinus eidem Girardo abbati obedientiam et reverentiam debitam exhibeat. Dat. ut supra.

In e. m. universis vassallis ejusdem monasterii mandat quatinus eidem abbati fidelitatis solite juramentum prestantes consueta exhibeant servitia. Dat. ut supra.

125   Tivoli, 9 août 1285.

Archiepiscopo Arborensi ad decimam Terre Sancte in partibus Sardinie et Corsice colligendam deputato, mandat quatinus medietatem totius pecunie que de predicta decima collecta est et etiam colligetur Cino Colti de Thomasii Spiliati et Lapi Hugonis Spine, ac medietatem reliquam Aldebrando Bruneti, Jacobino Alfani et Foresio de Alfanorum de Florentia societatibus vel eorum aliquibus aut alii socio eorundem, seu eorum procuratori, assignare et deponere procuret. (nᵒ 121, fol. 36 vᵒ.)

« *Venerabili fratri .. archiepiscopo Arborensi.* Cum te ad —. Dat. Tybure, V idus augusti, anno primo. »

126   Tivoli, 9 août 1285.

Eidem archiepiscopo mandat quatinus medietatem pecunie que de decima pro regni Sicilie negotio concessa collecta est eisdem mercatoribus in proxima superiori littera nominatis assignare et deponere procuret. (nᵒ 122, fol. 36 vᵒ)

« *Eidem.* Cum te ad — usque in finem. »

127   Tivoli, 9 septembre 1285.

Thesaurario, et magistro Laurentio de Potena canonico Lexoviensibus mandat quatinus Gillebertun, Parvi Belliloci prope Carnotum et Johannem Sancti Florentii Dolensis priores, Symonem de Castello clericum Bajocensis, Ogerum de Buays clericum Abrincensis diocesum, J. Grosperini, Matheum officialem Dolensem, Thomam de Vaumereio se gerentem pro rectore ecclesie de Ploagar, et Johannem Dulceti clericum qui

jamdiu Bajocensem episcopum ejusque familiares diverse opprimebant, peremptorie citent ut infra duos menses post citationem coram Apostolica Sede compareant (nᵒ 123 fol. 36, vᵒ.)

« *Dilectis filiis .. thesaurario, et magistro Laurentio de Potena canonico Lexoviensibus.* Significarunt nobis venerabilis frater noster episcopus ac magistri Ferricus, subdecanus, Reginaldus succentor et Symon Lormerii canonicus Bajocenses, quod Symon de Castello, clericus Bajocensis diocesis ad .. decanum ecclesie Omnium Sanctorum de Maurithania, Sagiensis diocesis, quasdam super terris, debitis, possessionibus et rebus aliis in communi forma contra certas personas, et Ogerus de Buays clericus Abrincensis diocesis alias, que post iter arreptum communiter nuncupantur, ad .. cantorem ecclesie Abrincensis litteras apostolicas impetrarunt; predictis vero decano Gilleberto, priori Parvi Belliloci prope Carnotum et cantore Johanni Sancti Florentii Dolensis prioribus, Cluniacensis et sancti Benedicti ordinum super premissis, ut dicitur, committentibus vices suas, prefati Symon de Castello et Ogerus ad gravamina et injurias episcopi, subdecani, succentoris et Symonis Lormerii predictorum aspirantes, per predictos priores, prefatos subdecanum, succentorem et canonicum, necnon fratrem Petrum Droconis, priorem domus Dei Bajocensis, magistros Nicolaum Berengarii, Guillelmum Petri, Radulphum Piguere vicarios et officiales, Johannem rectorem ecclesie de Caraseyo ac Fortinum sigilliferum curie Bajocensis familiares episcopi supradicti et quamplures clericos advocatos et notarios supradicte curie in oppressione ipsius episcopi, cujus in dicta curia insistebant, obsequiis multipliciter aggravant indebite et perturbant, dictique subdelegati, memoratis Symone de Castello et Ogero procurantibus, asserentes se in ipsos in quos tamen nullam jurisdictionem habebant, suspensionis et excommunicationis sententias protulisse, ac facientes eos, licet nulla essent excommunicatione ligati, excommunicatos publice nuntiari, eorum bona omnia et maxime predictorum subdecani, succentoris et canonici fructus et proventus et alia que debentur eisdem per venerabilem fratrem nostrum Rothomagensem archiepiscopum et ejus officialem arrestari et eos capi personaliter mandaverunt. Dictique archiepiscopus et officialis eadem arrestarunt et adhuc detinentur taliter arrestata. Postmodum quoque magistro Nicolao tunc officiale Bajocensi de civitate et diocesi Bajocensibus se occasione hujusmodi absentante, prefatus G. Petri postea officialis Bajocensis eidem extitit subrogatus, ac eo et prefato magistro Nicolao equis, libris, pannis et aliis bonis suis temere spoliatis idem G. Petri ac prefatus Johannes rector, tunc sigilla deferens curie Bajocensis et nonnulli de clericis, advocatis et notariis ejusdem curie dicti mandati pretextu capti fuerunt, et aliquandiu detenti carceri mancipati, propter que tam episcopus Bajocensis quam subdecanus, succentor et canonicus supradicti preter illatas premissorum occasione sibi injurias dampna gravia et expensis se asserunt incurrisse. Preterea Symon de Castello predictus hujusmodi malitiis ipsius non contentus necnon Johannes dictus Grosperini qui se gerit pro canonico Bajocensi, Matheus officialis Dolensis, Thomas de Vaumereio qui se gerit pro rectore ecclesie de Ploagar, Dolensis diocesis, et Johannes Dulceti clericus, familiares venerabilis fratris nostri Dolensis episcopi, predictum subdecanum per varias litteras apostolicas coram diversis judicibus fecerunt malitiose citari ac alias diversimode opprimunt et perturbant, sicque contingit quod nominatus Bajocensis episcopus qui apud Sedem Apostolicam moram trahit pro eo quod in sua ecclesia comode ad presens residere non potest, in sue jurisdictionis exercitio graviter et multipliciter impeditur, in ipsius et ecclesie Bajocensis lesionem enormem, grave prejudicium et scandalum plurimorum, super quibus iidem Bajocensis episcopus, subdecanus, succentor et Symon Lormerii ad nostram duxerunt providentiam recurrendum, humiliter supplicantes ut super dictis molestiis, impedimentis, dampnis et injuriis per priores Symonem de Castello, Ogerum, J. Grosperini, Matheum officialem, Thomam et Johannem Dulceti prefatos illatis eisdem faceremus eis apud Sedem Apostolicam justitiam exhiberi querelas eorum super illis contra ipsos priores Symonem de Castello, Ogerum, J. Grosperini, Matheum officialem, Thomam et Johannem Dulceti revocando ad ejusdem Sedis examen cum in partibus illis habere non sperent prosequendi eas liberam facultatem. Nos itaque attendentes quod iniquum esset eis subtrahere copiam sue justitie prosequende quam sicut pretangitur et fidedignorum habet assertio in dictis partibus prosequi comode non valerent, hujusmodi eorum querelas super molestiis, impedimentis, dampnis et injuriis supradictis quoad dictos priores Symonem de Castello, Ogerum, J. Grosperini, Matheum officialem, Thomam et Johannem Dulceti ad examen dicte Sedis auctoritate presentium revocantes discretioni vestre per apostolica scripta mandamus quatinus vos vel alter vestrum per vos vel per alium seu alios, sepefatos Gillebertum et Johannem priores, Symonem de Castello, Ogerum, J. Grosperini, Matheum officia-

lem, Thomam et Johannem Dulceti ex parte nostra peremptorie citare curetis, ut infra duos menses post citationem hujusmodi, non obstantibus litteris super observatione dictarum sententiarum ad magistrum Adenulfum canonicum Parisiensem ejusque collegas contra prefatos subdecanum et Symonem Lormerii, ut dicitur, a Sede ipsa obtentis et processibus habitis per easdem, cum omnibus litteris, processibus et munimentis querelas ipsas contingentibus per se vel per procuratores ydoneos super premissis sufficienter instructos apostolico se conspectui studeant presentare, facturi et recepturi quod justitia suadebit. Diem vero citationis et formam et quicquid inde feceritis nobis per vestras litteras harum seriem continentes fideliter intimare curetis. Dat. Tibure, V idus septembris, anno primo. »

128   Tivoli, 23 août 1285.

Magistro Gaufrido de Lochis, canonico Constantiensi, et decano ecclesie Sancti Candidi senioris Rothomagensis mandat quatinus archiepiscopum Rothomagensem ejusque officialem, qui episcopi Bajocensis, apud Sedem Apostolicam commorantis, vicarios et officiales oppresserunt, peremptorie citare curent ut infra duos menses post citationem hujusmodi per se vel per procuratores apostolico se conspectui representent. (n° 124, fol. 37 ; La Porte du Theil, fol. 136.)

« *Magistro Gaufrido de Lochis, canonico Constantiensi, et .. decano ecclesie Sancti Candidi senioris Rothomagensis.* Exposuit nobis venerabilis frater noster episcopus Bajocensis quod venerabilis frater noster .. archiepiscopus Rothomagensis, non ignorans quod predictus episcopus apud Sedem Apostolicam moram trahit, pro eo quod in sua ecclesia comode residere non potest ad presens, eidem episcopo propria auctoritate mandavit graviter, si secus faceret comminando, ut infra certi temporis spatium ad eandem reverteretur ecclesiam vel mitteret alium vel alios qui ea que ad pastorale spectant officium mandarent per alios exerceri, et alias pro ipso episcopo jurisdictionem inibi exercerent, cum tamen eundem archiepiscopum non careret, quod plures vicarii et officiales, quos idem episcopus ad exercenda talia ordinarat et miserat ad civitatem et diocesim Bajocenses, propter gravamina, oppressiones et molestias eisdem vicariis et officialibus in eisdem civitate et diocesi irrogatas hujusmodi per episcopum ipsum injuncta illis officia dimisissent; idem quoque archiepiscopus premissis nequaquam contentus, necnon magister Mattheus de Crievecuer officialis ejus, nominatis episcopo, vicariis et officialibus ac familiaribus

ipsius episcopi alia gravamina intulerunt, propter que
dictus episcopus ad nostram audientiam appellavit, ac
predicti archiepiscopus et officialis suus, variis contemptis appellationibus ob premissa ab eodem episcopo
interpositis, gravaminibus memoratis episcopo vicariis
et officialibus ac familiaribus jam illatis graviora postmodum adjecerunt, a quibus iterato dictus episcopus
necnon vicarii, officiales et familiares predicti ad Sedem appellarunt eandem. Quare dictus episcopus nobis
humiliter supplicavit ut, sicut ex premissis et aliis que
testatur communis fama, ne infamia dicatur, apparet
in premissis, que propter sui arduitatem presentiam
ejus exigerent consequi comode nequeat in illis partibus justitie complementum apud Sedem ipsam sibi,
vicariis, officialibus et familiaribus supradictis exhiberi super illis omnibus justitiam faceremus. Nos itaque grave admodum reputantes quod eisdem episcopo,
vicariis, officialibus et familiaribus prosequendi contra
tantas molestias et injurias suam justitiam, copia que,
sicut habet fidedignorum assertio, eis in predictis partibus non suppetit subtrahatur, omnes querelas predictas, archiepiscopum, officialem, episcopum, vicarios
et officiales suos contingentes, quatinus eidem episcopo propter premissa et occasione eorum jus agendi
seu ea prosequendi competit, ne per vos quid desit
justitie tenore presentium, ad prefate Sedis revocantes
examen, discretioni vestre per apostolica scripta mandamus, quatinus vos vel alter vestrum per vos vel
alium seu alios memoratos archiepiscopum et officialem
suum ex parte nostra peremptorie citare curetis, ut
infra duos menses post citationem hujusmodi cum omnibus actis, juribus et monumentis suis causam hujusmodi contingentibus per se vel per procuratores ydoneos apostolico se conspectui represententur, facturi et
recepturi quod justitia suadebit. Diem vero citationis
et formam et quicquid super hiis duxeritis faciendum,
nobis per vestras patentes litteras harum seriem continentes studeatis fideliter intimare. Dat. Tibure, X kal.
septembris, pontificatus nostri anno primo. »

129   Tivoli, 3 octobre 1285.

Nobili viro Adinulfo Mathie, civi Anagnino, ejusque fautori-
bus bona sua restituit que occasione Castri Frusinonis contra
Sedem Romanam occupati perdiderant. (n° 125, fol. 37 v°;
POTTHAST, n° 22301.)

« *Nobili viro Adinulfo Mathie civi Anagnino.* Constitutus
in nostra —. Dat. Tibure, V nonas octobris, anno primo. »

130   Tivoli, 20 septembre 1285.

Cleri, nobilium et civitatum universitatem hortatur ut episcopo
Bethlemitano in partibus Marchie Anconitane, provincie Ravennatis et Masse Trabarie necnon Ariminensis, Sancti Leonis et
Urbinatis civitatum et diocesum ad decimam negotio regni Sicilie concessam colligendam deputato, pro ipso et familia et
ipsius bonis de securo conductu liberaliter provideant. (n° 126,
fol. 37 v°.)

« *Honorius, etc., venerabilibus fratribus universis archiepiscopis et episcopis ac dilectis filiis electis, abbatibus, prioribus, decanis, archidiaconis, prepositis, archipresbyteris
plebanis et aliis ecclesiarum prelatis necnon et nobilibus viris ducibus, marchionibus, comitibus, baronibus, prepositis,
communitatibus et aliis dominis seu rectoribus seu consiliis
civitatum, castrorum et aliorum locorum ad quos littere iste
pervenerint salutem.* Cum venerabilis frater —. Dat. Tibure, XII kal. octobris, anno primo. »

A Sainte-Sabine, 31 décembre 1285.

« In eundem modum scribitur eisdem pro magistro
Symone de Luca, canonico Lichefeldensi, ad partes
Tuscie et Maremme usque commendare —. Dat. Rome
apud Sanctam Sabinam, II kal. januarii, anno primo. »

131   Tivoli, 2 octobre 1285.

Egidio, episcopo Nivernensi, concedit ut, cum nonnulli clerici et laici Nivernensis civitatis et diocesis [pro violenta manuum injectione in clericos et personas ecclesiasticas excommunicationis sententiam incurrissent, decem ex talibus ab
excommunicationis sententia absolvat, aliisque clericis, qui
excommunicati susceperant ordines vel divina officia celebra-
verant, penitentiam injungat competentem ; proviso quod omnes
expensas quas eosdem injectores manuum propter hoc veniendo
ad Sedem Apostolicam et apud eam morando oporteret subire,
sibi faciat episcopus assignari, et in aliquo tutio loco reponat
transmittendas de mandato apostolico in Terre Sancte subsidium. (n° 127, fol. 37 v°; LA PORTE DU THEIL, fol. 203.)

« *Venerabili fratri E. episcopo Nivernensi.* Exposuisti
nobis quod —. Dat. Tibure, VI nonas octobris, anno
primo. »

132   Tivoli, 2 octobre 1285.

Egidio, episcopo Nivernensi, ut de bonis suis que ad se pertinere dinoscuntur libere testari, et de bonis mobilibus ecclesiasticis administrationi sue commissis et que non fuerint altaris

ministerio deputata disponere valeat, concedit facultatem. (n° 128, fol. 38 ; LA PORTE DU THEIL, fol. 204.)

« *Venerabili fratri Egidio, episcopo Nivernensi.* Quia presentis vite —. Dat. ut supra. »

133   Tivoli, 13 août 1285.

R. archiepiscopo Lugdunensi indulget ut non teneatur ad solutionem aliquorum debitorum, per ipsius predecessores Lugdunensis ecclesie nomine contractorum, nisi ea forsan auctoritate litterarum Sedis Apostolice sint contracta vel in utilitatem ejusdem ecclesie conversa fuisse legitime probaverint creditores. (n° 129, fol. 38; LA PORTE DU THEIL, fol. 135.)

« *Venerabili fratri R. archiepiscopo Lugdunensi.* Indempnitati tue et —. Dat. Tibure, idibus augusti, anno primo. »

134   Tivoli, 10 octobre 1285.

Magistro generali fratrum ordinis Humiliatorum concedit ut capitulum generale fratrum dicti ordinis, quod quolibet anno celebrandum est, hoc anno instanti convocare minime teneatur. (n° 130, fol. 38.)

« *Dilecto filio .. magistro generali fratrum ordinis Humiliatorum.* Desideriis tuis in —. Dat. Tibure, VI idus octobris, anno primo. »

135   Tivoli, 18 septembre 1285.

Guillelmo de Aureliaco clerico in minoribus ordinibus constituto, Caturcensis diocesis, per magistrum Peregrinum de Andirano, capellanum pape examinato, tabellionatus officium concedit. (n° 131, fol. 38; LA PORTE DU THEIL, fol. 198.)

« *Guillelmo de Aureliaco, clerico in minoribus ordinibus constituto, Caturcensis diocesis.* Ne contractuum memoria —. Dat. Tibure, XIIII kal. octobris, anno primo. »

In eundem modum Guillelmo Girardi de Yssiodoro, clerico in minoribus ordinibus constituto, Claromontensis diocesis.

Tivoli, 20 septembre 1285.

In e. m. Johanni Saumurelli de Pertiniaco, clerico in minoribus ordinibus constituto, Pictavensis diocesis, per magistrum Pandulfum de Subura, pape capellanum, examinato. Dat. Tibure, XII kal. octobris, anno primo.

In e. m. Johanni Thome de Curte, clerico in minoribus ordinibus constituto, Lemovicensis diocesis.

Tivoli, 17 septembre 1285.

In e. m. Servodeo Mathei de Monte Rubiano, laico, Firmane diocesis, per magistrum Pandulfum examinato. Dat. Tibure, XV kal. octobris, anno primo.

Tivoli, 5 octobre 1285.

In e. m. Petro Pognun de Colangiis super Yonam, clerico in minoribus ordinibus constituto, Autissiodorensis diocesis. Dat. Tibure, III nonas octobris, anno primo.

Sainte-Sabine, 23 octobre 1285.

In e. m. Johanni Francisci Gaetuzarii, civi romano, per Hugolinum, canonicum Lucanum examinato. Dat. Rome apud Sanctam Sabinam, X kal. novembris, anno primo.

136   Tivoli, 1er octobre 1285.

G. episcopo Sabinensi, Apostolice Sedis legato mandat quatinus Thome, monasterii Casinensis abbati, ejusdem monasterii administrationem plenam faciat dimitti. (n° 132, fol. 38 v°; LA PORTE DU THEIL, fol. 201.)

« *Venerabili fratri G. episcopo Sabinensi, Apostolice Sedis legato, et unacum filio nobili viro R. comite Atrebatensi, bajulo regni Sicilie per Romanam ecclesiam constituto.* Cum electionem hactenus in monasterio Casinensi, ad Romanam ecclesiam nullo medio pertinente, ordinis sancti Benedicti, de dilecto filio Thoma, ipsius monasterii abbate, tunc ejus decano, canonice celebratam, confirmandam nuper duximus justitia exigente, volumus et per apostolica tibi scripta mandamus quatinus eidem abbati vel nuntio ipsius pro eo, administrationem plenam et liberam prefati monasterii facias, difficultate ac dilatione qualibet sublata, dimitti, procuratores seu quoslibet alios quibus administracionem commisisti predictam penitus amovendo. Et nichilominus abbatem eundem ac monasterium sibi commissum habeas favorabiliter commendatos, ita quod idem abbas, tui favoris mediante suffragio, utilius et efficacius dicti monasterii regimen valeat exercere, tuque proinde condignum a Domino premium consequi merearis. Dat. Tibure, kalendis octobris, anno primo. »

137   Tivoli, 3 octobre 1285.

Ecclesie Urbinati, per obitum G. episcopi solatio pastoris destitute, cum Martinus papa Apostolice Sedi provisionem ejusdem

ecclesie reservavisset, Egidium, tunc archidiaconum Spoletanum, in episcopum preficit. (n° 133, fol. 38 v°; POTTHAST,
n° 22301 a.)

« *Venerabili fratri Egidio episcopo Urbinati.* In suppreme
dignitatis — .Dat. Tibure, V nonas octobris, anno
primo. »

In eundem modum capitulo ecclesie Urbinatis mandat quatinus eidem episcopo obedientiam et reverentiam debitam exhibeat. Dat. ut supra.

In e. m. clero civitatis et diocesis Urbinatis.

In e. m. populo civitatis et diocesis Urbinatis mandat quatinus ejusdem episcopi mandatis et monitis pareat. Dat. ut
supra.

In e. m. universis vassallis ecclesie Urbinatis mandat quatinus eidem episcopo fidelitatis solite juramentum prestantes consueta exhibeant servitia. Dat. ut supra.

138   Tivoli, 28 septembre 1285.

Durandum Pelagii, priorem claustralem monasterii Sancte
Crucis Colimbriensis, post mortem Petri Sigerii prioris, a conventu ejusdem monasterii in idem officium concorditer electum,
et cujus electio, opponente se Dominico Michaelis clerico Bracharensis diocesis, a Martino papa non confirmata erat, examinato deinde per Ostiensem episcopum et G. tituli Sancti
Martini presbiterum et Jordanum Sancti Eustachii diaconum
cardinales hujusmodi electionis processu, eidem monasterio in
priorem preficit. (n° 134, fol. 39.)

« *Durando Pelagii, priori monasterii Sancte Crucis Colimbriensis, ad Romanam ecclesiam nullo medio pertinentis,
per priorem soliti gubernari, ordinis sancti Augustini.* Inter alia que — .Dat. Tibure, IIII kal. octobris, anno
primo. »

In eundem modum conventui monasterii Sancte Crucis Colimbriensis mandat quatinus eidem priori obedientiam et reverentiam debitam exhibeat. Dat. ut supra.

139   Tivoli, 31 juillet 1285.

Decano et subdecano ac capicerio ecclesie Pictavensis mandat
quatinus Galterum, Pictavensem episcopum, qui canonicos monasterii Aureevallis in vacantibus ecclesiis, ad abbatis Aureevallis presentationem pertinentibus, propria auctoritate intruserat, peremptorie citare curent ut apostolico se conspectui representet. (n° 135, fol. 39; LA PORTE DU THEIL, fol. 113.)

« *Dilectis filiis .. decano, et .. subdecano, ac .. capicerio
ecclesie Pictavensis.* Exposuit nobis dilectus filius Jo-
HONORIUS.

hannes, abbas monasterii Aureevallis, ordinis sancti
Augustini, Pictavensis diocesis in nostra presentia
constitutus, quod venerabilis frater noster Galterus,
Pictavensis episcopus, contra eum indebite rancore
concepto, sibi et dicto monasterio ac ejus personis,
canonicis et membris ejusdem diversa gravamina et
injurias irrogavit. Nam, cum dictus abbas fratrem Johannem de Vienaio, canonicum ipsius monasterii, ad
vacantem ecclesiam de Asaio predicte diocesis, consuetam per canonicos ejusdem monasterii gubernari, prout
ad ipsum abbatem pertinet, eidem episcopo canonice
presentasset, episcopus ipse dictum fratrem Johannem
de Vienaio ad eandem ecclesiam admittere denegans,
in ea fratrem Guillelmum de Fontebodoyre ac in vacante ecclesia de Borno dicte diocesis solita per canonicos dicti monasterii gubernari, ad ipsius abbatis presentationem similiter pertinente, fratrem Petrum dictum Fromentin, dicti monasterii canonicos majoris
excommunicationis vinculo innodatos, propria auctoritate intrusit pro sue libito voluntatis, ac etiam Guillelmum Vassonelli et Oliverium dictum Aton canonicos ejusdem monasterii ydoneos, quos idem abbas ad
sacros ordines promovendos eidem episcopo presentavit, episcopus ipse ordinare indebite denegavit, propter
que pro parte ipsius abbatis fuit ad nostram audientiam
appellatum. Ad hec cum de antiqua et approbata et
hactenus pacifice observata consuetudine possit idem
abbas in ecclesiis vacantibus, in quibus consueverunt
institui canonici monasterii supradicti temporalia percipere, ac in eis ipsarum vacationis tempore per canonicos ipsius monasterii facere deserviri, ac in non
vacantibus ad idem monasterium spectantibus solatios
vel subcapellanos ponere, prefatus episcopus quominus
idem abbas hec juxta consuetudinem predictam exercere valeat, impedire presumpsit, fecit etiam nonnunquam eundem abbatem suosque canonicos sibi in prosecutione jurium ipsius monasterii et membrorum
ejusdem adherentes excommunicatos, dictumque monasterium interdicto fore suppositum, licet nulla esset
in eos seu monasterium ipsum excommunicationis aut
interdicti prolata sententia publice nuntiari, propter
que idem abbas iterato ad Sedem appellavit eandem,
ac dictus episcopus hujusmodi appellationi non deferens parrochianos tam ejusdem monasterii quam ecclesiarum predictarum per .. officialem suum et quosdam alios presbiteros et clericos moneri fecit, ut divina
in dictis monasterio et ecclesiis non audirent officia,
nec reciperent ecclesiastica sacramenta, nisi ab illis
quos, ut premissum est, in ecclesiis intruserat supradictis. Quare dictus abbas nobis humiliter supplicavit

8

ut, cum ipse propter potentiam ipsius episcopi et suorum non speret se posse in illis partibus justitiam obtinere,oportunum super hoc adhibere remedium paterna
sollicitudine curaremus. Nos igitur, volentes ut hujusmodi occasione idem abbas juris sui seu dicti monasterii dispendium patiatur, qui sumus omnibus in justitia
debitores causas hujusmodi ad nostram curiam revocantes, in eis dilectum filium nostrum Comitem tituli
Sanctorum Marcellini et Petri presbiterum cardinalem
dedimus auditorem. Quocirca discretioni vestre per
apostolica scripta mandamus quatinus vos vel duo aut
unus vestrum episcopum ac intrusos predictos ex parte
nostra per vos vel per alium seu alios peremptorie citare curetis ut infra duorum mensium spatium post
citationem hujusmodi per se vel per procuratores ydoneos sufficienter instructos cum omnibus actis, juribus,
et munimentis suis, predictas causas contingentibus,
apostolico se conspectui representent, facturi et recepturi quod ordo dictaverit rationis; diem vero citationis
et formam et quicquid inde feceritis, nobis vestris litteris harum seriem continentibus fideliter intimetis.
Dat. Tibure, II kal. augusti, anno primo. »

140   Tivoli, 28 septembre 1285.

Thomam, olim Casinensis monasterii decanum, post Bernardi abbatis obitum, per viam scrutinii a vicedecano et conventu ejusdem monasterii electum, eidem monasterio preficit
in abbatem. (n° 136, fol. 39 v°.)

« *Thome, abbati monasterii Casinensis, ad Romanam ecclesiam nullo medio pertinentis, ordinis sancti Benedicti.*
Ad universalis ecclesie regimen — . Dudum siquidem monasterio Casinensi, — per mortem quondam Bernardi olim abbatis ipsius monasterii regimine
destituto pastoris, tu et dilecti filii vicedecanus et
conventus ejusdem monasterii certa die ad eligendum
prefixa — insimul convenistis, et tandem invocata
Spiritus Sancti gratia, per viam scrutinii procedere
eligentes, tres de dicto conventu monachos fidedignos,
videlicet dilectos filios fratres Matheum Vallis Lucis
et Johannem de Verulis Sancte Crucis de Pesolis prepositos, et Laurentium rectorem Pontiscurvi scrutatores assumere curavistis. — Diligenti collatione
facta numeri ad numerum, meriti ad meritum, zeli ad
zelum, juxta formam concilii generalis, compertum extitit quod de septuaginta et novem monachis monasterii supradicti, qui ad hujusmodi electionem convenerant celebrandam, sexaginta et octo in te tunc de-

canum ejusdem monasterii unanimi consenserant voluntate, ac te dilectum filium fratrem Johannem de Cur-
cumello ipsius monasterii monachum in scrutinio
nominante, reliquis neminem tunc eligentibus nec aliquem in scrutinio nominantibus ac nolentibus nominare.
Unde prefatus frater Johannes de Verulis, qui, sicut premittitur, erat unus de scrutatoribus memoratis, vice
sua et aliorum qui in te consenserant —, te tunc decanum predicti monasterii Casinensis in abbatem ipsius
Casinensis monasterii duxit canonice eligendum —,
cumque hujusmodi de te celebrata electio felicis recordationis Martino pape predecessori nostro per procuratores electorum tuorum ad hoc specialiter constitutos presentata fuisset, idem predecessor electionem
eandem dilecto filio nostro C. tituli Sanctorum Marcellini et Petri presbitero cardinali examinandam
commisit. Et licet postmodum quondam abbas monasterii de Capella de Neapoli, qui se a quibusdam
predicti monasterii Casinensis monachis electum seu
postulatum fuisse dicebat, ac nonnulli ex electoribus
seu postulatoribus ipsius abbatis et etiam quidam alius
monachus prefati monasterii Casinensis, asserens se
in electione predicta extitisse contemptum, eidem electioni de te facte se opponere curavissent, tandem dictus abbas jus, si quod sibi ex hujusmohi electione seu
postulatione sua competere poterat, sponte ac libere in
ipsius cardinalis manibus resignavit. Et quia jamdicti
monachi qui, sicut predicitur, electioni tue se opponere
curaverunt per cardinalem eundem citati legitime ac
post citationem hujusmodi diutius expectati coram
cardinali contumaciter non comparuere predicto, per
quod oppositioni sue tacite renuntiasse videntur, nos
in ipsorum contumaciam in hujusmodi negotio procedentes examinationem persone tue venerabili fratri
B. episcopo Portuensi et dilectis filiis nostris Matheo
Sancte Marie in Porticu diacono ac predicto C. cardinalibus duximus committendam; et demum quia per
ipsorum cardinalium relationem fidelem constitit evidenter hujusmodi electionem tuam esse canonicam et
de persona ydonea canonice celebratam, eam de fratrum nostrorum consilio confirmamus; preficientes te
ipsi Casinensi monasterio in abbatem — . Dat. Tibure, IIII kal. octobris, anno primo. »

In eundem modum vicedecano et conventui monasterii Casinensis mandat quatinus eidem abbati obedientiam et reverentiam debitam exhibeant. Dat ut supra.

In e. m. universis vassallis et hominibus ejusdem monasterii mandat quatinus eidem abbati fidelitatis solite juramentum prestantes debita exhibeant servitia. Dat. ut supra.

141   Tivoli, 24 septembre 1285.

Episcopo Treventino mandat quatinus nobilem virum Stephanum de Anglon., quem, jubente G. episcopo Sabinensi, excommunicaverat Venafranus episcopus, quod quedam castra in Aprucinis consistentia partibus ceperat et sic contra fidelitatem C. quondam regis Sicilie heredibus debitam attemptaverat, cum deinde idem Stephanus ad ecclesie Romane et predictorum heredum curavisset redire mandata et Raynaldus de Avella capitaneus Aprucii eidem culpam duxisset remittendam, ab excommunicationis sententia absolvat. (nº 137, fol. 40.)

« *Venerabili fratri .. episcopo Treventino.* Habet assertio dilecti — . Dat. Tibure, VIII kal. octobris, anno primo. »

142   Tivoli, 27 septembre 1285.

Abbati monasterii Sancti Audoeni et priori Beate Marie Magdalene Rothomagensium mandat quatinus episcopum Lexoviensem ad respondendum super causa inter ipsum et archiepiscopum Rothomagensem orta se conspectui apostolico representet. (nº 138 fol. 40 ; LA PORTE DU THEIL, fol. 200.)

« *.. Abbati monasterii Sancti Audoeni, et .. priori Beate Marie Magdalene Rothomagensium.* Sua nobis venerabilis frater noster G. archiepiscopus Rothomagensis petitione monstravit quod, dudum in causa que inter ipsum et bone memorie Lexoviensem episcopum super eo quod idem episcopus in quibusdam ecclesiis et locis civitatis et diocesis Rothomagensis jurisdictionem episcopalem se asserit obtinere, ac decimis et rebus aliis vertitur, ad Sedem Apostolicam legitime devoluta, felicis recordationis Gregorius IX bone memorie Robertum Sancti Eustachii diaconum cardinalem primo, et demum eo sublato de medio pie recordationis Clemens quartus, romani pontifices predecessores nostri, nos tunc in minori officio constitutos concesserunt partibus auditores. Verum hujusmodi causa coram nobis adhuc in ipso officio pendente dominus episcopus debitum nature persolvit. Cum autem nos ad apicem apostolatus assumpti predictam causam in qua tam coram prefato R. cardinali quam coram nobis aliquandiu processum extitit dilecto filio nostro G. tituli Sancti Martini presbitero cardinali duxerimus committendam, discretioni vestre per apostolica scripta mandamus quatinus vos vel alter vestrum venerabilem fratrem nostrum .. episcopum Lexoviensem predicti

episcopi successorem per vos vel alium seu alios ex parte nostra peremptorie citare curetis, ut infra duorum mensium spatium post citationem hujusmodi per se vel per procuratorem ydoneum cum actis, juribus et munimentis suis causam ipsam contingentibus apostolico se conspectui representet, facturus et recepturus super hoc quod ordo dictaverit rationis ; diem vero citationis et formam et quicquid inde feceritis nobis per vestras litteras harum seriem continentes studeatis fideliter intimare. Dat. Tibure, V kal. octobris, anno primo. »

143   Tivoli, 30 septembre 1285.

Archiepiscopo Thebano et priori Predicatorum ac ministro Minorum fratrum ordinum provincialibus in provincia Grecie mandat quatinus, cum, vacante dudum Olenensi ecclesia per obitum P. episcopi Olenensis, capitulum ejusdem ecclesie Nicolaum Lacedemonensem episcopum in episcopum suum per viam compromissi elegissent, eundem Nicolaum, si hoc expedire viderint, a vinculo quo Lacedemonensi ecclesie tenetur absolvant et Olenensi ecclesie preficiant in episcopum. (nº 139, fol. 40 vº ; POTTHAST, nº 22298.)

« *Venerabili fratri .. archiepiscopo Thebano, et dilectis filiis .. priori Predicatorum et .. ministro Minorum fratrum ordinum provincialibus in provincia Grecie.* Vacante dudum Olenensi — . Dat. Tibure, II kal. octobris, anno primo. »

144   Tivoli, 1er octobre 1285.

Guardiano fratrum Minorum et officiali Turonensibus mandat quatinus cum Petro de Blesis, canonico Turonensi, qui interdicto durante, missam pro anima abbatis monasterii Sancte Marie de Burgomedio celebravit, dispensent. (nº 140, fol. 40 vº ; LA PORTE DU THEIL, fol. 202.)

« *Dilectis filiis.. guardiano fratrum ordinis Minorum et .. officiali Turonensibus.* Significavit nobis magister Petrus dictus de Blesis, canonicus Turonensis, quod olim ecclesiastico interdicto, cui villa Blesensis, Carnotensis diocesis, per venerabilem fratrem nostrum.. episcopum Carnotensem supposita tunc erat, durante, apud ecclesiam monasterii Sancte Marie de Burgomedio dicte ville, in qua licet.. abbati et conventui ejusdem monasterii tempore generalis interdicti ex indulto apostolico divina officia celebrare, in anniversario die obitus quondam .. abbatis ejusdem monasterii, fratris sui, pro anima ipsius fratris missarum defunctorum sollempnia celebravit, id non licere sibi de jure, pro eo quod indultum hujusmodi se non extendebat ad ipsum, prout debuit non attendens, qui se in hoc deliquisse postea recognoscens, a celebratione divinorum abstinuit reverenter. Quare pro parte dicti Petri fuit nobis humiliter supplicatum ut, cum ipse propter debilitatem proprii corporis, quam parit in eo tediosa senectus, non possit personaliter Apostolicam Sedem adire pro dispensationis super hac gratia obtinenda, providere in hac parte sibi misericorditer dignaremur. Nos itaque de circumspectione vestra — discretioni vestre per apostolica scripta mandamus quatinus, premissis veris existentibus, cum predicto Petro super irregularitate quam ratione predictorum contraxit auctoritate nostra dispensetis, imposita ei propter hoc penitentia salutari, prout ejus saluti videritis expedire, non obstante — . Dat. Tibure, kalendis octobris, anno primo. »

145   Tivoli, 2 août 1285.

Johanni Valentino et Diensi episcopo cum Martinus papa vellet gratiam facere specialem, eidem ut abbatiam monasterii de Sancto Sequano, ordinis sancti Benedicti, Lingonensis diocesis, cujus, promotionis sue tempore ad Valentinam et Diensem ecclesias, abbas erat, una cum episcopatu ad certum tempus retinere licite posset indulsit. Honorius, licet nondum tempus hujusmodi sit elapsum, exnunc provisionem faciendam de abbate dicto monasterio sibi reservat. (n° 141, fol. 41.)

« *Ad perpetuam rei memoriam.* Dudum felicis recordationis — . Dat. Tibure, IIII nonas augusti, anno primo.»

146   Tivoli, 13 juillet 1285.

Locum a Paparono Fulginati episcopo fratribus ordinis Predicatorum in Fulginati civitate datum confirmat. (n° 142, fol. 41.)

« *Dilecto filio.. priori provinciali fratrum ordinis Predicatorum Romane provincie.* Affectus benivolentie specialis — . Exposuisti siquidem nobis quod venerabilis frater noster Paparonus, episcopus Fulginas, in civitate sua divinum cultum ampliare desiderans, quendam in civitate ipsa locum ad se spectantem fratribus ejusdem ordinis, ut in eo ecclesiam, domos et alias officinas eorum usibus oportunas construere valeant, concessit de gratia speciali, prout in instrumento publico inde confecto plenius continetur. Nos itaque tuis supplicationibus inclinati concessionem seu donationem hujusmodi ratam et gratam habentes

eam auctoritate apostolica confirmamus et presentis scripti patrocinio communimus, defectum qui ex eo in donatione seu concessione hujusmodi fuisse dinoscitur, quod in ipsa capituli Fulginatis assensus non extitit requisitus, supplentes de apostolice plenitudine potestatis. Tenorem autem instrumenti predicti presentibus inseri fecimus qui talis est :

Pérouse, 20 avril 1285.

« In Dei nomine amen. Anno ejusdem M° CC° octua-
» gesimo quinto, indictione tertia decima, die vicesima
» mensis aprilis, tempore domini Honorii IIII sancte
» Romane ecclesie in summum pontificem electi, ad
» honorem, laudem et reverentiam omnipotentis Dei et
» Beate Marie virginis et beati Dominici confessoris,
» fundatoris ordinis fratrum Predicatorum. Nos frater
» Paparonus, miseratione divina episcopus Fulginas,
» propter ampliandum divinum cultum — cupien-
» tes in eadem civitate Fulginati plantare ordinem fra-
» trum Predicatorum, locum quem ipsi fratres jam
» acceptandum duxerunt in dicta civitate in pede
» strate mercatorum juxta et prope portam et plateam
» Sancte Marie foris portam et extra muros civi-
» tatis Fulginatis, a primo latere strata que venit
» a porta filiorum quondam domini Feridelantie [et
» per eam itur juxta plateam Sancte Marie ad portam
» veterem civitatis Fulginatis et ad portam novam
» stantem in Carbonaria Nova dicte civitatis, secunda
» dicta Carbonaria Nova, tertia Angnellus Tabaoclii,
» magister Petrus Morici Boncantoni, Carbonaria
» vetus et terra ecclesie Sancte Marie foris portam et a
» quarta manens domini Johannis filii domini Ste-
» phani, Valterillus domini Valterii, et domina Leti-
» tia filia quondam domini Bonguadangni Judicis uxor
» olim Egidioli domini Berardi, et omne jus omnemque
» actionem quod et quam in dicto loco et domibus,
» muris, ortis vel casalinis competit vel competere po-
» test, eidem ordini et fratri Ubertino de Laterina de
» comitatu Aretii de ordine Predicatorum nomine dicti
» ordinis stipulanti et recipienti irrevocabiliter et im-
» perpetuum libere concedimus et donamus ad haben-
» dum, tenendum et possidendum , et ad faciendum
» ibidem ecclesiam, et oratorium et alias domos sibi
» necessarias, prout fratribus dicti ordinis videbitur
» expedire. Concedentes eidem ordini et dicto fratri
» Ubertino, vice et nomine dicti ordinis stipulanti [et
» recipienti quicquid in domibus, muris, casalenis
» intra predictum locum contentis, et etiam in ortis et
» terris extra muros civitatis usque ad predictam Car-

» bonariam novam eidem loco vicinis quantum eisdem
» fratribus Predicatoribus et ordini eorum pro utilitate
» loci eorum et fratrum ipsius ordinis fuerit oportu-
» num, et ab hiis qui eas tenent in emphyteosim vel
» alio quocumque modo jure vel titulo sibi vindicare
» poterunt eorum sit liberum et expeditum. Et ex
» nunc totum ipsis fratribus et ordini eorum et
» dicto fratri Ubertino stipulanti et recipienti no-
» mine dictorum fratrum et ordinis eorum concedimus
» et donamus, promittentes eidem fratri Ubertino no-
» mine et vice ordinis dictorum fratrum Predicatorum
» stipulanti et recipienti, dictam donationem ratam et
» firmam perpetuo habere atque tenere et nullo tem-
» pore contra eam facere vel venire aliqua ratione vel
» occasione sub ypotheca bonorum et rerum dicti epis-
» copatus Fulginatis. Actum est hoc in civitate Pe-
» rusii in hospitio magnifici viri domini Petri de Sa-
» bello domini pape nepotis coram domino Gerardo
» domini Bevengatis priore plebis Fovonice, diocesis
» Fulginatis, dompno Blasio Soniei rectore ecclesie
» Sancti Andree Fulginatis, Jacovello Angeli Judicis
» de Urbe, Bonaventura Nicolai domini Accattanonis
» notario, Massuro Thome Amici, et Riczardello An-
» geli domine Alte, familiaribus dicti domini episcopi
» Fulginatis testibus de hiis rogatis. Et ego Philippus
» Accurribone de Fulginate notarius omnibus et sin-
» gulis supradictis interfui et ut supra legitur mandato
» supradicti venerabilis patris domini fratris Paparoni
» miseratione divina episcopi Fulginatis et dicti fratris
» Ubertini procuratoris ordinis fratrum Predicatorum
» predicta omnia et singula subscripi et publicavi. »

Nulli ergo etc nostre confirmationis et supplectionis
etc. Dat. Tibure, III idus julii, anno primo. »

147   Tivoli, 17 septembre 1285.

Archiepiscopo Toletano mandat quatinus S. episcopum Zamor-
rensem, qui adversus fratres ordinis Predicatorum et sorores
monasterii Sancte Marie Zamorrensis varias injurias intulerat,
peremptorie citare procuret ut infra quatuor mensium spatium
post citationem coram Apostolica Sede personaliter compareat.
(n° 143, fol. 41 v°; POTTHAST, n° 22292.)

« *Venerabili fratri .. archiepiscopo Toletano.* Moleste
ferimus quorumlibet—. Sane dilecti filii .. prior et fratres ordinis Predicatorum Zamorrenses sua nobis conquestione monstrarunt quod venerabilis frater noster
S. episcopus Zamorrensis, ad ipsorum aspirans injurias
clero civitatis et diocesis Zamorrensium inhibuit ne in
ecclesiis suis aliquem ex eisdem fratribus ad predican-

dum vel divina officia celebrandum admittant, precipiendo etiam laicis civitatis et diocesis predictarum ne
predictis fratribus confiteri, predicationes eorum audire
et eos ad eorum testamenta vocare vel apud ipsos sepulturam eligere aliquatenus non attemptent, in eos si
contra facerent excommunicationis sententiam fulmi-
nando, et, quod est gravius, quendam ex fratribus supradictis, dum in quadam ecclesia populo predicaret,
de pulpito turpiter ac ignominiose facere ejici non expavit, et quasi hec sibi non sufficerent ad offensam in
eorundem fratrum majoris confusionis opprobrium, ..
priorisse et sororibus monasterii Sancte Marie Zamorrensis, que ex concessione Sedis Apostolice regulam
beati Augustini et institutionis ordinis fratrum Predicatorum et habitum susceperunt, et de ejusdem Sedis
mandato fratribus predicti ordinis confitebantur et reci-
piebant ab ipsis ecclesiastica sacramenta, districte pre-
cepit ne fratres predictos ad predicandum vel ad earum
visitationem ulterius admitterent, statuta ordinis non
servarent eorum nec confiterentur eisdem, neque ab eis
sacramenta reciperent supradicta. Et quia eedem priorissa et sorores id facere recusarunt, idem episcopus
ad earum et predictorum fratrum infamias publice lin-
guam relaxans, ad monasterium ipsum accedens hostiliter, ipsum violenter invasit ac in priorissam et sorores predictas insiliens velud hostis, priorissam predictam ibidem canonice institutam sine causa rationabili
destituere et aliam ibidem pro libito voluntatis intru-
dere, sigillum conventus accipere, quasdam ex eis de
sororibus carcerare et in aliquas excommunicationis
fulminare sententiam, conventui etiam sororum ipsarum
victum subtrahere, et demum ex eis circiter quadraginta de monasterio ipso eicere, Dei timore postposito,
non expavit, asserens quod nisi beati Augustini regulam et institutiones predictas ordinis fratrum Predicatorum et habitum quos assumpserant omnino dimitte-
rent nunquam reciperentur ulterius in monasterio
memorato. Sicque dicte sorores ejecte coacte sunt per
plures annos extra dictum monasterium miserabiliter
evagari in animarum suarum periculum, predictorum
fratrum et ordinis opprobrium ac scandalum plurimorum. Quare iidem prior et fratres nobis humiliter supplicarunt ut providere super hoc de oportuno remedio
paterna sollicitudine curaremus. Nolentes itaque tantam
ipsius episcopi, prout nec debemus, insolentiam sustinere, fraternitati tue per apostolica scripta mandamus
quatinus si rem inveneris ita esse, episcopum ipsum
peremptorie citare procures ut infra quatuor mensium
spatium post citationem tuam personaliter compareat
coram nobis super hiis pariturus justitie ac pro meri-

tis recepturus ; diem vero citationis et formam et quicquid super hiis inveneris nobis per tuas litteras harum seriem continentes fideliter intimare procures. Dat. Tibure, XV kal. octobris, anno primo. »

148   Tivoli, 8 octobre 1285.

Priori Predicatorum in Valencenis, Cameracensis diocesis, ac guardiano Cameracensi Minorum fratrum,attendens quod apud Deum non est acceptio personarum, mandat quatinus, cum in seculari ecclesia Andanensi, Leodiensis diocesis, in qua Guido comes Flandrie jus obtinebat patronatus et in qua canonicorum et canonicarum secularium collegia instituta erant, statutum existeret ut nulla mulier in eadem ecclesia in canonicam admitteretur, nisi ex utroque parente nobili fuisset procreata, et nichilominus ipsa per se primo ac etiam septem nobiles de dicta nobilitate attestata esset, hujusmodi statutum auctoritate apostolica cassum pronuncient et irritum. (n° 144, fol. 41 v°.)

«.. *Priori Predicatorum in Valencenis, Cameracensis diocesis, ac .. guardiano Minorum Cameracensi fratrum ordinum.* Ad nostram noveritis—. Dat. Tibure, VIII idus octobris, anno primo. »

149   Tivoli, 8 octobre 1285.

Dotalitium Margarite, filie Guidonis comitis Flandrie, ab Alexandro, rege Scotie, assignatum, tempore quo ipsa cum Alexandro ejusdem regis primogenito, nunc defuncto, matrimonium contraxerat, scilicet mille trecentas marcas sterlingorum de proventibus ville de Bervich in Scotia et ducentas marcas sterlingorum de regali manerio de Linlithen, Sancti Andree diocesis, annuatim prima die augusti percipiendas, confirmat. (n° 145, fol. 42; POTTHAST, n° 22304.)

« *Dilecte in Christo filie nobili mulieri Margarite, filie dilecti filii nobilis viri Guidonis comitis Flandrie, relicte quondam Alexandri, primogeniti carissimi in Christo filii nostri .. regis Scotie illustris, vidue.* Petitio tua nobis —. Dat. Tibure, VIII idus octobris, anno primo. »

150   Tivoli, 23 août 1285.

Priori Predicatorum in Valencenis et guardiano Minorum fratrum Cameracensi committit quatinus de venditione diversarum villarum ab abbate et conventu monasterii Sancti Cornelii de Yda, Coloniensis diocesis, Guidoni comiti Flandrie facta sollicite inquirant. (n° 146, fol. 42.)

« .. *Priori Predicatorum in Valencenis, Cameracensis diocesis, et ..guardiano Minorum fratrum ordinum Camera-*

censi. Petitio dilectorum filiorum .. abbatis et conventus monasterii Sancti Cornelii de Yda, ordinis sancti Benedicti, Coloniensis diocesis, nobis exhibita continebat quod cum monasterium ipsum gravibus esset debitis obligatum, abbas et conventus predicti verentes ne usurarum vorago ejus substantiam obsorberet, ac provide attendentes quod ipsis qui alia bona mobilia non habebant ad predicta debita persolvenda et eidem monasterio de Rothnaci, Herembeke Sancti Cornelii, Bracle, Acrime, Waudeke et Elchele villis, Cameracensis diocesis, ad monasterium ipsum spectantibus, tum propter aliquarum ipsarum distantium tum etiam propter malitiam et nequitiam quorundam potentum illarum partium in quorum dominio alique villarum predictarum consistunt, quique monasterium ipsum et ejus personas super bonis ipsorum multiplici et frequenti vexatione fatigant, modica comoda proveniebant et pro tempore poterant provenire, ac quod ipsum monasterium per alienationem dictarum villarum facilius et comodius poterat ab hujusmodi debitis liberari, predictas villas cum omnibus juribus et pertinentiis earundem, volentes ipsius monasterii conditionem in hac parte facere meliorem, dilecto filio nobili viro Guidoni comiti Flandrie vendiderunt pro certa pecunie quantitate, prout in instrumento publico inde confecto plenius dicitur contineri —. Quare predicti abbas et conventus nobis humiliter supplicarunt ut, —, ipsi venditioni robur auctoritatis apostolice adicere dignaremur, supplendo defectum ex eo quod venerabilis fratris nostri .. Coloniensis archiepiscopi non intervenit assensus de apostolice plenitudine potestatis. Nos itaque — discretioni vestre, de qua plenam in Domino fiduciam gerimus, per apostolica scripta committimus et mandamus quatinus, eisdem abbate et conventu ac comite convocatis, de causa hujusmodi venditionis predictarum villarum et utilitate ipsius monasterii — sollicite inquiratis et quod inveneritis fideliter in scriptis redactum sub sigillis vestris ad presentiam nostram per vestras litteras harum seriem continentes mittere celeriter studeatis. Non obstante indulgentia—. Dat. Tibure, X kal. septembris, anno primo. »

151   Sainte-Sabine, 25 octobre 1285.

Preposito ecclesie Aurasicensis mandat quatinus domum quamdam, in villa de Bromhola, Aquensis diocesis, sitam, quam fratres ordinis Penitentie Jhesu Christi duxerant deserendam, fratribus Militie Templi Jerosolimitani, qui in dicta villa nullam domum habebant, concedat. (n° 147 fol. 42 v°; LA PORTE DU THEIL, fol. 218.)

« ., *Preposito ecclesie Aurasicensis.* Exhibita nobis dilectorum, —. Dat. Rome apud Sanctam Sabinam, VIII kal. novembris, anno primo. »

152   Tivoli, 7 octobre 1285.

B. episcopo Nemausensi indulget ut de bonis mobilibus ecclesiasticis ipsius dispensationi commissis que non fuerint altarium servitio deputata testari et disponere possit. (n° 148 fol. 42 v°; La Porte du Theil, fol. 205.)

« *Venerabili fratri B. episcopo Nemausensi.* Quia presentis vite — . Dat. Tibure, nonis octobris, anno primo. »

Sainte-Sabine, 17 novembre 1285.

In eundem modum Laurentio, archiepiscopo Consano. Dat. Rome apud Sanctam Sabinam, XV kal. decembris, anno primo.

Tivoli, 20 septembre 1285.

In e. m. Philippo, episcopo Viterbiensi. Dat. Tibure, XII kal. octobris, anno primo. (Potthast, n° 22303, sous la date du 7 octobre.)

153   Tivoli, 27 septembre 1285.

Theoderico, priori secularis ecclesie Sancti Andree Urbevetani, ad decimam Terre Sancte subsidio concessam, in Coloniensi, Bremensi et Magdeburgensi provinciis ac in diocesi Caminensi colligendam deputato mandat quatinus ab Henrico de Bastonia, canonico ecclesie Sancti Pauli Leodiensis, pecuniam quam de residuo vicesime defuncto Ludovico regi Francie in diocesi Leodiensi ab Apostolica Sede concesse in Terre Sancte subsidium collegerat idem canonicus, requirat. (n° 149, fol. 43.)

« *Dilecto filio Theoderico, priori secularis ecclesie Sancti Andree Urbevetani, capellano nostro, collectori decime Terre Sancte subsidio in Coloniensi, Bremensi et Magdeburgensi provinciis ac in diocesi Caminensi concesse.* Intimasti nobis quod, licet felicis recordationis Martinus papa IIII predecessor noster dilecto filio Henrico de Bastonia, canonico ecclesie Sancti Pauli Leodiensis, per suas sub certa forma dedit litteras in preceptis ut totam pecuniam quam de residuo vicesime inclite memorie Ludovico regi Francie in diocesi Leodiensi ab Apostolica Sede concesse in subsidium Terre Sancte, necnon de legatis et obventionibus quibuscumque ipsius terre et de redemptionibus votorum in predicta

diocesi, prefatus. Henricus per se ac etiam cum quondam Willelmo decano ipsius ecclesie Sancti Pauli, suo in hac parte collega, dum viveret, apostolica auctoritate collegit, tibi cum super hoc a te requisitus existeret, sublato cujuslibet difficultatis objectu, integre assignaret, injuncto tibi per alias suas sub certa forma litteras ut prefatum Henricum quod tibi premissam pecuniam submota difficultate ac dilatione quacumque cum integritate assignare curaret, ex sua parte requireres, ipsumque ad id, si necesse foret, per censuram ecclesiasticam et alias, prout expedire videres, appellatione retenta compellere non differres. Sed eodem Henrico pretendente quod a carissimo in Christo filio nostro Philippo rege Francorum illustri et a quibusdam etiam nobilibus ab eo predicta pecunia petebatur, ipsum ad exhibendam tibi predictam pecuniam compellere distulisti. Cum autem nequaquam nostre credulitatis existat pecuniam ipsam vel nobilibus supradictis per Sedem Apostolicam fuisse concessam, et propterea dicto Henrico per nostras litteras injungamus ut tibi, sublata dilatione qualibet, assignet pecuniam prelibatam, predicta occasione vel alia qualibet non obstante, discretioni tue per apostolica scripta mandamus quatinus eundem Henricum quod tibi predictam pecuniam, submota dilatione qualibet, cum integritate assignet ex parte nostra requiras, ipsum ad id si necesse fuerit per censuram ecclesiasticam et alias, prout expedire videris, appellatione retenta, compellas juxta predecessoris ipsius directarum ad te litterarum continentiam earumdem. Ceterum volumus ut quid, quantum et quando ab eodem Henrico de premissis receperis nobis per tuas litteras studeas fideliter intimare. Dat. Tibure, V kal. octobris, anno primo. »

154   Tivoli, 27 septembre 1285.

Henrico de Bastonia, canonico ecclesie Sancti Pauli Leodiensis, mandat quatinus pecuniam quam de residuo vicesime defuncto Ludovico regi Francie in diocesi Leodiensi ab Apostolica Sede concesse in Terre Sancte subsidium collegit, Theoderico, priori secularis ecclesie Sancti Andree Urbevetani, assignet. (n° 150, fol. 43.)

« *Henrico de Bastonia, canonico ecclesie Sancti Pauli Leodiensis.* Intimante nobis dilecto —. Dat. ut supra. »

155   Tivoli, 27 septembre 1285.

Theoderico, priori secularis ecclesie Sancti Andree Urbevetani et collectori decime Terre Sancte, mandat quatinus pecuniam quam de Henrico de Baslonia canonico ecclesie Sancti Pauli Leodiensis receperit Medico Aliocti, Symoni Gerardi, Bonino Raynerii et Restoro Bonaventure, civibus et mercatoribus Florentinis de societate Thomasii Spiliati et Lapi Ugonis Spine de Florentia, vel eorum alicui aut alii dictorum Thomasii et Lapi socio, assignare studeat. (n° 151, fol. 43.)

« *Eidem Theoderico priori.* Te nuper accepimus —. Dat. ut supra. »

156 Tivoli, 27 septembre 1285.

Theoderico, priori secularis [ecclesie Sancti Andree Urbevetani, olim a Martino papa IV collectori decime Terre sancte in Coloniensi, Bremensi, et Magdeburgensi provinciis et Caminensi diocesi constituto, mandat quatinus, juxta litterarum ejusdem pape continentiam, totam pecuniam quam de predicta decima et vicesima, legatis, obventionibus ac aliis subventioni Terre Sancte concessis invenerit collectam mercatoribus Florentinis in proxima superiori bulla nominatis assignet, faciens de hujusmodi assignatione ac depositione duo confici publica similia instrumenta quorum alterum sibi retinere papeque alterum mittere procuret. (n° 152, fol. 43 v°.)

« *Eidem.* Pridem felicis recordationis —. Dat. ut supra. »

157 Tivoli, 27 septembre 1285.

Theoderico, priori secularis ecclesie Sancti Andree Urberetani, a Martino papa IV ad decimam Terre Sancte in Coloniensi, Bremensi, et Magdeburgensi provinciis ac diocesi Caminensi colligendam Raynerio de Orio, preposito de Clavasio, subrogato mandat quatinus ad executionem prefati negotii studeat vigilanter intendere juxta directarum ipsi dicti Martini continentiam litterarum. (n° 153, fol. 43 v°.)

« *Eidem.* Dudum felicis recordationis —. Dat. ut supra. »

158 Tivoli, 27 septembre 1285.

Raynerio de Orio, preposito ecclesie de Clavasio, mandat quatinus de omnibus que de decima, vicesima, legatis, obventionibus et aliis collegerit seu receperit, Theoderico, decime Terre Sancte collectori plenam et diligentem exhibeat rationem. (n° 154, fol. 43 v°.)

« *Raynerio de Orio, preposito ecclesie de Clavasio.* Dudum etc ut —. Dat. ut supra. »

159 Tivoli, 27 septembre 1285.

R. regem Romanorum hortatur quatinus Theodericum ad decimam Terre Sancte colligendam deputatum habeat benignius commendatum, eique regium largiatur favorem ut negotii ipsius executionem utilius prosequatur. (n° 155, fol. 44.)

« *Carissimo in Christo filio R., regi Romanorum illustri.* Ad felicem promotionem —. Dat. ut supra. »

160 Tivoli, 9 septembre 1285.

Archiepiscopo Narbonensi, qui in castro de Montebruno, Narbonensis diocesis, a quo parrochialis ecclesia est remota, quandam capellam in honorem Beati Stephani construxerat, concedit ut capellano in eadem capella instituto de mensa archiepiscopali redditus annuos usque ad valorem viginti quinque librarum turonensium assignare valeat. (n° 156, fol. 44; LA PORTE DU THEIL, fol. 167.)

« *Venerabili fratri.. archiepiscopo Narbonensi.* Sicut petitio tua —. Dat. Tibure, V idus septembris, anno primo. »

161 Tivoli, 10 octobre 1285.

G. episcopo Sabinensi, Apostolice Sedis legato, mandat quatinus Thome, abbati monasterii Casinensis, administrationem plenam et liberam ipsius monasterii dimitti, eidemque abbati a procuratoribus seu administratoribus de bonis predicti monasterii perceptis reddi plenam et debitam rationem faciat. (n° 157, fol. 44; LA PORTE DU THEIL, fol. 207.)

« *Venerabili fratri G., episcopo Sabinensi, Apostolice Sedis legato et una cum dilecto filio nobili viro R. comite Atrebatensi, bajulo regni Sicilie per Romanam ecclesiam constituto.* Cum tibi per —. Dat. Tibure, VI idus octobris, anno primo. »

162 Sainte-Sabine, 5 novembre 1285.

Litteras G., Pennensis et Adriensis episcopi, datas in civitate Pennensi anno Domini M° CC° LXXXI, VI° kalendas januarii, quibus prefatus episcopus se hospitale Sancti Claudii de Foce Gomani situm in territorio Adrie, Pennensis et Adriensis diocesis, totaliter destructum et desolatum, cum quadam rurali et campestri ecclesia Sancti Guillelmi eidem hospitali annexa, hospitali Sancti Spiritus in Saxia de Urbe dedisse et de eisdem fratrem Symonem ejusdem hospitalis Sancti Spiritus procuratorem per annulum suum investisse asserebat, auctoritate apostolica confirmat. (n° 158, fol. 44.)

« .. *Preceptori et fratribus hospitalis nostri Sancti Spiritus in Saxia de Urbe*. Cum a nobis —. Dat. Rome apud Sanctam Sabinam, nonis novembris, anno primo. »

163   Sainte-Sabine, 18 octobre 1285.

Fratribus ordinis Minorum Tuscie negotium inquisitionis super heretica pravitate in Sardinie insula faciende committit. (n° 159, fol. 44 v°; POTTHAST, n° 22307.)

« *Dilectis filiis fratribus ordinis Minorum inquisitoribus heretice pravitatis in administracione Tuscie auctoritate apostolica deputatis et in posterum deputandis*. Ad extirpandum ubilibet — . Dat. Rome apud Sanctam Sabinam, XV kal. novembris, anno primo.»

164   Sainte-Sabine, 14 octobre 1285.

Episcopum Spoletanum facit certiorem se Bartholo de Thomasso, canonico Spoletano, presbitero, indulsisse ut, nonobstante defectu natalium quem patitur de soluto genitus et soluta, beneficium ecclesiasticum in Spoletana diocesi, etiam si curam haberet animarum, libere obtinere valeret. (n° 160, fol. 44 v°.)

« *Venerabili fratri .. episcopo Spoletano*. Laudabile testimonium quod — . Dat. Rome apud Sanctam Sabinam, II idus octobris, anno primo. »

165   Sainte-Sabine, 4 novembre 1285.

Priori Predicatorum et guardiano Minorum fratrum ordinum Pisanis mandat quatinus fratrem Johannem de Agnello, post mortem Raynerii in hospitalis novi Misericordie Sancti Spiritus Pisani rectorem electi, in ejusdem hospitalis rectorem per viam compromissi electum examinent et confirment. (n° 161, fol. 45 ; POTTHAST, n° 22318.)

« .. *Priori Predicatorum et .. guardiano Minorum fratrum ordinum Pisanis*. Significarunt nobis dilecti —.Dat. Rome apud Sanctam Sabinam, II nonas novembris, anno primo. »

166   Tivoli, 3 septembre 1285.

Archiepiscopo Beneventano et episcopo Trojano mandat quatinus Jacobum, Nuscanum episcopum, qui de ordine fratrum Minorum, in quo erat vinculo professionis astrictus, sine obedientia exiens, episcopatum Nuscanum contra ipsius ordinis privilegia et statuta receperat, peremptorie citent ut infra unius mensis spatium post citationem coram Apostolica Sede personaliter compareat. (n° 162, fol. 45; POTTHAST, n° 22283.) HONORIUS.

« *Venerabilibus fratribus .. archiepiscopo Beneventano, et .. episcopo Trojano*. Significarunt nobis dilecti — . Dat. Tibure, III nonas septembris, anno primo. »

167   Sainte-Sabine, 5 novembre 1285.

Raymundo Atgerii, decano ecclesie Aniciensis, mandat quatinus potestatem, capitaneum, consilium, commune ac priores artium Florentine civitatis, qui iniqua statuta juri ecclesiastico adversantia de novo ediderant, peremptorie citare procuret ut infra quindecim dies post hujusmodi citationem coram Apostolica Sede compareant. (n° 163, fol. 45 v°; POTTHAST, n° 22319.)

« *Raymundo Atgerii, decano ecclesie Aniciensis, capellano nostro*. Sedes apostolica erga —. Dat. Rome apud Sanctam Sabinam, nonis novembris, anno primo. »

168   Sainte-Sabine, 18 octobre 1285.

Bindi de Senis, apud Sedem Apostolicam juris civilis professoris, votis annuere cupiens, personis, que per constitutionem Honorii pape leges prohibentur audire, indulget ut in ejusdem professoris scolis predicto juri studere valeant. (n° 164, fol. 46.)

« *Bindo de Senis, juris civilis professori*. Meritis tue probitatis inducimur ut illa te gratia prosequamur per quam tibi cumulus honoris proveniat et aliorum profectibus consulatur. Volentes itaque benigne annuere votis tuis, ut, quamdiu apud Sedem Apostolicam in jure civili docueris, liceat personis illis, que per constitutionem felicis recordationis Honorii pape predecessoris nostri leges prohibentur audire, episcopis, abbatibus et religiosis quibuslibet prorsus exceptis, apud Sedem eandem tamen in predicto jure studere, te duntaxat vel alium quem aliquando loco tui ad legendum in scolis tuis aliquam lectionem necessitatis causa vel honoris gratia forsan admiseris audiendo, constitutione predicta, cui per hoc in posterum derogari nolumus, non obstante, auctoritate presentium indulgemus. Nulli ergo etc nostre concessionis etc. Dat. Rome apud Sanctam Sabinam, XV kal. novembris, anno primo. »

169   Sainte-Sabine, 23 octobre 1285.

Episcopo Albensi mandat [quatinus nobili viro Georgio Bejame de Saviliano Taurinensis, et nobili mulieri Brunisenti, nate Belongerii de Roca Ciliarii, Albensis diocesium, qui, ignorantes quod aliqua esset consanguinitas inter se, per verba de presenti matrimonium insimul publice contraxerant, cum adhuc inter ipsos carnalis copula non extitisset subsecuta, permittat ut in dicto matrimonio licite remaneant. (n° 165, fol. 46.)

9

« *Venerabili fratri .. episcopo Albensi*. Exhibita nobis dilecti —. Dat. Rome apud Sanctam Sabinam, X kal. novembris, anno primo. »

170   Tivoli, 9 octobre 1285.

Herminie abbatisse, et conventui monasterii Sancti Silvestri de Urbe, regulam sororum Minorum inclusarum ab Alexandro papa IV traditam et correctam et ab Urbano papa IV approbatam [1], in ipsius Urbani regesto repertam, destinat. (n° 166, fol. 46; Potthast, n° 22306.)

« *Dilectis in Christo filiabus Herminie abbatisse et conventui monasterii Sancti Silvestri de Urbe, ad Romanam ecclesiam nullo medio pertinentis, ordinis sororum Minorum inclusarum.* In mandatorum suorum —. Dat. Tibure, VII idus octobris, anno primo. »

171   Sainte-Sabine, 5 novembre 1285.

B., episcopo Albiensi mandat quatinus ad monasterium Lesatense, Tholosane diocesis, personaliter accedat et inibi visitationis correctionisque officium exerceat. (n° 167, fol. 46 v°; La Porte du Theil, fol. 222.)

« *Venerabili fratri B. episcopo Albiensi*. Inter cetera que —. Sane ad audientiam nostram pervenit quod monasterium Lesatense, ordinis sancti Benedicti, Tholosane diocesis, ejusque membra, propter excessus, crimina et defectus Aculei abbatis et monachorum eorundem monasterii et membrorum adeo in spiritualibus et temporalibus sunt collapsa et cotidie collabuntur quod, nisi eis per Apostolicam Sedem celeriter succurratur, irreparabile poterunt incurrere detrimentum. Nos igitur — maxime cum olim dictus abbas coram felicis recordationis Martino papa, predecessore nostro, et fratribus suis, de quorum numero tunc eramus, in eorum consistorio constitutus, expresse consenserit ut monasterium et membra predicta visitentur auctoritate apostolica, et etiam reformentur, ac gerentes de circumspectione tua —, fraternitati tue per apostolica scripta mandamus quatinus personaliter ad monasterium predictum accedens et habens pre oculis solum Deum, auctoritate nostra de hujusmodi excessibus, criminibus, et defectibus necnon et aliis de quibus circa statum ipsorum monasterii et membrorum inquirendum videris, tam in capite quam in membris inquiras sollicite veritatem, et nichilominus inibi visitationis officium exerceas diligenter, corrigendo, et reformando ibidem

1. Bulle d'Urbain IV du 27 juillet 1263.

tam in capite quam in membris eisdem que correctione ac reformatione noveris indigere, et statuendo que, secundum Deum et utilitatem dicti monasterii prospexeris statuenda —, contradictores per censuram ecclesiasticam —, invocato ad hoc si necesse fuerit auxilio brachii secularis, non obstante —. Nolumus autem quod per hoc cause, que inter dictum abbatem et conventum ejusdem monasterii ex parte una et venerabilem fratrem nostrum .. episcopum Tholosanum ex altera, super eo quod iidem abbas et conventus se dicunt ab ordinaria jurisdictione ipsius episcopi prorsus exemptos et ecclesie Romane immediate subjectos, vertitur, coram dilecto filio nostro J. Sancti Eustachii diacono cardinali, partibus a prefato predecessore auditore in eadem causa concesso, in aliquo derogetur, seu ipsis partibus quoad ea que causam ipsam contingunt vel quoquomodo respiciunt aliquod prejudicium generetur. Dat. Rome apud Sanctam Sabinam, nonis novembris, anno primo. »

172   Sainte-Sabine, 2 novembre 1285.

Episcopo Senensi mandat quatinus utrum Symon, quondam comes Tuscie palatinus, et Guido de Battifolle ejusdem filius spoliationi et occisioni Silvensis episcopi ejusque sociorum interfuerint, annon, sollicite inquirat. (n° 168, fol. 46 v°.)

« *Venerabili fratri .. episcopo Senensi*. Sua nobis dilectus filius nobilis vir Guido de Battifolle, comes Tuscie palatinus, petitione monuit quod olim felicis recordationis Clemens papa predecessor noster castra, villas et alia loca illorum malefactorum qui occisioni, captioni, spoliationi et captivationi bone memorie .. Silvensis episcopi, .. decani et archidiaconi Salamantinorum, quondam Arnaldi militis et aliorum de comitiva et familiis eorundem qui per Tusciam transitum facientes ad Sedem Apostolicam pro certis negotiis accedebant interfuerint, et alia in quibus dicti malefactores se tempore patrati criminis receptarunt perpetuo municipii et universitatis jure privavit; ita quod deserta jacerent, hominum habitationem nullis unquam temporibus habitura,ipsaque remanerent in perpetuum nichilominus ecclesiastico supposita interdicto, nec aliquis sacerdos aut clericus in illis remanere presumeret, vel quicquam ad ecclesiasticum ordinem pertinens exercere, habitare quoque presumentibus in eisdem in vita vel in morte, nisi locorum ipsorum habitationem abjurent, sacramenta ecclesiastica minime prestarentur, et jura predictarum ecclesiarum assignentur aliis prout diocesanus locorum et alii ad quos spectaret ducerent statuendum. Cum autem aliqui de hominibus tunc temporis castri de Gangareto, Aretine diocesis, quod tunc ad quondam Symonem comitem Tuscie palatinum patrem predicti Guidonis pertinebat, premissis interfuerint, quidam vero ex predictis malefactoribus se postmodum in castro receptarint, eodem tam prefato Symone adhuc vivente quam eodem Guidone qui dicto Symoni heres existit, nullum dantibus in hiis auxilium consilium vel favorem, sed horum ignaris, ac demum dictum castrum a communi Florentino fuerit omnino destructum, idem Guido comes nobis humiliter supplicavit ut cum ipse dictum castrum reedificare cupiat et cum ipse nec dictus Symon pater suus fuerint culpabiles in premissis interdictum hujusmodi quoad castrum ipsum relaxari sibique quod castrum predictum reedificare, quodque predicti homines illis qui hujusmodi maleficio interfuisse noscuntur ac ipsorum filiis exceptis ad illud redire ac tam ipsi quam alii maleficiorum predictorum expertes quod dictus Guido comes ad inhabitandum in eo voluerit admittere ibidem habitare valeant, concedi licentiam de benignitate apostolica mandaremus. Quia vero nobis non constitit de premissis, nos de circumspectione tua plenam in Domino fiduciam obtinentes, fraternitati tue per apostolica scripta mandamus quatinus an Symon et Guido predicti fuerint culpabiles in premissis inquiras diligentius veritatem et quid inveneris tuis patentibus litteris harum seriem continentibus fideliter intimare procures ut tua relatione instructi super hoc securius procedere valeamus. Dat. Rome apud Sanctam Sabinam, IIII nonas novembris, anno primo. »

173 · Sainte-Sabine, 5 novembre 1285.

Johanni Galandi et Johanni Vigorosi, ordinis Predicatorum, inquisitoribus heretice pravitatis in regno Francie mandat quatinus contra nonnullos civitatis et diocesis Carcassonensis qui commissum ipsis inquisitionis officium impedire non verentur, procedere studeant. (n° 169, fol. 47; LA PORTE DU THEIL, fol. 225; POTTHAST, n° 22322.)

« Dilectis filiis fratribus Johanni Galandi et Johanni Vigorosi ordinis Predicatorum, inquisitoribus heretice provitatis in regno Francie. Quanto catholice fidei —. Dat. Rome apud Sanctam Sabinam, nonis novembris, anno primo. »

174 Tivoli, 22 septembre 1285.

Priorisse et conventui sororum inclusarum monasterii Sancte Marie in Insula Danubii indulget ut tertiam partem reddituum ecclesie Sancte Marie in Monte Budensi, Vesprimiensis diocesis, quam e regia liberalitate obtinebant, juxta archiepiscopi Strigoniensis ordinationem, perpetuo percipere ac retinere libere valeant. (n° 170, fol. 47; POTTHAST, n° 22294.)

« Dilectis in Christo filiabus .. priorisse, et conventui sororum inclusarum monasterii Sancte Marie in Insula Danubii, ordinis sancti Augustini, secundum instituta et sub cura fratrum ordinis Predicatorum viventibus, Vesprimiensis diocesis. Petitio vestre nobis —. Dat. Tibure, X kal. octobris, anno primo. »

175 Sainte-Sabine, 4 novembre 1285.

Litteras Martini pape IV, quibus Henrico electo Virdunensi conferendi tabellionatus officium duabus personis ad hoc idoneis concesserat facultatem, datas apud Castrum Plebis, X kal. octobris, ejusdem pontificatus anno quarto, sed non bullatas, confirmat. (n° 171, fol. 47 v°; LA PORTE DU THEIL, fol. 224.)

« Henrico episcopo Virdunensi. Dilectus filius magister —. Dat. Rome apud Sanctam Sabinam, II nonas novembris, anno primo. »

176 Tivoli, 5 septembre 1285.

Monasterio Kalensi, Parisiensis diocesis, per obitum Matildis abbatisse vacanti, post multos processus apud curiam Romanam habitos, Margaritam, tunc dicti monasterii thesaurariam, preficit in abbatissam. (n° 172, fol. 47 v°.)

« Dilecte in Christo filie Margarite abbatisse monasterii Kalensis, ordinis sancti Benedicti, Parisiensis diocesis. Ea que judicio vel concordia terminantur, usque : communiri. Sane petitio tua nobis exhibita continebat quod olim monasterio Kalensi, ordinis sancti Benedicti, Parisiensis diocesis, per obitum quondam Matildis abbatisse ipsius monasterii, abbatisse regimine destituto, conventus ejusdem monasterii, vocatis omnibus — per viam scrutinii procedentes, sex personas fide dignas, scilicet dilectos filios Guarnerum archidiaconum Brie in ecclesia Parisiensi, Philippum de Amblevilla Belvacensem et Petrum de Pontiaco Meldensem canonicos, et dilectas in Christo filias Helissendim de Sancto Patricio, Helissendim dictam Lablanvillaine et Philippam de Forcilles moniales dicti monasterii ad scrutandum vota singularum ejusdem monasterii monialium juxta formam generalis concilii assumpserunt. Sane archidiacono, canonicis et tribus monialibus supradictis ipsarum et reliquarum monialium predictarum vota, juxta prescriptam formam exquirentibus, et in scriptis redacta mox publicantibus, in communi compertum extitit quod de septuaginta sex monialibus, que ad electionem convenerant faciendam, quadraginta in te tunc thesaurariam, triginta vero et quatuor in Johannam cantricem predicti monasterii consenserunt, te ac eadem cantrice in alias singulares personas dirigentibus vota vestra, et demum zeli ad zelum, meriti ad meritum, et numeri ad numerum collatione prehabita diligenti, Maria de Belvaco dicti monasterii monialis, una de consentientibus in prefatam cantricem nomine suo et earundem consentientium in ipsam cantricem, predicta vero Helissendis Lablanvillaina pro se ac aliis dicti monasterii monialibus, que in te sua vota direxerant, de ipsarum mandato eodem contextu, in abbatissam prefati monasterii elegerunt. Et tam dicta cantrix quam tu electionibus de vobis factis taliter consensisti, prius tamen pro parte dictarum monialium que cantricem ipsam elegerant, appellatione ad Sedem Apostolicam interposita, ne, hujusmodi sua electione, que antea publicata fuerat non cassata, pars altera ad electionem aliam de te faciendam procedere attemptaret; presertim cum tu, sicut eedem dicebant, excommunicata fores, et infamis ac inhabilis et perjura. Cumque pro negotio electionum ipsarum magistri Thomas de Accon, canonicus Acconensis, cantricis et monialium ipsam eligentium, ac Rogerus de Bestiaco, clericus, Margarete de Matriaco, Margarete de Sessiaco, Ysabellis de Corlaon et Helissendis de Milliaco ejusdem monasterii monialium dictam electionem tuam prosequentium procuratores ad Sedem accessissent predictam, felicis recordationis Gregorius papa X predecessor noster, proposito eodem negotio coram ipso, bone memorie V. Sancti Eustachii diaconum cardinalem dedit in ipso negotio partibus auditorem, coram quo libellis oblatis hinc inde —, dictisque predecessore ac cardinali viam interim universe carnis ingressis, pie memorie Johannes papa XXI, predecessor noster bone memorie B. Sabinensem episcopum in dicto negotio substituit auditorem, et postmodum cum jam esset coram eodem episcopo in hujusmodi causa conclusum, tam dictus predecessor noster quam episcopus ipse nature debitum persolverunt, et tandem pie memorie Nicolaus papa III predecessor noster eandem causam in eo statu in quo erat coram eodem episcopo venerabili fratri nostro Gerardo episcopo Sabinensi, tunc basilice Duodecim Apostolorum presbitero cardinali audiendam commisit, et fine debito terminandam, qui visis rationibus et juribus utriusque partis —, et super hiis omnibus nobiscum, tunc in minori officio constitutis, et cum bone memorie G. tituli Sancti Martini presbitero, et dilectis filiis nostris M.

Sancte Marie in Porticu et J. Sancti Eustachii diaconibus cardinalibus de speciali mandato ejusdem predecessoris Nicolai, facta relatione fideli, et postmodum ab ipso predecessore Nicolao de pronuntiando et diffiniendo habita expressa licentia, die assignata ad diffinitivam sententiam audiendam, et procuratoribus partium presentibus, coram eo de consilio et assensu nostro et cardinalium predictorum, juris ordine observato, predictam electionem ipsius cantricis tanquam a minori parte dicti conventus factam cassavit et irritavit, dictam vero electionem tuam, utpote a majore parte ipsius conventus de persona ydonea celebratam canonice confirmavit, prout instrumentum publicum inde confectum ipsius G. episcopi Sabinensis sigillo munitum plenius dicitur continere. Cumque tu super confirmatione et executione hujusmodi processus pro te habiti per dictum episcopum Sabinensem nitereris litteras apostolicas impetrare, Georgius de Interampne procurator dictarum cantricis et sibi adherentium procuratorio nomine ipsarum eisdem litteris in audientia publica contradixit, asserens pro parte ipsarum a sententia et processu prefati Sabinensis episcopi ad predictum predecessorem nostrum fuisse legitime appellatum, dicto autem predecessore nostro nature debitum persolvente, pie memorie Martinus papa IIII predecessor noster super hiis dilectos filios nostros Johannem tituli Sancte Cecilie presbiterum, et Benedictum Sancti Nicolai in Carcere Tulliano diaconum cardinales memorato Sabinensi episcopo adjunxit et dedit partibus auditores, coram quibus Henrico de Huns clerico pro te supradictas litteras impetrare volente, et prefato Georgio eisdem contradicente in judicio constitutis super predictis aliquandiu extitit litigatum. Verum prefato Sabinensi episcopo de Romana curia recedente, dictus predecessor Martinus eisdem J. et B. cardinalibus iterato negotium ipsum totaliter audiendum, et fine debito terminandum, oraculo vive vocis commisit, qui, visis et auditis juribus — et ab eodem predecessore Martino de pronuntiando obtenta licentia speciali, die assignata procuratoribus predictis ad audiendam determinationem, diffinitionem, et decisionem ipsius negotii, de ipsius predecessoris Martini speciali licentia et mandato pronuntiaverunt sententiam predicti Sabinensis episcopi ratam esse, et debere in sua persistere firmitate, et predictas litteras que super confirmatione et executione processus et sententie predicti episcopi pro te habiti impetrabantur absolvendas esse, ipsasque absolverunt et remiserunt ad supradictam audientiam absolutas, dictumque Georgium, seu alium ipsarum cantricis, Agnetis et Marie de Belvaco et Philippe de

Forcilles et aliarum eisdem adherentium nomine, et ipsas moniales ulterius non debere admitti contra sententiam et executionem ipsius, seu ad contradicendum litteris supradictis, dicto vero Georgio ab hujusmodi sententia eorundem J. et B. cardinalium procuratorio nomine dictarum cantricis et sibi adherentium ad Sedem Apostolicam appellante, idem predecessor Martinus causam appellationis hujusmodi dilecto filio nostro Gervasio tituli Sancti Martini in Montibus presbitero cardinali audiendam unacum prefato B. cardinali commisit oraculo vive vocis, coram quibus per procuratores partium in causa appellationis ejusdem diu extitit litigatum, et tandem idem Gervasius cardinalis, visis et diligenter inspectis processibus, actis et sententiis supradictis, necnon instrumentis, juribus et rationibus que predicte partes coram eo proponere et producere voluerunt, ac diligenti relatione per eundem Gervasium cardinalem coram fratribus nostris in consistorio nobis facta, tam super eo quod pars dictarum cantricis et sibi adherentium opponebat, quod scolastice ipsius monasterii, que in te consenserant vocem in electione de consuetudine non habebant, quam etiam super criminibus que dicebat eadem pars cantricis et sibi adherentium contra te de novo ad suam notitiam pervenisse de speciali mandato nostro necnon et de voluntate ac assensu predicti B. cardinalis presentibus procuratoribus partium, qui citati fuerunt ad diffinitivam sententiam audiendam diffinitive pronuntiavit per dictum Georgium male appellatum et per prefatos J. et B. cardinales bene sententiatum et processum fuisse, eidem Georgio procuratorio nomine dictarum cantricis et sibi adherentium et per eum eisdem cantrici et sibi adherentibus super omnibus objectionibus, criminibus et defectibus necnon et super toto negotio perpetuum silentium imponendo, prout in instrumento publico inde confecto sigillo ejusdem Gervasii cardinalis sigillato plenius continetur. Nos itaque tuis supplicationibus inclinati, predictas sententias ac processum ipsius Gervasii cardinalis provide latos et habitos, ratos et gratos habentes, illos auctoritate apostolica confirmamus, et presentis scripti patrocinio communimus. Tenorem vero ejusdem instrumenti sigillo ipsius Gervasii cardinalis signati de verbo ad verbum presentibus inseri facientes, qui talis est :

Tivoli, 20 août 1285.

« In nomine Domini, Amen. Dudum monasterio Ka-
» lensi, ordinis sancti Benedicti, Parisiensis diocesis,
» per obitum quondam Matildis abbatisse —.— super
» dictis exemptionibus, criminibus et defectibus nec-

» non et super impugnatione sententiarum predictarum
» et super toto negotio supradicto perpetuum silentium
» imponentes. Pronuntiantes etiam prenominatam
» sententiam latam pro eadem thesauraria per eundem
» dominum Gerardum cardinalem, nunc episcopum
» Sabinensem, ratam esse ac debere in suo robore per-
» manere. In quorum omnium testimonium et eviden-
» tiam pleniorem presens publicum instrumentum per
» infrascriptum Raynerium Tholomei de Florentia no-
» tarium publicum tabellionem nostrum scribi et pu-
» blicari mandavimus, et sigilli nostri appensione mu-
» niri. Lata, lecta et pronuntiata fuit in scriptis dicta
» sententia, ut superius continetur, per eundem reve-
» rendum patrem dominum Gervasium cardinalem pro
» tribunali sedentem Tibure in hospitio ejusdem
» domini cardinalis in aula in qua jura idem do-
» minus cardinalis reddere consuevit, presentibus ma-
» gistris Georgio de Interampne, et Viviano de Senis
» procuratoribus partium predictarum, anno nativita-
» tis Domini millesimo CC° octuagesimo quinto, in-
» dictione XIII, die lune vigesima mensis augusti,
» pontificatus sanctissimi patris domini Honorii pape
» IIII anno primo, presentibus etiam testibus domino
» Thoma priore de Montalpruno, advocato in curia
» Romana, magistro Angelo de Urbe canonico Ceno-
» manensi, domino Raynutio priore de Castillione
» Vallispese Florentine diocesis, magistris Johanne de
» Ancona, et Raynono de Esculo procuratoribus in cu-
» ria Romana et aliis. Et ego Raynerius Tholomei de
» Florentia apostolica et imperiali auctoritate notarius
» publicus, dictique reverendi patris domini Gervasii
» cardinalis tabellio, prolationi, lectioni et pronuntia-
» tioni dicte sententie late, lecte et pronuntiate, ut su-
» pradictum est, per eundem dominum Gervasium
» cardinalem presens interfui, eaque omnia supra-
» dicta de ipsius domini cardinalis mandato scripsi
» et publicavi, meoque solito signo signavi. »

Nulli ergo etc., nostre confirmationis etc. Dat. Tibure, nonis septembris, anno primo. »

177   Tivoli, 5 septembre 1285.

Episcopo Parisiensi, quem se sententiam per Gervasium tituli Sancti Martini in Montibus presbiterum cardinalem pro Margareta monasterii Kalensis abbatissa electa pronuntiatam confirmavisse certiorem facit, mandat quatinus eidem abbatisse a conventu dicti monasterii obedientiam et reverentiam debitam exhiberi faciat. (n° 173, fol. 49 v°; La Porte du Theil, fol. 159).

« *Venerabili fratri.. episcopo Parisiensi.* Petitio dilecti in —. Dat. ut supra. »

178   Tivoli, 5 septembre 1285.

Episcopo Parisiensi mandat quatinus Margarete, in abbatissam monasterii Kalensis electe et confirmate, munus benedictionis impendat. (n° 174, fol. 49 v°; La Porte du Theil, fol. 160.)

« *Eidem.* Olim monasterio Kalensi —. Dat. ut supra.»

179   Tivoli, 5 septembre 1285.

Regem Francie rogat et hortatur quatinus Margaretam monasterii Kalensis abbatissam, bonorum temporalium dicti monasterii, que ad presens sub custodia regia manent, administrationem exercere permittat. (n° 175, fol. 49 v°; La Porte du Theil, fol. 161.)

« *Carissimo in Christo filio.. regi Francie illustri.* Illam gerimus de — . Dat. ut supra. »

180   Sainte-Sabine, 29 octobre 1285.

Episcopo Bethlemitano, ad decimam regni Sicilie negotio concessam in provincia Romaniole colligendam deputato, mandat quatinus abbatissis et conventibus de Sancto Johanne, de Sancto Mathia, de Sancto Petro Martire, de Sancto Laurentio, de Sancto Augustino et de Sancta Maria, Bononiensis civitatis et diocesis, monasteriorum; prefatam decimam juxta traditam sibi formam imponat, eam ab ipsis nullatenus exacturus absque speciali Apostolice Sedis licentia et mandato. (n°176, fol. 49 v°.)

« .. *Episcopo Bethlemitano, collectori decime regni Sicilie negotio concesse in provincia Ravennati et aliis certis partibus deputate.* Licet tibi concepta —. Dat. Rome apud sanctam Sabinam, IIII kal. novembris, anno primo. »

181   Sainte-Sabine, 5 novembre 1285.

Archiepiscopo Ravennati mandat quatinus Guillelmum Duranti, Carnotensem decanum, ab ecclesie Mimatensis capitulo per viam compromissi in episcopum electum examinet et confirmet. (n° 177, fol. 50.)

« *Venerabili fratri .. archiepiscopo Ravennati.* Mimatensis ecclesia, sicut intelleximus, per obitum bone memorie Stephani episcopi Mimatensis pastoris solatio destituta, dilecti filii capitulum ejusdem ecclesie, post-

quam dilectus filius Guillelmus de Narbona, archidiaconus Redonensis in ecclesia Narbonensi, electioni per eosdem capitulum celebrate de ipso in eadem ecclesia Mimatensi expresse renuerat consentire, vocatis omnibus qui voluerunt, debuerunt et potuerunt comode interesse, die ad eligendum prefixa, ut moris est, convenientes in unum et Spiritus Sancti gratia invocata consentientes in electione futuri pastoris per viam procedere compromissi, quatuor ex eis, videlicet dilectis filiis R. Atgerii, Aniciensis, et Guillelmo de Garda, Brivatensis ecclesiarum decanis, et A. de Petra precentori et G. Brucii sacriste ecclesie Vivariensis, canonicis ejusdem ecclesie Mimatensis, providi ea vice ipsi Mimatensi ecclesie de prelato potestatem liberam unanimiter concesserunt, promittentes quod illum in eorum episcopum reciperent et pastorem quem ipsi quatuor vel unus eorum de reliquorum collegarum suorum assensu de gremio ejusdem ecclesie Mimatensis vel etiam aliunde ducerent eligendum. Dicti autem quatuor secedentes in partem, post diligentem quem super hoc adinvicem habuere tractatum, in dilectum filium magistrum Guillelmum Duranti, capellanum nostrum, decanum Carnotensem, cui etatis maturitas, gravitas morum et litterarum scientia suffragari dicuntur, suos oculos direxerunt, et demum prefatus decanus Brivatensis vice sua et dictorum collegarum suorum ac de ipsorum consensu eundem magistrum Guillelmum Duranti auctoritate concessionis hujusmodi elegit in Mimatensem episcopum et pastorem, prefati quoque capitulum electionem hujusmodi acceptantes, deliberatione habita, ut consensu dicti electi primitus requisito decretum electionis ejusdem venerabili fratri nostro .. Bituricensi archiepiscopo, loci metropolitano, facerent presentari et humiliter peti ab ipso, quod eandem electionem auctoritate metropolitica confirmaret, destinantes decretum ipsum per eorum certos procuratores et nuntios eidem capellano circa executionem officii rectorie commissi sibi ab Apostolica Sede in Romaniola et Massa Trabaria nostris et ejusdem Sedis obsequiis insistenti ab eo cum instantia petierunt ut electioni predicte celebrate de ipso suum preberet assensum, dictus vero capellanus, ne, si ipse absque nostra conscientia petitioni dictorum capituli annueret in hac parte, per hoc a predictorum obsequiorum prosecutione forsan non absque ambitionis nota se velle subducere videretur, quod super hoc sibi esset agendum, nos consuluit reverenter et tandem eidem electioni de se facte responso nostro recepto consensit. Cum itaque dictus capellanus nequeat absque dampnosa ipsorum obsequiorum intermissione ad predicti archiepiscopi presentiam se conferre personaliter pro confirmationis munere obtinendo, nos volentes super hoc paterna sollicitudine providere ac de circumspectione tua plenam in Domino fiduciam obtinentes, et decernentes per presentes litteras seu processum per te ipsarum auctoritate habendum nullum in posterum Bituricensis ecclesie prejudicium generari, fraternitati tue per apostolica scripta mandamus quatinus tam processum electionis predicte quam personam ipsius electi auctoritate nostra examines diligenter, et, si electionem ipsam inveneris de persona ydonea canonice celebratam, illam eadem auctoritate confirmare procures, alioquin eadem electione rite cassata, mandes eadem auctoritate capitulo memorato ut ipsi Mimatensi ecclesie studeant de persona ydonea per viam canonicam providere. Contradictores etc., usque compescendo. Dat. Rome apud Sanctam Sabinam, nonis novembris, anno primo. »

182   Sainte-Sabine, 2 novembre 1285.

Generali et provincie Romane ministris ordinis fratrum Minorum mandat quatinus, si abbatissa et conventus monasterii Sancti Silvestri in Capite de Urbe petierint sex fratres ordinis Minorum ad divina officia celebranda et ecclesiastica sacramenta ministranda, eos predictis abbatisse et conventui concedant; addit plures etiam fratres mittendos pro variis festivitatibus in dicto monasterio celebrandis. (n° 178, fol. 50; POTTHAST, n° 22317.)

« *Dilectis filiis.. generali, et.. provincie Romane ministris ordinis fratrum Minorum tam presentibus quam futuris.* Nuper dilecte in—. Dat. Rome apud Sanctam Sabinam, IIII nonas novembris, anno primo. »

183   Tivoli, 11 octobre 1285.

Patriarche Jerosolimitano mandat quatinus quicquid de summa quadam ab Adriano papa ad Terre Sancte subsidium deputata apud Abraghinum, Acconensem campsorem, haberi repererit, mercatoribus Senensibus quibusdam assignari faciat. (n° 179, fol. 50 v°.)

« *Venerabili fratri.. patriarche Jerosolimitano.* Cum, sicut accepimus, felicis recordationis Adrianus papa predecessor noster ad Terram Sanctam specialem gerens devotionis affectum in ipsis promotionis sue primordiis duodecim milia librarum turonensium pro ipsius Terre subsidio deputaverit, et, licet hujusmodi summam pecunie ad eandem terram duxerit transmittendam, tamen eo morte prevento, non extitit dicta pecunia in prefatum subsidium erogata, verum cum dicatur apud

Abraghinum campsorem Acconensem magna quantitas de hujusmodi pecunia remansisse, nos, quamvis de ipsius campsoris fidelitate sit minime dubitandum, volentes tamen ejusdem Terre utilitatibus securius et cautius providere, pecuniam ipsam apud tales personas faciendo deponi, de quorum facultatum sufficientia pleniorem notitiam habeamus, volumus et fraternitati tue per apostolica scripta mandamus quatinus dilectis filiis Clarito Johannis, Jacobo Franki et Senso Bosi de societate Bonaventure Bernardini, mercatoribus Senensibus vel alicui ex eis presentes litteras deferenti, cum de ipsorum fidelitate ac facultatibus plenam certitudinem habeamus, quicquid de prefata summa duodecim milium librarum tam apud Abraghinum quam etiam quemvis alium quocumque nomine haberi reppereris, ad opus predicte Terre Sancte facias, sublato cujuslibet dilationis obstaculo, assignari et pro cautela ipsius Terre de assignatione hujusmodi confici publicum instrumentum; contradictores etc. usque compescendo; in hiis illam diligentiam habiturus quod predicta Terra suis juribus non fraudetur et nos circumspectionem tuam proinde possimus in Domino merito commendare. Quicquid autem feceris in premissis nobis per tuas litteras harum seriem continentes studeas fideliter intimare. Dat. Tibure, V idus octobris, anno primo. »

184   Tivoli, 11 octobre 1285.

Eidem patriarche Jerosolimitano mandat quatinus quicquid de decima Terre Sancte in regno Cypri et diocesi Tripolitana collectum fuisse et depositum apud episcopum Paphensem et alios repererit, mercatoribus societatis Bonaventure Bernardini Senensis assignari faciat. (n° 180, fol. 51.)

« *Eidem.* Cum de fidelitate mercatorum societatis Bonaventure Bernardini Senensis plenarie confidamus, ac velimus totam decimam in regno Cypri et civitate ac diocesi Tripolitana apostolica auctoritate collectam, apud eosdem mercatores deponi nomine Terre Sancte, ut suo loco et tempore ad opus ipsius Terre possit facilius et comodius rehaberi, fraternitati tue per apostolica scripta mandamus quatinus decimam dicti regni, quam apud venerabilem fratrem nostrum .. episcopum Paphensem, decimam vero earundem civitatis et diocesis, quam penes Vincentium Assisium in ecclesia Bethelemitana seu quoscumque alios deposita, vel quocumque modo assignatas esse reppereris, dilectis filiis Clarito Johannis, Jacobo Franki et Senso Bosi mercatoribus societatis predicte vel alicui ex eis presentes litteras deferenti auctoritate nostra facias ad opus et ipsius Terre Sancte nomine integre assignari, illos apud quos haberi decimas ipsas constiterit, ad id per censuram ecclesiasticam appellatione postposita compellendo ; non obstantibus aliquibus litteris vel indulgentiis apostolicis cujuscumque tenoris existant, quibuscumque directis super assignandis dictis decimis vel earum parte, personis aliis per quas nolumus executionem presentium impediri, vel in aliquo retardari. Volumus autem ut de hiis que eisdem mercatoribus taliter duxeris assignanda confici facias pro dicte Terre cautela publica instrumenta per te ad nostram cameram transmittenda, nobis nichilominus per tuas litteras harum seriem continentes rescripturus fideliter quicquid feceris in premissis. Dat. ut supra. »

185　　　　　　　　　Saint-Pierre, 13 juin 1285.

. Electo Cathalaunensi, faciendi recipi in majori Sancte Marie in Vallibus et Sancte Trinitatis ecclesiis, in earum singulis singulas personas in canonicos, concedit facultatem, dummodo ad hujusmodi receptionem faciendam capituli Cathalaunensis, ad quod spectat in dictis ecclesiis collatio prebendarum, accedat assensus. (n° 181, fol. 51 ; La Porte du Theil, fol. 96.)

« Dilecto filio .. electo Cathalaunensi. Volentes tuam honorare —. Dat. Rome apud Sanctum Petrum, idibus junii, anno primo. »

186　　　　　　　　　Sainte-Sabine, 22 octobre 1285.

Archiepiscopo Arelatensi, cui sollicitudinem colligendi decimam ecclesiasticorum proventuum in Provincie partibus clare memorie C. Sicilie regi pro negotio regni Sicilie gratiose concessam commiserat Martinus papa IV, mandat quatinus decimam ipsam collectam et colligendam Altovicto Bartholomei, Bencevenne quondam Bencivenne, et Notto Manni de Bonaventure de Senis et Spine Phylippi, Lanto Agolantis, Prove Contis, Diuò Donati, Vanno Spinelli, et Johanni Jacobi de Amannatorum Pistoriensium societatum, civibus et mercatoribus Senensibus ac Pistoriensibus vel aliquibus ex eisdem assignare procuret, equis inter illos portionibus dividendam. (n° 182, fol. 51, La Porte du Theil, fol. 214.)

« Venerabili fratri .. archiepiscopo Arelatensi. Felicis recordationis Martinus — . Dat. Rome apud Sanctam Sabinam, XI kal. novembris, anno primo. »

187　　　　　　　　　Sainte-Sabine, 23 octobre 1285.

Euvrardo, abbati monasterii Dolensis, ad instar Innocentii et Alexandri IV, indulget ut, cum monasterium Dolense propter diversos eventus debitorum onere sit gravatum, annuum quinquaginta librarum usualis monete redditum de prioratu de Angisma et duos prioratus non conventuales quorum proventus ducentas quinquaginta libras parisiensium, deductis expensis necessariis, vix attingunt, quos ad idem monasterium pertinentes quondam Johannes et alter Johannes ipsius monasterii abbates auctoritate apostolicarum litterarum tenuisse noscuntur, in relevationem predictorum debitorum, quoad vixerit retinere valeat. (n° 183, fol. 51 v°; La Porte du Theil, fol. 215.)

« Euvrardo, abbati monasterii Dolensis, ad Romanam ecclesiam nullo medio pertinentis, ordinis sancti Benedicti, Bituricensis diocesis. Ex tue devotionis—. Dat. Rome apud Sanctam Sabinam, X kal. novembris, anno primo. »

188　　　　　　　　　Sainte-Sabine, 23 octobre 1285.

Abbati monasterii de Burgo Dolensi ejusque successoribus, in missarum sollempniis in ipso monasterio et locis ei subjectis dandi benedictionem sollempnem liberam concedit facultatem. (n° 184, fol. 51 v°; La Porte du Theil, fol. 217.)

« .. Abbati monasterii de Burgo Dolensi, ad Romanam ecclesiam nullo medio pertinentis, ordinis sancti Benedicti, Bituricensis diocesis. Meritis tue religionis—. Dat. ut supra. »

189　　　　　　　　　Sainte-Sabine, 23 octobre 1285.

Abbati et conventui monasterii Beate Marie de Burgo Dolensi concedit facultatem redimendi decimas de manibus laicorum in parrochiis ecclesiarum in quibus jus patronatus obtinent, sufficienti ab eis prius prestita cautione quod hujusmodi decimas eisdem restituent ecclesiis quandocumque eis ab illarum rectoribus fuerit de redemptionis pretio satisfactum. (n° 185, fol. 51 v°; La Porte du Theil, fol. 216.)

« Dilectis filiis .. abbati et conventui monasterii Beate Marie de Burgo Dolensi, ad Romanam ecclesiam nullo medio pertinentis, ordinis sancti Benedicti, Bituricensis diocesis. Affectu benivolo sunt—. Dat. ut supra. »

190　　　　　　　　　Sainte-Sabine, 5 décembre 1285.

Episcopo Ferentinati, collectori decime regni Sicilie in certis Italie partibus constituto mandat quatinus, cum abbas et conventus monasterii Casemari, Cisterciensis ordinis, Verulane diocesis, sibi esse difficile singulos proventus de quibus in parti-

bus Campanie tenebantur solvere decimam singulariter exti-
mare assererent, eisdem abbati et conventui, de proventibus ipsis juxta tenorem declarationis facte super hoc estimatione
habita competenti, secundum estimationem hujusmodi, pro
totali solutione ipsius decime certam quantitatem imponat pro
tempore ad hoc deputato annis singulis et certis terminis persolvendam. (n° 186, fol. 51 v°.)

« *Venerabili fratri .. episcopo Ferentinati collectori decime
regni Sicilie negotio concesse in Campania et Maritima ac
civitate et diocesi Reatinis ac aliis certis partibus deputate.*
Dilecti filii .. abbas —. Dat. Rome apud Sanctam Sabinam, nonis decembris, anno primo. »

« In eundem modum, eidem episcopo pro .. abbate
et conventu monasterii Fosse Nove, Cisterciensis ordinis, Terracinensis diocesis. »

In e. m. Symoni Domassi, canonico Lichefeldensi, collectori
decime regni Sicilie negotio concesse in Tuscia et Maritima
deputate pro abbate et conventu monasterii Sancti Salvatoris
Montis Amiati, Cisterciensis ordinis, Clusine diocesis, qui asserebant sibi esse difficile singulos proventus, de quibus in partibus Tuscie tenebantur solvere decimam, singulariter estimare.

In e. m. Raynucio, priori secularis ecclesie Sancti Michaelis
de Castillione Vallispese, Florentine diocesis, collectori decime
regni Sicilie negotio concesse in ducatu Spoletano, patrimonio
Beati Petri in Tuscia, necnon Tudertina, Perusina et Castelli
civitatibus et diocesibus deputate pro abbate et conventu monasterii Sancti Martini in Monte, Cisterciensis ordinis, Viterbiensis diocesis qui asserebant sibi difficile esse singulos proventus, de quibus in partibus patrimonii Beati Petri in Tuscia
tenebantur solvere decimam, singulariter estimare. (POTTHAST,
n° 22327.)

In e. m. eidem priori pro abbate et conventu monasterii
Sancte Marie de Fallera, ordinis Cisterciensis, Civitatis Castellane diocesis.

Sainte-Sabine, 9 décembre 1285.

In e. m. eidem priori pro abbate et conventu monasterii
Sancti Anastasii de Urbe tam pro ipsis quam pro monasteriis
Sancti Augustini extra Montem Altum, Sancti Justi extra Tus-
canam, Sancti Nicolai de Corneto et ecclesia Sancte Firme de
Civitate Veteri, Castrensis et Tuscanensis diocesium. Dat.
Rome apud Sanctam Sabinam, V idus decembris, anno primo.

Sainte-Sabine, 13 décembre 1285.

In. e. m. Christoforo, priori secularis ecclesie de Saltiano,
Senensis diocesis, capellano nostro, collectori decime regni
Sicilie negotio concesse in partibus Lombardie et certis aliis
partibus deputate, pro abbate et conventu monasterii Sancte
Marie de Columba, Cisterciensis ordinis, Placentine diocesis,
HONORIUS.

qui asserebant sibi esse difficile singulos proventus, de quibus in
partibus Lombardie tenebantur solvere decimam, singulariter
estimare. Dat. Rome apud Sanctam Sabinam, idibus decembris,
anno primo.

Sainte-Sabine, 5 décembre 1285.

In e. m. eidem Christoforo, priori, pro abbate et conventu
monasterii Care Vallis Mediolanensis, Cisterciensis ordinis.
Dat. Rome apud Sanctam Sabinam, nonis decembris, anno
primo.

Sainte-Sabine, 13 décembre 1285.

In e. m. predicto episcopo Ferentinati pro abbate et conventu
monasterii Sancti Angeli de Monte Mureti supra Nimpham,
Floreni ordinis, Velletrensis diocesis. Dat. Rome, apud Sanctam Sabinam, idibus decembris, anno primo.

Sainte-Sabine, 13 décembre 1285.

In e. m. eidem episcopo, pro priore et conventu domus
Sancti Bartholomei de Trissulto, Cartusiensis ordinis, Alatrine
diocesis. Dat. Rome apud Sanctam Sabinam, idibus decembris,
anno primo.

In e. m. eidem episcopo, pro abbate et conventu monasterii
Sancte Marie de Gloria, Floreni ordinis, Anagnine diocesis.

Sainte-Sabine, 9 décembre 1285.

In e. m. Symoni Domassi pro abbate et conventu monasterii Sancti Anastasii de Urbe, tam pro ipsis quam pro monasterio de Sillia, plebe de Gilio canonica (*sic*) et de Orbetello
Suanensis diocesis, qui asserebant sibi difficile esse singulos
proventus, de quibus in partibus Maritime tenebantur solvere
decimam, singulariter estimare. Dat. Rome, apud Sanctam
Sabinam, V idus decembris, anno primo.

In e. m. eidem Symoni pro abbate et conventu monasterii
de Sancto Salgano, Wulterane diocesis, Cisterciensis ordinis,
tam pro ipsis quam pro monasterio Sancti Salvatoris de Septimo,
Florentine diocesis, monasterio de Sancto Pantaleone, Lucane
diocesis, et monasterio Sancti Michaelis de Verruca, Pisane
diocesis.

191   Sainte-Sabine, 28 novembre 1285.

Henrico Nicolai, dicto Guiot, clerico Tullensi, tabellionatus
officium, ad quod per magistrum Pandulfum de Subura, archidiaconum Tripolitanum, et pape capellanum, repertus erat ydoneus, concedit. (n° 187, fol. 52.)

« *Henrico Nicolai dicto Guiot clerico Tullensi in minoribus ordinibus constituto.* Ne contractuum memoria —.
Dat. Rome apud Sanctam Sabinam, IIII kal. decembris,
anno primo. »

10

In eundem modum Bernardo de Lanzela, clerico Agennensi, in minoribus ordinibus constituto, et per magistrum Johannem dictum Monachum, archidiaconum de Citravada in ecclesia Bajocensi, pape capellanum, examinato.

Sainte-Sabine, 27 novembre 1285.

In e. m. Segero Godefridi, civi Leodiensi. Dat. Rome apud Sanctam Sabinam, V kal. decembris, anno primo.

In e. m. Nicolao de Cerinis, civi Romano, per magistrum Pandulfum de Subura, pape capellanum examinato. Dat. ut supra.

In e. m. Nicolao Gualterii, civi Anagnino, per eundem magistrum Pandulfum examinato. Dat. ut supra.

192   Sainte-Sabine, 1er décembre 1285.

Raynutio, priori secularis ecclesie Sancti Michaelis de Castillione Vallispese, Florentine diocesis, collectori decime regni Sicilie negotio concesse in diversis Italie partibus constituto mandat quatinus Spine Philippi, et Lante Agolantis, Dino Guidi, Vanni Arigoni, Napuleoni Bandini de Amannatorum societate et Ranucio de Abbatibus, Tingo Davini, Lapo Bonihomini et Johanni de Vita de Abbatibus ac Bacarelli societatum, civibus et mercatoribus Pistoriensibus et Florentinis pecuniam de dicta decima collectam et colligendam assignare procuret, equis inter illos portionibus dividendam ac per eos Apostolice Sedi postmodum in Romana curia vel alibi ubicumque voluerit papa persolvendam. (n° 188, fol. 52).

« *Dilecto filio Raynutio, priori secularis ecclesie Sancti Michaelis de Castillione Vallispese, Florentine diocesis, collectori decime regni Sicilie negotio concesse, in ducatu Spoletano, patrimonio Beati Petri in Tuscia necnon Tudertina, Perusina, Castelli civitatibus et diocesibus deputate.* De tua circumspectione —. Dat. Rome apud Sanctam Sabinam, kalendis decembris, anno primo. »

193   Sainte-Sabine, 1er décembre 1285.

Episcopo Bethlimitano, collectori decime regni Sicilie negotio concesse in Marchia Anconitana et aliis certis partibus constituto mandat quatinus Paganuctio Guiductionis, Labro Volpelli, Johanni Symonecti, Avito Rosciompelli, Dino Tadolini et Vanto Honesti de societate Ricciardorum de Luca, pecuniam de dicta decima collecta et colligenda assignare procuret per eos pAostolice Sedi in Romana curia vel alibi persolvendam. (n° 189, fol. 52.)

« *Venerabili fratri .. episcopo Bethlimitano, collectori decime regni Sicilie negotio concesse in Marchia Anconitana et aliis certis partibus deputate.* De tua discretione —. Dat. ut supra. »

194   Tivoli, 11 juillet 1285.

Johanni Muscate, archidiacono Lancitiensi in ecclesia Gneznensi, mandat quatinus denarium Beati Petri sive censum ecclesie Romane in Polonia et Pomorania debitum, elapsis jam annis quampluribus non persolutum, et ea omnia que Sedi Apostolice de censibus, redditibus, proventibus et debitis ex quibuscumque juribus vel causis spiritualibus vel temporalibus a quibuscumque personis vel universitatibus debentur et pro quibus eidem Sedi non fuerit satisfactum, exigat, colligat et recipiat. (n° 190, fol. 52 v°.)

« *Johanni Muscate, archidiacono Lancitiensi in ecclesia Gneznensi.* Puritas devotionis et —. Dat. Tibure, V idus julii, anno primo. »

195   Tivoli, 11 juillet 1285.

Eidem Johanni Muscate mandat quatinus nonnullos episcopos et archidiaconos sive alios ecclesiarum prelatos, qui de denario Beati Petri sive censu in Polonia et Pomorania ecclesie Romane debito magnam collegerunt et receperunt pecunie quantitatem, nec de ipsa, prout debuerunt, camere apostolice satisfacere procurarunt, ad ipsius pecunie restitutionem faciendam compellat. (n° 191, fol. 52 v°.)

« *Eidem.* Cum sicut accepimus —. Dat. ut supra. »

196   Tivoli, 11 juillet 1285.

Universos duces per Poloniam et Pomoraniam constitutos requirit et rogat ut predicto Johanni Muscate promptum et efficacem impendant favorem et auxilium. (n° 192, fol. 52 v° ; POTTHAST, n° 22256.)

« *Dilectis filiis nobilibus viris universis ducibus per Poloniam et Pomoraniam constitutis.* Credimus quod geratis —. Dat. ut supra. »

In eundem modum nobili viro duci Slezie et domino Wratislavie. (POTTHAST, n° 22256.)

In e. m. nobili viro duci Cracovie. (POTTHAST, n° 22256.)

197   Tivoli, 11 juillet 1285.

Archiepiscopum Gneznensem et ejus suffraganeos rogat et hortatur ut predicto Johanni Muscate impendant consilium et auxilium oportunum. (n° 193, fol. 53.)

« *Venerabilibus fratribus .. archiepiscopo Gneznensi et ejus suffraganeis.* Cum de dilecti —. Dat. ut supra. »

In eundem modum magistro, preceptori et fratribus hospitalis Sancte Marie Theutonicorum per Prosciam, Poloniam et Pomoraniam constitutis.

In e. m. episcopo Caminensi.

198   Tivoli, 11 juillet 1285.

Duces de Opol, Wratislaviensis et Cracoviensis diocesium, rogat et hortatur quatinus censum, in quo ecclesie Romane solvendo tenentur Theutonici et nonnulli alii qui se ad incolatum terrarum predictorum ducatuum transtulisse noscuntur, prefato Johanni Muscate archidiacono integraliter faciant persolvi. (nᵒ 194, fol. 53; POTTHAST, nᵒ 22237.)

« *Dilectis filiis nobilibus viris .. ducibus de Opol, Wratislaviensis et Cracoviensis diocesium.* Honorem vestrum decere —. Dat. ut supra. »

199   Tivoli, 11 juillet 1285.

Archiepiscopo Gneznensi ejusque suffraganeis, et abbatibus ceterisque ecclesiarum prelatis in Polonia et Pomorania constitutis, mandat quatinus predicto Johanni Muscate archidiacono singulis diebus quibus per se vel alium seu alios officio sibi commisso vacaverit, in sexdecim solidis turonensium pro ipsius necessariis, et de securo conductu liberaliter providere curent. (nᵒ 195, fol. 53 ; POTTHAST, nᵒ 22258.)

« *Honorius episcopus, etc. Venerabilibus fratribus .. archiepiscopo Gneznensi et ejus suffraganeis, ac dilectis filiis abbatibus, prioribus, decanis, archidiaconis, archipresbiteris, plebanis et aliis ecclesiarum prelatis ac eorum vices gerentibus, ac ecclesiasticis personis religiosis et aliis, ecclesiarum capitulis et conventibus, exemptis et non exemptis, Cisterciensis, Cluniacensis, Premonstratensis, sancti Benedicti, sancti Augustini et aliorum ordinum, necnon magistris et preceptoribus Militie Templi et Hospitalis Sancti Johannis Jerosolimitani et Beate Marie Theotonicorum, per Polloniam et Pomoraniam constitutis, ad quos littere iste pervenerunt, salutem, etc.* Cum dilecto filio —. Dat. ut supra. »

200   Sainte-Sabine, 15 octobre 1285.

Egidium, episcopum Nivernensem, de juramento quod, tempore quo apud Sedem Apostolicam constitutus Nivernensi ecclesie a Romano pontifice prepositus erat in episcopum, prestiterat de visitandis singulis biennii apostolorum liminibus, absolvit. (nᵒ 196, fol. 53; LA PORTE DU THEIL, fol. 237.)

« *Venerabili fratri Egidio, episcopo Nivernensi.* Ex parte

tua —. Dat. Rome apud Sanctam Sabinam, idibus octobris, anno primo. »

201   Sainte-Sabine, 19 novembre 1285.

Decano Cameracensi et archidiacono Annonie in ecclesia Cameracensi, tunc pastoris solatio vacante, mandat quatinus Theoderico, cirurgico clerico, concedant ut unum altare in honore Beate Marie Virginis construere possit. (nᵒ 197, fol. 53.)

« *Dilectis filiis.. decano, et.. archidiacono Annonie in ecclesia Cameracensi.* Dilectus filius Theodericus, cirurgicus clericus Cameracensis, de propria salute cogitans, et dum in seculo militat viam sibi preparare cupiens, per quam ad eternam gloriam valeat pervenire, nobis humiliter supplicavit ut construendi unum altare in ecclesia Beate Marie Magdalene Cameracensis, sive in sua terra propria in honore Beate Virginis, et ibidem habere perpetuum capellanum, qui continue in eodem altari pro ipsius T. et quondam Yolendis uxoris sue animarum salute divina officia celebret, cui capellano dictus Theodericus paratus est pro sustentatione sua annuum redditum viginti librarum turonensium de bonis propriis perpetuo assignare, ita quod ad ipsum T. dum vixerit, et ejus heredes, post ejus obitum, presentatio, et.. Cameracensem episcopum institutio capellani in altari pertineat supradicto, licentiam sibi concedere dignaremur. Cum autem Cameracensis ecclesia pastore vacet ad presens, nos de circumspectione tua (sic) plenam in Domino fiduciam obtinentes, discretioni vestre per apostolica scripta mandamus quatinus eidem clerico facienti quod offert, si expedire videris, auctoritate nostra postulata concedas sine juris prejudicio alieni. Dat. Rome apud Sanctam Sabinam, XIII kal. decembris, anno primo. »

202   Sainte-Sabine, 22 octobre 1285.

Sententiam a Comite, Sanctorum Marcellini et Petri presbitero cardinali, latam in questione inter monasterium Sancti Victoris Parisiensis ex una parte et magistrum Bertaudum, Parisiensem canonicum, ex altera, orta super eo quod dictus magister redditibus primi anni tam integre prebende quam dimidie in ecclesia Parisiensi vacantium monachos spoliaverat, refert et confirmat. (nᵒ 198, fol. 53 vᵒ.)

« *Dilectis filiis.. abbati, et conventui monasterii Sancti Victoris Parisiensis, ordinis sancti Augustini.* Ea que judicio vel concordia etc., usque : communiri. Exhibita siquidem nobis vestra petitio continebat quod, cum olim inter vos ex parte una et magistrum Bertaudum de Sancto Dionisio canonicum Parisiensem ex altera, super eo quod idem canonicus vos, qui fructus et proventus primi anni cujuslibet prebende integre ac etiam dimidie, quas in Parisiensi ecclesia quocumque modo vacare contingit, tam ex concessione plurium Parisiensium episcoporum, qui fuerunt pro tempore, assensu capituli Parisiensis, et confirmationibus Romanorum pontificum subsecutis, quam de consuetudine antiqua et approbata, ac hactenus pacifice observata, percipitis, fructibus et proventibus primi anni tam integre prebende, que per promotionem venerabilis fratris nostri R. Parisiensis episcopi, olim ejusdem ecclesie canonici, ad episcopalem dignitatem, in ecclesia ipsa, vacaverat, et quam idem canonicus adeptus fuerat, quam dimidie, quam dictus canonicus prius obtinuerat, et que per receptionem ejusdem integre prebende factam a canonico ipso vacavit, contra justitiam spoliarat, orta fuisset materia questionis, felicis recordationis Martinus papa IIII predecessor noster, intellecto quod vos, propter potentiam, subterfugia, et cavillationes prefati canonici assequi commode non poteratis super hiis in illis partibus justitie complementum, dilecto filio nostro Comiti, Sanctorum Marcellini et Petri presbitero cardinali, causam hujusmodi audiendam et fine debito terminandam commisit, ac magistri Petrus de Buxeria vester et Bartholomeus de Anagnia, prefati magistri Bertaudi procuratores, in dicti cardinalis presentia comparare curarunt, dictusque Petrus de Buxeria libellum vestro nomine obtulit coram ipso, in quo inter alia petebatur primo vos restitui ad possessionem juris percipiendi hujusmodi fructus et proventus primi anni prebendarum vacantium pro tempore in ecclesia supradicta cum fructibus et proventibus earundem integre ac dimidie prebendarum per annum a tempore vacationum ipsarum ab eodem Bertaudo perceptis et qui percipi potuerunt. Lite igitur super dicto libello inter prefatos procuratores legitime contestata, et hinc inde de calumpnia et veritate dicenda prestito juramento, sacrisque positionibus, et ad earum aliquas responsionibus subsecutis, ac formatis quibusdam articulis, dictus predecessor certis executoribus in illis partibus litteras suas direxit inter alia continentes ut a te, fili abbas, in tua et a duobus vestrum, filii conventus, senioribus quos ad hoc ydoneos esse cognoscerent habentibus ad hoc a reliquis vestrum sufficiens et speciale mandatum in suis et omnium vestrum animabus, et dicto magistro Bertaudo de veritate dicenda juramentis receptis, te ac ipsos, positionibus predictis per memoratos procuratores negatis, quas dictus cardinalis unacum predictis articulis

et interrogatoriis eis sub suo sigillo transmisit inclusas, facerent plenarie respondere, ac testes, litteras, privilegia et instrumenta que utraque pars super dictis articulis vellent producere coram eis infra quatuor menses post receptionem dictarum litterarum prudenter recipere et testes ipsos secundum eadem interrogatoria diligenter examinare curarent, tam depositiones omnium testium predictorum quam responsiones quas ad prefatas positiones fieri contingeret, unacum articulis et interrogatoriis predictis, necnon et transcripta dictorum privilegiorum et instrumentorum sub eorum sigillis inclusa ad ipsius predecessoris presentiam transmissuri. Dicti vero executores hujusmodi mandatum apostolicum exequentes, demum depositiones testium et transcripta litterarum, instrumentorum et privilegiorum a parte vestra productorum et alium processum per eos habitum in hac parte cum prefatis articulis et interrogatoriis, cum dictus magister Bertaudus nichil coram eis, licet ab eis fuisset requisitus pluries, produxisset, sub sigillis suis inclusa ad ipsius predecessoris presentiam transmiserunt; et cum prefatus predecessor cardinali commisisset eidem ut depositiones, transcripta et processum hujusmodi aperiret et causam ipsam resumens in ea procederet prout juris ordo dictaret, dictus cardinalis, in predictorum procuratorum presentia, ea de ipsorum consensu aperiri fecit dictisque procuratoribus ad habendum copiam eorundem et ad producendum litteras, instrumenta, acta et munimenta omnia que in dicta causa dare et producere vellent plures successive terminos peremptorios assignavit, ac, factis in eadem causa rubricis, et per predictum Bartholomeum, ad quasdam interrogationes ex officio dicti cardinalis factas responsionibus subsecutis, predicti procuratores sponte in causa concluserunt eadem, dictusque cardinalis in ea habuit pro concluso, ac demum dictus cardinalis, examinatis transcriptis litterarum, privilegiorum, et instrumentorum predictorum, et depositionibus testium, et partium confessionibus et aliis que ad instructionem faciebant cause hujusmodi decidende, ac auditis et intellectis que partes coram eo proponere voluerunt et super hiis deliberatione prehabita diligenti jurisque ordine observato et a nobis speciali mandato recepto de diffinitiva sententia in causa hujusmodi proferenda, procuratoribus utriusque partis qui ad diffinitivam sententiam audiendam fuerant peremptorie citati presentibus, quia sibi legitime constitit ad vos jus percipiendi hujusmodi fructus et proventus primi anni cujuslibet prebende integre ac dimidie quas vacare contingit in dicta ecclesia pertinere, quodque dictus Bertaudus infra annum a die qua fuerat assecutus dictam integram

prebendam, de ipsius dimidie prebende proventibus
octo libras parisiensis monete, de fructibus vero dicte
prebende integre infra hujusmodi tempus octuaginta
libras ejusdem monete perceperat, prefatos procuratores ejusdem magistri Bertaudi procuratorio nomine
ipsius et per eos dictum magistrum Bertaudum in predictis octo et octuaginta libris necnon et sex libris pro
interesse ac in centum viginti quinque libris ipsius
monete pro expensis in lite factis ejus taxatione prehabita et juramento dicti procuratoris vestri secuto vobis
per diffinitivam sententiam condempnavit, eis per
eandem sententiam inhibendo ne idem magister Bertaudus vos per se vel per alium seu alios impediat
super jure percipiendi fructus et proventus primi anni
cujuslibet prebende integre ac etiam dimidie, que quocumque modo vacabunt in Parisiensi ecclesia supradicta, prout in instrumento publico inde confecto dicti
cardinalis sigillo signato plenius continetur. Nos itaque, vestris supplicationibus inclinati, hujusmodi sententiam predicti cardinalis provide latam, ratam et gratam habentes, ea auctoritate apostolica confirmamus et
presentis scripti patrocinio communimus; tenorem ejusdem instrumenti de verbo ad verbum presentibus inseri facientes qui talis est :

Tivoli, 31 août 1285.

« In Christi nomine, amen. Orta dudum materia
» questionis inter religiosos viros .. abbatem et con-
» ventum monasterii Sancti Victoris Parisiensis, ordi-
» nis sancti Augustini, ex parte una, et magistrum
» Bertaudum de Sancto Dionisio canonicum Parisien-
» sem ex altera, super fructibus et proventibus dimidie
» prebende Parisiensis ecclesie, que fuit predicti ma-
» gistri Bertaudi, et super fructibus et proventibus
» integre prebende, que fuit olim venerabilis patris
» domini R. nunc episcopi Parisiensis, olim canonici
» ejusdem ecclesie, felicis recordationis dominus Mar-
» tinus papa IIII volens ad supplicationem ipsorum
» religiosorum non sperantium se posse in partibus
» illis propter potentiam, subterfugia et cavillationes
» prefati magistri B. assequi comode justitie comple-
» mentum, prefatam questionem in Romana curia ven-
» tilari, ne ob alicujus impedimenti obstaculum quod
» eisdem abbati et conventui circa prosecutionem ip-
» sius cause ab adversa parte temere interponi posset,
» dictum monasterium sui juris dispendium pateretur,
» cum predictum magistrum Bertaudum auctoritate
» litterarum apostolicarum legitime citari fecisset ut
» infra certum terminum sibi assignatum cum omnibus
» actis, juribus et munimentis suis, predictam causam

» contingentibus, per se vel per procuratorem ydoneum
» apostolico se conspectui presentaret, facturus et re-
» cepturus in causa ipsa quod ordo rationis dictaret,
» nobis Comiti, miseratione divina tituli Sanctorum
» Marcellini et Petri presbitero cardinali, predictam
» causam audiendam commisit et fine debito termi-
» nandam. Comparentibus igitur in judicio coram nobis
» magistro Petro de Buxeria, procuratore substituto
» a fratre Petro Cenomanensi, concanonico et procura-
» tore dictorum abbatis et conventus procuratorio no-
» mine ipsorum, ex parte una, et magistro Bartholomeo
» de Anagnia procuratore substituto a magistro Nico-
» lao Doublet procuratore dicti magistri Bertaudi pro-
» curatorio nomine ipsius, ex altera, idem magister
» Petrus pro dictis abbate et conventu libellum exhibuit
» continentie talis :

« In nomine Domini, amen. Coram vobis venerabili
» patre domino Comite, tituli Sanctorum Marcellini et
» Petri presbitero cardinali, auditore infrascriptis par-
» tibus a domino papa dato, proponit Petrus de Buxe-
» ria clericus, procurator religiosorum virorum .. ab-
» batis et conventus monasterii Sancti Victoris Pari-
» siensis, ordinis sancti Augustini, procuratorio no-
» mine pro eis, contra magistrum Bertaudun de Sancto
» Dyonisio, canonicum Parisiensem, et contra legiti-
» mam personam intervenientem, pro eo quod cum
» ipsi essent et hactenus fuissent in possessione seu
» quasi possessione juris percipiendi fructus et pro-
» ventus primi anni cujuslibet prebende integre ac
» etiam dimidie quas in Parisiensi ecclesia per cessio-
» nem vel decessum, vel aliam dimissionem canonico-
» rum ejusdem ecclesie, illas obtinentium, seu quocum-
» que alio modo eas vacare contingit, et tam ex con-
» cessione plurium Parisiensium episcoporum qui fue-
» runt pro tempore, assensu capituli Parisiensis et
» confirmationibus Romanorum pontificum subsecutis,
» quam de antiqua et approbata hactenus pacifice ob-
» servata consuetudine fructus et proventus hujus-
» modi primi anni ad dictos abbatem et conventum
» pertinere noscantur, et predictus magister B., qui di-
» midiam prebendam in prefata ecclesia obtinuerat,
» quandam integram prebendam que per promotionem
» venerabilis patris Ranulphi, nunc episcopi Parisien-
» sis, olim canonici ejusdem ecclesie, ad episcopalem
» dignitatem in ecclesia ipsa vacavit, adeptus fuisset,
» et sic tam predicta integra quam predicta dimidia in
» prefata Parisiensi ecclesia vacavissent, idem magister
» B. ad injuriam et gravamen dictorum abbatis et con-
» ventus aspirans in prejudicium possessionis et juris
» predictorum fructus et proventus tam integre prebende

» quam dimidie predictarum, qui per hujusmodi vacatio-
» nes ipsarum eisdem abbati et conventui, juxta premis-
» sas concessionem et consuetudinem debebantur, pro
» sue libito voluntatis pro parte recepit et in alia parte
» eorum aliquos per se vel per alium abstulit violenter,
» deinde post appellationem a predicto magistro ad Se-
» dem Apostolicam, ab .. abbate Sancti Johannis de
» Yardo, Senonensis diocesis, qui dicebatur predictorum
» religiosorum conservator, interpositam, occasione
» monitionis quam dictus abbas fecit dicto magistro B.,
» qui idem magistrus B. predictos fructus et proventus
» abbati et conventui restitueret supradictis, cui ap-
» pellationi predictus abbas deferens reverenter pre-
» dictis partibus ad appellationem hujusmodi apud Se-
» dem Apostolicam prosequendam, certum terminum
» peremptorium assignavit, idem magister B. levavit
» per se seu per alium etiam violenter omnes fructus
» et proventus prebende integre supradicte, et posses-
» sione seu quasi possessione juris percipiendi hujus-
» modi fructus et proventus temere spoliavit eosdem,
» et contra voluntatem ipsorum religiosorum fructus
» et proventus predictarum integre ac dimidie preben-
» darum percepit per annum a die vacationum ipsarum
» in ipsorum religiosorum injuriam et gravamen propter
» que iidem religiosi incurrerunt dampna gravia et
» expensas. Quare petit predictus procuratorio nomine
» predictos abbatem et conventum et se procuratorio
» nomine ipsorum per vos auctoritate apostolica resti-
» tui et reintegrari cum fructibus et proventibus ex
» predictis dimidia et integra prebendis perceptis per
» annum a tempore vacationum ipsarum et qui percipi
» potuerunt ac predictum magistrum sibi sententialiter
» condempnari ad satisfactionem et restitutionem fruc-
» tuum et proventuum predictorum quos extimat cen-
» tum et octuaginta libras parisiensium ac dicto magis-
» tro B. sententialiter prohiberi quod de cetero contra
» ipsos per se vel per alium similia non presumat, et
» petit dampna et interesse et expensas propterea factas
» que extimat centum libras parisiensium, et petit ex-
» pensas pro hac lite factas, et protestatur de faciendis,
» salvo jure addendi et minuendi. »

« Super quo libello inter dictos procuratores lite legi-
» time contestata et hinc inde de calumpnia et de veri-
» tate dicenda prestito juramento factisque positionibus
» et ad earum aliquas responsionibus subsecutis, ac
» etiam hinc inde formatis articulis, mandavit idem do-
» minus papa. priori Sancti Eligii, magistris Adenulpho
» de Anagnia et Jodoyno de Aurelianis canonicis Pari-
» siensibus, quatinus ab eodem abbate in sua et a duo-
» bus de senioribus conventus ejusdem monasterii cano-

» nicis, quos ad hec ydoneos esse cognoscerent haben-
» tibus ad hoc a reliquis de ipso conventu sufficiens et
» speciale mandatum in suis et ipsorum omnium ani-
» mabus, et ab eodem magistro Bertaudo de veritate
» dicenda juramentis receptis, ipsos positionibus dicta-
» rum partium per earundem procuratores hinc inde
» negatis, quas nos unacum articulis predictis et interro-
» gatoriis partium earundem eis sub sigillo nostro tran-
» smisimus interclusas facerent plenarie respondere,
» testesque, litteras, privilegia et instrumenta que utra-
» que pars super dictis articulis vellet producere, coram
» eis infra quatuor menses post receptionem litterarum
» apostolicarum eis super hoc directarum prudenter re-
» cipere, ac testes ipsos secundum eadem interrogatoria
» diligenter examinare curarent, privilegia, litteras et
» instrumenta transcribi fideliter faciendo, depositiones
» omnium testium predictorum et responsiones, quas
» ad dictas positiones fieri contingeret, fideliter in
» scriptis redactas unacum articulis et interrogatoriis
» supradictis necnon transcripta privilegiorum et ins-
» trumentorum predictorum sub sigillis suis ad ipsius
» presentiam transmissuri. Prestito igitur in partibus
» illis hinc et inde coram prefatis judicibus juxta man-
» datum apostolicum juramento, et factis responsioni-
» bus ab eodem magistro B., quibusdam positionibus
» a procuratore dictorum abbatis et conventus exhibitis,
» et per procuratorem ipsius magistri B. coram nobis
» in curia negatis, receptis etiam et examinatis ab eis-
» dem judicibus, testibus, quos prefati abbas et con-
» ventus coram eis in causa predicta producere volue-
» runt, productis etiam et exhibitis ex parte dictorum
» abbatis et conventus coram prefatis judicibus quam-
» pluribus litteris, privilegiis et instrumentis, prefati ju-
» dices, cum idem magister Bertaudus nichil coram
» eis pro parte sua produxisset, licet ab eis fuisset
» super hoc pluries requisitus, hujusmodi positiones
» et earum responsiones et attestationes testium exa-
» minatorum, transcripta litterarum, instrumentorum,
» privilegiorum et reliquum processum coram eis habi-
» tum sub suis sigillis interclusa ad Sedem Apostolicam
» transmiserunt. Et tandem, cum idem summus pon-
» tifex nobis commisisset quod hujusmodi deposi-
» tiones, transcripta et processum coram dictis judici-
» bus habitum aperiremus causamque reassumeremus
» eandem et in ea procederemus, prout juris ordo dic-
» taret, nos prefatis Petro et Bartholomeo procuratori-
» bus comparentibus in judicio coram nobis, predicta
» de ipsorum consensu aperiri fecimus et pro apertis
» habuimus, ipsisque procuratoribus ad habendam co-
« piam predictorum, si ipsam habere volebant, et ad

» producendum litteras, instrumenta, acta et muni-
» menta omnia que in dicta causa dare et producere
» vellent, plures successive terminos peremptorie duxi-
» mus assignandos, deinde factis in dicta causa rubri-
» cis, et ex parte dicti Bartholomei ad quasdam inter ·
» rogationes ex officio nostro factas responsionibus
» subsecutis, procuratores prefati sponte in causa hu-
» jusmodi concluserunt et nos in ea habuimus pro
» concluso. Visis igitur et examinatis transcriptis pri-
» vilegiorum, litterarum, instrumentorum predictorum
» et depositionibus testium et partium confessionibus
» et aliis que ad instructionem hujusmodi cause deci-
» dende faciebant, et auditis et intellectis que partes
» predicte coram nobis proponere voluerunt, et super
» hiis deliberatione habita et a domino nostro sum-
» mo pontifice domino Honorio papa IIII, speciali
» mandato recepto de diffinitiva sententia in causa hu-
» jusmodi proferenda, prefatis Petro de Buxeria et
» magistro Bartholomeo, procuratoribus supradictis,
» et Stephano Sarraceni, a dicto magistro Bartholomeo
» procuratore in causa hujusmodi substituto, ad audien-
» dam diffinitivam sententiam ad hanc diem infrascrip-
» tam peremptorie citatis, constitutis in judicio coram
» nobis, quia nobis constitit quod jus percipiendi
» fructus et proventus primi anni cujuslicet prebende
» integre ac etiam dimidie quas in Parisiensi ecclesia
» per cessionem vel decessionem vel aliam dimissio-
» nem canonicorum illius ecclesie illas obtinentium
» seu quocumque alio modo eas vacare contingit ad
» predictos abbatem et conventum pertinet, et quod
» dictus magister Bertaudus infra annum a die qua
» adeptus fuit prebendam integram in ecclesia predicta
» que fuit memorati domini Rannulphi, nunc Parisiensis
» episcopi, de dicta dimidia prebenda octo libras pari-
» siensium et quod etiam infra annum a die quo adep-
» tus fuit dictam prebendam integram de fructibus et
» proventibus dicte prebende integre, octuaginta libras
» parisiensium percepit, Christi nomine invocato in
» hiis scriptis, dictos magistrum Bartholomeum pro-
» curatorem dicti magistri Bertaudi et dictum Stepha-
» num et utrumque eorum procuratorio nomine ipsius
» magistri Bertaudi et per ipsos et utrumque eorum
» prefatum magistrum Bertaudum in octo libris pari-
» siensium et ad earum solutionem quas de fructibus
» et proventibus dicte prebende integre predicto tem-
» pore percepit, eidem Petro de Buxeria procuratori
» dictorum abbatis et conventus et per ipsum procura-
» torem dictis abbati et conventui sententialiter con-
» dempnamus ac etiam dictis Bartholomeo et Stephano
» et utrique eorum procuratorio nomine dicti magistri

» Bertaudi et per ipsos procuratores et utrumque eo-
» rum eidem magistro Bertaudo ne ipse magister Ber-
» taudus de cetero prefatos abbatem et conventum
» Sancti Victoris per se vel per alium seu alios impe-
» diat seu impedire presumat super jure percipiendi
› fructus et proventus primi anni cujuslibet prebende
» integre ac etiam dimidie quas in Parisiensi ecclesia
» per cessionem vel decessionem seu dimissionem ca-
» nonicorum Parisiensis ecclesie illas obtinentium, seu
» alio quocumque modo eas vacare contigerit, per diffi ·
» nitivam sententiam inhibemus. Item, quia nobis
» constitit per confessionem partis dicti magistri Ber-
» taudi quod abbatis et conventus dicti monasterii
» Sancti Victoris interfuit sex libris parisiensium pre-
» dictum magistrum Bertaudum per se vel per alium,
» ut predictum est, non percepisse fructus predictos,
» quos dictus magister Bertaudus tempore supradicto
» percepit; item, expensas hujusmodi cause seu negotii
» centum viginti quinque libris parisiensium taxavi-
» mus, quas prefatus procurator dictorum abbatis et
» conventus, juramento per nos ei delato, taxatione
» predicta prehabita, tactis sacrosanctis evangeliis cor-
» poraliter juravit per dictos abbatem et conventum in
» causa seu negotio predicto fecisse, eosdem Bartholo-
» meum et Stephanum, utrumque eorum procuratorio
» nomine dicti magistri Bertaudi, et per ipsos procura-
» tores et utrumque eorum dictum magistrum Bertau-
» dum in sex libris parisiensium nomine interesse
» predicti et ad earum solutionem, et in centum viginti
» quinque libris parisiensium predictis pro expensis
» et nomine expensarum hujusmodi et ad earum solu-
» tionem predicto Petro de Buxeria nomine predicto et
» eisdem abbati et conventui sententialiter condemp-
» namus. In ceteris autem in libello et petitione dictorum
» abbatis et conventus contentis, prefatos procuratores
» dicti magistri Bertaudi et utrumque eorum et per
» ipsos procuratores et per utrumque ipsorum eundem
» magistrum Bertaudum diffinite duximus absolvendos.
» In quorum testimonium per Marcum de Ostiolo, no-
» tarium publicum, scribam nostrum, mandavimus
» presens instrumentum publicum fieri et sigilli nostri
» appensione muniri. Lata et pronuntiata fuit hec sen-
» tentia in scriptis per prefatum dominum cardinalem
» Tybure in hospitio suo pro tribunali sedentem, dictis
» Petro de Buxeria, magistro Bartholomeo, et Stephano
» procuratoribus presentibus, et presentibus me infras-
» cripto notario et magistris Michaele de Bonavalle,
» canonico ecclesie Sancte Crucis Leodiensis, et Ay-
» merico Pascaudi, canonico Beate Marie Montismau-
» rilii, Pictavensis diocesis, et fratre Petro, priore de

» Sermexia electo monasterii Sancte Columbe Seno-
» nensis, et fratribus Johanne Peregrini, et Gaufrido
» de Castronantonis, monachis dicti monasterii, et do-
» mino Raphaele Bononiensi in Romana curia advo-
» cato, et pluribus aliis testibus ad hec vocatis specialiter
» et rogatis, anno a nativitate Christi M°CC°LXXXV°,
» indictione XIII, pontificatus sanctissimi patris do-
» mini Honorii pape quarti anno primo, die veneris
» ultimo mensis augusti. Ego Marcus de Ostiolo civi-
» tatis Mediolanensis publicus imperiali auctoritate
» notarius ac scriba prefati domini cardinalis, pronun-
» ciationi, taxationi juramento, condempnationibus et
» prescriptis omnibus presens interfui et de mandato
» prefati domini cardinalis ea scripsi, et in hanc for-
» mam redegi, signumque meum consuetum apposui
» rogatus et dictiones, scilicet libris parisiensium, in XL
» linea et alias in locis abrasis scriptas propria manu
» scripsi. »

Nulli ergo, etc. nostre confirmationis, etc. Datum
Rome apud Sanctam Sabinam, XI kal. novembris, anno
primo ».

203   Sainte-Sabine, 20 novembre 1285.

Ordinis fratrum Minorum privilegia et constitutiones confirmat. (n° 199, fol. 55 v°; Potthast, n° 22329.)

« *Dilectis filiis.. generali, et provincialibus ministris ac
universis fratribus ordinis fratrum Minorum.* Virtute
conspicuos sacri vestri ordinis —.

1. Hinc est quod cum, sicut nobis exponere curavistis, tu, fili generalis minister, et predecessores tui, juxta
ejusdem ordinis consuetudinem observatam hactenus
et a Sede Apostolica toleratam, statim postquam electi
secundum predicti regulam et constitutiones ordinis extitistis, fratrum ipsius curam gesseritis, ministerii officium plene ac libere in omnibus exercentes, iidemque
fratres vobis devote et humiliter obedierint ac intenderint reverenter, et in eadem regula sit expressum ut
generalis minister qui pro tempore fuerit a ministerii
officio amoveri valeat a provincialibus ministris et custodibus in generali capitulo congregatis, nos volentes
ambiguitatis scrupulum in hac parte de vestris cordibus
amputare ac ordinem ipsum a Sede approbatum eadem
honestate floridum, preclarum scientia et virtute fecundum, privilegio apostolice gracie attollere singulari, vestris supplicationibus inclinati devotioni vestre ut successores tui, fili generalis minister, qui erunt pro tempore,
statim postquam electi secundum regulam et constitutiones fuerint supradictas, eo ipso veri ejusdem ordinis
generales ministri effecti, curam animarum fratrum ipsius

ordinis plene habeant et libere gerant, ipsosque fratres
auctoritate propria ligare ac solvere, necnon in eodem
ordine agere valeant que ipsi ministri et diffinitores
ad hoc electi, juxta predictas constitutiones, eisdem
ordini et fratribus secundum Deum viderint expedire
aliasque possint officium ministerii licite in omnibus
exercere; iidemque fratres tibi, generalis minister, et
successoribus ipsis devote ac humiliter obediant et intendant et prefati successores et tu, generalis minister,
a provincialibus ministris et custodibus, secundum regulam et constitutiones ipsius ordinis, absolvi et ammoveri possitis auctoritate apostolica indulgemus; ratum
habentes et firmum quicquid super premissis per te,
generalis minister, dictosque predecessores fratres et
diffinitores factum et observatum est hactenus, concessa
tibi exequendi officium ministerii quoad premissa
omnia et alia libera facultate.

2. In electionibus quoque generalis et provincialium
ministrorum ipsius ordinis, fratribus qui debent electionem hujusmodi celebrare, cum eos frequenter de
remotis partibus oporteat convenire, tempus super hoc
a jure statutum non currat, nec ipsi in hac parte juris
hujusmodi regulis coartentur.

3. Custodes vero et guardiani qui, secundum statuta
ejusdem ordinis, aliter quam per electionem instituun-
tur, post ipsam institutionem seu provisionem de ipsis
factam, curam animarum fratrum sibi subditorum
ipsius ordinis habeant, ipsosque ligare ac solvere possint juxta ipsius ordinis instituta.

4. Fratres autem de ordine vestro quos, secundum
constitutiones ipsius ordinis, conventibus vestris deputandos duxeritis in lectores, sine cujusquam alterius
licentia libere in domibus predicti ordinis legere ac
docere valeant in theologica facultate, illis locis exceptis in quibus viget studium generale, ac etiam quilibet
in facultate ipsa docturus sollempniter incipere consuevit.

5. Et quia, prohibente regula vestra, nulli fratrum
vestrorum est licitum populo predicare nisi a generali
ministro vestri ordinis examinatus et approbatus fuerit,
et sibi predicationis officium ab ipso concessum, nos
pro dictorum fratrum laboribus et periculosis discursi-
bus evitandis, necnon ut animarum salus possit inde
facilius provenire, super prohibitione hujusmodi oportune provisionis remedium apponentes, ut singuli provinciales ministri in suis provinciis cum diffinitoribus
in provincialibus capitulis congregatis fratres in sacra
pagina eruditos examinare ac approbare et eis officium
predicationis, Deum habendo pre oculis, committere
valeant, sicut ex forma regule minister poterat genera-

lis plenam auctoritate presentium concedimus facultatem.

6. Et quia ejusdem ordinis fratres de locis ad
loca ipsius ordinis sepius transmittuntur, propter quod
stabilem et perpetuam in certis et determinatis ejusdem ordinis domibus non faciunt mansionem, quia
etiam bonos et ydoneos ac approbatos a vobis fratres facitis ad ordines promoveri, liceat vobis ordi-
nandos fratres ejusdem ordinis quibuscumque malueritis catholicis pontificibus communionem et gratiam
Apostolice Sedis habentibus presentare ipsisque pontificibus presentatos a vobis fratres, sine qualibet examinatione per eosdem pontifices facienda, et absque
omni promissione vel obligatione ipsorum ordinando-
rum fratrum, ad ordines promovere.

7. In locis quoque in quibus degitis liceat vobis habere oratoria in quibus cum altari portatili possitis
missarum sollempnia et alia divina officia celebrare ac
etiam ecclesiastica recipere sacramenta.

8. Cum autem generale interdictum terre fuerit, in
ecclesiis et oratoriis vestris ac aliis quibuscumque,
cum ad loca perveneritis ecclesiastico supposita interdicto, clausis januis, interdictis et excommunicatis
exclusis, non pulsatis campanis, et submissa voce
liceat vobis celebrare divina et ecclesiastica recipere
sacramenta, dummodo causam non dederitis interdicto,
nec contingat id vobis specialiter interdici neque ecclesie et oratoria eadem fuerint specialiter interdicta.

9. Hiis vero qui vestris immorantur obsequiis cuncta
libere ministrare possitis ecclesiastica sacramenta et
ipsos cum decedunt in vestris cimiteriis sepelire.

10. Si quando autem in terras in quibus residetis vel
earum personas excommunicationis seu interdicti sententias contigerit promulgari, pueri vestris servitiis
deputati negotiorumque vestrorum procuratores, et
operarii qui in vestris locis eorum operibus personaliter
continue institerint, hujusmodi sententiis obnoxii
minime habeantur ibique possint audire divina juxta
formam que locis ipsis in eo casu a Sede Apostolica est
concessa, nisi eisdem causam dederint, vel excommunicari specialiter seu interdici contingat eosdem.

11. Et quia vos, extremam patientes pro Christi nomine paupertatem, exhortationis pie studio bonos ad
potiora dirigitis et errantes in rectitudinis semitam
laudabiliter revocatis, concedimus ut in excommunicatorum terris libere commorari et ab eis tunc et etiam
quando per ipsos vos transire contigerit necessaria vite
deposcere ac recipere valeatis.

12. Generalis quoque et singuli provinciales ministri
et eorum vicarii ac etiam custodes in provinciis et
Honorius.

custodiis sibi commissis predictis fratribus constitutis
ibidem necnon et fratribus aliis ejusdem ordinis interdum ad eos declinantibus, undecumque absolutione et
dispensatione indigentibus, sive priusquam intraverint
ordinem, sive post, in casibus excesserint, pro quibus
excommunicationis vel interdicti aut suspensionis incurrunt sententias a jure vel judice generaliter promulgatas, et hujusmodi sententiis innodati aut in locis
suppositis ecclesiastico interdicto, divina officia cele-
brantes vel suscipientes ordines sic ligati, notam irregularitatis incurrunt, absolutionis et dispensationis
beneficium valeant impartiri, nisi adeo gravis fuerit
et enormis excessus quod sint ad eandem Sedem merito
destinandi.

13. Fratres etiam vestri quos pro tempore vos, generalis, et provinciales ministri necnon et vices vestras
gerentes ac etiam custodes, in proprios habueritis confessores absolutionis et dispensationis beneficium vobis,
cum expedierit, valeant impartiri, juxta formam concessionis super absolutione ac dispensatione fratrum
ejusdem ordinis superius vobis facte.

14. Ad hec volentibus vestro aggregari collegio qui
suspensionis aut interdicti vel excommunicationis sententiis a jure vel judice promulgatis generaliter sunt
ligati, absolutionis beneficium, observata forma canonica, impartiri, ipsosque in fratres recipere ac eos qui
post assumptum habitum vel professionem emissam
recoluerint se talibus in seculo fuisse sententiis innodatos, secundum formam ipsam, vos, generalis, et provinciales ministri, et prefati custodes, ac vices vestras
gerentes valeatis absolvere, et cum irregularibus dispensare, si forsan talibus innodati sententiis vel in
locis interdicto suppositis divina presumpserunt officia
celebrare vel ordines receperunt; ita tamen quod si
aliqui ex hujusmodi eisdem sententiis propter debitum
sunt astricti, satisfaciant ut tenentur. Volumus autem
nichilominus quod, postquam fuerint absoluti hujusmodi volentes aggregari collegio supradicto, nisi mox
ordinem vestrum intraverint, etiam si super hoc eis
inducie a prelatis ejusdem ordinis concedantur, eo ipso
in pristinas sententias a quibus eos taliter absolvi contigerit, relabantur. Ceterum vestra discretio caute provideat ut Apostolice Sedis, legatorum ipsius et ordinariorum locorum in absolutionibus hujusmodi scandalum evitetur.

15. Porro quieti vestre providere volentes, quod per
litteras Apostolice Sedis, aut legatorum seu delegato-
rum ipsius, conveniri a quoquam minime valeatis, et
quod ad pecuniam colligendam cogi non possitis inviti
per litteras ipsius Sedis de cetero impetrandas, quodque

nullus vestrum correctionis seu visitationis vel inquisitionis officium monasteriis vel ecclesiis seu quibuscumque personis impendere vel ad cognitiones causarum, citationes partium et denuntiationes sententiarum
interdicti et excommunicationum procedere, aut recipere curam monialium seu religiosarum quarumlibet
personarum teneatur per apostolicas litteras impetratas et impetrandas in posterum, nisi hujusmodi apostolice
littere de hoc indulto et ordine vestro expressam fecerint
mentionem, auctoritate vobis apostolica indulgemus.

16. Concedimus etiam ut ad visitandum aliqua monasteria monialium cujuscumque ordinis, vel ad audiendum confessiones earum compelli aliquatenus non
possitis aut ad recipiendum commissiones causarum
seu sententiarum executiones, vel alia contingentia
causas ipsas, per litteras prefate Sedis, in quibus facta
non fuerit de indulgentia hujusmodi mentio specialis,
sive per legatos vel delegatos ipsius vel etiam per
quoscumque.

17. Nullus insuper archiepiscopus vel episcopus,
nullusque alius prelatus ecclesiasticus, nec eorum
vicarii vel officiales aut portandum seu deferendum
litteras vel exequendum aut denuntiandum sententias
contra principes seculares, communitates, populos seu
quoscumque benefactores vestros, nullusque delegatus
vel ordinarius judex ad faciendum citationes vel commissiones recipiendas, sive quod sitis in causis aliquibus assessores, seu ad alia lites vel controversias contingentia, in causis que coram ipsis tractantur, quemquam vestrum compellere valeant, sine predicte Sedis
mandato vel licentia speciali, expressam faciente de
hac indulgentia mentionem, ne quisquam vestrum
parere vel intendere teneatur super hiis monitionibus,
mandatis aut jussionibus eorundem, aut facere vel
implere quod in hac parte duxerint injungendum.

18. Ceterum generalis et provinciales ministri ac
ipsorum vicarii illos ex fratribus, de quibus auctoritate litterarum Sedis Apostolice vel legatorum ipsius
archiepiscopis et episcopis ac aliis quibuscumque provisum existit, vel in posterum contigerit provideri,
corrigere ac etiam, non obstante contradictione aliqua,
possint ad suum ordinem revocare, nec per litteras
ejusdem Sedis seu legatorum ipsius jam obtentas vel
de cetero obtinendas, aliquos de fratribus ipsius ordinis
prefatis archiepiscopis et episcopis aut aliis teneantur
in socios deputare, nisi dicte littere apostolice obtinende de indulto hujusmodi et ordine ipso expressam
fecerint mentionem et alias id honestati ordinis et illorum saluti viderint expedire.

19. Nullus autem legatus, nisi de latere nostro, mis-

sus auctoritate litterarum Sedis Apostolice specialem
de hoc indulto et ordine vestro non facientium mentionem, nullusque prelatus nec aliqua persona religiosa
vel secularis de fratribus ejusdem ordinis ad sua seu
ecclesiastica negotia procuranda vel secum manendum
aliquos assumere valeat, nisi quos generalis vel provincialis minister ipsorum tanquam ydoneos et discretos sibi duxerit assignandos, quos etiam subjacere volumus ordinis discipline.

20. Illos vero ipsius ordinis fratres, qui ad predicandum crucem vel inquirendum contra pravitatem hereticam, seu ad alia hujusmodi negotia sunt vel fuerint
ubicumque a Sede Apostolica deputati, tu, fili, generalis minister, tuique successores, removere seu revocare,
penitus transferre, ipsisque quod supersedeant injun-
gere aliosque substituere, cum expedire videritis, licite
ac libere valeatis, et in eos, si contravenerint, censuram ecclesiasticam exercere, ac quilibet minister provincialis vel ejus vicarius ejusdem ordinis id ipsum
in sua provincia circa fratres ipsius ordinis quibus ab
eadem Sede similia contigerit in illa committi facere
possit, non obstantibus aliquibus litteris vel indulgentiis apostolicis impetratis, vel etiam in posterum impe-
trandis, que de hoc non fecerint mentionem.

21. Inhibemus quoque ne quis post professionem in
ordine vestro factam, sine generalis vel sui provincialis
licentia discedat ab ipso. Discedentem vero absque
cautione litterarum alterius ipsorum pretextu alicujus
privilegii Apostolice Sedis nullus audeat retinere. Quod
si forte retinere presumpserit, vobis, generalis et provinciales ministri, duntaxat licitum sit in ipsos discedentes fratres excommunicationis sententiam promulgare.

22. Si vero aliqui de fratribus vestri ordinis, post
obtentam licentiam a Sede predicta aut a vobis ad religionem aliam transeundi, infra duos vel tres menses se
ad illam religionem sue saluti congruam non contule-
rint, et ipsius non susceperint habitum regularem,
licitum sit vobis, generalis et provinciales ministri, ac
vices vestras gerentibus, contra ipsos tanquam contra
alios ordinis vestri apostatas procedere, secundum
quod honestati ipsius ordinis videritis expedire. Illud
idem intelligi volumus de illis qui, post susceptionem
habitus, alterius religionis infra tempus probationis,
nulla professione facta, inde presumpserint resilire.

23. Apostatas quoque vestri ordinis excommunicare,
capere, ligare, incarcerare et alias subdere discipline
rigori possitis per vos ac etiam alios, in quocumque
habitu contigerit inveniri, invocato ad hoc, si opus
fuerit, auxilio brachii secularis,

24. Inhibemus etiam ne fratres, quos ab ordine vestro pro suis culpis per generalem seu provinciales ministros aut custodes expelli contigerit, vel qui egressi fuerint proprio motu, predicare, confessiones audire, seu docere presumant, nisi ad alium ordinem, in quo licite hujusmodi exerceantur officia, transiverint, de nostra vel dictorum ministrorum licentia speciali. Quod si forte ipsi contra hujusmodi inhibitionem nostram aliquid super premissis temere attemptare presumpserint, ministri ac custodes et eorum vicarii in illos, quos infra fines suarum provinciarum et custodiarum, juxta consuetudinem ordinis vestri, distinctos invenerint talia presumentes, monitione premissa, auctoritate nostra excommunicationis sententiam valeant promulgare.

25. Ejectos autem de ordine vestro vel egressos, qui receptione in eodem ordine suis culpis exigentibus rediderint se indignos, et alios fratres ejusdem ordinis ex rationabili causa ad quoscumque ordines approbatos, preterquam ad beati Augustini, Templariorum, Hospitalariorum et aliorum religiosorum arma portantium, ad vitandam occasionem evagandi, generalis vel provinciales ministri cum suis testimonialibus litteris auctoritate nostra licentiandi liberam habeant facultatem. Nos enim districtius inhibemus ne tales ad alium ordinem aliter transire vel aliqui eos recipere seu retinere presumant absque licentia speciali Sedis Apostolice faciente de hoc plenariam mentionem.

26. Inhibemus etiam ut nulli, sive sit in religionis ordine sive extra ordinem constitutus, habitum vestrum aut ita consimilem quod propter eum frater minor credi possit, deferre liceat absque mandato Sedis Apostolice speciali. Et, ut dicta inhibitio majorem consequatur effectum, statuimus ut hii qui habitum vestrum vel sibi predicto modo consimilem deferre presumpserint, ad deponendum ipsum perdiocesanos locorum, cum a vobis requisiti fuerint, monitione premissa, per censuram ecclesiasticam, appellatione postposita, compellantur.

27. Ceterum cum humilitas vestra sibi de latitudine orbis terre nichil preter domos et ortos cum virgultis premiorum obtentum celestium duxerit reservandum, nos pie volentes quod illorum fructus integre vestre paupertatis usibus applicentur, ut de dictis ortis et virgultis vestris nulli decimam teneamini exhibere, vobis auctoritate presentium indulgemus, districtius inhibentes ne quis a vobis de premissis aliquid exigere vel extorquere presumat.

28. Quia vero nonnulli vestre religionis habitum assumentes diversis personis que sciri et inveniri non possunt aliqua bona interdum restituere tenentur, vobis, ministri et custodes, ac vicariis predictis concedimus ut singuli vestrum in locis sibi commissis bona ipsa in pios usus convertere valeant, prout secundum Deum viderint expedire.

29. Sepulturam quoque in ecclesiis vestris concedimus, et eam liberam esse censemus, ut eorum devotioni et extreme voluntati qui se illic sepeliri deliberaverint nisi excommunicati vel interdicti aut etiam publice usurarii fuerint, nullus obsistat, salva tamen justitia illarum ecclesiarum a quibus mortuorum corpora assumentur; districtius inhibentes ut nulli religiosi vel seculares vobis invitis aliquorum corpora defunctorum in vestris cimiteriis sepelire, aut in ecclesiis vestris missarum sollempnia, vel pro animabus eorum qui ad loca vestra tumulandi feruntur ibidem obsequias celebrare sine vestro assensu et voluntate presumant.

30. Inhibemus insuper universis fratribus vestri ordinis ne aliquis eorum, nisi neccessitatis urgente articulo, alii quam prelatis suis peccata sua confiteri presumat, vel aliis ejusdem ordinis sacerdotibus secundum regulam et ipsius ordinis instituta.

31. Universis autem ecclesiarum prelatis et aliis inhibemus ne confessiones vestras, vobis invitis, audire vel compellere vos ad synodos seu convocationes suas accedere, vel cum eis extra civitates vel intra processionaliter exire, ac suis constitutionibus subjacere vel capitula, scrutinia et inquisitiones in locis vestris vel alibi de vobis facere, aut fidelitatem juramento firmatam et manualem obedientiam a ministris, custodibus vel guardianis vestris exigere, aut de ipsorum institutione vel destitutione sive de statutis vestri ordinis se aliquatenus intromittere, seu prohibere ne ad civitates vel villas, ubi religiose ac honeste commorari possitis a populis evocati audeatis accedere, ibique pro vestris usibus construere edificia, ecclesias seu oratoria, aut in accedentes fratres seu construentes hujusmodi vel receptatores ipsorum excommunicationis sententias ferre presumant.

32. Concedimus quoque vobis ut de hiis que in ornamentis vel pro eis aut libris, fabrica, luminaribus, anniversario septimo, vicesimo, tricesimo, sive aliis ad perpetuum cultum divinum, seu pro pitantiis aut victu ad sustentationem vestram, vel indumentis, necnon pro annuis censibus redimendis, ad quorum solutionem alique domus vestri ordinis obligate noscuntur, vel de domibus, prediis et ortis aliisque locis vobis, secundum instituta vestri ordinis, oportunis, aut de hiis que pro hujusmodi domibus, prediis, ortis et locis emendis vo-

bis legantur, dummodo premissa non convertantur in usus alios sed in illos duntaxat pro quibus relinquuntur aut alios etiam qui in hac concessione indulgentia continentur, nulli canonicam justitiam aut portionem aliquam teneamini exhibere, et ne quis a vobis vel ultimarum executoribus voluntatum seu decedentium heredibus de premissis aliquid exigere vel extorquere presumat, districtius inhibemus.

33. Ad hec, liceat fratribus vestri ordinis, cum de prioribus locis suis ad alia loca se transferunt, tam edificia seu omnem edificiorum materiam locorum que dimittunt, dedicatis ecclesiis duntaxat exceptis, quam libros, calices et paramenta secum ad alia loca transferre, ac edificia ipsa cum solo et aliis ad eadem loca pertinentibus, preter ecclesias, per personas ad hoc a Sede Apostolica deputatas vendere ipsorumque pretium in aliorum locorum ad que dicti fratres se transferunt edificationem, seu alias in eorum utilitatem convertere, secundum quod eis melius videbitur expedire, cum ipsa priora et alia loca fratrum ad nos et ad Apostolicam Sedem specialiter et immediate pertinere noscantur, et ne aliqui archiepiscopi vel episcopi aut alii ecclesiarum prelati seu quevis alia persona ecclesiastica vel secularis predicta loca seu bona occupare accipere vel usurpare aut quoquo modo sibi vendicare presumat absque dicte Sedis licentia speciali districtius inhibemus.

34. Indulgentes vobis ut ad prestationem procurationum legatorum predicte Sedis, vel nuntiorum ipsius, seu diocesanorum locorum, aut exactionum vel collectarum, seu subsidiorum, vel provisionum quorumcumque minime teneamini, nec ad ea solvenda per litteras dicte Sedis, aut legatorum vel nuntiorum ejusdem, seu rectorum terrarum ecclesie Romane impetratas seu in posterum impetrandas, cujuscumque tenoris fuerint, in perpetuum compelli possitis, nisi dicte Sedis littere impetrande plenam et expressam de indulto hujusmodi et dicto ordine fecerint mentionem.

35. Ceterum, cum felicis recordationis Innocentius papa predecessor noster olim duxerit statuendum ut exempti, quantacumque gaudeant libertate, nichilominus tamen ratione delicti seu contractus aut rei de qua contra ipsos agitur rite possint coram locorum ordinariis conveniri, et illi quoad hoc suam in ipsos jurisdictionem, prout jus exigit, exercere, nos vobis ut occasione constitutionis hujusmodi nullum libertatibus et immunitatibus vobis et ordini vestro per privilegia et indulgentias ab Apostolica Sede concessis prejudicium generetur auctoritate presentium indulgemus.

36. Decernimus ergo irritum et inane quicquid contra tenorem concessionum, constitutionum et inhibitionum hujusmodi per quoscumque fuerit attemptatum, et interdicti, suspensionis et excommunicationis sententias, si quas contra concessiones, constitutiones et inhibitiones easdem in vos vel vestrum aliquos aut loca vestra seu benefactores vestros vel executores aut heredes predictos in posterum promulgari contigerit, penitus non tenere. Nulli ergo etc nostrarum concessionum, constitutionum et inhibitionum infringere etc. Dat. Rome apud Sanctam Sabinam, XII kal. decembris, anno primo. »

204   Sainte-Sabine, 20 novembre 1285.

Ordinis fratrum Predicatorum privilegia et constitutiones confirmat. (n° 200, fol. 57 v°; POTTHAST, n° 22330.)

« *Dilectis filiis .. magistro, prioribus et fratribus universis ordinis Predicatorum.* Virtute conspicuos etc. —.

1. Hinc est quod cum, sicut nobis exponere curavistis, tu, fili magister, et predecessores tui, juxta ejusdem ordinis consuetudinem observatam, et a Sede Apostolica toleratam, statim postquam electi secundum predicti constitutiones ordinis extitistis, fratrum ipsius curam gesseritis, magisterii officium plene ac libere in omnibus exercentes, iidemque fratres vobis devote et humiliter obedierint et intenderint reverenter, et in eodem ordine sit statutum ut magister ipsius, qui pro tempore fuerit, a magisterii officio ammoveri valeat a diffinitoribus capituli generalis; nos volentes ambiguitatis scrupulum in hac parte de vestris cordibus amputare ac ordinem ipsum a Sede approbatum eadem, honestate floridum, preclarum scientia et virtute fecundum, privilegio apostolice gratie attollere singulari, vestris supplicationibus inclinati, devotioni vestre, ut successores tui, fili magister, qui erunt pro tempore statim postquam electi secundum constitutiones fuerint supradictas, eo ipso veri ejusdem ordinis magistri effecti, curam animarum fratrum ipsius plene habeant et libere gerant, ipsosque fratres auctoritate propria ligare ac solvere, necnon in eodem ordine agere valeant que ipsi et prefati diffinitores juxta predictas constitutiones eisdem ordini et fratribus secundum Deum viderint expedire, aliasque possint officium magisterii licite in omnibus exercere, iidemque fratres tibi, magister, et successoribus ipsis devote ac humiliter obediant et intendant, et prefati successores, et tu, magister, a diffinitoribus capituli generalis ipsius ordinis secundum ordinis constitutiones ejusdem absolvi et ammoveri possitis, auctoritate apostolica indul-

gemus ; ratum habentes et firmum quicquid super premissis per te, magister, dictosque predecessores fratres et diffinitores factum et observatum est hactenus, concessa tibi exequendi magisterii officium quoad premissa omnia et alia libera facultate.

2. Fratres autem de ordine vestro, quos secundum constitutiones ipsius ordinis conventibus vestris deputandos duxeritis in lectores, sine cujusquam alterius licentia libere in domibus predicti ordinis legere ac docere valeant in theologica facultate, illis locis exceptis in quibus viget studium generale, ac etiam quilibet in facultate ipsa docturus sollempniter incipere consuevit.

3. Et licet episcopis diocesanis vestris debitam et devotam obedientiam et reverentiam impendatis, nolumus tamen quod circa instituta et precipue super institutione et destitutione priorum ejusdem ordinis ex hoc prejudicium aliquod incurratis.

4. Quando vero in aliquo capitulo vel conventu vestri ordinis de provinciali vel conventuali priore concurrerit electio facienda, si ex aliqua causa factam electionem a fratribus ejusdem ordinis quorum interest non contingat forsitan confirmari, superior ad quem confirmatio electionis hujusmodi pertinet, aliquem de illis fratribus quos ipsi electores vel major pars eorum per litteras suas ab eo petierint, quando ad ipsum pro electi confirmatione transmittunt, eis de nostra licentia concedere valeat in priorem.

5. In electionibus quoque eorundem magistri et priorum provincialium ipsius ordinis fratribus qui debent electionem hujusmodi celebrare cum eos frequenter de remotis partibus oporteat convenire, tempus super hoc a jure statutum non currat, nec ipsi in hac parte juris hujusmodi regulis coarctentur.

6. Et quia ejusdem ordinis fratres de locis ad loca ipsius ordinis sepius transmittuntur, propter quod stabilem et perpetuam in certis et determinatis ejusdem ordinis domibus non faciunt mansionem, quia etiam bonos et ydoneos et approbatos a vobis fratres facitis ad ordines promoveri etc, ut in proxima superiori usque : et alia divina officia celebrare absque juris prejudicio alieni.

7. Cum autem generale interdictum terre fuerit etc. usque : necessaria vite deposcere ac recipere valeatis.

8. Magister quoque et. singuli priores provinciales et conventuales ac vices eorum gerentes in provinciis et conventibus et locis sibi commissis predictis fratribus constitutis ibidem etc. usque: merita destinandi.

9. Fratres etiam vestri quos pro tempore vos, magister et priores tam provinciales quam conventuales necnon et vices vestras gerentes, in proprios habueritis confessores etc. usque: in seculo fuisse sententiis innodatos, secundum formam ipsam, vos, magister et singuli priores provinciales et conventuales et vices vestras gerentes etc. usque : satisfaciant ut tenentur.

10. Ceterum vestra discretio caute provideat ut Apostolice Sedis legatorum ipsius et ordinariorum locorum in absolutionibus hujusmodi scandalum evitetur.

11. Porro quieti vestre providere volentes etc. usque: auctoritate vobis apostolica indulgemus.

12. Concedimus etiam ut ad visitandum aliqua monasteria monialium cujuscumque ordinis compelli aliquatenus non possitis etc. usque :

13. Nullus insuper archiepiscopus vel episcopus, nullusque alius prelatus ecclesiasticus, nec eorum vicarii vel officiales ad portandum seu deferendum litteras vel exequendum aut denuntiandum sententias etc. usque : duxerint injungendum. Ceterum magister et singuli priores provinciales atque ipsorum vicarii illos ex fratribus etc. usque : vel secum manendum aliquos assumere valeat, nisi quos magister vel prior provincialis ipsorum tanquam ydoneos et discretos sibi duxerit assignandos, quos etiam subjacere volumus ordinis discipline.

14. Illos vero ordinis fratres ipsius qui ad predicandum crucem vel inquirendum contra pravitatem hereticam, seu ad alia hujusmodi negotia sunt vel fuerint ubicumque a Sede Apostolica deputati, tu, fili, magister, tuique successores etc. usque: mentionem, excepto quod ubi dicitur minister debet dici prior.

15. Inhibemus quoque ne quis post professionem in ordine vestro factam ab ipso ordine sine magistri vel sui prioris licentia discedat. Discedentem vero absque cautione litterarum alterius ipsorum pretextu alicujus privilegii Apostolice Sedis nullus audeat retinere. Quod si forte retinere presumpserit, vobis, magister et singuli priores, duntaxat licitum sit in ipsos discedentes fratres excommunicationis sententiam promulgare.

16. Si vero aliqui de fratribus vestri ordinis etc. usque : licitum sit vobis singulis, magister et priores, ac vices vestras gerentibus contra ipsos etc. usque : auxilio brachii secularis.

17. Inhibemus etiam ne fratres quos ab ordine vestro pro suis culpis per magistrum vel priores aut ejus vicarios expelli contigerit, vel qui egressi fuerint proprio motu predicare, confessiones audire seu docere presumant, nisi ad alium ordinem in quo licite hujusmodi exerceantur officia, transiverint, de nostra vel magistri seu prioris aut vicariorum ipsorum licentia speciali.

Quod si forte ipsi contra inhibitionem nostram aliquid super premissis temere attemptare presumpserint, magister, et singuli priores vel ipsorum vicarii in illos quos infra predicationis sue fines, juxta consuetudinem ordinis vestri, distinctos invenerint talia presumentes, monitione premissa, auctoritate nostra excommunicationis sententiam valeant promulgare.

18. Ejectos autem de ordine vestro etc. usque': occasionem evagandi, magister vel singuli priores seu ipsorum vicarii cum suis testimonialibus litteris etc. usque : mentionem.

19. Inhibemus etiam ut nulli, sive sit in religionis ordine sive extra ordinem constitutus, habitum vestrum aut ita consimilem quod propter eum frater predicator credi possit etc. usque: compellantur.

20. Ceterum cum humilitas vestra etc. usque : vel extorquere presumat.

21. Quia vero nonnulli vestre religionis habitum assumentes diversis personis que sciri et inveniri non possunt aliqua bona interdum restituere tenentur, vobis, magister et priores, ac vicariis predictis concedimus ut singuli vestrum in locis sibi commissis bona ipsa in pios usus convertere valeant, prout secundum Deum viderint expedire.

22. Sepulturam quoque in ecclesiis vestris concedimus etc. usque : sine vestro assensu et voluntate presumant.

23. Inhibemus insuper universis fratribus vestri ordinis ne aliquis eorum alii quam prelatis suis peccata sua confiteri presumat, nisi necessitatis urgente articulo, vel nisi forsan magister vel prior proprius alicui fratri dederit fratri alteri ejusdem ordinis licentiam confitendi.

24. Universis autem ecclesiarum prelatis etc. usque: et manualem obedientiam a prioribus et supperioribus vestris exigere seu prohibere ne ad civitates vel villas ubi religiose ac honeste commorari possitis etc. usque : ferre presumant.

25. Concedimus quoque vobis ut de hiis que in ornamentis vel pro eis aut libris, fabrica, luminaribus, anniversario, septimo, vicesimo, tricesimo sive aliis ad perpetuum cultum divinum, seu pro pitantiis aut victu ad sustentationem vestram, vel indumentis aut caltiamentis vestris necnon pro annuis censibus redimendis etc. usque : districtius inhibemus.

26. Ad hec, liceat fratribus vestri ordinis etc. usque : secundum quod eis melius videbitur expedire, et ne aliqui archiepiscopi vel episcopi aut alii ecclesiarum prelati etc. usque : fecerint mentionem.

27. Ceterum, cum felicis recordationis Innocentius papa predecessor noster etc. usque: auctoritate presentium indulgemus.

28. Decernimus ergo irritum et inane, etc. Dat. ut supra. »

205 Sainte-Sabine, 22 novembre 1285.

Magistro Giffredo de Vezano, pontificalis camere clerico, tabellionatus officium uni persone idonee concedendi plenam tribuit facultatem. (n° 204, fol. 58 v°.)

« *Magistro Giffredo de Vezano, camere nostre clerico, canonico Cameracensi, in Anglia commoranti.* Cum, sicut te accepimus intimante, in partibus Anglie tabellionum defectus non modicus habeatur, propter quem negotia tibi commissa in partibus ipsis contingit pluries retardari ; nos volentes in hoc, prout expedit, providere, tibi concedendi, juxta formam quam Romana ecclesia servare in talibus consuevit, uni persone ydonee tabellionatus officium plenam tribuimus auctoritate presentium facultatem. Dat. Rome apud Sanctam Sabinam, X kal. decembris, anno primo. »

206 Sainte-Sabine, 15 décembre 1285.

Archiepiscopo Remensi committit ut, cum Johanne dicto Homodei de Remonvilla laico et Amelina ejus uxore, Remensis diocesis, qui ignorantes quod quarto affinitatis gradu se contingerent, matrimonium insimul contraxerant et filios procrearant, quod, eodem impedimento nequaquam obstante, in sic contracto matrimonio remanere licite valeant, dispenset, prolem susceptam et suscipiendam ex eis legitimam pronuntiando. (n° 202, fol. 58 v° ; LA PORTE DU THEIL, fol. 238.)

« *Venerabili fratri .. archiepiscopo Remensi.* Petitio dilecti filii —. Dat. Rome apud Sanctam Sabinam, XVIII kal. januarii, anno primo. »

207 Sainte-Sabine, 27 novembre 1285.

Abbatissis et conventibus ordinis sancte Clare, per Italiam constitutis concedit ut de fructibus, redditibus et proventibus suis solvere non teneantur decimam nuper negotio regni Sicilie per Sedem Apostolicam deputatam. (n° 203, fol. 58 v° ; POTTHAST, n° 22334.)

« *Dilectis in Christo filiabus universis abbatissis et conventibus monasteriorum ordinis sancte Clare per Italiam constitutis.* Attendentes benignius quod —. Dat. Rome apud Sanctam Sabinam, V kal. decembris, anno primo. »

208   Sainte-Sabine, 20 novembre 1285.

Dominico, archidiacono et canonico ecclesie Ulixbonensis, et G. Sancti Georgii ad Velum Aureum diaconi cardinalis capellano, gratiam facit specialem ut preter archidiaconatum Ulixbonensem ac canonicatus et prebendas, quos in predicta et Colimbriensi ecclesiis obtinet, possit unicum aliud beneficium ecclesiasticum, curam animarum habens annexam, vel personatum aut dignitatem, cui cura non immincat animarum, libere recipere. (n° 204, fol. 58 v°.).

« *Dominico, archidiacono et canonico ecclesie Ulixbonensis. Et si propter* —. Dat. Rome apud Sanctam Sabinam, XII kal. decembris, anno primo. »

209   Sainte-Sabine, 12 juin 1285.

Episcopo Cameracensi, conferendi personis idoneis ecclesiastica beneficia, etiam si dignitates existant, que tanto tempore in ipsius civitate et diocesi vacaverint, quod per lapsum temporis juxta Lateranensis statuta concilii sit eorum collatio ad Sedem Apostolicam devoluta, concedit facultatem. (n° 205, fol. 58 v° ; LA PORTE DU THEIL, fol. 86.)

« *Venerabili fratri .. episcopo Cameracensi.* Volentes tuam honorare* —. Dat. Rome apud Sanctum Petrum, II idus junii, anno primo. »

210 [1]   Sainte-Sabine, 19 novembre 1285.

Decano Cameracensi et archidiacono Annonie mandat quatinus Theoderico, cirurgico clerico, concedant ut unum altare in honore Beate Marie virginis construere possit. (n° 206, fol. 59 ; LA PORTE DU THEIL, fol. 226.)

« *Dilectis filiis .. decano, et archidiacono Annonie in ecclesia Cameracensi.* Dilectus filius magister —. Dat. Rome apud Sanctam Sabinam, XIII kal. decembris, anno primo. »

211   Tivoli, 22 septembre 1285.

Magistro et fratribus hospitalis Sancti Antonii Viennensis indulget ut a solutione decime, Philippo regi Francie concesse, sint liberi. (n° 207, fol. 59.)

« *Dilectis filiis .. magistro, et fratribus hospitalis Sancti Antonii Viennensis.* Cum juxta declarationem a felicis

1. Cette bulle figure déjà dans le registre sous le n° 197, fol. 53. Elle a été publiée plus haut sous le n° 201, col. 150.

recordationis Martino papa IIII predecessore nostro factam super exhibitione decime concesse carissimo in Christo filio nostro Ph. illustri regi Francie in regno Francie ac Lugdunensi, Viennensi, Bisuntinensi, Tarentasiensi et Ebredunensi provinciis, in ea videlicet parte ipsius Ebredunensis provincie que sita est extra Provincie ac Folkalkerii comitatus, necnon in Leodiensi, Metensi, Virdunensi, et Tullensi civitatibus et diocesibus, de redditibus et proventibus leprosorum, domorum Dei et hospitalium pauperum, qui in usus leprosorum, infirmorum et pauperum convertuntur, non debeat decima ipsa persolvi, et, prout asseritis, hospitalis vestri et aliorum hospitalium membrorum vestrorum bona in usus infirmorum et pauperum jugiter convertantur, ac per hoc a solutione ipsius decime juxta declarationem eandem fore noscantur excepta ; nos volentes vos et hospitalia predicta et eorum personas a gravaminibus, quantum cum Deo possimus preservare, auctoritate presentium districtius inhibemus ne quis vos et personas hospitalium ipsorum, quorum bona in usus infirmorum et pauperum convertuntur, contra hujusmodi declarationis tenorem ad solutionem decime predicte compellat ; sententias quoque suspensionis —. Dat. Tibure, X kal. octobris, anno primo. »

212   Sainte-Sabine, 29 novembre 1285.

Bouchardo, electo Metensi, cui concesserat Martinus papa IV ut ex electionis tempore usque ad triennium munus consecrationis petere vel recipere minime teneretur, indulget ut, cum idem triennium finitum sit, a die triennii elapsi usque ad annum unum immediate sequentem hujusmodi consecrationis munus petere vel recipere non teneatur. (n° 208, fol. 59 ; LA PORTE DU THEIL, fol. 230.)

« *Dilecto filio Bouchardo, electo Metensi.* Exhibita nobis tua —. Dat. Rome apud Sanctam Sabinam, III kal. decembris, anno primo. »

213   Sainte-Sabine, 8 décembre 1285.

Episcopo Fesulano mandat quatinus, cum in causa que orta erat inter abbatem monasterii de Bonsolazo, priorem de Favagna, Sancti Johannis Majoris, Venturam de Cersino plebium plebanos, Guidonem Sancte Marie de Carmignano, Riccardum Sancti Blasii de Carlon., et alios prelatos et clericos ecclesiarum Florentine diocesis ex parte una, et Alcampum prepositum ecclesie Pratensis, Pistoriensis diocesis, collectorem decime Terre Sancte subsidio deputate, ex altera, super eo quod idem prepositus ipsos et eorum ecclesias in exigendo et recipiendo ab eis

decimam ultra debitum aggravaverat, J. Penestrinum episcopum et G. tituli Sancti Martini in Montibus presbiterum cardinales dederit papa partibus auditores, eundem prepositum
peremptorie citare procuret ut infra quindecim dies post citationem personaliter coram Sede Apostolica compareat. (n° 209,
fol. 59.)

« *Venerabili fratri .. episcopo Fesulano.* Cum in causa
—. Dat. Rome apud Sanctam Sabinam, VI idus decembris, anno primo. »

214   Sainte-Sabine, 1er novembre 1285.

Huguitionem plebanum plebis de Castellione, Aretine diocesis, mortuo Nidroniensi archiepiscopo quem ad decimam ecclesiasticorum proventuum, in Terre sancte subsidium a Lugdunensi concilio concessam in regno Norweye colligendam Gregorius papa X deputaverat, ad hujusmodi officium exequendum
subrogat, eidem preterea concedens ut de pecunia ipsius decime
singulis diebus in quibus circa premissa vacabit decem et octo
solidos turonensium parvorum recipiat. (n° 210, fol. 59 v°;
POTTHAST, n° 22316.)

« *Huguitioni, plebano plebis de Castellione, Aretine diocesis, capellano nostro, collectori decime in regno Norweye
Terre Sancte subsidio deputate.* Gerentes cordi negotium —.
Dat. Rome apud Sanctam Sabinam, kalendis novembris, anno primo. »

215   Sainte-Sabine, 22 novembre 1285.

Eidem Huguitoni, ad ejus instructionem, tenorem litterarum,
olim a Gregorio papa X Nidrosiensi archiepiscopo transmissa-
rum, de registro ejusdem pape sumptum, qui talis est : « Gregorius episcopus servus servorum Dei venerabili fratri .. archiepiscopo Nidrosiensi salutem et apostolicam benedictionem.
Quanto extimamus negotium Terre Sancte etc., ut in registro
predicti predecessoris usque : Datum Lugduni, xii kal. octobris,
pontificatus nostri anno tertio. » transmittit. (n° 211, fol. 6.)

« *Uguitioni, plebano plebis de Castellione, Aretine diocec-
sis, capellano nostro, collectori decime Terre Sancte concesse subsidio in regno Norweye auctoritate apostolica constituto.* Olim felicis recordationis —. Dat. Rome apud
Sanctam Sabinam, X kal. decembris, anno primo. »

216   Sainte-Sabine, 22 novembre 1285.

Eidem Huguitioni litteras Gregorii pape X olim ad archiepiscopum Nidrosiensem directas et datas Lugduni, x kal. novembris, pontificatus ejusdem Gregorii anno tertio, continentes

declarationes quasdam pro negotio decime Terre Sancte, de
registro ipsius pape sumptas transmittit. (n° 212, fol. 60 ; Pot-
THAST, n° 22332.)

« *Eidem.* Olim felicis recordationis —. Dat. Rome
apud Sanctam Sabinam, X kal. decembris, anno primo. »

217   Sainte-Sabine, 1er novembre 1285.

Episcopo Arusiensi mandat quatinus predicto Huguitioni, totam pecuniam, quam de decima Terre Sancte in Dacie et Suecie
regnis, mandante Martino papa IV, collegerat, assignare procuret. (n° 213, fol. 60 ; POTTHAST, n° 92310).

« *Venerabili fratri .. episcopo Arusiensi.* Intellecto dudum felicis —. Dat. Rome apud Sanctam Sabinam, kalendis novembris, anno primo. »

218   Sainte-Sabine, 1er novembre 1285.

Huguitioni, collectori decime Terre Sancte subsidio in regno
Norweye deputate, mandat quatinus pecuniam quam ab episcopo Arusiensi receperit, Bindo Isquartie de Thomasii Spillati et
Lapi Ugonis Spine, ac Ildebrando Bruneti, Jacomino Alfani, et
Florensi Johannis Alfani de Alfanorum societatibus vel aliquibus seu alicui eorum socio vel procuratori, civibus et mercatoribus Florentinis, assignare procuret. (n° 214, fol. 60 ; POTTHAST,
n° 22311.)

« *Huguitioni, plebano plebis de Castellione, Aretine dio-
cesis, capellano nostro, collectori decime in regno Norweye
Terre Sancte subsidio deputate.* Cum venerabilis frater —.
Dat. ut supra. »

219   Sainte-Sabine, 1er novembre 1285.

Eidem Huguitioni mandat quatinus totam pecuniam quam de
decima, legatis, redemptionibus votorum, obventionibus quibuscumque et aliis Terre Sancte subventioni concessis collectam
invenerit vel collegerit, Azulino Salvi de Thomasii Spillati et
Lapi Ugonis Spine, ac Ildebrandino Brunecti, Jacomino Alfani,
Forensi Johannis Alfani, Brosio Junti et Johanni Gualterotti de
Alfanorum societatibus, civibus et mercatoribus Florentinis assignare procuret, equis inter societates easdem portionibus dividendam, (n° 215, fol. 60 v° ; POTTHAST, n° 22312.)

« *Huguitioni, plebano plebis de Castellione, Aretine diocesis.* Cum te ad —. Dat. ut supra. »

220   Sainte-Sabine, 1er novembre 1285.

Ecclesiarum regni Suecie prelatos rogat et hortatur quatinus eundem Huguitionem habentes commendatum ei auxilium impendant et de securo conductu provideant. (n° 246, fol. 60 v°; POTTHAST, n° 22315.)

« *Venerabilibus fratribus archiepiscopis et episcopis ac aliis ecclesiarum prelatis regni Suecie.* Credentes firmiter quod —. Dat. ut supra. »

In eundem modum magistris domus Militie Templi, Hospitalis Sancti Johannis Jerosolimitani, et Sancte Marie Theotonicorum prioribus et fratribus universis regni Suecie.

In e. m. archiepiscopis et episcopis ac aliis ecclesiarum prelatis regni Dacie pro eodem Huguitione.

In e. m. magistris domus Militie Templi, Hospitalis Sancti Johannis Jerosolimitani, et Sancte Marie Theotonicorum prioribus et fratribus universis regni Dacie.

221   Sainte-Sabine, 1er novembre 1285.

Regem Suecie rogat et hortatur quatinus eundem Huguitionem habens commendatum, ei regii favoris auxilium largiatur et de securo conductu provideat. (n° 217, fol. 60 v°; POTTHAST, n° 22313.)

« *Carissimo in Christo filio .. regi Suecie illustri.* Quanto majori affectu —. Dat. ut supra. »

In eundem modum regi Dacie illustri.

In e. m. universis archiepiscopis, episcopis, abbatibus ceterisque ecclesiarum prelatis necnon nobilibus viris et dominis seu rectoribus civitatum, castrorum et aliorum locorum ad quos iste littere pervenerint, mandat quatinus eidem Huguitioni, cum per ipsorum partes transitum fecerit, de securo conductu providere curent. Dat. ut supra.

222   Sainte-Sabine, 5 novembre 1285.

Universis Christi fidelibus, cum Azulinum Salvi, Baldum Ruffoli, Bentinum Dannazati et Cianum Michaelis de Thomasii Spillati et Lapi Ugonis Spine, ac Ildebrandinum Brunecti, Jacominum Alfani, Forensim Johannis Alfani, Brosium Juncti et Johannem Gualterocti de Alfanorum societatibus, cives et mercatores Florentinos ad Norweye, Dacie et Suecie partes pro quibusdam ecclesie Romane negotiis destinet, mandat quatinus ipsis in personis vel bonis nullam inferant molestiam. (n° 218, fol. 61; POTTHAST, n° 22321.)

« *Universis Christi fidelibus presentes litteras inspecturis.* HONORIUS. »

Cum dilectos filios —. Dat. Rome apud Sanctam Sabinam, nonis novembris, anno primo. »

223   Sainte-Sabine, 25 novembre 1285.

Magistro et fratribus ordinis Predicatorum concedit ut, si episcopus diocesanus sit impeditus, quilibet episcopus primarium lapidem immittere et templa eorum consecrare possit. (n° 219, fol. 61; POTTHAST, n° 22333.)

« *Dilectis filiis .. magistro et fratribus ordinis Predicatorum.* Ex parte vestra —. Dat. Rome apud Sanctam Sabinam, VII kal. decembris, anno primo.

               Sainte-Sabine, 18 janvier 1286.

« In eundem modum dilectis filiis .. ministro generali et fratribus ordinis Minorum. Ex parte vestra etc., usque : Dat. Rome apud Sanctam Sabinam, XV kal. februarii, anno primo. »

224   Sainte-Sabine, 11 décembre 1285.

Guillelmo Duranti, decano ecclesie Carnotensis, rectori Romaniole mandat quatinus Balducio Barrachie et Benvenuto fratribus, Ardenesio et Carmaniolo eorum nepotibus de Cesena laicis, quos propter graves excessus contra Romanam ecclesiam commissos ad certa terrarum confinia Johannes de Apiu, tunc rector Romaniole, absque prefinitione temporis inibi permansuros destinaverat, revertendi ad propria, receptis prius ab eis quod in antea se fideliter habeant cautionibus, licentiam largiatur. (n° 220, fol. 61; POTTHAST, n° 22340.)

« *Magistro Guillelmo Duranti, decano ecclesie Carnotensis, capellano nostro, rectori Romaniole.* Ad audientiam nostram —. Dat. Rome apud Sanctam Sabinam, III idus decembris, anno primo. »

225   Sainte-Sabine, 8 décembre 1285.

Eidem Guillelmo Duranti mandat quatinus in Sancte Marie de Balneo ecclesia canonicorum numerum competentem determinet et statuat. (n° 221, fol. 61.)

« *Eidem.* Sua nobis dilecti filii Aldebrandus, archipresbiter, et capitulum plebis Sancte Marie de Balneo, ad Romanam ecclesiam nullo medio pertinentis, ordinis sancti Augustini, Foropopuliensis diocesis, petitione monuerunt, quod ipsi olim ex quondam avaritie zelo propriis eomodis inhiantes, quatuor canonicorum in sacerdotio constitutorum, absque ipsius plebis plebano, numerum motu proprio statuerunt perpetuo inibi observandum, quanquam numerus ipse ad divinum cultum ipsius plebis,que florido parrochianorum habundat populo non sufficiat, ac ipsius facultates majorem possint ministrorum numerum supportare, quodque deinde nullus in canonicum clericum vel familiarem ultra predictum numerum reciperetur in ipsa, et si secus fieret eorum receptio non valeret,ac, quod iniquius est, illi qui ante statutum hujusmodi inibi sunt recepti nullum beneficium seu emolumentum de bonis ejusdem plebis, quanquam presentes sint, reciperent vel haberent, nisi prius ipsi ad prefatos numerum et ordinem sacerdotii pervenirent ac vitarent statutum hujusmodi observare, de observando statuto hujusmodi ab eisdem archipresbitero et capitulo et singulis eorundem corporali prestito juramento. Quare iidem archipresbiter et capitulum nobis humiliter supplicarunt ut cum ipsi non sufficiant ad divina officia et alia ipsius plebis ministeria, ut premittitur, exequenda, ne propter eorum paucitatem et insufficientiam dignum Deo in plebe ipsa servitium subtrahatur, ipsos ab hujusmodi juramento absolvere ac ad observationem statuti predicti non teneri, decernere dignaremur. Nos itaque de circumspectione tua plenam in Domino fiduciam obtinentes discretioni tue per apostolica scripta mandamus quatinus, si est ita, prefatos archipresbiterum et capitulum ab hujusmodi juramento absolvens ipsos ad observantiam ipsius statuti non teneri auctoritate nostra decernas, certum et determinatum canonicorum numerum inibi de ipsorum consilio et assensu nichilominus statuendo, prout utilitati ejusdem plebis et secundum ipsius sufficientiam facultatum videris expedire. Dat. Rome apud Sanctam Sabinam, VI idus decembris, anno primo. »

226 Sainte-Sabine, 12 décembre 1285.

Episcopo Belvacensi, et Autissiodorensi ac Meldensi archidiaconis mandat quatinus monasterio de Farimonasterio, de abbatissa una provideant. (no 222, fol. 61 vo; La Porte du Theil, fol. 235.)

« Venerabili fratri.. episcopo Belvacensi, et dilectis filiis.. Autissiodorensi, ac .. Meldensi archidiaconis. Dudum monasterio de Farimonasterio, ordinis sancti Benedicti, Meldensis diocesis, per liberam resignationem Haydis monialis, tunc abbatisse monasterii predicti, abbatissa vacante, ac conventus ejusdem monasterii votis in diversa divisis, due electiones, una videlicet de Johanna priorissa de Tumba, Senonensis diocesis, et reliqua de Helysandi de Grangia dicti monasterii monialibus fuerunt in ipso monasterio in discordia celebrate. Negotio

autem electionum hujusmodi per appellationes ad Sedem Apostolicam devoluto, felicis recordationis Martinus papa IIII, predecessor noster, dilectum filium nostrum B. Sancti Nicolai in Carcere Tulliano diaconum cardinalem dedit partibus auditorem, coram quo ad litis contestationem et exhibitionem appellationum ac decretorum et exceptionum hinc inde dicitur esse processum. Nos itaque volentes benigne parcere partium ipsarum laboribus et expensis, ac intendentes obviare periculis que solent ecclesiis ex earum vacatione diutina imminere, discretioni vestre de utriusque partis procuratorum assensu per apostolica scripta mandamus quatinus pro nostra et Apostolice Sedis reverentia, hujusmodi negotium assumentes, et habito super hoc coram eodem cardinali servato processu ac de plano sine strepitu et figura judicii de modo electionum eligentium studiis et electarum meritis inquirentes diligentius veritatem, illam ex electionibus ipsis, quam de persona idonea inveneritis canonice celebratam, auctoritate nostra confirmare curetis, reliqua sicut justum fuerit infirmata. Si vero neutram earundem electionum videritis confirmandam de jure, vos, electionibus ipsis rite cassatis, vel prefatis Johanna et Helysandi renuntiantibus hujusmodi electionibus de se factis, studeatis hac vice auctoritate predicta, de abbatissa eidem monasterio providere, prout secundum Deum videritis faciendum ; tuque frater, episcope, postquam ipsi monasterio de abbatissa provisum extiterit, eidem abbatisse munus benedictionis impendas ; ita tamen quod per hoc Meldensi ecclesie nullum imposterum prejudicium generetur ; contradictores per censuram ecclesiasticam —. Dat. Rome apud Sanctam Sabinam, II idus decembris, anno primo. »

227 Sainte-Sabine, 6 décembre 1285.

Episcopo Tusculano, et abbati monasterii Sancti Gregorii de Urbe mandat quatinus abbati et conventui Sancti Pauli de Urbe medietatem castri Leprimiani civibus romanis quibusdam relocandi liberam concedant licentiam. (no 223, fol. 61 vo.)

« Venerabili fratri .. episcopo Tusculano, et dilecto filio.. abbati monasterii Sancti Gregorii de Urbe. Significarunt nobis dilecti filii.. abbas et conventus monasterii Sancti Pauli de Urbe quod dudum quondam Raynaldus tunc abbas et monachi ejusdem monasterii quondam Thedelgario et Cinthio et aliis filiis et heredibus ejusdem T. legitimis masculis medietatem castri Leprimiani locaverunt, certis pactis et conditionibus interjectis, prout in publico instrumento locationis super hoc con-

fecto plenius continetur. Verum cum hujusmodi locationem successores predicti Thedelgarii in ipsa non
recognovissent a tempore cujus memoria non existit,
tandem nobiles viri Odo Pauli, Franciscus, Theodollus,
et Paulellus Octaviani, Andreas et Petrus Theodalli et
Johannes Grilli cives romani ad quos hujusmodi me-
dietas dicti castri communiter pervenit, conscientie
ducti consilio parati sunt recognoscere hujusmodi medietatem dicti castri a dicto monasterio in novatione
locationis hujusmodi se tenere et premissa pacta et conditiones facere meliora. Quare dicti abbas et conventus nobis humiliter supplicarunt ut cum, juramento
quod idem abbas de non locandis possessionibus ejusdem monasterii prestitit, et statutis auctoritate apostolica in eodem monasterio editis obsistentibus, non
sit eis locationem hujusmodi renovandi facultas, providere ipsis super hoc et dicto monasterio de oportune
provisionis remedio dignaremur. Nos itaque ipsius monasterii comoda cupientes quantum cum Deo possumus
procurare, ac de vestra circumspectione gerentes in
Domino fiduciam pleniorem, discretioni vestre per
apostolica scripta mandamus quatinus inquiratis super
hiis diligentius veritatem, et si demum inveneritis
quod dicti abbas et conventus super hoc super quo vestram intendimus conscientiam onerare, conditionem
ipsius monasterii faciant meliorem, et alias utilitati
ejusdem monasterii id videritis expedire, dictis abbati
et conventui, predictis juramento et statutis non obstantibus, hujusmodi medietatem dicti castri eisdem
civibus pro parte eorum singulos contingente relocandi auctoritate nostra liberam licentiam concedatis.
Dat. Rome apud Sanctam Sabinam, VIII idus decembris, anno primo. »

228   Sainte-Sabine, 20 décembre 1285.

Archiepiscopo Consano, et priori fratrum ordinis Predicatorum in provincia Lombardie mandat quatinus Guillelmo, mar-
chioni Montisferrati, qui, cum bone memorie M. episcopum
Terdonensem detinuisset captivum, de hujusmodi facto absolutionis beneficium a Sede Apostolica humiliter postulabat,
purgationem indicant coram clero et populo publice faciendam,
eidemque imponant quod a loco in quo dictus episcopus captus
extitit usque ad ecclesiam Terdonensem nudis pedibus et a por-
tis Vercellensis et Sporensis et Albanensis civitatum usque ad
cathedrales ecclesias civitatum ipsarum, nullum vestimentum
super tunicam ferens, et capite discooperto, pedestris accedat et
quod castra, possessiones et terras ad ecclesiam Terdonensem
spectantia que occupaverat eidem ecclesie restituere procuret,
et quod altare constitui in dicta ecclesia et dotari de bonis suis

faciat, eidem quoque passagium ultramarinum vel peregrinationis iter ad ecclesiam Sancti Jacobi Compostellani injungant et
alia pia opera juxta excessuum ab ipso commissorum qualitatem. (n° 224 fol. 62; POTTHAST, n° 22348.)

« *Venerabili fratri .. archiepiscopo Consano, et dilecto
filio .. priori fratrum ordinis Predicatorum in provincia
Lombardie.* Tenemur ex debito —. Dat. Rome apud
Sanctam Sabinam, XIII kal. januarii, anno primo.»

229   Sainte-Sabine, 4 décembre 1285.

Abbatibus Sancti Gregorii et Sancte Praxedis de Urbe monasteriorum mandat quatinus priori et conventui monasterii
Sancti Laurentii Panisperne de Urbe, ordinis sancti Benedicti, monasterio Cavensi, Salernitane diocesis immediate
subjecti, et Angelo Caremsonis civi romano, qui quasdam possessiones positas in loco qui dicitur Olivola adeo commixtas
quod se mutuo in usu impediant earundem habebant, easdem
adinvicem permutandi, inquisita super hoc veritate, licentiam
tribuant. (n° 225, fol. 63.)

« *Dilectis filiis .. Sancti Gregorii, et .. Sancte Praxedis
de Urbe monasteriorum abbatibus.* Dilecti filii .. priori —.
Dat. Rome apud Sanctam Sabinam, II nonas decembris, anno primo. »

230   Tivoli, 13 septembre 1285.

Magistro ordinis fratrum Predicatorum liberam concedit facultatem dispensandi cum centum fratribus ejusdem ordinis
defectum natalium patientibus quod, hujusmodi non obstante
defectu, ad prelaturas dicti ordinis, magistratu excepto, assumi
valeant, dummodo non sint de adulterio vel incestu seu regularibus aut sacerdotibus procreati. (n° 226, fol. 63.)

« *Dilecto filio .. magistro ordinis fratrum Predicatorum.*
Ut eo gratior —. Dat. Tibure, idibus septembris,
anno primo. »

231   Sainte-Sabine, 18 décembre 1285.

Cinthium de Pinea, capellanum pape, olim canonicum Lincolniensem, Tripolitane ecclesie, cujus provisionem, post mortem Pauli episcopi, apud Sedem Apostolicam decedentis, Martinus papa IV ea vice Sedi Apostolice reservarat, in episcopum
proficit. (n° 227, fol. 63.)

« *Cinthio de Pinea de Urbe, electo Tripolitano.* Onerosa
pastoralis officii —. Dat. Rome apud Sanctam Sabinam, XV kal. januarii, anno primo. »

In eundem modum capitulo ecclesie Tripolitane mandat quatinus eidem electo obedientiam et reverentiam debitam exhibeant. Dat. ut supra.

In e. m. clero civitatis et diocesis Tripolitane.

In e. m. populo civitatis et diocesis Tripolitane mandat quatinus ejusdem electi mandatis et monitis humiliter intendant. Dat. ut supra.

In e. m. universis vassallis ecclesie Tripolitane mandat quatinus eidem electo prestantes fidelitatis solite juramentum debita exhibeant servitia. Dat. ut supra.

In e. m. principi Anthioceno et comiti Tripolitano, mandat quatinus eundem electum habeant commendatum et sue benevolentie gratia prosequantur. Dat. ut supra.

232   Sainte-Sabine, 18 janvier 1286.

Anagnino et Ferentinati episcopis committit ut cum nobili viro Jordano, nato quondam Conradi de Sculcula, Anagnine diocesis, et nobili muliere Mathia, nata nobilis viri Transmundi de Comite de Urbe, quarto consanguinitatis gradu conjunctis, qui, ad obviandum discordiis inter eundem Jordanum ex parte una et Galganum fratrem ejus ac etiam consanguineos et amicos ipsius Mathie ex altera suscitatis, matrimonialiter invicem copulari cupiunt, quod matrimonium licite contrahere possint dispensare curent. (no 228, fol. 63 vo.)

« *Venerabilibus fratribus .. Anagnino, et .. Ferentinati episcopis.* Exhibita nobis dilecti —. Dat. Rome apud Sanctam Sabinam, XV kal. februarii, anno primo. »

233   Sainte-Sabine, 10 janvier 1286.

J. olim episcopum Warmiensem, post mortem J. Rigensis archiepiscopi, in hujus successorem a capitulo Rigensi ecclesie unanimiter postulatum dicte ecclesie proficit. (no 229, fol. 63 vo.)

« *Venerabili fratri J. archiepiscopo Rigensi.* In suppreme dignitatis —. Dat. Rome apud Sanctam Sabinam, IIII idus januarii, anno primo. »

In eundem modum preposito et capitulo ac clero Rigensibus mandat quatinus eidem archiepiscopo obedientiam et reverentiam debitam exhibeant. Dat. ut supra.

234   Sainte-Sabine, 9 décembre 1285.

Johanni, tituli Sancte Cecilie presbitero cardinali, Apostolice Sedis legato, mandat quatinus a rectoribus ecclesiarum parrochialium provincie Turonensis nullam exigat procurationem. (no 230, fol. 64.)

« *Dilecto filio Johanni tituli Sancte Cecilie presbitero cardinali, Apostolice Sedis legato.* Ex parte dilectorum filiorum rectorum ecclesiarum parrochialium Corisopitensis, Venetensis, Nannetensis, Leonensis, Trecorensis, Briocensis, Macloviensis et Redonensis civitatum et diocesium provincie Turonensis, nuper propositum extitit coram nobis quod cum rectores ipsos per dilectum filium magistrum Robertum de Vernone, canonicum ecclesie Sancti Martini Turonensis, auctoritate legationis tue moneri fecisses ut eorum singuli quandam pecunie summam vel tuis nuntiis procurationis nomine infra certum terminum solvere procurarent, alioquin in eos extunc per eundem magistrum suspensionis et excommunicationis ferri sententias, ac ipsos suspensos et excommunicatos publice nuntiari mandabas, ac ipsis rectoribus procurationes hujusmodi non curantibus infra terminum solvere supradictum, pro eo quod redditus et proventus ecclesiarum ipsarum ad id et ad substentationem rectorum ipsorum ac episcoporum, et archidiaconorum et decanorum suorum quibus procurationes persolvunt et persolverunt etiam ab antiquo et ad hospitalitatem servandam aliaque ipsis incumbentia onera non sufficiunt supportanda, per felicis recordationis Martinum papam quartum predecessorem nostrum declarari sollicite postulasti, an deberes ab illis procurationes exigere qui eas ordinariis suis solvunt, memoratus autem predecessor tibi duxit per suas litteras respondendum quod cum amplam et diffusam legationem haberes et propter eam predecessor ipse minime dubitaret te in procurationibus habundare, tuo expediebat honori ut ab exactione procurationum quoad parrochiales ecclesias abstineres. Tu vero, licet ipsas litteras recepisses, tamen postmodum cum exercitu inclite memorie Phylippi regis Francie te in Aragoniam transferens, ad relaxationem summarum ipsarum nullatenus processisti. Quare prelibati rectores nobis humiliter supplicarunt ut cum ipsi hujusmodi suspensionis et excommunicationis pretextu cessaverint a divinis, et propterea populo ipsorum cure commisso non valeant sacramenta ecclesiastica commode ministrare, ac procurationes propter rationes expressas superius tibi solvere nequeant, providere super hiis misericorditer dignaremur. Cum itaque, fili, ampla sit tibi, sicut premittitur, et diffusa legatio, et ideo non occurrat verisimiliter dubitandum quin tibi pecuniarum copiosa perceptio perveniat ex eadem, honori tuo expedire videtur omnino ut rectores predictos super procurationibus ipsis ulterius non molestes, et quia excommunicatio eorundem redundare dinoscitur in prejudicium animarum quarum est illis cura commissa, predictas suspensionis et excommunicationis sententias, et etiam alias si que sunt forsitan in eosdem occasione hujusmodi promulgate, per te vel per alium juxta formam ecclesie hac vice, sublata qualibet difficultate, auctoritate nostra relaxes et dispenses cum illis qui hujusmodi ligati sententiis irregularitatis notam contraxisse noscuntur divina celebrando officia vel se illis etiam immiscendo; sic te benigne in hujusmodi negotio habiturus ut rectores eosdem non oporteat propter hoc ulterius gravari laboribus et expensis. Dat. Rome apud Sanctam Sabinam, V idus decembris, pontificatus nostri anno primo. »

235   Sainte-Sabine, 20 décembre 1285.

Magistro Radulpho Peregrini de Roia, clerico in minoribus ordinibus constituto, Ambianensis diocesis, per Hugolinum canonicum Lucanum, pape capellanum examinato, tabellionatus officium concedit. (n° 231, fol. 64 v°; La Porte du Theil, fol. 258.)

« *Magistro Radulpho Peregrini de Roia clerico in minoribus ordinibus constituto, Ambianensis diocesis.* Ne contractuum memoria —. Dat. Rome apud Sanctam Sabinam, XIII kal. januarii, anno primo. »

In eumdem modum Bernardo Ferraterii, clerico in minoribus ordinibus constituto, Vivariensis diocesis.

In e. m. Thome de Ponte Rubeo, clerico in minoribus ordinibus constituto, Lemovicensis diocesis, per magistrum Pandulfum de Subura, pape capellanum, examinato. Dat. ut supra.

236   Sainte-Sabine, 20 novembre 1285.

Archiepiscopo Lugdunensi et Terrico decano ecclesie Virdunensis mandat quatinus Aelidim, thesaurariam monasterii de Avenayo, Remensis diocesis, in ejusdem monasterii abbatissam, si eam invenerint ydoneam, preficiant. (n° 232, fol. 64 v°; La Porte du Theil, fol. 227.)

« *Venerabili fratri .. archiepiscopo Lugdunensi, et dilecto filio magistro Terrico, decano ecclesie Virdunensis.* Dudum monasterio de Avenayo, ordinis sancti Benedicti, Remensis diocesis, per obitum quondam Ysabelle olim ipsius monasterii abbatisse vacante, ac ejus corpore tradito ecclesiastice sepulture, dilecte in Christo filie .. suppriorissa et conventus ejusdem monasterii, die ad eligendum prefixa —, post non multos tractatus qui non habuerunt effectum, ad electionem per viam scrutinii procedentes, assumpserunt tres moniales de ipsius monasterii gremio scrutatrices, — et cum essent quadra-

ginta et novem in ipso monasterio moniales, que, quatuor ex eis duntaxat exceptis, que convenire cum aliis recusarunt, in capitulo ipso convenerunt ad electionem hujusmodi celebrandam, compertum extitit quod duodecim benedicte, et octo non benedicte in quondam Ysabellam tunc abbatissam monasterii Beate Marie Trecensis consenserant, et quod septem benedicte et tresdecim non benedicte moniales dilectam in Christo filiam Aelidim monasterii prefati thesaurariam in hujusmodi scrutinio nominarant, tribus ex reliquis ipsius monasterii monialibus nolentibus eligere, ac duabus ex eis in personas alias dirigentibus vota sua. Et tandem cum hujusmodi electionum causa per appellationes ad Sedem Apostolicam a partibus interjectas fuisset ad Sedem ipsam legitime devoluta, felicis recordationis Gregorius papa X predecessor noster bone memorie G. tituli Sancti Marci presbiterum cardinalem concessit in causa ipsa partibus auditorem, qui cum fuisset coram eo in hujusmodi conclusum debitum nature persolvit. Cumque postmodum pie memorie Martinus papa IIII predecessor noster dilecto filio nostro Giffrido, tituli Sancte Susanne presbitero cardinali, causam commisisset eandem, predicta Ysabellis viam extitit universe carnis ingressa. Demum facta coram nobis per eundem Giffridum cardinalem electionum hujusmodi relatione fideli, quia per eam constitit evidenter quod major pars conventus ejusdem in thesaurariam non consenserant supradictam, electionem ipsius non vitio persone, sed modo electionis justitia cassavimus exigente. Licet igitur thesauraria supradicta de honestate conversationis et vite ac fama laudabili quodque in temporalibus circumspecta, et ad ipsius monasterii regimen exercendum, extitit ydonea, quamplurinum commendetur, quia tamen de hiis plenam notitiam non habemus, et de probitate vestra fiduciam in Domino gerimus specialem, discretioni vestre per apostolica scripta mandamus quatinus ad monasterium ipsum personaliter accedentes — si inveneritis quod thesauraria supradicta sit fame laudabilis, — preficiatis eam auctoritate nostra in abbatissam monasterii memorati; alioquin faciatis eidem monasterio per electionem canonicam, vel postulationem concordem de persona ydonea provideri; contradictores per censuram —. Dat. Rome apud Sanctam Sabinam, XII kal. decembris, anno primo. »

237   Sainte-Sabine, 21 décembre 1285.

Johanni Octabiani, civi Tiburtino, per Pandulfum de Subura

archidiaconum Tripolitanum, pape capellanum, examinato, tabellionatus officium concedit. (n° 233, fol. 64 v°.)

« *Dilecto filio Johanni Octabiani nato Judicis Bartholomei Johannis Octabiani, civi Tiburtino.* Quia si jus—. Dat. Rome apud Sanctam Sabinam, XII kal. januarii, anno primo. »

238 Sainte-Sabine, 4 janvier 1286.

Guillelmum, olim Uticensis ecclesie prepositum, post obitum Bertrandi Uticensis episcopi, a dicte ecclesie capitulo per viam scrutinii in hujus successorem electum, hujusmodi electionis decreto per L. episcopum Ostiensem, et Comitem tituli Sanctorum Petri et Marcellini presbiterum et Benedictum Sancti Nicolai in Carcere Tulliano diaconum cardinales examinato, eidem ecclesie Uticensi in episcopum preficit. (n° 234, fol. 63.)

« *Venerabili fratri Guillelmo, episcopo Uticensi.* Ecclesiarum omnium curam —. Dat. Rome apud Sanctam Sabinam, II nonas januarii, anno primo. »

In eundem modum capitulo ecclesie Uticensis mandat quatinus eidem episcopo obedientiam et reverentiam debitam exhibeat. Dat. ut supra.

In e. m. clero civitatis et diocesis Uticensis.

In e. m. populo Uticensi mandat quatinus ejudem episcopi monitis et mandatis intendat. Dat. ut supra.

In e. m. vassallis ecclesie Uticensis mandat quatinus eidem episcopo prestantes fidelitatis solite juramentum consueta exhibeant servitia. Dat. ut supra.

239 Sainte-Sabine, 11 décembre 1285.

Episcopo Senensi mandat quatinus, cum abbas monasterii Sancti Antimi Vallis Stratie, Aretine diocesis, ecclesiam Sancti Angeli Castriveteris, conventui fratrum Minorum Montis Alcini concessisset, hujusmodi concessionem, si eam rite factam invenerit, confirmare procuret. (n° 235, fol. 65; POTTHAST, n° 22339.)

« *Venerabili fratri .. episcopo Senensi.* Exhibita nobis dilectorum —. Dat. Rome apud Sanctam Sabinam, III idus decembris, anno primo. »

240 Tivoli, 1er octobre 1285.

Magistro et fratribus ordinis Predicatorum mutandi officium divinum, olim per quondam fratrem Humbertum, magistrum ordinis predicti, institutum, prout per tria capitula generalia fuerit ordinatum, liberam concedit facultatem. (n° 236, fol. 65 v°; POTTHAST, n° 22299.)

« *Dilectis filiis .. magistro et fratribus ordinis Predicatorum.* Meritis vestre religionis —. Dat. Tibure, kalendis octobris, anno primo. »

241 Tivoli, 3 octobre 1285.

Andree de Massa, clerico in minoribus ordinibus constituto, Mutinensis diocesis, per magistrum Petrum de Mediolano sancte Romane ecclesie vicecancellarium examinato, tabellionatus officium concedit. (n° 237, fol. 65 v°.)

« *Dilecto filio Andree de Massa, clerico in minoribus ordinibus constituto, Mutinensis diocesis.* Ne contractuum memoria —. Dat. Tibure, V nonas octobris, anno primo. »

242 Sainte-Sabine, 9 janvier 1285.

Magistro Symoni, canonico Lichefeldensi, collectori decime negotio regni Sicilie deputate in Tuscia et Maritima, mandat quatinus a rectore et fratribus hospitalis Sancte Marie Senensis decimam negotio regni Sicilie deputatam non exigat si, ut asserunt dicti fratres, eorum redditus in usus egenorum et pauperum conversos invenerit. (n° 238, fol. 65 v°.)

« *Magistro Symoni, canonico Lichefeldensi, collectori decime negotio regni Sicilie deputate in Tuscia et Maritima.* Sua nobis dilecti—. Dat. Rome apud Sanctam Sabinam, V idus januarii, anno primo. »

243 Sainte-Sabine, 13 décembre 1285.

Episcopo Leonensi mandat quatinus cum Natali clerico de Robino de Villa Vezoan laico, Leonensis diocesis, et de quadam muliere soluta genito, super defectu natalium quem patitur, quod ad omnes ordines promoveri et ecclesiasticum beneficium, etiam si curam habeat animarum, obtinere possit dispensare curet. (n° 239, fol. 65 v°.)

« *Venerabili fratri .. episcopo Leonensi.* Accedens ad presentiam —. Dat. Rome apud Sanctam Sabinam, idibus decembris, anno primo. »

244 Sainte-Sabine, 18 décembre 1285.

Guillelmum, olim monasterii Sublacensis abbatem, in monasterii de Sancto Secano, Lingonensis diocesis, preficit abbatem. (n° 240, fol. 66; LA PORTE DU THEIL, fol. 246.)

« *Guillelmo abbati monasterii de Sancto Secano, ordinis*

sancti Benedicti, Lingonensis diocesis. Ad universalis ecclesie —. Dudum siquidem Valentina et Diensi ecclesiis pastore vacantibus, felicis recordationis Martinus papa IIII predecessor noster venerabilem fratrem nostrum Johannem Valentinum et Diensem episcopum, tunc abbatem monasterii de Sancto Secano, ordinis sancti Benedicti, Lingonensis diocesis, eisdem ecclesiis prefecit in episcopum et pastorem, et nichilominus ei per suas sub certa forma duxit litteras indulgendum ut abbatiam ejusdem monasterii, ac ejus administrationem in spiritualibus et temporalibus unacum episcopatu suo Valentino et Diensi retinere licite et habere posset. Postmodum quoque nos ad apicem apostolatus assumpti, licet nondum hujusmodi tempus esset elapsum, de bono tamen ipsius monasterii statu attenta meditatione pensantes, et talem inibi secundum cor nostrum preesse volentes per quem idem monasterium posset prospere gubernari, provisionem faciendam de abbate ipsi monasterio hac vice duximus reservandam, districtius inhibentes —. Licet igitur prefatum triennium minime sit elapsum, nos tamen prelibatum monasterium prolixioris vacationis incomoda sustinere nolentes, et considerantes laudanda tue multiplicis merita probitatis —, te, ad cujus importunam instantiam, nuper monasterii Sublacensis, ordinis sancti Benedicti, regimini cujus prefueras, recepimus cessionem, predicto monasterio de Sancto Secano, de fratrum nostrorum consilio preficimus in abbatem, curam et administrationem —. Dat. Rome apud Sanctam Sabinam, XV kal. januarii, anno primo. »

In eundem modum priori et conventui monasterii de Sancto Secano mandat quatinus eidem abbati obedientiam et reverentiam debitam exhibeant. Dat. ut supra.

In e. m. universis vassallis monasterii de Sancto Secano mandat quatinus eidem abbati fidelitatis solite juramentum prestent et consueta exhibeant servitia. Dat. ut supra.

In e. m. episcopo Lingonensi mandat quatinus eundem abbatem habeat commendatum. Dat. ut supra.

In e. m. ducem Burgundie rogat et hortatur quatinus eundem abbatem et monasterium ipsi commissum habeat commendatos. Dat. ut supra.

245   Sainte-Sabine, 9 décembre 1285.

Gileberto de Saana, canonico Bajocensi, rectori ecclesie de Douvrendio, indulget ut, non obstante defectu natalium quem patitur, beneficium quodcumque in cathedrali vel alia ecclesia libere recipere valeat. (n° 241, fol. 66 v° ; LA PORTE DU THEIL, fol. 231.)

« *Magistro Gileberto de Saana, canonico Bajocensi, rectori ecclesie de Douvrendio, Rothomagensis diocesis.* Inducunt nos tue probitatis merita —. Ex parte siquidem tua fuit propositum coram nobis quod hactenus tecum extitit per Sedem Apostolicam dispensatum, ut, non obstante defectu natalium quem pateris de clerico in minoribus ordinibus constituto genitus et soluta — ordines promoveri, et beneficium ecclesiasticum, etiam si curam animarum haberet, libere obtinere posses, si tibi canonice offeratur ; postmodum autem felicis recordationis Martinus papa predecessor noster, volens hujusmodi circa te gratiam ampliare, tibi quod in ecclesia cathedrali dignitatem vel personatum, cui animarum cura minime immineret, posses licite recipere, ac libere retinere — illa canonice offerri contingeret, hujusmodi defectu et aliqua constitutione contraria nequaquam obstantibus — duxit — indulgendum. Nos itaque diligentius attendentes laudabile testimonium, quod tibi de honestate morum, dono scientie, ac conversatione et vite meritis perhibetur, et propterea, et etiam consideratione carissime in Christo filie nostre Marie regine Francie illustris pro te Apostolice Sedis gratiam implorantis, volentes tibi gratiam facere ampliorem tuis supplicationibus inclinati, devotioni tue ut in cathedrali vel alia ecclesia hujusmodi beneficium, etiamsi sit personatus vel dignitas, et curam habeat animarum licite recipere ac libere valeas retinere, si tibi canonice offeratur, defectu et constitutione predictis, et statuto quolibet ecclesie in qua hujusmodi beneficium fuerit juramento, confirmatione apostolica vel alia quavis firmitate vallato, nequaquam obstantibus, auctoritate presentium indulgemus. Nulli ergo etc. nostre concessionis etc. Dat. Rome, apud Sanctam Sabinam, V idus decembris, anno primo. »

246   Sainte-Sabine, 1er février 1286.

Magistro et fratribus hospitalis de Alto Passu, Lucane diocesis, indulget ne quis ab eis decime regni Sicilie negotio deputate solutionem exigat. (n° 242, fol. 66 v°.)

« *Dilectis filiis .. magistro, et fratribus hospitalis de Alto Passu, ad Romanam ecclesiam nullo medio pertinentis, Lucane diocesis.* Cum juxta declarationem —. Dat. Rome apud Sanctam Sabinam, kalendis februarii, anno primo. »

247   Sainte-Sabine, 13 décembre 1285.

Episcopo Arusiensi ad decimam Terre Sancte negotio conces-sam in Dacie et Suecie regnis colligendam a Martino papa IV deputato, in hujusmodi collectionis officio Huguitionem pleba-num plebis de Castellione, Aretine diocesis, subrogat. (n° 243, fol. 66 v°; Potthast, n° 22343.)

« *Dilecto filio Huguitioni, plebano plebis de Castellione, Aretine diocesis,capellano nostro, collectori decime in Dacie et Suecie regnis Terre Sancte subsidio deputate.* De statu decime —. Dat. Rome apud Sanctam Sabinam, idibus decembris, anno primo. »

248   Sainte-Sabine, 5 janvier 1286.

Regem Norweye rogat et hortatur quatinus prohibitionem ne quivis laicus ejusdem regni sterlingos vel argentum aliud clericis vendere quomodolibet attemptaret, ab ipso rege editam, cum hujusmodi prohibitio in Terre Sancte dispendium redun-daret, non differat revocare. (n° 244, fol. 67; Potthast, n° 22349.)

« *Carissimo in Christo filio .. regi Norweye illustri.* Ge-rentes personam regiam —. Dat. Rome apud Sanctam Sabinam, nonis januarii, anno primo. »

249   Sainte-Sabine, 5 janvier 1286.

Eundem regem Norweye rogat et hortatur ut nullatenus im-pediat nec impediri permittat quin decima Terre Sancte sub-sidio in ejus regno per Lugdunense concilium deputata extraha-tur. (n° 245, fol. 67; Potthast, n° 22350.)

« *Eidem.* A regie serenitatis —. Dat. ut supra. »

250   Sainte-Sabine, 31 janvier 1286.

Episcopo Constantiensi mandat quatinus cum Rudolfo de Dietinchon subdiacono, canonico ecclesie Constantiensis, et Ra-dulfi regis Romanorum nepote, de conjugato genito et soluta, super defectu natalium quem patitur, quod in susceptis minis-trare ordinibus et ad omnes alios promoveri ac prebendam quam obtinet retinere possit, dispensare curet. (n° 246, fol. 67 v°.)

« *Venerabili fratri .. episcopo Constantiensi.* Accedens ad presentiam —. Dat. Rome apud Sanctam Sabinam, II kal. februarii, anno primo. »

251   Sainte-Sabine, 7 décembre 1285.

Priori Predicatorum Parisiensi, et fratri Droconi de Pruvino Minorum fratrum ordinis mandat quatinus Aelydim de Villa Savoyr, tunc monasterii Jotrensis,ad Romanam ecclesiam nullo medio pertinentis, ordinis sancti Benedicti, Meldensis diocesis, thesaurariam, eidem monasterio in abbatissam, si eam invene-rint idoneam preficiant; alioquin conventui mandent ut eidem monasterio studeant de abbatissa idonea canonice providere. (n° 247, fol. 67 v°; Potthast, n° 22338.)

« *Dilectis filiis .. priori Predicatorum, et fratri Droconi de Pruvino, doctori theologice facultatis, Minorum fratrum ordinum Parisiensium.* Debitum nostri nos —. Dat. Rome apud Sanctam Sabinam, VII idus decembris, anno primo. »

252   Sainte-Sabine, 30 décembre 1285.

Petrum, olim priorem de Sarmasia, in monasterii Sancte Columbe Senonensis abbatem preficit. (n° 248, fol. 68 v°; La Porte du Theil, fol. 259.)

« *Petro, abbati monasterii Sancte Columbe Senonensis, ad Romanam ecclesiam nullo medio pertinentis, ordinis sancti Benedicti.* In suppreme dignitatis —. Dudum si-quidem monasterio Sancte Columbe Senonensis — pastoris solatio destituto, monachi ejusdem monasterii, qui tunc quadraginta et tres erant numero, pro futuri substitutione abbatis die prefixa — per viam scrutinii procedere ad electionem hujusmodi eligentes, tres ex se ipsis votorum suorum scrutatores concorditer as-sumpserunt, qui sua et demum aliorum vota diligentius perscrutati, illa in communi illico publicarunt. Sicque — comperto quod viginti et tres in te, tunc priorem de Sarmasia, monachum ejusdem monasterii, et fratrem Gilonem vero camerarium ejusdem monasterii decem et septem ex dictis monachis, tu quoque in fratrem Pe-trum suppriorem, dictus vero Gilo in Guillelmum pre-positum, et Guillelmus prior ejusdem monasterii in Johannem monachum ipsius monasterii direxeratis vota vestra, frater Johannes cantor dicti monasterii suo et aliorum qui in te consenserant nomine, te, frater vero Johannes Monoculus cellarius atque monachus ejusdem monasterii suo nomine similiter et aliorum qui in predictum Gilonem sua vota direxerant eundem G. in abbatem ejusdem monasterii in discordia elege-runt. Cumque felicis recordationis Martinus papa pre-decessor noster in causa electionis hujusmodi dilectum filium Gaufridum, tituli Sancte Susanne presbiterum cardinalem, concessisset partibus auditorem, prefati electi coram eodem cardinali se personaliter presentarunt et tandem utrinque in causa ipsa oblatis libellis, et super illis litis contestatione secuta —, quia per ea que acta fuerant coram eodem cardinali non poterat plene de causa ipsa liquere, idem predecessor dilectis filiis .. succentori, magistris Philippo de Bretigniaco, Dyonisio de Falesia canonicis Parisiensibus suis inter cetera dedit litteris in mandatis ut per se vel per alium aut alios neutri parti suspectos testes, quos partes ipse super eisdem articulis quos idem cardinalis unacum interrogatoriis partium predictarum dicto succentori ac ejusdem collegis sub suo sigillo transmittit inclusos vellent producere coram ipsis infra quatuor menses post receptionem litterarum ipsarum prudenter recipere ac secundum eadem interrogatoria diligenter examinare curarent. Si vero alterutra partium vellet testes alterius reprobare iidem succentor et dicti college testes qui super reprobatione hujusmodi producti forent coram ipsis infra duorum mensium spatium predictos quatuor immediate sequentium sapienter recipere ac secundum interrogatoria eis a predictis partibus exhibenda, si ea exhibere vellent; alioquin juxta datam ipsis a Deo prudentiam examinare sollicite procurarent, depositiones omnium predictorum testium fideliter in scriptis redactas unacum articulis et interrogatoriis supradictis sub suis sigillis ac dicti predecessoris presentiam transmissuri, prefixo eisdem partibus peremptorie termino competenti, quo personaliter apostolico se conspectui presentarent —. Cumque prefati succentor suique college testes quos dicte partes coram eis producere voluerunt, recepissent diligenter et diligentius examinassent, eosdem demum, depositiones eorundem testium fideliter in scriptis redactas sub suis sigillis inclusas, ad Sedem Apostolicam remiserunt, prefixo eisdem partibus peremptorie termino competenti quo personaliter apostolico, ut premittitur, se conspectui presentarent —. Verum quia tu in hujusmodi termino a predictis prefixo examinatoriis in presentia ejusdem predecessoris comparens — obtinuisti quod idem predecessor causam ipsam ad dictum cardinalem remisit. Idem autem cardinalis prefatum camerarium aliosque sibi adherentes fecit citari in audientia publica pluries, ut est moris, et quia ipsi comparere coram cardinali prefato contumaciter non curarunt, idem cardinalis ad instantiam tuam attestationes aperiri fecit super hoc per eosdem examinatores remissas, et demum diligenter examinatis eisdem, in contumaciam dictorum camerarii, et adherentium sibi qui fuerant per annum et amplius expectati, tecum in causa conclusit eadem. Unde, cum post-

HONORIUS.

modum idem cardinalis super premissis nobis relationem fecisset fidelem, nos ipsa diligentius recensita, quia electionem de dicto camerario invenimus minus canonice celebratam, eam de consilio fratrum nostrorum cassantes — examinationem persone tue venerabili fratri nostro B. episcopo Albanensi, et prefato G., ac dilecto filio nostro B., Sancti Nicolai in Carcere Tulliano diacono cardinalibus, duximus committendam, et demum — electionem tuam utpote inventam canonicam confirmamus teque ipsi monasterio preficimus in abbatem, faciendo subsequenter per venerabilem fratrem nostrum B. Portuensem episcopum tibi munus benedictionis impendi —. Dat. Rome apud Sanctam Sabinam, III kal. januarii, anno primo. »

In eundem modum conventui monasterii Sancte Columbe mandat quatinus eidem abbati obedientiam et reverentiam debitam exhibeat. Dat. ut supra.

253   Sainte-Sabine, 30 décembre 1285.

Regem Francie rogat et hortatur quatinus bona temporalia ad monasterium Sancte Columbe spectantia faciat Petro abbati assignari. (n° 249, fol 69 ; LA PORTE DU THEIL, fol. 265.)

« *Carissimo in Christo filio .. regi Francie illustri.* Ad fovendum in —. Dat. ut supra. »

254   Sainte-Sabine, 4 février 1286.

Episcopo Antheradensi mandat quatinus Urbani pape IV litteras quarum tenorem ei transmittit sibi exhiberi faciat et diligenter inspiciat. (n° 250, fol. 69 v°.)

« *Venerabili fratri .. episcopo Antheradensi.* Exhibitum nobis tenorem litterarum sub nomine felicis recordationis Urbani pape quarti predecessoris nostri pro bone memorie G. patriarcha Jerosolimitano ad ipsummet, ut dicitur, obtemptarum qui de verbo ad verbum inferius continetur inspici fecimus diligenter. Quia igitur littere ipse vehementer habentur de falso suspecte, fraternitati tue per apostolica scripta mandamus quatinu easdem litteras ab illis penes quos littere ipse extiterint tibi facias exhiberi, detentores ad exhibitionem ipsarum, si opus fuerit, monitione premissa, per censuram ecclesiaticam, appellatione postposita compescendo, eas si transcripto predicto concordant, nobis per fidelem nuntium sine dilatione transmittas, ut an aliqua et quanta eis fides adhiberi debeat declaremus. Tenor autem predictarum litterarum talis est :

13

Orvieto, 31 mai 1263.

« Urbanus episcopus servus servorum Dei venera-
» bili fratri G. patriarche Jerosolimitano, Apostolice
» Sedis legato, salutem et apostolicam benedictionem.
» Illa tibi libenter concedimus per que possint jura
» tua et Acconensis ecclesie, cujus regimen in spiritua-
» libus et temporalibus cure tue commissum est, illibata
» servari. Sane petitio tua nobis exhibita continebat
» quod, cum dilectus filius magister Felix, capellanus
» noster, ecclesiam Sancti Egidii Acconensis, que
» dicebatur ad collationem Acconensis episcopi qui fo-
» ret pro tempore pertinere, per venerabilem fratrem
» nostrum F. tunc episcopum Acconensem electum,
» fuisset canonice assecutus, idem episcopus eundem
» F. super eadem ecclesia quam nolebat super omnia
» suis actibus consentire multipliciter molestavit con-
» ferendo eandem ecclesiam de facto, cum de jure non
» posset, magistro Jacobo scriptori nostro, et procu-
» rando eundem magistrum J. per hospitalarios in
» eadem ecclesia in ipsius capellani prejudicium de-
» fensari. Cumque postmodum idem Felix, sentiens
» hoc sibi imminere periculum et prejudicium generari
» ad Sedem Apostolicam appellasset, appellationem
» hujusmodi ut posset liberius prosequi, ecclesiam
» ipsam magistro et fratribus domus Militie Templi
» Jerosolimitani fiducialiter commendavit sub quadam
» annua pensione. Verum dicti magister et fratres,
» eodem capellano irrequisito et inscio, per felicis re-
» cordationis Alexandrum papam predecessorem nos-
» trum procuravit latenter eandem ecclesiam sibi,
» dicto capellano irrequisito, et in usus proprios appli-
» cari. Quare nobis humiliter supplicasti ut cum hu-
» jusmodi applicatio redundet in grave ipsius ecclesie
» Acconensis detrimentum providere super hoc eidem
» ecclesie salubriter curaremus. Nos itaque tuis sup-
» plicationibus inclinati, concessionem et applicationem
» hujusmodi de dicta ecclesia Sancti Egidii predictis
» magistro et fratribus seu quibuscumque aliis reli-
» giosis per predictum predecessorem nostrum factas,
» ex quacumque causa sub quavis forma verborum, de
» consilio fratrum nostrorum sacrosancte Romane ec-
» clesie cardinalium, tenore presentium revocantes,
» ordinandi, disponendi de predicta ecclesia Sancti
» Egidii, prout ad te pertinet, ratione ipsius ecclesie
» Acconensis, et conferendi eandem persone ydonee,
» dicto capellano rectore ipsius ecclesie cedente vel
» decedente, tibi auctoritate presentium liberam conce-
» dimus facultatem. Dat. apud Urbemveterem, II kal.
» junii, pontificatus nostri anno secundo. »

Dat. Rome apud Sanctam Sabinam, II nonas februarii, pontificatus nostri anno primo.»

255   Sainte-Sabine, 30 novembre 1285.

Patriarche Jerosolimitano mandat quatinus domum, in Accon
sitam, quam deseruerant fratres ordinis Penitentie Jhesu Christi,
magistro et fratribus domus Militie Templi Jerosolimitani
vendat pro pretio competenti convertendo in Terre sancte subsidium. (n° 251, fol. 69 v°.)

« *Venerabili fratri .. patridrche Jerosolimitano*. Exhibita nobis dilectorum —. Dat. Rome apud Sanctam
Sabinam, II kal. decembris, anno primo. »

256   Sainte-Sabine, 28 janvier 1286.

Episcopo Nepesino mandat quatinus cum Petro Boncompanni
de Campannano et Jacoba nata Petri Angeli de Manno, diocesis Nepesine, quia Jacoba quondam Francesce olim uxori predicti Petri erat dum viveret quarto consanguinitatis gradu
conjuncta, quod matrimonium invicem contrahere valeant,
dispenset. (n° 252, fol. 69 v°.)

« *Venerabili fratri.. episcopo Nepesino*. Exhibita nobis
dilecti —. Dat. Rome apud Sanctam Sabinam, V kal.
februarii, anno primo. »

257   Sainte-Sabine, 4 février 1286.

Episcopo, et priori Predicatorum, ac custodi Minorum fratrum
ordinum Urbevetanis mandat quatinus, cum P. episcopus Clusinus castrum Potentini, Clusine diocesis, ad Clusinam ecclesiam
pertinens vendendi facultatem exposceret, inquirant an hujusmodi venditio ecclesie prefate expediat, Apostoliceque Sedi
quicquid invenerint rescribant. (n° 253, fol. 70; Potthast,
n° 22365.)

« *Venerabili fratri .. episcopo, et dilectis filiis.. priori
Predicatorum, ac .. custodi Minorum fratrum ordinum Urbevetanis*. Exposuit nobis venerabilis —. Dat. Rome
apud Sanctam Sabinam, II nonas februarii, anno
primo. »

258   Sainte-Sabine, 31 janvier 1286.

Universis priorissis et conventibus monasteriorum sororum
inclusarum ordinis sancti Augustini concedit ut de fructibus,
redditibus et proventibus suis ecclesiasticis decimam pro ne-

gotio regni Sicilie a Sede Apostolica deputatam solvere non teneantur. (n° 254, fol. 70).

« *Dilectis in Christo filiabus universis priorissi et conventibus monasteriorum sororum inclusarum ordinis sancti Augustini, secundum instituta et sub cura fratrum ordinis Predicatorum viventibus.* Devotioni vestre presentium —. Dat. Rome apud Sanctam Sabinam, II kal. februarii, anno primo. »

259   Sainte-Sabine, 26 janvier 1286.

Episcopo, et guardiano fratrum ordinis Minorum Lausanensibus mandat quatinus cum nobili viro Johanne de Cossonay et nobili muliere Margareta de Villariis, Lausanensis diocesis, qui ignorantes se quarto consanguinitatis gradu conjunctos, matrimonium in ecclesie faciem invicem contraxerant quod, non obstante hujusmodi impedimento, in predicto matrimonio legitime remanere valeant, dispenset. (n° 255, fol. 70; POTTHAST, n° 22357.)

« *Venerabili fratri .. episcopo Lausanensi, et dilecto filio .. guardiano fratrum ordinis Minorum Lausanensi.* Exhibita nobis dilecti —. Dat. Rome apud Sanctam Sabinam, VII kal. februarii, anno primo. »

260   Tivoli, 13 septembre 1285.

Magistro et fratribus ordinis Predicatorum indulget ut, interdicti tempore, sacra celebrare et sacramenta suscipere possint. (n° 256, fol. 70 v°; POTTHAST, n° 22287.)

« *Dilectis filiis .. magistro et fratribus ordinis Predicatorum.* Meritis vestre religionis —. Dat. Tibure, idibus eptembris, anno primo. »

261   Sainte-Sabine, 11 décembre 1285.

Petro Benedicti, cantori ecclesie Zamorrensis indulget ut cantoriam ejusdem ecclesie unacum magisterio scolarum Salamantine ecclesie possit licite retinere. (n° 257, fol. 70 vo.)

« *Petro Benedicti, cantori ecclesie Zamorrensis, subdiacono, et capellano nostro.* Pro personarum meritis —. Sane petitio tua nobis exhibita continebat quod eo tempore quo eras magister scolarum ecclesie Zamorrensis, felicis recordationis Urbanus papa predecessor noster tibi per suas concessit litteras ut personatum, vel dignitatem, et prebendam in Salamantina ecclesia, in qua dictus predecessor per alias suas litteras sub certa forma

de illis tibi, sicut asseris, mandaverat provideri, cum illos, etiam si curam animarum haberent, esses adeptus, libere recipere posses, et unacum magisterio scolarum ipsius ecclesie Zamorrensis licite retinere, sicque in eadem ecclesia Salamantina fuisti magisterium scolarum, quod postea vacavit ibidem, auctoritate litterarum hujusmodi assecutus. Postmodum vero, vacante cantoria ipsius ecclesie Zamorrensis, venerabilis frater noster .. episcopus Zamorrensis cum assensu et voluntate .. decani et capituli ejusdem ecclesie Zamorrensis, ad quos communiter collatio dignitatum et personatuum in prefata ecclesia Zamorrensi dicitur pertinere, cantoriam ipsam sic vacantem, nullique alii de jure debitam, auctoritate propria tibi, magisterium scolarum ipsius Zamorrensis ecclesie dimittenti, duxit canonice conferendam. Quare nobis humiliter supplicasti ut retinere licite cantoriam et magisterium scolarum Salamantinarum predicta, quemadmodum utrumque magisterium scolarum ante hujusmodi collationem tibi factam de dicta cantoria ex dispensatione Sedis Apostolice retinebas, tibi de nostra permissione liceret. Nos igitur, attendentes scientie donum ac morum honestatem quibus te reddis predicte Sedis gratia non indignum, tuis supplicationibus inclinati, auctoritate tibi presentium indulgemus ut predictam cantoriam unacum magisterio scolarum ejusdem Salamantine ecclesie possis licite retinere; non obstante constitutione generalis concilii super hoc edita, et illa quam bone memorie J. episcopus Sabinensis, tunc in partibus Ispanie Apostolice Sedis legatus, contra obtinentes pluria ecclesiastica beneficia dicitur edidisse; proviso quod magisterium scolarum ipsius Salamantine ecclesie ac cantoria hujusmodi, quorum neutrum animarum curam dicitur obtinere, debitis obsequiis non fraudentur. Nulli ergo etc. nostre concessionis etc. Dat. Rome apud Sanctam Sabinam, III idus decembris, anno primo. »

262   Sainte-Sabine, 9 décembre 1285.

Abbati monasterii Sancti Pauli Virdunensis, et archidiacono Lingonensi mandat quatinus Thomam, primicerium ecclesie Virdunensis, diligenter moneant ut infra duorum mensium spatium H. episcopo Virdunensi de dicti episcopatus proventibus, quos vacante sede Virdunensi illicite perceperat, satisfactionem impendat; alioquin eundem primicerium citent ut apostolico conspectui se representet. (n° 258, fol. 70 v°; LA PORTE DU THEIL, fol. 233.)

« *Dilectis filiis .. abbati monasterii Sancti Pauli Virdu-*

nensis, et .. archidiacono Lingonensi. Sua nobis venerabilis frater noster H. episcopus Virdunensis conquestione monstravit quod Thomas, primicerius ecclesie Virdunensis olim, dum ecclesia ipsa pastore vacaret, non attendens quod ipse vassallus ligius episcopi Virdunensis, qui est pro tempore, ratione bonorum, que ab ecclesia predicta tenet, existit, et ex debito juramenti fidelitatis ab ipso prestiti tenetur jura ejusdem ecclesie pro viribus defensare, ac ad bona episcopalis sedis Virdunensis avidas manus extendens, non solum episcopales redditus et proventus qui tam de jure quam de consuetudine ipsius ecclesie servandi erant futuro episcopo, temeritate propria, dilectis filiis capitulo ejusdem ecclesie invitis et renitentibus, occupavit, sed alias eidem sedi per ablationem piscium stagnorum et incisionem arborum fructiferarum et aliarum extirpationem vinearum ipsius sedis, et etiam quod nephandius est, per incendia quibus nonnullas domos ad dictam sedem spectantes destruxit, dampna gravia extimationis septem milium librarum turonensium et amplius noscitur intulisse ; idem quoque primicerius prefatum episcopum quominus episcopalem jurisdictionem in civitate et diocesi Virdunensi libere, prout ad eum pertinet, exercere valeat contra justitiam impedire presumit. Quare predictus episcopus asserens quod si hujusmodi causam in illis partibus ventilari contingeret, gravioris inter partes posset dissensionis materia suscitari et exinde pericula provenire, nobis humiliter supplicavit ut ne memoratus primicerius de sua valeat malitia gloriari ac per hoc idem episcopus sui juris dispendium patiatur, providere in hac parte sibi et predicte sedi de oportuno remedio curaremus. Nos igitur discretioni vestre per apostolica scripta mandamus quatinus si super premissis contra prefatum primicerium fama laborat, ipsum ex parte nostra moneatis diligenter ut infra duorum mensium spatium post monitionem vestram, memorato episcopo de hujusmodi fructibus et proventibus ac dampnis plenam et debitam satisfactionem impendens, ab impedimento hujusmodi omnino desistat ; alioquin eundem primicerium peremptorie citare curetis ut infra duorum mensium spatium predictos duos menses immediate sequentium personaliter apostolico se conspectui representet, eidem episcopo super premissis de justitia responsurus ac facturus et recepturus quod ordo dictaverit rationis. Diem vero citationis et formam et quicquid inde feceritis nobis per vestras litteras harum seriem continentes studeatis fideliter intimare ; non obstante indulgentia qua tibi, fili abbas, vel ordini tuo a Sede Apostolica dicitur esse concessum quod non tenearis te intromittere de quibuscumque negotiis que tibi per litteras Sedis ipsius committuntur, nisi in eis de concessione hujusmodi plena et expressa mentio habeatur. Dat. Rome apud Sanctam Sabinam, V idus decembris, anno primo. »

263   Sainte-Sabine, 10 février 1286.

Irrita decernit pacta quecumque a fratribus ordinis Minorum sine consensu capituli aut ministri generalis inita cum prelatis vel clericis ecclesiarum. (n° 259, fol. 71 ; POTTHAST, n° 22372.)

« *Dilectis filiis .. generali ministro, et fratribus ordinis Minorum.* Religionis favor sub —. Dat. Rome apud Sanctam Sabinam, IIII idus februarii, anno primo. »

Sainte-Sabine, 19 janvier 1286.

In eundem modum magistro et fratribus ordinis Predicatorum. Dat. Rome apud Sanctam Sabinam, XIIII kal. februarii, anno primo. (POTTHAST, n° 22353.)

264   Sainte-Sabine, 30 janvier 1286.

Nicolaum de Barro, olim canonicum Lingonensem, in Matisconensis ecclesie episcopum preficit. (n° 260, fol. 71 ; LA PORTE DU THEIL, fol. 274)

« *Dilecto filio Nicolao de Barro, electo Matisconensi.* In suppreme dignitatis —. Sane Matisconensi ecclesia per obitum bone memorie Hugonis, Matisconensis episcopi, pastoris solatio destituta, ac dilectis filiis canonicis ejusdem ecclesie volentibus procedere ad provisionem de prelato ipsi ecclesie faciendam in diversos dividentibus vota sua, quedam pars eorum certa die elegit dilectum filium B. cantorem ipsius ecclesie, die vero sequenti nonnulli ex reliquis canonicis ejusdem ecclesie dilectum filium .. abbatem monasterii Sancti Victoris Massiliensis, ordinis sancti Benedicti, postularunt ad regimen ecclesie supradicte. Hujusmodi autem electionis et postulationis negotio per appellationes quorumdam canonicorum ipsius ecclesie ad Sedem Apostolicam devoluto, ac presentato nobis predicte postulationis decreto pro parte illorum qui abbatem postularunt eundem, fuit nobis humiliter supplicatum ut eandem postulationem admittere dignaremur. Nos igitur tam electionis quam postulationis processum consideravimus — et demum eandem electionem, tum pro eo quod ipsam a minori parte capituli ipsius ecclesie minus canonice factam invenimus, tum quia memoratus cantor

infra tempus contentum in constitutione felicis recordationis Nicolai pape predecessoris nostri super hoc
edita ad prefatam Sedem propter hoc personaliter non
accessit, cassantes et irritantes — predictam postulationem quam nobis constitit, electione predicta nondum
cassata, in discordia celebratam fuisse, non duximus
admittendam —; ac deinde sollicitudine de ordinatione
ipsius ecclesie cogitantes — direximus in te tunc canonicum Lingonensem oculos nostre mentis —. Quapropter — de predictorum fratrum consilio te prefate
Matisconensi ecclesie preficimus in episcopum —. Dat.
Rome apud Sanctam Sabinam, III kal. februarii, anno
primo. »

In eundem modum decano et capitulo ecclesie Matisconensis
mandat quatinus eidem electo obedientiam et reverentiam
debitam exhibeant. Dat. ut supra.

In e. m. clero civitatis et diocesis Matisconensis.

In e. m. populo civitatis et diocesis Matisconensis mandat
quatinus ejusdem electi mandatis et monitis intendat. Dat. ut
supra.

In e. m. vassallis ecclesie Matisconensis mandat quatinus
ejusdem electi mandatis intendant et ipsi redditibus et aliis juribus a se debitis integre respondeant. Dat. ut supra.

In e. m. regem Francie rogat et hortatur quatinus eundem
electum Nicolaum, Gaufridi tituli Sancte Susanne presbiteri cardinalis nepotem, habeat commendatum. Dat. ut supra.

265   Sainte-Sabine, 11 janvier 1286.

Priori de Harundello, ordinis sancti Benedicti, Cicestrensis
diocesis, et decano ecclesie Cicestrensis mandat quatinus conventum sive monachos prioratus Beate Marie de Boxgrava, et
Thomam in priorem dicti prioratus electum peremptorie citent
ut infra duos menses post citationem coram Sede Apostolica
compareant. (n° 261, foi. 71 v°.)

« *Dilectis filiis .. priori de Harundello, ordinis sancti*
Benedicti, Cicestrensis diocesis, et .. decano ecclesie Cices-
trensis. Sua nobis dilecti filii .. abbas, et conventus monasterii Sancte Trinitatis de Exaquio, ordinis sancti
Benedicti, Constantiensis diocesis, et frater Radulphus
de Dunio, monachus ejusdem monasterii, electus in
priorem prioratus Beate Marie de Boxgrava, predicti
ordinis, Cicestrensis diocesis, petitione monuerunt
quod olim eodem prioratu vacante priore, dicti abbas
et conventus, prout ad eos de antiqua et approbata et
hactenus pacifice observata consuetudine pertinet, predictum Radulphum in priorem dicti prioratus canonice
ac concorditer elegerunt, sed venerabilis frater noster

.. episcopus Cicestrensis, loci diocesanus, presentatam
sibi electionem hujusmodi prout spectabat ad eum confirmare recusans, post appellationes eorundem abbatis
et conventus propter hoc ad Sedem Apostolicam legitime interjectas, electionem de Roberto monacho prefati
prioratus per conventum seu monachos ipsius prioratus contra consuetudinem hujusmodi postmodum attemptatam confirmavit de facto. In causa siquidem que
super hoc inter predictos abbatem et conventum ejusdem monasterii et fratrem Radulphum ex parte una et
eosdem Robertum et conventum seu monachos prefati
prioratus ex altera vertitur, per appellationes predictas
ad Sedem eandem legitime devoluta, felicis recordatió-
nis Johannes XXI dilectum filium magistrum Nicoli-
num de Camilla, capellanum nostrum primo, et postmodum, eodem magistro de Romana curia discedente,
pie memorie Nicolaus III quondam magistrum Johannem de Rocca, Sedis predicte capellanum, et tandem,
eodem magistro Johanne viam universe carnis ingresso,
felicis recordationis Martinus papa IIII, Romani pontifices, predecessores nostri, dilectum filium magistrum
Peregrinum de Andirano capellanum nostrum in causa
hujusmodi concesserunt partibus auditores, verum
postea eodem Roberto renuntiante juri, si quod sibi ex
hujusmodi electione sua in eodem prioratu fuerat
acquisitum, Guillelmus et Johannes et demum Thomas
monachi ejusdem monasterii successive per memoratos
conventum seu monachos dicti prioratus in priores
ejusdem prioratus electi de facto fuisse dicuntur cum
predicti Guillelmus et Johannes juri omnino cessissent,
si quod eis ex hujusmodi eorum electionibus competebat. Idem vero magister Peregrinus, cognitis ipsius
cause in qua per abbatem et conventum eosdem dicti
monasterii possessorio agebatur meritis, et juris ordine
observato, diffinitivam pro dictis abbate et conventu
sententiam promulgavit, a qua, cum quondam Radulphus monachus ipsius prioratus, procurator conventus
sive monachorum predictorum dicti prioratus, eorum
nomine ad Sedem appellasset eandem, predictus predecessor Martinus venerabilem fratrem nostrum L., Ostiensem et Velletrensem episcopum, in causa hujusmodi appellationis auditorem dictis partibus deputavit,
coram quo lite in ipsius appellationis causa legitime
contestata, dictus procurator in extremis positus,
magistrum Scolarium de Sancto Geminiano clericum
procuratorem loco sui pro conventu seu monachis
predictis substituit et tandem est viam universe carnis
ingressus. Verum eodem magistro Scolario procurationem hujusmodi suscipere ac causam nolente prosequi
supradictam, debitus in ea non potuit haberi processus,

in abbatis et conventus dicti monasterii ac Radulphi predictorum prejudicium et gravamen. Quocirca discretioni vestre per apostolica scripta mandamus quatinus prefatos conventum sive monachos dicti prioratus et dictum Thomam ac quoslibet alios qui sua crediderint interesse, vos vel alter vestrum ex parte nostra per vos vel per alium seu alios peremptorie citare curetis, ut infra duos menses post citationem hujusmodi cum omnibus actis, juribus et munimentis suis predictam causam contingentibus per se vel per procuratorem aut procuratores ydoneos compareant coram nobis, facturi et recepturi super premissis quod ordo dictaverit rationis ; diem vero citationis et formam et quicquid inde feceritis, nobis per vestras litteras harum seriem continentes fideliter intimetis. Dat. Rome apud Sanctam Sabinam, III idus januarii, anno primo. »

266   Sainte-Sabine, 13 janvier 1286.

Episcopo Bethelemitano, collectori decime regni Sicilie negotio concesse mandat quatinus de proventibus a monasterio Clarevallis de Clente, Cisterciensis ordinis, Camerinensis diocesis, in partibus Marchie Anconitane perceptis, extimatione habita competenti, secundum extimationem hujusmodi, abbati et conventui dicti monasterii pro totali solutione decime, certam quantitatem imponat pro tempore ad hoc deputato annis singulis et certis terminis persolvendam. (n° 262, fol. 72.)

« *Venerabili fratri .. episcopo Bethelemitano, collectori decime regni Sicilie negotio concesse in Marchia Anconitana et aliis certis partibus deputate.* Dilecti filii.. abbas —. Dat. Rome apud Sanctam Sabinam, idibus januarii, anno primo. »

Sainte-Sabine, 5 février 1286.

In e. m. episcopo Ferentinati, collectori decime regni Sicilie negotio concesse in Campania et Maritima ac aliis certis partibus deputate, pro abbati et conventui monasterii de Sancto Pastore, Cisterciensis ordinis, Reatine diocesis. Dat. Rome apud Sanctam Sabinam, nonis februarii, anno primo.

In e. m. eidem episcopo pro abbatissa et conventui monasterii Sancti Thomasii Reatini, Cisterciensis ordinis.

Sainte-Sabine, 11 mars 1286.

In e. m. predicto episcopo Bethelemitano pro abbate et conventu monasterii Sancte Crucis de Clente, Cisterciensis ordinis, Firmane diocesis. Dat. Rome apud Sanctam Sabinam, V idus martii, anno primo.

267   Sainte-Sabine, 1er février 1286.

J. tituli Sancte Cecilie presbitero cardinali, Apostolice Sedis legato, mandat quatinus inter Universitatem Parisiensem et magistrum Nicolaum, ecclesie Parisiensis cancellarium, inter quos discordie materia erat, viam grate concordie prosequatur. (n° 263, fol. 72 v°).

« *Dilecto filio J. tituli Sancte Cecilie presbitero cardinali, Apostolice Sedis legato.* Quasi ortus irriguus arboribus sublimibus et fructiferis consitus, Parisiense studium viros producens scientia fructuosos, vita et moribus eminentes, et sicut fons cujus aque non deficiunt sed exhuberanter emanant, doctrine salutaris undique fluenta diffundens, quanto ab olim talium productione utili et emanatione uberi orthodossam fidem roborans sanctam catholicam munivit ecclesiam contra insidias et impetus latenter obrepentium vel patenter ascendentium ex adverso, tanto culture diligentioris est cura colendum ut domesticis seditionibus, quo familiaribus eo procul dubio efficatioribus ad nocendum, purgetur intrinsecus et velut extrinsecus apostolici favoris muro circumdatum, ejusque directoria provisione munitum in statu pacifico et tranquillo ipsius remedio perseverabiliter statuatur, ad quod illud etiam nos specialiter afficit, quod olim dum nos minor status haberet in ejusdem studii laribus observati de illius dulcedine libamina grata libavimus per plures annos secus decursus sedentes ipsius. Sane, sicut asseritur, dudum inter quondam magistrum Philippum de Thoriaco, Parisiensem cancellarium ex parte una, et Universitatem Parisiensem ex altera, super certis articulis genus dissensionis materia suscitata, cum dictus cancellarius et dilectus filius magister Johannes de Malignes, procurator ejusdem Universitatis, propter hoc ad Sedem Apostolicam accessissent, inter cancellarius constitutus in presentia felicis recordationis Martini pape predecessoris nostri, dicto procuratore presente, proposuit quod prefata Universitas propriis finibus non contenta inter alia et diversa gravamina que ab illa inferebantur eidem, ipsum, licet Universitatis predicte capud existeret, nec in eum potestatem haberet, sicut nec inferior in superiorem nec etiam par in parem, per bedellos servientes suos, ad congregationes Universitatis ejusdem, sub pena suspensionis lectionum pro sua faciebat volunte citari. Et quia dictus cancellarius sic citatus noluerat, sicut nec debuerat, ad easdem congregationes accedere, ipsum de facto, cum de jure non posset, a suis lectionibus et disputationibus Universitas predicta suspendit, et nichilominus eum ac etiam omnes de ipsa Universitate qui lectiones, disputationes vel predicationes audirent illius vel ab ipso legendi licentiam peterent, ab ejusdem Universitatis consortio et communione magistrorum ejus presumptuosa temeritate privavit; faciendo districtius inhiberi ne scolares Parisienses coram eo vel ejus officiali presumerent quomodolibet litigare, immo, quod gravius videbatur, .. rector Universitatis ipsius passim causas audiebat et lites, faciendo coram se per bedellos suos personas quascumque vocari, cogendo etiam respondere vocatas, licet cause hujusmodi sive lites ad ipsius cancellarii forum spectent, quodque tunc dicta Universitas quampluribus scolaribus in medicina et decretis regendi licentiam non sine multa temeritate duxerant concedendam, quanquam hujusmodi licentiam concedere ad eundem cancellarium pertineret. Prefatus vero magister Johannes ex adverso respondit quod cancellarium ipsum in nullo Universitas memorata gravabat, immo potius ipsa gravabatur in pluribus ab eodem. Nonnullis postmodum articulis eidem predecessori tam a cancellario quam procuratore prefatis exhibitis, qui predicta hinc inde gravamina exprimebant, dictus igitur predecessor diligenter sicut dicebat attendens quod hujusmodi citatio attemptabatur contra Parisiensis ecclesie ac ipsius cancellarii libertatem et etiam laudabilem consuetudinem anteactis temporibus observatam, cum Parisienses cancellarii qui fuerant pro tempore ad congregationes hujusmodi reverenter et suppliciter consueverint evocari, notam fieri mandavit, per quam districtius inhibebat ne citatio hujusmodi extunc fieri deberet, volens omnino ut idem cancellarius et successores ipsius ad easdem congregationes absque sequela pene cujuslibet cum reverentia et precibus vocaretur. Predictam insuper regendi licentiam ab eadem, ut predicitur, Universitate concessam penitus revocabat; illos qui eam recipere presumpserant decernens ob exempli perniciem nec pro licenciatis neque pro magistris haberi ; et rigorem debitum circa illos de misericordia temperando benigne concedebat quod per eundem cancellarium juxta consuetam formam licentiari valerent, si eos idem cancellarius inveniret ydoneos et expedire videret ; si vero licentiati hujusmodi hoc nollent forsitan acceptare, ipsos reddebat prorsus inhabiles ad predicta. Mandabat etiam illos qui hujusmodi dare licentiam et talium tenere principia presumpserunt, ac eos qui quendam baccalarium, licenciatum per cancellarium supradictum, in non modicam cancellarii ejusdem injuriam, licentiam ab eisdem iterato recipere coegerunt per eos quos ad id deliberaverat deputare, prout ipsi, consideratis diligenter culpis illorum, honori ejusdem cancellarii ac

paci et tranquillitati predicte Universitatis viderent expedire, puniri. Alios preterea supradictos processus contra eundem cancellarium per Universitatem, rectores et bedellos prefatos habitos annullabat, irritabat, cassabat, et nullos, cassos et irritos nuntiabat, utpote in dicti cancellarii juris injuriam attemptantes. Et nichilominus injungebat predictis taliter deputandis ut Parisius vel ad locum alium competentem illi vicinum ad quem partes accedere et in quo morari secure valerent se personaliter conferentes partes suas juxta datam eis a Domino gratiam ut cooperante illo qui pacis est auctor, omnis quiescetur in hac parte turbatio, discordia quelibet sopiretur, sollerter interponere procurarent, alioquin inspectis eisdem articulis diligenter quos eis dictus predecessor sub bulla sua inclusos transmittere intendebat, et inquisito sollicite de facto et facti circumstantiis universis ordinarent et statuerent super hoc auctoritate ipsius predecessoris quod secundum Deum et justitiam pro bono, pacifico et tranquillo statu prefati studii expedire viderent. Per hoc autem apostolicis privilegiis si qua sunt utrique parti et ecclesie Parisiensi concessa, non intendebat dictus predecessor in aliquo derogare, sed ea omnino voluit manere in suo robore firmitatis. Et quanquam de premissis nota hujusmodi eadem omnia et singula manifestius exprimens, prout in ea prospeximus contineri, de ipsius fuerit predecessoris mandato concepta, dicto tamen cancellario interim viam universe carnis ingresso idem predecessor prosecutioni processus hujusmodi suspendit, substitutionem expectans novi cancellarii, ut dicebat. Sicque inter moras eodem predecessore morte prevento, nota eadem ad bullam vel ad grossam eventibus retardata hujusmodi non pervenit. Nobis itaque, prout Domino placuit, post ejusdem predecessoris obitum ad apicem summi apostolatus assumptis, dilectus filius magister Nicolaus de Nonancuria memorato cancellario in cancellarie dicte Parisiensis ecclesie officio substitutus nostram presentiam adiens et exponens humiliter universa discrimina que per hujusmodi excessum Universitatis ejusdem Parisiensis studio et in ipsius impedimento universali ecclesie per consequens ingeruntur, supplicavit instanter super hiis per Apostolice Sedis providentiam oportunum remedium adhiberi. Nos autem ad hoc apostolice sollicitudinis studia convertentes, cum fratribus nostris communicato consilio, quia nobis ad presens via judicialis vel alterius indaginis, per dictam Universitatem nemine comparente, prout tantum requirit negotium, non occurrit, discretioni tue de qua plenam in Domino fiduciam obtinemus per apostolica scripta mandamus quatinus traditas tibi virtutes a Domino prudenter exercens per te si comode vacare poteris vel per alium seu alios quorum circumspecta industria et experta probitas maturitate conspicua, fidelitate clara et scientia litterarum aliisque virtutibus circumfulta tante prosecutioni conveniat, inter Universitatem et magistrum Nicolaum predictos, viam grate concordie prosequaris, et si forte hujusmodi concordia infra quatuor menses post receptionem presentium inter eos provenire non poterit, Universitatem et magistrum Nicolaum prefatos ex parte nostra peremptorie citare procures ut infra duorum mensium spatium post citationem hujusmodi per se vel per procuratores ydoneos compareant coram nobis, super hiis ordinationem vel mandatum aliud seu provisionem aut quamlibet dispositionem aliam recepturi ac facturi alias super hiis quod justitia suadebit. Et quanto per hoc universali ecclesie utiliores fructus proventuros percipimus, tanto circa premissa studiosius cogitantes, ordinamus de ipsorum fratrum consilio quod dictus magister Nicolaus suique successores cancellarii qui pro tempore fuerint, ad dicte Universitatis congregationes, cum pene comminatione vel quamvis adjectione aliquatenus non vocentur, sed cum reverentia invitentur et precibus juxta consuetudinem supradictam, et quod dicta Universitas nullum processum attemptet contra cancellarium eundem nullasque licentias regendi concedat. Et dictus cancellarius ac successores ipsius ecclesie Parisiensis cancellarii sua jurisdictione suoque officio utantur libere prout consuetum est hactenus, donec in hac parte per Sedem eandem aliud ordinatum extiterit, vel provisum. Nos enim, si secus attemptatum extiterit, processus et licentias hujusmodi exnunc irritos decrevimus et inanes. Intendimus quoque quod per premissa vel eorum aliquod privilegiis partium vel Parisiensis ecclesie nullum prejudicium generetur, sed nichilominus privilegia ipsa in sua remaneant firmitate. Diem vero citationis et formam et quicquid inde duxeris faciendum, nobis per tuas litteras harum seriem continentes fideliter intimare procures. Dat. Rome apud Sanctam Sabinam, kalendis februarii, anno primo. »

268   Sainte-Sabine, 27 janvier 1286.

Episcopo, et priori ordinis fratrum Predicatorum Reatinis mandat quatinus cum Jacobono, nato quondam Pandulfi de Alabbro, et nobili muliere Francisca, nata quondam Andree de Arron., Reatine diocesis, qui ignorantes quod inter se aliqua esset consanguinitas matrimonium contraxerant, quod in sic contracto matrimonio remanere licite valeant dispensare curent. (n° 264, fol. 73.)

« *Venerabili fratri.. episcopo, et dilecto filio .. priori ordinis fratrum Predicatorum Reatinis.* Lecta coram nobis —. Dat. Rome apud Sanctam Sabinam, VI kal. februarii, anno primo. »

269   Sainte-Sabine, 10 février 1286.

Ade de Nigella indulget ut, non obstante quod Jacobo de Bolonia de archidiaconatu Boloniensi et prebenda in ecclesia Morinensi provisum fuerit, quominus prebendam alteram in dicta ecclesia assequi libere valeat. (n° 265, fol. 73 v°; LA PORTE DU THEIL, fol. 288.)

« *Dilecto filio Ade de Nigella, canonico Morinensi.* Affectu sunt admittende —. Sane petitio tua nobis exhibita continebat quod olim dilectus filius noster J., tituli Sancte Cecilie presbiter cardinalis, antequam legationis officium ei fuisset ab Apostolica Sede commissum auctoritate litterarum felicis recordationis Martini pape predecessoris nostri, per quas idem predecessor providendi decem personis quas ad hoc reputaret ydoneas in totidem ecclesiis regni Francie de canonicatibus et prebendis sub certa forma sibi conceserat facultatem, tibi clerico suo quem ad hoc reputavit ydoneum, canonicatum ecclesie Morinensis cum plenitudine juris canonici, ac prebendam nulli alii de jure debitam, si qua tunc in eadem ecclesia vacabat contulit, procuratoremque tuum — per suum annulum investivit —. Postmodum autem dictus predecessor dilecto filio magistro Jacobo de Bolonia, capellano nostro, nunc Boloniensi archidiacono in ecclesia Morinensi, canonicatum ipsius ecclesie cum plenitudine juris canonici, ac prebendam — in ecclesia supradicta duxit auctoritate apostolica conferendos ; quod si talis prebenda tunc non vacabat ibidem, prebendam necnon personatum seu dignitatem quem vel quam idem capellanus duceret acceptandum proximo inibi vacaturos, nulli alii de jure debitos, conferendos ipsi capellano, donationi apostolice reservavit, ac decrevit irritum —, dictusque capellanus de mandato ipsius predecessoris receptus extitit in dicta ecclesia in canonicum et in fratrem. Nuper vero archidiaconatu Boloniensi et prebenda, quos quondam Thomas archidiaconus Boloniensis in prefata ecclesia ibidem obtinuit, per mortem ipsius Thome archidiaconi vacantibus, de ipsis archidiaconatu et prebenda provisum est dicto capellano acceptanti eundem archidiaconatum per executores sibi super hoc a predecessore deputatos eodem. Quare nobis humiliter supplicasti ut ne occasione hujusmodi provisionis facte memorato capellano de predicta prebenda circa prebende alterius assecutionem calumpniam patiaris providere tibi dignaremur. Nos itaque tuis supplicationibus inclinati, ut premissis veris existentibus, nullum per hoc tibi possit generari prejudicium vel obstaculum interponi, quominus prebendam juxta tue receptionis ordinem tibi debitam, si vacat ad presens, vel quamprimum vacare contigerit, assequi libere valeas et habere, devotioni tue auctoritate presentium indulgemus. Nulli ergo —. Dat. Rome apud Sanctam Sabinam, IIII idus februarii, anno primo. »

270   Sainte-Sabine, 1er février 1286.

Potestati, capitaneo, consilio et communi Perusinis, mandat quatinus transferri corpus Martini pape IV Assisium in ecclesiam Sancti Francisci, in qua ipse jusserat se tumulari, permittant. (n° 266, fol. 73 v°; Potthast, n° 22361.)

« Dilectis filiis .. potestati, .. capitaneo, consilio et communi Perusinis. Sincera et antiqua —. Dat. Rome apud Sanctam Sabinam, kalendis februarii, anno primo. »

« In e. m. venerabili fratri.. episcopo, et dilectis filiis archipresbitero et capitulo Perusinis. Vestram non credimus — ut in proxima per totum usque in finem. »

271   Tivoli, 31 juillet 1285.

Gilberto, Lemovicensi episcopo, mandat quatinus, si Hugo scholasticus Xanctonensis, Aymericus cantor Engolismensis, et frater Petrus de Planis ordinis Predicatorum Lemovicensium executionem testamenti quondam Aymerici Lemovicensis episcopi adimplere usque ad annum neglexerint, extunc dictam executionem perficere procuret. (n° 267, fol. 74; La Porte du Theil, fol. 115.)

« Venerabili fratri Gilberto episcopo Lemovicensi. Exhibita nobis tua petitio continebat quod bone memorie Aymericus Lemovicensis episcopus predecessor tuus, cui erat, ut asseris, ab Apostolica Sede concessum, quod de bonis que habebat vel acquisierat licite testari valeret, in extremis agens suum condidit testamentum, quondam abbate monasterii Tutellensis, quondam Helia de Malamorte quondam decano, et magistro Gerardo tunc officiali Lemovicensibus, quondam Ebolo priore de Briva, quondam Guidone archidiacono Marchie in Honorius.

ecclesia Lemovicensi, quondam magistro Johanne Arnaldi canonico Cenomanensi ejusdem testamenti executoribus deputatis, adiciens, quod si aliqui ex ipsis executoribus decederent, superstites testamentum ipsum exequi procurarent. Verum abbate et magistro Gerardo predictis, hujusmodi executionis onus in se suscipere recusantibus, dictus decanus cum officiali, priore, archidiacono et magistro predictis in eadem executione procedere inchoavit. Deinde vero eisdem officiali, priore, archidiacono et magistro Johanne rebus humanis exemptis, idem decanus diligenter considerans quod, si ipse forte decederet, executionem hujusmodi, que accelerationem desiderabat contingeret multipliciter impediri, a felicis recordationis Johanne papa XXI predecessore nostro humiliter postulavit, ut posset, coexecutorum suorum obitu non obstante, executionem perficere supradictam, et si eum prius mori contingeret eam fide dignis et honestis personis aliquibus committere consummandam sibi concedere dignaretur. Idem vero predecessor attendens nichil esse quod magis hominibus debeatur quam ut ultime voluntates decedentium executioni debite demandentur, eidem decano per suas sub certa forma duxit litteras concedendum, ut, predictorum coexecutorum suorum obitu nequaquam obstante, executionem perficeret memoratam, et si eum illa imperfecta contingeret humana morte subduci, Hugoni scolastico Xanctonensis, Aymerico cantori Engolismensi ecclesiarum ac fratri Petro de Planis ordinis Predicatorum Lemovicensium committeret consummationem executionis ejusdem. Porro licet idem decanus in extremis constitutus executionem predictam, quam, dum viveret, non perfecit, scolastico, cantori et fratri Petro predictis duxerit committendam, ipsi tamen, cum potuerint, illam perficere per quadriennium et amplius distulerunt. Nos itaque volentes super hoc paterna sollicitudine providere, fraternitati tue per apostolica scripta mandamus quatinus si est ita, et predicti scolasticus, cantor, et frater Petrus a te diligenter moniti usque ad annum a die monitionis tue executionem predictam adimplere neglexerint, tu extunc juxta ejusdem testamenti tenorem diligenter perficere, ac fideliter adimplere procures. Contradictores etc., usque : compescendo. Dat. Tibure, II kal. augusti, anno primo. »

272   Sainte-Sabine, 9 janvier 1286.

Henricum de Septem fontibus, olim vicarium et administratorem monasterii Sancti Michaelis de Castro Brittonum, Bononiensis diocesis, post mortem Neapoleonis Carregalupi qui anno Do-

14

mini M°CC°LXXXIIII° die Veneris primo mensis decembris diem clauserat, per compromissi viam a fratribus Militie Beate Marie virginis gloriose in generalem prelatum et majorem electum, examinata per L. Ostiensem et Velletrensem episcopum, Gervasium tituli Sancti Martini presbiterum ac Benedictum Sancti Nicolai in Carcere Tulliano diaconum cardinales electione, in eodem ministerio confirmat. (n° 268, fol. 74.)

« *Henrico de Septem Fontibus, prelato generali et majori Militie Beate Marie Virginis gloriose.* Cum a nobis —. Dat. Rome apud Sanctam Sabinam, V idus januarii, anno primo. »

273   Sainte-Sabine, 13 février 1286.

Archiepiscopo Januensi mandat quatinus cum Borgonnino de Grimaldis et Jacobina de Savinnen., relicta quondam Hugolini Spinole laici de Janua, qui, ignorantes Hugolinum dicto Borgonnino in quarto gradu consanguinitatis attinere, invicem per verba de presenti matrimonium contraxerant, quod in sic contracto matrimonio remanere licite valeant dispenset. (n° 269, fol. 74 v°.)

« *Venerabili fratri .. archiepiscopo Januensi.* Lecta coram nobis —. Dat. Rome apud Sanctam Sabinam, idibus februarii, anno primo. »

274   Sainte-Sabine, 23 janvier 1286.

Cancellario ecclesie Parisiensis mandat quatinus, cum clericos quosdam tam in Arabica quam in aliis linguis partium orientalium eruditos misisset Innocentius papa IV Parisius ad studendum, ut doctrinam sacre pagine consecuti, alios ad salutem in transmarinis erudirent, et cum eisdem Alexander papa IV provideri fecisset, ad provisionem dictorum clericorum secundum eorundem predecessorum Innocentii et Alexandri litterarum continentiam procedat. (n° 270, fol. 74 v°; Potthast, n° 22355; La Porte du Theil, fol. 272.)

« *Dilecto filio .. cancellario ecclesie Parisiensis.* De affectione pia —. Dat. Rome apud Sanctam Sabinam, X kal. februarii, anno primo. »

274 5   Sainte-Sabine, 5 janvier 1286.

G. episcopo Pictavensi conferendi in ecclesiis collegiatis civitatis Pictavensis canonicatus personis idoneis concedit facultatem. (n° 271, fol. 75; La Porte du Theil, fol. 267.)

« *Venerabili fratri G., episcopo Pictavensi.* Non indigne agere —. Tuis igitur supplicationibus inclinati, faciendi

recipi auctoritate nostra per te vel per alium in singulis collegiatis ecclesiis civitatis Pictavensis singulas personas ydoneas in canonicos et in fratres, ac providendi earum cuilibet in illis ecclesiis in quibus certus canonicorum numerus, ac distinctio prebendarum habentur, de singulis prebendis nulli alii de jure debitis, si que in ecclesiis in quibus eas singulariter recipi contigerit vacant ad presens, vel quamprimum ad id obtulerit se facultas; in illis vero ecclesiis in quibus canonicorum numerus et prebendarum distinctio non existunt, faciendi personis hujusmodi, postquam illi in ecclesiis ipsis recepti fuerint de communibus earum proventibus, sicut uni, ex aliis canonicorum ipsorum integre provideri, dummodo ad hoc capitulorum ecclesiarum ipsarum vel aliorum ad quos in eisdem ecclesiis spectat collatio prebendarum assensus accedat, necnon et contradictores per censuram ecclesiasticam, appellatione postposita compescendi, non obstantibus de certo canonicorum numero seu quibuslibet aliis consuetudinibus vel statutis contrariis earundem ecclesiarum —, liberam tibi auctoritate presentium concedimus facultatem. Dat. Rome apud Sanctam Sabinam, nonis januarii, anno primo. »

276   Sainte-Sabine, 30 janvier 1286.

Galtero, episcopo Pictavensi, ut de bonis mobilibus ecclesiasticis ipsius dispensationi commissis que non fuerint altarium ecclesiarum ipsi commissarum ministerio deputata, vel que ordinis fratrum Minorum, quem fuit professus idem episcopus, non existant, necnon et de quibuscumque bonis mobilibus ab ipso per ecclesiam seu ecclesias licite acquisitis testari ac disponere possit concedit facultatem. (n° 272, fol. 75; Potthast, n° 22359; La Porte du Theil, fol. 269.)

« *Venerabili fratri Galtero, episcopo Pictavensi.* Quia presentis vite —. Dat. Rome apud Sanctam Sabinam, III kal. februarii, anno primo. »

Sainte-Sabine, 9 janvier 1286.

In eundem modum R., episcopo Massiliensi. Dat. Rome apud Sanctam Sabinam, V idus januarii, anno primo.

277   Sainte-Sabine, 7 janvier 1286.

Abbati monasterii Moisiacensis, Caturcensis diocesis, mandat quatinus processus qui inter abbatem et conventum monasterii Montis Albani, ex una parte, et fratres Predicatores, ex altera, de sepulture jure orti erant, terminare studeat. (n° 273, fol. 75 v°.)

« .. *Abbati monasterii Moisiacensis, Cluniacensis ordinis, Caturcensis diocesis.* Sua nobis .. abbas et conventus monasterii Montis Albani, ordinis sancti Benedicti, petitione monuerunt quod .. priore et fratribus loci ejusdem ordinis Predicatorum, Caturcensis diocesis, asserentibus quod dicti abbas et conventus impediebant indebite quominus puberes et impuberes dicti loci pro quibus apud eosdem priorem et fratres sepultura eligitur, libere juxta tenorem privilegiorum eis a Sede Apostolica concessorum sepelire valerent, quanquam idem abbas et conventus ipsos priorem et fratres super hiis contra eorundem privilegiorum tenorem nullatenus impedirent, magister Arnaldus tunc officialis Tholosanus, cui venerabilis frater noster Tholosanus episcopus conservator hujusmodi privilegiorum apostolicorum concessorum .. priori provinciali et fratribus ipsius ordinis Predicatorum in provincia Provincie, de qua locus predictus esse dicitur, a Sede deputatus eadem super premissis de facto, cum de jure non posset, commiserat non tamen totaliter vices suas, eosdem abbatem et conventum moneri fecit ut vel ab hujusmodi impedimento desisterent, vel coram eo certo termino comparerent ostensuri causam rationabilem quare ad id minime tenerentur; alioquin in dictum abbatem, sacristam et alios monachos dicti monasterii extunc excommunicationis sententiam promulgabat; prefato autem magistro Arnaldo interim ab hujusmodi officio officialitatis remoto, magister Bertrandus de Ferreriis, ejusdem Arnaldi in officio ipso successor, cui dictus episcopus ad se vices hujusmodi revocans eas plenarie, ut dictus officialis dicebat, in hac parte commisit, post aliquos processus tam coram prefato Arnaldo quam coram eodem Bertrando habitos inter partes, dictos abbatem et sacristam ac quosdam alios monachos ipsius monaterii nominatim declarando pronuntiavit in eandem excommunicationis sententiam incidisse, in quosdam vero alios ejusdem monasterii monachos expressis eorum nominibus pro contumacia, ut asserebat, similiter excommunicationis sententiam promulgavit. Dicti vero abbas et conventus ab hujusmodi processibus dictorum officialium, licet eos asserant esse nullos, ad Sedem Apostolicam pluries appellarunt, parte ipsorum prioris et fratrum Predicatorum in contrarium asserente, dictos processus per memoratos officiales rite habitos contra eos; demum autem partes concorditer consenserunt hujusmodi appellationum et principalis negotii ac omnes alias causas, qualitercumque ipsum negotium contingentes, tibi per litteras nostras committi per te de plano sine strepitu et figura judicii terminandas; ita quod juxta juris exigentiam predictas causas terminare ac ordinare valeas,

quod super premissis questionibus et eas contingentibus inter partes ipsas in posterum debeat observari, ita etiam quod, coram te hujusmodi lite pendente, prefati abbas et conventus dictos priorem et fratres de Monte Albano quominus corpora infantium vel impuberum pro quibus eorum parentes apud fratres ipsos canonice sepulturam elegerint sepelire, iidemque prior et fratres dictos abbatem et conventum quominus cautionem pro canonica justitia ipsis exhibenda, ratione hujusmodi funerum, ab heredibus parrochianorum ejusdem monasterii morientium, ultra pupillarem etatem et apud fratres ipsos eligentium sepeliri pacifice recipere valeant, prout competere sibi dicunt per se vel per alium seu alios non impediant vel perturbent, et quod interim a denuntiatione dictarum sententiarum excommunicationis omnino cessetur, quodque iidem abbas et conventus fidejussores quos ratione dicte canonice justitie receperint interim non trahant ad judicium extra diocesim Caturcensem. Quocirca discretioni tue de utriusque partis procuratorum assensu per apostolica scripta mandamus quatinus super premissis omnibus auctoritate nostra, appellatione retenta, procedens juxta formam superius enarratam hujusmodi causas audias et eas judicio vel si de partium predictarum voluntate processerit, concordia studeas terminare, faciens quod decreveris per censuram ecclesiasticam firmiter observari. Testes autem etc. Dat. Rome apud Sanctam Sabinam, VII idus januarii, anno primo. »

278 Sainte-Sabine, 17 février 1286.

Electionem de Johanne, olim precentore Lincolniensi ac Eboracensi canonico, post obitum Guillelmi archiepiscopi, in Eboracensem archiepiscopum primo ab Eboracensis ecclesie canonicis, deinde per personas a Sede Apostolica ad hoc deputatas, habitam confirmat. (n° 274, fol. 75 v°.)

« *Venerabili fratri Johanni, archiepiscopo Eboracensi.* Olim Eboracensi ecclesia per obitum bone memorie Guillelmi archiepiscopi Eboracensis pastoris solatio destituta, dilecti filii capitulum ejusdem ecclesie — deliberantes ipsi ecclesie de pastore per viam scrutinii providere, ad scrutandum cunctorum vota tres fide dignos de ipsorum collegio assumpserunt —. Cumque collatione habita — appareret quod longe major et sanior pars capituli predictorum in te direxerat vota sua, dilectus filius magister Johannes, archidiaconus Estriding. in eadem ecclesia, unus ex scrutatoribus supradictis de consentientium in te necnon et aliorum omnium canonicorum ipsius ecclesie in hoc post dic-

tam collationem habitam sponte concordantium mandato ipsorumque ac suo nomine te in archiepiscopum
Eboracensem elegit; tuque hujusmodi electioni prestitisti consensum —. Cumque datis a nobis super electionis predicte processu certis examinatoribus et facta
nobis per eos relatione fideli, quoddam in hujusmodi
negotio dubium incidisset, quod potuisset expeditionem
processus ejusdem non absque dispendio ecclesie predicte differre diutius et forsitan impedire, tu cupiens
indempnitati ejusdem ecclesie precavere, et volens potius juri tuo detrahere quam ipsam ecclesiam pati ex
vacationis dilatione jacturam, jus, si quod tibi ex electione predicta fuerat acquisitum, sponte ac libere in
nostris manibus resignasti. Nos autem — dilectis filiis
nostris A. tituli Sancte Praxedis, H. tituli Sancti Laurentii in Lucina presbiteris et J. Sancti Eustachii diacono cardinalibus, ac B. camerario, Percivallo de Lavania, Petro de Sabello nepoti, Neapolioni de filiis
Ursi capellanis nostris, tibi, memorato archidiacono et
magistro Thome de Abberbyri canonicis ejusdem ecclesie apud Sedem constitutis eandem eligendi ea vice
archiepiscopum Eboracensem, ita quod per hoc eidem
ecclesie circa libertatem eligendi pastorem sibi competentem in posterum prejudicium nullum fiat, de fratrum
nostrorum consensu concessimus vive vocis oraculo
plenam et liberam potestatem, memoratis itaque tribus
cardinalibus et te ac aliis canonicis supradictis eligentibus per scrutinii viam in hujusmodi electione procedere. Nos eorundem trium cardinalium aliorumque
predictorum canonicorum ac tuum vota diligentius
perscrutati comperimus quod iidem tres cardinales et
canonici alii in te, tunc precentorem Lincolniensem et
Eboracensem canonicum, tu vero in prefatum archidiaconum, in Eboracensem archiepiscopum eligendum
in hujusmodi scrutinio consensistis. Nos igitur — te
ipsi ecclesie preficientes in archiepiscopum et pastorem, et tibi per venerabilem fratrem nostrum L. Ostiensem episcopum munus consecrationis impendi, ac
demum palleum de corpore Beati Petri sumptum, insigne pontificalis officii fecimus exhiberi, firma spe —.
Dat. Rome apud Sanctam Sabinam, XIII kal. martii,
anno primo. »

In eundem modum capitulo ecclesie Eboracensis mandat
quatinus predicto archiepiscopo obediéntiam et reverentiam
debitam exhibeat. Dat. ut supra.

In e. m. clero civitatis et diocesis Eboracensis.

In e. m. populo civitatis et diocesis Eboracensis mandat quatinus predicti archiepiscopi mandata et monita observet. Dat.
ut supra.

In e. m. universis vassallis Eboracensis ecclesie mandat
quatinus predicto archiepiscopo fidelitatem solitam necnon
consueta servitia et jura debita exhibeant.

In e. m. suffraganeis Eboracensis ecclesie mandat quatinus
dicto archiepiscopo obedientiam et reverentiam debitam exhibeant. Dat. ut supra.

In e. m. regem Anglie rogat et hortatur quatinus eidem archiepiscopo temporalia seu regalia ejusdem ecclesie Eboracensis que per ipsum vacationis ejus tempore teneri dicuntur.
restituat.

« Carissimo in Christo filio .. regi Anglie illustri. Ad fo-
dendum ecclesiarum —. Dat. ut supra. »

In e. m. eundem regem se electionem de J. precentore Lincolniensi ac Eboracensi canonico in Eboracensem archiepiscopum habitam confirmasse certiorem facit. Dat. ut supra.

279   Sainte-Sabine, 5 février 1286.

Cum magistro Johanne dicto Romano, precentore ecclesie
Lincolniensis, canonico Eboracensi, dispensat ut, non obstante
defectu natalium quem patitur, personatus et beneficia ecclc-
siastica que obtinet retinere, et ad episcopalem seu archiepiscopalem dignitatem assumi libere possit. (n° 275, fol. 76 v°.)

« Dilecto filio magistro Johanni, dicto Romano, precentori ecclesie Lincolniensis, canonico Eboracensi. Habet ex
posite nobis tue petitionis assertio quod bone memorie
O. Portuensis episcopus, tunc Sancti Nicolai in Carcere
Tulliano diaconus cardinalis, et in regno Anglie Apostolice Sedis legatus, tecum super defectu natalium quem
de diacono et soluta genitus pateris auctoritate sibi
tradita, ut ipsius littere super hoc confecte continent,
dispensavit, ut defectu —, ita tamen quod si ad episcopalem dignitatem te vocari contingeret, illam nequaquam reciperes absque dicte Sedis licentia speciali;
tuque postmodum ecclesiam de Bulton. in Lonesdale,
Eboracensis diocesis, curam animarum habentem, credens id tibi per dispensationem licere hujusmodi, recepisti; deinde cum felicis recordationis Innocentius
papa IIII predecessor noster tibi ut preter ecclesiam
predictam, curam animarum habentem, unicum aliud
beneficium similem curam habens, recipere licite, si
tibi canonice offerretur, et unacum eadem ecclesia retinere libere, constitutione generalis concilii non obstante, valeres per suas litteras concessisset, ecclesiam
de Vallop., Wyntoniensis diocesis, habentem curam similem es adeptus, et postmodum pie memorie Alexandro papa predecessore nostro tecum, tuis consideratis

meritis, dispensante, ut preter ecclesias supradictas, quas ex dispensatione apostolica in suis litteris te obtinere supposuit, unicum adhuc beneficium seu personatum vel dignitatem ecclesiasticam, etiam si similem curam haberet, recipere licite si tibi canonice offerretur, et unacum eisdem ecclesiis retinere dicta posses, constitutione nequaquam obstante, de Melling., Eboracensis diocesis, fuisti ecclesiam assecutus; post hec autem cum beate recordationis Gregorius papa X predecessor noster tibi, asserenti quod super predictis tribus ecclesiis quas te canonice proponebas adeptum, libere retinendis fuerat per Sedem Apostolicam dispensatum, et cancellaria necnon et prebenda de Kellesen in ecclesia Lincolniensi tibi erant oblate et per procuratorem tuum tuo nomine acceptate gratiose per litteras apostolicas indulxisset, ut, ecclesia predicta de Melling. dimissa, loco ejus dictas cancellariam et prebendam cum duabus reliquis ecclesiis supradictis licite retineres, tu, dicta ecclesia de Melling. dimissa, et eisdem cancellaria et prebenda juxta ejusdem predecessoris Gregorii indulgentiam ipsius loco receptis, quia pie memorie Johannes papa predecessor noster, ex parte tua sibi exposito quod tecum ut omnia beneficia ecclesiastica que obtinebas, etiamsi curam haberent animarum, unacum dicta cancellaria Lincolniensi posses licite retinere, fuerat auctoritate apostolica dispensatum ut, predicto non obstante defectu, ad omnes personatum ecclesiasticos et ad episcopalem etiam dignitatem si vocareris, ad illam posses assumi, tecum de speciali gratia, tu, dictis cancellaria et prebenda dimissis, precentoriam et prebendam de Nossigton. in eadem Lincolniensi ecclesia tunc vacantes nulli alii de jure debitas id ex verborum dispensationis ejusdem predecessoris Johannis generalitate, licere tibi extimans, recepisti et retinuisti diutius cum Vallop. et de Boulton. ecclesiis supradictis, percipiendo fructus redditus et proventus ipsarum. Hiis quoque pie memorie Martino pape predecessori nostro pro parte tua expositis ipse tibi, quod sepefato defectu nequaquam obstante de Vallop. et de Boulton. ecclesias memoratas cum precentoria et prebenda de Nossigton. predictis insimul libere absque sepefate constitutionis obstaculo retineres, quodque occasione hujusmodi receptionis, retentionis ac fructuum et proventuum perceptionis, nichil omnino tibi possit obici vel obesse, primo per quasdam et postmodum per alias suas litteras, ut ad archiepiscopalem dignitatem, si ad illam te canonice vocari contingeret libere valeres assumi eadem auctoritate concessit, sicut hec omnia in predictis eorundem legati et predecessorum litteris nobis et fratribus nostris exhibitis prospeximus conti-

neri. Nuper autem cum personaliter ad Sedem accessisses eandem pro negotio electionis de te in Eboracensi ecclesia celebrate intellexisti per aliquos, quod, licet magni juris doctores senserint et etiam scripserint inter alia scripta sua que adhuc satis autentica reputantur, quod cum alicui nato illegitime a papa conceditur ut possit beneficium obtinere, presertim cum illa clausula ita tamen quod ille illegitimus absque Sedis Apostolice licentia episcopalem dignitatem non valeat obtinere, videtur eidem quod beneficium curam habens animarum annexam habere valeat eo ipso concessum, tamen sententia et observantia memorate Sedis id habet quod concessio seu dispensatio facta simpliciter super beneficio se ad curam animarum annexam habens beneficium non extendit cum expresse caveatur in jure quod quando pro simplici beneficio apostolica manat jussio ad dignitatem vel rectoriam non est jubentis intentio referenda. Et quia hujusmodi sententia vera supposita sequitur quod per dispensationem dicti legati beneficium cum cura minus canonice habuisti, quodque subsequentes dispensationes que nonnisi suggesto quod dictum primum beneficium canonice vel saltem tacito quod illud minus canonice obtineres, concesse fuissent, quasi obreptitie, omni carent robore firmitatis, tu sollicitatus ex hiis ut omnino tuam poneres conscientiam in quiete nobis seriatim exponens quod de Boulton. per triginta et tres annos vel circiter et de Vallop. per viginti et octo, de Melling. vero ecclesias supradictas per septem, dictas quoque cancellariam per sex et precentoriam cum predictis prebendis necnon et prebendam Eboracensem per sex alios tenuisti, fructus percipiens suis prefatis temporibus ex singulis eisdem ecclesiis, personatibus et prebendis devote supplicationis et humilis instantia petiisti, tibi super hiis omnibus de ipsius Sedis gratia provideri, presertim cum non videatur tibi aliquid imputandum qui tantorum doctorum scripta secutus, tam in receptione dicti primi beneficii, pretextu prefate dispensationis memorati legati quam in aliis apostolicis dispensationibus obtinendis et beneficiis recipiendis ac retinendi auctoritate ipsarum bonam fidem habuisse debes non indigne censeri. Nos itaque tantum traditum tibi a Domino thesaurum scientie quod in theologica Facultate Parisius non solum magistralem meruisti ascendere cathedram sed et publice annis pluribus laudabiliter docuisti, probatos mores, vite munditiam, super quibus multipliciter commendaris, quodque defectum predictum redimis, pretactis virtutum domo et alia supradicta beneficia taliter recepisti, tenuisti, et fructus, redditus ac proventus percepisti ex eis quos tibi remittimus de gratia speciali, et constitutione predicta vel alia quavis nequaquam obstantibus, personatus et beneficia eadem licite retinere, ministrare in susceptis ordinibus et ad episcopalem seu etiam archiepiscopalem dignitatem, si te ad eas canonice vocari contingat, libere possis assumi de fratrum nostrorum consensu misericorditer dispensamus, omnem notam sive maculam ex premissis receptione ac retentione ecclesiarum et personatuum aliorumque beneficiorum seu perceptione fructuum, reddituum et proventuum ex eisdem obortam de apostolice potestatis plenitudine, ita quod nichil tibi proinde possit obici, nullumque obstaculum interponi penitus abolentes. Nulli ergo nostre remissionis, dispensationis et abolitionis etc. Dat. Rome apud Sanctam Sabinam, nonis februarii, anno primo. »

280   Sainte-Sabine, 20 février 1286.

Archiepiscopo Eboracensi concedit ut redditus primi anni omnium ecclesiasticorum beneficiorum, que usque ad triennium in civitate ac diocesi Eboracensi vacare contigerit libere percipere valeat in solutione debitorum quibus gravabatur Eboracensis sedes archiepiscopalis convertendos. (nº 276, fol. 77.)

« *Venerabili fratri Johanni, archiepiscopo Eboracensi.* Cum sicut accepimus —. Dat. Rome apud Sanctam Sabinam, X kal. martii, anno primo. »

In eundem modum episcopo et decano Lincolniensibus mandat quatinus eidem archiepiscopo predictos fructus exhiberi faciant. Dat. ut supra.

281   Sainte-Sabine, 22 février 1286.

Johanni, archiepiscopo Eboracensi, cum ejus predecessor decanusque et capitulum ecclesie Eboracensis ut ecclesia de Boulton. in Lonesdale, quam ante promotionem suam ad Eboracensem archiepiscopatum obtinebat dictus Johannes, ipso cedente vel decedente, annecteretur archidiaconatui Richemundie ordinavissent, concedit ut, non obstante hujusmodi ordinatione, eandem ecclesiam de Boulton. persone idonee conferre valeat. (nº 277, fol. 77 vº.)

« *Johanni archiepiscopo Eboracensi.* Sicut nobis exponere —. Dat. Rome apud Sanctam Sabinam, VIII kal. martii, anno primo. »

282   Sainte-Sabine, 5 février 1286.

Gerardo, episcopo Sabinensi, Apostolice Sedis legato, mandat quatinus nonnullos homines civitatis Antine, qui in auxilium Corradi de Antiochia processerant, propter quod excommunicationis incurrerant sententiam, ab eadem sententia absolvat. (nº 278, fol. 77 vº.)

« *Venerabili fratri G., episcopo Sabinensi, Apostolice Sedis legato, et unacum dilecto filio nobili viro R., comite Atrebatensi, bajulo regni Sicilie per Romanam ecclesiam constituto.* Exhibita nobis virorum nobilium Bernardi et Bartholomei ac aliorum dominorum et hominum civitatis Antine, Sorane diocesis, petitio continebat quod ipsi, pridem pravo ducti consilio, in auxilium dilecti filii nobilis viri Corradi de Antiochia, priusquam ad mandata nostra et ecclesie Romane rediret, favorabiliter procedere presumpserunt, cum eo per sex dies tantummodo permanentes, sed nec fidelitatis juramentum prestiterunt eidem, neque in persona vel rebus aliquem offenderunt ; cum autem nobiles et homines supradicti ad requisitionem nobilis viri .. capitanei generalis illarum partium heredibus clare memorie C. regis Sicilie, sicut asserunt, fidelitatis prestiterint juramentum, et propterea ipsis prefatus capitaneus penam quamlibet temporalem duxerit remittendam, nobis humiliter supplicarunt ut, cum ipsi non modica paupertate graventur et laboriosum ac sumptuosum esset eisdem ad te personaliter se conferre, pro absolutionis beneficio obtinendo super excommunicationis sententia, quam ob favorem hujusmodi prefato Corrado ab ipsis exhibitam incurrerunt, providere super hoc eis de benignitate apostolica dignaremur. Nos itaque paupertati compatientes eorum et propter multitudinem intendentes mitius agere cum eisdem, fraternitati tue per apostolica scripta mandamus quatinus per te, vel per alium seu alios, nobiles et homines memoratos ab eadem sententia juxta formam ecclesie absolvere non omittas, injuncto eorum singulis quod de jure fuerit injungendum. Dat. Rome apud Sanctam Sabinam, nonis februarii, anno primo. »

283   Sainte-Sabine, 4 février 1286.

Decano et archidiacono Gaudensibus committit ut cum Renaldo comite Gueldrie et Margareta nata G. comitis Flandrie vidua, qui cupiebant matrimonialiter invicem copulari, quamvis tertio sint affinitatis gradu conjuncti, quod matrimonium contrahere valeant, dispensare curet. (nº 279, fol. 77 vº ; Potthast, nº 22368 ; La Porte du Theil, fol. 279.)

« .. *Decano, et .. archidiacono Gandensibus in ecclesia*

Tornacensi. Lecta coram nobis —. Dat. Rome apud Sanctam Sabinam, II nonas februarii, anno primo. »

284   Sainte-Sabine 4 février 1286.

Episcopo Tornacensi cum ex parte Ysabelle comitisse Flandrie fuerit pape supplicatum ut ipsi construendi de assensu Guidonis comitis Flandrie et in fundo proprio in parrochia ecclesie de Werkin, Tornacensis diocesis, constituto, monasterium monialium in honorem Beate Clare, in quo sancti Francisci regula observaretur, licentiam concedere dignaretur idem papa, mandat quatinus ipsi comitisse petitam licentiam largiatur. (n° 280, fol. 77 v° ; POTTHAST, n° 22364; LA PORTE DU THEIL, fol. 278.)

« *Venerabili fratri .. episcopo Tornacensi.* Ex parte dilecte —. Dat. ut supra. »

285   Sainte-Sabine, 4 février 1286.

Guillelmo Duranti, post obitum Stephani episcopi Mimatensis, in ecclesie Mimatensis episcopum electo, mandat quatinus ejusdem ecclesie administrationem diligenter gerat. (n° 281, fol. 78 ; LA PORTE DU THEIL, fol. 280.)

« *Dilecto filio Guillelmo Duranti, electo Mimatensi.* Dudum, sicut accepimus, Mimatensi ecclesia per obitum bone memorie Stephani episcopi Mimatensis, pastoris solatio destituta, dilecti filii capitulum ejusdem ecclesie, postquam dilectus filius Guillelmus de Narbona archidiaconus Redonensis in ecclesia Narbonensi electioni per eosdem capitulum celebrate de ipso in dicta ecclesia Mimatensi expresse renuerat consentire, vocatis omnibus —, deliberantes in electionem futuri pastoris per viam procedere compromissi, quatuor ex eis, videlicet dilectis filiis R. Atgerii Aniciensis, et Gaucelino de Garda, Brivatensis ecclesiarum decanis, A. de Petra precentori, et G. Bruni sacriste ecclesie Vivariensis, canonicis ejusdem ecclesie Mimatensis, providendi ea vice ipsi Mimatensi ecclesie de prelato potestatem liberam unanimiter concesserunt; promittentes quod —. Dicti autem quatuor — in te, cui etatis maturitas, gravitas morum et litterarum scientia suffragari dicuntur suos oculos direxerunt. Et demum prefatus decanus Brivatensis vice sua et dictorum collegarum suorum ac de ipsorum consensu te auctoritate concessionis hujusmodi elegit in Mimatensem episcopum et pastorem .Prefati quoque capitulum electionem hujusmodi acceptantes, deliberatione habita ut consensu nostro primitus requisito decretum electionis ejusdem venerabili fratri nostro .. Bituricensi archiepiscopo loci metropolitano facerent presentari et humiliter peti ab ipso, ut eandem electionem auctoritate metropolitana confirmaret, destinantes decretum prefate electionis per eorum certos procuratores et nuntios tibi circa executionem officii rectorie commissi tibi ab Apostolica Sede in Romaniola et Massa Trabaria nostris et ejusdem sedis obsequiis insistenti, a te cum instantia petierunt ut electioni predicte de te tuum preberes assensum. Tu vero ne, si absque nostra conscientia petitioni dictorum capituli annuisses, in hac parte per hoc a predictorum obsequiorum prosecutione forte non sine ambitionis nota te velle subducere videreris, quod super hoc tibi esset agendum a nobis cum reverentia petiisti. Et tandem eidem electioni de te facte recepto responso apostolico, consensisti. Et cum non posses absque dampnosa ipsorum obsequiorum intermissione ad predicti archiepiscopi presentiam personaliter te conferre pro confirmationis munere obtinendo ; nos — venerabili fratri nostro .. archiepiscopo Ravennati nostris sub certa forma dedimus litteris in mandatis, per quas seu processum earum auctoritate habendum decrevimus nullum Bituricensi ecclesie in posterum prejudicium generari, ut tam processum electionis predicte quam personam tuam auctoritate nostra diligenter examinare curaret, et si electionem ipsam inveniret de persona ydonea canonice celebratam, illam auctoritate eadem confirmaret; alioquin ea rite cassata mandaret capitulo —. Sane dictus archiepiscopus Ravennas — electionem ipsam — confirmavit, prout in patentibus litteris inde confectis dicti archiepiscopi Ravennatis sigillo signatis plenius dicitur contineri. Nos itaque quod ab eodem archiepiscopo Ravennati taliter factum est in hac parte ratum et gratum habentes, idque auctoritate apostolica confirmantes, discretioni tue per apostolica scripta mandamus quatinus impositum tibi onus a Domino suscipiens reverenter, curam et administrationem ejusdem ecclesie Mimatensis sic diligenter geras —. Dat. Rome apud Sanctam Sabinam, II nonas februarii, anno primo. »

In eundem modum capitulo ecclesie Mimatensis mandat quatinus eidem electo obedientiam et reverentiam debitam exhibeant, non obstante quod dictus electus presens non fuerit ad prestandum juramentum quod exhibetur ab episcopis cum in ipsa ecclesia de novo creantur, ad cujus prestationem tenebitur idem electus postquam ad eandem ecclesiam personaliter pervenerit. Dat. ut supra.

In. e. m. clero civitatis et diocesis Mimatensis.

In. e. m. populo civitatis et diocesis Mimatensis mandat quatinus ejusdem electi monitis et mandatis intendat. Dat. ut supra.

In. e. m. universis vasallis ecclesie Mimatensis mandat quatinus eidem electo de redditibus et aliis juribus ipsi a se debitis integre respondeant. Dat. ut supra.

In. e. m. archiepiscopo Bituricensi mandat quatinus eundem electum et commissam ipsi ecclesiam habeat commendatos. Dat. ut supra (GALLIA CHRISTIANA, t. I, *Instr.*, col. 26.)

In. e. m. regem Francie rogat et hortatur quatenus eundem electum et commissam ipsi ecclesiam habeat commendatos. Dat. ut supra.

286   Sainte-Sabine, 13 février 1286.

Guillelmo, electo Mimatensi, qui non absque dampnosa intermissione officii rectorie in Romaniola et Massa Trabaria ipsi a Sede Apostolica commissi, se de illis partibus absentare pro consecrationis munere obtinendo poterat, indulget ut donec a summo pontifice vel ab alio de mandato apostolico fuerit consecratus per lapsum temporis de consecrandis episcopis a canonibus diffiniti nullum ipsi electo prejudicium generetur. (n° 282, fol. 78 v°; LA PORTE DU THEIL, fol. 290.)

« *Guillelmo electo Mimatensi.* Paterna meditatione pensantes —. Dat. Rome apud Sanctam Sabinam, idibus februarii anno primo. »

287   Sainte-Sabine, 25 janvier 1286.

Gometio Fernandi, archidiacono de Barrosa in ecclesia Bracharensi, et olim bone memorie O. episcopi Tusculani capellano, indulget ut preter archidiaconatum de Barrosa, et canonicatus et prebendas quos in Auriensi et Bracharensi ecclesiis obtinet, unicum aliud ecclesiasticum beneficium, cum cura vel sine cura, licite recipere possit. (n° 283, fol. 78 v°.)

« *Gometio Fernandi, archidiacono de Barrosa in ecclesia Bracharensi.* Volentes personam tuam —. Dat. Rome apud Sanctam Sabinam, VIII kal. februarii, anno primo. »

288   Sainte-Sabine, 24 février 1286.

Gerardo de Oruns, in Sedunensis ecclesie decanum electo et confirmato, cantoriam, canonicatum et prebendam in Lausanensi ecclesia, sine animarum cura, et perpetuum christianitatis decanatum de Viviaco curam animarum habentem, Lausanensis diocesis, de novo confert, ea conditione ut cantorie et decanatus christianitatis redditus usque ad triennium ad cantorie

et decanatus predictorum utilitatem convertat. (n° 284, fol. 78 v°.)

« *Gerardo de Oruns, cantori ecclesie Lausanensis.* Provenit ex meritis —. Dat. Rome apud Sanctam Sabinam, VI kal. martii, anno primo. »

289   Sainte-Sabine, 20 février 1286.

Litteras Martini pape IV, Perusii IIII idus decembris et pontificatus anno quarto datas, quibus pontifex idem provisionem Tripolitane ecclesie, vacantis per obitum fratris Pauli episcopi apud Sedem Apostolicam decedentis, hac vice dicte Sedi reservaverat, confirmat. (n° 285, foli 79.)

« *Universis Christi fidelibus presentes litteras inspecturis.* Tenorem litterarum felicis —. Dat. Rome apud Sanctam Sabinam, X kal. martii, anno primo. »

290   Sainte-Sabine, 21 février 1286.

Gerardo, episcopo Sabinensi, Apostolice Sedis legato mandat quatinus cum Jacobo, episcopo Litterensi, qui collectas et exactiones Manfredo, principi Tarentino, persolverat invitus, dispenset. (n° 286, fol. 79.)

« *Venerabili fratri, .. episcopo Sabinensi, Apostolice Sedis legato.* Significavit nobis venerabilis frater noster Jacobus, episcopus Litterensis, quod, licet olim ipse, sicut et alii prelati regni Sicilie, ut coronationi quondam Manfredi, principis Tarentini, Panormi personaliter interesset, ex parte ipsius Manfredi citatus fuisset, idem tamen episcopus illuc ob Dei et Sedis Apostolice reverentiam non accessit, nec dicto Manfredo aliquem honorem impendit. nullius etiam ex comitibus dicti regni eidem Manfredo adherentibus, et propter hoc excommunicationis vinculo innodatis, episcopus ipse familiaris fuit neque participavit alicui eorundem. Cum autem post coronationem hujusmodi dictus episcopus fuisset memorato Manfredo et majoribus de curia ejus, super eo quod dicte coronationi non interfuerat, accusatus; iidemque Manfredus et majores moti propter hoc contra eum, collectis et aliis diversis exactionibus eundem episcopum et suam ecclesiam multipliciter aggravarent, et ipsum in persona etiam offendere minarentur, dictus episcopus non audens eorum resistere voluntati, quanquam non voluntarius, tamen invitus eis collectas et exactiones persolvit, et quibusdam de curia memorata munera tribuit aliqua, per hoc vexationem tuam et ejusdem ecclesie redimendo. Hac quoque de causa extunc ab executione pontificalis officii astinuit et astinere disposuit donec super hoc provisionis apostolice gratiam obtineret, et quanquam ipse pluries propter hoc ad dictam Sedem nuntium destinarit, nondum tamen ab ea potuit hujusmodi gratiam impetrare. Quare dictus episcopus nobis humiliter supplicavit ut providere in hac parte sibi misericorditer dignaremur. De tua ita circumspectione plenam in Domino fiduciam obtinentes, fraternitati tue presentium tenore committimus et mandamus quatinus, injuncta super premissis episcopo memorato penitentia salutari, cum eo super illis, si aliud rationabile non obsistat, auctoritate nostra dispenses, et agas cum ipso, prout secundum Deum anime saluti videris expedire. Dat. Rome apud Sanctam Sabinam, VIIII kal. martii, anno primo. »

291   Sainte-Sabine, 23 janvier 1286.

Episcopo Auximano mandat quatinus fratri Jacobo, in abbatem monasterii de Monte Acuto, ad Romanam ecclesiam nullo medio pertinentis, Cisterciensis ordinis, Perusine diocesis, secundum antiquam consuetudinem ipsius ordinis canonice instituto munus benedictionis impendat. (nº 287, fol. 79 vº.)

« *Venerabili fratri .. episcopo Auximano.* Dilecti filii .. prior —. Dat. Rome apud Sanctam Sabinam, X kal. februarii, anno primo. »

292   Sainte-Sabine, 5 décembre 1285.

Archiepiscopo Januensi committit ut cum Franciscino, nato Johannis de Marino, et Isolda, nata Pascalis dicti Purpurerii de Janua, quamvis quondam Fredericus Oberti Citade, qui eidem Franciscino quarto consanguinitatis gradu conjunctus erat, cum dicta Isolda, dum viveret, matrimonium contraxisset, quod, impedimento hujusmodi non obstante, iidem Franciscinus et Isolda matrimonium contrahere valeant, dispenset. (nº 288, fol. 79 vº.)

« *Venerabili fratri .. archiepiscopo Januensi.* Lecta coram nobis —. Dat. Rome apud Sanctam Sabinam, nonis decembris, anno primo. »

293   Sainte-Sabine, 5 février 1286.

Privilegium quod heremo Montis Fani, ordinis sancti Benedicti, Camerinensis diocesis, collatum fuerat, scilicet ut sepultura in eadem heremo omnibus esset libera, idipsum ad Sancti Honorius.

Jacobi Septinniani de Urbe monasterium extendit. (nº 289, fol. 79 vº; Potthast, nº 22369.)

« .. *Priori, et conventui monasterii Sancti Jacobi Septinniani de Urbe, per priorem soliti gubernari, ordinis sancti Benedicti.* Meritis vestre religionis —. Dat. Rome apud Sanctam Sabinam, nonis februarii, anno primo. »

294   Sainte-Sabine, 13 février 1286.

Episcopo Auximano mandat quatinus fratribus ordinis Predicatorum monasterium Sancti Florentii Auximani, ordinis sancti Benedicti, nunc in spiritualibus et temporalibus deformatum concedat; abbatemque et monachos dicti monasterii Sancti Florentii in alio seu aliis monasteriis ordinis sancti Benedicti Auximane civitatis collocare studeat. (nº 290, fol. 79 vº; Potthast, nº 22373.)

« *Venerabili fratri .. episcopo Auximano.* Ad sacrum fratrum —. Dat. Rome apud Sanctam Sabinam, idibus februarii, pontificatus nostri anno primo. »

295   Sainte-Sabine, 12 février 1286.

Cum magistro Hellino de Hielemes, de soluto et soluta genito, ut, non obstante defectu natalium, personatum sive dignitatem ecclesiasticam ac prebendam tam in cathedrali quam in alia collegiata ecclesia licite recipere valeat, dispensat. (nº 291, fol. 80.)

« *Magistro Hellino de Hielemes, canonico ecclesie Hoyensis, Leodiensis diocesis.* Illegitime genitos quos —. Dat. Rome apud Sanctam Sabinam, II idus februarii, anno primo. »

296   Sainte-Sabine, 18 décembre 1285.

Abbatibus Sancti Benigni Divionensis et Reomensis monasteriorum mandat quatinus de excessibus diversis in monasterio Pulteriarum, Lingonensis diocesis, commissis inquirant et idem monasterium reforment. (nº 292, fol. 80; La Porte du Theil, nº 250.)

« *Dilectis filiis .. Sancti Benigni Divionensis, et .. Reomensis monasteriorum abbatibus, Lingonensis diocesis.* Ex parte dilecti filii abbatis monasterii Pulteriarum, ad Romanam ecclesiam nullo medio pertinentis, ordinis sancti Benedicti, Lingonensis diocesis, fuit expositum coram nobis quod quidam ipsius monasterii monachi proprie salutis immemores, associatis sibi quibusdam iniquitatis filiis, suis in hac parte complicibus, armata manu, fractis temere hostiis, tam capelle ipsius abbatis quam thesaurarie, camerarum, cellariorum, et grangiarum monasterii supradicti, litteras, privilegia, ornamenta pecuniam pro solutione debitorum dicti monasterii in thesauraria ipsa deposita ac etiam sigillum conventus monasterii memorati, necnon blada, vina et res alias ejusdem abbatis inventa inibi, exinde per violentiam asportarunt, ea in usus illicitos consumendo; et, addentes excessus excessibus, balivum et familiam abbatis ejusdem de monasterio ipso, secularis brachii ad hoc invocato suffragio, per violentiam expulerunt, prefatum etiam abbatem monasterium ipsum, a quo pro ejusdem exequendis negotiis se absentare curaverat, redeuntem non solum admittere pro sue voluntatis libito recusarunt, verum etiam illud contra eum armatorum munire multitudine presumpserunt; nec hiis contenti sed in deteriora detestabiliter prorumpentes adversus eundem abbatem exercitu congregato, eum et familiam suam in quadam ipsius monasterii domo, que vulgariter Villerium nuncupatur, hostiliter obsederunt, per octo dierum spatium sic obsessum detinentes eundem, die noctuque in domum ipsam insultus validos faciendo, ut eos quibus victualia ceperant jam deesse per violentiam caperent, et captos suspendio manciparent, furcis erectis ibidem, prout eorundem monachorum clamor terribilis minabatur. Quare prefatus abbas nobis humiliter supplicavit ut, cum premissa in illis partibus adeo manifesta et notoria habeantur quod nulla possunt tergiversatione celari, sibi administrationem dicti monasterii liberam cum bonis omnibus taliter asportatis cum integritate restitui et eum in ipsius monasterii possessione defendi, ac monachos et complices supradictos condigne pene mucrone percelli de benignitate apostolica faceremus. Ex parte vero totius conventus monasterii supradicti fuit ex adverso responsum quod ea que pro parte ipsius abbatis proposita fuerant, penitus falsa erant, et nullius veritatis aminiculo fovebantur, quin imo prefatum monasterium, quod retroactis temporibus florere in spiritualibus et habundare in temporalibus consuevit, adeo propter malitiam et negligentiam ejusdem abbatis collapsum fore dinoscitur irreparabiliter in utrisque quod, nisi eidem celeri Apostolice Sedis remedio succurratur, vix aut nunquam adicere poterit ut resurgat. Prefatus namque abbas per campum licentie observantia regulari rejecta discurrens, vitam ducit penitus dissolutam, et de subditorum suorum salute non curans, se a dicto monasterio absentavit et ad illud redire negligit,

ab eodem conventu super hoc sepius requisitus. Simonie quoque vitio, perjurii et aliis diversis criminibus irretitus bona dicti monasterii dilapidavit, et dilapidat enormiter et consumit, ac majoris excommunicationis vinculo innodatus, divina officia celebrare, immo verius quantum in eo est publice prophanare presumit. Hospitalitatem vero et elemosinam que hactenus in dicto monasterio consueverunt laudabiliter observari penitus destruens, fieri eas inibi non permittit. Et cum quoddam homicidium in persona cujusdam laici in domo quadam dicti monasterii perpetratum fuisset, idem abbas homicidium hujusmodi ratum habens pluribus astantibus publice dixit non modicum se dolere quod plura non fuerant inibi homicidia perpetrata. Villam etiam de Pulteriis ad monasterium ipsum spectantem armata manu aggredi et destrui procuravit, in cujus aggressione ac destructione quedam mulier tunc in puerperio constituta fuit adeo afflicta verberibus quod ipsa cum puero infra triduum expiravit. Privilegia etiam dicti monasterii que in eo conservari deberent extra illud temere asportare presumpsit, ipsaque dicto conventui restituere indebite contradicit, plura committens enormia que Deum offendunt et homines scandalizant. Unde prefatus conventus nobis supplicabat humiliter ut eidem monasterio super tam miserabili statu ejus, ne irreparabiliter corruat, providere de benignitate apostolica dignaremur. Quia vero nobis non constitit plene de premissis et de circumspectione vestra plenam in Domino fiduciam obstinentes discretioni vestre per apostolica scripta mandamus quatinus ad monasterium ipsum personaliter accedentes, et habentes pre oculis solum Deum, inquiratis super premissis plenius veritatem, et, si per inquisitionem hujusmodi vobis constiterit de abbatis spolatione prefati, eo sicut justum fuerit primitus restituto corrigatis et reformetis ibidem auctoritate nostra tam in capite quam in membris que correctionis officio noveritis indigere. Contradictores etc usque: compescendo. Quod autem in hac parte feceritis nobis —. Dat. Rome apud Sanctam Sabinam, XV kal. januarii, anno primo. »

297   Sainte-Sabine, 22 février 1286.

Abbatibus Sancti Marcialis et Sancti Martini Lemovicensium monasteriorum mandat quatinus Petrum de Causac, pro priore domus Grandimontensis se gerentem, quem a dicto prioratu amoverant ordinis Grandimontensis correctores, peremptorie citent ut infra tres menses post citationem hujusmodi coram Apostolica Sede personaliter compareat. (no 293, fol. 80 vo; LA PORTE DU THEIL, fol. 291.)

« *Dilectis filiis .. Sancti Marcialis, et .. Sancti Martini Lemovicensium monasteriorum abbatibus.* Cum, sicut accepimus, .. de Vicenis, .. de Bosco Raherii, et .. de Podio Caprarii domorum correctores ordinis Grandimontensis, visitatores domus Grandimontensis, ad Romanam ecclesiam nullo medio pertinentis, Lemovicensis diocesis, auctoritate Sedis Apostolice deputati, in eadem domo visitationis officium impendentes, fratrem Petrum de Causac qui se gerit pro priore dicte domus, ab ejus prioratu, suis, ut ipsi dicebant, culpis exigentibus, sententialiter amovissent, nonnulli fratres domus et ordinis predictorum Bernardum dictum Rissa fratrem prefati ordinis in priorem dicte domus, prout asseritur, elegerunt, ac predicti visitatores electionem hujusmodi, prout eadem auctoritate sibi dicebant competere, confirmarunt. Orta itaque inter eundem Petrum et quamplures ejus sequaces ex parte una et dictum Bernardum ac nonnullos adherentes sibi fratres domus et ordinis predictorum ex altera. occasione amotionis, electionis, et confirmationis hujusmodi, materia questionis, et diversis hinc inde ad Sedem Apostolicam appellationibus interjectis, dictus frater B. personaliter pro seipso ac procuratores memorati fratris P. ad Sedem Apostolicam accesserunt. Nos autem venerabili fratri nostro L. Ostiensi et Velletrensi episcopo commisimus nostre oraculo vive vocis ut audiret sine strepitu et figura judicii que partes coram eo ducerent proponendum, et demum ea nobis referre curaret. Cumque idem episcopus, auditis que partes hinc inde coram eo proponere voluerunt, nobis qualitatem ipsius negotii retulisset, nos attendentes quod ex litigiis et questionibus precipue inter religiosos viros dispendia multa proveniunt, et inter fratres leditur vinculum caritatis, ac volentes eisdem domui et ordini, quos in statu pacifico et tranquillo conservari cupimus congruo in hac parte remedio subvenire, sperantes quoque quod pia nostra intentio votivum commodius sortiatur effectum, si personaliter utriusque partis presentiam habeamus, discretioni vestre per apostolica scripta mandamus quatinus vos vel alter vestrum predictum Petrum ex parte nostra peremptorie citare curetis ut infra tres menses post citationem vestram personaliter compareat, nobis facturus et recepturus super premissis —. Ceterum si dictus Petrus credens saluti et quieti sue ac dicti ordinis expedire, dicto prioratui et juri quod sibi credit competere in eodem, infra unum mensem post citationem predictam renuntiare forte voluerit, vos vel alter vestrum renuntiationem hujusmodi auctoritate nostra recipiatis, et a labore itineris veniendi ad Sedem Apostolicam absolvatis eundem, diem autem citationis — studeatis fideliter intimare. Dat. Rome apud Sanctam Sabinam, VIII kal. martii, anno primo. »

298   Sainte-Sabine, 15 février 1286.

Abbati et conventui monasterii Sancte Marie Florentine, qui monasterium suum de novo edificare inceperant, cum ad consummationem ipsius operis proprie eis non suppeterent facultates, indulget ut de usuris et rapinis et alias male acquisitis, dummodo hii quibus ipsorum restitutio fieri debeat, edictis publice propositis in locis competentibus, omnino sciri et inveniri non possint, usque ad summam mille librarum parvorum Pisanorum in Florentina et Fesulana civitatibus et diocesibus recipere libere valeant. (n° 294, fol. 80 v°.)

« .. *Abbati, et conventui monasterii Sancte Marie Florentine, ad Romanam ecclesiam nullo medio pertinentis, ordinis sancti Benedicti.* Que pie desideratis —. Dat. Rome apud Sanctam Sabinam, XV kal. martii, anno primo. »

299   Sainte-Sabine, 18 février 1286.

Priori Sancti Frigdiani Lucani, et plebano Sancti Petri de Monte Catino mandat quatinus totum clerum Florentine civitatis et diocesis, et non solum abbatem et conventum monasterii Sancte Marie Florentine et episcopum Florentinum, compellant ut in legatorum et nuntiorum Sedis Apostolice procurationibus contribuant. (n° 295, fol. 80 v°.)

« *Dilectis filiis .. priori Sancti Frigdiani Lucani, ordinis sancti Augustini, et .. plebano ecclesie Sancti Petri de Monte Catino, Lucane diocesis.* Exhibita nobis dilectorum —. Dat. Rome apud Sanctam Sabinam, XII kal. martii, anno primo. »

300   Sainte-Sabine, 5 février 1286.

Priori et conventui monasterii Sancti Jacobi Septiniani de Urbe concedit ut de usuris, rapinis et aliis male acquisitis, et de votorum redemptionibus, usque ad summam trecentarum marcharum argenti, in Urbe ac ejus districtu recipere valeant. (n° 296, fol. 81; POTTHAST, n° 22370.)

« *Dilectis filiis .. priori, et conventui monasterii Sancti Jacobi Septiniani de Urbe, per priorem soliti gubernari, ordinis sancti Augustini.* Vestre meritis religionis —. Dat. Rome apud Sanctam Sabinam, nonis februarii, anno primo. »

301   Sainte-Sabine, 23 février 1286.

Guillelmo Duranti, rectori Romaniole, mandat quatinus commune Bononiense, quod terram Medecine, ad jus ecclesie Romane pertinentem, occupaverat ibique jurisdictionem exercere presumpserat, ab excommunicationis sententia absolvat; decernens preterea ut quotiens commune Bononiense predictam terram occupaverit, potestas et capitaneus et quivis officialis dicte civitatis excommunicationis vinculo sint innodati. (n° 297, fol. 81 ; Pottnast, n° 22380.)

« *Magistro Guillelmo Duranti, electo Mimatensi, rectori Romaniole.* Mansuetudinis apostolice plenitudo —. Dat. Rome apud Sanctam Sabinam, VII kal. martii, anno primo. »

302   Sainte-Sabine, 8 février 1286.

Hospitalis Sancti Spiritus in Saxia de Urbe et aliorum hospitalium eidem hospitali pleno jure subjectorum sepulturam liberam esse decernit, ut eorum devotioni et extreme voluntati qui se illic sepeliri deliberaverint, excommunicati vel interdicti fuerint aut etiam publice usurarii, nullus obsistat, salva tamen justitia illarum ecclesiarum a quibus mortuorum corpora assumuntur. (n° 298, fol. 82.)

« .. *Magistro, et fratribus hospitalis nostri Sancti Spiritus in Saxia de Urbe.* Devotionis vestre precibus —. Dat. Rome apud Sanctam Sabinam, VI idus februarii, anno primo. »

303   Sainte-Sabine, 20 février 1286.

Priori fratrum Predicatorum Lucanorum mandat quatinus litteras Martini pape IV ad abbatem monasterii de Ficecchio ac priorem ecclesie de Cappiano, Lucane diocesis, directas, sibi faciat a detentoribus exhiberi, easque utrum transcripto qui sequitur annon concordaverint examinet. (n° 299, fol. 82.)

« .. *Priori fratrum ordinis Predicatorum Lucanorum.* Exhibitum nobis tenorem litterarum sub nomine felicis recordationis Martini pape quarti predecessoris nostri pro Minello presbitero, canonico ecclesie Sancti Michaelis in foro Lucano, ad dilectos filios .. abbatem monasterii de Ficecchio, et .. priorem de Cappiano, Lucane diocesis, ut dicitur, obtentarum, qui de verbo ad verbum inferius continetur, inspici fecimus diligenter. Quia igitur littere ipse vehementer haberentur de falso suspecte, discretioni tue per apostolica scripta mandamus quatinus easdem litteras tibi faciens exhiberi detentores

ad exhibitionem ipsarum, si opus fuerit, monitione premissa per censuram ecclesiasticam, appellatione postposita, compellendo, eas, si transcripto predicto concordant, nobis per fidelem nuntium sine dilatione trans mittas, ut an aliqua et quanta eis fides adhiberi debeat declaremus ; non obstante indulgentia qua tibi a Sede Apostolica dicitur esse concessum quod non tenearis te intromittere de quibuscumque negotiis que tibi per ipsius Sedis litteras committuntur nisi in eis de concessione hujusmodi plena et expressa mentio habeatur. Tenor autem predictarum litterarum talis est :

Pérouse, 13 janvier 1285.

« Martinus episcopus servus servorum Dei dilectis » filiis .. abbati monasterii de Ficecchio ac .., priori » regularis ecclesie de Cappiano, Lucane diocesis, sa- » lutem et apostolicam benedictionem. Lecta coram no- » bis dilecti filii presbiteri Minelli, canonici ecclesie » Sancti Michaelis in foro Lucano, petitio continebat » quod dilectus filius Guillelmus de Auterminellis, ca- » nonicus ecclesie Lucane, ac plebanus plebis de Sancto » Paulo, prefate diocesis, ad integritatem prebende sue » in predicta ecclesia Lucana non admittitur, nec » ejusdem ecclesie capituli communes tractatus, nisi » beneficiis ecclesiasticis que in Tuscia obtinet primo » renuntiet, juxta ipsius ecclesie Lucane consuetudines » et statuta, sicque, ut asseritur, intendit dictus Guillel- » mus plebanatum suum dicte plebis sponte ac libere » resignare. Quare fuit nobis ex parte dicti presbiteri » humiliter supplicatum ut, post hujusmodi liberam et » spontaneam renuntiationem, faceremus de plebanatu » plebis predicte ipsi presbitero ex benignitate aposto- » lica per discretum aliquem provideri. Nos itaque jam » dicti presbiteri supplicationibus inclinati, volentes » eidem gratiam facere specialem discretioni vestre per » apostolica scripta mandamus quatinus vos vel alter » vestrum, si dictus presbiter fuerit vite laudabilis et » conversationis honeste, super quibus vestras inten- » dimus conscientias onerare a predicto Guillelmo ple- » bano plebis ejusdem auctoritate nostra libera et sponta- » nea resignatione recepta, prefatum plebanatum eidem » presbitero conferre et assignare curetis; inducentes » eundem in ipsius plebanatus corporalem possessio- » nem et defendentes inductum ac facientes presbite- » rum memoratum in plebanum dicte plebis, ut est » moris, admitti et ei de ipsius plebanatus redditibus » et proventibus integre responderi. Contradictores etc., » usque compescendo; non obstantibus quibuscumque » contrariis — ; volentes denique jam dictum presbite-

» rum ampliori prerogativa gaudere et ipsum prosequi
» favore gratie specialis, locum et canonicatum suum
» quem obtinet in ecclesia Sancti Michaelis predicti,
» sicut ipsum juste et pacifice possidet, auctoritate apos-
» tolica confirmamus eidem. Nos igitur exnunc irritum
» decernimus et inane, si secus de hujusmodi plebanatu
» ac canonicatu a quoquam contigerit attemptari, pro-
» viso quod super premissis nulla penitus pravitas vel
» aliquod vitium intercedant. Dat. Perusii, idibus ja-
» nuarii, pontificatus nostri anno quarto. »

Dat. Rome apud Sanctam Sabinam, X kal. martii,
anno primo. »

304   Sainte-Sabine, 25 janvier 1286.

Collectoribus decime in subsidium regni Sicilie deputate in
Tuscia constitutis mandat quatinus monasteriorum Sancte Margarite, Sancti Benigni Tudertini, Sancti Pauli Urbevetani et
Sancte Marie de Canalibus, Ameliensis diocesis, abbatissas et
moniales, si earum redditus tenues, ut asserunt eedem, invenerint, super prestatione hujusmodi decime nullatenus aggravent.
(n° 300, fol. 82 v°.)

« Dilectis filiis .. collectoribus decime in subsidium regni
Sicilie a Sede Apostolica deputate in Tuscia constitutis.
Pressos paupertatis angustiis —. Dat. Rome apud
Sanctam Sabinam, VIII kal. februarii, anno primo. »

305   Sainte-Sabine, 6 mars 1286.

Patriarchis, archiepiscopis et episcopis, ad instar Alexandri
pape et Clementis pape IV, mandat quatinus, quamdiu fratres
ordinis Beate Marie de Monte Carmeli ipsorum prelatorum et
sancte Sedis Apostolice mandatis curaverint obedire, dictos fratres permittant divina officia in ipsorum oratoriis libere celebrare. (n° 301, fol. 82 v°; POTTHAST, n° 22387.)

« Venerabilibus fratribus patriarchis, archiepiscopis et
episcopis in quorum civitatibus vel diocesibus fratres ordinis
Beate Marie de Monte Carmeli consistunt. Olim ad aures
—. Dat. Rome apud Sanctam Sabinam, II nonas martii, anno primo. »

306   Sainte-Sabine, 12 février 1286.

Giffredo de Vezano, canonico Cameracensi, camere Apostolice
clerico, mandat quatinus de valore proventuum ecclesie de
Wyvelfforde, Lincolniensis diocesis, diligenter inquirat. (n° 302,
fol. 83.)

« Magistro Giffredo de Vezano, canonico Cameracensi, camere nostre clerico, in Angliâ commoranti. Exhibita nobis
dilecti filii Roberti de Flammavilla, rectoris ecclesie de
Wyvelfforde, Lincolniensis diocesis, petitio continebat
quod, licet ipse decimam proventuum ipsius ecclesie
juxta verum valorem eorum per totum tempus quo decima Terre Sancte concessa subsidio perduravit, duxerit integre persolvendam, nichilominus tamen post dicti
temporis lapsum venerabiles fratres nostri Johannes
archiepiscopus Dublinensis, tunc frater ordinis Predicatorum, et Arditio, Mutinensis episcopus, tunc primicerius Mediolanensis, super collectione ipsius decime
in illis partibus a Sede Apostolica deputati, rectori
mandaverunt eidem ut quandam pecunie summam cuidam eorum in ejusdem collectionis officio substituto
persolveret pro supplemento decime supradicte in ipsius
rectoris prejudicium et gravamen. Quare prefatus rector nobis humiliter supplicavit ut providere sibi super
hoc de benignitate Sedis Apostolice dignaremur. Quocirca discretioni tue per apostolica scripta mandamus
quatinus de valore proventuum ejusdem ecclesie a personis fidedignis ipsius valoris tunc notitiam plenam
habentibus per te vel alium seu alios diligenter inquiras et si per inquisitionem hujusmodi tibi constiterit
eundem rectorem predictam decimam de prefatis proventibus juxta verum valorem eorum integre persolvisse et ipsum molestari super solutione alia non permittas; alioquin secundum valorem dictorum proventuum, quem per inquisitionem hujusmodi contigerit
inveniri ad solvendum integre residuum decime supradicte pro predicto tempore jam elapso compellere non
postponas. Dat. Rome apud Sanctam Sabinam, II idus
februarii, anno primo. »

307   Sainte-Sabine, 4 février 1286.

Episcopo, et guardiano fratrum Minorum Tornacensibus mandat quatinus, cum nobiles viri Guido Flandrie comes, et Robertus
natus ejus, Nivernensis comes juraverint quod procurarent quod
nobilis vir Ludovicus ejusdem Roberti primogenitus Johannam
filiam et heredem quondam comitis de Retest, cum prefatus
Ludovicus ad legitimam perveniret etatem, duceret in uxorem,
et cum etiam Henricus comes de Grandiprato et Isabella ipsius
Henrici uxor, ac Maria domina de Ænghien promiserint quod
predicta Johanna prefatum Ludovicum reciperet in maritum,
eosdem Guidonem et Robertum ab hujusmodi juramento, si ad
hoc Henrici, Isabelle ac Marie accesserit assensus, absolvere
procurent. (n° 303, fol. 83; POTTHAST, n° 22366.)

« Venerabili fratri .. episcopo, et dilecto filio .. guar-

diano fratrum Minorum Tornacensibus. Ex parte dilectorum —. Dat. Rome apud Sanctam Sabinam, II nonas
februarii, anno primo. »

308   Sainte-Sabine, 15 décembre 1285.

Decano et capitulo ecclesie Cathalaunensis concedit redditus
primi anni omnium beneficiorum ecclesiasticorum, ad collationem ipsorum spectantium que usque ad quinquennium vacare
contigerit, in chori dicte ecclesie fabricam convertendos. (n° 304
fol. 83; La Porte du Theil, fol. 240.)

« *Dilectis filiis .. decano et capitulo ecclesie Cathalaunensis.* Devotionis vestre merita —. Cum itaque, sicut
ex parte vestra fuit propositum coram nobis, vos chorum
ipsius ecclesie de nobili, sicut tantam decet ecclesiam,
inceperitis de novo edificare structura, et ad ipsius consummationem operis proprie ipsius ecclesie non suppe-
tant facultates; nos cupientes ut tam pium et laudabile
opus fine laudabili consumetur, — fructus, redditus et
proventus primi anni omnium prebendarum et aliorum
beneficiorum ecclesiasticorum ad collationem vestram
spectantium, quos usque ad quinquennium in Cathalaunensi civitate ac diocesi vacare contigerit, apostolica
vobis auctoritate percipiendos concedimus in ejusdem
chori fabricam convertendos ; proviso quod hujusmodi
fructus, redditus et proventus in alios quam ipsius fabrice usus minime convertantur, et quod prebende ac
beneficia hujusmodi debitis obsequiis non fraudentur
et animarum cura in eis quibus illa imminet nullatenus
negligatur. Nulli ergo etc. nostre concessionis etc.
Dat. Rome apud Sanctam Sabinam, XVIII kal. januarii, anno primo. »

In eundem modum decano ecclesie Trecensis, et officiali archidiacono (*sic*) Remensi mandat quatinus predictos redditus
eisdem decano et capitulo ecclesie Cathalaunensis juxta precedentem concessionem faciant integre assignari. Dat. ut supra.

309   Sainte-Sabine, 11 mars 1286.

Archiepiscopo Ragusino mandat quatinus, juxta litterarum
Martini pape IV continentiam, Tribuniensi et Stagniensi ecclesiis cathedralibus, tanto tempore pastoribus vacantibus quod
earum provisio ad Sedem Apostolicam legitime devoluta sit,
personas idoneas in episcopos proficiat, eisque, ascitis tribus vel
duobus episcopis, munus consecrationis impendat. (n° 305,
fol. 83 v°; Potthast, n° 22392.)

« *Venerabili fratri .. archiepiscopo Ragusino.* Lecta coram

nobis —. Dat. Rome apud Sanctam Sabinam, V idus
martii, anno primo. »

310   Sainte-Sabine, 11 mars 1286.

Universis archiepiscopis et episcopis mandat quatinus quoscumque, habitum nove religionis, non a Sede Apostolica confirmate, sub nomine Ordinis Apostolorum, deferentes in ipsorum
diocesibus invenire contigerit, eos ad deponendum hujusmodi
habitum compellant; monentes eosdem ut si religiosam vitam
ducere cupierint ad aliquam se transferant de religionibus approbatis. (n° 306, fol. 83 v°; Potthast, n° 22391.) [1]

« *Venerabilibus fratribus universis patriarchis, archiepiscopis et episcopis ac dilectis filiis cathedralium ecclesiarum
electis et vicariis earundem ad quos littere iste pervenerint.*
Olim felicis recordationis —. Dat. Rome apud Sanctam
Sabinam, V idus martii, anno primo. »

311   Sainte-Sabine, 25 février 1286.

Ovetensi ecclesie, per translationem F. episcopi ad Aniciensem ecclesiam factam vacanti, Peregrinum, pape capellanum,
preficit in episcopum. (n° 307, fol. 84.)

« *Dilecto filio Peregrino, electo Ovetensi.* In supreme
dignitatis —. Dudum siquidem Ovetensi ecclesia per
translationem venerabilis fratris nostri F. Aniciensis,
olim Ovetensis episcopi, ad Aniciensem ecclesiam tunc
vacantem per felicis recordationis M. papam predecessorem nostrum factam, pastoris solatio destituta, idem
predecessor extunc provisionem ipsius ecclesie Ovetensis Sedi Apostolice specialiter reservavit, et decrevit
irritum et inane si secus super hoc contingeret attemptari. Sane nos, postquam fuimus licet immeriti ad apicem summi apostolatus assumpti, de ipsius ecclesie
Ovetensis ordinatione, prout tenemur, ex suscepte servitutis debito, sollertius cogitantes — in te, tunc capellanum nostrum direximus oculos nostre mentis — ; quapropter — prefate Ovetensi ecclesie preficimus in episcopum—. Dat. Rome apud Sanctam Sabinam, V kal.
martii, anno primo. »

In eundem modum decano et capitulo ecclesie Ovetensis mandat quatinus eidem episcopo obedientiam et reverentiam debitam
exhibeant. Dat. ut supra.

In e. m. clero civitatis et diocesis Ovetensis.

In e. m. populo civitatis et diocesis Ovetensis. Dat. ut supra.

1. On lit en marge dans le registre, en face de la bulle qui porte
ici le n° 310 : « Constitutio contra deferentes habitum sub nomine
ordinis Apostolorum. »

312   Sainte-Sabine, 25 janvier 1286.

Firmano, Urbevetano et Reatino episcopis mandat quatinus nobiles viros comitem Anguillarie, Florentium de Caputiis, Jacobum et alios filios et heredes quondam Angeli Capucii, Ricardum de Militiis, Deodatum de Cretone, Andream de Maguliano et Johannem natum quondam Petri Johannis Cynthii, Thomam de Thealdinis, Mactuzum de Bovissis, ac Andream Magistri Oddonis, milites, et Angelum Rubeum domicellum de Urbe ac Sabinensi et Tiburtina diocesibus, qui ad bona monasterii Sancti Pauli de Urbe manus temerarias extenderant, et terras, castra casaliaque ejusdem monasterii detinebant, moneat ut infra quindecim dies post monitionem dicta bona abbati et conventui ejusdem monasterii restituant. (n° 308, fol. 84.)

« *Venerabilibus fratribus .. Firmano, et .. Urbevetano, et .. Reatino episcopis.* Exposuerunt nobis dilecti —. Dat. Rome apud Sanctam Sabinam, VIII kal. februarii, anno primo. »

313   Sainte-Sabine, 4 février 1286.

Episcopo Leodiensi committit quod cum Gregorio de Bevreria, subdiacono, Morinensis diocesis, quod, non obstante defectu natalium quem patitur, in susceptis ministrare ordinibus et ad superiores promoveri licite valeat, dispenset. (n° 309, fol. 84.)

« *Venerabili fratri .. episcopo Leodiensi.* Exhibita nobis dilecti filii Gregorii de Bevreria subdiaconi, Morinensis diocesis, petitio continebat quod, cum olim quondam capellaniam perpetuam, cui animarum cura non imminet, fuisset canonice assecutus, fecit se in subdiaconum promoveri, postmodum autem, cum haberet sue fama vicinie quod filius fuerat sacerdotis, quanquam constante matrimonio inter quondam Robertum dictum Dodei laicum et Margaretam, matrem suam, fuerit procreatus, ipse de suis natalibus dubitans penes matrem ipsam sollicite institit ut eum super hoc redderet certiorem, que tandem sibi secretius retulit quod prefatus Robertus vir suus, prole jam ex ipsa suscepta, confessus extitit quod antequam cum ea matrimonium contraxisset, quandam mulierem carnaliter cognoverat, que matrem ipsam secunda consanguinitatis linea contingebat, et propter hoc a thoro matris ejusdem motu proprio se duxerat subtrahendum quamvis secum in eadem domo remanserit in cibo et potu, ad alias etiam participans cum eadem, quodque hujusmodi separatione seu subtractione durante, ipsa prefatum Gregorium ex quodam presbitero procrearat, sicque dictus G. predictam capellaniam resignavit. Cum itaque prefatus Gregorius de multe probitatis meritis commendetur, nosque

de circumspectione tua fiduciam geramus in Domino specialem, fraternitati tue presentium auctoritate committimus quod si premissa inveneris veritate fulciri — cum eodem Gregorio quod hujusmodi non obstante defectu, dum tamen occultus existat, in susceptis ministrare ordinibus et ad superiores promoveri ac beneficium ecclesiasticum, etiam si curam habeat animarum, obtinere valeat auctoritate nostra dispenses, prout secundum Deum anime sue saluti videris expedire. Dat. Rome apud Sanctam Sabinam, II nonas februarii, anno primo. »

314   Sainte-Sabine, 25 février 1286.

Monopolitane ecclesie, ad Romanam ecclesiam nullo medio pertinenti, per obitum P. episcopi solatio destituta pastoris, et cujus provisio propter diutinam vacationem ad Sedem Apostolicam devoluta erat, Petrum dictum Sarracenum de Urbe preficit in episcopum. (n° 310, fol. 84 v°.)

« *Dilecto filio Petro dicto Sarraceno de Urbe, electo Monopolitano, capellano nostro.* Monopolitanam ecclesiam quam —. Dat. Rome apud Sanctam Sabinam, V kal. martii, anno primo. »

In eundem modum capitulo ecclesie Monopolitane mandat quatinus eidem electo obedientiam et reverentiam debitam exhibeat. Dat. ut supra.

In. e. m. clero civitatis et diocesis Monopolitane.

In. e. m. populo civitatis et diocesis Monopolitane mandat quatinus ejusdem electi mandatis et monitis intendat. Dat. ut supra.

In e. m. universis ecclesie Monopolitane vassallis mandat quatinus eidem electo fidelitatis solite juramentum prestantes jura et servitia debita exhibeant. Dat. ut supra.

315   Sainte-Sabine, 18 mars 1286.

Episcopo Castellano scribit se ei mandavisse ut, antequam ad interdicti contra civitatem Venetorum prolati relaxationem procederet, ducem, consilium et commune ejusdem civitatis moneret, ut statutum illud de quo in primis litteris mentio habebatur expressa, declarare studerent, ac hujusmodi declarationem libro statutorum suorum conscribere non tardarent. Mandat ei ut, cum illorum nuncii fratres Baxianus et Daniel Predicatorum, ac fratres Fidentius et Alexander Minorum ordinum hanc declarationem in libris statutorum conscriptam esse retulerint, interdictum relaxet. (n° 311, fol. 85; POTTHAST, n° 22397.)

« *Venerabili fratri .. episcopo Castellano.* Olim tibi sub —. Dat. Rome apud Sanctam Sabinam, XV kal. aprilis, anno primo. »

316   Sainte-Sabine, 2 mars 1286.

Ad Ravellensem ecclesiam per obitum Petri episcopi pastoris solatio destitutam, et cujus provisio, quia canonici ejusdem ecclesie Johannem Rofulum archidiaconum patientem in etate defectum in episcopum postulassent, neque hanc postulationem juxta formam canonum infra tempus legitimum essent prosecuti, ad Sedem Apostolicam devoluta erat, Ptolomeum, tunc Sardensem episcopum, transfert. (nº 312, fol. 85 ; Potthast, nº 22384.)

« *Venerabili fratri Ptolomeo, episcopo Ravellensi.* In dispensatione ministeriorum —. Dat. Rome apud Sanctam Sabinam, VI nonas martii, anno primo. »

In eundem modum capitulo ecclesie Ravellensis mandat quatinus eidem episcopo obedientiam et reverentiam debitam exhibeat. Dat. ut supra.

In. e. m. clero civitatis et diocesis Ravellensis.

In. e. m. populo civitatis et diocesis Ravellensis mandat quatinus ejusdem episcopi monitis et mandatis intendat. Dat. ut supra.

317   Sainte-Sabine, 7 mars 1286.

Gregorio, pape capellano, concedit ut canonicatum et prebendam unacum archidiaconatu Sancti Andree in Scotia licite retinere valeat. (nº 313, fol. 85 vº.)

« *Gregorio, archidiacono Sancti Andree in Scotia, capellano nostro.* Placentes honestatis et scientie —. Cum itaque nuper — canonicatum ecclesie Dunkeldensis, ac prebendam nulli alii de jure debitam, si qua tunc vacabat ibidem, tibi auctoritate apostolica contulerimus de gratia speciali ; si vero tunc aliqua talis prebenda non vacabat in dicta ecclesia, prebendam primo inibi vacaturam que similiter de jure nulli alii deberetur conferenda tibi, donationi apostolice reservantes, decreverimus irritum et inane si secus super hiis a quoquam contingeret attemptari ; nos, volentes tibi gratiam facere ampliorem, ut canonicatum et prebendam hujusmodi — cum archidiaconatu Sancti Andree licite retinere valeas, tecum auctoritate presentium dispensamus ; proviso quod archidiaconatus —. Nulli ergo —. Dat. Rome apud Sanctam Sabinam, nonis martii, anno primo. »

318   Sainte-Sabine, 3 mars 1286.

Cum Arnuldo de Mauritania, quod preter thesaurariam ecclesie Tornacensis, necnon canonicatus et prebendas quos in eadem et Cameracensi ac Sancte Crucis Aurelianensis ecclesiis obtinet, unicam adhuc dignitatem cui cura non immineat animarum, licite recipere ac retinere valeat dispensat. (nº 314, fol. 85 vº.)

« *Dilecto filio Arnuldo de Mauritania, thesaurario ecclesie Tornacensis.* Placentes honestatis et scientie —. Dat. Rome apud Sanctam Sabinam, V nonas martii, anno primo. »

319   Sainte-Sabine, 8 mars 1286.

Gerardo, Sabinensi episcopo, Apostolice Sedis legato, mandat quatinus Henricum, filium quondam F. regis Castelle ac Legionis, qui Corradino, nepoti olim Frederici Romanorum imperatoris, adheserat, et ecclesie Romane, et M. Sancte Marie in Porticu et Jordano Sancti Eustachii diaconis cardinalibus offensas intulerat, ab excommunicationum sententiis, postquam ecclesie Romane et predictis cardinalibus de prefatis dampnis plenarie satisfecerit, absolvat. (nº 315, fol. 85 vº ; Potthast, nº 22389.)

« *Venerabili fratri G., Sabinensi episcopo, Apostolice Sedis legato.* Sancta mater ecclesia pietatis ubertate fecunda —. Cum itaque nobilis vir Henricus, filius clare memorie F. regis Castelle ac Legionis, pro eo quod contra monitiones, comminationes et inhibitiones Apostolice Sedis, quondam Corradino nepoti olim Frederici dudum Romanorum imperatoris adhesit, impendens ei auxilium, consilium et favorem, necnon pro eo quod domos Apostolice Sedis, ecclesie Sancti Petri de Urbe ac alia bona dicte Sedis et ecclesie Romane occupavit, et pro offensis ac dampnis que felicis recordationis Nicolao pape predecessori nostro tunc in minori officio constituto, et dilectis filiis nostris M. Sancte Marie in Porticu et Jordano Sancti Eustachii diaconis cardinalibus, eodem Jordano tunc existente capellano Sedis predicte, intulit et pro eo etiam quod diversos clericos cepit seu capi fecit et sub custodia detineri ac nonnulla deposita diversorum Christi fidelium et ecclesiarum de sacris edibus urbis seu locis eis adjacentibus extraxit seu fecit extrahi, tam per Sedem prefatam quam etiam a canone sit diversis excommunicationum sententiis innodatus, fuit vobis ex parte sua humiliter supplicatum ut ipsum ab hujusmodi sententiis absolvi de benignitate apostolica mandaremus. Licet igitur dictus nobilis enormiter peccaverit —, quia tamen — ad humilis confessionis confugit remedium —, nos — libenter in cunctis actibus nostris misericordiam amplexantes —, fraternitati tue per apostolica scripta mandamus quatinus ejusdem nobilis per te vel per alium confessione audita, ipsum, postquam predictis cardinalibus et heredibus qui predicto predecessori nostro in bonis patrimonialibus successerunt, de prefatis offensis et dampnis, ac aliis quorum interest de predictis depositis plenarie satisfecerit, ab eisdem sententiis juxta formam ecclesie per te vel per alium absolvas auctoritate nostra, injungens ei penitentiam salutarem et alia que de jure videris injungenda; et specialiter quo l de cetero Romanam ecclesiam non impugnet nec impugnantibus ipsam prestet auxilium et consilium vel favorem. Si vero propter paupertatem de offensis et dampnis ac depositis predictis ad presens satisfacere forte nequiverit, tu ab eo bonorum suorum cessione ac juratoria cautione, cum aliam, ut asseritur, nunc prestare non possit, receptis, absolutionis beneficium a predictis sententiis impendas eidem precipiens ei sub debito prestiti juramenti quod quam cito ad pinguiorem fortunam pervenerit dictis cardinalibus et heredibus ac aliis de offensis, dampnis et depositis satisfaciat supradictis; volumus autem quod super cessione, cautione ac preceptis hujusmodi confici facias publica instrumenta, illa nobis per fidelem nuntium transmissurus. Dat. Rome apud Sanctam Sabinam, VIII idus martii, anno primo. »

320   Sainte-Sabine, 5 mars 1286.

Ecclesie Salamantine, solatio destitute pastoris, Petrum, olim fratrem ordinis Minorum, in episcopum preficit. (n° 316, fol. 86; Potthast, n° 22383.)

« Venerabili fratri Petro, episcopo Salamantino. Cum pastoralis officii —. Dat. Rome apud Sanctam Sabinam, III nonas martii, anno primo. »

In eundem modum capitulo ecclesie Salamantine mandat quatinus eidem episcopo obedientiam et reverentiam debitam exhibeat. Dat. ut supra.

In e. m. clero civitatis et diocesis Salamantine. Dat. ut supra.

In e. m. populo civitatis Salamantine mandat quatinus ejusdem episcopi monitis et mandatis intendat. Dat. ut supra.

In e. m. vassallis ecclesie Salamantine mandat quatinus eidem episcopo fidelitatis solite juramentum prestantes jura et servitia debita exhibeant. Dat. ut supra.

HONORIUS.

321   Sainte-Sabine, 25 février 1286.

Johannem, olim priorem monasterii Sancti Savini, Pisane diocesis, in ejusdem monasterii abbatem preficit. (n° 317, fol. 86.)

« Johanni, abbati monasterii Sancti Savini, ad Romanam ecclesiam nullo medio pertinentis, ordinis sancti Benedicti, Pisane diocesis. Dum attente considerationis —. Sane vacante olim monasterio Sancti Savini, ad Romanam ecclesiam nullo medio pertinente, ordinis sancti Benedicti, per obitum quondam Petri abbatis ipsius monasterii, conventus dicti monasterii — Johannem primum prefati monasterii monachum in illius abbatem concorditer elegerunt. Postmodum autem venerabili fratri nostro B., Portuensi episcopo, tunc in illis partibus Apostolice Sedis legato, electione hujusmodi presentata, et conventu ac Johanne predictis eam confirmari petentibus,.. prior et conventus heremi Camaldulensis, Aretine diocesis, asserentes se in electionem hujusmodi jus habere et quod eis contemptis et irrequisitis fuerat eadem electio celebrata, se super hoc conventui Sancti Savini ac monacho predictis opponere curaverunt. Postmodum autem hujusmodi electionis negotio ab audientia ipsius legati per appellationem conventus Sancti Savini et monachi predictorum ad Sedem eandem legitime devoluto, nos predicto monasterio ne propter litigiorum anfractus et vacationem diutinam pateretur in spiritualibus et temporalibus detrimentum providere volentes, examinationem persone ipsius monachi venerabili fratri J., episcopo Penestrino, et dilectis filiis nostris G., tituli Sancti Martini presbitero, et M., Sancte Marie in Porticu diacono cardinalibus duximus committendam; verum cum dictus monachus sano usus consilio electioni de se facte ac juri si quod sibi competebat ex ea in nostris manibus sponte cesseris, nos — eidem predicto conventui Sancti Savini mandavimus ut nobis aliquam personam ydoneam ad regimen dicti monasterii nominaret; qui ad personam tuam probate virtutis et probitatis experte oculos unanimiter dirigentes, te tunc priorem dicti monasterii velut ydoneum — nominarunt. Nos igitur — de te predicto monasterio de fratrum nostrorum consilio providemus, teque ipsi monasterio preficimus in abbatem —. Dat. Rome apud Sanctam Sabinam, V kal. martii, anno primo. »

In eundem modum conventui monasterii Sancti Savini mandat quatinus eidem abbati obedientiam et reverentiam debitam impendat. Dat. ut supra.

16

In e. m. universis vassallis monasterii Sancti Savini mandat quatinus eidem abbati fidelitatis solite juramentum prestantes jura et servitia debita exhibeant. Dat. ut supra.

322   Sainte-Sabine, 7 mars 1286.

Abbatibus Sancti Maximini et Sancti Evultii monasteriorum Aurelianensium mandat quatinus, de compositione facta inter decanum et capitulum Aurelianensis ecclesie ex una parte et cives Aurelianenses ex altera, super bonis mobilibus dictorum civium ab intestato decedentium, diligenter inquirant. (n° 318, fol. 86 v° ; La Porte du Theil, fol. 293.)

« *Dilectis filiis .. Sancti Maximini, et.. Sancti Evultii monasteriorum abbatibus Aurelianensibus.* Significarunt nobis dilecti filii.. decanus et capitulum Aurelianensis ecclesie, quod, licet ad ipsum decanum, ratione decanatus sui ejusdem ecclesie de antiqua et approbata et hactenus pacifice observata consuetudine pertineret ut omnia bona mobilia civium Aurelianensium et aliorum hominum in civitate Aurelianensi ac ipsius suburbio et decanatu predicto manentium et in eodem decanatu ab intestato decedentium habere deberet, et ea in pius usus pro animabus defunctorum juxta sue voluntatis arbitrium erogare, tamen civibus et hominibus predictis quominus idem decanus bona predicta recipere et habere posset impedientibus, ac orta super hoc inter eundem decanum ex parte una et cives ac homines prefatos ex altera materia questionis, tandem, mediantibus bonis viris, de consensu venerabilis fratris nostri.. episcopi Aurelianensis et predicti capituli, quedam super hoc amicabilis inter partes compositio intervenit. Cum igitur pro parte dictorum decani et capituli fuerit nobis humiliter supplicatum ut compositionem hujusmodi confirmare auctoritate apostolica curaremus, nos scire volentes an hujusmodi compositio sit utilis ecclesie supradicte, ac de circumspectione vestra plenam in Domino fiduciam obtinentes, discretioni vestre per apostolica scripta mandamus quatinus de modo et forma predicte compositionis, et utrum compositio ipsa cedat ad utilitatem et commodum ecclesie prelibate ac omnibus aliis que super hoc inquirenda videritis, super quibus vestram volumus conscientiam onerare, veritatem diligentius inquirentes, quod super hiis inveneritis, nobis per vestras litteras harum seriem continentes fideliter intimare curetis, ut vestra relatione instructi, quid super hoc sit agendum securius

facere valeamus. Dat. Rome apud Sanctam Sabinam, nonis martii, anno primo. »

323   Sainte-Sabine, 25 février 1286.

Ecclesie Pactensi, per obitum Bartholomei episcopi pastoris solatio destitute, cum Martinus papa omnes cathedrales ecclesias que in insula Sicilia quamdiu perdurarent turbationes vacarent dispositioni Sedis Apostolice reservavisset, Pandulfum, tunc capellanum pape, in episcopum preficit. (n° 349, fol. 87.)

« *Dilecto filio Pandulfo, electo Pactensi.* Licet continuata supervenientium —. Dat. Rome apud Sanctam Sabinam, V kal. martii, anno primo. »

In eundem modum capitulo ecclesie Pactensis mandat quatinus eidem electo obedientiam et reverentiam debitam exhibeat. Dat. ut supra.

In e. m. clero civitatis et diocesis Pactensis.

In e. m. populo civitatis et diocesis Pactensis mandat quatinus ejusdem electi monitis et mandatis intendat. Dat. ut supra.

In e. m. universis vassallis ecclesie Pactensis mandat quatinus eidem electo fidelitatis solite juramentum prestantes consueta exhibeant servitia. Dat. ut supra.

324   Sainte-Sabine, 25 février 1286.

M., olim episcopum Sancti Marchi, transfert ad Surrentinam ecclesiam, eundemque ipsi ecclesie in archiepiscopum preficit. (n° 320, fol. 87.)

« *Venerabili fratri M., archiepiscopo Surrentino.* In dispensatione ministeriorum —. Dudum siquidem ecclesia Surrentina per mortem quondam Johannis archiepiscopi Surrentini pastoris solatio destituta, due fuerunt, una videlicet de Bartholomeo Sichimario Neapolitano diacono, et reliqua de Assaldo Trara Scalensis ecclesie canonico, electiones in discordia celebrate. Cumque postmodum dictus Bartholomeus electioni de se facte renuntiasset expresse, prefatus vero A. electionem suam infra tempus legitimum prosequi non curasset; nos attendentes quod per lapsum temporis ipsius ecclesie provisio juxta statuta canonica erat hac vice ad Sedem Apostolicam legitime devoluta —, te tunc episcopum Sancti Marchi — transferimus ad predictam ecclesiam Surrentinan teque ipsi ecclesie Surrentine in archiepiscopum concedimus et pastorem, liberam tibi dantes —. Dat. Rome apud Sanctam Sabinam, V kal. martii, anno primo. »

In eundem modum capitulo ecclesie Surrentine mandat quatinus eidem archiepiscopo obedientiam et reverentiam debitam exhibeat. Dat. ut supra.

In e. m. clero civitatis et diocesis Surrentine.

In e. m. populo civitatis et diocesis Surrentine mandat quatinus ejusdem archiepiscopi monitis et mandatis intendat. Dat. ut supra.

In e. m. universis vassallis ecclesie Surrentine mandat quatinus eidem archiepiscopo fidelitatis solite juramentum prestent et de juribus et redditibus debitis respondeant. Dat. ut supra.

325   Sainte-Sabine, 13 janvier 1286.

Symoni, archiepiscopo Bituricensi, faciendi recipi unam personam idoneam in ecclesia Sancti Austregisilii de castro Bituricensi, in qua prebendarum collatio ad decanum et capitulum ipsius ecclesie communiter dicitur pertinere, in canonicum, ac providendi ei de prebenda, si qua in ecclesia ipsa vacat ad presens vel quamprimum se ad id obtulerit se facultas, liberam concedit facultatem. (n° 321, fol. 87 v°; LA PORTE DU THEIL, fol. 271.)

« *Venerabili fratri Symoni, archiepiscopo Bituricensi.* Tuis ac dilectorum —. Dat. Rome apud Sanctam Sabinam, idibus januarii, anno primo. »

326   Sainte-Sabine, 25 février 1286.

Jacobum de Cluzano, in minoribus ordinibus constitutum, ecclesie Forosinbroniensi, per obitum Gentilis, episcopi, pastoris solatio destitute, preficit in episcopum (n° 322, fol. 88.)

« *Jacobo de Cluzano subdiacono, electo Forosinbroniensi.* Licet continuata supervenientium —. Sane dudum Forosinbroniensi ecclesia per obitum bone memorie Gentilis, episcopi Forosinbroniensis, pastoris solatio destituta, dilecti filii.. archipresbiter et capitulum ejusdem ecclesie, vocatis omnibus qui voluerunt, debuerunt et potuerunt comode interesse, ad tractandum de futuri substitutione prelati, die ad hoc prefixa, convenientes in unum apud plebem de Sancto Vincentio, Callensis diocesis, cum justa de causa non possent ad hoc in dicta ecclesia convenire, et post quasdam nominationes ab eis de aliquibus factas, deliberantes in hujusmodi negotio per viam procedere compromissi, dilecto filio Gonzolino de Fabriano canonico ejusdem ecclesie providi ea vice ipsi ecclesie de prelato liberam potestatem unanimiter concesserunt —. Idem vero Gonzolinus, provida super hoc deliberatione prehabita, no-

mine suo et dictorum archipresbiteri et capituli auctoritate concessionis hujusmodi te tunc in minoribus ordinibus constitutum in Forosinbroniensem episcopum postulavit; iidemque archipresbiter et capitulum facientes felicis recordationis Nicolao pape predecessori nostro decretum postulationis hujusmodi presentari, ei humiliter supplicarunt ut eandem postulationem admittere dignaretur. Idem autem predecessor processum postulationis predicte venerabilibus fratribus nostris.. episcopo Albanensi, et bone memorie Guillelmo tituli Sancti Marci presbitero, et dilecto filio nostro Jordano Sancti Eustachii diacono cardinalibus examinandum commisit, et demum predictis predecessore ac Guillelmo cardinali viam universe carnis ingressis, pie memorie Martinus papa predecessor noster tam prefatum processum quam personam tuam diligenter examinari fecit per episcopum et Jordanum cardinalem predictos ac dilectum filium nostrum Comitem tituli Sanctorum Marcellini et Petri presbiterum cardinalem, quem super hoc Guillelmo cardinali subrogavit eidem, facta igitur nuper super hoc nobis ab eisdem episcopo et Comite ac Jordano cardinalibus relatione fideli; nos —prefatam postulationem quam invenimus de persona ydonea canonice ac concorditer celebratam de ipsorum fratrum consilio duximus admittendam, teque memorate ecclesie preficimus in episcopum et pastorem, firma concepta fiducia —. Dat. Rome apud Sanctam Sabinam, V kal. martii, anno primo. »

In eundem modum archipresbitero et capitulo ecclesie Forosinbroniensis mandat quatinus eidem electo obedientiam et reverentiam debitam exhibeant. Dat. ut supra.

In e. m. clero civitatis et diocesis Forosinbroniensis.

In e. m. populo civitatis et diocesis Forosinbroniensis mandat quatinus ejusdem electi mandatis et monitis intendat. Dat. ut supra.

In e. m. vassallis ecclesie Forosinbroniensis mandat quatinus eidem electo fidelitatis solite prestantes juramentum servitia et jura consueta exhibeant. Dat. ut supra.

327   Sainte-Sabine, 14 mars 1286.

Episcopo Urbinati mandat quatinus Jacobum de Cluzano, electum Forosinbroniensem, in minoribus ordinibus constitutum, post vero electionem in subdiaconum promotum et deinde per B., Portuensem episcopum, in diaconum ordinatum, ad presbiteratus ordinem promovere procuret, ac eidem munus consecrationis impendat. (n° 323, fol. 88.)

« *Venerabili fratri .. episcopo Urbinati.* Cum nos nuper —. Dat. Rome apud Sanctam Sabinam, II idus martii, anno primo »

328   Sainte-Sabine, 20 mars 1286.

Magistratibus et communi Pistoriensis civitatis mandat quatinus ambassiatores ad Apostolicam Sedem transmittant ad pacem inter ipsos Pistorienses ex una parte et universitatem Ghibelinorum dicte civitatis tractandam. (n° 324, fol. 88 v°.)

« *Dilectis filiis .. potestati, .. capitaneo, anzianis, consilio et communi Pistoriensibus*. Inter omnia nostre sollicitudinis —. Sane, sicut accepimus, felicis recordationis Nicolaus papa predecessor noster ad reformationem pacis inter vos et universitatem Ghibelinorum civitatis vestre extrinsecorum affectu paterno intendens utramque partem propter hoc ad suam fecit presentiam evocari, ac postmodum procuratores sive sindici partium predictarum in ejusdem predecessoris presentia constituti nomine partium earundem, a quibus habebant super hoc mandata specialia, in eundem predecessorem tanquam in arbitrum seu arbitratorem sub certis forma et pena, juramentis nichilominus hinc inde prestitis, compromittere curaverunt se jurisdictioni dicti predecessoris sponte ac libere submittendo; ita quod ipse per se vel per alium inter partes predictas, prout sibi visum foret, pacem et concordiam ordinaret. Idem vero predecessor in se hujusmodi compromisso recepto, venerabili fratri nostro L., Ostiensi et Velletrensi episcopo tunc, in illis partibus Apostolice Sedis legato, suis inter alia dedit litteris in mandatis ut ad reformationem pacis hujusmodi inter partes predictas juxta datam sibi a Deo gratiam daret operam efficacem. Et, licet predictus episcopus conceptum hujusmodi pietatis opus laudabilis sollicitudinis studio inceperit promovere, tamen dicto predecessore morte prevento et eodem L. episcopo fines sue legationis egresso, negotium hujusmodi ad optatum finem non potuit pervenire. Nos itaque cupientes ut negotium predictum Deo propitio prosperum sortiatur effectum universitati vestre per apostolica scripta mandamus quatinus infra unum mensem post receptionem presentium ambassiatores ydoneos et sindicum cum sufficienti mandato ad nostram presentiam transmittatis ad tractandum et reformandum pacem et concordiam cum dicta universitate Ghibelinorum et acceptandum pacem sive compositionem quam salubrem et fructuosam, actore Domino, inter vos et eandem universitatem duxerimus ordinandam. Dat. Rome apud Sanctam Sabinam, XIII kal. aprilis, anno primo. »

In e. m. capitaneo, onsilio et universitati Ghibelinorum de Pistorio, mandat quatinus infra unum mensem post presentium receptionem ambassiatores ydoneos et sindicum ad Apostolicam Sedem transmittant ad pacem cum communi Pistoriensi tractandam. Dat. ut supra.

329   Sainte-Sabine, 19 mars 1286.

Episcopo Sabinensi, Apostolice Sedis legato, mandat quatinus abbatisse et conventui Sancti Johannis ad Nidum Neapolitani monasterium Sancti Demetrii Neapolitani, si hoc expedire viderit, concedat. (n° 325, fol. 88 v°.)

« *Venerabili fratri .. episcopo Sabinensi, Apostolice Sedis legato*. Licet fraternitati tue demus per alias nostras sub certa forma litteras in mandatis ut monasterium Sancti Demetrii civitatis Neapolitane, ordinis sancti Benedicti, in quo, sicut fertur, esse consueverunt abbas et decens collegium monachorum, et quod nunc adeo dicitur deformatum quod in ipso abbas et duo tantummodo monachi non absque multa indecentia commorantur, dilectis filiabus in Christo .. abbatisse et conventui monasterii Sancti Johannis ad Nidum civitatis ejusdem, ordinis sancti Damiani, que loci, in quo idem Sancti Johannis monasterium est constructum pro eo ineptitudine multa gravantur, quod idem locus personis secularibus circumhabitantibus patens undique non potest regulari observantie coaptari et loco fratrum Predicatorum dicte civitatis adeo est propinquus quod ipsis et illis eorum habitatio tam vicina propterea incompetens reputatur auctoritate nostra concedas ; si tamen ex collatione hujusmodi scandalum oriri contingat, te ad illam procedere nolumus, sed ab ea precipimus penitus absolvere. Ceterum volumus ut hec studeas secreto servare, ne malivolus aliquis eo forsitan cognito ad impedimentum negotii scandali materiam malitiose procuret. Dat. Rome apud Sanctam Sabinam, XIIII kal. aprilis, anno primo. »

330   Sainte-Sabine, 1er février 1286.

Episcopo Sabinensi, Apostolice Sedis legato mandat quatinus abbatisse et conventui monasterii Sancti Johannis ad Nidum Neapolitani, ordinis sancti Damiani, cum locus in quo ipsum monasterium constructum est habitationi earum accommodatus non existeret, monasterium Sancti Demetrii Neapolitani, ordinis sancti Benedicti, nunc deformatum, et ubi duo tantummodo monachi commorabantur, si hoc expedire viderit, concedat. (n° 326, fol. 89 ; Potthast, n° 22360.)

« *Eidem.* Ex parte dilectarum —. Dat. Rome apud Sanctam Sabinam, kalendis februarii, anno primo. »

331   Sainte-Sabine, 13 mars 1286.

B., archiepiscopo Arelatensi, cui sollicitudinem colligendi decimam ecclesiasticorum proventuum in Provincie partibus, C. Sicilie regi concessam commiserat Martinus papa, mandat quatinus pecuniam jam collectam et etiam colligendam Altovito Bartholomei, Bencivene quondam Bencivene de Senis et quondam Spine Philippi, Lanto Agolantis, Prove Contis, Dino Donati, Vanno Spinelli, et Johanni Jacobi de Amannatorum Pistoriensibus societatibus, civibus et mercatoribus Senensibus et Pistoriensibus, assignare curet equis inter illos portionibus dividendam. (nᵒ 327, fol. 89; LA PORTE DU THEIL, fol. 302.)

« *Venerabili fratri B., archiepiscopo Arelatensi.* Felicis recordationis M.—. Dat. Rome apud Sanctam Sabinam, III idus martii, anno primo. »

332   Sainte-Sabine, 23 mars 1286.

Priori ecclesie de Saltiano, collectori decime regni Sicilie negotio concesse in Aquilegensi et Gradensi patriarchatibus et certis aliis provinciis mandat quatinus decimam collectam et colligendam Nese Amannati, Jacobo et Lanto Agolantis, Bene Guidi, Meo Vitalis, Lapo Cielli, et Vanne Foresi de Amannatorum societate de Pistorio, Rinuctio Abbatis, Johanni Bacharelli, Lapo Fanguini, Tingo Davini, et Vanni Vite de Abbatorum et Bacharellorum societatibus de Florentia, civibus et mercatoribus Pistoriensibus et Florentinis assignare procuret, equis inter eos portionibus dividendam. (nᵒ 328, fol. 89.)

« .. *Priori secularis ecclesie de Saltiano, Senensis diocesis, capellano nostro, collectori decime regni Sicilie negotio concesse, in Aquilegensi et Gradensi patriarchatibus ac Mediolanensi et Januensi provinciis necnon Cumana, Ferrariensi, Parmensi, Regina et Mutinensi civitatibus et diocesibus deputate.* De tua circumspectione —. Dat. Rome apud Sanctam Sabinam, X kal. aprilis, anno primo. »

333   Sainte-Sabine, 15 février 1286.

Episcopo Ferentinati ad decimam negotio regni Sicilie concessam in Campanie ac Maritime partibus colligendam deputato mandat quatinus in partibus Romanis, et Sabinensi, Penestrina, Tusculana, Albanensi, Portuensi, Tiburtina et Reatina civitatibus et diocesibus, ubi nondum fuit aliquis ejusdem decime per Sedem Apostolicam deputatus collector, ad colligendam eandem sollicitam curam gerat. (nᵒ 329, fol. 89 vᵒ.)

« *Venerabili fratri.. episcopo Ferentinati.* Plenam gerentes de —. Dat. Rome apud Sanctam Sabinam, XV kal. martii, anno primo. »

334   Sainte-Sabine, 15 février 1286.

Episcopo Ferentinati indulget ut tam ipse quam hii quos ad colligendam decimam deputaverit, a prestatione decime pro annis illis quibus in premissis laboraverint sint immunes. (nᵒ 330, fol. 89 vᵒ.)

« *Eidem.* Plenam gerentes de —. Dat. ut supra. »

335   Sainte-Sabine, 13 février 1286.

Christoforo de Tholomeis, priori ecclesie de Salteano, mandat quatinus in Papiensi et Placentina diocesibus decimam regni Sicilie negotio deputatam colligat. (nᵒ 331, fol. 89 vᵒ.)

« *Christoforo de Tholomeis, capellano nostro, priori secularis ecclesie de Salteano, Senensis diocesis.* Licet ministerium colligendi decimam in Aquilegensi et Gradensi patriarchatibus ac Mediolanensi et Januensi civitatibus et diocesibus ac provinciis regni Sicilie deputatam, tibi per nostras sub certa forma litteras duxerimus committendum, tamen cleri Papiensis et Placentine civitatum et diocesium asserentes se fore tantum ecclesie Romane subjectos, quanquam de provincia Mediolanensi existant, et quod de predictis eorum civitatibus et diocesibus in predictis nostris litteris specialis mentio non habetur, tibi exhibere predictam contradicunt; nos itaque nolentes tali pretextu collectionem ipsius decime in predictis Papiensi et Placentina civitatibus et diocesibus impediri, discretioni tue per apostolica scripta mandamus quatinus in eis predicte colligende sollicitam curam geras juxta predictarum continentiam litterarum. Dat. Rome apud Sanctam Sabinam, idibus februarii anno primo. »

336   Sainte-Sabine, 13 février 1286.

Eidem Christoforo indulget ut tam ipse quam hii quos ad colligendam decimam deputaverit, a prestatione decime pro annis illis quibus in premissis laboraverint sint immunes. (nᵒ 332, fol. 89 vᵒ.)

« *Eidem.* Plenam gerentes de — usque in finem. »

337   Sainte-Sabine, 27 février 1286.

Collectori decime Terre Sancte in Pragensi diocesi mandat quatinus episcopum et clerum Pragensis diocesis, qui, propter redditus ipsorum vehementi turbatione in illis partibus suscitata tenues factos, decimam Terre Sancte subsidio deputatam solvere non potuerant, ab excommunicatione absolvat sed in antea de eorundem proventibus ecclesiasticis decimam exigere non omittat. (n° 333, fol. 89 v°; POTTHAST, n° 22383.)

« Dilecto filio .. collectori decime Terre Sancte in provincia Salzeburgensi, et Pragensi, Olomucensi, Ehisletensi ac Bambergensi civitatibus et diocesibus provincie Maguntine a Sede Apostolica deputato. Habet assertio venerabilis —. Dat. Rome apud Sanctam Sabinam, III kal. martii, anno primo. »

338   Sainte-Sabine, 9 février 1286.

Abbati monasterii Sancti Germani de Pratis, magistro Pandulfo de Subura archidiacono Tripolitano, et Bernardo de Vilari sacriste secularis ecclesie Sancti Pauli Narbonensis mandat quatinus capitulum ecclesie Carnotensis ut redditus decanatus et prebende quos in Carnotensi ecclesia obtinuerat Guillelmus, nunc electus Mimatensis, pro preterito tempore usque ad nonum diem presentis mensis februarii quo idem electus dictos decanatum et prebendam per procuratorem in pape manibus resignavit, eidem electo integre restituat cogant. (n° 334, fol. 90; LA PORTE DU THEIL, fol. 286.)

« Dilectis filiis .. abbati monasterii Sancti Germani de Pratis Parisiensis, ac magistro Pandulfo de Subura, capellano nostro archidiacono Tripolitano, et Bernardo de Vilari, sacriste secularis ecclesie Sancti Pauli Narbonensis. Sua nobis dilectus —. Dat. Rome apud Sanctam Sabinam, V idus februarii, anno primo. »

339   Sainte-Sabine, 18 février 1286.

Jacobo de Cavalcantibus de Florentia indulget ut plebanatum Sancti Martini de Brozzi, quem post electionem a canonicis dicte plebis de ipso factam et a capitulo ecclesie Florentine tunc vacantis confirmatam, non obstante in etate defectu, receperat, licite retinere valeat. (n° 335, fol. 90.)

« Jacobo de Cavalcantibus de Florentia, plebano plebis Sancti Martini de Brozzi, Florentine diocesis. Probitatis merita quibus —. Dat. Rome apud Sanctam Sabinam, XII kal. martii, anno primo. »

340   Sainte-Sabine, 20 mars 1286.

Gerardo de Sesyriaco, per magistrum Hugolinum canonicum Lucanum, pape capellanum, examinato tabellionatus officium concedit. (n° 336, fol. 90.)

« Gerardo de Sesyriaco, clerico in minoribus ordinibus constituto, Gebennensis diocesis. Ne contractuum memoria —. Dat. Rome apud Sanctam Sabinam, XIII kal. aprilis, anno primo. »

Sainte-Sabine, 28 février 1286.

In eundem modum pro Viviano, nato Ranutii Viviani, civi Senensi. Dat. Rome apud Sanctam Sabinam, II kal. martii, anno primo.

Sainte-Sabine, 20 février 1286.

In e. m. pro Leonardo nato Johannis Bonifantis, civis Romani, laico, per magistrum Pandulfum de Subura, pape capellanum examinato. Dat. Rome apud Sanctam Sabinam, X kal. martii, anno primo.

Sainte-Sabine, 24 février 1286.

In e. m. pro Maximo de Amatiscis, civi romano. Dat. Rome apud Sanctam Sabinam, VI kal. martii, anno primo. »

Sainte-Sabine, 21 mars 1286.

In e. m. pro Daniele Guidonis Conani, clerico in minoribus ordinibus constituto, familiari J. Sancti Eustachii diaconi cardinalis, Corisopitensis diocesis, per magistrum Johannem dictum Monachum, archidiaconum de Citravada in ecclesia Bajocensi, pape capellanum, examinato. Dat. Rome apud Sanctam Sabinam, XII kal. aprilis anno primo. »

341   Sainte-Sabine, 28 mars 1286.

Immunitates et privilegia Beghinis Sancte Elizabet de Valencenis a priore et conventu Sancti Salvii juxta Valencenas concessa confirmat. (n° 337, fol. 90 v°.)

« Dilectis filiis .. provisoribus hospitalis pauperum Beghinarum Sancte Elizabet de Valencenis, Cameracensis diocesis. Cum a nobis petitur —. Sane petitio vestra nobis exhibita continebat quod .. prior et conventus prioratus Sancti Salvii juxta Valencenas, ordinis Cluniacensis, vobis deliberatione provida concesserunt, quod mulieres que Beghine vulgariter appellantur et que in hospitali pauperum Beghinarum Sancte Elizabet de Valencenis consistente in parrochia ecclesie Sancti Nicholai loci ejusdem, necnon et in eadem et ecclesie de Calceia, quam dicti prior et conventus unacum predicta ecclesia Sancti Nicolai canonice in usus proprios obtinent, parrochiis, et in vico de Salice ac in Manso quondam M. comitisse Flandrie tunc morabantur et in posterum morabuntur, et tres capellani perpetui ac etiam infirmi qui fuerunt in hospitali predicto ab omni jure et consuetudine parrochiali quantum ad id quod ad ipsos priorem et conventum et predictas ecclesias pertinet sint immunes. Quedam etiam salubria et honesta juri et equitati consona vobis et hospitali concesserunt eidem, ac demum bone memorie Guiardus, Nicolaus et Ingerannus, Cameracenses episcopi, et quondam Guillelmus, abbas monasterii Cluniacensis, cui predictus prioratus pleno jure noscebatur subesse, concessiones hujusmodi confirmarunt et etiam approbarunt, prout in patentibus litteris inde confectis sigillis eorum munitis plenius dicitur contineri. Nos itaque vestris supplicationibus inclinati, quod super premissis rite ac provide factum est et in alterius prejudicium non redundat, ratum habentes et gratum, id auctoritate apostolica confirmamus et presenti scripti patrocinio communimus. Nulli ergo etc. nostre confirmationis etc. Dat. Rome apud Sanctam Sabinam, V kal. aprilis, anno primo. »

342   Sainte-Sabine, 23 février 1286.

Riccardo de Duriard, consideratione H. tituli Sancti Laurentii in Lucina presbiteri cardinalis, cui existit ipse consanguineus, Apostolice Sedis gratiam implorantis, canonicatum ecclesie Lichefeldensis cum plenitudine juris canonici, et prebendam nulli alii de jure debitam, si qua in ecclesia ipsa vacat ad presens, confert, eundemque de illis per anulum presentialiter investit. (n° 338, fol. 90 v°.)

« Dilecto filio Riccardo de Duriard, canonico ecclesie Lichefeldensis. Meritis tue probitatis —. Dat. Rome apud Sanctam Sabinam, VII kal. martii, anno primo. »

Sainte-Sabine, 24 février 1286.

In eundem modum magistris Giffrido de Veczano, camere nostre clerico Cameracensis, et Johanni de Luco Londoniensis ecclesiarum canonicis, mandat quatinus Riccardum de Duriard vel ejus procuratorem in Lichefeldensi ecclesia recipi faciant in canonicum.

« Meritis probitatis dilecti —. Dat. Rome apud Sanctam Sabinam, VI kal. martii, anno primo. »

343   Sainte-Sabine, 17 mars 1286.

Arnaldum, olim archidiaconum Vallis Veteris in Lascurrensi ecclesia, eidem ecclesie, per obitum Bertrandi episcopi solatio pastoris destitute, preficit in episcopum. (n° 339, fol. 91.)

« Venerabili fratri Arnaldo episcopo Lascurrensi. Onerosa pastoralis officii —. Dudum siquidem ecclesia Lascurrensi per obitum bone memorie Bertrandi episcopi Lascurrensis pastoris solatio destituta, canonici ipsius ecclesie in diversa dividentes vota sua, duas electiones in eadem ecclesia, unam videlicet de te tunc archidiacono Vallis Veteris in eadem ecclesia, et aliam de quondam Bertrando de Andoniis ejusdem ecclesie canonico in discordia per viam scrutinii celebrarunt. Demum vero hujusmodi electionum negotio per appellationem utriusque partis ad Sedem Apostolicam devoluto, tandem post plures et longos processus in negotio ipso habitos, coram diversis auditoribus in eo successive per Sedem deputatis eandem, prefato Bertrando qui prefatam electionem de se factam prosequi non curarat, ac quondam Bernardo de Vineolis canonico ipsius ecclesie qui se predicte electioni de te facte opposuerat, interim viam universe carnis ingressis, ac demum super statu totius negotii supradicti per dilectum filium nostrum Gervasium, tituli Sancti Martini presbiterum cardinalem, datum in eodem negotio a Sede predicta ultimo auditorem, facta nobis relatione fideli cum jam esset super quibusdam articulis ex parte electorum tuorum prefatum negotium prosequentium in judicio exhibitis probatio facienda, tu cupiens eidem ecclesie que occasione hujusmodi discordie diutius viduitatis incomodo deplorarat, de pastore ydoneo celeriter provideri juri, si quod tibi ex electione predicta de te facta quesitum fuerat, libere in nostris manibus renunciasti. Nos igitur — attendentes quod per te qui eras filius et alumpnus ipsius ecclesie dicta ecclesia poterat salubriter gubernari, pro quo tam dilecti filii capitulum ejusdem ecclesie quam nonnulli religiosi et .. dominus temporalis ac universitas civitatis Lascurrensis necnon plures nobiles illarum partium nobis per eorum litteras humiliter supplicarunt ut te in eorum et dicte ecclesie pastorem preficere dignaremur —, te de fratrum nostrorum consilio eidem ecclesie Lascurrensi in episcopum prefecimus —, teque per venerabiles fratres nostros .. Ostiensem in diaconum, ac subsequenter per .. Portuensem episcopos in presbiterum ordinari, ac demum per eundem Portuensem episcopum tibi fecimus munus consecrationis impendi. Suscipe itaque —. Dat. Rome apud Sanctam Sabinam, XVI kal. aprilis anno primo. »

In eundem modum capitulo ecclesie Lascurrensis mandat quatinus eidem episcopo obedientiam et reverentiam debitam exhibeat. Dat. ut supra.

In e. m. clero civitatis et diocesis Lascurrensis.

In e. m. populo civitatis et diocesis Lascurrensis mandat quatinus ejusdem episcopi mandatis et monitis intendat. Dat. ut supra.

In e. m. universis ecclesie Lascurrensis vassallis mandat quatinus eidem episcopo fidelitatis solite juramentum prestantes jura et servitia consueta exhibeant. Dat. ut supra.

344   Sainte-Sabine, 31 mars 1286.

Ecclesie Theatine per obitum Nicolai episcopi pastoris solatio destitute, Thomasium, olim prepositum ecclesie Sancti Nicolai de Monte Odorisio, Theatine diocesis, et J. Sancte Marie in Via Lata diaconi cardinalis capellanum, ab ecclesie Theatine capitulo, existente Nicolao papa, per viam scrutinii electum, post hujusmodi electionem per J. episcopum Tusculanum et Comitem tituli Sanctorum Marcellini et Petri presbiterum et Jordanum Sancti Eustachii diaconum cardinales examinatam, in episcopum preficit. (no 340, fol. 91.)

« Venerabili fratri Thomasio, episcopo Theatino. Dudum Theanensi (sic) ecclesia —. Dat. Rome apud Sanctam Sabinam, II kal. aprilis, anno primo. »

In eundem modum capitulo ecclesie Theatine mandat quatinus eidem episcopo obedientiam et reverentiam debitam exhibeat. Dat. ut supra.

In e. m. clero civitatis et diocesis Theatine.

In e. m. populo civitatis et diocesis Theatine mandat quatinus ejusdem episcopi mandatis et monitis intendat. Dat. ut supra.

In e. m. vassallis ecclesie Theatine mandat quatinus eidem episcopo fidelitatis solite prestantes juramentum consueta servitia et jura exhibeant. Dat. ut supra.

345   Sainte-Sabine, 23 janvier 1286.

Monasterium quod in honorem Sancte Crucis in Tulna, Pataviensis diocesis, Rudolphus rex Romanorum et nobilis vir Albertus dux Austrie, ejus primogenitus, de consensu bone memorie G. Pataviensis episcopi, de novo de bonis propriis fundaverant pariter et dotaverant et in quo dictus episcopus priorissam et conventum sororum ordinis sancti Augustini instituit, magistro et priori provinciali Theotonie ordinis fratrum Predicatorum committit. (no 341, fol. 91 vo.)

« Dilectis in Christo filiabus .. priorisse, et conventui monasterii Sancte Crucis in Tulna, ordinis sancti Augustini,

Pataviensis diocesis. Apostolice Sedis benignitas —. Dat. Rome apud Sanctam Sabinam, X kal. februarii, anno primo. »

346   Sainte-Sabine, 23 janvier 1286.

Magistro et priori provinciali Theotonie ordinis fratrum Predicatorum monasterium Sancte Crucis in Tulna committit, dummodo ad hoc episcopi Pataviensis accedat assensus. (no 342, fol. 92.)

« Dilectis filiis .. magistro, et .. priori provinciali Theotonie ordinis fratrum Predicatorum. Apostolice Sedis benignitas —. Dat. ut supra. »

347   Sainte-Sabine, 9 février 1286.

Rogerio de Drarcone, consideratis Eadmundi comitis Cornubie precibus, indulget ut, non obstante natalium defectu, super quo, mandato Clementis pape, per archiepiscopum Cantuariensem, cum bone memorie Riccardus Lincoliuensis episcopus, de cujus diocesis tunc existebat Rogerius ipse, vinculo excommunicationis esset astrictus, dispensatus erat, in subdiaconatus ordine ministrare et ad superiores ascendere ac etiam ecclesiam de Harewellis retinere valeat. (no 343, fol. 92.)

« Rogerio de Drarcone, subdiacono, rectori ecclesie de Harewellis, Saresbiriensis diocesis. Probitatis merita quibus —. Dat. Rome apud Sanctam Sabinam, V idus februarii, anno primo. »

348   Sainte-Sabine, 24 février 1286.

Johanni Silvestri, civi Balneoregensi, per Hugolinum, canonicum Lucanum, pape capellanum, examinato, officium tabellionatus concedit. (no 344, fol. 92.)

« Johanni Silvestri, civi Balneoregensi. Ne contractuum, etc —. Dat. Rome apud Sanctam Sabinam, VI kal. martii, anno primo.

Sainte-Sabine, 30 avril 1286.

In eundem modum pro Francisco, nato Judicis Andree, cive Anagnino. Dat. Rome apud Sanctam Sabinam, II kal. maii, anno primo.

In e. m. pro Johanne Tholomei, cive Anagnino.

Sainte-Sabine, 18 décembre 1285.

« In e. m. pro magistro Dominico Leonardi de Penestre, scriptore nostro etc. usque hinc est quod —. Dat. Rome apud Sanctam Sabinam, XV kal. januarii, anno primo. »

349   Sainte-Sabine, 31 mars 1286.

Jacobum, olim canonicum ecclesie Marsicane, eidem ecclesie, per mortem S. episcopi solatio pastoris destitute, preficit in episcopum. (n° 345, fol. 92 v°.)

« *Venerabili fratri Jacobo, episcopo Marsicano.* Inter sollicitudines ceteras —. Sane dudum ecclesia Marsicana per mortem bone memorie S. episcopi Marsicani pastoris solatio destituta, capitulum ejusdem ecclesie — te tunc canonicum ipsius ecclesie in episcopum Marsicanum canonice et concorditer elegerunt. Sed postmodum, .. preposito et capitulo ecclesie Sancti Johannis de Celano, Marsicane diocesis, pretendentibus electioni hujusmodi episcopi celebrande in eadem ecclesia, quotiens illam contingit pastore carere, tam de antiqua et approbata consuetudine et hactenus pacifice observata quam ex indulto Sedis Apostolice speciali se interesse debere ac predecessores eorum fuisse in hujusmodi juris eligendi possessione vel quasi a tempore cujus memoria non existit, et quod iidem capitulum Marsicanum, post appellationem legitimam ab eisdem preposito et capitulo Sancti Johannis ad Sedem Apostolicam ne dicti capituli Marsicanum ad electionem procederent sine ipsis, ut asserunt, legitime interjectam, te, ipsis contemptis et irrequisitis, qui requiri, ut pretendebant, comode poterant et de jure debebant, in eorum prejudicium in episcopum Marsicanum eligere presumpserunt, et se propter hoc iterato ad Sedem appellasse prefatam, causa quoque que super hoc inter prepositum et capitulum Sancti Johannis predictos ex parte una et dictum capitulum Marsicanum ex altera orta extitit, ad Sedem ipsam per appellationem hujusmodi legitime devoluta, felicis recordationis Gregorius papa X predecessor noster, dilectum filium nostrum M., Sancte Marie in Porticu diaconum cardinalem, dedit in causa ipsa partibus auditorem. Cumque tandem in causa hujusmodi, post habitos in ipsa coram eodem cardinali processus, fuisset a partibus ipsis conclusum, prepositus et capitulum Sancti Johannis prefati nobis humiliter supplicarunt ut hujusmodi electionem de ipso factam tanquam canonicam et de persona ydonea canonice celebratam, jure si quod eis in electione Marsicani episcopi competit in posterum reservato, confirmare misericorditer dignaremur. Nos igitur hujusmodi propositum prepositi et capituli predictorum qui ad prefatam ecclesiam Marsicanam ob diuturnam vacationem ipsius affectum debite compassionis habebant in Domino commendantes, eorum supplicationibus inclinati, presentato nobis hujusmodi electionis decreto, tam electionem ipsam quam te apud Sedem Apostolicam constitutum, per venerabilem fratrem B. Portuen-

Honorius.

sem episcopum, et dilectos filios nostros G. tituli Sancti Martini presbiterum, et dictum M. Sancte Marie in Porticu diaconum cardinales examinari fecimus diligenter. Et quia ex eorum relatione fideli invenimus electionem eandem canonicam et de persona ydonea canonice celebratam, ipsam, sine juris preposti et capituli Sancti Johannis predictorum prejudicio, de fratrum nostrorum consilio duximus confirmandam, teque ipsi ecclesie Marsicane prefecimus in episcopum et pastorem, tibi administrationem —. Dat. Rome apud Sanctam Sabinam, II kal. aprilis, anno primo. »

In eundem modum capitulo ecclesie Marsicane mandat quatinus prefato episcopo obedientiam et reverentiam debitam exhibeat. Dat. ut supra.

In e. m. clero civitatis et diocesis Marsicane.

In e. m. populo Marsicane civitatis et diocesis mandat quatinus ejusdem episcopi mandatis et monitis intendat. Dat. ut supra.

In e. m. universis vassallis ecclesie Marsicane mandat quatinus prefato episcopo fidelitatis solite prestent juramentum, et debita exhibeant servitia. Dat. ut supra.

350   Sainte-Sabine, 16 décembre 1285.

Episcopo Astoricensi mandat quatinus, si invenerit fratrem Marchum Petri, qui et subdiacono et soluta genitus defectum in natal.bus patiebatur, a monasterii Sancti Petri de Montibus, ordinis sancti Benedicti, Astoricensis diocesis, priore et conventu in abbatem dicti monasterii concordi voto et unanimi postulatum fuisse, cum ipso, ut ad dicti monasterii regimen assumi libere valeat, dispenset. (n° 346, fol. 92 v°.)

« *Venerabili fratri .. episcopo Astoricensi.* Nuper ad audientiam —. Dat. Rome apud Sanctam Sabinam, XVII kal. januarii, anno primo. »

351   Sainte-Sabine, 24 avril 1286.

Buchardum, olim thesaurarium ecclesie Turonensis, eidem ecclesie, per mortem Oliverii de Credonio electi solatio pastoris destitute, preficit in episcopum (n° 347, fol. 93 ; La Porte du Theil, fol. 12.)

« *Venerabili fratri Buchardo, archiepiscopo Turonensi.* In suppreme dignitatis —. Sane olim Turonensi ecclesia per mortem quondam Oliverii de Credonio, electi Turonensis, pastoris solatio destituta, dilecti filii R. decanus, et capitulum ejusdem ecclesie, vocatis omnibus qui voluerunt, debuerunt et potuerunt comode interesse,

17

die ad eligendum prefixa, convenientes in unum delibe- raverunt ad providendum ipsi ecclesie de prelato per viam procedere compromissi, dictique capitulum supra- dicto decano et tibi tunc thesaurario ipsius ecclesie providendi de vobis ipsis aut aliis eidem ecclesie de pastore concesserunt liberam potestatem, promittentes illum in archiepiscopum Turonensem recipere, quem tu et dictus decanus concorditer, aut alter vestrum, si in collegam suum ipsum consentire contingeret, elige- retis, seu de quo duceretis, ut premittitur, ipsi ecclesie providendum, potestate hujusmodi usque ad consump- tionem cujusdam candele, que in presentia tua et ipsius decani accensa extitit, duratura. Tu vero et prefatus decanus, predicta potestate recepta, secedentes in par- tem, super provisione dicte ecclesie facienda diligentem tractatum adinvicem habuistis, et demum in te idem decanus consensit, teque hujusmodi concessionis auc- toritate in archiepiscopum Turonensem elegit, et pre- dicti capitulum electionem hujusmodi unanimiter ac- ceptarunt, tuque ipsi electioni ad eorum instantiam consensisti. Cumque postmodum, te propter hoc ad Se- dem Apostolicam accedente, memorati decanus et capi- tulum, facientes nobis decretum electionis predicte per eorum certos procuratores et nuntios ad eandem Sedem ad hoc destinatos specialiter presentari, a nobis ut elec- tionem ipsam confirmaremus suppliciter postulassent; nos tam processum ejusdem electionis quam personam tuam per venerabilem fratrem Johannem episcopum Tusculanum, et dilectos filios nostros Gervasium tituli Sancti Martini in Montibus presbiterum, et Jacobum Sancte Marie in Via lata diaconum cardinales examinari fecimus diligenter, factaque nobis ab eisdem episcopo et cardinalibus super hiis relatione fideli, predictam electionem, quia eam invenimus de te, viro utique pre- dito scientia litterali, ac de vite munditia, honestate morum et aliis virtutibus multipliciter commendato, canonice celebratam, de fratrum nostrorum consilio duximus confirmandam, et te ipsi ecclesie prefecimus in archiepiscopum et pastorem, tibique postmodum per eundem Tusculanum episcopum munus consecrationis impendi, et demum palleum, de corpore Beati Petri sumptum, insigne pontificalis officii cum ea qua decet instantia postulatum fecimus adhiberi ; in illo qui dat gratias —. Dat. Rome apud Sanctam Sabinam, VIII kal. maii, anno primo. »

In eundem modum R. decano, et capitulo ecclesie Turonensis mandat quatinus eidem archiepiscopo obedientiam et reveren- tiam debitam exhibeant. Dat. ut supra.

In e. m. clero civitatis et diocesis Turonensis.

In e. m. populo civitatis et diocesis Turonensis mandat qua- tinus ejusdem archiepiscopi monitis et mandatis intendat. Dat. ut supra.

In e. m. vassallis ecclesie Turonensis mandat quatinus pre- dicto archiepiscopo fidelitatem solitam et consueta servitia ex- hibeant. Dat. ut supra.

In e. m. suffraganeis ecclesie Turonensis mandat quatinus eidem archiepiscopo obedientiam et reverentiam debitam exhi- beant. Dat. ut supra.

In e. m. Philippum regem Francie rogat et hortatur quati- nus eundem archiepiscopum ecclesiamque ei commissam habeat commendatos. Dat. ut supra.

352   Sainte-Sabine, 3 avril 1286.

Decano et capitulo ecclesie Cameracensis providendi preposi- ture dicte ecclesie, per resignationem a Guillelmo de Anonia factam vacanti, concedit facultatem. (n° 348, fol. 93 v°; LA PORTE DU THEIL, fol. 332.)

« *Dilectis filiis .. decano, et capitulo ecclesie Cameracensis.* Inter sollicitudines alias —. Sane dilectus filius Gerar- dus, prepositus ecclesie Casletensis, capellanus noster, procurator dilecti filii Guillelmi de Anonia, electi Ca- meracensis, nomine ipsius a quo habebat super hoc speciale mandatum, preposituram quam idem electus ante promotionem suam ad episcopatum Cameracensem obtinebat in Cameracensi ecclesia infra tempus de con- secrandis episcopis a canonibus diffinitum sponte ac li- bere in nostris manibus resignavit ; nosque hujusmodi resignationem duximus admittendam ; ac postmodum dilectus filius noster J. tituli Sancte Cecilie presbiter cardinalis, in illis partibus Apostolice Sedis legatus, qui post promotionem predictam ejusdem electi auctoritate sue legationis preposituram prefatam collationi sue reservaverat, ad nos reservationem et collationem hu- jusmodi prepositure prefate remisit. Cum igitur per re- signationem predictam eadem prepositura vacare nos- catur, nec sit preter nos qui preposituram prefatam conferre valeat, constitutione felicis recordationis Cle- mentis pape predecessoris nostri super dignitatibus, per- sonatibus, et aliis beneficiis apud Sedem Apostolicam vacantibus edita obsistente, ac nondum tempus effluxe- rit statutum per moderationem pie memorie Gregorii pape X predecessoris nostri super hoc adhibitam in generali concilio Lugdunensi ; nos cupientes ut prepo- situra ipsa conferatur persone que ipsius congruat oneri et honori, ac vos ad quos alias electio prepositi in dicta ecclesia pertinere dicitur, et ecclesiam predictam quam affectu sincero diligimus in hac parte honorare volentes, vobis eligendi personam ydoneam in prepositum ecclesie memorate liberam concedimus auctoritate presentium facultatem. Dat. Rome apud Sanctam Sabinam, III nonas aprilis, anno primo. »

353 Sainte-Sabine, 23 février 1286.

Episcopo Valentino mandat quatinus domum quam fratres ordinis Penitentie Jhesu Christi de Valentia habebant, et in qua duo vel tres ex fratribus tantummodo remanebant, postquam iidem fratres eam omnino dimiserint, priori provinciali Hispanie fratrum Predicatorum vendat pro pretio [competenti in Terre Sancte subsidium convertendo. (n° 349, fol. 93 v°.)

« Venerabili fratri.. episcopo Valentino in Ispania. Ad sacrum fratrum —. Dat. Rome apud Sanctam Sabinam VII kal. martii, anno primo. »

In eundem modum preposito ecclesie Trajectensis mandat quatinus, cum in domo fratrum ordinis Beate Marie de Sirixe, Trajectensis diocesis, nullus ex eisdem fratribus remaneret, domum ipsam priori provinciali de provincia Theotonie Predicatorum ordinis vendat pro pretio competenti in Terre Sancte subsidium convertendo. Dat. ut supra.

354 Sainte-Sabine, 15 mars 1286.

S., archiepiscopo Bituricensi, faciendi recipi unam personam ydoneam in ecclesia Bituricensi, in qua prebendarum collatio ad ipsum archiepiscopum ac decanum et capitulum ejusdem ecclesie dicitur communiter pertinere, in canonicum, ac providendi ei de prebenda, si qua in ecclesia ipsa vacat ad presens vel quamprimum ad id obtulerit se facultas, liberam concedit facultatem. (n° 350, fol. 94; LA PORTE DU THEIL, fol. 304.)

« Venerabili fratri S., archiepiscopo Bituricensi. Tuis supplicationibus inclinati —. Dat. Rome apud Sanctam Sabinam, idibus martii, anno primo. »

355 Sainte-Sabine, 27 février 1286.

Uguitionem, plebanum plebis de Castellione, ad decimam et obventiones Terre Sancte subsidio concessas in Dacie et Suecie regnis colligendas, Arusiensi episcopo subrogat; eidemque mandat ut in eodem negotio juxta litteras olim a Martino papa episcopo Arusiensi directas, que incipiunt « Terre Sancte negotium »,datas apud Montemflasconem kalendis octobris, Martini pontificatus anno secundo, procedere studeat. (n° 351, fol. 94 ; POTTHAST, n° 22382.)

« Uguitioni, plebano plebis de Castellione, Aretine diocesis, capellano nostro, collectori decime Terre Sancte concesse subsidio auctoritate apostolica deputato. Olim felicis recordationis —. Dat. Rome apud Sanctam Sabinam, III kal. martii, anno primo. »

356 Sainte-Sabine, 7 mars 1286.

Philippum, olim canonicum ecclesie Salernitane, eidem ecclesie, per obitum Mathei archiepiscopi solatio destitute pastoris, preficit in archiepiscopum. (n° 352, fol. 94 v°.)

« Venerabili fratri Philippo, archiepiscopo Salernitano. Salernitane statum ecclesie—. Sane prefata Salernitana ecclesia per obitum bone memorie Mathei, olim ipsius ecclesie archiepiscopi, solatio destituta pastoris, dilecti filii canonici, et clerici ejusdem ecclesie — per viam scrutinii procedere eligentes, quatuor de dictis canonicis assumere curaverunt —. Et demum ab eis in capitulo scrutinio hujusmodi publicato et diligenti collatione facta — compertum extitit quod de octuoginta et quatuor canonicis et clericis ecclesie supradicte, quorum aliqui per se, aliqui vero per procuratores suos ad hujusmodi electionem convenerant celebrandam, quinquaginta in te tunc canonicum et subdiaconum ecclesie memorate, ac undecim in dilectum filium Cesarium, archidiaconum Amalfitanum, canonicum ecclesie prelibate consenserant, et viginti unus quondam fratrem Eufranonem ordinis Predicatorum in scrutinio nominarant, dilecto filio Johanne archidiacono Salernitano ad te postmodum accedente, duobus reliquis in diversos dirigentibus vota sua, unde prefatus Johannes archidiaconus vice sua et eorum qui in te consentire curaverant — te in archiepiscopum Salernitanum duxit canonice eligendum, Cesario de Surrento, ejusdem ecclesie clerico, vice sua et illorum qui in prefatum archidiaconum Amalfitanum consenserant, ipsum in Salernitanum archiepiscopum similiter eligente, ac Petrus Manganarius canonicus ecclesie supradicte prefatum Eufranonem vice sua et eorum qui nominarant eundem, in postulandum elegit et in eligendum etiam postulavit in archiepiscopum ecclesie memorate, cumque hujusmodi electionum et postulationis negotium fuisset ad Apostolicam Sedem legitime devolutum, felicis recordationis Gregorius papa X predecessor noster bone memorie B. episcopo Sabinensi prefatum negotium audiendum commisit, et tandem pie memorie Nicolaus papa predecessor noster, eodem episcopo viam universe carnis ingresso, dilecto filio nostro J. Sancti

Eustachii diacono cardinali prefatum duxit negotium committendum, eodem Eufranone interim antequam postulationi hujusmodi de se facte consentiendi licentiam obtineret nature debitum persolvente, porro nonnulla crimina et defectus contra te in hujusmodi processu negotii objecta fuerunt, sed eorum non extitit probatio subsecuta. Nos autem — considerantes etiam quod tu a longe majori parte canonicorum et clericorum predictorum vocem in archiepiscopi Salernitani electione habentium concordi voto electus fuisti — electionem ipsam, cassata prius exigente justitia electione de predicto Cesario archidiacono celebrata, de fratrum nostrorum consilio duximus confirmandam, — ac facientes tibi subsequenter per venerabilem fratrem nostrum L., Ostiensem episcopum, munus consecrationis impendi —. Dat. Rome apud Sanctam Sabinam, nonis martii, anno primo. »

In eundem modum capitulo ecclesie Salernitane mandat quatinus eidem archiepiscopo obedientiam et reverentiam debitam exhibeat. Dat. ut supra.

In e. m. clero civitatis et diocesis Salernitane.

In e. m. populo civitatis et diocesis Salernitane mandat quatinus ejusdem archiepiscopi mandatis et monitis intendat. Dat. ut supra.

In e. m. universis ecclesie Salernitane vassallis mandat quatinus eidem archiepiscopo fidelitatis solite prestantes juramentum servitia debita exhibeant. Dat. ut supra.

In e. m. G., episcopum Sabinensem, Apostolice Sedis legatum et unacum R. comite Atrebatensi bajulum regni Sicilie per Romanam ecclesiam constitutum rogat et hortatur quatinus se ipsi archiepiscopo favorabilem exhibeat. Dat. ut supra.

357   Sainte-Sabine, 7 mars 1286.

Philippo, archiepiscopo Salernitano, palleum insigne pontificalis officii de corpore beati Petri sumptum per G. Sancti Georgii ad Velum Aureum diaconum cardinalem, prestito ab ipso archiepiscopo pape et ecclesie Romane fidelitatis solite juramento, assignat. (n° 353, fol. 95.)

« Philippo, archiepiscopo Salernitano. Cum palleum insigne —. Dat. ut supra. »

358   Sainte-Sabine, 16 avril 1286.

Philippo de Mantua, inquisitori heretice pravitatis, tabellio-

natus officium Danieli Alberti de Liazano et Blanco Francini civibus Veronensibus conferendi concedit facultatem. (n° 354, fol. 95; POTTHAST, n° 22415.)

« Fratri Philippo de Mantua, ordinis fratrum Minorum, inquisitori heretice pravitatis in Marchia Tervisina auctoritate apostolica deputato. Cum circa prosecutionem —. Dat. Rome apud Sanctam Sabinam, XVI kal. maii, anno primo. »

359   Sainte-Sabine, 9 mai 1286.

Episcopo Pictavensi, tabellionatus officium uni persone ad hoc ydonee conferendi concedit facultatem. (n° 355, fol. 95; LA PORTE DU THEIL, fol. 48.)

« Venerabili fratri .. episcopo Pictavensi. Ne contractuum memoria —. Dat. Rome apud Sanctam Sabinam, VII idus maii, anno primo. »

360   Sainte-Sabine, 30 avril 1286.

Archiepiscopo Turonensi, conferendi canonicatus et prebendas in cathedralibus et collegiatis ecclesiis provincie sue liberam concedit facultatem, dummodo ad id eorum, ad quos in ecclesiis in quibus provideri contigerit spectat prebendarum collatio, accedat assensus. (n° 356 fol. 95; LA PORTE DU THEIL, fol. 21.)

« Venerabili fratri B., archiepiscopo Turonensi. Personam tuam eo —. Dat. Rome apud Sanctam Sabinam, II kal. maii, anno primo. »

361   Sainte-Sabine, 30 avril 1286.

Archiepiscopo Turonensi, recipiendi et faciendi recipi aliquam personam ydoneam in ecclesia Turonensi, in qua canonicorum receptio et prebendarum collatio ad ipsum pertinere dicuntur, in canonicum et in fratrem, eique providendi de prebenda si qua in ecclesia ipsa vacat, concedit facultatem (n° 357 fol. 95 v°; LA PORTE DU THEIL, fol. 23.)

« Eidem. Agere credimus non —. Dat. ut supra. »

362   Sainte-Sabine, 13 avril 1286.

Monasterio Sublacensi, per liberam cessionem Guillelmi abbatis monasterii de Sancto Secano, ordinis sancti Benedicti,

·Lingonensis diocesis, dudum dicti monasterii Sublacensis abbatis, in pape manibus factam, pastoris regimine destituto, Bartholomeum, olim abbatem monasterii Sancti Gregorii de Urbe, preficit in abbatem. (n° 358, fol. 95 v°.)

« *Bartholomeo, abbati monasterii Sublacensis, ad Romanam ecclesiam nullo medio pertinentis, ordinis sancti Benedicti, Tiburtine diocesis.* Debitum officii nostri —. Dat. Rome apud Sanctam Sabinam, idibus aprilis, anno primo. »

In eundem modum conventui monasterii Sublacensis mandat quatinus dicto abbati obedientiam et reverentiam debitam exhibeat. Dat. ut supra.

In e. m. vassallis monasterii Sublacensis mandat quatinus eidem abbati solite fidelitatis prestantes juramentum servitia consueta exhibeant. Dat. ut supra.

363   Sainte-Sabine, 7 mai 1286.

Monasterii Fiscannensis bona et privilegia omnia confirmat. (n° 359, fol. 96.)

« *Dilectis filiis Guillelmo, abbati monasterii Fiscannensis, ejusque fratribus tam presentibus quam futuris regularem vitam professis, in perpetuum.* Licet ex injuncto nobis a Deo apostolatus officio —. Eapropter, dilecti in Domino filii, postulationibus vestris gratum prebentes assensum, prefatum monasterium in quo divino mancipati estis obsequio, ad exemplar felicis recordationis Alexandri et Urbani III Romanorum pontificum predecessorum nostrorum cum omnibus ecclesiis infra nominandis sub beati Petri et nostra protectione suscipimus, et presenti scripti privilegio communimus; statuentes ut quascumque possessiones, quecumque bona idem monasterium impresentiarum juste et canonice possidet, aut in futurum concessione pontificum, largitione regum vel principum, oblatione fidelium, seu aliis justis modis Deo propitio poterit adipisci, firma vobis vestrisque successoribus et illibata permaneant; in quibus hec propriis duximus exprimenda vocabulis ecclesias videlicet totius parrochie Fiscannensis, ecclesiam de Eslettot, ecclesiam de Limpevilla, ecclesiam de Turmovilla, ecclesiam de Witeflue et ecclesiam de Paluel, ecclesiam Sancti Richarii, ecclesiam de Ingovilla, ecclesiam de Sancto Walerico, ecclesiam de Magna villa, ecclesiam de Wellis et duas ecclesias que sunt apud Dunum, apud Rothomagum ecclesiam Sancti Gervasii, ecclesiam Sancte Marie de Wasto, ecclesiam Sancti Albini super Sedem et ecclesiam de Turvillis; in episcopatu Lexoviensi, ecclesiam de Hudechienvilla; in episcopatu Bajocensi, omnes ecclesias de Argentiis,

et omnes de Hamundevilla, et ecclesiam Sancti Gabriellis; in Anglia, ecclesiam de Staninges; in Francia, ecclesiam de Aviscomonte, abbatiam quoque de Bernayo, abbatiam Sancti Taurini de Ebroicis, abbatiam Sancte Berte de Ternesio, et ordinationes earum tibi et ecclesie Fiscanensi similiter confirmamus. Obeunte vero te nunc ejusdem loci abbate vel tuorum quolibet successorum, nullus ibi qualibet subreptionis astutia seu violentia preponatur, nisi quem fratres communi consensu vel fratrum pars consilii sanioris de suo vel de alieno si oportuerit collegio secundum Dei timorem et beati Benedicti regulam elegerint. Electus autem ad Sedem Apostolicam aut ad quem maluerit catholicum episcopum, Romani pontificis licentia et mandato, ad benedicendum accedat. Crisma vero, oleum sanctum, ordinationes monachorum seu clericorum vestrorum, consecrationes altarium seu basilicarum predictarum a quocumque malueritis catholico accipiatis episcopo qui nostra fultus auctoritate quod postulatur impendat. Ad hec adicientes statuimus ut ad· nullius concilium abbas ipsius loci accedere compellatur, nisi a Romano pontifice vel ab ejus legato fuerit evocatus; nec vestra ecclesia vel abbas vel monachi aut clerici vestri servientes in ecclesiis a jurisdictione episcoporum prorsus exemptis per quemlibet preter Romanum pontificem vel ejus legatum a divinis interdicantur officiis vel excommunicationi subdantur. Quicquid preterea dignitatis, libertatis vel beneficii apostolicorum presulum autenticis privilegiis Fiscannense monasterium obtinere cognoscitur, nos quoque vobis et ecclesie vestre itidem concedimus et firmamus, nec episcopis nec episcoporum ministris, nec personis quibuslibet liceat exactiones aliquas aut molestias Fiscannensi cenobio vel ecclesiis supranominatis vel clericis eisdem deservientibus irrogare, sed liberi et quieti persistant, quatinus omnipotenti Deo liberius valeant vota persolvere. Decernimus ergo ut nulli omnino hominum liceat prefatum monasterium temere perturbare, aut ejus possessiones —. Si qua igitur in futurum ecclesiastica secularisve persona —. Cunctis autem eidem loco sua jura servantibus sit pax Domini nostri Jhesu Christi quatinus et hic fructum bone actionis percipiant et apud districtum judicem premia eterne pacis inveniant. Amen, amen, amen.

Ego Honorius, catholice ecclesie episcopus, subscripsi.

Ego frater Bentevenga, Albanensis episcopus s.s.

Ego frater Latinus, Ostiensis et Velletrensis ep. s.s.

Ego frater Jeronimus, Penestrinus ep. s.s.

Ego Bernardus, Portuensis et Sancte Rufine ep. s.s.

Ego Johannes, Tusculanus ep. s.s.

Ego Ancherus, tituli Sancte Praxedis presbiter cardinalis s.s.

Ego Hugo, tituli Sancti Laurentii in Lucina pr. card. s.s.

Ego Gervasius, tituli Sancti Martini pr. card. s.s.

Ego Comes, tituli Sanctorum Marcellini et Petri pr. card. s.s.

Ego Gaufridus, tituli Sancte Susanne pr. card. s.s.

Ego Gotefridus, Sancti Georgii ad Velum Aureum diaconus cardinalis s.s.

Ego Matheus, Sancte Marie in Porticu diac. card. s.s.

Ego Jordanus, Sancti Eustachii diac. card. s.s.

Ego Jacobus, Sancte Marie in Via lata diac. card. s.s.

Ego Benedictus, Sancti Nicolai in Carcere Tulliano diac. card. s. s.

Dat. Rome apud Sanctam Sabinam per manum magistri Petri de Mediolano, sancte Romane ecclesie vicecancellarii, nonis maii, indictione XIIII, incarnationis dominice anno M° CC° LXXXVI°, pontificatus vero donni Honorii pape IIII anno primo. »

364   Sainte-Sabine, 13 mai 1286.

Magistratibus et communi Januensibus mandat quatinus nonnullos mercatores Neapolitanos, quos et quorum vassella ceperunt, libertati restituant et ipsis bona reddant, et quoscumque Neapolitanos navigare libere suasque merces ad quelibet loca deferre permittant. (n° 360, fol. 96 v°.)

« *Dilectis filiis.. potestati, capitaneo, consilio et communi Januensibus.* Nuper in nostra et fratrum nostrorum constituti presentia Neapolitanorum civium nuntii retulerunt quasdam civibus ipsis litteras pridem a vobis fuisse transmissas, inter cetera, prout earum nobis patefecit inspectio, continentes quod universis eorum concivibus ubilibet existentibus intimarent ut ad civitatem Pisanam vel Callarum aut districtus eorum navigare, vel per se sive per submissas personas res aliquas seu merces mittere seu deferre, aut de Pisis earumque districtu ad Callarum et districtum ipsius, vel inde Pisas et districtum predictos, aut exinde ad alias mundi partes navigio se conferre, sive usum in lignis quibuslibet cum Pisanis habere non debeant quoquo modo, ne in galeas vestras armatas ad inimicorum deputatas et etiam deputandas offensam incidere contingat eosdem, cum, si contrarium facerent, ipsi cum rebus suis personaliter caperentur, nulla ipsarum rerum emenda vel restitutione aliquatenus secutura. Porro, ut vera loquamur, nos dictique fratres, providentie titulos quibus vos et civitas Januensis clarescere noscimini diligentius attendentes, mirati non immerito fuimus, talibus litteris intellectis, cum, si consideraretur attentius, vestram et civitatis ipsius famam nullo modo decuerit, quod a vobis hujusmodi littere jam dictis civibus mitterentur, eo quod carere quadam diffidationis specie non videntur ac in prejudicium et contemptum Romane ecclesie clareque memorie C. Sicilie regis heredum redundare noscuntur. Scitis etenim, quin immo fere orbis totus agnovit quod non solum Neapolitana civitas, quam propter grandia devotionis et fidei merita quibus pollere conspicitur ecclesia eadem prerogativa prosequitur favoris et benevolentie specialis, verum etiam totum regnum Sicilie ad ecclesiam ipsam principaliter dinoscitur pertinere, propter quod injurias quaslibet vel offensas, quas dictis civibus inferri contingeret, equanimiter pati nequit, quin potius illas eo gerit molestius, quo ipsos habet sincerius in visceribus caritatis; et ideo nos et fratres eosdem non leviter moleste tulisse credatis, quod, si consonent facta relatibus, jam in actum premisse diffidationis comminatio verborum finibus non contenta processit : sicut enim habet predictorum querela civium, nonnulli ex vestris dampna eis gravia irrogarunt, quamplura vassella eorum vino greco et aliis mercibus onerata que ducebantur ad Urbem necnon et ducentes easdem, non sine Apostolice Sedis et ipsius Urbis injuria, capiendo, ipsosque detinendo captivos. Cum itaque speremus firmiter vos tanquam devotionis et obedientie filios ad nostra et Apostolice Sedis beneplacita promptos et faciles invenire , universitatem vestram rogandam duximus et hortandam nichilominus vobis per apostolica scripta mandantes quatinus sollicita meditatione pensantes quod hec specialiter insident cordi nostro, quodque super hiis vobis scribimus ex affectu, taliter providere curetis, quod et dicti capti proprie libertati et bona ipsorum restituantur eisdem, ab injuriis preterea et offensis quibuslibet civium predictorum, cum et ipsi a vestris, sicut asserunt, abstinuerint hactenus et in futurum abstinere proponant, et aliorum etiam de regno prefato in eorundem ecclesie ac heredum devotione manentium penitus abstinentes, ipsos navigare libere suasque merces ad quelibet Christianorum loca deferre pro nostra et ejusdem Sedis reverentia permittatis; sic vos in hoc prompte ac efficaciter habituri ut devotionem vestram dignis exinde in Domino laudibus commendemus et reddamus ad vestra et dicte vestre civitatis commoda promptiores, nec oporteat super hoc aliud remedium adhiberi. Et ecce dilectum filium magistrum Jacobum de Parma, camere nostre clericum, latorem presentium, de cujus fidelitate ac experta bonitate nos et iidem fratres nostri confidimus, ad vos duximus destinandum qui circa hec plenius intentionem nostram exprimet et explicabit affectum. Dat. Rome apud Sanctam Sabinam, III idus maii, anno primo. »

365   Sainte-Sabine, 13 décembre 1285.

Bono Johanni, in ecclesie Esculane episcopum electo, et cujus electio a Martino papa IV confirmata erat, mandat quatinus ejusdem ecclesie administrationem exequi studeat. (n° 361, fol. 97; POTTHAST, n° 22345.)

« *Venerabili fratri Bono Johanni, episcopo Esculano.* Dudum ecclesia Esculana per obitum bone memorie R., Esculani episcopi, pastoris solatio destituta, dilecti filii.. archidiaconus, et capitulum ejusdem ecclesie, vocatis omnibus qui voluerunt — deliberantes eidem ecclesie de pastore per viam scrutinii providere, ad scrutandum cunctorum vota tres fide dignos de ipso collegio assumpserunt, qui secrete et singillatim sua et aliorum omnium vota scrutati mox publicarunt eadem in communi, quorum publicatione facta compertum extitit quod sex ex canonicis ipsius ecclesie qui erant in universo undecim numero, de quo tu tunc temporis existebas, in te, tuque in Azonem canonicum Bononiensem vestros prebueratis consensus, reliquis quatuor nolentibus in aliquem consentire —, ac deinde — unus de predictis scrutatoribus vice sua et omnium illorum qui in te consenserant et de ipsorum mandato te in episcopum Esculanum elegit, tuque ad ipsorum instantiam electioni hujusmodi consensisti. Cumque tu propter hoc infra tempus a jure statutum ad Sedem Apostolicam accessisses, ac presentato felicis recordationis Martino pape predecessori nostro ejusdem electionis decreto, ex parte tua et predictorum te eligentium, ut electionem ipsam confirmaret sibi fuisset

humiliter supplicatum, quia Abamons, unus de quatuor predictis, se opponebat electioni predicte, idem predecessor hujusmodi negotium dilecto filio nostro Jordano, Sancti Eustachii diacono cardinali, audiendum commisit, coram quo post citationes de mandato ipsius cardinalis factas in audientia publica, ut est moris, te ac prefato Abamonte comparentibus, ac lite inter te et dictum Abamontem in ipso negotio legitime contestata, tandem, cum pro parte dicti Abamontis nichil rationabile contra te seu formam electionis predicte fuisset probatum, idem cardinalis, juris ordine observato, ad tuam instantiam in negotio ipso conclusit, ac postmodum procuratores ipsius Abamontis, ab eo ad hoc specialiter constituti, in ipsius cardinalis presentia sponte hujusmodi questioni cesserunt, sicque memoratus predecessor dicti cardinalis super premissis relatione audita, cum reperisset predictam electionem canonicam extitisse, personam tuam per venerabilem fratrem L. episcopum Ostiensem, et dilectum filium nostros Comitem tituli Sanctorum Marcellini et Petri presbiterum dictumque Jordanum cardinales examinari mandavit, et demum facta sibi per eosdem episcopum et cardinales relatione fideli, quia electionem ipsam invenit de persona ydonea canonice celebratam, de fratrum suorum consilio de quorum numero tunc eramus, eandem electionem auctoritate apostolica confirmavit, et te prefecit ipsi ecclesie in episcopum et pastorem, tibique fecit subsequenter per eundem Ostiensem episcopum munus consecrationis impendi. Verum quia littere super premissis sub nomine dicti predecessoris confecte non fuerunt ejus bulla bullate, nos factum predecessoris ejusdem in hac parte favorabiliter prosequentes, fraternitati tue per apostolica scripta mandamus quatinus administrationem ipsius ecclesie prudenter exequi studeas et gregis —. Dat. Rome apud Sanctam Sabinam, idibus decembris, anno primo. »

In eundem modum archidiacono et capitulo ecclesie Esculane mandat quatinus eidem episcopo obedientiam et reverentiam debitam exhibeant. Dat. ut supra.

In e. m. clero civitatis et diocesis Esculane.

In e. m. populo Esculane civitatis et diocesis mandat quatinus ejusdem episcopi monitis et mandatis intendat. Dat. ut supra.

In e. m. universis vassallis ecclesie Esculane mandat quatinus eidem episcopo fidelitatis solite juramentum prestantes servitia debita exhibeant. Dat. ut supra.

366   Sainte-Sabine, 9 janvier 1286.

Abbatisse et conventui monasterii de Leghe, Exoniensis diocesis, ne ornamenta ecclesiastica, vasa argentea et alia bona,
circa divina ministeria oportuna, valoris non modici, a Ma-
tilde de Clara, comitissa Glovernie et Herefordie, monasterio
de Leghe collata alienare presumant sub excommunicationis
pena inhibet. (n° 362, fol. 97.)

« *Dilectis in Christo filiabus.. abbatisse, et conventui*
monasterii de Leghe, ordinis sancti Augustini, Exoniensis
diocesis. Monasterium vestrum sincera —. Dat. Rome
apud Sanctam Sabinam, V idus januarii, anno primo. »

367   Sainte-Sabine, 27 avril 1286.

Cum Raymundo Bauderii, qui, postquam in quinto decimo
anno vel circa sue etatis constitutus monasterium Chandelii,
Cisterciensis ordinis, diocesis Albiensis, ingressus, in eo moram per triennium et amplius fecerat, deinde cum non valeret
asperitatem ejusdem ordinis sustinere, ad monasterium Sancti
Victoris Massiliensis, ordinis sancti Benedicti, obtenta nulla
licentia, se transtulerat ibique per annos quinque vel circa sub
habitu regulari remanserat, quod in prefato monasterio libere
remanere valeat misericorditer dispensat. (n° 363, fol. 97 v° ;
LA PORTE DU THEIL, fol. 18).

« *Raymundo Bauderii, monacho monasterii Sancti Victo-*
ris Massiliensis, ordinis sancti Benedicti. Exhibita nobis
tua —. Dat. Rome apud Sanctam Sabinam, V kal.
maii, anno primo. »

368   Sainte-Sabine, 15 mai 1286.

Henricum, olim Basiliensem episcopum, ecclesie Maguntine,
per obitum Werneri archiepiscopi vacanti, preficit in archiepiscopum. (n° 364, fol. 97 v°; POTTHAST, n° 22438.)

« *Venerabili fratri Henrico, archiepiscopo Maguntino.*
Romani pontificis qui disponente illo —. Ecclesia siquidem Maguntina per obitum bone memorie Werneri,
Maguntini archiepiscopi, solatio destituta pastoris,
dilecti filii Petrus, Basiliensis electus, tunc ejusdem
ecclesie prepositus, et capitulum ejusdem ecclesie —
insimul convenerunt, et tandem post diversos tractatus
habitos qui non habuerunt effectum, predictorum prepositi et capituli votis in diversa divisis, nonnulli eorum eundem prepositum, quidam vero dilectum filium
Gerardum de Eppesteyn archidiaconum Treverensem,

canonicum Maguntinum ad ipsius ecclesie regimen
elegerunt, sicque duabus electionibus ibidem in discordia celebratis et hujusmodi negotio ad Sedem
Apostolicam legitime devoluto, felicis recordationis
Martinus papa IIII predecessor noster, preposito et
canonico supradictis pro hujusmodi electionum suarum
prosequendo negotio apud Sedem constitutis eandem,
dilectum filium nostrum B., Sancti Nicolai in Carcere
Tulliano diaconum cardinalem, concessit in eodem
negotio auditorem. Cumque coram eodem cardinali
fuisset ad litis contestationem in negotio ipso processum et aliquandiu litigatum, prepositus et canonicus
memorati volentes potius indempnitati ecclesie precavere predicte quam commodis propriis providere, juri,
si quod ipsis ex hujusmodi eorum electionibus competebat, in nostris manibus sponte ac libere renuntiare
curarunt —. Nos itaque — te tunc Basiliensem episcopum — ipsi Maguntine ecclesie in archiepiscopum
prefecimus et pastorem —, tibique postmodum palleum
insigne pontificalis officii, cum ea qua decuit instantia
postulatum, per dilectum filium nostrum G. Sancti
Georgii ad Velum Aureum diaconum cardinalem fecimus exhiberi. Quocirca fraternitati tue —. Dat. Rome
apud Sanctam Sabinam, idibus maii, anno primo. »

In eundem modum capitulo ecclesie Maguntine mandat
quatinus eidem archiepiscopo obedientiam et reverentiam debitam exhibeat. Dat. ut supra.

In e. m. clero civitatis et diocesis Maguntine.

In e. m. populo civitatis et diocesis Maguntine mandat quatinus ejusdem archiepiscopi mandatis et monitis intendat. Dat.
ut supra.

In e. m. consulibus et universitati oppidi Erfordensis, Maguntine diocesis.

In e. m. universis vassallis ecclesie Maguntine mandat quatinus eidem archiepiscopo fidelitatis solite prestantes juramentum servitia debita exhibeant. Dat. ut supra.

In e. m. universis suffraganeis episcopis ecclesie Maguntine
mandat quatinus eidem archiepiscopo obedientiam et reverentiam debitam exhibeant. Dat. ut supra.

In e. m. Rodulphum regem Romanorum rogat et hortatur
quatinus eundem archiepiscopum habeat commendatum. Dat.
ut supra.

369   Sainte-Sabine, 22 avril 1286.

Raynerio, diacono, indulget ut plebanatum plebis Sancti Felicis in Pincis, curam animarum habentem, licite retinere valeat, dummodo proximis statutis temporibus ad sacerdotium
se promoveri faciat. (n° 365, fol. 98.)

« *Dilecto filio Raynerio, nato nobilis viri Raynaldi de Monasterio, diacono, plebis Sancti Felicis in Pincis, Aretine diocesis.* Inducunt nos tue —. Dat. Rome apud Sanctam Sabinam, X kal. maii, anno primo. »

370.   Sainte-Sabine, 7 mai 1286.

Episcopo Parmensi mandat quatinus potestatem, capitaneum, ancianos, primicerios, consiliarios et commune civitatis Parmensis, qui adversus fratres ordinis Predicatorum in predicta civitate commorantes crimina commiserant plura et diversa, peremptorie citet ut infra unius mensis spatium post hujusmodi citationem per se vel per procuratores coram Apostolica Sede se representent. (n° 366, fol. 98; POTTHAST, n° 22429.)

« *Venerabili fratri .. episcopo Parmensi.* Olim sicut accepimus —. Dat. Rome apud Sanctam Sabinam, nonis maii, anno primo. »

371.   Sainte-Sabine, 15 mai 1286.

Arnoldum, olim ecclesie Sancti Severini Coloniensis prepositum, ecclesie Bambergensi, per resignationem Manegoldi electi solatio pastoris destitute, preficit in episcopum. (n° 367, fol. 98 v°.)

« *Arnoldo, electo Bambergensi.* Pastoralis officii summi —. Dudum siquidem Bambergensi ecclesia per obitum bone memorie Bertholdi, episcopi Bambergensis, solatio destituta pastoris, dilecti filii capitulum ejusdem ecclesie — dilectum filium Manegoldum, canonicum ejusdem ecclesie, in episcopum Bambergensem per viam scrutinii communiter et concorditer elegerunt, dictusque M. ad instantiam dicti capituli hujusmodi electioni de se facte consensit. Cumque postmodum prefatus M. infra tempus a jure statutum ad Sedem Apostolicam accedens, presentato nobis hujusmodi electionis decreto, illam a nobis peteret confirmari, nos venerabili fratri L. episcopo Ostiensi, et dilectis filiis nostris Gervasio tituli Sancti Martini presbitero ac Jacobo Sancte Marie in Via lata diacono cardinalibus tam persone ipsius electi quam ejusdem electionis examinationem duximus committendam. Sed demum prefatus M., fugere cupiens presidentie onus, juri si quod sibi ex electione hujusmodi quesitum fuerat in nostris manibus sponte ac libere resignavit. Nos itaque — de te, tunc preposito ecclesie Sancti Severini Coloniensis, eidem Bambergensi ecclesie de fratrum nostrorum consilio duximus providendum teque ipsi HONORIUS.

ecclesie —. Dat. Rome apud Sanctam Sabinam, idibus maii, anno primo. »

In eundem modum capitulo ecclesie Bambergensis mandat quatinus eidem electo obedientiam et reverentiam debitam exhibeat. Dat. ut supra. (POTTHAST, n° 22443.)

In e. m. clero civitatis et diocesis Bambergensis. (POTTHAST, n° 22443.)

In e. m. universo populo civitatis et diocesis Bambergensis mandat quatinus ejusdem episcopi monitis et mandatis intendat. Dat. ut supra.

In e. m. universis vassallis ecclesie Bambergensis mandat quatinus eidem electo fidelitatis solite juramentum prestantes servitia consueta exhibeant. Dat. ut supra. (POTTHAST, n° 22443.)

372   Sainte-Sabine, 15 mai 1286.

Ecclesie Basiliensi, per translationem Henrici episcopi ad Maguntinam ecclesiam per papam factam, pastoris solatio destitute, P. dicte ecclesie Maguntine prepositum, preficit in episcopum. (n° 368, fol. 99.)

« *Dilecto filio P., electo Basiliensi.* Recte tunc ecclesiarum —. Dat. idibus maii, ut supra. »

In eundem modum capitulo ecclesie Basiliensis mandat quatinus eidem electo obedientiam et reverentiam debitam exhibeat. Dat. ut supra.

In e. m. clero civitatis et diocesis Basiliensis.

In e. m. populo civitatis et diocesis Basiliensis mandat quatinus ejusdem electi monitis et mandatis intendat. Dat. ut supra.

In e. m. vassallis ecclesie Basiliensis mandat quatinus eidem electo fidelitatis solite juramentum prestantes servitia consueta exhibeant. Dat. ut supra.

373   Sainte-Sabine, 5 mai 1286.

Ordinem fratrum heremitarum sancti Guillelmi sub beati Petri protectione suscipit, ejusdemque ordinis possessiones, statuta et privilegia confirmat. (n° 369, fol. 99 v°.)

« *Dilectis filiis .. priori generali, ceterisque prioribus et fratribus heremitis sancti Guillelmi tam presentibus quam futuris regularem vitam professis, in perpetuum.* Religiosam vitam eligentibus —. Eapropter, dilecti in Domino filii, vestris justis postulationibus clementer annuimus, et heremos et domos vestras in quibus divino vacatis obsequio, sub beati Petri et nostra protectione suscipimus etc. usque communimus.

18

1. In primis siquidem statuentes ut ordo heremiticus, qui secundum Deum et beati Benedicti regulam atque institutionem fratrum sancti Guillielmi in heremis et domibus ipsis institutus esse dinoscitur, perpetuis ibidem temporibus inviolabiliter observetur.

2. Preterea quascumque possessiones, quecumque bona predicte heremi et domus impresentiarum juste ac canonice possident, aut in futurum concessione pontificum, largitione regum vel principum, oblatione fidelium seu aliis justis modis, prestante Domino, poterunt adipisci, firma vobis vestrisque successoribus et illibata permaneant.

3. In quibus hec propriis duximus exprimenda vocabulis, loca ipsa in quibus prefate heremi et domus site sunt cum omnibus pertinentiis suis, videlicet cum ecclesiis, decimis, ortis, olivetis, pratis, terris, nemoribus, usuagiis et pascuis in bosco et plano, in aquis et molendinis, viis, et semitis et omnibus aliis libertatibus et immunitatibus suis.

4. Sane novalium vestrorum que propriis manibus aut sumptibus colitis de quibus aliquis hactenus non percepit, sive de ortis, virgultis et piscationibus vestris seu de vestrorum animalium nutrimentis nullus a vobis decimas exigere vel extorquere presumat.

5. Liceat quoque vobis clericos vel laicos liberos et absolutos e seculo fugientes ad conversionem recipere et eos absque contradictione aliqua retinere.

6. Prohibemus insuper ut nulli fratrum vestrorum post factam in heremis et domibus vestris professionem fas sit sine prioris sui licentia, nisi artioris religionis obtentu, de eisdem locis discedere. Discedentem vero absque communi litterarum vestrarum cautione nullus audeat retinere. Quod si quis forte retinere presumpserit licitum vobis sit in ipsos fratres regularem sententiam promulgare.

7. Illud districtius inhibentes ne terras seu quodlibet beneficium heremis et domibus vestris collatum liceat alicui personaliter dari seu alio modo alienari absque consensu totius capituli vel majoris aut sanioris partis ipsius. Si que vero donationes vel alienationes aliter quam dictum est facte fuerint, eas irritas esse censemus.

8. Ad hec etiam inhibemus ne quis frater sub professione heremi seu domus vestre astrictus sine consensu et licentia prioris et majoris et sanioris partis capituli vestri pro aliquo fidejubeat, vel ab aliquo pecuniam mutuo accipiat ultra summam vestri capituli providentia constitutam, nisi propter manifestam domorum vestrarum utilitatem. Quod si quis forte facere presumpserit, non teneatur conventus pro hiis aliquatenus respondere.

9. Licitum preterea sit vobis in causis propriis, sive civilem sive criminalem contineant questionem, fratrum vestrorum testimoniis uti, ne pro defectu testium jus vestrum in aliquo valeat deperire.

10. Insuper auctoritate apostolica inhibemus ne ullus episcopus vel quelibet alia persona ad synodos vel conventus forenses vos ire, vel judicio seculari de vestra propria substantia vel possessionibus vestris subjacere compellat, nec ad domos vestras causa ordines celebrandi, causas tractandi vel conventus aliquos publicos convocandi venire presumat, nec regularem prioris vestri electionem impediat aut de instituendo vel removendo eo qui pro tempore fuerit contra statuta ordinis vestri se aliquatenus intromittat.

11. Crisma vero, oleum sanctum, consecrationes altarium seu basilicarum, ordinationes fratrum qui ad ordines fuerint promovendi a diocesanis suscipietis episcopis, si quidem catholici fuerint et gratiam et communionem sacrosancte Romane Sedis habuerint, et ea voluerint sine pravitate aliqua exhibere. Alioquin, liceat vobis quemcumque catholicum adire antistitem, gratiam et communionem Apostolice Sedis habentem, qui nostra fretus auctoritate vobis quod postulatur impendat. Quod si sedes diocesani episcopi forte vacaverit, interim omnia ecclesiastica sacramenta a vicinis episcopis accipere libere et absque contradictione possitis, sic tamen ut ex hoc in posterum propriis episcopis nullum prejudicium generetur.

12. Quia vero interdum propriorum episcoporum copiam non habetis, si quos episcopos Romane Sedis, ut diximus, gratiam et communionem habentes, et de quibus plenam notitiam habeatis, per vos transire contigerit, ab eis benedictiones vasorum et vestium et consecrationes altarium, ordinationes monachorum auctoritate Sedis Apostolice recipere valeatis.

13. Prohibemus insuper ne infra fines parrochiarum vestrarum nullus sine assensu diocesanorum episcoporum et vestro capellam seu oratorium de novo construere audeat, salvis privilegiis pontificum Romanorum.

14. Cum autem generale interdictum terre fuerit, liceat vobis nichilominus in vestris heremitoriis et domibus, exclusis excommunicatis et interdictis, divina officia celebrare.

15. Porro, si episcopi vel alii ecclesiarum rectores in domos vestras vel personas inibi constitutas suspensionis, excommunicationis vel interdicti sententias promulgaverint, vel in mercennarios vestros, pro eo quod decimas, sicut dictum est, non persolveritis, sive aliqua occasione eorum que ab Apostolica benignitate

vobis indulta sunt, seu benefactores vestros pro eo quod aliqua vobis beneficia vel obsequia ex caritate prestiterint vel ad laborandum adjuverint in illis diebus in quibus vos laboratis et alii feriantur, eandem sententiam protulerint, ipsam tanquam contra Apostolice Sedis indulta prolatam decernimus irritandam.

16. Ad hec, novas et indebitas exactiones ab archiepiscopis et episcopis, archidiaconis seu decanis, aliisque omnibus ecclesiasticis secularibusve personis a vobis omnino fieri prohibemus. Sepulturam quoque in ecclesiis vestris liberam esse concedimus ut eorum devotioni et extreme voluntati qui se illic sepeliri deliberaverint, nisi forte excommunicati vel interdicti sint aut etiam publice usurarii, nullus obsistat; salva tamen justitia illarum ecclesiarum a quibus mortuorum corpora assumuntur.

17. Decimas preterea et possessiones ad jus ecclesiarum vestrarum spectantes que a laicis detinentur redimendi, et legitime liberandi de manibus eorum, et ad ecclesias ad quas pertinent revocandi libera sit a vobis de nostra auctoritate facultas.

18. Obeunte vero generali priore vestro vel suorum quorumlibet successorum, nullus ibidem qualibet surreptionis astutia seu violentia preponatur, nisi quem fratres communi consensu vel fratrum major pars consilii sanioris secundum Deum et beati Benedicti regulam atque institutionem fratrum sancti Guillielmi providerint eligendum.

19. Paci quoque et tranquillitati vestre paterna in posterum sollicitudine providere volentes, auctoritate apostolica prohibemus ut infra clausuras locorum seu grangiarum vestrarum nullus rapinam seu furtum facere, ignem apponere, sanguinem fundere, hominem temere capere vel interficere, seu violentiam audeat exercere.

20. Preterea omnes libertates et immunitates a predecessoribus nostris Romanis pontificibus locis vestris concessas, necnon libertates et exemptiones secularium exactionum a regibus et principibus vel aliis fidelibus rationabiliter vobis indultas auctoritate apostolica confirmamus et presentis scripti privilegio communimus.

21. Decernimus ergo ut nulli omnino hominum liceat prefatas domos temere perturbare aut ejus possessiones aufferre vel ablatas retinere, minuere seu quibuslibet vexationibus fatigare, sed omnia integra conserventur eorum pro quorum gubernatione ac sustentatione concessa sunt usibus omnimodis profutura, salva Sedis Apostolice auctoritate et in ecclesiis parrochialibus diocesanorum episcoporum canonica justitia ac in decimis moderatione concilii generalis.

22. Si qua igitur in futurum ecclesiastica secularisve

persona hanc nostre constitutionis paginam sciens contra eam temere venire temptaverit —. Cunctis autem eidem loco sua jura servantibus —, premia eterne pacis inveniant. Amen, amen, amen.

Ego Honorius, catholice ecclesie episcopus suscripsi.

Ego frater Bentevenga, Albanensis ep. s.s.

Ego frater Latinus, Ostiensis et Velletrensis ep. s.s.

Ego frater Jeronimus, Penestrinus ep. s.s.

Ego Bernardus, Portuensis et Sancte Rufine ep. s.s.

Ego Johannes, Tusculanus ep. s.s.

Ego Ancherus, tituli Sancte Praxedis presbiter cardinalis s.s.

Ego Hugo, tituli Sancti Laurentii in Lucina presb. card. s.s.

Ego Gervasius, tituli Sancti Martini presb. card. s.s.

Ego Comes, tituli Sanctorum Marcellini et Petri presb. card. s.s.

Ego Gaufridus, tituli Sancte Susanne presb. card. s.s.

Ego Gottifridus, Sancti Georgii ad Velum aureum diaconus card. s.s.

Dat. Rome apud Sanctam Sabinam, per manum magistri Petri de Mediolano, sancte Romane ecclesie vicecancellarii, III nonas maii, indictione XIIII, incarnationis dominice anno M° CC° LXXXVI°, pontificatus vero donni Honorii pape IIII anno primo. »

---

374 Sainte-Sabine, 27 avril 1286.

Philippo regi Francie indulget ut si sex ex clericis suis, qui suis insistunt obsequiis vel insistent in posterum, de licentia sua Parisius, ubi consuevit ipse frequentius commorari, litterarum studio duxerit deputandos, redditus beneficiorum que obtinent, etiam si sint dignitates vel personatus et curam habeant animarum, quotidianis distributionibus exceptis, cum ea integritate percipere valeant cum qua illos perciperent si personaliter residerent. (n° 370, fol. 100 v° ; Potthast, n° 22422.)

« *Carissimo in Christo filio Philippo, regi Francie illustri.* Desideriis regiis gratificari —. Dat. Rome apud Sanctam Sabinam. V kal. maii, anno primo. »

In eundem modum abbati monasterii Sancti Dyonisii in Francia mandat quatinus predictis clericis predictos redditus faciat integre ministrari. Dat. ut supra.

375   Sainte-Sabine, 27 avril 1286.

Regi Francie concedit ut aliquem discretum presbiterum secularem seu religiosum, quandocumque et quotienscumque viderit expedire, in suum possit eligere confessorem. (n° 371, fol. 100 v°; TARDIF, *Privilèges accordés à la couronne de France*, n° XCI.)

« *Eidem*. Celsitudini regie libenter—. Dat. ut supra. »

376   Sainte-Sabine, 27 avril 1286.

Omnibus vere penitentibus et confessis qui devotis orationibus divinam misericordiam pro Francie rege implorabunt, singulis diebus quibus apud Dominum hujusmodi orationes effundent viginti dies de injuncta eis penitentia relaxat. (n° 372, fol. 100 v°; TARDIF, *Privilèges accordés à la couronne de France*, n° XCIII.)

« *Eidem*. Gaudemus in Domino —. Dat. ut supra. »

377   Sainte-Sabine, 27 avril 1286.

Regi Francie indulget ut privilegiis que ipsius progenitoribus concesserunt Romani pontifices, et quorum vigor ad ipsum se extendit, libere uti possit. (n° 373, fol. 100 v°; TARDIF, *Privilèges accordés à la couronne de France*, n° XCII.)

« *Eidem*. Apostolice sedis benignitas —. Dat. ut supra. »

378   Sainte-Sabine, 27 avril 1286.

Clericis capelle regie Parisiensis ac etiam aliis domesticis regis clericis indulget ut ad omnes sacros ordines a quibuscumque maluerit rex episcopis gratiam et communionem Apostolice Sedis habentibus valeant promoveri. (n° 374, fol. 100 v°; TARDIF, *Privilèges accordés à la couronne de France*, n° XCIV.)

« *Eidem*. Habet in nobis —. Dat. ut supra. »

379   Sainte-Sabine, 27 avril 1286.

Regi Francie indulget ut nullus legatus, delegatus vel subdelegatus, executor vel etiam conservator, auctoritate Sedis Apostolice vel legatorum ejus in ipsius regis personam excommunicationis vel interdicti sententias valeat promulgare absque dicte Sedis speciali mandato. (n° 375, fol. 100 v°.)

« *Eidem*. Ob tuorum excellentiam —. Dat. ut supra. »

380   Sainte-Sabine, 29 avril 1286.

Regi Francie indulget ut si ipsum ad loca ecclesiastico supposita interdicto declinare contigerit, divina, clausis januis, interdictis et excommunicatis exclusis, non pulsatis campanis, cum familiaribus suis audire valeat. (n° 376, fol. 101; POTTHAST, n° 22423.)

« *Eidem*. Desideriis regiis benigne —. Dat. ibidem, III kal. maii, anno primo. »

381   Sainte-Sabine, 27 avril 1286.

Clericis qui regis obsequiis insistunt et insistent indulget ut fructus et redditus omnium beneficiorum que obtinent integre percipere valeant, haud aliter quam si personaliter residerent. (n° 377, fol. 101; TARDIF, *Privilèges accordés à la couronne de France*, n° XCVI.)

« *Eidem*. Puritas devotionis et —. Dat. Rome apud Sanctam Sabinam, V kal. maii, anno primo. »

382   Sainte-Sabine, 1er mai 1286.

Quatuor clericis Marie, Francie regine, obsequiis immorantibus indulget ut, quamdiu in hujusmodi obsequiis fuerint, proventus beneficiorum suorum integre percipere valeant. (n° 378, fol. 101.)

« *Carissime in Christo filie Marie, regine Francie illustri*. Quanto majori apud —. Dat. Rome apud Sanctam Sabinam, kalendis maii, anno primo. »

383   Sainte-Sabine, 1er mai 1286.

Johanne, regine Francie, indulget ut nullus Apostolice Sedis legatus in ipsius personam excommunicationis vel interdicti sententias valeat promulgare absque dicte Sedis speciali mandato. (n° 379, fol. 101.)

« *Carissime in Christo filie Johanne, regine Francie illustri*. Ex tue magnitudinis —. Dat. Rome (*sic*), kalendis maii, anno primo. »

384   Sainte-Sabine, 29 avril 1286.

Johanne, regine Francie, indulget ut, cum ad loca ecclesiastico supposita interdicto ipsam declinare contigerit, liceat ipsi clausis januis, interdictis et excommunicatis exclusis, non pulsatis campanis et submissa voce facere celebrari divina et audire. (n° 380, fol. 101.)

« *Eidem.* Claris tue celsitudinis —. Dat. Rome apud Sanctam Sabinam, III kal. maii, anno primo. »

385   Sainte-Sabine, 29 avril 1286.

Johanne, regine Francie, concedit ut, cum aliquem cui ex officio id competit in sollempnibus diebus in ipsius regine presentia predicare continget, possit is omnibus vere penitentibus et confessis qui fuerint in hujusmodi predicatione presentes, decem dies de injunctis eis penitentiis relaxare. (n° 381, fol. 101 v°.)

« *Eidem.* Cedit nobis ad —. Dat. ut supra. »

386   Sainte-Sabine, 29 avril 1286.

Omnibus vere penitentibus et confessis qui predicationibus quas, presente Johanna Francie regina, diebus dominicis et festis sollempnibus fieri contigerit, curaverint personaliter interesse, viginti dies de injuncta eis penitentia relaxat. (n° 382, fol. 101 v°.)

« *Eidem.* Considerantes eximie devotionis —. Dat. ut supra. »

387   Sainte-Sabine, 29 avril 1286.

Johanne, Francie regine indulget ut, cum ad ecclesiam vel capellam pro audiendis ibidem divinis officiis comode fortassis accedere ex aliqua causa nequiverit, possit ipsa in domo in qua commorata erit in loco decenti hujusmodi officia celebrari facere ac audire. (n° 383, fol. 101 v°.)

« *Eidem.* Exigit magne devotionis —. Dat. ut supra. »

388   Sainte-Sabine, 1er mai 1286.

Johanne, Francie regine, indulget ut excommunicationis et interdicti sententie generaliter promulgate ad ipsam nullatenus extendantur. (n° 384, fol. 101 v°.)

« *Eidem.* Ut gratiosius apostolice —. Dat. Rome apud Sanctam Sabinam, kalendis maii, anno primo. »

389   Sainte-Sabine, 1er mai 1286.

Johanne, Francie regine, indulget ut aliquem discretum presbiterum, religiosum seu etiam secularem, in suum possit ipsa eligere confessorem, quotiescumque et quandocumque sibi viderit expedire. (n° 385, fol. 101 v°.)

« *Eidem.* Etsi Sedis Apostolice —. Dat. ut supra. »

390   Sainte-Sabine, 1er mai 1286.

Johanne, Francie regine, indulget ut Predicatorum et Minorum ordinum fratres a Philippo rege Francorum, ipsius viro, seu a seipsa ad audiendas ipsorum confessiones electi, matronarum et domicellarum ac aliarum mulierum ipsius regine familiarium vota, Jerosolimitanis et religionis duntaxat exceptis votis, in alia pietatis opera valeant commutare. (n° 386, fol. 101 v°.)

« *Eidem.* Prebemus filia exigente —. Dat. ut supra. »

391   Sainte-Sabine, 27 avril 1286.

Johanne, Francie regine, indulget ut monasteria monialium et sororum quorumcumque ordinum ad que ipsam pervenire contigerit, bis in anno, de assensu abbatissarum et monialium vel sororum monasteriorum eorundem cum prelato vel administratore alio et duobus vel tribus discretis fratribus civitatis vel loci in quo monasteria ipsa sita fuerint, per quos ipsius monasterii monialibus ministrantur ecclesiastica sacramenta, necnon et sex honestis mulieribus causa devotionis intrare valeat, dummodo ibi non comedat cum monialibus in conventu nec pernoctet. (n° 387, fol. 101 v°.)

« *Eidem.* Personam tuam devotione —. Dat. Rome apud Sanctam Sabinam, V kal. maii, anno primo. »

392   Sainte-Sabine, 30 avril 1286.

Johanni, tituli Sancte Cecilie presbitero cardinali, Apostolice Sedis legato, mandat quatinus omnes personas ecclesiasticas, ut castra et fortellitia, regno quondam Petri, olim regis Aragonum, vicina, Philippo, regi Francie, vel Carolo, fratri ejus, tradant, compellat. (n° 388, fol. 102.)

« *Dilecto filio Johanni, tituli Sancte Cecilie presbitero cardinali, Apostolice Sedis legato.* Prosperum et felicem processum carissimi in Christo filii nostri Philippi regis Francie illustris in executione negotii Aragonie ac Valentie regnorum quod clare memorie .. pater ejus ad vitanda christiane fidei christianitatisque dispendia, tanquam catholicus princeps assumpsit et ipse prosequi simili voto dinoscitur, multo desiderio affectantes, efficax circa hoc apostolice sollicitudinis studium, quantum cum Deo possumus, adhibemus. Cum itaque, sicut accepimus, plurimum expediat negotio supradicto castra et quelibet alia fortellitia regnis et aliis terris que fuerunt quondam Petri olim regis Aragonum vicina seu cominus posita per eundem regem Francie dum eorundem regnorum et terrarum institerit occupationi teneri, discretioni tue presentium auctoritate mandamus qua-

tinus venerabiles fratres nostros archiepiscopos et episcopos, ac dilectos filios electos, abbates et priores,
decanos, archidiaconos, prepositos, archipresbiteros et
alios ecclesiarum prelatos, capitula, conventus et collegia Cisterciensis, Premonstratensis, Cluniacensis, sancti
Benedicti, sancti Augustini, Cartusiensis, Grandimontensis, et aliorum ordinum, necnon priores hospitalis
Sancti Johannis Hierosolomitani, preceptores domorum
Militie Templi et Beate Marie Theotonicorum cete-
rasque omnes personas ecclesiasticas, seculares et
regulares, exemptas et non exemptas, ut eadem castra
et fortellitia prefato regi Francie aut carissimo in
Christo filio nostro Carolo illustri regi Aragonum,
fratri ejus, seu illis quibus ipsi mandaverint, tradant,
ab eis per unum annum regiis sumptibus retinenda,
proventibus et redditibus castrorum et fortelliciorum
eorundem personis et ecclesiis quarum ipsa fore noscuntur integre reservatis, prius tamen eisdem ecclesiis
et personis exhibita ex parte ipsorum regum sufficienti
litteratoria cautione de restituendis libere post annum
ipsum prefatis fortelliciis memoratis ecclesiis et personis, si ad utilitatem dicti negotii tibi expediens, et
absque illorum dispendio ad quos eadem castra et
fortellicia pertinent, id posse fieri videatur, monitione
premissa per censuram ecclesiasticam appellatione reservata compellas, non obstantibus aliquibus privilegiis sive indulgentiis apostolicis prefatis archiepiscopis,
episcopis et aliis supradictis sub quacumque forma vel
expressione concessis, de quibus quorumque totis tenoribus de verbo ad verbum plena et expressa in
nostris litteris mentio sit habenda. Dat. Rome apud
Sanctam Sabinam, II kal. maii, anno primo.

393   Sainte-Sabine, 30 avril 1286.

Johanni, tituli Sancte Cecilie presbitero cardinali, Apostolice
Sedis legato, concedit ut quaslibet personas ecclesiasticas que
Alfonso, nato quondam Petri olim regis Aragonum, auxilium et
consilium prestiterint seu favorem, ab officio et commissarum
eis ecclesiarum administratione suspendere valeat. (n° 389, fol.
102.)

« *Eidem.* Cupientes ut carissimus —. Dat. ut supra. »

394   Sainte-Sabine, 7 mai 1286.

Archiepiscopis et episcopis in regno Francie constitutis
mandat quatinus clericos moneant ut a secularibus negotiationibus resipiscant. (n° 390 fol. 102 ; LA PORTE DU THEIL,
fol. 32.)

« *Venerabilibus fratribus archiepiscopis et episcopis per
regnum Francie constitutis.* Ex parte carissimi in Christo
filii nostri Philippi regis Francorum illustris fuit propositum coram nobis quod nonnulli clerici terre sue
vestrarum civitatum et diocesium potius secularibus
negotiationibus quam divinis officiis intendunt, et
gaudere volentes privilegio clericali, nolunt statutis
et consuetudinibus patrie, quibus, quotiens expedit,
sicut laici se tuentur in negotiationum suarum ques-
tibus subjacere. Quocirca fraternitati tue per apostolica scripta districte precipiendo mandamus quatinus
hujusmodi clericos nominatim tertio et per competentia
intervalla dierum diligenter monere curetis ut a talibus
resipiscant. Quod si ipsi a vobis sic moniti ab hiis non
resipuerint, sed, pretermissis divinis officiis, negotiationibus institerint memoratis, cum facto privilegium
abiciant clericale, quominus, dum predictis se impli-
cant, statutis et consuetudinibus eisdem subjaceant
non defendatis eosdem ; mandatum nostrum in hac
parte —. Dat. Rome apud Sanctam Sabinam, nonis
maii, anno primo. »

395   Sainte-Sabine, 30 avril 1286.

Omnibus illis qui regi Francie] decimam ad Aragonie negotium, per quadriennium concessam, pro toto quadriennii
residuo infra terminum certum a legato Apostolice Sedis prefigendum persolverint, suorum peccaminum de quibus corde
contriti et ore confessi extiterint veniam indulget. (n° 391, fol.
102 ; LA PORTE DU THEIL, fol. 25.)

« *Johanni, tituli Sancte Cecilie presbitero cardinali, Apostolice Sedis legato.* Dudum felicis recordationis Martinus papa IIII, predecessor noster, negotium Aragonie
potissime cordi gerens, et ad promotionem illius ferventer intendens, clare memorie Philippo regi Francie,
qui, dum viveret, negotium ipsum ad christiane fidei et
christianitatis evitanda dispendia, tanquam catholicus
princeps assumpsit, pro eodem negotio decimam ecclesiasticorum proventuum in certis regnis, provinciis,
civitatibus et locis, duxit per quadriennium concedendam, et decime ipsius prestatio facilius et celerius
sequi posset, illis qui decimam ipsam in negotii prelibati subsidium pro toto eodem quadriennio primo
anno regi exsolverent memorato, illam suorum peccaminum, de quibus corde contriti et ore confessi existerent, veniam clementer indulxit, que concedi
transfretantibus in Terre Sancte subsidium secundum
Lateranensis statuta concilii consuevit. Nos itaque
cupientes ut prefatum negotium effectum votivum et

celerem sortiatur omnibus illis qui predictam decimam pro toto quadriennii prefati residuo infra prefigendum a te terminum competentem, carissimo in Christo filio nostro Philippo regi Francie illustri dictum negotium prosequenti, seu aliquibus deputandis ab ipso prestare curaverint similem auctoritate presentium veniam indulgemus. Dat. Rome apud Sanctam Sabinam, II kal. maii, anno primo. »

396   Sainte-Sabine, 27 avril 1286.

Abbati monasterii Sancti Dyonisii in Francia mandat quatinus Philippum regem Francorum, quem privilegiis et indulgentiis liberalitas Apostolice Sedis duxerit muniendum, contra privilegiorum eorundem tenorem non permittat per se vel alium seu alios ab aliquibus molestari. (n° 392, fol. 102 v°; LA PORTE DU THEIL fol. 19.)

« Dilecto filio.. abbati monasterii Sancti Dyonisii in Francia, Parisiensis diocesis. Quanto uberioris devotionis —. Dat. Rome apud Sanctam Sabinam, V kal. maii, anno primo. »

397   Sainte-Sabine, 11 mai 1286[1].

Philippo regi Francie indulget ut nulli liceat ipsius capellas sine speciali Apostolice Sedis licentia interdicto supponere. (n° 393, fol. 102 v°.)

« Philippo regi Francie illustri. Significasti nobis quod —. Dat. ibidem, V idus maii, anno primo. »

398   Sainte-Sabine, 24 mai 1286[1].

Omnibus archiepiscopis, episcopis ceterisque ecclesiarum prelatis per regnum Francie constitutis mandat quatinus crucesignatos quominus tallias et collectas secularibus dominis ab ipsis debitas exhibeant seu coram dictis dominis litigent, usque ad tempus passagii generalis ab Apostolica Sede statuendum, nullatenus defendant. (n° 394, fol. 102 v°.)

« Venerabilibus fratribus universis archiepiscopis et episcopis, ac dilectis filiis abbatibus, prioribus et aliis ecclesiarum prelatis per regnum Francie constitutis. Ad audientiam apostolatus nostri pervenit quod nonnulli laici vestrarum civitatum et diocesium in subsidium Terre Sancte crucis caractere insigniti, quos cum fa-

1. La bulle n° 398 n'est pas de 1285, car les bulles expédiées en mai 1285 ont toutes été datées de Saint-Pierre; il faut donc corriger anno primo en anno secundo, la seconde année du pontificat ayant commencé le 20 mai 1286, jour anniversaire du couronnement d'Honorius IV.

milia et omnibus bonis que impresentiarum rationabiliter possident, Apostolica Sedes per suas in consueta forma litteras sub beati Petri et sua protectione suscepit, statuens ut, postquam in primo generali passagio a Sede Apostolica statuendo iter arripuerint transmarinum, ea omnia integra maneant et quieta donec de ipsorum reditu vel obitu certissime cognoscatur, certis sibi conservatoribus super hoc per alias suas similis forme litteras deputatis, pretextu dictarum litterarum et etiam immunitatis crucesignatis generaliter concesse in concilio generali, a talliis et collectis debitis secularibus dominis eorundem et aliis que ad jurisdictionem ipsorum pertinent exemptos existere se contendunt, denegantes eisdem dominis hujusmodi tallias et collectas, ut tenentur, solvere, ac alias coram eis tanquam suis ordinariis in causis que ad forum seculare pertinent litigare, vosque crucesignatis ipsis in hoc favorem pro vestro libito exhibetis. Nos igitur attendentes quod ex tenore litterarum seu pretextu immunitatis hujusmodi non habetur ut dicti crucesignati antequam in generali passagio a Sede Apostolica statuendo iter arripuerint transmarinum sint ad immunitatis hujusmodi gratiam admittendi, universitati vestre per apostolica scripta mandamus quatinus prefatos crucesignatos earundem civitatum et diocesium, occasione predictorum eis a dicta Sede per easdem litteras et immunitates, ut premittitur, concessorum, quominus easdem tallias, collectas ab eis dictis dominis debitas ipsas exhibeant seu coram eis in causis litigent super quibus forum sortiuntur ipsorum usque ad tempus statuendum a prefata Sede passagii generalis nullatenus defendatis. Dat. Rome apud Sanctam Sabinam, XII kal. junii, anno primo. »

399   Sainte-Sabine, 23 mai 1286[1].

Johanni, tituli Sancte Cecilie presbitero cardinali, Apostolice Sedis legato, mandat quatinus quarta littera superiori ad eundem legatum directa utatur si Aragonie negotii prosecutio id exposcat, alioquin ab usu ejus abstineat. (n° 395, fol. 102 vo.)

« Dilecto filio Johanni, tituli Sancte Cecilie presbitero cardinali, Apostolice Sedis legato. Dudum felicis recordationis Martinus papa IIII predecessor noster negotium Aragonie cordi habens et ad promotionem illius etc. ut in quarta littera superiori que scribitur eidem legato usque seu aliquibus deputandis ab ipso prestare

1. Cette bulle a été insérée par erreur dans le registre de la première année.

curaverint, similem per nostras litteras veniam duximus indulgendam. Ideoque per dilectos filios magistros Guidonem de Roy, Remensis, et Laurentium Vicini Carnotensis ecclesiarum canonicos, tibi litteras destinantes easdem, volumus et discretioni tue presentium auctoritate mandamus quatinus prudenter attendens quod biennium solum ad plus superest de tempore per quod dicta decima est concessa, ita demum predictis litteris utaris si prosecutionis ejusdem negotii necessitas seu evidens utilitas id exposcat, alioquin prorsus ab usu abstineas earundem, cum ad tante concessionis veniam non sit facile nec absque causa rationabili procedendum. Dat. Rome apud Sanctam Sabinam, X kal. junii, anno secundo. »

400   Sainte-Sabine, 18 mars 1286.

Inhibet ne domini vel judices seculares regni Anglie, requirentibus episcopis et aliis ordinariis dicti regni, priores et monachos ordinis Cluniacensis qui per quadraginta dies excommunicationis sententias contra se per dictos episcopos latas sustinuerint, capere vel incarcerare presumant. (n° 396, fol. 103; La Porte du Theil, fol. 311.)

« Dilectis filiis.. abbati, et conventui monasterii Cluniacensis, ad Romanam ecclesiam nullo medio pertinentis, Matisconensis diocesis. Desideriis vestris in —. Dat. Rome apud Sanctam Sabinam, XV kal. aprilis, anno primo. »

401   Sainte-Sabine, 18 mars 1286.

Yvoni, monasterii Cluniacensis abbati indulget ut prioratum Sancti Viventii de Vergio, Cluniacensis ordinis, Eduensis diocesis, ubi fuerat nutritus ab infantia dictus abbas, cum ipse prioratus ad collationem dicti abbatis pertinens gravi prematur onere debitorum nec possit de facili ab hujusmodi debitis liberari, usque ad novem annos possit licite retinere, dummodo ibidem sedenarium monachorum numerum, prout esse hactenus consuevit, teneat. (n° 397, fol. 103; La Porte du Theil, fol. 312 v°.)

« Dilecto filio Yvoni, abbati monasterii Cluniacensis, ad Romanam ecclesiam nullo medio pertinentis, Matisconensis diocesis. Devota obsequia et —. Dat. ut supra. »

402   Sainte-Sabine, 18 mars 1286.

Abbati monasterii Cluniacensis indulget ut nullus delegatus vel subdelegatus ab eo aut etiam conservator a Sede Apostolica deputatus seu legatus ejusdem Sedis in personam ipsius excommunicationis, suspensionis, vel interdicti sententias sine speciali mandato Sedis predicte, faciente expressam de indulto hujusmodi mentionem, promulgare possit. (n° 398, fol. 103; La Porte du Theil, fol. 313 v°.)

« Eidem. Speciali prosequi tuam —. Dat. ut supra. »

403   Sainte-Sabine, 18 mars 1286.

J. tituli Sancte Cecilie presbitero cardinali, Apostolice Sedis legato, mandat quatinus quadraginta fratribus Cluniacensis ordinis, studentibus Parisius in theologica facultate, qui in eadem civitate quandam domum obtinent, habendi cimiterium juxta capellam in predicta domo existentem, et campanas in capella ad convocandum fratres, licentiam concedat. (n° 399, fol. 103; La Porte du Theil, fol. 314 v° ; Potthast, n° 22398.)

« Dilecto filio J., tituli Sancte Cecilie presbitero cardinali, Apostolice Sedis legato. Ex parte dilectorum —. Dat. ut supra. »

404   Sainte-Sabine, 7 mai 1286.

Venditiones, alienationes et concessiones prioratuum, grangiarum, pensionum ac prebendarum, ab abbatibus quibusdam ordinis Cluniacensis, absque abbatis vel prioris et conventus consensu, contra statuta dicti ordinis et inhibitionem Sedis Apostolice temere factas, ad instar Innocentii pape quarti nuntiat irritas et inanes. (n° 400, fol. 103; La Porte du Theil, fol. 315 v°; Potthast, n° 22433.)

«.. Abbati monasterii Cluniacensis. Quanto ordinem Cluniacensem —. Dat. Rome apud Sanctam Sabinam, nonis maii, anno primo. »

405   Sainte-Sabine, 11 mai 1286.

Litteras Alexandri pape IV, datas Laterani nonis martii, ipsius vero pontificatus anno secundo, et vetustate consumptas, quibus dictus papa abbati et conventui Cluniacensibus, cum Innocentius papa statuisset ut exempti quantacumque gauderent libertate, nichilominus tamen ratione delicti seu contractus aut rei de qua contra ipsos ageretur rite possent coram locorum ordinariis conveniri, indulserat ut occasione constitutionis hujusmodi nullum ordinis Cluniacensis libertatibus prejudicium generaretur, hic refert et confirmat. (n°401, fol. 103 v°; La Porte du Theil, fol. 317.)

« Dilectis filiis.. abbati, et conventui monasterii Clunia-

censis, ad Romanam ecclesiam nullo medio pertinentis, Matisconensis diocesis. Quasdam litteras quas —. Dat. Rome apud Sanctam Sabinam, V idus maii, anno primo. »

406   Sainte-Sabine, 18 mars 1286.

Abbati monasterii Cluniacensis ut fratribus ordinis Cluniacensis absolutione ac dispensatione indigentibus absolutionis beneficium impertiri et cum eis super irregularitate, si quam contraxerint, se divinis officiis immiscendo, dispensare valeat concedit facultatem. (n° 402, fol. 103 v°; La Porte du Theil, fol. 318 v°.)

«.. Abbati monasterii Cluniacensis, ad Romanam ecclesiam etc., Matisconensis diocesis. Licet ad hoc —. Dat. Rome apud Sanctam Sabinam, XV kal. aprilis, anno primo. »

407   Sainte-Sabine, 11 mai 1286.

Litteras Innocentii pape IV, datas Lugduni VIIII kal. novembris, ipsius vero pontificatus anno octavo, quibus abbati et conventui monasterii Cluniacensis indulserat ut nulli deinceps per litteras Apostolice Sedis vel legatorum ipsius impetratas, posset de prioratibus, decanatibus, grangiis, ecclesiis, beneficiis sive redditibus ad ordinem Cluniacensem spectantibus providi aut assignari, vel conferri pensiones in eis, nisi de verbo ad verbum in eisdem litteris totus presentis indulgentie tenor esset insertus, vetustate consumptas hic refert et confirmat. (n° 403, fol. 103 v°; La Porte du Theil, fol. 320.)

«.. Abbati, et conventui monasterii Cluniacensis, ad Romanam ecclesiam etc., Matisconensis diocesis. Quasdam litteras quas —. Dat. Rome apud Sanctam Sabinam, V idus maii, anno primo. »

408   Sainte-Sabine, 11 mai 1286.

Litteras Lucii pape III quibus statuerat ut burgenses ad Silviniacensem ecclesiam pertinentes, si parati fuissent in presentia prioris ipsius ecclesie justitiam exhibere, ad alienum judicium non traherentur, confirmat. (n° 404, fol. 104; La Porte du Theil, fol. 321 v°.)

«.. Abbati Cluniacensi,.. priori et fratribus Silviniacensis ecclesie. Quasdam litteras quas felicis recordationis Lucius papa tertius predecessor noster vobis et ipsi Silviniacensi ecclesie concessisse dicitur etc., usque qui talis est :
Honorius.

» Lucius episcopus etc., dilectis filiis.. abbati Cluniacensi,.. priori et fratribus Silviniacensis ecclesie » salutem etc. Cum ab apostolica —. Significastis siquidem nobis quod burgenses ad Silviniacensem » ecclesiam pertinentes, cum ab aliquibus trahuntur » in causam, licet parati sint coram te, dilecte fili » prior, qui eorum judex es ordinarius, respondere, » quandoque tamen a baronibus circumpositis et quibusdam aliis hominibus eorum stare judicio compelluntur; eapropter vestris justis postulationibus annuentes apostolica auctoritate statuimus ut cum aliqui » predictos burgenses voluerint in judicium trahere, » si iidem burgenses parati fuerint in presentia prioris » qui erit pro tempore atque conventus ipsius ecclesie » pulsantibus eos justitiam exhibere, et qui de ipsis » querimoniam deposuerint per ordinarium judicium » vestre ecclesie justitiam obtinere potuerint, ad alienum judicium non trahantur. Nulli ergo —. Dat. » Verulis, III idus aprilis. »

Volumus autem nullum per hoc jus novum acquiri vobis et dicte Silviniacensi ecclesie, sed vobis et sibi antiquum si quod est solummodo conservari. Dat. Rome apud Sanctam Sabinam, V idus maii, anno primo. »

409   Sainte-Sabine, 7 mai 1286.

Abbati et conventui monasterii Cluniacensis indulget, ad instar Clementis pape IV et Nicolai pape III, ut ipsum monasterium, seu persone prioratuum ei subjectorum, ad solvendum cuiquam aliquod pecuniarium subsidium minime teneantur, nisi per litteras expressas apostolicas. (n° 405, fol. 104; La Porte du Theil, fol. 33.)

«.. Abbati et conventui monasterii Cluniacensis, Matisconensis diocesis. Quanto studiosius vos —. Dat. Rome, apud Sanctam Sabinam, nonis maii, anno primo. »

410   Sainte-Sabine, 11 mai 1286.

Litteras Celestini pape III, quibus abbati et conventui monasterii Cluniacensis malefactores suos excommunicandi facultas conceditur, vetustate attritas hic refert et confirmat. (n° 406, fol. 104; La Porte du Theil, fol. 34.)

«.. Abbati, et conventui monasterii Cluniacensis, ad Romanam ecclesiam nullo medio pertinentis, Matisconensis diocesis. Quasdam litteras quas felicis recordationis Celestinus papa tertius predecessor noster vobis et mo-

nasterio vestro concessisse dicitur etc., usque annotari, qui talis est:

Saint-Pierre, 8 février 1192.

« Celestinus episcopus etc., dilectis filiis .. abbati et
» fratribus Cluniacensibus salutem etc. Licet universa
» loca religiosa —. Inde est quod nos monasterium ves-
» trum contra molestationes indebitas speciali volentes
» libertatis privilegio communire, presentium auctori-
» tate statuimus vobisque benignius indulgemus ut
» universos malefactores vestros et hominum vestro-
» rum, qui de provincia fuerint Lugdunensi, si eorum
» episcopi et ecclesiarum prelati a vobis tertio requi-
» siti eos ad satisfactionem vobis congruam exhiben-
» dam non duxerint compellendos, licitum vobis sit
» vestrisque successoribus illos, candelis accensis,
» auctoritate apostolica excommunicationis sententie
» atque interdicti subicere, quos tandiu nuntietis ex-
» communicationis et interdicti vinculo innodatos, do-
» nec de perpetratis excessibus satisfecerint competen-
» ter, et, si delicti qualitas hoc exegerit, ad Apostolicam
» Sedem cum litterarum vestrarum testimonio venerint
» absolvendi. Libertates preterea et immunitates ac
» rationabiles consuetudines monasterii vestri hacte-
» nus observatas ratas esse decernimus, et eas aucto-
» ritate apostolica vobis vestrisque confirmamus, artius
» inhibentes ne quis possessiones, jura vel bona ejus-
» dem monasterii preter Sedis Apostolice conscien-
» tiam, cui specialiter est subjectum, quomodolibet
» alienare, vel antiquas et rationabiles ipsius monaste-
» rii consuetudines et hactenus observatas violare
» presumat. Quod si a quoquam fuerit attemptatum —.
» Dat. Rome apud Sanctum Petrum, VI idus februa-
» rii, pontificatus nostri anno primo. »

Volumus autem nullum per hoc jus novum acquiri vobis et monasterio vestro predicto, sed vobis etc. usque conservari. Dat. Rome apud Sanctam Sabinam, V idus maii, anno primo. »

411   Sainte-Sabine, 7 mai 1286.

Excommunicationis et interdicti sententias ab episcopis contra ordinem Cluniacensem, contemptis privilegiis dicto ordini a Sede Apostolica indultis, promulgatas vel promulgandas decernit irritas. (n° 407, fol. 104; La Porte du Theil, fol. 35 v°).

«.. A bbati et conventui Cluniacensibus. Religionis vestre in qua de die in diem —. Vestra sane petitio nobis exhibita continebat quod, cum monasterium vestrum quod ejusdem Sedis specialiter juris existit a primo sue fundationis exordio usque ad moderna tempora multis et diversis Romanorum pontificum privilegiis et indulgentiis sit munitum et dotatum libertatibus ab eisdem, nonnulli archiepiscopi et episcopi et officiales eorum aliique ecclesiarum prelati, non attendentes quod nobis principaliter injuriari probantur qui privilegia Sedis Apostolice vel irreverenter impugnant vel superficialiter eorum verba tenentes contra ipsorum gestiunt intellectum, et privilegiatos privilegiorum comodis privare conantur, contra eadem privilegia et indulgentias ad sinodos et conventus forenses vos ire compellunt, ad domos vestras causa ordines celebrandi, causas tractandi, aliquos conventus publicos convocandi et missas celebrandi interdum accedunt, ab abbate vel priore vestri monasterii nullatenus invitati, a fratribus etiam Cluniacensis ordinis obedientiam et reverentiam exigere vel extorquere, ac ipsos ubilibet commorantes jurisdictionem exercere, interdicti et excommunicationes sententias proferre, in prioratibus et cellis ejusdem ordinis, qui nunc sine abbate Cluniacensi monasterio sunt subjecti, abbates ordinare, infra parrochias locorum eidem monasterio subditorum absque Cluniacensis abbatis assensu ecclesias et capellas construere, cimiteria benedicere, de vestris monachis et monasteriis judicare, ad judicia sua eos invitos protrahere, ac pro controversiis vestris in parrochianos homines et servientes vestros animadvertere presumentes, quanquam archiepiscopi et episcopi in quorum diocesibus facultates vestre consistunt, si contra eadem monasteria vel monachos ipsos aliquid questionis habuerint, te, fili abbas, tuosque successores ex indulto Sedis Apostolice debeant appellare, ac si lis per vos diffiniri nequiverit, ad eandem Sedem referri, ejus solius judicio terminanda. Cum autem sit a predicta Sede statutum ut omnes ecclesie, capelle et cimiteria vestra libera et immunia ab omni exactione consistant, et fratres cellarum seu locorum vestrorum ubilibet positorum pro interdicto ac excommunicatione quibuslibet suspensionem divinorum officiorum minime patiantur, et tam monachi predictorum locorum quam eorum famuli et qui se monastice professioni devoverint divine servitutis officia celebrent et debita peragant sepulture, iidem prelati vos uti libere statutis hujusmodi non permittunt nec diocesani episcopi aut officiales eorum presentatos sibi a vobis ad parrochiales ecclesias quas habetis sacerdotes admittunt, nec celebrare in eis divina officia patiuntur eosdem, prout vobis est ex Apostolice Sedis benignitate concessum, si dicti episcopi vel officiales presentatos eosdem malitiose non duxerint admittendos. Preterea cum ex indulgentia Sedis ejusdem ecclesiarum vestrarum decimas, que a laicis detinentur, si secundum Deum ab eorum potestate subtrahere vestre religionis reverentia poterit, ad vestram et pauperum gubernationem vobis et ordini vestro liceat retrahere, ac laicos vel clericos seculares per loca vestra ad conversionem sive ad sepulturam suscipere nisi pro certis criminibus fuerint excommunicationis sententia innodati, iidem super hiis vobis temere se opponunt, alium quam Cluniacensem ordinem in parrochiis ad jus vestrum spectantibus de novo creare nichilominus presumentes, licet ab eadem Sede id fieri cuilibet inhibitum sit expresse. Ad hec, cum vos et fratres vestri ubilibet commorantes conveniri vel ultra duas dietas a monasteriis vestris ad judicium pertrahi seu ad cujuslibet provisionem compelli per litteras apostolicas non possitis, nec alicui liceat auctoritate ipsarum in fratres ipsos jurisdictionem aliquam exercere, nisi eedem littere plenam de ordine vestro et indulgentia vobis super hiis ab eadem Sede concessa fecerint mentionem, ipsi prelati et alii a Sede Apostolica delegati, indulgentiam hujusmodi voluntate propria non servantes, super hiis vos superius aggravant et perturbant. Audivimus preterea, quod non mediocriter movet nos nec modice vestre plenam derogat libertati, quod aliqui prelati ecclesiarum et officiales eorum, licet in vos et alios ordinis Cluniacensis monachos vel conversos ubilibet commorantes, pro eo quod estis Apostolice Sedis et indulgentiis communiti, eis non liceat excommunicationis aut interdicti sententiam promulgare, in molentes tamen in molendinis et coquentes in furnis, in contrahentes vobiscum quibuscumque contractibus, in servientes et familias vestras, in locantes eis operas suas, in illos etiam qui missas et horas vestras audiunt, decimas, redditus, et oblationes ac alia vobis debita reddunt seu alias vobis communicant, et excommunicationis et interdicti sententias fulminare, ac concessiones tam ab eorum predecessoribus quam aliis Christi fidelibus liberalitate pia et provida ordini vestro factas revocare voluntate propria, ne dicamus potius temeritate, presumunt, bona que in eorum continentur diocesibus arrestari vel detineri tamdiu per violentiam facientes donec super hiis eorum voluntati fuerit satisfactum, alias vobis gravamina et injurias multipliciter inferendo ; sicque fit ut exemptio concessa vobis causa solatii et quietis pariat vobis dispendium et laborem. Quare nobis humiliter supplicastis ut tantis vestris gravaminibus et jacturis providere misericorditer curaremus. Nos itaque, ad instar felicis recordationis Alexandri IIII, Clementis IIII et Nicolai III, predecessorum nostrorum Romanorum pontificum, nolentes de cetero tam abusivas enormitates seu tam enormes abusus, non absque Apostolice Sedis excogitatos injuria,

sustinere, hujusmodi excommunicationis et interdicti. sententias et alia supradicta contra ejusdem Sedis indulta in vestrum prejudicium fieri auctoritate presentium districtius inhibemus, decernentes irritum et inane si quid contra inhibitionem hujusmodi super premissis fuerit attemptatum. Nulli ergo nostre inhibitionis et constitutionis etc. Datum Rome apud Sanctam Sabinam, nonis maii, anno primo. »

412   Sainte-Sabine, 11 mai 1286.

Litteras Innocentii pape II in favorem monasterii Cluniacensis datas hic refert et confirmat. (n° 408, fol. 104 v° ; LA PORTE DU THEIL fol. 40.)

« *Universis Christi fidelibus presentes litteras inspecturis* Quasdam litteras, quas felicis recordationis Innocentius papa secundus predecessor noster, in favorem dilectorum filiorum .. abbatis et conventus monasterii Cluniacensis, venerabilibus fratribus archiepiscopis et episcopis, ad quos littere ipsius predecessoris pervenerint, dicitur direxisse, nobis iidem abbas et conventus presentarunt. Verum quia hujusmodi littere incipiunt nimia vetustate consumi, nos, ipsorum abbatis et conventus supplicationibus annuentes, dictas litteras de verbo ad verbum presentibus fecimus annotari quarum tenor talis est :

Valence, 8 mars 1132.

« Innocentius episcopus, servus servorum Dei, vene-
» rabilibus fratribus archiepiscopis et episcopis ad quos
» littere iste pervenerint salutem et apostolicam bene-
» dictionem. Liberalitatis laudabile genus—.Nos siqui-
» dem monasterium ipsum quod specialiter ad jus beati
» Petri et sancte Romane spectat ecclesie per nos ipsos
» visitavimus, et eodem die quo revolutis multorum
» annorum spatiis predecessor noster felicis memorie
» papa Urbanus ibidem majus altare consecraverat, cum
» archiepiscopis et episcopis qui nobiscum convenerant
» cooperante Spiritus Sancti gratia, idem monasterium
» sollempniter dedicavimus. Devotioni quoque et humi-
» litati fidelium qui pro amore Dei et ipsius loci reve-
» rentia in anniversario dedicationis illud convenerint
» prospicientes, ipsis quadraginta dies penitentie sibi
» injuncte de gratia Dei confisi beatorum apostolorum
» Petri et Pauli auctoritate remisimus. Statuimus
« etiam ut immunitas ejusdem cenobii inviolata
» et integra futuris temporibus conservetur, ut si
» quis infra terminos banni qui ab eodem prede-
» cessore nostro circa Cluniacum constituti sunt scien-
» ter hominem capere, vulnerare, vel res ejus auferre
» presumpserit, excommunicationis sententia percella-

» tur, quousque ablata restituat et abbati et monachis
» de illata injuria congrue satisfaciat. Ad hec adicien-
» tes, decrevimus ut quicumque Cluniacenses monachos
» vel eorum socios ceperint, aut ea que portaverint vel
» conduxerint, excommunicationi subjaceant. Si vero
» aliqui absque ipsorum monachorum presentia ea que
» ad victum vel vestitum fratrum in Cluniacensi ceno-
» bio Domino servientium pertinent alicubi depredati
» fuerint, nisi infra quadraginta dies commoniti ablata
» restituerint, eos anathemati subjacere precipimus et in
» terra eorum divina prohibemus officia celebrari. Loca
» quoque in quibus se receperint, donec presentes fue-
» rint, a divinis obsequiis, preter infantum baptisma et
» morientium penitentias, cessare precipimus. Et nullus
» eorundem presumptorum propter timorem mortis nisi a
» Romano pontifice absolvatur. Porro quisquis prefatis
» fratribus, ubicumque manentibus, quelibet alia, preter
» ea que superius enumeravimus, abstulerit, nisi infra
» quadraginta dies post vestram commonitionem ablata
» restituerit, excommunicationi subjaceat nec absolva-
» tur donec capitale reddat et congrue satisfaciat. Quod
» si hec perpetrata esse noveritis, aut clamor super hoc
» ad aures vestras pervenerit, vobis precipiendo man-
» damus quatinus prefatam animadversionis sententiam
» per vestras faciatis parrochias firmiter observari. Dat.
» Valentie, VIII idus martii. »

Per hoc autem vobis et monasterio vestro nullum jus de novo acquiri volumus sed vobis et sibi antiquum, si quod est, tantummodo conservari. Dat. Rome apud Sanctam Sabinam, V idus maii, anno primo. »

413   Sainte-Sabine, 15 mars 1286.

Abbati et conventui monasterii Cluniacensis indulget ut, per Apostolice Sedis vel legatorum ipsius litteras, de prioratibus et grangiis per monachos ordinis Cluniacensis solitis gubernari nulli valeat provideri, aut assignari vel conferri pensiones in eis. (n° 409, fol. 105; La Porte du Theil, fol. 43 v°; Potthast, n° 22394.)

«.. *Abbati, et conventui monasterii Cluniacensis, ad Roma-nam ecclesiam nullo medio pertinentis, Matisconensis diocesis.* Vestre pacis querentes —. Dat. Rome apud Sanctam Sabinam, idibus martii, anno primo. »

414   Sainte-Sabine, 15 mars 1286.

Abbati et conventui monasterii Cluniacensis indulget ut possessiones et alia bona mobilia et immobilia, exceptis rebus feudalibus, que fratres dicti monasterii, si in seculo remansis-

sent, jure successionis vel alio quocumque justo titulo contigissent, petere, recipere ac retinere libere valeant. (n° 410, fol. 105; La Porte du Theil, fol. 43 v°; Potthast, n° 22395.)

« *Eisdem.* Devotionis vestre precibus —. Dat. ut supra. »

415   Sainte-Sabine, 7 mai 1286.

Penitentibus qui ad monasterii Silviniacensis ecclesiam accesserint centum dies de injunctis eis penitentiis relaxat. (n° 411, fol. 105; La Porte du Theil, fol. 44; Potthast, n° 22435.)

«.. *Priori, et conventui monasterii Silviniacensis, Cluniacensis ordinis, Claromontensis diocesis.* Clara sanctorum merita —. Cum itaque, sicut ex vestra insinuatione accepimus, propter merita gloriosa sanctorum confessorum Maiolis et Odilonis, quorum corpora in vestra ecclesia requiescunt, mirabilis Deus in sanctis suis multa cotidie miracula operetur ibidem, propter que ad eandem ecclesiam de diversis partibus fidelium multitudine affluente, corpus predicti sancti Maioli ad alium locum ipsius ecclesie magis venerabilem et decentem olim cum reverentia debita duxeritis transferendum ; nos ut dictorum fidelium devotio spe desiderabilium premiorum erga dictam ecclesiam augeatur, ad instar felicis recordationis Clementis pape IIII, predecessoris nostri, de omnipotentis Dei misericordia et beatorum Petri et Pauli apostolorum ejus auctoritate confisi, omnibus vere penitentibus et confessis qui ad dictam ecclesiam in anniversario die translationis ipsius venerabiliter et devote accesserint annuatim centum dies de injunctis sibi penitentiis misericorditer relaxamus. Dat. apud Sanctam Sabinam, nonis maii, anno primo. »

416   Sainte-Sabine, 7 mai 1286.

Abbati, et conventui monasterii Cluniacensis, personisque prioratuum ac membrorum ipsi monasterio subjectorum indulget ut solvere debita, nisi ea in utilitatem ipsorum monasterii et prioratuum conversa fuisse legitime probaverint creditores, non teneantur. (n° 412, fol. 105 v°; La Porte du Theil, fol. 45.)

«.. *Abbati, et conventui monasterii Cluniacensis, ad Romanam ecclesiam nullo medio pertinentis, Matisconensis diocesis.* Indempnitati vestre monasterii —. Dat. ut supra. »

417   Sainte-Sabine, 7 mai 1286.

Decem conversorum ac totidem conversarum numerum quem in monasterio Sancti Petri Remensis, consideratis ipsius facultatibus, diligenter statuit conventus observandum, et quem Remensis archiepiscopus confirmavit, prout in patentibus litteris inde confectis plenius continetur, auctoritate apostolica confirmat. (n° 413, fol. 105 v°).

« *Dilectis in Christo filiabus.. abbatisse, et conventui monasterii Sancti Petri Remensis, ordinis sancti Benedicti.* Dignum est ut —. Dat ut supra. »

418   Sainte-Sabine, 23 mars 1286.

Symoni, episcopo Carnotensi, tabellionatus officium uni persone ad hoc idonee conferendi concedit facultatem. (n° 414, fol. 105 v°; LA PORTE DU THEIL, fol. 323.)

« *Venerabili fratri Symoni, episcopo Carnotensi.* Volentes tuam honorare —. Dat. Rome apud Sanctam Sabinam, X kal. aprilis, anno primo. »

419   Sainte-Sabine, 15 mai 1286.

Monasterio Sancti Gregorii de Urbe, per translationem Bartholomei abbatis, in abbatem monasterii Sublacensis constituti, pastoris regimine destituto, Riccbardum, olim monachum prefati monasterii Sublacensis, in abbatem preficit. (n° 415, fol. 105 v°).

« *Riccardo, abbati monasterii Sancti Gregorii de Urbe, ad Romanam ecclesiam nullo medio pertinentis, ordinis sancti Benedicti.* Debitum officii nostri —. Dat. Rome apud Sanctam Sabinam, idibus maii, anno primo. »

In eundem modum conventui monasterii Sancti Gregorii de Urbe mandat quatinus dicto Riccardo abbati obedientiam et reverentiam debitam exhibeat. Dat. ut supra.

In e. m. universis vassallis monasterii Sancti Gregorii de Urbe mandat quatinus eidem abbati fidelitatis solite juramentum prestantes servitia debita exhibeant. Dat. ut supra.

420   Sainte-Sabine, 10 mai 1286.

Capitulo Cameracensi indulget ut novalium decimas, de quibus aliquis hactenus non percepit, libere percipere valeat, sine juris prejudicio alieni. (n° 416, fol. 106.)

« *Dilectis filiis capitulo Cameracensi.* Volentes vestre devotionis —. Dat. Rome apud Sanctam Sabinam, VI idus maii, anno primo. »

421   Sainte-Sabine, 9 mai 1286.

G. electo Cameracensi indulget ut a festo Omnium Sanctorum proximo secuturo usque ad unum annum consecrationis munus recipere minime teneatur. (n° 417, fol. 106.)

« *Dilecto filio G., electo Cameracensi.* Habet tue discretionis —. Dat. Rome apud Sanctam Sabinam, VII idus maii, anno primo. »

422   Sainte-Sabine, 10 avril 1286.

Ecclesiam de Bertona, Norwicensis diocesis, quam ipse papa Honorius IV promotionis sue ad apicem summi apostolatus tempore habebat, et cujus donationem Apostolice Sedi reservaverat, Reginaldo dicto de Waltone confert. (n° 418, fol. 106.)

« *Dilecto filio Reginaldo, dicto de Waltone, presbitero rectori ecclesie de Bertona Tongrid., Norwicensis diocesis.* Olim ad apicem summi apostolatus dispositione divina promoti cupientes in ecclesia de Bertona, Norwicensis diocesis, quam hujusmodi promotionis nostre tempore habebamus, talem nobis personam substitui que in sacri executione ministerii Altissimo referat in eadem ecclesia laudes dignas, ecclesiam ipsam donationi nostre duximus reservandam et decrevimus irritum et inane si secus de illa a quoquam scienter vel ignoranter contingeret attemptari, ac postmodum ad personam quondam Willelmi de Altona, presbiteri Cicestrensis diocesis, pro eo quod ipse de illis partibus oriundus et in sacerdotio constitutus erat et nobis de vite munditia—considerationis nostre oculos dirigentes, prestito ab ipso primitus de personali residentia in ipsa ecclesia facienda coram nobis corporaliter juramento, ecclesiam ipsam cum omnibus juribus et pertinentiis suis apostolica sibi auctoritate contulimus et providimus sibi de illa, ipsumque per nostrum anulum investivimus presentialiter de eadem. Voluimus autem quod ipse postquam predictam ecclesiam foret pacifice assecutus, vicariam quam in collegiata ecclesia de Boscham, dicte Cicestrensis diocesis, obtinebat, et quam extunc vacare decrevimus, omnino dimittere, ac residere in ipsa ecclesia de Bertona personaliter teneretur, et quod ecclesiam de Bertona retinendo predictam, nullum aliud ecclesiasticum beneficium si illud sibi efferri contingeret posset recipere aut cum ea quomodolibet retinere ; alioquin eandem ecclesiam de Bertona quam extunc vacare decrevimus omnino dimitteret, et nos eam ex tunc donationi apostolice duximus reservandam, decernentes ex tunc irritum —. Postmodum quoque intellecto quod

predictus Willelmus, antequam ipsius ecclesie possessionem fuisset adeptus, in Lombardie partibus debitum
nature persolvit, ecclesiam ipsam donationi apostolice
duximus reservandam ac decrevimus irritum —. Nos
itaque personam tuam— necnon et consideratione dilecti filii nostri Hugonis, tituli Sancti Laurentii in Lucina
presbiteri cardinalis, pro te capellano suo nobis cum instantia supplicantis, volentes prosequi favore gratie specialis, ecclesiam ipsam de Bertona, tibi, prestito a te de
personali residentia in ipsa ecclesia facienda coram nobis corporaliter juramento, cum omnibus juribus et
pertinentiis suis ac conditionibus supradictis apostolica
auctoritate conferimus et providemus, tibi de ipsa teque per nostrum anulum investimus presentialiter de
eadem, decernentes irritum et inane —; non obstante
—. Volumus tamen quod tu, postquam ipsius ecclesie
fueris pacificam possessionem adeptus et fructus ex ea
percipere inceperis, in ecclesia ipsa personaliter resideas, ut jurasti, et quod perpetuam vicariam quam in
ecclesia de Lideneya, Herefordensis diocesis, obtines,
et quam extunc vacare decernimus, omnino dimittas,
ac quod ecclesiam de Bertona retinendo predictam nullum aliud ecclesiasticum beneficium, si illud tibi offerri
contigerit, recipere valeas, aut cum ipsa ecclesia aliquatenus retinere, alioquin eandem ecclesiam de Bertona quam extunc vacare decernimus omnino dimittere
tenearis, etnos eam exnunc donationi apostolice reservamus, decernentes irritum —. Nulli ergo —. Dat.
Rome apud Sanctam Sabinam, IIII idus Aprilis, anno
primo. »

In eundem modum episcopo Roffensi, et Bogoni de Clara,
pape capellano, decano ecclesie de Staffordia, Lichefeldensis
diocesis, ac magistro Ade de Hales, canonico Cicestrensi, mandat quatinus prefatum Reginaldum vel procuratorem ejus in
possessionem corporalem ecclesie de Bertona inducant. Dat. ut
supra.

423   Sainte-Sabine, 11 mai 1286.

Abbati monasterii de Valcellis, et Johanni de Brueriis decano
ecclesie Cameracensis mandat quatinus de decima Guidoni comiti Flandrie, qui signum crucis assumpserat, a Johanne papa
olim concessa, et ab eisdem collecta certis personis studeant
reddere rationem. (n° 419, fol. 106 v°.)

« *Dilectis filiis .. abbati monasterii de Valcellis, Cisterciensis ordinis, et Johanni de Brueriis, decano, olim cantori ecclesie Cameracensis.* Dudum felicis recordationis
Johanni pape predecessori nostro ex parte dilecti filii
nobilis viri Guidonis, comitis Flandrie, marchionis

Namurcensis, exposito, sicut accepimus, quod ipse
zelo fidei et devotionis accensus, signum reverende crucis assumpserat, ac in termino proximo generalis passagii a Sede Apostolica statuendo cum bellatorum decenti et honorabili comitiva in ejusdem terre proponebat subsidium proficisci, dictus predecessor volens
ipsum in tam laudabili et in oculis divine majestatis
accepto proposito confovere, ac attendens quod ex sue
probitatis experte industria et strenuitatis virtute
quibus predicatur insignis, sua in illis partibus poterit
esse presentia multipliciter fructuosa, sibi, cum propter
hoc grandia ipsum subire oporteat onera expensarum,
decimam omnium ecclesiasticorum proventuum hujusmodi subsidio deputatam in civitate ac diocesi Cameracensi, in illis videlicet ipsarum civitatis et diocesis
partibus que sunt extra regnum Francie constitute, ac
in omnibus terris de regno ipso non existentibus quas
idem comes ac quondam Margareta Flandrie et Hannonie comitissa, mater ipsius comitis, in Atrebatensi, Tornacensi, Leodiensi et Trajectensi diocesibus tunc temporis obtinebant, per sex annos, prout extitit ipsius
terre subsidio in generali concilio Lugdunensi concessa,
dummodo idem nobilis votum crucis in predicto passagii termino, pensatis sue potentie viribus, cum honorabili bellatorum equitum comitiva personaliter prosequatur, per suas concessit litteras de gratia speciali,
vobis et quondam magistro Renero de Passiaco, ecclesie Cameracensis canonico, super colligenda predicta
decima executoribus deputatis, prout in litteris ejusdem predecessoris super hoc confectis plenius dicitur
contineri. Cum autem scire velimus quantitatem
pecunie per vos jam collectam et etiam colligendam
de decima supradicta, discretioni vestre per apostolica scripta districte precipiendo mandamus quatinus
de tota hujusmodi per vos et eundem magistrum
Renerum collecta decima et etiam colligenda, si restat
aliquid colligendum, de ipsa dilectis filiis .. decano
ecclesie Curtracensis, Tornacensis diocesis, Bartholomeo
de Mantua, archidiacono de Haynonie, et Franconi de
Wegga, canonico Cameracensi, ad requisitionem ipsorum exactam studeatis reddere rationem, et nichilominus predictam pecuniam collectam et etiam colligendam
postquam collecta fuerit, in aliquibus tutis locis totaliter deponatis, quoslibet cujuscumque sint ordinis, conditionis aut status ad recipiendum hujusmodi pecuniam
per censuram ecclesiasticam appellatione reservata et
alias prout expedire putabitis compellendo; facientes
de hujusmodi depositione confici duo publica similia
instrumenta quorum alterum vobis retineatis, nobis reliquum transmissuri ac nichilominus tam hujusmodi col-

lecte pecunie quam etiam colligende quantitates et in quibus locis pecunias ipsas per vos deponi contigerit, ac etiam quod in hac parte feceritis studeatis nobis per vestras litteras tenorem presentium continentes plene ac fideliter intimare. Nos enim decano, archidiacono et canonico supradictis per alias litteras nostras injungimus ut vos ad reddendam eis rationem et depositionem hujusmodi faciendam, si opus fuerit, per censuram eandem et alias, prout expedire viderint, appellatione reservata, compellant. Dat. Rome apud Sanctam Sabinam, V idus maii, anno primo. »

424   Sainte-Sabine, 11 mai 1286.

Decano ecclesie Curtracensis, et magistris Bartholomeo de Mantua ac Franconi de Wegga mandat quatinus abbatem monasterii de Valcellis et Johannem de Brueriis decanum ecclesie Cameracensis requirant ut ipsis de tota pecunia collecta et colligenda de decima, Guidoni comiti Flandrie concessa, reddant exactam et plenariam rationem. (n° 420, fol. 106 v°.)

« .. Decano ecclesie Curtracensis, Tornacensis diocesis, et magistris Bartholomeo de Mantua, archidiacono Haynonie, ac Franconi de Wegga, canonico Cameracensi. Dudum felicis recordationis —. Dat. ut supra, »

425   Sainte-Sabine, 11 mai 1286.

Abbati monasterii de Valcellis, et Johanni de Brueriis, decano ecclesie Cameracensis, qui G. comiti Flandrie, cum idem pecunia indigeret, de pecunia decime a se collecte usque ad quadraginta millia librarum turonensium vel circiter mutuaverant, mandat quatinus, cum idem comes tunc non posset tantam restituere pecunie summam, eidem competentes terminos concedant, in quibus Terre Sancte nomine pecuniam dictis collectoribus restituat memoratam, dummodo idem caveat quod in eisdem terminis et etiam ante, si de beneplacito Apostolice Sedis processerit, pecuniam integre restituat predictam. (n° 421, fol. 107.)

« .. Abbati monasterii de Valcellis, Cisterciensis ordinis, Cameracensis diocesis, et Johanni de Brueriis, decano, dudum cantori ecclesie Cameracensis. Ex parte dilecti—. Dat ut supra. »

426   Sainte-Sabine, 11 mai 1286.

Eisdem abbati et decano mandat quatinus ad colligendum residuum quod restat de Terre Sancte decima solvendum in partibus, ipsis et quondam magistro Renero de Passiaco tunc Cameracensi canonico a Sede Apostolica deputatis, et ad pecu-

niam de decima predicta collectam, et apud quoscumque depositam, ab hujusmodi depositariis exigendam diligenter et sollicite procedant. (n° 422, fol. 107.)

« Eisdem. Ad promotionem negotii —. Dat. ut supra. »

427   Sainte-Sabine, 13 mai 1286.

Episcopo, priori Predicatorum et custodi Minorum fratrum ordinum Lausanensibus mandat quatinus de facinoribus a fratre Petro de Sancto Sigismundo, qui pro monasterii Sancti Mauritii Agaunensis, ad Romanam ecclesiam nullo medio pertinentis, ordinis sancti Augustini, Sedunensis diocesis, abbate se gerit, commissis inquirant, et Petrum, si culpabilem invenerint, coram summo pontifice citent, et predictum monasterium reforment. (n° 423, fol. 107; POTTHAST, n° 22441.)

« Venerabili fratri .. episcopo, et dilectis filiis .. priori Predicatorum, et .. custodi Minorum fratrum ordinum Lausanensibus. Constitutus in presentia —. Dat. Rome apud Sanctam Sabinam, idibus maii, anno primo. »

428   Sainte-Sabine, 23 mars 1286.

Prioribus Virdunensis, Metensis et Tullensis domorum ordinis Predicatorum mandat quatinus quasdam pecunie summas, penes ipsos per collectores vicesime ac legatorum Terre Sancte depositas, priori Sancti Andree Urbevetani integre assignent. (n° 424, fol. 107 v°.)

« Dilectis filiis .. Virdunensis, .. Metensis, et .. Tullensis domorum ordinis Predicatorum prioribus. Significavit nobis dilectus filius Theodericus, prior ecclesie Sancti Andree Urbevetani, capellanus noster, collector decime in Treverensi et Maguntina provinciis a Sede Apostolica deputatus quod felicis recordationis Martinus papa IIII predecessor noster dudum dedit suis litteris in mandatis ut quasdam pecunie summas penes vos per collectores vicesime ac legatorum Terre Sancte nomine ipsius Terre depositas non exhiberetis vel assignaretis alicui sine mandato Sedis Apostolice speciali. Cum autem, dictus prior ut asserit, vos, pecuniarum ipsarum ammissionis periculum formidantes, ipsum pluries duxeritis requirendum ut penes nos instare curaret quod, mandato non obstante predicto, easdem pecunias de vestris manibus recipi mandaremus ; nos volentes hujusmodi periculum evitare et ad profectus ejusdem Terre Sancte sollicite intendentes, discretioni vestre per apostolica scripta mandamus quatinus prefato priori cui super hoc scribimus prefatas pecuniarum summas, cum vos in hac parte duxerit requirendos, integre assignetis, nobis quod quantum et quando de vicesima ipsa et legatis priori assignaveritis memorato, per litteras vestras harum seriem continentes fideliter intimetis. Dat. Rome apud Sanctam Sabinam, X kal. aprilis, anno primo. »

429   Sainte-Sabine, 23 mars 1286.

Theoderico, collectori decime ad Terre Sancte subsidium deputate in Treverensi et Maguntina provinciis mandat quatinus priores et fratres Virdunensis, Metensis, et Tullensis domorum ordinis Predicatorum requirat ut pecuniam Terre Sancte nomine eisdem fratribus commissam ipsi collectori exhibeant. (n° 425, fol. 107 v°.)

« *Theoderico, priori ecclesie Sancti Andree Urbevetani, capellano nostro, collectori decime in Treverensi et Maguntina provinciis a Sede Apostolica deputato.* Intimasti nobis per —. Dat. ut supra. »

430   Sainte-Sabine, 5 avril 1286.

Ranutium in ducatu Spoletano, patrimonio beati Petri in Tuscia, necnon Tudertina, Perusia et Castellana civitatibus et diocesibus, decime negotio regni Sicilie deputate collectorem, et eos quos ad predictam decimam colligendam deputaverit, a prestatione decime pro annis illis quibus in premissis laboraverint pronuntiat immunes. (n° 426, fol. 107 v°.)

« *Ranutio, priori Sancti Michaelis de Castiglione, Florentine diocesis.* Plenam gerentes de —. Dat. Rome apud Sanctam Sabinam, nonis aprilis, anno primo. »

431   Sainte-Sabine, 2 avril 1286.

Episcopo, priori Predicatorum, ac guardiano Minorum fratrum ordinum Ferrariensibus mandat quatinus cum Hugolino Alberto Malevolta et Isabeta nata nobilis viri Gruamontis, civibus Ferrariensibus, qui, ignorantes quod quondam Azo natus nobilis viri Petroccini de Bochinipanis, qui olim cum eadem Isabeta per verba de presenti sponsalia contraxerat, eidem Hugolino quarto esset consanguinitatis gradu conjunctus, matrimonium invicem publice contraxerunt, ut, non obstante hujusmodi impedimento, in sic contracto matrimonio licite remanere valeant dispensare curent ; prolem suscipiendam ex eis legitimam nuntiando. (n° 427, fol. 108 ; POTTHAST, n° 22407.)

« *Venerabili fratri .. episcopo, et dilectis filiis .. priori*

Predicatorum, et .. guardiano Minorum fratrum ordinum Ferrariensibus. Exhibita nobis dilecti —. Dat. Rome apud Sanctam Sabinam, IIII nonas aprilis, anno primo. »

432   Sainte-Sabine, 28 mars 1286.

Wladislaviensi et Poznaniensi episcopis mandat quatinus H., ducem Slesie et dominum Wladislavie, qui, prava patris imitando vestigia, episcopum et capitulum ecclesie Wladislaviensis decimis, villis, possessionibus et juribus nequiter spoliaverat, necnon dicte ecclesie hominibus et vassallis indebitas servitutes imposuerat, neque compromissionem inter se ex una parte et dictos episcopum et capitulum per Philippum Firmanum episcopum tunc in Polonie partibus Apostolice Sedis legatum factam servaverat, excommunicatum publice nuntient ejusque terram interdicto ecclesiastico supponant. (n° 428, fol. 108 ; POTTHAST, n° 22403.)

« *Venerabilibus fratribus .. Wladislaviensi, et .. Poznaniensi episcopis.* Oblata nobis venerabilis —. Dat. Rome apud Sanctam Sabinam, V kal. aprilis, anno primo. »

433   Sainte-Sabine, 6 mai 1286.

Archiepiscopo Turonensi mandat quatinus comitem Britannie, inter quem ex una parte et conventum monasterii Rothonensis ex altera materia questionis super temporali jurisdictione quarumdam parrochiarum erat exorta, peremptorie citare procuret ut infra semestris temporis spatium apostolico se conspectui representet partesque exhortationibus inducat sollicitis ut ad concordiam amicabiliter deveniant. (n° 429 fol. 108 v° ; LA PORTE DU THEIL, fol. 26 ; POTTHAST, n° 22428.)

« *Venerabili fratri .. archiepiscopo Turonensi.* Exhibita nobis dilectorum filiorum Johannis abbatis et conventus monasterii Rothonensis, ad Romanam ecclesiam nullo medio pertinentis, ordinis sancti Benedicti, Venetensis diocesis, petitio continebat, quod, cum olim inter ipsos ex una parte et dilectum filium nobilem virum Johannem, comitem Brittanie, super temporali jurisdictione quarundam parrochiarum et locorum ac hominum habitantium in parrochiis et locis eisdem, ac nonnullis aliis articulis ex altera, esset materia questionis exorta, felicis recordationis Innocentius papa quartus predecessor noster pie memorie Nicolaum papam predecessorem nostrum, tunc Sancti Nicolai in Carcere Tulliano diaconum cardinalem dedit in causa hujusmodi auditorem, coram quo pro parte abbatis et conventus predictorum super hoc oblato libello, et pro parte comitis supradicti contra eosdem abbatem et conventum spoliationis exceptione proposita, prefatus

.cardinalis, auditis que partes hinc inde proponere voluerunt et eis diligenter examinatis,de speciali mandato ejusdem predecessoris Innocentii inter alia interloquendo pronunciavit memoratos abbatem et conventum ac homines dictarum parrochiarum et locorum in possessione libertatis fore auctoritate apostolica defendendos, donec judicialiter apparere contingeret quod abbas, conventus et homines supradicti ab eadem cadere possessione deberent, dictumque monasterium eadem esse auctoritate tuendum in possessione vel quasi exercendi jurisdictionem eandem in homines supradictos; idemque predecessor Innocentius, quod ab eodem cardinali factum extitit in hac parte ratum habens et gratum, id auctoritate apostolica confirmavit. Postmodum autem predicto comite proponente quod iidem abbas et conventus a libertatis hujusmodi cadere possessione deberent, felicis recordationis Urbanus papa predecessor noster sepedictos abbatem et conventum per suas fecit citari litteras speciales, ut coram eo per procuratorem ydoneum certo termino comparerent, facturi et recepturi super hoc quod rationis ordo dictaret, dilecto filio nostro Mattheo Sancte Marie in Porticu diacono cardinali concesso in predicta causa partibus auditore, coram quo contra predictos abbatem et conventum pro parte prelibati comitis oblato libello, demum pie memorie Clemens papa quartus predecessor noster bone memorie H., tunc Ostiensem et Velletrensem episcopum, dicto M. cardinali in causa subrogavit hujusmodi auditorem, coram quo ipsa causa pendente quondam P. tunc abbas monasterii memorati nature debitum in curia Romana persolvit. Cumque postmodum idem comes prenominatum monasterium, et homines in parrochia et locis habitantes eisdem, quibusdam redditibus, juribus et rebus aliis contra justitiam spoliasset, quondam Robertus abbas monasterii supradicti, successor ipsius P., a felicis recordationis Gregorio papa X predecessore nostro prefatum M. cardinalem, cum jam dictus episcopus decessisset, in causa hujusmodi dari optinuit auditorem, dictumque comitem auctoritate apostolica citari ut per se vel per procuratorem ydoneum coram eodem predecessore Gregorio compareret facturus et recepturus super hiis quod ordo exigeret rationis. Comparentibus autem procuratore ipsius comitis, et abbate predicto pro se dictisque conventu coram cardinali prefato, et pro parte ipsorum abbatis et conventus super hujusmodi reddituum, jurium et aliarum rerum spoliatione libello oblato, dictus M. cardinalis certum competentem terminum peremptorie partibus assignavit ad omnes exceptiones dilatorias et declaratorias proponendum. Post hec vero quibusdam ex

HONORIUS.

hujusmodi exceptionibus, que fuerunt a partibus eisdem proposite, a cardinali memorato repulsis, pars dicti comitis pluries ad Sedem Apostolicam appellavit. Et licet in hujusmodi appellationibus bone memorie Sabinensis episcopus fuisset ab eodem predecessore Gregorio auditor ipsi M. cardinali, prout moris est, adjunctus, demum tamen ejusdem comitis procurator sponte ac expresse renuntiavit appellationibus supradictis, ab earum prosecutione penitus desistendo. Cum autem postmodum procurator comitis prelibati quedam que dicebat ad suam de novo notitiam devenisse coram cardinali proposuisset eodem, ad ipsius judicium declinandum, idem cardinalis hujusmodi proposita, exigente justitia, non admisit, propter quod pro parte jam dicti comitis ad Sedem predictam denuo extitit appellatum. Porro prefatus Nicolaus ad apicem apostolatus assumptus, hujusmodi negotio proposito coram ipso, sepefatum comitem in audientia publica citari mandavit ut coram eo si vellet, prosecuturus appellationem hujusmodi, ex parte ipsius comitis ultimo interpositam, compareret. Memoratis itaque comite ac ejus procuratoribus pluries ac peremptorie citatis, nec comparentibus, neque appellationem prosequentibus supradictam per viginti menses et amplius expectatis, dictus comes per suas patentes litteras que in eadem audientia lecte fuerunt, omnes procuratores quos in curia eadem habuerat, et substitutos ab ipsis procuratoribus revocavit. Sed tandem prefatus predecessor Nicolaus cardinali mandavit eidem ut, hujusmodi citationibus prefati comitis nequaquam obstantibus, in negotio ipso procederet justitia suadente, dictusque M. cardinalis partem ipsius comitis pluries et peremptorie fecit in audientia supradicta citari ut coram ipso in causa hujusmodi processurus certis terminis compareret, in quibus nullus comparuit pro parte comitis antedicti, parte ipsorum abbatis et conventus in eisdem terminis comparente ac petente in dicta causa procedi, necnon et partis alterius contumaciam accusante; predictus vero R. abbas apud Sedem predictam constitutus diem clausit extremum. Quare dicti abbas et conventus nobis humiliter supplicarunt ut cum cause hujusmodi diutius sint protracte, ac prefatum monasterium illarum occasione dampna quamplurima et expensas non modicas sustinuerit et pressuras, ipsis et eidem monasterio providere super hoc paterna diligentia dignaremur. Licet autem in causis hujusmodi apud prefatam [Sedem] pendentibus coram dicto M. cardinali posse de jure procedi absque citatione alia videatur, nos tamen nobilitati ejusdem comitis in hac parte de apostolica benignitate deferre volentes, fraternitati tue per apostolica scripta mandamus quatinus comitem ipsum ex parte nostra per te vel per alium peremptorie citare procures, ut infra semestris temporis spatium post citationem hujusmodi cum omnibus actis, juribus et munimentis suis causas contingentibus supradictas, per se vel per procuratorem ydoneum apostolico se conspectui representet, facturus et recepturus super premissis quod ordo dictaverit rationis; diem vero citationis et formam et quicquid inde feceris nobis per tuas litteras harum seriem continentes studeas fideliter intimare. Ceterum cupientes predictas causas que diu, ut premittitur, jam durarunt per tue sollicitudinis studium concordia, in qua tantum Apostolice Sedis cui predictum monasterium immediate subest prius requiratur et interveniat auctoritas, terminari, ut parcatur partium laboribus et expensis, volumus ut, postquam per te fuerit ad hujusmodi citationem juxta presentium tenorem processum, tractatum super hoc cum predictis partibus habeas diligentem, eas quod ad talem concordiam amicabiliter deveniant sollicitis exhortationibus inducendo, nobis postmodum quod super hiis inveneris seu faciendum duxeris nichilominus rescripturus. Per hoc enim non intendimus quod citationi predicte in aliquo derogetur, seu processus in causis predictis apud prefatam Sedem habendus impediatur, aut etiam quomodolibet retardetur, nisi extunc demum cum forsan easdem partes ad hujusmodi concordiam contigerit devenisse. Dat. Rome apud Sanctam Sabinam, II nonas maii, anno primo. »

434   Sainte-Sabine, 20 avril 1286.

Sententiam diffinitivam in causa, que inter priorem et fratres heremi Sancte Marie de Mazapalo, Urbevetane diocesis, ex una parte, et potestatem et commune Urbevetanos ex altera super quibusdam possessionibus et limitatione earum erat exorta, prolatam, et limitationis instrumentum a Benecasa, communis Urbevetani syndico, factum hic refert et confirmat. (n° 430, fol. 109.)

« *Dilectis filiis .. priori, et fratribus heremi Sancte Marie de Mazapalo, ordinis sancti Guillelmi, Urbevetane diocesis.* Censetur congruum rationi ut ea que rite fiunt perpetuam obtineant firmitatem. Dudum siquidem inter vos ex parte una, et .. potestatem et commune Urbevetanos super quibusdam possessionibus et limitatione earum ex altera orta materia questionis, felicis recordationis Urbanus papa predecessor noster nos tunc in minori officio constitutos dedit in causa hujusmodi partibus auditorem. Nos quidem, tunc cognitis ipsius cause meritis, et juris ordine observato, diffinitivam

pro vobis sententiam duximus proferendam, cui prefati potestas et commune ut super hoc omnis ambiguitatis scrupulus tolleretur reverenter parere volentes, per dilectum filium Benecasam, notarium, civem Urbevetanum, tunc dicti communis syndicum et procuratorem, fecerunt possessiones hujusmodi limitari prout in instrumentis publicis inde confectis plenius dicitur contineri. Nos itaque vestris supplicationibus inclinati predictam diffinitivam necnon et limitationem hujusmodi, sicut provide facta est et ab utraque parte sponte recepta, ratas et gratas habentes, ipsas ex certa scientia auctoritate apostolica confirmamus etc. usque communimus; tenores autem predictorum instrumentorum de verbo ad verbum presentibus fecimus annotari qui tales sunt :

Viterbe, 31 mars 1267.

« In nomine Domini, amen. Inter religiosos viros ..
» priorem et conventum monasterii Sancte Marie he-
» remi de Mazapalo, ordinis sancti Guillelmi, Urbeve-
» tane diocesis, ex parte una, et Masseum Berardini
» Gronde, civem Urbevetanum, ex altera, super qui-
» busdam terris et possessionibus ac earum fructibus
» super quibus iidem prior et conventus per prefatum
» Masseum se indebite molestari dicebant, materia
» questionis exorta, felicis recordationis dominus Ur-
» banus papa IIII in questione hujusmodi nos Jacobum
» miseratione divina Sancte Marie in Cosmydin dia-
» conum cardinalem deputavit ipsis partibus audito-
» rem. Sicque nos ad instantiam religiosi viri fratris
» Bartholomei procuratoris prioris et conventus pre-
» dictorum ipsum Masseum auctoritate hujusmodi
» commissionis citari fecimus ut coram nobis certo
» termino compareret. Eodem itaque Masseo per se
» legitime comparente dictus procurator nomine dic-
» torum prioris et conventus contra ipsum Masseum
» libellum in judicio obtulit sub hac forma :
« In nomine Domini, amen. Coram vobis venerando
» patre domino J. Sancte Marie in Cosmedin diacono
» cardinali a domino papa auditore concesso proponit
» frater Bartholomeus, scyndicus, actor seu procurator
» ecclesie Sancte Marie heremi de Mazapalo, Urbeve-
» tane diocesis, ordinis sancti Guillelmi, et prioris et
» conventus ejusdem heremi nomine eorundem contra
» Masseum Berardini Gronde civem Urbevetanum,
» dicens quod idem Masseus dictam ecclesiam, priorem
» et conventum ipsius injuste inquietat, turbat et mo-
» lestat, et in possessione et tenuta infrascriptarum
» terrarum et possessionum positarum in districtu

» Urbevetano, quas terras dicta ecclesia tenet et pos-
» sidet, non permittendo dictam heremum, priorem et
» conventum ipsius et laboratores ipsorum libere possi-
» dere et percipere, colligere et habere fructus infrascrip-
» tarum terrarum et possessionum. Quare petit per vos
» dictum Masseum compelli et condempnari ut sinat
» dictam heremum, priorem et conventum, et laboratores
» ipsorum infrascriptas terras et possessiones pacifice
» possidere et fructus de dictis terris et possessionibus
» libere percipere et habere, et condempnare eundem
» Masseum ut a dicta molestia et inquietatione cesset.
» Terre et possessiones sunt hec : una pecia terre po-
» sita in Valle Platane sicut mittit via que vadit a
» capite Vallis Pyatane, et a pede est flumen Palee. Item,
» una alia pecia terre posita in loco qui dicitur Tegelle
» et fines ab uno latere fossatum altum, ab alio latere
» rivus Frassinus, a pede est flumen Palee, et a capite
» podiolum ubi fuit mortuus Panicale. Item, una alia
» pecia terre posita in Valle Alvinii sicut mittit via
» que incipit a podio sub Jumentareza et vadit per
» viam ad fontem veterem e capite de Campitellio
» usque ad fossatum Cerillini et sicut mittit dictum
» fossatum in flumen Palee et a pede est flumen Palee.
» Item, terra posita in valle Carpineti, a pede est
» flumen Palee, a capite silva communis Urbevetani,
» ab alio latere res dicte ecclesie Sancte Marie. Item,
» terra posita in Pentova cum tota sua tenuta, sicut
» mittit ad podium Comitis et ad Lavinia et si qui
» alii sunt predictis terris confines. Item, petit eundem
» Masseum per vos condempnari ut sibi pro dicta he-
» remo et ipsi heremo reddat et restituat sex raseria
» spelte quam idem Masseus abstulit vel auferri fecit
» contra voluntatem prioris et conventus ipsius ecclesie
» anno proximo preterito de quadam pecia terre quam
» dicta heremus habebat, tenebat et possidebat, et que
» spelta fuerat in infrascripta pecia terre que est po-
» sita in Valle Piatana sicut mittit via que vadit a ca-
» pite Vallis Piatane et a pede est flumen Palee et si
» qui alii sunt confines. »

« Super quo libello inter partes predictas lite legi-
» time contestata et juramento de calumpnia prestito,
» factisque positionibus et responsionibus, — pluribus
» terminis peremptoriis assignatis in quibus idem Mas-
» seus minime comparere curavit, procuratore ipsorum
» prioris et conventus semper legitime comparente ac
» petente instanter sententiam promulgari ; nos visis
» et auditis et plenius intellectis probationibus et juri-
» bus partium, et processu cause legitime examinato,
» super hiis domino pape relatione facta fideli, et
» ab ipso domino de sententia proferenda licentia et

» speciali mandato obtentis, ac demum prefato Masseo
» ad sententiam audiendam peremptorie citato, eoque
» licet diutius fuerit expectatus contumaciter compa-
» rere nolente, ipsius absentia Dei repleta presentia
» presente Godescalco de Abolena clerico procuratore
» prioris et conventus predictorum, — ipsum Masseum
» ut ab hujusmodi molestia, inquietatione ac pertur-
» batione desistat dictosque priorem et conventum
» dictas terras colere fructusque ex eis percipere et
» libere possidere permittat sententialiter condemp-
» namus. Lata et recitata est hec sententia per prefa-
» tum dominum cardinalem in hospitio ejusdem, Vi-
» terbii, anno Domini M° CC° sexagesimo septimo,
» indictione decima, II kal. aprilis, pontificatus do-
» mini Clementis pape quarti anno tertio, presente
» prefato Godescalco procuratore prioris et conventus
» predictorum, presentibus etiam religiosis viris fratre
» Paulo de Andriotis, fratre Jacobo de Viterbio, or-
» dinis fratrum Predicatorum, magistro Johanne de
» Senon. et magistro Andrea de Reate, capellanis ejus-
» dem domini cardinalis et pluribus aliis testibus ad
» hec vocatis specialiter et rogatis ; et in testimonium
» predictorum prefatus dominus cardinalis presens
» instrumentum fecit sui sigilli appensione muniri.
» Et ego Bernardus dictus Bardonier publicus Apos-
» tolice Sedis auctoritate notarius qui prolationi pre-
» dicte sententie presens interfui, predicta omnia de
» mandato et auctoritate venerabilis patris domini J.
« Dei gratia Sancte Marie in Cosmydin diaconi cardi-
» nalis predicti propria manu scripsi et in propriam
» formam redegi, meoque signo signavi. »

9 octobre 1268.

« In nomine Domini, amen. Anno ejus M°CC°LXVIII°
» indictione undecima, tempore domini Clementis
» pape III, die martis nono intrante mense octubris,
» hec est terminatio facta inter fratrem Ambrosium
» priorem ecclesie Sancte Marie de Mazapalo et con-
» ventum ejusdem ecclesie ex una parte et Benecasam
» Venture notarium scyndicum et procuratorem com-
» munis Urbevetani nomine dicti communis ex altera
» parte inter terras, silvas, possessiones dicte ecclesie
» Sancte Marie de Mazapalo et terras, silvas et posses-
» siones communis Urbevetani positas in Monte Ro-
» feno, que terre, silve et possessiones dicte ecclesie
» Sancte Marie fuerunt adjudicate et concesse eidem
» ecclesie per scyndicum supradictum, ut de predictis
» apparet publicum instrumentum scriptum manu Ma-
» thei Cristophani notarii, presente etiam dicte termi-

» nationi domino Citadini Bertami, domino Petro Be-
» rardini Juliani, Berardino Naso, Guillelmo Barthonis
» Homodei, Paltonerio Balitore et Bernardino filio
» Radulfi clerico, et etiam Benecasa Ugulini, Crescio
» Stephanutii Guillelmi, Johanne magistri Petri, Pe-
» pone Rubeo, Benencasa Petri Mathei Johannis Ugu-
» lini et Accoridote Gilii de Turri qui juraverunt ad
» sancta Dei evangelia assignare eidem scyndico pro-
» curatori Urbevetano omnia loca et confines qui con-
» tinentur in instrumento predicto adjudicationis et
» concessionis predictarum terrarum, possessionum et
» silvarum, factarum ecclesie supradicte a scyndico
» predicto. In primis, primus terminus missus est
» prope Paleam juxta fossatum de Alto ubi mittit in
» Paleam et respicit alium terminum missum prope
» fossatum altum in area juxta viam qua itur ad Val-
» lem de Heremitis, et respicit alium terminum posi-
» tum prope fossatum altum prope quandam quercum
» antiquam, et respicit alium terminum positum in
» quadam crippa juxta dictum fossatum de alto, et
» respicit terminum positum in alia crippa juxta pre-
» dictum fossatum altum, et respicit terminum missum
» inter fossatum altum et fossatum Vallis frigide, et
» fossatum Coratelle, et respicit alium terminum posi-
» tum in podio Coratelle, et respicit alium terminum
» missum prope viam Fontane de Rovis inter ip-
» sam viam Fontane de Rovis et viam qua itur
» ad heremum de Lacerona, et respicit alium ter-
» minum descendendo qui missus est in Fricone juxta
» fossatum de Sala et descendendo per ipsum fossatum
» respicit alium terminum positum prope dictum fos-
» satum de Sala juxta Porcile, et respicit alium termi-
» num missum juxta maximum lapidem vivum supra
» Porcile, et respicit alium terminum positum in podio
» apparitorii Macignani et descendendo respicit ter-
» minum juxta fossatum de Reis, et descendendo res-
» picit alium terminum positum in quodam podio
» juxta fossatum de Reis, et descendendo respicit
» alium terminum in quodam podiolo juxta dictum
» fossatum de Reis, et descendendo respicit alium ter-
» minum positum in quodam podio supra viam prope
» Petram Baronem, et quicquid est a dictis terminis
» infra versus ecclesiam adjudicavit ecclesie supradicte,
» sicut in instrumentis concessionis continetur. Item,
» terminaverunt Vallem de Alvino hoc modo : unus
» terminus missus fuit prope fossatum de Sala in
» quodam podiolo et respicit alium terminum positum
» prope viam qua itur ad heremum, et trahit recta via su-
» pradicta ad terminum positum et immissum in quodam
» podiolo de Campitellis, et respicit alium terminum

» positum in quodam podiolo juxta viam qua itur ad
» Fontanam Vekiam, et respicit alium terminum posi-
» tum in quodam alio podiolo ex illa parte Fontane
» Vekie, et respicit terminum positum in fossato Cy-
» rillini et mittit in Paleam, et quicquid est infra dictos
» terminos adjudicavit ecclesie supradicte. Acta sunt
» hec omnia in locis predictis et coram suprascriptis
» personis. Item, eodem die in claustro predicte ecclesie
» Sancte Marie de Mazapalo coram suprascriptis per-
» sonis predictus dominus prior dicte ecclesie nomine
» et vice dicte ecclesie et conventus, et dictus scyndi-
» cus nomine dicti communis predictas terminationes
» approbaverunt et ratificaverunt, et eadem, sicut su-
» perius est scriptum, promiserunt inter se dictus prior
» nomine dicte ecclesie et dictus scyndicus nomine
» dicti communis, omnia et singula supradicta firma et
» rata perpetuo habere atque tenere et non contra fa-
» cere vel venire occasione aliqua vel exceptione sub
» obligatione bonorum dicti communis et dicte ecclesie,
» que unus pro alio jure precario se constituit possi-
» dere ; pro predictis omnibus et singulis presens in-
» terfui et ut supra legitur rogatus ss. ss. signo mei
» Mathei notarii. »

Nulli ergo etc. nostre confirmationis etc. Dat. Rome
apud Sanctam Sabinam, XII kal. maii, anno primo. »

435   Sainte-Sabine, 20 avril 1286.

Generali ceterisque prioribus et fratribus ordinis sancti Guillelmi monasterium quod, dum esset in minori officio constitutus, in fundo paterno consistente in Albano in honorem Beati
Pauli apostoli fecit construi, et dotavit de bonis propriis, concedit; ordinato expresse quod preter familiares opportunos,
duodecim clericos, non computato priore, quorum octo sacerdotes existant, in eodem monasterio continue teneant; quedam
quoque alia salubria ordinavit, prout in instrumento publico
inde confecto, episcopi Albanensis ad hec libero accedente assensu, continetur. (n° 431, fol. 110; POTTHAST, n° 22417.)

« *Dilectis filiis.. generali, ceterisque prioribus et fratribus ordinis sancti Guillelmi.* Dum humane fragilitatis —.
Dat. ut supra. »

436   Sainte-Sabine, 20 avril 1286.

Priori generali ordinis sancti Guillelmi indulget ut in monasteriis de Aquatorta et Denfago, per abbates solitis gubernari, sicut in heremis et domibus ordinis sancti Guillelmi in
quibus de antiqua consuetudine electionum confirmatio ad priorem generalem pertinebat, electiones quas de abbatibus et

prioribus in ipsis monasteriis contigerit celebrari confirmare possit. (n° 432, fol. 111 v°.)

« .. *Priori generali ordinis sancti Guillelmi.* Sicut ex tua —. Dat. ut supra. »

437   Sainte-Sabine, 20 avril 1286.

Generali ceterisque prioribus et fratribus ordinis sancti Guillelmi indulget ut ad terras excommunicatorum se declinare et ibi libere commorari, et commorantes ab eisdem excommunicatis necessaria vite recipere libere valeant. (n° 433, fol. 111 v°.)

« *Dilectis filiis.. generali, ceterisque prioribus et fratribus ordinis sancti Guillelmi.* Ordinis vestri meretur —. Dat. ut supra. »

438   Sainte-Sabine, 20 avril 1286.

Prioribus ordinis sancti Guillelmi indulget ut fratres dicti ordinis qui sententias excommunicationis et interdicti incurrerint a jure vel judice generaliter promulgatas et in locis interdictis celebrarint divina et susceperint ordinem possint absolvere. (n° 434, fol. 111 v°.)

« *Eisdem.* Libenter illa vobis —. Dat. ut supra. »

439   Sainte-Sabine, 20 avril 1286.

Indulget ut quoscumque qui extra ordinem sancti Guillelmi ipsius ordinis habitum deferre presumpserint coartare valeant diocesani ad deponendum. (n° 435, fol. 111 v°.)

« *Eisdem.* Significastis nobis quod —. Dat. ut supra. »

440   Sainte-Sabine, 20 avril 1286.

Eisdem prioribus et fratribus ordinis sancti Guillelmi indulget ut nullus legatus, nisi de latere Romani pontificis, vel delegatus Sedis Apostolice aut subdelegatus ab eo in ipsos vel ipsorum loca excommunicationis vel interdicti sententias per litteras Apostolice Sedis, que de ordine ipso et indulto hujusmodi expressam non fecerint mentionem, pronuntiare possit. (n° 436, fol. 111 v°.)

« *Eisdem.* Quantum cum Deo —. Dat. ut supra. »

441   Sainte-Sabine, 20 avril 1286.

Inhibet ut nullus ecclesias, domos, heremos vel alia loca ordinis sancti Guillelmi ausu temerario infringere presumat; alioquin ipso facto sententiam excommunicationis incurrat. (n° 437, fol. 111 v°.)

« *Eisdem.* Privilegio specialis gratie —. Dat. ut supra. »

442   Sainte-Sabine, 1er avril 1286.

Magistro Roberto, canonico Nivernensi, indulget ut, non obstantibus saltationibus et choris quorum contra clericalem decentiam particeps extiterat, archidiaconatum de Disesia licite retinere possit. (n° 438, fol. 111 v°.)

« *Magistro Roberto, capellano nostro, archidiacono de Disesia in ecclesia Nivernensi.* In nostra proposuisti presentia constitutus quod olim jam canonicus Nivernensis, nondum tamen archiaconatum de Disesia in ecclesia Nivernensi adeptus, semel edere foliis coopertus, et iterum panno serico qui vulgariter in illis partibus pannus theotonicus appellatur indutus, cum quibusdam ecclesie predicte canonicis et nonnullis aliis clericis et laicis, nunc eques, nunc pedes coreizando, etiam per vicos et plateas civitatis Nivernensis publice contra clericalis decentiam honestatis, non absque gesticulationis proprii corporis ludibrio, processisti, semel etiam ad monasterium Beate Marie Nivernensis, ordinis sancti Benedicti, cum tali habitu, societate ac ludibrio declinando. Quare tu pensans consultius quod adeo jura canonica talia detestantur quod in ipsis consuetudinem non admittunt, sed censentur potius corruptelam, et ne per hujusmodi ludibria ecclesiastica inquinetur honestas ab ecclesiis ea precipiunt extirpari, jura quoque civilia ea etiam per laicos in scemate clericali commissa corporalibus suppliciis et exilio persecuntur, quodque predicta ludibria, illusiones et gesticulationes, et si non forsan infamia, vix est tamen quin saltem aliqua diffamatio comitetur, humiliter supplicasti tibi super hiis de benignitate Sedis Apostolice provideri. Nos itaque benignius attendentes quod, sicut fide dignorum habet assertio, tum jam dudum levitatibus hujusmodi prorsus exutus, cum vite munditia gravitatem morum modestie clericali congruentium induisti, tuis supplicationibus inclinati, volentes tibi habundantioris cautele beneficio providere, ut, premissis non obstantibus, dictum archidiaconatum cum perceptis inde fructibus licite retinere, ministrare in susceptis ordinibus et ad omnes alios necnon et ad quamlibet dignitatem etiam episcopalem et ad archiepiscopalem, si te ad illam canonice vocari contingat, libere valeas promoveri auctoritate presentium indulgemus; omnem notam seu maculam, si qua est — abolentes. Nulli ergo —. Dat. Rome apud Sanctam Sabinam, kalendis aprilis, anno primo. »

443   Sainte-Sabine, 18 mai 1286.

J., Sancte Cecilie presbitero cardinali, Apostolice Sedis legato, mandat quatinus Pontio, Majoricensi episcopo, cujus bona Ildefonsus, Petri regis Aragonum filius, occupaverat, de competenti subsidio faciat provideri. (n° 439, fol. 112.)

« *Dilecto filio J. tituli Sancte Cecilie presbitero cardinali, Apostolice Sedis legato.* Exposuit nobis venerabilis frater noster Pontius, Majoricensis episcopus, quod cum ipse ad mandatum tuum sentencias et processus habitos per Sedem Apostolicam contra quondam Petrum, dudum regem Aragonum, et fautores ipsius publicasset in civitate ac diocesi Majoricensi, ac ibidem crucem etiam predicasset, Ildefonsus, ipsius Petri filius, eundem episcopum propter hoc persequens odio capitali, statim postquam civitatem intravit eandem, preconizari publice fecit ut, quicumque de bonis episcopi haberet publice vel occulte, daret et manifestaret eidem; et deinde quodam presbitero dicti episcopi procuratore in temporalibus inhumaniter capto, pecuniam et alia que idem presbiter custodiebat nomine episcopi supradicti, et cetera bona episcopi memorati ubicumque invenire potuit occupavit, necnon et pecuniam que sibi debebatur ab emptoribus fructuum sui episcopatus anni preteriti sibi exhiberi mandavit, propter quod prefatus episcopus ad episcopatum ipsum redire formidans, nichilque de bonis ipsis percipiens penas exilii compellitur experiri. Nos autem, veris existentibus supradictis, predicto episcopo pio compatientes affectu — discretioni tue per apostolica scripta mandamus quatinus tu, qui premissorum majorem potes habere notitiam, predicta et conditiones ac indigentias dicti episcopi et alias horum circumstantias diligenter attendens, de aliquo competenti et moderato subsidio, prout et ubi expedire videris, causis predictis durantibus, facias infra terminos tue legationis auctoritate nostra ipsius episcopi necessitatibus provideri; contradictores etc. usque compescendo. Non obstante si aliquibus—. Dat. Rome apud Sanctam Sabinam, XV kal. junii, anno primo. »

444   Sainte-Sabine, 10 mai 1286.

Capituli Cameracensis supplicationibus inclinatus, decernit ut, cum a divinis officiis dictum capitulum in ecclesia sua cessare contigerit, ceteri canonici et rectores aliarum ecclesiarum Cameracensis civitatis, hujusmodi cessatione durante, cessare teneantur. (n° 440, fol. 112; La Porte du Theil, fol. 49.)

« *Dilectis filiis capitulo Cameracensi.* Petitiones vestras libenter —. Dat. Rome apud Sanctam Sabinam, VI idus maii, anno primo ».

445   Sainte-Sabine, 13 avril 1286.

Monasterio Sanctorum Andree et Sabe de Urbe, per translationem Jacobi, olim ipsius monasterii abbatis, per Honorium factam de ipso ad monasterium Farfense, abbate carenti, Jacobum, olim monasterii Sanctorum Andree et Sabe priorem, preficit in abbatem. (n° 441, fol. 112.)

« *Dilecto filio fratri Jacobo, abbati monasterii Sanctorum Andree et Sabe de Urbe, ad Romanam ecclesiam nullo medio pertinentis, ordinis sancti Benedicti.* Debitum pastoralis officii —. Dat. Rome apud Sanctam Sabinam, idibus aprilis, anno primo. »

In eundem modum priori et conventui monasterii Sanctorum Andree et Sabe mandat quatinus eidem abbati obedientiam et reverentiam debitam exhibeant. Dat. ut supra.

In e. m. universis vassallis monasterii Sanctorum Andree et Sabe mandat quatinus eidem abbati fidelitatis solite juramentum prestantes servitia debita exhibeant. Dat. ut supra.

446   Sainte-Sabine, 15 mai 1286.

Johanni Racaudi, clerico in minoribus ordinibus constituto, per Hugolinum, canonicum Lucanum, examinato, tabellionatus officium concedit. (n° 442, fol. 112 v°; La Porte du Theil, fol. 20.)

« *Dilecto filio Johanni Racaudi, clerico in minoribus ordinibus constituto, Pictavensis diocesis.* Ne contractuum memoria —. Dat. Rome apud Sanctam Sabinam, idibus maii, anno primo. »

Sainte-Sabine, 29 avril 1286.

In e. m. Petro nato quondam Riccardi de Bucclano laico, Theatine diocesis. Dat. Rome apud Sanctam Sabinam, III kal. maii, anno primo.

447   Sainte-Sabine, 1er mars 1286.

Episcopo Londoniensi mandat quatinus cum Ricardo Breten. presbitero, rectore ecclesie de Trendringhe, Londoniensis diocesis, qui de soluto genitus et soluta, non obstante defectu natalium quem patitur, auctoritate litterarum Martini pape ad omnes sacros ordines promoveri poterat, ne in predicta ecclesia personalem faciat residentiam dispenset. (n° 443, fol. 112 v°.)

« *Venerabili fratri .. episcopo Londoniensi.* Petitio dilecti filii —. Dat. Rome apud Sanctam Sabinam, kal. martii, anno primo. »

448   Sainte-Sabine, 19 mai 1286.

Abbati et conventui Majoris Monasterii Turonensis indulget ut domum de Lavare, Neapolioni, Nicolai pape nepoti, ab eodem papa collatam, post dicti Neapolionis obitum licite recipere ac retinere possint. (n° 444, fol. 112 v° ; LA PORTE DU THEIL, fol. 62.)

« *Dilectis filiis .. abbati, et conventui Majoris Monasterii Turonensis, ad Romanam ecclesiam nullo medio pertinentis, ordinis sancti Benedicti.* Monasterium vestrum sincera diligentes in Domino caritate —. Sane petitio vestra nobis exhibita continebat quod, cum quondam Stephanus, abbas dicti monasterii, domum seu grangiam de Lavare, ad ipsum monasterium pertinentem quondam magistro Egidio decano Turonensi non in beneficium, cum in ea spirituale aliquod non existat, sed alias tenendam tantum ab eo dum viveret concessisset, postmodum tamen dicto decano apud Sedem Apostolicam decedente, felicis recordationis Nicolaus papa predecessor noster domum seu grangiam cum omnibus juribus et pertinentiis dilecto filio Neapolioni, nepoti suo, capellano nostro, duxit auctoritate apostolica conferendam, certis sibi super hoc executoribus per suas certa forma litteras deputatis, idemque Neapolio ratione collationis hujusmodi prefatam domum seu grangiam jam per quinquennium et amplius retinuit et adhuc noscitur retinere. Quare nobis humiliter supplicastis ut, cum dicta domus seu grangia in qua, ut premittitur, spirituale aliquod non existit, nunquam alias consueverit clericis secularibus in beneficium assignari, sed eam abbas et conventus dicti monasterii in usus proprios retinuerint convertendo in usus ipsos ejus fructus, redditus et proventus, ne, pro eo quod dicta domus seu grangia prefatis Egidio et capellano noscitur fuisse concessa, post cessionem vel decessum ejusdem capellani vobis et monasterio vestro circa recuperationem et retentionem predicte domus seu grangie aliquod possit parari prejudicium, vel obstaculum interponi, pro-

videre vobis et monasterio super hoc de oportuno remedio dignaremur. Nos itaque vestris supplicationibus favorabiliter annuentes, ut domus ipsa seu grangia pretextu concessionis et collationis predictarum dici non possit conferri clericis secularibus consueta, sed dicto capellano cedente vel decedente ipsam domum seu grangiam cum omnibus juribus et pertinentiis ejus ad manus vestras licite recipere, ac retinere fructus, redditus et proventus ipsius in vestros proprios usus convertere, sicut poteratis ante concessionem et collationem predictas, libere valeatis, premissis nequaquam obstantibus, auctoritate vobis presentium indulgemus ; districtius inhibentes ne per litteras apostolicas —. Dat. Rome apud Sanctam Sabinam, XIIII kal. junii, anno primo. »

449   Sainte-Sabine, 19 mai 1286.

Johanni Jacobi de Racanato, laico, per magistrum Garsiam, pape capellanum, examinato, tabellionatus officium concedit. (n° 445, fol. 113.)

« *Dilecto filio Johanni Jacobi de Racanato, laico.* Quia si jus —. Dat. ut supra. »

450   Sainte-Sabine, 8 avril 1286.

Episcopo, priori Predicatorum, et custodi Minorum fratrum ordinum [Assisiatensibus] mandat quatinus Eugubino episcopo componendi vel transigendi cum nonnullis hominibus et vassallis Eugubine ecclesie, qui, dicto episcopo debita et consueta exhibere servitia contradicunt, licentiam concedant. (n° 446, fol. 113 ; POTTHAST, n° 22411.)

« *Venerabili fratri .. episcopo, et dilectis filiis priori Predicatorum, et .. custodi Minorum fratrum ordinum.* Exposuit nobis venerabilis —. Dat. Rome apud Sanctam Sabinam, VI idus aprilis, anno primo. »

451   Sainte-Sabine, 8 avril 1286.

G. episcopo Sabinensi, Apostolice Sedis legato, qui R. Alifanum episcopum, in ejusdem legati audientia citatum, propter ipsius contumaciam a perceptione suorum proventuum suspenderat, mandat quatinus eidem R. episcopo de bonis episcopatus pro procuratoribus ipsius causam coram dicto legato pendentem prosequentibus et pro advocatis ac pro scripturis et actis dicte cause necnon pro propriis et familie ipsius expensis faciat, dum causa ipsa duraverit, annis singulis provideri. (n° 447, fol. 113 v°.)

« *Venerabili fratri G. episcopo Sabinensi, Apostolice Sedis* legato, et unacum dilecto filio nobili viro R. comite Atrebatensi bajulo regni Sicilie per Romanam ecclesiam constituto. Exposuit nobis venerabilis —. Dat. ut supra. »

452   Sainte-Sabine, 8 avril 1286.

Clero Eugubine civitatis et diocesis mandat quatinus B. episcopo Eugubino, qui Bartholomeo Talglientis, civi Romano, occasione debitorum contractorum per Jacobum, quondam episcopum Eugubinum, tenebatur in non modica pecunie quantitate usque ad certum terminum singulis annis persolvenda, aliquod decens caritativum subsidium singulis annis donec predicta debita fuerint persoluta communiter impendant. (n° 448, fol. 113 v°.)

« Dilectis filiis clero Eugubine civitatis et diocesis.Quamvis semper apostolica —. Dat. ut supra. »

453   Sainte-Sabine, 4 mai 1286.

Episcopo Lascurrensi redimendi decimas sue diocesis de manibus laicorum easque mense episcopali, exili et tenui, applicandi concedit facultatem. (n° 449, fol. 113 v°.)

« Venerabili fratri episcopo Lascurrensi. Tue devotionis promeretur —. Dat. Rome apud Sanctam Sabinam, IIII nonas maii, anno primo. »

454   Sainte-Sabine, 18 mai 1286.

J., archiepiscopo Lundensi mandat quatinus Magno, electo Upsalensi, palleum assignet et ab eo pape nomine et ecclesie Romane fidelitatis recipiat juramentum. (n° 450, fol. 113 v°; POTTHAST, n° 22444.)

« Venerabili fratri J. archiepiscopo Lundensi. Palleum insigne pontificalis —. Dat. Rome apud Sanctam Sabinam, XV kal. junii, anno primo. »

455   Sainte-Sabine, 18 mai 1286.

Roskildensi et Othoniensi episcopis mandat quatinus, si contingeret quod J. Lundensis archiepiscopus debitum nature solveret vel ex alio impedimento legitimo impediretur, electo Upsalensi palleum assignent. (n° 451, fol. 114; POTTHAST, n° 22445.)

« Venerabilibus fratribus .. Roskildensi, et .. Othoniensi episcopis. Palleum insigne pontificalis. — Dat. ut supra. »

456   Sainte-Sabine, 8 avril 1286.

Venditionem loci, quem fratres Penitentie Jhesu Christi habebant in civitate Bononiensi, priori et capitulo ecclesie Sancti Fridiani Lucani factam confirmat. (n° 452, fol. 114.)

« Dilectis filiis Jacobo, priori, et capitulo ecclesie Sancti Fridiani Lucani, ad Romanam ecclesiam nullo medio pertinentis, ordinis sancti Augustini. Licet ea que —. Sane petitio vestra nobis exhibita continebat quod, cum Jacobus ecclesie vestre canonicus, procurator .. prioris et conventus fratrum Penitentie Jhesu Christi Bononiensium, qui fratres de Sacco vulgariter appellantur, locum quem dicti prior et conventus juxta circulas civitatis Bononiensis habebant cum domibus, edificiis, juribus, actionibus et pertinentiis suis omnibus, nomine ipsorum prioris et conventus, a quibus idem canonicus habebat super hoc speciale mandatum, libere in manibus venerabilis fratris nostri B., Portuensis episcopi, resignasset, idem episcopus de speciali mandato nostro ecclesie nomine Romane hujusmodi resignationem recepit, nosque postmodum predicto episcopo commisimus nostro oraculo vive vocis ut locum ipsum cum domibus — tibi, fili prior, ementi pro te et successoribus tuis, ecclesie Sancti Fridiani prioribus, et pro ipsa ecclesia Sancti Fridiani pro pretio trecentarum librarum Bononinorum convertendarum in subsidio Terre Sancte, vel pauperum, seu alios pios usus, nomine predicte Romane ecclesie vendere procuraret; ita tamen quod aliquos ex fratribus vestri ordinis teneamini continue tenere in dicto loco pro divinis officiis celebrandis; idem vero episcopus locum predictum — fratri Ildebrandino, canonico prefate ecclesie Sancti Fridiani, procuratori tuo, fili prior, ad hoc specialiter constituto ementi pro te et successoribus predictis et eadem ecclesia Sancti Fridiani, juxta commissionem dicto episcopo a nobis factam nomine prefate ecclesie Romane vendidit pro pretio memorato, prout in instrumento publico inde confecto ac ipsius episcopi sigillo munito plenius continetur. Nos itaque — resignationem et venditionem hujusmodi ratas et firmas habentes, eas auctoritate apostolica confirmamus et presentis scripti patrocinio communimus, vobis nichilominus concedentes ut fratres vestri qui in predicto loco pro tempore fuerint privilegiis, libertatibus et immunitatibus quibus vos gaudetis libere gaudeant et utantur. Tenorem autem predicti instrumenti de verbo ad verbum presentibus fecimus annotari :

Rome, 18 mars 1286.

« In nomine Domini, amen. Cum nuper religiosus vir

» frater Jacobus, canonicus ecclesie Sancti Fridiani.
» —. Actum Rome apud Sanctum Grisogonum, presen-
» tibus venerabilibus viris magistris Raymundo Agge-
» rii, decano Aniciensi, Guillelmo de Mandagotto, ar-
» chidiacono Nemausensi, Raymundo Petri, canonico
» Elnensi, fratre Arnaldo, priore loci Pomposiani de
» Focolinio, et pluribus aliis testibus, anno Domini a
» nativitate M°CC°LXXXVI°, indictione XIIII, die XVIII
» mensis martii, pontificatus domini Honorii pape IIII
» anno primo. Ego Johannes quondam Jacobi de Bo-
» nonia apostolica et imperiali auctoritate notarius pu-
» blicus premissis omnibus interfui et de mandato dicti
» domini Portuensis rogatus etiam a dicto procuratore
» premissa omnia scripsi ipsaque meo signo et nomine
» roboravi. »

Nulli ergo —. Dat. Rome apud Sanctam Sabinam,
VI idus aprilis, anno primo. »

In eundem modum archiepiscopo Pisano, et Bonifacio de
Lugliano, canonico Bononiensi, mandat quatinus priorem et
capitulum ecclesie Sancti Fridiani Lucani in corporalem possessionem loci predicti inducant. Dat. ut supra.

457 Sainte-Sabine, 19 mai 1286.

Considerans quod tam pater Gerardi dicti de Eppinsteyn quam
alii de ipsius genere constanter in devotione Sedis Apostolice
contra quondam Fredericum olim Romanorum imperatorem
perstiterint, cum eodem Gerardo dispensat ut archidiaconatum
in ecclesia Treverensi, curam animarum habentem, cui prepositura in Ditkirchen est annexa, canonicatum etiam et prebendam in eadem ecclesia, et in Sancti Petri Maguntini, in Munstermenevelt ac Frankenvorden., Treverensis et Maguntine diocesium ecclesiis preposituras quibus similis cura imminet, et in
eisdem Munstermenevelt et Sancti Petri ecclesiis prebendas, ac
in ecclesia Maguntina canonicatum et prebendam, necnon in
Cisse, in Rokerode, in Strayshem et in Berstat parrochialibus
ecclesiis predictarum diocesium, beneficia, que erat adeptus
dum pateretur in ordinibus et etate defectum, licite retinere
possit, nec ad residendum personaliter in dictis ecclesiis teneatur. (n° 453, fol. 114 v°.)

« Gerardo dicto de Eppinsteyn, archidiacono in ecclesia
Treverensi. Petitionis tue series —. Dat. Rome apud
Sanctam Sabinam, XIIII kal. junii, anno primo. »

458 Sainte-Sabine, 15 mai 1286.

Episcopo Lunensi, et guardiano fratrum Minorum de Sarzana
mandat quatinus cum nobili viro Dino de Grappo Sancti Petri
et nobili muliere Johanna nata Bonaccursi de Dallo, Lunensis
diocesis, qui ignorantes quod aliqua esset affinitas inter se
publice in facie ecclesie matrimonium invicem contraxerant,
ut, non obstante hujusmodi impedimento, in predicto matrimonio

licite remanere valeant, dispensent. (n° 454, fol. 115; POTTHAST,
n° 22442.)

« Venerabili fratri.. episcopo Lunensi, et dilecto filio.. guardiano fratrum ordinis Minorum de Sarzana, Lunensis diocesis.
Exhibita nobis dilecti — .Dat. Rome apud Sanctam Sabinam, idibus maii, anno primo. »

459 Sainte-Sabine, 9 avril 1286.

Exemptionem ab episcopali jurisdictione a G. episcopo Pistoriensi prioribus et capitulo ecclesie Sancti Fridiani Lucani
concessam pro ecclesia, quam in honore Beate Marie virginis et
Sancti Fridiani in loco de Vergario vulgariter nuncupato juxta
muros civitatis Pistoriensis de bonis propriis construxerant
dicti prior et capitulum, confirmat. (n° 455, fol. 115.)

« ..Priori, et capitulo ecclesie Sancti Fridiani Lucani, ad
Romaam ecclesiam nullo medio pertinentis, ordinis sancti
Augustini. Ordinis vestri meretur — .Dat. Rome apud
Sanctam Sabinam, V idus aprilis anno primo. »

460 Sainte-Sabine, 3 mai 1286.

Priori Predicatorum et guardiano Minorum fratrum ordinum
Pisanis mandat quatinus electionem Philippe sororis monasterii
Sancti Felicis de Vada, ad Romanam ecclesiam nullo medio pertinentis. per priorissam soliti gubernari, ordinis sancti Augustini, Pisane diocesis, in dicti monasterii priorissam electe, examinent. et electionem, si ipsam de persona idonea canonice celebratam invenerint, confirment. (n° 456, fol. 115 v°; POTTHAST,
n° 22423.)

« ..Priori Predicatorum, et .. guardo Minorum fratrum
ordinum Pisanis. Sua nobis dilecte — . Dat. Rome apud
Sanctam Sabinam, V nonas maii, anno primo. »

461 Sainte-Sabine, 3 avril 1286.

Priores litteras episcopo Albiensi directas, et per quas eidem
mandaverat ut monasterium Lesatense reformaret, per presentes corrigit. (n° 457, fol. 115 v°; LA PORTE DU THEIL, fol. 334.)

« Venerabili fratri B. episcopo Albiensi. Olim ad audientiam nostram perlato quod monasterium Lesatense,
Cluniacensis ordinis, Tholosane diocesis, ejusque membra propter excessus, crimina et defectus Aculei abbatis, et monachorum eorundem monasterii et membrorum, adeo in spiritualibus et temporalibus erant collapsa et cotidie collabuntur — ; nos tibi inquisitionem
super hujusmodi excessibus — necnon et aliis de quibus circa statum dictorum monasterii et membrorum
inquirendum videres, ac visitationem, correctionem et

reformationem exercendas ibidem tam in capite quam in membris per nostras sub certa forma litteras duximus committendas, inter alia continentes quod nolebamus per hoc cause que inter dictum abbatem et conventum ejusdem monasterii ex parte una, et venerabilem fratrem nostrum.. episcopum Tholosanum ex altera, ut in eisdem litteris dicebatur, super eo quod iidem abbas et conventus se dicunt ab ordinaria jurisdictione ipsius episcopi prorsus exemptos et ecclesie Romane immediate subjectos, vertitur coram dilecto filio nostro Jordano Sancti Eustachii diacono cardinali, partibus a prefato predecessore auditore in eadem causa concesso, in aliquo derogari, nec ipsis partibus, quoad ea que causam ipsam contingunt, velquoquo modo respiciunt, aliquod prejudicium generari ; verum quia predicta causa inter prefatum episcopum et capitulum Tholosanos ex parte una et dictos abbatem et conventum ex altera, super eo quod iidem abbas et conventus se ac ipsum monasterium cum prioratibus, ecclesiis et capellis suis a jurisdictione ipsius episcopi et capitali exempta esse asserunt, et Cluniacensi monasterio immediate subjectos, coram cardinali ventilatur predicto, et in prefatis litteris de predictis capitulo, ac prioratibus, ecclesiis et capellis seu ordine aut monasterio Cluniacensi aliqua mentio non habetur, sed in hiis exprimitur quod dictum monasterium ordinis sancti Benedicti erat, et quod predicti abbas et conventus se proponunt predicte Romane ecclesie immediate subesse, per negligentiam forsitan vel errorem; nos, per presentes, ea que per hujusmodi negligentiam vel errorem in prefatis prioribus litteris ommissa sunt et expressa supplere ac emendare volentes, sed in nullo per hoc alias eisdem prioribus litteris, etiam quoad processum, jam earum auctoritate legitime habitum, derogare, fraternitati tue per apostolica scripta mandamus quatinus in hujusmodi negotio per dictas priores litteras tibi commisso, servato tali processu, si quis est habitus in negotio ipso, procedas juxta earundem continentiam litterarum Dat. Rome apud Sanctam Sabinam, III nonas aprilis, anno primo. »

462   Sainte-Sabine, 15 mai 1286.

Quomodo summa decem millium marcharum sterlingorum, in quibus episcopus et ecclesia Metensis quibusdam mercatoribus Romanis ex causa mutui obligati erant, eisdem mercatoribus sit persolvenda decernit. (n° 438, fol. 116; LA PORTE DU THEIL, fol. 51.)

« *Dilectis filiis civibus et mercatoribus Romanis, creditoribus ecclesie Metensis.* Pastoralis officii nobis —. Sane

petitio vestra nobis exhibita continebat quod, cum olim inter bone memorie Jacobum, Metensem episcopum, ex parte una, et vos et singulos vestrum, seu progenitores vel predecessores vestros, creditores ecclesie Metensis, ex altera, super diversis pecuniarum summis, in quibus eundem episcopum et dictam Metensem ecclesiam vobis esse dicebatis ex causa mutui obligatos, ac dampnis, expensis et interesse, que propter hoc incurreratis, diverse questiones suscitate fuissent, tandem, postquam super hiis coram bone memorie H. tituli Sancte Sabine presbitero, et quondam B. Sancti Georgii ad Velum Aureum diaconis cardinalibus, quos felicis recordationis Alexander papa predecessor noster deputavit in predictis questionibus partibus auditores, fuit aliquandiu litigatum in ipsius predecessoris et fratrum suorum presentia, quedam super premissis compositiones inter partes ipsas intervenerunt, mediantibus cardinalibus supradictis, inter alia continentes, quod predictus episcopus tredecim milia marcharum sterlingorum certis loco et terminis, scilicet annis singulis mille marchas, vobis solvere teneretur, donec vobis foret de tota hujusmodi pecunia plenarie satisfactum, iidemque cardinales, auctoritate dicti predecessoris sibi ab eo in hac parte commissa statuerunt, ordinaverunt, mandaverunt et preceperunt dictas compositiones firmiter observari, ac eundem episcopum, si statutis terminis in solutione quantitatum pecunie, in quibus vobis et singulis vestrum tenebatur, cessaret, seu contra easdem compositiones faceret, vel veniret, excommunicationis sententia innodarunt, et nichilominus alias penas imposuerunt eidem, prout in instrumentis publicis inde confectis dictorum cardinalium sigillis munitis plenius dicitur contineri; dictus quoque predecessor, quod super hoc ab eisdem cardinalibus factum extitit gratum habens et firmum, id per suas litteras confirmavit. Sane dicto episcopo qui de prefata quantitate pecunie vobis tria milia sterlingorum dumtaxat persolverat, viam universe carnis ingresso, vobis postulantibus a bone memorie Guillelmo electo Metensi, qui dicto episcopo immediate successit, vobis satisfieri in quatuor milibus marcharum de residuo pecunie supradicte pro quatuor annis tunc elapsis in quibus vobis juxta tenores predictarum compositionum non fuerant persolute, quondam G. tituli Sancti Marchi presbiter cardinalis, cui pie memorie Urbanus papa predecessor noster, post diversos tractatus de facienda super hiis concordia inter partes, in suorum fratrum presentia, oraculo vive vocis commisit, ut super hoc ordinaret, provideret, decerneret et statueret, prout utilitati et paci partium videret melius expedire, quandam provisionem, ordinationem, et statutum inter partes fecit easdem, in qua quidem ordinatione inter alia continetur quod si dictus electus in aliquo terminorum ad hoc statutorum cessaret in toto vel in parte in solutione pecunie, quam vobis juxta formam hujusmodi ordinationis solvere tenebatur, idem G. cardinalis prefatum electum excommunicationis sententie ac omnibus penis et obligationibus quibuscumque, in quas dictus episcopus debuisset incidere si vixisset, et venisset contra compositiones predictas, subjacere decrevit, prout in instrumento publico inde confecto ipsius G. cardinalis sigillo signato plenius dicitur contineri; ac dictus predecessor Urbanus ordinationem, provisionem, et statutum hujusmodi habens rata et firma, ea de predictorum fratrum suorum consilio auctoritate apostolica confirmavit. Cumque idem electus infra modicum tempus post ordinationem, provisionem et statutum predicta nature debitum persolvisset, ac per hoc ordinatio, provisio et statutum prefata nullum consecuta fuissent effectum, pie recordationis Gregorius papa X predecessor noster, ad instantiam quondam Laurentii, Metensis episcopi, vos fecit ad suam presentiam evocari ac felicis recordationis Innocentio pape quinto predecessori nostro, tunc Ostiensi et Velletrensi episcopo, negotium hujusmodi commisit specialiter audiendum, coram quo per eum ad comparendum et procedendum in negotio ipso, partibus certo termino peremptorio assignato, demum idem predecessor Innocentius, qui fuit interim ad apicem summi apostolatus assumptus, bone memorie V. episcopum Penestrinum deputavit in predicto negotio partibus auditorum, et eo sublato de medio, felicis recordationis Johannes papa XXI predecessor noster quondam Rolando de Parma, episcopo Spoletano, tunc subdiacono et capellano suo, causam hujusmodi specialiter audiendam commisit et fine debito terminandam, mandans eidem ut in ipsa procederet summarie sine strepitu et figura judicii, libelli oblatione aliisque sollempnitatibus non servatis. Cum autem idem Rolandus prefatum L. Metensem episcopum pluries et peremptorie in audientia publica citari fecisset ut compareret certo termino per se vel procuratorem ydoneum coram eo in causa processurus eadem, tandem Ludovicus canonicus ecclesie Palatiolensis, a dicto L. Metensi episcopo ad agendum et defendendum, componendum, transigendum, compromittendum et pacificandum habens speciale mandatum, coram predicto Rolando comparuit, offerens se ad defensionem L. episcopi memorati, qui de veritate dicenda coram eodem Rolando corporale prestitit juramentum, et postmodum requisitus ab eodem Rolando confessus extitit dictum L. Metensem episcopum vobis in decem milibus marcharum

sterlingorum teneri. Unde prefatus Rolandus, auditis rationibus, quas partes super hiis voluerunt proponere coram ipso, ac super hiis dicto predecessori Johanni facta relatione fideli, et antequam dictus Rolandus predictum negotium diffinire posset, dicto predecessore Johanne sublato de medio, pie memorie Nicolaus papa III, predecessor noster, causam predictam et omnes alias quas dictus Rolandus audiebat tempore dicti predecessoris Johannis in eo statu et per eundem modum et viam per quem et quam eas sibi commiserat prefatus predecessor Johannes, eidem Rolando audiendas commisit et fine debito terminandas. Memoratus igitur Rolandus, auditis et plenius intellectis que partes coram eo dicere, proponere et allegare per se et alios voluerunt, predicta omnia predicto predecessori Nicolao et in presentia fratrum suorum fideliter recitavit, ac demum, cum inter partes easdem fuisset coram prefato Rolando multotiens de compositione facienda tractatum, et partes ipse consensissent expresse ut de dictis decem milibus marcharum sterlingorum certis terminis per quemdam modum vobis satisfaceret L. Metensis episcopus supradictus, memoratus Rolandus volens hujusmodi procuratoris et vestrum assensum sequi, et juxta ipsum consensum et voluntatem causam diffinire ac terminare predictam, de speciali licentia et mandato dicti predecessoris Nicolai, prelibatum L. episcopum et ecclesiam Metenses et predictum procuratorem, ejusdem episcopi nomine, ad satisfaciendum vobis de prefatis decem milibus marcharum, juxta dictum consensum et voluntatem procuratoris et vestrum per predictum modum, videlicet quod memoratus L. Metensis episcopus et ecclesia Metensis in proximo tunc instanti festo Resurrectionis dominice quingentas libras bonorum turonensium de Turonis parvorum de dicta summa decem milium marcharum sterlingorum in Urbe dare ac solvere procurarent, ac in festo Omnium Sanctorum extunc in proximo adveniente, idem L. episcopus et ecclesia Metenses, seu successores ipsius episcopi qui essent pro tempore, vobis seu heredibus vestris, aut cui vos mandaretis, mille quingentas marchas sterlingorum, tredecim solidis et quatuor denariis pro marcha qualibet computatis, in Urbe apud ecclesiam Sancte Sabine, et sic postmodum extunc annuatim, donec dicta summa decem milium marcharum esset vobis plenarie ac integre persoluta, dare et solvere tenerentur, sententialiter condempnavit; pronuntians ipsum L. Metensem episcopum et successores suos ad hoc fore spiritualiter et temporaliter compellendos, in predictum L. Metensem episcopum et de cetero in successores suos, si in hujusmodi constitutis terminis de dicta pecunia vobis satisfacere forte negligerent, excommunicationis sententiam promulgavit, quam quidem excommunicationis sententiam post eundem mensem dictum L. Metensem episcopum, vel de cetero successores suos incurrere debere decrevit, prout in instrumento publico inde confecto sigillato sigillo ipsius Rolandi plenius dicitur contineri; a qua quidem sententia pro parte ipsius L. episcopi Metensis ad Sedem Apostolicam appellatum extitit, et in presentia bone memorie O. episcopi Tusculani, qui ab eodem predecessore nostro Nicolao in hujusmodi questione fuerat partibus deputatus auditor, inter partes super hoc aliquantulum litigatum; vobis itaque a nobis cum instantia postulantibus, ut quod ab eodem Rolando in hac parte factum extitit auctoritate apostolica confirmare, idque executioni mandare misericorditer dignaremur; nos, intellecto quod predicta ecclesia Metensis, faciente malitia temporis, multis subjacet afflictionibus et jacturis, propter quod non est verisimiliter dubitandum, quin dilecto filio Buchardo electo Metensi, ejusdem L. episcopi vel ipsius Buchardi successoribus, de predictis decem milibus marcharum sterlingorum juxta hujusmodi condempnationem dicti Rolandi vobis satisfacere sit molestum, satius fore providimus super hoc non in rigore judicii sed in mulcebris lenitate spiritus procedendum; sicque vestris supplicationibus inclinati, quod ab eodem Rolando in aliis in hac parte provide factum est, ratum et gratum habentes, ac id auctoritate apostolica confirmantes, de fratrum nostrorum consilio ordinamus, statuimus ac decernimus firmiter observari, videlicet quod idem Buchardus electus pro presenti anno hinc ad tres menses a die notitie ordinationis hujusmodi computandos, de predicta summa decem milium marcharum, quingentas marchas bonorum et legalium novorum sterlingorum vobis singulis vero annis immediate ac successive sequentibus, videlicet in festo Omnium Sanctorum, idem Buchardus electus Metensis, vel extunc successores sui quingentas marchas sterlingorum apud eandem ecclesiam Sancte Sabine in manibus dilectorum filiorum.. prioris et subprioris aut ejus locum tenentis, seu vicarii ejusdem ecclesie deponere fideliter teneantur, donec de predictis decem milibus marcharum sterlingorum vobis vel heredibus vestris juxta hujusmodi condempnationem dicti Rolandi integre ac plenarie satisfactum; ita quod idem prior vel successor suus prior ipsius ecclesie qui fuerit pro tempore sive vicarius dicti prioris, penes quem hujusmodi pecunia pro tempore deponetur, vocatis omnibus et singulis vestrum vel heredibus vestris, cuilibet vestrum videlicet pro rata debitorum, vos et vestrum quemlibet contingentium, de pecunia ipsa plenam et de-

bitam satisfactionem impendat; quod si idem Buchardus electus vel successores sui in statutis terminis juxta hujusmodi ordinationem et provisionem nostram in solutione predictarum decem milium marcharum sterlingorum in toto vel in parte cessarint, eos primo suspensionis, et si per unum mensem suspensionem hujusmodi pertinaciter tolerarint, excommunicationis sententiis, postquam eidem B. electo Metensi vel ejus successoribus de hujusmodi nostra ordinatione constiterit, ipso facto volumus subjacere, ita quod a participatione divinorum necnon ab executione pontificalium, quousque super hoc plenarie satisfecerint, nichilominus penitus sint exclusi. Nec credatur quod vos, eodem Buchardo electo vel ejus successoribus ipsius pecunie solutione cessantibus, actionibus, juribus, instrumentis, litteris penis et condempnationibus, ad repetendum hujusmodi debitum vobis communiter vel divisim competentibus, per hoc renuntiare quomodolibet videamini, quin actiones, jura, instrumenta, littere, pene, et condempnationes predicta vobis et culibet vestrum ac vestris heredibus, quoad partem ipsius pecunie non solutam, necnon ad dampna et interesse, que vos aut vestrum aliquem occasione hujusmodi in posterum incurrere forte contigerit, remaneant semper salva, nec vobis aut alicui vestrum divisim vel conjunctim ullum possit vel debeat in premissis prejudicium generari. Nulli ergo etc. nostre confirmationis —. Dat. Rome apud Sanctam Sabinam, idibus maii, anno primo. »

In eundem modum abbati monasterii Sancti Gregorii in Clivo Scauri de Urbe, et priori ecclesie Lateranensis, ac officiali Trecensi mandat quatinus precedentem ordinationem, ubi et quando expedire viderint, sollempniter publicent, ac nichilominus Buchardum, Metensem electum, vel ejus successores, si in predicte pecunie solutione cessarint, singulis diebus dominicis et festivis, pulsatis campanis et candelis accensis, quousque super hoc plenarie satisfecerint, excommunicatos publice nuntient. Dat. ut supra.

463 Sainte-Sabine, 8 mai 1286.

Egidio, episcopo Aurelianensi, faciendi recipi in singulis ecclesiis sue civitatis et diocesis, in quibus ad se prebendarum collatio pertinet, personas ydoneas in canonicos, ac providendi eis de prebendis, si que in ecclesiis ipsis vacant ad presens, liberam concedit facultatem. (n° 459, fol. 117; La Porte du Theil, fol. 47.)

« Venerabili fratri Egidio, episcopo Aurelianensi. Personam tuam eo —. Dat. Rome apud Sanctam Sabinam, VIII idus maii, anno primo. »

464   Sainte-Sabine, 11 mai 1286.

Litteras datas Viterbii V nonas maii, pontificatus Alexandri IV anno quarto, que incipiunt « Desideriis vestris in », vetustate consumptas, et quibus dictus Alexander omnia privilegia monasterio Cluniacensi ab Apostolica Sede concessa confirmaverat, hic refert et confirmat. (n° 460, fol. 117 v°; LA PORTE DU THEIL, fol. 50; POTTHAST, n° 22436.)

« *Dilectis filiis .. abbati, et conventui monasterii Cluniacensis, ad Romanam ecclesiam nullo medio pertinentis, Matisconensis diocesis.* Quasdam litteras quas —. Dat. Rome apud Sanctam Sabinam, V idus maii, anno primo. »

465   Sainte-Sabine, 12 avril 1286.

Cum Stephano presbitero dispensat ut, non obstante natalium defectu quem patitur de soluto genitus et soluta, prioratum monasterii de Sancto Eadmundo retinere libere possit. (n° 461, fol. 117 v°.)

« *Dilecto filio Stephano, presbitero, priori monasterii de Sancto Eadmundo, ad Romanam ecclesiam nullo medio pertinentis, ordinis sancti Benedicti, Norwicensis diocesis.* Contra illos qui —. Dat. Rome apud Sanctam Sabinam, II idus aprilis, anno primo. »

466   Sainte-Sabine, 12 avril 1286.

Divisionem de bonis monasterii de Sancto Eadmundo factam in duas partes, quarum unam abbas, alteram vero conventus habere perpetuo debeant, confirmat. (n° 462, fol. 117 v°.)

« *Dilectis filiis .. abbati, et conventui monasterii de Sancto Eadmundo, ad Romanam ecclesiam nullo medio pertinentis, ordinis sancti Benedicti, Norwicensis diocesis.* Non est petitio —. Dat. ut supra. »

467   Sainte-Sabine, 13 novembre 1285.

Preposito monasterii Piniacensis, ordinis sancti Augustini, diocesis Forojuliensis mandat quatinus domum quam fratres ordinis Penitentie Jhesu Christi in civitate Massiliensi habebant, postquam eam deseruerint iidem fratres, priori et fratribus Hospitalis Sancti Johannis Jerosolimitani de Sancto Egidio in Provincia pro justo pretio vendat. (n° 463, fol. 117 v°; POTTHAST, n° 22325.)

« *Dilecto filio .. preposito monasterii Piniacensis, per prepositum soliti gubernari, ordinis sancti Augustini, Forojuliensis diocesis.* Exhibita nobis dilectorum —. Dat. Rome apud Sanctam Sabinam, idibus novembris, pontificatus nostri anno primo. »

DOMINI HONORII PAPE IIII.

---

468   Pérouse, 4 avril 1285.

Archiepiscopo Beneventano mandat quatinus P., episcopum Larinensem, qui civitatis Larinensis incolas ad rebellionis spiritum contra Caroli, Sicilie regis, heredes assumendum induxit, citare procuret ut infra unius mensis spatium coram Sede Apostolica personaliter compareat. (n° 1, fol. 121.)

« *Honorius electus episcopus, servus servorum Dei, venerabili fratri.. archiepiscopo Beneventano, salutem et apostolicam benedictionem.* Grandi nec immerito admiratione deducimur quod, cum, sicut ad audientiam nostram pervenit, venerabilis frater noster G. episcopus Sabinensis, in regno Sicilie Apostolice Sedis legatus, P. episcopum Larinensem, ob culpas graves et enormes excessus ab ipso commissos, officio et beneficio, exigente justitia, suspendisset, ac districtius injunxisset eidem ut ipse ad Apostolicam Sedem accederet et coram felicis recordationis Martino papa predecessore nostro personaliter compareret pro meritis recepturus, idem Larinensis episcopus ad Sedem predictam, sicut dicitur, veniens et latenter per dies aliquos inibi moram trahens, se predecessoris ejusdem representare conspectui contumaciter non curavit. Sed —, nulla prorsus ab eodem predecessore petita licentia vel obtenta, recessit et ad civitatem se transtulit Larinensem ubi pejora prioribus committere non formidans et ad graviores actus et opera sue studia pravitatis extendens, multos ipsius civitatis et vicinorum locorum fideles ad assumendum rebellionis spiritum contra clare memorie Caroli Sicilie regis heredes, immo potius Romanam ecclesiam, cujus bona et jura deberet pro viribus defensare, suis malignis persuasionibus et machinationibus detestandis induxit, seditiones nichilominus, conjurationes et juramenta contra heredes et ecclesiam supradictos ac ejusdem regni statum pacificum temere procurando ; et quod detestabilius esse dinoscitur, dictus Larinensis episcopus — contra heredes ipsos ac eorum fideles in civitate ac locis consistentes, eisdem associatis sibi quibusdam iniquitatis filiis, maledictionis alumpnis suis in hac parte complicibus, proclamare publice ad arma voce propria non expavit, in divine majestatis offensam, prefate Sedis obprobrium et contemptum, ac subversionem status pacifici dicti regni. Quia igitur tantas et tam detestabiles insolentias — nolumus, sicut etiam nec debemus aliquatenus sustinere, fraternitati tue per apostolica scripta mandamus quatinus episcopum ipsum per te vel per alium seu alios ex parte nostra peremptorie citare procures ut infra unius mensis spatium post citationem tuam personaliter compareat coram nobis —, diem vero citationis —. Nec mireris quod bulla —. Dat. Perusii, II nonas aprilis, suscepti a nobis apostolatus officii anno primo. »

469   Pérouse, 17 avril 1285.

Giffredo de Vezano, nuntio Apostolice Sedis in Anglia commoranti, mandat quatinus, juxta tenorem litterarum Martini pape IV non bullatarum, Perusii vero IIII idus februarii, pontificatus ejusdem anno quarto datarum, singulis diebus quibus collectioni decime in Terre Sancte subsidium deputate vacaverit

tres solidos sterlingorum pro suis necessariis licite valeat retinere. (n° 2, fol. 121.)

« *Dilecto filio magistro Giffredo de Vezano, camere nos-*
tre clerico, canonico Cameracensi, nuntio Apostolice Sedis
in Anglia commoranti. Dilectus filius magister Petrus,
sancte Romane ecclesie vicecancellarius, quasdam litteras confectas sub nomine felicis recordationis Martini
pape predecessoris nostri nobis legit attentius in hac
forma :

Pérouse, 10 février 1285.

« Martinus, episcopus servus servorum Dei, dilecto
» filio magistro Gifredo de Vezano, camere nostre
» clerico, canonico Cameracensi, nuntio Apostolice
» Sedis in Anglia commoranti, salutem et apostolicam
» benedictionem. Sollicitudinis studiis quibus circa
» commissa tibi Apostolice Sedis et Terre Sancte nego-
» tia fideliter et prudenter intendis benignius attenden-
» tes, ac dignum et congruum arbitrantes ut ubi labor
» additur stipendium augeatur, presentium tibi aucto-
» ritate concedimus ut preter septem solidos sterlingo-
» rum in quibus tibi pro tuis necessariis de bonis eccle-
» siarum regnorum Anglie et Scotie ante commissum
» tibi predicte Terre Sancte negotium per nostras litte-
» ras sub certa forma mandavimus provideri, de pecu-
» nia ex decima et aliis obventionibus ipsius Terre
» Sancte colligenda per te, cum ex hoc plus te laborare
» oporteat, et majora expensarum onera substinere,
» singulis diebus quibus hujusmodi collectioni vacave-
» ris pro earundem expensarum subsidio tres solidos
» predicte monete licite valeas retinere. Dat. Perusii,
» IIII idus februarii, pontificatus nostri anno quarto. »

Verum, quia, antequam dicte littere bullate fuissent,
dictus predecessor diem clausit extremum, nos, earum
intellecto tenore, quod idem predecessor in hac parte
taliter inchoavit favorabiliter prosequentes, ac propter
hoc volentes tenori predictarum litterarum ac si bullate
fuissent fidem plenariam adhiberi, tenorem ipsum presentibus inseri fecimus ut superius continetur. Nec
mireris etc. Dat. Perusii, XV kal. maii, suscepti a nobis etc. »

470　　　　　　　　Pérouse, 18 avril 1285.

J., Sancte Cecilie presbitero cardinali, Apostolice Sedis legato
mandat quatinus quatuor millia librarum turonensium, quibusdam militibus, quos Philippus rex Francorum ad pontificalem
exercitum transmiserat, mutuata, ecclesie Romane restitui faciat. (n° 3, fol. 121 v°.)

« *Dilecto filio J., tituli Sancte Cecilie presbitero cardinali,*
Apostolice Sedis legato. Ad nostrum pervenit auditum
quod olim, eo tempore quo felicis recordationis Martinus papa IIII predecessor noster teneri faciebat exercitum contra Forolivienses et alios rebelles ecclesie Romane in provincia Romaniole, quibusdam militibus,
quos carissimus in Christo filius noster Ph. rex Francorum illustris ad exercitum ipsum transmiserat, de
pecunia ipsius ecclesie fuerunt quatuor milia librarum
turonensium mutuata, de quo quidem mutuo et promissione restituendi certis terminis mutuum hujusmodi
dilecti filii nobiles viri Nicolaus et Petrus de Mediolano fratres, capitanei ejusdem exercitus ab illis, ex
eisdem militibus qui de ipsa pecunia nomine mutui habuerunt singulariter a singulis pro rata ejusdem ecclesie nomine dicuntur patentes litteras recepisse. Cum
igitur dicta ecclesia gravibus prematur ad presens oneribus debitorum, discretioni tue per apostolica scripta
mandamus quatinus de dicto mutuo plena informatione
recepta, predicta quatuor milia librarum ab eorum de-
bitoribus singulariter vel communiter, sicut expediet,
post lapsum terminorum eorundem si nondum elapsi
sunt, juxta promissiones ipsorum debitorum ecclesie
predicte nomine tibi restitui facias et integraliter exhiberi, et postquam illa receperis predicto nomine Conrado Berignionis, Raynaldo Mantellati et Frederico
Doni mercatoribus vel alteri eorum assignes nostre camere resignanda. Facies de receptione ac assignatione
hujusmodi fieri autenticas litteras vel confici publica
instrumenta, illas vel illa nobis per fidelem nuntium
transmissurus, et rescripturus per tuas litteras harum
seriem continentes quicquid feceris in premissis. Intendimus autem quod dicti debitores vel illi ex eis qui
juxta mandatum nostrum de debitis satisfecerint supradictis, extunc ad restitutionem aliam minime teneantur,
sed post satisfactionem hujusmodi remaneant penitus
absoluti. Nec mireris etc. Dat. Perusii, XIIII kal. maii,
suscepti etc anno primo. »

471　　　　　　　Pérouse, 18 avril 1285.

Thesaurario domus Templi Parisiensis mandat, utpote
executor ultime voluntatis Martini pape IV predecessoris sui,
quatinus duo millia turonensium grossorum, que de pecunia
spectante ad se ratione persone sue apud ipsum thesaurarium
in domo Templi Parisius deposuerat idem predecessor, et que
juxta ultime dispositionis arbitrium ipsius sunt in subsidium
Terre Sancte convertenda, Conrado Berignionis, Raynaldo

Mantellati et Frederico Doni mercatoribus assignare procuret. (n° 4, fol. 121 v°.)

« .. Thesaurario domus Templi Parisiensis. Sicut ad nostrum —. Dat. ut supra. »

472   Saint-Pierre, 25 mai 1285.

Archiepiscopo et clero provincie Mediolanensis se in summum pontificem de unanimi cardinalium voluntate secunda die aprilis electum esse notum facit, eosque exhortatur ut pro ipso devotas et sedulas preces ad Dominum fundant. (n° 5, fol. 121 v° ; POTTHAST, n° 22232.)

« LITTERA PROMOTIONIS DOMINI HONORII PAPE IIII ti MISSA PER MUNDUM. »

« Honorius episcopus servus servorum Dei, venerabilibus fratribus.. archiepiscopo Mediolanensi ejusque suffraganeis, ac dilectis filiis abbatibus, prioribus, archidiaconis, prepositis et aliis ecclesiarum prelatis per Mediolanensem provinciam constitutis salutem et apostolicam benedictionem. Quis loquetur potentias —. Nuper siquidem quarto kal. aprilis felicis recordationis Martino papa predecessore nostro, prudentie ac scientie multarumque aliarum virtutum dono pollente, per naturalis mortis occasum de nequam seculi hujus angustiis liberato, et ipsius corpore cum debita exequiarum sollempnitate sepulto, prima die dicti mensis cum fratribus nostris, de quorum numero tunc eramus, libere nulla inclusionis coactione preambula, quam aliquando in ecclesie ipsius vacationibus dampnabilis presumpsit abusus, convenimus ad tractandum de substituendi electione pastoris ; et, post missarum sollempnia ex more in honorem Sancti Spiritus celebrata, tractatu aliquo habito, tandem in crastinum scrutinii via electa concorditer, factoque ac publicato scrutinio, quod nec sequens habuit, sicut nec oportuit, nec precedens, votorum fratrum eorundem directorum in nos, eo tempore Sancte Marie in Cosmedin diaconum cardinalem, tanta est inventa concordia, et de unanimi eorum omnium voluntate adeo concors de nobis in summum pontificem electio subsecuta, quod nos de tam grandi tamque inexpectata, immo et nobis omnino inopinata novitate, plus quam verbis exprimere possimus, attoniti facti sumus, velud in mentis excessu —. Pretacta ecclesie, fidei terreque discrimina variaque orbis dissidia in nostre mentis arcano, non absque gravi amaritudine, recensentes, elegimus potius nos ipsos ministerio, quod supra nostras est vires, exponere, quam ecclesiam, fidem ceteraque predicta relinquere discriminibus tantis exposita, HONORIUS.

conscientia reluctante —. Quod ut efficaciter vestris adjuti suffragiis obtinere possimus, caritatem ¡vestram assistricem instanter expetimus —, vos universos et singulos intimo affectu rogantes et affectuosa exhortatione monentes quatinus — sedulas fundendo pro nobis preces ad Dominum, et in plebibus diligentie vestre commissis extirpando vitia inserendoque virtutes, sic studiose cooperari velitis quod vobis pervigilis in illis pastoris partes implentibus, adeo nobis, quoad eas onere partito, sit levius —. Dat. Rome apud Sanctum Petrum, VIII kal. junii, pontificatus nostri anno primo. »

473   Saint-Pierre, 31 mai 1285.

G., episcopo Sabinensi, a Martino papa IV in Sicilie partibus Apostolice Sedis legato constituto, conferendi personis idoneis beneficia cum cura vel sine cura, dignitates et personatus clericorum domesticorum et comensalium suorum, clericis ipsis cedentibus vel decedentibus antequam ipse legatus ad curiam redeat, concedit facultatem. (n° 6, fol. 123 v°.)

« Venerabili fratri G., episcopo Sabinensi, Apostolice Sedis legato. Cum felicis recordationis —. Dat. Rome apud Sanctum Petrum, II kal. junii, anno primo. »

474   Palombara, 4 juillet 1285.

P., episcopo Anconitano, mandat quatinus ad monasterium Sanctorum Andree et Silvestri, ordinis sancti Benedicti, Civitatis Castellane diocesis, se conferens personaliter, castra cum jurisdictionibus et dominiis, amotis quibuslibet detentoribus ab eisdem, ac alia bona mobilia et immobilia ipsius monasterii sibi faciat assignari, quibus demum receptis, dictis abbati et monachis de bonis hujusmodi necessaria subministret ; et postmodum de excessibus dictorum abbatis et monachorum inquirat veritatem, et que invenerit studeat Apostolice Sedi fideliter intimare. (n° 7, fol. 123 v° ; POTTHAST, n° 22251.)

« Venerabili fratri P., episcopo Anconitano. Inter imminentes sollicitudini —. Dat. Palumbarie, IIII nonas julii, anno primo. »

475   Palombara, 4 juillet 1285.

Abbati, et conventui monasterii Sanctorum Andree et Silvestri, inter quos discordia erat exorta, mandat quatinus P., episcopi Anconitani, cui administratio ejusdem monasterii commissa est, monitis et mandatis reverenter pareant. (n° 8, fol. 124.)

22

« .. *Abbati, et conventui monasterii Sanctorum Andree et Silvestri, ordinis sancti Benedicti, Civitatis Castellane diocesis.* Nuper clamosa insinuatione —. Dat. Palumbarie, ut supra.»

In eundem modum, universis vassallis ejusdem monasterii. Dat. ut supra.

476   Tivoli, 1er août 1285.

Regi Romanorum scribit se ejus litteras per manum magistri Henrici, regii protonotarii, accepisse, eique ob affectuose sollicitudinis studia erga Romanam ecclesiam et heredes defuncti Caroli regis Sicilie gratias agit; pollicetur preterea se ecclesie Moguntine personam talem prefecturum esse que regie celsitudini complaceat; eundemque regem rogat et hortatur ut moleste non ferat decimam in Leodiensi, Metensi, Virdunensi et Basiliensi ecclesiis regi Francorum contra Petrum quondam regem Aragonum, persecutorem Romane ecclesie, grande ac sumptuosum aggredienti negotium, a Martino papa IV concessam esse. (n° 9, fol. 124 ; POTTHAST, n° 22276.)

« .. *Regi Romanorum illustri.* Regie celsitudinis litteras —. Dat. Tibure, kalendis augusti, anno primo. »

477   Tivoli, 30 juillet 1285.

G., episcopo Sabinensi, Apostolice Sedis legato, personas regni Sicilie citra Farum que, cum Petro regi Aragonum dedissent consilium et auxilium, excommunicationis sententiam incurrerant, sed postea ad ecclesie Romane et heredum Caroli regis Sicilie mandata redierant, ab hujusmodi excommunicationis sententia absolvendi concedit facultatem. (n° 10, fol. 124 v° ; LA PORTE DU THEIL, fol. 111.)

« *Venerabili fratri G., episcopo Sabinensi, Apostolice Sedis legato, et unacum dilecto filio nobili viro R. comite Atrebatensi, bajulo regni Sicilie per Romanam ecclesiam constituto.* Tuarum serie litterarum, quas nuper nobis tua sollicitudo direxit, diligentius intellecta, didicimus quod multi de regno Sicilie citra Farum, quorum aliqui hactenus propter inimicorum suorum timorem, et aliqui voluntarie rebellarunt, ad mandata ecclesie et heredum clare memorie Caroli regis Sicilie redierunt, a te cum instantia postulantes ut ipsos ab excommunicationis sententia, quam ob hujusmodi rebellionem incurrisse noscuntur, absolvas, et interdictum in terris eorum tali occasione prolatum studeas relaxare. Sed illorum non vales votis annuere, cum se ad id tua jurisdictio non extendat. Unde cum talium non sit, ut asse-

ris, modica multitudo, ipsique pro majori parte paupertate graventur, petiisti super hoc per Sedem Apostolicam provideri. Nos autem ad statum predictorum heredum et regni pacificum et tranquillum paternis intendentes studiis, et singulorum salutem plenis desideriis cupientes, fraternitati tue, de qua fiduciam in Domino gerimus specialem, quod omnes de regno predicto, qui Petro quondam regi Aragonum super occupatione ac detentione insule Sicilie dederunt consilium, auxilium, vel favorem publicum, vel occultum, aut alias occasione turbationis ipsius regni vel rebellionis latam per Sedem eandem excommunicationis sententiam incurrerunt, ad ecclesie ac heredum predictorum rediere mandata, quique redire curaverint, receptis prius ab eis per te vel alium seu alios corporaliter juramento de stando super hiis precise, libere et absolute nostris et ejusdem ecclesie beneplacitis et mandatis, ac etiam ydoneis cautionibus, prout, personarum et delictorum qualitatibus attenta meditatione pensatis, videris faciendum, ab hujusmodi excommunicationis sententia juxta ecclesie formam absolvere, injuncto eis quod de jure fuerit injungendum, ac interdictum relaxare prefatum valeas, presentium auctoritate concedimus facultatem ; proviso quod de hujusmodi cautionibus quas recipere te continget, instrumenta publica confici facias per te diligentius conservanda. Dat. Tibure, III kal. augusti, anno primo. »

478   Tivoli, 28 juillet 1285.

Regi Anglie terminum infra quem vivifice signum crucis assumere poterit usque ad festum Pentecostes secundo venturum prorogat. (n° 11, fol. 124 v° ; POTTHAST, n° 22274.)

« .. *Regi Anglie illustri.* Licet nuper excellentie regie per nostras sub certa forma litteras inter cetera duxerimus concedendum ut infra festum Natalis Domini vel in ipso Natalis die posses assumere vivifice signum crucis ; quia tamen, sicut intelleximus, tuis utilitati congruit et voto concurrit ut idem terminus in tempus prolixius prorogetur ; nos qui libenter, quantum cum Deo possumus, et tuis votis annuimus et utilitatibus providemus, premissum terminum usque ad festum Pentecostes secundo venturum, ut infra ipsum vel in ipso idem signum assumere valeas, de speciali gratia prorogamus ; ceteris per easdem litteras tibi concessis in suo nichilominus robore duraturis. Dat. Tibure, V kal. augusti, anno primo. »

479   Tivoli, 5 août 1285.

Episcopo Castellano mandat quatinus, cum Venetiarum civitas interdicto esset supposita, quia ipsius civitatis dux, consilium et commune, existentibus Martino papa IV in Sede Apostolica, et Bernardo episcopo Portuensi, tunc in partibus illis Apostolice Sedis legato pro Sicilie regni negotiis prosequendis, a novo statuerant ne quivis Venetus contra quempiam dominum seu commune aliquod absque ducis ejusdem consiliique sui licentia, cum armis procedere quomodolibet attentaret, cum igitur statutum ipsum, asserentibus nobilibus viris Andrea Dandulo, nato ducis Venetorum, Leonardo Venerio, et Nicolao Faletro de Venetiis sindicis seu procuratoribus ipsius ducis, consilii et communis Venetorum, non in injuriam Romane ecclesie nequaquam, sed ad Venetiarum tuitionem, et ad guerram ac scandala evitanda editum fuisset, interdictum hujusmodi relaxet, atque ducem, consilium et commune predictos moneat ut in devotione ecclesie Romane stabiliter perseverent, ipsam specialiter in ejusdem ecclesie et Sicilie regni negotiis efficaciter ostensuri. (n° 12, fol. 124 v° ; POTTHAST, n° 22278.)

« *Venerabili fratri .. episcopo Castellano.* Accedentes ad Apostolicam —. Dat. Tibure, nonis augusti, anno primo. »

480   Tivoli, 5 août 1285.

Episcopo Castellano mandat quatinus, antequam ad interdicti, cui civitas Venetiarum subjecta erat, relaxationem procedat, ducem, consilium et commune dicte civitatis moneat ut statutum illud, de quo in proxime superioribus litteris mentio habetur expressa, declarent in ecclesie Romane injuriam non editum esse. (n° 13, fol. 125.)

« *Eidem.* Cum tibi per alias nostras sub certa forma litteras injungamus ut interdictum civitatis Venetiarum auctoritate nostra, sublata difficultate, relaxes, et intellexerimus quod nobilis vir .. dux, consilium et commune Venetorum contra illos de civitate ipsa ejusque districtu qui ad requisitionem venerabilis fratris nostri B. episcopi Portuensis, tunc in partibus illis Apostolice Sedis legati, ad partes regni Sicilie in servitium Romane ecclesie et clare memorie Caroli regis ejusdem regni seu heredum ipsius absque ducis et consilii predictorum licentia se personaliter contulerunt, graves et diversos ordinavere processus et penas varias infligendas eisdem, volumus et per apostolica tibi scripta districte precipiendo mandamus quatinus, antequam ad ipsius interdicti relaxationem procedas, predictos ducem, consilium et commune ex parte nostra diligenter moneas et inducas ut statutum illud, de quo in aliis nostris litteris tibi missis mentio habetur expressa, studeant declarare quod ipsum in predictorum ecclesie seu regis aut heredum injuriam vel in favorem Petri, quondam regis Aragonum, nullatenus ediderunt, ac hujusmodi declarationem in libro statutorum suorum conscribere non retardent ; quodque processus predictos totaliter revocent et penas easdem eis, qui, ut predicitur, in ipsorum ecclesie, regis et heredum servitium perrexerunt, omnino remittant, nullam illis hujusmodi occasione molestiam ulterius inferendo, et si quid ab eis occasione predicta forsitan extorserunt, eisdem quamtocius restituere non postponant, quibus omnibus ad effectum perductis prefatum interdictum non differas relaxare. Super hiis autem que in hujusmodi negotio facere te continget, et que Veneti prefati responderint et fecerint, super eo confici facias publica instrumenta, nobis ipsa per fidelem nuntium quamcitius transmissurus. Dat. ut supra. »

481   Tivoli, 24 juillet 1285.

Johanni, tituli Sancte Cecilie presbitero cardinali, Apostolice Sedis legato, dispensandi cum viginti personis ipsius legationis defectum natalium patientibus, que non sint de adulterio vel incestu aut regularibus sive quoeumque presbitero procreate, seu paterne incontinentie imitatrices, sed bone conversationis, quod, hujusmodi non obstante defectu, earum quelibet ad omnes ordines promoveri et ecclesiasticum beneficium, etiam si curam animarum habeat, obtinere valeat, concedit potestatem. (n° 14, fol. 125.)

« *Dilecto filio Johanni, tituli Sancte Cecilie presbitero cardinali, Apostolice Sedis legato.* Volentes aliqua tibi —. Dat. Tibure, XII kal. augusti, anno primo. »

482   Tivoli, 24 juillet 1285.

Eidem, quoslibet legationis sue excommunicatos per judices a Sede Apostolica delegatos, jam defunctos vel absentes, ab hujusmodi excommunicationum sententiis absolvendi concedit facultatem. (n° 15, fol. 125 v°.)

« *Eidem.* Libenter ea tibi —. Dat. ut supra. »

483   Tivoli, 24 juillet 1285.

Eidem, ut vota personarum legationis sue, castitatis, religionis et Jerosolimitanis votis duntaxat exceptis, possit commutare concedit. (n° 16, fol. 125 v°.)

« *Eidem.* Ut eo efficacius —. Dat. ut supra. »

484   Tivoli, 21 juillet 1285.

Regi Francie legata indistincte relicta, tempore quo decima in Aragonie negotii subsidium deputata durabit, gratiose in ipsius negotii subsidium concedit. (n° 17, fol. 125 v°; La Porte du Theil, fol. 106.)

« .. *Regi Francie illustri*. Considerantes devotionis eximie puritatem quam habere dinosceris erga Romanam ecclesiam matrem tuam, libenter tibi apostolicum favorem impendimus, et petitiones regias, quantum cum Deo possumus, liberaliter exaudimus. Cum itaque, sicut ex parte tua fuit propositum coram nobis, felicis recordationis Martinus papa IIII predecessor noster tibi legata indistincte relicta, tempore quo decima tibi ad prosequendum Aragonie negotium ab eodem predecessore concessa duraret, gratiose duxerit in subsidium ipsius negotii concedenda; nos tuis supplicationibus inclinati, hujusmodi gratiam ampliantes, ipsam in ejusdem augmentum subsidii ad legata similia etiam ante tempus relicta prefatum, de quibus tamen nondum per executores super illis deputatos extitit ordinatum, et que infra tempus dicte decime haberi poterunt, de apostolice liberalitatis munificentia prorogamus. Dat. ut supra. »

485   Tivoli, 4 septembre 1285.

In Viterbienses, qui, ob Matheum Sancte Marie in Porticu et Jordanum Sancti Eustachii diaconos cardinales, post Nicolai pape III obitum e conclavi in vincula abreptos, censuris defixi, criminis veniam a Martino papa poposcerant, eoque defuncto Sedis Apostolice gratiam exoptabant, sententiam pronuntiat, precipiendo quod per Viterbiense commune tantum de muris civitatis ac ipsorum murorum turribus per circuitum, dicti communis sumptibus, diruatur, quod de muris et turribus duo duntaxat senatus urbis palatia remaneant super terram; ac insuper hospitale unum pro pauperibus fundare ac dotare teneatur idem commune; quod quidem commune preterea jurisdictione omnimoda, donec super hoc per Apostolice Sedis providentiam aliud ordinari contigerit, privat, rectoriam seu potestariam ejusdem civitatis Romane ecclesie retinendo. (n° 18, fol. 125 v°; Potthast, n° 22284.)

« *Sententia contra Viterbienses. Honorius episcopus servus servorum Dei, ad perpetuam rei memoriam.* Filios enutrivit et —. Actum in palatio episcopatus ecclesie Tiburtine, II nonas septembris, pontificatus nostri anno primo. »

486   Tivoli, 4 septembre 1285.

Composito inter nobilem virum Ursum de Filiis Ursi de Urbe ex parte una, et potestatem, capitaneum, consilium et commune ac universitatem civitatis Viterbiensis ex altera, super castris Valerani, Cornente Nove et Veteris, Rocce Altie, Corviani et Fracte, dissidio, relaxatisque censuris ecclesiasticis in Viterbienses ob eam latis, eorum absolutionem scribit se fratri Angelo de Reate ordinis Minorum, inquisitori heretice pravitatis in Romana provincia, commississe. (n° 19, fol. 126; Potthast, n° 22286.)

« *Ad perpetuam rei memoriam.* Beneplacitum est Domino —. Actum ut supra. »

487   Tivoli, 4 septembre 1285.

Composito dissidio inter nobiles viros Ursum de filiis Ursi ex parte una, et Petrum de Vico ex altera, occasione captionis Castri Valerani, et castrorum Corbiani et Rocce Altie, necnon et insultuum factorum contra Castrum Fracte et Corclani, mandat fratri Angelo de Reate quatinus omnes sententias tam interdicti quam excommunicationum in terras dicti Petri et in ipsius et vassaliorum personas prolatas relaxet. (n° 20, fol. 127; Potthast, n° 22285.)

« *Ad perpetuam rei memoriam.* Dudum inter nobiles —. Actum ut supra. »

488   Tivoli, 11 octobre 1285.

Abbati monasterii Sancti Dyonisii in Francia scribit ipsum abbatem immerito contulisse personis ydoneis archidiaconatum et prebendam in Lexoviensi ecclesia de quibus antea Honorius papa IV Deodato de Urbe providerat. (n° 21, fol. 127 v°; La Porte du Theil, fol. 208.)

« .. *Abbati monasterii Sancti Dyonisii in Francia, Parisiensis diocesis.* Tuarum series litterarum, quas nuper nobis .. presentium lator exhibuit inter cetera continebat quod carissimus in Christo filius noster, Philippus rex Francorum illustris, Aragonie negotium prosequens, tibi potestatem concessit beneficia que spectant ad collationem regiam conferendi. Unde cum bone memorie G., Lexoviensi episcopo, in festo Beati Marci evangeliste tunc proximo subsequente rebus humanis exempto, ad tuam postmodum, licet falso, pervenisset notitiam, quod in Lexoviensi ecclesia quidam archidiaconatus et prebenda per obitum quondam magistri Nicolai de Terracena vacabant, quos ad collationem ipsius regis ratione regalium Lexoviensium, sede Lexoviensi vacante, spectare putabas, tu eos dicti regis nomine personis ydoneis contulisti. Quare nobis ex parte regia supplicabas humiliter ut dilecto filio Deodato de Urbe capellano nostro, cui archidiaconatum et prebendam predictos contulimus, ac ejus executoribus sibi super hoc deputatis a nobis districtius mandaremus ut personas easdem archidiaconatu et prebenda predictis pacifice gaudere permittant, quodque ipsas hujusmodi collationis nostre pretextu aliquatenus non molestent. Porro non ignorare te volumus quod inter ceteros principes orbis terre prefatum regem, utpote devotissimum ecclesie filium, ab olim dum nos minor status haberet, prosecuti fuimus et prosequimur prerogativa favoris et gratie specialis, firma credulitate tenentes quod, sicut nostri est omnino propositi regiis nullatenus derogare juribus, sed ea potius illesa servare, sic intentionis regis existere memorati ut per eum et officiales ipsius jura Romane ecclesie summique pontificis integra conserventur. Verum si veritatis in hac parte tibi series innotescat, tua in premissis sollicitudo quiescet; scire quidem te volumus quod prefatus magister Nicolaus per biduum ante obitum episcopi supradicti apud Sedem Apostolicam debitum nature persolvit; sicque archidiaconatus et prebende predictorum collationem per constitutionem felicis recordationis Clementis pape predecessoris nostri, super personatibus, dignitatibus, et beneficiis ecclesiasticis apud Sedem ipsam vacantibus per Romanum duntaxat pontificem conferendis editam, ad nos a die obitus ipsius pertinuisse magistri, cum tam manifesti juris existat, non potest nec debet in dubium revocari; nec per mortem ipsius episcopi subsecutam jus conferendi archidiaconatum et prebendam eosdem, nobis, ut premittitur, competens, nobis ademptum, vel recepisse immutationem aliquam dici potest, seu quomodolibet in jus regium transivisse. Nos itaque, conferendo predictos archidiaconatum et prebendam, non jus regium usurpavimus, quod non erat, sed eo quod nobis plene ac libere competebat, sicut ex premissis patenter apparet, potius usi sumus, presertim cum post obitum prefati magistri Nicolai velut incontinenti archidiaconatum et prebendam eosdem collationi apostolice duxerimus reservandos, decernentes irritum et inane, si quid de illis scienter vel ignoranter contra hujusmodi reservationem nostram a quoquam contingeret attemptari, ac tandem septimo die sequente post magistri memorati decessum de archidiaconatu et prebenda prefatis ipsi Deodato qui consanguineus et capellanus noster existit curaverimus providere. Si ergo vacationis archidiaconatus et prebende predictorum ac reservationis et collationis nostre diem sollerter attendas et consideres diligenter,

liquido apparebit, quod eorundem archidiaconatus et prebende collatio ad predictum regem vel ad te ipsius nomine nullatenus pertinebat. Unde si forte providisti alicui de eisdem, ad tuam vel regiam collationem non pertinentia, et non vacantia, immo per nos jam vite collata beneficia contulisti, sicque tua collatio nullius penitus est momenti. Abstineas igitur a capellani molestiis et vexationibus memorati, et illos, quibus archidiaconatum et prebendam predictos contulisse te asseris, abstinere penitus facias ab eisdem. Dat. Tibure, V idus octobris, anno primo. »

489

18 mai 1285.

Argonus, rex Tartarorum, summo pontifici scribit. Gingiscam, patrem omnium Tartarorum, regi Francorum et Carolo regi Sicilie concessisse ut Christiani nullum in regni sui finibus dent tributum commemorat; et se ipsum ad Europe reges misisse dona. Avum et patrem ipsius Christianis omnibus in dominio suo existentibus favisse sanctus pater haud ignorat. Ipse autem, postquam a Cobla Cam regno suo investitus est, ad sanctum patrem papam vestimenta et thus mittere curavit; nunc hoc sibi proponit ut terram Christianorum et Christianos protegat et custodiat. Sed, cum anno preterito, Ametus ad Sarracenorum religionem se converterit et terram Christianorum ingressus sit, ipsius Argoni nuncii ad papam missi tardius venerunt. Se paratum esse, adjuvante summo pontifice, ad terram Scami, videlicet terram Egypti, occupandam proclamat. Mittat igitur ipsi Argono summus pontifex legatum qui indicet ubi Tartari cum Christianis adversus Sarracenos arma sint juncturi. (n° 22, fol. 128; A. RÉMUSAT, dans *Mémoires de l'Académie des Inscriptions*, t. VII, p. 426.)

« LITTERE MISSE A .. REGE TARTARORUM. »

« In Christi nomine, amen. Gratia Magni Cam et verbum de Argonum domino sancto papa patri. Gingiscam, primo patri omnium Tartarorum, et serenissimo domino rege Francorum, et serenissimo domino rege Charulo, preceptum sum [1] et omnium Cristianorum, non dentur aliquid de tributum et fiant franchi in sua terra. Magnus Cam fecit gratiam ad Ise terchiman roba et tus quod mixi ad ordo Cam Argum, et predictus Ase terciman servitus istis partibus donec compleantur esset tarde, et Bogagoc, et Mengilic, et Tomas Banchrinus et Ugeto terciman predictis miximus in ista anbascata si esset ad principium. Nostra prima mater erat cristiana, Magnus Cam nostrum bonum patrem Alaum

---

1. Le registre porte *sum . omnium Cristianorum . et omnium Cristianorum;* mais les points entre lesquels sont encadrés les mots *omnium Cristianorum* nous semblent indiquer une exponctuation.

et bonus Abaga filius ejus quod custodiebantur omnium Cristianorum in tera sua et pose suo et vobis domino sancto patri potestis inteligere. Et modo Cobla Cam, sicut erat primum principium, fecit gratiam. Et habui in corde voluntatem vel pensamentum ad domino sancto patri papa mitantur robas vel vestimentas et tus, et nos Argoni preceptum de Cam, sicut erat, mox tera Cristianorum faciebimus gratiam et habuerimus in nostra custodia, et abemus in pensamentum de eos custodire et facere gratiam. Anno preterito Ameto erat intratus in moribus Saracinorum et tera cristianorum quod non custodi; et ideo venit tarde nostris anbaxatoribus. Et siat modo quod tera Saracinorum non siat nobis in medium nostrum bonum patrem nos quod sumus in istis partibus et vobis quod estis in vestris partibus. Teram Scami, videlicet teram Egipti inter nos et vos estrengebimus. Vobis mitimus mesaticis supradictis et vos quod mixistis pasagium et prelium in teram Egipti, et siat modo nos de istis partibus et vos de vestris partibus estrengebus (sic) in medium cum bonis hominibus et mitatis nobis per bonum hominem ubi vultis quod siat predictum factum. Saracenis de medio nostri levabimus, Dominus siat et dominum papa et Cam. Nostra litera anno de Gallo, de luna Madii die XVIII, in coris. »

490   Sainte-Sabine, 2 janvier 1286.

Cathedrales ecclesias in insula Sicilie vacantes et durante turbatione vacaturas ordinationi et dispositioni Sedis Apostolice, ad instar Martini pape IV, reservat. (n° 23, fol. 128 v°.)

« Honorius, etc. Ad perpetuam rei memoriam. Ex relatione fratrum —. Dat. Rome apud Sanctam Sabinam, IIII nonas januarii, anno primo. »

491   Sainte-Sabine, 22 décembre 1285.

Johannem de ecclesia Montisregalis cui proerat ad Tusculanam ecclesiam transfert; eidem Montisregalis ecclesie curam et regimen, donec de ipsa per Apostolice Sedis providentiam aliud ordinari contigerit, committendo. (n° 24, fol. 128 v°.)

« Venerabili fratri Johanni, episcopo Tusculano. Inter ceteras sollicitudines —. Dat. Rome apud Sanctam Sabinam, XI kal. januarii, anno primo. »

492   Sainte-Sabine. 22 décembre 1285.

Eidem concedit ut, quamdiu ecclesie Montisregalis regimen exercuerit, fructus, redditus et proventus archiepiscopatus Montisregalis integre percipere valeat. (n° 25, fol. 128 v°.)

« Eidem. Cum tibi quem —. Dat. ut supra. »

493   Sainte-Sabine, 15 mars 1286.

Decano et capitulo ecclesie Autissiodorensis mandat quatinus Petrum dictum Tyes, presbiterum diocesis Senonensis, qui quasdam litteras sub nomine Martini pape fabricaverat, ad Sedem Apostolicam cum dictis litteris transmittant. (n° 26, fol. 128 v°; LA PORTE DU THEIL, fol. 306.)

« .. Decano, et capitulo ecclesie Autissiodorensis. Ad audientiam nostram pervenit quod Petrus dictus Tyes, presbiter Senonensis diocesis, quasdam falsas litteras sub nomine felicis recordationis Martini pape predecessoris nostri, in quibus se Petrum de Bellano Monte, canonicum Montisfalconis, Remensis diocesis, et Apostolice Sedis nuntium ad partes Anglie mendaciter asserebat, presumptione dampnabili fabricavit, et ipsarum pretextu a nonnullis prelatis et clericis regni Francie procurationes exigere ac extorquere presumpsit. Cum igitur dictus falsarius per vos detineatur, ut dicitur, carcerali custodie mancipatus, universitati vestre ne ipsius culpa remaneat impunita per apostolica scripta mandamus quatinus, si est ita, dictum falsarium ad presentiam nostram cum predictis litteris sub fida custodia transmittere procuretis, penam pro meritis recepturum. Dat. Rome apud Sanctam Sabinam, idibus martii, anno primo. »

494   Sainte-Sabine, 11 avril 1286.

Martinum papam IV, G., episcopum Sabinensem, ad Sicilie partes cum plene legationis officio destinasse ut rebelles Siculos a perversitate averteret incepta commemorat, eundemque pontificem universis insule incolis precepisse ut Petrum regem Aragonum compellerent. Sed quia Siculi non solum Petrum et exteros ei adherentes non expulerunt, immo etiam Constantiam Manfredi olim principis Tarentini filiam, dicti Petri uxorem, et Jacobum ipsorum filium receperunt, et quia dicta Constantia et Jacobus intrare insulam presumentes rebellionem fovent, cum jam Siculos monuerit ut ad ecclesie mandata humiliter redire curarent, Constantiam et Jacobum au Siculos denuntiat excommunicationis vinculo innodatos, dictis Constantie et Jacobo precipiendo ut infra festum Ascensionis Domini proxime venturum de Sicilie insula cum tota eorum gente penitus exeant. (n° 27, fol. 129; POTTHAST, n° 22414.)

« Ad certitudinem presentium et memoriam futurorum.

Dudum felicis recordationis —. Actum in Urbe ante predictam ecclesiam Sancte Sabine, in die Cene Domini, pontificatus nostri anno primo. »

495   Sainte-Sabine, 11 avril 1286.

Contra Alfonsum, quondam Petri olim regis Aragonum filium, qui se Carolo regi Aragonum opposuerat et opponit, regni Aragonie possessioni incumbendo, quia idem Alfonsus per suas litteras pape ac cardinalium collegio destinatas, de non missis ad papam post obitum patris sui nuntiis causis variis se excusans et supplicans excusatus haberi, asserit se impresentiarum nuntios ad summi pontificis presentiam destinare, omnem processum usque ad festum Ascensionis dominice primo venturum pronuntiat sustinendum. (n° 28, fol. 129 v°; POTTHAST, n° 22413.)

« *Processus contra Alfonsum filium quondam Petri olim regis Aragonum in die Cene Domini. Ad certitudinem presentium et memoriam futurorum.* Graves et detestandos —. Actum in Urbe, etc., ut supra. »

496   Sainte-Sabine, 5 mai 1286.

Potestatem, consilium et commune Reatinos a condempnationibus, exbandimentis, penis et obligationibus quibuscumque, occasione processus inter eos et quosdam nobiles viros habiti pronunciatis, totaliter absolvit. (n° 29, fol. 130.)

« *Dilectis filiis .. potestati, consilio et communi Reatinis.* Ex parte vestra fuit propositum coram nobis quod, orta dudum inter vos ex parte una, et nobiles viros Abrunamontem et Nicolaum fratres, ac quondam Bertulducium nepotem ipsorum, dominos de Clavano, super quadam sorte et quantitate pecunie in quibus vos pro hominibus Cassie fidejusseratis apud eosdem nobiles, ex altera, materia questionis, ac in causa hujusmodi per nos tunc in minori officio constitutos a felicis recordationis Nicolao papa predecessore nostro partibus auditorem concessos pro eisdem nobilibus diffinitiva sententia promulgata contra vos et terram vestram, pro eo quod sententie hujusmodi parere contumaciter nolebatis, auctoritate predecessoris ejusdem, diversi processus spiritualiter et temporaliter facti et habiti extiterunt. Postmodum autem per legitimum sindicum super hujusmodi sententia et processibus, vobis jurantibus stare precise ipsius predecessoris beneplacitis et mandatis ac pro satisfactione predicte sententie ac omnium condempnationum, exbandimentorum, penarum seu quorumcumque processuum tam per quondam magistrum Angelum de Malliano, tunc vicarium in spiritualibus civitatis Reatine quam per nobilem virum Ursum de Filiis Ursi, tunc in temporalibus ipsius civitatis rectorem, vel officiales eorum, habitorum contra vos occasione predicta, duo milia librarum proveniensium vos offerentibus certis terminis camere Sedis Apostolice soluturos, dictus predecessor in favorem ipsorum nobilium hujusmodi satisfactionem et oblationem mandavit recipi nomine camere supradicte. Quare dicti nobiles et vos humiliter supplicastis ut cum de dictis duobus milibus libris proveniensium sit plene pro parte vestra dicte camere ac eisdem nobilibus per eandem cameram satisfactum, condempnationes, exbandimentes, penas et processus predictos vobis remittere ac vos exinde absolvere de benignitate apostolica dignaremur. Nos igitur volentes vobis super hiis de oportuno remedio providere ac reputantes fore a vobis dicte camere ac eisdem nobilibus per eandem cameram super premissis plenarie satisfactum, vos et terram vestram a predictis condempnationibus, exbandimentis, penis et processibus ac promissionibus et obligationibus quibuscumque occasione predicte diffinitive sententie contra vos vel singulares personas terre vestre et ipsam terram factis olim et habitis, auctoritate apostolica totaliter absolvimus et quitamus; decernentes ut omnia instrumenta, littere, obligationes vel promissiones confecta super sententia et processibus ac pecunia supradictis cujuscumque tenoris existant, sint cassa et vacua, nec pretextu eorum vos vel terra vestra possitis exinde de cetero impeti vel in aliquo molestari ; presentes litteras bulla nostra munitas hujus rei testimonium vobis ac vestra specialiter concedendo. Dat. Rome apud Sanctam Sabinam, III nonas maii, pontificatus nostri anno primo.»

INCIPIT REGESTRUM LITTERARUM SECUNDI ANNI

DOMINI HONORII PAPE IIII

---

497   Sainte-Sabine, 23 mai 1286.

Archipresbitero, capitulo ac clero Mediolanensibus indulget ut, cum in Mediolanensi civitate generale fuerit interdictum, quotiens ex ipsis aliquem decedere contigerit, predicto interdicto durante, liceat illis ex ipsis qui in ecclesia, ad quam corpus clerici defuncti tumulandum deferetur, interfuerint ejus obsequiis celebrandis, clausis januis, submissa voce divina officia celebrare; presentibus litteris post quinquennium minime valituris. (n° 1, fol. 133.)

« Honorius episcopus servus servorum Dei, dilectis filiis .. archipresbitero, capitulo, ac clero Mediolanensibus salutem et apostolicam benedictionem. Desideriis vestris in —. Dat. Rome apud Sanctam Sabinam, X kal. junii, pontificatus nostri anno secundo. »

498   Sainte-Sabine, 21 mai 1286.

Episcopo Ferentinati, collectori decime regni Sicilie negotio concesse, in Campania et Maritima deputate, mandat quatinus, cum abbatissa et conventus monasterii Sancte Marie de Cannis, ordinis sancti Benedicti, Terracinensis diocesis, asserant sibi esse difficile singulos proventus, de quibus in partibus Campanie et Maritime tenentur solvere decimam, singulariter juxta formam dicto episcopo traditam estimare, de proventibus ipsis juxta tenorem declarationis facte super hoc estimatione habita, certam dictis monialibus pro totali solutione ipsius decime quantitatem imponat pro tempore ad hoc deputato, annis singulis et certis terminis persolvendam. (n° 2, fol. 133.)

« Venerabili fratri .. episcopo Ferentinati, collectori decime regni Sicilie negotio concesse in Campania et Maritima ac aliis certis partibus deputate. Dilecte in Christo —. Dat. Rome apud Sanctam Sabinam, XII kal. junii, anno secundo. »

HONORIUS.

499   Sainte-Sabine, 29 mai 1286.

Electo et capitulo Cathalaunensibus recipiendi magistrum Stephanum de Cathalaunis, canonicum Meldensem, in ecclesia Cathalaunensi in canonicum, eidemque providendi de prebenda concedit facultatem. (n° 3, fol. 133; LA PORTE DU THEIL, Paris, Bibl. Nat., fonds Moreau, vol. 1224, fol. 5.)

« Dilectis filiis .. electo, et capitulo Cathalaunensibus. Personam dilecti filii magistri Stephani de Cathalaunis, canonici Meldensis, propter sua merita probitatis quibus juvari dicitur, vobis et ecclesie vestre Cathalaunensi, in qua canonicorum receptio et collatio prebendarum ad vos communiter dicitur pertinere, fructuosam esse sperantes, provideri sibi de prebenda ipsius ecclesie Cathalaunensis per vestras patentes litteras a nobis humiliter petiistis. Nos igitur, ob hujusmodi vestram devotam supplicationis instantiam, necnon obtentu precum carissimi in Christo filii nostri Philippi, regis Francie illustris, qui pro dicto magistro Stephano clerico suo super hoc Apostolice Sedis gratiam per suas litteras suppliciter imploravit, prefato magistro Stephano in hac parte gratificari volentes, recipiendi predictum magistrum Stephanum in ecclesia ipsa Cathalaunensi in canonicum et in fratrem, et providendi sibi de prebenda nulli alii de jure debita, si qua in eadem Cathalaunensi ecclesia vacat ad presens, vel quamprimum ad id obtulerit se facultas, non obstante de certo canonicorum numero et quolibet alio statuto vel consuetudine ipsius ecclesie contrariis, juramento, confirmatione Sedis Apostolice, seu quacumque alia firmitate vallatis, aut si pro aliis in eadem ecclesia direximus scripta nostra, quibus per hoc nullum volumus prejudicium generari, sive si vobis communiter vel divisim a predicta Sede indultum existat, quod ad receptionem vel provisionem non

23

teneamini alicujus, quodque de prebendis ipsius ecclesie ac beneficiis ad vestram collationem spectantibus
nequeat alicui provideri per litteras apostolicas non
facientes plenam et expressam ac de verbo ad verbum
de indulto hujusmodi mentionem, seu qualibet alia dicte
Sedis indulgentia generali vel speciali, cujuscumque
tenoris existat, per quam effectus hujusmodi gratie impediri valeat vel differri, et de qua in nostris litteris
specialis mentio sit habenda, plenam vobis concedimus
auctoritate presentium facultatem, consuetudine et indulgentiis hujusmodi post ejusdem magistri Stephani
receptionem in suo nichilominus robore duraturis. Dat.
Rome apud Sanctam Sabinam, IIII kal. junii, anno secundo. »

500   Sainte-Sabine, 28 mai 1286.

Ecclesie Florentine Jacobum de Perusio, olim priorem fratrum Predicatorum Sancte Sabine de Urbe, in episcopum preficit. (n° 4, fol. 133; POTTHAST, n° 22462.)

« *Dilecto filio fratri Jacobo de Perusio, electo Florentino.*
Debitum officii nostri —. Dat. Rome apud Sanctam
Sabinam, V kal. junii, anno secundo. »

In eundem modum preposito et capitulo ecclesie Florentine
mandat quatinus eidem electo obedientiam et reverentiam debitam exhibeant. Dat. ut supra.

In e. m. clero Florentine civitatis et diocesis.

In e. m. populo Florentine civitatis et diocesis mandat quatinus ejusdem electi mandatis et monitis intendat. Dat. ut
supra.

In e. m. universis vassallis ecclesie Florentine mandat quatinus eidem electo fidelitatis juramentum consueta et servitia
debita exhibeant. Dat. ut supra.

Sainte-Sabine, 9 juin 1286.

In e. m. clero civitatis et diocesis Florentine scribit se eidem
electo per L.,Ostiensem et Velletrensem episcopum fecisse munus consecrationis impendi. Dat. Rome apud Sanctam Sabinam, V idus junii, anno secundo.

501   Sainte-Sabine, 28 mai 1286.

Communi Asisinati aut cuilibet de dicto communi vel etiam
de Asisinati diocesi, ad instar Innocentii, Alexandri et Clementis
pontificum, indulget ut super hiis que infra dictam diocesim
possident, per litteras apostolicas, que de indulto hujusmodi
expressam non fecerint mentionem, extra civitatem eandem

vel diocesim evocari ad judicium non possint; presentibus litteris post triennium minime valituris. (Lo 3, fol. 133 v°.)

« *Dilectis filiis .. potestati, consilio et communi Asisinati-*
bus. Devotionis vestre constantiam —. Dat. Rome apud
Sanctam Sabinam, V kal. junii, anno secundo. »

502   Sainte-Sabine, 25 mai 1286.

Cinthium de Pinea de Urbe, electum Tripolitanum, a vinculo
quo Tripolitane ecclesie tenebatur absolvit, eumque ad Capuanam ecclesiam, per obitum Marini archiepiscopi vacantem,
transfert in archiepiscopum. (n° 6, fol. 133 v°.)

« *Dilecto filio Cinthio de Pinea de Urbe, electo Capuano.*
Romani pontificis quem —. Dat. Rome apud Sanctam
Sabinam, VIII kal. junii, anno primo [1]. »

In eundem modum decano et capitulo ecclesie Capuane mandat quatinus eidem electo obedientiam et reverentiam debitam
exhibeant. Dat. ut supra.

In e. m. clero civitatis et diocesis Capuane.

In e. m. populo civitatis et diocesis Capuane mandat quatinus ejusdem electi monitis et mandatis intendat. Dat. ut
supra.

In e. m. universis vassallis ecclesie Capuane mandat quatinus eidem electo fidelitatis solite juramentum prestent eique
servitia exhibeant debita. Dat. ut supra.

In e. m. suffraganeis ecclesie Capuane mandat quatinus eidem
electo obedientiam debitam exhibeant et devotam. Dat. ut
supra.

In e. m. G., episcopo Sabinensi, Apostolice Sedis legato, mandat quatinus eundem electum ac ejus nuntios favorabiliter prosequatur. Dat. ut supra.

503   Sainte-Sabine, 20 mai 1286.

Magistro Petro de Latyera, canonico Turonensi, testandi facultatem concedit. (n° 7, fol. 134; LA PORTE DU THEIL, fol. 1.)

« *Magistro Petro de Latyera, canonico Turonensi, capel-*
lano nostro. Quia presentis vite conditio statum habet
instabilem, et ea que visibilem habent essentiam ten-
dunt visibiliter ad non esse, tu hoc salubri meditatione
premeditans, diem tue peregrinationis extremum dispositione testamentaria desideras prevenire. Nos itaque
tuis supplicationibus inclinati, ut de bonis tuis undecumque, non per ecclesiam seu ecclesias, alias tamen

1. Il faut corriger *anno primo* en *anno secundo*. — Cette bulle est
indiquée par Potthast, n° 22464, sous la date du 28 mai 1286.

licite acquisitis, que ad te pertinere omnimode dinoscuntur, libere testari valeas, ac de bonis mobilibus ecclesiasticis tue dispensationi seu administrationi commissis, et que non fuerint altaris seu altarium ecclesiarum tibi commissarum ministerio seu alicui speciali earundem ecclesiarum divino cultui vel usui deputata, necnon et quibuscumque bonis mobilibus a te per ecclesiam seu ecclesias licite acquisitis pro decentibus et honestis expensis tui funeris et pro remuneratione illorum qui tibi viventi serviverint, sive sint consanguinei sive alii, juxta servitii meritum, testari ac disponere possis, et alias, prius ere alieno deducto de ipsis, in pios usus ac licitos convertendis, tibi plenam et liberam auctoritate presentium concedimus facultatem. Volumus tamen ut in eorundem ecclesiasticorum dispositione bonorum, juxta quantitatem residui, erga ecclesias a quibus eadem percepisti, te liberalem exhibeas, prout conscientia tibi dictaverit et saluti anime tue videris expedire. Dat. Rome apud Sanctam Sabinam, XIII kal. junii, anno secundo. »

504   Sainte-Sabine, 31 mai 1286.

Ecclesie Ulixbonensi, cujus provisio, post mortem M., Ulixbonensis episcopi, apud Sedem Apostolicam viam universe carnis ingressi, a Martino papa reservata erat, S. tunc decanum Bracharensem, pape capellanum, preficit in episcopum. (n° 8, fol. 134.)

« *Dilecto filio S., electo Ulixbonensi.* In suppreme potestatis —. Dat. Rome apud Sanctam Sabinam, II kal. junii, anno secundo. »

In eundem modum capitulo ecclesie Ulixbonensis mandat quatinus eidem electo obedientiam et reverentiam debitam exhibeat. Dat. ut supra.

In e. m. clero civitatis et diocesis Ulixbonensis.

In e. m. populo civitatis et diocesis Ulixbonensis mandat quatinus ejusdem electi mandatis et monitis intendat. Dat. ut supra.

In e. m. archiepiscopo Compostellano mandat quatinus eundem electum et ecclesiam ei commissam habeat commendatos. Dat. ut supra.

« In e. m. venerabili fratri .. archiepiscopo Compostellano. Ad cumulum tue —. Dat. ut supra. »

505   Sainte-Sabine, 5 juin 1286.

Fredolo, episcopo Aniciensi, indulget ut si ipsum contingat interdum ad aliena's dioceses declinare, sibi liceat, cum ab ipsarum episcopis invitatus fuerit, in eisdem diocesibus cum usu pallei celebrare ordines, consecrare basilicas, benedicere abbates, abbatissas et moniales ; et in Brivatensi ecclesia licentiam exercendi predicta nichilominus eidem episcopo concedit, dummodo ad id prefate ecclesie capituli accedat assensus. (n° 9, fol. 134 v°.)

« *Fredolo, episcopo Aniciensi.* Dignum est ut —. Dat. Rome apud Sanctam Sabinam, nonis junii, anno secundo. »

506   Sainte-Sabine, 4 juin 1286.

Episcopo Clusino concedit quod castrum Potentini, ad Clusinam ecclesiam pertinens, vendere, capituli Clusini ad id interveniente consensu, libere valeat; quodque pecuniam quam de hujusmodi venditione receperit, in aliquo tuto loco, prout episcopo, priori Predicatorum et custodi Minorum fratrum ordinum Urbevetanis videbitur, deponat, in utilitatem episcopalis mense convertendam. (n° 10, fol. 134 v°; POTTHAST, n° 22477.)

« *Venerabili fratri Petro, episcopo Clusino.* Te nobis hactenus —. Dat. Rome apud Sanctam Sabinam, II nonas junii, anno secundo. »

               Sainte-Sabine, 9 juin 1286.

In eundem modum episcopo, priori Predicatorum et custodi Minorum fratrum ordinum Urbevetanis mandat quatinus venditioni hujusmodi consentire, ac pecuniam tute conservari curent. Dat. Rome apud Sanctam Sabinam, V idus junii, anno secundo. (POTTHAST, n° 22482.)

507   Sainte-Sabine, 5 juin 1286.

Decano, et priori Predicatorum, ac guardiano Minorum fratrum ordinum Astoricensibus mandat quatinus cum Marcho, monacho, qui defectum in natalibus patiebatur, quod, non obstante hujusmodi defectu, ad monasterii Sancti Petri de Montibus, ordinis sancti Benedicti, Astoricensis diocesis, regimen assumi valeat, dispensent, ipsumque prefato monasterio in abbatem preficiant. (n° 11, fol. 135; POTTHAST, n° 22478.)

« *Dilectis filiis .. decano, et .. priori Predicatorum, ac .. guardiano Minorum fratrum ordinum Astoricensibus.* Nuper ad audientiam —. Dat. Rome apud Sanctam Sabinam, nonis junii, anno secundo. »

508   Sainte-Sabine, 28 mai 1286.

Jacobo dicto Roussiel, clerico Cameracensi in minoribus ordinibus constituto, per magistrum Hugolinum, canonicum Lucanum, pape capellanum, examinato, tabellionatus officium concedit. (n° 12, fol. 135.)

« *Jacobo dicto Roussiel, clerico Cameracensi in minoribus ordinibus constituto.* Ne contractuum memoria —. Dat. Rome apud Sanctam Sabinam, V kal. junii, anno secundo. »

Sainte-Sabine, 1er juin 1286.

In eundem modum pro Lamberto Sornaci, civi Lucano. Dat. ibidem, kalendis junii, anno secundo.

Sainte-Sabine, 3 juin 1286.

In e. m. pro Jacobo, nato quondam Christofori de Corneto, laico Tuscanensis diocesis. Dat. III nonas junii, anno secundo.

Sainte-Sabine, 28 mai 1286.

In e. m. pro Hugone dicto Sine timore, clerico Caturcensi in minoribus ordinibus constituto. Dat. V kal. junii, anno secundo.

Sainte-Sabine, 31 mai 1286.

In e. m. pro Petro de Fagia, clerico Lemovicensis diocesis in minoribus ordinibus constituto. Dat. II kal. junii, anno secundo.

509   Sainte-Sabine, 24 mai 1286.

Episcopo Burgensi committit quatinus monasterio de Ovarennis, ordinis sancti Benedicti, Burgensis diocesis, quod per quindecim annos et amplius jam vacavit, de aliqua persona idonea, dummodo ad hoc conventus vel majoris et sanioris partis ipsius accedat assensus, studeat providere, illamque in dicti monasterii abbatem preficiat. (n° 13, fol. 135 v°.)

« *Venerabili fratri .. episcopo Burgensi.* Cura pastoralis officii —. Dat. Rome apud Sanctam Sabinam, VIIII kal. junii, anno secundo. »

510   Sainte-Sabine, 28 mai 1286.

T., abbati monasterii Sancti Augustini Cantuariensis, indulget ut cum monachis dicti monasterii in certis casibus super esu carnium dispensare possit. (n° 14, fol. 135 v°.)

« *Dilecto filio T., abbati monasterii Sancti Augustini Cantuariensis, ad Romanam ecclesiam nullo medio pertinentis, ordinis sancti Benedicti.* Religionis favor sub —. Ex parte siquidem tua fuit propositum coram nobis quod, licet tam secundum regulam beati Benedicti quam etiam ex constitutione felicis recordationis Innocentii pape III predecessoris nostri tibi liceat aliquos monachorum monasterii supradicti, scilicet nunc hos nunc illos, prout neccessitas postulaverit, advocare, ipsosque tecum in camera tua melius et plenius exhibere, plerumque tamen contingit quod non in camera in qua jaces sed in ampliori domo, que secundum patrie consuetudinem aula vocatur, necesse habes comedere cum magnatibus et aliis hospitibus et amicis, ac interdum quosdam de dictis monachis dimittere cum eisdem, sine quorum offensa, que dicto monasterio posset esse dampnosa, nequis comode aliud facere in premissis, nonnunquam vero accidit quosdam de ipsis monachis accedere ad alia loca de tua licentia seu mandato pro negotiis ipsius monasterii procurandis, et propter hoc extra ipsum monasterium per aliqua tempora commorari, qui pro laboribus quos in itinere ac negotiorum ipsorum promotione sustinent plus solito indigent recreari, eosque oportet in cibis se aliis conformare, pro eo quod non nisi communia coram eis cum aliis discumbentibus apponuntur; quare nobis humiliter supplicasti ut tibi tuisque successoribus, quod circa predictos monachos in hujusmodi casibus per dispensationis beneficium providere valeatis, concedere de benignitate apostolica dignaremur. Nos itaque tuis supplicationibus inclinati, tibi duntaxat super hoc gratificari volentes, ut cum monachis monasterii supradicti in premissis casibus super esu carnium, cum exposcet neccessitas et tibi expedire videbitur, dispensare possis auctoritate presentium indulgemus. Nulli ergo etc., nostre concessionis etc. Dat. Rome apud Sanctam Sabinam, V kal. junii, anno secundo. »

511   Sainte-Sabine, 1er juin 1286.

Archiepiscopo Ravennati mandat quatinus magistro Guillelmo Duranti, pape capellano, ecclesie Mimatensis electo, munus consecrationis largiatur. (n° 15, fol. 135 v°.)

« *Venerabili fratri .. archiepiscopo Ravennati.* Ex parte dilecti —. Dat. Rome apud Sanctam Sabinam, kalendis junii, anno secundo. »

512   Sainte-Sabine, 23 mai 1286.

Episcopo Antheradensi committit ut cum uno filio et una filia Hugonis regis Cypri, et cum uno filio unaque filia regis Harme-

nie, ut, non obstante quod sibi adinvicem quarto consanguinitatis gradu attinere noscantur, matrimonia libere possint
contrahere, dispenset, prolem suscipiendam ex eis legitimam
nuntiando. (n° 16, fol. 135 v°; POTTHAST, n° 22453.)

« *Venerabili fratri .. episcopo Antheradensi.* Ex parte
dilectorum —. Dat. Rome apud Sanctam Sabinam,
X kal. junii, anno secundo. »

513   Sainte-Sabine, 5 juin 1286.

Gifredo de Vezano, nuntio pontificali in Anglia, et Johanni de
Luco, Londoniensi canonico mandat quatinus episcopum Wigor-
niensem, abbatem Sancti Petri de Glovernia, et Thomam de
Stochis clericum moneant ut ecclesiam Sancti Georgii de Camme
Opizoni de Lavania restituant. (n° 17, fol. 136.)

« *Magistro Gifredo de Vezano Cameracensis, nuntio nostro in Anglia, et Johanni de Luco Londoniensis ecclesiarum
canonicis.* Sua nobis dilectus filius Opizo de Lavania,
rector ecclesie Sancti Georgii de Camme, Wigorniensis
diocesis, petitione monuit quod Thomas de Stochis,
clericus ejusdem diocesis, falso asserens quod idem
rector habitu clericali dimisso cingulum receperat mi-
litare, quodque propter hoc ecclesia ipsa vacabat, ac
eam per abbatem et conventum monasterii Sancti Petri
de Glovernia, dicte diocesis, patronos ejusdem ecclesie,
se presentari venerabili fratri nostro Wigorniensi episcopo temere procuravit; at idem episcopus, quanquam
sibi de hujusmodi vacatione dicte ecclesie legitime non
constaret, predicto rectore non monito nec citato, immo
absente, sed non per contumaciam, eundem clericum in
dicta ecclesia que nec de jure nec de facto vacabat, contra justitiam instituere presumpsit, dictusque clericus
tali pretextu dictam ecclesiam laicali fultus potentia occupavit, et occupatam detinet in ipsius rectoris prejudicium et gravamen. Quare idem Opizo nobis humiliter
supplicavit ut cum ipse sit in diaconatus ordine constitutus et clericaliter vivens ecclesiam non dimiserit supradictam, et ei nimis difficile ac dispendiosum existat cum
episcopo, abbate, et conventu ac clerico prefatis in illis
partibus litigare, sibi super hoc providere paterna sollicitudine curaremus. Quocirca discretioni vestre per
apostolica scripta mandamus quatinus vos vel alter
vestrum per vos vel per alium seu alios, episcopum,
abbatem et conventum ac clericum predictos ex parte
nostra monere curetis ut infra quindecim dies post monitionem vestram predictam ecclesiam eidem rectori
vel procuratori suo ejus nomine, cum juribus et pertinentiis suis, ac fructibus ex ea perceptis et que percipi
potuerunt a die occupationis ipsius, sine difficultate qua-

libet restituere et dimittere quiete procurent. Quod si
monitis vestris acquiescere forte contempserint, vos
extunc episcopum, abbatem et conventum predictos,
eundem vero clericum, sive quemlibet alium detentorem
dicte ecclesie de Camme per vos vel per alium seu alios
ex parte nostra peremptorie citare curetis, ut infra duos
menses post citationem vestram episcopus, abbas et
conventus predicti, per se vel per procuratores ydoneos,
clericus vero sive detentor alius dicte ecclesie personaliter compareant coram nobis, facturi et recepturi —;
non obstante indulgentia —; diem autem citationis —.
Dat. Rome apud Sanctam Sabinam, nonis junii, anno
secundo. »

514   Sainte-Sabine, 28 mai 1286.

Geraldo, episcopo Lectorensi, concedit facultatem ut de bonis
suis libere testari valeat, ac de bonis mobilibus ecclesiasticis
administrationi sue commissis, et que non fuerint altarium,
disponere possit. (n° 18, fol. 136.)

« *Venerabili fratri Geraldo, episcopo Lectorensi.* Quia
presentis vite —. Dat. Rome apud Sanctam Sabinam,
V kal. junii, anno secundo. »

                              Sainte-Sabine, 5 juin 1286.

In eundem modum R., Venafrano episcopo. Dat. Rome apud
Sanctam Sabinam, nonis junii, anno secundo.

                              Tivoli, 28 août 1286.

In e. m. P., episcopo Bajocensi. Dat. Tibure, V kal. septembris, anno secundo.

515   Sainte-Sabine, 21 mai 1286.

Petro, in subdiaconatus ordine constituto, quem Basiliensi
ecclesie prefecit in episcopum, recipiendi diaconatus et presbiteratus ordines statutis temporibus, et postmodum consecrationis munus, a quocumque maluerit episcopo gratiam Apostolice
Sedis habente, concedit facultatem. (n° 19, fol. 136 v°.)

« *Petro, electo Basiliensi.* Cum ecclesia Basiliensis —.
Dat. Rome apud Sanctam Sabinam, XII kal. junii,
anno secundo. »

516   Sainte-Sabine, 11 juin 1286.

Inhibet ne quis ex diocesanis et ordinariis, cum monasterium
Beate Marie Eboracensis vacare contigerit, proventus ecclesiarum ad dictum monasterium pertinentium, pretextu vacationis

hujusmodi, presumat suis usibus applicare. (n° 20, fol. 136 v°.)

« *Dilectis filiis .. abbati, et conventui monasterii Beate Marie Eboracensis, ordinis sancti Benedicti.* Presentata nobis vestra —. Dat. Rome apud Sanctam Sabinam, III idus junii, anno secundo. »

517
Sainte-Sabine, 11 juin 1286.

Abbati et conventui monasterii Beate Marie Eboracensis indulget ut, sicut hactenus, sic et in posterum decimas et pensiones quas in diversis parrochiis percipiunt, libere percipere valeant. (n° 21, fol. 136 v°.)

« *Eisdem.* Exhibita nobis vestra —. Dat. ut supra. »

518
Sainte-Sabine, 11 juin 1286.

Eisdem, in grangiis et maneriis dicti monasterii construendi oratoria sive capellas, dummodo ad id accedant diocesanorum assensus, licentiam largitur. (n° 22, fol. 136 v°.)

« *Eisdem.* Piis vestris desideriis —. Dat. ut supra. »

519
Sainte-Sabine, 26 mai 1286.

Archiepiscopo Arborensi mandat quatinus pecuniam, collectam in Sardinie et Corsice partibus ex decima Terre Sancte subsidio deputata, quam penes se vel alios quoscumque habere dinoscitur, Cino Colti, Aldebrando Bruneti, Jacobino Alfani et Foresio Johannis, mercatoribus Florentinis, integraliter assignare procuret. (n° 23, fol. 136 v°.)

« *Venerabili fratri .. archiepiscopo Arborensi.* Exposuerunt nobis dilecti filii Thomasius Spiliati, Lapus Hugonis Alfani, et Foresius Johannis ac alii eorum socii, cives et mercatores Florentini, quod, licet nos tibi, quem ad partes Sardinie et Corsice, commisso tibi per nostras sub certa forma litteras colligende inibi decime, Terre Sancte subventioni dudum in Lugdunensi concilio concesse, negotio, destinavimus, nostris dederimus litteris districtius in preceptis ut medietatem totius pecunie, que de predicta decima erat collecta et etiam colligeretur, Cino Colti de ipsorum Thomasii et Lapi, ac medietatem reliquam Aldebrando Bruneti, Jacobino et Foresio predictis de Alfanorum societatibus, vel eorum aliquibus, aut alii socio eorundem, seu procuratori predictas nostras litteras tibi deferenti, nostro et ejusdem Terre Sancte nomine, sublato cujuslibet difficultatis obstaculo, assignare ac deponere pro-

curares, nobis vel cui mandaremus in Romana curia predicte Terre nomine per mercatores ipsos predictam pecuniam integraliter exhibendam, tum tamen preceptis nostris, de quo non sine gravi turbatione miramur, penitus obauditis, quanquam modicam quantitatem pecunie de decima predicta collecta eisdem mercatoribus assignaveris, id efficere non curasti, partem dicte pecunie penes te retinens, et partem aliis conservandam assignare presumens, in dicte Terre Sancte non modicum prejudicium et gravamen. Quare dicti mercatores nobis humiliter supplicarunt ut providere super hoc paterna sollicitudine curaremus. Cum igitur deceat te mandata nostra devote suscipere ac ea humiliter adimplere, fraternitati tue per apostolica scripta firmiter precipiendo mandamus quatinus totalem pecuniam collectam ex prefata decima, quam penes te vel alios quoscumque habere dinosceris, et etiam colligendam, Cino, Aldebrando, Jacobino et Foresio predictis, vel eorum aliquibus aut alii socio ipsorum, juxta predictarum priorum tibi super hoc directarum continentiam litterarum, sine difficultate qualibet integraliter assignare procures; ita quod de inobedientie vitio notari non possis, dictique mercatores deinceps non habeant de te materiam conquerendi. Dat. Rome apud Sanctam Sabinam, VII kal. junii, anno secundo. »

520
Sainte-Sabine, 26 mai 1286.

Eidem archiepiscopo, de pecunia e decima negotio regni Sicilie deputata collecta, eisdem mercatoribus Florentinis assignanda. (n° 24, fol. 136 v°.)

« *Eidem.* Exposuerunt nobis dilecti filii Thomasius Spiliati et Lapus Hugonis Spine, Jacobinus Alfani et Foresius Johannis ac alii eorum socii, cives et mercatores Florentini quod, licet nos tibi, quem ad partes Sardinie et Corsice ad colligendum inibi decimam concessam per Apostolicam Sedem negotio regni Sicilie destinavimus, nostris dederimus litteris districtius in preceptis ut medietatem totius pecunie que de predicta decima colligeretur, Cino Colti de Thomasii Spiliati et Lapi Hugonis Spine, ac medietatem reliquam Aldebrando Brunecti, Jacobino Alfani, et Foresio de Alfanorum de Florentia societatibus, vel eorum aliquibus, aut alii socio eorundem seu procuratori predictas nostras litteras deferenti, nostro et ejusdem negotii nomine etc., ut in proxima superiori usque: in Romana curia predicti negotii nomine per mercatores ipsos etc., usque: assignare presumens in regni Sicilie non modicum prejudicium et gravamen, etc., usque in finem. »

521   Sainte-Sabine, 23 mai 1286.

Priori secularis ecclesie Sancti Petri Skeradii Florentini mandat quatinus fratribus ordinis de Penitentia Jhesu Christi Florentinis licentiam concedat permutandi cum Fulcone de Portinariis, cive Florentino, quandam peciam terre sue pro hospitali, quod foris muros civitatis edificat dictus Fulco, necessariam. (n° 25, fol. 137; POTTHAST, n° 22451.)

« .. *Priori secularis ecclesie Sancti Petri Skeradii Florentini.* Significavit nobis Fulco —. Dat. Rome apud Sanctam Sabinam, X kal. junii anno secundo. »

522   Sainte-Sabine, 9 juin 1286.

Thomam, olim priorem ecclesie de Monte Alpruno, ecclesie Pistoriensi preficit in episcopum. (n° 26, fol. 137.)

« *Venerabili fratri Thome, episcopo Pistoriensi.* Cura pastoralis officii —. Sane Pistoriensi ecclesia per obitum bone memorie Guidalostis, Pistoriensis episcopi, pastoris solatio destituta, dilecti filii .. prepositus et capitulum ipsius ecclesie, vocatis omnibus —, convenientes in unum et per viam scrutinii ad electionem futuri pastoris procedere intendentes, tres ex se ipsis, videlicet Barthominum prepositum, Henricum et Albizum ipsius ecclesie canonicos, votorum suorum scrutatores concorditer elegerunt —; et demum comperto quod decem de dicto capitulo, qui duodecim erant numero, in te, tunc priorem secularis ecclesie de Monte Alpruno, reliqui vero, videlicet Bonaventura et Fantolinus ejusdem ecclesie canonici, in .. priorem Sancti Fridiani Lucani direxerant vota sua, dictus prepositus ipsius ecclesie Pistoriensis —, dictorum Bonaventure et Fantolini ad id accedente consensu, elegit te in ipsius Pistoriensis ecclesie episcopum et pastorem, et denique dictus prior Sancti Fridiani, juri, si quod sibi competebat in premissis, renuntiavit expresse. Cumque postmodum dicti prepositus et capitulum electionem — nobis presentari fecissent —, nos electionem hujusmodi de te factam per venerabilem fratrem B., Portuensem episcopum, et dilectos filios nostros Hugonem, tituli Sancti Laurentii in Lucina presbiterum, et Matheum, Sancte Marie in Porticu diaconum cardinales, examinari fecimus diligenter, et tandem quia electionem —, ipsam de fratrum nostrorum consilio duximus confirmandam, preficientes te ipsi ecclesie in episcopum —, tibique postmodum fecimus per venerabilem fratrem L., Ostiensem et Velletrensem episcopum, munus consecrationis impendi, habita de te firma fiducia quod cum sis litteratus —. Dat. Rome apud Sanctam Sabinam, V idus junii, anno secundo. »

In eundem modum preposito et capitulo ecclesie Pistoriensis mandat quatinus eidem episcopo obedientiam et reverentiam debitam exhibeant. Dat. ut supra.

In e. m. clero civitatis et diocesis Pistoriensis.

In e. m. populo civitatis et diocesis Pistoriensis mandat quatinus ejusdem episcopi mandatis et monitis intendant. Dat. ut supra.

In e. m. universis vassallis ecclesie Pistoriensis mandat quatinus eidem episcopo fidelitatis solite prestantes juramentum servitia debita exhibeant. Dat. ut supra.

523   Sainte-Sabine, 5 juin 1286.

Cum Petro, nato magistri Roberti phisici, cive Urbevetano, cum pater suus solutus ipsum genuerit ex soluta, nec aliam prolem legitimam utpote qui nunquam duxit uxorem habeat, dispensat ut, defectu non obstante predicto, possit ad quoslibet actus legitimos et honores seculares admitti. (n° 27, fol. 137.)

«*Petro, nato dilecti filii magistri Roberti phisici, civi Urbevetano.* Ex parte tua —. Dat. Rome apud Sanctam Sabinam, nonis junii, anno secundo. »

524   Sainte-Sabine, 1er juin 1286.

Guirbertum, olim priorem prioratus de Callio, diocesis Parmensis, monasterio Sancti Salvatoris Papiensis preficit in abbatem. (n° 28, fol. 137. v°).

« *Guirberto, abbati monasterii Sancti Salvatoris Papiensis, ad Romanam ecclesiam nullo medio pertinentis, ordinis sancti Benedicti.* Debitum officii nostri —. Sane monasterio Sancti Salvatoris Papiensis, ad Romanam ecclesiam nullo medio pertinente, ordinis sancti Benedicti, per mortem quondam Lanfranchi, abbatis ejusdem monasterii, destituto pastore, ac .. priore et conventu ipsius monasterii in diversos dividentibus vota sua, due ibidem electiones ab eis, una videlicet de Uberto priore, alia vero de Filiberto monacho ejusdem monasterii fuerunt in discordia celebrate; iidem autem Ubertus et Filibertus propter hoc ad Sedem Apostolicam accedentes — omne jus, si quod —, sponte ac libere in nostris manibus resignarunt. Nos igitur — direximus in te, tunc priorem prioratus de Callio, predicti ordinis, Parmensis diocesis, oculos mentis nostre, teque de fratrum nostrorum consilio eidem monasterio Sancti Salvatoris preficimus in abbatem —. Dat. Rome apud Sanctam Sabinam, kalendis junii, anno secundo. »

In eundem modum priori et conventui monasterii Sancti

Salvatoris Papiensis mandat quatinus eidem abbati obedientiam et reverentiam debitam exhibeant. Dat. ut supra.

In e. m. universis vassallis monasterii Sancti Salvatoris Papiensis mandat quatinus eidem abbati fidelitatis solite prestantes juramentum servitia debita exhibeant. Dat. ut supra.

525   Sainte-Sabine, 9 juin 1286.

Eidem indulget [ut prioratum de Callio, ad monasterium Sancti Johannis Parmensis immediate spectantem, unacum abbatia monasterii Sancti Salvatoris per biennium licite retinere possit. (n° 29, fol. 138.)

« *Eidem Gilberto abbati.* Cum te nuper —. Dat. Rome apud Sanctam Sabinam, V idus junii, anno secundo. »

526   Sainte-Sabine, 1er juin 1286.

Magistro ac preposito, prioribus, prelatis, fratribus et sororibus universis domorum ordinis Humiliatorum indulget ut si diocesani, in quorum diocesibus domos obtinent, presentatas ipsis vel ipsorum vicariis a dictarum domorum conventibus electiones prepositorum infra quindecim dies a die presentationis computandas distulerint confirmare, dicti electi curam tamen et administrationem domorum in spiritualibus et temporalibus libere habere valeant. (n° 30, fol. 138; POTTHAST, n° 22475.)

« *Dilectis filiis.. magistro, ac preposito, prioribus, prelatis, fratribus et sororibus universis domorum et locorum ordinis Humiliatorum.* Presignis ordinis vestri —. Dat. Rome apud Sanctam Sabinam, kalendis junii, anno secundo. »

527   Sainte-Sabine, 1er juin 1286.

Eisdem, ut ad prestationem aliquarum collectarum imponendarum domibus eorundem communiter vel divisim a diocesanis vel ordinariis, dummodo in hujusmodi collectis alii religiosi generaliter non contribuant et eedem collecte pro expensis legatorum Apostolice Sedis non exigantur, minime teneantur indulget. (n° 31, fol. 138; POTTHAST, n° 22476.)

« *Eisdem.* Religionis vestre meretur —. Dat. ut supra. »

528   Sainte-Sabine, 25 mai 1286.

Johannem, olim Lamecensis ecclesie decano, eidem ecclesie preficit in episcopum. (n° 32, fol. 138.)

« *Johanni, Lamecensi electo.* Cura pastoralis officii —. Dudum siquidem Lamecensi ecclesia per obitum bone memorie Gundisalvi, Lamecensis episcopi, pastoris solatio destituta, canonici ejusdem ecclesie in diversa dividentes vota sua, duas electiones, unam videlicet de dilecto filio Egidio, decano ecclesie Ulixbonensis, capellano nostro, et aliam de Petro Egee, predicte Lamecensis ecclesie canonico, in discordia celebrarunt. Hujusmodi ergo electionum negotio ad Sedem Apostolicam devoluto, felicis recordationis Nicolaus papa predecessor noster dilecto filio nostro Comiti, tituli Sanctorum Petri et Marcellini presbitero cardinali, tunc capellano suo, ejusque palatii auditori causarum primo, ac deinde, dicto predecessore nature solvente debitum, pie memorie Martinus papa IIII predecessor noster hujusmodi electionum negotium prefato Comiti, jam ad officium cardinalatus assumpto, audiendum commiserunt ac etiam terminandum, coram quo, cum esset aliquandiu in negotio ipso processum, dicti Egidius et Petrus electi juri, si quod eis in hujusmodi electionibus de ipsis taliter celebratis in discordia competebat, in manibus bone memorie O., Tusculani episcopi, dictique Comitis cardinalium — renuntiaverunt libere ac cesserunt; ac deinde idem Martinus predecessor, eandem resignationem acceptans, provisionem ea vice dicte Lamecensis ecclesie faciendam Apostolice Sedi specialiter reservavit. Nos itaque -- de te, tunc ipsius ecclesie decano, de fratrum nostrorum consilio, eidem ecclesie Lamecensi duximus providendum, teque ipsi ecclesie in episcopum prefecimus —. Dat. Rome apud Sanctam Sabinam, VIII kal. junii, anno secundo. »

In eundem modum capitulo ecclesie Lamecensis mandat quatinus eidem electo obedientiam et reverentiam debitam exhibeat. Dat. ut supra.

In e. m. clero civitatis et diocesis Lamecensis.

In e. m. populo civitatis et diocesis Lamecensis mandat quatinus ejusdem electi mandatis et monitis intendat. Dat. ut supra.

In e. m. vassallis ecclesie Lamecensis mandat quatinus eidem electo fidelitatis solite prestantes juramentum servitia debita exhibeant. Dat. ut supra.

529   Sainte-Sabine, 22 juin 1286.

Monasterio Fuldensi, acceptata cessione de dicti monasterii regimine per procuratores Berthoi abbatis in pape manibus facta, Marquardum tunc ejusdem monasterii decanum preficit in abbatem. (n° 33, fol. 138 v°.)

« *Dilecto. filio Marquardo, abbati monasterii Fuldensis, ad Romanam ecclesiam nullo medio pertinentis, ordinis sancti Benedicti, Herbipolensis diocesis.* Dilectus filius Berthous —. Dat. Rome apud Sanctam Sabinam, X kal. julii, anno secundo. »

In eundem modum conventui monasterii Fuldensis mandat quatinus eidem abbati obedientiam et reverentiam debitam exhibeat. Dat. ut supra.

In e. m. universis ministerialibus et vassallis monasterii Fuldensis mandat quatinus eidem abbati fidelitatis solite juramentum prestantes servitia debita exhibeant. Dat. ut supra.

530   Sainte-Sabine, 22 juin 1286.

Episcopo Bambergensi mandat quatinus Marchuardo, monasterii Fuldensis abbati, munus benedictionis impendat. (n° 34, fol. 139.) .

« *Venerabili fratri .. episcopo Bambergensi.* Nuper monasterio Fuldensi —. Dat. ut supra. »

531   Sainte-Sabine, 9 juin 1286.

Thomasino, plebano plebis de Lopia, Lucane diocesis, committit ut, vacante monasterio de Fraxinorio per Raynerii abbatis obitum, fructus et proventus predicti monasterii recolligat et ad opus futuri abbatis conservet. (n° 35, fol. 139.)

« *Thomasino, plebano plebis de Lopia, Lucane diocesis.* Sicut asseritur, vacante olim monasterio de Fraxinorio, ad Romanam ecclesiam nullo medio pertinente, Mutinensis diocesis, per obitum quondam Raynerii ipsius monasterii abbatis, due electiones, una videlicet de fratre Thoma monacho monasterii de Nonantula, ejusdem diocesis, reliqua vero de quondam Guillelmo monacho ejusdem monasterii de Fraxinorio, fuerunt ibidem in discordia celebrate, ac tandem hujusmodi electionum negotio etiam per appellationes ad Sedem Apostolicam devoluto, felicis recordationis Gregorius papa X, predecessor noster, nos tunc in minori officio constitutum deputavit in ipso negotio partibus auditorem, et licet super hoc diutius litigatum extiterit, tamen dicto Guillelmo viam universe carnis ingresso, et eodem Thoma de Romana curia recedente, non petita licentia vel obtenta, nondum fuit hujusmodi negotium terminatum, propter quod dictum monasterium de Fraxinorio quod hactenus in spiritualibus et temporalibus florere multipliciter consuevit, in utrisque adeo dicitur esse collapsum quod, nisi celeris provisionis remedio succurratur eidem, vix aliquis adiciet ut resurgat. Nos autem HONORIUS.

— presentium tibi tenore committimus ut fructus et proventus predicti monasterii fideliter recolligas et ad opus futuri abbatis cum diligentia conservare procures, personis ejusdem monasterii de fructibus et proventibus ipsis competenter interim neccessaria ministrando, et ea que receperis et ministraveris conscribendo donec fuerit prefato monasterio de Fraxinorio de pastore provisum, vel alias circa statum ipsius per Sedem eandem aliter ordinatum; contradictores, etc. Et quia ex debito commissi nobis officii circa curas ecclesiarum omnium et potissime vacantium sollicite vigilamus, intendentes dictum monasterium de Fraxinorio a tot dispendiis liberare, discretioni tue per apostolica scripta mandamus quatinus dictum fratrem Thomam et personas dicti monasterii de Fraxinorio, que, secundum formam constitutionis *Cupientes*, venire ad Romanam curiam pro ipsius negotii prosecutione tenentur, ac alios qui sua crediderint interesse, ex parte nostra peremptorie citare procures, ac specialiter dicto Thome sub privationis juris, si quod sibi ex electione ipsa competeret, pena, districte precipias, ut infra mensem unum post citationem hujusmodi dicti Thomas et persone personaliter, alii vero per se vel per procuratores ydoneos, compareant coram nobis, dictum prosecuturi—; alioquin extunc ad provisionem prefati monasterii, sicut expedire viderimus, procedemus, eorum absentia non obstante; diem autem citationis —. Dat. Rome apud Sanctam Sabinam, V idus junii, anno secundo. »

532   Sainte-Sabine, 31 mai 1286.

Priori Predicatorum, ac guardiano Minorum fratrum ordinum mandat quatinus utrum Gaufridus prepositus Bariolensis, Forojuliensis diocesis, decimam in Terre Sancte subsidium concessam persolverit, et alia in fratrum Penitentie Jhesu Christi prejudicium patraverit, annon, inquirat, et de premissis quicquid invenerit Sedi Apostolice rescribat. (n° 36, fol. 139; POTTHAST, n° 22473.)

« *.. Priori Predicatorum, et .. guardiano Minorum fratrum ordinum.* Venerabilis frater noster —. Dat. Rome apud Sanctam Sabinam, II kal. junii, anno secundo. »

533   Sainte-Sabine, 13 juin 1286.

Archiepiscopo Lugdunensi, et Eduensi ac Vapincensi episcopis mandat quatinus, cum Ludovicus de Sabaudia et alii ejus complices Guillelmum, Viennensem archiepiscopum, tamdiu detinuissent captivum donec, mediante Guillelmo Gratianopolitano episcopo, quasdam eidem Ludovico promissiones et obligationes

24

fecisset illicitas, non permittant predictum archiepiscopum ejusque fidejussores super obligationibus molestari, et preterea sacrilegos publice nuntient excommunicatos, dictumque autem Gratianopolitanum episcopum peremptorie citare curent ut infra trium mensium spatium post hujusmodi citationem coram Sede Apostolica compareat. (n° 37, fol. 139 v°; La Porte du Theil, fol. 13 ; Potthast, n° 22485.)

« *Venerabilibus fratribus .. archiepiscopo Lugdunensi, .. Eduensi, et .. Vapincensi episcopis.* Nuper ad nostram —. Dat. Rome apud Sanctam Sabinam, idibus junii, anno secundo. »

534   Sainte-Sabine, 13 juin 1286.

Johanni de Vescie, regis Anglie militi, habendi secum altare portatile in quo sibi et familie sue possit per capellanum proprium divina officia facere celebrari, concedit facultatem. (n° 38, fol. 139 v°.)

« *Nobili viro Johanni de Vescie, militi carissimi in Christo filii nostri .. regis Anglie illustris.* Apostolice Sedis benignitas—. Dat. Rome ut supra. »

In eundem modum pro nobili viro Octone de Grandisono, Lausanensis diocesis.

535   Sainte-Sabine, 13 juin 1286.

Nobili viro Octoni de Grandisono concedit ut aliquem discretum presbiterum possit in confessorem suum eligere. (n° 39, fol. 139 v°.)

« *Nobili viro Octoni de Grandisono, Lausanensis diocesis.* Personam tuam sincera —. Dat. ut supra. »

536   Sainte-Sabine, 25 mai 1286.

Ecclesie Compostellane, per obitum Gundisalvi archiepiscopi, Viterbii, ubi tunc, vacante Sede Apostolica, Romana curia residebat, mortui, pastoris destitute regimine, et cujus provisio Apostolice Sedi a Martino papa IV erat reservata, Rodericum Gundisalvi, tunc priorem provincialem fratrum ordinis Predicatorum Hispanie preficit in archiepiscopum. (n° 40, fol. 139 v°.)

« *Roderico Gundisalvi, electo Compostellano.* Gravis et onusta —. Dat. Rome apud Sanctam Sabinam, VIII kal. junii, anno secundo. »

In eundem modum capitulo ecclesie Compostellane mandat quatinus eidem electo obedientiam et reverentiam debitam exhibeat. Dat. ut supra.

In e. m. clero civitatis et diocesis Compostellane.

In e. m. populo civitatis et diocesis Compostellane mandat quatinus ejusdem electi monitis et mandatis intendat. Dat. ut supra.

In e. m. universis ecclesie Compostellane vassallis mandat quatinus eidem electo fidelitatis solite prestantes juramentum servitia debita exhibeant. Dat. ut supra.

537   Sainte-Sabine, 13 juin 1286.

Episcopo Norwicensi mandat quatinus cum Johanne de Renham, presbitero, monacho ecclesie Roffensis, ordinis sancti Benedicti, qui de presbitero genitus et soluta defectum natalium patitur, quod, predicto non obstante defectu, possit in susceptis ordinibus ministrare, et ad ipsius ordinis sancti Benedicti administrationes assumi, et super irregularitate, si quam contraxerit detinendo per vinginti quatuor annos ecclesie Roffensis prioratum, dispenset. (n° 41, fol. 140.)

« *Venerabili fratri .. episcopo Norwicensi.* Ex parte dilecti —. Dat. Rome apud Sanctam Sabinam, idibus junii, anno secundo. »

538   Sainte-Sabine, 23 mai 1286.

Generali, et aliis prioribus ac fratribus ordinis heremitarum sancti Augustini indulget ut tempore generalis interdicti in vigilia et festo sancti Augustini confessoris in ecclesiis et oratoriis suis divina officia solemniter celebrare possint. (n° 42, fol. 140; Potthast, n° 22452.)

« *Dilectis filiis .. generali, et aliis prioribus ac fratribus ordinis heremitarum sancti Augustini.* Pro reverentia beati —. Dat. Rome apud Sanctam Sabinam, X kal. junii, anno secundo. »

539   Sainte-Sabine, 17 juin 1286.

Episcopo Castellano administrationem ecclesie Clugiensis vacantis committit. (n° 43, fol. 140 v°.)

« *Venerabili fratri .. episcopo Castellano.* Vacante dudum ecclesia Clugiensi per obitum bone memorie Mathei, Clugiensis episcopi, et canonicis ipsius ecclesie, sicut accepimus, in diversa dividentibus vota sua, aliqui eorum venerabilem fratrem nostrum T., episcopum Sardinensem postularunt, alii vero dilectum filium Alironem, plebanum plebis Sancti Johannis Grisostomi de Venetiis elegerunt in episcopum Clugiensem. Cumque fuisset a postulatione hujusmodi ad Sedem Apostolicam appellatum, causa hujusmodi et negotii principalis commissa fuit dilecto filio nostro Comiti, tituli Sanctorum Marcellini et Petri presbitero cardinali, coram quo diutius litigato tandem idem episcopus Sardinensis destitisse dicitur a prosecutione hujusmodi postulationis et renuntiasse omni juri, si quod sibi esset ex ipsa postulatione quesitum, qua renuntiatione sic facta dicti canonici, qui Sardinensem episcopum postularant eundem, inrequisitis eisdem electoribus dicti Alironis et causa ipsa pendente, quondam Ubertum abbatem monasterii de Brondolo eligere ac postulare in Clugiensem episcopum, sicut asseritur, presumpserunt, et postulatione facta de dicto Uberto, magister Johannes dictus Vandalinus, canonicus ecclesie Clugiensis, existens in Romana curia pro prosecutione electionis facte, ut predicitur, de Alirone predicto, quamcito id ad ejus pervenit notitiam, ad Sedem appellavit eandem; qua quidem appellatione denuntiata venerabili fratri nostro .. patriarche Gradensi loci metropolitano, ac Uberto et suis electoribus supradictis, hujusmodi appellationis negotium fuit eidem cardinali, sicut et causa ipsa, commissum, etidem cardinalis negotium ipsum discutiens pronuntiavit ad eandem Sedem fuisse dictum negotium devolutum, a qua pronuntiatione duobus ex predictis qui Ubertum postularant eundem ad Sedem appellantibus supradictam, cognitioni ejusdem appellationis ab ipsa pronuntiatione interposite, dilectus filius noster G. tituli Sancte Susanne presbiter cardinalis, juxta morem quem in hoc Romana servat ecclesia, fuit adjunctus, qui negotium ipsum diutius examinans, demum deliberatione habita diligenti, pronuntiavit per. dictum C. cardinalem bene pronuntiatum et per dictos duos male appellatum in hac parte fuisse. Sed dictus Ubertus, spiritu presumptionis assumpto, per eundem patriarcham postulationem hujusmodi taliter de se factam procuravit admitti. Et licet ab admissione hujusmodi, et ne procederet ad confirmationem ipsius, dictus Johannes ad Sedem appellasset eandem, et patriarche ac Uberto et suis electoribus predictis hujusmodi appellationem denuntiari fecisset, nichilominus tamen dictus Ubertus se consecrari per patriarcham predictum et intrudi in dicta Clugiensi ecclesia procuravit, et sic nichilominus negotio coram predicto C. cardinali pendente, ac dicto Uberto viam universe carnis ingresso, dictus magister Johannes, expressis causis et rationibus quampluribus, quod, ut predicitur, causa pendebat super electione facta de Alirone predicto, quodque predicti qui Ubertum postularant eundem, pro eo quod indignum et inhabilem scienter elegerant, ne ad electionem aliam procederent ad Sedem appellavit eandem, et appellationem ipsam patriarche ac illis qui dictum

Ubertum postulaverant denuntiari fecit eisdem. Quibus omnibus sic se habentibus supradictis, ut dicitur, illi qui Ubertum postulaverant, ut predicitur, multiplicare inconveniens non verentes, Leonardum dictum Faletrum de Venetiis in Clugiensem episcopum elegerunt, a qua electione, et ne procederetur ad confirmationem ipsius, dictus magister Johannes ad Sedem appellavit eandem, patriarche, Leonardo ac electoribus suis predictis appellatione hujusmodi nuntiata, super quo nos postmodum requisiti eidem C. cardinali commisimus quod de appellatione ipsa cognosceret et de predicto negotio principali ; et dicto Johanne ac procuratore dicti Leonardi comparentibus coram C. cardinali prefato, et productis instrumentis appellationis interposite ab electione ipsius Leonardi, et notificationum seu denuntiationum appellationis ejusdem, recogniti fuisse dicuntur, per ipsum procuratorem dicti Leonardi, notarii, qui ipsa instrumenta appellationum, denuntiationum seu notificationum predictarum fecerant, sicque pronuntiatum esse dicitur per dictum C. cardinalem causam ipsam fore ad Sedem Apostolicam devolutam. Post hec autem, sicut asseritur, prefatus magister Johannes asserens predictum Leonardum formam constitutionis super hoc edite veniendo ad Romanam curiam non servasse, ac propter hoc dictum Leonardum omni jure, si quod sibi ex electione competebat, esse privatum, petebat dictum procuratorem ipsius Leonardi non esse super hoc ulterius audiendum, dictus vero procurator ejusdem Leonardi dicens se per errorem recognovisse predicta, proposuit quod revocabat quandam confessionem quam fecerat confitendo Johannem dictum Tempestam, qui confecerat instrumenta denuntiationum seu notificationum appellationis predicte, fuisse notarium publicum. Et quia dictus C. cardinalis revocationem confessionis hujusmodi non admisit, dictus procurator ipsius Leonardi ad nostram audientiam appellavit, super qua quidem appellatione partibus comparentibus in consistorio coram nobis, et super illa presentibus fratribus nostris discussione habita diligenti, mandavimus C. cardinali prefato quod, non obstante appellatione ipsa ad nos ultimo interjecta, in negotio procederet principali, sicque oblato libello per memoratum Johannem dictum Vandalinum contra Leonardum eundem, ad exhibitionem positionum et articulorum est hinc inde processum, sed prefatus Leonardus, appellationum predictarum pendente negotio, procuravit per eundem patriarcham temeritate dampnabili electionem hujusmodi confirmari, et pretextu confirmationis ipsius, sicut episcopus in spiritualibus et temporalibus administrat. Preter hoc etiam audivimus quod iidem Leonardus et electores sui omnes canonicos Clugienses, qui dictum Alironem elegerant, suis beneficiis indebite spoliarunt. Nos igitur — dicto Leonardo administrationem ipsam interdicimus sic presumptam. De tue quoque circumspectionis — administrationem ecclesie prefate in spiritualibus et temporalibus presentium tibi auctoritate committimus, per te administrationem —; ita quod, inter alia incumbentia tibi ratione administrationis hujusmodi, fructus, redditus et proventus ad episcopalem sedem Clugiensem spectantes recipiens ad manus tuas, illos, deductis honestis et moderatis expensis, futuro Clugiensi episcopo studeas conservare, omnia que receperis —; ac nichilominus prefatos patriarcham, Leonardum et ejus electores, ac predictos electores dicti Alironis, ac alios qui sua crediderint interesse ex parte nostra peremptorie citare procures, ut infra mensem post citationem hujusmodi patriarcha, et Leonardus prefati personaliter, parituri mandatis nostris et pro meritis recepturi, alii vero per se vel per alios juxta formam constitutionis ejusdem compareant coram nobis, facturi et recepturi —. Dat. Rome, apud Sanctam Sabinam, XV kal. julii, anno secundo. »

540
Tivoli, 4 juillet 1286.

Magistro, prepositis, prioribus, prelatis, fratribus, et sororibus universis ordinis Humiliatorum concedit ut magister, qui ordini universo intendit, cum per diffinitores, ad hoc in capitulo generali electos, unanimiter et concorditer electus fuerit, ante confirmationem libere administret predictum ordinem. (n° 44, fol. 141; Potthast, n° 22489.)

« Dilectis filiis .. magistro, prepositis, prioribus, prelatis, fratribus et sororibus universis domorum et locorum ordinis Humiliatorum. Presignis ordinis vestri —. Dat. Tibure, IIII nonas julii, anno secundo. »

541
Tivoli, 8 juillet 1286.

Christoforo, collectori decime regni Sicilie negotio concesse, mandat quatinus de proventibus, de quibus in partibus Lombardie tenetur solvere decimam ordo Humiliatorum, extimatione habita competenti, certam fratribus et sororibus domorum dicti ordinis pro totali solutione ipsius decime quantitatem imponat pro tempore ad hoc deputato, annis singulis et certis terminis persolvendam. (n° 45, fol. 141.)

« Dilecto filio Christoforo, priori secularis ecclesie de Saltiano, Senensis diocesis, capellano nostro, collectori decime regni Sicilie negotio concesse in partibus Lombardie et

certis aliis partibus deputate. Dilecti filii .. magister —. Dat. Tibure, VIII idus julii, anno secundo.

In eundem modum Symoni Domassi, canonico Lichefeldensi, collectori predicte decime in Tuscia et Maremma deputate, de proventibus ipsius ordinis Humiliatorum in partibus Tuscie existentibus.

Tivoli, 24 juillet 1286.

In e. m. episcopo Ferentinati, collectori ejusdem decime in Campania et Maritima, pro abbate et conventu monasterii Sancte Marie de Groctaferrata, ordinis sancti Basilii, Tusculane diocesis, de proventibus de quibus tenentursolvere decimam in partibus Romanis. Dat. Tibure, XII kal. augusti, anno secundo.

Tivoli, 28 août 1286.

In e. m. Raynutio, priori secularis ecclesie Sancti Michaelis de Castellione Vallispese, Florentine diocesis, collectori predicte decime in ducatu Spoletano, patrimonio Beati Petri in Tuscia, necnon Tudertina, Perusina et Castelli civitatibus et diocesibus, pro abbate et conventu monasterii Sancti Benedicti de Montesubasio, ordinis sancti Benedicti, Asisinatis diocesis, de proventibus de quibus tenentur solvere decimam in partibus ducatus Spoletani. Dat. Tibure, V kal. septembris, anno secundo.

Sainte-Sabine, 9 février 1287.

In e. m. Christoforo, priori, pro abbate et conventu monasterii Sancti Petri de Cerreto, Cisterciensis ordinis, Laudensis diocesis, de proventibus de quibus tenentur solvere decimam in partibus Lombardie. Dat. Rome apud Sanctam Sabinam, V idus februarii, anno secundo.

Sainte-Sabine, 1er décembre 1286.

In e. m. episcopo Ferentinati, pro abbate et conventu monasterii Farfensis, ad Romanam ecclesiam nullo medio pertinentis, ordinis sancti Benedicti, de proventibus de quibus in diocesi Sabinensi tenentur solvere decimam. Dat. Rome apud Sanctam Sabinam, kalendis decembris, anno secundo.

542
Tivoli, 30 juin 1286.

Henrico indulget ut, preter preposituram quam in Xanctensi, Coloniensis diocesis, et thesaurariam quam in Sancte Marie Trajectensis, necnon et canonicatus ac prebendas quos in predictis et in Coloniensi ecclesiis obtinet, super quorum retentione cum eo est per Sedem Apostolicam dispensatum, aliud beneficium sine animarum cura libere recipere ac unacum predictis beneficiis retinere valeat. (n° 46, fol. 141 v°.)

« Henrico, preposito ecclesie Xanctensis, Coloniensis diocesis, capellano nostro. Quia claritate meritorum —. Dat. Tibure, II kal. julii, anno secundo. »

543   Sainte-Sabine, 28 mai 1286.

Episcopo Castellano mandat quatinus Matheum dictum Veneri de Venetiis, Cretensem canonicum, in Cretensem episcopum electum, peremptorie citare procuret ut coram Sede Apostolica personaliter compareat. (n° 47, fol. 141 v°.)

« *Venerabili fratri .. episcopo Castellano.* Officii nostri debitum —. Sane dilecti filii capitulum Cretensis ecclesie nobis intimare curarunt quod, pridem ecclesia ipsa per obitum bone memorie Leonardi, archiepiscopi Cretensis, pastoris solatio destituta, ipsi — insimul convenerunt, et tandem votis eorum in diversa divisis, tres ex ipso capitulo, cum non essent nisi quinque canonici qui ad electionem convenerant celebrandam, venerabilem fratrem nostrum .. Kyronensem episcopum concorditer in Cretensem archiepiscopum postularunt, duobus reliquis in dilectum filium Matheum dictum Veneri de Venetiis, Cretensem canonicum, dirigentibus vota sua. Cum itaque hujusmodi postulationis et electionis negotium sit ad Sedem Apostolicam devolutum, nosque ad expeditionem ipsius sollicite intendamus — fraternitati tue per apostolica scripta mandamus quatinus prefatum Matheum, qui, sicut asseritur, Venetiis moram trahit, ex parte nostra peremptorie citare procures ut infra sex septimanas post citationem tuam, si crediderit interesse, cum omnibus juribus et munimentis suis compareat personaliter coram nobis, facturus et recepturus quod justitia suadebit; diem vero citationis —. Dat. Rome apud Sanctam Sabinam, V kal. junii, anno secundo. »

544   Sainte-Sabine, 20 juin 1286.

Tripolitane ecclesie, per translationem Cinthii, dudum Tripolitani electi, ad ecclesiam Capuanam, pastore vacanti, Bernardum tunc monasterii Montis Majoris, diocesis Arelatensis, abbatem, in episcopum preficit. (n° 48, fol, 141 v°.)

« *Bernardo, electo Tripolitano.* Pastoralis officii nobis —. Dat Rome apud Sanctam Sabinam, XII kal. julii, anno secundo. »

In eundem modum capitulo ecclesie Tripolitane mandat quatinus eidem electo obedientiam et reverentiam debitam exhibeat. Dat. ut supra.

In e. m. clero civitatis et diocesis Tripolitane.

In e. m. populo civitatis et diocesis Tripolitane mandat quatinus ejusdem electi monitis et mandatis intendat. Dat. ut supra.

In e. m. universis ecclesie Tripolitane vassallis mandat quatinus eidem electo fidelitatis solite prestantes juramentum servitia debita exhibeant. Dat. ut supra.

In e. m. principem Anthiocenum, comitem Tripolitanum, rogat et hortatur quatinus predictum electum et ecclesiam ipsi commissam habeat commendatos. Dat ut supra.

545   Tivoli, 30 juin 1286.

Capitulo Ameliensi mandat quatinus, cum frater Bartholomeus ordinis fratrum Predicatorum, quondam Ameliensis episcopus, nuper episcopatui Ameliensi coram papa sponte cesserit, infra decem dies post receptionem presentium immediate sequentes duos ex ipsis canonicis fidedignos, et habentes potestatem a dicto capitulo nominandi aliquas personas idoneas in Ameliensem episcopum coram papa, et recipiendi aliquam de personis ipsis vel aliam de qua eidem ecclesie duxerit ipse papa providendum, ad Sedem Apostolicam destinet. (n° 49, fol. 142; POTTHAST, n° 22488.)

« *Dilectis filiis capitulo Ameliensi.* Cum dilectus filius —. Dat. Tibure, II kal. julii, anno secundo. »

546   Tivoli, 30 juin 1286.

Conventui monasterii Sancte Marie in Ponte mandat quatinus, cum frater Symon dicti monasterii electus in abbatem jus suum in pape manibus resignaverit, infra duodecim dies post receptionem presentium immediate sequentes, quatuor vel tres e conventu monachos fidedignos et habentes potestatem a dicto conventu nominandi aliquas personas idoneas in dictam abbatiam coram papa, et recipiendi aliquam de personis ipsis vel filiam de qua eidem monasterio duxerit ipse papa providendum, ad Sedem Apostolicam destinet. (n° 50, fol. 142.)

« *Dilectis filiis conventui monasterii Sancte Marie in Ponte, ad Romanam ecclesiam nullo medio pertinentis, ordinis sancti Benedicti, Perusine diocesis.* Nuper ad presentiam —usque in finem. »

547   Tivoli, 1er juillet 1286.

Abbati monasterii Sancti Ambrosii, et archipresbitero ecclesie Mediolanensis mandat quatinus Franciscum, archidiaconum Novariensem, in Novariensem episcopum electum, peremptorie citare curent ut coram Apostolica Sede personaliter compareat. (n° 51, fol. 142.)

« *Dilectis filiis .. abbati monasterii Sancti Ambrosii, et .. archipresbitero ecclesie Mediolanensis.* Ad audientiam nostram pervenit quod, olim Novariensi ecclesia pastoris solatio destituta, et duabus electionibus, una videlicet de Francisco, archidiacono Novariensi, et reliqua de quondam Payno dicto Capra, preposito ecclesie Sancti Gaudentii Novariensis, in discordia celebratis, et demum causa, que inter archidiaconum et Paynum predictos super hujusmodi electionibus orta extitit, per appellationem ad Sedem Apostolicam legitime devoluta, felicis recordationis Gregorius papa X predecessor noster pie memorie Martino pape predecessori nostro tunc tituli Sancte Cecilie presbitero cardinali commisit causam hujusmodi audiendam, sed dicto Payno viam universe carnis ingresso, et eodem archidiacono jus suum in hac parte, prout debuit, prosequi non curante, predicta ecclesia Novariensis coacta est jamdudum viduitatis incomoda deplorare, propter quod ecclesia ipsa tam circa spiritualia quam temporalia substinet non modicum detrimentum. Nos itaque — discretioni vestre per apostolica scripta mandamus quatinus vos vel alter vestrum per vos vel per alium seu alios predictum archidiaconum ex parte nostra peremptorie citare curetis ut infra sex septimanas post citationem vestram immediate sequentes coram nobis, si crediderit sua interesse, personaliter comparere procuret, diem vero citationis et —. Dat. Tibure, kalendis julii, anno secundo. »

548   Tivoli, 27 juin 1286.

Potestati, consilio et communi Senensibus mandat quatinus Percivallo de Lavania, subdiacono, et pape capellano, in partibus Tuscie generali vicario per Rudolphum regem Romanorum constituto, pareant; et magistro Petro de Piperno, canonico Suessionensi, committit ut vivo sermone presentibus litteris monitiones adjiciat. (n° 52, fol. 142.)

« *Nobilibus viris .. potestati, consilio et communi Senensibus.* Nostis ut credimus —. Dat. Tibure, V kal. julii, anno secundo. »

549   Tivoli, 1er juillet 1286.

Episcopo Castellano mandat quatinus Percivallo de Comitibus, quem Aquilegensis patriarcha Paduane ecclesie prefecerat in episcopum, ipsius ecclesie administrationem penitus interdicat. (n° 53, fol. 142.)

« *Venerabili fratri .. episcopo Castellano.* Nuper ad audientiam nostram pervenit quod, pridem Paduana ecclesia pastoris solatio destituta, dilecti filii capitulum ipsius ecclesie certa die insimul convenerunt —, nonnulli ex eodem capitulo Johannem de Abbate ipsius ecclesie canonicum in Paduanum episcopum elegerunt,

quibusdam Percivallum de Comitibus canonicum Paduanum in episcopum postulantibus ecclesie memorate. Et demum electione ac postulatione hujusmodi venerabili fratri nostro R. patriarche Aquilegensi loci metropolitano, sicut dicitur, presentatis, nonnulli de capitulo ipso in eundem patriarcham super hujusmodi negotio sub certa forma compromittere curaverunt, dilectis filiis .. archipresbitero, et Petro de Columpna de Urbe, ac Andrea Gossone, ecclesie predicte canonicis, ad hoc minime requisitis. Dictus autem patriarcha hujusmodi compromisso recepto electionem cassavit eandem, postulatione hujusmodi non admissa, et tandem hujusmodi compromissi et ordinaria auctoritate de prefato Percivallo, tunc defectum in ordinibus patiente, prelibate ecclesie dicitur providisse, a cujus provisione fuit ad Sedem Apostolicam appellatum. At idem patriarcha, hujusmodi appellatione contempta, cum eodem Percivallo super hujusmodi defectu propria auctoritate dispensans, ipsum in Paduanum episcopum consecravit, sicque dictus Percivallus tali pretextu administrationi ejusdem ecclesie se ingessit. Nos itaque diligentius attendentes quod id eidem patriarche non licuit, quodque propterea hujusmodi provisio nulla fuit, utpote contra justitiam attemptata, fraternitati tue per apostolica scripta in virtute obedientie districte precipiendo mandamus quatinus eidem Percivallo administrationem ipsius ecclesie in spiritualibus et temporalibus, sublato more dispendio, auctoritate nostra penitus interdicens, et exigens ab ipso de fructibus, redditibus et proventibus sedis Paduane, quos a tempore predicte postulationis et provisionis sue percepisse dinoscitur, plenariam rationem, contradictores etc. usque : compescendo ; eundem Percivallum per te vel per alium seu alios peremptorie citare procures ut infra sex septimanas post citationem tuam immediate sequentes coram nobis, si sua forsan interesse crediderit, personaliter comparere procuret ; diem vero citationis —. Dat. Tibure, kalendis julii, anno secundo. »

In eundem modum archipresbitero, et Andree Gausoni, canonico ecclesie Paduane, administrationem ipsius ecclesie, donec super hoc aliud a Sede Apostolica receperint in mandatis, committit exercendam. Dat. ut supra.

In e. m. capitulo ecclesie Paduane mandat quatinus predictis archipresbitero et Andree obediant. Dat. ut supra.

550   Sainte-Sabine, 31 mai 1286.

R. regi Romanorum ad petitas unctionem, consecrationem et coronationem imperialis diadematis in basilica Principis Apostolorum de Urbe recipiendas a papa, festum Purificationis Beate Marie Virginis primo venturum assignat. (n° 54, fol. 142 v°; POTTHAST, n° 22465.)

« *Carissimo in Christo filio R. regi Romanorum illustri.* Sacerdotium et imperium —. Dat. Rome apud Sanctam Sabinam, II kal. junii, anno secundo. »

551   Sainte-Sabine, 31 mai 1286.

Octoni, Alberto et Octoni, marchionibus Brandeburgensibus notum facit se Rodulpho regi Romanorum ad petitas unctionem, consecrationem et coronationem in basilica Principis Apostolorum in Urbe recipiendas, festum Purificationis Beate Virginis primo venturum assignavisse, et J. episcopum Tusculanum, ad regie petitionis instantiam, legatum in Alemannia ac aliis quibusdam partibus deputare. Rogat eos et hortatur ut eidem regi ad decus tanti culminis obtinendum consiliis et auxiliis opportunis assistant, et apud eundem insistant ut ad recipiendum diadema imperiale Romam veniat. (n° 55, fol. 143; POTTHAST, n° 22466.)

« *Dilectis filiis nobilibus viris Octoni, Alberto et Octoni, marchionibus Brandeburgensibus.* Sacerdotium et imperium —. Dat. ut supra. »

In eundem modum universis ducibus, marchionibus, lancraviis, palatinis, comitibus et aliis nobilibus in imperio per Alemaniam et Slaviam constitutis.

In e. m. Ottoni et Conrado, marchionibus Brandeburgensibus.

In e. m. Lodovico, duci Bawarie, comiti palatino Reni.

In e. m. Henrico, duci Bawarie, comiti palatino Reni.

In e. m. Menhardo, duci Charintie.

In e. m. duci Saxonie.

In e. m. regi Boemie.

In e. m. archiepiscopo Coloniensi.

In e. m. archiepiscopo Maguntino.

In e. m. archiepiscopo Salzeburgensi.

In e. m. universis archiepiscopis et episcopis in imperio per Alemaniam et Slaviam constitutis.

In e. m. universis judicibus, advocatis, universitatibus civitatum, castrorum, villarum et aliorum locorum necnon scabinis et aliis ministris ipsorum in imperio per Alemaniam et Slaviam constitutis. Dat. ut supra.

552   Sainte-Sabine, 7 juin 1286.

Priori fratrum ordinis Predicatorum Lausanensium mandat quatinus preposito et capitulo hospitalis pauperum Sancti Bernardi de Monte Jovis, per prepositum soliti gubernari, ordinis

sancti Augustini, Sedunensis diocesis, qui dictum hospitale, quod propter nimiam vetustatem minabatur ruinam, reedificare ceperant, recipiendi in Bisuntina et Tarantasiensi civitatibus et diocesibus ac provinciis usque ad summam mille librarum Viennensium, in idem opus expendendam, de usuris, rapinis et alias male acquisitis, usque ad triennium, si hoc viderit expedire, licentiam largiatur. (n° 56, fol. 143 v°.)

« *.. Priori fratrum ordinis Predicatorum Lausanensium.* Sicut exhibita nobis —. Dat. Rome apud Sanctam Sabinam, VII idus junii, anno secundo. »

553   Sainte-Sabine, 9 juin 1286.

Priori secularis ecclesie de Saltiano, collectori decime pro negotio regni Sicilie concesse in certis diocesibus constituto, mandat quatinus, juxta precedentium litterarum tenorem, quibusdam Florentinis et Pistoriensibus mercatoribus totalem pecuniam collectam e prefata decima, quam penes se vel alios quoscumque habere dinoscitur, dilatione qualibet omnino postposita, assignet. (n° 57, fol. 143 v°.)

« *.. Priori secularis ecclesie de Saltiano, Senensis diocesis, capellano nostro.* Exposuerunt nobis dilecti —. Dat. Rome apud Sanctam Sabinam, V idus junii, anno secundo. »

554   Tivoli, 12 juillet 1286.

Stephanum, episcopum Waterfordensem ad Tuamensem ecclesiam, post obitum Thome, archiepiscopi, transfert in archiepiscopum. (n° 58, fol. 144; POTTHAST, n° 22492.)

« *Venerabili fratri Stephano, episcopo quondam Watefordensi, in archiepiscopum Tuamensem electo.* Romani pontificis qui —. Dat. Tibure, IIII idus julii, anno secundo. »

In eundem modum capitulo ecclesie Tuamensis mandat quatinus eidem electo obedientiam et reverentiam debitam exhibeat. Dat. ut supra.

In e. m. clero civitatis et diocesis Tuamensis.

In e. m. populo civitatis et diocesis Tuamensis mandat quatinus ejusdem electi mandatis et monitis intendat. Dat. ut supra.

In e. m. vassallis ecclesie Tuamensis mandat quatinus eidem electo fidelitatis solite prestantes juramentum servitia debita exhibeant. Dat. ut supra.

In e. m. suffraganeis ecclesie Tuamensis mandat quatinus eidem electo obedientiam et reverentiam debitam exhibeant. Dat. ut supra.

In e. m. E. regem Anglie rogat quatinus eidem electo regalia ejusdem Tuamensis ecclesie restituat.

« In e. m. carissimo in Christo filio E., regi Anglie illustri. Gratie divine premium —. Dat. ut supra. »

555   Sainte-Sabine, 17 juin 1286.

. Episcopo Egitaniensi, decano Salamantino, et Egee canonico Visensi mandat quatinus Anthonium, in Civitatensis ecclesie episcopum electum, peremptorie citare curent ut apostolico conspectui se representet. (n° 59, fol. 144 v°.)

« *Venerabili fratri* .. *episcopo Egitaniensi, et dilectis filiis* .. *decano Salamantino, et Egee canonico Visensi.* Exposuerunt nobis dilecti filii magister Michael, thesaurarius, Valascus Petri et alii in hoc adherentes eisdem, canonici ecclesie Civitatensis, quod, olim eadem ecclesia per mortem bone m emorie Petri, episcopi Civitatensis, destituta pastore, .. decanus et capitulum ipsius ecclesie, votis suis in diversos divisis, duas in ea electiones, unam videlicet de dicto magistro Michaele, et aliam de Antonio Tauren. thesaurario ecclesie Salamantine in discordia celebrarunt; dicti vero Michael decanus, Valascus et alii adherentes qui eundem Michaelem elegerant, plura in formam ejusdem electionis de dicto Antonio celebrate obicientes ac personam ipsius, plures propter hoc appellationes ad Sedem Apostolicam emiserunt, ac hujusmodi appellationes in predicta Civitatensi primo, et postmodum in Compostellana, loci metropolitana, ecclesiis, presentibus capitulo ipsius ecclesie Compostellane, tunc pastore vacantis, ac eorum vicariis, publice notificate fuerunt, dictoque Velasco pro se ac dictis Michaele decano et aliis sibi adherentibus, quorum procurator erat, ad Sedem ipsam personaliter accedente, nos in negotio hujusmodi venerabilem fratrem nostrum L. Ostiensem episcopum deputavimus auditorem ; coram quo aliquandiu in eodem negotio est processum. Interim autem predictus Antonius non curans prosequi dictum negotium, ut debebat, administrationi ipsius ecclesie temere se ingessit et ingerere non veretur, in anime sue periculum, plurimorum scandalum, et Michaelis, et Velasci ac adherentium predictorum prejudicium non modicum et gravamen. Licet autem ex processu super hoc coram episcopo ipso habito appareat esse probatum quod dicte appellationes facte et notificate fuerunt, ut superius est expressum, quia tamen eidem episcopo plene non constitit easdem appellationes ad prefatum Antonium pervenisse, nos — discretioni vestre per aposto-

lica scripta mandamus quatinus vos, vel duo, vel unus vestrum dictum Antonium presentialiter, vel si forsan ejus presentia comode ad hoc haberi non poterit, apud predictam ecclesiam Civitatensem per vos, vel per alium seu alios ex parte nostra peremptorie citare curetis, ut infra trium mensium spatium post citationem hujusmodi cum omnibus juribus et munimentis — personaliter apostolico se conspectui representet, facturus et recepturus —; diem vero citationis —. Dat. Rome apud Sanctam Sabinam, XV kal. julii, anno secundo. »

556   Tivoli, 15 juillet 1286.

Roberto, comiti Atrebatensi, bajulo regni Sicilie, injungit quod a quolibet inquisitionis processu contra Adenulphum, comitem Acerrarum, omnino desistat; duellum preterea inter dictum comitem [et nobilem virum Raynaldum de Avella fieri prohibet. (n° 60, fol. 145; POTTHAST, n° 22499.)

« *Dilecto filio nobili viro R., comiti Atrebatensi, et unacum venerabili fratre nostro G. episcopo Sabinensi, Apostolice Sedis legato, bajulo regni Sicilie per Romanam ecclesiam constituto.* Pridem ad nostram perducto notitiam quod dilectus filius nobilis vir Raynaldus de Avella, minus provido ductus consilio, plurimorum assertione testante, dilecto filio nobili viro Adenulpho, Acerrarum comiti, duellum super nonnullis proditionis articulis duxerat offerendum, et quod tu non advertens nec ad exacte perducens considerationis examen quod incumbentis temporis qualitas minime suggerebat, quin immo dissuadebat omnino non solum inter magnates et potentes regni Sicilie, verum etiam inter ceteros quos inferior status includit, non esse turbationem vel discordiam sustinendam, sed potius studiis procurandam sollicitis quietem et concordiam inter illos, hujusmodi examen negotii duxeras admittendum. Nos ex hoc mirati non modicum fuimus, — considerantes etiam quod inter Christi fideles duella fieri sacri canones interdicunt, et propterea prorsus noluimus ad duellum hujusmodi quomodolibet haberi processum —, teque attente rogavimus, dantes tibi nichilominus in mandatis ut — hujusmodi negotium inter eosdem nobiles mediante pacis et concordie federe sedaretur; quod si forsan id provenire non posset, saltem hiis temporibus negotio penitus supersederetur eidem, ne occasione ipsius in dicto regno, cujus tranquillitatem appetimus, alicujus commotionis materia oriretur ; et si de prefato tibi foret fortasse suspicio, ipsum in manibus venerabilis fratris nostri G. episcopi Sabinensis Apostolice Sedis legati tuique combajuli, vel ejus nuntii tradere non differres, ut dictus legatus cautiones ydoneas, prout ei per alias litteras nostras injunximus, a comite reciperet memorato, quod infra terminum quem sibi legatus ipse prefigeret se personaliter nostro conspectui presentaret. Intendebamus etenim taliter providere de illo quod nullum per eum tibi vel eisdem heredibus posset periculum imminere, venerabili fratre nostro .. Eugubino episcopo, qui tibi nostre in hoc intentionis propositum plenius explicaret, ad te propter hoc a nobis specialiter destinato. Sed cum ex hujusmodi litterarum nostrarum et tam sollempnis nuntii missione non esset effectus, qui sperari merito poterat, subsecutus, nos cum nuntiis tuis, quos propter hoc ad nostram direxisti presentiam, de jam dicto negotio contulimus diligenter, eis que super hoc dicenda vidimus, et specialiter quod inpresentiarum ab omni processu inquisitionis contra comitem habende predictum omnino cessares, et ab indicenda sibi neccessitate duelli per se vel per alium ineundi penitus abstineres, apertius exprimentes. Et quoniam zelus bonus et sincerus affectus, quem erga predictos heredes gerimus, ad hujusmodi sollicitudinis studium et pretacti promotionem negotii excitavit et excitat mentem nostram, et ad ea, que in premissis egimus et agimus, consideratio diligens status prosperi et quieti predictorum heredum et regni nos induxit hactenus et inducit, ac ad tollendam etiam materiam quamlibet per quam status hujusmodi posset evenire turbatio, tanto sollicitius studium adhibemus quanto solidiorem et prosperiorem statum heredum cupimus eorundem, coacti fuimus non indigne mirari quod, sicut asserebatur a pluribus, et inchoate inquisitionis processui insistebas, teque pretendebas aptius ulterius processurum; unde voluimus — tuamque magnitudinem quantacumque potuimus affectione rogavimus, tibi nichilominus per litteras ipsas districtius injungentes, ut premissa diligenter considerans et efficaciter in hac parte beneplacitis Apostolice Sedis obtemperans et a quovis processu contra prelibatum comitem omnimodis abstinens — in predictis nostrum beneplacitum expectares—. Voluimus autem, quod in hac parte faceres, nobis per cursores nostros, quos ad te cum hujusmodi nostris litteris misimus, curares quamtotius intimare. Verum grandi nec immerito admiratione perstringimur — quod tu — non solum Sedis ejusdem super hoc acquiescere precibus — non curasti, verum etiam illis omnino contemptis — prefate inquisitionis processui ferventius, ut dicitur, immoraris, ad ulteriora te velle procedere manifestis judiciis pretendendo. Revera nobis admodum displicet— quod talia contra te, quem speciali affectione diligimus, proferre verba compellimur, HONORIUS.

quodque tibi tam dure tam aspere scribere nos oportet —. Quia igitur hujusmodi negotium, propter causas expressas superius, Sedes ipsa non mediocriter cordi gerit — magnitudini tue per apostolica scripta districte duximus injungendum quod, sublato cujuslibet difficultatis objectu, a quolibet inquisitionis processu contra comitem ipsum habende omnino desistens, ab indicenda sibi neccessitate duelli, per se vel per alium ineundi, quod inter predictos nobiles agi seu fieri penitus prohibemus, prorsus astinere procures, nec adversus eundem comitem occasione inquisitionis contra eum post hujusmodi nostram inhibitionem, quam quidem inquisitionem omnino viribus vacuamus, irritamus ac nullius volumus esse momenti, vel etiam ante inhibitionem ipsam habite, quoquomodo procedas. Nos enim procedendi quomodolibet ad predictam occasionem hujusmodi contra comitem memoratum et bona ipsius tibi de fratrum nostrorum consilio omnem exnunc interdicimus et expresse adimimus auctoritate presentium potestatem, tibi nichilominus consulentes ut super hoc sic efficaciter et devote te habeas, sic apostolicis beneplacitis te coaptes ut preteritam inobedientiam redimas per obedientiam subsequentem, ac de statu prefati comitis juxta modum et formam in nostris prioribus litteris comprehensos dispositione ac ordinatione servata, devotionem tuam dignis exinde in Domino laudibus attollamus. Et ecce dilectum filium magistrum Guidonem de Novavilla, litterarum contradictarum nostrarum auditorem, latorem presentium, ad te propter hoc specialiter destinamus, qui tibi nostre in hac parte intentionis propositum plenius explicabit. Dat. Tibure, idibus julii, anno secundo. »

557   Tivoli, 30 juin 1286.

Magistro Gileberto de Saana, Bajocensi et Tornacensi canonico, consideratione Marie regine Francie pro eodem magistro Sedis Apostolice gratiam implorantis indulget ut, non obstante defectu natalium quem patitur, de clerico in minoribus ordinibus constituto genitus et soluta, in cathedrali vel alia ecclesia beneficium, etiam si sit personatus vel dignitas et curam habeat animarum, licite recipere ac libere valeat retinere. (n° 61, fol. 143 v° ; LA PORTE DU THEIL, fol. 18.)

« Magistro Gileberto de Saana, Bajocensi et Tornacensi canonico, ac rectori ecclesie de Douvrendio, Rothomagensis diocesis. Inducunt nos tue —. Dat. Tibure, II kal. julii, anno secundo. »

558   Sainte-Sabine, 13 juin 1286.

Arnaldo, episcopo Bambergensi, cujus ecclesia onere debitorum gravabatur, concedit ut fructus, redditus et proventus
primi anni omnium beneficiorum ecclesiasticorum, qui in civitate ac diocesi Bambergensi usque ad unum annum vacare contigerit, percipere valeat in solutionem dictorum debitorum convertendos. (n° 62, fol. 143 v°.)

« *Venerabili fratri Arnaldo, episcopo Bambergensi.* Cum
sicut ex —. Dat. Rome apud Sanctam Sabinam, idibus
junii, anno secundo. »

559   Tivoli, 12 juillet 1286.

Sabam, olim ecclesie Militensis decanum, eidem ecclesie preficit in episcopum. (n° 63, fol. 145 v°; Potthast, n° 22497.)

« *Dilecto filio Sabe, electo Militensi.* In supreme dignitatis —. Dudum siquidem Militensi ecclesia pastoris
solatio destituta, electiones varie, primo una de quodam
fratre Deodato ordinis Predicatorum, et altera de quodam Arnoldo de Bauro monacho, tunc viventibus, et
postmodum dicto monacho viam universe carnis ingresso, dictoque fratre renuntiante electioni de se facte,
similiter una de Hugone de Perona canonico ejusdem
ecclesie, et altera iterato de dicto fratre D. adhuc vivente
fuerunt in dicta ecclesia in discordia celebrate. Postea
vero cum premissus Hugo cessisset juri acquisito, si
in electione celebrata de ipso, idemque frater D. diem
clausisset extremum, dilecti filii capitulum ejusdem
ecclesie — convenerunt in unum pro futuri substitutione pastoris, et tandem procedere ad electionem hujusmodi per viam scrutinii eligentes, tres ex ipsis, videlicet Manfredum Gifonis, Perronum Titani, et Boamon-
tem de Calabro votorum suorum scrutatores unanimiter
assumpserunt —, et comperto quod singuli de ipso capitulo in te concorditer direxerant vota sua, dictus
Manfredus — te tunc decanum ejusdem ecclesie in episcopum Militensem elegit, ac subsequenter prefati capitulum per procuratores ydoneos a venerabili fratre
nostro G., episcopo Sabinensi, in illis partibus Apostolice Sedis legato, confirmari hujusmodi tuam electionem
humiliter petierunt ; verum venerabili fratre nostro R.,
Agrigentino episcopo, asserente quod felicis recordationis M. papa predecessor noster sibi predictam Militensem ecclesiam usque ad Apostolice Sedis beneplacitum vel quousque ipsi Militensi ecclesie de pastore
provisum existeret, commendarat, seque hujusmodi
electioni tue propterea opponente, idem legatus negotium hujusmodi remisit ad predicte Sedis examen.

Cumque postmodum venerabilis frater noster J., Penestrinus episcopus, cui dictus predecessor negotium ipsum
commiserat audiendum —, dictum Agrigentinum episcopum, pretextu commendationis hujusmodi de predicta
Militensi ecclesia sibi facte, non esse audiendum super
premissis pronuntiasset sententialiter justitia exigente ;
nos, per dictum episcopum Penestrinum et dilectos filios
nostros G.,tituli Sancti Martini in Montibus presbiterum,
et Benedictum, Sancti Nicolai in Carcere Tulliano diaconum cardinales, tam electionem hujusmodi de te
factam quam personam tuam examinari fecimus diligenter, et quia electionem ipsam invenimus de persona
ydonea canonice celebratam, eam de fratrum nostrorum
consilio confirmamus, teque ipsi ecclesie Militensi preficimus in episcopum —. Dat. Tibure, IIII idus julii,
anno secundo. »

In eundem modum capitulo Militensi mandat quatinus eidem
electo obedientiam et reverentiam debitam exhibeat. Dat. ut
supra.

In e. m. clero civitatis et diocesis Militensis.

In e. m. populo Militensi mandat quatinus ejusdem electi
monitis et mandatis intendat.

In e. m. universis vassallis ecclesie Militensis mandat quatinus eidem electo fidelitatis solite prestantes juramentum servitia debita exhibeant. Dat. ut supra.

560   Tivoli, 22 juillet 1286.

Ad ecclesiam Montisregalis, per translationem Johannis,
Tusculani episcopi, olim archiepiscopi Montisregalis, vacantem,
Petrum, tunc episcopum Reatinum, in archiepiscopum trans-
fert. (n° 64, fol. 146.)

« *Venerabili fratri Petro, archiepiscopo Montisregalis.*
Ecclesia Montisregalis per —. Dat. Tibure, XI kal.
augusti, anno secundo. »

In eundem modum capitulo ecclesie Montisregalis mandat
quatinus eidem archiepiscopo obedientiam et reverentiam debitam exhibeat. Dat. ut supra.

In e. m. clero civitatis et diocesis Montisregalis.

In e. m. populo civitatis et diocesis Montisregalis mandat
quatinus ejusdem archiepiscopi mandatis et monitis intendat.
Dat. ut supra.

In e. m. suffraganeis ecclesie Montisregalis mandat quatinus
eidem archiepiscopo obedientiam et reverentiam debitam exhibeant. Dat. ut supra.

561   Tivoli, 15 juillet 1286.

Priori Predicatorum ac guardiano Minorum fratrum ordinum Perusinis mandat quatinus cum Loctulo et Herminia, civibus Perusinis, quod matrimonialiter invicem copulari valeant, dispensent. (n° 65, fol. 146 v°; POTTHAST, n° 22500.)

« *Dilectis filiis .. priori Predicatorum, et guardiano Minorum fratrum ordinum Perusinis.* Exhibita nobis dilecti —. Dat. Tibure, idibus julii, anno secundo. »

562   Tivoli, 23 juillet 1286.

Interdicta in civitatem Aretinam per Aretinum et Senensem episcopos promulgata usque ad terminum festivitatis Omnium Sanctorum suspendit. (n° 66, fol. 146 v°.)

« *Dilectis filiis clero civitatis Aretine.* Dudum ecclesiastici sententiam interdicti in civitate Aretina promulgatam per venerabilem fratrem nostrum episcopum Aretinum ex certis et rationabilibus causis usque ad certum terminum, dictoque elapso termino, volentes benignius providere ac populo civitatis ejusdem mansuetudinis apostolice gratiam aperire, usque ad festum Omnium Sanctorum proximo futurum per nostras litteras suspendimus gratiose. Verum quia venerabilis frater noster .. Senensis episcopus civitatem eandem auctoritate venerabilis fratris nostri B., Portuensis episcopi, tunc in illis partibus Apostolice Sedis legati, pro eadem causa simili supposuit interdicto, nobis humiliter supplicastis ut providere vobis in hac parte misericorditer curaremus. Nos igitur vestris supplicationibus inclinati interdictum hujusmodi per eundem Senensem episcopum promulgatum usque ad supradictum terminum festivitatis Omnium Sanctorum duximus suspendendum. Dat. Tibure, X kal. augusti, anno secundo. »

563   Tivoli, 5 juillet 1286.

Guidoni, sacriste, in monasterii Nonantulani abbatem electo, dicti monasterii administrationem committit gerendam ab ipso donec circa personam suam et provisionem ejusdem monasterii per Sedem Apostolicam plenius ordinatum erit. (n° 67, fol. 146 v°; POTTHAST, n° 22490.)

« *Guidoni, sacriste ac amministratori monasterii Nonantulani, ad Romanam ecclesiam nullo medio pertinentis, ordinis sancti Benedicti, Mutinensis diocesis.* Olim monasterio de Nonantula, ad Romanam ecclesiam nullo medio pertinente, ordinis sancti Benedicti, Mutinensis diocesis, per mortem quondam Landulphi, abbatis ejusdem mo-

nasterii, pastoris solatio destituto, dilecti filii .. prior et conventus ipsius monasterii te in ejus abbatem concorditer elegerunt. Postmodum autem tu ac procuratores et nuntii dictorum prioris et conventus propter hoc ad Sedem Apostolicam accedentes, presentato decreto electionis hujusmodi felicis recordationis Johanni pape predecessori nostro, ab eo, ut electionem confirmaret eandem, suppliciter petiistis ; dicto vero predecessore examinationem tam processus ipsius electionis quam persone tue bone memorie Sabinensi episcopo et dilectis filiis nostris Anchero tituli Sancte Praxedis presbitero et Matheo Sancte Marie in Porticu diacono cardinalibus committente, iidem episcopus ac cardinales, — quod super hiis invenerant dicto predecessori fideliter retulerunt. Et licet per predictam examinationem compertum fuerit prefatam electionem fuisse de persona tua canonice celebratam, postea tamen quedam impedimenti obstacula emerserunt, propter que hucusque ipsius electionis negotium est protractum, dictumque monasterium per decem annos et amplius viduitatis incomoda noscitur pertulisse. Nos igitur — ipsius monasterii et membrorum ejus tam in spiritualibus quam temporalibus plenam, generalem et liberam administrationem tibi auctoritate presentium duximus committendam, gerendam a te donec circa personam tuam et provisionem dicti monasterii per Sedem Apostolicam contigerit plenius ordinari —. Dat. Tibure, III nonas julii, anno secundo. »

In eundem modum priori et conventui monasterii Nonantulani mandat quatinus eidem administratori parere et intendere procurent. Dat. ut supra.

In e. m. universis vassallis monasterii de Nonantula. Dat. ut supra.

564   Tivoli, 12 juillet 1286.

Stephano, archiepiscopo Tuamensi, scribit se pallium ipsi archiepiscopo assignandum Elfiensi, Aladensi ac Waterfordensi episcopis transmisisse. (n° 68, fol. 147; POTTHAST, n° 22493.)

« *Venerabili fratri Stephano, episcopo quondam Waterfordensi, in archiepiscopum Tuamensem electo.* Cum nos nuper —. Dat. Tibure, IIII idus julii, anno secundo. »

565   Tivoli, 12 juillet 1286.

Aladensi et Elfiensi ac Waterfordensi episcopis mandat quatinus pallium, ipsis transmissum, Stephano, olim episcopo

Waterfordensi, in archiepiscopum Tuamensem electo assignent. (n° 69, fol. 147; Potthast, n° 22494.)

« *Venerabilibus fratribus .. Aladensi, et .. Elfiensi, ac .. Waterfordensi episcopis.* Cum nos nuper —. Dat. ut supra. »

566   Tivoli, 27 juillet 1286.

Andream, ecclesie Sorane episcopum, ad Reatinam ecclesiam per translationem Petri archiepiscopi Montisregalis, olim episcopi Reatini, pastoris solatio destitutam transfert. (n° 70, fol. 147.)

« *Venerabili fratri Andree, episcopo Reatino.* In dispensatione ministeriorum —. Dat. Tibure, VI kal. augusti, anno secundo. »

In eundem modum capitulo Reatino mandat quatinus eidem episcopo obedientiam et reverentiam debitam exhibeat. Dat. ut supra.

In e. m. clero civitatis et diocesis Reatine.

In e. m. populo civitatis et diocesis Reatine mandat quatinus ejusdem episcopi mandatis et monitis intendat. Dat. ut supra.

567   Tivoli, 23 juillet 1286.

Episcopo Clusino mandat, cum sententias interdicti in civitatem Aretinam per episcopum Aretinum et per Senensem episcopum prolatas suspenserit, quatinus cum clericis et religiosis qui, durante interdicto, divina officia celebrarunt, super irregularitate quam exinde forsitan incurrerunt, dispenset. (n° 71, fol, 147 v°.)

« *Venerabili fratri .. episcopo Clusino.* Dudum ecclesiastici sententiam —. Dat. Tibure, X kal. augusti, anno secundo. »

568   Tivoli, 24 juillet 1286.

Accuntie, civi Tuscanensi, per magistrum Hugolinum, canonicum Lucanum, pape capellanum, examinato, tabellionatus officium concedit. (n° 72, fol. 147 v°.)

« *Dilecto filio Accuntie, nato quondam Deutabine, civi Tuscanensi.* Ne contractuum etc.—. Dat. Tibure, VIIII kal. augusti, anno secundo. »

569   Sainte-Sabine, 15 décembre 1285.

Decano et capitulo Cathalaunensibus indulget ut, ecclesia Cathalaunensi pastore vacante, vel episcopo absente, vel etiam presente, sed non faciente justitiam de malefactoribus qui bona ejusdem ecclesie invaserint, contra predictos malefactores excommunicationis sententiam promulgare possint. (n° 73, fol. 147 v°; La Porte du Theil, Paris, Bibl. Nat., fonds Moreau, vol. 1223, fol. 242.)

« *Dilectis filiis .. decano et capitulo ecclesie Cathalaunensis.* Multiplex ratio nos inducit ut ad ecclesiam vestram specialis affectionis animum habeamus. Non enim fuimus nec esse debemus immemores quod in illa, dum in minoribus ageremus, beneficia gratia percepimus, honoris incrementa suscepimus et exinde, faciente Domino, habuimus ad altiora progressum. Propterea dignum esse censemus et congruum ut respiciamus eandem more patris, ut filiam que nos aliquando ut filium educavit, ipsamque congruis attollamus favoribus, gratiis honoremus precipuis ac privilegiis favorabilibus muniamus. Unde, licet felicis recordationis Alexander papa quartus predecessor noster vobis per suas sub certa forma litteras duxerit indulgendum ut ecclesia vestra pastore vacante, vel episcopo vestro absente, aut presente et a vobis tertio requisito, nec faciente de malefactoribus vestris justitiam, licitum vobis sit in malefactores ipsos parrochianos vestros qui bona ejusdem ecclesie vel hominum vestrorum violenter invaserint vel diripuerint, excommunicationis sententiam promulgare, nec fax sit alicui eos quos juxta formam constitutionis hujusmodi excommunicaveritis, sine conscientia et assensu vestro et absque congrua satisfactione ab hujusmodi excommunicatione absolvere, ac nichilominus antiquam libertatem servientium vestrorum tam communium ecclesie quam propriorum, qui vobis in vestris domibus serviunt, videlicet ut a publicis oneribus et exactionibus ejusdem civitatis liberi sint penitus et immunes, ratam habens et firmam, eamque auctoritate apostolica duxerit confirmandam; nos tamen — predecessoris nostri factam vobis in hac parte gratiam ampliantes, auctoritate vobis presentium indulgemus ut, eadem ecclesia Cathalaunensi pastore vacante, vel episcopo vestro absente aut presente, a vobis tertio requisito, non faciente vobis de malefactoribus vestris justitiam, ut superius est expressum, liceat vobis in vestros et ejusdem ecclesie malefactores notorios et manifestos, competenti monitione premissa, auctoritate nostra excommunicationis sententiam promulgare, nec fax sit alicui eos sine conscientia et assensu vestro — ab hujusmodi excommunicatione absolvere, ac nichi-

Iominus prefatam antiquam libertatem servientium vestrorum —, prout continetur in litteris supradictis, ratam habemus et firmam, eamque auctoritate apostolica confirmamus et presentis scripti patrocinio communimus. Nulli ergo —. Dat. Rome apud Sanctam Sabinam, XVIII kal. januarii, anno primo. »

570   Sainte-Sabine, 15 décembre 1285.

Decano et capitulo Cathalaunensis ecclesie indulget ut, si quando in ipsorum claustro per aliquos presumptores deveniatur ad rixas, liceat ipsis hujusmodi scelerum patratores, sive clerici fuerint, sive laici, infra claustrum ipsum absque alicujus contradictione libere capere, ipsosque canonica pena punire. (n° 74, fol. 147 v°; La Porte du Theil, fol. 244 v°.)

« .. Decano et capitulo Cathalaunensibus. Petitionibus vestris libenter —. Dat. ut supra. »

571   Tivoli, 12 juillet 1286.

Waterfordensi ecclesie, que per translationem Stephani episcopi in archiepiscopum Tuamensem factam vacabat, Walterum in episcopum proficit. (n° 75, fol. 148; Potthast, n° 22495.)

« Venerabili fratri Waltero, episcopo Waterfordensi. In supreme dignitatis—. Dat. Tibure, IIII idus julii, anno secundo. »

In eundem modum capitulo ecclesie Waterfordensis mandat quatinus eidem episcopo obedientiam et reverentiam debitam exhibeat.

In e. m. clero et populo civitatis et diocesis Waterfordensis mandat quatinus ejusdem episcopi mandatis et monitis intendant.

Tivoli, 27 juillet 1286.

In e. m. archiepiscopum Cassellensem rogat et hortatur quatinus eundem episcopum et ecclesiam ei commissam habeat commendatos.

« In e. m. venerabili fratri .. archiepiscopo Cassellensi. Ad cumulum tue —. Dat. Tibure, VI kal. augusti, anno primo (sic.) »

Tivoli, 12 juillet 1286.

In e. m. E. regem Anglie rogat et hortatur quatinus eundem episcopum et ecclesiam ei commissam habeat commendatos.

« In e. m. carissimo in Christo filio E., regi Anglie illustri. Gratie divine premium —. Dat. Tibure, IIII idus julii, anno secundo. »

572   Tivoli, 23 juillet 1286.

Thome, Midensi electo, concedit ut sacros ordines et munus consecrationis a quocumque maluerit catholico episcopo, sine archiepiscopi Armachani prejudicio, recipere possit. (n° 76, fol. 148 v°; Potthast, n° 22502.)

« Thome, Midensi electo. Cum te in —. Dat. Tibure, X kal. augusti, anno secundo. »

573   Tivoli, 30 juillet 1286.

Aydemarum, olim cantorem ecclesie Claromontensis, eidem ecclesie proficit in episcopum. (n° 77, fol. 148 v°; La Porte du Theil, Paris, Bibl. Nat., fonds Moreau, vol. 1224, fol. 23; Potthast, n° 22503.)

« Dilecto filio Aydemaro, electo Claromontensi. Debitum officii nostri —. Sane Claromontensi ecclesia per obitum bone memorie Guidonis, episcopi Claromontensis, pastoris solatio destituta, dilecti filii .. prepositus et capitulum ipsius ecclesie, vocatis omnibus qui voluerunt, debuerunt et potuerunt comode interesse, et die ad eligendum prefixa, convenientes in unum, ac Spiritus Sancti gratia invocata, deliberantes ad provisionem faciendam ipsi ecclesie de prelato per viam procedere compromissi, dilecto filio Hugoni de Turre, senescalco Lugdunensi, abbati ecclesie supradicte, providendi ea vice ipsi ecclesie de pastore cum consilio et consensu prepositi prelibati, de aliqua tamen ex personis dicti capituli, que tunc ab ipsis preposito et capitulo nominatim fuerunt expresse, concesserunt unanimiter liberam potestatem; promittentes illum habere pro eorum episcopo et pastore, de quo ex predictis sic expressis, juxta premissam formam, dictus abbas eidem ecclesie provideret. Predictus quidem abbas, hujusmodi potestate suscepta secessit in partem, et post deliberationem ab eo super hoc habitam diligentem, de consilio et consensu prepositi supradicti, auctoritate concessionis hujusmodi a prefatis preposito et capitulo sibi facte, vice sua et ipsorum prepositi et capituli, te, tunc cantorem ecclesie memorate, ac defectum in ordinibus patientem, in Claromontensem episcopum postulavit. Cumque postmodum tu propter hoc ad Sedem Apostolicam accessisses, dictique prepositus et capitulum, facientes nobis decretum postulationis hujusmodi presentari, nobis humiliter supplicassent ut eandem postulationem admittere dignaremur; nos tam processum hujusmodi postulationis quam personam tuam per venerabilem fratrem B., Albanensem episcopum, et dilectos filios nostros Hugonem, tituli Sancti Laurentii in Lucina presbiterum, ac Jacobum, Sancte Marie in Via lata diaconum cardinales examinari fecimus diligenter. Facta igitur nobis super examinatione hujusmodi a prefatis episcopo et cardinalibus relatione fideli, quia dictam postulationem invenimus de te viro, utique nobis de nobilitate generis, litterarum scientia — multipliciter commendato, concorditer et canonice celebratam, de fratrum nostrorum consilio eam duximus admittendam, teque preficimus ecclesie predicte in episcopum et pastorem, firma spe fiduciaque tenentes quod —. Dat. Tibure, III kal. augusti, anno secundo. »

In eundem modum preposito et capitulo ecclesie Claromontensis mandat quatinus eidem electo obedientiam et reverentiam debitam exhibeant. Dat. ut supra.

In e. m. clero civitatis et diocesis Claromontensis.

In e. m. populo civitatis et diocesis Claromontensis mandat quatinus ejusdem electi mandatis et monitis humiliter intendant. Dat. ut supra.

In e. m. universis vassallis ecclesie Claromontensis mandat quatinus eidem electo fidelitatem solitam necnon consueta servitia et jura debita exhibere studeant. Dat. ut supra.

In e. m. regem Francie rogat et hortatur quatinus eidem electo regalia Claromontensis ecclesie, que vacationis tempore tenuit, sine difficultate restituat, eundemque et ecclesiam ipsi commissam habeat commendatos. Dat. ut supra.

574   Tivoli, 12 juillet 1286.

Midensi ecclesie, per obitum Hugonis episcopi, pastoris solatio destitute, Thomam de Sancto Leodegario preficit in episcopum. (n° 78, fol. 149; Potthast, n° 22496.)

« *Thome de Sancto Leodegario, electo Midensi.* Licet continuata supervenientium —. Dat. Tibure, IIII idus julii, anno secundo. »

In eundem modum clero Midensi mandat quatinus eidem electo obedientiam et reverentiam debitam exhibeat. Dat. ut supra.

In e. m. populo Midensi mandat quatinus ejusdem electi monitis et mandatis intendat. Dat. ut supra.

In e. m. vassallis ecclesie Midensis mandat quatinus eidem electo fidelitatem solitam necnon consueta servitia exhibeant. Dat. ut supra.

In e. m. E., regem Anglie, rogat et hortatur quatinus eundem electum et ecclesiam ei commissam habeat commendatos. Dat. ut supra.

575   Tivoli, 15 juillet 1286.

Episcopo Pistoriensi mandat quatinus potestatem, capitaneum, antianos, consilium et commune civitatis Lucane compellat ut diversa loca Lunensis diocesis, que in Lunensis episcopi gravamen occupaverant, dicto episcopo restituant eidemque de dampnis illatis satisfaciant. (n° 79, fol. 149 v°.)

« *Venerabili fratri .. episcopo Pistoriensi.* Dudum venerabili fratre nostro .. episcopo Lunensi nobis querula insinuatione monstrante quod .. potestas, et .. capitaneus, antiani, consilium et commune Lucani eum super juribus, jurisdictionibus aliisque bonis suis et ecclesie Lunensis multipliciter molestabant, eosdem potestatem, capitaneum, antianos, consilium et commune rogasse dicimur et attentius monuisse ut ab eorundem episcopi et ecclesie super hiis omnino molestatione cessarent, sed, sicut nuper audivimus, iidem non solum exaudire preces easdem, immo quod est, in spiritum superbie validioris erecti, contra eosdem episcopum et ecclesiam armis valide persecutionis assumptis in messem ejusdem ecclesie falcem eradicationis dampnabilis mittere ausu detestabili non verentes, ad singula loca Lunensis diocesis, in quibus idem episcopus omnimodam jurisdictionem obtinere dicitur temporalem, armatorum congregata multitudine accesserunt, et demum loca ipsa infestis aggressibus occupantes in illis constituerunt potestatem et vicarium ac alios officiales qui jurisdictionem hujusmodi exercerent eorum nomine in eisdem; iidem quoque potestas, capitaneus, antiani, consilium et commune — in dictis episcopo et ecclesia hereditatem dominicam gladio dire directionis impugnant. Quia vero hec si vera sint in Dei et nostram comprobantur redundare offensam —, fraternitati tue per apostolica scripta mandamus quatinus, si premissis veritas suffragatur, predictos potestatem, capitaneum, antianos, consilium et commune, quod loca eadem, amotis exinde hujusmodi potestate, vicario et aliis officialibus, episcopo restituant memorato, et de dampnis illatis eidem satisfaciant competenter — nullam de cetero eisdem episcopo et ecclesie in jurisdictione locorum eorundem vel in aliis bonis suis molestiam illaturi, — monitione premissa per censuram ecclesiasticam, appellatione reservata, compellas, proviso ne in universitatem Lucanam excommunicationis vel interdicti sententias proferas, nisi a nobis super hoc mandatum receperis speciale. Dat. Tibure, idibus julii, anno secundo. »

576   Tivoli, 1er août 1286.

Arnaldo Carbonelli, clerico, per magistrum Hugolinum examinato, tabellionatus officium concedit. (n° 80, fol. 149 v°.)

« *Arnaldo Carbonelli, clerico Caturcensis diocesis in minoribus ordinibus constituto.* Ne contractuum memoria —. Dat. Tibure, kalendis augusti, anno primo [1]. »

In eundem modum Johanni, nato Donadei, clerico Ameliensi in minoribus ordinibus constituto.

577   Tivoli, 1er août 1286.

Episcopo Interampnensi, et archipresbitero ecclesie Viterbiensis mandat quatinus Georgium de Interampnis, procuratorem fratris Johannis dicti Baliet, in monasterii Aquicitensis abbatem electi, citare curet ut coram Apostolica Sede personaliter compareat. (n° 81, fol. 149 v°.)

« *Venerabili fratri .. episcopo Interampnensi, et dilecto filio .. archipresbitero ecclesie Viterbiensis.* Exposuit nobis dilectus filius frater Godefridus, dictus de Leven., monachus monasterii Aquicitensis, ordinis sancti Benedicti, Atrebatensis diocesis, quod dudum monasterio ipso abbatis regimine destituto, electiones varie, una videlicet de ipso et alia de fratre Johanne dicto Baliet monacho ipsius monasterii, fuerunt in eodem monasterio in discordia celebrate. Cum itaque negotium electionum hujusmodi, ad Sedem Apostolicam devolutum, apud ipsam diutius sit protractum, nos dispendiis ipsius monasterii, que ex amfractibus hujusmodi negotii eidem monasterio imminent, salutaris remedii consilio occurrere cupientes, discretioni vestre per apostolica scripta mandamus quatinus vos vel alter vestrum per vos vel per alium seu alios, Georgium de Interampnis clericum, dicti fratris Johannis procuratorem ex parte nostra peremptorie citare curetis ut infra octo dierum spatium post citationem vestram cum omnibus actis — personaliter compareat coram nobis, justam, dante Domino, sententiam—, diem vero citationis —. Dat. Tibure, kalendis augusti, anno secundo. »

578   Tivoli, 5 août 1286.

Ademaro, electo Claromontensi, concedit ut ad diaconatus et presbiteratus ordines se facere statutis temporibus promoveri possit. (n° 82, fol. 149 v° ; La Porte du Theil, fol. 33.)

1. Il est probable qu'il faut corriger *anno primo* en *anno secundo* et dater cette bulle de 1286.

« *Ademaro, electo Claromontensi.* Cum nuper de fratrum nostrorum consilio postulationem de te, tunc defectum in ordinibus patiente, celebratam in Claromontensi ecclesia admittentes, prefecerimus te ipsi ecclesie in episcopum et pastorem, presentium tibi auctoritate concedimus ut, non obstante quod postmodum te in subdiaconum duximus ordinandum a quocumque malueris catholico episcopo gratiam et communionem Apostolice Sedis habente, possis ad diaconatus et presbiteratus ordines te facere statutis temporibus promoveri. Dat. Tibure, nonis augusti, anno secundo. »

579   Tivoli, 5 août 1286.

Eidem episcopo conferendi tabellionatus officium uni persone ad hoc ydonee concedit liberam potestatem. (n° 83, fol. 150; La Porte du Theil, fol. 33 v°.)

« *Eidem.* Cum sicut asseris —. Dat. ut supra. »

580   Tivoli, 5 août 1286.

Eidem episcopo concedit ut de bonis suis libere testari valeat, ac de bonis mobilibus ecclesiasticis administrationi sue commissis, et que non fuerint altarium seu ecclesiarum ipsi commissarum, pro decentibus expensis ipsius episcopi funeris et pro remuneratione illorum qui ipsi viventi serviverint disponere possit. (n° 84, fol. 150 ; La Porte du Theil, fol. 34.)

« *Eidem.* Quia presentis vite —. Dat. ut supra. »

Tivoli, 22 septembre 1286.

« In eundem modum .. episcopo Aniciensi. Quia etc. usque deputata —. Dat. Tibure, X kal. octobris, anno secundo. »

581   Tivoli, 5 août 1286.

Episcopo, priori Predicatorum, et guardiano Minorum fratrum Petragoricensibus mandat quatinus de meritis et ydoneitate Ylarie de Borno, priorisse prioratus Sancti Saturnini de Marempnia, in monasterii Sancte Marie Xanctonensis abbatissam electe, inquirant, ipsamque, si eam invenerint ydoneam, eidem monasterio in abbatissam preficiant; alioquin electionem de ea habitam cassent. (n° 85, fol. 150 ; La Porte du Theil, fol. 35 ; Potthast, n° 22505.)

« *Venerabili fratri .. episcopo, et dilectis filiis .. priori Predicatorum, et .. guardiano Minorum fratrum ordinum Petragoricensibus.* Dudum monasterio Sancte Marie Xanctonensis, ad Romanam ecclesiam nullo medio pertinente, ordinis sancti Benedicti, per mortem quondam Yve, ipsius monasterii abbatisse, regimine destituto, dilecte in Christo filie .. decana, et conventus ejusdem monasterii, vocatis omnibus — insimul convenerunt, et pro parte quarundam dicti monasterii monialium ad Apostolicam Sedem appellatione premissa, ne ad electionem, que facienda tunc imminebat, alique admitterentur, que vinculo essent excommunicationis astricte, vel ad id ex aliis causis in appellatione ipsa expressis inepte, ad provisionem de abbatissa eidem monasterio faciendam per viam scrutinii procedere intendentes, tres de monialibus prefati monasterii fidedignas, videlicet Margaritam de Borno, priorissam prioratus de Pontelabeo ad dictum monasterium immediate spectantis, Ysabellam de Talamone, armariolam, et Johannam dictam Angevinam, moniales dicti monasterii ad scrutandum vota sua et omnium aliarum ipsius monasterii monialium concorditer assumpserunt, ipsis, pro eo quod scribendi peritiam non habebant, dilectos filios magistros Rampnulphum Fulcerii, Yterium Johannis, canonicos Xanctonenses, ac Petrum de Podio Moysso, et Philippum de Sancto Romano tabelliones nichilominus adjungendo ; dictis itaque tribus monialibus et aliis taliter adjunctis eisdem, ipsarum trium et omnium aliarum monialium predictarum vota secreto et singillatim scrutantibus, et mox publicantibus in communi, compertum extitit quod de monialibus dicti monasterii que ad eligendum convenerant et tantum sexaginta tres numero existebant, quadraginta et una in Ylariam de Borno, ipsius monasterii monialem, priorissam prioratus Sancti Saturnini de Marempnia, ad idem monasterium immediate pertinentis, de reliquis decem et octo in Beatricem de Sancta Leverina, monialem ejusdem monasterii, priorissam prioratus de Lannutzia, Petragoricensis diocesis, immediate subjecti prefato monasterio, consenserunt ; prefatis Ylaria et Beatrice ac residuis duabus in alias singulares personas dirigentibus vota sua, factaque collatione —, predicta Margarita vice sua et omnium aliarum que in Ylariam prefatam consenserant, et de mandato ipsarum, eandem Ylariam in abbatissam elegit monasterii memorati ; et ipsa Ylaria demum ad earum instantiam hujusmodi electioni consensit ; quadam predictarum monialium in dictam Beatricem consentientium vice sua et earum, ac de ipsarum mandato, eandem Beatricem similiter ad dicti monasterii regimen eligente. Hujusmodi autem negotio tam per appellationes ex parte dictarum Beatricis et quarundam ipsam eligentium, quam per immediatam subjectionem dicti monasterii ad Sedem Apostolicam devoluto, et dilectis filiis Petro Geraldi, Ylarie ac monialium que ipsam

elegerant, et magistro Martino Clavelli, Yve de Concis et Eynordis dicte Vigerie, monialium dicti monasterii que in dictam Beatricem consenserant, procuratoribus, ac Geraldo de Bononia substituto ad hoc a dicto magistro Martino, in nostra et fratrum nostrorum presentia constitutis, dictus Petrus prefatam electionem ejusdem Ylarie, Geraldus vero eam quam celebratam de nominata Beatrice dicebat, petierunt, infirmata seu nulla nuntiata reliqua, confirmari. Proponebatur siquidem ex parte Ylarie supradicte, electionem de ipsa Beatrice presumptam pro eo nullius esse momenti, quod a parte dictarum conventus longe minori contra formam canonum fuerat attemptata. Dicebatur etiam contra eandem Beatricem nullum sibi jus ex predicta, que de ipsa facta pretenditur, electione quesitum, quia non apparet eam electioni hujusmodi consensisse, aut confirmationem electionis ipsius infra tempus petiisse legitimum, seu ad Sedem eandem cum sufficienti ad id mandato procuratorem aliquem destinasse ; contra dictam Ylariam vero obiciebantur quedam crimina et defectus, propter que, si veritatem illorum haberet objectio, tam ipsa ineligibilis quam nulla de persona ejus facta electio videretur, et jus eligendi hac vice ad reliquas moniales dicti monasterii devolutum, ita quod eedem relique moniales totus essent reputande conventus, et electio de dicta Beatrice velut a longe majori parte conventus hujusmodi celebrata foret canonica judicanda. Sed ad hec fuit pro ipsa Ylaria replicando responsum, quod nec oppositio criminum et defectuum predictorum veritatem aliquod continebat, nec procurator, qui dicti defectus et crimina objecit, sufficiens habuit et speciale mandatum, ut in talibus jura exigunt, ad eadem opponenda, cum, sicut dicti procuratores Martinus et Gerardus in nostra et dictorum fratrum nostrorum presentia sunt confessi, Beatrix et moniales electrices ipsius que procuratores constituerunt ad obiciendum crimina et defectus, ea crimina illosve defectus, que per procuratores eosdem vel ipsorum alterum in dictis appellationibus expressa fuerant, nullatenus expressissent, nec nominatim seu specialiter mandassent per ipsos procuratores opponi, nec dicta crimina et defectus fuerint in appellationibus singulariter et sufficienter expressa, nec super eis prestitum juramentum, sicut exigit edita super hoc constitutio concilii Lugdunensis. Ex quibus replicans concludebat quod, tam dicte Beatrix et moniales electrices ipsius, quam iidem procuratores earum erant, juxta constitutionem eandem, ab oppositione qualibet repellende. Nos igitur monasterii sepefati dispendiis occurrere cupientes, ne per intricationes hujusmodi prolixioris vacationis dispendiis involvatur, sexus muliebris fragilitatem, cui non expedit diligentis custodie observatione carere, necnon et multitudinem consentientium in dictam Ylariam non indigne pensantes, de ipsorum fratrum consilio, vobis, de quorum circumspectione plenam in Domino fiduciam obtinemus, per apostolica scripta mandamus quatinus de meritis et ydoneitate dicte Ylarie diligenter, non tamen in figura judicii, sed ex officio, non admissa contradictione alterutrius partium, inquirentes, si eam bone conversationis et vite aliasque ydoneam ad dicti monasterii regimen vos invenire contingat, ipsa electione, que de dicta Beatrice, ut premissum est, facta proponitur, quamque, secundum ea que acta sunt in judicio coram nobis, invenimus esse nullam, nequaquam obstante, auctoritate nostra in abbatissam monasterio preficiatis eidem, facientes sibi munus benedictionis impendi, et a suis subditis obedientiam et reverentiam debitam exhiberi; recepturi ab ea postmodum nostro et ejusdem Romane ecclesie nomine fidelitatis solite juramentum—; alioquin, electione habita de ipsa Ylaria rite cassata seu cassa et irrita nuntiata, conventui supradictis eadem auctoritate mandetis ut ipsi monasterio studeant de abbatissa ydonea canonice providere ; contradictores etc. usque : compescendo ; non obstante si — .Quod si non omnes hiis exequendis potueritis interesse, tu, frater episcope, cum eorum altero ea nichilominus exequaris. Dat. Tibure, nonis augusti, anno secundo. »

582   Tivoli, 4 août 1286.

Guillelmum, olim ecclesie Sancti Andree Gratianopolitani prepositum, ecclesie Ebredunensi preficit in episcopum. (n° 86, fol. 150 v°; LA PORTE DU THEIL, fol. 27.)

« *Venerabili fratri Guillelmo, archiepiscopo Ebredunensi.* In suppreme dignitatis —. Sane Ebredunensi ecclesia per obitum bone memorie Jacobi, archiepiscopi Ebredunensis, pastoris solatio destituta, dilecti filii capitulum ejusdem ecclesie, vocatis omnibus —, deliberantes ad provisionem de prelato eidem ecclesie faciendam per viam procedere compromissi, tibi tunc preposito ecclesie Sancti Andree Gratianopolitani, Petro cantori ejusdem Ebredunensis ecclesie, ac Guillelmo preposito ecclesie Clandetensis, canonicis Ebredunensibus, potestatem concorditer concesserunt tres de canonicis Ebredunensibus presentibus, sive de vobis ipsis, sive de aliis eligendi, qui quidem tres, a te cantore, ac preposito predictis electi, haberent eligendi seu postulandi vel providendi eidem Ebredunensi ecclesie plenariam potestatem, hoc addito quod illi astringi deberent proprio

HONORIUS.

juramento ut, per eos singillatim et secreto votis singulorum de dicto capitulo exquisitis, manu publica redactis in scriptis, illum de ipsius ecclesie gremio, etiam ex seipsis vel etiam aliunde, in archiepiscopum Ebredunensem eligerent, seu postularent, in quem plures de dicto capitulo consentirent, licet consentientes ad majorem partem totius capituli minime pervenissent, potestate ipsorum illa die usque ad horam et primam pulsationem vesperorum majoris ecclesie tantummodo duratura; tu vero, ac dicti cantor et prepositus, secedentes in partem, et post modicum temporis intervallum ad capitulum redeuntes, in presentia ipsius capituli ad premissa peragenda eundem cantorem, Johannem, archidiaconum, et Guillelmum, sacristam ejusdem Ebredunensis ecclesie, juxta premissam formam a dicto capitulo vobis-traditam, elegistis. Cumque iidem archidiaconus, cantor et sacrista, prestito hujusmodi juramento, singulorum vota secreto et singillatim, prout eis commissum fuerat, scrutati fuissent et redigi fecissent manu publica in scripturam, et, tandem comperto quod plurium de dicto capitulo in te quam in aliquem alium vota convenerant, dictus cantor vice sua et ipsorum archidiaconi et sacriste collegarum suorum, ac de ipsorum mandato, te in archiepiscopum Ebredunensem elegit, tuque hujusmodi electioni, ad totius capituli eam acceptantis instantiam, consensisti. Et postmodum tu, ceterique procuratores ac nuntii ejusdem capituli propter hoc ad Sedem Apostolicam accedentes, a nobis ut electionem confirmaremus candem suppliciter petiistis. Nosque tam processum electionis predicte quam personam tuam per venerabilem fratrem Bernardum, episcopum Portuensem, et dilectos filios nostros Gaufridum, tituli Sancte Susanne presbiterum, ac Jacobum, Sancte Marie in Via lata diaconum cardinales examinari fecimus diligenter, et, facta nobis per ipsos coram aliis fratribus nostris super premissis relatione fideli, nos cum ipsis omnibus habito super hiis diligenti tractatu, dictam electionem, non vitio persone tue, sed quia eam preter formas sic in concilio generali statutas ut electio aliter facta non valeat, invenimus attemptatam, de fratrum eorundem consilio decrevimus non valere. Verum, ne dicta Ebredunensis ecclesia diutius viduitatis incommodis subjaceret, de ipsius provisione attentata sollicitudine cogitantes, et attendentes etatis maturitatem, gravitatem morum, litterarum scientiam, ac alia virtutum merita que tibi suffragari, prout habet fidedignorum assertio, dinoscuntur, quodque in te totum idem capitulum, ut predicitur, concordarat, et in hujusmodi concordia persistebat, ac volentes eidem Ebredunensi ecclesie speciali diligentia providere, de predic-

26

torum fratrum nostrorum consilio et apostolice plenitudine potestatis, te prefecimus ipsi Ebredunensi
ecclesie in archiepiscopum et pastorem, tibique per
supradictum episcopum de mandato nostro munere
consecrationis impenso, deinde palleum de corpore
beati Petri sumptum, insigne pontificalis officii, cum
ea qua decet instantia postulatum tibi fecimus exhiberi;
firma spe fiduciaque concepta quod —. Dat. Tibure, II
nonas augusti, anno secundo. »

In eundem modum capitulo ecclesie Ebredunensis mandat
quatinus eidem archiepiscopo obedientiam et reverentiam debitam exhibeat. Dat. ut supra.

In e. m. clero civitatis et diocesis Ebredunensis.

In e. m. populo civitatis et diocesis Ebredunensis mandat
quatinus ejusdem archiepiscopi mandatis et monitis humiliter
intendat. Dat. ut supra.

In e. m. universis vassallis ecclesie Ebredunensis mandat
quatinus eidem archiepiscopo fidelitatem solitam, necnon consueta servitia et jura debita exhibeant. Dat. ut supra.

In e. m. universis episcopis suffraganeis ecclesie Ebredunensis
mandat quatinus eidem archiepiscopo obedientiam et reverentiam debitam exhibeant. Dat. ut supra.

583   Tivoli, 6 août 1286.

Raymundo, episcopo Massiliensi, assumendi aliquem discretum virum in coadjutorem suum liberam concedit facultatem.
(n° 87, fol. 151; LA PORTE DU THEIL, fol. 47.)

« Venerabili fratri Raymundo, Massiliensi episcopo. Sicut
in nostra proposuisti presentia constitutus, senectute
confractus et nimia tui corporis imbecillitate laborans,
pastorale officium et maxime circa temporalia commode
nequis ammodo exercere. Quare nobis humiliter supplicasti ut tibi, quod aliquam personam ydoneam pro
tue consolationis remedio in tuum coadjutorem assumere valeas concedere dignaremur. Nos igitur propter
tue probitatis merita deferre tibi super hoc et aliis
etiam, prout secundum Deum fieri poterit, intendentes,
assumendi aliquem discretum et providum virum in
coadjutorem tuum de assensu capituli ecclesie Massiliensis vel majoris et sanioris partis ipsius, qui tibi tam
in spiritualibus quam in temporalibus circa executionem officii pastoralis assistat, et contradictores per censuram ecclesiasticam, appellatione postposita, compescendi, fraternitati tue plenam et liberam concedimus
auctoritate presentium facultatem. Dat. Tibure, VIII
idus augusti, anno secundo. »

584   Sainte-Sabine, 17 juin 1286.

Herbertum, olim prepositum monasterii Quatuor Turrium de
Albo Castro, monasterio Salsensi preficit in abbatem. (n° 88,
fol. 151.)

« Herberto, electo monasterii Salsensis, ad Romanam ecclesiam nullo medio pertinentis, ordinis sancti Benedicti, Argentinensis diocesis. Dudum monasterio Salsensi, ad
Romanam ecclesiam nullo medio pertinente, ordinis
sancti Benedicti, Argentinensis diocesis, per obitum
quondam Goffridi, olim abbatis ipsius monasterii, pastoris regimine destitutо, dilecti filii .. decanus, et conventus ejusdem monasterii certa die ad eligendum
prefixa — per viam scrutinii procedentes, tres de dicto
conventu fide dignos, videlicet dilectos filios Conradum
cantorem, et Nibeligum, ac Gotfridum de Luphonsteyn,
ejusdem monasterii monachos, — scrutatores assumere
curaverunt —, compertum extitit quod cantor predictus
et quidam alii de conventu prefato memoratum decanum in abbatem ejusdem monasterii elegerunt, dilectis
filiis .. camerario, et sibi adherentibus de conventu predicto, in Heberardum de Mundevelt, ipsius monasterii
monachum, dirigentibus vota sua; cumque decanus et
Heberardus predicti pro hujusmodi sue electionis negotio ad Sedem Apostolicam accessissent — jus, si quod
eis ex hujusmodi electionibus suis fuerat acquisitum,
sponte ac libere in nostris manibus resignarunt, quorum resignationem — duximus admittendam. Nos
igitur — te tunc prepositum monasterii Quatuor Turrium de Albo Castro, ejusdem ordinis, Spirensis diocesis, de fratrum nostrorum consilio, eidem monasterio
Salsensi preficimus in abbatem —. Dat. Rome apud
Sanctam Sabinam, XV kal. julii, anno secundo. »

In eundem modum decano et conventui monasterii Salsensis
mandat quatinus eidem electo obedientiam et reverentiam debitam exhibeant. Dat. ut supra.

585   Tivoli, 8 août 1286.

Johanni, episcopo Tusculano, mandat quatinus de facto vulnerum a Wolfranio de Linach, canonico Herbipolensis ecclesie,
cuidam defuncto laico illatorum, inquirat veritatem. (n° 89,
fol. 151 v°.)

« Venerabili fratri Johanni, episcopo Tusculano, Apostolice Sedis legato. Accedens ad presentiam nostram
Wolfranius de Linach acolitus, canonicus Herbipolensis ecclesie, nobis exposuit quod cum olim ipse cum
quondam Corrado laico, fratre suo tunc vivente, de domo

propria in quadragesimali tempore ad dormitorium ecclesie ipsius accederet, ut ibi jacendo matutinis posset comodius interesse, quondam laicus, qui dictum canonicum absque ipsius culpa persequebatur odio capitali, stans in vico per quem erat idem canonicus transiturus, contra ipsum evaginato gladio subito fecit insultum. Dictus vero canonicus cupiens mortis vitare periculum, quod non credebat aliter posse vitare, brachiis ad se laicum predictum astrinxit, et colluctando cum eo ipsum projecit ad terram. Eisdem autem canonico et laico taliter in terra jacentibus, dictus frater ipsius canonici, volens eundem canonicum, quem prefatus laicus nullatenus dimittebat, a mortis periculo liberare, laicum eundem graviter vulneravit, memorato canonico id penitus ignorante. Et quanquam sepefatus canonicus, qui dictorum, ut premittitur, vulnerum inscius adhuc a prefato laico tenebatur, ut posset de ipsius manibus liberari impremeditate clamaverit ut dictus frater pedem laico amputaret eidem, nulla tamen fuerunt ad clamorem hujusmodi vulnera seu verbera dicti laici subsecuta, dictus vero laicus, canonico ipso dimisso, ex vulneribus sibi ante ipsum clamorem illatis, que tamen idem canonicus ei nec mandavit nec scivit inferri, infra quindecim dies vel circa postmodum expiravit. Quare prenominatus canonicus supplici postulavit instantia discreto alicui dari nostris litteris in mandatis ut, si rem invenerit ita esse, ipsum denuntiet ob premissa nulla irregularitatis nota respersum. Nos autem, de tue circumspectionis industria confidentes, fraternitati tue, cum ad partes illas accedas in quibus poterit tibi plenius veritas innotescere de premissis, presentium auctoritate committimus ut, inquisita de predictis omnibus diligentius veritate, facias in illis quod, secundum Deum, consideratis prudenter facti circumstantiis, videris faciendum. Dat. Tibure, VI idus augusti, anno secundo. »

586   Sainte-Sabine, 13 juin 1286.

Archidiacono Estridingie, et magistro Thome de Aburby, canonico Eboracensi, mandat quatinus Johannem Clarel, rectorem ecclesie de Bringeforde, qui de pecunie summa decano et capitulo ecclesie Rothomagensis debita pro certis ecclesiis ipsi Johanni ad firmam concessis satisfacere nolebat, peremptorie citare curent ut apostolico conspectui se representet. (n° 90, fol. 151 v°.)

« .. *Archidiacono Estridingie, et magistro Thome de Aburby, canonico Eboracensi.* Sua nobis .. decanus, et capitulum ecclesie Rothomagensis petitione monuerunt quod, cum olim ipsi Johanni Clarel, rectori ecclesie de Bringeforde, de Harewort, de Ludham et de Marcham ecclesias ac quasdam capellas, quas iidem decanus et capitulum in proprios usus tenebant, usque ad certi temporis spatium concessissent ad firmam pro certa pecunie quantitate, quia idem rector de pecunia hujusmodi pro preterito tunc tempore satisfacere non curarat, quanquam ipse fructus, redditus et proventus ecclesiarum de Harewort, de Ludham, et de Marcham, et capellarum predictarum per illud tempus integre percepisset; eum super hoc coram bone memorie Gregorio de Neapoli, episcopo Bajocensi, tunc Sedis Apostolice capellano, a felicis recordationis Adriano papa predecessore nostro, tunc in minori officio constituto, et in regno Anglie legato Sedis ejusdem, auditore in causa hujusmodi deputato, traxerunt in causam, dictusque auditor, cognitis ipsius cause meritis et juris ordine observato, diffinitivam pro dictis decano et capitulo sententiam promulgavit, prefatum Johannem in hujusmodi pecunie summa, exigente justitia, condempnando, et dictus Johannes eandem sententiam acceptavit et promisit juramento prestito eis satisfacere de pecunia supradicta. Postmodum autem felicis recordationis Gregorius papa X, predecessor noster, intellecto quod tam predictus rector quam predecessores sui ejusdem ecclesie de Brigeforde rectores qui fuerunt pro tempore decimas, domos, terras, vineas, redditus, nemora, prata, pascua, molendina, jurisdictiones, maneria, possessiones et quedam alia bona ipsius ecclesie de Brigeforde, datis super hoc litteris, factis renuntiationibus, juramentis interpositis, et penis adjectis, in ipsius ecclesie de Brigeforde lesionem enormem, nonnullis clericis et laicis, aliquibus eorum ad vitam, quibusdam vero ad non modicum tempus et aliis perpetuo, ad firmam vel sub censu anno duxerant concedenda, quorum aliqui super hiis confirmationis litteras in forma communi dicebantur a Sede Apostolica impetrasse, .. priori Sancti Albani, Lincolniensis diocesis, per suas in consueta forma dedit litteras in mandatis ut ea que de bonis ejusdem ecclesie de Brigeforde per concessiones hujusmodi alienata inveniret illicite vel districte, non obstantibus litteris, renuntiationibus, juramentis, penis et confirmationibus supradictis, ad jus et proprietatem prefate ecclesie de Brigeforde legitime revocaret, contradictores —. Idemque Johannes falso asserens quod memorate ecclesie et capelle sic ei ad firmam concesse ab eadem ecclesia de Bringeforde dependebant, prefatos decanum et capitulum, super hoc petendo prefatas ecclesias et capellas adjudicari ecclesie de Bringeforde predicte, coram Guillelmo de Gondige, perpetuo vicario ecclesie Beate Marie de Huntragdin., cui dictus prior commiserat super hoc totaliter vices suas, fecit ad judicium evocari, dictusque subdelegatus, quanquam de hujusmodi assertione partis adverse, que vera non erat, sibi legitime non constaret, sine cause cognitione ex arrupto, predictis decano et capitulo absentibus, et non per contumaciam, prefatas ecclesias et capellas per diffinitivam sententiam rectori adjudicavit eidem ; propter quod dicti decanus et capitulum quamcito id ad eorum pervenit notitiam ad Sedem appellarunt eandem, et super appellatione sua ad .. abbatem Westimonasterii, .. priorem Sancti Bartholomei, et magistrum Radulphum de Welcan, canonicum ecclesie Sancti Pauli Londoniensis, sub ea forma ipsius Sedis litteras impetrarunt ut, vocatis—, quod canonicum foret appellatione postposita decernere procurarent, facientes quod decernerent per censuram ecclesiasticam firmiter observari. Dictis autem priore et magistro Radulpho committentibus super hoc magistris Guillelmo de Salinguis, archidiacono Duoublinensi, et Radulpho de Innigeho, officiali, et .. precentori Londoniensibus totaliter vices suas, prelibato abbate tunc in remotis agente, et per hoc interesse cognitioni cause hujusmodi nequeunte, memoratus rector ex quodam conficto gravamine ad Sedem appellavit eandem, ac subdelegati predicti eidem appellationi ob reverentiam Sedis Apostolice deferentes, de voluntate expressa partis appellate, partibus ad prosequendum causam appellationis hujusmodi et principalis negotii apud Sedem ipsam terminum assignarunt, iidemque decanus et capitulum certum procuratorem propter hoc ad Sedem destinarunt eandem, qui propter vacationem ipsius Sedis, que tunc erat per mortem felicis recordationis J., pape predecessoris nostri, in Romana curia moram traxit ; et demum a pie memorie Nicolao papa predecessore nostro dilectum filium nostrum Matheum, Sancte Marie in Porticu diaconum cardinalem, sibi dari super hoc obtinuit auditorem. Verum quia per errorem dicti procuratoris expressum fuit in commissione facta eidem cardinali, quod a predictis delegatis fuerat in causa hujusmodi appellatum, cum non ab ipsis sed a prefatis subdelegatis eorum fuerit dicta appellatio interposita, ut superius est expressum, parte altera excipiendo proponente quod ob hoc, quibusdam etiam aliis ad id inefficacibus allegatis, non erat in curia causa ipsa tractanda, adhuc eadem causa remanet indecisa. Quare dicti decanus et capitulum nobis humiliter supplicarunt ut, cum dicta causa per hujusmodi appellationem et delationem dictorum judicum de assensu partis appellate, ut premissum est, factam, ad prefatam Sedem fuerit legitime devoluta, et ideo apud eandem, cujus jurisdictio , non obstante hujusmodi temporis

lapsu, durat, et, si secundum jura civilia periisse forsitan instantia judicii videretur, tractanda sit, et sine debito terminanda, providere ipsis in hac parte paterna diligentia curaremus; nos itaque, attendentes quod causa semel ad Sedem predictam delata nec ad alios judices ipsius auctoritate remissa, non posset alibi altera partium invita tractari, ne occasione hujusmodi dictis decano et capitulo facultas prosequendi suam justitiam subtrahatur, discretioni vestre per apostolica scripta mandamus quatinus Johannem ex parte nostra — peremptorie citare curetis, ut infra quatuor mensium spatium post citationem hujusmodi per se vel per procuratorem ydoneum cum omnibus actis — apostolico se conspectui representet, facturus —; diem vero citationis—. Dat. Rome apud Sanctam Sabinam, idibus junii, anno secundo. »

587   Tivoli, 5 août 1286.

Rostagnum, olim Arelatensis ecclesie canonicum, eidem ecclesie preficit in archiepiscopum. (n° 91, fol. 152; La Porte du Theil, fol. 41.)

« *Venerabili fratri Rostagno, archiepiscopo Arelatensi.* Licet continuata supervenientium —. Olim siquidem Arelatensi ecclesia, ordinis sancti Augustini, per mortem bone memorie Bertrandi, archiepiscopi Arelatensis, destituta pastore, dilecti filii capitulum ejusdem ecclesie, vocatis omnibus —, insimul convenerunt, ac, deliberantes ad provisionem faciendam ipsi ecclesie de prelato per viam procedere compromissi, tribus ex eis, videlicet dilectis filiis Raymundo Saboni, precentori, Raymundo de Corrano, priori claustrali ejusdem ecclesie, et Raymundo de Auraga, ecclesie Castrinovi, ad eandem Arelatensem ecclesiam immediate spectantis, prioribus, canonicis ejusdem Arelatensis ecclesie, providendi ea vice ipsi Arelatensi ecclesie de pastore, de gremio tamen ejusdem Arelatensis ecclesie, potestatem unanimiter concesserunt, adiciendo ut omnes iidem tres simul, si vellent, nomine et vice sua ipsius capituli, et etiam ad cautelam prefatus Raymundus de Auraga, vice sua et reliquorum duorum collegarum suorum, possent eligere in Arelatensem archiepiscopum et pastorem in quem omnes tres concorditer consentirent, ac promittendo quod illum in eorum archiepiscopum reciperent et haberent, de quo ipsi tres dicte Arelatensi ecclesie juxta premissam formam ducerent providendum. Iidem vero tres, hujusmodi potestate recepta, secedentes in partem, plurium proborum virorum super hoc

consilio requisito, et deliberatione inter se habita diligenti, demum in te, tunc ejusdem Arelatensis ecclesie
canonicum et operarium, direxerunt unanimiter vota
sua, teque ipsi tres concorditer insimul pronuntiantes,
et postmodum predictus prior ecclesie Castrinovi, auctoritate hujusmodi concessionis a prefato capitulo ipsis
facte, in Arelatensem archiepiscopum elegerunt; tuque
hujusmodi electioni ad instantiam dictorum capituli
consensisti. Cumque postmodum tu personaliter, ac certi
procuratores et nuntii dictorum capituli ab eis propter
hoc specialiter destinati ad Sedem Apostolicam accedentes, presentato nobis electionis predicte decreto,
supplicaveritis nobis humiliter ut electionem eandem
dignaremur auctoritate apostolica confirmare ; nos examinationem tam processus ipsius electionis quam persone tue venerabili fratri Jeronimo episcopo Penestrino,
et dilectis filiis nostris Gervasio tituli Sancti Martini
in Montibus presbitero, ac Benedicto Sancti Nicolai in
Carcere Tulliano diacono cardinalibus commisimus
faciendam, qui, ad inquisitionem ipsam exacta diligentia procedentes, quod ab eis per eandem inquisitionem
compertum extitit nobis fideliter retulerunt. Nos igitur,
habito super hiis cum ipsis et aliis fratribus nostris diligenti tractatu, electionem predictam in eo invenimus
minus canonice celebratam, quod omnes compromissarii
seu commissarii pronuntiando insimul, et postea dictus
prior de Castronovo, ut premittitur, elegerunt; licet
enim, secundum formam commissionis, consensus commissariorum omnium vel majoris partis eorum exigatur, interdum, prout lex commissionis indicit in eligendo
tamen ut una sit communis electio, et non plures, non
per omnes sed unius tantum est ministerio exprimen-
dus, et per unum tantummodo communis electio celebranda, nec licet eorum alicui, ex vigore commissionis
hujusmodi, ex potestate jam taliter insimul eligendo
consumpta ad electionem procedere iterato, et ideo dictam electionem de te taliter attemptatam, non persone
tue sed ipsius electionis vitio, de predictorum fratrum
nostrorum consilio cassandam duximus, quatinus de
facto processit, cassam et irritam nuntiandam ; de dicte
insuper ecclesie Arelatensis ordinatione sollicite cogitantes, ne dispendiis que solent imminere vacantibus
ecclesiis exposita remaneret, attendentes quoque thesaurum scientie litteralis quo personam tuam, presertim
in sacra pagina scientiarum Dominus decoravit, necnon
vite munditiam, gravitatem morum aliaque probitatis
merita, super quibus fidedignorum testimoniis multipliciter commendaris, et quod in te idem totum capitulum concordarant, et in hujusmodi concordia persistebant, ac volentes tam predicte Arelatensi ecclesie quam

tibi speciali diligentia providere, de predictorum fratrum
nostrorum consilio et apostolice plenitudine potestatis
preficimus te ipsi Arelatensi ecclesie in archiepiscopum
et pastorem, tibique de mandato nostro per venerabilem
fratrem nostrum Bernardum, episcopum Portuensem,
munere consecrationis impenso, deinde palleum de
corpore beati Petri sumptum — tibi fecimus exhiberi;
firma spe fiduciaque tenentes quod —. Dat. Tibure,
nonis augusti, anno secundo. »

In eundem modum capitulo ecclesie Arelatensis mandat quatinus eidem archiepiscopo obedientiam et reverentiam debitam
exhibeat. Dat. ut supra.

In e. m. clero civitatis et diocesis Arelatensis.

In e. m. populo civitatis et diocesis Arelatensis mandat quatinus ejusdem archiepiscopi monitis et mandatis intendat.
Dat. ut supra.

In e. m. vassallis ecclesie Arelatensis mandat quatinus predicto archiepiscopo fidelitatem solitam necnon consueta servitia
et jura debita exhibeant. Dat. ut supra.

In e. m. universis episcopis suffraganeis ecclesie Arelatensis
mandat quatinus eidem archiepiscopo exhibeant obedientiam et
reverentiam debitam. Dat. ut supra.

588   Tivoli, 28 juillet 1286.

Monasterium Sancte Marie Magdalene Valentine, ordinis
sancti Augustini, petentibus priorissa et conventu, magistro et
priori provinciali Yspanie ordinis fratrum Predicatorum, dummodo ad id episcopi Valentini accedat assensus, committit, statuendo ut sub magisterio et doctrina ipsorum magistri et prioris permaneant eedem moniales. (n° 91 bis, fol. 153; LA PORTE
DU THEIL, fol. 21.)

« .. Priorisse, et conventui monasterii Sancte Marie Magdalene Valentine, ordinis sancti Augustini. Apostolice
Sedis benignitas —. Dat. Tibure, V kal. augusti, anno
secundo. »

Tivoli, 25 août 1286.

In eundem modum magistro, et priori provinciali Yspanie
ordinis fratrum Predicatorum . Dat. Tibure, VIII kal. septembris, anno secundo. (POTTHAST, n° 22511.)

589 Tivoli, 18 juillet 1286.

P., episcopo Cracoviensi, committit ut cum septem clericis ducisse Cracovie qui tempore interdicti divina celebraverunt super hujusmodi irregularitate dispenset. (nº 92, fol. 153; Pot-thast, nº 22501.)

« *Venerabili fratri P., episcopo Cracoviensi.* Ex parte dilecti —. Dat. Tibure, XV kal. augusti, anno secundo. »

590 Tivoli, 16 juillet 1286.

Salernum, olim Thelesine ecclesie canonicum, eidem ecclesie preficit in episcopum. (nº 93, fol 153.)

« *Dilecto filio Salerno, electo Thelesino.* Angit nos cura —. Dudum siquidem Thelesina ecclesia per obitum bone memorie Raonis, episcopi Thelesini, pastoris solatio destituta, dilecti filii capitulum ipsius ecclesie, vocatis — insimul convenerunt, et cum essent hii qui ad hujusmodi electionem celebrandam convenerant, tum canonici tum clerici ejusdem ecclesie, in ipsa electione vocem habentes, viginti numero, septem ex eis se exinde absentantes noluerunt electioni hujusmodi interesse ; reliqui vero tredecim ad predictam electionem per viam scrutinii procedentes, tres ex ipsis fidedignos ad scrutandum — assumpserunt, — compertum extitit quod undecim ex ipsis tredecim in te, tunc ejusdem ecclesie canonicum, consenserant, reliquis duobus in alios singulariter dividentibus vota sua, factaque collatione numeri ad numerum — unus ex predictis tribus vice sua et aliorum — elegit te in Thelesinum episcopum et pastorem, tuque hujusmodi electioni de te facte ad eorum instantiam consensisti, cui etiam omnes alii ipsius ecclesie canonici et clerici postmodum consenserunt ; verum quia venerabilis frater noster .. Beneventanus archiepiscopus, loci metropolitanus, presentatam sibi electionem eandem, quam ab eo confirmari tempore debito petiisti, proprio motu cassavit, pro parte tua et ipsius capituli fuit ad Sedem Apostolicam appellatum, ac hujusmodi appellationis causam et ipsius negotii principalis felicis recordationis Martinus papa IIII, predecessor noster, dilecto filio nostro Gaufrido, tituli Sancte Susanne presbitero cardinali, audiendam commisit, coram quo lite inter tuum et prefati archiepiscopi procuratores in causa ipsa legitime contestata —, ac deinde prefato predecessore viam universe carnis ingresso, nos postmodum ad officium apostolatus assumpti, eidem cardinali mandavimus ut procederet in prefata et aliis causis sibi commissis, et demum, cum jam esset coram eo in causa ipsa conclusum, facta nobis super hiis per ipsum cardinalem relatione fideli, nos personam tuam per venerabilem fratrem nostrum L., episcopum Ostiensem, eundem Gaufridum, ac dilectum filium nostrum B., Sancti Nicolai in Carcere Tulliano diaconum cardinales examinari fecimus diligenter, dictusque Gaufridus cardinalis, obtenta deinde a nobis in causa ipsa pronuntiandi licentia, sententialiter pronuntiavit pro parte tua bene appellatum et per eundem archiepiscopum male processum fuisse. Nos itaque — electionem predictam duximus confirmandam, preficientes te prefate ecclesie Thelesine in episcopum —. Dat. Tibure, XVII kal. augusti, anno secundo. »

In eundem modum capitulo ecclesie Thelesine mandat quatinus eidem electo obedientiam et reverentiam debitam exhibeat. Dat. ut supra.

In e. m. clero civitatis et diocesis Thelesine.

In e. m. populo civitatis et diocesis Thelesine mandat quatinus ejusdem electi mandatis et monitis intendat. Dat. ut supra.

In e. m. vassallis ecclesie Thelesine mandat quatinus eidem electo fidelitatis solite prestantes juramentum servitia debita exhibeant. Dat. ut supra.

591 Tivoli, 3 août 1286.

Omnibus vere penitentibus et confessis qui pro remedio anime Philippi regis Francie, nuper defuncti, orationem dominicam dixerint, decem dies de injunctis eis penitentiis misericorditer relaxat ; presentibus litteris post decennium minime valituris. (nº 94, fol. 153 vº; Potthast, nº 22504.)

« *Universis Christi fidelibus presentes litteras inspecturis.* Cum sicut scripture —. Dat. Tibure, III nonas augusti, anno secundo. »

592 Tivoli, 20 août 1286.

P., archiepiscopo ecclesie Montisregalis, curam et administrationem plenam in spiritualibus et temporalibus ecclesie Sorane, nunc vacantis, committit. (nº 95, fol. 153 vº.)

« *Venerabili fratri P., archiepiscopo Montisregalis.* Cum te nuper —. Dat. Tibure, XIII kal. septembris, anno secundo. »

593   Tivoli, 23 août 1286.

Archiepiscopo Januensi, Burgensi, et Palentino episcopis, quibus commiserat ut Petro electo Auriensi munus consecrationis impendere possent, mandat quatinus ab ipso electo juramentum recipiant sub forma quam sub bulla sua mittit interclusam. (n° 96, fol. 154.)

« *Venerabili fratri .. archiepiscopo Januensi, et .. Burgensi, ac .. Palentino episcopis.* Cum nos nuper —. Dat. Tibure, X kal. septembris, anno secundo. »

594   Tivoli, 13 août 1286.

Litteras Innocentii pape IV, datas Lugduni III idus martii, indictione VIII, incarnationis dominice anno M°CC°XLVIIII°, pontificatus vero anno septimo, quibus dictus Innocentius monasterium Sancti Benedicti supra Padum situm sub beati Petri et sua protectione susceperat, omnesque ejus possessiones ac bona, jura et privilegia confirmaverat, hic refert et confirmat. (n° 97, fol. 154.)

« *Dilectis filiis .. abbati, et conventui monasterii Sancti Benedicti quod super Padum situm est, ad Romanam ecclesiam nullo medio pertinentis, ordinis sancti Benedicti, Mantuane diocesis.* Quasdam litteras quas —. Dat. Tibure, idibus augusti, anno secundo. »

595   Tivoli, 23 août 1286.

Petrum, post mortem Pantaleonis, in Constantinopolitanum patriarcham electum confirmat. (n° 98, fol. 155; POTTHAST, n° 22509.)

« *Venerabili fratri Petro, patriarche Constantinopolitano.* Fons sapientie verbum —. Dat. Tibure, X kal. septembris, anno secundo. »

In eundem modum capitulo ecclesie Constantinopolitane mandat quatinus eidem patriarche obedientiam et reverentiam debitam exhibeat. Dat. ut supra.

In e. m. archiepiscopis et episcopis ecclesie Constantinopolitane subjectis. Dat. ut supra.

596   Tivoli, 13 août 1286.

Litteras Celestini pape III, quibus pluria privilegia monasterio Sancti Benedicti super Padum concessa erant, hic refert et confirmat. (n° 99, fol. 155 v°.)

« *.. Abbati, et conventui monasterii Sancti Benedicti quod*

super *Padum situm est, ad Romanam ecclesiam nullo medio pertinentis, ordinis sancti Benedicti, Mantuane diocesis.* Quasdam litteras quas felicis recordationis Celestinus papa III predecessor noster vobis et monasterio vestro concessisse dicitur nobis vestra devotio presentavit, et quia littere ipse incipiunt vetustate consumi, tenorem ipsarum de verbo ad verbum ad instantiam supplicationis vestre presentibus fecimus annotari, qui talis est.

                    Latran, 6 novembre 1195.

« Celestinus, episcopus servus servorum Dei, dilectis
» filiis Alberto, abbati monasterii Sancti Benedicti super
» Padum ejusque fratribus tam presentibus quam fu-
» turis regularem vitam professis, in perpetuum. Fervor
» dilectionis quo —. Hac itaque ratione inducti et vestris
» nichilominus precibus inclinati, vobis et monasteriis
» atque ecclesiis vestris de communi omnium fratrum
» consilio auctoritate apostolica indulgemus ne de terris
» quas propriis sumptibus colitis sive de nutrimentis
» animalium vestrorum decimas persolvatis. Ceterum,
» ad exemplar felicis memorie Lucii pape predecessoris
» nostri auctoritate apostolica constituimus ut de reddi-
» tibus, quos annuatim percipitis a colonis, nullus pa-
» triarcha, nullus archiepiscopus vel episcopus, nulla
» persona, nullus clericus vel laicus de parte vestra de-
» cimas exigere vel extorquere presumat. Sepulturam
» quoque monasterii vestri et ecclesiarum ejus liberam
» esse decernimus ut eorum devotioni et extreme volun-
» tati qui se illic sepelire deliberaverint, nisi forte ex-
» communicati vel interdicti sint, nullus obsistat, salva
» tamen justitia illarum ecclesiarum a quibus mortuo-
» rum corpora assumuntur. Decernimus ergo ut nulli
» —. Si qua igitur —. Cunctis autem eam servantibus
» —. Amen, amen, amen.
» Ego Celestinus, catholice ecclesie episcopus s.s.
» Ego Albinus, Albanensis episcopus s.s.
» Ego Petrus, Portuensis et Sancte Rufine ep. s.s.
» Ego Landulfus, basilice XII Apostolorum presbiter
» cardinalis s.s.
» Ego Johannes, tituli Sancti Clementis cardinalis,
» Viterbiensis et Tuscanensis episcopus s.s.
» Ego Guido, pr. card. Sancte Marie trans Tiberim
» tituli Calixti s.s.
» Ego Hugo, pr. card. Sancti Martini tituli Equi-
» tii s.s.
» Ego Cencius, tituli Sancti Laurentii in Lucina pr.
» card. s.s.
» Ego Soffredus, tituli Sancte Praxedis pr. card. s.s.
» Ego Fidantius, tituli Sancti Marcelli pr. card. s.s.

» Ego Johannes, tituli Sancte Prisce pr. card. s.s.

» Ego Gratianus, Sanctorum Cosme et Damiani dia-
» conus cardinalis s.s.

» Ego Berardus, Sancti Adriani diac. card. s.s.

» Ego Gregorius, Sancte Marie in Porticu dyac.
» card. s.s.

» Ego Gregorius, Sancte Marie in Aquiro diac. card.
» s.s.

» Ego Nicolaus, Sancte Marie in Cosmedin diac. card.
» s.s.

» Ego Gregorius, Sancti Angeli dyac. card. s.s.

» Ego Bobo, Sancti Theodori dyac. card. s.s.

» Dat. Laterani, per manum Cencii, Sancte Lucie in
» Orthea dyaconi cardinalis, domni pape camerarii, VIII
» idus novembris, indictione quarta decima, anno do-
» minice incarnationis M°C°XC° quinto, pontificatus
» vero domni Celestini pape III anno quinto. »

Volumus autem nullum per hoc jus novum acquiri
vobis et monasterio vestro predicto, sed vobis et sibi
antiquum, si quod est, solummodo conservari. Dat.
Tibure, idibus augusti, anno secundo. »

597   Tivoli, 18 août 1286.

Litteras Innocentii pape IV, vetustate consumptas, datas
Lugduni VI idus octobris, pontificatus ejusdem anno octavo,
quibus abbati et conventui monasterii Sancti Benedicti supra
Padum indulserat idem papa ut per litteras apostolicas vel a
legatis impetratas ad provisionem alicujus compelli non valerent, hic refert et confirmat. (n° 100, fol. 156.)

« .. Abbati, et conventui monasterii Sancti Benedicti supra Padum Lyronem, ad Romanam ecclesiam nullo medio
pertinentis, ordinis sancti Benedicti, Mantuane diocesis.
Quasdam litteras quas —. Dat. Tibure, XV kal. septembris, anno secundo. »

598   Tivoli, 18 août 1286.

Litteras Innocentii pape IV vetustate consumptas, datas Lugduni XV kal. januarii, ejusdem pontificatus anno octavo, quibus abbati et conventui monasterii Sancti Benedicti supra Padum
indulserat ut ad nullius provisionem de abbatiis, prioratibus
aut membris ipsorum compelli possent per litteras a Sede Apostolica vel ipsius legatis obtentas, hic refert et confirmat. (n° 101,
fol. 156.)

« Eisdem. Quasdam litteras quas —. Dat. ut supra. »

599   Tivoli, 8 août 1286.

Filiabus Dei Parisiensibus indulget ut extra civitatem Parisiensem ad judicium trahi vel vocari non possint. (n° 102,
fol. 156; LA PORTE DU THEIL, fol. 48.)

« Dilectis in Christo filiabus religiosis mulieribus Parisiensibus, filiabus Dei vulgariter nuncupatis. Sicut ex parte
vestra fuit propositum coram nobis, nonnulli debitam
ad Deum reverentiam non habentes, ac fingentes causas, quarum occasione vos impetant, quanquam nichil
contra vos habeant questionis, vos frequenter ac malitiose ad remota loca citari faciunt coram diversis judicibus delegatis, ex quo vobis nonnunquam salutis et
fame imminet detrimentum. Nos igitur, attendentes quod
vobis presertim propter fragilitatem sexus non expedit
litigiorum anfractibus taliter fatigari, ac volentes pietatis intuitu in hac parte paci et quieti vestre paterna sollicitudine providere, auctoritate vobis presentium indulgemus ut extra civitatem Parisiensem, quamdiu
parate fueritis Parisius coram competenti judice stare
juri, per litteras Apostolice Sedis seu legatorum ejus in
causam trahi vel vocari ad judicium non possitis absque dicte Sedis speciali mandato faciente plenam et expressam de hac indulgentia mentionem. Nulli ergo etc.,
nostre concessionis etc. Dat. Tibure, VI idus augusti,
anno secundo. »

« In eundem modum pro .. dilectis filiis mulieribus
que Begine dicuntur in parochia ecclesie Sancti Pauli
Parisiensis insimul commorantibus. »

600   Tivoli, 13 août 1286.

Monasterium Sancte Marie ad Virgines, quod dicitur Cella
apud Civitatem, Aquilegensis diocesis, petentibus priorissa et
conventu, magistro et priori provinciali Lombardie ordinis fratrum Predicatorum committit, statuendo ut sub magisterio et
doctrina magistri et prioris predictorum permaneant eedem
moniales. (n° 103, fol. 156.)

« Dilectis in Christo filiabus .. priorisse, et conventui
monasterii Sancte Marie ad Virgines, quod dicitur Cella
apud Civitatem, ordinis sancti Augustini, Aquilegensis diocesis. Apostolice Sedis benignitas —. Dat. Tibure, idibus
augusti, anno secundo. »

In eundem modum monasterium Sancte Marie Zamorrensis,
petentibus priorissa et conventu, magistro et priori provinciali
Yspanie ordinis fratrum Predicatorum committit. Dat. Tibure,
idibus augusti, anno secundo.

Tivoli, 25 août 1286.

In e. m. magistro, et priori provinciali Lombardie ordinis fratrum Predicatorum. Dat. Tibure, VIII kal. septembris, anno secundo.

In e. m. magistro, et priori provinciali Yspanie ordinis fratrum Predicatorum.

601   Tivoli, 27 août 1286.

Ecclesie Anconitane per translationem P., Anconitani episcopi, ad Viterbiensem et Tuscanensem ecclesias, pastoris solatio destitute, B., pape capellanum, preficit in episcopum. (n° 104, fol. 156 v°.)

« *Dilecto filio B., electo Anconitano.* In suppreme dignitatis —. Dat. Tibure, VI kal. septembris, anno secundo. »

In eundem modum capitulo Anconitano mandat quatinus eidem electo obedientiam et reverentiam debitam exhibeat. Dat. ut supra.

In e. m. clero civitatis et diocesis Anconitane.

In e. m. populo Anconitano mandat quatinus ejusdem electi monitis et mandatis intendat. Dat. ut supra.

In e. m. universis vassallis ecclesie Anconitane mandat quatinus eidem electo fidelitatis solite prestantes juramentum servitia debita exhibeant. Dat. ut supra.

602   Tivoli, 1er septembre 1286.

Abbatibus Crassensi et Chaunensis monasteriorum, atque Raymundo de Columberiis, canonico Biterrensi, mandat quatinus testes et instrumenta, que G., archidiaconus Agathensis, et Isarnus, archipresbiter Carcassonensis, cum uterque in Carcassonensem episcopum electus alterius electionem cassari peteret, coram ipsis producere voluerint, examinent, et Apostolice Sedi significent que et quanta fides dictis testibus et instrumentis sit habenda. (n° 105, fol. 157.)

« *Dilectis filiis .. Crassensis, et .. Chaunensis monasteriorum abbatibus, Carcassonensis et Narbonensis diocesium, ac Raymundo de Columberiis, canonico Biterrensi.* Dudum Carcassonensi ecclesia per obitum bone memorie G., Carcassonensis episcopi, pastoris solatio destituta, due fuerunt in ea electiones, una videlicet de dilecto filio G., archidiacono Agathensi, altera vero de dilecto filio Isarno, ecclesie predicte archipresbitero, in episcopum Carcassonensem in discordia celebrate. Negotio itaque hujusmodi electionum per appellationem ad Sedem HONORIUS.

Apostolicam legitime devoluto , felicis recordationis Martinus papa predecessor noster in eodem negotio venerabilem fratrem nostrum .. Ostiensem et Velletrensem episcopum dedit partibus auditorem, coram quo inter eosdem electos, eorum utroque suam confirmari et alterius cassari et irritari electionem petente, lite legitime contestata —, quia per ea que coram eodem cardinali in hujusmodi causa sunt habita, de ipsius cause meritis ei plene liquere non potuit, discretioni vestre per apostolica scripta mandamus quatinus testes, instrumenta, litteras, et munimenta, que utraque pars super predictis articulis, quos dictus cardinalis vobis unacum interrogatoriis partium earundem sub suo sigillo transmittit inclusos, coram vobis producere voluerit, infra tres menses a receptione presentium apud Carcassonam prudenter recipere, ac testes ipsos secundum interrogatoria ipsa diligenter examinare curetis. Si vero alterutra partium testes alterius voluerit reprobare, testes qui super hujusmodi reprobatione producti fuerint infra unum mensem predictos tres menses immediate sequentes (*sic*) sapienter admittere ac diligenter examinare curetis; depositiones omnium testium predictorum fideliter in scriptis redactas, necnon instrumenta, litteras et munimenta hujusmodi cum articulis supradictis sub vestris inclusa sigillis ad nostram presentiam quamtotius transmissuri, et significaturi nobis per litteras vestras que et quanta fides ipsis testibus, instrumentis, munimentis et litteris sit habenda, prefixo partibus termino peremptorio competenti quo cum omnibus actis — apostolico se conspectui representent —. Quod si non omnes hiis exequendis potueritis interesse, duo vestrum ea nichilominus exequantur. Dat. Tibure, kalendis septembris, anno secundo. »

603   Tivoli, 24 août 1286.

Viterbiensi et Tuscanensi ecclesie, per obitum P., episcopi solatio pastoris destitute, P., olim Anconitanum episcopum, preficit in episcopum. (n° 106, fol. 157.)

« *Venerabili fratri P., Viterbiensi et Tuscanensi episcopo.* Dudum Viterbiensi et Tuscanensi ecclesia, que per Sedem Apostolicam est unita, per obitum bone memorie P., Viterbiensis et Tuscanensis episcopi, qui apud Viterbium diem clausit extremum, pastoris solatio destituta, Viterbiense capitulum, Tuscanensi capitulo hujusmodi obitu nuntiato, die ad hoc prefixa, vocatis omnibus—, per viam compromissi procedere ad electionem hujusmodi eligentes, in tres ex seipsis, videlicet Angelum archipresbiterum, et Angelum de Orton., ac quondam

2⁷

Philippum de Monteflascone, tunc viventem, canonicus Viterbienses, compromittere curaverunt. Qui, hujusmodi compromisso recepto, post collationem super hoc inter se habitam diligentem, in dilectum filium magistrum Jacobum de Viterbio, camere nostre clericum, canonicum Viterbiensem, considerationis sue oculos direxerunt, et demum prefatus A. archipresbiter, suo et dictorum collegarum suorum nomine, eundem J. in episcopum Viterbiensem et Tuscanensem elegit. Cumque postmodum dictus Jacobus electionem hujusmodi, cui consenserat, in nostris manibus libere resignasset, nos, hujusmodi resignatione recepta, de ipsius ecclesie ordinatione celeri — cogitantes — in te, tunc Anconitanum episcopum, — direximus oculos nostre mentis, teque de ipsorum fratrum nostrorum consilio a vinculo quo tenebaris Anconitane ecclesie absolventes ad predictam Viterbiensem et Tuscanensem ecclesiam transferimus, eique preficimus in episcopum —. Dat. Tibure, VIIII kal. septembris, anno secundo. »

In e. m. capitulo Viterbiensi mandat quatinus eidem episcopo obedientiam et reverentiam debitam exhibeat. Dat. ut supra.

In e. m. capitulo Tuscanensi.

In e. m. clero Viterbiensis civitatis et diocesis.

In e. m. clero civitatis et diocesis Tuscanensis.

In e. m. populo civitatis et diocesis Viterbiensis mandat quatinus ejusdem episcopi monitis et mandatis intendat. Dat. ut supra.

In e. m. populo civitatis et diocesis Tuscanensis.

« In e. m. populo Cornetano etc., usque: gratiosum. Non obstante quod felicis recordationis Innocentius papa IIII predecessor noster vobis dicitur indulxisse ut bone memorie S., Viterbiensi et Tuscanensi electo, de juribus episcopalibus intendere non teneremini usque ad sue beneplacitum voluntatis, seu quacumque alia indulgentia per quam mandati hujusmodi executio in hac parte valeat impediri. Dat. ut supra. »

In e. m. universis vassallis Viterbiensis et Tuscanensis ecclesie mandat quatinus eidem episcopo fidelitatis solite prestantes juramentum servitia debita exhibeant. Dat. ut supra.

604   Tivoli, 2 septembre 1286.

J., tituli Sancte Cecilie presbitero cardinali, Apostolice Sedis legato, mandat quatinus comitissam Carnotensem et regem Francie inducat ut ab injuriis quibus ecclesiam Carnotensem molestabant cessent omnino, (n° 107, fol. 157 v°.)

« Dilecto filio J., tituli Sancte Cecilie presbitero cardinali, Apostolice Sedis legato. In mentis nostre —. Dudum siquidem intellecto quod dilecta in Christo filia nobilis mulier .. comitissa Carnotensis dilectos filios .. decanum et capitulum Carnotensis ecclesie super terris, possessionibus, juribus, jurisdictionibus ad ecclesiam ipsam spectantibus, quorum cause cognitio ad ecclesiasticum forum dignoscitur pertinere, presumebat coram carissimo in Christo filio nostro .. rege Francie illustri ac officialibus et ballivis suis convenire, ac ipsos super hoc vexatione multiplici fatigare in derogationem ecclesie libertatis, nos eidem regi affectuose direxisse dicimur preces nostras ut predictos .. decanum et capitulum, paratos, sicut asseritur, premisse comitisse super predictis coram ecclesiastico judice justitie plenitudinem exhibere, coram se vel officialibus aut ballivis eisdem super premissis non compelleret aliquatenus litigare, nec hujusmodi pretextu gravare vel gravari pateretur eosdem; sed, sicut non sine ingenti admiratione nuper accepimus, idem rex ab hujusmodi nostris precibus non solum aures exauditionis avertit, verum etiam, ea consideratione postposita quod clare memorie L., rex Francie, avus suus, et alii progenitores ejus, ipsam ecclesiam precipuis attollentes honoribus favorum protexerunt auxiliis et provexerunt favoribus gratiarum, permisisse dicitur suo nomine fuisse prohibitum quod nullus in eorum furnis coquere, ipsorum metere segetes et prata falcare aut vindemiare vineas, eorum consortum in illis parte duntaxat excepta, silvas quoque suas, prout solitum est, emere, sive terras ipsorum colere quoquomodo presumat; suis quoque justitiariis injunctum est ut bona temporalia ipsorum capiant et ponant sub regia potestate, putrefactioni et pecudum usui exponenda; sicque dicto rege in favorem dicte comitisse dexteram regie majestatis favorabilius solito extendente, dicta comitissa contra eosdem decanum et capitulum ac ecclesiam, ex hoc spiritu audacie validioris assumpto, ipsos premere graviter in suis immunitatibus et libertatibus et vexationis dire flagello, ultoris superni timore preterito, non expavens, per officiales et ballivos suos illos qui obtentu hospitalitatis ad ecclesiam ipsam interdum accedunt, ac homines eorundem decani et capituli et ecclesie de corpore passim capere, captos carceri mancipare et tandem questionibus subicere, ac condempnare ad mortem, bona quoque mobilia tam dictorum decani et capituli quam hominum eorundem auferre ac ablata diripere, dissipare, domosque ipsius ecclesie in detrimentum proprie salutis et conculcationem ejusdem libertatis invadere ac occupare presumit, nec horum tam detestabili transgressione contenta, nunc temeritate patula, nunc vero machinatione clandestina in civitate Carnotensi concilia malignantium nequiter multiplicare molitur, propter quod dictis decano et capitulo, in eadem civitate solita securitate subtracta, moram contrahere inibi continuam non est tutum, prefatos decanum et capitulum ac ecclesiam aliis gravibus lacescendo injuriis et injuriosis gravaminibus opprimendo. Quare prefati decanus et capitulum — nostre super hoc provisionis remedium humiliter implorarunt. Quia igitur tam temeraria horum presumptio — existit enormiter et periculosa redditur ceteris ecclesiasticis locis exemplo, vehementer compellimur admirari quod hec, utpote vicina oculis tuis, absque provisionis debite remedio preteristi, cum inter tue sollicitudinis studia id, nec mirum, debeat esse votivum ut libertas ecclesiastica nullius oppressionis vulneretur aculeo —. Verumtamen nos — discretioni tue per apostolica scripta mandamus quatinus super hoc providentie tue virtutem interponens celeriter et prudenter ac assumens solertiam efficacem, prefatos regem et comitissam sedulis et oportunis, prout utilitati hujusmodi negotii expedire videris, sollicites precibus, ac suasionibus efficacibus et operosis inducas ut prefatis decano et capitulo et ecclesie se reddentes benivolos et benignos sic super premissis ab eorum molestatione cessent omnino, quod ipsi, super hoc materia ulterioris vexationis sublata, sub optate quietis solatio, Domino virtutum quietius famulentur, nosque diligentiam tuam super hoc provenisse fructuosam letantes, illam dignis in Domino laudibus commendemus. Et si, quod absit, per te in hac parte ille quem intendimus non proveniret effectus, volumus quod quicquid super hiis inveneris vel duxeris faciendum et senseris, nobis tuis litteris studeas clarius et seriosius intimare; ut ex ipsarum serie informati, prout exegerit qualitas hujusmodi negotii, super hoc, auctore Domino, salubrius adhibere remedium valeamus. Dat. Tibure, IIII nonas septembris, anno secundo. »

605   Tivoli, 19 août 1286.

Sententiam a B., episcopo Portuensi, in causa que inter Thedisium de Camilla, pape capellanum, ex una parte, et J., archiepiscopum Cantuariensem, diversosque clericos ex altera super ecclesiis de Wingham et Terringes, Cantuariensis et Cicestrensis diocesium, orta erat, prolatam moderatur et reformat. (n° 108, fol. 158.)

« *Dilecto filio Thedisio de Camilla, capellano nostro.* In causa que inter te ex parte una, et venerabilem fratrem nostrum J., archiepiscopum Cantuariensem, et dilectos

filios magistros Rogerum de Rowele, Robertum de Laci, Martinum de Hamptona, Johannem de Sancto Martino Lewensi, Anselinum de Estria, et Petrum de Geldeford clericos ex altera, super de Wingham et Terringes ecclesiis, Cantuariensis et Cicestrensis diocesium, et rebus aliis, coram dilecto filio nostro Comite, tituli Sanctorum Marcellini et Petri presbitero cardinali auditore concesso partibus, vertebatur, venerabilis frater noster B., episcopus Portuensis, cujus arbitratui, dispositioni, dicto, laudo, diffinitioni et decreto alte et basse, tam tu quam dilectus filius magister Guillelmus de Sardynia, juris civilis professor, procurator eorundem archiepiscopi et clericorum, habens ad id mandata sufficientia ab eisdem, ipsorum nomine, sub certis forma et pena vos submittere curavistis, concessa sibi a nobis arbitrandi, ordinandi, disponendi, laudandi, diffiniendi et decernendi auctoritate apostolica, prout secundum Deum videret profectui animarum, prospero earundem ecclesiarum statui, et quieti partium expedire, plena et libera potestate, ordinationem edidit inter partes, in qua inter alia episcopus ipse decrevit —, sicut in instrumento publico inde confecto dicti episcopi sigillo signato plenius continetur, cujus tenorem de verbo ad verbum presentibus fecimus annotari, qui talis est :

Rome, 26 mars 1286.

« In nomine Domini, amen. Inter discretum virum
» Thedisium de Camilla, domini pape capellanum, ex
» parte una, et venerabilem patrem J., archiepiscopum
» Cantuariensem, et providos viros magistros Rogerum
» de Rowelle — et Petrum de Geldeford clericos ex
» altera, super ecclesiis de Wingham, Cantuariensis, et
» de Terringes, Cicestrensis diocesium, quibus se dic-
» tus Thedisius spoliatum dicebat, et super fructibus
» perceptis ex eis et que percipi potuerunt, necnon super
» rebus ipsius Thedisii ablatis exinde, ac dampnis aliis
» illatis eidem, et expensis occasione factis hujusmodi,
» omnique interesse ipsius, que omnia idem Thedisius
» sex milia marcharum extimabat et amplius, et eas sibi
» restitui postulabat, materia questionis exorta, et ques-
» tione ipsa coram venerabili patre domino Comite, ti-
» tuli Sanctorum Marcellini et Petri presbitero cardinali,
» primo a felicis recordationis domino Martino papa IIII
» et postmodum a sanctissimo patre domino Honorio,
» divina providentia summo pontifice, ipsis partibus
» auditore concesso, aliquamdiu ventilata, partes eedem
» volentes vitare litigiorum anfractus, labores et sump-
» tus ipsorum, in infrascriptam viam concordie consen-
» serunt, si apostolica super ea posset auctoritas obti-

« neri. Dictus siquidem Thedisius per se, et magister » Guillelmus de Sardinia, juris civilis professor, cleri- » cus, procurator predictorum Johannis, Cantuariensis » archiepiscopi, et dictorum magistrorum—clericorum, » habens ad infrascripta mandata sufficientia — de » omnibus et singulis supradictis — in bone memorie » O.,Tusculanum, et nos Bernardum miseratione divina » Portuensem episcopos, sacrosancte Romane ecclesie » cardinales, tanquam in arbitratores, amicabiles com- » positores— compromittere, seque super hiis omnibus » et singulis nostro arbitratui — submittere curave- » runt —; ipse quoque partes promiserunt sibi mutuo — » — per omnia obedire omni nostro et nostrum cujusli- » bet arbitratui — et singula inviolabiliter observare, » nec contra ea vel eorum aliquod per se vel per alium » quoquomodo facere vel venire pretextu alicujus juris » vel facti,sub pena decem milium marcharum sterlin- » gorum hinc inde promissa, totiens committenda quo- » tiens contraventum fuerit, et a parte, premissa vel » eorum aliquod non servante , parti observanti plene » libere ac integre persolvenda, rato nichilominus ma- » nente contractu, prout in instrumento publico con- » fecto per manus Johannis quondam Jacobi de Bono- » nia,apostolica et imperiali auctoritate notarii publici, » plenius continetur; verum quia, sicut Domino pla- » cuit,'dictus episcopus Tusculanus, viam universe car- » nis ingressus, decisioni seu prosecutioni hujusmodi » negotii non potuit interesse,nos solus hujusmodi com- » promissum et submissionem suscepimus —. Et quia » circa dictam ecclesiam de Wingham invenimus per » felicis recordationis dominum Gregorium papam de- » cimum archiepiscopo Cantuariensi, nomine non ex- » presso, sub certa forma concessum quod, prefecto » Thedisio cedente vel decedente, idem archiepiscopus » in ecclesia ipsa prepositum et decens canonicorum » secularium collegium ordinaret, prout in litteris ejus- » dem domini Gregorii plenius prospeximus contineri, » nos attendentes hujusmodi ordinationem cedere in » divini cultus augmentum et prosperiorem ecclesie » dicte statum, cupientes etiam quod de prefata ecclesia » de Terringes aliqua utilis ordinatio ad similem fiat » effectum, ne per rectoris absentiam animarum cura » inibi negligatur, arbitramur, ordinamus, disponimus, » dicimus, laudamus, diffinimus atque decernimus quod » memoratus Thedisius predictis ecclesiis et omni juri » sibi competenti quomodolibet in eisdem libere cedat, » renuntiet et resignet, cum in eis non possit comode » residere; cedat insuper ac renuntiet omni liti, contro- » versie seu questioni super ipsis vel earum pertinen- » tiis aut quocumque alio premissorum motis seu etiam

» movendis, que omnia idem Thedisius statim in nostra » presentia plene, sponte ac libere adimplevit,predictis » ecclesiis et omni juri sibi competenti quomodolibet » in eisdem plene,sponte ac libere, nobis recipientibus » auctoritate predicta, et in manus nostras cedendo, » renuntiando et resignando ; cedendo etiam et renun- » tiando omni liti, controversie seu questioni super ipsis » vel earum pertinentiis aut quocumque alio premisso- » rum motis seu etiam movendis. Arbitramur insuper, » ordinamus — dictam ecclesiam de Wingham de pre- » posito et decenti secularium canonicorum collegio — » per Cantuariensem archiepiscopum ordinandam, dic- » tamque preterea ecclesiam de Terringes arbitramur » — per competentem divisionem seu alias ab eo, ad » quem dispositio et ordinatio spectat ipsius, taliter or- » dinari quod in ea cultus divinus incrementum recipiat » et animarum cura diligenter habeatur; et hujusmodi » ordinationes de predictis ecclesiis fieri,ut premittitur, » diffinimus atque decernimus, non obstante aliqua » concessione, collatione,institutione seu comenda facta » de ipsis ecclesiis vel earum aliqua memoratis magis- » tris Rogero de Rowelle — Petro de Geldeford, ante » cessionem ejusdem Thedisii, et contra ipsum seu in » ejus prejudicium attemptata. Ut autem memorato The- » disio de fructibus, qui ad eum ante cessionem hujus- » modi pertinebant, rebus ablatis, et expensis hac occa- » sione factis et alio suo interesse, satisfactio saltem » qualiscumque proveniat, arbitrando — decernimus » quod pro predictis fructibus,rebus, dampnis,et expen- » sis ac interesse, prefatus archiepiscopus et sepedicti » magistri — clerici dent, prestent et solvant memorato » Thedisio, sive ipsius procuratori ad hoc mandatum » habenti, seu alii cuicumque, cui ipse Thedisius inter » vivos aut in ultima voluntate dari mandaverit, qua- » tuor milia marcharum bonorum novorum et legalium » sterlingorum, tredecim solidis et quatuor sterlingis » pro marcha qualibet computatis, loco et terminis in- » frascriptis,videlicet Londoniis apud Novum Templum, » duo milia marcharum in festo Beati Johannis Baptiste » proximo veniente, alias vero mille marchas in festo » Beati Andree apostoli tunc sequente, residuas vero » mille marchas infra octabas festi Resurrectionis Do- » mini secundo venturi, ad quarum dationem et solu- » tionem, predictis loco et terminis faciendam, ipsos et » eorum quemlibet insolidum condempnamus, ita tamen » quod uno solvente ceteri liberentur. Insuper, ne pre- » fatus Thedisius, qui nobis in ecclesiarum dictarum » resignatione,ac omnis litis, questionis et controversie » cessione humiliter paruit et liberaliter acquievit, in » ordinis clericalis opprobrium et ecclesie Romane con-

» temptum, cujus capellanus existit, eo graviorem sen-
» tiat sarcinam paupertatis, quo amplius sepefatas
» ecclesias obtinens habundavit, arbitrando— decerni-
» mus et etiam diffinimus quod idem Thedisius de pre-
» dictis ecclesiis, fructibus, proventibus et obventionibus
» earundem ducentas marchas sterlingorum subscriptis
» loco et terminis percipiat annuatim toto tempore vite
» sue, donec clericus fuerit, nisi forsan ipsum ad epis-
» copalem vel archiepiscopalem promoveri contigerit
» dignitatem. Ad quas ducentas marchas solvendas ei-
» dem Thedisio vel procuratori suo seu alii, cui eas ipse
» solvi mandaverit, dictum Cantuariensem archiepisco-
» pum et successores ipsius, easdem ecclesias et quosli-
» bet rectores ipsarum presentes et futuros, et quoslibet
» alios institutos vel instituendos in ipsis, ita quod qui-
» libet ipsorum insolidum teneatur, et ab eorum quolibet
» memoratus Thedisius exigere possit easdem, sed uno
» solvente ceteri liberentur, insolidum obligamus et
» esse decernimus obligatos. Fiet autem prima solutio
» dicte pensionis apud Londonias in festo Beati Johan-
» nis Baptiste secundo venturo, et deinde singulis se-
» quentibus annis in eisdem festo et loco. Quod si forsan
» per archiepiscopum et alios supradictos in aliquo ter-
» mino non fuerit de dictis pensione vel milibus mar-
» charum eidem Thedisio plenarie satisfactum, pro sin-
» gulis defectibus solutionis hujusmodi, ut premittitur,
» faciende, predicta pena decem milium marcharum
» contra singulos deficientes totiens quotiens in hujus-
» modi solutione deficient in solidum committatur, et
» eam idem Thedisius a singulis possit exigere cum
» effectu, ita tamen quod uno solvente ceteri liberentur.
» Et nichilominus omnes et singuli deficientes eo ipso
» sententiam excommunicationis, quam in eum eventum
» ex nunc contra eos in hiis scriptis promulgamus, in-
» currant, dictaque ipsius Thedisii renuntiatio et resi-
» gnatio, et quevis ecclesiarum dictarum ordinatio post
» duos menses extunc omni careat robore firmitatis, et
» omne jus, quod idem Thedisius ante hujusmodi ces-
» sionem, resignationem et renuntiationem, ante tempus
» quo dictis ecclesiis spoliatus seu privatus fuisse dici-
» tur, tam circa proprietatem quam circa possessionem,
» in ipsis et earum pertinentiis obtinebat, ad eum plene
» ac integre revertatur. Diffinimus etiam atque decer-
» nimus quod, si aliqua partium contra predicta nostra
» arbitratum, ordinationem, dictum, laudum, diffinitio-
» nem sive decretum venerit vel fecerit quoquomodo,
» possit tam super pena quam super omni petitione,
». actione, persecutione aliove quocumque jure, que parti
» alteri propterea competerent, apud Sedem Apostolicam
» conveniri, non obstantibus aliquibus privilegiis —.

» Hujusmodi sane arbitratui— partes predicte, scilicet
» prefati Thedisius, et magister Guillelmus ibidem pre-
» sentes, nomine quo supra, sponte ac libere consenserunt,
» et eadem acceptaverunt et homolagaverunt expresse.
» In quorum omnium testimonium sigillum nostrum
» presentibus est appensum. Acta, diffinita, decreta et
» facta fuerunt hec omnia Rome apud Sanctum Griso-
» gonum, in camera dicti domini Portuensis, presenti-
» bus venerabilibus viris dominis Guidone de Novavilla
» auditore contradictarum, Alberto de Salve priore de
» Gordanicis, Bernardo Laguscelli Aureliaci in ecclesia
» Claromontensi, magistro Guillelmo de Mandagotto
» Nemausensi archidiaconis, domini pape capellanis,
» Guillelmo de Jou Claromontensi, Jacobo de Barciaco
» Modoecensi canonicis, et pluribus aliis testibus, anno
» Domini a nativitate M°CC°LXXX°VI°, indictione
» XIIII, die vicesima sexta mensis martii, pontificatus
» domni Honorii pape IIII anno primo. Ego Johannes
» quondam Jacobi de Bononia apostolica et imperiali
» auctoritate notarius publicus premissis omnibus in-
» terfui et de mandato dicti domini Portuensis, rogatus
» etiam a dictis partibus, premissa omnia scripsi, eaque
» in formam publicam redigens meo signo et nomine
» roboravi. »

Verum prefatus archiepiscopus ex ordinatione predicta reputans se gravatum nobis humiliter supplicavit ut circa eam moderamen dignaremur apostolicum
adhibere. Diversis itaque inter te ac nonnullos pro parte
archiepiscopi et dictorum clericorum super hujusmodi
moderamine tractatibus habitis, et tam per te quam per
illos nobis expositis, nos demum dictam ordinationem
tam in terminis solutionis dictarum quantitatum et
penis adjectis contra non servantes ordinationem eandem, quam in quantitate pensionis, et nonnullis aliis
immutantes, ceteris que in eadem ordinatione continentur in suo robore duraturis, ipsam sic duximus mode-
randam. Decernimus siquidem quod archiepiscopus et
clerici memorati dicta quatuor milia marcharum solvant terminis infrascriptis, videlicet duo milia marcharum infra festum Beati Luce evangeliste primo venturum, alias autem mille infra octabas festi Resurrectionis
dominice subsequentis, reliquas vero mille infra festum
Omnium Sanctorum deinde secuturum. Ceterum pro
quantitate ducentarum marcharum tibi solvendarum
secundum ordinationem eandem, te, in hoc consentien-
tem expresse, centum et quinquaginta marchis annuis,
solvendis tibi loco et terminis quos ad hoc eadem ordinatio prefigebat, decernimus esse contentum. Ad solvenda quoque, ut premittitur, dicta quatuor milia marcharum, ita teneri decernimus archiepiscopi ejusdem in

Cantuariensi ecclesia successores, ut in eo, de quo tibi non fuerit ipsius archiepiscopi tempore satisfactum, etiam successores satisfacere teneantur, quatinus archiepiscopus ipse tenetur; quod si fuerit in predictorum solutione cessatum, nullas alias penas locum habere nolumus nisi tantummodo infrascriptas. Si quando et enim per archiepiscopum et alios supradictos non fuerit in aliquo termino de dictis pensione vel milibus marcharum tibi plenarie satisfactum, pro singulis defectibus solutionis, ut premittitur, faciende, pena quinque milium marcharum totiens contra non solventes insolidum committatur, quotiens in hujusmodi solutione deficient, et eam a singulis possis exigere cum effectu, ita tamen quod uno solvente ceteri liberentur, et tu solventi actiones tuas contra non solventes cedere tenearis. Et nichilominus omnes et singuli deficientes, preter memoratum archiepiscopum, eo ipso latam per eundem episcopum contra deficientes in solutione predictorum juxta eandem suam ordinationem facienda, sententiam excommunicationis incurrant. Dicto vero archiepiscopo sit ex tunc ingressus ecclesie interdictus, et, si per mensem hujusmodi substinuerit interdictum, deinde a pontificali officio sit suspensus. Et si forsan in suspensione hujusmodi per mensem alium non solvendo perstiterit, tunc demum sit predicta excommunicationis sententia innodatus. Cum autem memoratus archiepiscopus quantitatem debitam juxta ordinationem predictam in primo ad hoc in eadem ordinatione prefixo termino, et jam lapso, non solvisse, licet ipsam in eodem termino sub ea lege obtulisse ac deposuisse dicatur, ut, si constaret eam tibi debitam, tua extunc esset, et in eventum hujusmodi dominium et possessionem quantitatis ejusdem a se penitus abdicasse, propter quod dubitatur ne idem archiepiscopus sententiam excommunicationis incurrerit contra eum in ordinatione prefata, si forsan in aliquo termino in solutione deficeret, promulgatam, ipsam ab eadem sententia de tuo consensu absolvimus ad cautelam, et si ea forte ligatus se divinis immiscuit vel illa etiam celebravit, cum eo super irregularitate, si quam incurrerit, exinde dispensamus. Premissam itaque ordinationem ejusdem episcopi Portuensis sic moderatam a nobis ratam et gratam habentes, ipsam auctoritate apostolica confirmamus et presentis scripti patrocinio communimus, eadem auctoritate nichilominus decernentes eam, ut premittitur, moderatam inviolabiliter observandam. Nulli ergo etc., nostre absolutionis, dispensationis, confirmationis et constitutionis etc. Si quis autem etc. Dat. Tibure, XIIII kal. septembris, anno secundo. »

In eundem modum archiepiscopo Januensi et episcopo Astensi

ac abbati monasterii Sancti Augustini foris muros Cantuariensis, ordinis sancti Benedicti, mandat quatinus proximam superiorem ordinationem faciant firmiter observari. Dat. ut supra.

606   Tivoli, 23 août 1286.

J., archiepiscopo Cantuariensi, sententiam in causa que inter ipsum archiepiscopum aliosque clericos ex una parte, et Thedisium de Camilla, pape capellanum, ex altera vertebatur, a Portuensi episcopo pronunciatam, et deinde moderatam, transmittit. (n° 109, fol. 159 v°.)

« *Venerabili fratri J., archiepiscopo Cantuariensi.* In causa que —. Dat. Tibure, X kal. septembris, anno secundo. »

607   Tivoli, 23 août 1286.

Hugoni, episcopo Tholosano, concedit ut, cum nonnulli clerici regulares et seculares sue diocesis pro violenta manuum injectione in personas ecclesiasticas excommunicationis sententiam incurrerint, quindecim ex talibus absolvat ab hujusmodi excommunicatione, eisque injungat quod de jure fuerit injungendum, proviso quod passis injuriam satisfaciant competenter, et illos quorum fuerit gravis et enormis excessus mittat ad Sedem Apostolicam absolvendos; proviso preterea quod omnes expensas quas iidem injectores manuum essent propter hoc veniendo ad Sedem Apostolicam, apud eam morando et exinde redeundo facturi, sibi ab eis faciat assignari, et in aliquo apto loco deponat transmittendas de mandato apostolico in subsidium Terre Sancte. (n° 110, fol. 159 v°; LA PORTE DU THEIL, fol. 51.)

« *Venerabili fratri Hugoni, episcopo Tholosano.* Tua nobis fraternitas —. Dat. Tibure, X kal. septembris, anno secundo. »

608   Tivoli, 23 août 1286.

Eidem episcopo, dispensandi cum canonicis et clericis ecclesie Tholosane super irregularitate, quam forsitan contraxerint, si, durante interdicto cui ecclesia Tholosana est supposita, divinis officiis se immiscuerint, liberam concedit facultatem. (n° 111, fol. 160; LA PORTE DU THEIL, fol. 52.)

« *Eidem.* Meruit tue devotionis —. Cum itaque dilectus filius B., abbas monasterii Appamiarum, ordinis sancti Augustini, Tholosane diocesis, dudum pro eo quod sibi, tunc Sedis Apostolice nuntio, de Aragonie partibus, ad quas pro certis ejusdem Sedis negotiis transmissus fuerat, redeunti, procurationes taxatas eidem, tu, et Vitalis, ecclesie Tholosane prepositus, solvere denegastis, excommunicationis sententiam in te, tunc priorem prioratus de Murello, ipsius diocesis, et eundem prepositum, tunc temporis bone memorie B., episcopi Tholosani, predecessoris tui, vicarios duxerit, sicut asserit, proferendam, ac prefatam ecclesiam supposuerit ecclesiastico interdicto, licet tu sententiam et interdictum hujusmodi ex causis variis asserens esse nulla, nosque sententiam et interdictum eadem de voluntate ipsius abbatis relaxanda, si forsitan tenuerunt, si vero non tenuerunt, quatinus de facto processerant, duxerimus revocanda, tuis supplicationibus inclinati, dispensandi cum canonicis et clericis ipsius ecclesie Tholosane super irregularitate, si quam ex eo forsitan contraxerunt, quod eodem, si tenuit, interdicto durante, divinis se immiscuerunt officiis, vel eadem celebrarunt, injuncta eis pro modo culpe penitentia competenti, fraternitati tue liberam auctoritate presentium concedimus facultatem. Dat. ut supra. »

609   Tivoli, 20 septembre 1286.

R., archiepiscopo Arelatensi, mandat quatinus totam pecuniam e decima negotio regni Sicilie deputata in comitatibus Provincie et Forcalquerii collectam et colligendam, quibusdam mercatoribus Senensibus et [Pistoriensibus assignet. (n° 112, fol. 160; LA PORTE DU THEIL, fol. 55.)

« *Venerabili fratri R., archiepiscopo Arelatensi.* Olim felicis recordationis Martinus papa predecessor noster, bone memorie Bertrando, archiepiscopo Arelatensi, predecessori tuo, sollicitudinem colligendi decimam ecclesiasticorum proventuum in comitatibus Provincie et Forcalquerii, clarememorie C., Sicilie regi, pro negotio regni Sicilie gratiose concessam, per litteras suas commisit; nosque postmodum attendentes quod expediens erat predictam decimam promptam haberi apud Sedem Apostolicam pro negotio supradicto, eidem archiepiscopo nostris sub certa forma dedimus litteris in mandatis, ut decimam ipsam collectam et etiam colligendam dilectis filiis Altovito Bartholomei, Bencivegne quondam Bencivengni, et Noto Magni de filiorum Bonsignoris et Bonaventure Bernardini de Senis, ac quondam Spine Phylippi, Lanti Agolantis, Prove Comtis, Dino Donati, Vanni Spinelli, et Johanni Jacobi de Amannatorum Pistoriensium societatibus, civibus et mercatoribus Senensibus et Pistoriensibus, de quorum

fidelitate confidimus, predictas nostras sibi litteras deferentibus, nostro et ecclesie Romane nomine ad opus heredum regis predicti, sublata difficultate qualibet, assignaret, equis inter illos portionibus dividendam; demum autem intellecto quod prefatus archiepiscopus non intendebat totam dictam decimam prefatis mercatoribus assignare, sed tantum illam que colligebatur in Provincia supradicta, nos eidem archiepiscopo per alias nostras injunximus litteras ut eis prefatam decimam integraliter, sublato cujuslibet difficultatis et dilationis obstaculo, assignare curaret, ita quod propter hoc non cogeremur ei scribere iterato. Verum, sicut accepimus, prefatus archiepiscopus predictam decimam dictis mercatoribus juxta mandatum nostrum assignare integre non curavit, partem ipsius decime penes alios disponendo. Cum igitur nostre intentionis extiterit et existat ut tota hujusmodi decima in prefatis comitatibus collecta et colligenda deberet eisdem mercatoribus assignari, tibique nuper duxerimus per nostras litteras committendum ut in hujusmodi commissionis facte archiepiscopo memorato, ut premittitur, negotio auctoritate nostra procedas juxta predictarum ipsius predecessoris nostri continentiam litterarum, quocirca fraternitati tue per apostolica scripta mandamus quatinus in ejusdem mandati nostri executione procedas efficaciter, secundum nostrarum litterarum continentiam earundem, ac decimam ipsam sic depositam et alias collectam, si qua apud quoscumque reperiatur, tibi faciens exhiberi, detentores ad ejus exhibitionem, si necesse fuerit, per censuram ecclesiasticam appellatione postposita compescendo, non obstantibus aliquibus privilegiis seu indulgentiis apostolicis, de quibus quorumque totis tenoribus de verbo ad verbum oporteat in presentibus fieri mentionem, illam necnon et colligendam in comitatibus supradictis mercatoribus ipsis, seu eorum aliquibus, presentes tibi litteras deferentibus, nostro et predicte Romane ecclesie nomine, ad opus dictorum heredum prefati regis, integre assignare procures, inter eorum societates equis portionibus dividendam; nobis quid et quantum ipsis assignandum duxeris fideliter rescripturus. Volumus etiam ut, si qui clerici, pro defectu solutionis dicte decime, fuerint excommunicationis sententiis innodati, post debitam super hoc ab ipsis satisfactionem impensam, illos ab eisdem sententiis absolvere valeas, vice nostra, et cum eis super irregularitate, si quam iidem sic ligati divina officia celebrando, seu se ipsis officiis immiscendo, non tamen in contemptum clavium contraxerint, dispensare, injuncta ipsis propter hoc penitentia salutari. Dat. Tibure, XII kal. octobris, anno secundo. »

610   Tivoli, 19 septembre 1286.

Eidem archiepiscopo committit et mandat quatinus decimam ecclesiasticorum proventuum, in Provincie et Forcalquerii comitatibus, clare memorie C., Sicilie regi, pro negotio regni Sicilie gratiose concessam, colligat. (n° 113, fol. 160; LA PORTE DU THEIL, fol. 58.)

« *Eidem*. Olim felicis recordationis —. Dat. Tibure, XIII kal. octobris, anno secundo. »

611   Tivoli, 16 septembre 1286.

Electionem Johannis Baillet, monasterii Aquicinctensis abbatis electi, decernit vacuatam, provisionemque de abbate ipsi monasterio faciendam hac vice Sedi Apostolice reservat. (n° 114, fol. 160 v°.)

« *Ad perpetuam rei memoriam*. Dudum tempore felicis recordationis Martini pape predecessoris nostri monasterio Aquicinctensi, ordinis sancti Benedicti, Atrebatensis diocesis, vacante per obitum quondam Ade, abbatis ipsius monasterii, contigit in eo duas electiones per viam scrutinii de duobus monachis ipsius monasterii, unam videlicet a majori parte conventus de fratre Johanne Baillet, et aliam de quondam fratre Johanne de Ath tunc vivente in discordia celebrari, premissis et subsecutis quibusdam appellationibus ex parte ipsius Johannis de Ath, que negotium ad Sedem Apostolicam devoluerunt, et quanquam alique de dictis appellationibus in presentia partis adverse, scilicet dicti Johannis Baillet facte, quedam etiam tam sibi quam venerabili fratri nostro .. episcopo Atrebatensi, licet absenti, coram .. officiali, et .. archidiacono Atrebatensibus fuerint nuntiate, nichilominus jam dictus Johannes Baillet procuravit electionem suam per officialem ipsius episcopi de mandato ejusdem episcopi confirmari, a confirmatione autem hujusmodi, et ne dictus Johannes benediceretur in abbatem dicti monasterii, pro parte altera extitit coram eodem episcopo appellatum. Sane utraque parte ad civitatem Urbevetanam, ubi tunc Romana residebat curia, veniente, dictus Johannes Baillet se in memorati predecessoris palatio presentavit asserens, sicut constitit per publicum instrumentum, quod, cum dictus Johannes de Ath et quidam alii monachi prefati monasterii ad Sedem accessissent eandem, causa prosequendi quasdam appellationes interpositas ad Sedem ipsam contra institutionem et electionem de persona sua canonice in eodem monasterio celebratam, et

ipse similiter venisset ad eadem prosequenda, se ad hoc in dicto palatio publico presentavit, et protestatus est quod paratus erat super premissis et quolibet premissorum agere ac defendere coram summo pontifice vel quocumque alio auditore dato vel dando, et quod ex tunc non currerent sibi tempora, que, ut dicebat, a tempore notitie dictarum appellationum observaverat diligenter. Postmodum vero idem Johannes Baillet de dicta curia, nec aliqua instructione facta negotii, nec licentia obtenta, recessit, dicto Johanne de Ath in eadem curia remanente et super hujusmodi negotio auditorem etiam obtinente. Sed cum coram eodem auditore hujusmodi negotii prosecutioni aliquamdiu institisset, inter moras diem clausit extremum. Electores autem sui, ad eos de ipsius obitu rumore perlato, dilectum filium fratrem Gottifridum, ejusdem monasterii monachum, in abbatem ipsius monasterii elegerunt; quo in nostra et fratrum nostrorum presentia contra ipsum Johannem Baillet dictum prosequente negotium, licet demum jus suum in nostris manibus resignarit, dicebatur dictum Johannem Baillet per constitutionem felicis recordationis Nicolai pape predecessoris nostri omni jure, si quod ei fuerat ex electione quesitum, fore privatum, cum per eum constitutioni prefate non fuerit satisfactum. Nam etsi, prout asserebat, debito comparuisset in tempore, tamen negotium, ut debuit, non instruxit, sed, ut premissum est, nulla instructione facta et licentia nec obtenta nec petita, recessit, cum tamen illa constitutio non solum comparitionem exigat sed et illum comparitionis effectum, ut per principales personas negotium plenius instruatur; et ideo allegabatur eundem Johannem Baillet, qui nec instruere negotium nec unquam suam absentiam excusare curavit, in penam dicte constitutionis, ut predicitur, incidisse, ac jure, si quod ei quesitum fuerat ex sua electione, privatum ; non obstante ipsius electionis confirmatione secuta, que pro eo apparet nullius fuisse momenti, quod, ad dictam Sedem negotio devoluto, electionem ipsam is qui jam id non poterat confirmavit. Nec obstat si dicatur quod dicta constitutio hujusmodi penam privationis in non comparentes statuit, et ideo ad casum quem non exprimit, videlicet ad comparentes et sine licentia recedentes, non videretur esse trahenda, cum sit penalis, et pene non exasperande vel prorogande sint, sed molliende potius et artande ; nam et penales constitutiones locum habent etiam ubi verba deficiunt, si mens offendatur earum, sicut varia jura manifeste testantur. Nos itaque hiis, et aliis que circa hec attendenda vidimus, cum eisdem fratribus plena deliberatione discussis, de ipsorum consilio, prefatam electionem dicti Johannis Baillét viribus decernimus vacuatam, ipsumque omni jure, si quod sibi quesitum fuerat ex eadem electione, privatum, et electionem ipsam confirmationemque secutam ex ea, quatenus processere de facto, nichilominus revocantes, censemus ipsum Johannem privatum eodem jure manere. Ceterum provisionem de abbate ipsi monasterio faciendam hac vice Sedi reservamus eidem, memorato conventui districtius inhibentes ne ad provisionem hujusmodi procedere qualitercumque presumant, ac decernentes ex nunc irritum et inane quicquid contra reservationem vel prohibitionem hujusmodi scienter vel ignoranter contigerit attemptari. Dat. Tibure, XVI kal. octobris, anno secundo. »

612 Tivoli, 18 août 1286.

Litteras Innocentii pape IV, datas Lugduni, kalendis martii, pontificatus ejusdem anno VII, quibus dictus Innocentius abbati monasterii Sancti Benedicti supra Padum utendi mitra, baculo pastorali, annulo, cyrothecis, tunica, dalmatica, sandaliis et caligis liberam concesserat facultatem, confirmat. (n° 115, fol. 160 v°; POTTHAST, n° 22508.)

« .. Abbati, et conventui monasterii Sancti Benedicti supra Padum Lyronem, ad Romanam ecclesiam nullo medio pertinentis, ordinis sancti Benedicti, Mantuane diocesis. Tenorem quarundam litterarum —. Dat. Tibure, XV kal. septembris, anno secundo. »

613 Tivoli, 28 août 1286.

Abbati monasterii de Sancto Eadmundo, ut de bonis mobilibus que penes eum tempore obitus sui fuerint, et que altarium ipsius monasterii non fuerint, in ultima voluntate disponere licite valeat, indulget. (n° 116, fol. 161.)

« .. Abbati monasterii de Sancto Eadmundo, ad Romanam ecclesiam nullo medio pertinentis, ordinis sancti Benedicti, Norwicensis diocesis. Tuis devotionis supplicationibus —. Dat. Tibure, V kal. septembris, anno secundo. »

614 Tivoli, 22 septembre 1286.

Paulo Laurentii, civi Romano, per magistrum Hugolinum, canonicum Lucanum, pape capellanum, examinato, tabellionatus officium concedit. (n° 117, fol. 161.)

« Dilecto filio Paulo Laurentii Petri Henrici, civi Romano. Ne contractuum memoria —. Dat. Tibure, X kal. octobris, anno secundo. »

615 Tivoli, 23 août 1286.

J., episcopum Lamecensem, qui, tempore quo ipsum prefecerat papa in episcopum, juramento promiserat quod apostolorum limina bienniis singulis visitaret, quanquam Lamecensis ecclesia privilegium exemptionis non haberet sed jurisdictioni electi Compostellani subjecta consisteret, a juramento hujusmodi absolvit. (n° 118, fol. 161.)

« Venerabili fratri J., episcopo Lamecensi. Ex parte tua —. Dat. Tibure, X kal. septembris, anno secundo. »

616 Tivoli, 23 août 1286.

Ad ecclesiam Capudaquensem, per obitum Petri, episcopi, pastoris solatio destitutam, et cujus provisionem Sedi Apostolice hac vice reservaverat papa, Gotbertum, tunc episcopum Agrigentinum, transfert. (n° 119, fol. 161.)

« Venerabili fratri Gotberto, Capudaquensi electo. Romani pontificis qui —. Dat. Tibure, X kal. septembris, anno secundo. »

In eundem modum capitulo ecclesie Capudaquensis mandat quatinus eidem episcopo obedientiam et reverentiam debitam exhibeat. Dat. ut supra.

In e. m. clero civitatis et diocesis Capudaquensis.

In e. m. populo civitatis et diocesis Capudaquensis mandat quatinus ejusdem episcopi monitis et mandatis intendat. Dat. ut supra.

In e. m. vassallis ecclesie Capudaquensis mandat quatinus eidem episcopo fidelitatis solite prestent juramentum servitiaque debita exhibeant. Dat. ut supra.

617 Tivoli, 19 septembre 1286.

Gaufrido, episcopo Lidensi, mandat quatinus quicquid de summa duodecim millium librarum turonensium, quam pro Terre Sancte subsidio in promotionis sue primordiis deputavit Adrianus papa, apud Abraghinum, campsorem Acconensem, vel apud quemvis alium remansisse repererit, certis mercatoribus Senensibus assignari faciat. (n° 120, fol. 161 v°.)

« Venerabili fratri Gaufrido, episcopo Lidensi. Cum, sicut accepimus, felicis recordationis Adrianus papa, predecessor noster, ad Terram Sanctam specialem ge-

28

rens devotionis affectum, in ipsis promotionis sue primordiis duodecim milia librarum turonensium pro ipsius Terre subsidio deputavit, et, licet hujusmodi summam pecunie ad eandem Terram duxerit transmittendam, tamen eo morte prevento non extitit dicta pecunia in prefatum subsidium erogata. Verum cum dicatur apud Abraghinum, campsorem Acconensem, magna quantitas de hujusmodi pecunia remansisse, et nos, quamvis de ipsius campsoris fidelitate sit minime dubitandum, volentes tamen ejusdem Terre utilitatibus securius et cautius providere, pecuniam ipsam apud tales personas faciendo deponi, de quorum facultatum sufficientia pleniorem notitiam habeamus, volumus et fraternitati tue per apostolica scripta mandamus quatinus dilectis filiis Clarito Johannis, Jacobo Franchi, et Senso Bosi de societate Bonaventure Bernardini, mercatoribus Senensibus vel alicui ex eis presentes litteras deferenti, cum de ipsorum fidelitate ac facultatibus plenam certitudinem habeamus, quicquid de prefata summa duodecim milium librarum tam apud Abraghinum quam etiam quemvis alium quocumque nomine haberi reppereris, ad opus predicte Terre Sancte facias, sublato cujuslibet dilationis obstaculo, assignari, et pro cautela ipsius Terre de assignatione hujusmodi confici publicum instrumentum; contradictores etc., usque compescendo; in hiis illam diligentiam habiturus quod predicta Terra suis juribus non fraudetur, et nos circumspectionem tuam proinde possimus in Domino merito commendare. Quicquid autem feceris in premissis nobis per tuas litteras harum seriem continentes studeas fideliter intimare. Dat. Tibure, XIII kal. octobris, anno secundo. »

618   Tivoli, 19 septembre 1286.

Eidem Gaufrido, episcopo Lidensi, mandat quatinus pecuniam decime, in regno Cypri et in diocesi Tripolitana collectam, quam apud episcopum Paphensem et apud Vicentium Asisium reppererit deposilam, certis mercatoribus Senensibus assignari faciat. (n° 121, fol. 161 v°.)

« Eidem. Cum de fidelitate mercatorum societatis Bonaventure Bernardini Senensium plenarie confidamus, ac velimus totam decimam in regno Cypri, et civitatis ac diocesis Tripolitane, apostolica auctoritate collectam, apud eosdem mercatores deponi nomine Terre Sancte, ut suo loco et tempore ad opus ipsius Terre possit facilius et commodius rehaberi, fraternitati tue per apostolica scripta mandamus quatinus decimam dicti regni, quam apud venerabilem fratrem nostrum

.. episcopum Paphensem, decimam vero earundem civitatis et diocesis, quam penes Vicentium Asisium in ecclesia Bethelemitana, seu quoscumque alios depositas, vel quocumque modo assignatas esse reppereris, dilectis filiis Jacobo Franchi, et Senso Bosi mercatoribus societatis predicte, vel alicui ex eis presentes litteras deferenti, auctoritate nostra facias, ad opus et ipsius Terre Sancte nomine, integre assignari. —. Volumus autem ut de hiis que eisdem mercatoribus taliter duxeris assignandas, confici facias pro predicte Terre cautela, publica instrumenta per te ad nostram cameram transmittenda, nobis nichilominus per tuas litteras harum seriem continentes rescripturus fideliter quicquid feceris in premissis. Dat. ut supra. »

619   Tivoli, 27 septembre 1286.

Episcopo Tornacensi mandat quatinus de persona Britii de Insula, ecclesie Sancte Marie de Brugis electi preposili, inquirat, ipsumque, si ydoneum esse repererit, ad dictam preposituram faciat admitti. (n° 122, fol. 161 v°; LA PORTE DU THEIL, fol. 69.)

« Venerabili fratri .. episcopo Tornacensi. Sua nobis dilectus filius magister Britius de Insula, canonicus ecclesie Sancte Marie de Brugis, Tornacensis diocesis, petitione monstravit quod, licet quondam magister Egidius de Brugis, canonicus ipsius ecclesie, tunc vivens, super provisione sibi de dignitate in eadem ecclesia facienda, si tunc vacabat ibidem, vel quamprimum ad id se facultas offerret, felicis recordationis Urbani pape, predecessoris nostri, ad .. abbatem monasterii Sancti Bartholomei in Brugis, predicte diocesis, executorias sub certa forma litteras impetrasset, postmodum tamen pie memorie Clemens papa predecessor noster, ex insinuatione quondam Bernardi preposili, tunc viventis, et dilectorum filiorum capituli ejusdem ecclesie, intellecto quod dictus abbas eidem Egidio de prepositura ipsius ecclesie, in qua alia dignitas non existit, quam predictus Bernardus fuerat canonice assecutus et pacifice possidebat, de facto providerat auctoritate hujusmodi litterarum, ac prefatum Egidium in locum viventis intrudens eum prefecerat in prepositum ecclesie supradicte, ita quod, cum preposituram predictam per mortem vel cessionem memorati Bernardi aut alias vacare contingeret, dictus Egidius assequeretur eandem, et tandem procuratorem ipsius magistri Egidii ejus nomine in prepositura installarat prefata, eumque in ejusdem possessionem induxerat corporalem, inhibens capitulo memorato ne ad electionem preposili, cum prepositura ipsa vacaret, procedere attemptarent, eisdem capitulo providendi sibi, premissis veris existentibus, de preposito, prout spectabat ad eos, per electionem canonicam, quamprimo prepositura ipsam vacare contingeret, predictis litteris prefati predecessoris Urbani et processibus per eas habitis, quos idem predecessor Clemens decrevit irritos et inanes, nequaquam obstantibus, liberam concessit per suas sub certa forma litteras facultatem, que, dicto predecessore Clemente vivente, fuerunt in eadem ecclesia publicate; et demum prefata prepositura per obitum Bernardi prenominati vacante, prelibati capitulum easdem litteras ipsius predecessoris Clementis in prefati abbatis legi presentia facientes, ne abbas ipse, pretextu litterarum ejusdem predecessoris Urbani, et processuum per eas habitorum predictorum, eosdem capitulum in electione, que tunc imminebat facienda in dicta ecclesia de preposito, quomodolibet impediret, ad Sedem Apostolicam appellarunt. Dictus vero abbas prefatis capitulo et eorum singulis sub pena excommunicationis mandavit ut, non obstante appellatione hujusmodi, predictum magistrum Egidium in prepositum eorum reciperent, et ei tanquam eorum preposito obedirent; sed iidem capitulum, mandato hujusmodi parere nolentes, prout nec etiam tenebantur, ad tractandum de futuri prepositi substitutione, die ad hoc statuta, insimul convenerunt, ac major et sanior pars ipsorum capituli memoratum magistrum Britium elegit canonice in prepositum ecclesie supradicte, ipsique capitulum et magister Britius bone memorie Philippo episcopo Tornacensi, loci diocesano, predecessori tuo, decretum electionis hujusmodi presentantes, ab eo humiliter petierunt ut electionem eandem auctoritate ordinaria confirmaret, quod dictus episcopus occasione hujusmodi processuum dicti abbatis efficere recusavit. Cumque postmodum predictus Egidius ab audientia dicti episcopi, et .. scolastici, ac quondam magistri Arnulfi de Gandano, canonici Tornacensis, de causa hujusmodi, que inter ipsum Egidium ex parte una ac magistrum Britium et canonicos ejusdem ecclesie, qui eum, ut premissum est, elegerant, ex altera vertebatur, auctoritate litterarum Sedis jamdicte cognoscentium, ad prefatam Sedem ex sufficienti, ut dicebat, gravamine appellasset, felicis recordationis Nicolaus papa, predecessor noster, venerabilem fratrem nostrum Gerardum, episcopum Sabinensem, tunc tituli XII apostolorum presbiterum cardinalem, in causa hujusmodi appellationis et negotii principalis deputavit partibus auditorem, qui, postquam aliquandiu coram ipso fuit in eadem causa processum, ad partes transtulit se remotas, dictusque predecessor Nicolaus dilectum filium nostrum Jordanum, Sancti Eustachii diaconum cardinalem, sub-

rogavit in causa ipsa eidem Sabinensi episcopo auditorem, coram quo dictus Egidius, et magister Johannes de Meinwaut, procurator predicti Britii, comparentes consenserunt expresse ut, omisso appellationis articulo, procederet in dicto negotio principali; oblatis autem, diversis temporibus, in eodem negotio, quod prenominatus Jordanus cardinalis, post prefati predecessoris nostri Nicolai obitum, ad mandatum pie memorie Martini pape, predecessoris nostri, audiendum resumpsit, hinc inde libellis, et lite super libellis ipsis legitime contestata, factisque positionibus et ad eas responsionibus subsecutis alias, in eodem negotio legitime processum extitit, ac etiam in ipso conclusum, dictusque Egidius fuit postmodum rebus humanis exemptus. Facta igitur nobis super dicti negotii processibus ab eodem Jordano cardinali relatione fideli, licet invenerimus nullum jus in prepositura eadem dictum Egidium habuisse, ac predictam electionem ejusdem Britii fuisse canonice celebratam, quia tamen de ydoneitate persone ipsius Britii nobis plene constare nequivit, fraternitati tue per apostolica scripta mandamus quatinus de dicti Britii meritis diligenter inquirens, si eum scientia, vita et moribus ac alias ydoneum esse reppereris, super quibus tuam intendimus conscientiam onerare, prefatam electionem auctoritate nostra confirmare procures, faciens eundem Britium ad dictam preposituram, ut est moris, ad.nitti, sibique de ipsius prepositure fructibus, redditibus, proventibus et juribus integre responderi; contradictores per censuram —. Dat. Tibure, V kal. octobris, anno secundo. »

620   Tivoli, 1er octobre 1286.

Episcopo Camerinensi mandat quatinus de questione, inter canonicos ecclesie Sancti Sebastiani Camerinensis et fratres ordinis Predicatorum de Camerino orta, veritatem inquirat eamque pape significet, interim vero nihil super hiis determinet. (n° 123, fol 162; Potthast, n° 22515.)

« *Venerabili fratri .. episcopo Camerinensi*. Accedens ad Apostolicam —. Dat. Tibure, kalendis octobris, anno secundo. »

621   Tivoli, 25 septembre 1286.

Episcopo Ferentinati, collectori decime regni Sicilie negotio in Campania et Maritima deputate, mandat quatinus decimam ipsam collectam et colligendam Petro Foresii, Charo del Verre, Rostoro Spiliati, Bonacurso Foresi, Guelfo Johaneani, Lapo

Bonaviti, Scolari Chimenti, Vanni Panfoleta et Octaviano Calli, vel aliquibus seu alicui ex eisdem de societate Lambertutii de Frescobaldis de Florentia in depositum assignet. (n° 124, fol. 162 v°.)

« *Venerabili fratri .. episcopo Ferentinati, collectori decime regni Sicilie negotio concesse in Campania et Maritima ac certis aliis partibus deputate*. De tua discretione —. Dat. Tibure, VII kal. octobris, anno secundo. »

622   Tivoli, 23 août 1286.

Ecclesie Ameliensi, per resignationem Bartholomei episcopi in pape manibus factam, pastoris solatio destitute, Maurum, tunc abbatem monasterii Sancte Praxedis de Urbe, preficit in episcopum. (n° 125, fol. 162 v°.)

« *Dilecto filio Mauro, electo Ameliensi*. In suppreme dignitatis —. Dat. Tibure, X kal. septembris, anno secundo. »

In eundem modum capitulo Ameliensi mandat quatinus eidem electo obedientiam et reverentiam debitam exhibeat. Dat. ut supra.

In e. m. clero civitatis et diocesis Ameliensis.

In e. m. populo civitatis et diocesis Ameliensis mandat quatinus ejusdem electi monitis et mandatis intendat. Dat. ut supra.

623   Tivoli, 24 septembre 1286.

Concordiam inter capitulum Aurelianense et homines Aurelianensis civitatis, super debitis dicto capitulo bonis mobilibus decedentium ab intestato, habitam refert et confirmat. (n° 126, fol. 162 v°; La Porte du Theil, fol. 59.)

« *Dilectis filiis .. decano, et capitulo ecclesie Aurelianensis*. Ea que judicio vel concordia terminantur —. Sane petitio vestra nobis exhibita continebat quod, licet ad te, fili decane, ratione decanatus tui Aurelianensis ecclesie, de antiqua et approbata et hactenus pacifice observata consuetudine pertineret ut omnia bona mobilia civium Aurelianensium et aliorum hominum in civitate Aurelianensi ac ipsius suburbio et decanatu predicto manentium, et in eodem decanatu ab intestato decedentium habere deberes, et ea in pios usus pro animabus defunctorum juxta tue voluntatis arbitrium erogare, tamen civibus et hominibus predictis quominus tu, dicte decane, prefata bona recipere et habere posses

impedientibus, ac orta super hoc inter te ex parte una ac predictos cives et homines ex altera materia questionis, tandem, mediantibus bonis viris, de consensu venerabilis fratris nostri .. Aurelianensis episcopi, et vestro, filii capitulum, quedam super hoc amicabilis inter partes compositio intervenit, prout in patentibus litteris inde confectis dicti episcopi, vestrisque sigillis munitis plenius continetur; cum autem pro parte vestra fuerit nobis humiliter supplicatum ut dignaremur compositionem hujusmodi confirmare, nos scire volentes an compositio ipsa foret utilis ecclesie memorate, dilectis filiis, .. Sancti Maximini, et .. Sancti Evultii monasteriorum Aurelianensium abbatibus, nostris dedimus litteris in mandatis ut de modo et forma predicte compositionis, et utrum compositio ipsa cederet ad utilitatem et commodum ecclesie prelibate, ac omnibus aliis que super hoc inquirenda viderent, super quibus ipsorum voluimus conscientiam onerare, veritatem diligentius inquirentes, quod super hiis invenirent nobis per ipsorum litteras intimarent, ut ex eorum relatione instructi, quod super hoc esset agendum securius facere valeremus. Porro supradicti abbates de premissis omnibus inquisiverunt, juxta formam per predictas nostras litteras eis traditam, diligenter, nobisque ipsorum patentes litteras eorum sigillis signatas continentes inquisitionem hujusmodi destinarunt, ex quarum inspectione constitit prefatam compositionem in utilitatem ipsius ecclesie redundare. Nos itaque, vestris supplicationibus inclinati, compositionem ipsam, sicut rite sine pravitate provide facta est, et ab utraque parte sponte recepta, et hactenus pacifice observata, ratam et gratam habentes, illam auctoritate apostolica confirmamus et presentis scripti patrocinio communimus, tenorem predictarum litterarum eandem compositionem continentium de verbo ad verbum presentibus inseri facientes, qui talis est :

Orléans, 12 mai 1285.

« Universis presentes litteras inspecturis Johannes, » decanus ecclesie Aurelianensis, totumque ejusdem » loci capitulum, salutem in Domino. Noveritis quod, » cum inter nos decanum predictum, ratione et nomine » decanatus nostri predicti et ecclesie Aurelianensis, ex » una parte, et cives ac ceteros manentes in civitate et » suburbio Aurelianensi ac etiam toto decanatu exis- » tentes, ex altera, esset suborta contentio, super eo quod » nos decanus predictus omnia bona mobilia hominum » ac personarum predictorum in dicto decanatu existen- » tium ab intestato decedentium, eroganda per nos juxta

» nostre voluntatis arbitrium pro defunctis, nitebamur
» habere, asserentes nos ac predecessores nostros a tem-
» pore a quo non extat memoria in hujusmodi posses-
» sione fuisse, ac predicta nobis competere de consue-
» tudine prescripta, predictis personis et hominibus
» prefatam consuetudinem negantibus aliquo tempore
» fuisse inductam, ac nos vel predecessores nostros un-
» quam usos fuisse, aut ecclesiam Aurelianensem, paci-
» fice possessione predicta, aut aliquo predictorum,
» prout pretendebatur a nobis decano predicto; nitenti-
» bus prefatis personis pluribus rationibus liquido os-
» tendere, quod si esset inducta aliquo tempore, aut
» nos decanum predictum vel predecessores nostros
» unquam usos fuisse predictis, nichilominus non va-
» lere, dicentibus etiam dictis civibus et personis dictam
» consuetudinem, si qua fuit, quam tamen diffitebantur,
» omnino non ratione sed errore et contra jus introduc-
» tam fuisse, per quam filii et propinqui a successione
» et bonis mobilibus parentum et propinquorum suo-
» rum, maxime si bona immobilia non haberent, exclu-
» debantur omnino, quod esset valde iniquum, quia in
» hujusmodi mobilibus, prout et in immobilibus, jure
» ereditario suis parentibus et propinquis in casu pre-
» dicto ab antiquo consueverunt ac debent de jure suc-
» cedere, ipsique homines et persone ac predecessores
» sui hac successione, a tempore a quo non extat me-
» moria, usi fuere. Nos igitur, qui pacem et tranquillita-
» tem subditorum nostrorum et omnium commorantium
» in decanatu nostro predicto, quamplurimum, prout
» tenemur, affectamus, volentes litium et jurgiorum au-
» ferre incommoda, periculumque animarum et corpo-
» rum, quod ex dicta controversia sequi posset, tractatu
» super hoc habito diligenti cum peritis, usique consilio
» saniori, inter nos decanum predictum, ratione decana-
» tus nostri predicti, et nostro nomine ac successorum
» nostrorum ex una parte, ac cives predictos et alios
» quoscumque in nostro decanatu manentes, ac Gilonem
» de Blesis, Guillelmum de Cuneo Regis, Raginaldum
» dictum Lebufetier, Stephanum Angelart, Guillelmum
» de Sancto Maximino, Jodoinum ad Gulam, Johannem
» de Turonis, Conraudum Asinarii, Philippum Prepo-
» siti, Ysquetum Pauli, Robertum Passeloire et Stepha-
» num Biaudouzsire, procuratores ipsorum, nomine pro-
» curatorio eorundem, ad tollendam in posterum super
» predictis materiam questionis, si placet summo pon-
» tifici, ad pacem et concordiam amicabilem devenimus
» in hunc modum ; videlicet quod a predictis civibus, et
» aliis in nostro decanatu manentibus, pro quocumque
» jure, si quod nobis et ecclesie Aurelianensi, ratione
» decanatus predicti, competebat in bonis personarum

» in dicto decanatu existentium, aut in aliquo de pre-
» dictis, aut qui pro tempore fuerint, et ut a predictis
» inquietatione et controversia penitus desistamus,
» quinque milia librarum turonensium recepimus, a
» nobis decano et capitulo Aurelianensi in usus subse-
» quentes convertenda, videlicet tria milia librarum
» turonensium ad opus fabrice ecclesie Aurelianensis,
» que reparatione indiget evidenter, et mille libras ad
» emendum redditus convertendos in usus decanatus
» nostri predicti et in pios usus, prout nobis videbitur
» expedire; et trecentas libras turonensium ad emen-
» dum redditus in usus episcopatus Aurelianensis con-
» vertendos, et in pios usus, prout episcopo videbitur
» expedire, ut tam episcopus quam decanus, qui pro
» tempore fuerint, magis ac magis ad orandum tenean-
» tur pro animabus dictorum ab intestato decedentium
» et aliorum fidelium defunctorum ; et quater centum
» libras turonensium ad emendum redditus ad fundan-
» dam et dotandam quandam capellaniam seu vicariam
» in ecclesia Aurelianensi, in qua capellania per deca-
» num qui pro tempore fuerit, qui jus patronatus habe-
» bit in eadem, instituetur vicarius, qui inibi perpetuo
» institutus teneatur, prout sibi erit possibile, salva
» honestate sua et debita devotione, missarum sollemp-
» nia pro dictis defunctis et aliis fidelibus diebus singu-
» lis per se vel per alium celebrare, et, quoadusque
» fundata fuerit, nos decanus et capitulum predicti pro-
» mittimus ex nunc certum altare deputare in ecclesia
» Aurelianensi et cappellanum certum instituere ad
» celebrandum pro dictis defunctis, prout superius est
» expressum ; trecente vero libre residue ponentur ad
» emendum redditus pro celebrandis annuatim in eccle-
» sia Aurelianensi duobus anniversariis, pro dictis de-
» functis et aliis fidelibus, duobus certis diebus quibus
» non occurrerint anniversaria alia celebranda. Nos
» vero decanus et capitulum predicti de dicta summa
» pecunie tenemus nos integre pro pagatis, exceptis
» trecentis libris in usus episcopatus Aurelianensis
» convertendis, quos exsolvi volumus episcopo memo-
» rato. Et nos decanus predictus, nomine nostro et suc-
» cessorum nostrorum, si placet summo pontifici, juri,
» si quod nobis in premissis vel aliquo premissorum
» competat, perpetuo renuntiamus, cedimus, et, si eidem
» summo pontifici placet, juramus et per juramentum
» nostrum promittimus quod predictis civibus et aliis
» manentibus et mansuris in toto decanatu nostro pre-
» dicto, tam clericis quam laicis, cujuscumque conditio-
» nis existant, exceptis clericis extraneis et alienigenis
» scolaribus, qui ut ibi morentur perpetuo non vene-
» runt, et aliis beneficiatis et non beneficiatis in sacris

» ordinibus constitutis, et personis aliis in claustris ma-
» nentibus, questionem aliquam de cetero non movebi-
» mus, nec ab eis quicquam exigemus super predictis
» aut aliquo predictorum. Nos vero capitulum predic-
» tum, tranquillitatem et pacem ville Aurelianensis, et
» commorantium in ea ac toto decanatu predicto, tam
» quoad presentes quam futuros, quamplurimum affec-
» tantes, perpendentes predicta ad utilitatem ecclesie
» Aurelianensis et decanatus predicti cedere, pacem et
» concordiam amicabilem predictas, si placet summo
» pontifici, volumus, concedimus et etiam approbamus,
» et, si placet summo pontifici, promittimus quod con-
» tra predicta vel aliquid de predictis non veniemus in
» posterum, et ad majoris roboris firmitatem, discretum
» virum Johannem Maufaras, concanonicum nostrum, ac
» procuratorem a nobis specialiter constitutum, in ani-
» mam suam et singulorum de capitulo, si placet summo
» pontifici, jurare fecimus compositionem amicabilem
» et ordinationem predictas in modum subsequentem.
» Juravit enim in animam suam et singulorum de capi-
» tulo supradicto, predicta omnia et singula ad utilita-
» tem et commodum ecclesie Aurelianensis cedere, ut
» credebat, et nos contra predicta seu aliquid de predic-
» tis non venire, sed ea inviolabiliter observare. Juravit
» insuper dictus procurator, si placet summo pontifici,
» quod amodo nullum in canonicum aut decanum sus-
» cipiemus, nisi primo juraverit specialiter et expresse
» se inviolabiliter observare omnia et singula supra-
» dicta et se contra casu aliquo non venire. Juravit in-
» super procurator predictus in animam suam et singu-
» lorum de capitulo, si placet summo pontifici, quod
» contra predicta vel aliquid de predictis non veniemus,
» nec juramenti relaxationem impetrabimus super hoc,
» aut impetrari modo aliquo faciemus ; et si impetrari
» modo aliquo contingeret, aut motu proprio concedentis
» concedi, seu etiam indulgeri, eis non utemur nec uti
» patiemur. Si autem predicta amicabilis compositio seu
» ordinatio fuerit per summum pontificem confirmata,
» tunc suum robur obtineat firmitatis; alioquin, omnia
» et singula supradicta pro infectis penitus habeantur.
» Et hoc omnibus, quorum interest et interesse poterit
» et debebit, intimamus per presentes litteras sigillis
» nostris decani et capituli predictorum, unacum sigillo
» reverendi patris Egidii, Dei gratia Aurelianensis epis-
» copi, sigillatas. Nos vero Egidius, miseratione divina
» Aurelianensis episcopus, qui nos tenemus pro pagatis
» de trecentis libris turonensium nos contingentibus de
» totali summa predicta, predictam compositionem, si
» ipsa placet summo pontifici, approbantes, cum eandem
» ad utilitatem Aurelianensis ecclesie cedere videamus,

» ad premissorum perpetuam memoriam, sigillum nos-
» trum presentibus litteris duximus apponendum. Dat.
» anno Domini M°CC° octoagesimo quinto, die sabbati
» in vigilia Pentecostes. »

Nulli ergo etc., nostre confirmationis etc. Si quis
autem etc. Dat. Tibure, VIII kal. octobris, anno secundo. »

624   Tivoli, 1er octobre 1286.

Monasterio Aquicinctensi, Atrebatensis diocesis, per obitum
Ade abbatis vacanti, E., tunc monachum monasterii Sancti Remigii Remensis, preficit in abbatem. (n° 127, fol. 163 v°.)

« *Dilecto filio E.*, *abbati monasterii Aquicinctensis, ordinis sancti Benedicti, Atrebatensis diocesis.* Ex suscepte
servitutis —. Dudum siquidem tempore felicis recordationis Martini pape, predecessoris nostri, monasterio
Aquicinctensi, ordinis sancti Benedicti, Atrebatensis
diocesis, vacante per obitum quondam Ade, abbatis
ipsius monasterii, contigit in eo duas electiones per viam
scrutinii de duobus monachis ipsius monasterii, unam
videlicet a majori parte conventus de fratre Johanne
Baillet, et aliam de quondam fratre Johanne de Ath,
tunc vivente, in discordia celebrari, premissis et subsecutis quibusdam appellationibus ex parte ipsius Johannis de Ath, que negotium ad Sedem Apostolicam devoluerunt, et quanquam alique de dictis appellationibus
in presentia partis adverse, scilicet dicti Johannis Baillet, facte, quedam etiam tam sibi quam venerabili fratri
nostro .. episcopo Atrebatensi, licet absenti, coram ..
officiali, et .. archidiacono Atrebatensibus fuerint nuntiate, nichilominus tamen dictus Johannes Baillet procuravit electionem suam per officialem ipsius episcopi
de mandato ejusdem episcopi confirmari, a confirmatione autem hujusmodi, et ne dictus Johannes benediceretur in abbatem dicti monasterii, pro parte altera
extitit coram eodem episcopo appellatum. Sane utraque parte ad civitatem Urbevetanam, ubi tunc Romana
residebat curia, veniente, dictus Johannes Baillet se in
memorati predecessoris palatio presentavit, asserens,
sicut constitit per publicum instrumentum, quod, cum
dictus Johannes de Ath, et quidam alii monachi prefati
monasterii ad Sedem accessissent eandem, causa prosequendi quasdam appellationes interpositas ad Sedem
ipsam contra institutionem et electionem de persona
sua canonice in eodem monasterio celebratam, et ipse
similiter venisset ad eadem prosequenda, se ad hoc in
dicto palatio publico presentavit, et protestatus est

quod paratus erat super premissis et quolibet premissorum agere ac defendere coram summo pontifice vel quocumque alio auditore dato vel dando, et quod extunc non currerent sibi tempora, que, ut dicebat, a tempore notitie dictarum appellationum observaverat diligenter. Postmodum vero idem Johannes Baillet de dicta curia, nec aliqua instructione facta negotii, nec licentia obtenta, recessit, dicto Johanne de Ath in eadem curia remanente et super hujusmodi negotio auditorem etiam obtinente, sed cum coram eodem auditore hujusmodi negotii prosecutioni aliquamdiu institisset, inter moras diem clausit extremum. Electores autem sui, ad eos de ipsius obitu rumore perlato, dilectum filium fratrem Gottifridum, ejusdem monasterii monachum, in abbatem ipsius monasterii elegerunt; quo in nostra et fratrum nostrorum presentia contra ipsum Johannem Baillet dictum prosequente negotium, licet demum jus suum in nostris manibus resignarit, dicebatur dictum Johannem Baillet per constitutionem felicis recordationis Nicolai pape, predecessoris nostri, omni jure, si quod ei fuerat ex electione quesitum, fore privatum, cum per eum constitutioni prefate non fuerit satisfactum. Nam etsi, prout asserebat, debito comparuisset in tempore, tamen negotium, ut debuit, non instruxit sed, ut premissum est, nulla instructione facta, et licentia nec obtenta nec petita, recessit, cum tamen illa constitutio non solum comparitionem exigat sed et illum comparitionis effectum, ut per principales personas negotium plenius instruatur; et ideo allegabatur eundem Johannem Baillet, qui nec instruere negotium nec unquam suam absentiam excusare curavit, in penam dicte constitutionis, ut predicitur, incidisse, ac jure, si quod ei quesitum fuerat ex sua electione, privatum; non obstante ipsius electionis confirmatione secuta, que pro eo apparebat nullius fuisse momenti, quod, ad dictam Sedem negotio devoluto, electionem ipsam is qui jam id non poterat confirmavit. Nos autem, hiis, et aliis que circa hec attendenda vidimus, cum eisdem fratribus plena deliberatione discussis, de ipsorum consilio, prefatam electionem dicti Johannis Baillet juribus decrevimus vacuatam, ipsumque omni jure, si quod sibi quesitum fuerat, ex eadem electione privatum, et electionem ipsam confirmationemque secutam ex ea, quatenus processere de facto, nichilominus revocantes, censuimus ipsum J. privatum eodem jure manere. Ceterum provisionem de abbate ipsi monasterio faciendam hac vice Sedi eidem duximus reservandam, prefato conventui districtius inhibentes ne ad provisionem hujusmodi procedere presumerent quoquomodo, ac decernentes ex tunc irritum et inane quicquid contra reservationem vel prohibitionem hu-

jusmodi contingeret attemptari. De ipsius igitur monasterii ordinatione celeri — cogitantes —, in te, tunc monachum monasterii Sancti Remigii Remensis, ordinis sancti Benedicti, in abbatem ipsius electum, cujus clara merita sunt nobis et nostris fratribus non ignota, direximus oculos nostre mentis, teque, de ipsorum fratrum consilio, ipsi Aquicintensi monasterio in abbatem preficimus et pastorem, firma spe fiduciaque concepta —. Dat. Tibure, kalendis octobris, anno secundo. »

In eundem modum conventui monasterii Aquicinctensis mandat quatinus eidem abbati obedientiam et reverentiam debitam exhibeat. Dat. ut supra.

In e. m. vassallis monasterii Aquicinctensis mandat quatinus eidem abbati fidelitatis solite prestent juramentum et servitia debita exhibeant. Dat. ut supra.

625   Tivoli, 28 août 1286.

Magistro et fratribus domus Militie Templi Jerosolimitani concedit facultatem, ut fratres dicte domus, presbiteri, fratribus absolutione et dispensatione quacumque indigentibus, de consilio fratrum ipsius domus qui litterati sint, impertiri valeant absolutionis beneficium et dispensare cum eis. (n° 128, fol. 164.)

« *Magistro et fratribus domus Militie Templi Jerosolimitani.* Exhibita nobis vestra —. Dat. Tibure, V kal. septembris, anno secundo. »

626   Tivoli, 1er octobre 1286.

Loca de Conzaga, de Bondeno Arduini et de Bondeno de Roncoris, in diocesi Regina sita, que possidet Romana ecclesia, cum jurisdictione in loco dicto Pigognaga, ad eandem ecclesiam pertinente, abbati et conventui monasterii Sancti Benedicti de Padolirone locat. (n° 129, fol. 164 v°.)

« *Dilectis filiis .. abbati, et conventui monasterii Sancti Benedicti de Padolirone, ad Romanam ecclesiam nullo medio pertinentis, ordinis sancti Benedicti, Mantuane diocesis.* Cum Romana ecclesia, de Conzaga, de Bondeno Arduini, et de Bondeno de Roncoris loca, in diocesi Regina, obtinere noscatur, nos circa locorum ipsorum recuperationem et conservationem ac directionem sollicite intendentes, ac sperantes quod per nos in hac parte satisfieri votis vestris, et vobis ac monasterio vestro utilitas poterit provenire, loca ipsa vobis, et per vos eidem monasterio, cum omnibus juribus, jurisdictionibus, honoribus, terris cultis et incultis, possessionibus, redditibus, pratis, pascuis, nemoribus, piscariis, domibus, molendinis, paludibus, aquis aquarumque decursibus, pedagiis, districtibus, et aliis omnibus ad loca ipsa spectantibus, que ad ipsam ecclesiam quocumque jure seu causa pertinere noscuntur, ac omnia etiam bona, jura et jurisdictiones, que habet ecclesia ipsa in loco qui dicitur Pigognaga, ejusdem diocesis, de fratrum nostrorum consilio et assensu, locamus, et locationis nomine in perpetuum renovande, ut sequitur, duximus concedenda. Volumus autem quod loca, jura, jurisdictiones, honores, terras, et omnia alia et singula supradicta, usque ad terminos et confines eorum, recuperare a quibuscumque detentoribus in judicio et extra judicium teneamini vestris expensis, et recuperata tenere ac conservare integraliter, ejusdem ecclesie nomine, ac illa excolere diligenter; nec ea, vel eorum aliqua seu aliquod vendere, donare, vel infeudare, seu impignorare, sive distrahere, aut cujuscumque alterius alienationis titulo contrectare, Romano pontifice inconsulto, quomodolibet presumatis; sed sic recuperata, conservata et culta studeatis cum diligentia custodire, ad plenum restituenda in casu restitutionis ecclesie supradicte, et quod vos et successores vestri, ac monasterium ipsum annis singulis in festo Beati Michaelis, quod mense septembris a fidelibus celebratur, quinquaginta florenos auri predicte ecclesie, pensionis seu canonis nomine, in curia Romana persolvatis; quodque quolibet vicesimo nono anno, inter eandem ecclesiam et monasterium ipsum hujusmodi contractus seu locatio, sive concessio renovetur, et quod pro qualibet renovatione hujusmodi prefatum monasterium alios quinquaginta florenos auri solvat anno renovationis ipsius ecclesie supradicte. Si vero prefatum monasterium per triennium continuum ab hujusmodi pensionis seu canonis solutione cessaverit, et de hujusmodi censu seu canone, a vobis vel monasterio ipso infra predictum tempus, vel infra duos menses predictum triennium immediate sequentes, non fuerit eidem ecclesie satisfactum, prefatum monasterium cadat a jure, sibi ex hujusmodi locatione seu concessione quesito, et loca et alia omnia supradicta libere ad prefatam ecclesiam revertantur. Nulli ergo etc., nostre locationis et concessionis infringere etc. Si quis autem etc.

Ego Honorius, catholice ecclesie episcopus, subscripsi.

Ego frater Bentevenga, Albanensis episcopus s.s.

Ego frater Latinus, Ostiensis et Velletrensis ep. s.s.

Ego frater Jeronimus, Penestrinus ep. s.s.

Ego Bernardus, Portuensis et Sancte Rufine ep. s.s.

Ego Hugo, tituli Sancti Laurentii in Lucina presbiter cardinalis s.s.

Ego Gervasius, tituli Sancti Martini presb. card. s.s.

Ego Comes, tituli Sanctorum Marcellini et Petri presb. card, s.s.

Ego Gaufridus, tituli Sancte Susanne presb. card. s.s.

Ego Jordanus, Sancti Eustachii diaconus cardinalis s.s.

Ego Jacobus, Sancte Marie in Via lata diac. card. s.s.

Ego Benedictus, Sancti Nicolai in Carcere Tulliano diac. card. s.s.

Dat. Tibure, per manum magistri Petri de Mediolano, sancte Romane ecclesie vicecancellarii, kalendis octobris, indictione XV, incarnationis dominice anno M°CC°LXXXVI°, pontificatus vero domni Honorii pape IIII anno secundo. »

627　　　　　　　Tivoli, 1er octobre 1286.

Imelacensi ecclesie, per obitum David, episcopi, pastoris solatio destitute, Guillelmum de Glifford, tunc pape capellanum, preficit in episcopum. (no 130, fol. 164 v°; Potthast, no 22514.)

« *Guillelmo de Glifford, electo Imelacensi.* In suppreme dignitatis —. Dat. Tibure, kalendis octobris, anno secundo. »

Tivoli, 2 octobre 1286.

In eundem modum capitulo Imelacensi mandat quatinus eidem electo obedientiam et reverentiam debitam exhibeat. Dat. Tibure, VI nonas octobris, anno secundo.

In e. m. clero civitatis et diocesis Imelacensis.

In e. m. populo Imelacensi mandat quatinus ejusdem electi monitis et mandatis intendat. Dat. ut supra.

In e. m. universis vassallis ecclesie Imelacensis mandat quatinus eidem electo fidelitatis solite prestent juramentum et debita servitia exhibeant. Dat. ut supra.

In e. m. archiepiscopum Cassellensem rogat et hortatur quatinus eundem electum benigne suscipiat. Dat. ut supra.

In e. m. regem Anglie rogat et hortatur quatinus eidem electo regalia Imelacensis ecclesie restituat. Dat. ut supra.

628   Sainte-Sabine, 13 octobre 1286.

Willelmo de Glifford, electo Imelacensi, concedit ut a quocumque maluerit catholico episcopo sacros ordines et munus consecrationis recipere valeat, sine juris metropolitani archiepiscopi Cassellensis prejudicio. (n° 131, fol. 165; POTTHAST, n° 22517.)

« *Willelmo de Glifford, electo Imelacensi.* Cum te in—. Dat. Rome ut supra, idibus octobris, anno secundo. »

629   Sainte-Sabine, 11 octobre 1286.

Electionem Raymundi, abbatis monasterii Sancti Egidii electi, confirmat. (n° 132, fol. 165 v°.)

« *Raymundo, abbati monasterii Sancti Egidii, ad Romanam ecclesiam nullo medio pertinentis, ordinis sancti Benedicti, Nemausensis diocesis.* Debitum officii nostri —. Sane monasterio Sancti Egidii, ad Romanam ecclesiam nullo medio pertinente, ordinis sancti Benedicti, per obitum quondam Austorgii, abbatis ejusdem monasterii, pastoris regimine destituto, dilecti filii .. prior, et conventus ejusdem monasterii — dilectis filiis Bernardo, abbati monasterii Montis Majoris, Pontio de Gensiaco, infirmario, Guigoni de Garda de Roncilione, Bernardo de Sancto Romano de Vaqueriis, et Petro de Cayssanicis prioribus, ejusdem monasterii Sancti Egidii monachis, providendi ea vice ipsi monasterio de abbate contulerunt plenariam potestatem; promittentes —. Iidem vero electores, diligenti tractatu prehabito, in te, tunc ipsius monasterii elemosinarium, direxerunt unanimiter vota sua, ac idem abbas de reliquorum consensu te in abbatem elegit monasterii memorati. Cumque prefati prior et conventus electionem ipsam unanimiter acceptassent, eam petierunt per Sedem Apostolicam confirmari. Presentatam itaque nobis electionem eandem, quia eam invenimus de persona ydonea — canonice celebratam, de fratrum nostrorum consilio duximus confirmandam, proficientes te ipsi monasterio Sancti Egidii in abbatem, tibi curam —. Dat. Rome apud Sanctam Sabinam, V idus octobris, anno secundo. »

In eundem modum priori et conventui monasterii Sancti Egidii mandat quatinus eidem abbati obedientiam et reverentiam debitam exhibeant. Dat. ut supra.

In e. m. universis vassallis ejusdem monasterii mandat quatinus eidem abbati fidelitatis solite prestent juramentum et servitia debita exhibeant. Dat. ut supra.

.. In e. m. regem Francie hortatur quatinus eundem abbatem Sancti Egidii, unacum monasterio ei commisso, sui favoris presidio prosequatur. Dat. ut supra.

HONORIUS.

630   Tivoli, 1er septembre 1286.

Monasterio Sancte Marie Vallis Pontis, per obitum Transmundi, abbatis, pastoris regimine destituto, cum frater Egidius, ipsius monasterii monachus, in abbatem a conventu electus, jus quod sibi ex electione hujusmodi competebat in pape manibus resignasset, Deodatum, dicti monasterii monachum, preficit in abbatem, faciendo ei per episcopum Penestrinum munus benedictionis impendi. (n° 133, fol. 166.)

« *Deodato, abbati monasterii Sancte Marie Vallis Pontis, ad Romanam ecclesiam nullo medio pertinentis, ordinis sancti Benedicti, Perusine diocesis.* Debitum officii nostri —. Dat. Tibure, kalendis septembris, anno secundo. »

In eundem modum conventui monasterii Sancte Marie Vallis Pontis mandat quatinus eidem abbati obedientiam et reverentiam debitam exhibeat. Dat. ut supra.

In e. m. universis vassallis monasterii Sancte Marie Vallis Pontis mandat quatinus eidem abbati fidelitatis solite prestent juramentum et servitia debita exhibeant. Dat. ut supra.

631   Sainte-Sabine, 11 octobre 1286.

Bochardo, archiepiscopo Turonensi, faciendi recipi in canonicum in ecclesa Sancte Radegundis Pictavensis unam personam, ydoneam, eique providendi de prebenda concedit facultatem. (n° 134, fol. 166.)

« *Venerabili fratri Bochardo, archiepiscopo Turonensi.* Sicut ex parte tua fuit propositum coram nobis, dudum dilecti filii .. prior, et capitulum secularis ecclesie Sancte Radegundis Pictavensis, tibi, tunc thesaurario Turonensi ac ejusdem ecclesie canonico, providendi persone ydonee in ipsa ecclesia de canonicatu et prebenda, nulli alii de jure debita, quamprimum ad id se facultas offerret, concesserunt per suas patentes litteras liberam potestatem. Postmodum autem canonicatum et prebendam, quos in dicta ecclesia promotionis tue tempore obtinebas, quosque, cum apud Sedem Apostolicam vacavissent, nullus preter nos, obsistente constitutione felicis recordationis Clementis pape, predecessoris nostri, conferre valeret, duximus conferendos. Volentes igitur in hac parte tibi gratiam facere specialem, fraternitati tue faciendi recipi unam personam ydoneam, juxta potestatem a dictis priore et capitulo tibi traditam, in dicta ecclesia per te vel per alium seu alios in canonicum et in fratrem, ac providendi ei de prebenda, si vacat ibidem ad presens vel quamprimum ad id ob-

                                                 29

tulerit se facultas, non obstantibus de certo canonicorum numero et quolibet alio statuto —, plenam et liberam concedimus tenore presentium facultatem ; statutis,
consuetudine et indulgentiis hujusmodi post receptionem dicte persone in suo nichilominus robore duraturis. Dat. Rome apud Sanctam Sabinam, V idus octobris,
anno secundo. »

632   Sainte-Sabine, 9 janvier 1286.

. Archiepiscopo Cantuariensi mandat quatinus, cum ad monasterium monialium de Leghe, ordinis sancti Augustini, Exoniensis diocesis, causa visitationis accesserit, non seculares in
capitulum ejusdem monasterii nisi duos vel tres ecclesiarum
cathedralium canonicos, aliis quos expedire viderit religiosis adjunctis, visitationis tempore introducat. (n° 135, fol. 166 v°.)

« .. *Archiepiscopo Cantuariensi.* Cum indecens et —.
Dat. Rome apud Sanctam Sabinam, V idus januarii,
anno primo. »

633   Tivoli, 17 septembre 1286.

Preposito Sanctorum Egidii et Homoboni, et preposito Sancti
Cathaldi, Cremonensium ecclesiarum, ac Johanni Pasacalderia
canonico Placentino mandat quatinus Jacobum de Verdeto, qui
monasterium Sancti Columbani Bobiensis detinet, peremptorie
citent ut infra unius mensis spatium coram Apostolica Sede
compareat. (n° 136, fol. 166 v°.)

« *Dilectis filiis .. Sanctorum Egidii et Homoboni, et ..
Sancti Cathaldi, Cremonensium ecclesiarum, prepositis, ac
Johanni Pasacalderia, canonico Placentino.* Olim, sicut
accepimus, venerabilis frater noster B., Portuensis
episcopus, dum legationis officio in Lombardie partibus
fungeretur, intellecto quod monasterium Sancti Columbani Bobiensis, ordinis sancti Benedicti, tanto tempore
tunc jam vacarat quod ejus ordinatio erat ad Sedem
Apostolicam, secundum generalis statuta concilii, legitime devoluta, quodque ipsum monasterium Jacobus
de Verdeto, canonicus ecclesie Sancte Euphemie Placentine, ordinis sancti Augustini, detinebat, ex officio
ejusdem legationis super hoc per .. archidiaconum Placentinum fecit solerter inquiri. Et, licet idem episcopus
predictam inquisitionem, presentibus procuratoribus
Jacobi predicti, examinari fecerit diligenter, in qua usque ad sententie calculum est processum, interim tamen
dicto episcopo ad Romanam curiam redeunte, ejusdem
inquisitionis negotium remanet indecisum. Nos itaque
volentes quod ipsi negotio finis debitus imponatur, eidem episcopo vive vocis oraculo duximus committendum ut predictum negotium, servato legitimo processu
habito coram ipso, audiat et fine debito terminare procuret. Quocirca discretioni vestre per apostolica scripta
mandamus quatinus vos, vel duo aut unus vestrum,
per vos vel alium seu alios, prefatum Jacobum, et quoslibet alios qui sua crediderint interesse, ex parte nostra
peremptorie citare curetis ut infra unius mensis spatium
post citationem hujusmodi per se vel procuratorem
ydoneum cum omnibus juribus et munimentis — nostro
se conspectui representent, facturi —; diem autem citationis —. Dat. Tibure, XV kal. octobris, anno secundo. »

634   Sainte-Sabine, 15 octobre 1286.

Priori Predicatorum, et guardiano Minorum fratrum de Florentia mandat quatinus cum nobili viro Dono dicto Duce, nato
quondam Angiolini de Malchiavellis, et nobili muliere Contessa
dicta Tessa, nepte Staldi Jacob de Florentia militis, qui, ignorantes se quarto consanguinitatis gradu conjunctos, matrimonium invicem contraxerant pluresque filios procrearant, quod,
non obstante hujusmodi impedimento, in matrimonio sic contracto remanere libere valeant, dispensent; prolem susceptam
et suscipiendam ex eis legitimam pronuntiando. (n° 137,
fol. 166 v°; POTTHAST, n° 22519.)

« *Dilectis filiis .. priori Predicatorum, et .. guardiano
Minorum fratrum ordinum de Florentia.* Lecta coram nobis —. Dat. Rome apud Sanctam Sabinam, idibus octobris, anno secundo. »

635   Sainte-Sabine, 15 octobre 1286.

Priori Predicatorum, et guardiano Minorum fratrum ordinum
Tullensibus mandat quatinus cum Joffredo dicto Bridamna de
Novo Castro, armigero, et Margaronna muliere ejusdem, qui,
quamvis dictus Joffredus olim cum quadam Comitissa, cui in
secundo consanguinitatis gradu attinebat Margaronna, sponsalia per verba de futuro contraxisset, sponsalia tamen per verba
de presenti insimul contraxerant et postmodum matrimonium
per carnis copulam consummarant, quod, non obstante hujusmodi impedimento, in sic contracto matrimonio remanere legitime valeant, dispensent. (n° 138, fol. 167; LA PORTE DU THEIL,
fol. 73; POTTHAST, n° 22518.)

« .. *Priori Predicatorum, et .. guardiano Minorum fratrum
ordinum Tullensibus.* Petitio dilecti filii —. Dat. ut supra. »

636   Tivoli, 28 août 1286.

P., episcopo Bajocensi, tabellionatus officium duobus clericis ad hoc idoneis et in minoribus ordinibus constitutis conferendi plenam tribuit facultatem. (n° 139, fol. 167; LA PORTE DU THEIL, fol. 53.)

« *Venerabili fratri P., episcopo Bajocensi.* Volentes tuam honorare —. Dat. Tibure, V kal. septembris, anno secundo. »

637   Sainte-Sabine, 26 octobre 1286.

Blance, nate quondam L., regis Francorum, concedit ut infra septa monasterii de Humilitate Beate Marie Virginis, Parisiensis diocesis, cum mulierum et puellarum honestarum numero, ministri ordinis fratrum Minorum Francie necnon abbatisse ipsius monasterii arbitrio moderando, habitare valeat. (n° 140, fol. 167; LA PORTE DU THEIL, fol. 87; POTTHAST, n° 22520.)

« *Dilecte in Christo filie, nobili mulieri Blance, nate clare memorie L., regis Francorum.* Litterarum tuarum series —. Dat. Rome apud Sanctam Sabinam, VII kal. novembris, anno secundo. »

In eundem modum ministro fratrum ordinis Minorum Francie, et abbatisse monasterii de Humilitate Beate Marie Virginis, Parisiensis diocesis, mandat quatinus premissa sic diligenter exequi studeant quod honestati et fame prefati monasterii ac observantie religionis in eodem conservande caveatur ad plenum.

« In e. m. dilecto filio .. ministro fratrum ordinis Minorum Francie, et dilecte in Christo filie .. abbatisse monasterii de Humilitate Beate Marie Virginis, Parisiensis diocesis. Litterarum dilecte in —. Dat. ut supra. »

638   Tivoli, 28 août 1286.

Parrochialium ecclesiarum Sancti Jacobi et Sancti Remigii ville de Deppa divisionem factam confirmat. (n° 141, fol. 167 v°; LA PORTE DU THEIL, fol. 54.)

« *Dilectis filiis .. abbati, et conventui monasterii Sancte Caterine de Monte prope Rothomagum, ordinis sancti Benedicti.* Cum a nobis —. Exhibita siquidem nobis vestra petitio continebat quod, cum dudum Sancti Jacobi et Sancti Remigii ville de Deppa ecclesie, quarum una dependebat ab altera, quarumve, ut asseritis, estis patroni, per unum gubernarentur rectorem, venerabilis frater noster G., archiepiscopus Rothomagensis, loci diocesanus, salubriter attendens quod parrochia dictarum ecclesiarum adeo erat diffusa quod unicus rector non sufficiebat parrochianis earundem ecclesiarum ministrare ecclesiastica sacramenta, propter quod animarum proveniebant pericula, et scandala plerumque suscitabantur in plebe, ac propterea cupiens super hoc de salutaris provisionis remedio debita sollicitudine providere, de sui capituli et vestro assensu, predictas ecclesias auctoritate ordinaria provida deliberatione divisit, et ipsarum quamlibet statuit baptismalem; ita quod ad earum singulas, cum eam vacare contigerit, Rothomagensi archiepiscopo valeatis personam ydoneam presentare, annua pensione quadraginta librarum turonensium monasterio vestro in prefatis ecclesiis, ante generalis Lateranensis statuta concilii debita, vobis reservata sub hac forma, videlicet quod a Sancti Jacobi, utpote in redditibus pinguiori, triginta quinque, a Sancti Remigii vero predictis ecclesiis, quinque libras turonensium recipiatis libere, nomine pensionis hujusmodi annuatim, prout in litteris inde confectis et eorundem archiepiscopi et capituli sigillis munitis plenius dicitur contineri. Nos itaque, vestris supplicationibus inclinati, quod super hoc provide factum est ratum et gratum habentes, illud auctoritate apostolica confirmamus et presentis scripti patrocinio communimus. Nulli ergo etc., nostre confirmationis etc. Dat. Tibure, V kal. septembris, anno secundo. »

639   Sainte-Sabine, 15 octobre 1286.

Priori Predicatorum, et guardiano Minorum fratrum ordinum de Florentia committit ut cum Bellinciono, nato nobilis viri Rogerii Rubei de Ademariis, et Itta, nata Bindi de Circulis de Florentia, qui quarto se invicem gradu consanguinitatis attingunt, quod, impedimento hujusmodi non obstante, matrimonium contrahere valeant, dispensent. (n° 142, fol. 167 v°.)

« .. *Priori Predicatorum, et .. guardiano Minorum fratrum ordinum de Florentia.* Petitio dilecti filii —. Dat. Rome apud Sanctam Sabinam, idibus octobris, anno secundo. »

640   Tivoli, 22 septembre 1286.

Theoderico, collectori decime Terre Sancte subsidio in Treverensi et Maguntina provinciis deputate, mandat quatinus Jacobo Agolantis, Huguitioni Bonaccursi, Tholomeo Petri, Ghiero et Johanni Bonaccursi de Lamporechio et Johanni Origonis de Amannatorum de Pistorio, et Ranuccio de Abbatibus,

Johanni Bocorelli, Boccacino Paganelli, Bieco Jacobi, Lapo Bonomini, Lapo Frangnini, Tingo Davini et Johanni Vite de Abbatum et Bacarellorum de Florentia, ac Petro Foresi, Johanni Jacobi, Camilo Beni, Lapo Bonaviti, Maso Uberti et Francisco Diotaviti de Lambertutii Frescobaldorum ejusdem loci de Florentia societatibus, totam pecuniam de decima predicta collectam et colligendam assignet. (n° 143, fol. 167 v°.)

« *Theoderico, priori ecclesie Sancti Andree Urbevetani, collectori decime in Treverensi et Maguntina provinciis, Pragensi, Olomucensi, Ehistetensi, et Bambergensi civitatibus et diocesibus duntaxat exceptis, Terre Sancte subsidio deputate.* Cum decimam Terre —. Dat. Tibure, X kal. octobris, anno secundo. »

641   Sainte-Sabine, 29 octobre 1286.

Gottifredo, episcopo Wigorniensi, conferendi uni persone ydonee tabellionatus officium concedit potestatem. (n° 144, fol. 168.)

« *Venerabili fratri Gottifredo, episcopo Wigorniensi.* Cum sicut ex —. Dat. Rome apud Sanctam Sabinam, IIII kal. novembris, anno secundo. »

642   Sainte-Sabine, 29 octobre 1286.

Priori Predicatorum, et guardiano Minorum fratrum ordinum de Ancona, mandat quatinus cum Jacobo Petri, et Oliveta, nata Leonardi Stephani, civibus Anconitanis, qui ignorantes quod aliqua esset consanguinitas inter se, matrimonium invicem contraxerant, quod, non obstante hujusmodi impedimento, in siccont racto matrimonio legitime remanere valeant, dispensent. (n° 145, fol. 168; POTTHAST, n° 22522.)

« .. *Priori Predicatorum, et .. guardiano Minorum ordinum de Ancona.* Petitio dilecti filii —. Dat. Rome apud Sanctam Sabinam, IIII kal. novembris, anno secundo. »

643   Sainte-Sabine, 25 octobre 1286.

Monasterio Sancte Trinitatis Vindocinensis, per obitum Johannis abbatis vacanti, Symonem, olim armarium, proficit in abbatem. (n° 146, fol. 168; LA PORTE DU THEIL, fol. 83.)

« *Symoni, abbati monasterii Sancte Trinitatis Vindocinensis, ad Romanam ecclesiam nullo medio pertinentis, ordinis sancti Benedicti, Carnotensis diocesis.* Etsi juxta pastoralis —. Sane monasterio Sancte Trinitatis Vindocinensis, ad Romanam ecclesiam nullo medio perti-

nente, ordinis sancti Benedicti, Carnotensis diocesis, per obitum quondam Johannis, olim ipsius monasterii abbatis, pastoris regimine destituto, ac ipsius abbatis corpore tradito ecclesiastice sepulture, dilecti filii Reginaldus, prior, et conventus ejusdem monasterii, certa die ad eligendum prefixa, vocatis et presentibus omnibus qui voluerunt et potuerunt comode interesse, pulsata campana, prout moris esse dicitur, in capitulo convenerunt, et invocata Spiritus Sancti gratia, demum deliberantes in electionis negotio per viam procedere compromissi, in dilectos filios Guillelmum de Aquaria Andegavensi, Johannem Sancti Clementis de Credonio, Theobaldum de Chiviriaco, Thomam de Castellis, Johannem Sancti Georgii in Olerone, Laurentium Sancti Aniani, Guillelmum Beate Marie de Surgeriis, Reginaldum Sancti Sepulchri de Balgentiaco priores, Johannem sacristam, Julianum elemosinarium, Petrum camerarium, Johannem cellararium, et Symonem armarium, prefati monasterii monachos, unanimiter et concorditer compromittere curaverunt, concessa eis providendi ea vice de aliquo ipsorum vel alio ydoneo de conventu predicto, eidem monasterio de abbate, plena et libera potestate, usque ad horam nonam duntaxat diei illius, in quo hujusmodi compromissum factum extitit, duratura, promittentes quod illum in suum et ipsius monasterii abbatem reciperent et haberent de quo prefati compromissarii dicto monasterio ducerent providendum. Quibus tandem secedentibus in partem, diversis inter se tractatibus habitis, suisque votis diligenti examinatione discussis, juxta formam hujusmodi compromissi, prenominati de Aquaria, Sancti Clementis, de Chiviriaco, de Castellis, Sancti Georgii, Sancti Aniani, Beate Marie Virginis de Surgeriis priores, et sacrista, elemosinarius, camerarius, celerarius et armarius de prefato Reginaldo, ejusdem Sancti Sepulchri priore, dicti monasterii monacho, durante adhuc potestate predicta, providerunt eidem monasterio in abbatem, qui ad dictorum prioris et conventus instantiam infra tempus legittimum electioni hujusmodi de se facte consensit. Cumque prefatus Reginaldus propter hoc ad Sedem Apostolicam accessisset pro confirmatione electionis hujusmodi obtinenda, volens tandem sue providere quieti, omne jus, quod sibi ex electione predicta fuerat acquisitum sponte ac libere in nostris manibus resignavit, cujus resignationem benigne duximus admittendam. Nos igitur, ad statum monasterii prosperum intendentes, et nolentes monasterium ipsum ulterioris vacationis incomoda sustinere, attendentes quoque laudabile testimonium, quod tibi de honestate morum, conversationis et vite munditia, multiplicis probitatis

meritis perhibetur, te, tunc ejusdem monasterii monachum et armarium, de fratrum nostrorum consilio,
monasterio predicto preficimus in abbatem, curam et
administrationem ipsius tibi in spiritualibus et temporalibus committendo, firma concepta fiducia quod —.
Dat. Rome apud Sanctam Sabinam, VIII kal. novembris, anno secundo. »

In eundem modum priori et conventui monasterii Sancte Trinitatis Vindocinensis mandat quatinus eidem abbati obedientiam
et reverentiam debitam exhibeant. Dat. ut supra.

In e. m. universis vassallis et hominibus monasterii Sancte
Trinitatis Vindocinensis mandat quatinus eidem abbati pres-
tent fidelitatis solite juramentum et consueta exibeant servitia.
Dat. ut supra.

644   Sainte-Sabine, 1er novembre 1286.

Archiepiscopo Auxitano mandat quatinus de monasterii Lesatensis statu inquirat, et ad reformationem et correctionem dicti
monasterii, secundum tenorem litterarum ad episcopum Al-
biensem olim directarum procedat. (n° 147, fol. 168 v°; La
Porte du Theil, fol. 90.)

« *Venerabili fratri :. archiepiscopo Auxitano.* Dudum
ad audientiam apostolatus nostri perlato quod monasterium Lesatense, Cluniacensis ordinis, Tholosane diocesis, ejusque membra, propter excessus, crimina et
defectus Aculei abbatis et monachorum eorundem monasterii et membrorum, adeo in spiritualibus et temporalibus erant collapsa, et cotidie collabuntur, quod, nisi
celeriter per Sedem Apostolicam succurreretur eisdem,
irreparabile incurrere poterant detrimentum; nos venerabili fratri nostro .. Albiensi episcopo inquisitionem
super hujusmodi excessibus, criminibus et defectibus,
necnon et aliis, de quibus circa statum dictorum monasterii et membrorum inquirendum videret, ac visitationem, correctionem et reformationem exercendas ibidem,
tam in capite quam in membris, per nostras sub certa
forma litteras duximus committendas, inter alia continentes, quod nolebamus per hoc cause, que inter dictum
abbatem et conventum ejusdem monasterii ex parte
una, et bone memorie .. episcopum Tholosanum, tunc
viventem, ex altera, ut in eisdem litteris dicebatur, super eo quod iidem abbas et conventus se dicebant ab
ordinaria jurisdictione ipsius episcopi prorsus exemptos, et ecclesie Romane immediate subjectos, verteba-

tur coram dilecto filio nostro Jordano, Sancti Eustachii
diacono cardinali, partibus a prefato predecessore auditore in eadem causa concesso, in aliquo derogari, seu
ipsis partibus, quoad ea que causam contingebant, vel
quoquomodo respiciebant eandem, aliquod prejudicium
generari; verum quia predicta causa inter prefatum
episcopum et capitulum Tholosanos ex parte una, et
dictos abbatem et conventum ex altera, super eo quod
iidem abbas et conventus se, ac ipsum monasterium
cum prioratibus, ecclesiis et capellis suis a jurisdictione
ipsorum episcopi et capituli Tholosanorum exemptos
esse asserebant, et Cluniacensi monasterio immediate
subjectos, coram cardinali ventilabatur predicto, et in
prefatis litteris de predictis capitulo ac prioratibus,
ecclesiis et capellis, seu ordine aut monasterio Cluniacensibus nulla mentio habebatur, sed in hiis expressum
fuerat quod dictum monasterium ordinis sancti Benedicti erat, et quod predicti abbas et conventus se pro-
ponebant predicte Romane ecclesie immediate subesse
per negligentiam forsitan vel errorem; nos postmodum
per alias nostras litteras, memorato episcopo Albiensi
directas, ea que per hujusmodi negligentiam vel errorem
in prefatis prioribus litteris omissa fuerant et expressa
supplere ac emendare volentes, sed in nullo per hoc
alias eisdem prioribus litteris, etiam quoad processum
jam earum auctoritate legitime tunc habitum derogare,
memorato episcopo Albiensi per easdem litteras dedimus in mandatis ut in hujusmodi negotio per dictas
priores litteras sibi commisso, servato tali processu, si
quis esset habitus in negotio ipso, procederet juxta earundem priorum continentiam litterarum. Nuper autem
supradictus episcopus Albiensis, asserens quod ipse
aliis occupatus negotiis executioni hujusmodi negotii
sibi commissi a nobis, in quo per eum fuerat ad citationem processum, insistere non valebat, se super hoc
apud nos per suas nobis directas litteras humiliter ex-
cusavit. Nos igitur nolentes predictas inquisitionem,
visitationem, correctionem et reformationem, quas pro
salubri statu dictorum monasterii et membrorum ac
personarum in eis degentium fieri mandavimus; quavis
occasione impediri seu etiam retardari, de tua quoque
circumspectione plenam in Domino fiduciam obtinentes, fraternitati tue per apostolica scripta mandamus
quatinus in supradicto negotio, legittimo in eo habito
servato processu, efficaciter auctoritate nostra procedas
secundum tenorem predictarum litterarum eidem episcopo Albiensi posterius directarum. Dat. Rome apud
Sanctam Sabinam, kalendis novembris, anno secundo. »

645   Sainte-Sabine, 8 octobre 1286.

Andre Calandrini, civi Romano, per magistrum Rogerium de Salerno, pape capellanum, archidiaconum Panormitanum examinato, judicatus et tabellionatus officia concedit. (n° 148, fol. 169.)

« *Andre Calandrini, civi Romano.* Quia si jus —. Dat. Rome apud Sanctam Sabinam, VIII idus octobris, anno secundo. »

646   Sainte-Sabine, 6 novembre 1286.

G., episcopo Cameracensi, tabellionatus officium magistro Waltero de Priches, clerico in minoribus ordinibus constituto, conferendi concedit facultatem. (n° 149, fol. 169; LA PORTE DU THEIL, fol. 95.)

« *Venerabili fratri G., episcopo Cameracensi.* Personam dilecti filii —. Dat. Rome apud Sanctam Sabinam, VIII idus novembris, anno secundo. »

647   Sainte-Sabine, 10 novembre 1286.

Guillelmo, electo Imelacensi, conferendi uni persone idonee tabellionatus officium concedit potestatem. (n° 150, fol. 169; POTTHAST 1, n° 22530.)

« *Guillelmo, electo Imelacensi.* Ut eo magis —. Dat. Rome apud Sanctam Sabinam, IIII idus novembris, anno secundo. »

648   Sainte-Sabine, 10 novembre 1286.

Gilberto de Saana, Parisiensis et Tornacensis ecclesiarum canonico, indulget ut in cathedrali vel alia ecclesia beneficium, etiamsi sit personatus vel dignitas, et curam habeat animarum, nonobstante defectu natalium quem patitur de clerico genitus et soluta, licite recipere ac libere valeat retinere. (n° 151, fol. 169; LA PORTE DU THEIL, fol. 113.)

« *Magistro Gilberto de Saana, Parisiensis et Tornacensis ecclesiarum canonico.* Inducunt nos tue —. Dat Rome apud Sanctam Sabinam, ut supra. »

649   Sainte-Sabine, 31 octobre 1286.

Sancti Petri Mutinensis, et Sancti Ruphini Mantuani monasteriorum abbatibus mandat quatinus abbatem et conventum

1. Potthast indique cette bulle sous la date du 11 novembre.

monasterii Sancti Benedicti de Padolirone in locorum de Gonzaga, de Bondeno Arduini et de Bondeno de Roncoris corporalem possessionem inducant. (n° 152, fol. 169.)

« *Dilectis filiis .. Sancti Petri Mutinensis, et .. Sancti Ruphini Mantuani monasteriorum abbatibus.* Intendentes sollicite prout —. Dat. Rome apud Sanctam Sabinam, II kal. novembris, anno secundo. »

650   Sainte-Sabine, 10 novembre 1286.

Philippo, regi Francie, indulget ut possit coram se missarum sollempnia etiam cum cantu ante diem facere celebrari, et id coram ipso celebrantibus liceat, dummodo competentem horam in hoc non nimis preveniri contingat. (n° 153, fol. 169 v°; LA PORTE DU THEIL, fol. 114.)

« *Carissimo in Christo filio Phylippo, regi Francie illustri.* Desideriis regiis benigne —. Dat. Rome apud Sanctam Sabinam, IIII idus novembris, anno secundo. »

651   Sainte-Sabine, 8 novembre 1286.

Eidem regi Francie, et Johanne ejus uxori, quotiescumque in predicationibus ipsos adesse contigerit, ac omnibus vere penitentibus et confessis qui in illis intererint, centum dies de injuncta ipsis penitentia relaxat. (n° 154, fol. 169 v°; LA PORTE DU THEIL, fol. 106.)

« *Eidem.* Dum sublimium excellentiam —. Dat. Rome apud Sanctam Sabinam, VI idus novembris, anno secundo. »

652   Sainte-Sabine, 6 novembre 1286.

Capellanis et clericis Johanne, regine Francie, tam religiosis quam secularibus, indulget ut, obsequiis dicte regine insistendo, diurnas et nocturnas horas aliudque divinum officium ubique juxta morem Parisiensis ecclesie prosequentes, ad celebrandum aliud officium, ad quod juxta constitutionis suorum ordinum vel consuetudines ecclesiarum suarum teneri noscuntur, minime teneantur. (n° 155, fol. 169 v°; LA PORTE DU THEIL, fol. 96.)

« *Carissime in Christo filie Johanne, regine Francie illustri.* Ingens et sincera —. Dat. Rome apud Sanctam Sabinam, VIII idus novembris, anno secundo. »

653   Sainte-Sabine, 8 novembre 1286.

Eidem regi Francie indulget ut monasteria monialium, de assensu abbatissarum et monialium, cum prelato vel administratore alio et duobus vel tribus discretis fratribus civitatis vel loci in quo monasteria ipsa sita fuerint, per quos dictis monialibus ministrantur ecclesiastica sacramenta, necnon et decem honestis mulieribus intrare valeat, ita tamen quod inibi non comedat cum monialibus, nec pernoctet ; presentibus litteris post quinquennium minime valituris. (n° 156, fol. 169 v° ; La Porte du Theil, fol. 107.)

« Eidem. Personam tuam devotione —. Dat. Rome apud Sanctam Sabinam, VI idus novembris, anno secundo. »

654   Sainte-Sabine, 9 novembre 1286.

Ejusdem regis Francie familiaribus concedit ut aliquem discretum presbiterum secularem vel religiosum in suum possint eligere confessorem, qui injungat eis pro commissis penitentiam salutarem ac beneficium absolutionis impendat, nisi talia forte commiserint propter que sit Sedes Apostolica merito consulenda ; ita tamen quod dicti familiares sacerdotibus propriis saltem semel in anno confiteri peccata sua nichilominus teneantur. (n° 157, fol. 169 v° ; La Porte du Theil, fol. 112.)

« Eidem. Ut gratiosus Apostolice —. Dat. Rome apud Sanctam Sabinam, V idus novembris, anno secundo. »

655   Sainte-Sabine, 10 novembre 1286.

J., tituli Sancte Cecilie presbitero cardinali, Apostolice Sedis legato mandat quatinus Sugerio, Gadicensi episcopo, qui ea occasione quod ipse dudum de liberatione liberorum quondam Fernandi, nati clare memorie Alfonsi, regis Castelle, se intromiserat, ecclesia sua spoliatus, jamdiu in Francie partibus morari coactus erat, faciat ab aliquibus monasteriis regni Francie in aliqua quantitate pecunie annis singulis usque ad triennium subveniri. (n° 158, fol. 169 v° ; Potthast, n° 22529.)

« Dilecto filio J., tituli Sancte Cecilie presbitero cardinali, Apostolice Sedis legato. Movet nos Apostolice —. Dat. Rome apud Sanctam Sabinam, IIII idus novembris, anno secundo. »

656   Sainte-Sabine, 26 octobre 1286.

E., monasterii Aquicintensis abbati, cum dudum in monasterio Sancti Remigii Remensis in abbatem electus et per loci ordinarium, licet post appellationem ad Sedem Apostolicam ab ipso interpositam, confirmatus, munus benedictionis receperit ab eodem, concedit ut hujusmodi munus recipere iterum minime teneatur, et nichilominus omnia que ad ipsum velut abbatem monasterii Aquicintensis spectant valeat exercere. (n° 159, fol. 170 ; La Porte du Theil, fol. 89.)

« Dilecto filio E., abbati monasterii Aquicintensis, ordinis sancti Benedicti, Atrebatensis diocesis. Considerantes tue merita —. Dat. Rome apud Sanctam Sabinam, VII kal. novembris, anno secundo. »

657   Sainte-Sabine, 26 octobre 1286.

Robertum, archidiaconum Dysesie in ecclesia Nivernensi, ecclesie Corinthiensi preficit in archiepiscopum. (n° 160, fol. 170.)

« Roberto, electo Corinthiensi. Etsi juxta pastoralis —. Dudum siquidem Corinthiensi ecclesia, per obitum bone memorie G., Corinthiensis archiepiscopi, pastoris solatio destituta, canonici ipsius ecclesie vota sua diversimode dividentes, duas electiones in eadem ecclesia, unam videlicet de Johanne, nato nobilis viri Anibaldi de Urbe, Furnensis, Morinensis diocesis, et aliam de Symone de Luca, Corinthiensis ecclesiarum canonicis, in discordia celebrarunt ; sed demum eisdem Symone per se, ac dicto Johanne per procuratorem, ab eo ad hoc speciale mandatum habentem, juri, quod eisdem electis ex hujusmodi electionibus quesitum fuerat, in manibus nostris sponte renuntiantibus expresse, nos, renuntiatione hujusmodi recepta, diligentius attendentes quam sit honusta dispendiis, et quot et quanta pericula secum trahat ecclesiarum vacatio diuturna —, pensantes quoque grandia tue probitatis merita, — de te, nunc archidiacono Dysesie, in ecclesia Nivernensi, prefate Corinthiensi ecclesie, de fratrum nostrorum consilio, providemus, teque ipsi ecclesie preficimus in archiepiscopum —. Dat. Rome apud Sanctam Sabinam, VII kal. novembris, anno secundo. »

In eundem modum capitulo ecclesie Corinthiensis mandat quatinus eidem electo obedientiam et reverentiam debitam exhibeat. Dat. ut supra.

In e. m. clero civitatis et diocesis Corinthiensis.

In e. m. populo civitatis et diocesis Corinthiensis mandat quatinus ejusdem electi mandatis et monitis intendant. Dat. ut supra.

In e. m. vassallis ecclesie Corinthiensis mandat quatinus eidem electo fidelitatis solite prestent juramentum et servitia debita exhibeant. Dat. ut supra.

658   Sainte-Sabine, 6 novembre 1286.

Canonicos et capellanos capelle in palatio regis Francie cons-
tructe a quarumcumque decimarum et procurationum legatorum nuntiorumque Apostolice Sedis prestationibus eximit.
(n° 161, fol. 170 v°; LA PORTE DU THEIL, fol. 99.)

« *Carissimo in Christo filio Philippo, regi Francie illustri*. Petitionibus regiis eo —. Lecta siquidem coram
nobis tue petitionis series continebat quod clare memorie Ludovicus, rex Francie, avus tuus, in honorem in-
signiorum passionis Christi et reliquiarum sanctorum
reconditarum in domibus regiis, que in civitate Parisiensi consistunt, quandam capellam in domibus ipsis
construxit, canonicos et capellanos instituens vel institui faciens in eadem, ad divinum officium inibi celebrandum, eis de Camera regia certis redditibus annuis
deputatis. Quare nobis humiliter supplicasti ut capellam, canonicos et capellanos eosdem a prestationibus
decimarum quarumlibet et procurationum legatorum
et nuntiorum Apostolice Sedis eximere de speciali gratia dignaremur. Nos itaque — canonicos et capellanos
predictos, quoad redditus ratione dicte cappelle de Camera tua, ut predicitur, obvenientes eisdem, a prestationibus quarumcumque decimarum et procurationum
legatorum, non tamen missorum de latere, ac aliorum
nuntiorum Sedis ejusdem, auctoritate presentium de
gratia eximimus speciali. Nulli ergo etc., nostre exemptionis etc. Dat. Rome apud Sanctam Sabinam, VIII
idus novembris, anno secundo. »

659   Sainte-Sabine, 29 octobre 1286.

Cum Josep, filio Alberti de Lascala de Verona, monasterii Sancti Georgii in Brayda Veronensis priore electo, dispensat ut, quamvis olim Clemens papa ipsius monasterii provisionem Apostolice Sedi reservaverit, predictum prioratum licite
valeat retinere. (n° 162, fol. 170 v°.)

« *Dilecto filio Josep, presbitero, priori monasterii Sancti
Georgii in Brayda Veronensis, ordinis sancti Augustini,
per priorem soliti gubernari*. Exhibita nobis tua petitio
continebat quod venerabilis frater noster B., episcopus
Veronensis, auctoritate venerabilis fratris nostri B.,
episcopi Portuensis, tunc in illis partibus Apostolice
Sedis legati, tecum, qui tunc eras in minoribus constitutus ordinibus, dispensavit ut, non obstante defectu
natalium quem pateris de soluto genitus et soluta, posses ad omnes ordines promoveri et ecclesiasticum beneficium, etiam si curam animarum haberet, licite obtinere. Postmodum autem monasterio Sancti Georgii

in Brayda, ordinis sancti Augustini, Veronensis, per
priorem solito gubernari, pastore carente, canonici
ejusdem monasterii te, tunc canonicum prioratus Sancti
Bartholomei de Mantua, predicti ordinis, patientem
in etate defectum, quanquam vicesimum primum annum exegisses etatis, in priorem ipsius monasterii
concorditer postularunt, ac dilecti filii .. abbas monasterii Sancte Trinitatis, et .. prior Sancti Leonardi Veronensis, ordinis sancti Benedicti, auctoritate prefati
episcopi Veronensis, ad quem hujusmodi postulationis
admissio jure ordinario pertinebat, postulationem admittentes eandem, te in priorem predicto monasterio
Sancti Georgii prefecerunt. Verum quia felicis recordationis Clemens papa predecessor noster, olim occasione cujusdam postulationis de dilecto filio Deutegarde,
prefati monasterii Sancti Georgii canonico, facte in
ipso monasterio tunc vacante, que a predecessore prefato admissa non extitit, provisionem ipsius monasterii
Sancti Georgii Apostolice Sedi, sicut dicitur, reservavit,
licet postmodum duo priores successive in eodem monasterio per ipsius Sedis legatos diversis temporibus
fuerint instituti, tu propter hoc, et etiam propter etatis
defectum, quem pateris, super retentione prioratus
ejusdem monasterii Sancti Georgii habere te asseris
conscientiam remordentem. Quare nobis humiliter supplicasti ut providere tibi super hoc de benignitate apostolica dignaremur. Cum autem, sicut fida relatione didicimus, dilectus filius nobilis vir Albertus de Lascala
de Verona, pater tuus, tanquam vir catholicus et zelator
precipuus fidei orthodoxe, ad extirpandam pravitatem
hereticam de Marchia Tervisina dilecto filio fratri
Philippo, ordinis Minorum, inquisitori pravitatis predicte in eadem Marchia, in captione castri insule Sermioni et laci Garde, in quo erat hereticorum congregata non modica multitudo, favorem et auxilium cum
magna equitum et peditum armatorum copia sumptibus propriis duxerit impendendum, tuque jam vicesimum tertium etatis annum attigisse dicaris, tecum
quod, premissis nequaquam obstantibus, prioratum
dicti monasterii Sancti Georgii curam animarum habentem licite valeas retinere auctoritate apostolica de
speciali gratia dispensamus. Nulli ergo etc., nostre dispensationis etc. Dat. Rome apud Sanctam Sabinam,
IIII kal. novembris, anno secundo. »

660   Tivoli, 17 septembre 1286.

Episcopo Parmensi, et abbati monasterii Sancti Benedicti
de Placentia, ordinis Vallis Umbrose, mandat quatinus venditionem monasterii Sancti Sixti Placentini, ad Romanam eccle-

siam nullo medio pertinentis, ordinis sancti Benedicti, abbatisse et conventui monasterii Sancti Francisci Placentini, ordinis sancte Clare, necnon nobili mulieri Castellane de Fulgosis
a duobus monachis, contra Benedictum abbatem impugnantibus, factam, denuntient irritam, idemque monasterium, Benedicto abbati restitutum, reforment. (nº 163, fol. 171; POTTHAST,
nº 22513.)

« *Venerabili fratri .. episcopo Parmensi, et dilecto filio ..*
abbati monasterii Sancti Benedicti de Placentia, ordinis
Vallis Umbrose. Petitio dilectorum filiorum —. Dat. Tibure, XV kal. octobris, anno secundo. »

661   Sainte-Sabine, 15 octobre 1286.

Monasterio Sancti Remigii Remensis, per obitum Bertrandi
abbatis vacanti, Johannem de Clino Campo, priorem prioratus
de Sollemmis, preficit in abbatem. (nº 164, fol. 171 vº;
LA PORTE DU THEIL, fol. 75.)

« *Johanni, abbati monasterii Sancti Remigii Remensis.*
Ex suscepte servitutis —. Dudum siquidem contra
quondam Bertrandum, abbatem monasterii Sancti Remigii Remensis, ordinis sancti Benedicti, per quosdam
ipsius monasterii monachos, super eo quod iidem monachi dictum abbatem ejusdem monasterii bona dilapi-
dasse dicebant, et quibusdam aliis articulis, coram venerabili fratre nostro .. archiepiscopo Remensi auctoritate ordinaria mota materia questionis, post diversos
processus habitos contra dictum abbatem tam per eundem archiepiscopum quam per magistros Johannem de
Vilegarda, cantorem, Johannem de Bouy et Rufinum
de Ficheclo, canonicos Remenses, quibus idem archiepiscopus hujusmodi negotium duxerat committendum,
et diversas appellationes ab eisdem archiepiscopo, cantore et canonicis, pro parte dicti abbatis, occasione hujusmodi ad Sedem Apostolicam interjectas, idem abbas,
tum quia prefatus Johannes de Boiaco ipsum a regimine ipsius monasterii duxit sententialiter amovendum,
tum etiam quia, mandante dicto archiepiscopo, post
amotionem hujusmodi, ad electionem abbatis in monasterio ipso procedi, dilectus filius Evrardus, abbas monasterii Aquicintensis, ejusdem ordinis, Atrebatensis
diocesis, tunc dicti monasterii Sancti Remigii monachus, per quosdam ipsius monasterii Sancti Remigii
monachos electus extitit in abbatem ejusdem monasterii
Sancti Remigii, ejus confirmatione et benedictione, factis per supradictum archiepiscopum, subsecutis, ad Sedem Apostolicam appellavit, et demum in hujusmodi

HONORIUS.

negotio a felicis recordationis Martino papa, predecessore nostro, dilectum filium nostrum Benedictum, Sancti
Nicolai in Carcere Tulliano diaconum cardinalem, dari
sibi obtinuit auditorem. Lite itaque in eodem negotio
per procuratores partium coram dicto cardinali legitime
contestata, idem cardinalis, ad instantiam prefati Bertrandi, meritis ipsius negotii plene discussis, confirmationem predictam per archiepiscopum ipsum factam,
et quicquid ex ea vel ob ipsam secutum fuerat interloquendo cassavit, propter quod idem Evrardus ad predecessorem appellans eundem, dilectum filium nostrum
G., tituli Sancte Susanne presbiterum cardinalem, ab
eo eidem Benedicto cardinali in cognitione hujusmodi
cause appellationis obtinuit auditorem adjungi. Pendente autem eadem causa appellationis coram cardinalibus memoratis, prefatus Bertrandus diem clausit
extremum, sicque quidam prefati monasterii Sancti Remigii monachi, ad eos de ipsius Bertrandi obitu rumore
perlato, eundem Evrardum, aliqui vero te in ejusdem
monasterii Sancti Remigii abbatem in discordia elegerunt. Verum tu electionem hujusmodi de te factam,
volens ambitionis vitium evitare, prosequi non curasti,
sed ei renuntiasti pro bono ipsius monasterii, quod
querebas. Nosque nuper de predicto Evrardo, qui prefate appellationi per eum interposite a memorato Benedicto cardinali renuntiavit expresse, dicto monasterio
Aquicintensi de fratrum nostrorum consilio duximus
providendum. De ipsius igitur monasterii Sancti Remigii ordinatione celeri, ne diutius viduitatis subjaceret
incomodis, sollicite cogitantes —, in te, tunc priorem
prioratus de Sollemmis, dicti ordinis, Cenomanensis
diocesis, ad monasterium Sancti Petri de Cultura Cenomanensis, dicti ordinis, immediate spectantis — direximus oculos nostre mentis, teque, de predictorum
fratrum nostrorum consilio et apostolice plenitudine
potestatis, die sabbati IIII idus presentis mensis octobris, prefecimus ipsi monasterio Sancti Remigii in abbatem; decernentes irritum et inane si secus circa provisionem ejusdem monasterii Sancti Remigii per quoscumque scienter vel ignoranter attemptatum est, vel
contingeret attemptari, firma spe fiduciaque concepta
quod —. Dat. Rome apud Sanctam Sabinam, idibus
octobris, anno secundo. »

In eundem modum conventui monasterii Sancti Remigii
Remensis mandat quatinus eidem abbati obedientiam et reverentiam debitam exhibeat. Dat. ut supra.

In e. m. universis vassallis monasterii Sancti Remigii Remensis mandat quatinus eidem abbati de redditibus et aliis juribus ipsi ab eis debitis integre respondeant. Dat. ut supra.

In e. m. archiepiscopum Remensem rogat et hortatur quatinus dictum abbatem et prefatum monasterium favoris sui presidio prosequatur.

« In e. m. venerabili fratri .. archiepiscopo Remensi. Ad cumulum tue —. Dat. ut supra. »

In e. m. regem Francie rogat et hortatur quatinus dictum abbatem et prefatum monasterium habeat commendatos.

« In e. m. carissimo in Christo filio .. regi Francie illustri. Ad fovendum in —. Dat. ut supra. »

662　　　　　　Sainte-Sabine, 5 novembre 1286.

Lexoviensi et Sagiensi episcopis mandat quatinus, cum nuper Johannem de Clino Campo, fratrem G., tituli Sancti Martini in Montibus presbiteri cardinalis, tunc priorem prioratus de Sollesmis, monasterio Sancti Remigii Remensis prefecerit in abbatem, et attendens quod quanto celerius dictus abbas benedictionis munus fuerit assecutus, tanto liberius temporalia ejusdem monasterii Sancti Remigii consequetur, et poterit dicto monasterio adesse presidiis oportunis, quodque, si oporteret eundem abbatem benedictionis munus a P., archiepiscopo Remensi, postulare, posset dictus abbas sequendo archiepiscopum, qui frequenter causa visitationis in sua provincia impendende a sua ecclesia se absentat, laboribus et sumptibus fatigari, alter igitur ipsorum episcoporum predicto abbati munus benedictionis impendat. (n° 165, fol. 172 ; La Porte du Theil, fol. 94.)

« Venerabilibus fratribus .. Lexoviensi, et Sagiensi episcopis. Cum nuper dilectum —. Dat. Rome apud Sanctam Sabinam, nonis novembris, anno secundo. »

663　　　　　　Sainte-Sabine, 26 novembre 1286.

Johanne, regine Francie, indulget ut quatuor clerici, ipsius regine obsequiis insistentes, quorum nomina in presentia executorum presentis gratie exprimenda sunt, quamdiu in hujusmodi obsequiis fuerint, proventus beneficiorum suorum integre percipere valeant, ac si personaliter in ecclesiis in quibus beneficia obtinent residerent. (n° 166, fol. 172 v° ; La Porte du Theil, fol. 123.)

« Carissime in Christo filie Johanne, regine Francie illustri. Quanto majori apud —. Dat. Rome apud Sanctam Sabinam, VI kal. decembris, anno secundo. »

In eundem modum Sancti Dyonisii in Francia et Sancti Germani de Pratis Parisiensis monasteriorum abbatibus mandat buatinus predictis quatuor clericis redditus predictos faciant integre ministrari. Dat. ut supra.

664　　　　　　Tivoli, 18 août 1286.

Archipresbitero ecclesie Viterbiensis mandat quatinus hospitale Sancti Spiritus Viterbiensis, ordinis Cruciferorum, et fratrem Rolandum, priorem dicti hospitalis non permittat a duobus ipsius ordinis fratribus in magistros in discordia electis molestari, donec hujusmodi electionum negotium fuerit terminatum ; eidem Rolando priori concedendo quod neutri electorum parere in aliquo teneatur quousque sententialiter diffiniri contigerit quis eorum magister debeat esse ordinis supradicti. (n° 167, fol. 172 v°.)

« Dilecto filio .. archipresbitero ecclesie Viterbiensis. Exhibita nobis dilecti —. Dat. Tibure, XV kal. septembris, anno secundo. »

665　　　　　　Sainte-Sabine, 20 novembre 1286.

Abbatisse et conventui monasterii de Sancto Apolinari, Assisinatis diocesis, concedit ut intra civitatem Assisinatem se transferre valeant, non obstante monialium Sancte Clare Assisinatis oppositione eo pretextu quod Clemens papa inhibuerat ut nulli liceret monasterium vel ecclesiam infra spatium trecentarum cannarum a dicto Sancte Clare monasterio edificare. (n° 168, fol. 172 v° ; Potthast, n° 22538.)

« Dilectis in Christo filiabus.. abbatisse, et conventui monasterii de Sancto Apolinari, ordinis sancti Benedicti, Assisinatis diocesis. Petitio vestra nobis —. Dat. Rome apud Sanctam Sabinam, XII kal. decembris, anno secundo. »

666　　　　　　Tivoli, 23 septembre 1286.

Ordinationem a Benedicto, Sancti Nicolai in Carcere Tulliano diacono cardinali, in questione, que inter G., archiepiscopum Rothomagensem, ex una parte, et P., episcopum Bajocensem, ex altera, super diversis articulis occasione ipsorum prelatorum jurisdictionum, orta erat, editam confirmat. (n° 169, fol. 173.)

« Venerabilibus fratribus G., archiepiscopo Rothomagensi, et P., episcopo Bajocensi. Licet ea que maxime per fratres nostros, ecclesie Romane cardinales, interveniente auctoritate apostolica, statuuntur, plenum in se robur obtineant, libenter tamen hiis adicimus apostolici muniminis firmitatem ut illibata persistant cum nostro fuerint presidio communita. Sane dudum inter te, frater archiepiscope, et dilectum filium magistrum Matheum de Crepicordio, quondam officialem tuum, ex parte una, et te, frater episcope, ac dilectum filium magistrum Guillelmum Petri, olim vicarium et officialem

tuum, ex altera, super diversis articulis occasione jurisdictionum vestrarum orta materia questionis, demum
tu, prefate episcope, ac dictus Guillelmus pro vobis, et
idem magister Matheus pro se ac procuratorio nomine
pro te, supradicte archiepiscope, a quo sufficiens ad id
mandatum habebat, super premissis omnibus et singulis
articulis, in dilectum filium nostrum Benedictum,
Sancti Nicolai in Carcere Tulliano diaconum cardinalem,
tanquam in arbitrum, arbitratorem et amicabilem compositorem alte et basse compromittere curavistis. Idem
vero cardinalis, hujusmodi compromisso recepto, tam
ex virtute ipsius compromissi, quam auctoritate nostra
sibi oraculo vive vocis in hac parte commissa, quandam
super hiis ordinationem edidit inter partes, prout in
instrumento publico inde confecto ipsius cardinalis sigillo munito plenius continetur. Nos itaque, vestris supplicationibus inclinati, eandem ordinationem provide
editam, quam per singula contenta in ipsa ordinatione
capitula inspici fecimus diligenter, ratam et gratam
habentes, eam ex certa scientia auctoritate apostolica
confirmamus et presentis scripti patrocinio communimus ; tenorem ejusdem instrumenti de verbo ad verbum presentibus inseri facientes qui talis est :

Tivoli, 2 août 1286.

« In nomine Domini, amen. Dudum inter venerabi-
» lem patrem dominum G., Rothomagensem archiepis-
» copum , et discretum virum, magistrum Matheum
» de Crepicordio , olim officialem et nunc procu-
» ratorem ipsius archiepiscopi, sicut per litteras ejus-
» dem archiepiscopi annotatas inferius apparet, ex
» parte una, et venerabilem patrem dominum P.,
» Bajocensem episcopum, et discretum virum magis-
» trum Guillelmum Petri, quondam vicarium et offi-
» cialem ipsius episcopi, ex altera, super variis et
» diversis controversiarum articulis, quorum ordina-
» tio inferius annotatur, materia questionis exorta,
» tandem iidem episcopus et Guillelmus pro se, et pre-
» fatus magister Matheus pro se et procuratorio nomine
» dicti archiepiscopi, super omnibus et singulis articu-
» lis supradictis, in nos B., miseratione divina Sancti
» Nicolai in Carcere Tulliano diaconum cardinalem,
» alte et basse libere et absolute tanquam in arbitrum,
» arbitratorem et amicabilem compositorem compro-
» mittere curaverunt, prout in instrumento publico,
» manu Nicolai de Piperno, notarii publici, inde con-
» fecto, plenius continetur. Cujus quidem instrumenti
» tenor inferius annotatur. Nos igitur, qui finem impo-
» nere litibus affectamus, et precipue quietem appetimus
» inter partes easdem, quas affectu speciali prosequi-

» mur, hujusmodi compromisso recepto, et hujusmodi
» negotio sanctissimo patri domino Honorio pape IIII
» seriosius enarrato, tam ex virtute ipsius compromissi
» quam auctoritate ipsius domini pape, vive vocis ora-
» culo nobis in hac parte commissa, deliberatione quo-
» que super hiis prehabita diligenti, vocatis etiam par-
» tibus memoratis ad hoc specialiter coram nobis, dici-
» mus, laudamus, ordinamus, arbitramur, precipimus
» et sententialiter diffinimus :

1. » Quod idem archiepiscopus et ejus officiales non
» recipiant appellationes ad eos seu curiam Rothoma-
» gensem interpositas vel interponendas a .. decano, ..
» subdecano vel aliis subditis dicti episcopi, vel eorum
» vices gerentibus, obmisso medio, et, si secus de facto
» egerint, processus non teneant, et impune non pa-
» reatur eisdem, et quod attemptatum est in contrarium
» et quicquid secutum est ex eo decernimus irritum et
» inane.

2. » Item, quod in causis appellationum ab auditorio
» episcopi Bajocensis, vel ejus officialium, ante diffiniti-
» vam sententiam ad curiam Rothomagensem interpo-
» sitarum, causa legitima seu probabili non expressa,
» idem archiepiscopus vel ejus officiales non citent
» partes, nec citari mandent, nec commissiones aliquas
» faciant in eisdem, et aliter citationes vel commissiones
» seu processus facti non valeant, nec puniri possint
» non parentes eisdem.

3. » Item, quod archiepiscopus Rothomagensis, vel
» ejus officiales, appellantes ad eos seu eorum alterum
» ab ipso episcopo Bajocensi vel officialibus ejus non
» absolvant ad cautelam, nec inhibeant ne in causis
» principalibus vel ad executionem sententie proceda-
» tur, nisi, parte vocata vel excommunicatore, prout
» negotii natura requirit, constiterit appellationem ipsam
» ex causa probabili seu legitima interpositam, et ea re-
» cepta, velut emissa ex probabili causa, cognoscere in-
» ceperint de causa hujusmodi an sit vera. Nec appellan-
» tes ante diffinitivam [sententiam] ad ipsos possint ab-
» solvere ad cautelam, nisi constiterit excommunicationis
» sententiam post appellationem, ex causa legitima inter-
» positam, esse latam, et cognoscere inceperint de causa
» hujusmodi an sit vera, vel nisi proponat appellans in
» forma excommunicationis intolerabilem errorem,
» quem exprimat, fuisse patenter expressum, et in istis
» etiam casibus parte vocata ; nec absolvant aliquos
» aliquatenus ad cautelam, ubi pro re judicata que tunc
» non esset appellatione suspensa, vel manifesta offensa
» doceretur infra tempus legitimum excommunicationis
» sententia promulgata ; absolutiones vero, monitiones,
» seu inhibitiones, si que contra formam prescriptam

» facte sunt vel fieri contingeret in futurum, et quic-
» quid secutum est vel subsequetur ex eis, sint inva-
» lida omnique careant firmitate, et nos nichilominus
» ea decernimus non tenere.

4. » Item, inhibemus ne archiepiscopus et ejus officia-
» les predicti revocent, ubi ad eos ante diffinitivam sen-
» tentiam appellatum fuisse proponitur vel proponetur,
» vel nulla denuntient, nec revocata vel nulla denuntiari
» mandent, suspensionis, excommunicationis et inter-
» dicti sententias aliave immutata quelibet post appel-
» lationem contra hujusmodi appellantes, donec, voca-
» tis qui fuerint evocandi, constiterit quod sententie
» processus vel immutata hujusmodi facta fuerint post
» inhibitionem ab eisdem archiepiscopo vel ejus officia-
» libus rite factam, ut superius est expressum.

5. » Item, quod predicti archiepiscopus vel officiales
» sui, occasione appellationis ad eos interjecte, captos
» vel incarceratos auctoritate ipsius episcopi vel officia-
» lium suorum liberari non mandent, priusquam consti-
» terit appellationem ipsam ex causa probabili seu legi-
» tima interpositam, et cognoscere inceperint de causa
» hujusmodi an sit vera, et pro eo solum quod ab ipso
» episcopo vel officiali suo fuerit appellatum asserant
» incarcerationem seu captionem hujusmodi esse fac-
» tam ; et, si ex parte episcopi vel officialium suorum
» proponatur ex alia causa incarceratum in carcere de-
» tineri, audiantur, incarcerato, pendente hujusmodi
» discussionis articulo, in carcere remanente ; et, si dicti
» episcopus vel officiales in probatione defecerint, relaxe-
» tur incarceratus hujusmodi, et eidem incarcerato per
» ipsum episcopum vel officiales suos de dampnis, ex-
» pensis, et interesse, prout justum fuerit, plenarie
» satisfiat. Si vero ex parte ipsius episcopi vel officialium
» suorum non proponatur quod ob aliam causam te-
» neant appellantem, ubi tamen constet ipsum post
» appellationem fuisse detentum, ad mandatum dicti
» archiepiscopi vel ejus officialis liberare teneantur
» eundem. Si vero dictus archiepiscopus vel ejus offi-
» cialis secus egerint, in predictis impune non pareatur
» eisdem, et omne in contrarium attemptatum eo ipso
» sit invalidum atque nullum.

6. » Item, quod idem archiepiscopus vel officiales ip-
» sius non puniant nec executiones faciant in civitatem
» vel diocesim Bajocensem per executores ab eis maxime
» vel eorum altero deputandos, nisi in casibus a jure
» permissis, vel prout ex compositione speciali inter eos
» inita, vel ordinatione domini Innocentii sibi licet, et
» nisi de rationabili consuetudine et prescripta legitime
» aliud sibi competat in hac parte.

7. » Item, quod iidem archiepiscopus vel ejus officiales

» vicarios seu officiales vel alios subditos ipsius episcopi
» coram se citari non faciant super purgatione, vel an
» contra jurisdictionem suam metropolitanam aliqua
» attemptaverint, nec super contemptu et inobedientia
» responsuros, contemptu et inobedientia non exprés-
» sis, et tunc in casibus tantum et personis a jure, or-
» dinatione domini Innocentii, et compositione inter
» ipsos inita sibi permissis, et tunc non personaliter
» nisi ad talem casum deventum fuerit in quo locum de
» jure habeat citatio personalis.

8. » Item, pro bono pacis et concordie, arrestationes et
» captiones bonorum canonicorum Bajocensium, etiam
» personatus vel dignitates habentium, vicariorum, offi-
» cialium et quorumcumque subditorum ipsius episcopi,
» et personarum captiones in civitate et diocesi Bajocensi
» factas, occasione mandatorum per ipsum archiepisco-
» pum et Matheum de Crepicordio, tunc ejus officialem,
» aut quoscumque alios officiales seu executores suos, de-
» legata auctoritate, vel ad mandatum fratrum Gilberti,
» tunc Parvi Belliloci prope Carnotum, et Johannis,
» Sancti Florentii Dolensis, Cluniacensis et sancti Be-
» nedicti ordinum, priorum, vel subdelegata auctoritate
» quacumque seu etiam ordinaria, a quinquennio citra,
» contra personas predictas ac magistrum Petrum de
» Sarragocia, rectorem ecclesie de Lesbise, subditos
» dicti episcopi ; et si que alie justiciationes personarum
» vel bonorum subditorum dicti episcopi similes facte
» fuerint, annullamus, cassamus, irritamus, cassas, nul-
» las et irritas nuntiamus, et quatenus de facto proces-
» serunt, decernimus per .. abbatem monasterii Sancti
» Germani de Pratis Parisiensis, quem ad hoc speciali-
» ter deputamus, effectualiter revocari, et ipsa bona illis
» restitui, contra quos arrestata seu capta fuerunt, et
» omnia per eum cum restitutione plenaria dampnorum
» et interesse in statum pristinum, ut predicitur, reduci,
» ita tamen quod per actus preteritos a quinquennio
» citra, vel per ordinationem presentis articuli, juri vel
» jurisdictioni, possessioni vel proprietati ipsius archie-
» piscopi vel episcopi nichil depereat vel accrescat, immo
» pro infectis quoad utrumque penitus habeantur.

9. » Item, monitiones, inhibitiones et excommunica-
» tionum sententias factas, comminatas et latas aucto-
» ritate dictorum archiepiscopi et Mathei, tunc officialis
» ejusdem, seu quorumcumque suorum officialium, aut
» per executores eorum a quinquennio citra, in magis-
» trum Guillelmum Petri, quondam vicarium et officia-
» lem, aliosque vicarios, officiales, sigilliferos, advoca-
» tos, notarios ceterosque officiales quoscumque curie ip-
» sius episcopi, et quicquid ex eis vel ob eas secutum fue-
» rit, pro bono pacis cassamus, annullamus et in irritum

» revocamus, easque volumus cassas, nullas et irritas
» reputari.

10. » Item, inhibemus ne, quando aliquem de subditis
» dicti episcopi· excommunicatum auctoritate sua me-
» tropolitana asserunt, moneant ceteros subditos dicti
» episcopi, nec eis inhibitiones faciant ne cum taliter
» excommunicato ab eis participent, nec ea occasione
» in eos jurisdictionem assumant. Si'que vero facta sint
» in contrarium vel fieri contigerit in futurum, ea non
» tenuisse decernimus nec tenere. Teneantur tamen epis-
» copus et officialis suus ad mandatum archiepiscopi
» vel officialis sui hec facere et executioni mandare,
» prout de jure, consuetudine, constitutione, ordinatione
» vel compositione predictis tenentur.

11. » Item, inhibemus ne dicti archiepiscopus ejusve
» officiales, quando inhibitiones suas faciunt vel fieri
» mandant episcopo vel officiali Bajocensibus, eas faciant
» sub penis extraordinariis seu sub indictione penarum.
» Si que vero facta sint in contrarium vel fieri contige-
» rit in futurum, ea non tenuisse decernimus nec tenere.

12. » Item, pro bono pacis et concordie, cassamus, an-
» nullamus, irritamus monitiones et citationes quascum-
» que factas per eosdem archiepiscopum, officiales, vel
» eorum auctoritate, ex quibuscunque causis, contra
» ipsum episcopum Bajocensem, dum idem episcopus
» ex probabili et notoria causa in Romana curia mora-
» batur, necnon et institutionem officialis, vicarii, sigil-
» liferi et aliorum officialium per ipsum archiepiscopum
» vel ejus mandato, non in casu negligentie ipsius epis-
» copi, tunc temporis factam in curia ipsius episcopi
» Bajocensis; et si monitionum et citationum occasione
» predictarum processus aliqui per eundem archiepis-
» copum vel ejus auctoritate habiti sint contra episco-
» pum memoratum vel haberi contigerit in futurum,
» ipsos cassamus, anullamus et irritamus, cassos, nul-
» los et irritos nuntiamus, et eis impune volumus non
» pareri.

13. » Item, precipimus atque mandamus quod quotiens
» contigerit archiepiscopum Rothomagensem vel ejus
» officiales ex quibuscumque causis monere episcopum
» Bajocensem vel officiales ipsius seu inhibere ipsis vel
» eorum alteri aut processus aliquos facere contra eos
» vel alterum eorundem seu contingentes eosdem, iidem
» archiepiscopus et officiales, si fuerint requisiti, hujus-
» modi monitionum, inhibitionum, et processuum, si
» ex officio processerint vel ad partis instantiam, parte
» tamen presente, eisdem episcopo et officiali copiam
» infra decem dies, postquam ab eis vel ipsorum altero
» vel alterius eorum nomine petita cum instantia fuerit,
» in expensis petentium facere teneantur. Contra partem

» vero absentem monitionem de danda copia concedere
» teneantur, qua copia denegata vel non facta dicti mo-
» nitio, inhibitio vel processus, quorum copia negata
» fuerit vel non facta, nullius penitus sint momenti et
» pro non habitis reputentur nec ex eis vel eorum occa-
» sione ad aliquam penam vel coactionem procedi possit
» ulterius, et si de facto processum fuerit, processum
» ipsum haberi volumus pro infecto, ac nullum, cassum
» et irritum ubilibet reputari.

14. » Item, quod episcopus Bajocensis et ejus offi-
» ciales exhibeant apellos a se vel ejus mandato
» factos, non a parte datos vel oblatos parti appellanti
» et petenti ac instanti vel ejus procuratori, in expensis
» petentium, infra quindecim dies postquam ab eis seu
» eorum altero fuerint petiti, et si dictus episcopus, vel
» officialis, cum ab eis appellari contigerit apellos, ut pre-
» mittitur, contempserint vel neglexerint exhibere, pre-
» ter penam canonicam non legalem, quam videlicet le-
» galem in hoc articulo mitigamus, in penam centum so-
» lidorum turonensium incidant appellanti prestandam,
» et si forte in causa processerint, nisi appellationi re-
» nuntiatum fuerit, eorum invalidus et irritus sit pro-
» cessus.

15. » Item, quod predicti episcopus et ejus officiales
» hujusmodi appellantem eo quod appellaverit non ex-
» communicent, nec excommunicatum denuntient seu
» denuntiari faciant, nec ei in aliquo foro audientiam
» denegent vel faciant denegari, nec ipsum justicient
» seu justiciari mandent vel procurent, nec contra eum
» aliquo modo aliquid attemptent seu attemptari faciant,
» occasione appellationis ejusdem ; et, si secus egerint,
» processus non teneant nec parere aliquos in hoc te-
» neatur eisdem, nec puniri valeant non parentes.

16. » Item, ordinamus atque precipimus quod quili-
» bet officialis Bajocensis premissa contenta in proximo
» superiori capitulo observet, et quod in prejudicium
» appellationum ab ipso episcopo vel ejus officiali ad
» eundem archiepiscopum vel officialem ipsius inter-
» positarum vel interponendarum, nichil per se vel
» alium attemptet, nec appellantes si contingat eos ad
» ipsum remitti plus puniet, ea de causa quia appellavit,
» quam si a dictis episcopo vel ejus officiali minime
» appellatum fuisset. Quia vero officiales Rothomagen-
» sis vel Bajocensis in observando predicta viam pote-
» runt amputare querelis et in non observando viam
» multis querelis, dampnis et litigiis aperire, volumus
» et ordinamus quod officiales Rothomagensis et Bajo-
» censis super omnibus et singulis in hac ordinatione
» contentis, in posterum, prout spectat ad ipsos, fideli-
» ter observandis prestent corporaliter juramentum,

» officialis Rothomagensis archiepiscopo, vel capitulo,
» sede vacante, et officialis Bajocensis episcopo, vel
» capitulo, sede Bajocensi vacante. Dies autem qua
» prestari debuerint hujusmodi juramenta significabi-
» tur competenter partibus hinc et inde, et tunc, sive
» venerint, sive non, nichilominus prestabuntur ea die
» hujusmodi sacramenta, eo modo quo jurare tenetur
» officialis Rothomagensis secundum formam prefate
» compositionis inter ipsum archiepiscopum et Bajo-
» censem ac certos alios Rothomagensis ecclesie suffra-
» ganeos celebrate, et nichilominus conservator depu-
» tandus possit ipsos ad omnia et singula in hac ordi-
» natione contenta servanda compellere et punire per
» censuram ecclesiasticam et amotionem ab officialitatis
» officio, sicut videbit expedire.

17. » Item, quia in pluribus articulis tactum est de
» consuetudine in hiis que essent supra vel extra jus,
» dicimus et ordinamus quod in omnibus et singulis
» capitulis supradictis alleganti vel asserenti consuetu-
» dinem non credatur nisi eam legitime coram judice
» a Sede Apostolica deputando probaverit. Sed interim
» in eisdem casibus jura communia observentur, nec
» aliter partis allegatio super hoc facta alleganti profi-
» ciat, nec coram ipso archiepiscopo vel ejus officiali
» probatio super hoc possit admitti.

18. » Hanc autem ordinationem nostram, quoad ea que
» futurum tempus respiciunt, ratam manere volumus et
» servari quoad vixerint prefati G., Rothomagensis ar-
» chiepiscopus, et P., episcopus Bajocensis, vel alter
» eorum ; ambobus autem cedentibus vel decedentibus,
» successor vel successores ordinationem hujusmodi
» servare minime teneantur, nisi ea per Rothomagense
» et Bajocense capitula fuerint approbata, constitutione
» sive ordinatione domini Innocentii IIII inter Rotho-
» magensem archiepiscopum ejusque suffraganeos edita
» et compositione inter ipsum Rothomagensem et Bajo-
» censem, Constantiensem et Lexoviensem episcopos
» inita sive facta, et hiis que continentur in eis perpetuo
» duraturis. Per hanc quidem ordinationem, per nos
» habitam in premissis, sentente seu ordinationi felicis
» recordationis domini Innocentii pape IIII late seu facte
» inter bone memorie Odonem, quondam archiepiscopum
» Rothomagensem ex una parte, et .. Lexoviensem, et ..
» Constantiensem episcopos ex altera, de quibus ordi-
» natione et compositione superius in plerisque locis
» habetur mentio, prejudicare non intendimus vel in
» aliquo derogare, sed eas nichilominus in suo consis-
» tere volumus robore firmitatis, ista nostra ordina-
» tione, quatinus ultra vel plenius continet, in suo ro-
» bore permanente.

» Tenores autem predictarum procurationis littera-
» rum et instrumenti publici tales sunt:

Les Deux-Amants, 21 octobre 1285.

» Universis presentes litteras inspecturis, Guillermus,
» permissione divina archiepiscopus Rothomagensis,
» salutem in Domino sempiternam. Noveritis quod nos
» dilectum et fidelem socium nostrum magistrum Ma-
» theum de Crepicordio, canonicum Rothomagensem,
» exhibitorem presentium, nostrum facimus et consti-
» tuimus ac ordinamus procuratorem nostrum genera-
» lem —. Dat. apud Montem Duorum Amantium, die
» dominica post festum Beati Luce evangeliste, anno
» Domini M°CC°LXXXV°. »

Tivoli, 18 juillet 1286.

« In nomine Domini, amen. Anno Domini M°CC°
» LXXXVI°, indictione XIIII, pontificatus domini Ho-
» norii pape IIII anno secundo, die XVIII mensis
» julii, recitato in presentia mei notarii et testium
» subscriptorum quod inter venerabilem patrem domi-
» num G., Rothomagensem archiepiscopum, et discretum
» virum magistrum Matheum de Crepicordio, olim offi-
» cialem ipsius archiepiscopi, ex parte una, et venerabi-
» lem patrem dominum P., Bajocensem episcopum, et
» discretum virum magistrum Guillelmum Petri, quon-
» dam vicarium et officialem ipsius episcopi, ex altera,
» fuerat materia questionis exorta super articulis in-
» frascriptis. Qui quidem articuli tales sunt. Conqueri-
» tur specialiter idem episcopus, assistente sibi dicto
» magistro G., quatinus sua intererat, quod prefati archie-
» piscopus et Matheus, quondam ejus officialis, ac alii of-
» ficiales ejusdem archiepiscopi appellationes ab eodem
» episcopo vel officialibus suis admittebant —. Et post
» recitationem hujusmodi, ostensis et exhibitis a dicto
» Matheo quibusdam procurationis litteris patentibus,
» sigillatis sigillo prefati archiepiscopi —, quarum
» quidem litterarum tenor talis est :

» Universis presentes litteras inspecturis, Guillermus,
» permissione divina archiepiscopus Rothomagensis,
» salutem in Domino sempiternam. Noveritis quod nos
» dilectum et fidelem socium —. Dat. apud Montem
» Duorum Amantium, die dominica post festum Beati
» Luce evangeliste, anno Domini M°CC°LXXXV°. »

» Immediate idem episcopus, assistente sibi dicto
» Guillelmo, sicut predicitur, et prefatus magister Ma-
» theus procuratorio nomine dicti archiepiscopi, super
» omnibus et singulis supradictis, compromiserunt alte
« et basse, ac libere et absolute in reverendum patrem
» dominum B., Sancti Nicolai in Carcere Tulliano dia-

» conum cardinalem, tunc ibi presentem et compromis-
» sum hujusmodi acceptantem, tanquam in arbitrum —.
» Actum Tibure in camera predicti domini cardinalis,
» presentibus domino Bernardo, episcopo Vicentino, do-
» mino Martino, episcopo Calagoritano, domino Ber-
» nardo, abbate Appamiarum, domino Petro, primicerio
» ecclesie Sancti Marci de Venetiis, magistro Philippo,
» abbate ecclesie Sancti Herasmi Verulani, ac dompno
» Ventura de Spoleto, canonico Pisano, et pluribus aliis
» testibus. In quorum omnium premissorum testimo-
» nium et firmitatem majorem dictus dominus cardina-
» lis presens instrumentum fecit sui sigilli munimine
» roborari. Et ego Nicolaus de Piperno, sacrosancte
» Romane ecclesie auctoritate notarius publicus, hiis
» omnibus interfui, et, ut supra legitur, presens instru-
» mentum publicavi et propria manu scripsi meoque
» signo signavi. »

. « In quorum omnium premissorum testimonium et
» firmitatem majorem, presentem sententiam et ordi-
» nationem nostram, ac laudum seu arbitrium supra-
» scripta per Gregorium de Genezano, clericum, nota-
» rium publicum infrascriptum, scribi et publicari
» mandavimus, et sigilli nostri appensionis munimine
» roborari. Lata et pronuntiata fuerunt sententia, ordi-
» natio, laudum seu arbitrium supradicta per supra-
» dictum dominum cardidalem Tibure, in capella ipsius
» domini cardinalis, sub anno Domini M°CC°LXXXVI°,
» indictione XIIII, pontificatus domini Honorii pape IIII
» anno secundo, die secunda mensis augusti, presen-
» tibus venerabili patre domino Uberto, episcopo As-
» tensi, domino Petro, electo Auriensi, domino Hugone,
» preposito ecclesie Parmensis, dompno Johanne, abbate
» monasterii Sancti Benedicti de Mantua, domino Ti-
» isio de Camilla, canonico Ambianensi, domini pape
» capellano, domino Francisco dicto Sicco de Lavania,
» canonico Cathalaunensi, magistro Philippo, abbate
» seculari ecclesie Sancti Herasmi Verulani, dompno
» Nicolao de Anagnia, cantore ecclesie Patracensis, et
» pluribus aliis testibus. Et ego Gregorius suprascrip-
» tus, publicus sancte Romane ecclesie notarius, prola-
» tioni et pronuntiationi sententie, ordinationis, laudi
» et arbitrii predictorum interfui, et ea omnia, ut supra
» legitur, rogatus a partibus suprascriptis, ac de man-
» dato prefati domini cardinalis propria manu scripsi
» et in hanc publicam formam redegi. »
　« Nulli ergo etc., nostre confirmationis etc. Si quis
autem etc. Dat. Tibure, VIIII kal. octobris, anno secundo. »

667　　　　　　　　　Tivoli, 24 septembre 1286.

Abbati monasterii Sancti Germani de Pratis Parisiensis
mandat quatinus ordinationem in proximis superioribus litteris relatam firmiter observari faciat. (n° 170, fol. 175 v° ;
La Porte du Theil, fol. 67.)

　« .. Abbati monasterii Sancti Germani de Pratis Parisiensis. Dudum inter venerabilem —. Dat. Tibure, VIII
kal. octobris, anno secundo. »

668　　　　　　　　　Sainte-Sabine, 13 novembre 1286.

Cum Branca, et nobili muliere Johanna dispensat ut matrimonium insimul contrahere licite valeant, quamvis Pernam,
natam nobilis viri Angeli Rubei, civis Romani, supradicte Johanne consobrinam, infra certum temporis spatium recipere
in uxorem olim, prestito juramento, promiserit ipse Branca.
(n° 171, fol. 176.)

　« Dilecto filio nobili viro Brance, nato quondam Johannis Judicis de Clausura, et dilecte in Christo filie nobili mulieri Johanne, filie quondam Johannis de Sancto Eustachio,
civium Romanorum. Petitio vestra nobis —. Dat. Rome
apud Sanctam Sabinam, idibus novembris, anno secundo. »

669　　　　　　　　　Sainte-Sabine, 13 novembre 1286.

Episcopo Reatino, promovendi ad presbiteratus ordinem Berardum de Podio, pape capellanum et subdiaconum, nuper An-
chonitane ecclesie episcopum constitutum, eique impendendi
munus consecrationis, concedit facultatem. (n° 172, fol. 176.)

　« Venerabili fratri .. episcopo Reatino. Cum dilectum
filium —. Dat. Rome apud Sanctam Sabinam, idibus
novembris, anno secundo. »

670　　　　　　　　　Sainte-Sabine, 8 novembre 1286.

Episcopo Palentino mandat quatinus electionem de Fernando,
episcopo Seguntino electo, celebratam, si eam invenerit canonicam, confirmet. (n° 173, fol. 176.)

　« Venerabili fratri .. episcopo Palentino. Lecta coram
nobis dilecti filii Fernandi, Seguntini electi, petitio
continebat quod, olim Seguntina ecclesia per obitum
bone memorie Martini, Seguntini episcopi, solatio destituta pastoris, dilecti filii capitulum ejusdem ecclesie
bone memorie Gundisalvum, tunc archidiaconum Va-

lentinum, in Seguntinum episcopum concorditer et unanimiter elegerunt, cujus electio auctoritate metropolitica extitit confirmata, dictusque Gundisalvus, munere
sibi consecrationis impenso, pontificale officium dum
vixit exercuit pacifice et quiete. Postmodum autem
predicta ecclesia per mortem ipsius Gundisalvi episcopi
pastore vacante, memorati capitulum predictum Fer-
nandum elegerunt concorditer et canonice in episcopum
Seguntinum. Cumque venerabili fratri nostro archiepiscopo Tholetano, metropolitano loci, hujusmodi
electio dicti Fernandi ex parte ipsius capituli presentata et ab eo per dictum capitulum ejusdem electionis
petita confirmatio extitisset, nonnullis tandem sibi
suggerentibus quod felicis recordationis Johannes papa,
predecessor noster, provisionem ejusdem ecclesie, tempore quo per ejusdem Martini vacavit obitum, ea vice
Apostolice Sedi duxerat reservandam, ac irritum et
inane decreverat si secus contingeret attemptari, dictus
archiepiscopus electionem ejusdem Fernandi distulit
occasione hujusmodi confirmare. Cum autem hujusmodi reservatio et decretum, que uno et eodem die cum
electione Gundisalvi predicti facta simul, ut dicitur,
extiterunt, quanquam de hora in qua electio ipsa celebrata fuit constare dicatur ad plenum, ac ipsius reservationis hora penitus ignoretur, electionum Gundisalvi
et Fernandi predictorum temporibus, ac etiam eodem
G. episcopo vivente ignorarentur omnino, dictus Fernandus nobis humiliter supplicavit ut providere sibi
super hoc de benignitate Sedis Apostolice dignaremur.
Quocirca fraternitati tue per apostolica scripta mandamus quatinus, si premissis veritas suffragatur, ad confirmationem ipsius electionis memorati Fernandi, non
obstantibus reservatione et decreto predictis, si alias
eam inveneris esse canonicam et de persona ydonea
celebratam, procedere studeas, prout de jure fuerit
faciendum, sibique nichilominus, ascitis duobus aliis
vicinis episcopis, gratiam et communionem Sedis Apostolice habentibus, munus consecrationis impendas et
a suis subditis obedientiam et reverentiam debitam facias exhiberi ; contradictores per censuram ecclesiasticam appellatione postposita compescendo ; alioquin, ea
rite cassata, facias eidem ecclesie a capitulo ipsius ecclesie per electionem concordem de pastore ydoneo provideri. Non obstantibus si aliquibus a Sede Apostolica
sit indultum quod interdici, suspendi vel excommunicari non possint per litteras apostolicas non facientes
plenam et expressam de indulto hujusmodi mentionem.
Dat. Rome apud Sanctam Sabinam, VI idus novembris,
anno secundo. »

671 Sainte-Sabine, 27 novembre 1286.

Sententiam, qua electionem de Ysabella, in monasterii Beate
Marie ad Moniales Trecensis abbatissam electa, cassam et irritam, et electionem de Hermina, in eandem dignitatem electa,
canonicam et de persona idonea celebratam pronuntiavit Gaufridus, Sancte Susanne presbiter cardinalis, confirmat. (n° 174,
fol. 176 v° ; LA PORTE DU THEIL, fol. 129.)

« *Dilecte in Christo filie, Hermine, electe monasterii Beate
Marie ad Moniales Trecensis, ordinis sancti Benedicti. Ea*
que judicio —. Exhibita siquidem nobis tua petitio continebat quod, dudum monasterio Beate Marie ad Moniales Trecensis, ordinis sancti Benedicti, per obitum
quondam Ysabelle de Castello, abbatisse predicti monasterii, abbatisse regimine destituto, die ad eligendum
prefixa, due fuerunt electiones, una videlicet de te, tunc
priorissa, et alia de Ysabella, cantrice, ac monialibus
prefati monasterii, ab ipsius monasterii monialibus in
abbatissam ipsius in eodem monasterio in discordia
celebrate. Hujusmodi autem electionum negotio per appellationem Agnetis de Roncenay, et aliarum monialium prefati monasterii, sibi in hac parte adherentium,
que Ysabellam prefatam elegerant, ne aliquid attemptaretur a quoquam in earum et ipsius Ysabelle prejudicium, et ne ad confirmationem hujusmodi electionis
facte de te procederetur ab aliquo, ad Sedem Apostolicam legitime devoluto, felicis recordationis Martinus
papa, predecessor noster, dilectum filium nostrum Gaufridum, tituli Sancte Susanne presbiterum cardinalem,
dedit in eodem negotio partibus auditorem, coram quo
pro parte tua a magistro Mathia Theatino, procuratore
tuo, contra prefatam Ysabellam, et Ysabellam de Fontaneto, ac Johannam de Pongneyo, prefati monasterii
moniales, que predictam electionem factam de te impugnabant, seu Poncetum de Comarceyo, Ysabelle, cantricis, et Ysabelle de Fontaneto, ac Martinum de Monte
Alano, Johanne predictarum procuratores, earum nomine, in judicio, super hoc oblato libello, liteque super
illo a partibus legitime contestata —, demum post diversos processus coram eodem cardinali super hoc
factos, dicto predecessore Martino viam universe carnis
ingresso, nos prefatum cardinalem in predicto negotio
et omnibus aliis causis, sibi ab eodem predecessore
Martino commissis, concessimus specialiter auditorem.
Cumque prefatus cardinalis, post alios tractatus et
processus coram ipso in dicto negotio factos et habitos,
tam predictam cantricem electam quam Ysabellam de
Fontaneto et Johannam prefatas ad singulos actus
ipsius negotii legitime citari fecisset, et nullus in terminis eis datis pro ipsis comparere curaret, predicto

procuratore partis adverse non comparente contumaciam accusante, idem cardinalis, prefato procuratore
coram ipso in dicta causa seu negotio concludente, in
hujusmodi contumaciam alterius partis in prefata causa
habuit pro concluso, ac postmodum citatis partibus ad
diffinitivam sententiam audiendam, et nemine pro dicta
parte adversa coram ipso comparere curante, prefato
Matthia pro te ferri sententiam super hoc cum instantia
postulante, demum auditis, visis et diligenter examinatis actis omnibus—,predictam electionem de te tanquam
canonicam et de persona ydonea canonice celebratam,
auctoritate apostolica sententialiter confirmavit, et electionem attemptatam de prefata Ysabella, cantrice, tanquam minus canonicam, non tamen propter sue persone vitium, sed propter sue electionis defectum, per
hujusmodi sententiam infirmavit, cassavit et irritavit,
ac cassam et irritam nuntiavit, prout in instrumento
publico inde confecto, ipsius cardinalis munito sigillo,
plenius continetur. Nos itaque — sententiam ipsam —
auctoritate apostolica confirmamus et presentis scripti
patrocinio communimus, tenorem ipsius instrumenti
de verbo ad verbum presentibus inseri facientes, qui
talis est :

Rome, 12 novembre 1286.

« In nomine Domini , amen. Dudum, anno Domini
» MᵒCCᵒLXXXIIᵒ, secundum consuetudinem ecclesie
» Gallicane, decima septima die mensis januarii, mo-
» nasterio Beate Marie ad Moniales Trecensis per obi-
» tum bone memorie Ysabelle de Castello, abbatisse
» ipsius monasterii, regimine destitute, corpore ipsius
» Ysabelle tradito ecclesiastice sepulture, ac petita, si-
» cut moris est in dicto monasterio, et obtenta eligendi
» licentia ab illustri viro comite Campanie seu locum
» ejus tenente, fuit a priorissa et conventu dicti monas-
» terii assignata dies Jovis ante Ramos Palmarum illius
» anni ad providendum ipsi monasterio de abbatissa
» futura, premissis quibusdam tractatibus, qui non ha-
» buerunt effectum ; qua die Jovis continuata de die in
» diem ad diem lune proximo tunc sequentem, presen-
» tibus omnibus que debuerunt, voluerunt et potuerunt
» commode interesse, convenerunt in capitulo dicti mo-
» nasterii quinquaginta sex moniales in electionem
» vocem habentes, quibus omnibus unanimiter placuit
» procedere ad electionem abbatisse ipsius monasterii
» per viam scrutinii ; de quarum omnium assensu, et
» unanimi voluntate fuerunt de collegio ejusdem mo-
» nasterii tres scrutatrices assumpte, que secreto et si-
» gillatim vota sua et omnium ipsius monasterii monia-

HONORIUS.

» lium, que pro dicta electione celebranda convenerant,
» examinare deberent, et in scriptis redigerent seu re-
» digi facerent, et redacta mox in communi publicarent,
» quibus sic examinatis ac etiam publicatis, reperto quod
» triginta tres de ipsis monialibus, vocem in electione
» habentibus, nominarunt in ipso scrutinio religiosam
» personam Herminam, priorissam ipsius monasterii,
» et in ipsam in eodem scrutinio consenserunt ut pre-
» ficeretur in abbatissam monasterii sepefati, viginti
» et una de aliis in Ysabellam de Sancto Fidolo, cantri-
» cem ipsius monasterii, dirigentibus vota sua, facta
» etiam diligenti collatione numeri ad numerum, zeli
» ad zelum,et meriti ad meritum, Agnes de Cantualaude,
» monialis et infirmaria ipsius monasterii, vice et no-
» mine suo et aliarum monialium que in dictam prio-
» rissam in dicto scrutinio consenserunt, et de earum
» mandato elegit dictam priorissam in abbatissam dicti
» monasterii in hec verba :
« In nomine Patris et Filii et Spiritus Sancti. Ego
» soror Agnes de Cantualaude, monialis et infirmaria
» monasterii Beate Marie ad Moniales Trecensis, vice
» mea et nomine meo, et vice et nomine omnium mo-
» nialium istius monasterii, que una mecum consense-
» runt, nominaverunt in scrutinio et elegerunt in abba-
» tissam istius monasterii sororem Herminam, prioris-
» sam hujus ecclesie, ac de mandato earundem, ipsam
» Herminam, tanquam nominatam et electam a majori
» et saniori parte totius capituli seu conventus monas-
» terii nostri, eligo in abbatissam istius monasterii. »
« Cui electioni dicta Hermina, infra tempus statutum
» a jure, consensit. Porro ex parte alia Agnes de Ron-
» cenay, monialis ipsius monasterii, vice sua et vice et
» mandato omnium monialium que in dictam Ysabel-
» lam cantricem consenserunt, et ipsam in scrutinio
» nominarunt, eandem Ysabellam, cantricem, elegit in
» abbatissam ipsius monasterii, et ne in prejudicium
» electionis predicte de dicta cantrice celebrate aliquid
» a quoquam attemptaretur, seu innovaretur, et ne ad
» confirmationem electionis celebrate de dicta priorissa
» procederetur, pro se et sibi adherentibus ad Sedem
» Apostolicam appellavit. Et sic dictarum electionum
» negotio ad Sedem Apostolicam devoluto, felicis recor-
» dationis dominus Martinus papa quartus nos Gaufri-
» dum, miseratione divina tituli Sancte Susanne pres-
» biterum cardinalem, in eodem negotio auditorem con-
» cessit. Partibus itaque comparentibus in judicio coram
» nobis, videlicet Mathia Theatino, procuratore Hermine
» priorisse, electe predicte, nomine procuratorio, ex parte
» una, et Ponceto de Commarceyo, dicte Ysabelle can-
» tricis, electe, et Ysabelle de Fontaneto, et Martino de

31

» Monte Alano, Johanne de Pongneyo, monialium dicti
» monasterii se opponentium electioni celebrate de dicta
» Hermina priorissa, procuratoribus, nomine procurato-
» rio, ex altera, datus fuit libellus nomine dicte priorisse
» electe in hec verba :

« In nomine Domini, amen. Coram vobis reverendo
atre domino Gaufrido, tituli Sancte Susanne presbi-
» tero cardinali, a summo pontifice infrascriptis parti-
» bus auditore concesso, petit Mathias Theatinus, procu-
» rator religiose domine Hermine — electionem de ipsa
» Hermina canonice et de persona ydonea celebratam,
» cui electioni ipsa Hermina infra tempus a jure sta-
» tutum consensit, auctoritate apostolica confirmari, et
» electionem attemptatam de sorore Ysabella de Sancto
» Fydolo — infirmari et cassari —, et petit expensas
» factas et protestatur de faciendis. »

« Nomine vero dictarum Ysabelle, cantricis, electe,
» Ysabelle de Fontaneto, et Johanne de Pongneyo, se
» opponentium, fuerunt dati singuli libelli in quibus
» petitur electionem celebratam de dicta cantrice, tan-
» quam canonicam et de persona ydonea celebratam,
» auctoritate apostolica confirmari, et electionem cele-
» bratam de dicta Hermina, priorissa, — cassari et irri-
» tari —. Super quibus lite coram nobis le-
» gitime contestata, juramento hinc inde prestito de
» calumpnia et de veritate dicenda, positionibus hinc
» inde factis, et ad earum aliquas responsionibus subse-
» cutis, dicto Martino substituto procuratore a dicto
» Ponceto pro dictis Ysabella, cantrice, et Ysabella de
» Fontaneto, et ab ipso Martino, nomine procuratorio
» dictarum cantricis, electe, et monialium se opponen-
» tium electioni celebrate de dicta priorissa, super qui-
» busdam positionibus responsionibus habitis, forma-
» tis etiam articulis hinc et inde, et datis in scriptis,
» fuit concessa remissio super dictis articulis et quibus-
» dam positionibus hinc inde per dictos procuratores
» negatis. Verum super eisdem articulis receptis testi-
» bus, et ad Sedem Apostolicam remissis attestationibus
» unacum responsionibus factis per electas et opponen-
» tes predictas ad positiones negatas, recepto mandato
» a sanctissimo patre domino nostro, domino Honorio
» divina providentia papa quarto, procedendi in causis
» a dicto domino Martino papa nobis commissis, et de
» ipsius speciali licentia attestationibus utriusque par-
» tis in presentia dictorum Mathie et Martini procura-
» torum apertis, et ipsis procuratoribus facta copia at-
» testationum ipsarum, date fuerunt rubrice pro parte
» priorisse electe predicte, et quedam instrumenta pro-
» ducta; quibus receptis et examinatis rubricis, procu-
» ratore ipsius priorisse, in termino partibus assignato

» instante, ac supplicante procedi in causa predicta,
» nullus in ipso termino pro dictis Ysabella, cantrice,
» electa, Ysabella de Fontaneto et Johanna de Pon-
» gneyo comparuit coram nobis. Ipsis igitur cantrice,
» electa, et opponentibus electioni celebrate de dicta
» priorissa, seu procuratore earum, citatis ad singulos
» actus legittime, et specialiter ad concludendum in
» causa predicta, procuratore priorisse electe predicte
» termino peremptorio ad concludendum prefixo com-
» parente in judicio coram nobis et partis adverse non
» comparentis contumaciam accusante, nos partem
» ipsam non comparentem, ac sufficienter expectatam,
» reputavimus contumacem, et ipso procuratore ipsius
» priorisse concludente coram nobis in causa prefata in
» contumaciam partis adverse, habuimus pro concluso.
» Citari etiam fecimus primo et secundo ad terminos
» diversos, et tertio peremptorie ad certum terminum
» partem dictarum Ysabelle, cantricis, electe, et monia-
» lium se opponentium electioni celebrate de priorissa
» predicta, ad audiendum diffinitivam sententiam in
» causa predicta. In quo termino, procuratore ipsius
» Hermine, priorisse, electe, videlicet Matthia Theatino,
» nomine procuratorio comparente in judicio coram
» nobis et partis adverse non comparentis contumaciam
» accusante, nos iterum partem ipsam non comparen-
» tem, ac sufficienter expectatam, reputavimus, exigente
» justitia, contumacem. Demum in ipso termino, ad dif-
» finitivam sententiam audiendam prefixo, ipso procu-
» ratore ipsius Hermine electe instanter petente ferri
» sententiam diffinitivam a nobis, nos, Christi nomine
» invocato, absentiam dictarum cantricis et monialium
» se opponentium divina replente presentia, auditis,
» visis et diligenter examinatis actis omnibus proposi-
» tis, productis et datis in judicio coram nobis, commu-
» nicato consilio cum peritis, et apud nos prehabita de-
» liberatione diligenti, obtenta specialiter a domino
» nostro summo pontifice licentia ferendi diffinitivam
» sententiam in causa predicta, electionem predictam
» de dicta Hermina, tanquam canonice et de persona
» ydonea, celebratam, auctoritate apostolica per diffini-
» tivam sententiam confirmanus, et electionem attemp-
» tatam de dicta Ysabella, cantrice, tanquam minus ca-
» nonicam, non propter vitium persone sed propter de-
» fectum electionis predicte, per eandem sententiam
» infirmanus, cassamus et irritamus, seu cassam et irri-
» tam nuntiamus. In cujus rei testimonium et certitu-
» dinem pleniorem presentem sententiam, seu presens
» publicum instrumentum scribi et publicari per Do-
» nadeum, notarium nostrum, mandavimus, et sigilli
» nostri fecimus appensione muniri. Lecta, lata et pro-

» nuntiata fuit dicta sententia Rome in hospitio dicti
» domini cardinalis, presentibus Mathia de Theate, et
» Johanne de Museyo, supradicte domine Hermine pro-
» curatoribus, presentibus quoque domino Felisio, ca-
» nonico Laudunensi, domini pape capellano, magistro
» Johanne de Divione, canonico Belnensi, fratre Aze-
» lino de ordine Vallis Scolarium, magistris Guillelmo
» Burre, canonico Bituricensi, Stephano, canonico Pic-
» tavensi, capellanis dicti domini cardinalis, fratre
» Johanne de Sotreio, monacho Sancti Petri Cathalau-
» nensis, ordinis sancti Benedicti, magistro Roberto
» de Gessia, canonico de Jargolio, et Petro de Parisius,
» clerico, testibus vocatis specialiter et rogatis, sub
» anno nativitatis Domini M°CC°LXXXVI°, pontifica-
» tus domni Honorii pape IIII anno secundo, indic-
» tione XV, die Martis XII mensis novembris. Et ego
» Donadeus Berardi de Amelia, sancte Romane eccle-
» sie notarius publicus, et scriba dicti domini cardinalis,
» prolationi dicte sententie unacum dictis testibus pre-
» sens interfui, et de mandato dicti domini cardinalis
» scripsi et publicavi, ac meo consueto signo signavi. »
    Nulli ergo etc. nostre confirmationis etc. Si quis au-
tem etc. Dat. Rome apud Sanctam Sabinam, V kal.
decembris, anno secundo. »

    In eundem modum episcopo Trecensi mandat quatinus sen-
tentiam in proxime superioribus litteris insertam debite executioni demandet. Dat. ut supra

672   Sainte-Sabine, 17 novembre 1286.

    Frederico de Mantua, presbitero, monacho monasterii de
Padolirone, cum quo erat auctoritate apostolica dispensatum
ut, non obstante defectu natalium quem patiebatur de soluto
genitus et soluta, posset in susceptis ministrare ordinibus et
ad ordinis sancti Benedicti administrationes assumi, indulget
ut ad abbatias et alias prelaturas seu dignitates ipsius ordinis
licite promoveri valeat. (n° 175, fol. 177 v°.)

    « Frederico de Mantua, presbitero, monacho monasterii
Sancti Benedicti de Padolirone, ad Romanam ecclesiam
nullo medio pertinentis, ordinis sancti Benedicti, Mantuane
diocesis. Regularis ordinis professoribus —. Dat. Rome
apud Sanctam Sabinam, XV kal. decembris, anno secundo. »

673   Sainte-Sabine, 13 novembre 1286.

    Abbati monasterii Sancti Petri Gandensis indulget ut non te-
neatur ad solutionem aliquorum debitorum, per ipsius prede-

cessores nomine dicti monasterii contractorum, nisi ea auctoritate litterarum Sedis Apostolice sint contracta, vel eadem in
utilitatem ejusdem monasterii conversa fuisse legitime probaverint creditores. (n° 176, fol. 178; LA PORTE DU THEIL,
fol. 119; POTTHAST, n° 22532.)

    « Dilecto filio .. abbati monasterii Sancti Petri Ganden-
sis, ordinis sancti Benedicti, Tornacensis diocesis. Indempnitati monasterii tui —. Dat. Rome apud Sanctam Sabinam, idibus novembris, anno secundo. »

674   Sainte-Sabine, 26 novembre 1286.

    Tripolitane ecclesie, per translationem Cinthii, dudum Tri-
politani electi, ad ecclesiam Capuanam factam, vacanti, Bernardum, tunc monasterii Montis Majoris, ordinis sancti Benedicti, diocesis Arelatensis, abbatem, preficit in episcopum.
(n° 177, fol. 178.)

    « Venerabili fratri Bernardo, episcopo Tripolitano. Pas-
toralis officii nobis —. Dat. Rome apud Sanctam Sabinam, VI kal. decembris, anno secundo. »

675   Sainte-Sabine, 28 novembre 1286.

    Priori Predicatorum, et guardiano Minorum fratrum ordinum
Toletanis mandat quatinus detentores beneficiorum ecclesiasticorum Egidio Martini, pape capellano, consanguineo Johannis
pape XXI, a dicto papa Johanne collatorum, et que Ferrandus
Roderici, Toletanus electus, aliis distribuerat, peremptorie citare curent ut infra trium mensium spatium post citationem
hujusmodi coram Sede Apostolica compareant. (n° 178, fol. 178;
POTTHAST, n° 22540.)

    « .. Priori Predicatorum, et .. guardiano Minorum fra-
trum ordinum Toletanis. Dilectus filius Egidius —. Dat.
Rome apud Sanctam Sabinam, IIII kal. decembris,
anno secundo. »

676   Sainte-Sabine, 9 novembre 1286.

    Sancti Mauritii Remensis et Sancti Dionisii Ambianensis
prioribus, ac decano ecclesie Carnotensis mandat quatinus omnes
sententias excommunicationis, suspensionis et interdicti, a quibuscumque in Rogerum suppriorem, Gilonem tertium priorem
et Henricum cantorem monasterii Sancti Remigii Remensis
prolatas, relaxare curent. (n° 179, fol. 178 v°; LA PORTE DU
THEIL, fol. 108.)

    « Dilectis filiis .. Sancti Mauritii Remensis, et .. Sancti
Dionisii Ambianensis prioribus, ac .. decano ecclesie Car-

notensis. Sua nobis Rogerus, supprior, Gilo, tertius prior, Henricus, cantor monasterii Sancti Remigii Remensis, ordinis sancti Benedicti, et Balduinus, prior prioratus de Condis, ad dictum monasterium immediate spectantis, monachus ejusdem monasterii, et alii in hoc Rogero et Balduino adherentes eisdem monachi dicti monasterii, petitione monstrarunt quod, cum Alanus de Curvilla, et quidam alii monachi predicti monasterii quondam Bertrandum, abbatem ejusdem monasterii, super quibusdam certis criminibus et excessibus coram venerabili fratre nostro .. Remensi archiepiscopo, cognoscente auctoritate ordinaria, accusassent, prefatus archiepiscopus, seu ipsius commissarii, in dictos Rogerum et Balduinum et adherentes eisdem, qui prefato abbati, dum viveret, adherebant, et ipsis participantes, pro eo quod Alano, et aliis accusatoribus supradictis, ad eorundem archiepiscopi et commissariorum mandatum predictis abbati et subpriori ac aliquibus ex eisdem adherentibus factum, non fuerunt expense, quas Alanus et alii accusatores predicti sibi deberi dicebant in prosecutione negotii accusationis hujusmodi, ministrate, ac ex aliis diversis causis ejusdem accusationis pretextu, post appellationes pro parte dicti abbatis seu adherentium eorundem ad Sedem Apostolicam legitime interjectas, excommunicationis, suspensionis et interdicti sententias, ut dicitur, promulgarunt, dictusque abbas postmodum, pro eo quod ipse per unum ex commissariis predictis a regimine dicti monasterii sententialiter amotus fuisse dicebatur, et dilectus filius Evrardus, abbas monasterii Aquicintensis, ejusdem ordinis, Atrebatensis diocesis, tunc ejusdem monasterii Sancti Remigii monachus, per quosdam ipsius monasterii monachos extitit ad regimen supradictum electus, et prelibatus archiepiscopus eidem Evrardo munus confirmationis et benedictionis impendit, ad eandem Sedem vocem appellationis emisit. Sicque hujusmodi negotio ad Sedem devoluto predictam, et apud eam diutius agitato, demum idem Bertrandus apud eandem Sedem viam fuit universe carnis ingressus. Cum autem nos nuper de prefato Evrardo predicto monasterio Aquicintensi, eidem vero monasterio Sancti Remigii de persona dilecti filii Johannis, abbatis ipsius monasterii — duxerimus providendum, sicque hujusmodi negotium, quod apud predictam Sedem pendebat, et cujus propter hoc non fuerunt plene discussa merita, videatur esse sopitum, dicti supprior, tertius prior, cantor, et prior ac adherentes nobis humiliter supplicarunt ut eos et participantes eosdem ab hujusmodi sententiis absolvere, ac cum eis super irregularitate, si quam exinde incurrerunt, dispensare misericorditer dignaremur. Nos

igitur, saluti tam ipsorum quam etiam aliorum in quos, occasione dicti negotii, similes sentente, ut dicitur, sunt prolate, qui esse quamplurimi asseruntur, presertim propter eorum multitudinem, paterna diligentia providere, omnemque dissensionis et scandali materiam, que pretextu sententiarum ipsarum remanere posset inter personas dicti monasterii Sancti Remigii, amputare volentes, presentium vobis auctoritate committimus et mandamus quatinus vos, vel duo aut unus vestrum, omnes hujusmodi sententias predicta occasione a quibuscumque in predictos suppriorem, tertium priorem, cantorem, et adherentes, et participantes prolatas, cum a talibus fueritis humiliter requisiti, prius tamen ab eis de parendo et satisfaciendo super hiis pro quibus eedem sententie late sunt, si eas constiterit rationabiliter promulgatas fuisse, sufficienti cautione recepta, juxta formam ecclesie, per vos vel per alium aut alios auctoritate nostra relaxare curetis, injuncto eis quod vobis de jure fore videbitur injungendum, et dispensetis cum illis qui clerici fuerint super irregularitate, si quam ipsi divina officia celebrando, vel se ipsis officiis immiscendo, non tamen in contemptum clavium, exinde contraxerunt, injuncta eis propter hoc penitentia salutari, et nichilominus illis de adherentibus et participantibus supradictis, in quos fuerunt dicte sententie promulgate, quorumque interim decedentium corpora occasione hujusmodi extra cimiteria ecclesiastica, ubi sepelienda fuerant, sunt sepulta, dummodo in eis apparuerint dum vivebant signa penitentie manifesta, faciatis munus absolutionis impendi, et corpora ipsa in eisdem cimiteriis sepeliri; contradictores auctoritate nostra, appellatione postposita, compescendo. Dat. Rome apud Sanctam Sabinam, V idus novembris, anno secundo. »

677   Sainte-Sabine, 28 novembre 1286.

Archipresbitero plebis de Sancto Prospero mandat quatinus contra quoslibet clericos, quos super homicidio Gerardini de Ravarano, administratoris ecclesie de Sancto Donnino, invenerit publica infamia laborare, inquirat, eosque, si ejusdem homicidii esse reos constiterit, puniat. (n° 180, fol. 179.)

« *Archipresbitero plebis de Sancto Prospero, Parmensis diocesis.* Ad audientiam nostram pervenit quod quendam Gerardinus de Ravarano, laicus, familiaris dilecti filii Hugonis Rubei, capellani nostri, prepositi ecclesie burgi de Sancto Donnino, Parmensis diocesis, qui de mandato ipsius capellani rerum temporalium predicte ecclesie curam et procurationem gerebat, dum quodam sero ad eandem ecclesiam de ipsius ecclesie agris, quorum culturis procurandis insistebat, rediret, et aliquorum insidias, utpote qui culpa sua nullum inimicum capitalem sibi constituerat, minime formidaret, quidam iniquitatis filii prope portas dicte ecclesie in eum nequiter irruentes, ipsum, multis vulneribus eidem impositis, crudeliter occiderunt, ita quod, cum fuisset persona valde cognita, penitus videbatur incognitus, nec poterat quasi ab aliquo recognosci. Cum itaque in tam detestando excessu alique persone ecclesiastice dicantur culpabiles extitisse, nos volentes ad correctionem excessus hujusmodi nostre sollicitudinis studium, juxta pastoralis officii debitum, adhibere, ac de circumspectione tua plenam in Domino fiduciam obtinentes, discretioni tue per apostolica scripta mandamus quatinus contra quoslibet clericos et personas ecclesiasticas, quos super homicidio supradicto inveneris publica infamia laborare, super hoc ex officio diligenter inquiras, et omnes tales, quos tibi constiterit ejusdem homicidii esse reos, punias secundum canonicas sanctiones, contradictores per censuram ecclesiasticam, appellatione postposita, compescendo. Dat. Rome apud Sanctam Sabinam, IIII kal. decembris, anno secundo.

678   Sainte-Sabine, 17 novembre 1286.

Episcopo Lascurrensi mandat quatinus cum Gualhardo de Mazlaco, clerico diocesis Lascurrensis, super defectu natalium quem patitur dispenset. (n° 181, fol. 179 v°; La Porte du Theil, fol. 120.)

« *Venerabili fratri .. episcopo Lascurrensi*. Petitio dilecti filii Gualhardi de Mazlaco, clerici tue diocesis, nobis exhibita, continebat quod, dudum quondam Petro de Mizo laico, viro quondam Durantie, matris ipsius clerici, ad quemdam exercitum cum quibusdam aliis sociis suis extra suam provinciam accedente, sociis eisdem de exercitu redeuntibus supradicto, idem Petrus, qui tunc credebatur inibi obiisse, tanquam vir vagus et profugus redire ad propria non curavit, sed idem per tot temporum spatia exulavit quod verisimiliter credebatur in dicta provincia nature debitum persolvisse ; sicque dicta Durantia, cum aliquamdiu viduitatis incomoda deplorasset, tandem, se solutam a lege viri existimans, nobili viro Arnaldo Guillelmi de Lauro Fontano domicello soluto adhesit, ex quibus idem clericus extitit procreatus. Quare idem clericus nobis humiliter supplicavit ut, cum iidem domicellus et mater in legem matrimonii peccaverint, ut premittitur, ignoranter, dispensare cum eo quod, hujusmodi natalium

non obstante defectu, possit ad omnes ordines promoveri et ecclesiasticum beneficium obtinere, etiamsi curam habeat animarum, misericorditer curaremus. Quia vero illis qui geniture maculam honestate morum satagunt abolere libenter misericordie gratiam impertimur, fraternitati tue per apostolica scripta mandamus quatinus, si tibi constiterit de premissis, consideratis diligenter circumstantiis universis, que circa ydoneitatem persone fuerint attendende, si non est paterne incontinentie imitator, sed bone conversationis —, secum super premissis auctoritate nostra dispenses — ; ita tamen quod idem clericus, sicut requiret onus beneficii, quod eum post dispensationem hujusmodi obtinere contigerit, se faciat ad omnes ordines statutis temporibus promoveri, et personaliter resideat in eodem ; alioquin hujusmodi gratia, quoad beneficium ipsum, nullius penitus sit momenti. Dat. Rome apud Sanctam Sabinam, XV kal. decembris, anno secundo. »

679   Sainte-Sabine, 30 octobre 1286.

Archiepiscopo Eboracensi, et Dunelmensi episcopo mandat quatinus domum, quam in Novo Castro super Tynam, Dunelmensis diocesis, fratres ordinis Penitentie Jhesu Christi, possident, nobili viro Johanni de Veti, qui ibi monasterium monialium ordinis sancte Clare construere proponebat, vendant pro pretio competenti. (n° 182, fol. 179 v°; Potthast, n° 22523.)

« *Venerabilibus fratribus .. archiepiscopo Eboracensi, ac .. episcopo Dunelmensi*. Dilectus filius nobilis —. Dat. Rome apud Sanctam Sabinam, III kal. novembris, anno secundo. »

680   Sainte-Sabine, 22 novembre 1286.

Episcopo Parmensi mandat quatinus potestatem, capitaneum, ancianos et commune Lucanos moneat ut, infra unum mensem post hujusmodi monitionem, certa loca, quibus episcopum Lunensem spoliaverant, amotis officialibus quos in eisdem locis instituerant, predicto episcopo restituant. (n° 183, fol. 179 v°.)

« *Venerabili fratri .. episcopo Parmensi*. Venerabilis frater noster .. episcopus Lunensis nobis querula insinuatione monuit quod, eo dudum significante nobis quod .. potestas, capitaneus, anciani, consilium et commune Lucani eum super juribus, jurisdictionibus aliisque bonis suis et ecclesie Lunensis multipliciter molestabant, nos, ipsos primo rogandos per nostras litteras duximus attentius et monendos ut ab eorundem episcopi et ecclesie super hiis omnino molestatione cessarent, et demum, quia iidem non solum ab hujusmodi precibus exauditionis averterunt auditum, immo, quod gravius est, in spiritum superbie validioris erect., contra eosdem episcopum et ecclesiam armis valide persecutionis assumptis, in messem ejusdem ecclesie falcem eradicationis dampnabiliter mittere ausu detestabili non verentes, ad singula loca Lunensis diocesis, in quibus idem episcopus omnimodam jurisdictionem obtinere dicitur temporalem, armatorum congregata multitudine, accesserunt, et tandem ipsum episcopum locis ipsis, in quorum pacifica possessione erat, temere spoliantes, ipsaque infestis occupantes aggressibus in illis constituerant potestatem, vicarium et alios officiales, qui jurisdictionem hujusmodi exercerent eorum nomine in eisdem, at iidem, quasi divine ultionis consideratione postposita, nec considerata reveratione Sedis Apostolice atque nostra, contra eosdem episcopum et ecclesiam alias non expaventes jugiter multiplicare aculeos vexationis hostilis, in proprie salutis periculum, in dictis episcopo et ecclesia hereditatem dominicam dire direptionis gladio impugnabant, nos venerabili fratri nostro .. episcopo Pistoriensi nostris sub certa forma dedimus litteris in mandatis ut, si esset ita, predictos potestatem, capitaneum, ancianos, consilium et commune, quod loca eadem, amotis exinde hujusmodi potestate, vicario et aliis officialibus, episcopo restituerent memorato, et de dampnis illatis eidem satisfacerent competenter, et de capitularibus ipsorum abraderent, si qua super hoc in eorundem episcopi et ecclesie prejudicium conscripserunt, nullam de cetero eisdem episcopo et ecclesie in jurisdictione locorum eorundem vel in aliis bonis suis molestiam illaturi, dictos quoque potestatem, vicarium et officiales hujusmodi, quod de predictis locis discederent, ad illa de cetero pretextu alicujus jurisdictionis in prejudicium episcopi et ecclesie exercende in eis nullatenus redituri, monitione premissa, per censuram ecclesiasticam, appellatione reservata, compellere procuraret. Verum, licet aliquamdiu super hoc fuerit coram eodem episcopo Pistoriensi processum, idem tamen episcopus Lunensis nullum, ut asserit, potuit ex hujusmodi litteris, propter potentiam partis adverse, comodum reportare. Quare nobis idem episcopus Lunensis humiliter supplicavit ut, cum premissa adeo sint notoria quod nulla possint tergiversatione celari, suis et ejusdem ecclesie dispendiis gravibus et dispendiosis gravaminibus quibus subjacent per expeditionis compendiose beneficium et provisionis salutaris remedium occurrere celeriter dignaremur. Ne igitur prefata ecclesia, premissorum occasione, incurrat super hoc, quod absit, irreparabile detrimentum, et propterea nos volentes super hoc ipsi ecclesie de salu-

tari remedio providere, fraternitati tue per apostolica scripta mandamus quatinus, si quod de predicto notorio premittitur de plano et sine strepitu judicii inveneris veritate fulcitum, sepedictos potestatem, capitaneum, ancianos, consilium et commune per te vel per alium moneas ut infra unum mensem post monitionem tuam loca eadem, ut premissum est, amotis exinde hujusmodi potestate, vicario, et aliis officialibus, episcopo Lunensi restituant memorato, et de dampnis illatis eidem satisfaciant competenter, ac de capitularibus ipsorum abradant, si qua super hoc in eorundem episcopi et ecclesie Lunensis prejudicium conscripserunt, nullam de cetero eisdem episcopo et ecclesie Lunensi in jurisdictione locorum eorundem vel aliis bonis suis per se vel per alios quovismodo molestiam illaturi ; quod si forsan infra idem tempus ipsi contempserint hujusmodi tue monitioni parere, tu ex tunc eos ad id, appellatione postposita, ecclesiastica censura compellas; non obstante si premissis potestati, capitaneo, ancianis, consilio et communi vel civibus Lucanis a Sede Apostolica indultum sit communiter vel divisim quod interdici vel excommunicari non possint per litteras Sedis Apostolice, que de indulto hujusmodi plenam et expressam non fecerint mentionem, contradictores per censuram ecclesiasticam, appellatione postposita, compescendo; si vero dicti potestas, capitaneus, anciani, consilium et commune se in premissis contenderint jus habere, de hiis prius dicto Lunensi episcopo restitutione facta et plena satisfactione impensa, tu eos ex parte nostra et peremptorie citare procures ut infra unum mensem post citationem tuam per se vel per procuratores ydoneos cum omnibus actis, juribus et munimentis suis compareant coram nobis, facturi et recepturi super hoc quod ordo dictaverit rationis, diem vero citationis et formam et quicquid inde feceris nobis per tuas litteras harum seriem continentes studeas fideliter intimare. Dat. Rome apud Sanctam Sabinam, X kal. decembris, anno secundo. »

681   Sainte-Sabine, 30 novembre 1286.

Omnibus Christi fidelibus vere penitentibus et confessis, qui ecclesiam fratrum ordinis Predicatorum Lugdunensium a die dominica in Ramis Palmarum, ac singulis diebus immediate sequentibus, usque ad octavas Resurrectionis dominice proxime secuture, annuatim visitaverint, quadraginta dies de injuncta eis penitentia relaxat. (nº 184, fol. 180 ; LA PORTE DU THEIL, fol. 139.)

« ., *Priori, et fratribus ordinis Predicatorum de Lugduno.* Sanctorum meritis inclita —. Dat. Rome apud Sanctam Sabinam, II kal. decembris, anno secundo. »

682   Sainte-Sabine, 7 décembre 1286.

Nicolao quondam Brancafolie, civi Viterbiensi, per Hugolinum, canonicum Lucanum, pape capellanum, examinato, tabellionatus officium concedit. (n° 185, fol. 180.)

« *Nicolao quondam Brancafolie, civi Viterbiensi.* Ne contractuum memoria —. Dat Rome apud Sanctam Sabinam, VII idus decembris, anno secundo. »

683   Sainte-Sabine, 8 décembre 1286.

Bartholomeo Blancutii de Guarcino, laico Alatrine diocesis, per magistrum Hugolinum examinato, tabellionatus officium concedit. (n° 186, fol. 180.)

« *Bartholomeo Blancutii de Guarcino, laico, Alatrine diocesis.* Ne contractuum etc. — Dat. Rome apud Sanctam Sabinam, VI idus decembris, anno secundo. »

In eundem modum pro Pascali Fidis de Senis laico.

684   Sainte-Sabine, 30 novembre 1286.

Cum Alfonso, clerico, dispensat ut, non obstante defectu natalium quem patitur, de soluto genitus et soluta, ecclesiasticum beneficium, cui tamen cura animarum non immineat, obtinere valeat. (n° 187, fol. 180 v°.)

« *Alfonso, clerico, nato dilecti filii nobilis viri Alfonsi de Molina, fratris clare memorie .. regis Castelle illustris.* Illegitime genitos quos —. Dat. Rome apud Sanctam Sabinam, II kal. decembris, anno secundo. »

685   Sainte-Sabine, 17 novembre 1286.

Preposito et capitulo ecclesie Sistaricensis concedit ut agrum, quem apud Sistaricum habent, guardiano et fratribus Sistaricensibus ordinis Minorum vendere libere valeant. (n° 188, fol. 180 v°; LA PORTE DU THEIL, fol. 122 ; POTTHAST, n° 22536.)

« .. *Preposito, et capitulo ecclesie Sistaricensis.* Considerantes attentius quod —. Dat. Rome apud Sanctam Sabinam, XV kal. decembris, anno secundo. »

686   Sainte-Sabine, 31 octobre 1286.

Episcopo Feretrano mandat quatinus quibusdam civibus civitatis Sancti Leonis, qui olim contra ecclesiam Romanam rebellaverunt, vicariumque rectoris Romaniole occiderunt, sed nunc ad ecclesie Romane fidelitatem sunt reversi, beneficium absolutionis impendat. (n° 189, fol. 180 v°.)

« *Venerabili fratri .. epicopo Feretrano.* Significarunt nobis Adamutius Tancredi, Bonajunta frater ejus, Fabrucius Fabri, Rigosantus et Laurentius ejus fratres, Bonus et Johannes dicti Fabri fratres, Ugolinus de Monteuno, Scantus ejus frater, Altobene, Martinellus Filitionis, Benevenutus Chocus, Croynellus ejus nepos, Andreas sutor, Rizulus filius Tamitii, Deustesalve, Ugolinutius, Florentius Petrinus, Cinus Landrutii, Superbutius, Goddicinus Beraldi, Serneus, Gerardinus, Guillelmus ejus frater, Alfredutius, Paganutius Laurtatii, Johannes ejus frater, Nascinbene, Gyouta Gunutii, Carnilvare, Bartolus de Amolde, Merlus ejus filius, Girardinus Guillelmi, Rodelfutius, Demandeus, Berardinus, Ferrus Faculi, Picchus et Divizellus, cives civitatis Sancti Leonis, quod, cum quondam Guillelmus de Alba, miles, dudum in partibus illis vicarius venerabilis fratris nostri G., episcopi Mimatensis, tunc decani Carnotensis, rectoris Romaniole, civitatem ipsam, pro eo quod mandatis ecclesie ac vicarii predictorum commune prefate civitatis, assumpto rebellionis spiritu, parere penitus recusabant, hostiliter obsideret, prefati cives, qui tunc cum quibusdam aliis eorum concivibus in rebellione hujusmodi persistebant, nocte quadam in ipsius vicarii subito irruentes exercitum, vicario ipso et nonnullis aliis de ipso exercitu, procurante hoste humani generis, interemptis, te ac dilectum filium Alderoctum, ecclesie Feretrane prepositum, qui tunc cum quibusdam aliis in vicarii prefati subsidium iveratis, capere, seu captos violenter tunc per quosdam fautores ipsorum civium detinere presumpserunt invitos, per octo menses et amplius carcerali custodie mancipantes, unde cum, dicti cives sicut asserunt, tam tu quam prefatus prepositus absque alterius lesionis dispendio sitis libertati pristine restituti, et tibi dictoque preposito super hiis, juxta tuum et ipsius beneplacitum et mandatum, ut qui jam ad devotionem et fidelitatem ipsius ecclesie sunt reversi, satisfactionem impenderint competentem, ac de tuo et rectoris ejusdem speciali mandato, castrum Lioncelli custodiant ad honorem ecclesie supradicte, ac ejus rebellibus se guerram facere asseverent, nobis humiliter supplicarunt ut, cum propter hec et alias etiam inimicitias capitales diversaque impedimenta ipsorum Apostolicam Sedem comode adire non valeant, pro absolutionis beneficio obtinendo providere super hoc eis misericorditer dignaremur. Quocirca fraternitati tue per apostolica scripta mandamus quatinus, si premissis veritas suffragatur, eis auctoritate nostra beneficium absolutionis impendas, injuncta eis pro modo culpe penitentia salutari, prout secundum Deum videris expedire. Dat. Rome apud Sanctam Sabinam, II kal. novembris, anno secundo. »

687   Sainte-Sabine, 13 décembre 1286.

Jacobo de Cavalcantibus de Florentia, in plebanum plebis Sancti Martini de Brozzi ab ipsius plebis canonicis electo canonice, et per capitulum ecclesie Florentine, que tunc vacabat, confirmato, indulget ut, non obstante etatis defectu quem patitur, plebanatum predictum, ac canonicatus et prebendas, quos in Florentina, et in Fesulana ac Lucana ecclesiis se canonice proponit adeptum esse, licite retinere valeat. (n° 190, fol. 181.)

« *Jacobo de Cavalcantibus de Florentia, plebano plebis Sancti Martini de Brozzi, Florentine diocesis.* Probitatis merita quibus —. Dat. Rome apud Sanctam Sabinam, idibus decembris, anno secundo. »

688   Sainte-Sabine, 15 novembre 1286.

Venditionem cujusdam pecie terre, in loco qui dicitur Cardinetum ultra Parvum Pontem infra muros Parisienses site, fratri Juvenali de Narnia, ordinis heremitarum sancti Augustini vicario et procuratori, pro pretio quadringentarum librarum Parisiensium a capitulo Parisiensis ecclesie factam refert et confirmat. (n° 191, fol. 181 v°; Potthast, n° 22534.)

« *Dilectis filiis .. priori generali, et fratribus heremitarum ordinis sancti Augustini.* Petitio vestra nobis — . Dat. Rome apud Sanctam Sabinam, XVII kal. decembris, anno secundo. »

689   Sainte-Sabine, 15 novembre 1286.

Venditionem cujusdam pecie terre, in loco qui dicitur Cardinetum site, fratri Juvenali de Narnia, ordinis heremitarum sancti Augustini vicario et procuratori, pro pretio ducentarum viginti et unius librarum et tredecim solidorum et quatuor denariorum Parisiensium ab abbate et conventu monasterii Sancti Victoris Parisiensis factam confirmat. (n° 192, fol. 181 v°.)

« *Eisdem.* Petitio vestra nobis exhibita continebat quod dilecti filii .. abbas et conventus monasterii Sancti Victoris Parisiensis, ordinis sancti Augustini, ipsius monasterii diligenter utilitate pensata, quandam peciam terre, sitam in loco qui dicitur Cardinetum infra muros Parisienses, dilecto filio fratri Juvenali de Narnia, vestri ordinis Parisius vicario, et procuratori tuo, filii prior, nomine tuo et totius vestri ordinis vendiderunt pro certa pecunie quantitate, sibi nichilominus in predicta pecia terre quodam censu annuo reservato, prout in patentibus litteris inde confectis, dictorum abbatis et conventus sigillis munitis, plenius continetur. Nos itaque vestris supplicationibus inclinati, venditionem hujusmodi ratam et gratam habentes, eam, non obstante quod venerabilis fratris nostri .. episcopi Parisiensis in venditione ipsa consensus minime intervenit, auctoritate apostolica ex certa scientia confirmamus et presenti scripti patrocinio communimus ; decernentes quod per hoc eidem episcopo nullum in posterum prejudicium generetur. Tenorem autem predictarum litterarum de verbo ad verbum presentibus fecimus annotari, qui talis est :

Paris, novembre 1285.

Universis presentes litteras inspecturis frater P., humilis abbas Sancti Victoris Parisiensis, totusque ejusdem loci conventus, eternam in Domino salutem. Notum facimus quod nos, pensata utilitate ecclesie nostre, quandam peciam terre, duo arpenta et unum carterium vel dimidium terre vel circiter continentem, quam Parisius in loco qui dicitur Cardinetum infra muros ville Parisiensis habebamus, sitam in fundo et dominio et justitia ecclesie nostre, contiguam dictis muris ex una parte, et terre heredum Auberti ad Fabas ex altera, imposita a nobis duobus denariis Parisiensibus super quolibet arpento dicte terre in signum superioritatis nobis et ecclesie nostre singulis annis solvendis a tenentibus eandem terram, non obstante si in futurum fiat locus predictus sacer vel religiosus, vendidimus, et venditionis nomine perpetuo tradidimus et concessimus in manu mortua tenendam et perpetuo possidendam fratri Juvenali de Narnia, vicario et procuratori Parisius religiosi viri fratris Clementis, prioris generalis fratrum heremitarum ordinis sancti Augustini, nomine totius ordinis, ad opus ipsorum fratrum Parisius studentium et usus totius dicti ordinis, pro ducentis viginti et una libra et tredecim solidis et quatuor denariis Parisiensibus, jam nobis et ecclesie nostre solutis, traditis et liberatis in pecunia numerata nobis tradita et soluta, et in utilitatem nostre ecclesie jam conversa, de qua tenemus nos bene pagatos, renuntiantes exceptioni —. Hoc acto etiam in contractu prædicto inter nos ex una parte et dictum emptorem nomine quo supra ex altera quod nec ipse nec ejus successores, sive ipsi inhabitantes in dicto loco, occasione aliqua seu occasione alicujus operis construendi in dicta terra, in parte illa que est super alveum Bevere, nec prohicere aliquid per quod impediatur libere fluere, immo tenebuntur ipsi inhabitantes, in quantum dicta terra se comportat super alveum predictum, tollere impedimentum et liberare dictam aquam ab impedimento predicto ad requisitionem nostram, cum opus fuerit, et facere quod dicta aqua habeat liberum suum cursum ; insuper et quod non poterunt turres in dicto loco erigere, nec campanile, nec campanum seu campanam ponere in dicto loco, seu pendere, sine voluntate nostra et assensu. In cujus rei testimonium sigilla nostra presentibus litteris duximus apponenda. Dat. anno Domini M°CC°LXXXV°, mense novembris.

Nulli ergo etc. nostre confirmationis etc. Dat. ut supra. »

690 Sainte-Sabine, 15 novembre 1286.

Concessionem cujusdam domus in vico Sancti Victoris Parisiensis site, fratri Juvenali de Narnia, ordinis eremitarum Sancti Augustini Parisius, vicario et procuratori, ad usus fratrum ipsius ordinis Parisius studentium, pro viginti quatuor libris Parisiensium annui et perpetui redditus, ab abbate et conventu monasterii Sancti Victoris Parisiensis factam refert et confirmat. (n° 193, fol. 182 ; POTTHAST, n° 22533.)

« *Eisdem.* Petitio vestra nobis —. Dat. Rome apud Sanctam Sabinam, XVII kal. decembris, anno secundo. »

691 Sainte-Sabine, 15 novembre 1286.

Contractum, inter fratres ordinis eremitarum sancti Augustini et abbatem monasterii Sancti Victoris Parisiensis super terram, in loco qui dicitur Cardinetum, ab Agnete relicta Auberti dicti ad Fabas predictis fratribus venditam, initum, refert et confirmat. (n° 194, fol. 182 v° ; POTTHAST, n° 22535.)

« *Eisdem.* Meritis vestre religionis —. Dat. ut supra. »

HONORIUS.

692 Sainte-Sabine, 22 novembre 1286.

Episcopo Parmensi mandat quatinus a priore provinciali fratrum Predicatorum Lombardie postulet ut conventum eorundem fratrum ad Parmensem civitatem reducat. (n° 195, fol. 183.)

« *Venerabili fratri .. episcopo Parmensi.* Memores devotionis antique, quam Parmensis civitas, veluti sincerissima filia, erga Romanam ecclesiam, matrem suam, inconcusse servavit —. Sane quantum honoris quantumve decoris et utilitatis amiserit civitas eadem in recessu dilectorum filiorum fratrum ordinis Predicatorum de ipsa, qui olim inibi morabantur, satis aperte colligitur si diligentius attendatur. Nos autem cupientes non modice ut civitati predicte per vestre sollicitudinis studium circa hoc reformatio votiva proveniat — dilectos filios nobiles viros .. potestatem, .. capitaneum, consilium et commune Parmenses per alias nostras sub certa forma litteras rogandos attente duximus et hortandos ut — dilecto filio .. priori provinciali fratrum ipsius ordinis provincie Lombardie suas rogatorias litteras et speciales nuntios destinare procurent, ab eo cum instantia postulantes ut conventum fratrum ejusdem ordinis ad civitatem ipsam reducere non postponat. Suademus quoque prefatis Parmensibus per litteras supradictas ut prenominatis fratribus pro suarum reparatione domorum, ut competentius morari in eisdem [valeant], et constructione ecclesie eorundem in aliqua condecenti subveniant pecunie quantitate, ut nichilominus ipsius ordinis fratribus de rebus dudum ablatis eisdem tempore quo recesserunt de civitate predicta, congruam satisfactionem impendant. Et, cum locus in eadem civitate ad comburendum hereticos deputatus sit nimis vicinus domibus supradictis, statuto perpetuo ordinent ut in loco ipso judicium sanguinis non debeat ulterius exerceri. Cum itaque spes nobis non dubia repromittat quod ad hujusmodi promotionem negotii tuum desiderium dirigatur, fraternitatem tuam rogamus et hortamur attente per apostolica tibi scripta districte precipiendo mandantes quatinus, pro divina et Apostolice Sedis reverentia, negotium ipsum ferventer assumens et favorabiliter prosequens, ad optatam expeditionem ipsius sollers et efficax studium largiaris, ut, eo per ministerium tuum ad effectum perducto, tibi proinde ab omnium retributore bonorum premium compares et a nobis digne commendationis titulum merearis, nobis quod in hac parte feceris plenarie rescripturus. Dat. Rome apud Sanctam Sabinam, X kal. decembris, anno secundo. »

693   Sainte-Sabine, 22 novembre 1286.

Potestatem, capitaneum, consilium et commune civitatis Parmensis rogat quatinus a priore provinciali ordinis fratrum Predicatorum provincie Lombardie instanter postulent ut ad predictam civitatem fratrum ordinis ipsius conventum reducere non omittat; eosdemque cives hortatur quatinus predictis fratribus pro domibus reparandis in certa pecunie quantitate subveniant et, quia locus, ad comburendum hereticos deputatus, Predicatorum domui nimis vicinus existit, ac indignum videtur et indecens ut hostium fidei combustorum fumus aborrendus inficiat pugilum ipsius fidei mansiones, ordinent quod in loco predicto judicium sanguinis non exerceatur ulterius. (n° 196, fol. 183.)

« *Dilectis filiis nobilibus viris .. potestati, .. capitaneo, consilio et communi Parmensibus.* Pulsat intanter ad —. Dat. ut supra. »

694   Sainte-Sabine, 22 novembre 1286.

Episcopo Parmensi mandat quatinus apud potestatem, capitaneum, consilium et commune Parmensis civitatis se interponat ut per eos sindicus in consilio communiter ordinetur ad prestandum in dicti episcopi et inquisitoris seu inquisitorum heretice pravitatis in partibus Lombardie manibus juramentum quod predicti potestas, capitaneus, consilium et commune procurabunt quod inquisitores plena securitate tam in civitate predicta quam in toto ejus districtu gaudebunt, et quod iidem potestas, capitaneus et alii promittent et efficaciter facient ut predictum inquisitionis officium libere valeant exercere,quodque inquisitoribus ipsis, cum ab eis fuerint requisiti, auxilium liberaliter exhibebunt. (n° 197, fol. 183 v°.)

« *Venerabili fratri .. episcopo Parmensi.* Cupientes ut fratres —. Dat. ut supra.

695   Sainte-Sabine, 7 décembre 1286.

Potestatem, capitaneum, consilium et commune Parmensis civitatis rogat et hortatur quatinus sindicum in consilio ordinent ad prestandum in manibus episcopi Parmensis et inquisitoris seu inquisitorum heretice pravitatis in partibus Lombardie manibus juramentum quod iidem inquisitores officium suum in Parmensi civitate ejusque districtu libere et secure exercere poterunt. (n° 198, fol. 183 v°.)

« *Dilectis filiis nobilibus viris .. potestati, .. capitaneo, et consilio Parmensibus.* Cupientes ut dilecti —. Dat. Rome apud Sanctam Sabinam, VII idus decembris, anno secundo. »

696   Sainte-Sabine, 8 décembre 1286.

Priori Predicatorum, et guardiano Minorum fratrum ordinum Pisanis mandat quatinus electionem de Henrico, in hospitalis novi Misericordie Sancti Spiritus Pisani rectorem electo, celebratam, si eam invenerint canonicam, confirment. (n° 199, fol. 184.)

« *Dilectis filiis .. priori Predicatorum, et .. guardiano Minorum fratrum ordinum Pisanis.* Sua nobis dilecti filii fratres hospitalis novi Misericordie Sancti Spiritus Pisani, ad Romanam ecclesiam nullo medio pertinentis, quod pape Alexandri dicitur, ordinis sancti Augustini, petitione monuerunt quod, nuper eodem hospitali per obitum quondam Johannis de Agnello, rectoris ipsius hospitalis, destituto rectore, iidem fratres, vocatis omnibus — convenientes in unum ac deliberantes ad electionem hujusmodi per viam procedere compromissi, dilectis filiis Venture, presbitero, Contadino et Guillielmutio, fratribus ejusdem hospitalis, providendi ea vice ipsi hospitali de rectore concesserunt plenariam potestatem, promittentes illum in rectorem dicti hospitalis recipere quem fratres Ventura, Contadinus et Guillielmutius prefati ducerent eligendum. Iidem autem fratres — dilectum filium Henricum, natum quondam Aginecti, fratrem dicti hospitalis, virum utique, ut asseritur, providum et honestum, ac in spiritualibus et temporalibus circumspectum, in eorum et dicti hospitalis rectorem canonice elegerunt. Quare predicti fratres nobis humiliter supplicarunt ut, cum idem Henricus propter guerrarum discrimina, que inimicus humani generis in illis partibus suscitavit, ac paupertatem et debitorum onera, quibus idem hospitale premitur, ad Sedem Apostolicam venire comode nequeat pro confirmationis sue munere obtinendo,providere super hoc paterna sollicitudine dignaremur. Quocirca discretioni vestre per apostolica scripta mandamus quatinus, inquisita de modo electionis —, si electionem ipsam inveneritis de persona ydonea canonice celebratam, illam auctoritate nostra confirmare curetis, facientes eidem electo a suis subditis obedientiam et reverentiam sibi debitam exhiberi; recepturi ab eo postmodum nostro et ecclesie Romane nomine fidelitatis solite juramentum —; contradictores etc., usque : compescendo; formam autem juramenti quod ipse prestabit nobis de verbo ad verbum per vestras litteras — destinetis. Non obstante indulgentia qua vobis et ordinibus vestris a Sede Apostolica est concessum quod non teneamini etc., usque : habeatur. Dat. Rome apud Sanctam Sabinam, VI idus decembris, anno secundo. »

Sainte-Sabine, 23 janvier 1287.

« In eundem modum dilectis filiis .. abbati monasterii de Sancto Savino, Pisane diocesis, et .. guardiano ordinis fratrum Minorum Pisano. Sua nobis dilecti filii fratres hospitalis novi Misericordie Sancti Spiritus Pisani etc., usque : non obstante indulgentia qua tibi, fili guardiane, aut ordini tuo etc., usque: mentio habeatur. Dat. Rome apud Sanctam Sabinam, X kal. februarii, anno secundo. »

697   Sainte-Sabine, 9 décembre 1286.

Prioribus domus Predicatorum, et sancti Augustini, ac guardiano Minorum fratrum ordinum Reatinis mandat quatinus, cum Petrus, Montis Regalis archiepiscopus, tempore quo episcopus Reatinus existebat, unacum Reatino capitulo castrum Sancti Liberati, Reatine diocesis, emisset, et cum occasione hujusmodi ecclesia Reatina in nongentos et septuaginta florenos auri adhuc obligaretur, super premissis inquirant, et si invenerint quod magis expediat dicte ecclesie vendere res aliquas quam castrum dimittere memoratum, de possessionibus ejusdem ecclesie minus utilibus, usque ad quantitatem nongentorum et septuaginta florenorum, Andree, nunc Reatino episcopo, et capitulo vendendi auctoritatem prestent. (n° 200, fol. 184 ; POTTHAST, n° 22546.)

« *Dilectis filiis .. domus Predicatorum, et .. sancti Augustini prioribus, ac .. guardiano Minorum fratrum ordinum Reatinis*. Lecta coram nobis —. Dat. Rome apud Sanctam Sabinam, V idus decembris, anno secundo. »

698   Sainte-Sabine, 5 décembre 1286.

Episcopo Leodiensi mandat quatinus interdictum in magistros, scabinos, juratos et cives Leodienses prolatum relaxet. (n° 204, fol. 184 v° ; LA PORTE DU THEIL, fol. 140.)

« *Venerabili fratri .. episcopo Leodiensi*. Decet pontificalem modestiam —. Sane magistri, scabini, jurati et communitas civitatis Leodiensis, transmissa nobis conquestione, monstrarunt quod, occasione cujusdam questionis, que inter te ex una parte, et prefatos magistros, scabinos, juratos et communitatem ex altera est exorta, tu in eosdem magistros, scabinos, et juratos excommunicationis, et in civitatem predictam interdicti sententie auctoritate propria promulgasti, et postmodum per .. abbatem Novi Monasterii juxta Hoyum, et .. decanum ecclesie Sancte Marie Hoyensis, tue diocesis, auctoritate ipsis, ut dicebatur, a te commissa, pretextu questionis ejusdem in dictos magistros, scabinos et juratos similes excommunicationis et interdicti sententie pro-

late fuerunt, et nichilominus baptisma parvulorum, morientium et dominicum viaticum in eadem civitate specialiter interdicta. Nos igitur, attendentes quod ex hujusmodi sacramentorum defectu, scilicet baptismatis parvulorum et penitentiarum morientium, manifestum dicte civitatis incolis, non sine gravi Dei offensa, imminet periculum animarum, ac volentes provide corrigi per te ipsum quod est in hac parte minus provide attemptatum, fraternitati tue per apostolica scripta mandamus quatinus, si quod de interdictione predictorum sacramentorum — proponitur, veritate fulcitur, interdictum hujusmodi, quoad eadem duo sacramenta, qualitercumque sit per te seu prefatos abbatem et decanum, sive quosvis alios tuos commissarios, promulgatum, infra octo dies post receptionem presentium, sine difficultate qualibet, omnino relaxes ; alioquin, dilectis filiis .. priori fratrum Predicatorum, et magistro Adenulpho de Anagnia, capellano nostro, canonico, ac .. officiali Parisiensibus damus nostris litteris in mandatis ut ipsi extunc interdictum ipsum — auctoritate nostra per se, vel per alium seu alios, relaxare procurent; contradictores eadem auctoritate —. Dat. Rome apud Sanctam Sabinam, nonis decembris, anno secundo. »

699   Sainte-Sabine, 5 décembre 1286.

Priori fratrum Predicatorum, et magistro Adenulpho de Anagnia, ac officiali Parisiensi mandat quatinus, si Leodiensis episcopus mandatum, in proxime superioribus litteris contentum infra prescriptum tempus neglexerit adimplere, interdictum sacramentorum, videlicet parvulorum baptismalis et penitentiarum morientium, in civitatem Leodiensem a dicto episcopo prolatum, relaxare curent. (n° 202, fol. 184 v°; LA PORTE DU THEIL, fol. 142 ; POTTHAST, n° 22544.)

« *.. Priori fratrum Predicatorum, et magistro Adenulpho de Anagnia, capellano nostro, canonico, ac .. officiali Parisiensibus*. Decet venerabilem fratrem —. Dat ut supra. »

700   Sainte-Sabine, 29 décembre 1286.

Ecclesie Florentine, per fratris Jacobi obitum vacanti, Andream preficit in episcopum. (n° 203, fol. 184 v°.)

« *Venerabili fratri Andree, episcopo Florentino*. Inter cetera que —. Sane Florentina ecclesia, per obitum bone memorie fratris Jacobi, episcopi Florentini, pastoris solatio destituta, dilecti filii Jacobus, prepositus, et capitulum ipsius ecclesie — per viam scrutinii ad electionem hujusmodi procedentes, dilectos filios Jacobum de Cavalcantibus, Raynerium et Johannem, canonicos Florentinos, — scrutatores votorum communiter et concorditer elegerunt, qui —, comperto quod major et sanior pars canonicorum ipsorum in te, minor vero, videlicet Raynerius et Johannes, ipsius ecclesie canonici, in venerabilem fratrem nostrum Thomam, Pistoriensem episcopum, ac tu in prefatum prepositum direxeratis in eodem scrutinio vota vestra, prefatus Jacobus, prepositus, Christi nomine invocato, vice sua et scrutatorum predictorum, ac de consensu et mandato omnium illorum qui in te in scrutinio ipso consenserant, te in episcopum et pastorem elegit ecclesie Florentine, ac deinde prefatis Raynerio et Johanne acceptantibus electionem hujusmodi de te factam, tu, ad instantiam predictorum omnium, eidem electioni postmodum consensisti. Presentato itaque hujusmodi electionis decreto, ac te et dicto capitulo illam a nobis petentibus confirmari, nos ipsius electionis decretum per venerabilem fratrem B., Portuensem episcopum, ac dilectos filios nostros Comitem, tituli Sanctorum Petri et Marcellini presbiterum, ac Jacobum, Sancte Marie in Via lata diaconum cardinales, examinari fecimus diligenter, et tandem quia electionem ipsam invenimus de persona ydonea canonice celebratam, eam de fratrum nostrorum consilio duximus confirmandam, preficientes te ipsi ecclesie in episcopum et pastorem —, ac subsequenter per venerabilem fratrem nostrum L., Ostiensem episcopum, tibi fecimus munus consecrationis impendi —. Dat. Rome apud Sanctam Sabinam, IIII kal. januarii, anno secundo. »

In eundem modum capitulo ecclesie Florentine mandat quatinus eidem episcopo obedientiam et reverentiam debitam exhibeat. Dat. ut supra.

In e. m. clero civitatis et diocesis Florentine.

In e. m. populo civitatis et diocesis Florentine mandat quatinus ejusdem episcopi monitis et mandatis intendat. Dat. ut supra.

In e. m. universis fidelibus et vassallis ecclesie Florentine mandat quatinus eidem episcopo fidelitatis solite prestantes juramentum servitia debita exhibeant. Dat. ut supra.

701   Sainte-Sabine, 14 décembre 1286.

Thome Bisacie, capellano suo, indulget ut ecclesiam de Bercanstude Innort, Lincolniensis diocesis, curam animarum habentem, quam canonice obtinuit, unacum archidiaconatu, canonicatu et prebenda Tripolitane ecclesie, de quibus nuper eidem per alias pape litteras provisum erat, licite ac libere retinere valeat. (n° 204, fol. 185.)

« Thome Bisacie, capellano nostro, archidiacono et canonico ecclesie Tripolitane, ac rectori ecclesie Sancte Marie de Bercanstude Innort, Lincolniensis diocesis. Meritis tue devotionis —. Dat. Rome apud Sanctam Sabinam, XVIIII kal. januarii, anno secundo. »

702   Sainte-Sabine, 9 décembre 1286.

Bernardo de Maloert, clerico in minoribus ordinibus constituto, Claromontensis diocesis, per magistrum Hugolinum, pape capellanum, canonicum Lucanum, examinato, officium tabellionatus concedit. (n° 205, fol. 185 ; La Porte du Theil, fol. 144.)

« Bernardo de Maloert, clerico in minoribus ordinibus constituto, Claromontensis diocesis. Ne contractuum memoria —. Dat. Rome apud Sanctam Sabinam, V idus decembris, anno secundo. »

Sainte-Sabine, 7 décembre 1286.

In e. m. Geraldo Audoini de Manlia, clerico in minoribus ordinibus constituto, Engolismensis diocesis, per eundem magistrum Hugolinum examinato. Dat. Rome apud Sanctam Sabinam, VII idus decembris, anno secundo.

Sainte-Sabine, 13 décembre 1286.

In e. m. Nicolao Egidii de Erignano, laico Civitatis Castellane diocesis, per eundem magistrum Hugolinum examinato. Dat. Rome apud Sanctam Sabinam, idibus decembris, anno secundo.

703   Tivoli, 21 août 1286.

Episcopo Leodiensi mandat quatinus de vita et conversatione Walteri dicti de Chipelhey, clerici ejusdem diocesis, qui, Maria et Waltero de Chipelhey, canonico ecclesie Sancti Bartholomei Leodiensis, genitus, pape humiliter supplicaverat ut ad omnes ordines promoveri et ecclesiasticum beneficium obtinere posset, inquirat, et circa ipsum clericum, si vite laudabilis eundem esse repererit, super hoc statuat. (n° 206, fol. 185 v°.)

« .. Episcopo Leodiensi. Accedens ad presentiam —. Dat. Tibure, XII kal. septembris, anno secundo. »

704   Sainte-Sabine, 7 novembre 1286.

Collectori decime Remensis provincie, in subsidium regni Aragonie deputate, concedit ut conventum et ministeriales monasterii Aquicintensis, Atrebatensis diocesis, occasione dicte decime, statuta ad hoc terminis ab his non solute, suspensionis, interdicti et excommunicationis sententiis innodatos, postquam predicta decima fuerit integre persoluta, ab hujusmodi sententiis absolvat. (n° 207, fol. 185 v° ; La Porte du Theil, fol. 105.)

« .. Collectori decime Remensis provincie in subsidium regni Aragonum deputate. Significavit nobis dilectus —. Dat. Rome apud Sanctam Sabinam, VII idus novembris, anno secundo. »

705   Sainte-Sabine, 24 novembre 1286.

Petro, archiepiscopo Montis Regalis, concedit ut uni persone ydonee tabellionatus officium conferre possit. (n° 208, fol. 185 v°.)

« Petro, archiepiscopo Montis Regalis —. Dat. Rome apud Sanctam Sabinam, VIII kal. decembris, anno secundo. »

706   Sainte-Sabine, 18 décembre 1286.

Cedente per liberam resignationem fratre Petro de ordine Minorum, qui diu se gessit pro episcopo Wibergensi, de altero episcopo electionem faciendam preposito et capitulo ecclesie W - bergensis remittit; eisdem mandando quatinus prefate ecclesie de persona ydonea providere curent. (n° 209, fol. 185 v° ; POTTHAST, n° 22547.)

« .. Preposito, et capitulo ecclesie Wibergensis. Cum frater Petrus —. Dat. Rome apud Sanctam Sabinam, XV kal. januarii, anno secundo. »

707   Sainte-Sabine, 13 décembre 1286.

Visitatoribus ordinis sancti Marci Mantuani mandat quatinus ad monasterium Sancte Marie de Virginibus de Venetiis, ad Romanam ecclesiam nullo medio pertinens, et per priorem gubernari solitum, personaliter accedentes, et ab Alberto, priore ejusdem monasterii, qui, propter debilitatem corporis et senectutem, prefato monasterio preesse non potest, libera hujusmodi regiminis resignatione recepta, conventui eligendi hac vice in suum priorem aliquam personam ydoneam concedant. (n° 210, fol. 185 v°.)

« Dilectis filiis visitatoribus ordinis sancti Marci Mantuani per Sedem Apostolicam deputatis. Ad statum prosperum —. Dat. Rome apud Sanctam Sabinam, idibus decembris, anno secundo. »

708   Sainte-Sabine, 20 décembre 1286.

Jacobo Judicis Roberti, civi Cajactiensi, per magistrum Rogerium de Salerno, archidiaconum Panormitanum, subdiaconum et pape capellanum, examinato, tabellionatus officium concedit. (n° 211, fol. 186.)

« Jacobo Judicis Roberti, civi Cajactiensi. Ne contractuum memoria —. Dat. Rome apud Sanctam Sabinam, XIII kal. januarii, anno secundo. »

709   Sainte-Sabine, 11 janvier 1287.

Episcopo Tornacensi, et priori Predicatorum, et guardiano Minorum fratrum ordinum Insulensibus mandat quatinus, diligenti inquisitione prehabita, decano et capitulo ecclesie Insulensis concedant ut iidem cum comite Flandrie bona permutare valeant. (n° 212, fol. 186 ; LA PORTE DU THEIL, fol. 150 ; POTTHAST, n° 22551.)

« Venerabili fratri .. episcopo Tornacensi, et dilectis filiis.. priori Predicatorum, et .. guardiano Minorum fratrum ordinum Insulensibus, Tornacensis diocesis. Significarunt nobis .. decanus —. Dat. Rome apud Sanctam Sabinam, III idus januarii, anno secundo. »

710   Sainte-Sabine, 18 décembre 1286.

Priori provinciali Francie ordinis Predicatorum conferendi duabus personis ydoneis tabellionatus officium concedit facultatem. (n° 213, fol. 186 ; POTTHAST, n° 22548.)

« .. Priori provinciali Francie ordinis Predicatorum. Cum sicut dilecti —. Dat. Rome apud Sanctam Sabinam, XV kal. januarii, anno secundo. »

711   Sainte-Sabine, 18 décembre 1286.

Cum Simone dicto Mauro, quod, plebanatu ecclesie Sancti Barnabe de Venetiis omnino dimisso, primiceriatum ecclesie Sancti Marchi ejusdem loci recipere, ac cum ecclesie Sancti Pantaleonis plebanatu, et canonicatibus ac prebendis, quos in Tervisina, Gradensi, et de Mestre ac Sancti Martini de Cornuda, Tervisine diocesis, ecclesiis, obtinet, libere retinere valeat dispensat. (n° 214, fol. 186.)

« Simoni dicto Mauro, plebano ecclesie Sancti Pantaleonis de Venetiis, Castellane diocesis. Exigunt tue probitatis —. Dat. Rome apud Sanctam Sabinam, XV kal. januarii, anno secundo. »

712   Sainte-Sabine, 13 janvier 1287.

Riccardo, episcopo Lismorensi, tabellionatus officium uni persone ydonee conferendi liberam concedit potestatem. (n° 215, fol. 186.)

« Riccardo, episcopo Lismorensi. Volentes tibi gratiam —. Dat. Rome apud Sanctam Sabinam, idibus januarii, anno secundo. »

713   Sainte-Sabine, 27 novembre 1286.

Galgano de Eugubio, inquisitori heretice pravitatis in ducatu Spoletano, committit, ut, si diligenti inquisitione premissa, ipsi constiterit quod Archionus, miles, natus quondam Philippi dicti Palmerii, militis Spoletani, et filii ejus non sint de heretica pravitate suspecti, eosdem ad omnia secularia officia et beneficia ecclesiastica assumi posse, concedat. (n° 216, fol. 186 v°; POTTHAST, n° 22539.)

« Fratri Galgano de Eugubio, ordinis fratrum Minorum inquisitori heretice pravitatis in ducatu Spoletano. Exhibita nobis dilecti —. Dat. Rome apud Sanctam Sabiuom, V kal. decembris, anno secundo. »

714   Sainte-Sabine, 18 décembre 1286.

Episcopo Laudensi mandat quatinus, si ei constiterit potestatem, ancianos, consilium et commune civitatis Pergamensis, nonnulla statuta gravia et enormia in derogationem ecclesie libertatis statuisse, videlicet quod si aliquis clericus civitatis et diocesis Pergamensis in quemvis laicum committeret excessum, talis clericus esset juri stare paratus per eundem potestatem occasione delicti hujusmodi, etiam corporaliter puniretur, et quod nulla persona carundem civitatis et diocesis, que de jurisdictione ipsius potestatis existeret, aliquid de bonis suis donare vel legare ecclesiis seu personis ecclesiasticis vel aliquo titulo in eas transferre posset, predictos potestatem, ancianos, consilium et commune compellat quod hujusmodi statuta revocent, ac de suis capitularibus prorsus abradant aut abradi faciant. (n° 217, fol. 186 v°)

« .. Episcopo Laudensi. Petitio dilectorum filiorum —. Dat. Rome apud Sanctam Sabinam, XV kal. januarii, anno secundo. »

715   Sainte-Sabine, 5 janvier 1287.

Calaguritane et Calciatensi ecclesiis, per translationem Martini episcopi ad ecclesiam Astoricensem factam vacantibus, Almoravium, tunc secularis ecclesie de Alfaro, Tirasonensis diocesis, abbatem, preficit in episcopum. (n° 218, fol. 186 v°.)

« Almoravio, Calaguritano et Calciatensi electo. In suppreme dignitatis —. Dat. Rome apud Sanctam Sabinam, nonis januarii, anno secundo. »

In eundem modum capitulo Calaguritane et Calciatensis ecclesiarum mandat quatinus eidem electo obedientiam et reverentiam debitam exhibeat. Dat. ut supra.

In e. m. clero Calaguritane et Calciatensis ecclesiarum.

In e. m. populo civitatum et diocesium Calaguritane et Calciatensis mandat quatinus ejusdem electi mandatis et monitis intendat. Dat. ut supra.

In e. m. universis vassallis Calaguritane et Calciatensis ecclesiarum mandat quatinus eidem electo fidelitatis solite prestantes juramentum servitia debita exhibeant. Dat. ut supra.

Sainte-Sabine, 3 mars 1287.

« In e. m. eidem Almoravio, Calaguritano et Calciatensi episcopo. In suppreme dignitatis etc. usque: committentes, et subsequenter per venerabilem fratrem nostrum J., episcopum Penestrinum, tibi fecimus munus consecrationis impendi, firma concepta fiducia etc. mutatis mutandis usque: Dat. Rome apud Sanctam Sabinam, V nonas martii, anno secundo. »

716   Sainte-Sabine, 11 janvier 1287.

Clugiensi ecclesie, per obitum Mathei, episcopi Clugiensis, vacanti, Stephanum Betani, plebanum plebis Sancti Samuelis de Venetiis, preficit in episcopum. (n° 219, fol. 187.)

« Stephano Betani, electo Clugiensi. In suppreme dignitatis —. Dudum siquidem ecclesia Clugiensi, per obitum bone memorie Mathei, Clugiensis episcopi, pastoris solatio destituta, et votis canonicorum ipsius ecclesie in diversa divisis, quidam eorum postularunt venerabilem fratrem nostrum T., episcopum Sardinensem, alii vero dilectum filium Alironem, plebanum plebis Sancti Johannis Crisostomi de Venetiis, capellanum nostrum, elegerunt in episcopum Clugiensem. Cumque fuisset a postulatione hujusmodi ad Sedem Apostolicam appellatum, felicis recordationis Martinus papa IIII, predecessor noster, causam appellationis hujusmodi et negotii principalis commisit dilecto filio nostro Comiti, tituli Sanctorum Marcellini et Petri presbitero cardinali, coram quo hujusmodi causa pendente, idem Sardinensis episcopus a prosecutione hujusmodi postulationis destitit, renuntiando omni juri, si quod esset sibi ex ipsa postulatione quesitum, dictique canonici, qui eundem Sardinensem episcopum postularant, subsequenter, irrequisitis eisdem electoribus Alironis predicti, et causa ipsa coram eodem cardinali pendente, quondam Wibertum, abbatem monasterii de Brundulo, eligere ac postulare in Clugiensem episcopum presumpserunt, propter quod dilectus filius magister Johannes dictus Vandalinus, canonicus ejusdem ecclesie Clugiensis, tunc apud Sedem Apostolicam constitutus pro prosecutione electionis predicte facte de Alirone prefato, quamcito id ad ejus pervenit notitiam, ad Sedem appellavit eandem, qua quidem appellatione denuntiata venerabili fratri nostro .. patriarche Gradensi, loci metropolitano, ac Wiberto, et suis electoribus supradictis, hujusmodi appellationis negotium fuit per predecessorem eundem eidem cardinali, sicut et causa ipsa, commissum. Idemque cardinalis negotium ipsum discutiens pronuntiavit illud fuisse ad Sedem Apostolicam legitime devolutum, et cum duo ex predictis canonicis qui Wibertum postularant eundem a pronuntiatione hujusmodi ad Sedem appellassent eandem, cognitioni appellationis ejusdem interposite a pronuntiatione predicta dilectus filius noster G., tituli Sancte Susanne presbiter cardinalis, juxta morem quem in hoc Romana servat ecclesia, fuit per predecessorem ipsum adjunctus qui, negotio examinato predicto et deliberatione habita diligenti, pronuntiavit per dictum C. cardinalem in hac parte bene pronuntiatum fuisse et per prefatos duos canonicos minus legitime appellatum; sed eodem Wiberto, spiritu presumptionis assumpto, per eundem patriarcham postulationem hujusmodi taliter de se factam procuravit admitti; et, licet idem Johannes ab hujusmodi admissione, et ne procederetur ad consecrationem ejusdem W., ad Sedem appellasset eandem, et patriarche ac Wiberto suisque electoribus prelibatis hujusmodi appellationem denuntiari fecisset, nichilominus tamen dictus Wibertus se consecrari per patriarcham predictum et intrudi in dicta Clugiensi ecclesia procuravit, sicque negotio ipso coram predicto C., cardinali, pendente, cum idem Wibertus interim diem clausisset extremum, prefatus magister Johannes, expressis causis et rationibus quampluribus, et quod, ut predicitur, causa pendebat super electione predicta de Alirone prefato, quodque predicti qui Wibertum postularant eundem, pro eo quod indignum et inhabilem scienter elegerant, ne ad aliam electionem procederent, ad Sedem appellavit eandem et appellationem hujusmodi denuntiari fecit patriarche predicto, ac illis qui Wibertum postulaverant memoratum; sed iidem qui, ut predicitur, Wibertum postulaverant antedictum, multiplicare inconveniens non verentes, Leonardum dictum Falerium in Clugiensem episcopum elegerunt, a qua electione, et ne procederetur ad confirmationem ipsius, idem magister Johannes ad nos vocem appellationis emisit, et demum appellatione hujusmodi patriarche, Leonardo et predictis suis electoribus nuntiata, nos eidem C., cardinali, commisimus

ut de appellatione ipsa cognosceret ac memorato negotio principali; dicto vero magistro Johanne ac procuratore Leonardi predicti comparentibus coram predicto C., cardinali, productisque instrumentis appellationis interposite ab electione predicta nominati Leonardi et notificationum seu denuntiationum appellationis ejusdem, instrumenta ipsa ac notarius qui illa confecerat recognita per ipsius Leonardi procuratorem in ipsius C., cardinalis, presentia extiterunt, sicque cardinalis ipse pronuntiavit, justitia suadente, causam ipsam fore ad Sedem eandem legitime devolutam. Postmodum vero eodem magistro Johanne asserente predictum Leonardum formam constitutionis super hoc edite veniendo ad Romanam curiam non servasse, ac propter hoc dictum Leonardum omni jure, si quod sibi ex electione competebat eadem, esse privatum, et proponente predictum procuratorem ipsius Leonardi non esse super hoc ulterius audiendum, dictus procurator ejusdem Leonardi dicens se per errorem recognovisse predicta, proposuit quod revocabat quandam confessionem quam fecerat confitendo Johannem dictum Tempestam, qui confecerat instrumenta denuntiationum seu notificationum appellationis predicte, notarium publicum extitisse, et quia dictus C., cardinalis, revocationem confessionis hujusmodi non admisit, dictus procurator ipsius Leonardi ad nostram audientiam appellavit, nosque super appellatione ipsa, partibus coram nobis in consistorio constitutis, et super ea presentibus fratribus nostris discussione habita diligenti, exigente justitia, supradicto C., cardinali, mandavimus ut, non obstante appellatione predicta ad nos ultimo interjecta, in negotio procederet principali; oblato itaque per memoratum Johannem dictum Vandalinum contra Leonardum eundem libello coram sepefato C., cardinali, et lite inter partes ipsas super libello ipso legitime contestata, factisque positionibus et responsionibus secutis ad eas, ac formatis et datis articulis hinc et inde, prefatus Leonardus, appellationum predictarum pendente negotio, procuravit per eundem patriarcham electionem hujusmodi de se factam temeritate dampnabili confirmari, et pretextu confirmationis ejusdem sicut episcopus in spiritualibus et temporalibus ministrabat, nec hiis contentus, sed tam ipse quam electores sui prefati, se ad excogitatam malitiam convertentes, omnes canonicos Clugienses, qui Alironem elegerant memoratum, beneficiis suis indebite spoliarunt. Nos vero eidem ecclesie, inter tot fluctuanti procellas, paterno compatientes affectu, et cupientes eam recto remige gubernari, intendentes quoque eorundem patriarche et Leonardi et electorum suorum temeritatis audaciam refrenare, dicto Leonardo administrationem ipsam interdiximus sic presumptam, venerabili fratri nostro .. episcopo Castellano per nostras litteras curam et administrationem prefate Clugiensis eclesie in spiritualibus et temporalibus committentes, per eundem episcopum administrationem ipsam et omnia que pertinerent ad illam fideliter exercenda; ita quod inter alia sibi incumbentia ratione administrationis ejusdem, fructus, redditus et proventus ad episcopalem sedem Clugiensem spectantes, ad manus suas recipiens, illos deductis honestis et moderatis expensis, futuro Clugiensi episcopo conservaret, omnia que reciperet et expenderet ratione administrationis ipsius fideliter conscribendo, donec foret ecclesie memorate de pastore provisum, vel circa statum ipsius per Sedem eandem aliter ordinatum. Sollicite insuper precavere volentes ne tali pretextu ecclesia ipsa irreparabile incurreret detrimentum, eidem episcopo per litteras ipsas injunximus ut, dicto Leonardo ab administratione hujusmodi prorsus amoto, commissionem ipsam in hac parte factam eidem sollicite prosequens, dictos canonicos electores videlicet Alironis ejusdem ad dicta beneficia, sicut justum foret, restituere procuraret ; contradictores etc., usque : compescendo, ac nichilominus prefatos patriarcham, Leonardum et electores ipsius, ac predictos electores dicti Alironis, et alios qui sua crederent interesse, peremptorie ex parte nostra citaret ut infra mensem post citationem hujusmodi patriarcha et Leonardus prefati personaliter, parituri mandatis nostris et pro meritis recepturi, alii vero per se vel per alios, juxta formam constitutionis ejusdem, coram nobis comparere curarent, facturi et recepturi super hiis quod ordo exigeret rationis, predicens eisdem quod nos, prout nobis videretur expediens, procederemus contra patriarcham et Leonardum predictos, et ad ordinationem ipsius ecclesie, si ipsi citationi hujusmodi contempnerent obedire. Demum autem tam idem Leonardus quam sepedictus Aliro omne jus, quod ex electionibus premissis factis de eis competebat eisdem, sponte ac libere in nostris manibus resignarunt; nosque, hujusmodi resignatione recepta, eidem ecclesie de dilecto filio Symone dicto Mauro, plebano plebis Sancti Barnabe de Venetiis, absente, tamen in episcopum providimus et pastorem, qui provisioni de se facte noluit consentire. Ne igitur eadem Clugiensis ecclesia — prolixioris vacationis dispendiis exposita remaneret, nos de ipsius provisione sollicite cogitantes — de te, tunc plebano Sancti Samuelis plebis ejusdem loci de Venetiis, eidem Clugiensi ecclesie, de fratrum nostrorum consilio et apostolice plenitudine potestatis, duximus providendum, teque eidem ecclesie prefecimus in epis-

copum et pastorem —. Dat. Rome apud Sanctam Sabinam, III idus januarii, anno secundo. »

In eundem modum capitulo ecclesie Clugiensis mandat quatinus eidem electo obedientiam et reverentiam debitam exhibeat. Dat. ut supra.

In e. m. clero civitatis et diocesis Clugiensis.

In e. m. populo civitatis et diocesis Clugiensis mandat quatinus ejusdem electi mandatis et monitis intendat. Dat. ut supra.

717   Sainte-Sabine, 15 décembre 1286.

Astoricensi ecclesie, per obitum M., episcopi, pastoris solatio destitute, Martinum, tunc Calaguritanum et Calciatensem episcopum, postmodum ab ecclesie Astoricensis capitulo per viam compromissi in ejusdem ecclesie episcopum electum, examinato per L., Ostiensem episcopum, Comitem, tituli Sanctorum Marcellini et Petri presbiterum, ac Jordanum, Sancti Eustachii diaconum cardinales electionis hujusmodi processu, preficit in episcopum. (n° 220, fol. 188.)

« *Venerabili fratri Martino, episcopo Astoricensi.* Romani pontificis qui —. Dat. Rome apud Sanctam Sabinam, XVIII kal. januarii, anno secundo. »

In eundem modum Petro, decano, et capitulo ecclesie Astoricensis mandat quatinus eidem episcopo obedientiam et reverentiam debitam exhibeant. Dat. ut supra.

In e. m. clero civitatis et diocesis Astoricensis.

In e. m. populo civitatis et diocesis Astoricensis mandat quatinus ejusdem episcopi monitis et mandatis intendat. Dat. ut supra.

In e. m. vassallis ecclesie Astoricensis mandat quatinus ejusdem episcopo fidelitatis solite prestantes juramentum servitia debita exhibeant. Dat. ut supra.

718   Sainte-Sabine, 10 janvier 1287.

Gerardo de Latoelha, clerico in minoribus ordinibus constituto, Petragoricensis diocesis, per magistrum Hugolinum, canonicum Lucanum, pape capellanum, examinato, tabellionatus officium concedit. (n° 221, fol. 188 v°; LA PORTE DU THEIL, fol. 149.)

« *Dilecto filio Gerardo de Latoelha, clerico in minoribus ordinibus constituto, Petragoricensis diocesis.* Ne contractuum memoria —. Dat. Rome apud Sanctam Sabinam, IIII idus januarii, anno secundo. »

« In eundem modum, pro dilecto filio Johanne filio Guidonis, cive Policastrensi. »

719   Sainte-Sabine, 9 janvier 1287.

Archiepiscopo Turonensi concedit, cum post mortem magistri Johannis dicti Cardinalis, archidiaconi Turonensis, canonicatum, prebendam et archidiaconatum, quos in ecclesia Turonensi obtinebat dictus Johannes, Alberto de Normannis de Urbe, pape nepoti et capellano, nunc archidiacono Parisiensi, auctoritate apostolica contulisset, ut, occasione hujusmodi reservationis et collationis, ipsi archiepiscopo vel illis quibus per ipsum de al.quo beneficio provisum est, nullum prejudicium generetur. (n° 222, fol. 188 v°; La Porte du Theil, fol. 147.)

« *Venerabili fratri .. archiepiscopo Turonensi.* Olim intendentes in —. Dat. Rome apud Sanctam Sabinam, V idus januarii, anno secundo. »

720   Sainte-Sabine, 7 janvier 1287.

Abbati monasterii Sancte Crucis in Austria mandat quatinus cum Chunrado, monacho dicti monasterii, dispenset ut, quamvis inobedienter de ordine Cisterciensi exiverit per seculum evagando, in susceptis ordinibus ministrare valeat. (n° 223, fol. 188 v°.)

« .. *Abbati monasterii Sancte Crucis in Austria, Cisterciensis ordinis, Pataviensis diocesis.* Accedens ad presentiam nostram frater Chunradus, monachus monasterii tui, nobis exposuit quod, cum quondam Heinricus, abbas ipsius monasterii, ipsum ad quoddam aliud ejusdem ordinis monasterium mitteret moraturum ibidem, idem frater ex eo turbatus quod idem abbas nolebat eum ad prefatum suum monasterium revocare, de ordine ipso inobedienter exivit, extra illum aliquandiu per seculum evagando. Verum quia, dum sic permansit in seculo, ipse divina officia celebravit, propter quod secundum instituta dicti ordinis ab executione ordinum est suspensus, quanquam per quadriennium post suum reditum ad monasterium predictum honeste fuerit ibidem et laudabiliter conversatus, unde ipse nobis humiliter supplicavit ut providere sibi super hoc de dispensationis beneficio curaremus ; quocirca discretioni tue per apostolica scripta mandamus quatinus, si est ita, cum predicto Chunrado auctoritate nostra dispenses ut, constitutionibus ipsius ordinis contrariis nequaquam obstantibus, in susceptis ordinibus valeat ministrare, prout secundum Deum anime sue saluti videris expedire, injuncta ei propter hoc penitentia salutari. Dat. Rome apud Sanctam Sabinam, VII idus januarii, anno secundo. »

Honorius.

721   Sainte-Sabine, 13 janvier 1287.

Johanni Capotiano, civi Romano, per magistrum Hugolinum, pape capellanum, examinato, tabellionatus officium concedit. (n° 224, fol. 189.)

« *Johanni Capotiano, civi Romano.* Ne contractuum etc. —. Dat. Rome apud Sanctam Sabinam, idibus januarii, anno secundo. »

Sainte-Sabine, 10 janvier 1287.

In e. m. pro Theoderico de Uffeyo, dicto de Pusseur, clerico in minoribus ordinibus constituto, Leodiensis diocesis, per eundem magistrum Hugolinum examinato. Dat. Rome apud Sanctam Sabinam, IIII idus januarii, anno secundo.

722   Sainte-Sabine, 22 novembre 1286.

F., Yporiensi electo, Marchie Anconitane rectori, committit ut cum nobili viro Admattaconte, nato quondam Hugolini dicti Comitis, et nobili muliere Beatrice, nata nobilis viri Philippucii, quarto consanguinitatis gradu conjunctis, quod, impedimento hujusmodi non obstante, matrimonium invicem contrahere valeant, dispenset. (n° 225, fol. 189.)

« *Dilecto filio F., Yporiensi electo, Marchie Anconitane rectori.* Exhibita nobis dilecti —. Dat. Rome apud Sanctam Sabinam, X kal. decembris, anno secundo. »

723   Sainte-Sabine, 5 janvier 1287.

Petro Stephani de Urbe, rectori Romaniole, mandat quatinus Leoni de Fontis, civi Cerviensi, qui, cum Cerviensis civitas contra Romanam ecclesiam rebellionis spiritum assumpsisset, sollicite procuraverat quod dicta civitas ad mandata ecclesie memorate rediret, certam quantitatem salis de salinis propriis provenientis ad quas voluerit partes faciendi deferri et vendendi libere absque alicujus pedagii, quod ecclesie Romane debetur, exactione, licentiam concedat. (n° 226, fol. 189; Portast, n° 22549.)

« *Nobili viro Petro Stephani de Urbe, rectori Romaniole, consobrino nostro.* Habet assertio dilecti —. Dat. Rome apud Sanctam Sabinam, nonis januarii, anno secundo. »

724   Sainte-Sabine, 28 janvier 1287.

Gerardo, episcopo Sabinensi, Apostolice Sedis legato, mandat quatinus electionem de Manfredo, canonico Cusentino, in Sancti Marci episcopum celebratam, inquisita de hujusmodi electione veritate, confirmet. (n° 227, fol. 189; La Porte du Theil, fol. 151.)

33

« *Venerabili fratri G., episcopo Sabinensi, Apostolice Sedis legato, et unacum dilecto filio nobili viro R., comite Atrebatensi, bajulo regni Sicilie per Romanam ecclesiam constituto.* Petitio dilectorum filiorum capituli ecclesie Sancti Marci nobis exhibita continebat quod, pridem ecclesia ipsa per translationem venerabilis fratris nostri Marci, archiepiscopi Surrentini, olim ipsius ecclesie Sancti Marci episcopi, solatio destituta pastoris, prefati capitulum, die ad eligendum prefixa, vocatis et presentibus omnibus qui voluerunt —, insimul convenerunt et tandem, in hujusmodi electionis negotio per viam scrutinii procedentes, assumpserunt tres de dicto capitulo fidedignos, qui, sua primo et singulorum vota diligentius inquirentes, ea mox in dicto capitulo publicarunt; et comperto quod omnes in dilectum filium Manfredum, canonicum Cusentinum, unanimi voto consenserant, Guido, thesaurarius ejusdem ecclesie, qui erat unus de scrutatoribus supradictis, suo et suorum collegarum nomine, ac de mandato singulorum de dicto capitulo, prefatum canonicum in eorum episcopum et pastorem duxit canonice eligendum. Cumque tibi per procuratores dicti capituli hujusmodi fuisset presentata electio et ipsius a te instanter confirmatio postulata, tu, dubitans ne ipsius ecclesie Sancti Marci provisio fuisset per nos hac vice dispositioni et ordinationi Sedis Apostolice reservata, in hujusmodi negotio procedere distulisti. Quare pro parte ipsius capituli a nobis suppliciter petebatur ut in hac parte providere ipsi ecclesie Sancti Marci de benignitate solita dignaremur. Volentes igitur ejusdem ecclesie Sancti Marci obviare dispendiis, que possent ei ex vacatione diutina imminere, fraternitati tue per apostolica scripta mandamus quatinus, si, inquisita de modo electionis, eligentium studiis et electi meritis diligentius veritate, predictam electionem canonicam et de persona ydonea canonice celebratam inveneris, eam confirmare procures, impendendo vel faciendo eidem electo munus consecrationis impendi; recepturus postmodum ab eodem, nostro et ecclesie Romane nomine, sub forma, quam tibi sub bulla nostra mittimus interclusam, fidelitatis solite juramentum; alioquin, electione predicta rite cassata, facias eidem ecclesie Sancti Marci per electionem canonicam vel postulationem concordem de persona ydonea provideri; contradictores etc.; formam autem juramenti quod ipse prestabit nobis sub tuo et ipsius sigillis per proprium nuntium quantotius destinare procures. Dat. Rome apud Sanctam Sabinam, V kal. februarii, anno secundo. »

725 Sainte-Sabine, 30 janvier 1287.

Eidem legato mandat quatinus electo Rossanensi per tres episcopos faciat munus consecrationis impendi. (n° 228, fol. 189 v°; La Porte du Theil, fol. 153.)

« *Eidem.* Per tuas nobis exponere litteras curavisti quod, Rossanensi ecclesia solatio destituta pastoris, dilecti filii capitulum ipsius ecclesie, in electionis negotio procedentes, .. abbatem monasterii Sancte Marie de Patyro, ordinis sancti Basilii, Rossanensis diocesis, in Rossanensem archiepiscopum concorditer et unanimiter elegerunt ; cumque tibi fuisset hujusmodi electio presentata, quia prefatus electus ad te, propter guerrarum discrimina, que, procurante humani generis inimico, in partibus illis vigere noscuntur, pro electionis sue negotio accedere non audebat, venerabilibus fratribus nostris, .. Umbraticensi, et .. Insulano episcopis, et dilecto filio .. abbati monasterii Sancti Adriani, ordinis sancti Basilii, predicte diocesis, per tuas litteras commisisti ut, si electionem eandem invenirent canonicam et de persona ydonea canonice celebratam, eum, ut tuis verbis utamur, eidem ecclesie Rossanensi preficerent in archiepiscopum et pastorem, consecrationis munus sibi, cum debito catholicorum episcoporum numero, secundum consuetudinem quam in talibus Romana servat ecclesia, postmodum impendendo. Cumque ipsi electionem examinassent predictam et etiam confirmassent eandem, demum non ex malitia sed potius ignorantia, eidem electo consecrationis munus contra statuta canonum impenderunt. Et, habito ad te in hac parte recursu, tu negotium hujusmodi ad Sedem Apostolicam remisisti, petens humiliter quod super hoc eidem electo, cum tam ipse quam etiam consanguinei ejus sint Romane ecclesie ac heredum clare memorie C., Sicilie regis, fideles, dignaremur de benignitate solita providere. Quia igitur prefatis episcopis et abbati non licuit consecrationis munus electo impendere memorato, volumus et fraternitati tue presentium auctoritate mandamus quatinus, si premissis veritas suffragatur, eidem electo per tres episcopos, gratiam et communionem Apostolice Sedis habentes, facias munus consecrationis impendi, ac recipi ab eo, nostro et ecclesie Romane nomine, sub ea forma, quam tibi sub bulla nostra mittimus interclusam, fidelitatis solite juramentum, et formam juramenti, quod ipse prestabit nobis, sub ejus sigillo per proprium nuntium quantotius destinare procures. Dat. Rome apud Sanctam Sabinam, III kal. februarii, anno secundo. »

726   Sainte-Sabine, 11 février 1287.

Stephano, episcopo Ulixbonensi, ut de bonis suis libere testari ac de bonis mobilibus ecclesiasticis, sue dispositioni commissis, et que non fuerint altarium ministerio seu divino cultui deputata, disponere valeat, liberam concedit facultatem. (n° 229, fol. 139 v°.)

« Venerabili fratri Stephano, episcopo Ulixbonensi. Quia presentis vite —. Dat. Rome apud Sanctam Sabinam, III idus februarii, anno secundo. »

727   Sainte-Sabine, 26 novembre 1286.

Pactensi ecclesie, per Bartholomei episcopi obitum vacanti, et cujus provisio, propter turbationes in Sicilie insula existentes, ad Sedem Apostolicam hac vice pertinebat, Pandulfum, pape capellanum, preficit in episcopum; cui munus consecrationis per B., Portuensem episcopum, impendi fecit. (n° 230, fol. 190.)

« Pandulfo, episcopo Pactensi. Licet continuata supervenientium —. Dat. Rome apud Sanctam Sabinam, VI kal. decembris, anno secundo. »

728   Sainte-Sabine, 19 décembre 1286.

Magistro et fratribus Hospitalis Jerosolimitani indulget ut de usuris, rapinis et alias male acquisitis, dummodo illi quibus ipsorum restitutio fieri debeat omnino inveniri non possint, usque ad summam decem millium marcharum argenti recipere valeant; presentibus litteris post quinquennium minime valituris. (n° 231, fol. 190.)

« .. Magistro, et fratribus Hospitalis Jerosolimitani. Prompte fidei et —. Dat. Rome apud Sanctam Sabinam, XIIII kal. januarii, anno secundo. »

729   Sainte-Sabine, 1er février 1287.

Episcopo Bethelemitano, et suppriori monasterii Sancti Mathei heremitarum de Murano mandat quatinus, ad monasterium Sancti Georgii Majoris de Venetiis se personaliter conferentes, ibi corrigant et reforment que correctionis et reformationis officio noverint indigere. (n° 232, fol. 190.)

« Venerabili fratri .. episcopo Bethelemitano, et dilecto filio .. suppriori monasterii Sancti Mathei heremitarum de Murano, Camaldulensis ordinis, Torcellane diocesis. Ad audientiam nostram noveritis pervenisse quod venerabilis frater noster B., episcopus Portuensis, tunc in partibus illis Apostolice Sedis legatus, intellecto quod monasterium Sancti Georgii Majoris de Venetiis, ad Romanam ecclesiam nullo medio pertinens, ordinis sancti Benedicti, Castellane diocesis, florere in spiritualibus ac habundare in temporalibus consuetum, propter incuriam maxime Marci, abbatis ejusdem monasterii, licet [qui], ei dictus abbas utiliter et laudabiliter prefuisse noscatur, ab olim tam adeo gravatus senio existebat, quod ad ejus regimen ulterius impotens reddebatur, collapsum erat graviter in utrisque, ac in eo multa committebantur enormia, et omittebantur etiam que institutis regularibus congruebant, dilecto filio magistro Berengario Freduli, succentori ecclesie Biterrensis, capellano nostro, per litteras suas injunxit ut personaliter accedens ad locum, et habens pre oculis solum Deum, corrigeret ac reformaret ibidem, ipsius auctoritate legati, tam in capite quam in membris, que correctionis et reformationis officio cognosceret indigere; contradictores per censuram ecclesiasticam compellendo. Verum quia jam dictus legatus, ex certis necessariis causis, de illis partibus, sequente ipsum succentore predicto, tunc de ipsius legati familia existente, recessit, nullus per eundem succentorem processus habitus extitit in hac parte. Nos itaque monasterium ipsum favorabiliter prosequentes, — discretioni vestre per apostolica scripta mandamus quatinus ad prefatum monasterium vos personaliter conferentes, et habentes ante oculos solum Deum, super premissis auctoritate nostra diligenter inquirere studeatis, corrigendo et reformando tam in capite quam in membris que correctionis et reformationis officio noveritis indigere. Quod si forte per inquisitionem hujusmodi eundem abbatem ab ejusdem monasterii regimine contigerit amoveri, vel si ipse dicto regimini sponte renuntiare voluerit, renuntiationem ipsius auctoritate nostra recipere procuretis, recipiatis, [et] concedatis auctoritate predicta monasterii prelibati conventui licentiam providendi per electionem canonicam, vel postulationem concordem prefato monasterio de abbate, contradictores per censuram —. Dat. Rome apud Sanctam Sabinam, kalendis februarii, anno secundo. »

730   Sainte-Sabine, 13 janvier 1287.

M., episcopum Astoricensem, qui tempore quo Astoricensis ecclesie episcopus constitutus erat, juramento, prout est moris, corporaliter prestito, promiserat quod Apostolorum limina bienniis singulis visitaret, quanquam predicta ecclesia privilegium exemptionis non habeat sed jurisdictioni Bracharensis archiepiscopi sit subjecta, a juramento hujusmodi absolvit. (n° 233, fol. 190 v°.)

« *Venerabili fratri M., episcopo Astoricensi.* Ex parte tua —. Dat. Rome apud Sanctam Sabinam, idibus januarii, anno secundo. »

731 Sainte-Sabine, 23 décembre 1286.

Monasterio Sancti Facundi, cujus provisio ad Apostolicam Sedem devoluta erat, Petrum, olim abbatem monasterii Oniensis, preficit in abbatem. (n° 234, fol. 190 v°.)

« *Petro, abbati monasterii Sancti Facundi, ad Romanam ecclesiam nullo medio pertinentis, ordinis sancti Benedicti, Legionensis diocesis.* Debitum officii nostri —. Dudum siquidem monasterio Sancti Facundi, ad Romanam ecclesiam nullo medio pertinente, ordinis sancti Benedicti, Legionensis diocesis, per obitum quondam Martini, abbatis ejusdem monasterii, abbatis regimine destituto, licet dilecti filii .. prior, et conventus ipsius monasterii dilectum filium fratrem Garsiam, monachum dicti monasterii, in eorum abbatem concorditer elegissent, dictus tamen Garsias ad Apostolicam Sedem pro confirmationis electionis hujusmodi munere obtinendo accedere, juxta instituta canonica, non curavit, triennio et amplius jam elapso, ac per hoc dictus Garsias ab omni jure noscitur cecidisse —, sicque interim, infra tempus a jure statutum, prefatis priore ac conventu procedere negligentibus ad aliam electionem seu postulationem de prelato in eodem monasterio faciendam, dicti monasterii provisio ad prefatam Sedem extitit per hujusmodi lapsum temporis, juxta statuta generalis concilii, legitime devoluta. Nuper autem tam idem Garsias quam prefati conventus nobis per suas litteras humiliter supplicarunt ut providere prefato monasterio de persona ydonea dignaremur. Nos itaque de ipsius monasterii ordinatione sollicite cogitantes — ad te, tunc abbatem monasterii Oniensis, ejusdem ordinis, Burgensis diocesis, direximus oculos nostre mentis —, teque, de predictorum fratrum nostrorum consilio et apostolice plenitudine potestatis, a regimine predicti Oniensis monasterii absolventes, prefato monasterio de Sancto Facundo preficimus in abbatem —. Dat. Rome apud Sanctam Sabinam, X kal. januarii, anno secundo. »

In eundem modum priori et conventui monasterii Sancti Facundi mandat quatinus eidem abbati obedientiam et reverentiam debitam exhibeant. Dat. ut supra.

In e. m. universis vassallis monasterii Sancti Facundi mandat quatinus eidem abbati fidelitatis solite prestantes juramentum servitia consueta exhibeant. Dat. ut supra.

In e. m. episcopo Astoricensi mandat quatinus ab eodem abbate, pape et ecclesie Romane nomine, recipiat fidelitatis solite juramentum. Dat. ut supra.

732 Sainte-Sabine, 9 février 1287.

Archiepiscopo Toletano, et episcopo Burgensi mandat quatinus, si Petrus, abbas monasterii Sancti Facundi a papa constitutus, provisionem de se factam acceptare noluerit vel debitum nature persolverit, aliquam personam ydoneam dicto Sancti Facundi monasterio preficiant in abbatem. (n° 235, fol. 191.)

« *Venerabilibus fratribus .. archiepiscopo Toletano, et .. episcopo Burgensi.* Firma spe ducimur —. Dat. Rome apud Sanctam Sabinam, V idus februarii, anno secundo. »

733 Sainte-Sabine, 14 février 1287.

Eisdem archiepiscopo Toletano et episcopo Burgensi mandat quatinus, si, Petro provisionem de se factam acceptare nolente vel humanis rebus exemplo, contigerit per ipsos monasterio Sancti Facundi prefici aliquem in abbatem, recipiant ab co, pape et ecclesie Romane nomine, fidelitatis solite juramentum. (n° 236, fol. 191.)

« *Eisdem.* Sicut vobis per —. Dat. Rome apud Sanctam Sabinam, XVI kal. martii, anno secundo. »

734 Sainte-Sabine, 9 février 1287.

Guillelmo, episcopo Mimatensi, recipiendi et faciendi recipi unum clericum ydoneum in Mimatensi ecclesia, in qua prebendarum collatio et canonicorum receptio ad ipsum et ad capitulum communiter pertinet, in canonicum, ac eidem providendi de prebenda concedit facultatem. (n° 237, fol. 191 ; La Porte du Theil, fol. 155.)

« *Venerabili fratri G., episcopo Mimatensi.* Agere credimus non —. Dat. Rome apud Sanctam Sabinam, V idus februarii, anno secundo. »

735 Sainte-Sabine, 13 janvier 1287.

Episcopo et capitulo Astoricensibus prebendarum in ecclesia sua numerum augmentandi concedit facultatem. (n° 238, fol. 191 v°.)

. « *Venerabili fratri .. episcopo, et dilectis filiis capitulo Astoricensibus.* Petitio vestra nobis exhibita continebat quod bone memorie Hermannus, Astoricensis episcopus, predecessor tuus, frater episcope, ac vos, filii capitulum, dudum prebendarum et portionum canonicorum et portionariorum numerum ab antiquo in ecclesia vestra statutum, licet non essent ejus diminuti redditus, restringentes, prefatum numerum sic restrictum proprio juramento vallastis, illumque obtinuistis per Sedem Apostolicam confirmari. Postmodum vero bone memorie Melendus, Astoricensis episcopus, successor episcopi memorati, absolutione, ut dicitur, hujusmodi juramenti a felicis recordationis Innocentio papa, predecessore nostro, tunc Ostiensi episcopo et apostolice penitentiarie curam gerente, obtenta, prefatum numerum immutavit illum in aliquo adaugendo. Cum autem predictus numerus possit adhuc juxta exigentiam facultatum ejusdem ecclesie augmentari, et nonnulli ex vobis, filii capitulum, super observatione predicti juramenti habeant conscientias remordentes, provideri super hoc per Sedem Apostolicam implorastis. Nos autem, ad augmentum divini cultus sollicite intendentes, vestris supplicationibus inclinati, vobis augmentandi et ordinandi auctoritate nostra predictum numerum, prout, pensatis ejusdem ecclesie facultatibus diligenter, videritis expedire, juramento et constitutione hujusmodi nequaquam obstantibus, ac eum sic augmentatum jurejurando firmandi liberam vobis auctoritate presentium concedimus facultatem, mandato Sedis Apostolice semper salvo. Dat. Rome, apud Sanctam Sabinam, idibus januarii, anno secundo.

736 Sainte-Sabine, 14 février 1287.

Ad ecclesiam Vicentinam, per obitum Bernardi episcopi vacantem, et cujus provisio hac vice Apostolice Sedi reservata erat, Petrum, tunc Monopolitanum episcopum, transfert. (n° 239, fol. 191 v°; POTTHAST, n° 22560.)

« *Venerabili fratri Petro, episcopo Vicentino.* Quam sit onusta —. Dat. Rome apud Sanctam Sabinam, XVI kal. martii, anno secundo. »

In eundem modum capitulo ecclesie Vicentine mandat quatinus eidem episcopo obedientiam et reverentiam debitam exhibeat. Dat. ut supra.

In e. m. clero civitatis et diocesis Vicentine.

In e. m. populo civitatis et diocesis Vicentine mandat quatinus ejusdem episcopi monitis et mandatis intendat. Dat. ut supra.

In e. m. universis vassallis ecclesie Vicentine mandat quatinus eidem episcopo fidelitatis solite prestantes juramentum servitia debita exhibeant. Dat. ut supra.

737 Sainte-Sabine, 8 mars 1287.

Priori Beate Marie de Vantio Paduane mandat quatinus Matheum dictum Venerii de Venetiis, Cretensem canonicum, in ecclesie Cretensis archiepiscopum electum, citare procuret ut coram Apostolica Sede compareat personaliter. (n° 240, fol. 192.)

« .. *Priori Beate Marie de Vantio Paduane, ordinis sancti Benedicti.* Ad provisionem ecclesiarum —. Sane dilecti filii capitulum Cretensis ecclesie nobis intimare curarunt quod, pridem ecclesia ipsa per obitum bone memorie Leonardi, archiepiscopi Cretensis, pastoris solatio destituta, ipsi, die ad eligendum prefixa, — insimul convenerunt, et tandem votis eorum in diversa divisis, tres ex ipso capitulo, cum non essent nisi quinque canonici, qui ad electionem convenerant celebrandam, venerabilem fratrem nostrum Paganum, Kironensem episcopum, in Cretensem archiepiscopum postularunt, duobus reliquis in dilectum filium Matheum dictum Venerii de Venetiis, Cretensem canonicum, dirigentibus vota sua; procuratore igitur ejusdem Kyronensis episcopi propter hoc apud Sedem Apostolicam constituto et petente instanter a nobis ut postulationem hujusmodi admittere dignaremur, nos, attendentes quod ecclesia Constantinopolitana, cui predicta Cretensis ecclesia subjecta dinoscitur, erat tunc temporis pastoris solatio destituta, quodque in ipsa capitulum ejus minime residebat, volentes quoque obviare dispendiis que jam dicte Cretensi ecclesie poterant ex vacatione diutina imminere, hujusmodi postulationis et electionis negotium ad nos auctoritate apostolica duximus evocandum; sicque prefatum Matheum per nostras litteras citari mandavimus ut coram nobis, si sua interesse crederet, certo termino personaliter compareret, facturus et recepturus super hoc quod ordo exigeret rationis; qui non solum in eodem coram nobis comparere termino non curavit, quin immo ad regimen ejusdem ecclesie Cretensis aspirans, priusquam ad eum hujusmodi citatio pervenisset, jure, si quod sibi ex electione competebat, hujusmodi resignato, se, ut dicitur, in Cretensem archiepiscopum iterato eligi procuravit. Cumque postmodum eidem Constantinopolitane ecclesie de venerabili fratre nostro Petro provisum fuisset, nos ei oraculo vive vocis injunximus ut se nequaquam intromitteret de negotio supradicto. Intendentes itaque ad expeditionem Cretensis ecclesie memorate, ne illam prolixioris vacationis contingat incomodis subjacere, discretioni tue per apostolica scripta in virtute obedientie districte precipiendo mandamus quatinus prefatum Matheum presentialiter, si comode poterit inveniri, alioquin apud ecclesiam Sancti Silvestri de Venetiis, cujus plebanus existit, vel Padue, ubi moram contrahere dicitur, aut in alio illarum partium loco, si sciri poterit et ad cum comode valeat accessus haberi, aut demum Venetiis, in loco de quo expedire videris, publice, ex parte nostra peremptorie citare procures ut infra viginti quinque dies post citationem tuam, si sua crediderit interesse, cum omnibus juribus et munimentis suis compareat personaliter coram nobis, facturus et recepturus quod justitia suadebit, et nichilominus aperte predicas eidem quod, sive venerit sive non, nos in hujusmodi negotio quantum de jure poterimus actore Domino procedemus. Diem vero citationis et formam —. Dat. Rome apud Sanctam Sabinam, VIII idus martii, anno secundo. »

738   Sainte-Sabine, 14 février 1287.

Novariensi ecclesie, per obitum Singebaldi, Novariensis episcopi, pastoris solatio destitute, post diversas electiones in discordia habitas appellationesque ad Sedem Apostolicam devolutas, fratrem Englesium de ordine fratrum Minorum, preficit in episcopum. (n° 241, fol. 192; Potthast, n° 22559.)

« *Dilecto filio fratri Englesio, Novariensi electo.* Ex suscepte servitutis —. Dat. Rome apud Sanctam Sabinam, XVI kal. martii, anno secundo. »

In eundem modum capitulo Novariensi mandat quatinus eidem electo obedientiam et reverentiam debitam exhibeat. Dat. ut supra.

In e. m. populo civitatis et diocesis Novariensis mandat quatinus ejusdem electi mandatis et monitis intendat. Dat. ut supra.

In e. m. universis vassallis ecclesie Novariensis mandat quatinus eidem electo fidelitatis solite juramentum prestent et consueta servitia exhibeant. Dat. ut supra.

739   Sainte-Sabine, 14 février, 1287.

Electionem de Regnaudo, monacho, in monasterii Corensis abbatem celebratam, confirmat. (n° 242, fol. 192, v°.)

« *Regnaudo, abbati monasterii Corensis, ordinis sancti Benedicti, Eduensis diocesis.* Dudum monasterio Corensi,

ordinis sancti Benedicti, Eduensis diocesis, per obitum quondam Regnaudi, ejusdem monasterii abbatis, vacante, Johannes, prior, et alii monachi ejusdem monasterii in hac parte adherentes eidem, te, tunc monachum ipsius monasterii, in abbatem ejusdem canonice elegerunt; verum quia Hugo de Cherusiaco, cantor, et alii monachi prefati monasterii sibi super hoc adherentes, Aymonem, monachum monasterii Reomensis, ejusdem ordinis, Lingonensis diocesis, in abbatem dicti monasterii Corensis de facto, cum de jure nequiverint, ut dicitur, elegerunt, seu etiam postularunt, Guido, ipsius monasterii monachus, qui eidem priori in negotio hujusmodi electionis de te facte adheserat, ad Sedem Apostolicam appellavit, ac felicis recordationis Martinus, papa, predecessor noster, venerabilem fratrem nostrum Jeronimum, Penestrinum episcopum, in causa hujusmodi appellationis et negotii principalis dedit partibus auditorem, et licet tu, et procurator dicti Guidonis coram eodem episcopo legitime comparueritis, ab eo in eadem causa procedi cum instantia postulantes, pro parte tamen dicti Aymonis, et ipsum eligentium seu postulantium, coram ipso nullus comparuit legitimus procurator, quanquam pro parte dicti episcopi pluries et peremptorie citati fuerint in audientia publica, ut est moris, excepto prefato Hugone, qui postmodum coram eodem episcopo in judicio constitutus, post processus aliquos cum ipso habitos, hujusmodi liti cessit et cause renuntiavit expresse. Sicque dictus episcopus prefatos Aymonem et alios ipsius electores seu postulatores, prout erant, reputans contumaces, et causam predictam per appellationem eandem ad Sedem prefatam fore devolutam et apud eam tractari et terminari debere pronuntiavit, justitia exigente. Deinde vero per te in presentia ipsius episcopi super hoc oblato libello, et lite super eo, in contumacia partis adverse, per sepedictum episcopum habita pro legitime contestata, factis quibusdam positionibus, formatis etiam et exhibitis articulis per te et procuratorem G. prefati, qui causam una tecum prosequebatur eandem, eisque per dictum episcopum, justitia suadente, admissis, quia per ea que coram memorato episcopo tunc habita fuerant, non poterat de ipsius cause meritis plene liquere, .. archidiacono Avalonensi in ecclesia Eduensi nostris sub certa forma dedimus litteris in mandatis ut ab Aymone et electoribus seu postulatoribus ejus prefatis, de veritate dicenda juramento recepto, eos positionibus predictis, quas prefatus episcopus unacum predictis articulis sub sigillo suo sibi transmisit inclusas, faceret per se vel per alium respondere, ac testes quos tu et idem Guido super predictis articulis coram eo produceretis infra certum tempus recipere et examinare curaret. Si vero eadem pars adversa vellet testes hujusmodi reprobare, idem archidiaconus testes, qui super reprobatione hujusmodi producti essent, infra certum alium terminum prudenter reciperet et examinaret etiam diligenter, depositiones omnium predictorum testium et responsiones factas ad positiones prefatas fideliter in scriptis redactas cum articulis supradictis sub sigillo suo ad nostram presentiam transmissurus, prefixo eisdem partibus termino peremptorio competenti, quo per se vel procuratores ydoneos, cum omnibus actis, juribus et munimentis suis predictam causam contingentibus, apostolico se conspectui presentarent, justam, dante Domino, sententiam recepture. Verum eodem archidiacono ad dictum Corense monasterium accedente, et per eum prefatis Aymone ac fratre Petro de Manleyo, uno videlicet de electoribus suis tantum, reliquis vero se per contumaciam absentantibus, positionibus ipsis responso, idem archidiaconus tam Aymonem quam ceteros suos electores seu postulatores predictos ad videndum juramenta testium, quos tu et Guido predictus produxeratis ‘coram eo, ad suam presentiam evocavit, et tandem cum iidem Aymo et Petrus tantum, in ¦prefixo eis ad hoc termino, et nullus de aliis ejusdem Aymonis electoribus seu postulatoribus comparerent, idem Aymo per procuratorem, dictus vero Petrus per seipsum coram eodem archidiacono liti cesserunt, asserentes se nichil contra testes ipsos velle proponere, nec partem contra te ulterius facere in negotio supradicto. Sicque prefatus archidiaconus, receptis testibus, litteris et instrumentis, quos tu et Guido predictus voluistis producere coram eo, tam depositiones eorundem testium quam predictarum litterarum et instrumentorum tenores sub suo sigillo [ad nostram presentiam fideliter destinavit, prefixo nichilominus partibus termino peremptorio competenti, quo per se vel procuratores ydoneos, recepturi super hiis sententiam, apostolico se conspectui presentarent. In quo quidem termino cum tu et procurator dicti Guidonis, apud Sedem comparuissetis predictam, quia pars adversa per se vel procuratorem ydoneum minime comparuit, etiam post terminum diutius expectata, nos ad tuam et dicti procuratoris instantiam eidem episcopo mandavimus ut causam ipsam resumeret et procederet in eadem, prout justitia suaderet ; qui cum predictam partem adversam pluries et peremptorie in audientia publica citari fecisset ut compareret coram eo, in causa ipsa prout ordo juris exigeret processuri, nec ipsi vel aliquis pro eis in assignatis sibi ad hoc terminis, nec etiam postmodum comparerent, ipsos reputavit, exi-

gente justitia, contumaces, et deinde partis adverse contumaciam in negotio ipso procedens, prefatis attestationibus publicatis, visis, auditis et diligenter inspectis litteris, instrumentis, juribus et rationibus in causa ipsa productis, dictisque Aymone ac electoribus seu postulatoribus suis ad dicendum et allegandum contra predicta et omnes alios actus, citatis legitime in audientia predicta, ut est moris, ac demum per te et eundem procuratorem ac prefatum episcopum in hujusmodi contumaciam dicte partis adverse in causa ipsa concluso, factaque nobis coram fratribus nostris super hiis omnibus relatione fideli, eidem episcopo ac dilectis filiis nostris Hugoni, tituli Sancti Laurentii in Lucina presbitero, et Benedicto, Sancti Nicolai in Carcere Tulliano diacono cardinalibus, examinationem persone tue duximus committendam, et demum, quia prefatam electionem de te factam invenimus de persona ydonea canonice celebrabratam, ipsam de predictorum fratrum nostrorum consilio duximus confirmandam, teque prefato monasterio de Cora in abbatem prefecimus —, ac subsequenter per eundem episcopum tibi fecimus munus benedictionis impendi. Quocirca discretioni tue —. Dat. Rome apud Sanctam Sabinam, XVI kal. martii, anno secundo. »

In eundem modum conventui monasterii de Cora mandat quatinus eidem abbati obedientiam et reverentiam debitam exhibeat. Dat. ut supra.

740   Sainte-Sabine, 22 février 1287.

Electionem, post obitum Mathei, monasterii Sancte Marie de Alfiolo abbatis, de Girardo monacho in ejusdem monasterii abbatem a priore et conventu per viam compromissi canonice celebratam confirmat, eidem Girardo per J., episcopum Penestrinum, faciendo munus benedictionis impendi (n° 243, fol. 193.)

« *Girardo, abbati monasterii Sancte Marie de Alfiolo, ad Romanam ecclesiam nullo medio pertinentis, ordinis sancti Benedicti, Eugubine diocesis.* Licet cunctarum ecclesiarum —. Dat. Rome apud Sanctam Sabinam, VIII kal. martii, anno secundo. »

In eundem modum priori et conventui monasterii Sancte Marie de Alfiolo mandat quatinus eidem abbati obedientiam et reverentiam debitam exhibeant. Dat. ut supra.

741   Sainte-Sabine, 3 mars 1287.

Electionem, post obitum Baraonis, monasterii Sancti Justi de Secusia abbatis, de Herrico dicto Barrali, monacho, in ejusdem monasterii abbatem a priore et conventu unanimiter et concorditer celebratam confirmat, eidem Herrico per J., episcopum Penestrinum, faciendo munus benedictionis impendi. (n° 244, fol. 193, v°.)

« *Herrico dicto Barrali, abbati monasterii Sancti Justi de Secusia,ad Romanam ecclesiam nullo medio pertinentis, ordinis sancti Benedicti, Taurinensis diocesis*. Militanti ecclesie disponente ---. Dat. Rome apud Sanctam Sabinam, V nonas martii, anno secundo. »

In eundem modum priori et conventui monasterii Sancti Justi de Secusia mandat quatinus eidem abbati obedientiam et reverentiam debitam exhibeant. Dat. ut supra.

In e. m. universis vassallis monasterii Sancti Justi de Secusia mandat quatinus eidem abbati fidelitatis solite prestantes juramentum servitia debita exhibeant. Dat. ut supra.

In e. m. A., comitem Sabaudie, rogat et hortatur quatinus eundem abbatem monasteriumque ei commissum habeat commendatos. Dat. ut supra.

742   Sainte-Sabine, 5 février 1287.

Cum Johanne Gregorii dispensat quod ecclesiam de Zatch, Pragensis diocesis, quam canonice assecutus fuerat et per quatuor annos et amplius, non suscepto presbiteratus ordine, tenuerat percipiendo fructus de eadem, licite retinere valeat. (n° 245, fol. 193, v° ; POTTHAST, n° 22354.)

« *Dilecto filio Johanni Gregorii, subdiacono, Pragensis et Wisscegradensis ecclesiarum canonico, rectori parrochialis ecclesie de Zatch, Pragensis diocesis*. Exhibita nobis tua ---. Dat. Rome apud Sanctam Sabinam, nonis februarii, anno secundo. »

743   Sainte-Sabine, 4 mars 1287.

Ecclesie Paduane Bernardum, canonicum Agathensem, causarum Camere Apostolice auditorem, preficit in episcopum. (n° 246, fol. 193 v°.)

« *Venerabili fratri Bernardo, episcopo Paduano*. Apostolatus officium quanquam ---. Olim siquidem ad audientiam nostram perlato quod, Paduana ecclesia pastoris solatio destituta, dilecti filii capitulum ipsius ecclesie certa die insimul convenerant de electionis futuri pastoris negotio tractaturi, et quod, ipsis in eodem negotio procedentibus eorumque votis in diversos divisis, nonnulli ex eisdem capitulo Johannem de Abbate, ipsius ecclesie canonicum, elegerant, quidam vero Percivallum de Comitibus, canonicum Paduanum, tunc in

minoribus ordinibus constitutum, postulaverant in episcopum Paduanum, et quod demum venerabili fratri nostro R., patriarche Aquilegensi. loci metropolitano, electione ac postulatione hujusmodi presentatis, nonnulli de ipsis capitulo in eundem patriarcham sub certa forma compromiserant super negotio memorato, dilectis filiis .. archipresbitero, et Petro de Columpna de Urbe, ac Andrea Gossona, canonicis ecclesie supradicte, ad hoc minime requisitis, quodque dictus patriarcha, hujusmodi compromisso recepto, electionem cassarat eandem, postulatione hujusmodi non admissa, et tandem ejusdem compromissi et ordinaria auctoritate de prefato Percivallo, tunc defectum in ordinibus, ut premittitur, patiente, providerat ecclesie memorate, a cujus provisione fuerat ad Sedem Apostolicam appellatum, et quod idem patriarcha, hujusmodi appellatione contempta, cum dicto Percivallo super eodem defectu propria auctoritate dispensans, ipsum in Paduanum episcopum consecrarat, sicque idem Percivallus tali pretextu administrationi ecclesie predicte se temere ingerebat. Nos diligentius attendentes quod id eidem non licuit patriarche, quodque propterea hujusmodi provisio nulla fuit per eum taliter attemptata, venerabili fratri nostro .. episcopo Castellano nostris sub certa forma in virtute obedientie dedimus litteris in preceptis ut eidem Percivallo administrationem ipsius ecclesie in spiritualibus et temporalibus, sublato more dispendio, auctoritate nostra penitus interdicens, et exigens ab ipso de fructibus, redditibus et proventibus sedis Paduane, quos a tempore hujusmodi postulationis et provisionis sue perceperat, plenariam rationem, contradictores ---, eundem Percivallum per se vel per alium seu alios peremptorie citare curaret ut infra sex septimanas [post] hujusmodi [citationem] coram nobis, si sua forsan interesse crederet, personaliter compareret. Verum antequam prefatus Castellanus episcopus per predictas nostras litteras procedere potuisset, sepedictus Percivallus ad memoratam Sedem iter arripuit veniendi, et nichilominus postmodum idem episcopus Castellanus, in ipsius Percivalli absentia, mandatum apostolicum, juxta ipsarum litterarum tenorem, in quantum potuit. efficaciter extitit executus. Demum vero nominatus Percivallus, hujusmodi ejusdem patriarche considerato processu, sponte ac libere in nostris manibus cessit omni juri, si quod sibi ex hujusmodi provisione facta de ipso eidem ecclesie per memoratum patriarcham fuerat acquisitum. Nos igitur, hujusmodi cessione recepta, de ipsius ecclesie celeri ordinatione — cogitantes, — in te, tunc canonicum Agathensem, et causarum Camere nostre auditorem, — direximus oculos nostre mentis. Quapropter gregi dominico speciali volentes diligentia providere, de predictorum fratrum nostrorum consilio et apostolice plenitudine potestatis, te prefecimus ipsi ecclesie in episcopum et pastorem, tibique fecimus per venerabilem fratrem nostrum J., Penestrinum episcopum, munus consecrationis impendi —. Dat. Rome apud Sanctam Sabinam, IIII nonas martii, anno secundo. »

In eundem modum capitulo ecclesie Paduane mandat quatinus eidem episcopo obedientiam et reverentiam debitam exhibeat. Dat. ut supra.

In e. m. clero civitatis et diocesis Paduane.

In e. m. populo civitatis et diocesis Paduane mandat quatinus ejusdem episcopi monitis et mandatis intendat. Dat. ut supra.

In e. m. universis vassallis ecclesie Paduane mandat quatinus eidem episcopo fidelitatis solite prestantes juramentum servitia debita exhibeant. Dat. ut supra.

744   Sainte-Sabine, 4 février 1287.

Archidiacono, et priori Predicatorum, et guardiano fratrum Minorum ordinum Pergamensibus committit ut cum nobili viro Theobaldo de Cataneis de Muzo, et nobili muliere Gilla, nata nobilis viri Armanni de Bongis de Pergamo, qui ignorantes inter se aliquam existere affinitatem, matrimonium invicem contraxerant, quod, non obstante impedimento hujusmodi, in matrimonio sic contracto remanere licite valeant, dispensare curent, filium jam procreatum et prolem suscipiendam ex eis nunciando legitimos. (n° 247, fol. 194 v° ; Potthast, n° 22552.)

« .. Archidiacono, et .. priori Predicatorum, ac .. guardiano Minorum fratrum ordinum Pergamensibus. Exhibita nobis dilecti —. Dat. Rome apud Sanctam Sabinam, II nonas februarii, anno secundo. »

745   Sainte-Sabine, 15 février 1287.

Nidrosiensi ecclesie, per obitum Johannis archiepiscopi vacanti, Jarundum, tunc Hamarensem episcopum, preficit in archiepiscopum. (n° 248, fol. 194 v° ; Potthast, n° 22562.)

« Venerabili fratri Jarundo, quondam Hamarensi episcopo, Nidrosiensi electo. Debitum pastoralis officii —. Dat. Rome apud Sanctam Sabinam, XV kal. martii, anno secundo. »

In eundem modum capitulo ecclesie Nidrosiensis mandat quatinus eidem electo obedientiam et reverentiam debitam exhibeant. Dat. ut supra.

HONORIUS.

In e. m. clero civitatis et diocesis Nidrosiensis.

In e. m. universis ecclesie Nidrosiensis suffraganeis.

In e. m. populo civitatis et diocesis Nidrosiensis mandat quatinus ejusdem electi mandatis et monitis intendat. Dat. ut supra.

In e. m. Ericomagnum, regem Norweie, rogat et hortatur quatinus eundem electum et ecclesiam ei commissam habeat commendatos.

In e. m. Haquino, duci Norwegie.

746   Sainte-Sabine, 14 février 1287.

Electionem de Belengerio, monacho, in monasterii Beate Marie de Pinarolio abbatem electo, canonice celebratam confirmat. (n° 249, fol. 195.)

« Belengerio, abbati monasterii de Pinarolio, ad Romanam ecclesiam nullo medio pertinentis, ordinis sancti Benedicti, Taurinensis diocesis. Dudum monasterio Beate Marie de Pinarolio, ad Romanam ecclesiam —, abbatis regimine destituto, dilecti filii conventus ipsius monasterii, vocatis omnibus —, te, tunc monachum ipsius monasterii, in abbatem ejusdem per viam compromissi canonice ac concorditer elegerunt. Cumque postmodum pro obtinenda confirmatione electionis hujusmodi, cui ad eorundem conventus instantiam consensisti, ad Sedem Apostolicam, juxta statuta canonum, accessisses, .. procurator .. abbatis et conventus monasterii de Clusa, Taurinensis diocesis, asserens eosdem abbatem et conventum ipsius monasterii in electione abbatis predicti monasterii de Pinarolio, cum imminet facienda, pro tertia parte vocem habere, et ipsos in hujusmodi electione de te facta fuisse contemptos, electioni et confirmationi se opposuit supradictis. Nosque postmodum causam hujusmodi dilecto filio nostro Comiti, tituli Sanctorum Marcellini et Petri presbitero cardinali, commisimus audiendam, coram quo pro parte tua oblato libello, et lite super eo legitime contestata, factis positionibus et ad eas responsionibus subsecutis, formatis articulis, receptis testibus, et attestationibus publicatis et in omnibus juris ordine observato, demum facta nobis coram fratribus nostris super hiis omnibus per eundem cardinalem relatione fideli, personam tuam per venerabilem fratrem B., Portuensem episcopum, dictumque Comitem, ac dilectum filium nostros B., Sancti Nicolai in Carcere Tulliano diaconum cardinales, examinari fecimus diligenter ; et quia electionem ipsam invenimus de persona ydonea canonice celebratam, illam, de predictorum fratrum nostrorum consilio, duximus confirmandam ; preficientes te

34

eidem monasterio de Pinarolio in abbatem, curam et administrationem —. Dat. Rome apud Sanctam Sabinam, XVI kal. martii, anno secundo. »

In eundem modum conventui monasterii de Pinarolio mandat quatinus eidem abbati obedientiam et reverentiam debitam exhibeat. Dat. ut supra.

In e. m. universis vassallis monasterii de Pinarolio mandat quatinus eidem abbati fidelitatis solite prestantes juramentum servitia debita exhibeant. Dat. ut supra.

In e. m. comitem Sabaudie rogat et hortatur quatinus eundem abbatem et monasterium sibi commissum habeat commendatos. Dat. ut supra.

Sainte-Sabine, 23 mars 1287.

« In e. m. eidem Belengerio, abbati monasterii de Pinarolio etc. usque : committendo, ac subsequenter per venerabilem fratrem nostrum J., episcopum Penestrinum, tibi fecimus munus benedictionis impendi. Quocirca discretioni tue etc. usque: Dat. Rome apud Sanctam Sabinam, X kal. aprilis, anno secundo. ».

747 Sainte-Sabine, 9 janvier 1287.

Johanni, Sancte Cecilie presbitero cardinali, Apostolice Sedis legato, mandat quatinus in maneriis magistri Galieni de Pisis, canonici ecclesie de Sancto Audomaro, sitis juxta villam Sancti Marcelli prope Parisius, a dicto Galieno ad hoc deputatis, sorores minores ordinis sancte Clare, que vivant sub observantia regule, in monasterio Humilitatis Beate Marie prope Sanctum Clodoaldum, Parisiensis diocesis, observate, collocet. (n° 250, fol. 195 v° ; POTTHAST, n° 22550.)

« Dilecto filio J., tituli Sancte Cecilie presbitero cardinali, Apostolice Sedis legato. Ex parte carissimi —. Dat. Rome apud Sanctam Sabinam, V idus januarii, anno secundo. »

748 Sainte-Sabine, 9 février 1287.

Guidoni de Battifollis, comiti Tuscie palatino, castrum de Gangareto, Aretine diocesis, in quo, vivente Symone dicti Guidonis patre, se receperant malefactores, et demum a communi Florentino destructum, reedificandi licentiam concedit. (n° 251, fol. 196; POTTHAST, n° 22557.)

« Nobili viro Guidoni de Battifollis, comiti Tuscie palatino. Petitio tua nobis —. Dat. Rome apud Sanctam Sabinam, V idus februarii, anno secundo. »

749 Sainte-Sabine, 15 mars 1287.

Collectoribus decime negotio regni Sicilie concesse mandat quatinus de redditibus, quos in Lombardie et Tuscie partibus obtinent rector et fratres hospitalis Sancti Peregrini de Alpibus, ad Romanam ecclesiam nullo medio pertinentis, Lucane diocesis, decimam non exigant, si, ut dicunt predicti rector et fratres, dictos proventus in usus infirmorum et pauperum conversos invenerint. (n° 252, fol. 196.)

« .. Collectoribus decime, in Lombardie ac Tuscie partibus concesse negotio regni Sicilie, a Sede Apostolica deputatis. Sua nobis dilecti —. Dat. Rome apud Sanctam Sabinam, idibus martii, anno secundo. »

750 Sainte-Sabine, 18 février 1287.

Monasterio Sancti Benedicti Floriacensis, per obitum H., abbatis, vacanti, Guillelmum, prepositum dicti monasterii, proficit in abbatem. (n° 253, fol. 196; LA PORTE DU THEIL, fol. 159).

« Guillelmo, abbati monasterii Sancti Benedicti Floriacensis, ad Romanam ecclesiam nullo medio pertinentis, ordinis ejusdem, Aurelianensis diocesis. Debitum officii nostri —. Sane monasterio Sancti Benedicti Floriacensis — per obitum quondam H., abbatis ejusdem monasterii, pastoris regimine destituto, dilecti filii Stephanus, prior, et conventus ipsius monasterii — in hujusmodi electionis negotio per viam scrutinii procedentes —, compertum extitit quod de centum et quadraginta septem monachis ejusdem monasterii, qui ea vice ad eligendum convenerant, centum et quatuordecim in te, tunc monachum et prepositum dicti monasterii, suos direxere consensus, reliquis ipsius monasterii monachis in fratrem Pontium, monachum monasterii Sancti Petri de Rodis, ejusdem ordinis, Gerundensis diocesis, dirigentibus vota sua. Cumque — liquido appareret longe majorem et saniorem partem dictorum conventus suos in te prestitisse consensus, dilectus filius Anselmus de Parisius, unus ex scrutatoribus supradictis, de mandato illorum omnium qui in te consenserant, ipsorumque ac suo nomine in abbatem predicti monasterii te elegit, tuque demum hujusmodi electioni ad eorundem electorum tuorum instantiam consensisti. Predicti vero monachi qui vota sua in Pontium predictum direxerant, eum ad ipsius monasterii regimen elegerunt, et pro parte dicti Pontii et eorundem electorum ipsius, contra te crimina et defectus opponentium, fuit ad Sedem Apostolicam appellatum. Hujusmodi autem electionum negotio ad Sedem devoluto predictam, tam tu et dictus Pontius, quam Helias ipsius [monasterii] monachus, unus de electoribus dicti Pontii, qui hujusmodi appellationem, suo et ipsius Pontii ac electorum ejus nomine, quorum procuratorem se asserebat, dicitur emisisse, ad prefatam Sedem pro ejusdem negotii prosecutione personaliter accessistis —. Lite vero inter te et dictos Pontium et Helyam super hoc in nostra presentia legitime contestata —, tandem dictus Pontius omne jus, si quod sibi ex prefata electione sua fuerat acquisitum, libere resignavit —; nosque postmodum tam processum ejusdem electionis de te celebrate quam personam tuam per venerabilem fratrem L., Ostiensem episcopum, ac dilectos filios nostros Gaufridum, tituli Sancte Susanne presbiterum, et Benedictum, Sancti Nicolai in Carcere Tulliano diaconum cardinales, examinari fecimus diligenter. Facta itaque nobis super hoc ab eisdem episcopo et cardinalibus relatione fideli — te dicto monasterio Floriacensi prefecimus in abbatem, et subsequenter tibi fecimus per venerabilem fratrem nostrum J., Penestrinum episcopum, munus benedictionis impendi, firma spe fiduciaque tenentes quod —. Dat. Rome apud Sanctam Sabinam, XII kal. martii, anno secundo. »

In eundem modum priori et conventui monasterii Floriacensis mandat quatinus eidem abbati obedientiam et reverentiam debitam exhibeant. Dat. ut supra.

In e. m. universis vassallis monasterii Floriacensis mandat quatinus eidem abbati fidelitatis solite juramentum prestent, ac consueta servitia exhibeant. Dat. ut supra.

In e. m. Philippum, regem Francie, rogat et hortatur quatinus eundem abbatem et prefatum monasterium habeat commendatos. Dat. ut supra.

751   Sainte-Sabine, 26 février 1287.

Litteras Martini pape IV, Petro, preposito ecclesie de Bethunia, G. comitis Flandrie clerico et familiari, olim concessas, per quas vero, propter quorumdam verborum defectum, nullum commodum assequi potuerat idem Petrus, revalidat; eidemque indulget ut, preter preposituram Bethuniensis ecclesie, unicum alium personatum vel dignitatem, etiam si ei cura immineat animarum, licite recipere et retinere possit. (n° 254, fol. 197; LA PORTE DU TUEIL, fol. 167.)

« Petro, preposito ecclesie de Bethunia, Atrebatensis diocesis. Exhibita nobis tua —. Dat. Rome apud Sanctam Sabinam, IIII kal. martii, anno secundo. »

752   Sainte-Sabine, 22 février 1287.

Donationem quarumdam terrarum in Trajectensi diocesi existentium juxta mare et ex maris rejectibus in comitatu Flandrie de novo lucratarum, a Guidone, comite Flandrie, de Roberti primogeniti ipsius consensu, Johanni de Namurco, alteri ipsius Guidonis filio, factam confirmat. (n° 255, fol. 197.)

« Nobili viro Johanni de Namurco, nato dilecti filii nobilis viri Guidonis, comitis Flandrie. Exhibita nobis tua —. Dat. Rome apud Sanctam Sabinam, VIII kal. martii, anno secundo.. »

753   Sainte-Sabine, 28 février 1287.

Abbati monasterii de Valcellis, et decano ecclesie Cameracensis, collectoribus decime Terre Sancte subsidio deputate, mandat quatinus, cum G., comiti Flandrie, quatuor annos, in festo Resurrectionis dominice venturo proximo inchoandos, ad restituendum integre mutuum quadraginta millium librarum turonensium vel circiter, de pecunia predicte decime a dictis abbate et decano receptum, concessissent, duos alios annos ultra prefatos quatuor sub cautione concedant, ita quod in primo annorum ipsorum decem millia, et in singulis aliis reliquis sex millia librarum restituat. (n° 256, fol. 197.)

« Dilectis filiis .. abbati monasterii de Valcellis, Cisterciensis ordinis, Cameracensis diocesis, et .. decano ecclesie Cameracensis, collectoribus decime Terre Sancte subsidio deputate. Dudum nobis dilecto —. Dat. Rome apud Sanctam Sabinam, II kal. martii, anno secundo. »

754   Sainte-Sabine, 1er mars 1287.

Arnaldo, thesaurario ecclesie Tornacensis, ad quem de antiqua consuetudine ratione thesaurarie pertinebat clericos et laicos in dicta ecclesia Tornacensi et ejus cimiterio delinquentes canonica pena punire, concedit ut in illos malefactores, etiam si ad alia loca se transtulerint, possit censuram ecclesiasticam exercere. (n° 257, fol. 197 v°; LA PORTE DU TUEIL, fol. 169; POTTHAST, n° 22579.)

« Arnaldo, thesaurario ecclesie Tornacensis. Ex parte tua —. Dat. Rome apud Sanctam Sabinam, kalendis martii, anno secundo. »

755   Sainte-Sabine, 20 février 1287.

Tornacensi et Morinensi episcopis mandat quatinus clericos sue jurisdictioni subjectos, qui, in prejudicium dominii temporalis G., comitis Flandrie, et grave cleri terre ejusdem comitis scandalum, homicidia, furta, rapinas et excessus in terra ipsa committunt, necnon publice arma deferre non verentur, castigare curent, ut et ipsi a similibus arceantur et eorum pena sit ceteris ad terrorem. (n° 258, fol. 197 v°; LA PORTE DU TUEIL, fol. 165.)

*Venerabilibus fratribus .. Tornacensi, et Morinensi epis-
copis.* Nuper ad nostrum —. Dat. Rome apud Sanctam
Sabinam, X kal. martii, anno secundo. »

In eundem modum Cameracensi et Atrebatensi episcopis.
(POTTHAST, n° 22572.)

In e. m. episcopo Leodiensi. (POTTHAST, n° 22572.)

In e. m. officiali Trajectensi.

756 Sainte-Sabine, 13 janvier 1287.

M., episcopo Astoricensi, concedit facultatem absolvendi nonnullos clericos civitatis sue et diocesis, qui, occasione solutionis
decime ecclesiasticorum proventuum Castelle et Legionis regnorum, clare memorie A., olim regnorum ipsorum regi, contra
Sarracenos Africe ab Apostolica Sede concesse, retardate seu
minus integre facte, latam in tales generaliter per collectores
ipsius decime excommunicationis sententiam incurrerant, postquam vero iidem clerici de decima integre satisfactionem episcopo predicto duxerint impendendam. (n° 259, fol. 197 v°.)

« *Venerabili fratri M., episcopo Astoricensi.* Intimasti
nobis quod —. Dat. Rome apud Sanctam Sabinam, idibus januarii, anno secundo. »

757 Sainte-Sabine, 22 février 1287.

Bertrando de Monte Acuto, abbati monasterii Moysiacensis,
Bernardo Geraldi, priori provinciali Predicatorum in Provincia,
et Radulpho de Mirabello, canonico Pictavensi, mandat quatinus
de amotione Petri, prioris ordinis Grandimontensis, a prioratu
ipsius ordinis facta, et electione Bernardi ad eundem prioratum
postmodum subsecuta diligenter inquirant. (n° 260, fol. 197 v°.)

« *Dilectis filiis Bertrando de Monte Acuto, abbati monasterii Moysiacensis, Caturcensis diocesis, fratri Bernardo Geraldi, priori provinciali ordinis fratrum Predicatorum in
Provincia, et magistro Radulpho de Mirabello, decano Pictavensi, capellano nostro.* Occasione amotionis dilecti
filii, fratris Petri, prioris ordinis Grandimontensis, ad
Romanam ecclesiam nullo medio pertinentis, a prioratu
ipsius ordinis, facte per quosdam super visitatione ac
correctione domus Grandimontensis auctoritate privilegiorum Sedis Apostolice deputatos, et electionis ad
prioratum eundem de dilecto filio, fratre Bernardo,
dicti ordinis, per quosdam alios fratres ejusdem ordinis
postmodum subsecute, quas dictus Petrus, prior, utpote attemptatas, post appellationes varias ad Sedem
Apostolicam legitime interjectas, et ex aliis diversis
causis penitus fore nullas, dictus vero Bernardus rite
habitas asserebant, grandis est dissensionis materia in
eodem ordine suscitata. Hujusmodi autem negotio ad Sedem Apostolicam devoluto, partibusque in nostra et fratrum nostrorum presentia constitutis, audivimus quod
partes eedem, tam super amotione ac electione predictis
quam super nonnullis aliis, que hinc inde, in animarum dispendium et contra honestatem quietumque statum ipsius dicebantur ordinis attemptata, proponere
voluerunt. Et tandem nolentes partes ipsas, sicut nec
decebat, litigiorum anfractibus diutius implicari, negotium ipsum de plano, et sine judicii examinandum
strepitu, et nobis hujusmodi examinis exitum referendum commisimus venerabili fratri nostro .. episcopo
Ostiensi, per quem, diligenter eodem examinato negotio, et super hiis que coram eo acta sunt facta nobis coram
eisdem fratribus relatione fideli, quia, per sui discussio-
nem examinis de predictarum amotionis et electionis meritis, ipsiusque ordinis statu, quem fore diversarum tur-
bationum multiplicatione, ac alias satis jam nobis inno-
tuit deformatum, non poterat apud Sedem eandem plene
veritas inveniri, nos, ad gratam Deo reformationem ipsius
ordinis intendentes, — vobis — committimus per apostolica scripta districte precipiendo mandantes — quatinus
ad dictam domum, et si expedire videritis, ad alia loca
ejusdem ordinis personaliter accedentes, excommunicationum et suspensionum sententiis, si quas dictus
prior protulit, vel per quoscumque judices in personas
ejusdem ordinis fecit post inceptum hujusmodi negotium promulgari, et juramentis, si aliqua forte sint
prestita, per que vestro processui posset impedimentum afferri, penitus relaxatis, de plano et sine judicii
strepitu, nullius contradictione admissa, sed ex officio
tantummodo procedendo, ex integro de predicte amotionis causis aliisque ipsius amoti et electionis prefate
ac electi meritis, necnon et circa personas alias ejusdem ordinis ac observantias regulares inquiratis diligentius quecumque videritis inquirenda, illisque, prout
et quando expedire videritis, restitutis quos dictus
prior post hujusmodi negotium inchoatum suis dicitur
administrationibus spoliasse, corrigatis et reformetis,
tam in capite quam in membris, que correctionis officio
inveneritis indigere ; et vel predictas amotionem et
electionem, aut earum alterutram, cassando, seu, si res
exegerit, cassas et irritas nuntiando, sive utramque,
prout expediens fore putabitis, confirmando, sive de
novo ipsum priorem, si demerita ejus exegerint, et alios
quoslibet a suis administrationibus amovendo, ac etiam
alias circa memoratum ordinem et personas ipsius,
prout prospere ejus statui congruit, providendo, tranquillitati et utilitati ejusdem ordinis consulatis, prout
secundum Deum videritis faciendum, proviso quod, hu-

jusmodi vestro durante processu, dicte ipsius ordinis persone memorato priori obediant et intendant; ita quod per hoc vester processus nullius impedimenti obicem patiatur, dictusque prior alienandi bona ejusdem ordinis, vel administrationes habentes a suis administrationibus amovendi, sive in dictum electum nullam habeat, nos enim ex nunc illam ei adimimus, potestatem, quodque hiis, qui electo adheserunt eidem, securitas arbitrio vestro sufficiens vestra provisione prestetur, et predictus electus nec sigillo nec administratione, ut prior Grandimontensis, utatur. Quod si tam sepefatum priorem amoveri, quam dictam electionem cassari, seu irritam nuntiari contingat, vos ordini memorato canonice provideri de priore ydoneo per eos ad quos id pertinet faciatis, et ei, de quo taliter provisum fuerit, obedientiam et reverentiam debitam a suis subditis exhiberi; contradictores per censuram —. Dat. Rome apud Sanctam Sabinam, VIII kal. martii, anno secundo. »

---

758   Sainte-Sabine, 15 mars 1287.

S., episcopo Tiburtino, mandat quatinus, cum inter abbatem et conventum monasterii Sancti Salvatoris Reatini, ad Romanam ecclesiam nullo medio pertinentis, ordinis sancti Benedicti, gravis esset dissensio suscitata, dicti monasterii administrationem exerceat. (n° 264, fol. 198.)

« Venerabili fratri S., episcopo Tiburtino. Pastoralis officii cura —. Dat. Rome apud Sanctam Sabinam, idibus martii, anno secundo. »

In eundem modum abbati et conventui monasterii Sancti Salvatoris Reatini mandat quatinus episcopo Tiburtino castra, possessiones aliaque bona mobilia et stabilia monasterii assignare studeant. Dat. ut supra.

Sainte-Sabine, 11 mars 1287.

In e. m. universis vassallis monasterii Sancti Salvatoris Reatini mandat quatinus episcopo Tiburtino castra, possessiones, aliaque bona mobilia et stabilia monasterii assignare studeant. Dat. V idus martii, anno secundo.

---

759   Sainte-Sabine, 4 mars 1287.

Johanni Alfendorum, canonico Pergamensi, mandat quatinus Robertum, comitem Atrebatensem, et Gerardum, episcopum Sabinensem, bajulos regni Sicilie, qui Adenulphum, comitem Acerrarum, bonis suis privaverunt, citet ut per procuratores coram Apostolica Sede compareant. (n° 262, fol. 198 v°.)

« Magistro Johanni Alfendorum, canonico Pergamensi. Ex parte dilecti filii nobilis viri Adenulphi, comitis Acerrarum, fuit nuper conquerendo propositum coram nobis quod dilectus filius nobilis vir Robertus, comes Atrebatensis, et unacum venerabili fratre nostro G., episcopo Sabinensi, Apostolice Sedis legato, bajulus regni Sicilie per Romanam ecclesiam constitutus, ad inquisitionem contra eum injuste, et juris ordine non servato, procedens, ipsumque appellans, minus veraciter et indebite ac injuste pronuntians proditorem, ipsum, legitimis ejus defensionibus non admissis, in omnibus bonis suis, mobilibus et immobilibus, seque moventibus, de ipsius, ut dicitur, assensu legati, ex arrupto contra justitiam sententialiter per se ac suos judices condempnavit, seu privavit eisdem, et quanquam ab hujusmodi sententia, licet nulla et prorsus injusta, prefatus comes Acerrarum per se ac alios ad Sedem Apostolicam appellavit, dictus tamen comes Atrebatensis, hujusmodi appellatione contempta, bona eadem contra justitiam occupavit, ipsaque nichilominus nonnullis personis, de facto, cum de jure non posset, dicitur contulisse, in non modicum ejusdem comitis Acerrarum prejudicium et gravamen. Quare pro parte ipsius Acerrarum comitis suppliciter petebatur a nobis ut sibi faceremus super hiis apud dictam Sedem justitiam exhiberi. Cum autem ipsi Acerrarum comiti non possimus in suo jure deesse, in quo sumus omnibus debitores, discretioni tue per apostolica scripta mandamus quatinus predictos bajulos, omnesque predicta bona vel partem aliquam tenentes ipsorum, ac omnes alios qui sua interesse putaverint, ex parte nostra peremptorie citare procures, ut dicti bajuli non per se sive personaliter, quod eis et eorum cuilibet precise interdicimus et districtius inhibemus, ne periculose per hoc commissi eis bajulatus officium impediri contingat, regnumve predictum ipsorum cura, presidio, defensione seu directione carere, sed per procuratores ydoneos, ad totam causam sufficienter instructos, quos eisdem bajulis constituendi hoc casu plenam et liberam facultatem concedimus de plenitudine potestatis, ceteri vero per se vel per procuratores ydoneos, similiter et instructos, usque ad kalendas mensis maii proximo futuras compareant coram nobis, dicto comiti Acerrarum, sive ipsius procuratori, super premissis in judicio responsuri, ac facturi et recepturi quod justitia suadebit; diem vero citationis —. Dat. Rome apud Sanctam Sabinam, IIII nonas martii, anno secundo. »

760   Sainte-Sabine, 24 mars 1287.

Episcopo Dunelmensi, et priori provinciali ordinis Predicatorum Anglie notum facit Alexandrum, primogenitum clare memorie regis Scotie, uxori sue Margarete, filie Guidonis, comitis Flandrie et marchionis Namurcensis, toto tempore vite ipsius concessisse, si superviveret ipsa, ut annuatim prima die augusti post obitum ipsius primogeniti mille et trecentas marcas sterlingorum de proventibus ville de Beruhic in Scotia, necnon et ducentas marcas sterlingorum de manerio suo de Linlithen, Sancti Andree diocesis, utpote dotalitium seu donationem propter nuptias perciperet et haberet, seque hanc donationem confirmasse. Eisdem mandat quatinus curent ut predicta Margareta super hiis a nemine molestetur. (n° 263, fol. 198 v°; POTTHAST, n° 22594.)

« *Venerabili fratri .. episcopo Dunelmensi, et dilecto filio .. priori provinciali fratrum ordinis Predicatorum Anglie.* Petitio dilecte in —. Dat. Rome apud Sanctam Sabinam, XII kal. aprilis, anno secundo. »

761   Sainte-Sabine, 12 mars 1287.

L., regem Ungarie, rogat et hortatur quatinus, Tartarorum, Sarracenorum, Neugeriorum et paganorum, cum quibus se confederaverat, dimissis erroribus, ad ecclesiam et mores christianos revertatur, et uxorem propriam E., reginam Ungarie, quam carceri tradiderat, resumat et maritali affectione pertractet. (n° 264, fol. 199; POTTHAST, n° 22585.)

« *Carissimo in Christo filio L., regi Ungarie illustri.* Si sparsa semina —. Dat. Rome apud Sanctam Sabinam, IIII idus martii, anno secundo. »

In eundem modum [1] archiepiscopo Strigoniensi mandat quatinus, si Tartari, Sarraceni, Neugerii et pagani dampnabiles suos conatus contra catholicos fidei professores exercitare voluerint, omnibus Christi fidelibus per regnum Ungarie contra dictos paganos studeat sollicite proponere verbum crucis, eidemque archiepiscopo indulget ut indulgentiam, quam in Terre Sancte subsidium proficentibus concedere Sedes Apostolica consuevit, concedere possit. Dat. ut supra. (POTTHAST, n° 22587.)

In e. m. eidem archiepiscopo mandat quatinus, si dictus rex predictam reginam a carcere liberatam resumere ac tute tractare noluerit, tunc eum ad id per censuram ecclesiasticam compellat. Dat. ut supra. (POTTHAST, n° 22591.)

In e. m. regem Romanorum rogat et hortatur quatinus predicto archiepiscopo assistere studeat. Dat. ut supra. (POTTHAST, n° 22588.)

. 1. En face de l'*In eundem modum* adressé à l'archevêque de Gran (*Strigonium*), on lit en marge du registre la note suivante écrite à l'encre rouge : « *Ista littera, postquam fuit bullata et regestata, fuit remissa domino et postea mutata, sed nondum remissa ad regestum* »

In e. m. regi Boemie. (POTTHAST, n° 22588.)

In e. m. duci Austrie. (POTTHAST, n° 22588.)

In e. m. Polonie ac Sclavonie aliisque ducibus, marchionibus, comitibus et baronibus, ac universo populo, Christi fidelibus, per regnum Ungarie ac alias circumpositas provincias constitutis. (POTTHAST, n° 22590.)

In e. m. archiepiscopis, episcopis ac electis, abbatibus, prioribus, decanis, archidiaconis, prepositis, plebanis et aliis ecclesiarum prelatis, ac ministris, guardianis et custodibus, ac capitulis et conventibus Cisterciensis, sancti Benedicti, Premonstratensis, Predicatorum et Minorum fratrum, ac aliorum ordinum, et universo clero, ac Hospitalis Sancti Johannis Jerosolimitani, Militie Templi et Sancte Marie Theotonicorum magistris, preceptoribus et fratribus per regnum Ungarie ac circumpositas provincias constitutis. (POTTHAST, n° 22589.)

762   Sainte-Sabine, 12 mars 1287.

Archiepiscopum Strigoniensem rogat et hortatur quatinus studeat reginam Ungarie de carcere educere ac restituere libertati, eidemque faciat omnia jura tam dotalia quam alia, juxta consuetudinem regni Ungarie, impendi. (n° 265, fol. 199 v°; POTTHAST, n° 22586.)

« *Venerabili fratri .. archiepiscopo Strigoniensi.* Habet orrenda nostris —. Dat. ut supra. »

763   Sainte-Sabine, 9 février 1287.

Decano, subdecano, et scolastico ecclesie Pictavensis mandat quatinus Ysabellam de Podia, in monasterii Sancte Crucis Pictavensis abbatissam electam, citent ut coram Apostolica Sede compareat. (n° 266, fol. 199 v°; LA PORTE DU THEIL, fol. 157.)

« *Dilectis filiis .. decano, .. subdecano, et .. scolastico ecclesie Pictavensis.* Sua nobis dilecte in Christo filie Margarita de Rivallo, Alicia de Chardonchamp, et alie eis in hac parte adherentes moniales monasterii Sancte Crucis Pictavensis, ordinis sancti Benedicti, petitione monstrarunt quod, dudum monasterio ipso abbatisse regimine destituto, die ad eligendum prefixa, ut moris est, vocatis omnibus—, Margarita, Alicia et adherentes predicte Ysabellam de Mermondia ipsius monasterii, Aynordis vero priorissa et quedam alie priorisse in hac parte sequaces, dicti monasterii moniales, Ysabellam de Podia, monasterii Fontis Ebraudi, ad Romanam ecclesiam nullo medio pertinentis, ejusdem ordinis, Pictavensis diocesis, moniales, in abbatissam predicti monasterii Sancte Crucis in discordia elegerunt, seu etiam postularunt. Verum quia venerabilis frater noster .. episcopus Pictavensis presentatam sibi electionem seu postulationem de dicta Ysabella de Podia factam per se vel alium aut alios admisit, seu etiam confirmavit, Margarita et Alicia prefate, sentientes ex hoc indebite se gravari, pro parte ipsarum et sibi adherentium predictarum fuit ad Sedem Apostolicam appellatum. Nosque postmodum dilectum filium nostrum Comitem, tituli Sanctorum Marcellini et Petri presbiterum cardinalem, in ipsius appellationis et etiam principali negotio dedimus partibus auditorem. Cum autem per ea, que coram eodem cardinali in negotio predicto sunt habita, non possit in negotio ipso procedi, nisi Ysabella de Podia et Aynordis predicte earumque sequaces citentur — discretioni vestre per apostolica scripta mandamus quatinus vos, vel duo aut unus vestrum, per vos vel per alium aut alios Ysabellam de Podia, Aynordim et sequaces ejus predictas, necnon electrices seu postulatrices ejusdem Ysabelle, ac omnes quas hujusmodi negotium contingit, ex parte nostra peremptorie citare curetis ut infra duos menses post citationem vestram cum omnibus actis — per procuratores ydoneos compareant coram nobis, facture —, diem vero citationis —. Dat. Rome apud Sanctam Sabinam, V idus februarii, anno secundo. »

764   Sainte-Sabine, 12 mars 1287.

G., episcopo Sabinensi, Apostolice Sedis legato, concedit ut cum magistro Johanne de Pallaxono, pape scriptore, dicti episcopi capellano, rectore ecclesie Sancti Stephani de Aquaviva, Narbonensis diocesis, dispensare valeat quod ipse, preter dictam ecclesiam, unum aliud beneficium ecclesiasticum, etiam si curam habeat animarum, libere recipere et retinere possit. (n° 267, fol. 200.)

« *Venerabili fratri G., episcopo Sabinensi, Apostolice Sedis legato.* Nuper nobis ex —. Dat. Rome apud Sanctam Sabinam, IIII idus martii, anno secundo. »

765   Sainte-Sabine, 6 février 1287.

Girardo, episcopo Cajacensi, cui, tunc subdiacono et pape scriptori, commissa erat in Ungarie, Polonie et Jadrensi provinciis decime Terre Sancte collectio, magistrum Adam de Polonia, canonicum Cracoviensem, in hujusmodi collectionis officio subrogat. (n° 268, fol. 200; POTTHAST, n° 22555.)

« *Magistro Ade de Polonia, canonico Cracoviensi, capellano nostro.* De statu decime —. Dat. Rome apud Sanctam Sabinam, VIII idus februarii, anno secundo. »

766   Sainte-Sabine, 6 février 1287.

Ade de Polonia, canonico Cracoviensi, mandat quatinus totam pecuniam, quam de Terre Sancte decima, et vicesima, legatis, obventionibus et aliis eidem subventioni concessis collectam invenerit, vel collegerit, societati de Alfanis, mercatoribus Florentinis, assignet. (n° 269, fol. 200 v° ; POTTHAST, n° 22556.)

« *Eidem.* Cum te ad —. Dat. ut supra. »

767   Sainte-Sabine, 5 février 1287.

Johanni, Sancte Cecilie presbitero cardinali, Apostolice Sedis legato, mandat quatinus ad sedandam questionem, que, occasione captionis cujusdam laici, inter Johannem, episcopum Cathalaunensem, ex una parte, et capitulum Cathalaunense, ex altera, orta erat, se amicabiliter interponat inter ipsas partes ; quas vero, si ad concordiam venire noluerint, citare procuret ut apostolico se conspectui representent. (n° 270, fol. 200 v°.)

« *Dilecto filio Johanni, tituli Sancte Cecilie presbitero cardinali, Apostolice Sedis legato.* Sua nobis venerabilis frater noster Johannes, episcopus Cathalaunensis, petitione monuit quod nuper, dum sue consecrationis tempus instaret, et ipse a Cathalaunensi ecclesia absens esset, quidam clericus nomine Johannes, prepositi ejusdem episcopi in civitate Cathalaunensi, in qua idem episcopus temporalem jurisdictionem obtinet, locum tenens, quendam laicum fornarium, pro eo quod idem fornarius quendam alium laicum, ejus laceratis vestibus, in via publica civitatis predicte verberaverat, et coram eodem clerico, super hujusmodi excessu in jurisdictione ipsius episcopi perpetrato, stare juri, prout etiam ante id dixerat se facturum, contumaciter recusavit, cum excessus ipse adeo esset notorius, quod nulla poterat tergiversatione celari, prout sibi tam de jure quam de antiqua et approbata et hactenus pacifice observata consuetudine competebat, capi fecit et carceri deputari, et inibi detineri mandavit donec super hoc juri pareret, vero capitulum ecclesie Cathalaunensis, pretendentes quod dictus fornarius in claustro morabatur ipsorum et eorum erat fornarius ac in eum jurisdictionem temporalem habebant, prefatum episcopum, tunc electum, primo in domo episcopali civitatis predicte et postmodum apud alium locum, ubi dictus episcopus morabatur, ex arrupto pro eorum voluntatis libito monuerunt ut predictum fornarium sine difficultate qualibet restitui faceret pristine libertati, et eisdem capitulo, super offensa quam ipsi in captione et detemptione ejusdem fornarii sibi fore illatam dicebant, sufficientem prestaret emendam, alioquin cessare intendebant contra ipsum episcopum a divinis. Et licet postea magister Milo, canonicus Laudunensis, familiaris ejusdem episcopi, quem episcopus ipse pro sedanda hujusmodi questione ad predictam ecclesiam specialiter destinavit, injungendo eidem ut jus dictorum capituli tanquam suum proprium conservaret, volens amicabiliter agere cum capitulo supradictis, memoratum fornarium eo modo ab ipso carcere liberasset, quod ad carcerem ipsum teneretur redire, cum super hoc esset ex parte ipsius episcopi vel suorum officialium requisitus, super predicto excessu sub ejusdem episcopi seu ejus vices gerentis examine responsurus, recepta super hoc ab eodem fornario juratoria cautione, et demum eundem fornarium a carcere et cautione predictis totaliter absolvisset, et eisdem capitulo ex parte dicti episcopi obtulisset quod paratus erat idem episcopus, si eum in premissis eisdem capitulo offensam, quod non credebat, aliquam irrogasse constaret, sive ex tenore privilegiorum eidem ecclesie concessorum, aut aliqua rationabili consuetudine ipsius ecclesie hactenus pacifice observata, de quibus per eos se petiit informari, sive per inquisitionem a tribus ex canonicis ipsius ecclesie fidedignis summarie faciendam juxta venerabilis fratris nostri .. archiepiscopi Remensis, ordinarii sui, vel tuum, seu ejusdem sedis judicium sive diffinitionem, sufficientem propter hoc emendam dictis capitulo exhibere, prefati tamen capitulum id acceptare vel alias super hoc stare juri penitus renuerunt. Unde procurator dicti episcopi, ne memorati capitulum, prout comminati fuerant, a divinis contra episcopum ipsum in ecclesia predicta cessarent, ejus nomine ad Sedem Apostolicam appellavit, ac dicti capitulum, hujusmodi appellatione contempta, a divinis contra eundem episcopum occasione hujusmodi in eadem ecclesia cessaverunt, eorum organa suspendendo, portas quoque ipsius ecclesie, in predicti archiepiscopi et venerabilis fratris nostri .. episcopi Laudunensis presentia, claudere seu clausas tenere, ac libros de loco solito ipsius ecclesie amovere, et hostia campanilis ecclesie predicte firmare, ne dictus episcopus posset in suo primo adventu ecclesiam ipsam intrare, seu libros ipsos habere pro divinis in eadem ecclesia officiis celebrandis, et ne campane pulsarentur ad populum convocandum, temere presumpserunt, impediendo etiam dictum episcopum per quarundam barrarum lignearum obstaculum quominus idem episcopus juxta portas ipsas in predicto adventu descendere, prout est consuetum, valeret. Quare sepedictus episcopus nobis humiliter supplicavit ut capitulum supradictos ad resumendum organa memorata et satisfaciendum sibi de injuriis in premissis eidem episcopo irrogatis

compelli, et nichilominus ipsos pro eo quod a divinis cessare taliter presumpserunt puniri, juxta tenorem constitutionis felicis recordationis Gregorii pape X, predecessoris nostri, super hoc edite, faceremus. Ex parte vero predictorum capituli fuit propositum ex adverso quod, licet dicto clerico quod memoratus fornarius commisisset hujusmodi excessum in jurisdictione dicti episcopi minime constitisset, idemque fornarius, allegans coram memorato clerico se fore de jurisdictione dictorum capituli, se paratum obtulerit coram eisdem capitulo de se querelantibus respondere, idem tamen clericus, non attendens quod, si etiam idem excessus manifestus fuisset, non propter hoc erat ad captionem persone ipsius fornarii, juxta laudabilem consuetudinem patrie hactenus observatam pacifice, aliquatenus procedendum, pro eo quod idem fornarius plura bona mobilia in prefata jurisdictione ipsius episcopi obtinebat, de quibus poterat super hoc sufficiens emenda prestari, dictum fornarium occasione hujusmodi temere capi fecit et carceri, ubi detinebantur latrones, et falsarii, ac malefactores alii, qui manifeste in hujusmodi maleficiis comprehensi fuerant, deputavit, ipsum detineri in eodem carcere taliter faciendo, in dictorum capituli et ecclesie manifestam injuriam, prejudicium et gravamen ; propter quod iidem capitulum, prout eis de antiqua et approbata et hactenus pacifice observata consuetudine competit, prefatum episcopum canonice monuerunt ut prelibatum fornarium a dicto carcere liberaret, eisque de injuria que ipsis in captione et detentione dicti fornarii fuerat, ut premittitur, irrogata, satisfactionem debitam exhiberet, et quia idem episcopus id efficere indebite pro sue voluntatis libito denegavit, dicti capitulum contra eum, sicut ex premissa consuetudine poterant, forma constitutionis predicte diligenter servata, a divinis in prelibata ecclesia cessaverunt, sua organa suspendentes, et ne contra fieret per episcopum memoratum ad Sedem appellarunt eandem, dictus vero episcopus hujusmodi appellationi non deferens, sed, post receptum ab eo consecrationis munus, ad ecclesiam predictam accedens, portasque ipsius ecclesie, que clause erant, faciens per violentiam aperiri, clero et populo civitatis Cathalaunensis in eadem ecclesia congregatis, in ea missarum sollempnia celebravit. Quare fuit nobis ex parte dictorum capituli humiliter supplicatum ut memoratum episcopum quod contra hujusmodi suspensionem ipsorum capituli divina in ecclesia predicta non celebret nec faciat celebrari donec eis et eidem ecclesie de premissis debita satisfactio impensa fuerit, et nichilominus ad hujusmodi satisfactionem impendendam eisdem coartari per discretum aliquem faceremus. Nos igitur quibus ex apostolatus officio sollicitudo ecclesiarum omnium imminet generalis, predictam Cathalaunensem ecclesiam de cujus gremio, dum essemus in minori officio constituti, noscimur extitisse, canonicatum et prebendam in eadem ecclesia obtinendo, preter illum caritatis affectum quem ex debito pastoralis officii circa ecclesias tenemur gerere universas, speciali benivolentia prosequentes, multoque desiderio affectantes ut inter personas ejusdem ecclesie, submotis quarumlibet discordiarum et dissensionum fomitibus, pulcritudo pacis vigeat et requies opulenta, de tua quoque circumspectione plenam in Domino fiduciam obtinentes, discretioni tue per apostolica scripta mandamus quatinus, partibus ad tuam presentiam evocatis, ad sedandam hujusmodi questionem amicabiliter inter ipsas interponas auctoritate nostra, juxta datam tibi a Domino prudentiam, efficaciter partes tuas; si vero hujusmodi concordia inter easdem partes nequiverit provenire, partes ipsas ex parte nostra peremptorie citare procures ut infra competentem terminum, quem eis ad hoc duxeris prefigendum, per procuratores ydoneos cum omnibus actis; juribus et munimentis suis hujusmodi negotium contingentibus apostolico se conspectui representent, quod super premissis ordinare seu statuere vel mandare voluerimus recepture, ac nichilominus facture et recepture quod ordo dictaverit rationis; diem vero citationis et formam et quicquid inde feceris nobis per tuas litteras harum seriem continentes studeas fideliter intimare. Dat. Rome apud Sanctam Sabinam, nonis februarii, pontificatus nostri anno secundo. »

DOMINI HONORII PAPE IIII

768 Sainte-Sabine, 23 mai 1286.

Jacobum, quondam Petri olim regis Aragonum, persecutoris ecclesie manifesti, filium, qui, novissime propria et Siculorum ductus insania, coronari se fecit in regem regni Sicilie, regioque sigillo abutitur, denuntiat excommunicationis vinculo innodatum; irritum nuntiando quicquid circa prefatum Jacobum per unctionem et coronationem hujusmodi extitit presumptum; interdictumque contra omnia loca ad que dictus Jacobus devenerit proferendo. (n° 1, fol. 203 ; Potthast, n° 22449.)

« *Honorius episcopus, servus servorum Dei. Ad certitudinem presentium et memoriam futurorum.* De colubro regulus —. Actum in Urbe in predicta ecclesia Sancte Sabine, in die Ascensionis dominice, pontificatus nostri anno secundo. »

769 Sainte-Sabine, 23 mai 1286.

Contra Alfonsum, filium quondam Petri olim regis Aragonum, qui Carolo, regi Aragonum, nato clare memorie Philippi regis Francie, se opponebat, processum, quia fidedignorum habet assertio quod ejusdem Alfonsi nuncii jamdiu in itinere constituti ad Apostolicam Sedem accedunt, licet propter varia viarum discrimina nondum ad Sedem eandem potuerint pervenire, sustinet, sibi reservando ut, quandocumque hoc expedire viderit, contra predictum Alfonsum spiritualiter et temporaliter procedere possit. (n° 2, fol. 203 v°.)

« *Processus contra Alfonsum, filium quondam Petri olim regis Aragonum, in die Ascensionis Domini. Honorius etc. Ad certitudinem presentium et memoriam futurorum.* Dudum felicis recordationis —. Actum ut supra. »

770 Sainte-Sabine, 31 mai 1286.

Johanni, episcopo Tusculano, cum partes Alamanie longis jam exactis temporibus non fuissent per legatum Sedis Apostolice missum de latere visitate, instigante supplicatione R., regis Romanorum, plene legationis in dictis partibus officium committit. (n° 3, fol. 204 ; Potthast, n° 22467.)

« *Legatio Alamanie et aliorum regnorum ac partium, commissa domino Johanni, episcopo Tusculano. Honorius episcopus etc. venerabili fratri J., episcopo Tusculano, Apostolice Sedis legato.* Subit assidue nostre —. Dat. Rome apud Sanctam Sabinam, II kal. junii, anno secundo. »

In eundem modum J., episcopo Tusculano, Apostolice Sedis legato, plene legationis officium in Dacie ac Suecie regnis committit. (Potthast, n° 22468.)

In e. m. J., episcopo Tusculano, idem officium per Polonie, Pomeranie, Cassubie, Pruscie, Livonie et Ruscie ducatus. (Potthast, n° 22468.)

In e. m. universis archiepiscopis, episcopis et universo clero seculari et regulari per partes Alamanie constitutis mandat quatinus eidem J., episcopo Tusculano, cardinali, tanquam Apostolice Sedis legato, intendant. Dat. ut supra. (Potthast, n° 22469.)

In e. m. eisdem per Boemie, Dacie ac Suecie regna constitutis.

In e. m. eisdem per Polonie, Pomeranie, Cassubie, Pruscie, Livonie et Ruscie ducatus constitutis.

771 Sainte-Sabine, 31 mai 1286.

Johanni, Sancte Cecilie presbitero cardinali, mandat quatinus, cum Johanni, episcopo Tusculano, legationis in Alamanie partibus officium commiserit, anno primo hujus legationis, a receptione procurationum et collatione beneficiorum in Leodiensi, Metensi, Tullensi, Virdunensi, Basiliensi, et Cameracensi diocesibus, que de Alamania sunt, se abstineat. (n° 4, fol. 205.)

« *Dilecto filio J., tituli Sancte Cecilie presbitero cardinali, Apostolice Sedis legato.* Ad tuam credimus notitiam pervenisse qualiter carissimus in Christo filius noster R., rex Romanorum illustris, penes predecessores nostros Romanos pontifices et nos etiam, postquam promoti fuimus divina dispositione ad apostolatus officium, frequenter institerit et instantia supplici postularit sibi ad consumandum imperiale in persona sua fastigium per unctionem, consecrationem, et imperialis diadematis coronationem, de apostolicis recipiendas manibus, terminum assignari, et nichilominus legatum de latere nostro concedi, cujus consilio et auxilio in suis circa premissa spiritualiter oportunitatibus fulciretur. Nuper autem eodem rege petitioni hujusmodi per venerabilem fratrem nostrum H., Maguntinum archiepiscopum, tunc Basiliensem episcopum instantius insistente, nos attendentes quod sibi juste denegari non poterat, nec amplius differri decenter, votis suis annuimus et de fratrum nostrorum consilio eidem regi ad premissa terminum assignantes, venerabilem fratrem nostrum J., episcopum Tusculanum, legatum in Alamanie ac quibusdam aliis partibus, commisso eidem in illis plene legationis officio, ad ipsius regis instantiam duximus deputandum. Quia vero Leodiensis, Metensis, Tullensis, Virdunensis, Basiliensis, et Cameracensis civitates et dioceses, quas, licet Cameracensis diocesis pro parte tantum, de Alamanie partibus esse constat, tibi fuerunt in tua legatione decrete, commissis tibi nonnullis aliis in eisdem, ne dicte civitates et dioceses, si concurrerent in eis tuum et ipsius episcopi officium, nimium gravarentur, nos circa hoc ita de ipsorum fratrum consilio duximus providendum, videlicet ut tu memorato episcopo quoad procurationes recipiendas et beneficia conferenda in dictis civitatibus et diocesibus deferas legationi ejusdem episcopi, anno primo, abstinendo a receptione procurationum et collatione beneficiorum in eisdem civitatibus et diocesibus, etiam Cameracensi, quatinus de illis existit partibus, anno ipso, legationis officio et ceteris omnibus tibi commissis in illis alias in suo robore duraturis. Ideoque discretionem tuam monemus, rogamus et hortamur attente per apostolica tibi scripta mandantes quatinus hec moleste non ferens sed benigne et humiliter acquiescens, ea, prout decet, observes. Dat. ut supra. »

772   Sainte-Sabine, 31 mai 1286.

J., episcopo Tusculano, Apostolice Sedis legato, faciendi recipi viginti personas ydoneas in cathedralibus seu collegiatis ecclesiis, infra legationis ipsi commisse terminos constitutis, in singulis ecclesiis singulas personas, in canonicos, et providendi eis de prebendis, si vacant ibidem ad presens vel quamprimum ad id obtulerit se facultas, plenam concedit facultatem. (n° 5, fol. 205 ; Potthast, n° 22470.)

« *Venerabili fratri J., episcopo Tusculano, Apostolice Sedis legato.* Cum te ad —. Dat. Rome apud Sanctam Sabinam, II kal. junii, anno secundo. »

773   Sainte-Sabine, 31 mai 1286.

Eidem, faciendi recipi personas ydoneas in ecclesiis tam cathedralibus quam aliis collegiatis, infra fines sue legationis vel extra etiam constitutis, si ad id illorum ad quos in ipsis ecclesiis pertinet collatio prebendarum accedat assensus, et providendi eisdem clericis de prebendis, cum ad id obtulerit se facultas, plenam concedit facultatem. (n° 6, fol. 205.)

« *Eidem.* Cum te etc. —. Dat. ut supra. »

774   Sainte-Sabine, 31 mai 1286.

Eidem, faciendi recipi, preter viginti personas in secunda superiori littera nominatas, duodecim alias personas in totidem ecclesiis infra sue legationis terminos constitutis, in canonicos et providendi eis de prebendis plenam concedit facultatem. (n° 7, fol. 205.)

« *Eidem.* Licet tibi quem —. Dat. ut supra. »

775   Sainte-Sabine, 31 mai 1286.

Eidem, conferendi personis ydoneis personatus, dignitates et alia beneficia ecclesiastica capellanorum seu clericorum suorum domesticorum commensalium, que, hujusmodi legatione durante, per ipsorum resignationem vel obitum vacare contigerit, concedit facultatem. (n° 8, fol. 205 v°.)

« *Eidem.* Cum te etc. —. Dat. ut supra. »

776   Sainte-Sabine, 31 mai 1286.

Eidem concedit ut cum clericis qui plures ecclesias parrochiales vel dignitates sine dispensatione Sedis Apostolice, detinere presumpserunt, super hujusmodi retentione, dummodo ecclesias vel dignitales hujusmodi resignent, valeat dispensare. (n° 9, fol. 205 v°.)

« *Eidem*. Cum te etc. —. Dat. ut supra. »

777   Sainte-Sabine, 31 mai 1286.

Eidem, dispensandi cum tribus clericis regnorum et partium in quibus officium legationis exercet, scilicet cum duobus clericis cujuslibet regnorum ipsorum, in prefatis vero ducatibus cum singulis clericis cujusque ducatuum eorundem, quos gratia hujusmodi noverit esse dignos, quod eorum quilibet duo beneficia, etiam si curam habeant animarum annexam, licite recipere ac libere retinere valeant, concedit facultatem. (n° 10, fol. 205 v°; POTTHAST, n° 22471.)

« *Eidem*. Cum te ad —. Dat. ut supra. »

778   Sainte-Sabine, 31 mai 1286.

Clericis, quos secum ad legationis officium exequendum duxit idem legatus, indulget quod, quamdiu cum legato fuerint vel negotiis quibusdam de mandato ipsius legati institerint, integre percipere valeant beneficiorum suorum proventus et redditus, distributionibus quotidianis duntaxat exceptis, ac si personaliter in ecclesiis in quibus beneficia obtinent residerent. (n° 11, fol. 205 v°.)

« *Eidem*. Cum te etc. —. Dat. ut supra. »

779   Sainte-Sabine, 31 mai 1286.

Eidem, exercendi libere censuram ecclesiasticam, cum res exegerit, in omnes personas, cujuscumque ordinis vel dignitatis sint, ecclesiasticas et seculares legationis sue, plenam concedit potestatem. (n° 12, fol. 205 v°.)

« *Eidem*. Cum te etc. —. Dat. ut supra. »

780   Sainte-Sabine, 31 mai 1286.

Eidem, dispensandi cum sex clericis, defectum natalium patientibus, dummodo non sint de adulterio vel incestu, aut de regularibus seu presbitero procreati, quod, hujusmodi non obstante defectu, in susceptis ministrare ordinibus, promoveri ad omnes sacros ordines, ac ecclesiastica beneficia, pontificali dignitate excepta, obtinere valeant, liberam concedit facultatem. (n° 13, fol. 205 v°.)

« *Eidem*. Cum te etc. —. Dat. ut supra. »

781   Sainte-Sabine, 31 mai 1286.

Eidem, dispensandi cum decem in Alamania, quinque in Boemia, quinque in Suecie et Dacie regnis, ac decem clericis in Polonia et aliis ducatibus supradictis, defectum natalium patientibus, dummodo non sint de adulterio vel incestu aut regularibus procreati, quod, non obstante hujusmodi defectu, in susceptis ministrare ordinibus, ad superiores ascendere ordines, et ecclesiastica beneficia recipere et retinere valeant, liberam concedit facultatem. (n° 14, fol. 205 v°.)

« *Eidem*. Cum te etc. —. Dat. ut supra. »

782   Sainte-Sabine, 31 mai 1286.

Eidem, dispensandi cum sex clericis legationis sue, defectum etatis patientibus, quod, hujusmodi non obstante defectu, in susceptis ministrare ordinibus, ad superiores ascendere, ac personatus, pontificali dignitate excepta, obtinere valeant, liberam concedit facultatem. (n° 15, fol. 206.)

« *Eidem*. Cum te etc. —. Dat. ut supra. »

783   Sainte-Sabine, 31 mai 1286.

Eidem concedit ut cum sex personis ecclesiasticis sue legationis, que vinculo excommunicationis astricte sacros susceperint ordines et ministrarint in illis, super irregularitate exinde ab eis contracta possit dispensare. (n° 16, fol. 206.)

« *Eidem*. Cum te etc. —. Dat. ut supra. »

784   Sainte-Sabine, 31 mai 1286.

Eidem, recipiendi cessiones tam abbatum quam aliorum inferiorum prelatorum sue legationis liberam concedit facultatem. (n° 17, fol. 206.)

« *Eidem*. Cum te etc. —. Dat. ut supra. »

785   Sainte-Sabine, 31 mai 1286.

Eidem, dispensandi cum quatuor nobilibus personis vel aliis sue legationis, quod earum quelibet cum alia sibi quarto consanguinitatis vel affinitatis gradu aut spirituali cognatione conjuncta, matrimonium contrahere, vel in matrimonio jam contracto remanere valeat, plenam concedit potestatem. (n° 18, fol. 206.)

« *Eidem*. Cum te etc. —. Dat. ut supra. »

786 Sainte-Sabine, 31 mai 1286.

Eidem, dispensandi cum viginti religiosis sue legationis, cujuscumque ordinis, qui symoniacum in monasteriis suis habuerint ingressum, vel qui alios symoniace receperint, plenam concedit facultatem. (n° 19, fol. 206.)

« *Eidem*. Cum te etc. —. Dat. ut supra. »

787 Sainte-Sabine, 31 mai 1286.

Eidem, dispensandi cum viginti personis religiosis defectum natalium patientibus, quod in susceptis ministrare ordinibus, et ad administrationes assumi valeant, plenam concedit facultatem. (n° 20, fol. 206.)

« *Eidem*. Cum te etc. —. Dat. ut supra. »

788 Sainte-Sabine, 31 mai 1286.

Eidem, dispensandi cum capitulis ecclesiarum infra fines sue legationis consistentium, in quibus statutum est quod nullus inibi reciperetur in canonicum qui alias in cathedrali ecclesia prebendatus existeret, quod, statuto hujusmodi non obstante, aliquas personas recipere valeant in canonicos, plenam concedit facultatem. (n° 21, fol. 206.)

« *Eidem*. Cum te etc. —. Dat. ut supra. »

789 Sainte-Sabine, 31 mai 1286.

Eidem, exercendi censuram ecclesiasticam in omnes illos qui familie ipsius legati injuriari presumpserint, liberam concedit facultatem. (n° 22, fol. 206.)

« *Eidem*. Cum te etc. —. Dat. ut supra. »

790 Sainte-Sabine, 31 mai 1286.

Eidem concedit ut, cum contigerit seipsum proponere verbum Dei, ecclesias seu altaria consecrare, aut moniales benedicere, omnibus vere penitentibus et confessis qui ad consecrationes ecclesiarum cathedralium convenerint, annum unum et quadraginta dies, illis vero qui in predicationibus et aliarum ecclesiarum et altarium consecrationibus seu in monialium benedictionibus presentes fuerint, centum dies de injunctis eis penitentiis, valeat relaxare. (n° 23, fol. 206.)

« *Eidem*. Cum te etc. —. Dat. ut supra. »

791 Sainte-Sabine, 31 mai 1286.

Eidem concedit ut omnibus vere penitentibus et confessis, qui ad colloquia et congregationes, occasione negotiorum ipsi legato commissorum habita, accesserint, quadraginta dies de injunctis eis penitentiis valeat relaxare. (n° 24, fol. 206 v°.)

« *Eidem*. Cum te etc. —. Dat. ut supra. »

792 Sainte-Sabine, 31 mai 1286.

Eidem concedit ut cum quadraginta personis ecclesiasticis sue legationis super irregularitate, quam ferendo in alios excommunicationis sententiam sine scriptis contraxerint, dispensare valeat. (n° 25, fol. 206 v°.)

« *Eidem*. Cum te etc —. Dat. ut supra. »

793 Sainte-Sabine, 31 mai 1286.

Eidem, absolvendi illos qui per judices, a Sede Apostolica delegatos, fuerunt excommunicati, et propter ipsorum judicum obitum vel absentiam absolutionis beneficium nequeunt obtinere, liberam concedit facultatem. (n° 26, fol. 206 v°.)

« *Eidem*. Cum te etc —. Dat. ut supra. »

794 Sainte-Sabine, 31 mai 1286.

Eidem, concedendi tribus nobilibus mulieribus in quolibet dictorum regnorum, et uni nobili mulieri in quolibet dictorum ducatuum quod earum quelibet cum decenti mulierum comitiva, usque ad triennium post ipsius legati concessionem, semel in anno, monasterium unum devotionis causa intrare valeat, ita quod ibi non comedat nec pernoctet, liberam concedit facultatem. (n° 27, fol. 206 v° ; POTTHAST, n° 22472.)

« *Eidem*. Cum te etc. —. Dat. ut supra. »

795 Sainte-Sabine, 31 mai 1286.

Eidem, commutandi viginti personarum vota, que propter infirmitatem aut aliam justam causam nequeunt adimplere, in alia pietatis opera, liberam concedit facultatem. (n° 28, fol. 206 v°.)

« *Eidem*. Cum te etc. —. Dat. ut supra. »

796   Tivoli, 14 juillet 1286.

Eidem indulget ut, si seipsum ad aliqua loca ecclesiastico interdicto supposita declinare contigerit, possit ibidem divina officia audire et celebrare. (n° 29, fol. 206 v°.)

« *Eidem.* Devotionis tue precibus —. Dat. Tybure, II idus julii. »

797   Sainte-Sabine, 31 mai 1286.

Eundem, cui per alias litteras absolvendi illos sue legationis qui quondam Corrado, nato Frederici, olim Romanorum imperatoris, et Corradino, ejusdem Corradi filio, adheserant et per hoc excommunicationis sententiam incurrerant, dederat potestatem, certiorem facit easdem litteras ad duces, marchiones, et alias hujusmodi personas illustres minime se extendere. (n° 30, fol. 206 v°.)

« *Eidem.* Licet tibi quem —. Dat. Rome apud Sanctam Sabinam, II kal. junii. »

798   Tivoli, 14 juillet 1286.

Eidem, dispensandi cum personis ecclesiasticis sue legationis que pro alienis debitis se et proprias obligarunt ecclesias et suspensionis sententiam, in tales a canone latam, incurrerunt, plenam concedit facultatem. (n° 31, fol. 206 v°.)

« *Eidem.* Cum te etc.—. Dat. Tybure, II idus julii. »

799   Tivoli, 14 juillet 1286.

Eidem, absolvendi illos sue legationis qui adheserunt quondam Corrado necnon et Corradino et propter hoc latam in tales excommunicationis sententiam incurrerunt, plenam concedit facultatem. (n° 32, fol. 206 v° ; POTTHAST, n° 22498.)

« *Eidem.* Cum te etc. —. Dat. Tibure, II idus julii. »

800   Tivoli, 14 juillet 1286.

Eidem, concedendi sex personis legationis sue, quas ad hoc idoneas repererit, tabellionatus officium, plenam concedit facultatem. (n° 33, fol. 207.)

« *Eidem.* Cum te etc. —. Dat. ut supra. »

801   Tivoli, 14 juillet 1286.

Eidem, assumendi et secum retinendi ad obsequia sua aliquos fratres de Predicatorum seu Minorum ordinibus, plenam concedit facultatem (n° 34, fol. 207.)

« *Eidem.* Cum te etc. —. Dat. ut supra. »

802   Tivoli, 14 juillet 1286.

Eidem concedit ut evectiones, quot commissis sibi negotiis viderit expedire, ducere libere valeat. (n° 35, fol. 207.)

« *Eidem.* Cum te etc. —. Dat. ut supra. »

803   Tivoli, 14 juillet 1286.

Eidem concedit ut si ecclesia vel monasterium aliquod, aut locus ad quem se declinare contigerit, ei integram procurationem prestare non possit, ipse valeat a pluribus procurationem exigere. (n° 36, fol. 207.)

« *Eidem.* Cum te etc. —. Dat. ut supra. »

804   Sainte-Sabine, 31 mai 1286.

Eidem, recipiendi procurationes a prelatis quibuscumque, capitulis, et conventibus cujuscumque ordinis sint, non obstante si aliquibus est ab Apostolica Sede indultum quod legatis vel nuntiis ipsius Sedis aliquam procurationem exhibere vel in eis contribuere, nisi ad eos declinaverint, minime tenerentur, plenam concedit facultatem. (n° 37, fol. 207.)

« *Eidem.* Cum te etc. —. Dat. Rome apud Sanctam Sabinam, II kal. junii, anno secundo. »

805   Sainte-Sabine, 31 mai 1286.

Eidem, compellendi prelatos quoscumque, abbates et priores monasteriorum cujuscumque sint ordinis, ad providendum in necessariis nuntiis ipsius legati, liberam concedit facultatem, (n° 38, fol. 207.)

« *Eidem.* Cum te etc. —. Dat. ut supra. »

806   Tivoli, 22 juillet 1286.

Omnes prelatos per partes Alemanie constitutos rogat et hortatur quatinus, cum nuper R., regi Romanorum, ad recipiendum in basilica Principis Apostolorum de Urbe unctionem et imperiale diadema, certum terminum duxerit prefigendum, memorato regi de suis proventibus subventionem congruentem, ut tantus princeps ad coronationem juxta sue magnificientiam dignitatis accedat, liberaliter concedant. (n° 39, fol. 207.)

« *Venerabilibus fratribus universis archiepiscopis et episcopis, ac dilectis filiis abbatibus, prioribus, prepositis, decanis, archidiaconis, et aliis ecclesiarum prelatis per partes Alemanie constitutis.* Attendite fratres et —. Dat. Tibure, XI kal. augusti, anno secundo. »

807 . Sainte-Sabine, 18 novembre 1286.

Jacobum, Petri, olim regis Aragonum, filium, ac Constantiam, matrem ejus, et Siculos denuntiat excommunicationis vinculo innexos. (n° 40, fol. 207 v° ; POTTHAST, n° 22537.)

« PROCESSUS CONTRA JACOBUM QUONDAM PETRI OLIM REGIS ARAGONUM FILIUM. »

« *Honorius episcopus, servus servorum Dei. Ad certitudinem presentium et memoriam futurorum.* Intellecto dudum quod Jacobus, quondam Petri, olim regis Aragonum filius, erroris paterni prosequens invium et actus nepharios imitans, quin potius superans genitoris, propria et Siculorum ductus insania, non sine divine majestatis offensa et Apostolice Sedis ac heredum clare memorie Caroli regis Sicilie prejudicio, injuria et contemptu, coronari vel verius execrari se fecerat in regem regni Sicilie soliumque regale inverecunde conscendere attemptarat, seque regem Sicilie nominans, sigillo abutebatur regio, titulum regium exprimente, prout litterarum suarum inspectio, et sigilli, quo signabantur, impressio plenius testabantur, nos ejusdem Jacobi presumptionem tam temerariam et superbam, ac ejus iniquitates, dolos, fraudesque multiplices abhominabiliter detestantes, ac ipsum declarantes et denuntiantes excommunicationis vinculo innodatum, de fratrum nostrorum consilio cassavimus et irritavimus, vel potius cassum et irritum nuntiavimus quicquid circa prefatum Jacobum fuerat per unctionem, immo verius execrationem, et coronationem hujusmodi, quas recipere de facto non metuit, et quas utique constat nullas esse, presumptum. Civitates preterea, castra ceteraque loca, ad que dictum Jacobum extra etiam Sicilie insulam, que alias ex causis variis ecclesiastico subjacet interdicto, devenire contingeret quamdiu ibi esset, eidem interdicto decrevimus subjacere, ita quod nec publice vel privatim missarum sollempnia celebrarentur ibidem, excepta missa quam semel in septimana, si tam-

diu inibi moram contraheret, submissa voce, clausis januis et exclusis generaliter omnibus preter duos vel tres ministros pro conficienda eucharistia, in extreme neccessitatis articulo infirmantibus exhibenda, benigne permisimus celebrari, nullumque aliud officium palam celebraretur ibidem, neque secreto etiam in communi, nullaque ministrarentur in eis ecclesiastica sacramenta, exceptis sacramentis baptismatis et penitentie, ac etiam eucharistie exhibende infirmis laborantibus in extremis; non obstantibus indulgentiis seu privilegiis quibuscumque prelatis quibuslibet seu religiosis aut clericis aliisve personis ecclesiasticis ab eadem Sede concessis. Si quis autem sacerdos, salutis proprie immemor, interdictum hujusmodi violare presumeret, missarum sollempnia in locis, in quibus presens esset prefatus Jacobus, celebrando, vel potius, quantum in eo existeret, prophanando, preter alias penas canonicas contra tales editas, quibus non immerito subjaceret, majoris excommunicationis sententiam incurreret eo ipso ; ceteri vero clerici prefatum interdictum temere violantes, hujusmodi penas canonicas se noscerent incursuros. Duximus insuper auctoritate apostolica districtius inhibendum ne quis archiepiscopus, vel episcopus, sive abbas, seu alia ecclesiastica secularis regularisve persona cujuscumque dignitatis, preminentie, conditionis, ordinis sive status, prefato Jacobo divina officia celebrare, aut extunc, ipso presente, illis qui ad missarum sollempnia convenirent cum eo, antequam inciperentur, seu infra illa, vel postquam finita essent prelibata sollempnia, quasi e vestigio, predicare aut alias quoquo modo presumeret proponere verbum Dei. Quicumque autem contra inhibitionem venire hujusmodi attemptaret, preter alias quas incurreret penas canonicas, eo ipso excommunicatus, et nichilominus sacerdos missam eidem Jacobo celebrans, sive archiepiscopalem, seu episcopalem aut quamcumque aliam dignitatem et conditionem vel statum haberet, diaconus etiam qui evangelium cantare, ac subdiaconus qui epistolam legere in hujusmodi missa presumeret, ab omni officio beneficioque depositi ac etiam degradati, sine spe alicujus restitutionis a Sede Apostolica obtinende, predicans vero predicationis officio, privati existerent, ac liberum esset illis, ad quos dignitatum et beneficiorum hujusmodi dispositio, seu quevis ordinatio quocumque jure spectaret, procedere ad easdem. Universis autem ecclesiarum prelatis et personis ecclesiasticis, tam secularibus quam regularibus, necnon comitibus, baronibus, nobilibus et ceteris omnibus districte precepimus quod etiam Jacobo, tanquam regi regni predicti vel in eo aliquod jus habenti, in nullo responderent vel intenderent, cum nullum in illo jus habeat vel aliqua ejus parte ; nec ad eum litteras vel nuntios mitterent vel reciperent ab eodem, nec aliquod ei consilium, auxilium vel favorem impenderent publice vel occulte ; aperte predicentes eisdem quod, si secus fortasse presumerent, nos adversus eos taliter procedere, favente Domino, curaremus, quod possent ex pene gravitate cognoscere, quam nepharium existeret, quantumve nobis displiceret eos in hiis preceptum apostolicum non servasse, ac nichilominus .. Cephaludensem et .. Neucastrensem omnesque alios episcopos et prelatos, qui unctioni et coronationi interfuere predictis, presente tunc fidelium multitudine copiosa, citavimus ut usque ad festum Omnium Sanctorum proximo preteritum, quod eis pro peremptorio assignavimus termino, se personaliter Apostolice Sedis conspectui presentarent pro meritis recepturi. Constantiam vero, ejusdem Jacobi matrem, et Siculos supradictos, pro eo quod monitionibus apostolicis pluries sub certa forma factis eisdem, ut a suis excessibus abstinentes nostrisque monitis et preceptis parentes humiliter ad nostra et ecclesie mandata redirent, parere contumaciter contempserunt, et specialiter dictos Siculos, pro eo quod eidem Jacobo in hujusmodi sua coronatione, quin potius execratione, assistere sibique favere seu obedire vesano spiritu presumpserunt, denuntiavimus latas contra presumentes eosdem preterire processus, excommunicationis sententias et penas indictas etiam incurrisse ; ipsosque tunc de novo, propter auctam sic graviter contumaciam eorundem, similibus excommunicationis et interdicti sententiis innodare curavimus, eisque decrevimus subjacere, contra illos gravius spiritualiter et temporaliter, prout facti qualitas suaderet ac videremus expediens, processuri. Cum itaque prefatus Jacobus, tanquam ab actus nepharios et opera detestanda dispositus, quin potius ad malorum profunda festinans, culpas culpis adiciat, et presumptiones presumptionibus coacervet, ac dolos, fraudes et iniquitates varias et diversas exerceat, possessionem insule detinendo Sicilie partemque alteram dicti regni temerariis conatibus impugnando, eum propter hoc et alias nequitias, pravitates multiplices, auctamque ipsius contumaciam, denuntiamus vinculo excommunicationis innexum, ac processum hujusmodi per nos contra eum et Constantiam, Siculos, aliosve predictos habitum approbamus, ratificamus et etiam confirmamus, nichilominus eum autoritate apostolica innovantes. Quicumque vero deinceps prefati Jacobi litteras vel nuntios in ejus favorem receperint vel suos transmiserint ad eundem, ac etiam omnes qui sibi vel eidem Constantie, matri, aut complicibus suis in hujusmodi negotio HONORIUS.

consilium, auxilium vel favorem impenderint publice vel occulte, cujuscumque conditionis, preminentie, dignitatis, aut status, eo ipso sententiam excommunicationis incurrant. Civitates quoque, castra ceteraque loca, que talia facere presumpserint, simili subjaceant interdicto. Cephaludensem aut Neucastrensem ac alios predictos episcopos et prelatos qui ejusdem Jacobi unctioni et coronationi, vel verius execrationi, presumpserunt personaliter interesse, quique citati, sicut premittitur, comparere coram nobis in predicto termino vel post ipsum etiam contumaciter non curarunt, excommunicamus, ab amministratione spiritualium et temporalium suspendentes eosdem, ipsosque, presente hac fidelium multitudine copiosa, citamus, ut usque ad diem dominicam qua cantatur Letare Jerusalem proximo venturam compareant personaliter coram nobis pro meritis recepturi, alioquin extunc ad depositionem eorum et alias etiam spiritualiter et temporaliter, prout facti qualitas suggeret, et expedire viderimus ac illorum contumacia exegerit, actore Domino, procedemus. Ut autem hujusmodi noster processus ad communem omnium notitiam deducatur, cartas sive membranas, processum continentes eundem, in presentis ecclesie Sancte Sabine appendi vel affigi ostiis seu superliminaribus faciemus, que processum ipsum suo quasi sonoro preconio et patulo indicio publicabunt ; ita quod idem Jacobus et alii quos processus ipse contingit, nullam postea possint excusationem pretendere quod ad eos talis processus non pervenerit vel quod ignorarint eundem ; cum non sit verisimile id quoad ipsos remanere incognitum vel occultum, quod tam patenter omnibus publicatur. Actum in Urbe in predicta ecclesia Sancte Sabine, in die Dedicationis basilice Principis Apostolorum, pontificatus nostri anno secundo. »

808   Sainte-Sabine, 7 novembre 1286.

Archiepiscopo Toletano et episcopo Burgensi mandat quatinus interdictum, a Martino papa in Castelle et Legionis, Toleti, Galletie, Sibilie, Cordube, Murtie atque Gihennii regna ob insurrectionem contra clare memorie Alfonsum regem Castelle ac Legionis exortam, pronunciatum relaxent. (n° 41, fol. 208 ; POTTHAST, n° 22528.)

« *Venerabili fratri .. archiepiscopo Toletano, et .. episcopo Burgensi.* Dudum felicis recordationis —. Dat. Rome apud Sanctam Sabinam, VII idus novembris, anno secundo. »

809 Sainte-Sabine, 18 novembre 1286.

Archiepiscopo Cantuariensi et ejus suffraganeis mandat quatinus Judeorum nephandis actibus et horrendis operibus per inhibitiones et penas spirituales et temporales opportunum adhibeant remedium. (n° 42, fol. 208 v°.)

« *Venerabili fratri .. archiepiscopo Cantuariensi, et ejus suffraganeis.* Nimis in partibus anglicanis, prout accepimus, Judeorum dampnata perfidia, in nostri contumeliam Creatoris et detrimentum catholice fidei, nephandis actibus et horrendis operibus relaxavit habenas. Ipsi etenim librum quendam maligna fraude compositum habere dicuntur, quem Thalamud vulgariter nuncupant, abhominationes et falsitates, infidelitates et abusiones multimodas continentem. In hoc quippe libro dampnabili suum continuant studium et circa ipsius nepharia documenta ipsorum prava sollicitudo versatur. Illius insuper doctrine letifere proprios ab annis teneris filios deputant ut ejus venenosis pabulis imbuantur, eosque instruere ac informare non metuunt, quod magis in libro contentis eodem, quam expressis in lege Mosayca credi debet, ut iidem filii Dei filium fugientes per devia infidelitatis exorbitent et ad veritatis semitam non accedant. Prefati quoque Judei non solum mentes fidelium ad eorum sectam pestiferam allicere moliuntur, verum etiam illos qui, salubri ducti consilio, infidelitatis abjurantes errorem, ad lucem catholice fidei convolarunt, donis multimodis ad apostatandum inducere non verentur, quorum aliqui, dolosa Judeorum ipsorum seducti malitia, publice illis cohabitant et juxta ritum et legem ipsorum in parrochiis in quarum ecclesiis renati sacro fonte baptismatis extiterunt, obscenam immo nequissimam vitam ducunt in nostri redemptoris injuriam, fidelium scandalum et derogationem fidei christiane, ac etiam nonnullos ex talibus iidem Judei ad alia loca nequiter destinant ut ibi tanquam incogniti ad suam perfidiam revertantur. Non omittit Judeorum ipsorum nequitia, quin fidei orthodoxe cultores quolibet die sabbati ac aliis sollempnitatibus eorundem invitet ac instanter inducat ut in synagogis suis ipsorum officium audiant illudque juxta sui ritus consuetudinem sollempnizent, rotulo involuto membranis seu libro, in quibus lex eorum conscripta consistit, reverentiam exhibentes. Quamobrem plerique christicole cum Judeis pariter judaizant. Presumunt quoque prefati Judei christianos in sua familia retinere, quos, in divine majestatis opprobrium, diebus dominicis et festivis, operibus occupari servilibus, a quibus est potius abstinendum, nefaria jussione compellunt. Admittunt etiam in suis domibus christianas ad ipsorum infantes seu pueros educandos, et tam iidem christiani quam christiane Judeis ipsis cohabitant eisque convivunt, sicque, dum oportunitas suggerit et pravis actibus tempus favet, Judeorum mulieribus christiani et Judei christianorum feminis frequenter infausto commercio commiscentur. Alii nichilominus christiani et Judei vicissim in domibus propriis sepe conveniunt, et dum simul commessationibus et potationibus vacant, erroris materia preparatur. Singulis quoque diebus in orationibus vel verius execrationibus suis, in maledictionem christianorum, dampnabili presumptione prorumpunt, alia nonnulla committendo nequissima, que noscuntur in offensam Dei et animarum christianorum dispendium redundare. Verum etsi nonnulli ex vobis sepe sepius fuerint, prout asseritur, requisiti, ut super hiis oportunum curarent remedium adhibere, id tamen efficere neglexerunt, de quo tanto propensius admirari compellimur, quanto ex debito pastoralis officii se promptiores et efficaciores exhibere tenentur ad ulciscendas nostri Salvatoris injurias et hostium fidei christiane conatus nepharios reprimendum. Cum itaque non sit tam pestilens et periculosus morbus aliquatenus contempnendus, ne, quod absit, relictus neglectui tractu temporis invalescat et adversus tante tamque dampnabilis temeritatis audaciam promptis teneamini confugere animis et ad ejus repressionem et confusionem omnimodam efficax studium operamque sollicitam impertiri, ut, frenatis hujusmodi perversis auxibus (*sic*), catholice fidei dignitas gloriosis proficiat incrementis, fraternitati vestre per apostolica scripta districte precipiendo mandamus quatinus per vos super premissis et singulis premissorum per inhibitiones et penas spirituales et temporales aliosque modos, de quibus expedire videritis, in predicationibus vestris et aliis ad hoc temporibus congruis per vos et alios exprimendos, studeatis juxta officii vestri debitum, sic efficaciter et sollicite providere ut morbus hujusmodi per adhibende medicine remedium amputetur, vosque proinde apud eterni regis clementiam premium consequi valeatis ac nos vestram curiosam solertiam et diligentiam vigilantem dignis in Domino laudibus attollamus. Quod autem in hac parte feceritis nobis per vestras litteras plenius intimetis. Dat. Rome apud Sanctam Sabinam, XIIII kal. decembris, anno secundo. »

In eundem modum venerabili fratri .. archiepiscopo Eboracensi et ejus suffraganeis.

810   Sainte-Sabine, 5 janvier 1287.

Omnes ecclesiarum prelatos, omnes nobiles viros, civitatum, castrorum aliorumque locorum magistratus rogat et hortatur quatinus magistrum Raymundum de Rifulduno, archidiaconum Ripe Curtie in ecclesia Ylerdensi, et nobilem virum Guilabertum de Crudillis, Rodericum Sanctii de Calatambo, et Petrum de Costa, juris civilis professorem, nuntios et familiares Alfonsi, nati quondam Petri olim regis Aragonum, qui, pridem ad Sedem Apostolicam ab eodem Alfonso destinati, nunc ad propria revertuntur, per terras et districtus ipsorum prelatorum, nobilium et communitatum transire libere permittant, eisque, si necesse fuerit, de securo conductu provideant; presentibus litteris post duos menses minime valituris. (n° 43, fol. 209.)

« *Honorius, etc. Venerabilibus fratribus universis archiepiscopis et episcopis, ac dilectis filiis electis, abbatibus, prioribus, decanis, archidiaconis, prepositis, plebanis et aliis ecclesiarum prelatis, necnon nobilibus viris marchionibus, comitibus, ducibus, baronibus, potestatibus, rectoribus, capitaneis, consulibus, consiliis et communitatibus tam civitatum quam castrorum et aliorum locorum, ad quos littere iste pervenerint, salutem.* Cum magister Raymundus —. Dat. Rome apud Sanctam Sabinam, nonis januarii, anno secundo. »

811   Sainte-Sabine, 5 janvier 1287.

Eosdem rogat et hortatur quatinus nuntios Alfonsi, nati quondam Petri, olim regis Aragonum, qui ad Sedem Apostolicam sunt venturi, ad dictam Sedem venire libere permittant; presentibus litteris post kalendas mensis augusti minime valituris. (n° 44, fol. 209.)

« *Eisdem.* Cum, sicut accepimus —. Dat. ut supra. »

812   Sainte-Sabine, 5 novembre 1286.

B., episcopo Portuensi, ecclesie Sancte Praxedis de Urbe, que titulus cardinalatus existit, curam et regimen committit, donec ordinata fuerit de proprio cardinali. (n° 45, fol. 209.)

« *Venerabili fratri B., episcopo Portuensi.* Officii nostri debitum —. Dat. Rome apud Sanctam Sabinam, nonis novembris, anno secundo. »

In eundem modum abbati et capitulo ecclesie Sancte Praxedis de Urbe mandat quatinus eidem episcopo intendere studeant. Dat. ut supra.

813   Sainte-Sabine, 4 mars 1287.

Carolo, clare memorie Caroli regis Sicilie primogenito, indulget ut, ecclesiastico interdicto, cui regnum Aragonie et comitatus Barcilonie supposita sunt, durante, liceat ipsi, dum se captum contigerit detineri, et familie sue per capellanos, submissa voce, excommunicatis et interdictis exclusis, missarum sollempnia et alia divina officia facere celebrari. (n° 46, fol. 209 v°; Potthast, n° 22582.)

« *Dilecto filio nobili viro Carulo, clare memorie C., regis Sicilie, primogenito.* Tue devotionis sinceritas —. Dat. Rome apud Sanctam Sabinam, IIII nonas marcii, anno secundo. »

814   Sainte-Sabine, 4 mars 1287.

Tractatum inter Carolum, clare memorie C., regis Sicilie, primogenitum, ex una parte, et Alfonsum et Jacobum, natos quondam Petri, olim regis Aragonum, ex altera initum, reprobat et penitus revocat. (n° 47, fol. 209 v°; Potthast, n° 22581.)

« *Eidem.* Venerabilis fratris nostri R., episcopi Vapincensis, et dilecti filii Gaufridi de Lanucello, ecclesie Aptensis prepositi, nunciorum tuorum, relatione didicimus quod, nonnullis pactis inter te ac Alfonsum et Jacobum, natos quondam Petri, olim regis Aragonum, hactenus habitis, dictus Alfonsus tibi per.. ecclesie Salsensis prepositum intimavit quod idem Jacobus et Constantia, mater ejus, ipsum per nuntios speciales duxerant requirendum ut a compositione sive concordia, pridem inter te illosque tractata, dum adhuc esses in Sicilie partibus, recedere non deberet, quodque ipse intendebat omnino eorum in hac parte prosequi voluntatem; veruntamen procuraret eosque compelleret quod contenti existerent ut, absque conditione vel retentione aliqua, Sicilie insulam, cum insulis omnibus que sibi adjacere noscuntur, terramque totam infra Regini archiepiscopatus limites consistentem, Tunitiique tributum regi Sicilie debitum, eidem Jacobo et heredibus suis in perpetuum duceres concedenda, et quod insuper procurares et faceres ut concessionem seu donationem hujusmodi Sedes Apostolica confirmaret, ac processus contra eundem Petrum super privatione regni Aragonum et alios quoslibet contra prefatos Alfonsum et Jacobum et Constantiam eorumque vassallos per Sedem ipsam habitos, necnon et concessionem de predicto Aragonum regno factam totaliter revocaret. Adjecit quoque sepefatus Alfonsus per Salsensem prepositum supradictum quod nec per obsides neque per securitates alias posses quomodolibet libertati restitui, donec premissa perducta fuerint ad effectum; ac etiam eundem Jacobum natamque tuam natu majorem, et primogenitum tuum ac Isalandam, Alfonsi et Jacobi predictorum sororem, contingeret matrimonialiter copulari; et ut predicta possent melius perfici efficaciusque compleri, treuge, que Romanam ecclesiam et ejus valitores, ut patrie verbis utamur, includerent, inirentur a medietate mensis maii venturi proximo inchoande ac ex tunc per biennium durature; ita tamen quod idem Jacobus prefato Alfonso in guerra qualibet posset auxilium impertiri, prout hec omnia in quadam cedula conscripta vulgariter ac nobis per nuntios tuos supradictos exhibita percepimus plenius contineri. Sane, fili, nisi consideratio tui status aliud suaderet, grandis subiret audientium mentes admirationis nec minus turbationis occasio ex eo quod auditum etiam exposito tibi per dictum Salsensem prepositum prebuisti tractatui —. Cum itaque petitiones in dicto contente tractatu nihil rationis habeant, nec petentium meritis adjuven-

tur, sed in ejusdem ecclesie ac tuum grande prejudicium redundare noscantur —, nos tractatum eundem —, de fratrum nostrorum consilio, reprobantes expresse, ac nichilominus, si forte de facto processit, cassantes et penitus revocantes, ipsum omnemque alium ei similem presumi de cetero districtius inhibemus, et si quis hujusmodi fuerit deinceps quoquo modo presumptus, illum ex nunc decernimus irritum et inanem ac nullius existere firmitatis. Si tamen memorati Alfonsus, Jacobus eorumque genitrix se ipsius ecclesie gratia habilitare studerent, a suis desistendo excessibus, et circa te tuamque liberationem precipue se humiliter ac benigne gerendo, quia nunquam gremium redeuntibus claudit ecclesia, ipsius misericordiam se humiliantibus et, ut res exigit, penitentibus exhibendam, ad tuam maxime instantiam eadem ecclesia non negaret. Dat. Rome apud Sanctam Sabinam, IIII nonas martii, pontificatus nostri anno secundo. »

FRAGMENT

REGISTRE CAMÉRAL

D'HONORIUS IV.

---

815 Sainte-Sabine, 6 février 1287.

Fragmentum litterarum quibus Honorius papa IV cuidam fratri ordinis Minorum, qui dictum ordinem dimiserat, indulget ut in alio ordine, in quo professionem fecerat, licite remanere valeat. (Paris, Bibliothèque nationale, manuscrit latin 4038 B, fol. 235.)

« — ad majores etiam dignitates assumi valeas, non obstante quod predictum fratrum Minorum ordinem taliter dimisisti et fecisti etiam professionem in ipso, auctoritate presentium indulgemus. Nulli ergo etc.; si quis autem etc. Dat. Rome apud Sanctam Sabinam, VIII idus februarii, pontificatus ut supra. »

816 Sainte-Sabine, 14 février 1287.

Archiepiscopo Tholetano et episcopo Burgensi mandat quatinus, si Petrus, quem monasterio Sancti Facundi prefecerat in abbatem, provisionem de se factam non acceptaverit, aliquam aliam personam ydoneam predicto monasterio preficiant in abbatem. (fol. 235.) [1]

« Honorius etc., venerabilibus fratribus .. archiepiscopo Tholetano, et .. episcopo Burgensi. Sicut vobis per alias nostras sub certa forma litteras intimamus, dilectum filium Petrum, olim abbatem monasterii Oniensis, ordinis sancti Benedicti, Burgensis diocesis, monasterio Sancti Facundi, ad Romanam ecclesiam nullo medio pertinenti, ejusdem ordinis, Legionensis

1. Cette bulle figure déjà plus haut sous le n° 733.

diocesis, de fratrum nostrorum consilio prefecimus in abbatem; unde vobis per easdem injungimus litteras ut, si dictus abbas provisionem hujusmodi de se factam acceptare fortasse noluerit, vel si debitum nature persolverit, vos, habentes Deum pre oculis, aliquam personam ydoneam moribus, scientia et etate, que tanto congruat oneri et honori, super quo vestram voluimus conscientiam onerare, preficiatis auctoritate nostra dicto Sancti Facundi monasterio in abbatem, facientes sibi a suis subditis debitam obedientiam et reverenciam exhiberi eique provideri plenarie de fructibus, redditibus et proventibus monasterii memorati; contradictores per censuram ecclesiasticam, appellatione postposita, compescendo, [sicut in nostris] litteris ipsis videbitis plenius contineri. Volumus igitur et per apostolica vobis scripta mandamus quatinus, [si], dicto Petro provisionem eandem acceptare nolente, vel humanis rebus exempto, contigerit per vos dicto monasterio Sancti Facundi prefici aliquem in abbatem, recipiatis ab eo, nostro et ecclesie Romane nomine, juxta formam quam vobis sub bulla nostra mittimus interclusam, fidelitatis solite juramentum, nobis quod in hac parte feceritis plenarie rescripturi. Dat. Rome apud Sanctam Sabinam, XVI kal. marcii, pontificatus ut supra. »

817 Sainte-Sabine, 25 février 1287.

Cum Johanne, filio Henrici de Ferreriis, et Aelipdi, filia Johannis de Haricuria, ut, non obstante quod Johannes de Haricuria predictum Johannem, Henrici de Ferreriis filium, de sacro fonte levaverit, inter se matrimonium licite contrahere possint, dispensat. (fol. 235.)

« Honorius etc., dilecto filio Johanni, nato dilecti filii nobilis viri Henrici, domini de Ferreriis, Lexoviensis, et dilecte in Christo filie Aelipdi, nate dilecti filii nobilis viri Johannis, domini de Haricuria, Eboracensis diocesum. Exposita nobis dilectorum filiorum virorum nobilium Henrici de Ferreriis ac Johannis de Haricuria dominorum, patrum vestrorum, petitio continebat quod ipsi, cupientes inter se dilectionis et unitatis vinculum conservare, ac attendentes quod dissentiones et scandala, que aliquando adinvicem passi sunt, ex contiguitate terrarum suarum, faciente humani generis inimico, possent inter eos iterum, prout inter tales fieri assolet, suboriri, per quas status illarum partium turbaretur, affectant vos invicem matrimonialiter copulari. Sed quia prefatus Johannes de Haricuria te, fili Johannes, de sacro fonte levavit, non potest, impedimento hujusmodi obsistente, dictorum nobilium adimpleri desiderium in hac parte ; quare nobis humiliter supplicarunt ut providere super hoc de oportune dispensationis remedio dignaremur. Nos autem, qui salutem querimus singulorum, et libenter inter Christi fideles et precipue nobiles et potentes pacem et concordiam confovemus, volentes benigne annuere votis super hoc nobilium eorumdem, ac dissentionibus et scandalis obviare prefatis, statumque dictarum partium conservari pacificum et tranquillum, intendentes quoque karissimi in Christo filii nostri Philippi, regis Francorum illustris, porrectis super hoc nobis precibus in hac parte favere, vobiscum, quod, eodem impedimento nequaquam obstante, inter vos matrimonium libere contrahere, ac tandem contracto licite remanere possitis, auctoritate apostolica dispensamus. Nulli ergo etc. Si quis autem etc. Dat. Rome apud Sanctam Sabinam, V kal. marcii, pontificatus ut supra. »

818   Sainte-Sabine, 1er mars 1287.

B., Ravennati, et P., Montisregalis archiepiscopis mandat quatinus E., regi Anglie, in tractatu concordie inter quosdam principes reformande, consilio et auxilio assistant. (fol. 235; POTTHAST, n° 22576.)

« Honorius etc., venerabilibus fratribus B., Ravennati, et P., Montisregalis archiepiscopis. Licet vos ad presentiam karissimi in Christo filii nostri, E., regis Anglie illustris, comissa (sic) vobis super certo negotio sollicitudine speciali, duxerimus destinandos, volumus tamen et presentium vobis auctoritate committimus et mandamus quatinus in tractatu concordie, mundo utilis et specialiter quieto ejus statui oportune, inter quosdam principes reformande, quem idem rex, sicut dicitur, proponit assumere, vel jam forsan assumpsit, consilio et auxilio assistatis eidem, cum ad hoc vos duxerit requirendos. Dat. Rome apud Sanctam Sabinam, kalendis marcii, pontificatus ut supra. »

819   Sainte-Sabine, 1er mars 1287.

E., regi Anglie, scribit se Ravennati et Montisregalis archiepiscopis mandavisse quatinus dicto regi in concordiam inter quosdam principes reformandam assistant. (fol. 235; POTTHAST, n° 22577.)

« Honorius etc., karissimo in Christo filio nostro E., regi Anglie illustri. Licet venerabiles fratres nostros B., Ravennatem, et P., Montisregalis archiepiscopos, comissa (sic) eis super certo negotio sollicitudine speciali, ad tuam presentiam duxerimus destinandos, scire tamen regalem excellentiam volumus quod, ad petitionem nuntiorum, quos nuper ad Sedem Apostolicam destinasti, dictis archiepiscopis per alias sub certa forma litteras nostras committimus ut in tractatu concordie, mundo utilis et specialiter quieto ejus statui oportune, inter quosdam principes reformande, quem, sicut intelleximus, proponis assumere vel jam forsan assumpsisti, prefati archiepiscopi celsitudini regie consilio et auxilio assistere studeant, cum eos ad hoc duxeris requirendos. Dat. ut in alia. »

820   Sainte-Sabine, 7 mars 1287.

Cum Willelmo, dicto Cumin, subdiacono, quod canonicatum et prebendam in ecclesia Aberdonensi, ecclesiam de Ouingham, prepesituram Sancte Marie civitatis Sancti Andree, ecclesiam de Syres insimul retinere valeat, dispensat, proviso quod se faciat ad superiores ordines promoveri. (fol. 235 v°.)

« Honorius etc., dilecto filio Willelmo dicto Cumin, nato dilecti filii nobilis viri Alexandri dicti Cumin, comitis de Bucham, subdiacono, canonico Aberdonensi, capellano nostro. Exposite nobis tue petitionis séries continebat quod, olim ante Lugdunense concilium novissime celebratum, in Aberdonensi ecclesia canonicatum et prebendam cum omnibus juribus et pertinentiis obtinens eorumdem, ecclesiam de Ouingham, Dunelmensis diocesis, curam animarum habentem, cujus proventus annui, secundum verum valorem ipsorum, centum librarum sterlingorum valenciam, ut dicitur, non excedunt, fuisti, jam unius fere anni elapso spatio, assecutus, ac pos[tea] prepositura ecclesie Sancte Marie civitatis Sancti Andree, cui ecclesia de Syres, Sancti Andree diocesis, similem curam habens, annexa dinoscitur, tibi collata extitit ab eo ad quem collatio ejus spectat, sicque predictos canonicatum, prebendam, ecclesiam de Ouingham, et preposituram, cujus proventus, juxta verum valorem, ad quinquaginta librarum ipsius monete valentiam annis singulis, prout proponitur, non ascendunt, absque dispensatione apostolica insimul retinuisti, nec te interim ad presbiteratus fecisti ordinem promoveri. Quare supplicasti nobis humiliter ut predictos canonicatum, prebendam, ecclesiam de Ouingham et preposituram, de cujus proventibus nichil adhuc percepisse te asseris, unacum eadem ecclesia de Syres annexa prepositure, sicut predicitur, prelibate, licite retinere valeas, dispensare tecum misericorditer dignaremur. Nos igitur, attendentes laudabile testimonium, quod tibi de honestate conversationis et vite, gravitate morum, nobilitate generis et probitatis multiplicis meritis perhibetur, et volentes te propter hoc speciali prosequi gratia et favore, tuis devotis supplicationibus inclinati, tecum, quod predictos canonicatum, prebendam, ecclesiam de Ouingham, et preposituram cum prefata ecclesia de Syres, ac juribus et pertinentiis suis, libere insimul valeas retinere, constitutione generalis concilii et qualibet alia contraria non obstante, auctoritate apostolica dispensamus, omnem notam sive maculam ex premissis obortam de apostolice plenitudine potestatis, ita quod nichil tibi proinde possit obici nullumque obstaculum interponi, penitus abolentes; proviso quod te facias, prout onus seu cura prepositure et ecclesiarum ipsarum requirunt, proximis statutis temporibus ad superiores ordines promoveri, quodque prebenda, ecclesie ac prepositura prefate debitis non fraudentur obsequiis, et animarum cura in eis quibus illa iminet nullatenus negligatur. Nulli ergo etc. Si quis autem etc. Dat. Rome apud Sanctam Sabinam, nonis marcii, pontificatus ut supra. »

321 Sainte-Sabine, 27 novembre 1286.

Cum Johanne Rousselli, clerico Eadmundi, Henrici regis Anglie filii, quod ecclesiam de Wastantone licite retinere valeat, dispensat; proviso quod se faciat ad sacerdotium promoveri. (fol. 235 v°.)

« Honorius etc., dilecto filio Johanni Rousselli, rectori ecclesie de Wastantone, Conventrensis et Lichefel-

densis diocesis. Lecta coram nobis tua petitio continebat quod tu, adhuc in subdiaconatus ordine constitutus, ecclesiam de Wastantone, Conventrensis et Lichefeldensis diocesis, cui cura iminet animarum, tibi, post Lugdunense concilium novissime celebratum ibidem, collatam canonice, jam per octo annos et amplius tenuisti, fructus percipiendo interim ex eadem, nec te fecisti infra annum, prout tenebaris, in presbiterum ordinari. Quare nobis humiliter supplicasti ut providere tibi super hoc de benignitate Sedis Apostolice dignaremur. Nos itaque personam tuam, obtentu meritorum tuorum, super quibus tibi laudabile testimonium perhibetur, et consideratione dilecti filii nobilis viri Eadmundi, nati clare memorie Henrici regis Anglie, cujus clericus et familiaris existis, volentes speciali prosequi gratia et favore, tecum, quod predictam ecclesiam licite retinere valeas, auctoritate apostolica dispensamus. Cum autem de fructibus ex ea medio tempore perceptis, super quibus te nostre dispositioni totaliter submisisti, in parte satisfeceris juxta nostre beneplacitum voluntatis, volumus quod de residuo fructuum eorumdem partem congruam convertas in utilitatem ecclesie supradicte. Omnem quoque maculam sive notam ex detentione ipsius ecclesie et perceptione fructuum, reddituum et proventuum predictorum obortam, de apostolice potestatis plenitudine abolemus, ita quod nichil tibi possit exinde obici nullumque obstaculum imposterum interponi; proviso quod infra annum te facias, prout onus seu cura ejusdem requirit ecclesie, statutis temporibus, ad sacerdotium promoveri, et in eadem personaliter resideas, ut teneris. Nulli ergo etc. Si quis autem etc. Dat. Rome apud Sanctam Sabinam, V kal. decembris, pontificatus ut supra. »

322 Sainte-Sabine, 13 mars 1287.

Cum magistro David de Haya, subdiacono, quod ecclesiam de Melchlek. et ecclesiam de Ferdon. insimul retinere valeat, dispensat; proviso quod se faciat successive ad diaconatus et presbiteratus ordines promoveri. (fol. 235 v°.)

« Honorius etc., dilecto filio magistro David de Haya, subdiacono, rectori ecclesie de Melchlek., Aberdonensis diocesis, capellano nostro. Licet, ne quis plures ecclesias vel dignitates ecclesiasticas habeat, sacri concilii constitutio interdicat, illos tamen nonnumquam Apostolice Sedis benignitas ampliori prosequitur gratia quos novit potioribus meritis adjuvari. Oblate siquidem nobis tue petitionis series continebat quod olim ecclesia de Melchlek., Aberdonensis diocesis, curam animarum habentem, fuisti canonice assecutus, ac postmodum ecclesia de Ferdon., Sancti Andree diocesis, tunc vacans, cui similis cura iminet, tibi collata extitit ab eo ad quem collatio ejus spectat, quam unacum predicta ecclesia de Melchlek., per plures annos absque dispensatione apostolica tenuisti, fructus, redditus et proventus percipiendo interim ex eisdem. Quare supplicasti nobis humiliter ut, cum de fructibus et redditibus ipsis juxta mandatum nostrum satisfactionem duxeris impendendam, tecum, quod predictas ecclesias licite insimul retinere valeas, dispensare misericorditer dignaremur. Nos itaque devotionem et probitatem tuam non indigne pensantes, et volentes te propter hoc favore prosequi gratioso, tuis devotis supplicationibus inclinati, tecum, quod prefatas ecclesias licite insimul retinere valeas, constitutione generalis concilii non obstante, auctoritate apostolica dispensamus; omnem notam sive maculam ex premissis obortam de apostolice plenitudine potestatis, ita quod nichil tibi proinde possit obici nullumque obstaculum interponi, penitus abolentes. Volumus autem quod te facias proximis statutis temporibus successive ad diaconatus et presbiteratus ordines promoveri, et in altera ecclesiarum ipsarum personaliter residere procures, in reliqua per ydoneum faciendo vicarium deserviri. Nulli ergo etc. Si quis autem etc. Dat. Rome apud Sanctam Sabinam, III idus marcii, pontificatus ut supra. »

APPENDICE.

On trouvera dans cet appendice un certain nombre de bulles qui ne figurent ni dans les registres d'Honorius IV au Vatican, ni dans le fragment de registre caméral à la Bibliothèque Nationale de Paris, et qui nous sont parvenues soit sous forme d'expéditions originales, soit sous forme de copies. Afin de présenter un recueil complet de toutes les lettres d'Honorius IV imprimées jusqu'à ce jour, on a ajouté l'analyse de celles qui ne nous sont connues que par les publications des savants dont M. Potthast a dépouillé les ouvrages. Les bulles sur lesquelles nous n'avions que des renseignements incomplets sont marquées d'un astérisque. Enfin, il a paru intéressant de publier ici sous les nᵒˢ 823 et 830 les deux testaments d'Honorius IV, le premier d'après l'original conservé aux archives du duc Sforza-Cesarini, qui a bien voulu nous le communiquer, le second d'après le texte donné par Ratti et corrigé à l'aide d'une copie du XVIIIᵉ siècle. Tous ces documents sont rangés suivant l'ordre chronologique.

823   Rome, 24 février 1279.

Testamentum Jacobi, Sancte Marie in Cosmedin diaconi cardinalis, cui, postea ad apostolatus officium promoto, nomen Honorius datum est. (Original ou copie contemporaine, parchemin. Rome, Archives particulières du duc Sforza-Cesarini [1].)

« In nomine Domini, amen. Anno a nativitate millesimo ducentesimo septuagesimo nono, indictione VIᵃ, mensis februarii die XXIIII intrantis, pontificatus domini Nicolai pape tertii anno secundo, nos, Jacobus, miseratione divina Sancte Marie Cosmidin dyacone cardinalis, fragilem presentis vite conditionem et statum miserabilem in dubitatione jugiter attendentes et considerantes attentius quod ea que visibiliter habent essentiam ab indesinenti fluxibilitate redeunt invisibiliter ad

1. Au dos de ce document, d'une écriture contemporaine : « Testamentum, cum codicillo ac littera consensus pape ad libere testandum, Jacobi Sancte Marie Cosmedin diaconi cardinalis. »

HONORIUS.

non esse, cum prius ad hujusmodi peregrinationis ad extremum dispositione testamentaria prevenire [1], habentes super hoc facultatem per litteras Apostolice Sedis, quarum tenor inferius annotatur, ad laudem igitur et honorem omnipotentis Dei et gloriose virginis Marie, in presentia notarii et testium subscriptorum, ad infrascripta specialiter vocatorum et rogatorum nuncupatim, facimus testamentum, in quo nobiles viros Pandulfum, fratrem, et Lucam, natum quondam domini Johannis, fratris nostri, nepotem nostros, nobis universales omnium bonorum immobilium nostrorum heredes instituimus, et hoc quidem modo quod si tempore mortis nostre ambo nobis supervixerint sint nobis equaliter heredes; si vero tempore mortis nostre alter tantum ex eis supervixerit, altero ex eis jam premortuo, tunc illum ex ipsis qui nobis supervixerit pro medie-

1. Le texte, depuis *cum prius*, est évidemment altéré ou incomplet.

tate, alterius tunc premortui filios masculos tantum ex legitimo matrimonio natos vel nascituros pro alia medietate non in capita sed in stirpem heredes instituimus. ita quod si ex aliquo predictorum Pandulfi vel Luce tunc tempore nostre mortis nobis premortuo filii masculi ex legitimo matrimonio nati non supervixerint, tunc ille solus qui supervixerit sit nobis insolidum heres. Si tamen contingat post mortem nostram aliquem de predictis nostris heredibus sine filiis masculis ex legitimo matrimonio procreatis decedere, volumus et mandamus quod eorum ille qui supervixerit vel ejus filii masculi legitimi illius primo sine filiis masculis decedentis sint heredes et ei succedant in totum. Et cum non simus ignari nostri patrimonii nostrarumque facultatum, volumus et mandamus quod nullus predictorum nostrorum heredum vel ipsorum filius vel quicumque successerit ex testamento vel ab intestato ad ejus successionem veniens aliquam partem trebellianicam vel quamcunque aliam falcidiam de hereditate vel bonis nostris ex nostro testamento devolutis retineant vel retinere possint, imo sine aliqua defalcatione portio cujuscunque predictorum heredum nostrorum sine filiis masculis decedentis ad alium superviventem vel ejus filios masculos perveniat, declarantes enim hanc nostram esse omnimodo voluntatem quod, si supervivens de predictis nostris heredibus vel ejus filii masculi legitimi portionem alterius sine filiis masculis decedentis integram habeat sine aliqua diminutione, et eam ex auctoritate ipsi superviventi vel ejus filiis masculis legitimis hoc nostro testamento concedimus, possit idem supervivens vel ejus filii masculi legitimi, sine proclamatione alicujus curie, intrare, tenere, possidere ac facere sicut eis placuerit. Femininam enim prolem a nostra successione penitus excludimus, ut neque ad quartam trebellianicam neque ad aliam quamcunque falcidiam seu quartam in hereditate vel bonis nostris ullatenus admittatur. Licent enim illi heredi nostro qui predecesserit alteri sine filiis legitimis masculis. filie vel filiabus tantum ex eis superstitibus nubendis et non nuptis pro qualibet ipsarum relinquere nomine dotium mille libras provenensium senatus [1], nuptis vero pro qualibet earum ducentas libras provenensium in quibus sint contente, nec amplius in bonis nostris vel dicti heredis partem earum petant. Volentes quoque nostre posteritati providere, volumus et mandamus quod, si tempore mortis nostre ambo predicti heredes nostri decessisse inveniantur, filii legitimi masculi tantum amborum, si fuerint, vel non fuerint amborum, filii legitimi

masculi alterius sint nobis heredes, ita quod, si contingat aliquem ex ipsis filiis masculis amborum vel alterius infra pubertatem vel post quocunque tempore sine filiis masculis decedere, tunc germani sui sibi succedant. Si vero contingat omnes filios alterius predictorum infra pubertatem similiter vel post quocunque tempore sine filiis masculis decedere, filii masculi alterius legitimi sibi succedant, semper proviso quod feminina proles ab hereditate nostra et predictorum penitus excludatur, ita quod nec ad quartam trebellianicam nec alias falcidias in hereditate nostra vel in bonis nostris et predictorum aliquatenus admittatur, ut superius dictum est. Si autem tempore mortis nostre predicti primi heredes nostri vel eorum filii masculi legitimi non inveniuntur esse seu vivere vel post mortem nostram dicti heredes nostri vel eorum filii legitimi masculi sine filiis masculis legitimis decesserint, tunc volumus hereditatem et bona nostra ad Romanam ecclesiam pervenire debere, ita tamen quod testamento quondam domini Luce, patris nostri, per hoc nullum prejudicium fiat; sed illi quibus ipse dominus Lucas in defectum filiorum reliquit, ad eorum legata et fideicommissa in hoc casu, non obstante hac nostra dispositione, admittantur. Sed in eo casu quando nostra hereditas ad Romanam ecclesiam pervenire deberet, volumus quod ipsa Romana ecclesia solvat et solvere teneatur filie seu filiabus ex legitimo matrimonio natis, que de predictis nostris heredibus extarent, tria milia librarum provenensium, si una erit, si vero plures essent pro qualibet duo milia librarum provenensium: in hoc quoque casu relinquimus filiis domine Finitie, condam sororis nostre, scilicet Leoni et magistro Johanni omnes domos, turres seu ruinas turrium quas habemus ab ecclesia Sancte Marie de Grandellis supra versus Marmoratam et in Marmorata et munitionem montis qui supra Marmoratam [est], sive fuerint patrimoniales sive fuerint per nos acquisite; alias vero domos et turres seu ruinas turrium quas habemus a dicta ecclesia Sancte Marie citra versus Ripam in tota regione Ripe et monitionem (sic) Montis Fabiorum seu de Sasso domine Mabilie sorori [1] nostre, uxori [2] condam Johannis domini Alberti, relinquimus, si tunc vixerit, vel, si tunc non vixerit, filiis suis masculis scilicet... [3] relinquimus... Volumus tamen quod domina Marsilia, soror nostra, uxor condam domini Neapolionis Mactei Rubei habeat usumfructum vita sua in

---

1. Le manuscrit porte *proven. senes.*

1. Le manuscrit porte *sororis.*
2. Le manuscrit porte *uxoris.*
3. Les points placés avant et après le mot *relinquimus* remplacent deux blancs laissés dans le manuscrit.

APPENDICE.

tertia parte omnium predictarum domorum, turrium et munitionum sed post mortem suam libere predicto modo redeant a l predictos; et quia volumus castra nostra et eorum tenimenta et domos Urbis apud heredes nostros et eorum familias perpetuo permanere, interdicimus omnibus heredibus nostris quod nullatenus ad ipsorum castrorum seu tenimentorum suorum seu predictarum domorum alienationem quamcunque aliquo in tempore procedant, sed semper apud ipsos nostros heredes in perpetuum permaneant; si tamen urgeret necessitas, possint aliqua alienare usque in quantitatem duodecim milium librarum provenensium. Ne autem in posterum dubitatio possit oriri de facultatibus nostris, declaramus nunc in bonis nostris esse immobilia infrascripta, videlicet Castrum Albani cum suo tenimento, Castrum Sabelli cum suo tenimento, novem uncias et dimidiam de duodecim principalibus unciis Castri Veteris quod dicitur Castrum Leonis que juncte sunt cum duabus unciis et dimidia Petri et Johannis filiorum condam Angeli de Manganella, cum tenimento ad dictas novem uncias et dimidiam spectante [1], item ibidem Casale quod dicitur de Columna, item medietatem castri quod dicitur Turris Gandulforum cum tenimento ad dictam medietatem spectante, et cum parte montis qui dicitur de Domo Tedesca et cum turri et cassero nostris in ipso monte et cum tenimento ad turrim dicti montis spectante, et cum vassallis et molendinis, munitionibus seu rochis et omnibus ipsorum utilitatibus et pertinentiis, que quidem [omnia] sunt in partibus Maritime in diocesi Albanensi sicut suis finibus terminantur. Item, habemus Castrum Fajole cum suo tenimento, quod quidem castrum positum est in dictis partibus Maritime, in diocesi Tusculana, sicut suis finibus terminatur, et de nostro mandato et consensu obligatum fuit domino Laurentio de Gandulphis pro sex milibus libris provenensium senatus, unde volumus et mandamus ipsum castrum recolligi debere de nostris mobilibus a domino Laurentio per infrascriptos hujus nostri testamenti exequutores vel quoscunque alios quos vel in alio testamento vel in codicillis seu quacunque alia voluntate deputaverimus pro nostris dispositionibus exequendis, ita quod liberum et liberatum resignetur per ipsos exequutores predictis heredibus nostris; cum similiter fuerit res nostra patrimonialis, volumus ad predictos heredes nostros ipsum liberum pervenire. Item, habemus in partibus Collinis in diocesi Civitatis Castellane castrum Arignani cum molendinis in Civitate Castellana, cujus tertia pars nobis seu here-

1. Le manuscrit porte *spectantibus*.

dibus predictis nostris restitui debuit de mense septembris proxime preterito citra et nunc restitui debuit per nobilem virum Angelum de Gandulfis libere ac nullo dato. Duas autem partes dicti castri habet dictus Angelus re vera sub titulo venditionis obligatum pro quinque milium (*sic*) libris provenensium, quas duas partes similiter volumus et mandamus per dictos exequutores recolligi debere de mobilibus nostris, et libere resignari eas duas partes predictis heredibus nostris. Item, habemus in dictis partibus Collinis in predicta diocesi Civitatis Castellane medietatem Castri Versani cum medietate sui tenimenti, que quidem juncta est cum alia medietate nobilis viri in Christo patris et Rainerio seu nurus ejus, sicut suis finibus terminatur. Item, habemus in eisdem partibus Collinis medietatem Castri Turrite positi in diocesi Nepesina cum medietate sui tenimenti ejusdem castri, que juncta est cum alia medietate venerabilis viri in Christo patris domini Mactei, Sancte Marie in Porticu diaconi cardinalis, seu fratrum suorum. Item, habemus in partibus Tuscie, Tuscanelle et Viterbiensis diocesis, tres partes Castri Ferrarie cum tenimento ad partes pertinente, sicut suis finibus terminatur. Item, habemus in partibus Romagne, in diocesi Sabinensi, Castrum Palumbarie cum rocha et monitione sua et Castrum Montis Viridis, sicut suis finibus terminatur. Mobilia vero nostra omnia volumus et mandamus post mortem nostram pervenire debere ad manus executorum predictorum ut de ipsis solvantur debita nostra, si qua fuerint, et remunerent familiam nostram secundum tenorem codicillorum per nos faciendorum seu aliarum ultimarum dispositionum nostrarum. Et que residua fuerint de bonis nostris, et omnibus premissis satisfactione impensa, iidem exequutores dispensent et erogent pro anima nostra, sicut nos disponemus. Sed ubi nos non disponeremus, ipsi exequutores distribuant pro anima nostra prout eis melius videbitur faciendum. Gravamus quoque heredes nostros predictos ad observationem hujusmodi nostri testamenti sub pena decem milium marcarum argenti. Hoc est igitur ultima voluntas nostra que si non valet jure testamenti saltem valeat jure codicillorum seu cujuscunque ultime voluntatis. Tenor autem litterarum apostolicarum talis est :

Pérouse, 31 mai 1265.

« Clemens episcopus, servus servorum Dei, dilecto » filio Jacobo, Sancte Marie in Comydin (*sic*) diacono car- » dinali, salutem et apostolicam benedictionem. Quia

» humana fragilitas —. Nos itaque — quod - de bonis » tuis tam ecclesiasticis quam mundanis licite con- » dere testamentum et pro tuo voto libere de ipsis » disponere valeas tibi auctoritate presentium plenam » et liberam concedimus facultatem. Nulli ergo omnino » —. Si quis autem —. Datum Perusii, secundo kalen- » darum junii, pontificatus nostri anno primo. »

Actum Rome, in domibus hospitalis Sancti Spiritus in Saxia de Urbe, presentibus his testibus videlicet domino Johanne Boccamaii, electo archiepiscopo Montis Regalis, domino Ramboto, archidiacono et electo Camerinensi, domino Cintio de Pinea, canonico Curtracensi, camerario predicti domini Jacobi cardinalis, ac domino Angelo Cintii et Egidio Pauli Roffredi de Urbe, militibus, Augelo Petri Mathei de Urbe judice, et magistro Petro Romanutii, canonico ecclesie Sancte Marie in Vallibus Cathalaunensis.

Et ego Bernardus dictus Bardonier de Carcassono, publicus Apostolice Sedis auctoritate notarius, his omnibus vocatus interfui et ea de mandato predicti domini Jacobi cardinalis propria manu scripsi et in publicam formam redegi meoque signo signavi.

(Signum manuale dicti notarii).

In nomine Domini, amen. Anno a nativitate ejusdem millesimo ducentesimo septuagesimo nono, indictione VIª, mensis februarii die XXIIIIª intrantis, pontificatus domini Nicolai pape tertii anno secundo, nos Jacobus, miseratione divina Sancte Marie in Cosmydin diaconus cardinalis, testamentum nostrum quod apparet infrascripti notarii manu confectum, volentes per omnia plenam firmitatem et robur habere, hunc facimus codicillum per quem testamentum ipsum comprobamus et confirmamus et ejusdem testamenti executores cum fiducia magna constituimus venerabilem patrem dominum Jacobum, Sancte Marie in Via Lata diaconum cardinalem, dominum Johannem Boccamagii, electum archiepiscopum Montis Regalis, fratrem Jacobum, episcopum Ferrentinatem, et Cintheum de Pinea, canonicum Curtracensem, consanguineum et camerarium nostrum; volentes quod omnes ipsi exequtores[qui] tempore mortis nostre presentes extiterint et voluerint omnes simul testamentum hujusmodi exequantur; alioquin presentes soli qui tunc presentes extiterint in ipsius testamenti exequutionem procedant. Hec autem valere volumus jure codicillorum, que, si codicillorum jure non valeant,

valeant saltem jure ultime voluntatis seu cujuscunque ultime dispositionis. Actum Rome in hospitalis domibus Sancti Spiritus in Saxia de Urbe, in quibus predictus dominus Jacobus, Sancte Marie in Cosmydin diaconus cardinalis, moratur, presentibus his domino Ramboto, archidiacono et electo Camerinensi, magistro Petro Romannutii, canonico in ecclesia Sancte Marie in Vallibus, et Angelo Petri Mathei de Urbe judice, domino Angelo Cinthii milite, et Egidio Pauli Roffredi milite de Urbe testibus ad hec vocatis, habitis et rogatis.

Et ego Bernardus dictus Bardonier de Carcassona, publicus Apostolice Sedis auctoritate notarius, his omnibus interfui et ea de mandato predicti domini Jacobi, Sancte Marie in Cosmydin diaconi cardinalis, propria manu scripsi et in publicam formam redegi meoque signo signavi. »

(Signum manuale dicti notarii).

824   Pérouse, 3 avril 1285.

Magistro Guillelmo Duranti, rectori Romaniole, mandat quatinus commissum sibi rectoris officium cum diligentia et sollicitudine exequatur, ad pacem et concordiam cunctorum rectorie sue fidelium intendendo, ut partes pastoralis officii facilius et efficacius exequi valeat ipse papa. (POTTHAST, nº 22225.)

« Honorius [electus] episcopus, servus servorum Dei, dilecto filio magistro Guillelmo Duranti, decano ecclesie Carnotensis, capellano nostro, rectori Roman[iole] [1], salutem et apostolicam benedictionem. Etsi preambulate fame —. Dat. Perusii, III nonas aprilis, suscepti a nobis apostolatus officii anno primo. »

825   Pérouse, 5 avril 1285.

Populo Romano gratias agit quod se in Senatorem Urbis ad

1. La bulle nº 824 n'est connue que par une copie de la seconde moitié du xivᵉ siècle placée à la fin du manuscrit nº 839 de la bibliothèque Riccardienne à Florence; elle a été publiée par Giov. Lami dans *Catalogus codicum manuscriptorum qui in bibliotheca Riccardiana Florentiæ adservantur* p. 237, et par Vitale, *Storia de' senatori di Roma*, p. 196. Les deux éditeurs ont imprimé *rectori Romano*; et Vitale conclut de là qu'il y avait, outre le Sénateur, un gouverneur de Rome. Mais le savant abbé Anziani, bibliothécaire de la bibl. Laurentienne, a bien voulu vérifier la lecture de Lami et a constaté que la copie du xivᵉ siècle porte simplement *roman.*, abréviation qu'il faut lire *Romaniole*. Guillaume Durant apparaît en effet avec le titre de *rector Romaniole* dans les bulles nᵒˢ 56, 224, 285, 286 et 301; et d'ailleurs un gouverneur de Rome, s'il eût existé, eût porté le titre de *rector Urbis* et non pas celui de *rector Romanus*.

APPENDICE.

vitam elegit, eidemque populo se ad Urbem infra paucos dies venturum nuntiat. (ROME, Bibliothèque du Vatican. Copie non authenti que du XVIII° siècle dans le manuscrit Vat. 8040, part. 2, fol. 18, d'après un manuscrit du Collège Romain; POTTHAST, n° 22226.)

« Honorius electus episcopus, servus servorum Dei, dilectis filiis populo Romano. Levantes in circuitu considerationis nostre oculos, almam Urbem, orbis caput, inter cuncta mundi climata prefulgentem letis intuemur obtutibus, et dum consideramus illam divinitus nobis datam in filiam, que dulce natale prebuit, lactavit et nutrivit ut filium, specialitate quadam inter Romanos etiam nos et progenitores nostros favorabilibus amplexibus confovendo, filialis affectio, quam in nobis ad ipsam natalis soli dulcedo creaverat, crescit procul dubio in paternam, quam nullus profecto superat, nullus, sicut habet legalis assertio, vincit affectus. Dum insuper nos electum ipsius Urbis populum, quos nobis olim non solum concives carissimos sed quasi fratres effecerat loci natalis idemptitas, letanter advertimus nobis tanquam spirituali patri concessos in filios et cure nostre commissos, profunde nimirum ad vos et ipsam Urbem afficimur et ad vestra commoda, specialiter ad tranquillum vestrum statum et prosperum, intentis desideriis suspiramus, quibus grandia quidem prebet vestre filialis gratitudinis grata meditatio incentiva. Quis enim non delectabiliter meditetur, non gratanter acceptet, quod vos evidentia operum exhibentes conceptam de nostra promotione letitiam, adeo gratam et acceptam vobis spiritualem potestatem humilitati nostre in vos traditam ostendistis quod nos ad vitam in Senatorem Urbis concorditer eligentes, potestatem eandem ad temporalis etiam vestri curam regiminis, quantum in vobis extitit, ampliastis, nobis electionem hujusmodi per vestros ambassatores et nuntios, quos letanter et benigne facie serena recepimus, presentando. Nos itaque, licet ex imposito nobis onere apostolice servitutis negotiorum concurrentium undique varietate premimur, ut tamen circa tranquillitatem vestram et pacem aliorumque vestrorum commodorum augmentum vestris desideriis efficacius satisfiat, electionem premissam necnon et ipsum temporale Urbis ejusdem ac vestrum regimen duximus acceptanda. Et ut in prosperitatis abundantia, ubertate fertilitatis et pacis vos presentialiter efficacius confovere possimus, ecce quasi e vestigio ad Urbem ipsam, dante Domino, venire proponimus inibi consecrationis et benedictionis munus ac, juxta morem predecessorum nostrorum Romanorum pontificum, diadema summi pontificis recepturi, et illis

diligentius, celesti nobis assistente clementia, vacaturi que ad laudem divini nominis et prosperitatem vestram viderimus pertinere. Nec miremini quod bulla non exprimens nomen nostrum est appensa presentibus que ante solemnia memorata precedant, quia hii qui fuerunt hactenus in Romanos electi pontifices consueverunt in bullandis litteris ante sue consecrationis et benedictionis munus modum hujusmodi observare. Dat. Perusii, nonis aprilis, suscepti a nobis apostolatus officii anno primo. »

326

Benedicto, Sancti Nicolai in Carcere Tulliano diacono cardinali, domos ecclesie Sanctorum Quatuor de Urbe, ad presens proprio cardinali carentis, cum omnibus juribus et pertinentiis earum, committit, per dictum Benedictum seu alium vel alios, quibus eas duxerit committendas in temporalibus gubernandas. (Original. ROME, Archives du Vatican, *Bullarium generale*, t. I, n° 4.)

« Honorius electus episcopus, servus servorum Dei, dilecto filio Benedicto, Sancti Nicolai in Carcere Tulliano diacono cardinali, salutem et apostolicam benedictionem. Que ad tui —. Dat. Perusii, III idus aprilis, suscepti a nobis apostolatus officii anno primo. »

327

Plebano plebis de Aria mandat quatinus Gentilem, capellanum pape, in plebis de Faverio, diocesis Camerinensis, corporalem possessionem inducat; proviso quod dictus Gentilis ad diaconatus et presbiteratus ordines se faciat promoveri. (Original. FLORENCE, Archivio di Stato.)

« Honorius electus episcopus, servus servorum Dei, dilecto filio .. plebano plebis de Aria, Camerinensis diocesis, salutem et apostolicam benedictionem. Cum, sicut ex parte dilecti filii Gentilis, nati quondam Gentilis civis Camerinensis, capellani nostri, plebani plebis de Faverio, Camerinensis, diocesis, fuit propositum coram nobis, plebes de Faverio, Camerinensis diocesis, curam habens animarum annexam per liberam resignationem dilecti filii Berardi, camerarii nostri, olim ejusdem plebis plebani, in manibus felicis recordationis Martini pape IIII predecessoris nostri factam, et ab ipso admissam hactenus vacavisset, nec esset alius preter eundem predecessorem qui plebem conferre posset eandem, constitutione felicis recordationis Clementis pape predecessoris nostri super personatibus — edita

obsistente, — dictus M. predecessor, volens eidem Gentili, obtentu dicti camerarii, cujus consanguineus existit, — gratiam facere specialem, predictam plebem cum
omnibus juribus et pertinentiis suis prefato Gentili
apostolica auctoritate contulit, providit de illis et eundem camerarium pro eo ac ejus nomine investivit per
suum anulum presentialiter de eisdem —, prout in litteris predecessoris ejusdem super hoc confectis plenius
dicitur contineri. Verum quia, ut idem Gentilis asserit, se, prout ejusdem plebis cura requirit, ad dyacona-
tus et presbyteratus ordines non fecit proximis tunc
statutis a jure temporibus promoveri, jus quod sibi ex
hujusmodi collatione in predicta plebe fuerat acquisitum
amisit, —; nos itaque — predictam plebem sic tunc
vacantem cum omnibus juribus et pertinentiis suis eidem G. apostolica auctoritate contulimus, providimus
de illis et dilectum filium magistrum Benedictum de
Aquino, clericum et familiarem nostrum, canonicum
Belvacensem, pro eo et ejus nomine investivimus per
nostrum anulum de eisdem, decernentes ex tunc irritum
—; non obstantibus — quod idem Gentilis in Sancti
Frambaudi Silvanectensis, Camerinensi et Firmana ecclesiis canonicatus et prebendas noscitur obtinere. Voluimus autem quod, postquam dictus Gentilis ejusdem
plebis possessionem fuerit pacifice assecutus, ad dyaco-
natus et presbyteratus ordines — se faciat proximis
statutis temporibus promoveri et personaliter resideat
in eadem. Quocirca discretioni tue per apostolica scripta
mandamus quatinus per te vel per alium seu alios prefatum Gentilem vel procuratorem suum ejus nomine
in corporalem possessionem plebis, jurium et pertinentiarum predictorum inducas auctoritate nostra —, contradictores per censuram —. Nec mireris si bulla non
exprimens nomen —. Dat. Perusii, XV kal. maii, suscepti a nobis apostolatus officii anno primo. »

828   Pérouse, 25 avril 1285.

Regi Anglie intimat quod, Martino papa quarto, IV kal. presentis mensis aprilis de hac luce subtracto, demum ipse, tunc
Sancte Marie in Cosmedin diaconus cardinalis, IV nonas ejusdem mensis, de fratrum suorum electione concordi ad apostolatus officium evocatus est; eundemque rogat ut ad Altissimi
filium fundat sedulas preces ut debilitatem suam sue potentie
virtute communiat. « Sincere caritatis affectus —. Dat. Perusii, VII kal. maii, suscepti a nobis apostolatus officii anno
primo. » (POTTHAST, n° 22231.)

829   Saint-Pierre, 25 mai 1285.

Archiepiscopo Antibarensi ejusque suffraganeis ac abbatibus,
prioribus et aliis ecclesiarum prelatis per Sclavonie provinciam
constitutis suam ad summum apostolatum promotionem notam
facit. « Quis loquetur potentias —. Dat. Rome apud Sanctum
Petrum, VIII kal. junii, pontificatus nostri anno primo. »
(POTTHAST, n° 22233.)

830   Palombara, 5 juillet 1285.

Testamentum, quod in minori officio constitutus condidit, ad
apostolatus officium promotus confirmat Honorius papa IV.
(ROME. Copie non authentique du XVIIe siècle, dans les Archives
du duc Sforza-Cesarini. — Publ. dans Ratti, Della famiglia
Sforza, t. II, p. 302.)

« In nomine Domini, amen. Dudum sanctissimus
pater et dominus noster, dominus Honorius papa IIII,
in minori officio constitutus, a felicis recordationis Clemente papa predecessore suo per litteras speciales obtinuit condendi testamentum de bonis suis, tam ecclesiasticis quam mundanis, et pro toto suo disponendi de
ipsis plenam et liberam facultatem; propter quod ordinatione testamentaria de bonis suis hujusmodi disposuit,
et omnium bonorum suorum immobilium, videlicet in
castris Albani, Sabelli et novem unciis et dimidia Castri Veteris quod dicitur Castrum Leonis injunctis pro
diviso cum duabus unciis et dimidia Petri et Joannis
filiorum quondam Angeli de Manganella et in Casali
quod olim fuit Leonis de Columna, posito in territorio
dicti Castri Leonis et in Castro quod dicitur Turris de
Gandulphis et in parte sua montis qui dicitur Turris
Todesca et in turre et casaro que habet in dicto
monte cum tenimento ad ipsam turrim et casarum pertinente, que quidem omnia sunt sita in Maritima in
diocesi Albanensi, necnon et in castro Fajole cum tenimento Sancti Martini sito in Maritima in diocesi Tusculana et in castris suis que habet in Collina, scilicet in
Castro Arignani, posito in diocesi Civitatis Castellane,
cum sediis molendinorum que habet sub ipsa Civitate
Castellana, et in medietate Castri Cersani, positi in
eadem diocesi Civitatis Castellane, et pro medietate
castri Turrite, positi in diocesi Nepesina, necnon in
castris Palumbarie et Montis Viridis positis in diocesi
Sabinensi, ac et in bonis suis in Urbe scilicet in Monte
de Sasso et in alio monte posito supra Marmoratam et
in domibus, turribus et aliis quibuscunque edificiis suis
positis intra Urbem, eosdem nobiles viros dominos
Pandulphum de Sabellis, fratrem, et Lucam de Sabellis,
nepotem, suos heredes instituit sub certis conditionibus

et modis insertis in ipso testamento manu mei notarii infrascripti in publicam formam redacto. Verum nunc idem dominus, ad apicem summi apostolatus assumptus, in eadem voluntate permanens, dicta castra cum tenimentis, pertinentiis et juribus eorundem ac vassallis et omnibus eorum directis et alia bona immobilia que ipsis in testamento relinquebat, prout et que utcumque modo ante' suam assumptionem ubilibet sita ad eum pertinebant, necnon et castrum suum Castellionis, cum villis, tenimentis, pertinentiis et juribus suis, positi in diocesi Sabinensi, ac insuper tres partes Castri de Gandulphis, positi in diocesi Albanensi, cum earum tenimentis ac pertinentiis, ac duas partes Castri Scrofani cum castro suo Ferrarie permutatas, munitiones quoque ac domos, turres, arces ac hortos omnes quos in Urbe habet, ipsis nobilibus titulo donationis inter vivos ex mera liberalitate contulit, eosque per suum anulum de ipsis presentialiter investivit ut in posterum ipsi et heredes ipsorum masculi perpetuo sint veri domini, teneant possideantque predicta, adjiciens in hujusmodi sua donatione infrascriptas conditiones et modos, videlicet quod, si contingat alterum ipsorum alteri predecedere sine filiis masculis vel nepotibus masculis ex ipsis filiis masculis ex legitimo matrimonio procreatos, ad alium eorum superstitem vel ejus filios masculos seu nepotes, ex ipsis masculis ex legitimo matrimonio procreatos, pleno jure predicta castra et bona omnia, absque alicujus exceptionis obstaculo devolvantur, et voluit quod ille superstes vel ejus filii aut nepotes masculi, ad quos ipsa bona secundum predictam conditionem devolvi contigerit, authoritate propria possint ipsa castra et bona ingredi, tenere et possidere pro suis; vel si contingat filium seu filios masculos, nepotem seu nepotes ex ipsis filiis masculis alterutrius ipsorum quocunque in tempore sine prole masculina ex legitimo matrimonio procreata decedere, filius seu filii, nepos seu nepotes alterutrius legitimi in predictis rebus et bonis suis, que presentialiter ipsis donavit, succedant eisdem in totum; si tamen ex altero ipsorum plures filii vel nepotes ex eis masculi legitimi superfuerint et aliquis seu aliqui ex eis sine filiis masculis decesserint, sibi invicem inter se succedant in bonis predictis dictis nobilibus ab eodem domino presenti donatione collatis; exprimens quod nullatenus sue intentionis est filias [vel] feminas aliquas, natas seu nascituras ex ipsis, vel eorum altero seu ex filiis ipsorum masculinis, vel etiam filios masculos nascituros ex eisdem feminis posse nobilibus ipsis vel eorum alteri vel filiis ipsorum [in] predictis rebus et bonis vel aliquo ipsorum aliquo modo succedere, cum ipsam femininam prolem ex ipsis vel ipsarum filiis nascituram, et quoscunque filios ex ipsis nascituros ab ipsis rebus et bonis eisdem nobilibus per eundem dominum collatis, voluit esse exclusos. In hoc tamen casu, ille vel illi qui in dictis rebus succedent solvere teneantur filie seu filiabus predecedentis pro qualibet mille florenos auri; si vero eos ambos vel omnes filios aut nepotes masculos legitimos natos seu nascituros ex eis seu ex eorum filiis masculis natis, seu nascituris ex ipsis contingat sine filiis masculis legitimis, deficere, tunc predicta bona et res voluit ad Romanam ecclesiam devenire, proviso quod per hoc non intendebat testamento bone memorie domini Luce de Sabellis, patris sui naturalis, [nec juribus illorum] qui ex testamento ipso sibi possent vendicare quecunque jura, in aliquo derogare. Voluit autem idem dominus quod in casu predicto, quando predicta bona sua et res debeant ad [Romanam] ecclesiam devenire, ipsa Romana ecclesia solvat et solvere teneatur filie vel filiabus, nepti seu neptibus natis seu nascituris ex dicto domino Pandulpho, vel ipsarum filiis, sex milia florenorum auri et totidem filie seu filiabus, nepti seu neptibus natis seu nascituris ex dicto domino Luca, vel ipsarum filiis. Interdixit quoque ipsis vel ipsorum cuilibet et filiis eorundem omnem alienationem de predictis rebus et quacunque ipsorum, quod nullo modo de ipsis bonis et rebus aliqua aliquo modo in extraneam personam vel in quodcunque collegium seu pium locum vel quamcunque ecclesiam alienare possint, nisi forsan cum evidens urgeret necessitas ubi rem aliquam valentem duodecim millia librarum proveniensium dumtaxat alienare possent. Quicunque autem ex eis vel eorum filiis contra hoc interdictum suum venire tentaverit, ipsam rem alienandam per eum perdat et alteri accrescat. Reservavit enim sibi omnimodam potestatem de voluntate suorum donatariorum vita sua dumtaxat revocandi donationem predictam vel in totum vel per partem et ad manus suas dicta castra reducendi. Que omnia et singula predicti domini Pandulfus et Lucas et quilibet eorum seriose audientes et intelligentes ac plene certificati de omnibus et singulis superius enarratis inter se invicem approbaverunt, acceptaverunt et ea omnia et singula sic esse et fieri voluerunt, promittentes invicem pro seipsis et eorum heredibus et successoribus perpetuo omnia et singula que superius enarrantur invicem facere, attendere et observare et contra ea nullo modo venire, constituentes ipsi et eorum quilibet omnes possessiones et castra superius enarrata possidere nomine alterutrius et filiorum suorum in eo casu quando, secundum predictam dispositionem et juxta mandatum dicti sanctissimi patris, dictas possessiones et castra cum eorum territoriis seu tenimentis ad alterutrum ipsorum seu filios ipsius debeant pervenire, et nihilominus voluerunt quod ille vel ejus filii ad quem vel ad quos secundum predictam dispositionem in aliquo casu dicta castra et possessiones deberent pervenire possint in eo casu ipsas possessiones et castra auctoritate propria intrare, tenere, et possidere et de eis facere sicut veri eorum domini. Acta [1] sunt hec, presentibus his venerabilibus in Christo patribus domino Johanne de Boccamatiis, archiepiscopo Montis Regalis, domino Joanne Papparone, ordinis fratrum Predicatorum, episcopo Fulginate, domino Cintio de Pinea, canonico Aretino, ipsius domini pape capellano, judice Angelo Petri Matthei de Urbe, et domino Petro Herine milite, ejusdem domini pape hostiario, testibus ad hec vocatis specialiter et rogatis in Castro Palumbarie in camera palatii arcis ejusdem castri, anno Domini M°CC°LXXXV°, indictione XII, mensis julii die V intrantis, pontificatus ejusdem domini pape anno primo.

Et ego Bernardus dictus Bardonier de Carcassona, publicus Apostolice Sedis auctoritate notarius, predictis receptis omnibus vocatus presens interfui et omnia propria manu scripsi et in publicam formam redegi rogatus. »

831   Tivoli, 10 juillet 1285.

Preposito ecclesie Curiensis mandat ut ea que de bonis monasterii Discrtinensis, ordinis sancti Benedicti, diocesis Curiensis, alienata invenerit illicite vel distracta, ad jus et proprietatem ejusdem legitime revocet. « Ad audientiam nostram —. Dat. Tibure, VI idus julii, pontificatus nostri anno primo. » (POTTHAST, n° 22253.)

832   Tivoli, 11 juillet 1285.

Regem Anglie rogat et hortatur ut Thomasium Spillati et Lapam Hugonis de Florentia, apostolice camere mercatores, eorum socios in Anglia commorantes ipsorumque negotia habeat commendatos. « Grandis fiducia quam —. Dat. Tibure, V idus julii, pontificatus nostri anno primo. » (POTTHAST, n° 22255.)

833   Tivoli, 11 juillet 1285.

Abbati et conventui monasterii Sancti Petri Vivi Senonensis, ordinis sancti Benedicti, indulget ut bona mobilia et immobilia, feudalibus exceptis, a personis liberis in eorum monasterio

1. La copie des archives du duc Sforza-Cesarini s'arrête avec le mot *acta*.

professionem facientibus recipere et retinere libere valeant. (AUXERRE, Archives du départ. de l'Yonne. Indiqué dans l'Inventaire des titres de Saint-Pierre-le-Vif, rédigé en 1703, coté H 169.)

834   Tivoli, 13 juillet 1285.

Abbati et conventui monasterii de Camberone, ordinis Cisterciensis, diocesis Cameracensis, omnes libertates, immunitates et exemptiones confirmat. « Cum a nobis —. Dat. Tibure, III idus julii, pontificatus nostri anno primo. » (POTTHAST, n° 22259.)

835   Tivoli, 15 juillet 1285.

Guardiano Minorum fratrum castri Spelli, diocesis Spoletane, mandat ut incolas ejusdem castri pro eo excommunicatos quod olim contra homines de Fulgineo hominibus de Perusio tunc rebellibus auxilium dederunt, ad ecclesie mandatum reversos absolvat. « Sua nobis dilecti —. Dat. Tibure, idibus julii, pontificatus nostri anno primo. » (POTTHAST, n° 22260.)

836   Tivoli, 15 juillet 1285.

Decano Sancti Donati de Brugis et magistro Britio, ejusdem ecclesie canonico, mandat se indulsisse Ysabelle, Flandrie comitisse, ut ad obsequium suum continue retineret duos clericos, quorum unus per quinquiennium et alter per triennium omnes beneficiorum suorum redditus percipere valeret. — In e. m. comitisse Flandrie. Dat. Tibure, idibus julii, anno primo. (POTTHAST, n° 22262.)

837   Tivoli, 15 juillet 1285.

Guidoni, comiti Flandrie, mandat se abbati Cisterciensi permisisse ut monacho vel fratri converso ordinis Cisterciensis, qui dicti comitis obsequio ad elemosinas distribuendas insistit, carne vescendi libertatem concedere posset. Dat. Tibure, idibus julii, anno primo. (POTTHAST, n° 22263.)

838   Tivoli, 21 juillet 1285.

Abbatibus monasteriorum Sancti Dionisii in Francia et Sancti Luciani Belvacensis mandat quatinus litteras [1], quibus regi Francie concessit ut ad subsidii Aragonie augmentum legata sibi relicta integre percipere posset, executioni debite demandent. Dat. Tibure, XII kal. augusti, anno primo. (POTTHAST, n° 22270.)

1. Il s'agit de la bulle n° 484.

839   Tivoli, 23 juillet 1285.

Potestatem, consilium et commune civitatis Januensis rogat quatinus magistro Giffredo de Anagnia, rectori Marchie Anconitane, contra Mercennarium, Raynaldum et Guillelmum Symoneti de Esio, qui civitatem Esinam detinent, assistant. (ROME, Bibliothèque du Vatican, copie faite en 1774 d'après l'original, manuscrit Vat. 8045, part. 2, fol. 123.)

« Honorius episcopus, servus servorum Dei, dilectis filiis .. potestati, consilio et communi Januensibus salutem et apostolicam benedictionem. Quanto majoris devotionis affectum et obedientie promptitudinem potioris erga Romanam ecclesiam, matrem nostram, habere noscimini, tanto fiducialius vestrum vestreque civitatis auxilium et favorem requirimus in ipsius ecclesie obsequiis exequendis. Sane graves et enormes excessus, quos iniquitatis filii, Mercennarius, Raynaldus et Guillelmus Symoneti, fratres, de Esio, contra nos et eandem ecclesiam ausu dampnabili hactenus commiserunt, licet illos divulgantis fame relatibus ad vestram notitiam pervenisse credamus, vobis tanquam fidelibus filiis et devotis tenore presentium duximus intimandos. Prefati namque Mercennarius et fratres ipsius, suis finibus non contenti, et extollentes in superbie verticem mentem suam, civitatem Esinam, contra mandatum dilecti filii magistri Giffredi de Anagnia, notarii nostri, Marchie Anconitane rectoris, temere ingredi [presumpserunt], et ejus capitaniam non sine multa presumptione recepit (sic) ab ipsius populo civitatis. Cumque postmodum syndici seu procuratores et nuntii communis civitatis ejusdem ac Mercennarii et fratrum ipsorum ad nostram presentiam accessissent, ipsi vice et nomine communis et Mercennarii ac fratrum predictorum, super omnibus excessibus, injuriis, offensis et dampnis illatis ab eis nobis et eidem ecclesie ac nonnullis de civitate predicta et aliis quibuscunque personis, ex eo quod iidem Mercennarius et fratres contra mandatum rectoris ejusdem, sicut premittitur, dictam civitatem violenter intraverant quodque prefatum commune in suum et dicte civitatis rectorem seu capitaneum Mercennarium assumpserant supradictum, libere, absolute ac precise nostris et ejusdem ecclesie stare mandatis et beneplacitis juraverunt, nobis nichilominus ex parte memorati communis cum instantia supplicantes ut rectoriam civitatis ejusdem recipere dignaremur. Nos autem non solum pro civitatis ipsius, verum etiam circumposite regionis statu tranquillo et prospero, predicti communis precibus benignius inclinati, rectoriam hujusmodi duximus admittendam, syndicis seu procuratoribus injungentes eisdem ut dilectum filium nobilem virum Nicolaum Boccama-
HONORIUS.

tium de Urbe in rectorem seu potestatem civitatis admitterent prelibate; verum, etsi prefatus nobilis in potestatem civitatis ejusdem admissus extiterit a scyndicis memoratis, quia tamen per Mercennarium et ipsius fratres ac fautores et complices, utpote paratos ad malum, promptos ad scandala et expositos ad offensam ejusdem potestatis, quem illuc confidenter transmisimus, regimen turbabatur, eos per eundem rectorem moneri mandavimus ut potestatis ipsius devote mandatis intenderent et parerent. At illi, hujusmodi nostris monitis penitus vilipensis, se ad actus convertentes nepharios, et virus quod conceperant effundentes, non solum potestatis ejusdem jussionibus obedire temerariis ausibus contempserunt, verum etiam ipsum et ejus familiam adeo affecerunt injuriis et offensis quod idem potestas coactus extitit cum predicta familia de civitate recedere memorata, cum non posset ipsius regimen exercere. Prefatus autem rector nuper nobis per suas litteras intimavit quod predictorum Mercennarii et fratrum temeritas premissis excessibus contenta non extitit, sed ipsi potius, fautorum et complicum ipsorum audacia viribusque suffulti, pravis actibus data licentia et nephandis operibus relaxatis habenis, hiis diebus preteritis prefati Mercennarius et fratres cum fautoribus et complicibus supradictis quamplures homines ville Riparum, que ad jus Romane ecclesie asseritur pertinere, ausu dampnabili capere presumpserunt, nonnullos ex eis quod se redimerent impie compellentes, quosdam vero crudeliter facientes occidi. Castrum quoque Collis Montani, quod similiter ipsius ecclesie fore proponitur, illud fere totaliter destruxerunt, bona hominum dicti castri ibidem inventa nequiter asportando, decem ex eisdem hominibus inhumaniter interemptis ac aliis pluribus miserabiliter captivatis, et tandem ad se redimendum inique compulsis per diversa et varia genera tormentorum, in divine majestatis offensam et nostram ac Sedis Apostolice grandem injuriam et contemptum ac grave scandalum regionis. Cum itaque, tam nepharios et horrendos excessus nolentes aliquatenus substinere, prefato rectori per alias nostras litteras injungimus ut ad tante rebellionis audaciam et elationis superbiam reprimendam, tantosque, ut expedit, puniendos excessus, per exercitum seu cavalcatas aut alias, prout magis expedire viderit, procedere non omittat, universitatem vestram monemus, rogamus et hortamur attente per apostolica vobis scripta districtius injungentes quatinus pro nostra et Apostolice Sedis reverentia tantas et tam enormes matris vestre injurias et offensas, tanquam devotionis et obedientie filii, graviter et moleste ferentes, eidem rectori, cum super hoc
38

ab eo fueritis requisiti, assistatis sollicite consiliis, favoribus et auxiliis oportunis ut hujusmodi dissensionibus, actore Domino, celeri fine dato et statu reformato pacifico regionis, prefatus rector vestris et aliorum fidelium Marchie septus viribus, potentia circumfulsus efficaciter procedere valeat in hac parte nosque devotionem et obedientiam vestram dignis exinde in Domino laudibus attollamus. Dat. Tibure, X kal. augusti, pontificatus nostri anno primo. »

840   Tivoli, 23 juillet 1285.

Potestatem, consilium et commune civitatis Auximane rogat ut contra eosdem Mercennarium, Raynaldum et Guillelmum Symoneti de Esio, Giffredo de Anagnia, rectori Marchie Anconitane, assistant. « Quanto majoris devotionis —. Dat. Tibure, X kal. augusti, pontificatus nostri anno primo. » (POTTHAST, n° 22271.)

841   Tivoli, 23 juillet 1285.

Abbatisse et conventui monasterii de Blankenouwe, ordinis sancti Benedicti, indulget ut bona mobilia et immobilia, feudalibus exceptis, a personis liberis in earum claustro professionem facientibus recipere et retinere libere valeant. « Devotionis vestre precibus —. Dat. Tibure, X kal. augusti, pontificatus nostri anno primo. » (POTTHAST, n° 22272.)

842   Tivoli, 23 juillet 1285.

Magistro et fratribus hospitalis Sancte Marie Theutonicorum Jerosolimitane omnes libertates, immunitates et secularium exactionum exemptiones confirmat. « Solet annuere Sedes —. Dat. Tibure, X kal. augusti, pontificatus nostri anno primo. » (POTTHAST, n° 22273.)

843   Tivoli, 5 août 1285.

Eduardo, regi Anglie, pro jocalibus sibi missis gratias agit. « Missa nobis a —. Dat. Tibure, nonis augusti, pontificatus nostri anno primo. » (POTTHAST, n° 22277.)

844   Tivoli, 5 août 1285.

Archidiacono Clusiensi mandat quatinus ad jus monasterii Sancti Salvatoris de Monte Amiato bona illicite alienata vel distracta revocare procuret. (ROME, Bibliothèque Barberini ; copie non authentique du xviii° siècle dans le manuscrit coté XL, 11.)

« Honorius episcopus, servus servorum Dei, dilecto filio .. archidiacono Clusiensi salutem et apostolicam benedictionem. Dilectorum filiorum .. abbatis et conventus monasterii Sancti Salvatoris de Monte Amiato, ad Romanam ecclesiam nullo medio pertinentis, ordinis Cisterciensis, Clusiensis diocesis, precibus inclinati, presentium tibi auctoritate mandamus quatinus ea que de bonis ipsius monasterii alienata inveneris illicite vel distracta ad jus et proprietatem ejusdem monasterii legitime revocare procures ; contradictores per censuram ecclesiasticam —. Dat. Tibure, nonis augusti, pontificatus nostri anno primo. »

845   Tivoli, 5 août 1285.

Omnes libertates et immunitates a Romanis pontificibus monasterio Sancti Dyonisii concessas, necnon libertates et exemptiones secularium exactionum a regibus, principibus et aliis Christi fidelibus eidem monasterio rationabiliter indultas confirmat. (Original, bulle, attaches de soie rouge et jaune. PARIS, Archives nationales, L 272, n° 3.)

« Honorius episcopus, servus servorum Dei, dilectis filiis .. abbati et conventui monasterii Sancti Dyonisii in Francia, ad Romanam ecclesiam nullo medio pertinentis, ordinis sancti Benedicti, Parisiensis diocesis, salutem et apostolicam benedictionem. Cum a nobis —. Dat. Tybure, nonis augusti, pontificatus nostri anno primo. »

846   Tivoli, 13 août 1285.

Decano ecclesie Bremensis mandat quatinus ea que de bonis monasterii monialium Beate Marie in Borstello, ordinis Cisterciensis, diocesis Osnabrugensis, alienata invenerit illicite vel distracta, ad jus ejusdem monasterii et proprietatem revocet. « Ad audientiam nostram —. Dat. Tibure, idibus augusti, pontificatus nostri anno primo. » (POTTHAST, n° 22280.)

847   Tivoli, 13 septembre 1285.

* Nicolao de Lipe, archiepiscopo (?) Salisburgensi, in causa beneficii ad monasterium Goess in Styria pertinentis. Dat. Tibure, idibus septembris, anno primo. (POTTHAST, n° 22288.)

848   Tivoli, 25 septembre 1285.

Abbatisse et conventui monasterii de Felines, ordinis Cisterciensis, diocesis Atrebatensis, omnes libertates, immunitates et secularium exactionum exemptiones confirmat. « Cum a nobis —. Dat. Tibure, VII kal. octobris, pontificatus nostri anno primo. » (POTTHAST, n° 22296.)

849   Tivoli, 29 septembre 1285.

Inhibet ne quis, occasione questionis cujuscumque, abbati et conventui monasterii Sancti Germani Autissiodorensis inferre molestias, ac ejusdem monasterii monachos et conversos capere, vel bona absque juris ordine occupare, vadiare seu quomodolibet detinere presumat. (AUXERRE, Bibliothèque municipale. Copie du xive s. dans le Cartulaire de Saint-Germain, ms. 142, fol. 20 v°.)

« Honorius episcopus, servus servorum Dei, dilectis filiis abbati et conventui monasterii Sancti Germani Autissiodorensis, ordinis sancti Benedicti, salutem et apostolicam benedictionem. Ex parte vestra —. Dat. Tybure, III kal. octobris, pontificatus nostri anno primo. »

850   Tivoli, 29 septembre 1285.

Abbati et conventui monasterii Sancti Germani Autissiodorensis, utendi de cetero privilegiis et indulgentiis sibi a Romanis pontificibus concessis, quibus usi non fuerint temporibus retroactis, concedit facultatem, dummodo dictis privilegiis non sit per prescriptionem vel alias legitime derogatum. (AUXERRE, Bibliothèque municipale. Copie du xive s. dans le Cartulaire de Saint-Germain, ms. 142, fol. 21.)

« Honorius episcopus, servus servorum Dei, dilectis filiis abbati et conventui monasterii Sancti Germani Autissiodorensis, ordinis sancti Benedicti, salutem et apostolicam benedictionem. Cum sicut ex — Dat. Tybure, III kal. octobris, pontificatus nostri anno primo. »

851   Tivoli, 29 septembre 1285.

Abbati et conventui ejusdem monasterii omnes libertates, immunitates et secularium exactionum exemptiones confirmat. (AUXERRE, Bibliothèque municipale. Copie du xive s. dans le Cartulaire de Saint-Germain, ms. 142, fol. 21.)

« Honorius episcopus, servus servorum Dei, dilectis filiis abbati et conventui monasterii Sancti Germani Autissiodorensis, ordinis sancti Benedicti, salutem et apostolicam benedictionem. Solet annuere Sedes —. Dat. Tybure, III kal. octobris, pontificatus nostri anno primo. »

852   Tivoli, 29 septembre 1285.

Abbati et conventui ejusdem monasterii indulget ut bona mobilia et immobilia que personas liberas, in eodem monasterio professionem facientes, si in seculo remansissent, contigissent, feudalibus exceptis, petere, recipere ac retinere valeant. (AUXERRE, Bibliothèque municipale. Copie du xive s. dans le Cartulaire de Saint-Germain, ms. 142, fol. 21.)

« Honorius episcopus, servus servorum Dei, dilectis filiis abbati et conventui monasterii Sancti Germani Autissiodorensis, ordinis sancti Benedicti, salutem et apostolicam benedictionem. Devotionis vestre precibus —. Dat. Tybure, III kal. octobris, pontificatus nostri anno primo. »

853   Tivoli, 29 septembre 1285.

Monasterium Sancti Germani Autissiodorensis cum omnibus bonis suis sub beati Petri et sua protectione suscipit. (AUXERRE, Bibliothèque municipale. Copie du xive s. dans le Cartulaire de Saint-Germain, ms. 142, fol. 21.)

« Honorius episcopus, servus servorum Dei, dilectis filiis abbati et conventui monasterii sancti Germani Autissiodorensis, ordinis Sancti Benedicti, salutem et apostolicam benedictionem. Cum a nobis —. Dat. Tybure, III kal. octobris, pontificatus nostri anno primo. »

854   Tivoli, 1er octobre 1285.

Priorisse et conventui monasterii (Beate Marie) de Insula, ordinis sancti Augustini, secundum instituta et sub cura fratrum ordinis Predicatorum viventibus, omnes libertates, immunitates et exactionum secularium exemptiones confirmat. « Cum a nobis —. Dat. Tibure, kalendis octobris, pontificatus nostri anno primo. » (POTTHAST, n° 22300.)

855   Sainte-Sabine, 22 octobre 1285.

Abbati monasterii Sancti Remigii Senonensis, archidiacono Wastinensi, et magistro Guillelmo de Castro Nantonis, canonico Senonensi, mandat quatinus sententiam a Comite, Sanctorum Marcellini et Petri presbitero cardinali, in questione inter monasterium Sancti Victoris Parisiensis, ex una parte, et magistrum Bertaudum, canonicum Parisiensem, ex altera orta, pronuntiatam executioni debite demandantes, faciant dictis abbati et conventui de certis pecuniarum quantitatibus, in dicta sententia expressis, plenam et debitam satisfactionem impendi [1]. (Original, attaches de chanvre. PARIS, Archives nationales, L 272, n° 4.)

[1]. Voyez la bulle n° 202.

« Honorius episcopus, servus servorum Dei, dilectis filiis .. abbati monasterii Sancti Remigii, ordinis sancti Benedicti, .. archidiacono Wastinensi, et magistro Guillelmo de Castro Nantonis, canonico Senonensibus, salutem et apostolicam benedictionem. Exhibita siquidem nobis —. Dat. Rome apud Sanctam Sabinam, XI kal. novembris, pontificatus nostri anno primo. »

856   Sainte-Sabine, 23 octobre 1285.

Magistro et fratribus Hospitalis Sancti Johannis Jerosolimitani omnes libertates, immunitates et exemptiones confirmat. (Original, attaché de soie rouge et jaune. Lyon, Archives départementales du Rhône, fonds de l'ordre de Malte. — Indiq. dans Delaville Le Roulx, *Les Archives de l'ordre de Saint-Jean de Jérusalem*, p. 30.)

« Honorius episcopus, servus servorum Dei, dilectis filiis magistro et fratribus Hospitalis Sancti Johannis Jerosolimitani, salutem et apostolicam benedictionem. Solet annuere Sedes Apostolica piis votis et honestis petentium precibus favorem benevolum impertiri; eapropter, dilecti in Domino filii, vestris justis postulationibus grato concurrentes assensu, omnes libertates et immunitates a predecessoribus nostris Romanis pontificibus sive per privilegia seu alias indulgentias vobis et Hospitali vestro concessas necnon libertates et exemptiones secularium exactionum a regibus et principibus ac aliis Christi fidelibus rationabiliter vobis indultas, sicut eas juste ac pacifice obtinetis vobis et per vos eidem Hospitali auctoritate apostolica confirmamus et presentis scripti patrocinio communimus. Nulli ergo omnino hominum liceat hanc paginam nostre confirmationis infringere vel ei ausu temerario contraire. Si quis autem hoc attemptare presumpserit, indignationem omnipotentis Dei et beatorum Petri et Pauli apostolorum ejus se noverit incursurum. Dat. Rome apud Sanctam Sabinam, X kal. novembris, pontificatus nostri anno primo. »

857   Sainte-Sabine, 23 octobre 1285.

Magistro et fratribus domus Militie Templi Jerosolimitani concedit ut privilegiis apostolicis olim concessis, quibus usi non fuerint temporibus retroactis, uti de cetero libere valeant. (Original. Lyon, Archives départementales du Rhône, fonds de l'ordre de Malte.)

« Honorius episcopus, servus servorum Dei, dilectis filiis magistro et fratribus domus Militie Templi Jerosolimitani, salutem et apostolicam benedictionem. Licet, sicut lecta coram nobis vestra petitio continebat, domus vestra privilegiis et indulgentiis apostolicis sit munita, illis tamen propter negligentiam uti hactenus omisistis in ejus prejudicium et gravamen; quare super hoc petiistis eidem domui Apostolice Sedis providentia subveniri. Nos igitur, indempnitati prefate domus volentes in posterum precavere, presentium vobis auctoritate concedimus ut eisdem privilegiis et indulgentiis, dummodo eis non sit per prescriptionem vel alias legitime derogatum, negligentia seu omissione hujusmodi non obstante, uti de cetero libere valeatis. Nulli ergo—. Si quis autem —. Dat. Rome apud Sanctam Sabinam, X kal. novembris, pontificatus nostri anno primo. »

858   Sainte-Sabine, 25 octobre 1285.

Abbati monasterii Sancte Crucis de Edinburch, diocesis Sancti Andree, mandat quatinus ea que de bonis monasterii de Scona, ordinis sancti Augustini, ejusdem diocesis, alienata invenerit illicite vel distracta ad jus et proprietatem dicti monasterii revocet. « Ad audientiam nostram —. Dat. Rome apud Sanctam Sabinam, VIII kal. novembris, pontificatus nostri anno primo. » (Potthast, n° 22308.)

859   Sainte-Sabine, 1er novembre 1285.

Thesaurario ecclesie de Futhwinch mandat quatinus Rudolphum et Eberhardum dictos Hervich, laicos diocesis Augustensis, usurarios, in monasterium Sancti Martini in Theggingen grassantes, per censuram ecclesiasticam compellat. « Conquesti sunt nobis —. Dat. Rome apud Sanctam Sabinam, kalendis novembris, pontificatus nostri anno primo. » (Potthast, n° 22309.)

860   Sainte-Sabine, 5 novembre 1285.

Abbati et conventui monasterii de Homburgk, ordinis sancti Benedicti, diocesis Maguntine, indulget ut tempore generalis interdicti divina officia celebrare possint. « Devocionis vestre precibus —. Dat. Rome apud Sanctam Sabinam, nonis novembris, pontificatus nostri anno primo. » (Potthast, n° 22320.)

861   Sainte-Sabine, 10 novembre 1285.

Abbatem et conventum monasterii Lucensis, ordinis Premonstratensis, diocesis Olomucensis, sub beati Petri et suo patro-

cinio suscipit, ejusdemque monasterii omnia bona confirmat.
« Cum a nobis —. Dat. Rome apud Sanctam Sabinam, IV idus
novembris, pontificatus nostri anno primo. » (POTTHAST,
n° 22323.)

862   Sainte-Sabine, 13 novembre 1285.

Abbati monasterii Sancti Proculi, et archipresbitero ecclesie
Bononiensis, ac priori Sancte Marie de Reno, diocesis Bononiensis, mandat quatinus inter Cantarinum, rectorem ecclesie
Sancte Crucis de Spagna, diocesis Mutinensis, et Bartholotum,
archipresbiterum plebis de Coscogno, ejusdem diocesis, super
possessione prefate ecclesie litigantes judicium faciant. « Sua
nobis Cantarinus —. Dat. Rome apud Sanctam Sabinam, idibus novembris, pontificatus nostri anno primo. » (POTTHAST,
n° 22324.)

863   Sainte-Sabine, 13 novembre 1285.

Abbati et conventui monasterii de Dunemunde, ordinis Cisterciensis, diocesis Rigensis, quibus Otto, Albertus et Otto,
marchiones de Brandeburch, jus patronatus in ecclesiis de
Trampiz, de Snellinge et de Mudlinghe, Caminensis et Havel-
bergensis diocesum, villas quoque ipsorum locorum, grangiam
de Trampiz, molendinum de Torneu et Griop contulerant, hanc
donationem confirmat. « Cum a nobis —. Dat. Rome apud
Sanctam Sabinam, idibus novembris, pontificatus nostri anno
primo. » (POTTHAST, n° 22326.)

864   Sainte-Sabine, 13 novembre 1285.

Riccardum, comitem Fundanum, rogat et hortatur ne cives
Terracinenses super quadam tenuta, que Saltus vulgariter nuncupatur, ulterius molestet. « Inter ceteras sollicitudines —.
Dat. Rome apud Sanctam Sabinam, idibus novembris, pontificatus nostri anno primo. » (POTTHAST, n° 22327.)

865   Sainte-Sabine, 19 novembre 1285.

Abbatisse et conventui monasterii Sancti Claudii juxta flumen
Topini extra muros Fulginates, ordinis sancte Clare, omnia
privilegia et exemptiones quorumcumque confirmat. « Cum a
nobis —. Dat. [Rome apud Sanctam Sabinam], XIII kal. decembris, pontificatus nostri anno primo. » (POTTHAST, n° 22328.)

866   Sainte-Sabine, 20 novembre 1285.

Preposito ecclesie Pragensis mandat quatinus inter priorissam
et conventum monasterii Sancte Marie de Cella, ordinis sancti
Augustini, ex una parte, et plebanos Sancti Petri et Sancti Jacobi de Brunna, diocesis Olomucensis, ex altera parte, super
certis terris discordantes judicium faciat. « Conqueste sunt
nobis —. Dat. Rome apud Sanctam Sabinam, XII kal. decembris, pontificatus nostri anno primo. » (POTTHAST, n° 22331.)

867   Sainte-Sabine, 5 décembre 1285.

Episcopo, preposito ac decano ecclesie Osiliensi mandat quatinus ea que de bonis archiepiscopalis mense Rigensis alienata
invenerint illicite vel distracta ad jus et proprietatem ejusdem
mense studeant legitime revocare. « Ad audientiam nostram —.
Dat. Rome apud Sanctam Sabinam, nonis decembris, pontificatus nostri anno primo. » (POTTHAST, n° 22335.)

868   Sainte-Sabine, 5 décembre 1285.

Priori monasterii de Cruceroys, diocesis Londoniensis, mandat quatinus causam inter priorem conventumque monasterii
Sancte Trinitatis Londoniensis, ex una parte, et magistrum Robertum de Horsele, rectorem ecclesie Sancti Edmundi regis de
Graschirch, custodem, fratres et sorores hospitalis Sancte Caterine juxta Turrim Londoniensem, ex altera parte, super decimis, annuis pensionibus et rebus aliis ortam fine debito decidat. « Conquesti sunt nobis —. Dat. Rome apud Sanctam Sabinam, nonis decembris, pontificatus nostri anno primo. »
(POTTHAST, n° 22336.)

869   Sainte-Sabine, 13 décembre 1285.

Johanni Galandi, ordinis Predicatorum, inquisitori heretice
pravitatis in regno Francie, mandat quatinus omnes contra
Sancium dictum Morlana, archidiaconum in ecclesia Carcassonensi, pravitatis heretice labe respersum, depositiones testium
sub manu publica et sigillis authenticis Sedi Apostolice ad informationem mittat. « Intimante nobis tua —. Dat. Rome apud
Sanctam Sabinam, idibus decembris, pontificatus nostri anno
primo. » (POTTHAST, n° 22341.)

870   Sainte-Sabine, 13 décembre 1285.

Priori et fratribus domus Beate Marie de Franckenford, ordinis Beate Marie de Monte Carmeli, diocesis Moguntine, concedit ut tempore generalis terre interdicti, eis liceat, clausis
januis, divina officia celebrare. « Devotionis vestre precibus —.
Dat. Rome apud Sanctam Sabinam, idibus decembris, pontificatus nostri anno primo. » (POTTHAST, n° 22342.)

871   Sainte-Sabine, 13 décembre 1285.

Scolastico ecclesie Sancte Marie in Erfordia, diocesis Maguntine, mandat quatinus ea que de bonis monasterii Sancte Afre
Misnensis, ordinis sancti Augustini, alienata invenerit illicite
vel distracta ad jus et proprietatem ejusdem monasterii legitime revocet. « Dilectorum filiorum prepositi —. Dat. Rome
apud Sanctam Sabinam, idibus decembris, pontificatus nostri
anno primo. » (POTTHAST, n° 22344.)

872   Sainte-Sabine, 13 décembre 1285.

Omnes libertates et immunitates a Romanis pontificibus ecclesie Parisiensi concessas necnon libertates et exemptiones secularium exactionum a regibus et principibus ac aliis Christi
fidelibus rationabiliter eidem ecclesie indultas confirmat. (Original, bulle, attaches de soie rouge et jaune. PARIS, Archives
nationales, L 272, n° 6.)

« Honorius episcopus, servus servorum Dei, dilectis
filiis .. decano et capitulo ecclesie Parisiensis, salutem
et apostolicam benedictionem. Cum a nobis —. Dat.
Rome apud Sanctam Sabinam, idibus decembris, pontificatus nostri anno primo. »

873   Sainte-Sabine, 13 décembre 1285.

Inhibet ne quis, occasione questionis cujuscumque, decano et
capitulo ecclesie Parisiensis inferre molestias, vel dictorum decani et capituli bona vadiare vel invadere presumat. (Original,
bulle, attaches de soie rouge et jaune. PARIS, Archives nationales, L 272, n° 8.)

« Honorius episcopus, servus servorum Dei, dilectis
filiis .. decano et capitulo ecclesie Parisiensis, salutem
et apostolicam benedictionem. Ex parte vestra fuit propositum coram nobis quod nonnulli clerici et laici, asserentes se in vos aliquid questionis habere, aliquando
canonicos, interdum clericos ecclesie vestre, et nonnumquam animalia [1] et alia bona ejusdem vestre ecclesie,
pretextu cujusdam prave consuetudinis, temeritate propria vadiare, invadere ac tamdiu detinere presumunt,
donec sit eis de hujusmodi questionibus, juxta ipsorum
beneplacitum, satisfactum, quamquam jurisdictionem
qua hoc facere possint in vos non habeant ordinariam
vel etiam delegatam. Cum itaque judicialis vigor sit
ideo in medio constitutus ut nemo sibi audeat presu-

1. On lit au dos de l'original : « Addatur in ista post *animalia* : hospites ipsius ecclesie seu homines de corpore vel bona eorum ac alia bona etc. temeritate propria vadiare vel inva-
ere, etc. »

mere ultionem, et ob hoc tamquam nullo jure subnixum
non sit aliquatenus tolerandum, nos, volentes quieti
vestre consulere ac predictorum maliciis obviare, auctoritate presentium districtius inhibemus ne quis, occasione predicte consuetudinis, vobis memoratas infere (*sic*)
molestias ac bona ecclesie memorate absque juris ordine
occupare, vadiare seu quomodolibet detinere presumat.
Nulli ergo omnino —. Si quis autem —. Dat. Rome
apud Sanctam Sabinam, idibus decembris, pontificatus
nostri anno primo. »

874   Sainte-Sabine, 13 décembre 1285.

Officiali Senonensi mandat quatinus omnes detentores occultos bonorum capituli Parisiensis moneat ut infra competentem
terminum dicta bona eidem capitulo restituant. (Original, bulle,
attaches de chanvre. PARIS, Archives nationales, L 272, n° 7.)

« Honorius episcopus, servus servorum Dei, dilecto
filio .. officiali Senonensi, salutem et apostolicam benedictionem. Significarunt nobis dilecti filii .. decanus
et capitulum ecclesie Parisiensis quod nonnulli iniquitatis filii, quos prorsus ignorant, decimas, redditus,
census, legata, terras, domos, prata, nemora, vineas,
possessiones, instrumenta publica et quedam alia bona
ad ecclesiam ipsam spectantia temere ac maliciose ocul-
tare et oculte detinere presumunt, non curantes ea ipsis
decano et capitulo exhibere, in animarum suarum periculum et predicte ecclesie non modicum detrimentum,
super quo iidem decanus et capitulum Apostolice Sedis
remedium implorarunt. Quocirca discretioni tue per
apostolica scripta mandamus quatinus omnes hujusmodi detentores occultos decimarum, reddituum et aliorum bonorum predictorum ex parte nostra publice in
ecclesiis coram populo per te vel per alium moneas ut
infra competentem terminum, quem eis prefixeris, ea
predictis decano et capitulo a se debita restituant et
revelent, ac de ipsis plenam et debitam eis satisfactionem impendant; et si id non impleverint infra alium
terminum competentem, quem eis ad hoc peremptorie
duxeris prefigendum, extunc in eos generalem excommunicationis sententiam proferas, et eam, ubi et quando
expedire videris, facias usque ad satisfactionem condignam sollempniter publicari. Dat. Rome apud Sanctam
Sabinam, idibus decembris, pontificatus nostri anno
primo. »

875   Sainte-Sabine, 17 décembre 1285.

Abbati et capitulo generali ordinis Premonstratensis privilegia et immunitates confirmat. « Solet annuere Sedes —. Dat.
Rome apud Sanctam Sabinam, XVI kal. januarii, pontificatus
nostri anno primo. » (POTTHAST, n° 22346.)

876   Sainte-Sabine, 18 décembre 1285.

Abbati et conventui monasterii de Castellariis, ordinis Cisterciensis, diocesis Pictavensis, omnes libertates, immunitates
et secularium exactionum exemptiones confirmat. « Solet annuere Sedes —. Dat. Rome apud Sanctam Sabinam, XV kal.
januarii, pontificatus nostri anno primo. » (POTTHAST,
n° 22347.)

877   Sainte-Sabine, 21 décembre 1285.

Hospitale Sancte Marie ad Sanctum Gallum Florentinum sub
beati Petri et sua protectione suscipit; et ejusdem hospitalis
possessiones ac privilegia confirmat. (Original [1]. FLORENCE,
Archivio di Stato.)

« Honorius episcopus, servus servorum Dei, dilectis
filiis rectori hospitalis Sancte Marie ad Sanctum Gallum
Florentini ejusque fratribus tam presentibus quam
futuris regularem vitam professis, in perpetuum [2].
Religiosam vitam eligentibus —. Eapropter, dilecti in
Domino filii, vestris justis postulationibus clementer
annuimus et hospitale Sancte Marie ad Sanctum Gallum
Florentinum, quod ad jus et proprietatem beati Petri
noscitur pertinere, in quo divino estis obsequio mancipati, sub beati Petri et nostra protectione suscipimus
et presentis scripti privilegio communimus; in primis
siquidem statuentes ut ordo canonicus qui, secundum
Deum et beati Augustini regulam, in eodem loco institutus esse dinoscitur, perpetuis ibidem temporibus inviolabiliter observetur. Preterea quascumque possessiones, quecumque bona idem hospitale impresentiarum
juste ac canonice possidet aut in futurum concessione
pontificum, largitione regum vel principum, oblatione
fidelium seu aliis justis modis, prestante Domino, poterit adipisci, firma vobis vestrisque successoribus et
illibata permaneant. In quibus hec propria duximus
exprimenda vocabulis : locum ipsum in quo prefatum
hospitale situm est, cum ecclesia et omnibus pertinentiis suis; domos, terras et vineas quas habetis in loco
qui dicitur Monrohor.; domos, terras et vineas quas
habetis in loco qui vocatur Jassus de Macorenia; terras
quas habetis in plano de Campis; domos, terras, vineas
in loco Cassalbato vocato; domos, terras et vineas in
loco qui Planus de Lignaio vocatur; domos, terras et
vineas quas habetis in villa que vocatur Gallianum,
cum terris, pratis, vineis, nemoribus, usuagiis et pascuis in bosco et plano, in aquis et molendinis, in viis
et semitis et omnibus aliis libertatibus et immunitatibus suis. Sane, novalium vestrorum que propriis manibus aut sumptibus colitis, de quibus aliquis hactenus
non percepit, sive de vestrorum animalium nutrimentis, nullus a vobis decimas exigere vel extorquere presumat. Liceat quoque vobis clericos vel laicos, liberos
et absolutos, e seculo fugientes ad conversionem recipere et eos absque contradictione aliqua retinere. Prohibemus insuper ut nulli fratrum vestrorum post factam
in hospitali vestro professionem fas sit, sine rectoris
sui licentia, de eodem loco, nisi artioris religionis obtentu, discedere; discedentem vero absque communium
litterarum vestrarum cautione nullus audeat retinere.
Cum autem generale interdictum terre fuerit, liceat
vobis, clausis januis, exclusis excommunicatis et interdictis, non pulsatis campanis, suppressa voce divina
officia celebrare, dummodo causam non dederitis interdicto. Crisma vero, oleum sanctum, consecrationes
altarium seu basilicarum, ordinationes clericorum, qui
ad ordines fuerint promovendi, a diocesano suscipietis
episcopo, si quidem catholicus fuerit et gratiam et communionem sacrosancte Romane Sedis habuerit et ea
vobis voluerit sine pravitate aliqua exhibere; alioquin,
liceat vobis quemcumque volueritis catholicum adire
antistitem, gratiam et communionem Apostolice Sedis
habentem, qui nostra fretus auctoritate vobis quod
postulatur impendat. Prohibemus insuper ut infra fines
parrochie vestre [nullus] [1] sine assensu diocesani episcopi et vestro capellam seu oratorium de novo construere audeat, salvis privilegiis pontificum Romanorum.
Ad hec, novas et indebitas exactiones ab archiepiscopis,
[episcopis, abbatibus, prioribus,] [2] archidiaconis seu
decanis aliisque omnibus ecclesiasticis secularibusve

---

1. Il est intéressant pour l'histoire des registres pontificaux de
relever la mention suivante écrite en haut de la bulle : « Sumptum
est de.... Alex., cujus tenor de verbo ad verbum.... in registro ejusdem. Paul. » Sur la même ligne, et à droite, on lit : « Paul. » Le
mauvais état du parchemin rend illisibles les mots qui sont ici
remplacés par des points.
2. La première ligne de la bulle qui finit avec les mots in perpetuum est écrite en caractères allongés.

---

1. Ce mot est effacé.
2. Ces mots qui sont entre crochets ont disparu par suite d'une
déchirure de la bulle originale. Ils ont été restitués ici d'après des
privilèges analogues adressés à d'autres églises.

personis a vobis omnino fieri [inhibemus. Sepulturam quoque ecclesiarum] ipsius [hospitalis] liberam esse decernimus, ut eorum devotioni [et extreme voluntati qui se] illic sepelire deliberaverint, nisi forte excommunicati vel interdicti sint aut eciam [publice usurarii, nullus obsistat], salva tamen justitia illarum ecclesiarum a quibus [mortuorum corpora assumantur]. Decimas preterea et possessiones, ad jus ecclesiarum [vestrarum] spectantes, que a laicis [tenentur], redimendi legitim[e, et] liberandi de manibus eorum et ad ecclesias, ad quas pertinent, revocandi libera sit vobis de nostra auctoritate facultas. Obeunte vero te nunc ejusdem loci rectore vel tuorum quolibet successorum, nullus ibi qualibet surreptionis astutia seu violentia preponatur, nisi quem fratres communi consensu vel eorum major pars consilii sanioris, secundum Deum et beati Augustini regulam, providerint eligendum. Paci quoque et tranquillitati vestre paterna in posterum sollicitudine providere volentes, auctoritate apostolica prohibemus ut infra clausuras locorum seu grangiarum vestrarum nullus rapinam seu furtum facere, ignem apponere, sanguinem fundere, hominem temere capere vel interficere, seu violentiam audeat exercere. Preterea omnes libertates et immunitates a predecessoribus nostris Romanis pontificibus hospitali vestro concessas necnon libertates et exemptiones secularium exactionum a regibus et principibus vel aliis fidelibus rationabiliter vobis indultas auctoritate apostolica confirmamus et presentis scripti privilegio communimus. Ad indicium autem hujusmodi percepte a Sede Apostolica libertatis unam libram cere nobis nostrisque successoribus annis singulis persolvetis. Decernimus ergo ut nulli omnino —. Amen, amen, amen!

(Locus rotæ, in cujus circulo inscribuntur hæc verba :)

PARS MEA DEUS IN SECULA

Ego Honorius, catholice ecclesie episcopus. BENE VALETE *(in monogrammatis forma.)*

† Ego Ordonius, Tusculanus episcopus s.s. [1]

† Ego frater Latinus, Ostiensis et Velletrensis episcopus s.s.

† [2] Ego frater Jeronimus, Penestrinus episcopus s.s.

1. Les seings des cardinaux sont disposés en colonnes. Ceux des évêques occupent la colonne du milieu au-dessous de la souscription du pape. Ceux des cardinaux prêtres sont placés à gauche, et ceux des cardinaux diacres à droite. Chacun des cardinaux me paraît avoir tracé de sa main son nom et la croix qui le précède.
2. Dans les angles supérieurs de cette croix on lit IS CS *(Jhesus Christus)*.

† [1] Ego Bernardus, Portuensis et Sancte Rufine episcopus s.s.

† [2] Ego Ancherus, tituli Sancte Praxedis presbyter cardinalis s.s.

† [3] Ego Comes, tituli Sanctorum Marcellini et Petri presbyter cardinalis s.s.

† [4] Ego Gaufridus, tituli Sancte Susanne presbyter cardinalis s.s.

† [5] Ego Gottifridus, Sancti Georgii ad Velum aureum diaconus cardinalis s.s.

† [6] Ego Jordanus, Sancti Eustachii diaconus cardinalis s.s.

† [7] Ego Jacobus, Sancte Marie in Via lata diaconus cardinalis s.s.

Dat. Rome apud Sanctam Sabinam, per manum magistri Petri de Mediolano, Sancte Romane ecclesie vicecancellarii, XII kal. januarii, indictione XIIII, incarnationis dominice anno M°CC°LXXXV°, pontificatus vero donni Honorii pape IIII anno primo. »

878   Sainte-Sabine, 5 janvier 1286.

Preposito monasterii de Richenberga, diocesis Hildesheimensis, mandat quatinus sententiam excommunicationis in Hinricum et Bernhardum dictos de Plossike fratres latam, pro eo quod bladum, vinum et res alias spoliatas abbati et conventui de llsyneborch, ordinis sancti Benedicti, diocesis Halberstadensis, restituere non curarint, observari faciat. «Significavit nobis abbas —. Dat. Rome apud Sanctam Sabinam, nonis januarii, pontificatus nostri, anno primo. » (POTTHAST, n° 26609.)

879   Sainte-Sabine, 8 janvier 1286.

Abbati et conventui monasterii Sancte Columbe Senonensis omnes libertates et immunitates a Romanis pontificibus concessas necnon exemptiones secularium exactionum a regibus vel principibus rationabiliter indultas confirmat. (Original. SENS, Archives du départ. de l'Yonne à la Bibliothèque municipale, H 1, n° 23.)

« Honorius episcopus, servus servorum Dei, dilectis

1. Dans les angles supérieurs de cette croix, les sigles B. R.
2. Croix fleuronnée.
3. Croix cantonnée de quatre points.
4. Losange renfermant les mots *Ave Maria* disposés en croix.
5. Croix potencée, dans chacun des angles inférieurs de laquelle est tracé un 9.
6. Croix cantonnée de la lettre O.
7. Croix cantonnée des lettres IESU.

filiis .. abbati et conventui monasterii Sancte Columbe Senonensis, ad Romanam ecclesiam nullo medio pertinentis, ordinis sancti Benedicti, salutem et apostolicam benedictionem. Solet annuere Sedes —. Dat. Rome apud Sanctam Sabinam, VI idus januarii, pontificatus nostri anno primo. »

880 Sainte-Sabine, 8 janvier 1286.

Abbati et conventui ejusdem monasterii indulget ut, cum generale terre fuerit interdictum, liceat eis, clausis januis, divina officia submissa voce celebrare, dummodo causam non dederint interdicto. (Original. Sens, Archives du départ. de l'Yonne à la Bibliothèque municipale, H 1, n° 24.)

« Honorius episcopus, servus servorum Dei, dilectis filiis .. abbati et conventui monasterii Sancte Columbe Senonensis, ad Romanam ecclesiam nullo medio pertinentis, ordinis sancti Benedicti, salutem et apostolicam benedictionem. Devotionis vestre precibus —. Dat. Rome apud Sanctam Sabinam, VI idus januarii, pontificatus nostri anno primo. »

881 Sainte-Sabine, 8 janvier 1286.

Abbati et conventui ejusdem monasterii utendi de cetero privilegiis et indulgentiis quibus non usi fuerint temporibus retroactis, dummodo eis non sit per prescriptionem vel alias legitime derogatum, concedit facultatem. (Original. Sens, Archives du départ. de l'Yonne à la Bibliothèque municipale, H 1, n° 25.)

« Honorius episcopus, servus servorum Dei, dilectis filiis .. abbati et conventui monasterii Sancte Columbe Senonensis, ad Romanam ecclesiam nullo medio pertinentis, ordinis sancti Benedicti, salutem et apostolicam benedictionem. Cum sicut ex —. Dat. Rome apud Sanctam Sabinam, VI idus januarii, pontificatus nostri anno primo. »

882 Sainte-Sabine, 9 janvier 1286.

Priori et conventui ordinis Predicatorum Wartburgensibus, diocesis Paderburnensis, quibus Otto, electus Paderburnensis, post electionem suam canonice confirmatam, considerans quod ecclesia parrochialis Beate Marie in Vinea oppidi Wartburgensis adeo tenuis in redditibus existebat quod rector in ea non posset de illis commode sustentari, ibidem parrochia ipsius ecclesie Beate Marie parrochie Sancti Johannis vicine unita, ecclesie
HONORIUS.

siam ipsam cum juribus et pertinentiis pro edificando inibi claustro contulerat, hanc collationem confirmat. « Cum a nobis —. Dat. Rome apud Sanctam Sabinam, V idus januarii, pontificatus nostri anno primo. » (POTTHAST, n° 22351.)

883 Sainte-Sabine, 13 janvier 1286.

Priorissam et conventum monasterii de Wedersteden, ordinis sancti Augustini, sub cura fratrum ordinis Predicatorum viventes, Halberstadensis diocesis, sub beati Petri et sua protectione suscipit, ejusdemque monasterii omnes possessiones confirmat. « Sacrosancta Romana ecclesia —. Dat. Rome apud Sanctam Sabinam, idibus januarii, pontificatus nostri anno primo. » (POTTHAST, n° 26610.)

884 Sainte-Sabine, 21 janvier 1286.

Petro, archiepiscopo Remensi, indulget ut, si Remensem provinciam visitans, ex aliqua ipsius provincie diocesi, postquam illam visitare inceperit, ea non plene visitata exiverit, ad loca non visitata in ipsa diocesi visitanda iterato redire possit. « Ad personam tuam —. Dat. Rome apud Sanctam Sabinam, XII kal. februarii, pontificatus nostri anno primo. » (POTTHAST, n° 22354.)

885 Sainte-Sabine, 23 janvier 1286.

Abbati Tegernseensi mandat quatinus apostolica auctoritate intentatisque ecclesiastici fulminis comminationibus ad restitutionem et satisfactionem compellat omnes qui rerum monasterii de Wessinsbrunnen, ordinis sancti Benedicti, diocesis Augustensis, quidpiam pro suo occupasse vel usurpasse convincantur. Dat. X kal. februarii, anno 1285. (POTTHAST, n° 22356.)

886 Sainte-Sabine, 28 janvier 1286.

Universis tam viris quam mulieribus de Penitentia sancti Dominici sub habitu religionis Domino famulantibus per Italiam constitutis indulget ut tempore generalis interdicti liceat eis in ecclesiis, in quibus ex indulto Sedis Apostolice celebretur, audire divina officia et ecclesiastica recipere sacramenta. « Congruum existimantes ut —. Dat. Rome apud Sanctam Sabinam, V kal. februarii, pontificatus nostri anno primo. » (POTTHAST, n° 22358.)

39

887   Sainte-Sabine, 2 février 1286.

Abbati monasterii Sancti Bartholomei Ferrariensis, Ferrarino Ferrariensis et Bonifacio de Loiano Bononiensis ecclesiarum canonicis causam inter priorem conventumque monasterii de Nonantula, ordinis sancti Benedicti, et abbatissam conventumque monasterii Sancti Francisci Bononiensis, ordinis sancte Clare, super decimis, terris aliisque bonis vertentem committit dijudicandam. « Conquesti sunt nobis —. Dat. Rome apud Sanctam Sabinam, IV nonas februarii, pontificatus nostri anno primo. » (Potthast, n° 22362.)

888   Sainte-Sabine, 7 février 1286.

Abbati et conventui monasterii Sancti Germani de Pratis Parisiensis, utendi de cetero privilegiis et indulgentiis sibi a Romanis pontificibus concessis, quibus, propter simplicitatem et juris ignorantiam, usi non fuerint temporibus retroactis, concedit facultatem, dummodo dictis privilegiis non sit per prescriptionem vel alias legitime derogatum. (Original, attaches de soie rouge et jaune. Paris, Archives nationales, L 272, n° 9.)

« Honorius episcopus, servus servorum Dei, dilectis filiis .. abbati et conventui monasterii Sancti Germani de Pratis Parisiensis, ad Romanam ecclesiam nullo medio pertinentis, ordinis sancti Benedicti, salutem et apostolicam benedictionem. Cum, sicut ex —. Dat. Rome apud Sanctam Sabinam, VII idus februarii, pontificatus nostri anno primo. »

889   Sainte-Sabine, 10 février 1286.

Generali ministro et provincialibus ministris ordinis Minorum committendi fratribus ipsius ordinis in sacra pagina eruditis predicationis officium concedit facultatem. « Ad fructus uberes —. Dat. Rome apud Sanctam Sabinam, IV idus februarii, pontificatus nostri anno primo. » (Potthast, n° 22371.)

890   Sainte-Sabine, 18 février 1286.

Priori ordinis Predicatorum Spirensi mandat ut clericos et cives Spirenses ab observantia cujusdam jurisjurandi temerarie dati absolvat. « Exhibita nobis venerabilis —. Dat. Rome apud Sanctam Sabinam, XII kal. martii, pontificatus nostri anno primo. » (Potthast, n° 22374.)

891   Sainte-Sabine, 20 février 1286.

Abbatisse et conventui monasterii in Benekinchusen, ordinis Cisterciensis, diocesis Coloniensis, concedit ut possessiones et alia bona mobilia et immobilia a personis liberis in monasterio illo professionem facientibus petere, recipere ac retinere possint. « Devotionis vestre precibus —. Dat. Rome apud Sanctam Sabinam , X kal. martii, pontificatus nostri anno primo. » (Potthast, n° 22376.)

892   Sainte-Sabine, 20 février 1286.

Priori et fratribus domus Beate Marie Coloniensis, ordinis Beate Marie de Monte Carmeli, concedit ut tempore generalis interdicti liceat eis, clausis januis, divina officia celebrare. « Devotionis vestre precibus —. Dat. Rome apud Sanctam Sabinam, X kal. martii, pontificatus nostri anno primo. » (Potthast, n° 22377.)

893   Sainte-Sabine, 20 février 1286.

Priorissam et conventum monasterii de Cella Sancte Marie in Brunna, ordinis sancti Augustini, diocesis Olomucensis, tuendas suscipit, specialiter autem terras, domos, grangias et alia bona eis confirmat. « Sacrosancta Romana ecclesia —. Dat. Rome apud Sanctam Sabinam, X kal. martii, pontificatus nostri anno primo. » (Potthast, n° 22378.)

894   Sainte-Sabine, 20 février 1286.

Eisdem indulget ut possessiones et alia bona mobilia et immobilia a personis liberis in monasterio illo professionem facientibus petere, recipere ac retinere possint. « Devotionis vestre precibus —. Dat. Rome apud Sanctam Sabinam, X kal. martii, pontificatus nostri anno primo. » (Potthast, n° 22379.)

895   Sainte-Sabine, 20 février 1286.

Episcopo Parisiensi indulget ut nullus exemptus civitatis vel diocesis Parisiensis contra dictum episcopum vel Parisiensem ecclesiam per litteras Sedis Apostolice conservator seu executor esse valeat. (Original, bulle, attaches de soie rouge et jaune. Paris, Archives nationales, L 272, n° 11; Potthast, n° 22375.)

« Honorius episcopus, servus servorum Dei, venerabili fratri .. episcopo Parisiensi salutem et apostolicam benedictionem. Exigentibus tue devotionis —. Dat. Rome apud Sanctam Sabinam, X kal. martii, pontificatus nostri anno primo. »

896   Sainte-Sabine, 24 février 1286.

F., electo Yporiensi, rectori Marchie Anconitane, de summa
quinque millium librarum Ravennatum, quam cives Esini per
compositionem, dudum inter quondam magistrum dominum
Giffredum de Anagnia, Marchie Anconitane rectorem et eosdem
initam, tenentur camere apostolice exhibere, persolvenda.
« Nuper nobis ex —. Dat. Rome apud Sanctam Sabinam,
VI kal. martii, pontificatus nostri anno primo. » (POTTHAST,
n° 22381.)

897   Sainte-Sabine, 7 mars 1286.

· Pandulfum, capellanum suum, Liparensi ecclesie preficit in
episcopum. Dat. nonis martii, anno primo. (POTTHAST,
n° 22388.)

898   Sainte-Sabine, 7 mars 1286.

Johanni, nato nobilis viri Paganelli de Montemagno, qui
asserit se de proventibus plebanatus plebis de Sancta Felicitate
ac rectorie hospitalis de Sala, Lucane diocesis, consistentis in
plebanatu predicto et consueti per secularem clericum gubernari, quorum proventus quinquaginta librarum turonensium
valentiam annis singulis non excedunt, non posse sustentari,
canonicatum ecclesie Pisane, cum plenitudine juris canonici, ac
prebendam, si qua ibidem vacat ad presens, sin vero aliqua prebenda non vacat, prebendam primo in dicta ecclesia vacaturam
confert. (Original, attaches de soie rouge et jaune. ROME, Archives du Vatican, *Bullarium generale*, t. I, n° 2.)

« Honorius episcopus, servus servorum Dei, dilecto
filio Johanni, nato nobilis viri Paganelli de Montemagno, canonico ecclesie Pisane, salutem et apostolicam
benedictionem. Sedes Apostolica personarum —. Dat.
Rome apud Sanctam Sabinam, nonis martii, pontificatus nostri anno primo. »

899   Sainte-Sabine, 7 mars 1286.

Abbati monasterii de Quiesa, et Oppizoni de Castello, canonico Lucano, mandat quatinus Johannem natum nobilis viri
Paganelli de Montemagno vel ejus procuratorem in corporalem
canonicatus ecclesie Pisane possessionem inducant. (Original.
ROME, Archives du Vatican, *Bullarium generale*, t. I, n° 3.)

« Honorius episcopus, servus servorum Dei, dilectis
filiis .. abbati monasterii de Quiesa, Pisane diocesis, et
Oppizoni de Castello, canonico Lucano, salutem et
apostolicam benedictionem. Sedes Apostolica personarum —. Dat. Rome apud Sanctam Sabinam, nonis
martii, pontificatus nostri anno primo. »

900   Sainte-Sabine, 10 mars 1286.

Venture de Basilica Petri, canonico Mediolanensi, mandat
quatinus faciat ut illi qui decimas, redditus, census et legata
ecclesie Sancti Johannis Modoetiensis temere ac malitiose oc-
cultant et detinent, archipresbitero et capitulo ejusdem ecclesie
ea restituant et revelent. « Significarunt nobis dilecti —. Dat.
Rome apud Sanctam Sabinam, VI idus martii, pontificatus
nostri anno primo. » (POTTHAST, n° 22390.)

901   Sainte-Sabine, 14 mars 1286.

Episcopo Herefordensi committit ut Johanni Giffardi, domino
de Clifford, et Margarete de Novavilla inter se matrimonium
libere contrahendi licentiam concedat; si ipsi constiterit eosdem
nobiles quarto non esse consanguinitatis gradu conjunctos.
« Dilectus filius nobilis —. Dat. Rome apud Sanctam Sabinam,
II idus martii, pontificatus nostri anno primo. » (POTTHAST,
n° 22393.)

902   Sainte-Sabine, 15 mars 1286.

· Priori Montis Sancti Nicolai Daventrie mandat quatinus ea
que de bonis monasterii in Hunnep prope Daventriam illicite
alienata vel distracta invenerit, ad jus et proprietatem ejusdem
monasterii revocet. Dat. idibus martii, anno primo.

903   Sainte-Sabine, 27 mars 1286.

Decano et capitulo Hamburgensibus asserit jus, vacante prepositura ejusdem ecclesie, eligendi prepositum de antiqua et
hactenus pacifice observata consuetudine. « Ea que judicio —.
Dat. Rome apud Sanctam Sabinam, VI kal. aprilis, pontificatus nostri anno primo. » (POTTHAST, n° 22401.)

904   Sainte-Sabine, 27 mars 1286.

Episcopo Havelbergensi et preposito ecclesie de Gericho mandat quatinus Albertum de Holtsacia, quem capitulum Hambur-
gense rite prepositum elegerit, archiepiscopus autem Bremensis
contra justitiam renuerit confirmare, in prepositure corporalem
possessionem inducant. « Peticio dilecti filii —. Dat. Rome
apud Sanctam Sabinam, VI kal. aprilis, pontificatus nostri
anno primo. » (POTTHAST, n° 22402.)

905   Sainte-Sabine, 28 mars 1286.

Priori et fratribus domus oppidi de Landowen, ordinis sancti Augustini, diocesis Spirensis, fundum quem eis Emicho, comes de Heiningen, ad ecclesiam et officinas ipsis necessarias construendas donavit, totumque allodium curie sue in Ensigisheim, quod eis concessit in perpetuum, confirmat. « Cum a nobis —. Dat. Rome apud Sanctam Sabinam, V kal. aprilis, pontificatus nostri anno primo. » (POTTHAST, n° 22404.)

906   Sainte-Sabine, 1er avril 1286.

Canonicis ecclesie Parisiensis, insistentibus Parisius studio litterarum, indulget ut ad contribuendum in expensis et collectis quas ab Universitate Parisiensi fieri contingit, minime teneantur. (Original, bulle, attaches de soie rouge et jaune. PARIS, Archives nationales, L 272, n° 14 ; POTTHAST, n° 22405.)

« Honorius episcopus, servus servorum Dei, dilectis filiis universis canonicis ecclesie Parisiensis, salutem et apostolicam benedictionem. Peticio vestra nobis exhibita continebat quod, licet canonici Parisienses insistentes Parisius studio litterarum compelli non consueverint ad contribuendum in expensis et collectis, quas ab Universitate magistrorum et scolarium Parisiensium fieri contingebat, immo per bone memorie archiepiscopum Remensem et G., episcopum Autisiodorensem, habentes ad hoc a Sede Apostolica potestatem, ne ad contributionem hujusmodi tenerentur fuerit declaratum, tamen pretextu quarumdam litterarum, per quas felicis recordationis Martinus papa, predecessor noster, dilectis filiis .. abbati et .. cancellario monasterii Sancte Genovefe Parisiensis dedisse dicitur in mandatis ut omnes illos de dicta Universitate, qui duos solidos parisiensium in communi bursa cum sociis in septimana ponerent, ad contribuendum in expensis et collectis predictis, monitione premissa, per censuram ecclesiasticam, appellatione postposita, coartarent, dicti abbas et cancellarius ad instantiam dicte Universitatis super hujusmodi contributione vos impetunt et ad eam vos artare conantur. Quare nobis humiliter supplicastis ut providere vobis ne per easdem litteras molestemini dignaremur, presertim cum vos studio Parisius insistendo in hospitiis cum propriis familiis sine aliis sociis habitetis, nec quicquam cum aliquibus in communi bursa ponatis, sed vos ipsi pro vobis et dictis familiis faciatis expensas. Nos igitur, vestris supplicationibus inclinati, auctoritate vobis presentium indulgemus ut, premissis veris existentibus, vos taliter ipsi studio immorantes auctoritate dictarum litterarum ad contribuendum in expensis et collectis hujusmodi minime tenea-

mini, nec ad id per eosdem abbatem et cancellarium compelli aliquatenus valeatis. Nulli ergo omnino —. Si quis autem —. Dat. Rome apud Sanctam Sabinam, kalendis aprilis, pontificatus nostri anno primo. »

907   Sainte-Sabine, 1er avril 1286.

* Monasterii Amorbacensis privilegia confirmat. Dat. kalendis aprilis, anno primo. (POTTHAST, n° 22406.)

908   Sainte-Sabine, 3 avril 1286.

Abbatisse et conventui monasterii de Borchi (Burtscheid), ordinis Cisterciensis, diocesis Coloniensis, omnes libertates, immunitates et secularium exactionum exemptiones confirmat. « Cum a nobis —. Dat. Rome apud Sanctam Sabinam, III nonas aprilis, pontificatus nostri anno primo. » (POTTHAST, n° 22408.)

909   Sainte-Sabine, 6 avril 1286.

Sancte Marie Florentine et Sancti Salvatoris de Septimo, diocesis Florentine, monasteriorum abbatibus, ac Rogerio, preposito ecclesie Fesulane, mandat quatinus causam inter priorem capitulumque secularis ecclesie Sancti Laurentii Florentini, ex una parte, et abbatissam conventumque monasterii de Burgo Sancti Laurentii de Mugello, ordinis sancti Benedicti, ex altera parte, de eo quod moniales se ad habitandum infra fines parrochie dicte ecclesie motu proprio transferentes oratorium et domos ibidem construere inceperant, versantem audiant et fine canonico decidant. « Sua nobis prior —. Dat. Rome apud Sanctam Sabinam, VIII idus aprilis, pontificatus nostri anno primo. » (POTTHAST, n° 22409.)

910   Sainte-Sabine, 7 avril 1286.

Magistro Humiliatorum, qui fratribus sui ordinis mandaverat ut modum Romani officii in cantando et psallendo circa celebrationem divinorum in domibus suis infra certum terminum inciperent et servarent, committit ut predictum terminum usque ad suum beneplacitum valeat prorogare. « Ad audientiam nostram —. Dat. Rome apud Sanctam Sabinam, VII idus aprilis, pontificatus nostri anno primo. » (POTTHAST, n° 22410.)

911 [1]   Sainte-Sabine, 9 avril 1286.

* Abbati et conventui monasterii Cluniacensis significat se

1. Cette lettre me paraît faire double emploi soit avec celle qui est publiée ici sous le n° 407, soit plutôt avec la lettre n° 413.

inhibere ne prioratus ordinis Cluniacensis per litteras apostolicas conferantur et ipse abbas ad eorum collationem compellatur. Dat. V idus aprilis, anno primo. (Potthast, n° 22412.)

912   Sainte-Sabine, 17 avril 1286.

Universos marchiones, comites et alios magnates necnon
potestates, capitaneos, ac universitates civitatum, castrorum ac
aliorum locorum ceterosque per partes Tuscie imperio Romano
subjectos monet et hortatur ut Perzivallum de Lavania, subdiaconum et capellanum suum, quem Rodulfus, rex Romanorum,
in Tuscia generalem vicarium ordinaverit, devote recipiant.
« Ad statum Romani —. Dat. Rome apud Sanctam Sabinam,
XV kal. maii, pontificatus nostri anno primo. » (Potthast,
n° 22416.)

913   Sainte-Sabine, 26 avril 1286.

Abbatisse et conventui monasterii Sancti Bernhardi in Chrueg,
ordinis Cisterciensis, diocesis Pataviensis, omnes libertates,
immunitates et exemptiones secularium exactionum confirmat.
« Cum a nobis —. Dat. Rome apud Sanctam Sabinam, VI kal.
maii, pontificatus nostri anno primo. » (Potthast, n° 22418.)

914   Sainte-Sabine, 26 avril 1286.

Matheo, abbati monasterii Sancti Dionisii in Francia concedit ut, quotiens se diebus sollempnibus in pontificalibus, quorum
usus sibi a Sede Apostolica est concessus, missarum sollempnia
contigerit celebrare et proponere verbum Dei, omnibus vere
penitentibus et confessis sibi subditis, qui hujusmodi sollempniis interfuerint, decem dies de injuncta eis penitencia misericorditer valeat relaxare. (Original, bulle, attaches de chanvre.
Paris, Archives Nationales, L 272, n° 17; Potthast, n° 22419.)

« Honorius episcopus, servus servorum Dei, dilecto
filio Matheo, abbati monasterii Sancti Dionisii in Francia, ad Romanam ecclesiam nullo medio pertinentis,
ordinis sancti Benedicti, Parisiensis diocesis, salutem
et apostolicam benedictionem. Ut populus tue —. Dat.
Rome apud Sanctam Sabinam, VI kal. maii, pontificatus nostri anno primo. »

915   Sainte-Sabine, 26 avril 1286.

Abbati Sancti Dionisii indulget ut in villa Sancti Dionisii et
aliis locis jurisdictioni sue spirituali subjectis minores ordines
conferre, necnon ornamenta ecclesiastica et calices benedicere
valeat. (Original, bulle, attaches de soie rouge et jaune. Paris,
Archives nationales, L 272. n° 19; Potthast, n° 22420.)

« Honorius episcopus, servus servorum Dei, dilectis
filiis .. abbati et conventui monasterii Sancti Dionisii
in Francia, ad Romanam ecclesiam nullo medio pertinentis, ordinis sancti Benedicti, Parisiensis diocesis,
salutem et apostolicam benedictionem. Ad monasterium
vestrum —. Sane petitio vestra nobis exhibita continebat quod vobis a Sede Apostolica est indultum ut tu,
fili abbas, et successores tui abbates dicti monasterii,
qui pro tempore·fuerint, subditis vestris in villa Sancti
Dionisii et aliis locis, in quibus vos et nullus alius,
preter Romanum pontificem, jurisdictionem spiritualem
habetis, qui ascribi desiderant militie clericali tonsuram
clericalem et alios minores ordines conferre possitis,
ac etiam in locis predictis ecclesiastica benedicere ornamenta. Nos itaque vestris supplicationibus favorabiliter annuentes ac volentes vobis gratiam facere ampliorem auctoritate vobis presentium indulgemus ut
tu, predicte abbas, ac iidem tui successores in villa et
locis predictis benedicere calices, quotiens oportunum
fuerit, libere valeatis. Nulli ergo omnino —. Si quis
autem —. Dat. Rome apud Sanctam Sabinam, VI kal.
maii, pontificatus nostri anno primo. »

916   Sainte-Sabine, 26 avril 1286.

Abbati Sancti Dionisii concedit ut ecclesias et cimiteria ville
Sancti Dionisii et aliorum locorum in quibus ipse et dicti monasterii conventus jurisdictionem habent spiritualem, quotiens
ea contigerit per effusionem sanguinis et seminis violari, libere
reconciliare possit. (Original, bulle, attaches de chanvre. Paris,
Archives nationales, L 272, n° 20; Potthast, n° 22421.)

« Honorius episcopus, servus servorum Dei, dilecto
filio .. abbati monasterii Sancti Dionisii in Francia, ad
Romanam ecclesiam nullo medio pertinentis, ordinis
sancti Benedicti, Parisiensis diocesis, salutem et apostolicam benedictionem. Sicut petitio tua nobis exhibita
continebat, sepe contingit ecclesias et cimiteria ville
Sancti Dionisii et aliorum locorum, in quibus tu et monasterii tui conventus ac nullus alius preter Romanum
pontificem jurisdictionem spiritualem habetis, per effusionem sanguinis et seminis violari, nos igitur personam tuam dictumque monasterium speciali gratia prosequentes, ut ecclesias et cimiteria predicta, quotiens ea
contigerit taliter violari, per te ipsum libere reconciliare valeas juxta morem, aqua prius per episcopum
benedicta, tibi auctoritate apostolica duximus concedendum, ita tamen quod per hoc constitutioni que pre-

cipit id per episcopos fieri nullum in posterum prejudicium generetur, presentibus post quinquennium minime valituris. Dat. Rome apud Sanctam Sabinam,
VI kal. maii, pontificatus nostri anno primo. »

917   Sainte-Sabine, 26 avril 1286.

Abbati monasterii de Compendio mandat quatinus abbatem
et conventum monasterii Sancti Dionisii contra indulta privilegiorum Apostolice Sedis ab aliquibus molestari non permittat.
(Original, bulle, attaches de chanvre. Paris, Archives nationales, L 272, n° 18.)

« Honorius episcopus, servus servorum Dei, dilecto
filio .. abbati monasterii de Compendio, ordinis sancti
Benedicti, Suessionensis diocesis, salutem et apostolicam benedictionem. Etsi quibuslibet religiosis personis et locis ex injuncto nobis apostolatus officio favoris presidio assistere teneamur, illis tamen specialius et
efficacius adesse nos convenit qui Sedi Apostolice nullo
medio sunt subjecti. Cum igitur, sicut dilecti filii ..
abbas et conventus monasterii Sancti Dionisii in Francia, ad Romanam ecclesiam nullo medio pertinentis,
ordinis sancti Benedicti, Parisiensis diocesis, sua nobis
petitione monstrarunt, iidem a nonnullis qui nomen
Domini recipere in vacuum non formidant, multipliciter molestentur, nos volentes ipsorum abbatis et conventus providere quieti et molestatorum hujusmodi
malitiis obviare, discretioni tue per apostolica scripta
mandamus quatinus eisdem abbati et conventui efficaci
presidio defensionis assistens, non permittas ipsos contra indulta privilegiorum Sedis Apostolice ab aliquibus
indebite molestari, molestatores hujusmodi per censuram ecclesiasticam, appellatione postposita, compescendo; attentius provisurus ne de hiis que cause cogni-
tionem exigunt et que indulta hujusmodi non contingunt te aliquatenus intromittas. Nos enim, si secus
presumpseris, tam presentes litteras quam etiam processum quem per te illarum auctoritate haberi contigerit, omnino carere viribus ac nullius fore decernimus
firmitatis. Hujusmodi ergo mandatum nostrum sic prudenter et fideliter exequaris quod ejus fines quomodolibet non excedas; presentibus post quinquennium
minime valituris. Dat. Rome apud Sanctam Sabinam,
VI kal. maii, pontificatus nostri anno primo. »

918   Sainte-Sabine, 27 avril 1286.

Fideles per Florentinam, Pistoriensem et Aretinam civitates
et dioceses constitutos hortatur quatinus, cum prior et conventus

fratrum ordinis Predicatorum civitatis Florentine ecclesiam
ibidem construere inceperint, de bonis suis pias eleemosinas et
grata caritatis subsidia eisdem fratribus erogent ut predictum
opus valeat consummari; omnibusque vere penitentibus et confessis qui fratribus ad hoc manum porrexerint adjutricem quadraginta dies de injuncta ipsis penitentia relaxat. (Original,
attaches de soie rouge et jaune. Florence, Archivio di Stato;
Potthast, n° 22426 [1].)

« Honorius episcopus, servus servorum Dei, universis Christi fidelibus, per Florentinam et Pistoriensem et Aretinam civitates et dioceses constitutis, salutem et apostolicam benedictionem. Quoniam, ut ait —.
Dat. Rome apud Sanctam Sabinam, V kal. maii, pontificatus nostri anno primo. »

919   Sainte-Sabine, 1er mai 1286.

Monasterium Sancti Petri de Montibus, ordinis sancti Benedicti, diocesis Astoricensis, patrocinandum suscipit omnesque
ejus possessiones nominatim recensitas confirmat. « Religiosam vitam eligentibus —. » Dat. Rome apud Sanctam Sabinam,
kalendis maii, indictione XIV, incarnationis dominice anno
M°CC°LXXXVI°, pontificatus domni Honorii pape IV anno
primo. (Potthast, n° 22424.)

920   Sainte-Sabine, 5 mai 1286.

E., regis Anglie, devotionem erga Deum mirifice laudat, et
addit se Oddoni de Grandissono, ejus familiari ac nuntio, super
negotio Aragonie clare suam, que facti congruat qualitati,
expressisse voluntatem. « Exegit regalis ad —. Dat. Rome apud
Sanctam Sabinam, III nonas maii, pontificatus nostri anno
primo. » (Potthast, n° 22427.)

921   Sainte-Sabine, 7 mai 1286.

Matheo, abbati monasterii Sancti Dyonisii concedit ut in illis
casibus, in quibus monachos suos excommunicatos absolvere
potest, super hoc majori priori dicti monasterii vices suas committere valeat. (Original, bulle, attaches de soie rouge et jaune.
Paris, Archives nationales, L 272, n° 1; Potthast, n° 22430.)

« Honorius episcopus, servus servorum Dei, dilecto
filio Matheo, abbati monasterii Sancti Dyonisii in Francia, ad Romanam ecclesiam nullo medio pertinentis,
ordinis sancti Benedicti, Parisiensis diocesis, salutem
et apostolicam benedictionem. Devotionis tue precibus
benignum impertientes assensum, presencium tibi auc-

1. Potthast indique cette bulle sous la date du 3 mai 1286.

toritate concedimus ut in illis casibus in quibus tibi licet monachis tuis excommunicacionum legatis sententiis, a sententiis ipsis absolucionis beneficium impertiri, possis, dum tamen ex racionabili causa hoc facere te contingat, super hoc majori priori monasterii tui committere vices tuas. Dat. Rome apud Sanctam Sabinam, nonis maii, pontificatus nostri anno primo. »

922   Sainte-Sabine, 7 mai 1286.

* Eisdem abbati et conventui privilegia a predecessoribus suis monasterio eorum concessa, quibus usi non fuerint temporibus retroactis, renovat, dummodo dictis privilegiis per prescriptionem vel alias legitime non sit derogatum. Dat. nonis maii, anno primo. (POTTHAST, n° 22432.)

923   Sainte-Sabine, 7 mai 1286.

* Abbati monasterii de Corbeya mandat quatinus curet ne abbates, priores et monachi Cluniacenses necnon et conventus ac prioratus eidem monasterio subjecti in personis et bonis suis ab aliquibus contra indulta Sedis Apostolice privilegia indebite molestentur. Dat. nonis maii, anno primo. (POTTHAST, n° 22434.)

924   Sainte-Sabine, 15 mai 1286.

Magistro et fratribus domus Militie Templi Jerosolimitani omnes libertates, immunitates et exempliones confirmat. (Original, attaches de soie rouge et jaune. LYON, Archives départementales du Rhône, fonds de l'ordre de Malte.)

« Honorius episcopus, servus servorum Dei, dilectis filiis magistro et fratribus domus Militie Templi Jerosolimitani salutem et apostolicam benedictionem. Cum a nobis petitur quod justum est et honestum, tam vigor equitatis quam ordo exigit rationis ut id per sollicitudinem officii nostri ad debitum perducatur effectum ; eapropter, dilecti in Domino filii, vestris justis postulacionibus grato concurrentes assensu, omnes libertates et immunitates a predecessoribus nostris Romanis pontificibus per privilegia vel alias indulgentias domui vestre et vobis concessas necnon libertates et exemptiones secularium exactionum a regibus seu principibus vel aliis Christi fidelibus rationabiliter vobis indultas, sicut eas juste ac pacifice obtinetis, vobis et per vos eidem domui auctoritate apostolica confirmamus et presentis scripti patrocinio communimus. Nulli ergo omnino hominum liceat hanc paginam nostre confirmationis infringere vel ei ausu temerario contraire. Si quis autem hoc attemptare presumpserit indignationem omnipo-

tentis Dei et beatorum Petri et Pauli apostolorum ejus se noverit incursurum. Dat. Rome apud Sanctam Sabinam, idibus maii, pontificatus nostri anno primo.»

925   Sainte-Sabine, 15 mai 1286.

Decano ecclesie Halberstadensis causam inter abbatissam conventumque monasterii de Glouch, ordinis Cisterciensis, et Heyndericum de Hallis dictum Comitem Salis laicum, vertentem super quadam pecunie summa committit decidendam. « Conqueste sunt nobis —. Dat. Rome apud Sanctam Sabinam, idibus maii, pontificatus nostri anno primo. » (POTTHAST, n° 22437.)

926   20 mai 1285 — 19 mai 1286.

* Mandat et committit ut episcopus Veszprimiensis decimarum in Kerenfölde verus et indubitatus possessor constituatur. Dat. anno primo. (POTTHAST, n° 22446.)

927   Sainte-Sabine, 21 mai 1286.

Compositionem inter Ursum de Filiis Ursi senatorem Urbis, et cives Viterbienses super Vallerani, Cornente Nove et Veteris, Rocce Altie, Fracte, Corviani castris, mediante fratre Angelo de Reate, ordinis Minorum, factam confirmat. « Sic ad bonum —. Dat. Rome apud Sanctam Sabinam, XII kal. junii, pontificatus nostri anno secundo. » (POTTHAST, n° 22448.)

928   Sainte-Sabine, 23 mai 1286.

Abbati monasterii de Andreow, (ordinis Cisterciensis), diocesis Cracoviensis, mandat ut ea que de bonis domus dominici Sepulchri Miechoviensis, ejusdem diocesis, ordinis sancti Augustini alienata invenerit illicite vel distracta, ad ejusdem domus jus et proprietatem legitime revocet. « Ad audientiam nostram —. Dat. Rome apud Sanctam Sabinam, X kal. junii, pontificatus nostri anno secundo. » (POTTHAST, n° 22450.)

929   Sainte-Sabine, 25 mai 1286.

Eberhardo de Yseni, canonico, canonicatum et prebendam in ecclesia Maguntina que Arnoldus, electus Bambergensis, promotionis sue tempore ad episcopatum obtinebat, confert eumque de ipsis per suum anulum presentialiter investit. « Adjutos morum et —. Dat. Rome apud Sanctam Sabinam, VIII kal. junii, pontificatus nostri anno secundo. » (POTTHAST, n° 22457.)

930 Sainte-Sabine, 25 mai 1286.

Electo Basiliensi, preposito Sancti Andree Wormaciensis et magistro Johanni de Sirkis, canonico Trevirensi, mandat ut Eberhardum de Yseni in corporalem possessionem canonicatus et prebende ecclesie Maguntine inducant. « Adjutos morum et —. Dat. Rome apud Sanctam Sabinam, VIII kal. junii, pontificatus nostri anno secundo. » (POTTHAST, n° 22458.)

931 Sainte-Sabine, 25 mai 1286.

Riccardum, comitem Fundanum, vituperat quod preces et hortationes Sedis Apostolice parvipendat et hostiliter procedere contra cives Terracinenses intendat. Rogat cum ut ab sue intentionis proposito desistat nullamque faciat novitatem, et, si forte adversus illos procedere inceperit, desistat penitus ab inceptis. « Pridem querela gravi —. Dat. Rome apud Sanctam Sabinam, VIII kal. junii, pontificatus nostri anno secundo. » (POTTHAST, n° 22459.)

932 Sainte-Sabine, 27 mai 1286.

Edwardo, regi Anglie, concedit ut ejus filii et filie personis, ipsis quarto affinitatis vel consanguinitatis gradu conjunctis, impedimento affinitatis vel consanguinitatis hujusmodi non obstante, licite possint matrimonialiter copulari. « Eximie devotionis affectus —. Dat. Rome apud Sanctam Sabinam, VI kal. junii, pontificatus nostri anno secundo. » (POTTHAST, n° 22460.)

933 Sainte-Sabine, 27 mai 1286.

Eidem significat non existere sue intentionis ut istius filii vel filie pretextu dispensationis hujusmodi cum filiis vel filiabus, nepotibus neptibusve quondam Petri olim regis Aragonie, matrimonium contrahere possint. « Licet nuper ad —. Dat. Rome apud Sanctam Sabinam, VI kal. junii, pontificatus nostri anno secundo. » (POTTHAST, n° 22461.)

934 Sainte-Sabine, 28 mai 1286.

' Abbati monasterii de Althenberg, diocesis Pataviensis, mandat ut ea que de bonis ecclesie Wissegradensis alienata invenerit illicite vel distracta ad proprietatem ejusdem legitime revocet. Dat. Rome apud Sanctam Sabinam, V kal. junii, anno secundo. (POTTHAST, n° 22463.)

935 Sainte-Sabine, 1er juin 1286.

Episcopum Auximanum conservatorem jurium et defensorem fratrum Minorum provincie Marchie Anconitane constituit. « Inundans malitia perversorum —. Dat. Rome apud Sanctam Sabinam, kalendis junii, pontificatus nostri anno secundo. » (POTTHAST, n° 22474.)

936 Sainte-Sabine, 5 juin 1286.

Electo Basiliensi mandat ut ea que de bonis ad mensam archiepiscopi Maguntini spectantibus alienata invenerit illicite vel distracta, ad jus et proprietatem ejusdem mense legitime revocet. « Significavit nobis venerabilis —. Dat. Rome apud Sanctam Sabinam, nonis junii, pontificatus nostri anno secundo. » (POTTHAST, n° 22479.)

937 Sainte-Sabine, 5 juin 1286.

Eidem mandat ne permittat ut Henricus, archiepiscopus Maguntinus, quem nuper de Basiliensi ecclesia ad ecclesiam Maguntinam transtulerit, contra indulta privilegiorum ei a Sede Apostolica concessorum ab aliquibus indebite molestetur. « Etsi quibuslibet ecclesiis —. Dat. Rome apud Sanctam Sabinam, nonis junii, pontificatus nostri anno secundo. » (POTTHAST, n° 22480.)

938 Sainte-Sabine, 5 juin 1286.

Plebano ecclesie Sancti Pantaleonis de Veneliis mandat ut controversiam inter monasterium Sancti Salvatoris, ordinis sancti Augustini, et ecclesiam Sancti Bartholomei de Veneliis super quibusdam juribus parrochialibus litigantes sine strepitu judicii audiat et debito fine decidat. « Petitio dilectorum filiorum —. Dat. Rome apud Sanctam Sabinam, nonis junii, pontificatus nostri anno secundo. » (POTTHAST, n° 22481.)

939 Sainte-Sabine, 5 juin 1286.

Abbati et conventui monasterii Sancti Germani de Pratis Parisiensis indulget ut privilegiis et indulgentiis apostolicis, quibus usi non fuerint temporibus retroactis, de cetero uti libere valeant. (Original. PARIS, Archives Nationales, L 273, n° 24.)

« Honorius episcopus, servus servorum Dei, dilectis filiis .. abbati et conventui monasterii Sancti Germani de Pratis Parisiensis, ad Romanam ecclesiam nullo medio pertinentis, ordinis sancti Benedicti, salutem et apostolicam benedictionem. Cum, sicut ex —. Dat. Rome apud Sanctam Sabinam, nonis junii, pontificatus nostri anno secundo. »

940 Sainte-Sabine, 5 juin 1286.

Inhibet ne quis, occasione questionis cujuscumque, abbati et conventui monasterii Sancti Germani de Pratis inferre molestias, vel dictorum abbatis et conventus bona vadiare vel invadere presumat. (Original, PARIS, Archives nationales, L 273, n° 25.)

« Honorius episcopus, servus servorum Dei, dilectis filiis .. abbati et conventui monasterii Sancti Germani de Pratis Parisiensis, ad Romanam ecclesiam nullo medio pertinentis, ordinis sancti Benedicti, salutem et apostolicam benedictionem. Ex parte vestra. — Dat. Rome apud Sanctam Sabinam, nonis junii, pontificatus nostri anno secundo. »

941 Sainte-Sabine, 9 juin 1286.

Arbitros instituit ad querelam, inter Antwerpiensem civitatem et Adolphum, Berghensem comitem, motam, decidendam. Dat. Rome, V idus junii. (POTTHAST, n° 22483.)

942 Sainte-Sabine, 11 juin 1286.

Hospitale Sancti Bernardi de Monte Jovis, diocesis Sedunensis, tuendum suscipit ejusque bona et possessiones nominatim exhibita, jura ac privilegia confirmat. « Religiosam vitam eligentibus —. » Dat. Rome apud Sanctam Sabinam, III idus junii, indictione XIV, incarnationis dominice anno M°CC° LXXXVI°, pontificatus vero domni Honorii pape anno secundo. (POTTHAST, n° 22484.)

943 Sainte-Sabine, 17 juin 1286.

Edwardo, regi Anglie, ad quinque petitiones circa Terre Sancte negotium per Othonem de Grandisono ejus familiarem et nuntium propositas respondet. « Ille a quo —. Dat. Rome apud Sanctam Sabinam, XV kal. julii, pontificatus nostri anno secundo. » (POTTHAST, n° 22486.)

944 Sainte-Sabine, 17 juin 1286.

Eundem rogat ut intentionem papalem de matrimoniis filiorum suorum filiarumque cum quibuslibet indevotis ecclesie non contrahendis diligentius observet et ab eisdem suis filiis et filiabus faciat observari; addit se super negotio, pro quo prefatum nuntium Othonem de Grandisono specialiter destinaverit, per alias litteras respondere. « Processit ex intime —. Dat. Rome apud Sanctam Sabinam, XV kal. julii, pontificatus nostri anno secundo. » (POTTHAST, n° 22487.)

HONORIUS.

945 Tivoli, 12 août 1286.

Benedicto dicto Gaitano de Anagnia canonicatum Atrebatensis ecclesie ac prebendam integram non sacerdotalem, si qua in ecclesia ipsa vacat ad presens, confert, et magistrum Bernardum de Carcassona, capellanum pape, canonicum Narbonensem pro Benedicto ac ejus nomine per anulum investit de eisdem, non obstante quod idem Benedictus in Bajocensi et Anagnina ecclesiis canonicatus et prebendas obtinet ac in ecclesia Cathalaunensi prebendam vacaturam expectat. (Original. ROME, Archives du Vatican, *Bullarium generale*, t. I, n° 5.)

« Honorius episcopus, servus servorum Dei, dilecto filio Benedicto dicto Gaitano de Anagnia, nepoti dilecti filii nostri B., Sancti Nicolai in Carcere Tulliano diaconi cardinalis, canonico Atrebatensi, salutem et apostolicam benedictionem. Volentes personam tuam —. Dat. Tibure, II idus augusti, pontificatus nostri anno secundo. »

946 Tivoli, 13 août 1286.

Benedicto dicto Gaitano de Anagnia, canonico Atrebatensi, pensionem annuam quinquaginta librarum turonensium, ipsi canonico ab episcopo Atrebatensi persolvendam, confert, donec in ecclesia Atrebatensi prebendam fuerit assecutus. (Original, attaches de soie rouge et jaune. ROME, Archives du Vatican, *Bullarium generale*, t. I, n° 6.)

« Honorius episcopus, servus servorum Dei, dilecto filio Benedicto dicto Gaitano de Anagnia, nepoti dilecti filii nostri B., Sancti Nicolai in Carcere Tulliano diaconi cardinalis, canonico Atrebatensi, salutem et apostolicam benedictionem. Venerabilis frater noster Guillelmus, Atrebatensis episcopus, per suas patentes litteras nobis devotissime supplicavit quod, cum ecclesie sue Atrebatensi utile fore credat ut per nos in ecclesia ipsa duo clerici collocentur, ex quibus illa pro tempore suscipere poterit incrementa, duos de nepotibus nostris seu quoscumque alios juxta nostre beneplacitum voluntatis in predicta ecclesia in canonicos recipi faceremus, ut idem episcopus bona fide, ut suis verbis utamur, per litteras promisit easdem quod eorum cuilibet donec in prefata ecclesia prebendam fuerit assecutus in pensione annua quinquaginta librarum turonensium provideret, se ac episcopatum Atrebatensem suósque successores ad ea nichilominus obligando et a nobis petendo suppliciter ut premissa dignaremur auctoritate apostolica confirmare. Cum itaque tibi de canonicatu et prebenda ejusdem Atrebatensis ecclesie duxerimus providendum, intendentes in hoc annuere votis episcopi memorati, et

40

speranies quod per te successu temporis poterunt eidem ecclesie comoda provenire, nos pensionem eandem tibi auctoritate apostolica confirmamus, eundem episcopum et successores ipsius ad eam tibi annis singulis exhibendam teneri, donec in prefata ecclesia prebendam fueris pacifice assecutus et fructus integre perceperis ex eadem tenore presentium decernentes. Tenorem antem litterarum ipsarum ejusdem episcopi presentibus inseri fecimus qui talis est :

Arras, 17 janvier 1285 (1286, n. st.)

« Sanctissimo patri ac domino Honorio, divina » providentia sacrosancte Romane ac universalis ec- » clesie summo pontifici, devotus ejus filius G.,ejusdem » patientia Atrebatensis ecclesie minister humilis, pe- » dum oscula beatorum. Quoniam Atrebatensi ecclesie » aliquos saltem duos intron[izari] canonicos per sum- » mum pontificem utile fore credo, ex quibus dicta eccle- » sia incrementa multa pro tempore poterit reportare, » sanctitati vestre, pater sanctissime, devotissime sup- » plico quatinus duos ex nepotibus vestris seu alios quos- » cumque pro vestro libito in dicta ecclesia in canonicos » recipi faciatis, si placet ; sane, quousque predicta gra- » tia suum plenum sortiatur effectum, ut mee voluntatis » viscera cunctis plenius innotescat, promitto bona fide » eorum cuilibet secundum predicta providere in quin- » quaginta libris turonensium de annua pensione, ad » que omnia episcopatum Atrebatensem et successores » meos obligo per presentes et cum omni humilitate » supplico quod predicta vestra reverenda sanctitas » confirmare dignetur. Valeat sancta reverenda vestra » paternitas per tempora longiora quam Deus omnipo- » tens sue ecclesie conservare dignetur. Dat. Atrebati, » anno Domini millesimo ducentesimo LXXX quinto, » die Jovis in vigilia festi cathedre Sancti Petri. »

Nulli ergo omnino hominum —. Dat. Tibure, idibus augusti, pontificatus nostri anno secundo. »

947 Tivoli, 13 août 1286.

Priori Sancte Margarite de Corneto, Tuscanensis diocesis, mandat quatinus bona monasterii Sancti Martini in Monte, ordinis Cisterciensis, diocesis Viterbiensis, que injuste alienata invenerit vel distracta, ad ejusdem monasterii jus et proprietatem revocet. « Dilectorum filiorum abbatis —. Dat. Tibure, idibus augusti, pontificatus nostri anno secundo. » (POTTHAST, n° 22507.)

948 Sainte-Sabine, 7 octobre 1286.

Priori de Garibaldasco, ordinis sancti Benedicti, diocesis Placentine, mandat quatinus bona monasterii Sanctorum Systi et Francisci Placentini que alienata invenerit illicite vel distracta, ad jus et [proprietatem ejusdem monasterii legitime revocet. « Dilectarum in Christo —. Dat. Rome apud Sanctam Sabinam, nonis octobris, pontificatus nostri anno secundo. » (POTTHAST, n° 22516.)

949 Sainte-Sabine, 3 novembre 1286.

Episcopo Quinqueecclesiensi mandat quatinus bona hospitalis Sancti Johannis Hierosolimitani in Hungaria, que alienata invenerit illicite vel distracta, ad ejusdem hospitalis jus et proprietatem revocet. « Ad audientiam nostram —. Dat. Rome apud Sanctam Sabinam , III nonas novembris , pontificatus nostri anno secundo. » (POTTHAST, n° 22524.)

950 Sainte-Sabine, 6 novembre 1286.

E., regi Anglie, scribit se ex ejus litteris collegisse eum treugas inter Philippum, regem Francorum, et Alfonsum, natum (Petri) quondam regis Aragonum, tractavisse et addit se litteras misisse responsales continentes inter alia se super hoc negotio plenius informatas personas intendere quantocius ad regem destinare; rogat eum et hortatur ut, cum ad perducendum suam intentionem ad effectum Bonifacium Ravennatem et Petrum Montis Regalis archiepiscopos mittat, illos benigne recipiat. « Collegimus nuper ex —. Dat. Rome apud Sanctam Sabinam, VIII idus novembris, pontificatus nostri anno secundo. » (POTTHAST, n° 22525.)

951 Sainte-Sabine, 6 novembre 1286.

Eidem, qui rogaverat ut papa ad conciliandam inter Alfonsum et Carolum, de Aragonie regno certantes, concordiam ad se mitteret internuncios, respondet pretactum negotium esse arduum atque difficile cum illud Romanam ecclesiam, domum Francie, Carolum primogenitum clare memorie Caroli regis Sicilie, liberos quoque quondam Fernandi nati Alfonsi regis Castelle, necnon et eundem Alfonsum ac Jacobum germanum et (Constantiam) matrem ipsius et etiam Francie Castelleque regna contingat; propter quod penitus expedit ut in illo non perfunctorie sed exacte et mature procedatur; rogat et hortatur eundem regem quatinus non moleste ferat si Bonifacio Ravennati et Petro Montis Regalis archiepiscopis, ad eum pro jam dicto negotio destinatis,potestatem hujusmodi non duxerit concedendam. « Habebat inter cetera —. Dat. Rome apud Sanctam Sabinam, VIII idus novembris, pontificatus nostri anno secundo. » (POTTHAST, n° 22526.)

952   Sainte-Sabine, 7 novembre 1286.

Bonifacio Ravennati et Petro Montis Regalis archiepiscopis, quibus firmandi et acceptandi treugas inter Philippum, regem Francie, et Alfonsum, filium quondam Petri, regis Aragonum, per regem Anglie tractatas potestatem commisit, mandat ut, si Alfonsus rex conditiones ei traditas recuset adimplere, propterea nequaquam rumpant negotium, sed potius juxta informationis apostolice tenorem prudenter procedant in eodem. « Licet vobis et —. Dat. Rome apud Sanctam Sabinam, VII idus novembris, pontificatus nostri anno secundo. » (POTTHAST, n° 22527.)

953   Sainte-Sabine, 12 novembre 1286.

Angelo, priori ecclesie Fulginatis, in causa communis Castri de Sancta Victoria, diocesis Firmane, contra Raynaldum de Morta et Gentilem ejus filium laicos diocesis Esculane, qui illos coram Abbamonte archidiacono Esculano, super terris, debitis, aliisque rebus convenerant, mandata dat. « Sua nobis commune —. Dat. Rome apud Sanctam Sabinam, II idus novembris, pontificatus nostri anno secundo. » (POTTHAST, n° 22531.)

954   Sainte-Sabine, 5 décembre 1286.

Abbatisse et conventui monasterii de Quidlingemborch, ordinis sancti Augustini, diocesis Halberstadensis, omnes libertates, immunitates et secularium exactionum exemptiones confirmat. « Cum a nobis —. Dat. Rome apud Sanctam Sabinam, nonis decembris, pontificatus nostri anno secundo. » (POTTHAST, n° 22542.)

955   Sainte-Sabine, 5 décembre 1286.

Eisdem concedit facultatem utendi de cetero illis privilegiis et indulgentiis quibus propter simplicitatem et juris ignorantiam temporibus retroactis use non fuerint. « Cum sicut ex —. Dat. Rome apud Sanctam Sabinam, nonis decembris, pontificatus nostri anno secundo. » (POTTHAST, n° 22543.)

956   Sainte-Sabine, 7 décembre 1286.

Magistro et fratribus ordinis Predicatorum indulget ut, si diocesani locorum requisiti primarium lapidem in ecclesiis vel oratoriis, que illi de novo velint construere, ponere ac ecclesias vel oratoria predicta ac etiam altaria consecrare et cimiteria benedicere denegaverint, per quoscumque voluerint episcopos premissa recipere possint. « Ex parte vestra —. Dat. Rome apud Sanctam Sabinam, VII idus decembris, pontificatus nostri anno secundo. » (POTTHAST, n° 22545.)

957   Sainte-Sabine, 13 décembre 1286.

Odoni, filio Adenulphi Mathie de Anagnia, canonicatum et prebendam ecclesie Sancti Amati Duacensis, Atrebatensis diocesis, per liberam resignationem Nicolai de Piperno in pape manibus factam vacantes, confert, de illis B., Sancti Nicolai in Carcere Tulliano diaconum cardinalem, pro Odone ac ejus nomine per anulum investiendo. (Original. ROME, Archives du Vatican, *Bullarium generale*, t. I, n° 7.)

« Honorius episcopus servus servorum Dei, dilecto filio Odoni, nato dilecti filii nobilis viri Adenulphi Mathie de Anagnia, canonico ecclesie Sancti Amati Duacensis, Atrebatensis diocesis, salutem et apostolicam benedictionem. Exigunt tue probitatis —. Dat. Rome apud Sanctam Sabinam, idibus decembris, pontificatus nostri anno secundo. »

958   Sainte-Sabine, 4 février 1287.

Priorem et fratres ecclesie Sancte Marie de Burgo Sancti Sepulchri, ordinis sancti Augustini, diocesis Castellane, cum omnibus bonis et possessionibus suis sub beati Petri protectione suscipit. « Justis petentium desideriis —. Dat. Rome apud Sanctam Sabinam, II nonas februarii, pontificatus nostri anno secundo. » (POTTHAST, n° 22553.)

959   Sainte-Sabine, 13 février 1287.

Priorem et fratres ecclesie Sancte Marie site in Burgo Sancti Petronii Bononiensis, ordinis sancti Augustini, tuendos suscipit ac eorum bona possessionesque confirmat. « Justis petentium desideriis—. Dat. Rome apud Sanctam Sabinam, idibus februarii, pontificatus nostri anno secundo. » (POTTHAST, n° 22558.)

960   Sainte-Sabine 14 février 1287.

* Paulum Rossanensem electum archiepiscopum confirmat. Dat. XVI kal. martii, anno M°CC°LXXXVII°. (POTTHAST, n° 22561.)

961   Sainte-Sabine, 20 février 1287.

Bernardo, electo Paduano, concedit facultatem contrahendi mutuum usque ad summam duorum millium florenorum boni et puri auri nomine suo et Paduane ecclesie. « Cum sicut in — Dat. Rome apud Sanctam Sabinam, X kal. martii, pontificatus nostri anno secundo. » (POTTHAST, n° 22570.)

962   Sainte-Sabine, 20 février 1287.

Priori et fratribus eremitarum ecclesie Sancte Marie de Populo Urbis, ordinis sancti Augustini, ecclesiam parrochialem Sancti Triphonis de Urbe cum omnibus domibus, vineis aliisque juribus et pertinentiis concedit in perpetuum. « Meritis vestre religionis —. Dat. Rome apud Sanctam Sabinam, X kal. martii, pontificatus nostri anno secundo. » (POTTHAST, n° 22571.)

963   Sainte-Sabine, 25 février 1287.

* Decanum ecclesie Sancti Quintini in Viromandensi, diocesis Noviomensis, rogat et hortatur ut, cum prior Insulensis et prior Duacensis ordinis Minorum, Petrus, prepositus ecclesie de Bethunia, et Balduinus de Avesnis, dominus Bellimontis, executores testamenti Margarite, comitisse Flandrie et Hannonie, ipsi pape exposuerint clericos et laicos hujus regionis pecunie summas et bona que dicta comitissa ad pietatis opera delegaverat sibi vindicare, dictos clericos et laicos compellat ut omnia que illegitime ceperint restituant. Dat. V kal. martii, anno secundo. (POTTHAST, n° 22575.)

964   Sainte-Sabine, 1er mars 1287.

L., episcopo Ostiensi, qui bona nominatim recensita a clericis ecclesie Sancti Michaelis Frisonum in porticu Sancti Petri de Urbe emerat, hanc emptionem, cujus documenta inseruntur, ratam habet et confirmat. « Exposuit tua fraternitas —. Dat. Rome apud Sanctam Sabinam, kalendis martii, pontificatus nostri anno secundo. » (POTTHAST, n° 22578.)

965   Sainte-Sabine, 3 mars 1287.

* Conventionem inter abbatem et conventum Sancti Petri Gandensis, presbyteros ecclesiarum Sancti Johannis, Sancti Nicolai et Sancti Jacobi Gandensium, ex una parte, et guardianum et conventum fratrum Minorum ex altera parte, super incolarum ejusdem urbis sepultura habitam confirmat. Dat. 3 martii. (POTTHAST, n° 22580.)

966   Sainte-Sabine, 4 mars 1287.

E., regem Anglie, qui per Odonem de Grandisono familiarem et nuntium suum circa negotium Aragonie pontifici id exposuerat quod ad christianitatis statum pacificum intenderet, hortatur ut in his perstet; addit se super dicto negotio nobili memorato plene respondisse regali ministro quo et ipse rex ad papam usus fuerat nuncio. « Exigit regalis ad —. Dat. Rome apud Sanctam Sabinam, IV nonas martii, pontificatus nostri anno secundo. » (POTTHAST, n° 22583.)

967   Sainte-Sabine, 7 mars 1287.

Abbati et conventui monasterii Sancti Dionisii in Francia omnes libertates, immunitates et exemptiones confirmat. (Original, bulle, attaches de soie rouge et jaune. PARIS, Archives nationales, L 273, n° 30.)

« Honorius episcopus, servus servorum Dei, dilectis filiis .. abbati et conventui monasterii Sancti Dionisii in Francia, ad Romanam ecclesiam nullo medio pertinentis, ordinis sancti Benedicti, Parisiensis diocesis, salutem et apostolicam benedictionem. Cum a nobis —. Dat. Rome apud Sanctam Sabinam, nonis martii, pontificatus nostri anno secundo. »

968   Sainte-Sabine, 11 mars 1287.

Priori et fratribus domus Sancte Marie de Cafagio indulget ut, cum generale interdictum terre fuerit, liceat ipsis, clausis januis, quibuslibet aliis et presertim excommunicatis et interdictis exclusis, non pulsatis campanis, submissa voce, divina officia celebrare, dummodo causam non dederint interdicto nec id ipsis contingat specialiter interdici. (Original, attaches de soie rouge et jaune. FLORENCE, Archivio di Stato; POTTHAST, n° 22584.)

« Honorius episcopus, servus servorum Dei, dilectis filiis .. priori, et fratribus domus Sancte Marie de Cafagio episcopatus Florentini, ordinis sancti Augustini, salutem et apostolicam benedictionem. Devotionis vestre precibus —. Dat. Rome apud Sanctam Sabinam, V idus martii, pontificatus nostri anno secundo. »

969   Sainte-Sabine, 15 mars 1287.

E., regi Anglie, respondet ad quasdam petitiones negotium Terre Sancte attingentes, quas Riccardus de Punisei et magister Johannes Gereberd, regis nuntii, ejus nomine presentaverant. « Ab eo qui —. Dat. Rome apud Sanctam Sabinam, idibus martii, pontificatus nostri anno secundo. » (POTTHAST, n° 22592.)

970   Sainte-Sabine, 17 mars 1287.

* Abbati Sancte Marie de Roccadia, ordinis sancti Benedicti, diocesis Syracusiensis, mandat quatinus causam inter abbates Sancte Marie de Scalis et Vallis Josaphat Paternonis de possessione cujusdam predii contendentes, juxta Nicolai pape III statuta, dirimat. Dat. XVI kal. aprilis anno M°CC°LXXXVII. (POTTHAST, n° 26611.)

971   Sainte-Sabine, 23 mars 1287.

Abbati et conventui monasterii Sancti Dyonisii in Francia indulget ut privilegiis et indulgentiis apostolicis quibus usi non fuerint temporibus retroactis, de cetero uti libere valeant. (Original, bulle, attaches de soie rouge et jaune. Paris, Archives nationales, L 273, n° 31.)

« Honorius episcopus, servus servorum Dei, dilectis filiis .. abbati et conventui monasterii Sancti Dyonisii in Francia, ad Romanam ecclesiam nullo medio pertinentis, ordinis sancti Benedicti, Parisiensis diocesis, salutem et apostolicam benedictionem. Cum, sicut ex —. Dat. Rome apud Sanctam Sabinam, X kal. aprilis, pontificatus nostri anno secundo. »

972   Sainte-Sabine, 26 mars 1287.

Priori et fratribus domus Sancte Marie site in Burgo Sancti Petronii Bononiensis concedit ut tempore generalis interdicti liceat eis, clausis januis, divina officia celebrare. « Devotionis vestre precibus —. Dat. Rome apud Sanctam Sabinam, VII kal. aprilis, pontificatus nostri anno secundo. » (Potthast, n° 22595.)

973   Sainte-Sabine, 1er avril 1287.

E., regi Anglie, ad assumendam crucem terminum prorogans, festum beati Johannis Baptiste proximo futurum festo Pentecostes subrogat. « Attendentes laudabile et —. Dat. Rome apud Sanctam Sabinam, kalendis aprilis, pontificatus nostri anno secundo. » (Potthast, n° 22596.)

974   Sainte-Sabine, 1286-1287 1.

Monasterium Sancti Johannis de Argentella, diocesis Sabinensis, fratri Marco, priori generali ordinis sancti Guillelmi, et eidem ordini concedit. (Copie non authentique du xviiie siècle. Rome, Archives du duc Sforza-Cesarini.)

« Honorius episcopus, servus servorum Dei, dilectis filiis .. priori et conventui monasterii Sancti Johannis

1. La date du jour a été oubliée sur la copie de cette bulle que je transcris ici. Comme elle a été donnée à Sainte-Sabine et la seconde année du pontificat, elle se place soit entre le 20 mai 1286 et le 22 juin de la même année, soit entre le 7 octobre 1286 et le 3 avril 1287.

de Argentella, ordinis sancti Guillelmi, Sabinensis diocesis, salutem et apostolicam benedictionem. Quoniam etiam rite —. Dudum siquidem monasterio vestro per incuriam abbatum et monachorum tunc ordinis sancti Benedicti, qui in eo fuerunt pro tempore, adeo spiritualiter et temporaliter collapso enormiter, quod spes non erat quod monasterium ipsum posset salubriter de ordine reformari predicto, nos, tunc in minori officio constituti, et previa investigatione matura, et e familiari etiam experientia plene comperto quod ordinis sancti Guillelmi religionis fervor, caritatis ardor, honestatis splendor et castitatis candor vigent, velut oliva speciosa in campis, considerantes accuratius quod dictum monasterium per misterium operose vestre virtutis in spiritualibus et temporalibus poterat feliciter reformari, idem monasterium, auctoritate venerabilis fratris nostri G., Sabinensis episcopi diocesani, nobis in hac parte concessa, de predicto sancti Guillelmi ordine reformavimus, quatinus in eodem monasterio perpetuis temporibus observetur, dictumque monasterium dilecto filio fratri Marco, tunc priori generali ipsius ordinis sancti Guillelmi, pro eodem ordine sancti Guillelmi cum omnibus juribus et pertinentiis suis duximus concedendum, inter cetera ordinato expresse quod, preter conversos et alios familiares vobis pro tempore oportunos, in ipso monasterio tresdecim fratres ejusdem ordinis sancti Guillelmi, quorum novem, computato priore, sint in presbyteratus ordine constituti, continue teneatis, nobis quoque tunc in minore, ut premittitur officio, constitutis, domino Palumbarie et Castellionis castrorum, ac nostris successoribus eorumdem castrorum dominis in eodem monasterio jure patronatus ac in hominibus ville Sancti Johannis juxta idem monasterium constitutis jurisdictione ac imperio reservatis; quedam vero alia salubria et honesta ibi ordinavimus observanda que idem frater Marcus, nomine ejusdem ordinis sancti Guillelmi, promisit inviolabiliter observare prout in instrumentis publicis inde confectis plenius continetur. Sane nos postmodum, licet immeriti, ad apicem summi apostolatus assumpti, desiderantes etiam apostolico munimine dictam fulcire reformationem, concessionem, provisionem et ordinationem hujusmodi, et alia pro salutari [reformatione] ipsius monasterii in instrumentis predictis habentes rata et grata, ipsa auctoritate apostolica ex certa scientia confirmamus et presentis scripti patrocinio communimus, supplentes defectum, si quis quovis modo in premissis extitit, de nostre plenitudine potestatis. Tenores autem dictorum instrumentorum de verbo ad verbum presentibus fecimus annotari, qui tales sunt:

Palombara, 10 mai 1284.

« Jacobus, miseratione divina tituli Sancte Marie in
» Cosmedin diaconus cardinalis, religiosis fratribus
» Marco, priori generali, ceterisque prioribus et fratri-
» bus ordinis sancti Guillelmi salutem in Domino. Du-
» dum venerabilis in Christo pater Gerardus, Sabinen-
» sis episcopus, intellecto quod monasterium Sancti
» Johannis de Argentella, ordinis sancti Benedicti, sue
» diocesis, spiritualiter et temporaliter enormiter erat
» collapsum, more pastoris solliciti cupiens ejusdem mo-
» nasterii per ministerium salutaris provisionis occur-
» rere dispendiis et ejusdem reformationi vacare, nobis
» suo sigillo signatas direxit litteras sub hac forma :

Capoue, 28 février 1283.

« Reverendo in Christo patri domino Jacobo, Dei
» gratia Sancte Marie in Cosmedin diacono cardinali,
» Gerardus, miseratione divina Sabinensis episcopus,
» salutem in Domino. Cum, sicut accepimus, monaste-
» rium Sancti Johannis de Argentella, ordinis sancti
» Benedicti, nostre diocesis, adeo in temporalibus et
» spiritualibus sit collapsum quod vix speretur quod
» possit de personis ejusdem ordinis reformari, et nos
» reformationem ipsius ad presens intendere non pos-
» simus, paternitati vestre, de qua plenam in conscientia
» fiduciam obtinemus, ordinandi dictum monasterium
» vice nostra, si forsan illud vacare contigerit, de per-
» sonis idoneis Cisterciensis vel sancti Guillelmi aut
» aliorum ordinum, jure nostro et successorum nostro-
» rum in omnibus semper salvo, et liberam auctoritate
» presentium concedimus facultatem. In cujus rei testi-
» monium presentibus nostris duximus [sigillum nos-
» trum] apponendum. Dat. Capue, II kal. martii, pon-
» tificatus domini Martini pape quarti anno secundo. »

« Postmodum quidem eodem domino papa fratrem
» Jacobum, abbatem tunc ejusdem monasterii, ad mo-
» nasterium Sancte Sabbe de Urbe tunc destitutum
» abbatis regimine transferente, ac postea inhibente ne
» quis in eodem monasterio Sancti Johannis ad elec-
» tionem vel postulationem celebrandam procederet
» quoquo modo et decernente irritum et inane quicquid
» contra hujusmodi inhibitionem contingeret attemptari,
» monachis quoque predicti monasterii Sancti Johannis
» in monasteriis ejusdem sancti Benedicti ordinis col-
» locatis, nos monasterio ipsi Sancti Johannis taliter
» abbate et monachis destituto — providere volentes
» — dictum monasterium Sancti Johannis de eodem
» ordine sancti Guillelmi auctoritate reformantes ea-

» dem, ac ordinantes quod in ipso monasterio Sancti
» Johannis dictus ordo sancti Guillelmi perpetuis tem-
» poribus observetur, monasterium ipsum Sancti Johan-
» nis cum juribus, possessionibus et pertinentiis suis,
» tibi, frater Marce, priori, nomine dicti ordinis sancti
» Guillelmi concedimus auctoritate predicta, teque de
» hiis eodem nomine per nostrum anulum investimus,
» cathedratico et aliis juribus episcopalibus loci dio-
» cesani in omnibus semper salvis; adicimus etiam in
» concessione hujusmodi [quod] in eodem monasterio
» Sancti Johannis conventus tresdecim fratrum clerico-
» rum predicti ordinis sancti Guillelmi, quorum novem,
» priore computato, sint in presbiteratus ordine consti-
» tuti, preter conversos et alios familiares vobis pro
» tempore opportunos, ibi existat. Verum cum Raynal-
» dus, dominus de Palumbaria, quasdam possessiones
» ad eum tunc pertinentes pro quibusdam aliis posses-
» sionibus positis in Campo Tiburtino ad monasterium
» ipsum spectantibus eidem monasterio duxerit conce-
» dendas, volumus quod, si possessiones ejusdem mo-
» nasterii sic concessas recuperari contingat, concesse
» per dictum Raynaldum possessiones pro ipsis in ves-
» tra remaneant potestate, itaque illas in alium vel alios
» transferre vel ipsi monasterio conservare [possimus]
» pro voluntario nostre libito voluntatis. Nobis insuper,
» tanquam domino Palumbarie et Castiglionis castrorum
» ac nostris successoribus eorundem castrorum dominis,
» in eodem monasterio jus patronatus ac in hominibus
» quoque ville Sancti Johannis juxta idem monasterium
» constitutis jurisdictionem et imperium reservamus.
» In testimonium autem predictorum presentes litteras
» per Bernardum infrascriptum notarium in publicam
» formam redigi et scribi mandavimus et nostri sigilli
» appensione muniri. Dat. et actum in arce Palumbarie
» in camera nostra, presentibus hiis venerabilibus in
» Christo patribus domino Johanne Boccamatii, archie-
» piscopo Montis Regalis, domino Petro Romanucii,
» episcopo Anconitano, Ramboto, electo Camerinensi,
» fratribus Consilio de Viterbio et Ugolino de Tuderto
» ordinis fratrum Predicatorum necnon fratribus Mauro
» et Bartholomeo ordinis sancti Guillelmi ac nobilibus
» viris Pandulfo de Sabello, fratre, et Luca de Sabello,
» nepote nostris, judice Angelo Petri Matthei de Urbe
» et pluribus aliis testibus ad hec vocatis specialiter et
» rogatis, anno Domini millesimo ducentesimo octua-
» gesimo quarto, indictione XII, mensis maii die decima
» intrantis, pontificatus domini Martini pape quarti
» anno quarto. Ego vero Bernardus dictus Bardonier
» publicus Apostolice Sedis auctoritate notarius predic-
» tus qui reformationi, concessioni et aliis supradictis

» unacum prenominatis testibus presens vocatus inter-
» fui, presentes litteras de mandato predicti cardinalis
» propria manu scripsi et in publicam formam redegi
» meoque signo signavi rogatus. »

Palombara, mai 1284.

« In nomine Domini Amen. Ego frater Marcus, prior
» generalis ordinis sancti Guillelmi, considerans et at-
» tendens sanctam, piam et rectam reformationem mo-
» nasterii Sancti Johannis de Argentella, Sabinensis
» diocesis, ordinis sancti Benedicti, abbate et monachis
» destituti, de ordine sancti Guillelmi necnon conces-
» sionem ejusdem monasterii per vos reverendum pa-
» trem dominum Jacobum, Dei gratia Sancte Marie in
» Cosmedin diaconum cardinalem, auctoritate licentia-
» que venerabilis in Christo patris domini Gerardi epis-
» copi Sabinensis, factam in presens eidem ordini nostro
» et mihi fratri Marco, priori generali, ejusdem ordinis
» sancti Guillelmi nomine, sub modo et forma in vestris
» litteris inde confectis contentis, reformationem et
» concessionem hujusmodi pro me et toto ordine sancti
» Guillelmi recipio et eas accepto —. Ad que omnia
» premissa et singula complenda me meosque succes-
» sores ac totum ordinem sancti Guillelmi et ejusdem
» ordinis bona mobilia et immobilia vobis obligo. Ac-
» cepto insuper exnunc quod possessiones, quas quon-
» dam dominus Raynaldus de Palumbaria predicto
» monasterio Sancti Johannis de Argentella olim con-
» cessit in territorio Palumbarie pro possessionibus
» aliis positis in Campo Tiburtino, postquam hujusmodi
» concessiones de Campo Tiburtino eidem monasterio
» Sancti Johannis de Argentella redierint, in vestra re-
» maneant potestate, ita quod illas in alium vel alios
» transferre vel illas monasterio reservare possitis pro
» vestre libito voluntatis. Accepto etiam quod vobis
» tanquam domino Palumbarie et Castellionis castro-
» rum —. De quibus omnibus premissis ego frater
» Marcus, prior predictus, per magistrum Bernardum
» dictum Bardonier de Carcassona notarium infrascrip-
» tum fieri jussi hoc publicum instrumentum, quod
» vobis ad cautelam vestram et monasterii predicti
» concedo nomine totius ordinis sancti Guillelmi in
» testimonium premissorum. Acta sunt hec in arce
» Palumbarie in camera predicti domini cardinalis,
» presentibus iis venerabilibus in Christo patribus do-

» mino Johanne, archiepiscopo Montis Regalis, domino
» Petro Romanutii, episcopo Anconitano, domino Ram-
» boto, electo Camerinensi, fratribus Consilio de Viter-
» bio et Ugolino de Tuderto ordinis fratrum Predicato-
» rum, fratre Mauro et fratre Bartholomeo ordinis
» sancti Guillelmi ac nobilibus viris domino Pandulfo
» et domino Luca de Sabello et judice Angelo Petri
» Matthei de Urbe, ac pluribus aliis testibus ad hec
» vocatis specialiter et rogatis, anno Domini millesimo
» ducentesimo ottuagesimo quarto, indictione duode-
» cima, mense maii intrante, pontificatus domini Mar-
» tini pape quarti anno quarto. Ego vero Bernardus
» dictus Bardonier —, predicta omnia de mandato par-
» tium, reverendi patris domini Jacobi Sancte Marie in
» Cosmedin diaconi cardinalis et fratris Marci prioris
» generalis ordinis sancti Guillelmi, propria manu
» scripsi et in publicam formam redegi meoque signo
» signavi rogatus. »

Nulli ergo omnino hominum liceat hanc nostram
paginam nostre confirmationis infringere —. Dat.
Rome, apud Sanctam Sabinam, pontificatus nostri anno
secundo. »

975 (Sans date [1].)

* P. regi Francie conqueritur quod burgenses ville Parisiensis
scolis inferunt multa mala, nec sufficit eis quod onerant scho-
lares necessariorum cara venditione et hospitiorum gravissima
pensione, sed iniquitati apponunt iniquitatem, in personis le-
dentes eos, et nocte vel vi vel clam hostia eorum aperiunt et
verberatis eis auferunt universa. Consulit ei ut, attendens quod
progenitores sui semper fuerint tam christiani ut quilibet
rex Francie speciali nomine catholicus appellatus sit, non permittat studium, per quod consistit fides catholica, ab hominibus
suis impediri, sed in manu potenti compescat eos, precipiendo
ipsis ut a scolarum lesione cessent. « De turbatione studii —. »
Sine nota chronolog. (POTTHAST, n° 22302.)

1. Schannat a publié cette bulle, en 1723, dans son ouvrage intitulé *Vindemiæ literariæ*, t. I, p. 210, d'après un manuscrit de
Mayence. Il l'a attribuée à l'année 1286 ; mais le texte qu'il en donne
ne contient pas la date. Potthast l'indique comme antérieure au
5 octobre 1285, c'est-à-dire qu'il la considère comme adressée à
Philippe III. En l'absence de toute notion chronologique il m'a
paru impossible de décider entre ces deux opinions.

TABLE CHRONOLOGIQUE.

BULLES DES PRÉDÉCESSEURS D'HONORIUS IV.

(INNOCENT II — MARTIN IV.)

1132 Martii 8	Valentie.	Immunitates et privilegia monasterii Cluniacensis confirmat Innocentius papa II. (Jaffé, *Regesta*, n° 5407).	Col. 204	No. 412
1184 Aprilis 11	Verulis.	Abbati Cluniacensi, priori et fratribus Silviniacensis ecclesie indulget Lucius papa III ut burgenses, ad Silviniacensem ecclesiam pertinentes, ad nullum alium judicem quam dicte ecclesie priorem non trahantur.	290	408
1192 Februarii 8	Apud. S. Petrum.	Abbati et fratribus Cluniacensibus excommunicandi malefactores suos concedit facultatem Celestinus papa III.	291	410
1195 Novembris 6	Laterani.	Monasterio S. Benedicti super Padum indulget Celestinus papa III ne de terris quas propriis sumptibus colunt decimas persolvant.	414	596
1250 Martii 1	Lugduni.	Abbati ejusdem monasterii utendi mitra, baculo pastorali, annulo, cyrothecis, tunica, dalmatica, sandaliis et caligis liberam concedit facultatem Innocentius papa IV. (POTTHAST, n° 13925.)	433	612
Martii 13	»	Abbatem et conventum ejusdem monasterii sub beati Petri et sua protectione suscipit omnesque eorum possessiones ac privilegia confirmat Innocentius papa IV. (POTTHAST, n° 13932.)	413	594
Octobris 10	»	Abbati et conventui ejusdem monasterii indulget Innocentius papa IV ut per litteras apostolicas ad provisionem alicujus compelli non valeant.	415	597

1250 Octobris 24	Lugduni.	Abbati et conventui monasterii Cluniacensis indulget Innocentius papa IV ut nulli deinceps prioratus, ecclesie et beneficia, ad ordinem Cluniacensem spectantia, per Apostolice Sedis litteras assignentur. (POTTHAST, n° 14096.)	Col. 289	No. 407
Decemb. 18	» - - --	Abbati et conventui S. Benedicti supra Padum indulget Innocentius papa IV ut ad nullius provisionem de abbatiis vel prioratibus suis per litteras apostolicas compelli possint.	415	598
1256 Martii 7	Laterani.	Abbati et conventui Cluniacensibus, cum Innocentius papa IV statuerit ut exempti nichilominus tamen ratione delicti seu contractus aut rei, de qua contra ipsos ageretur, rite possent coram locorum ordinariis conveniri, indulget Alexander papa IV ut occasione constitutionis hujusmodi nullum ordinis Cluniacensis libertatibus generetur prejudicium. (POTTHAST, n° 16288.)	288	405
Maii 3	Viterbii.	Monasterio Cluniacensi privilegia ab Apostolica Sede concessa confirmat Alexander papa IV.	329	464
1263 Maii 31	Ap. Urbem Veterem.	G., patriarche Jerosolimitano, conferendi persone ydonee ecclesiam S. Egidii Acconensis concedit facultatem Urbanus papa IV.	195	254
Julii 27	»	Urbanus papa IV regulam sororum Minorum inclusarum approbat.	131	170
1265 Maii 31	Perusii.	Jacobo, diacono cardinali S. Marie in Cosmedin, testamentum condendi concedit facultatem Clemens papa IV.	582	823
1282 Octobris 1	Ap. Montemflasconem.	Arusiensi episcopo Martini pape IV littere de decima Terre Sancte subsidio concessa in Dacia et Suecia colligenda. (POTTHAST, n° 21934.)	261	355
1284 Junii 22	Ap. Urbem Veterem.	Episcopo Ripensi mandat Martinus papa IV quatinus fratrem Petrum, episcopum Wibergensem ab archiepiscopo Lundensi constitutum, qui Trugillum, episcopum Wibergensem electum, incarceraverat, citet ut coram Apostolica Sede compareat. (POTTHAST, n° 22163.) [1]	8	6
Septemb. 22	Ap. Castrum Plebis.	Henrico, electo Virdunensi, conferendi tabellionatus officium duabus personis ydoneis concedit facultatem [2].	134	175
Decemb. 10	Perusii.	Tripolitane ecclesie, per obitum Pauli episcopi vacantis, provisionem Apostolice Sedi reservat.	224	289
Decemb. 22	»	Archembaudo, rectori ecclesie de Duglas, diocesis Glasguensis, indulget ut prebendam in ecclesia Aberdonensi recipere valeat. [3]	5	4

1. Cette lettre de Martin IV n'étant pas encore munie de la bulle au moment de la mort de ce pape fut expédiée par Honorius IV le 5 avril 1285.

2. Cette lettre, non munie de la bulle au moment de la mort de Martin IV, fut expédiée par Honorius IV le 4 novembre 1285.

3. Cette lettre, non munie de la bulle au moment de la mort de Martin IV, fut expédiée par Honorius IV le 8 avril 1285.

1285			Col. 232	No. 303
Januarii 13	Perusii.	Abbati monasterii de Ficecchio ac priori ecclesie de Cappiano mandat quatinus Minello, canonico S. Michaelis in foro Lucano, plebanatum plebis de Sancto Paulo conferre curent.		
» 14	»	Johannem, monasterii S. Benedicti de Padolirone abbatem electum confirmat 1.	11	7
» 18	»	Abbati S. Marie de Tuta Insula, priori Predicatorum Nidrosiensi, ac guardiano Minorum Bergensi, de Nerva, archiepiscopo Nidrosiénsi electo, examinando. (Potthast, n° 22205.)	3	2
» 21	»	Fredericum, monasterii Medelicensis abbatem electum confirmat².	4	3
Februarii 10	»	Giffredo de Vezano, Apostolice Sedis nuntio in Anglia, mandat quatinus singulis diebus, quibus collectioni decime Terre Sancte vacaverit, tres solidos sterlingorum retineat.	335	469
Martii 15	»	Abbati Admontensi mandat quatinus inquirat de excessibus a Frederico, abbate monasterii Mosacensis, collectore decime Terre Sancte in provincia Salzburgensi deputato, commissis.	6	5
» 17	»	Petro Ruffo dicto Ankaille tabellionatus officium concedit. — In e. m. Martino de Vivianis de Pinayrolio. — In e. m. Johanni Renulphi de Ussello. — In e. m. Guillelmo Radulphi. — In e. m. Zacharie Expallerii de Guiorc.	35	39
» 19	»	Gentili Boniscagni de Castrobono tabellionatus officium concedit. — In e. m. Petro Martini de Cadulla.	35	39
» 24	»	B., episcopo Portuensi, Apostolice Sedis legato, de domo fratrum ordinis Penitentie Jhesu Christi, Bononie sita, capitulo S. Fridiani Lucani vendenda.	15	9

1. Cette lettre et la suivante furent expédiées, pour la même raison que les précédentes, par Honorius IV, l'une le 5 avril, l'autre le 12 avril 1285.

2. Cette lettre de Martin IV et celles qui suivent furent expédiées par Honorius IV aux dates du 12 avril, 17 avril, 5 avril, 11 juin, et 5 avril 1285.

BULLES D'HONORIUS IV.

1285				Col. 584	No. 824
Aprilis 3		Perusii.	Magistro Guillelmo Duranti, rectori Romaniole, mandat quatinus commissum sibi rectoris officium cum diligentia exequatur.	Col. 584	No. 824
»	4		Archiepiscopo Beneventano mandat quatinus P., episcopum Larinensem, qui civitatis Larinensis incolas ad rebellionem contra heredes Caroli Sicilie regis induxit, citet ut coram Sede Apostolica compareat.	333	468
»	5	»	Decano ecclesie Pictavensis, de electione Petri de Milangis, prioris domus Dei de Monte Maurilio, examinanda.	1	1
»	5		Abbati Admontensi mandat quatinus inquirat de excessibus a Frederico, abbate monasterii Mosacensis, collectore decime Terre Sancte in provincia Salzburgensi deputato, commissis.	5	5
»	5	»	Episcopo Ripensi mandat quatinus fratrem Petrum, episcopum Wibergensem ab archiepiscopo Lundensi constitutum, qui Trugillum, episcopum Wibergensem electum, incarceraverat, citet ut coram Apostolica Sede compareat.	8	6
»	5	»	Johannem, monasterii S. Benedicti de Padolirone abbatem electum confirmat. — In e. m. conventui ejusdem monasterii. — In e. m. abbatibus, prioribus conventibusque eidem monasterio immediate subditis. — In e. m. universis vassallis ejusdem monasterii.	10	7
»	5		B., episcopo Portuensi, Apostolice Sedis legato, de domo fratrum ordinis Penitentie Jhesu Christi, Bononie sita, capitulo S. Fridiani Lucani vendenda.	15	9
»	5		Populo Romano gratias agit quod se in Senatorem Urbis ad vitam elegit, eidemque populo se ad Urbem infra paucos dies venturum nuntiat	584	825
»	8	»	Archembaudo, rectori ecclesie de Duglas, diocesis Glasguensis, indulget ut prebendam in ecclesia Aberdonensi recipere valeat.	5	4
»	11	»	Benedicto, S. Nicolai in Carcere Tulliano diacono cardinali, domos ecclesie Sanctorum Quatuor de Urbe committit gubernandas.	586	826
»	12	»	Abbati S. Marie de Tuta Insula, priori Predicatorum Nidrosiensi ac guardiano Minorum Bergensi, de Nerva, archiepiscopo Nidrosiensi electo, examinando.	2	2

1285				Col. 4	No. 3
Aprilis 12	Perusii.	Fredericum, monasterii Medelicensis abbatem electum, confirmat. — In e. m. priori et conventui ejusdem monasterii. — In e. m. universis vassallis ejusdem monasterii. — In e. m. episcopo Chimensi, de eodem abbate benedicendo.		Col. 4	No. 3
13	»	Hugoni, episcopo Bethleemitano, de decima ad negotii Sicilie prosecutionem deputata, in provincia Ravennate, in Anconitana Marchia et diocesi Urbinate ac etiam in Massa Trabaria colligenda.		16	12
16	»	Priori et conventui monasterii S. Laurentii extra muros Urbis eligendi abbatem licentiam concedit.		14	8
16	»	Priorem et conventum Vallis Scolarium, diocesis Lingonensis, sub protectione beati Petri suscipit.		15	11
17	»	Cum Johanne de Stanford, decano Dublinensi, super defectu natalium dispensat.		15	10
17	»	Archiepiscopo Consano testandi concedit facultatem.		19	13
17	»	Giffredo de Vezano, nuntio Apostolice Sedis in Anglia, mandat quatinus singulis diebus, quibus collectioni decime Terre Sancte vacaverit, tres solidos sterlingorum retinere valeat.		334	469
17	»	Plebano plebis de Aria mandat quatinus Gentilem, capellanum pape, in plebis de Faverio, diocesis Camerinensis, corporalem possessionem inducat.		586	827
18	»	Johanni, presbitero cardinali S. Cecilie, legato Apostolice Sedis, mandat quatinus pecunie summam quibusdam militibus, quos Philippus rex Francorum ad pontificalem exercitum transmiserat, mutuatam ecclesie Romane restitui faciat.		335	470
18	»	Thesaurario domus Templi Parisiensis mandat quatinus duo millia turonensium grossorum, que apud ipsum thesaurarium deposuerat Martinus papa IV, certis mercatoribus assignet in Terre Sancte subsidium convertenda.		336	471
20	»	Regi Anglie, de decima Terre Sancte in Anglia, Scotie, Hibernie regnis et Wallie partibus concessa.		19	14
24	»	Monasterium de Aberconoweye in Assavensi diocesi ab E., Anglie rege, fundatum confirmat.		20	15
24	»	Jacobum Parreche monasterii S. Petri Eugubini abbatem electum confirmat. — In e. m. conventui ejusdem monasterii. — In e. m. episcopo Assisinati, de eodem abbate benedicendo.		20	16

1285 Aprilis 24	Perusii.	Matheum, monachum S. Crucis Fontis Avellani, monasterio S. Benedicti de Monte Subasio preficit in abbatem. — In e. m. conventui monasterii S. Benedicti de Monte Subasio. — In e. m. episcopo Castellano, de eodem abbate benedicendo.	Col. 21	No. 17
24	»	Bernardum, olim Humanatem episcopum, Castrensem episcopum electum confirmat. — In e. m. capitulo ecclesie Castrensis. — In e. m. clero diocesis Castrensis. — In e. m. populo civitatis Castrensis.	21	18
24	»	Johannem Cathalaunensis ecclesie episcopum electum confirmat. — In e. m. capitulo ejusdem ecclesie. — In e. m. clero diocesis Cathalaunensis. — In e. m. populo civitatis Cathalaunensis. — In e. m. universis vassallis ejusdem ecclesie. — In e. m. regi Francie, de regalibus ejusdem ecclesie eidem episcopo restituendis.	23	19
25	»	Regi Anglie electionem suam ad apostolatus officium nuntiat.	587	828
Maii 23	Apud S. Petrum.	Jacobo, episcopo Ferentinati, de decima, ad negotii Sicilie prosecutionem deputata, in Campania et Maritima colligenda.	18	12
23	»	Christoforo, priori de Saltiano, de eadem decima in Aquelegensi et Gradensi patriarchatibus, ac Mediolanensi et Januensi provinciis necnon in Cumana, Ferrariensi, Parmensi, Regina et Mutinensi diocesibus colligenda.	18	12
25	»	Angelotto, archidiacono Florentino, de eadem decima in ducatu Spoletano, in Tuscia necnon Tudertina, Perusina et Castelli civitatibus colligenda.	18	12
25	»	R. archidiaconum Camerinensem, ecclesie Camerinensi preficit in episcopum.	27	25
25	»	Archiepiscopo et clero provincie Mediolanensis se in summum pontificem secunda die aprilis electum esse notum facit.	337	472
25	»	Archiepiscopo Antibarensi ejusque suffraganeis ac abbatibus, prioribus et aliis ecclesiarum prelatis per Sclavonie provinciam constitutis suam ad summum apostolatum promotionem notam facit.	588	829
26	»	Priorem et conventum Vallis Scolarium, diocesis Lingonensis, sub protectione beati Petri suscipit.	16	11
26	»	Symoni de Luca, canonico Lichefeldensi, de decima ad negotii Sicilie prosecutionem deputata in Tuscia et Maremma colligenda.	19	12
27		Litteras quibus Johannem Cathalaunensi ecclesie in episcopum prefecerat confirmat. — In e. m. capitulo ecclesie Cathalaunensis, — In e. m. regi Francie, de regalibus ejusdem ecclesie eidem episcopo restituendis.	25	20

1285				
Maii 27	Apud S. Petrum.	R., archidiaconum Camerinensem, ecclesie Camerinensi preficit in episcopum. — In e. m. capitulo ejusdem ecclesie. — In e. m. clero diocesis Camerinensis. — In e. m. populo ejusdem diocesis.	Col. 27	No. 26
28	»	Priori Predicatorum et ministro Minorum fratrum Lombardie et Januensis provinciarum, de testibus, quos producebant religiosi ordinis Humiliatorum in negotio, quod contra Mediolanensem archiepiscopum, Cumanum et Brixiensem episcopos habebant, recipiendis et examinandis.	26	24
29	»	Rudolfo, archiepiscopo Salzeburgensi, transmittit palleum.	28	28
30	»	Uberto, episcopo Astensi, indulget ut beneficiis ecclesiasticis, que tempore electionis sue confirmate et adhuc tenebat, usque ad tres alios annos fruatur.	27	27
30	»	Laventino et Chimensi episcopis, de palleo Rudolfo, archiepiscopo Salzeburgensi, assignando.	29	29
30	»	Johannem de Saunfordia archiepiscopum Dublinensem electum confirmat. — In e. m. capitulo S. Patricii Dublinensis. — In e. conventui S. Trinitatis Dublinensis. — In e. m. clero civitatis Dublinensis. — In e. m. populo ejusdem civitatis. — In e. m. universis vassallis ecclesie Dublinensis. — In e. m. regi Anglie.	30	30
30	»	Capitulis S. Trinitatis et S. Patricii ecclesiarum Dublinensium, de jure eligendi archiepiscopum Dublinensem ad utramque ecclesiam communiter spectante.	31	31
31	»	Magistratibus et communi Senensibus, de fratribus ordinis Militie Beate Marie non opprimendis. — In e. m. magistratibus et communi Urbevetanis.	31	32
31	»	Radulpho, archiepiscopo Lugdunensi, concedendi tribus personis tabellionatus officium concedit facultatem.	31	33
31	»	Gerardo, episcopo Sabinensi, Apostolice Sedis legato, conferendi personis ydoneis beneficia clericorum suorum, cedentium vel decedentium, concedit facultatem.	338	473
Junii 1	»	Episcopo Parisiensi, de fratre Egidio Romano coram magistris theologie Facultatis Parisiensis examinando.	32	35
1	»	Abbati monasterii S. Pauli de Urbe indulget ut certas possessiones dicti monasterii locare valeat.	39	48
1	»	Episcopo Autissiodorensi et abbati S. Petri Autissiodorensis mandat quatinus episcopum Silvanectensem moneant ut causam inter Mariam, monialem, Milonemque de Tignonvilla ex una parte et archiepiscopum Senonensem ex altera habitam, ad Apostolice Sedis examen remittat.	60	70

1285 Junii 4	Apud S. Petrum.	Johanni, electo Cathalaunensi, indulget quod usque ad unum annum computandum a festo Omnium Sanctorum munus consecrationis suscipere non teneatur.	Col. 25	No. 21
4	»	Episcopo Cassanensi, collectori decime Terre Sancte, de quibusdam pecuniarum summis in Sicilia et Calabria collectis, Petro Foresii mercatori Florentino assignandis.	38	43
5	»	Omnibus prelatis ecclesiarum mandat quatinus Christoforo, priori de Salteano, collectori decime, de securo conductu provideant.	34	38
7	»	Episcopo Trecorensi, de domo, quam fratres Penitentie Jhesu Christi juxta muros ville Guengampi habent, ordini fratrum Predicatorum vendenda.	66	81
7	»	Episcopo Lausanensi, de domo, quam fratres ordinis S. Marie Vallis Viridis habent in castro Solodoro, ordini Predicatorum fratrum vendenda.	66	82
7	»	Archidiacono ecclesie Valentine in Hispania, de domo, quam fratres Penitentie Jhesu Christi in villa Xativa habent, fratribus Predicatoribus vendenda.	66	83
7	»	Preposito ecclesie Avinionensis, de domo fratrum Penitentie Jhesu Christi de Tarascone fratribus ordinis Predicatorum de Tarascone vendenda.	67	84
8	»	Cum Thebaldo, monacho, filio quondam Johannis comitis Cabilonensis, super defectu natalium dispensat.	31	34
11	»	Petro Ruffo dicto Ankaille tabellionatus officium concedit. — In e. m. Martino de Vivianis de Pinayrolio. — In e. m. Johanni Renulphi de Ussello. — In e. m. Guillelmo Radulphi. — In e. m. Zacharie Expallerii de Guiore. — In e. m. Gentili Boniscagni de Castrobono. — In e. m. Petro Martini de Cadulla.	35	39
11	»	Johanni, electo Dublinensi, subdiacono, de ordinibus superioribus a quocumque catholico episcopo recipiendis.	38	44
11	»	Lechlinensi et Fernensi episcopis, de Johanne electo Dublinensi consecrando.	39	45
12	»	P., archiepiscopo Arborensi, de decima, ad negotii Sicilie prosecutionem deputata, in Corsica et Sardinia colligenda.	19	12

1285				
Junii 12	Apud S. Petrum.	Lechlinensi et Fernensi episcopis, de palleo Johanni, electo Dublinensi, assignando.	Col. 39	No. 46
12	«	Episcopo Cameracensi, de certis beneficiis ecclesiasticis in ipsius civitate et diocesi conferendis.	173	209
13	«	Archiepiscopo Remensi, de Johanne episcopo Cathalaunensi consecrando.	26	22
13	»	Rollando de Ferentino, rectori ducatus Spoletani, de hominibus castrorum Cassie et Vissi ab excommunicatione absolvendis.	26	23
13	»	Johanni, electo Dublinensi, conferendi tabellionatus officium duabus personis concedit facultatem.	39	47
13	»	Episcopo Fuliginati, de electione Bernardi de Podio, abbatis S. Eleutherii electi, confirmanda.	40	50
13	»	Redemptionem decimarum quarumdam de manibus laicorum a Guillelmo, archiepiscopo Senonensi, factam confirmat.	40	51
13	»	Donationem redditus annui ab Egidio, archiepiscopo Senonensi, capitulo Senonensi factam confirmat.	41	52
13	»	Egidio, archiepiscopo Senonensi, ordinandi clericos in Senonensis provincie diocesibus, tempore visitationum, suffraganeis non requisitis, concedit facultatem.	41	53
13	»	Capitulo Senonensi concedit ut in feudis et retrofeudis archiepiscopalis sedis Senonensis aliqua bona acquirere possit.	43	58
13	»	Egidio archiepiscopo et capitulo Senonensibus concedit ut redditus dignitatum et prebendarum vacantium per annum integrum percipere valeant.	44	59
13	»	Cartusiensis ordinis fratribus indulget ut de possessionibus quas propriis manibus vel sumptibus colunt nulli decimas solvant.	52	61
13	»	Archiepiscopo Viennensi, episcopo Eduensi et abbati S. Stephani de Divione, de causa, inter archiepiscopum Lugdunensem, ex una parte, et capitulum Lugdunense ex altera, super temporali jurisdictione Lugdunensis civitatis orta, per viam concordie terminanda.	52	62
13	»	J., electo Cathalaunensi, conferendi duabus personis tabellionatus officium concedit facultatem.	67	87
13	»	Preposito et capitulo hospitalis de Monte Jovis indulget ut nulli persone seculari vel ecclesiastice tallias exhibeant.	68	89

1285 Junii 13	Apud S. Petrum.	Electo Gathalaunensi, faciendi recipi personas in canonicos, in S. Marie in Vallibus et S. Trinitatis ecclesiis, concedit facultatem.	Col. 143	No. 185
17	»	Sorores domus Collis S. Marie de Oliveto Perusine cure magistri et prioris fratrum Predicatorum Romane provincie committit. — In e. m. magistro et priori provinciali Romane provincie ordinis fratrum Predicatorum.	35	40
17	»	Abbati et conventui monasterii Fiscanensis indulget ut in causis quibuscumque ad exhibitionem privilegiorum suorum compelli non possint.	37	41
17	»	Guillelmo, abbati ejusdem monasterii, benedicendi calices, pallas altaris, corporalia et vestes sacerdotales concedit facultatem.	37	42
17	»	Christoforo, priori ecclesie de Salteano, collectori decime in regni Sicilie subsidium deputate, declarationes de eadem decima colligenda editas transmittit. — In e. m. Angelotto, archidiacono Florentino.	44	60
17	»	Priori et capitulo S. Cecilie in Transtiberim yconam argenteam eisdem a Martino papa IV legatam assignat.	55	65
17	»	Epi copo Sancti Andree in Scotia, de loco, quem fratres Penitentie Jhesu Christi infra villam de Veranyco habuerant, fratribus Predicatoribus de dicta villa vendendo.	64	77
18	»	Henrico de Somersete indulget ut beneficium aliud ecclesiasticum cum ecclesia de Coririvel retinere possit.	41	54
18	»	Monasterium S. Petri Aqueorte, ordinis s. Benedicti, spiritualiter et temporaliter collapsum ordini s. Guillelmi incorporat.	57	67
21	»	Episcopo Bethelimitano, de decima adversus Petrum, regem Aragonie, concessa colligenda. — In e. m. Angelotto de Alfanis, archidiacono Florentino. — In e. m. Christoforo, priori de Salteano.	34	36
22	»	Jacobo, episcopo Ferentinati, de eadem decima colligenda. — In e. m. archiepiscopo Arborensi. — In e. m. Symoni de Luca, canonico Lichefeldensi.	33	36
22	»	Berardo de Podio, de Rocca Ampenane et castro Montis Acuti comiti Guidoni restituendis. — In e. m. Oberto de Pulcis, mercatori Florentino.	42	55
22	»	Guillelmo Durandi, rectori Romaniole, de arce Mucille Conrado ejusque sociis restituenda.	43	56

1285				
Junii 22	Apud S. Petrum.	Guidoni, comiti Salvatico, de arce Mucille Guillelmo Durandi assignanda.	Col. 43	No. 57
22	"	Cum magistro Gualtero de Bactonia super defectu natalium dispensat.		74
Julii 4	Palumbarie.	P., episcopo Anconitano, de monasterio SS. Andree et Silvestri, Civitatis Castellane diocesis, administrando.	338	474
4	"	Abbati et conventui monasterii SS. Andree et Silvestri mandat quatinus episcopi Anconitani monitis et mandatis pareant. — In e. m. universis vassallis ejusdem monasterii.	338	475
5	"	Regem Scotie rogat quatinus quicquid super exactione decime Terre Sancte in Scotie regno colligende contra mercatores quosdam Italie per regios officiales presumptum esse dinoscitur revocari faciat.	56	66
10	Tibure.	Monasterium S. Quirici de Populonia, ordinis s. Benedicti, heremo S. Guillelmi concedit.	59	68
10	"	Monasterium S. Pancratii, ordinis s. Benedicti, ordini s. Guillelmi concedit.	60	69
10	"	Preposito ecclesie Curiensis mandat quatinus monasterio Disertinensi bona illicite alienata vel distracta restitui faciat.	591	831
11	"	Johanni Muscate, archidiacono Lancitiensi, de denario Beati Petri in Polonia et Pomorania colligendo.	148	194
11	"	Eidem Johanni Muscate, de diversis prelatis Polonie et Pomoranie ad pecuniam denarii Beati Petri camere apostolice restituendam compellendis.	148	195
11	"	Universos duces per Poloniam et Pomoraniam constitutos requirit ut predicto Johanni Muscate impendant auxilium. — In e. m. duci Slezie et domino Wratislavie. — In e. m. duci Cracovie.	148	196
11	"	Archiepiscopum Gneznensem ejusque suffraganeos rogat ut predicto Johanni Muscate consilium impendant et auxilium. — In e. m. magistro fratrum Hospitalis S. Marie Theutonicorum. — In e. m. episcopo Caminensi.	148	197
11	"	Duces de Opol, Wratislaviensis et Cracoviensis diocesium, rogat quatinus censum, in quo ecclesie Romane solvendo tenentur Theutonici dictorum ducatuum, Johanni Muscate faciant persolvi.	149	198
11	"	Archiepiscopo Gneznensi ceterisque prelatis in Polonia et Pomorania constitutis mandat quatinus Johanne Muscate, diebus singulis quibus officio sibi commisso vacaverit, in sexdecim solidis turonensium provideant.	149	199

1285				Col. 591	No. 832
Julii 11	Tibure.	Regem Anglie rogat ut Thomasium Spillati et Lapum Hugonis de Florentia, apostolice camere mercatores, eorumque socios in Anglia commorantes habeat commendatos.		Col. 591	No. 832
11	»	Abbati et conventui S. Petri Vivi Senonensis indulget ut bona mobilia et immobilia, feudalibus exceptis, a personis liberis in eorum monasterio professionem facientibus recipere et retinere valeant.		591	833
13	»	Locum a Paparono, episcopo Fulginati, fratribus ordinis Predicatorum in Fulginati civitate datum confirmat.		119	146
13	»	Abbati et conventui monasterii de Camberone omnes libertates, immunitates et exemptiones confirmat.		592	834
15	»	Priori Predicatorum et guardiano Minorum fratrum Pisanis, de electione Raynerii Thomasi de Yndia, rectoris hospitalis novi Misericordie S. Spiritus Pisani electi, confirmanda.		55	64
15	»	Guardiano Minorum castri Spelli, diocesis Spoletane, mandat ut incolas ejusdem castri excommunicatos absolvat.		592	835
15	»	* Decano S. Donati de Brugis et magistro Britio, ejusdem ecclesie canonico, mandat se indulsisse Ysabelle, comitisse Flandrie, ut ad obsequium suum retineret duos clericos qui beneficiorum suorum redditus percipere valerent. — In e. m. comitisse Flandrie.		592	836
15	»	* Guidoni, comiti Flandrie, mandat se abbati Cisterciensi permisisse ut monacho vel fratri converso ordinis Cisterciensis, qui dicti comitis obsequio insistit, carne vescendi libertatem concedere posset.		592	837
18	»	Regem Scotie hortatur ne permittat ut Rossensis et Moraviensis episcopi a regiis officialibus molestentur.		55	63
18	»	Priori Predicatorum et guardiano Minorum fratrum Trajectensibus committit quatinus cum Gerardo de Velsen et Hildegundi, uxore ejus, super matrimonio ab ipsis contracto dispensent.		69	93
18	»	Priori Predicatorum et guardiano Minorum fratrum Trajectensibus committit quatinus cum Johanne de Renisso et Sophia uxore ejus super matrimonio ab ipsis contracto dispensent.		69	94
19	»	Episcopo Tiburtino, de ecclesia S. Blasii Tiburtini fratribus Predicatoribus conferenda.		68	90
21	»	Berardum ecclesie Fuliginati preficit in episcopum. — In e. m. capitulo ecclesie Fuliginatis. — In e. m. clero diocesis Fuliginatis. — In e. m. populo diocesis Fuliginatis.		65	80

1285				Col. 68	No. 88
Julii 21	Tibure. .	Guillelmum ecclesie Callensis episcopum electum confirmat. — In e. m. capitulo ejusdem ecclesie. — In e. m. clero diocesis Callensis. — In e. m. populo ejusdem diocesis.		Col. 68	No. 88
21	»	Abbati S. Luciani Belvacensis utendi mitra, anulo ac baculo pastorali etc. concedit facultatem.		69	91
21	»	Paparonum, episcopum, de Fulginate ecclesia in Spoletanam transfert. — In e. m. capitulo ecclesie Spoletane. — In e. m. clero diocesis Spoletane. — In e. m. populo ejusdem diocesis. — In e. m. universis vassallis ecclesie Spoletane.		103	120
21	»	Johanni, S. Cecilie presbitero cardinali, Apostolice Sedis legato, dispensandi super defectu natalium cum viginti personis ipsius legationis concedit facultatem.		342	481
21	»	Eidem legato, quoslibet legationis sue per judices, a Sede Apostolica delegatos, jam defunctos vel absentes, excommunicatos, ab hujusmodi excommunicationibus absolvendi concedit facultatem.		342	482
21	»	Eidem legato, ut vota personarum legationis sue possit commutare concedit.		342	483
21	»	Regi Francie legata indistincte relicta gratiose in negotii Aragonie subsidium concedit.		343	484
21	»	* Abbatibus monasteriorum S. Dyonisii in Francia et S. Luciani Belvacensis mandat ;quatinus litteras proxime superiores executioni debite demandent.		592	838
23	»	Nivernensi ecclesie Egidium de Castelleto preficit in episcopum. — In e. m. decano et capitulo ejusdem ecclesie. — In e. m. clero diocesis Nivernensis. — In e. m. populo diocesis Nivernensis. — In e. m. universis ejusdem ecclesie vassallis. — In e. m. regi Francie.		62	71
23	»	Willelmo de Aweltona, dicto Trenchefuyl, ecclesiam de Bertone, diocesis Norwicensis, confert. — In e. m. episcopo Norwicensi et magistro Riccardo notario apostolico.		63	72
23	»	Laurentio Johannis, clerico diocesis Sutrine, tabellionatus officium concedit.		64	75
23	»	Archiepiscopo Januensi mandat quatinus commune Januense citet ut per procuratorem coram Apostolica Sede compareat.		92	101
23	»	Magistratus et commune civitatis Januensis rogat quatinus Giffredo de Anagnia, rectori Marchie Anconitane, contra Mercennarium, Raynaldum et Guillelmum Symoneti de Esio assistant.		593	839

1285				Col. 595	No. 840
Julii 23	Tibure.	Magistratus et commune civitatis Auximane rogat quatinus eidem rectori contra eosdem assistant.		Col. 595	No. 840
23	»	Abbatisse et conventui monasterii de Blankenouwe indulget ut bona, feudalibus exceptis, a personis liberis in earum claustro professionem facientibus recipere et retinere valeant.		595	841
23	»	Magistro et fratribus hospitalis S. Marie Theutonicorum Jerosolimitane omnes libertates, immunitates et exemptiones confirmat.		595	842
27	»	Priori provinciali fratrum Predicatorum de Polonia mandat quatinus cum prelatis ecclesiarum in quibus dux Cracovie jus obtinet patronatus super irregularitate quam contraxerant dispenset.		99	113
28	»	Regi Anglie terminum infra quem viviflce signum crucis assumere poterit usque ad festum Pentecostes secundo venturum prorogat.		340	478
30	»	Lutuardum, priorem S. Marie de Corneto, ecclesie Nepesine preficit in episcopum[1]. — In e. m. archipresbytero et capitulo ejusdem ecclesie. — In e. m. clero diocesis Nepesine. — In e. m. populo diocesis Nepesine.		64	76
30	»	Johannem monasterio S. Petri de Villamagna preficit in abbatem. — In e. m. conventui ejusdem monasterii. — In e. m. universis vassallis ejusdem monasterii.		96	104
30	»	Gerardo, episcopo Sabinensi, Apostolice Sedis legato, personas regni Sicilie citra Farum que ad ecclesie Romane et heredum Caroli regis Sicilie mandata redierant, ab excommunicationis sententia absolvendi concedit facultatem.		339	477
31	»	Raynucium, priorem S. Michaelis de Castillione Vallispese, quondam Angelotto de Alfanis, collectori decime Sicilie in ducatu Spoletano, subrogat.		19	12
31	»	Lanfranco Bomperto, clerico Novariensi, tabellionatus officium concedit.		63	73
31	»	Decano, subdecano et capicerio ecclesie Pictavensis mandat quatinus Galterum, episcopum Pictavensem, qui canonicos monasterii Aureevallis in vacantibus ecclesiis, ad abbatis Aureevallis presentationem pertinentibus, intruserat, peremptorie citent ut coram Apostolica Sede compareant.		113	139
31	»	Gilberto, episcopo Lemovicensi, mandat quatinus, si executores testamenti quondam Aymerici, episcopi Lemovicensis, executionem hujusmodi adimplere usque ad unum annum neglexerint, eam perficere procuret.		209	271

1. Potthast, n° 22275, à la date du 29 juillet 1285.

1285			Col. 34	No. 37
Augusti 1	Tibure.	Raynutio, priori S. Michaelis de Castillione Vallispese, de decima in regni Sicilie subsidium deputata, colligenda.	Col. 34	No. 37
1	»	Eidem Raynutio declarationes de eadem decima colligenda editas transmittit.	51	60
1	»	Regi Romanorum, ob affectuose sollicitudinis sue studia erga Romanam ecclesiam et Caroli, regis Sicilie, heredes gratias agit.	339	476
2	»	De monasterio S. Justi, Tuscanensis diocesis, cum ecclesia S. Nicolai de Corneto unito, ab abbate S. Anastasii de Urbe gubernando.	97	106
2	»	Monasterii do S. Sequano, cujus abbatiam unacum Valentino et Diensi episcopatu usque ad certum tempus retinere poterat Johannes, provisionem de abbate faciendam Apostolice Sedi reservat.	119	145
5	»	Jacobo, filio Petri Pallonis, civi Romano, tabellionatus officium concedit.	64	75
5	»	Abbati S. Benigni Divionensis, de certis possessionibus inter monasterium Cluniacense et capitulum Lingonense permutandis.	67	85
5	»	Abbati S. Illidii Claromontensis, de certis possessionibus inter monasterium Cluniacense et conestabulum Francie permutandis.	67	86
5	»	Monasterium S. Augustini de Monte Alto monasterio S. Anastasii de Urbe concedit.	98	107
5	»	Episcopo Castellano mandat quatinus interdictum, cui Venetiarum civitas est supposita, relaxet.	341	479
6	»	Eidem episcopo mandat quatinus ducem et consilium civitatis Venetiarum moneat ut statutum illud, ob cujus publicationem dicta civitas interdicto supposita erat, declarent in ecclesie Romane injuriam non editum esse.	341	480
5	»	Edwardo, regi Anglie, pro jocalibus sibi missis gratias agit.	595	843
5	»	Archidiacono Clusiensi mandat quatinus ad jus monasterii S. Salvatoris de Monte Amiato bona illicite alienata vel distracta revocare procuret.	595	844
5	»	Monasterio S. Dyonisii omnes libertates, immunitates et exemptiones confirmat.	596	845
6	»	Fildesmidum Nucerine ecclesie episcopum electum confirmat. — In e. m. priori et capitulo ejusdem ecclesie. — In e. m. clero diocesis Nucerine. — In e. m. populo ejusdem diocesis.	65	78

1285				Col. 65	No. 79
Augusti 9	Tibure.	Episcopo Tudertino, de Fildesmido, electo Nucerino, conse-crando [1].		Col. 65	No. 79
9	»	Archiepiscopo Arborensi, de decima Terre Sancte in Sardinie et Corsice partibus colligenda.		70	95
9	»	Episcopo Lingonensi mandat quatinus fratribus hospitalis S. Spi-ritus de Divione habendi oratorium in eodem hospitali et cimite-rium licentiam largiatur. — In e. m. episcopo Cabilonensi.		94	103
9	»	Episcopo Macloviensi committit ut Benabio de Derval militi, qui voverat in Terre Sancte auxilium proficisci, concedat quod votum suum redimere possit.		101	117
9	»	Archiepiscopo Arborensi, de pecunia e decima Terre Sancte col-lecta duabus mercatorum societatibus Florentinis assignanda.		105	125
9	»	Eidem archiepiscopo, de pecunia e decima pro regni Sicilie negotio concessa collecta duabus mercatorum societatibus Floren-tinis assignanda.		105	126
13	»	B., episcopo Castellano, testandi concedit facultatem.		69	92
13	»	Stephano Chalari, clerico diocesis Lemovicensis, tabellionatus officium committit.		102	118
13	»	Archiepiscopo Arborensi, de interdicto cui plura loca Sardinie submissa erant relaxando.		104	123
13	»	R., archiepiscopo Lugdunensi, indulget ut non teneatur ad solu-tionem certorum debitorum per ipsius predecessores Lugdunensis ecclesie nomine contractorum.		111	133
13	»	Decano ecclesie Bremensis mandat quatinus ad jus monasterii B. Marie in Borstello bona illicite alienata revocet.		596	846
23	»	Gaufrido de Lochis, canonico Constantiensi, et decano ecclesie S. Candidi senioris Rothomagensis mandat quatinus archie-piscopum Rothomagensem ejusque officialem, qui episcopi Bajo-censis officiales oppresserant, citent ut coram Apostolica Sede compareant.		108	128
23	»	Priori Predicatorum in Valencenis et guardiano Minorum Came-racensi committit quatinus de venditione diversarum villarum, ab abbate et conventu S. Cornelii de Yda Guidoni comiti Flandrie facta, inquirant.		123	150
25	»	Abbati monasterii S. Praxedis, et magistro Alberto, canonico S. Petri de Urbe, de certis possessionibus inter conventum S. Pauli de Urbe et conventum de Palatiolis permutandis [2].		39	49

1. Potthast, n° 22506, à la date du 9 août 1286.
2. Potthast, n° 22282, à la date du 27 août 1285.

1285				
Augusti 27	Tibure.	Jacobum, abbatem S. Sabe de Urbe, ad Farfense monasterium transfert. — In e. m. priori et conventui monasterii Farfensis. — In e. m. universis vassallis ejusdem monasterii.	Col. 94	No. 102
28	»	Episcopo Eugubino, collectori decime Terre Sancte, de diversis pecunie summis a mercatoribus Lucanis requirendis et recipiendis.	98	108
29	»	Prioribus domorum ordinis Vallis Scolarium concedit ut de fratrum debilitate constare valeant ipsisque fratribus carnis usum permittant.	104	122
29	»	Girardum, abbatem S. Silvestri in Capite de Urbe, monasterio S. Laurentii foris muros preficit in abbatem. — In e. m. conventui monasterii S. Laurentii foris muros. — In e. m. universis vassallis ejusdem monasterii.	104	124
Septemb. 1	»	Theoderico, priori S. Andree Urbevetani, de decima Terre Sancte in Treverensi et Maguntina provinciis colligenda.	101	114
1	»	Cleri, nobilium et communium universitati, de securo conductu Theoderico, priori S. Andree Urbevetani, procurando.	101	115
1	»	Theoderico, priori S. Andree Urbevetani, mandat quatinus decimam Terre Sancte juxta certarum litterarum Martini pape IV tenorem colligat.	101	116
1	»	Waltero Le Noreys, clerico diocesis Eboracensis, tabellionatus officium committit.	102	118
3	»	Archiepiscopo Beneventano et episcopo Trojano mandat quatinus Jacobum, episcopum Nuscanum, citent ut coram Apostolica Sede compareat.	129	166
4	»	Cleri, nobilium et communium universitati, de securo conductu archiepiscopo Arborensi procurando.	98	109
4	»	Sententia contra Viterbienses cives qui, post Nicolai III pape obitum, duos cardinales e conclavi in vincula abripuerant.	343	485
4	»	Composito inter Ursum de filiis Ursi de Urbe, ex una parte, et commune civitatis Viterbiensis ex altera, dissidio, censuras ecclesiasticas in Viterbienses latas relaxat.	344	486
4	»	Composito inter Ursum de filiis Ursi ex una parte, et Petrum de Vico ex altera, dissidio, mandat fratri Angelo de Reate quatinus omnes excommunicationis et interdicti sententias in dictum Petrum latas relaxet.	344	487

1285 Septemb. 5	Tibure.	Capitulo Turonensis ecclesie mandat quatinus eidem ecclesie de pastore ydoneo canonice provideat.	Col. 91	No. 100
5	»	Margaretam monasterii Kalensis abbatissam electam confirmat.	134	176
5	»	Episcopo Parisiensi mandat quatinus Margarete, abbatisse monasterii Kalensis, a conventu dicti monasterii debitam obedientiam exhiberi faciat. .	138	177
5	»	Eidem episcopo, de eadem abbatissa benedicenda.	139	178
5	»	Regi Francie, de bonis temporalibus monasterii Kalensis Margarete abbatisse remittendis.	139	179
8	»	Personas regni Sicilie, que a fidelitate quondam Caroli regis Sicilie recesserint, ab ordinationis generalis de prefati regni reformatione facte beneficio reddendi alienas sibi reservat potestatem.	91	99
9	»	Guidonem monasterii S. Germani Autissiodorensis abbatem electum confirmat. — In e. m. Philippo, regi Navarre, comiti Campanie. — In e. m. conventui monasterii S. Germani. — In e. m. universis vassallis ejusdem monasterii.	96	105
9	»	Thomasium monasterii S. Petri de Massa Montisneronis abbatem electum confirmat. — In e. m. conventui ejusdem monasterii.— In e. m. universis vassallis ejusdem monasterii.	103	119
9	»	Thesaurario Lexoviensis ecclesie et Laurentio de Potena, ejusdem ecclesie canonico, mandat quatinus diversos clericos, qui Bajocensem episcopum opprimebant, citent ut coram Apostolica Sede compareant.	105	127
9	»	Archiepiscopo Narbonensi, de certis redditibus annuis ex mensa archiepiscopali capellano B. Stephani de Montebruno assignandis.	128	160
13	»	Magistro ordinis Predicatorum, cum centum fratribus ejusdem ordinis super defectu natalium dispensandi concedit facultatem.	182	230
13	»	Magistro et fratribus ordinis Predicatorum, ut interdicti tempore sacra celebrare officia et sacramenta suscipere possint.	197	260
13	»	Nicolao de Lipe, archiepiscopo (?) Salisburgensi in causa beneficii ad monasterium Goess in Styria pertinentis.	596	847
17	»	Constitutionem super ordinatione regni Sicilie promulgat.	72	96
17	»	De constitutionibus a Carolo, principe Salernitano, pro bono statu ecclesiarum regni Sicilie editis, inviolabiliter observandis.	86	97
17	»	Servodeo Mathei de Monte Rubiano, laico diocesis Firmane, tabellionatus officium committit.	112	135

1285				
Septemb. 17	Tibure.	Archiepiscopo Toletano, de S., episcopo Zamorrensi, qui adversus fratres Predicatores et sorores S. Marie Zamorrensis injurias intulerat, coram Apostolica Sede citando.	Col. 121	No. 147
18	»	Guillelmo de Aureliaco, clerico diocesis Caturcensis, tabellionatus officium committit. — In e. m. Guillelmo Girardi de Yssiodoro, clerico diocesis Claromontensis.	111	135
20	»	Cleri, nobilium et civitatum universitatem, de securo conductu episcopo Bethlemitano, collectori decime pro negotio regni Sicilie concesse, procurando.	110	130
20	»	Johanni Saumurelli de Pertiniaco, clerico diocesis Pictavensis, tabellionatus officium committit. — In e. m. Johanni Thome de Curte, clerico diocesis Lemovicensis.	111	135
20	»	Philippo, episcopo Viterbiensi, de bonis suis testandi concedit facultatem [1].	125	152
22	»	Collectores decime, ab Hugone episcopo Bethlemitano electos, a prestatione dicte decime absolvit.	19	12
22	»	Hugoni, episcopo Bethleemitano, collectori decime in regni Sicilie subsidium deputate, declarationes de cadem decima colligenda editas transmittit.	51	60
22	»	Gerardo, episcopo Sabinensi, Apostolice Sedis legato, et Roberto comiti Atrebatensi, bajulis regni Sicilie, de ordinatione super regni Sicilie reformatione edita publicanda	89	98
22	»	Priorisse et conventui sororum inclusarum monasterii S. Marie in Insula Danubii indulget ut tertiam partem reddituum ecclesie S Marie in Monte Budensi percipere valeant.	133	174
22	»	Magistro et fratribus hospitalis S. Antonii Viennensis indulget ut a solutione decime, Philippo regi Francie concesse, sint liberi.	173	211
23	»	Raymundo Guillelmi de Pichasairi, clerico diocesis Aquensis, tabellionatus officium committit. — In e. m. Nicolao Petri Leonis de Guarcino, clerico diocesis Alatrine. — In e. m, Martiali Majoris de Belloloco, clerico diocesis Lemovicensis.	102	118
24	»	Episcopo Asisinati, de Berardo, episcopo electo Fuliginate, consecrando.	99	110

1. Pottuast, n° 22303, à la date du 7 octobre 1285.

1285 Septemb. 24	Tibure.	Episcopo Auximano, de Guillelmo Saxonis, episcopo electo Callensi, consecrando.	Col. 99	No. 111
24	»	G., diacono cardinali S. Georgii ad Velum Aureum, curam abbatie S. Andree de Fractis de Urbe committit.	99	112
24	»	Sororibus in Monte Prenestino habitantibus concedit ut ad monasterium S. Silvestri in Capite de Urbe vacans transeant.	104	121
24	»	Episcopo Treventino, de Stephano de Anglona ab excommunicationis sententia absolvendo.	117	141
25	»	Abbatisse et conventui monasterii de Felines omnes libertates, immunitates et exemptiones confirmat.	596	848
27	»	Abbati monasterii S. Audoeni et priori B. Marie Magdalene Rothomagensium mandat quatinus episcopum Lexoviensem peremptorie citent ut, ad respondendum super causa inter ipsum et archiepiscopum Rothomagensem orta, coram Apostolica Sede compareat.	117	142
27	»	Theoderico, priori S. Andree Urbevetani, collectori decime Terre Sancte, mandat quatinus residuum vicesime, Ludovico quondam regi Francie concesse, ab Henrico de Bastonia requirat.	125	153
27	»	Henrico de Bastonia, canonico S. Pauli Leodiensis, mandat quatinus residuum vicesime, Ludovico quondam regi Francie in diocesi Leodiensi concesse, Theoderico, priori S. Andree Urbevetani, assignet.	126	154
27	»	Theoderico, priori S. Andree Urbevetani, de pecunia, ab Henrico de Bastonia recepta, quibusdam mercatoribus Florentinis assignanda.	126	155
27	»	Eidem Theoderico, de pecunia, e decima Terre Sancte recepta, quibusdam mercatoribus Florentinis assignanda.	127	156
27	»	Eidem Theoderico, de decima in Terre Sancte subsidium deputata, in Coloniensi, Bremensi ac Magdeburgensi provinciis et diocesi Caminensi colligenda.	127	157
27	»	Raynerio de Orio, preposito de Clavasio, mandat quatinus de pecunia, quam in Terre Sancte subsidium perceperit, Theoderico, priori S. Andree Urbevetani, exhibeat rationem.	127	158
27	»	R., regem Romanorum, hortatur quatinus Theodericum, collectorem decime Terre Sancte, habeat commendatum.	128	159
28	»	Durandum Pelagii priorem monasterii S. Crucis Colimbriensis electum confirmat. — In e. m. conventui ejusdem monasterii.	113	138

1285 Septemb, 28	Tibure.	Thomam Casinensis monasterii abbatem electum confirmat. — In e. m. vicedecano et conventui ejusdem monasterii. — In e. m. universis vassallis ejusdem monasterii.	Col. 115	No. 140
29	»	Inhibet ne quis, occasione questionis cujuscumque, bona monasterii S. Germani Autissiodorensis occupare vel vadiare presumat.	597	849
29	»	Abbati et conventui S. Germani Autissiodorensis, utendi privilegiis quibus usi non fuerint temporibus retroactis concedit facultatem.	597	850
29	»	Eisdem abbati et conventui omnes libertates, immunitates et exemptiones confirmat.	597	851
29	»	Eisdem abbati et conventui indulget ut a personis in eorum conventu professionem facientibus bona mobilia et immobilia, feudalibus exceptis, recipere et retinere valeant.	598	852
29	»	Eosdem abbatem et conventum cum bonis suis sub beati Petri et sua protectione suscipit.	598	853
30	»	Archiepiscopo Thebano, priori Predicatorum ac ministro Minorum fratrum provincialibus Grecie mandat quatinus Nicolaum, episcopum Lacedemonensem, ad Olenensem episcopatum transferant.	118	143
Octobris 1	»	G., episcopo Sabinensi, Apostolice Sedis legato, de administratione monasterii Casinensis Thome abbati dimittenda.	112	136
1	»	Guardiano fratrum Minorum et officiali Turonensibus mandat quatinus cum Petro de Blesis, canonico Turonensi, qui, interdicto durante, missam celebraverit, dispensent [1].	118	144
1	»	Magistro et fratribus ordinis Predicatorum, de officio divino, olim per fratrem Humbertum instituto, mutando.	187	240
1	»	Monasterio B. Marie de Insula omnes libertates, immunitates et exemptiones confirmat.	598	854
2	»	Egidio, episcopo Nivernensi, de nonnullis clericis et laicis Nivernensis diocesis ab excommunicationis sententia absolvendis.	110	131
2	»	Egidio, episcopo Nivernensi, testandi concedit facultatem.	110	132
3	»	Adinulfo, civi Anagnino, ejusque fautoribus bona sua restituit que occasione Castri Frusinonis contra Sedem Romanam occupati perdiderant.	109	129

1. Pottnaet, no 22297, à la date du 30 septembre 1285.

1285 Octobris 3	Tibure.	Egidium, archidiaconum Spoletanum, ecclesie Urbinati preficit in episcopum. — In e. m. capitulo ecclesie Urbinatis. — In e. m. clero diocesis Urbinatis. — In e. m. populo ejusdem diocesis. — In e. m. universis vassallis ecclesie Urbinatis.	Col. 112	No. 137
3	»	Andree de Massa, clerico diocesis Mutinensis, tabellionatus officium concedit.	188	241
5	»	Petro Pognun de Colangiis super Yonam, clerico diocesis Autissiodorensis, tabellionatus officium committit.	112	135
7	»	B., episcopo Nemausensi, de bonis suis testandi concedit facultatem.	125	152
8	»	Priori Predicatorum in Valencenis ac guardiano Minorum Cameracensi, de mulieribus, cujuscumque sint originis, in ecclesiam Andanensem recipiendis.	123	148
8	»	Dotalitium Margarite, filie Guidonis comitis Flandrie, ab Alexandro, rege Scotie, assignatum confirmat.	123	149
9	»	Herminie, abbatisse, et conventui S. Silvestri de Urbe regulam sororum Minorum inclusarum destinat.	131	170
10	»	Magistro generali fratrum ordinis Humiliatorum, de capitulo generali hoc anno instante non convocando.	111	134
10	»	G., episcopo Sabinensi, Apostolice Sedis legato, mandat quatinus Thome, abbati monasterii Casinensis, ab administratoribus de bonis predicti monasterii perceptis reddi rationem faciat.	128	161
11	»	Patriarche Jerosolimitano mandat quatinus quicquid de summa quadam ab Adriano papa ad Terre Sancte subsidium deputata apud Abraghinum, campsorem Acconensem, haberi repererit, mercatoribus Senensibus quibusdam assignet.	141	183
11	»	Eidem patriarche mandat quatinus quicquid e decima Terre Sancte depositum apud episcopum Paphensem repererit mercatoribus Senensibus quibusdam assignet.	142	184
11	»	Abbati S. Dyonisii in Francia scribit ipsum abbatem immerito contulisse personis ydoneis archidiaconatum et prebendam in Lexoviensi ecclesia, de quibus antea Honorius papa IV Deodato de Urbe providerat.	344	488
14	Apud S. Sabinam.	Episcopo Spoletano scribit se cum Bartholo de Thomasso, presbitero, super defectu natalium dispensavisse.	129	164
15	»	Egidium, episcopum Nivernensem, a juramento quod prestiterat de visitandis singulis bienniis Apostolorum liminibus, absolvit.	149	200
18	»	Fratribus Minoribus Tuscie, de heretica pravitate in Sardinia inquirenda.	129	163

1285 Octobris 18	Apud S. Sabinam.	Bindo de Senis, juris civilis professori, indulget ut personis illis, que leges audire prohibentur, in ejusdem professoris scolis juri studere liceat.	Col. 130	No. 168
22	»	Archiepiscopo Arelatensi, de decima in Provincia collecta mercatoribus Senensibus ac Pistoriensibus quibusdam assignanda.	143	186
22	»	Sententiam, a Comite, presbitero cardinali, in questione inter monasterium S. Victoris Parisiensis, ex una parte, et magistrum Bertaudum, Parisiensem canonicum, ex altera, orta, pronuntiatam confirmat.	150	202
22	»	Abbati S. Remigii Senonensis, archidiacono Wastinensi et Guillelmo de Castro Nantonis, canonico Senonensi, mandat quatinus sententiam in proxime superioribus litteris insertam excucutioni debite demandent.	598	855
23	»	Johanni Francisci Gactuzarii, civi Romano, tabellionatus officium committit.	112	135
23	»	Episcopo Albensi mandat quatinus cum Georgio Bejame de Saviliano et Brunisenti, ejus uxore, super matrimonio contracto dispenset.	130	169
23	»	Euvrardo, abbati Dolensi, indulget ut diversos prioratus ad monasterium Dolense pertinentes unacum abbatia, quoad vixerit, retinere valeat.	144	187
23	»	Eidem abbati ejusque successoribus dandi benedictionem sollempnem concedit facultatem.	144	188
23	»	Eidem abbati, redimendi decimas de manibus laicorum concedit facultatem.	144	189
23	»	Magistro et fratribus Hospitalis S. Johannis Jerosolimitani omnes libertates, immunitates et exemptiones confirmat.	599	856
23	»	Magistro et fratribus domus militie Templi utendi privilegiis quibus usi non fuerint temporibus retroactis concedit facultatem.	599	857
25	»	Preposito ecclesie Aurasicensis, de domo in villa de Bromhola sita, quam fratres Penitentie Jhesu Christi deseruerant, fratribus Militie Templi Jerosolimitani concedenda.	124	151
25	»	Abbati S. Crucis de Edinburch mandat quatinus ad jus monasterii de Scona bona illicite alienata revocet.	600	858
29	»	Episcopo Bethlemitano, collectori decime ad regni Sicilie negotium deputate, mandat quatinus quibusdam monasteriis monialium diocesis Bononiensis prefatam decimam imponat, nec eam ab ipsis absque speciali Apostolice Sedis licentia exigat.	139	180

REGISTRES D'HONORIUS IV.

1285			Col. 175	No. 214
Novemb. 1	Apud S. Sabinam.	Huguitioni, plebano plebis de Castellione, de decima in Terre Sancte subsidium concessa, in regno Norweye colligenda.	Col. 175	No. 214
1	»	Episcopo Arusiensi, de pecunia e decima Terre Sancte in Dacie et Suecie regnis collecta, eidem Huguitioni assignanda.	176	247
1	»	Eidem Huguitioni, de pecunia ab episcopo Arusiensi recepta, mercatoribus quibusdam Florentinis assignanda.	176	218
1	»	Eidem Huguitioni, de pecunia e decima Terre Sancte collecta mercatoribus quibusdam Florentinis assignanda.	176	249
1	»	Ecclesiarum regni Suecie prelatos rogat quatinus eundem Hugui-tionem habeant commendatum. — In e. m. magistris Militie Templi, Hospitalis Jerosolimitani et prioribus Sancte Marie Theo-tonicorum regni Suecie. — In e. m. archiepiscopis ceterisque pre-latis regni Dacie. — In e. m. magistris Militie Templi etc. regni Dacie.	177	220
1	»	Regem Suecie rogat quatinus eundem Huguitionem habeat com-mendatum. — In e. m. regi Dacie. — In e. m. universis prelatis, nobilibus et rectoribus civitatum.	177	221
1	»	Thesaurario ecclesie de Futhwinch mandat quatinus Rudolphum et Eberhardum dictos Hervich in monasterium S. Martini in Theggingen grassantes per censuram ecclesiasticam compellat.	600	859
2	»	Episcopo Seuensi mandat quatinus utrum Symon, quondam comes Tuscie palatinus, et Guido de Battifolle, ejus filius, occisioni Silvensis episcopi interfuerint annon, inquirat.	132	172
2	»	Generali et provincie Romane ministris fratrum Minorum man-dat quatinus monasterio S. Silvestri in Capite de Urbe sex fratres ad divina officia celebranda concedant.	141	182
4	»	Priori Predicatorum et guardiano Minorum fratrum Pisanis, de Johanne de Agnello, hospitalis novi Misericordie S. Spiritus Pisani rectore electo, examinando et confirmando.	129	165
4	»	Henrico, episcopo Virdunensi, conferendi tabellionatus officium duabus personis ydoneis concedit facultatem.	134	175
5	»	Litteras G., Pennensis et Adriensis episcopi, quibus dictus epis-copus hospitale S. Claudii de Foce Gomani hospitali S. Spiritus in Saxia de Urbe dederat, confirmat.	128	162
5	»	Raymundo Atgerii, decano ecclesie Aniciensis, mandat quatinus magistratus et commune Florentinos citet ut coram Apostolica Sede compareant.	130	167
5	»	B., episcopo Albiensi, de monasterio Lesatensi corrigendo.	131	171

1285				
Novemb. 5	Apud S. Sabinam.	Johanni Galandi et Johanni Vigorosi, fratribus ordinis Predicatorum, inquisitoribus in Francia, mandat quatinus contra nonnullos civitatis et diocesis Carcassonensis procedant.	Col. 133	No. 173
5	»	Archiepiscopo Ravennati, de Guillelmo Duranti, Mimatensi episcopo electo, examinando et confirmando.	139	181
5	»	Universis Christi fidelibus, de nulla molestia diversis mercatoribus Florentinis ad Norweye, Dacie et Suecie regna ab ecclesia Romana missis, inferenda.	177	222
5	»	Abbati et conventui monasterii de Homburgk indulget ut tempore generalis interdicti divina officia celebrare possint.	600	860
10	»	Abbatem et conventum monasterii Lucensis sub beati Petri et suo patricinio suscipit.	600	861
13	»	Preposito monasterii Piniacensis mandat quatinus domum fratrum ordinis Penitentie Jhesu Christi, in civitate Massiliensi sitam, fratribus Hospitalis S. Johannis Jerosolimitani de S. Egidio in Provincia vendat.	330	467
13	»	Abbati S. Proculi, archipresbitero ecclesie Bononiensis ac priori S. Marie de Reno mandat quatinus inter Cantarinum, rectorem S. Crucis de Spagna, et Barthalotum, archipresbiterum plebis de Coscogno, super possessione prefate ecclesie S. Crucis litigantes judicium faciant.	601	862
13	»	Abbati et conventui monasterii de Dunemunde, quibus marchiones de Brandeburch jus patronatus in pluribus Caminensis et Havelbergensis diocesium ecclesiis concesserant, hanc donationem confirmat.	601	863
13	»	Riccardum, comitem Fundanum, rogat et hortatur ne cives Terracinenses super quadam tenuta ulterius molestet.	601	864
17	»	Laurentio, archiepiscopo Consano, de bonis suis testandi concedit facultatem.	125	152
19	»	Decano Cameracensi et archidiacono Annonie mandat quatinus Theoderico, cirurgico clerico, concedant ut unum altare in honore B. Marie construere possit.	150	201
19	»	Abbatisse et conventui S. Claudii juxta flumen Topini extra muros Fulginates omnia privilegia confirmat.	601	865
20	»	Ordinis fratrum Minorum privilegia et constitutiones confirmat.	159	203
20	»	Ordinis fratrum Predicatorum privilegia et constitutiones confirmat.	168	204
20	»	Dominico, archidiacono Ulixbonensis ecclesie indulget ut preter archidiaconatum Ulixbonensem et canonicatus quos in ecclesiis Ulixbonensi et Colimbriensi obtinet, unicum aliud beneficium recipere possit.	173	208

1285					
Novemb. 20	Apud S. Sabinam.	Archiepiscopo Lugdunensi et Terrico, decano Virdunensi, mandat quatinus Aelidim, thesaurariam monasterii de Avenayo, in ejusdem monasterii abbatissam, si eam invenerint ydoneam, preficiant.	Col. 185	No. 236
20	»	Preposito ecclesie Pragensis mandat quatinus inter priorissam et conventum S. Marie de Cella, ex una parte, et plebanos S. Petri et S. Jacobi de Brunna, ex altera, super certis terris discordantes, judicium faciat.	602	866
22	»	Giffredo de Vezano, pontificalis camere clerico, tabellionatus officium uni persone ydonee concedendi tribuit facultatem.	172	205
22	»	Huguitioni, plebano plebis de Castellione, litteras Gregorii pape X, Nidrosiensi archiepiscopo directas, de decima Terre Sancte in Norweye regno colligenda, transmittit.	175	215
22	»	Eidem Huguitioni litteras Gregorii pape X, declarationes quasdam de decima Terre Sancte continentes, transmittit.	175	216
25	»	Magistro et fratribus ordinis Predicatorum concedit ut, si episcopus diocesanus sit impeditus, quilibet episcopus primarium lapidem ecclesiasque eorum consecrare possit.	178	223
27	»	Segero Godefridi, civi Leodiensi, tabellionatus officium concedit. — In e. m. Nicolao de Cerinis, civi Romano. — In e. m. Nicolao Gualterii, civi Anagnino.	147	191
27	»	Abbatissis et conventibus ordinis s. Clare in Italia, de decima ad regni Sicilie negotium deputata non solvenda.	172	207
28	»	Henrico Nicolai, dicto Guiot, clerico Tullensi, tabellionatus officium concedit. — In e. m. Bernardo de Lanzela, clerico Agennensi.	146	191
29	»	Bouchardo, electo Metensi, de consecrationis munere usque ad annum unum non recipiendo.	174	212
30	»	Patriarche Jerosolimitano, de domo in Accon sita, quam desecruerant fratres ordinis Penitentie Jhesu Christi fratribus Militie Templi Jerosolimitani vendenda.	196	255
Decemb. 1	»	Raynutio, priori S. Michaelis de Castillione Vallispese, de pecunia e decima regni Sicilie collecta diversis mercatoribus Pistoriensibus et Florentinis assignanda.	147	192
1	»	Episcopo Bethlimitano, de pecunia e decima regni Sicilie collecta mercatoribus quibusdam Lucanis assignanda.	147	193
1	»	Abbatibus S. Gregorii et S. Praxedis de Urbe monasteriorum mandat quatinus priori et conventui S. Laurentii Panisperne de Urbe et Angelo Caremsonis, civi Romano, certas possessiones permutandi licentiam tribuant.	182	229

1285 Decemb. 5	Apud S. Sabinam	Episcopo Ferentinati, collectori decime ad regni Sicilie negotium deputate, mandat quatinus abbati et conventui Casemari pro totali solutione dicte decime certam quantitatem pecunie imponat. — In e. m. eidem episcopo pro abbate et conventu monasterii Fosse Nove. — In e. m. Symoni Domassi, canonico Lichefeldensi, pro abbate et conventu S. Salvatoris Montis Amiati. — In e. m. Raynucio, priori S. Michaelis, pro abbate et conventu S. Martini in Monte. — In e. m. eidem priori, pro abbate et conventu S. Marie de Fallera. — In e. m. Christophoro, pro abbate et conventu monasterii Care Vallis Mediolanensis.	Col. 144	No. 190
5	»	Archiepiscopo Januensi committit ut cum Franciscino, filio Johannis de Marino, et Isolda, filia Pascalis Purpurerii, super matrimonio contrahendo dispenset.	225	292
5	»	Episcopo, preposito ac decano ecclesie Osiliensis mandat quatinus ad jus archiepiscopalis mense Rigensis bona illicite alienata revocet.	602	867
5	»	Priori monasterii de Cruceroys mandat quatinus causam inter priorem conventumque S. Trinitatis Londoniensis, ex una parte, et rectorem ecclesie S. Edmundi regis de Graschirch, et sorores hospitalis S. Caterine juxta Turrim Londoniensem ex altera, ortam fine debito decidat.	602	868
6	»	Episcopo Tusculano et abbati S. Gregorii de Urbe mandat quatinus abbati et conventui S. Pauli de Urbe medietatem castri Leprimiani civibus Romanis quibusdam relocandi liberam concedant licentiam.	180	227
7	»	Priori Predicatorum Parisiensi et Droconi de Pruvino, fratri ordinis Minorum, mandat quatinus Aelydim de Villa Savoyr monasterio Jotrensi proficiant in abbatissam.	192	251
8	»	Episcopo Fesulano mandat quatinus, cum questio inter diversos prelatos Florentine diocesis, ex una parte, et Alcampum, prepositum ecclesie Pratensis, collectorem decime, ex altera esset orta, dictum prepositum peremptorie citet ut coram Sede Apostolica compareat.	174	243
8	»	Guillelmo Duranti, decano ecclesie Carnotensis, rectori Romaniole, de certo canonicorum numero in ecclesia S. Marie de Balneo statuendo.	178	225
9	•	Raynucio, priori S. Michaelis de Castillione Vallispese, collectori decime ad regni Sicilie negotium deputate, mandat quatinus abbati et conventui S. Anastasii de Urbe pro totali solutione dicte decime certam quantitatem pecunie imponat. — In e. m. Symoni Domassi, pro diversis ecclesiis Suanensis diocesis ad monasterium S. Anastasii de Urbe pertinentibus. — In e. m. eidem Symoni, pro abbate et conventu monasterii de S. Salgano.	145	190
9	»	Johanni, presbitero cardinali S. Cecilie, Apostolice Sedis legato, de nulla procuratione a rectoribus ecclesiarum parrochialium provincie Turonensis exigenda.	183	234

1285				
Decemb. 9	Apud S. Sabinam	Cum Gileberto de Saana, canonico Bajocensi, rectori ecclesie de Douvrendio super defectu natalium dispensat.	Col. 189	No. 245
9	»	Abbati S. Pauli Virdunensis et archidiacono Lingonensi mandat quatinus Thomam, primicerium ecclesie Virdunensis moneant ut H., episcopo Virdunensi, de dicti episcopatus redditibus, quos, vacante sede Virdunensi, illicite perceperat, satisfaciat.	198	262
11	»	Guillelmo Duranti, decano ecclesie Carnotensis, rectori Romaniole, mandat quatinus Balducio Barrachio, fratri ac nepotibus ejusdem, exsulibus, revertendi ad propria licentiam largiatur.	178	224
11	»	Episcopo Senensi, de concessione ecclesie S. Angeli Castri veteris, ab abbate S. Antimi Vallis Stratie conventui Minorum Montis Alcini facta, confirmanda.	187	239
11	»	Petro Benedicti, cantori ecclesie Zamorrensis, indulget ut cantoriam ejusdem ecclesie unacum magisterio scolarum Salamantine ecclesie licite retinere possit.	197	261
12	»	Episcopo Belvacensi, Autissiodorensi ac Meldensi archidiaconis mandat quatinus monasterio de Farimonasterio de abbatissa una provideant.	179	226
13	»	Christoforo, priori de Saltiano, collectori decime ad regni Sicilie negotium deputate, mandat quatinus abbati et conventui S. Marie de Columba pro totali solutione dicte decime certam quantitatem pecunie imponat. — In e. m. episcopo Ferentinati, pro abbate et conventu S. Angeli de Monte Mureti. — In e. m. eidem episcopo, pro priore et conventu S. Bartholomei de Trissulto. — In e. m. eidem episcopo, pro abbate et conventu S. Marie de Gloria.	145	190
13	»	Episcopo Leonensi mandat quatinus cum Natali, clerico diocesis Leonensis, super defectu natalium dispenset.	188	243
13	»	Huguitioni, plebano plebis de Castellione, de decima Terre Sancte in Dacie et Suecie regnis colligenda.	191	247
13	»	Ecclesie Esculane Bonum Johannem preficit in episcopum. — In e. m. archidiacono et capitulo ecclesie Esculane. — In e. m. clero diocesis Esculane. — In e. m. populo ejusdem diocesis. — In e. m. vassallis ecclesie Esculane.	269	365
13	»	Johanni Galandi, inquisitori in regno Francie, mandat quatinus omnes contra Sancium, archidiaconum in ecclesia Carcassonensi, depositiones testium ad Sedem Apostolicam mittat.	602	869
13	»	Priori et fratribus B. Marie de Franckenford concedit ut tempore generalis interdicti divina officia celebrare valeant.	602	870

1285				
Decemb. 13	Apud S. Sabinam	Scolastico ecclesie S. Marie in Erfordia mandat quatinus ad jus monasterii S. Afre Misnensis bona illicite alienata revocet.	Col. 603	No. 871
13	»	Decano et capitulo ecclesie Parisiensis omnes libertates, immunitates et exemptiones confirmat.	603	872
13	»	Inhibet ne quis, occasione questionis cujuscumque, bona ecclesie Parisiensis occupare vel vadiare presumat.	603	873
13	»	Officiali Senonensi mandat quatinus omnes detentores occultos bonorum capituli Parisiensis moneat ut dicta bona eidem capitulo restituant.	604	874
15	»	Archiepiscopo Remensi committit ut cum Johanne dicto Homodei de Remonvilla et Amelina ejus uxore super matrimonii defectu dispenset.	172	206
15	»	Decano et capitulo ecclesie Cathalaunensis concedit redditus primi anni certorum beneficiorum vacantium, in chori ecclesie Cathalaunensis fabricam convertendos. — In e. m. decano Trecensi et officiali Remensi, de dictis redditibus capitulo Cathalaunensi assignandis.	235	308
15	»	Decano et capitulo Cathalaunensibus indulget ut, vacante sede episcopali, contra malefactores qui ecclesie Cathalaunensis bona invaserint, excommunicationem promulgare possint.	392	569
15	»	Eisdem decano et capitulo indulget ut, si in ipsorum claustro per aliquos presumptores deveniatur ad rixas, hujusmodi scelerum patratores capere ac punire valeant.	393	570
16	»	Episcopo Astoricensi mandat quatinus cum fratre Marcho Petri, qui defectum in natalibus patitur, dispenset ut ad monasterii S. Petri de Montibus regimen assumi valeat.	258	350
17	»	Abbati et capitulo generali ordinis Premonstratensis privilegia et immunitates confirmat.	605	875
18	»	Cinthium de Pinea, capellanum pape, Tripolitane ecclesie preficit in episcopum. — In e. m. capitulo ejusdem ecclesie. — In e. m. clero diocesis Tripolitane. — In e. m. populo ejusdem diocesis. — In e. m. universis vassallis ecclesie Tripolitane. — In e. m. principi Anthioceno et comiti Tripolitano.	182	231
18	»	Guillelmum, olim monasterii Sublacensis abbatem, monasterio de S. Secano preficit in abbatem. — In e. m. priori et conventui de S. Secano. — In e. m. universis vassallis ejusdem monasterii. — In e. m. episcopo Lingonensi. — In e. m. duci Burgundie.	188	244
18	»	Abbatibus S. Benigni Divionensis et Reomensis monasteriorum mandat quatinus de excessibus diversis in monasterio Pulteriarum commissis inquirant et idem monasterium reforment.	226	296

1285				
Decemb. 18	Apud S. Sabinam	Magistro Dominico Leonardi de Penestre, pape scriptori, tabellionatus officium concedit.	Col. 256	No. 348
18	»	Abbati et conventui monasterii de Castellariis omnes libertates, immunitates et exemptiones confirmat.	605	876
20	»	Archiepiscopo Consano et priori Predicatorum in Lombardia, de penitentia Guillelmo, marchioni Montisferrati, qui M., episcopum Terdonensem, tenuerat captivum, injungenda.	181	228
20	»	Magistro Radulpho Peregrini de Roia, clerico Ambianensis diocesis, tabellionatus officium concedit. — In e. m. Bernardo Ferraterii, clerico Vivariensis diocesis. — In e. m. Thome de Ponte Rubeo, clerico Lemovicensis diocesis.	185	235
21	»	Johanni Octabiani, civi Tiburtino, tabellionatus officium concedit.	186	237
21	»	Hospitale S. Marie ad S. Gallum Florentinum sub beati Petri et sua protectione suscipit ejusdemque hospitalis possessiones ac privilegia confirmat.	605	877
22	»	Johannem de ecclesia Montis Regalis ad Tusculanam ecclesiam transfert.	347	491
22	»	Eidem Johanni concedit ut, quamdiu ecclesie Montis Regalis regimen exercuerit, redditus dicte ecclesie integre percipiat.	347	492
30	»	Petrum, olim priorem de Sarmasia nunc monasterii S. Columbe Senonensis priorem electum confirmat. — In e. m. conventui ejusdem monasterii.	192	252
30	»	Regi Francie, de bonis temporalibus ad monasterium S. Columbe Senonensis pertinentibus Petro abbati assignandis.	194	253
31	»	Symoni de Luca, canonico Lichefeldensi, collectori decime in regni Sicilie subsidium deputate, declarationes de eadem decima colligenda editas transmittit.	51	60
31	»	Cleri, nobilium et civitatum universitatem, de securo conductu Symoni de Luca, collectori decime pro negotio regni Sicilie concesse, procurando.	110	130
1286 Januarii 2	»	Cathedrales ecclesias in insula Sicilie vacantes, et, durante turbatione, vacaturas, ordinationi et dispositioni Apostolice Sedis reservat.	347	490
4	»	Guillelmum, olim Uticensis ecclesie prepositum, nunc ejusdem ecclesie episcopum electum confirmat. — In e. m. capitulo ejusdem ecclesie. — In e. m. clero diocesis Uticensis. — In e. m. populo Uticensi. — In e. m. vassallis ejusdem ecclesie.	187	238

1286				
Januarii 5	Apud S. Sabinam.	Regi Norweye, de prohibitione, super argenti venditione edita, revocanda.	Col. 191	No. 248
5	»	Eundem regem Norweye rogat ut nullatenus impediat quin decima Terre Sancte in ipsius regno extrahatur.	191	249
5	»	G., episcopo Pictavensi, conferendi personis ydoneis canonicatus in ecclesiis collegiatis civitatis Pictavensis concedit facultatem.	211	275
5	»	Preposito monasterii de Richenberga mandat quatinus sententiam excommunicationis in Hinricum et Bernhardum dictos de Plossike pronuntiatam observari faciat.	608	878
7	»	Abbati monasterii Moisiacensis mandat quatinus processus, inter monasterium Montis Albani, ex una parte, et fratres Predicatores, ex altera, de jure sepulture suscitatos, terminare studeat.	212	277
8	»	Abbati et conventui S. Columbe Senonensis omnes libertates, immunitates et exemptiones confirmat.	608	879
8	»	Eisdem abbati et conventui indulget ut, durante generali terre interdicto, divina officia celebrare possint.	609	880
8	»	Eisdem abbati et conventui utendi de cetero privilegiis quibus temporibus retroactis non usi fuerint concedit facultatem.	609	881
9	»	Magistro Symoni, canonico Lichefeldensi, collectori decime ad regni Sicilie negotium deputate, de dicta decima a fratribus hospitalis S. Marie Senensis non exigenda.	188	242
9	»	Henricum de Septem Fontibus, olim administratorem monasterii S. Michaelis de Castro Brittonum, nunc a fratribus Militie B. Marie in generalem prelatum electum confirmat.	210	272
9	»	R., episcopo Massiliensi, de bonis mobilibus suis testandi concedit facultatem.	212	276
9	»	Abbatisse et conventui monasterii de Leghe, ne ornamenta ecclesiastica a Matilde de Clara, comitissa Glovernie et Herefordie, monasterio de Leghe collata, alienare presumant.	271	366
9	»	Archiepiscopo Cantuariensi indulget ut, cum ad monasterium de Leghe causa visitationis accesserit, duos tantum vel tres seculares canonicos introducat.	451	632
9	»	Priori et conventui ordinis Predicatorum Wartburgensibus ecclesiam B. Marie in Vinea, ipsis ab Ottone, electo Paderburnensi, collatam, confirmat.	609	882
10	»	J., olim episcopum Warmiensem, nunc ecclesie Rigensis archiepiscopum electum confirmat. — In e. m. preposito et capitulo ecclesie Rigensis.	183	233

1286 Januarii 11	Apud. S. Sabinam.	Priori de Harundello et decano ecclesie Cicestrensis mandat quatinus conventum B. Marie de Boxgrava et Thomam, priorem ejusdem conventus electum, citent ut coram Sede Apostolica compareant.	Col. 201	No. 265
13	»	Jacobo, episcopo Ferentinati, collectori decime in regni Sicilie subsidium deputate, declarationes de cadem decima colligenda editas transmittit.	51	60
13	»	Episcopo Bethelemitano, collectori decime ad regni Sicilie negotium concesse, de certa pecunie summa pro totali solutione dicte decime monasterio Clarevallis de Clente imponenda.	203	266
13	»	Symoni, archiepiscopo Bituricensi, faciendi recipi unam personam ydoneam in ecclesia S. Austregisilii de castro Bituricensi in canonicum, concedit facultatem.	245	325
13	»	Priorissam et conventum monasterii de Wedersteden sub beati Petri et sua protectione suscipit.	610	883
18	»	Ministro generali et fratribus ordinis Minorum concedit ut, si episcopus diocesanus sit impeditus, quilibet episcopus primarium lapidem ecclesiasque eorum consecrare possit.	178	223
18	»	Anagnino et Ferentinati episcopis committit ut cum Jordano, filio Conradi de Sculcula, et Matlia, filia Transmundi de Comite de Urbe, super matrimonio contrahendo dispensent.	183	232
19	»	Irrita decernit pacta quecumque a fratribus ordinis Predicatorum, sine consensu capituli generalis cum prelatis vel clericis inita.	200	263
21	»	Petro, archiepiscopo Remensi, indulget ut, si, Remensem provinciam visitans, ex aliqua ipsius provincie diocesi non plene visitata exiverit, ad loca non visitata in ipsa diocesi visitanda iterato redire possit.	610	884
23	»	Cancellario ecclesie Parisiensis mandat quatinus ad provisionem clericorum quorumdam, in linguis orientalibus eruditorum, sacre pagine Parisius studentium, procedat.	211	274
23	»	Episcopo Auximano, de fratre Jacobo, abbate monasterii de Monte Acuto, benedicendo.	225	291
23	»	Monasterium S. Crucis in Tulna, a Rudolpho, rege Romanorum, et ab Alberto, duce Austrie, fundatum, magistro et priori provinciali Theotonie ordinis fratrum Predicatorum committit.	255	345
23	»	Magistro, et priori provinciali Theotonie ordinis fratrum Predicatorum monasterium S. Crucis in Tulna committit.	256	346

1286 Januarii 23	Apud S. Sabinam	* Abbati Tegernseensi mandat quatinus ad restitutionem et satisfactionem compellat omnes qui rerum monasterii de Wessinsbrunnen quidpiam occupasse convincantur.	Col. 610	No. 885
25	»	Gometio Fernandi, olim bone memorie O., episcopi Tusculani, capellano, indulget ut preter archidiaconatum de Barrosa et canonicatus, quos in Auriensi et Bracharensi ecclesiis obtinet, unicum aliud ecclesiasticum beneficium recipere possit.	223	287
25	»	Collectoribus decime, in subsidium regni Sicile deputate, in Tuscia constitutis, mandat quatinus diversorum monasteriorum abbatissas et conventus super prestatione decime ejusdem [nullatenus aggravent.	233	304
25	»	Firmano, Urbevetano et Reatino episcopis mandat quatinus plures nobiles moneant ut bona monasterii S. Pauli de Urbe, que detinent, dicto monasterio restituant.	237	312
26	»	Episcopo et guardiano Minorum Lausanensibus mandat quatinus cum Johanne de Cossonay et Margareta de Villariis super matrimonio illicite contracto dispensent.	197	259
27	»	Episcopo et priori Predicatorum Reatinis mandat quatinus cum Jacobono, filio Pandulfi de Alabbro, et Francisca ejus uxore, super matrimonio illicite contracto dispensent.	207	268
28	»	Episcopo Nepesino mandat quatinus cum Petro Boncompanni de Campannano et Jacoba, filia Petri Angeli de Manno, super matrimonio contrahendo dispenset.	196	256
28	»	Universis tam viris quam mulieribus de Penitentia s. Dominici indulget ut tempore generalis interdicti audire divina officia et ecclesiastica recipere sacramenta possint.	610	886
30	»	Nicolaum de Barro, olim canonicum Lingonensem, Matisconensi ecclesie preficit in episcopum. — In e. m. decano et capitulo ejusdem ecclesie. — In e. m. clero diocesis Matisconensis. — In e. m. populo ejusdem diocesis. — In e. m. vassallis ejusdem ecclesie. — In e. m. regi Francie.	200	264
30	»	Galtero, episcopo Pictavensi, de bonis mobilibus suis testandi concedit facultatem.	212	276
31	»	Episcopo Constantiensi mandat quatinus cum Rudolfo de Dietinchon, canonico Constantiensi, super defectu natalium dispenset.	191	250
31	»	Priorissis et conventibus monasteriorum sororum inclusarum ordinis s. Augustini, de decima ad regni Sicilie negotium deputata non solvenda.	196	258
Februarii 1	»	Magistro et fratribus hospitalis de Alto Passu indulget ut decimam ad regni Sicilie negotium deputatam non solvant.	190	246

HONORIUS. 45

1286				
Februarii 1	Apud S. Sabinam	J., presbitero cardinali S. Cecilie, Apostolice Sedis legato, mandat quatinus questionem inter Universitatem Parisiensem et Nicolaum, ecclesie Parisiensis cancellarium, suscitatam via concordie sopiat 1.	Col. 204	No. 267
1	»	Potestati, capitaneo, consilio et communi Perusinis mandat quatinus transferri corpus Martini pape IV Assisium in ecclesiam S. Francisci permittant. — In e. m. episcopo, archipresbitero et capitulo Perusinis.	209	270
1	»	Episcopo Sabinensi, Apostolice Sedis legato, de monasterio S. Demetrii Neapolitani abbatisse et conventui S. Johannis ad Nidum Neapolitani concedendo.	248	330
2	»	Abbati S. Bartholomei Ferrariensis, Ferrarino Ferrariensis et Bonifacio de Loiano Bononiensis ecclesiarum canonicis, de causa inter priorem conventumque monasterii de Nonantula, ex una parte, et abbatissam conventumque S. Francisci Bononiensis ex altera, motam dijudicanda.	611	887
4	»	Episcopo Antheradensi mandat quatinus certas Urbani pape IV litteras, G., patriarche Jerosolimitano, directas, sibi exhiberi faciat easque inspiciat.	194	254
4	»	Episcopo, priori Predicatorum ac custodi Minorum fratrum Urbevetanis mandat quatinus, utrum venditio castri Potentini ecclesie Clusine expedierit annon, inquirant.	196	257
4	»	Decano et archidiacono Gandensibus committit ut cum Renaldo, comiti Gueldrie, et Margareta, filia G., comitis Flandrie, super matrimonio contrahendo dispensent.	220	283
4	»	Episcopo Tornacensi mandat quatinus Ysabelle, comitisse Flandrie, construendi in parrochia de Werkin monasterium monialium in honorem Beate Clare, licentiam largiatur.	221	284
4	»	Guillelmum Duranti ecclesie Mimatensis episcopum electum confirmat. — In e. m. capitulo ejusdem ecclesie. — In e. m. clero diocesis Mimatensis. — In e. m. populo diocesis Mimatensis. — In e. m. vassallis ejusdem ecclesie. — In e. m. archiepiscopo Bituricensi. — In e. m. regi Francie.	221	285
4		Episcopo et guardiano Minorum Tornacensibus mandat quatinus, cum Guido, comes Flandrie, et Robertus, comes Nivernensis, juraverint quod Ludovicus, ejusdem Roberti primogenitus, Johanam, filiam comitis de Retest, duceret in uxorem, predictos Guidonem et Robertum ab hujusmodi juramento absolvant.	234	307
4	»	Episcopo Leodiensi committit ut cum Gregorio de Bevreria, subdiacono, super defectu natalium dispenset.	237	313
5	»	Episcopo Ferentinati, collectori decime ad regni Sicilie negotium deputate, de certa pecunie summa pro totali solutione dicte decime monasterio de S. Pastore imponenda. — In e. m. eidem episcopo, pro monasterio S. Thomasii Reatini.	203	266

1. POTTHAST, n° 22597, sans date.

1286 Februarii 5	Apud S. Sabinam.	Cum magistro Johanne, dicto Romano, precentore ecclesie Lincolniensis, dispensat ut, non obstante defectu natalium quem patitur, ad archiepiscopalem dignitatem assumi libere possit.	Col. 216	No. 279
5	»	Gerardo, episcopo Sabinensi, Apostolice Sedis legato, mandat quatinus nonnullos homines civitatis Antine qui, cum in auxilium Corradi de Antiochia processissent, excommunicationis incurrerant sententiam, ab eadem sententia absolvat.	219	282
5	»	Priori et conventui S. Jacobi Septinniani de Urbe concedit ut in eodem monasterio libera sit sepultura.	225	293
5	»	Eisdem priori et conventui concedit ut de usuris, rapinis et aliis male acquisitis, et de votorum redemptionibus, usque ad summam trecentarum marcharum argenti, in Urbe ac ejus districtu recipere possint.	230	300
7	»	Abbati et conventui S. Germani de Pratis Parisiensis, utendi de cetero privilegiis quibus non usi fuerint temporibus retroactis concedit facultatem.	611	888
8	»	Magistro et fratribus hospitalis S. Spiritus in Saxia de Urbe concedit ut in eodem hospitali libera sit sepultura.	231	302
9	»	Abbati S. Germani de Pratis, magistro Pandulfo de Subura et Bernardo de Vilari mandat quatinus capitulum ecclesie Carnotensis cogant ut redditus decanatus et prebende, quos in eadem ecclesia obtinuerat Guillelmus, electus Mimatensis, dicto Guillelmo integre restituat.	251	338
9	»	Rogerio de Drarcone, subdiacono, rectori ecclesie de Harewellis, indulget ut, non obstante natalium defectu, in subdiaconatus ordine ministrare et ad superiores ascendere ordines valeat.	256	347
10	»	Irrita decernit pacta quecumque a fratribus ordinis Minorum, sine consensu capituli aut ministri generalis, cum prelatis vel clericis inita.	200	263
10	»	Ade de Nigella indulget ut, non obstante quod Jacobo de Bolonia de archidiaconatu Boloniensi et prebenda una in ecclesia Morinensi provisum fuerit, quominus prebendam alteram in dicta ecclesia assequi libere valeat.	208	269
10	»	Generali ministro et provincialibus ministris ordinis Minorum committendi fratribus ipsius ordinis in sacra pagina eruditis predicationis officium concedit facultatem.	611	889
12	»	Cum magistro Hellino de Hielemes, canonico ecclesie Hoyensis, super defectu natalium dispensat.	226	295

1286					
Februarii 12	Apud S. Sabinam.	Giffredo de Vezano, canonico Cameracenci, clerico camere apostolice, mandat quatinus de valore proventuum ecclesie de Wyvellforde diligenter inquirat.	Col. 233	No. 306	
13	»	Archiepiscopo Januensi mandat quatinus cum Borgonnino de Grimaldis et Jacobina de Savinnen., super matrimonio illicite contracto dispenset.	211	273	
13	•	Guillelmo Duranti, electo Mimatensi, rectori Romaniole et Masse Trabarie, qui se de illis partibus absentare pro consecrationis munere obtinendo non poterat, indulget ut nullum ex hoc prejudicium ei generetur.	223	286	
13	»	Episcopo Auximano, de monasterio S. Florentii Auximani, ordinis s. Benedicti, nunc deformato, fratribus ordinis Predicatorum concedendo.	226	294	
13	»	Christoforo de Tholomeis, priori ecclesie de Saltcano, de decima, ad regni Sicilie negotium deputata, in Papiensi et Placentina diocesibus colligenda.	250	335	
13	»	Eidem Christoforo indulget ut tam ipse quam hii, quos ad decimam colligendam deputaverit, a prestatione decime, pro annis illis quibus in premissis laboraverint, sint immunes.	250	336	
15	»	Abbati et conventui S. Marie Florentine, qui monasterium suum de novo edificare inceperant, indulget ut de usuris, rapinis et ceteris male acquisitis, usque ad summam mille librarum parvorum Pisanorum, in Florentina et Fesulana diocesibus recipere possint.	230	298	
15	»	Episcopo Ferentinati, de decima, ad negotium regni Sicilie deputata, in partibus Romanis, et Sabinensi, Penestrina, Tusculana, Albanensi, Portuensi, Tiburtina et Reatina civitatibus et diocesibus colligenda.	249	333	
15	»	Episcopo Ferentinati indulget ut tam ipse quam hii, quos ad colligendam decimam deputaverit, a prestatione decime, pro annis illis quibus in premissis laboraverint, sint immunes.	250	334	
17	»	Johannem, olim precentorem Lincolniensem, nunc Eboracensem archiepiscopum electum confirmat. — In e. m. capitulo ecclesie Eboracensis. — In e. m. clero diocesis Eboracensis. — In e. m. populo ejusdem diocesis. — In e. m. universis vassallis ejusdem ecclesie. — In e. m. suffraganeis ejusdem ecclesie. — In e. m. regi Anglie de regalibus ecclesie Eboracensis. — In e. m. eidem regi de eadem electione.	214	278	
18	»	Priori S. Fridiani Lucani et plebano S. Petri de Monte Catino mandat quatinus totum clerum Florentine diocesis compellant ut in legatorum et nuntiorum Sedis Apostolice procurationibus contribuant.	230	299	

1286				
Februarii 18	Apud S. Sabinam.	Jacobo de Cavalcantibus de Florentia indulget ut plebanatum S. Martini de Brozzi, non obstante in etate defectu, licite retinere valeat.	Col. 251	No. 339
18	»	Priori ordinis Predicatorum Spirensi mandat quatinus clericos et cives Spirenses ab observantia cujusdam jurisjurandi temerarie dati absolvat.	611	890
20	»	Archiepiscopo Eboracensi concedit ut redditus primi anni omnium ecclesiaticorum beneficiorum in diocesi Eboracensi vacantium usque ad triennium libere percipere valeat. — In e. m. episcopo et decano Lincolniensibus, de executione hujus concessionis.	219	280
20	»	Tripolitane ecclesie, per obitum Pauli episcopi vacantis, provisionem Apostolice Sedi reservat.	224	289
20	»	Priori fratrum Predicatorum Lucano mandat quatinus litteras Martini pape IV ad abbatem monasterii de Ficecchio ac ad priorem ecclesie de Cappiano directas et de falso suspectas, sibi faciat a detentoribus exhiberi.	231	303
20	»	Leonardo, filio Johannis Bonifantis, civis Romani, tabellionatus officium concedit.	252	340
20	»	Abbatisse et conventui monasterii in Benekinchusen concedit ut bona a personis liberis in monasterio illo professionem facientibus recipere possint.	612	891
20	»	Priori et fratribus domus B. Marie Coloniensis concedit ut tempore generalis interdicti divina officia celebrare possint.	612	892
20	»	Priorissam et conventum monasterii de Cella S. Marie in Brunna tuendas suscipit eisque possessiones confirmat.	612	893
20	»	Eisdem indulget ut bona a personis liberis in illo monasterio professionem facientibus recipere possint.	612	894
20	»	Episcopo Parisiensi indulget ut nullus exemptus diocesis Parisiensis contra dictum episcopum per litteras Sedis Apostolice conservator seu executor esse valeat.	612	895
21	»	Gerardo, episcopo Sabinensi, Apostolice Sedis legato, mandat quatinus cum Jacobo, episcopo Litterensi, qui collectas et exactiones Manfredo, principi Tarentino, persolverat invitus, dispenset.	224	290
22	»	Johanni, archiepiscopo Eboracensi, concedit ut ecclesiam de Boulton in Lonesdale, quam ante promotionem suam ad archiepiscopatum tenebat, persone ydonee conferre valeat.	219	281

1286				
Februarii 22	Apud S. Sabinam.	Abbatibus S. Marcialis et S. Martini Lemovicensium monaste-riorum mandat quatinus Petrum de Causac, pro priore domus Grandimontensis se gerentem, citent ut coram Apostolica Sede compareat.	Col. 228	No. 297
23	"	Guillelmo Duranti, rectori Romaniole, mandat quatinus com-mune Bononiense, quod terram Medecine, ad jus ecclesie Romane pertinentem, occupaverat ab excommunicationis sententia ab-solvat.	231	301
23	»	Riccardo de Duriard, canonicatum et prebendam in ecclesia Lichefeldensi confert.	253	342
23	»	Episcopo Valentino mandat quatinus domum fratrum ordinis Penitentie Jhesu Christi de Valentia priori provinciali Hispanie fratrum Predicatorum vendat. — In e. m. preposito ecclesie Tra-jectensis mandat quatinus domum fratrum ordinis B. Marie de Siricxe priori provinciali Theotonic fratrum Predicatorum vendat.	261	353
24	»	Gerardo de Oruns, decano Sedunensi, indulget ut beneficia pluria in Lausanensi ecclesia et decanatum de Viviaco unacum decanatu Sedunensi retinere possit.	223	288
24	»	Maximo de Amatiscis, civi Romano, tabellionatus officium concedit.	252	340
24	"	Giffrido de Veczano et Johanni de Luco mandat quatinus Riccar-dum de Duriard in Lichefeldensi ecclesia recipi faciant in canoni-cum.	253	342
24	»	Johanni Silvestri, civi Balneoregensi, tabellionatus officium concedit.	256	348
24	,	F., electo Yporiensi, rectori Marchie Anconitane, de certa summa a civibus Esinis camere apostolice persolvenda.	613	896
25	»	Ovetensi ecclesie, per translationem F., episcopi, ad Aniciensem ecclesiam factam vacanti, Peregrinum, pape capellanum, preficit in episcopum. — In e. m. decano et capitulo ejusdem ecclesie. — In e. m. clero diocesis Ovetensis. — In e. m. populo ejusdem diocesis.¶	236	311
25	»	Monopolitane ecclesie Petrum dictum Sarracenum de Urbe, pape capellanum, preficit in episcopum. — In e. m. capitulo ejusdem ecclesie. — In e. m. clero diocesis Monopolitane. — In e. m. populo ejusdem diocesis. — In e. m. vassallis ecclesie Monopo-litane [1].	238	314
		1. POTTHAST, n° 22367, à la date du 4 février 1286.		

1286 Februarii 25	Apud S. Sabinam.	Johannem, priorem monasterii S. Savini, Pisane diocesis, in ejusdem monasterii abbatem preficit. — In e. m. conventui ejusdem monasterii. — In e. m. vassallis ejusdem monasterii.	Col. 242	No. 321
25	»	Ecclesie Pactensi, Pandulfum, capellanum pape, preficit in episcopum. — In e. m. capitulo ejusdem ecclesie. — In e. m. clero diocesis Pactensis. — In e. m. populo ejusdem diocesis. — In e. m. vassallis ecclesie Pactensis.	244	323
25	»	M., episcopum S. Marchi, ad Surrentinum archiepiscopatum transfert. — In e. m. capitulo ecclesie Surrentine. — In e. m. clero diocesis Surrentine. — In e. m. populo ejusdem diocesis. — In e. m. vassallis ecclesie Surrentine.	244	324
25	»	Ecclesie Forosinbroniensi Jacobum de Cluzano, subdiaconum, preficit in episcopum. — In e. m. archipresbitero et capitulo ejusdem ecclesie. — In e. m. clero diocesis Forosinbroniensis. — In e. m. populo ejusdem diocesis. — In e. m. vassallis ecclesie Forosinbroniensis.	245	326
27	»	Collectori decime Terre Sancte in Pragensi diocesi mandat quatinus episcopum et clerum Pragensis diocesis, qui, propter turbationes in illis partibus suscitatas, decimam solvere non potuerant, ab excommunicatione absolvat.	251	337
27	»	Uguitionem, plebanum plebis de Castellione, ad decimam et obventiones Terre Sancte subsidio concessas in Dacia et Suecia colligendas episcopo Arusiensi subrogat.	261	355
28	»	Viviano, filio Ranutii Viviani, civi Senensi, tabellionatus officium concedit.	252	340
Martii 1	»	Episcopo Londoniensi mandat quatinus cum Ricardo Breten., rectore ecclesie de Trendringhe, dispenset ne in predicta ecclesia personalem faciat residentiam.	317	447
2	»	Ad Ravellensem ecclesiam, Ptolomeum, episcopum Sardensem, transfert. — In e. m. capitulo ecclesie Ravellensis. — In e. m. clero diocesis Ravellensis. — In e. m. populo ejusdem diocesis.	239	316
3	»	Cum Arnuldo de Mauritania dispensat quod, preter thesaurariam ecclesie Tornacensis necnon canonicatus quos in eadem et Cameracensi ac S. Crucis Aurelianensis ecclesiis obtinet, aliam dignitatem licite recipere valeat.	240	318
5	»	Ecclesie Salamantine Petrum, ordinis fratrum Minorum, preficit in episcopum. — In e. m. capitulo ejusdem ecclesie. — In e. m. clero diocesis Salamantine. — In e. m. populo civitatis Salamantine. — In e. m. vassallis ecclesie Salamantine.	241	320
6	»	Patriarchis, archiepiscopis et episcopis mandat quatinus fratres ordinis B. Marie de Monte Carmeli divina officia in suis oratoriis libere celebrare permittant.	233	305

1286				
Martii 7	Apud S. Sabinam.	Gregorio, pape capellano, concedit ut canonicatum in ecclesia Dunkeldensi unacum archidiaconatu S. Andree in Scotia licite retinere valeat.	Col. 239	No. 317
7	»	Abbatibus S. Maximini et S. Evultii monasteriorum Aurelianensium mandat quatinus de compositione facta inter decanum et capitulum Aurelianensis ecclesie, ex una parte, et cives Aurelianenses ex altera, super bonis mobilibus civium ab intestato decedentium inquirant.	243	322
7	»	Philippum, canonicum ecclesie Salernitane, eidem ecclesie preficit in archiepiscopum. — In e. m. capitulo ejusdem ecclesie. — In e. m. clero diocesis Salernitane. — In e. m. populo ejusdem diocesis. — In e. m. vassallis ecclesie Salernitane. — In e. m. Gerardo, episcopo Sabinensi.	·262	356
7	»	Philippo, archiepiscopo Salernitano, palleum, insigne pontificalis officii, assignat.·	263	357
7	»	Pandulfum, capellanum suum, Liparensi ecclesie preficit in episcopum.	613	897
7	»	Johanni, nato Paganelli de Montemagno, plebano plebis de S. Felicitate, canonicatum et prebendam primo in ecclesia Pisana vacaturam confert.	613	898
7	»	Abbati monasterii de Quiesa et Oppizoni de Castello, canonico Lucano, mandat quatinus predictum Johannem in corporalem canonicatus ecclesie Pisane possessionem inducant.	613	899
8	»	Gerardo, episcopo Sabinensi, Apostolice Sedis legato, mandat quatinus Henricum, filium quondam F., regis Castelle ac Legionis, ab excommunicatione absolvat.	240	319
10	»	Venture de Basilica Petri, canonico Mediolanensi, de decimis redditibusque aliis ecclesie S. Johannis Modoetiensis restituendis.	614	900
11	»	Episcopo Bethelemitano, collectori decime ad regni Sicilie negotium deputate, de certa pecunie summa pro totali solutione dicte decime monasterio S. Crucis de Clente imponenda.	203	266
11	»	Archiepiscopo Ragusino mandat quatinus Tribuniensi et Stagniensi ecclesiis personas ydoneas preficiat in episcopos.	235	309
11	»	Universis archiepiscopis et episcopis mandat quatinus quoscumque habitum nove religionis, sub nomine Ordinis Apostolorum, deferentes invenerint, ad deponendum hujusmodi habitum compellant.	236	310
13	»	B., archiepiscopo Arelatensi, de pecunia, e decima, in Provincie partibus C., Sicilie regi, concessa, collecta et colligenda certis mercatoribus Senensibus et Pistoriensibus assignanda.	249	331

1286				Col. 246	No. 327
Martii 14	Apud S. Sabinam.	Episcopo Urbinati mandat quatinus Jacobum de Cluzano, electum Forosinbroniensem, ad presbiteratus ordinem promoveat eidemque munus consecrationis impendat.		Col. 246	No. 327
14	»	Episcopo Herefordensi, de matrimonio inter Johannem Giffardi, dominum de Clifford, et Margaretam de Novavilla contrahendo.		614	901
15	»	S., archiepiscopo Bituricensi, faciendi recipi unam personam ydoneam in ecclesia Bituricensi in canonicum concedit facultatem.		261	354
15	»	Abbati et conventui monasterii Cluniacensis, de prioratibus et grangiis, per monachos ordinis Cluniacensis solitis gubernari, nulli per Apostolice Sedis litteras assignandis.		295	413
15	»	Abbati et conventui monasterii Cluniacensis, de bonis, que fratres dicti monasterii, si in seculo remansissent, jure successionis vel alio justo titulo contigissent, recipiendis.		295	414
15	»	Decano et capitulo Autissiodorensibus mandat quatinus Petrum Tyes, presbiterum diocesis Senonensis, qui litteras sub Martini pape nomine fabricaverat, ad Sedem Apostolicam transmittant.		348	493
15	»	Priori Montis S. Nicolai Daventrie, de bonis illicite alienatis monasterio in Hunnep prope Daventriam restituendis.		614	902
17	»	Ecclesie Lascurrensi, Arnaldum, olim archidiaconum Vallis Veteris, preficit in episcopum. — In e. m. capitulo ejusdem ecclesie. — In e. m. clero diocesis Lascurrensis. — In e. m. populo ejusdem diocesis. — In e. m. vassallis ecclesie Lascurrensis.		254	343
18	»	Episcopo Castellano, de interdicto, contra civitatem Venetorum prolato, relaxando.		238	315
18	»	Abbati et conventui monasterii Cluniacensis, de monachis ordinis Cluniacensis excommunicatis a judicibus secularibus regni Anglie non incarcerandis.		287	400
18	»	Yvoni, abbati monasterii Cluniacensis, de prioratu S. Viventii de Vergio a se ipso usque ad novem annos retinendo.		287	401
18	»	Eidem abbati indulget ut nullus legatus Apostolice Sedis in personam ipsius excommunicationis, suspensionis vel interdicti sententias promulgare possit sine dicte Sedis speciali mandato.		287	402
18	"	Johanni, presbitero cardinali S. Cecilie, legato Apostolice Sedis, de cimiterio quadraginta fratribus Cluniacensis ordinis, Parisius studentibus in theologica facultate, concedendo.		288	403
18	»	Abbati monasterii Cluniacensis concedit ut fratribus ordinis Cluniacensis, absolutione ac dispensatione indigentibus, absolutionis et dispensationis beneficium impertiri valeat.		289	406

HONORIUS.

46

1286 Martii 19	Apud S. Sabinam.	Episcopo Sabinensi, Apostolice Sedis legato, de monasterio S. Demetrii Neapolitani abbatisse et conventui S. Johannis ad Nidum Neapolitani concedendo.	Col. 248	No. 329
20	»	Magistratibus et communi Pistoriensis civitatis mandat quatinus ambassiatores ad Apostolicam Sedem transmittant ad pacem inter ipsos Pistorienses, ex una parte, et universitatem Ghibelinorum dicte civitatis ex altera tractandam. — In e. m. capitaneo, consilio et universitati Ghibelinorum de Pistorio.	247	328
20	»	Gerardo de Sesyriaco, clerico Gebennensis diocesis, tabellionatus officium concedit.	252	340
21	»	Danieli Guidonis Conani, clerico Corisopitensis diocesis, tabellionatus officium concedit.	252	340
23	»	Priori ecclesie de Saltiano, de pecunia e decima, regni Sicilie negotie concessa, in Aquilegensi et Gradensi patriarchatibus collecta et colligenda, certis mercatoribus Pistoriensibus et Florentinis assignanda.	249	332
23	»	Symoni, episcopo Carnotensi, de tabellionatus officio uni persone ad hoc ydonee conferendo.	297	418
23	»	Prioribus Virdunensis, Metensis et Tullensis domorum ordinis Predicatorum, de quibusdam pecunie summis, penes ipsos per collectores vicesime ac legatorum Terre Sancte depositis, priori S. Andree Urbevetani assignandis.	302	428
23	»	Theoderico, priori S. Andree Urbevetani, mandat quatinus priores Virdunensis, Metensis et Tullensis domorum ordinis Predicatorum requirat ut pecuniam, Terre Sancte nomine eisdem prioribus commissam, ipsi exhibeant.	303	429
27	»	Decano et capitulo Hamburgensibus confirmat jus, vacante prepositura ejusdem ecclesie, eligendi prepositum.	614	903
27	»	Episcopo Havelbergensi et preposito ecclesie de Gericho mandat quatinus Albertum de Holtsacia in prepositure ecclesie Hamburgensis corporalem possessionem inducant.	614	904
28	»	Immunitates et privilegia Beghinis S. Elizabet de Valencenis a priore et conventu S. Salvii juxta Valencenas concessa confirmat.	252	341
28	»	Wladislaviensi et Poznaniensi episcopis mandat quatinus H., ducem Slesie et dominum Wladislavie, qui episcopum et capitulum ecclesie Wladislaviensis diversis possessionibus et juribus spoliaverat, excommunicatum publice nuntient.	304	432
28	»	Priori et fratribus domus oppidi de Landowen, ordinis s. Augustini, fundum ipsis ab Emichone, comite de Heiningen, datum confirmat.	615	905

1286			Col. 255	No. 344
Martii 31	Apud S. Sabinam.	Ecclesie Theatine, Thomasium, prepositum ecclesie S. Nicolai de Monte Odorisio, preficit in episcopum. — In e. m. capitulo ejusdem ecclesie. — In e. m. clero diocesis Theatine. — In e. m. populo ejusdem diocesis. — In e. m. vassallis ecclesie Theatine [1].		
31	»	Jacobum, canonicum ecclesie Marsicane, eidem ecclesie preficit in episcopum. — In e. m. capitulo ejusdem ecclesie. — In e. m. clero diocesis Marsicane. — In e. m. populo ejusdem diocesis. — In e. m. vassallis ecclesie Marsicane [2].	257	349
Aprilis 1	»	Roberto, canonico Nivernensi, indulget ut, non obstantibus saltationibus et choris quorum contra clericalem decentiam particeps extiterit, archidiaconatum de Disesia retinere possit.	314	442
1	»	Canonicis ecclesie Parisiensis, insistentibus Parisius studio litterarum, indulget ut ad contribuendum in expensis et collectis ab Universitate Parisiensi factis minime teneantur.	615	906
1	»	· Monasterii Amorbacensis privilegia confirmat.	616	907
2	»	Episcopo, priori Predicatorum ac guardiano Minorum fratrum Ferrariensibus mandat quatinus cum Hugolino Alberto Malevolta et Isabeta, uxore ejus, dispensent ut in contracto matrimonio remanere valeant.	303	431
3	»	Decano et capitulo ecclesie Cameracensis providendi prepositure dicte ecclesie, per resignationem a Guillelmo de Anonia factam vacanti, concedit facultatem.	260	352
3	»	Litteras priores, episcopo Albiensi de monasterio Lesatensi reformando directas, per presentes corrigit.	322	461
3	»	Abbatisse et conventui monasterii de Borchi (Burtscheid), diocesis Coloniensis, omnes libertates, immunitates et exemptiones confirmat.	616	908
5	»	Ranutium, priorem S. Michaelis de Castiglione, collectorem decime negotio regni Sicilie deputate, a prestatione decime pro tempore quo in premisso officio laboraverit, pronuntiat immunem.	303	430
6	»	S. Marie Florentine et S. Salvatoris de Septimo monasteriorum abbatibus, ac Rogerio, preposito ecclesie Fesulane, de causa inter priorem capitulumque S. Laurentii Florentini, et abbatissam conventumque monasterii de Burgo S. Laurentii de Mugello ortam dijudicanda.	616	909
7	»	Magistro Humiliatorum de termino, quo fratres dicti ordinis modum Romani officii in domibus suis observare sint incepturi, prorogando.	616	910

    1. Potthast, n° 22400, à la date du 22 mars 1286.

    2. Potthast, n° 22399, à la date du 22 mars 1286.

1286				
Aprilis 8	Apud S. Sabinam.	Episcopo, priori Predicatorum et custodi Minorum fratrum [Assisinatibus] mandat quatinus Eugubino episcopo componendi cum nonnullis vassallis ecclesie Eugubine super certis servitiis licentiam concedant.	Col. 318	No. 450
8	»	Gerardo, episcopo Sabinensi, Apostolice Sedis legato, mandat quatinus R., episcopo Alifano, quem a suorum proventuum perceptione suspenderat, de bonis episcopatus faciat provideri.	318	451
8	»	Clero Eugubine civitatis et diocesis mandat quatinus B., episcopo Eugubino, aliquod subsidium singulis annis impendant donec pecunia ab Eugubino episcopatu debita fuerit persoluta.	319	452
8	»	Venditionem loci, quem fratres Penitentie Jhesu Christi habebant in Bononiensi civitate, priori et capitulo S. Fridiani Lucani factam confirmat. — In e. m. archiepiscopo Pisano et Bonifacio de Lugliano, canonico Bononiensi, mandat quatinus priorem et capitulum predictos in loci predicti corporalem possessionem inducant.	320	456
9	»	Exemptionem ab episcopali jurisdictione, ab episcopo Pistoriensi capitulo S. Fridiani Lucani concessam pro ecclesia S. Marie et S. Fridiani sita in loco de Vergario vulgariter nuncupato juxta civitatem Pistoriensem, confirmat.	322	459
9	»	* Abbati et conventui monasterii Cluniacensis, de prioratibus ordinis Cluniacensis per litteras apostolicas non conferendis.	616	911
10	»	Ecclesiam de Bertona, diocesis Norwicensis, Reginaldo de Waltone confert. — In e. m. episcopo Roffensi, Bogoni de Clara et magistro Ade de Hales ut prefatum Reginaldum in corporalem possessionem dicte ecclesie inducant.	298	422
11	Ante eccles. S. Sabine.	Gerardo, episcopo Sabinensi, Apostolice Sedis legato, mandat quatinus Constantiam, filiam Manfredi olim principis Tarentini, Jacobum, ejus filium, et Siculos denuntiet excommunicatos.	348	494
11	»	Processum contra Alfonsum, filium quondam Petri regis Aragonum, usque ad festum Ascensionis primo venturum pronuntiat sustinendum.	349	495
12	Apud S. Sabinam.	Cum Stephano, presbitero, dispensat ut, non obstante natalium defectu quem patitur, prioratum monasterii de S. Eadmundo retinere possit.	329	465
12	»	Divisionem de bonis monasterii de S. Eadmundo factam in duas partes, quarum unam abbas, alteram vero conventus habere perpetuo debeant, confirmat.	330	466
13	»	Monasterio Sublacensi Bartholomeum, olim abbatem S. Gregorii de Urbe, preficit in abbatem. — In e. m. conventui monasterii Sublacensis. — In e. m. vassallis ejusdem monasterii.	264	362

1286 Aprilis 13	Apud S. Sabinam.	Monasterio SS. Andree et Sabe de Urbe Jacobum, olim priorem, preficit in abbatem. — In e. m. priori et conventui ejusdem monasterii. — In e. m. vassallis ejusdem monasterii.	Col. 316	No. 445
16	»	Philippo de Mantua, inquisitori heretice pravitatis, conferendi officium tabellionatus duobus civibus Veronensibus concedit facultatem.	263	358
17	»	Universos magnates, magistratus ac universitates civitatum ac aliorum locorum per partes Tuscie imperio Romano subjectos hortatur ut Perzivallum de Lavania, regis Romanorum in Tuscia vicarium, devote recipiant.	617	912
20	»	Sententiam in causa, que inter priorem et fratres heremi S. Marie de Mazapalo, ex una parte, et commune Urbevetanum ex altera, super quarundam possessionum limitatione orta erat, pronuntiatam confirmat.	307	434
20	»	Generali ceterisque prioribus et fratribus ordinis s. Guillelmi monasterium, quod in fundo paterno in Albano in honorem Beati Pauli fecit construi, concedit.	312	435
20	»	Priori generali ordinis s. Guillelmi indulget ut, in monasteriis de Aquatorta et Denfago, electiones quas de abbatibus et prioribus contigerit celebrari confirmare possit.	312	436
20	»	Generali ceterisque prioribus et fratribus ordinis s. Guillelmi indulget ut ad terras excommunicatorum se declinare ibique ommorari valeant.	313	437
20	»	Eisdem indulget ut fratres dicti ordinis excommunicatos absolvere possint.	313	438
20	»	Eisdem, de habitu fratrum ordinis s. Guillelmi ab illis, qui eum illegitime deferre presumpserint, deponendo.	313	439
20	»	Eisdem indulget ut nullus Apostolice Sedis legatus, vel delegatus, aut subdelegatus contra ipsos excommunicationis vel interdicti sententias pronuntiare possit.	313	440
20	»	Eisdem indulget ut nullus ecclesias vel alia loca ordinis s. Guillelmi ausu temerario infringere presumat; alioquin ipso facto sententiam excommunicationis incurrat.	314	441
22	»	Raynerio, diacono, indulget ut plebanatum plebis S. Felicis in Pincis licite retinere valeat, dummodo ad sacerdotium se promoveri faciat.	272	369

1236 Aprilis 24	Apud S. Sabinam.	Buchardum, thesaurarium ecclesie Turonensis, eidem ecclesie preficit in episcopum. — In e. m. decano et capitulo ejusdem ecclesie. — In e. m. clero diocesis Turonensis. — In e. m. populo ejusdem diocesis. — In e. m. vassallis ecclesie Turonensis. — In e. m. suffraganeis ejusdem ecclesie. — In e. m. Philippo, regi Francie.	Col. 258	No. 351
26	»	Abbatisse et conventui S. Bernhardi in Chrueg, diocesis Pataviensis, omnes libertates, immunitates et exemptiones confirmat.	617	913
26	»	Matheo, abbati S. Dionisii in Francia, concedit ut, quotiens se missarum sollempnia contigerit celebrare, omnibus qui hujusmodi sollempniis interfuerint decem dies de injuncta eis penitentia relaxare valeat.	617	914
26	»	Abbati S. Dionisii indulget ut in villa S. Dionisii et aliis locis jurisdictioni sue subjectis minores ordines conferre necnon ornamenta ecclesiastica benedicere valeat.	617	915
26	»	Eidem concedit ut ecclesias et cimiteria ville S. Dionisii et aliorum locorum in quibus jurisdictionem habet spiritualem, reconciliare possit.	618	916
26	»	Abbati monasterii de Compendio mandat quatinus abbatem et conventum S. Dionisii contra indulta privilegiorum Apostolice Sedis ab aliquibus molestari non permittat.	619	917
27	»	Cum Raymundo Bauderii qui de monasterio Chandelii ad monasterium S. Victoris Massiliensis, obtenta nulla licentia, se transtulerat, dispensat ut in monasterio S. Victoris libere remanere valeat.	271	367
27	»	Philippo, regi Francie, indulget ut sex ex clericis suis quos Parisius litterarum studio deputaverit redditus beneficiorum que obtinent cum eadem integritate percipere valeant cum qua illos perciperent si personaliter residerent. — In e. m. abbati S. Dyonisii in Francia mandat quatinus predictis clericis predictos redditus faciat integre ministrari.	278	374
27	»	Philippo, regi Francie, de confessore eligendo.	279	375
27	»	Omnibus vere penitentibus et confessis qui divinam misericordiam pro re e Francie implorabunt viginti dies de injuncta eis penitentia relaxat.	279	376
27	»	Philippo, regi Francie, concedit ut privilegiis apostolicis, ipsius progenitoribus concessis, libere uti valeat.	279	377
27	»	Clericis capelle regie Parisiensis indulget ut ad omnes sacros ordines a quibuscumque rex maluerit episcopis valeant promoveri.	279	378

1286 Aprilis 27	Apud S. Sabinam.	Philippo, regi Francie, indulget ut nullus legatus, delegatus vel subdelegatus, executor vel conservator in ipsius regis personam excommunicationem vel interdictum promulgare valeat absque Sedis Apostolice speciali mandato.	Col. 279	No. 379
27	»	Clericis qui regis obsequiis insistunt indulget ut fructus et redditus omnium beneficiorum que obtinent integre percipere valeant haud aliter quam si personaliter residerent.	280	381
27	»	Johanne, regine Francie, indulget ut monasteria monialium ad que ipsam pervenire contigerit bis in anno intrare valeat.	282	391
27	»	Abbati S. Dyonisii in Francia mandat quatinus Philippum, regem Francorum, contra privilegiorum Apostolicorum tenorem molestari non permittat.	285	396
27	»	Fideles per Florentinam, Pistoriensem et Aretinam civitates et dioceses constitutos mandat quatinus grata subsidia fratribus predicatoribus Florentinis erogent ut ecclesiam ibidem construere possint.	619	918
29	»	Philippo, regi Francie, indulget ut in locis interdicto ecclesiastico suppositis, divina officia audire valeat.	280	380
29	»	Johanne, regine Francie, indulget ut in locis, ecclesiastico interdicto suppositis, divina officia audire valeat.	280	384
29	»	Eidem regine concedit ut, cum aliquem in ipsius regine presentia predicare contigerit, possit is omnibus vere penitentibus et confessis, qui hujusmodi predicationi interfuerint, decem dies de injuncta eis penitentia relaxare.	281	385
29	»	Omnibus vere penitentibus et confessis qui predicationibus quas, presente Johanna regina Francie, fieri contigerit, personaliter interfuerint, viginti dies de injuncta eis penitentia relaxat.	281	386
29	•	Johanne, regine Francie, indulget ut in domo in qua commorabitur divina officia possit audire.	281	387
29	»	Petro, filio Riccardi de Bucclano, diocesis Theatine, tabellionatus officium concedit.	316	446
30	»	Francisco, filio Judicis Andree, civi Anagnino, tabellionatus officium concedit. — In e. m. Johanni Tholomei, civi Anagnino.	256	348
30	»	Buchardo, archiepiscopo Turonensi, conferendi canonicatus et prebendas in cathedralibus et collegiatis ecclesiis provincie sue liberam concedit facultatem.	264	360
30	»	Buchardo, archiepiscopo Turonensi, recipiendi et faciendi recipi aliquam personam ydoneam in ecclesia Turonensi in canonicum, eique providendi de prebenda una concedit facultatem.	264	361

1286				Col. 282	No. 392
Aprilis 30	Apud. S. Sabinam.	Johanni, presbitero cardinali S. Cecilie, Apostolice Sedis legato, de castris, regno Aragonie vicinis, a personis ecclesiasticis Philippo, regi Francie, tradendis.			
30	»	Eidem Johanni, legato, concedit ut personas ecclesiasticas que Alfonso, filio Petri regis Aragonum, auxilium prestiterint, ab officiis suis suspendere valeat.		283	393
30	»	Omnibus vere penitentibus et confessis qui regi Francie decimam, ad Aragonie negotium per quadriennium concessam, pro toto quadriennii residuo infra certum terminum persolverint, peccaminum suorum veniam indulget.		284	395
Maii 1	»	Quatuor clericis Marie, regine Francie, indulget ut, quamdiu in regiis obsequiis fuerint, proventus beneficiorum suorum integre percipere valeant.		280	382
1	»	Johanne, regine Francie, indulget ut nullus Apostolice Sedis legatus in ipsius personam excommunicationis vel interdicti sententias valeat promulgare absque dicte Sedis speciali mandato.		280	383
1	»	Eidem regine indulget ut excommunicationis et interdicti sententie generaliter promulgate ad ipsam nullatenus extendantur.		281	388
1	»	Eidem regine, de confessore suo eligendo.		281	389
1	»	Eidem regine, indulget ut Predicatores et Minores fratres a Philippo, rege Francorum, seu a seipsa ad audiendas ipsorum confessiones electi, mulierum ipsius regine familiarium vota in alia pietatis opera valeant commutare.		282	390
1	»	Monasterium S. Petri de Montibus, diocesis Astoricensis, sub beati Petri et sua protectione suscipit.		620	919
3	»	Priori Predicatorum et guardiano Minorum fratrum Pisanis, de electione Philippe, in S. Felicis de Vada priorissam electe, examinanda et confirmanda.		322	460
4	.. »	Episcopo Lascurrensi, redimendi decimas sue diocesis de manibus laicorum concedit facultatem.		319	453
5	»	Ordinem fratrum heremitarum s. Guillelmi sub beati Petri protectione suscipit ejusdemque ordinis possessiones, statuta et privilegia confirmat.		274	373
5	»	Potestatem, consilium et commune Reatinos a condempnationibus et penis quibuscumque contra ipsos pronuntiatis absolvit.		349	496
5	»	E., regis Anglie, devotionem erga Deum laudat, et addit se Oddoni de Grandissono super Aragonie negotio suam expressisse voluntatem.		620	920

1286				
Maii 6	Apud S. Sabinam	Archiepiscopo Turonensi mandat quatinus Johannem, comitem Britannie, inter quem ex una parte et conventum monasterii Rothonensis ex altera questio vertebatur, citet ut coram Apostolica Sede compareat.	Col. 304	No. 433
7	»	Monasterii Fiscannensis bona et privilegia omnia confirmat.	265	363
7	»	Episcopo Parmensi mandat quatinus magistratus et commune civitatis Parmensis, [qui adversus fratres Predicatores plura commiserant crimina, peremptorie citet ut coram Apostolica Sede se representent.	273	370
7	»	Archiepiscopis et episcopis Francie mandat quatinus clericos moneant ut a secularibus negotiationibus resipiscant.	283	394
7	»	Alienationes prioratuum, grangiarum, pensionum ac prebendarum ab abbatibus quibusdam ordinis Cluniacensis contra dicti ordinis statuta factas nuntiat irritas et inanes.	288	404
7	»	Abbati et conventui monasterii Cluniacensis, de nullo subsidio solvendo.	290	409
7	»	Excommunicationis et interdicti sententias ab episcopis contra ordinem Cluniacensem promulgatas vel promulgandas decernit irritas.	291	411
7	»	Penitentibus qui ad monasterii Silviniacensis ecclesiam accesserint centum dies de injunctis eis penitentiis relaxat.	296	415
7	»	Abbati et conventui monasterii Cluniacensis [indulget ut solvere debita, nisi ea in utilitatem dicti monasterii conversa fuisse probaverint creditores, non teneantur.	296	416
7	»	Decem conversorum ac totidem conversarum numerum, quem in monasterio S. Petri Remensis diligenter statuit conventus observandum, confirmat.	297	417
7	»	Matheo, abbati S. Dyonisii, concedit ut in illis casibus, in quibus monachos suos excommunicatos absolvere potest, super hoc majori priori dicti monasterii vires suas committere valeat.	620	921
7	»	* Eisdem abbati et conventui utendi de cetero privilegiis, quibus usi non fuerint temporibus retroactis, concedit facultatem.	621	922
7	»	* Abbati monasterii de Corbeya mandat quatinus curet ne monachi ordinis Cluniacensis ab aliquibus contra indulta Sedis Apostolice privilegia indebite molestentur.	621	923
8	»	Egidio, episcopo Aurelianensi, faciendi recipi in singulis ecclesiis sue civitatis et diocesis, in quibus ad se prebendarum collatio pertinet, personas ydoneas in canonicos, concedit facultatem.	328	463

1286				Col. 264	No. 359
Maii 9	Apud S. Sabinam	Episcopo Pictavensi, conferendi tabellionatus officium uni persone ad hoc ydonee concedit facultatem.		Col. 264	No. 359
9	»	G., electo Cameracensi, indulget ut a festo Omnium Sanctorum proximo secuturo usque ad unum annum consecrationis munus recipere non teneatur.		298	421
10	»	Capitulo Cameracensi, de novalium decimis percipiendis.		297	420
10	»	Capitulo Cameracensi indulget ut, cum a divinis officiis dictum capitulum in ecclesia sua cessare contigerit, canonici et rectores aliarum ecclesiarum Cameracensium ab eisdem officiis cessare teneantur.		316	444
11	»	Philippo, regi Francie, indulget ut nulli liceat ipsius capellas interdicto supponere sine speciali Apostolice Sedis mandato.		285	397
11	»	Abbati et conventui monasterii Cluniacensis, de jurisdictionis ordinariorum exemptione, et privilegiorum, ab Alexandro papa IV concessorum, confirmatione.		288	405
11	»	Litteras Innocentii pape IV de prioratibus, ecclesiis et beneficiis ad ordinem Cluniacensem spectantibus nulli per Apostolice Sedis litteras assignandis.		289	407
11	»	Litteras Lucii pape III, quibus statuerat ut burgenses ad Silviniacensem ecclesiam pertinentes, si parati fuissent in presentia prioris ipsius ecclesie justitiam exhibere, ad alienum judicem non traherentur, confirmat.		289	408
11	»	Litteras Celestini pape III, quibus abbati et conventui monasterii Cluniacensis malefactores suos excommunicandi facultas concessa erat, confirmat.		290	410
11	»	Litteras Innocentii pape II, in favorem monasterii Cluniacensis datas, confirmat.		294	412
11	»	Abbati monasterii de Valcellis et Johanni de Brueriis, decano Cameracensi, mandat quatinus de decima Guidoni, comiti Flandrie, crucesignato, a Johanne pape concessa, et ab eisdem collecta, certis personis studeant reddere rationem.		299	423
11	»	Decano ecclesie Curtracensis et magistris Bartholomeo de Mantua ac Franconi de Wegga mandat quatinus abbatem monasterii de Valcellis et decanum Cameracensem requirant ut ipsis de pecunia collecta e decima, Guidoni, comiti Flandrie, concessa, reddant rationem.		301	424
11	»	Abbati monasterii de Valcellis et Johanni de Brueriis, decano Cameracensi, mandat quatinus Guidoni, comiti Flandrie, concedant terminos in quibus pecuniam ipsi comiti de decima predicta mutuatam, integre restituat.		301	425

1286 Maii 11	Apud S. Sabinam	Abbati monasterii de Valcellis et Johanni de Brueriis, decano Cameracensi, de decima ad Terre Sancte subsidium deputata colligenda.	Col. 304	No. 426
11	»	Litteras Alexandri pape IV, quibus omnia privilegia monasterii Cluniacensis sunt confirmata, hic refert et confirmat.	329	464
13	»	Magistratibus et communi Januensibus mandat quatinus nonnullos mercatores Neapolitanos, quos ceperunt, libertati restituant, et quoscumque Neapolitanos navigare libere permittant.	267	364
15	»	Henricum, olim Basiliensem episcopum, ecclesie Maguntine preficit in archiepiscopum. — In e. m. capitulo ecclesie Maguntine. — In e. m. clero diocesis Maguntine. — In e. m. populo ejusdem diocesis. — In e. m. consulibus et universitati oppidi Erfordensis. — In e. m. vassallis ecclesie Maguntine. — In e. m. suffraganeis ejusdem ecclesie. — In e. m. Rodulpho, regi Romanorum.	271	368
15	»	Arnoldum, prepositum S. Severini Coloniensis, ecclesie Bambergensi preficit in episcopum. — In e. m. capitulo ejusdem ecclesie. — In e. m. clero diocesis Bambergensis. — In e. m. populo ejusdem diocesis. — In e. m. vassallis ecclesie Bambergensis.	273	371
15	.	Ecclesie Basiliensi P., prepositum ecclesie Maguntine, preficit in episcopum. — In e. m. capitulo ecclesie Basiliensis. — In e. m. clero diocesis Basiliensis. — In e. m. populo ejusdem diocesis. — In e. m. vassallis ecclesie Basiliensis.	274	372
15	°	Monasterio S. Gregorii de Urbe Ricchardum, monachum monasterii Sublacensis, preficit in abbatem. — In e. m. conventui S. Gregorii. — In e. m. vassallis ejusdem monasterii.	297	419
15	»	Episcopo, priori Predicatorum et custodi Minorum fratrum Lausanensibus mandat quatinus de facinoribus a Petro de S. Sigismundo, abbate S. Mauritii Agaunensis, commissis inquirant.	302	427
15	»	Johanni Racaudi, clerico diocesis Pictavensis, tabellionatus officium concedit.	316	446
15	»	Episcopo Lunensi et guardiano Minorum de Sarzana mandat quatinus cum Dino de Grappo S. Petri, et Johanna filia Bonaccursi de Dallo, ejus uxore, dispensent ut in matrimonio invicem contracto remaneant.	321	458
15	»	Mercatoribus Romanis, creditoribus ecclesie Metensis; quomodo certa summa, in qua episcopus et ecclesia Metenses dictis mercatoribus ex causa mutui obligati erant, sit persolvenda decernit. — In e. m. abbati S. Gregorii in Clivo Scauri de Urbe, priori ecclesie Lateranensis, ac officiali Trecensi de predicte ordinationis publicatione et executione.	323	462

1286 Maii 15	Apud S. Sabinam	Magistro et fratribus domus Militie Templi Jerosolimitani omnes libertates, immunitates et exemptiones confirmat.	Col. 621	No. 924
15	»	Decano ecclesie Halberstadensis causam inter abbatissam conventumque monasterii de Glouch et Heyndericum de Hallis vertentem committit decidendam.	622	925
18	»	Johanni, S. Cecilie presbitero cardinali, Apostolice Sedis legato, mandat quatinus Pontio, episcopo Majoricensi, cujus bona Ildefonsus, Petri regis Aragonum filius, occupaverat, de competenti subsidio faciat provideri.	315	443
18	»	J., archiepiscopo Lundensi mandat quatinus Magno, electo Upsalensi, palleum assignet.	319	454
18	»	Roskildensi et Othoniensi episcopis mandat quatinus, si contingeret quod J., Lundensis archiepiscopus, impediretur, electo Upsalensi palleum assignent.	319	455
19	»	Abbati et conventui Majoris Monasterii Turonensis indulget ut domum de Lavare, Neapolioni, Nicolai pape nepoti, collatam, post dicti Neapolionis obitum licite retinere possint.	317	448
19	»	Johanni Jacobi de Racanato tabellionatus officium concedit.	318	449
19	»	Cum Gerardo de Eppinsteyn dispensat ut, unacum archidiaconatu in ecclesia Treverensi, alia beneficia in pluribus Treverensis et Maguntine diocesium ecclesiis retineat.	321	457
1285 Maii 20 1286 Maii 19		* Mandat et committit ut episcopus Veszprimiensis decimarum in Kerenfolde verus possessor constituatur.	622	926
20	»	Magistro Petro de Latyera, canonico Turonensi, testandi concedit facultatem.	356	503
21	»	Omnibus prelatis in regno Francie constitutis, de talliis a crucesignatis secularibus suis dominis reddendis usque ad tempus quo passagium generale ab Apostolica Sede statutum erit.	285	398
21	»	Episcopo Ferentinati, collectori decime ad regni Sicilie negotium deputate, de certa pecunie quantitate conventui S. Marie de Cannis, pro totali ipsius decime solutione, imponenda.	353	498
21	»	Petro, electo Basiliensi, subdiacono, diaconatum, presbiteratum et postea consecrationis munus recipiendi concedit facultatem.	362	515
21	»	Compositionem inter Ursum de Filiis Ursi, senatorem Urbis, et cives Viterbienses super Vallerani, Cornente Nove et Veteris, Rocce Altie, Fracte et Corviani castris factam confirmat.	622	927

1286				Col. 286	No. 399
Maii 23	Apud S. Sabinam.	Johanni, presbitero cardinali S. Cecilie, Apostolice Sedis legato, de solutione decime regi Francie ad Aragonie negotii prosecutionem concesse.			
23	»	Archipresbitero, capitulo ac clero Mediolanensibus indulget ut, cum in Mediolanensi civitate generale fuerit interdictum, liceat in clericorum obsequiis submissa voce divina officia celebrare.		353	497
23	»	Episcopo Antheradensi committit ut cum uno filio et una filia Hugonis, regis Cypri, et cum uno filio ac una filia regis Harmenie dispenset quod invicem libere possint matrimonia contrahere.		360	512
23	»	Priori S. Petri Skeradii Florentini, de pecia quadam terre inter Fulconem de Portinariis, civem Florentinum, et fratres ordinis de Penitentia Jhesu Christi permutanda.		365	521
23	»	Generali et aliis prioribus ac fratribus ordinis heremitarum s. Augustini indulget ut tempore generalis interdicti, in vigilia et festo sancti Augustini, in ecclesiis et oratoriis suis officia divina solemniter celebrare possint.		372	538
23	In ecclesia S. Sabine.	Jacobum, quondam Petri, olim regis Aragonum, filium, qui se fecit coronari in regem Sicilie, denuntiat excommunicationis vinculo innodatum.		549	768
23	»	Contra Alfonsum, filium quondam Petri, olim regis Aragonum, qui Carolo, regi Aragonum, se opponit, processum sustinet.		549	769
23	Apud S. Sabinam.	Abbati monasterii de Andreow, diocesis Cracoviensis, mandat quatinus domui dominici Sepulchri Miechovensis bona illicite distracta restitui faciat.		622	928
24	»	Episcopo Burgensi committit quatinus monasterio de Ovarennis de uno abbate provideat.		359	509
25	»	Cinthium de Pinea de Urbe de Tripolitana ecclesia ad Capuanum archiepiscopatum transfert. — In e. m. decano et capitulo ecclesie Capuane. — In e. m. clero diocesis Capuane. — In e. m. populo ejusdem diocesis. — In e. m. vassallis ecclesie Capuane. — In e. m. suffraganeis ejusdem ecclesie. — In e. m. Gerardo, episcopo Sabinensi, Apostolice Sedis legato [1].		356	502
25	»	Lamecensi ecclesie Johannem, decanum, preficit in episcopum. — In e. m. capitulo ejusdem ecclesie. — In e. m. clero diocesis Lamecensis. — In e. m. populo ejusdem diocesis. — In e. m. vassallis ecclesie Lamecensis.		367	528
25	»	Ecclesie Compostellane Rodericum Gundisalvi, priorem provincialem Predicatorum Hispanie, preficit in archiepiscopum. — In e. m. capitulo ejusdem ecclesie. — In e. m. clero diocesis Compostellane. — In e. m. populo ejusdem diocesis. — In e. m. vassallis ecclesie Compostellane.		371	536

1. POTTHAST, n° 22464, à la date du 28 mai 1286.

1286				Col. 622	No. 929
Maii 25	Apud S. Sabinam.	Eberhardo de Yseni canonicatum et prebendam in ecclesia Maguntina confert.		Col. 622	No. 929
25	»	Electo Basiliensi, preposito S. Andree Wormaciensis, et Johanni de Sirkis, canonico Treverensi, mandat ut Eberhardum de Yseni in canonicatus et prebende supradictorum corporalem inducant possessionem.		623	930
25	»	Riccardum, comitem Fundanum, vituperat quod procedere contra cives Terracinenses intendat.		623	931
26	»	Archiepiscopo Arborensi, de pecunia, e decima Terre Sancte in Sardinie et Corsice partibus collecta, quibusdam mercatoribus Florentinis assignanda.		363	519
26	»	Eidem archiepiscopo, de pecunia, e decima negotio regni Sicilie deputata collecta, eisdem mercatoribus assignanda.		364	520
27	»	Edwardo, regi Anglie, concedit ut ejus filii et filie cum personis, ipsis quarto affinitatis vel consanguinitatis gradu conjunctis, licite possint matrimonialiter copulari.		623	932
27	»	Eidem regi significat non existere sue intentionis ut ejus filii et filie cum filiis vel filiabus, nepotibus neptibusve quondam Petri, regis Aragonie, matrimonium contrahere possint.		623	933
28	»	Ecclesie Florentine fratrem Jacobum de Perusio, ordinis Predicatorum, preficit in episcopum. — In e. m. preposito et capitulo ejusdem ecclesie. — In e. m. clero diocesis Florentine. — In e. m. populo ejusdem diocesis. — In e. m. vassallis ecclesie Florentine.		355	500
28	»	Civibus Asisinatibus indulget ut super hiis que infra Asisinatem diocesim possident per litteras apostolicas extra eandem diocesim evocari ad judicium non possint.		355	501
28	»	Jacobo Roussiel, clerico Cameracensi, tabellionatus officium concedit. — In e. m. pro Hugone dicto Sine timore, clerico Caturcensi.		359	508
28	»	T., abbati S. Augustini Cantuariensis, indulget ut cum monachis monasterii sui in certis casibus super esu carnium dispensare possit.		359	510
28	»	Geraldo, episcopo Lectorensi, testandi concedit facultatem.		362	514
28	»	Episcopo Castellano mandat quatinus Matheum dictum Veneri de Venetiis, in Cretensem archiepiscopum electum, citet ut coram Sede Apostolica compareat.		377	543
28	»	* Abbati monasterii de Althenberg mandat quatinus ecclesie Wissegradensi bona illicite distracta restitui faciat.		623	934

1286				
Maii 29	Apud S. Sabinam.	Electo et capitulo Cathalaunensibus recipiendi Stephanum de Cathalaunis in ecclesie Cathalaunensis canonicum concedit facultatem.	Col. 354	No. 499
31	»	Ecclesie Ulixbonensi S., decanum Bracharensem, preficit in episcopum. — In e. m. capitulo ejusdem ecclesie. — In e. m. clero diocesis Ulixbonensis. — In e. m. populo ejusdem diocesis. — In e. m. archiepiscopo Compostellano.	357	504
31	»	Petro de Fagia, clerico diocesis Lemovicensis, tabellionatus officium concedit.	359	508
31	»	Priori Predicatorum ac guardiano Minorum mandat quatinus de prejudiciis in fratres Penitentie Jhesu Christi a Gaufrido, preposito Bariolensi, commissis inquirat.	370	532
31	»	Rodulpho, regi Romanorum, ad unctionem, consecrationem et imperialis diadematis coronationem recipiendas a papa, festum Purificationis primo venturum assignat.	380	550
31	»	Octonem, Albertum et Octonem, marchiones Brandeburgenses, rogat ut apud Rodulphum, regem Romanorum, insistant ut ad recipiendum diadema imperiale Romam veniat. — In e. m. universis ducibus, marchionibus ceterisque nobilibus in imperio per Alemaniam et Slaviam constitutis. — In e. m. Ottoni et Conrado, marchionibus Brandeburgensibus. — In e. m. Lodovico, duci Bawarie. — In e. m. Henrico, duci Bawarie. — In e. m. Menhardo, duci Charintie. — In e. m. duci Saxonie. — In e. m. regi Boemie. — In e. m. archiepiscopo Coloniensi. — In e. m. archiepiscopo Maguntino. — In e. m. archiepiscopo Salzeburgensi. — In e. m. universis archiepiscopis et episcopis in imperio constitutis. — In e. m. universis judicibus ceterisque officialibus in imperio constitutis.	381	551
31	»	Johanni, episcopo Tusculano, plene legationis officium in Alamanie partibus committit. — In e. m. eidem plene legationis officium in Dacie ac Suecie regnis committit. — In e. m. eidem plene legationis officium in Polonie, Pomeranie, Cassubie, Pruscie, Livonie et Ruscie ducatibus committit. — In e. m. universis ecclesiarum prelatis per partes Alamanie constitutis mandat quatinus eidem episcopo intendant. — In e. m. eisdem per Boemie, Dacie ac Suecie regna constitutis. — In e. m. eisdem per Polonie, Pomeranie, Cassubie, Pruscie, Livonie et Ruscie ducatus constitutis.	550	770
31	»	Johanni, S. Cecilie presbitero cardinali, mandat quatinus, cum Johanni, episcopo Tusculano, legationis in Alamanie partibus officium commiserit, anno primo hujus legationis a receptione procurationum et collatione beneficiorum in Leodiensi, Metensi, Tullensi, Virdunensi, Basiliensi et Cameracensi diocesibus se abstineat.	550	771
31	»	Johanni, episcopo Tusculano, in partibus Alamanie Apostolice Sedis legato, faciendi recipi viginti personas in sue legationis ecclesiis in canonicos, concedit facultatem.	552	772

1286				Col. 552	No. 773
Maii 31	Apud S. Sabinam.	Eidem, faciendi recipi personas ydoneas in legationis sue ecclesiis in canonicos, si ad id illorum ad quos in ipsis ecclesiis pertinet collatio prebendarum accedat assensus, concedit facultatem.		Col. 552	No. 773
31	»	Eidem, faciendi recipi, preter viginti personas in secunda superiori littera nominatas, duodecim alias personas in totidem ecclesiis in canonicos concedit facultatem.		552	774
31	»	Eidem, conferendi personis ydoneis beneficia clericorum suorum decedentium concedit facultatem.		552	775
31	»	Eidem, dispensandi cum clericis qui plures ecclesias parrochiales vel dignitates detinuerint, dummodo ecclesias ipsas vel dignitates resignent, concedit facultatem.		552	776
31	»	Eidem, dispensandi cum tribus clericis quod eorum quilibet duo beneficia licite retinere valeat concedit facultatem.		553	777
31	»	Eidem indulget quod clerici, quos secum duxerit idem legatus, beneficiorum suorum proventus integre percipere valeant.		553	778
31	»	Eidem, exercendi censuram ecclesiasticam in quascumque legationis sue personas concedit facultatem.		553	779
31	»	Eidem, dispensandi cum sex clericis, defectum natalium patientibus, concedit facultatem.		553	780
31	»	Eidem, dispensandi cum decem in Alamania clericis, quinque in Boemie, quinque in Suecie et Dacie regnis ac decem in Polonia aliisque ducatibus, defectum natalium patientibus, concedit facultatem.		554	781
31	»	Eidem, dispensandi cum sex clericis defectum etatis patientibus concedit facultatem.		554	782
31	»	Eidem, dispensandi cum sex personis ecclesiasticis, que vinculo excommunicationis adstricte sacros susceperint ordines et ministrarint in illis, super irregularitate exinde contracta, concedit facultatem.		554	783
31	»	Eidem, recipiendi cessiones tam abbatum quam aliorum inferiorum prelatorum concedit facultatem.		554	784
31	»	Eidem, dispensandi cum quatuor nobilibus personis vel aliis, quod earum quelibet cum alia sibi quarto consanguinitatis vel affinitatis gradu conjuncta persona matrimonium contrahere possit, concedit facultatem.		554	785
31	»	Eidem, dispensandi cum viginti religiosis qui symoniacum in monasteriis suis habuerint ingressum vel qui alios symoniace receperint, concedit facultatem.		555	786
31	»	Eidem, dispensandi cum viginti religiosis defectum natalium patientibus, concedit facultatem.		555	787

1286				Col. 555	No. 788
Maii 31	Apud S. Sabinam.	Eidem, dispensandi cum capitulis ecclesiarum, in quibus statutum est quod nullus inibi reciperetur in canonicum qui alias in cathedrali ecclesia prebendatus existeret, quod, statuto hujusmodi non obstante, tales personas recipere valeant in canonicos, concedit facultatem.		Col. 555	No. 788
31	»	Eidem, exercendi censuram ecclesiasticam in omnes illos qui familie sue injuriari presumpserint, concedit facultatem.		555	789
31	»	Eidem concedit ut, cum seipsum proponere verbum Dei, ecclesias seu altaria consecrare, aut moniales benedicere contigerit, omnibus vere penitentibus et confessis qui ad hujusmodi solemnitates convenerint, certum dierum numerum de injunctis eis penitentiis valeat relaxare.		555	790
31	»	Eidem concedit ut omnibus vere penitentibus et confessis qui ad colloquia, que occasione legationis negotiorum tenuerit ipse legatus, accesserint quadraginta dies de injunctis eis penitentiis valeat relaxare.		556	791
31	»	Eidem, dispensandi cum quadraginta personis ecclesiasticis super irregularitate quam ferendo in alios excommunicationis sententiam sine scriptis contraxerint, concedit facultatem.		556	792
31	»	Eidem, absolvendi illos qui a judicibus a Sede Apostolica delegatis fuerint excommunicati et propter dictorum judicum obitum vel absentiam non absolutionem obtinuerint, concedit facultatem.		556	793
31	»	Eidem, concedendi tribus nobilibus mulieribus in quolibet legationis sue regno, et uni nobili mulieri in ducatibus, quod earum quelibet cum decenti mulierum comitiva semel in anno monasterium unum intrare valeat, concedit facultatem.		556	794
31	»	Eidem, commutandi viginti personarum vota, que nequeunt adimplere, in alia pietatis opera, concedit facultatem.		556	795
31	»	Eundem, cui per alias litteras absolvendi illos qui quondam Corrado et Corradino adheserint dedit potestatem, certiorem facit easdem litteras ad duces, marchiones et alias personas illustres minime se extendere.		557	797
31	»	Eidem, recipiendi procurationes ab ecclesiarum prelatis vel ecclesiis quibuscumque, non obstantibus privilegiis a Sede Apostolica concessis, concedit facultatem.		558	804
31	»	Eidem, compellendi prelatos quoscumque, abbates et priores ad providendum in necessariis nuntiis ipsius legati concedit facultatem.		558	805
Junii 1	»	Lamberto Sornaci, civi Lucano, tabellionatus officium concedit.		559	808

HONORIUS.

48

1286				Col. 360	No. 511
Junii	1	Apud S. Sabinam.	Archiepiscopo Ravennati, de Guillelmo Duranti, electo Mimatensi, consecrando.	Col. 360	No. 511
	1	"	Monasterio S. Salvatoris Papiensis Guirbertum, priorem prioratus de Callio, preficit in abbatem. — In e. m. priori et conventui ejusdem monasterii. — In e. m. vassallis ejusdem monasterii.	366	524
	1	»	Magistro, prepositis, prioribus, prelatis, fratribus et sororibus universis domorum ordinis Humiliatorum, de prepositorum electione.	367	526
	1	»	Eisdem indulget ut ad collectarum a diocesanis imponendarum prestationem non teneantur.	367	527
	1	»	Episcopum Auximanum conservatorem jurium et defensorem fratrum Minorum Marchie Anconitane constituit.	624	935
	3	»	Jacobo, filio Christofori de Corneto, laico diocesis Tuscanensis, tabellionatus officium concedit.	359	508
	4	»	Petro, episcopo Clusino, concedit quod castrum Potentini, ad Clusinam ecclesiam pertinens, vendere possit.	358	506
	5	»	Fredolo, episcopo Aniciensi, indulget ut, si ad alienas dioceses declinaverit, ibi cum usu pallei celebrare ordines, consecrare basilicas, benedicere abbates licite possit.	357	505
	5	»	Decano, priori Predicatorum ac guardiano Minorum fratrum Astoricensibus mandat quatinus cum Marcho, monacho, super defectu natalium dispensent.	358	507
	5	,	Giffredo de Vezano, nuntio pontificali in Anglia, de ecclesia S. Georgii de Camme, Wigorniensis diocesis, Opizoni de Lavania restituenda.	361	513
	5	»	R., episcopo Venafrano, testandi concedit facultatem.	362	514
	5	»	Cum Petro, filio Roberti phisici, cive Urbevetano, super defectu natalium dispensat.	366	523
	5	»	Electo Basiliensi mandat quatinus mense archiepiscopi Maguntini bona illicite alienata restitui faciat.	624	936
	5	»	Eidem mandat ne permittat ut Henricus, archiepiscopus Maguntinus, ab aliquibus contra indulta privilegiorum ei a Sede Apostolica concessorum molestetur.	624	937
	5	»	Plebano S. Pantaleonis de Venetiis mandat ut controversiam inter monasterium S. Salvatoris et ecclesiam S. Bartholomei de Venetiis motam debito fine decidat.	624	938

TABLE CHRONOLOGIQUE.

1286				Col. 624	No. 939
Junii	5	Apud S. Sabinam	Abbati et conventui S. Germani de Pratis Parisiensis indulget ut privilegiis, quibus usi non fuerint temporibus retroactis, de cetero uti libere valeant.	Col. 624	No. 939
	5	»	Inhibet ne quis, occasione questionis cujuscumque, abbati et conventui S. Germani de Pratis inferre molestias presumat.	625	940
	7	»	Priori Predicatorum fratrum Lausanensium mandat quatinus preposito et capitulo hospitalis S. Bernardi de Monte Jovis, qui dictum hospitale reedificare ceperant, recipiendi in Bisuntina et Tarantasiensi diocesibus et provinciis summam mille librarum de male acquisitis usque ad triennium, licentiam largiatur.	381	552
	9	»	Clero civitatis et diocesis Florentine scribit se Jacobo de Perusio, electo Florentino, per L., Ostiensem et Velletrensem episcopum, fecisse munus consecrationis impendi.	355	500
	9	»	Episcopo, priori Predicatorum et custodi Minorum fratrum Urbevelanis mandat quatinus venditioni castri Potentini ab episcopo Clusino faciende consentiant.	358	506
	9	»	Ecclesie Pistoriensi Thomam, priorem ecclesie de Monte Alpruno, preficit in episcopum. — In e. m. preposito et capitulo ecclesie Pistoriensis. — In e. m. clero diocesis Pistoriensis. — In e. m. populo ejusdem diocesis. — In e. m. vassallis ecclesie Pistoriensis 1.	365	522
	9	»	Guirberto, abbati S. Salvatoris Papiensis, indulget ut, unacum abbatia S. Salvatoris, prioratum de Callio per biennium retinere possit.	367	525
	9	»	Thomasino, plebano plebis de Lopia, committit ut, vacante monasterio de Fraxinorio, redditus predicti monasterii recolligat et ad opus futuri abbatis conservet.	369	531
	9	»	Priori ecclesie de Saltiano, collectori decime negotio regni Sicilie concesse, de pecunia e decima collecta quibusdam Florentinis et Pistoriensibus mercatoribus assignanda.	382	553
	9	»	· Arbitros instituit ad querelam inter Antwerpiensem civitatem et Adolphum, Berghensem comitem, motam decidendam.	625	941
	11	»	Abbati et conventui B. Marie Eboracensis indulget ut, dicto monasterio vacante, nullus diocesanus monasterii redditus presumat suis usibus applicare.	362	516
	11	»	Eisdem abbati et conventui indulget ut, sicut hactenus, sic et in posterum decimas et pensiones quas in diversis parrochiis percipiunt, libere percipere valeant.	363	517
	11	..	Eisdem abbati et conventui, construendi in grangiis et maneriis suis oratoria et capellas licentiam largitur.	363	518

1. Potthast, n° 22241, à la date du 9 juin 1285.

1286				Col. 625	No. 942
Junii 11	Apud S. Sabinam.	Hospitale S. Bernardi de Monte Jovis tuendum suscipit ejusque bona nominatim exhibita confirmat.		Col. 625	No. 942
13	»	Archiepiscopo Lugdunensi, et Eduensi ac Vapincensi episcopis mandat quatinus Guillelmum archiepiscopum Viennensem, super promissionibus quas Ludovico de Sabaudia fecerat illicitas, a dicto Ludovico molestari non permittant.		370	533
13	»	Johanni de Vescie, regis Anglie militi, habendi secum altare portatile concedit facultatem. — In e. m. pro nobili viro Octone de Grandisono.		371	534
13	»	Octoni de Grandisono, nobili viro Lausanensis diocesis, de confessore eligendo.		371	535
13	»	Episcopo Norwicensi mandat quatinus cum Johanne de Renham, presbitero, monacho ecclesie Roffensis, super defectu natalium dispenset.		372	537
13	»	Arnaldo, episcopo Bambergensi, concedit ut redditus primi anni omnium beneficiorum, in diocesi Bambergensi vacaturorum, percipere valeat.		387	558
13	»	Archidiacono Estridingie et Thome de Aburby, canonico Eboracensi, mandat quatinus Johannem Clarel, rectorem ecclesie de Bringeforde, qui de pecunie summa capitulo Rothomagensi debita satisfacere nolebat, citent ut apostolico conspectui se repraesentet.		405	586
17	»	Episcopo Castellano administrationem ecclesie Clugiensis vacantis committit.		372	539
17	»	Episcopo Egitaniensi, decano Salamantino et Egee, canonico Visensi, mandat quatinus Anthonium, in Civitatensis ecclesie episcopum electum, citent ut apostolico conspectui se representent.		383	555
17	»	Monasterio Salsensi Herbertum, prepositum monasterii Quatuor Turrium de Albo Castro, preficit in abbatem. — In e. m. decano et conventui monasterii Salsensis.		404	584
17	»	Edwardo, regi Anglie, ad quinque petitiones circa Terre Sancte negotium per Othonem de Grandisono propositas respondet.		625	943
17	»	Eundem regem rogat ut intentionem papalem de matrimoniis filiorum suorum filiarumque cum quibuslibet indevotis ecclesie non contrahendis diligentius observet; addit se super negotio, pro quo Othonem de Grandisono specialiter destinaverit, per alias litteras respondere.		625	944
20	»	Tripolitane ecclesie Bernardum, abbatem monasterii Montis Majoris, preficit in episcopum. — In e. m. capitulo ejusdem ecclesie. — In e. m. clero diocesis Tripolitane. — In e. m. populo ejusdem diocesis. — In e. m. vassallis ecclesie Tripolitane. — In e. m. principi Anthioceno.		377	544

1286				Col. 368	No. 529
Junii 22	Apud S. Sabinam	Monasterio Fuldensi Marquardum, ejusdem monasterii decanum, preficit in abbatem. — In e. m. conventui ejusdem monasterii. — In e. m. ministerialibus et vassallis ejusdem monasterii.		Col. 368	No. 529
22	»	Episcopo Bambergensi, de Marquardo, abbate Fuldensi, benedicendo [1].		369	530
27	Tibure	Potestati, consilio et communi Senensibus mandat quatinus Percivallo de Lavania, vicario generali regis Romanorum in Tuscia, pareant.		379	548
30	»	Henrico, preposito ecclesie Xanctensis, indulget ut preter dictam preposituram et alia beneficia que in Trajectensi et Coloniensi ecclesiis obtinet, aliud beneficium recipere ac retinere valeat.		376	542
30	»	Capitulo Ameliensi, de episcopi Ameliensis electione.		378	545
30	»	Conventui monasterii S. Marie in Ponte de abbatis unius electione.		378	546
30	»	Cum magistro Gileberto de Saana, Bajocensi et Tornacensi canonico, dispensat ut, non obstante defectu natalium quem patitur, beneficium recipere licite valeat.		386	557
Julii 1	»	Abbati S. Ambrosii et archipresbitero ecclesie Mediolanensis mandat quatinus Franciscum, in Novariensem episcopum electum, citent ut coram Apostolica Sede compareat.		378	547
1	»	Episcopo Castellano mandat quatinus Percivallo de Comitibus, administrationem ecclesie Paduane interdicat. — In e. m. archipresbitero, et Andree Gausoni, canonico Paduanis, ejusdem ecclesie administrationem committit. — In e. m. capitulo ecclesie Paduane mandat quatinus archipresbitero et canonico predictis pareant.		379	549
4	»	Magistro, prepositis, prioribus, prelatis, fratribus et sororibus ordinis Humiliatorum concedit ut magister, qui ordini universo intendit, cum per diffinitores electus fuerit, ante confirmationem electionis ordinem administret libere.		375	540
5	»	Guidoni, sacriste, in monasterii Nonantulani abbatem electo, dicti monasterii committit administrationem. — In e. m. priori et conventui ejusdem monasterii. — In e. m. vassallis ejusdem monasterii.		389	563
8	»	Christoforo, priori de Saltiano, collectori decime regni Sicilie negotio concesse, de certa pecunie quantitate, pro dicte decime totali solutione, ordini Humiliatorum in Lombardia imponenda. — In e. m. Symoni Domassi, canonico Lichefeldensi, pro ejusdem ordinis fratribus in Tuscia.		375	541

1. Potthast, n° 22455, à la date du 23 mai 1286.

1286				Col. 382	No. 554
Julii 12	Tibure.		Stephanum, episcopum Waterfordensem, ad Tuamensem ecclesiam transfert in archiepiscopum. — In e. m. capitulo ecclesie Tuamensis. — In e. m. clero diocesis Tuamensis. — In e. m. populo ejusdem diocesis. — In e. m. vassallis ecclesie Tuamensis. — In e. m. suffraganeis ejusdem ecclesie. — In e. m. E., regi Anglie.	Col. 382	No. 554
12	»		Ecclesie Militensi Sabam, decanum ejusdem ecclesie, preficit in episcopum. — In e. m. capitulo ejusdem ecclesie. — In e. m. clero diocesis Militensis. — In e. m. populo ejusdem diocesis. — In e. m. vassallis ecclesie Militensis.	387	559
12	»		Stephano, archiepiscopo Tuamensi, scribit se pallium ipsi archiepiscopo assignandum Elfiensi, Aladensi ac Waterfordensi episcopis transmisisse.	390	564
12	»		Aladensi, Elfiensi et Waterfordensi episcopis mandat quatinus pallium, ipsis transmissum, Stephano, archiepiscopo Tuamensi, assignent.	390	565
12	»		Waterfordensi ecclesie Walterum preficit in episcopum. — In e. m. capitulo ejusdem ecclesie. — In e. m. clero et populo diocesis Waterfordensis. — In e. m. E., regi Anglie.	393	571
12	»		Midensi ecclesie Thomam de S. Leodegario preficit in episcopum. — In e. m. clero Midensi. — In e. m. populo Midensi. — In e. m. vassallis ecclesie Midensis. — In e. m. E., regi Anglie.	395	574
14	»		Johanni, episcopo Tusculano, Apostolice Sedis in partibus Alamanie legato, indulget ut in locis ecclesiastico interdicto suppositis possit ibidem divina officia audire et celebrare.	557	796
14	»		Eidem, dispensandi cum personis ecclesiasticis legationis sue que pro alienis debitis se et proprias obligarunt ecclesias concedit facultatem.	557	798
14	»		Eidem, absolvendi illos qui adheserint quondam Corrado necnon et Corradino et propter hoc excommunicati fuerint, concedit facultatem.	557	799
14	»		Eidem, conferendi sex personis ydoneis tabellionatus officium concedit facultatem.	557	800
14	»		Eidem, assumendi et secum retinendi ad obsequia sua aliquos fratres Predicatores seu Minores concedit facultatem.	558	801
14	»		Eidem concedit ut evectiones quot commissis sibi negotiis viderit expedire ducere valeat.	558	802
14	»		Eidem concedit ut, si ecclesia vel monasterium aut locus, ad quem se declinare contigerit, ei integram procurationem prestare non possit, ipse valeat a pluribus procurationem exigere.	558	803

1286				Col. 384	No. 556
Julii 15	Tibure.	Roberto, comiti Atrebatensi, bajulo regni Sicilie, injungit quod a quolibet inquisitionis processu contra Adenulphum, comitem Acerrarum, omnino desistat; duellum preterea inter dictum comitem et nobilem virum Raynaldum de Avella fieri prohibet.			
15	»	Priori Predicatorum ac guardiano Minorum fratrum Perusinis mandat quatiuus cum Loctulo et Herminia, civibus Perusinis, dispensent quod matrimonialiter invicem copulari valeant.		389	561
15	»	Episcopo Pistoriensi mandat quatinus magistratus et commune Lucane civitatis compellat ut diversa loca, ad Lunensem ecclesiam spectantia, episcopo Lunensi restituant.		396	575
16	»	Ecclesie Thelesine Salernum preficit in episcopum. — In e. m. capitulo ejusdem ecclesie. — In e. m. clero diocesis Thelesine. — In e. m. populo ejusdem diocesis. — In e. m. vassallis ecclesie Thelesine.		411	590
18	»	P., episcopo Cracoviensi, committit ut cum septem clericis ducisse Cracovie, qui tempore interdicti divina celebraverunt officia, super hujusmodi irregularitate dispenset.		411	589
21	»	Episcopo Ferentinati, collectori decime regni Sicilie negotio concesse, de certa pecunie quantitate, pro dicte decime totali solutione, monasterio S. Marie de Groctaferrata imponenda.		376	541
22	»	Ad ecclesiam Montis Regalis, Petrum, episcopum Reatinum, in archiepiscopum transfert. — In e. m. capitulo ecclesie Montis Regalis. — In e. m. clero diocesis Montis Regalis. — In e. m. populo ejusdem diocesis. — In e. m. suffraganeis ecclesie Montis Regalis.		388	560
22	»	Omnes prelatos per partes Alamanie constitutos rogat quatinus R., regi Romanorum, cui ad recipiendum in basilica Principis Apostolorum de Urbe imperiale diadema certum terminum duxerit prefigendum, subventionem decentem de redditibus suis liberaliter concedant.		558	806
23	»	Interdicta in civitatem Aretinam per Aretinum et Senensem episcopos promulgata usque ad Omnium Sanctorum festivitatem suspendit.		389	562
23	»	Episcopo Clusino mandat quatinus cum clericis et religiosis civitatis Aretine, qui, durante interdicto, divina officia celebrarunt, super irregularitate contracta dispenset.		391	567
23	»	Thome, electo Midensi, concedit ut sacros ordines et munus consecrationis a quocumque maluerit catholico episcopo recipere possit.		394	572
24	»	Accuntie, civi Tuscanensi, per Hugolinum, Lucanum canonicum, examinato, tabellionatus officium concedit.		391	568

1286				Col. 391	No. 566
Julii 27	Tibure.	Ad Reatinam ecclesiam Andream, episcopum Soranum, transfert in episcopum. — In e. m. capitulo Reatino. — In e. m. clero diocesis Reatine. — In e. m. populo ejusdem diocesis.		Col. 391	No. 566
27	»	Archiepiscopum Cassellensem rogat et hortatur quatinus episcopum et ecclesiam Waterfordenses habeat commendatos.		393	571
28	»	Monasterium S. Marie Magdalene Valentine magistro et priori provinciali Yspanie ordinis fratrum Predicatorum committit.		410	588
30	,	Ecclesie Claromontensi Aydemarum, cantorem, preficit in episcopum. — In e. m. preposito et capitulo ejusdem ecclesie. — In e. m. clero diocesis Claromontensis. — In e. m. populo ejusdem diocesis. — In e. m. vassallis ecclesie Claromontensis. — In e. m. regi Francie, de regalibus.		394	573
Augusti 1	»	Arnaldo Carbonelli, clerico diocesis Caturcensis, tabellionatus officium concedit. — In e. m. Johanni, filio Donadei, clerico Ameliensi.		397	576
1	»	Episcopo Interampnensi et archipresbitero Viterbiensis ecclesie mandat quatinus Georgium de Interampnis, procuratorem Johannis Baliet, monasterii Aquicitensis abbatis, citent ut coram Apostolica Sede compareat.		397	577
3	»	Omnibus vere penitentibus et confessis qui pro remedio anime Philippi, regis Francie, orationem dominicam dixerint, decem dies de injuncta eis penitentia relaxat.		412	591
4	»	Ecclesie Ebredunensi Guillelmum, prepositum S. Andree Gratianopolitani, preficit in archiepiscopum. — In e. m. capitulo ejusdem ecclesie. — In e. m. clero diocesis Ebredunensis. — In e. m. populo ejusdem diocesis. — In e. m. vassallis ecclesie Ebredunensis. — In e. m. suffraganeis ejusdem ecclesie.		401	582
5	»	Ademaro, electo Claromontensi, concedit ut ad diaconatus et presbiteratus ordines se facere statutis temporibus promoveri possit.		397	578
5	»	Eidem episcopo conferendi tabellionatus officium uni persone ad hoc ydonee concedit potestatem.		398	579
5	»	Eidem episcopo testandi concedit facultatem.		398	580
5	»	Episcopo, priori Predicatorum et guardiano Minorum fratrum Petragoricensibus mandat quatinus de meritis Ylarie de Borno, in S. Marie Xanctonensis abbatissam electe, inquirant, ac ejusdem Ylarie confirment electionem.		398	581

1286 Augusti 5	Tibure.	Ecclesie Arelatensi Rostagnum preficit in archiepiscopum. — In e. m. capitulo ejusdem ecclesie. — In e. m. clero diocesis Arelatensis. — In e. m. populo ejusdem diocesis. — In e. m. vassallis ecclesie Arelatensis. — In e. m. episcopis suffraganeis ejusdem ecclesie.	Col. 408	No. 587
6	»	Raymundo, episcopo Massiliensi, de discreto aliquo viro in coadjutorem eligendo.	403	583
8	»	Johanni, episcopo Tusculano, mandat quatinus de facto vulnerum a Wolfranio de Linach, canonico Herbipolensi, cuidam defuncto laico illatorum, inquirat veritatem.	404	585
8	»	Filiabus Dei Parisiensibus indulget ut extra civitatem Parisiensem ad judicium trahi vel vocari non possint. — In e. m. pro mulieribus, que Beghine dicuntur, in parrochia S. Pauli Parisiensis commorantibus.	416	599
12	»	Benedicto dicto de Anagnia caconicatum ac prebendam in ecclesia Atrebatensi confert.	626	945
13	»	Eidem pensionem annuam quinquaginta librarum turonensium, ab episcopo Atrebatensi persolvendam, confert donec in ecclesia Atrebatensi prebendam fuerit assecutus.	626	946
13	»	Litteras Innocentii pape IV, quibus monasterium S. Benedicti supra Padum sub beati Petri et sua protectione susceperat, confirmat.	413	594
13	»	Litteras Celestini pape III, quibus plura privilegia monasterio S. Benedicti supra Padum concessa erant, confirmat.	413	596
13	»	Monasterium S. Marie ad Virgines, quod dicitur Cella apud Civitatem, magistro et priori provinciali Lombardie ordinis Predicatorum committit. — In e. m. monasterium S. Marie Zamorrensis magistro et priori provinciali Yspanie ordinis Predicatorum committit.	416	600
13	»	Priori S. Margarite de Corneto mandat quatinus monasterio S. Martini in Monte bona illicite alienata vel distracta restitui faciat.	627	947
18	»	Litteras Innocentii pape IV, quibus abbati et conventui S. Benedicti supra Padum indulserat idem papa ut per litteras apostolicas ad provisionem alicujus compelli non valerent, confirmat.	415	597
18	»	Litteras Innocentii pape IV, quibus abbati et conventui S. Benedicti supra Padum indulserat ut ad nullius provisionem de abbatiis, prioratibus aut membris ipsorum per litteras apostolicas compelli possent, confirmat.	415	598

1286 Augusti 18	Tibure.	Litteras Innocentii pape IV, quibus abbati S. Benedicti supra Padum utendi mitra, baculo pastorali etc., liberam concesserat facultatem, confirmat.	Col. 433	No. 612
18	»	Archipresbitero ecclesie Viterbiensis mandat quatinus hospitale S. Spiritus Viterbiensis et fratrem Rolandum, priorem dicti hospitalis, non permittat a duobus fratribus in magistros ordinis Cruciferorum in discordia electis molestari.	468	664
19	»	Sententiam a B., episcopo Portuensi, in causa que inter Thedisium de Camilla, pape capellanum, ex una parte, et J., archiepiscopum Cantuariensem diversosque clericos ex altera super ecclesiis de Wingham et Terringes orta erat, prolatam moderatur et reformat. — In e. m. archiepiscopo Januensi, episcopo Astensi et abbati S. Augustini foris muros Cantuariensis mandat quatinus proximam superiorem ordinationem faciant observari.	421	605
20	»	P., archiepiscopo Montis Regalis, administrationem ecclesie Sorane, nunc vacantis, committit.	412	592
21	»	Episcopo Leodiensi mandat quatinus de vita et conversatione Walteri de Chipelhey, clerici diocesis Leodiensis, qui defectum in natalibus patitur, inquirat.	504	703
23	»	Archiepiscopo Januensi, episcopis Burgensi et Palentino mandat quatinus a Petro, electo Auriensi, recipiant juramentum.	413	593
23	»	Petrum, Constantinopolitanum patriarcham electum, confirmat. — In e. m. capitulo ecclesie Constantinopolitane. — In e. m. archiepiscopis et episcopis ecclesie Constantinopolitane subjectis.	413	595
23	»	J., archiepiscopo Cantuariensi, sententiam in causa que inter ipsum archiepiscopum aliosque clericos ex una parte, et Thedisium de Camilla ex altera vertebatur, a Portuensi episcopo pronunciatam, et deinde moderatam, transmittit.	428	606
23	»	Hugoni, episcopo Tholosano, concedit ut quindecim clericos diocesis sue ab excommunicationis sententia absolvat.	428	607
23	»	Eidem episcopo, dispensandi cum canonicis et clericis ecclesie Tholosane super irregularitate quam contraxerint si, durante interdicto, divinis officiis se immiscuerint, liberam concedit facultatem.	428	608
23	»	J., episcopum Lamecensem, qui juramento promiserat quod Apostolorum limina bienniis singulis visitaret, ab hujusmodi juramento absolvit.	434	615
23	»	Ad ecclesiam Capudaquensem Gotbertum, episcopum Agrigentinum, transfert. — In e. m. capitulo ecclesie Capudaquensis. — In e. m. clero diocesis Capudaquensis. — In e. m. populo ejusdem diocesis. — In e. m. vassallis ecclesie Capudaquensis.	434	616

1286 Augusti 23	Tibure.	Ecclesie Ameliensi Maurum, S. Praxedis de Urbe abbatem, preficit in episcopum. — In e. m. capitulo Ameliensi. — In. e. m. clero diocesis Ameliensis. — In e. m. populo ejusdem diocesis.	Col. 439	No. 622
24	»	Viterbiensi et Tuscanensi ecclesie P., olim Anconitanum episcopum, preficit in episcopum. — In e. m. capitulo Viterbiensi. — In e. m. capitulo Tuscanensi. — In e. m. clero Viterbiensis diocesis. — In e. m. clero Tuscanensis diocesis. — In e. m. populo Viterbiensis diocesis. — In e. m. populo Tuscanensis diocesis. — In e. m. populo Cornetano. — In e. m. vassallis Viterbiensis et Tuscanensis ecclesie.	418	603
25	»	Magistro et priori provinciali Yspanie ordinis fratrum Predicatorum monasterium S. Marie Magdalene Valentine committit.	440	588
25	»	Magistro et priori provinciali Lombardie ordinis Predicatorum monasterium S. Marie ad Virgines committit. — In e. m. magistro et priori provinciali Yspanie ordinis Predicatorum monasterium S. Marie Zamorrensis committit.	447	600
27	»	Ecclesie Anconitane B., pape capellanum, preficit in episcopum. — In e. m. capitulo Anconitano. — In e. m. clero diocesis Anconitane. — In e. m. populo ejusdem diocesis. — In e. m. vassallis ecclesie Anconitane.	447	601
28	»	P., episcopo Bajocensi, testandi concedit facultatem.	362	514
28	»	Raynutio, priori S. Michaelis de Castellione Vullispese, collectori decime regni Sicilie negotio concesso, de certa pecunie quantitate pro dicte decime totali solutione monasterio S. Benedicti de Monte Subasio imponenda.	376	541
28	»	Abbati monasterii de S. Eadmundo testandi concedit facultatem.	433	613
28	»	Magistro et fratribus domus Militie Templi Jerosolimitani concedit ut fratres dicte domus presbiteri fratribus ceteris, absolutione vel dispensatione quacumque indigentibus, absolutionis beneficium impertiri valeant et dispensare cum eis.	446	625
28	»	P., episcopo Bajocensi, conferendi tabellionatus officium duobus clericis in minoribus ordinibus constitutis concedit facultatem.	453	636
28	»	Parrochialium ecclesiarum S. Jacobi et S. Remigii ville de Deppa divisionem factam confirmat.	453	638
Septemb. 1	»	Abbatibus Crassensis et Chaunensis monasteriorum ac Raymundo de Columberiis, canonico Biterrensi, mandat quatinus testes et instrumenta, que G., archidiaconus Agathensis, et Isarnus, archipresbiter Carcassonensis, cum uterque in Carcassonensem episcopum electus alterius electionem cassari peteret, coram ipsis producere voluerint, examinent.	417	602

1286				Col. 450	No. 630
Septemb. 1	Tibure.		Monasterio S. Marie Vallis Pontis Deodatum, dicti monasterii monachum, preficit in abbatem. — In e. m. conventui ejusdem monasterii. — In e. m. vassallis ejusdem monasterii.		
2	»		Johanni, S. Cecilie presbitero cardinali, Apostolice Sedis legato, mandat quatinus comitissam Carnotensem et regem Francie inducat ut ab injuriis quibus ecclesiam Carnotensem molestabant cessent omnino.	419	604
16	»		Electionem Johannis Baillet, monasterii Aquicinctensis abbatis electi, decernit vacuatam, provisionemque de abbate ipsi monasterio faciendam hac vice Apostolice Sedi reservat.	431	611
17	»		Preposito S.S. Egidii et Homoboni, preposito S. Cathaldi, ecclesiarum Cremonensium, ac Johanni Pasacalderia, canonico Placentino, mandat quatinus Jacobum de Verdeto, qui monasterium S. Columbani Bobiensis detinet, citent ut coram Apostolica Sede compareat.	451	633
17	»		Episcopo Parmensi et abbati S. Benedicti de Placentia mandat quatinus venditionem monasterii S. Sixti Placentini abbatisse et conventui S. Francisci Placentini necnon nobili mulieri Castellane de Fulgosis a duobus monachis factam, denuntient irritam.	464	660
19	»		R., archiepiscopo Arelatensi, de decima, negotio regni Sicilie deputata, in Provincie et Forcalquerii comitatibus colligenda.	431	610
19	»		Gaufrido, episcopo Lidensi, mandat quatinus quicquid de certa summa, quam ad Terre Sancte subsidium deputaverit Adrianus papa, apud Abraghinum, campsorem Acconensem remansisse repererit, quibusdam Senensibus mercatoribus assignari faciat.	434	617
19	»		Eidem Gaufrido, de pecunia decime, ad Terre Sancte subsidium deputate, in regno Cypri et in diocesi Tripolitana collecta certis Senensibus mercatoribus assignanda.	435	618
20	»		R., archiepiscopo Arelatensi, de pecunia e decima negotio regni Sicilie deputata in comitatibus Provincie et Forcalquerii collecta et colligenda, quibusdam Senensibus et Pistoriensibus mercatoribus assignanda.	429	609
22	»		Episcopo Aniciensi testandi concedit facultatem.	398	580
22	»		Paulo Laurentii Petri Henrici, civi Romano, tabellionatus officium concedit.	433	614
22	»		Theoderico, collectori decime Terre Sancte subsidio deputate, de dicte decime pecunia in Treverensi et Maguntina provinciis collecta vel colligenda quibusdam Florentinis vel Pistoriensibus mercatoribus assignanda.	454	640

1286 Septemb.23	Tibure.	Ordinationem a Benedicto, S. Nicolai in Carcere Tulliano diacono cardinali, in questione inter G., archiepiscopum Rothomagensem, et P., episcopum Bajocensem, occasione utriusque jurisdictionum, orta, editam confirmat.	Col. 468	No. 666
24	»	Concordiam inter capitulum Aurelianense et homines Aurelianensis civitatis, super debitis dicto capitulo bonis mobilibus decedentium ab intestato habitam, confirmat.	439	623
24	»	Abbati S. Germani de Pratis Parisiensis mandat quatinus ordinationem, in questione inter archiepiscopum Rothomagensem et episcopum Bajocensem mota, editam, observari faciat.	478	667
25	»	Episcopo Ferentinati, collectori decime regni Sicilie negotio depulate, de decima in Campania et Maritima collecta vel colligenda quibusdam Florentinis mercatoribus assignanda.	438	621
27	»	Episcopo Tornacensi mandat quatinus de persona Britii de Insula, in S. Marie de Brugis prepositum electi, inquirat, ipsumque, si ydoneum repererit esse, ad dictam preposituram faciat admitti.	436	619
Octobris 1	»	Episcopo Camerinensi mandat quatinus de questione, inter canonicos S. Sebastiani Camerinensis et fratres ordinis Predicatorum de Camerino orta, veritatem inquirat.	438	620
1	»	Monasterio Aquicinctensi E., S. Remigii Remensis monachum, preficit in abbatem. — In e. m. conventui monasterii Aquicinctensis. — In e. m. vassallis ejusdem monasterii.	444	624
1	»	Loca de Conzaga, de Bondeno Arduini et de Bondeno de Roncoris, in diocesi Regina sita, ad Romanam ecclesiam spectantia, abbati et conventui S. Benedicti de Padolirone locat.	446	626
1	»	Imelacensi ecclesie Guillelmum de Glifford, pape capellanum, preficit in episcopum.	448	627
2	»	Capitulo Imelacensi mandat quatinus Guillelmo de Glifford, electo Imelacensi, obedientiam et reverentiam debitam exhibeat. — In e. m. clero diocesis Imelacensis. — In e. m. populo Imelacensi. — In e. m. vassallis ecclesie Imelacensis. — In e. m. archiepiscopo Cassellensi, ut eundem electum benigne suscipiat. — In e. m. regi Anglie, de ecclesie Imelacensis regalibus.	448	627
7	Apud S. Sabinam.	Priori de Garibaldasco mandat quatinus monasterio S.S. Systi et Francisci Placentino illicite alienata restitui faciat.	628	948
8	»	Andre Calandrini, civi Romano, judicatus et tabellionatus officia concedit.	459	645

1286 Octobris 11	Apud S. Sabinam.	Electionem Raymundi, in monasterii S. Egidii abbatem electi, confirmat. — In e. m. priori et conventui ejusdem monasterii. — In e. m. vassallis ejusdem monasterii. — In e. m. regi Francie, ut dictum abbatem sui favoris presidio prosequatur.	Col. 449	No. 629
11	»	Bochardo, archiepiscopo Turonensi, faciendi recipi in canonicum in ecclesia S. Radegundis Pictavensis unam personam ydoneam, eidemque providendi de prebenda concedit facultatem.	450	631
15	»	Willelmo de Glifford, electo Imelacensi, concedit ut a quocumque maluerit catholico episcopo sacros ordines et munus consecrationis recipere valeat.	449	628
15	»	Priori Predicatorum, et guardiano Minorum fratrum de Florentia mandat quatinus cum Dono dicto Duce, et Contessa dicta Tessa, ejus uxore, dispensent ut in matrimonio invicem contracto remanere valeant.	452	634
15	»	Priori Predicatorum, et guardiano Minorum fratrum Tullensibus mandat quatinus cum Joffredo dicto Bridamna de Novo Castro, et Margaronna, ejus uxore, dispensent ut in invicem contracto matrimonio remanere valeant.	452	635
15	»	Priori Predicatorum, et guardiano Minorum fratrum de Florentia committit ut cum Bellinciono, et Itta, dispensent quod matrimonium contrahere valeant.	454	639
15	»	Monasterio S. Remigii Remensis Johannem de Clino Campo, priorem prioratus de Sollemmis, preficit in abbatem. — In e. m. conventui ejusdem monasterii. — In e. m. vassallis ejusdem monasterii. — In e. m. archiepiscopo Remensi, ut dictum abbatem favoris sui presidio prosequatur. — In e. m. regi Francie.	465	661
25	»	Monasterio S. Trinitatis Vindocinensis Symonem, dicti monasterii armarium, preficit in abbatem. — In e. m. priori et conventui ejusdem monasterii. — In e. m. vassallis ejusdem monasterii.	455	643
26	»	Blance, filie Ludovici, regis Francorum, concedit ut infra monasterium de Humilitate B. Marie Virginis cum certo mulierum et puellarum numero habitare valeat. — In e. m. ministro fratrum Minorum Francie et abbatisse predicti monasterii, de superiorum litterarum executione.	453	637
26	»	E., abbati monasterii Aquicintensis, de benedictionis munere non iterum recipiendo.	461	656
26	»	Ecclesie Corinthiensi Robertum, archidiaconum Dysesie, preficit in archiepiscopum. — In e. m. capitulo ecclesie Corinthiensis. — In e. m. clero diocesis Corinthiensis. — In e. m. populo ejusdem diocesis. — In e. m. vassallis ecclesie Corinthiensis.	462	657

1286			Col. 455	No. 641
Octobris 29	Apud S. Sabinam.	Gottifredo, episcopo Wigorniensi, conferendi uni persone ad hoc ydonee tabellionatus officium concedit potestatem.	Col. 455	No. 641
29	»	Priori Predicatorum et guardiano Minorum fratrum de Ancona mandat quatinus cum Jacobo Petri et Oliveta, ejus uxore, dispensent ut in matrimonio invicem contracto remanere valeant.	455	642
29	»	Josep, filio Alberti de Lascala de Verona, S. Georgii in Brayda Veronensis priori, indulget ut, quamvis olim Clemens papa ipsius monasterii provisionem Apostolice Sedi reservaverit, predictum prioratum retinere valeat.	463	659
30	»	Archiepiscopo Eboracensi et Dunelmensi episcopo, de domo fratrum ordinis Penitentie Jhesu Christi in Novo Castro super Tynam nobili viro Johanni de Veti vendenda.	490	679
31	»	S. Petri Mutinensis et S. Ruphini Mantuani monasteriorum abbatibus mandat quatinus abbatem et conventum S. Benedicti de Padolirone in locorum de Gonzaga, de Bondeno Arduini et de Bondeno de Roncoris corporalem possessionem inducant.	459	649
31	»	Episcopo Feretrano, de absolutionis beneficio quibusdam civibus Sancti Leonis, qui olim contra ecclesiam Romanam rebellaverunt, impendendo.	494	686
Novemb. 1	»	Archiepiscopo Auxitano, de monasterio Lesatensi reformando.	457	644
3	»	Episcopo Quinqueecclesiensi mandat quatinus hospitali S. Johannis Jierosolimitani in Hungaria bona illicite alienata restitui faciat.	628	949
5	»	Lexoviensi et Sagiensi episcopis, de Johanne de Clino Campo, S. Remigii Remensis abbate, benedicendo.	467	662
5	»	B., episcopo Portuensi, curam ecclesie S. Praxedis de Urbe et regimen committit. — In e. m. abbati et capitulo S. Praxedis mandat quatinus eidem episcopo intendant.	565	812
6	»	G., episcopo Cameracensi, tabellionatus officium Waltero de Priches, clerico, conferendi concedit facultatem.	459	646
6	»	Capellanis et clericis Johanne, regine Francie, indulget ut divina officia ubique juxta Parisiensis ecclesie morem celebrent.	460	652
6	»	Canonicos et capellanos regie Capelle Parisius a quarumcumque decimarum et procurationum legatorum vel nuntiorum Apostolice Sedis prestatione eximit.	463	658
6	»	E., regi Anglie, scribit se super treugis inter Philippum, regem Francorum, et Alfonsum, filium Petri regis Aragonum, tractandis personas informatas intendere quantocius ad dictum regem destinare.	628	950

1286				Col. 628	No. 951
Novemb. 6	Apud S. Sabinam.	Eidem regi, qui rogaverat ut papa ad predictum negotium tractandum mitteret internuntios, respondet illud esse arduum, propter quod expedit ut in illo mature procedatur.		Col. 628	No. 951
7	»	Bonifacio Ravennati et Petro Montis Regalis archiepiscopis, quibus perficiende pacis inter Alfonsum, filium Petri, regis Aragonum, et Philippum, regem Francie, potestatem remisit, mandat ut, si Alfonsus rex conditiones ei traditas recusaverit adimplere, nequaquam rumpant negotium sed potius juxta informationis apostolice tenorem procedant.		629	952
7	»	Collectori decime Remensis provincie, in subsidium regni Aragonum deputate, concedit ut conventum monasterii Aquicintensis, qui dictam decimam non persolverat, ab excommunicationis sententia absolvat.		504	704
7	»	Archiepiscopo Toletano et episcopo Burgensi mandat quatinus interdictum, a Martino papa IV in Castelle et Legionis, Toleti, Galletie, Sibilie, Cordube, Murtie atque Gihennii regna pronunciatum, relaxent.		562	808
8	»	Philippo, regi Francie, et Johanne, ejus uxori, quotiescumque in predicationibus ipsos adesse contigerit, ac omnibus vere penitentibus et confessis qui illis interfuerint centum dies de injuncta ipsis penitentia relaxat.		460	651
8	»	Johanne, regine Francie, indulget ut monasteria monialium intrare valeat.		461	653
8	»	Episcopo Palentino mandat quatinus electionem de Fernando, episcopo Seguntino electo, celebratam, si eam invenerit canonicam, confirmet.		478	670
9	»	Johanne, regine Francie, familiaribus concedit ut aliquem discretum presbiterum in suum possint eligere confessorem.		461	654
9	»	S. Mauritii Remensis et S. Dionisii Ambianensis prioribus, ac ecclesie Carnotensis decano mandat quatinus omnes sententias excommunicationis a quibuscumque in diversos S. Remigii Remensis monachos prolatas relaxent.		486	676
10	»	Guillelmo, electo Imelacensi, conferendi uni persone ad hoc ydonee tabellionatus officium concedit potestatem [1].		459	647
10	»	Cum Gilberto de Saana, Parisiensis et Tornacensis ecclesiarum canonico, super defectu natalium dispensat.		459	648
10	»	Philippo, regi Francie, indulget ut coram se missarum sollempnia ante diem facere celebrari possit.		460	650

1. Potthast, n° 22530, à la date du 11 novembre 1286.

1286 Novemb. 10	Apud S. Sabinam	Johanni, S. Cecilie presbitero cardinali, Apostolice Sedis legato, mandat quatinus Sugerio, episcopo Gadicensi, ecclesia sua spoliato, faciat ab aliquibus regni Francie monasteriis in aliqua quantitate pecunie subveniri.	Col. 461	No. 655
12	»	Angelo, priori ecclesie Fulginatis, in causa communis castri de S. Victoria contra Raynaldum de Morta et Gentilem, ejus filium, laicos diocesis Esculane, dat mandata.	629	953
13	»	Cum Branca, filio Johannis Judicis de Clausura, et Johanna, filia Johannis de S. Eustachio dispensat ut matrimonium insimul contrahere licite valeant.	478	668
13	»	Episcopo Reatino, promovendi ad presbiteratus ordinem Berardum de Podio, nuper Anchonitane ecclesie episcopum constitutum, eidemque impendendi munus consecrationis concedit facultatem.	478	669
13	»	Abbati S. Petri Gandensis indulget ut ad solutionem debitorum, per ipsius predecessores contractorum, nisi ea auctoritate apostolicarum litterarum sint contracta, vel in utilitatem ejusdem monasterii conversa, non teneatur.	485	673
15	»	Venditionem cujusdam pecie terre, in loco qui dicitur Cardinetum ultra Parvum Pontem Parisius site, fratri Juvenali de Narnia, ordinis heremitarum s. Augustini vicario et procuratori, a capitulo Parisiensis ecclesie factam confirmat.	495	688
15	»	Venditionem cujusdam pecie terre, in loco qui dicitur Cardinetum Parisius site, fratri Juvenali de Narnia ab abbate et conventu S. Victoris Parisiensis factam confirmat.	495	689
15	»	Concessionem cujusdam domus, in vico S. Victoris Parisiensis site, fratri Juvenali de Narnia ab abbate et conventu S. Victoris Parisiensis factam confirmat.	497	690
15	»	Contractum inter fratres ordinis heremitarum s. Augustini et abbatem S. Victoris Parisiensis super terram, in loco qui dicitur Cardinetum sitam, et ab Agnete, relicta Auberti dicti ad Fabas, predictis fratribus venditam, initum confirmat.	497	691
17	»	Frederico de Mantua, monacho monasterii de Padolirone, qui defectum natalium patitur, indulget ut ad ordinis s. Benedicti dignitates promoveri valeat.	485	672
17	»	Episcopo Lascurrensi mandat quatinus cum Gualhardo de Mazlaco, clerico diocesis Lascurrensis, super defectu natalium dispenset.	489	678
17	»	Preposito et capitulo ecclesie Sistaricensis, de quodam agro, apud Sistaricum sito, fratribus Minoribus Sistaricensibus vendendo.	493	685

HONORIUS.

50

1286				Col. 559	No. 807
Novemb. 18	In ecclesia S. Sabine.	Jacobum, Petri olim regis Aragonum filium, ac Constantiam, ejus matrem, et Siculos denuntiat excommunicationis vinculo innexos.			
18	Apud S. Sabinam.	Archiepiscopo Cantuariensi et ejus suffraganeis mandat quatinus Judeorum nephandis actibus per inhibitiones et penas spirituales et temporales oportunum adhibeant remedium. — In e. m. archiepiscopo Eboracensi ejusque suffraganeis.		563	809
20	»	Abbatisse et conventui monasterii de S. Apolinari, Assisinatis diocesis, concedit ut intra civitatem Assisinatem se transferre valeant.		468	665
22	»	Episcopo Parmensi mandat quatinus magistratus et commune civitatis Lucane moneat ut certa loca, quibus episcopum Lunensem spoliaverant, predicto episcopo restituant.		490	680
22	»	Episcopo Parmensi mandat quatinus a priore provinciali fratrum Predicatorum Lombardie postulet ut conventum eorundem fratrum ad Parmensem civitatem reducat.		498	692
22	»	Potestatem, capitaneum, consilium et commune civitatis Parmensis rogat quatinus a priore provinciali fratrum Predicatorum Lombardie postulent ut ad predictam civitatem predictorum fratrum conventum reducat.		499	693
22	»	Episcopo Parmensi, de juramento a sindico magistratuum civitatis Parmensis prestando quod dicti magistratus efficaciter facient ut inquisitores officium suum in dicta civitate libere valeant exercere.		499	694
22	»	F., electo Yporiensi, rectori Marchie Anconitane, committit ut cum nobili viro Admattaconte et nobili muliere Beatrice super matrimonio invicem contrahendo dispenset.		514	722
24	»	Petro, archiepiscopo Montis Regalis, concedit ut uni persone ydonee tabellionatus officium conferre possit.		505	705
26	»	Johanne, regine Francie, indulget ut quatuor ex suis clericis proventus beneficiorum suorum integre percipere valeant ac si personaliter residerent. — In e. m. S. Dyonisii in Francia et S. Germani de Pratis abbatibus mandat quatinus predictis clericis redditus predictos faciant integre ministrari.		467	663
26	»	Tripolitane ecclesie Bernardum, monasterii Montis Majoris abbatem, preficit in episcopum.		486	674
26	»	℞ Pactensi ecclesie, per Bartholomei episcopi obitum vacanti, Pandulfum, capellanum pape, preficit in episcopum.		517	727
27	»	Sententiam qua electionem de Hermina, in monasterii B. Marie ad Moniales Trecensis abbatissam electa, canonice celebratam pronuntiavit Gaufridus, S. Susanne presbiter cardinalis, confirmat. — In e. m. episcopo Trecensi mandat quatinus dictam sententiam debite executioni demandet.		480	671

1286			Col. 507	No. 743
Novemb. 27	Apud S. Sabinam.	Galgano de Eugubio, inquisitori heretice pravitatis in ducatu Spoletano, committit ut, si ipsi constiterit quod Archionus, miles Spoletanus, ejusque filii non sint de heretica pravitate suspecti, eosdem ad omnia secularia officia et ecclesiastica beneficia assumi posse concedat.		
27	»	Cum Johanne Rousselli, clerico Eadmundi, Henrici regis Anglie filii, quod ecclesiam de Wastantone licite retinere valeat dispensat.	573	821
28	»	Priori Predicatorum et guardiano Minorum fratrum Toletanis mandat quatinus detentores beneficiorum, Egidio Martini, Johannis pape XXI consanguineo, collatorum, citent ut coram Sede Apostolica compareant.	486	675
28	»	Archipresbitero plebis de S. Prospero mandat quatinus contra quoslibet clericos, quos super homicidio Gerardini de Ravarano, administratoris ecclesie de S. Donnino, invenerit publica infamia laborare, inquirat.	488	677
30	»	Omnibus Christi fidelibus vere penitentibus et confessis qui ecclesiam fratrum Predicatorum Lugdunensium certis diebus visitaverint, quadraginta dies de injuncta eis penitentia relaxat.	492	681
30	»	Cum Alfonso, clerico, filio Alfonsi de Molina, dispensat ut, non obstante defectu natalium quem patitur, ecclesiasticum beneficium obtinere valeat.	493	684
Decemb. 1	»	Episcopo Ferentinati, collectori decime regni Sicilie negotio concesso, de certa pecunie quantitate pro dicte decimo totali solutione monasterio Farfensi imponenda.	376	541
3	»	Episcopo Leodiensi, de interdicto in magistros, scabinos, juratos et cives Leodienses prolato, relaxando.	501	698
3	»	Priori Predicatorum, magistro Adenulpho de Anagnia, canonico, ac officiali Parisiensibus mandat quatinus, si Leodiensis episcopus mandatum in proxime superioribus litteris adimplere neglexerit, interdictum in civitatem Leodiensem prolatum, relaxent.	502	699
3	»	Abbatisse et conventui monasterii de Quidlingemborch, diocesis Halberstadensis, omnes libertates et exemptiones confirmat.	629	954
3	»	Eisdem, utendi de cetero privilegiis quibus usi non fuerint temporibus retroactis concedit facultatem.	629	955

1286			Col. 493	No. 682
Décemb. 7	Apud S. Sabinam	Nicolao quondam Brancafolie, civi Viterbiensi, tabellionatus officium concedit.	Col. 493	No. 682
7	»	Potestati, capitaneo, consilio et communi Parmensibus, de juramento in manibus episcopi Parmensis prestando quod inquisitores officium suum in Parmensi civitate secure poterunt exercere.	499	695
7	»	Geraldo Audoini de Manlia, clerico diocesis Engolismensis, tabellionatus officium concedit.	504	702
7	»	Magistro et fratribus ordinis Predicatorum indulget ut, si diocesani requisiti primarium lapidem ecclesiarum suarum consecrare denegaverint, a quibuscumque voluerint episcopis consecrationem istam petere possint.	629	956
8	»	Bartholomeo Blancutii de Guarcino, laico Alatrine diocesis, tabellionatus officium concedit. — In e. m. pro Pascali Fidis de Senis, laico.	493	683
8	»	Priori Predicatorum et guardiano Minorum fratrum ordinum Pisanis mandat quatinus electionem de Henrico in hospitalis novi Misericordie S. Spiritus Pisani rectorem electo celebratam, si eam invenerint canonicam, confirment.	500	696
9	»	Prioribus domus Predicatorum et S. Augustini, ac guardiano Minorum Reatinis, mandat quatinus de emptione castri S. Liberati a Reatinis capitulo et episcopis facta inquirant.	501	697
9	»	Bernardo de Maloert, clerico diocesis Claromontensis, officium tabellionatus concedit.	504	702
13	»	Jacobo de Cavalcantibus de Florentia, plebano plebis S. Martini de Brozzi electo, indulget ut, non obstante etatis sue defectu, dictum plebanatum ac plures canonicatus, quos in Florentina, Fesulana ac Lucana ecclesiis obtinet, licite retinere valeat.	495	687
13	»	Nicolao Egidii de Erignano, laico Civitatis Castellane diocesis, tabellionatus officium concedit.	504	702
13	»	Visitatoribus ordinis s. Marci Mantuani mandat quatinus, ab Alberto, S. Marie de Virginibus de Venetiis priore, libera hujusmodi regiminis resignatione recepta, conventui dicti monasterii eligendi alterum priorem concedant facultatem.	505	707
13	»	Odoni, filio Adenulphi Mathie de Anagnia, canonicatum et prebendam in ecclesia S. Amati Duacensis confert.	630	957
14	»	Thome Bisacie, capellano suo, de ecclesia de Bercanstude Innort, diocesis Lincolniensis, unacum archidiaconatu ecclesie Tripolitane licite retinenda.	503	701

1286			Col. 512	No. 717
Decemb. 15	.Apud S. Sabinam.	Astoricensi ecclesie, per obitum M. ,episcopi, vacanti, Martinum, Calaguritanum et Calciatensem episcopum, preficit in episcopum. — In e. m. decano. et capitulo Astoricensis ecclesie. — In e. m. clero diocesis Astoricensis. — In e. m. populo ejusdem diocesis. — In e. m. vassallis ecclesie Astoricensis.	Col. 512	No. 717
18	»	Preposito et capitulo ecclesie Wibergensis, cedente per liberam resignationem fratre Petro, qui diu se gessit pro episcopo Wibergensi, electionem de altero episcopo faciendam remittit.	505	706
18	»	Priori provinciali Francie ordinis Predicatorum conferendi duabus personis ydoneis tabellionatus officium concedit facultatem.	506	710
18	»	Cum Simone dicto Mauro, dispensat quod primiceriatum S. Marchi de Venetiis unacum plebanatu et canonicatibus quibusdam aliis retinere valeat.	506	711
18	»	Episcopo Laudensi mandat quatinus potestatem, ancianos, consilium et commune civitatis Pergamensis compellat quod certa statuta in derogationem ecclesie libertatis promulgata revocent.	507	714
19	»	Magistro et fratribus Hospitalis Jerosolimitani indulget ut de usuris, rapinis et alias male acquisitis usque ad summam decem millium marcharum argenti recipere valeant.	517	728
20	»	Jacobo Judicis Roberti, civi Cajactiensi, tabellionatus officium concedit.	505	708
23	»	Monasterio S. Facundi, diocesis Legionensis, Petrum, abbatem monasterii Oniensis, preficit in abbatem. — In e. m. priori et conventui monasterii S. Facundi. — In e. m. vassallis ejusdem monasterii. — In c. m. episcopo Astoricensi.	519	731
29	»	Ecclesie Florentine, per fratris Jacobi obitum vacanti, Andream preficit in episcopum. — In e. m. capitulo ecclesie Florentine. — In e. m. clero diocesis Florentine. — In e. m. populo ejusdem diocesis. — In e. m. vassallis ecclesie Florentine.	502	700
1287 Januarii 5	»	Calaguritane et Calciatensi ecclesiis, per translationem Martini episcopi ad Astoricensem ecclesiam factam vacantibus, Almoravium, secularis ecclesie de Alfaro abbatem, preficit in episcopum. — In e. m. capitulo earundem ecclesiarum. — In e. m. clero earundem ecclesiarum. — In e. m. populo diocesium Calaguritane et Calciatensis. — In e. m. vassallis earundem ecclesiarum.	507	715
5	»	Petro Stephani de Urbe, rectori Romaniole, mandat quatinus Leoni de Fontis, civi Cerviensi, certam quantitatem salis de salinis suis provenientis deferri faciendi et vendendi absque pedagii exactione, licentiam concedat.	514	723

1287			Col. 565	No. 810
Januarii 5	Apud S. Sabinam	Omnes ecclesiarum prelatos, et quorumcumque locorum nobiles viros et magistratus rogat quatinus nuntiis Alfonsi, Petri olim regis Aragonum filii, olim ad Sedem Apostolicam destinatis, et qui nunc ad propria revertuntur de securo conductu provideant.		
5	»	Eosdem rogat quatinus nuntios ejusdem Alfonsi, qui ad Sedem Apostolicam sunt venturi, ad dictam Sedem venire libere permittant.	565	811
7	»	Abbati monasterii S. Crucis in Austria mandat quatinus cum Chunrado monacho dicti monasterii, qui inobedienter de ordine Cisterciensi exivit, dispenset.	513	720
9	»	Archiepiscopo Turonensi concedit ut, occasione collationis archidiaconatus ecclesie Turonensis Alberto de Normannis de Urbe a papa facte, ipsi archiepiscopo nullum prejudicium generetur.	513	719
9	»	Johanni, S. Cecilie cardinali presbitero, Apostolice Sedis legato, de sororibus ordinis s. Clare in maneriis magistri Galieni de Pisis, juxta villam S. Marcelli propre Parisius sitis, collocandis.	531	747
10	»	Gerardo de Latoelha, clerico diocesis Petragoricensis, tabellionatus officium concedit. — In e. m. Johanni, filio Guidonis, civi Policastrensi.	512	718
10	»	Theoderico de Uffeyo, dicto de Pusseur, clerico Leodiensis diocesis, tabellionatus officium concedit.	514	721
11	»	Episcopo Tornacensi, priori Predicatorum et guardiano Minorum Insulensibus, de bonorum quorumdam permutatione inter capitulum Insulensis ecclesie et comitem Flandrie facienda.	506	709
11	»	Clugiensi ecclesie, per obitum Mathei, episcopi Clugiensis vacanti, Stephanum Betani, plebanum S. Samuelis de Venetiis, preficit in episcopum. — In e. m. capitulo ejusdem ecclesie. — In e. m. clero diocesis Clugiensis. — In e. m. populo ejusdem diocesis.	508	716
13	»	Riccardo, episcopo Lismorensi, tabellionatus officium uni persone ydonee conferendi concedit potestatem.	507	712
13	»	Johanni Capotiano, civi Romano, tabellionatus officium concedit.	514	721
13	»	M., episcopum Astoricensem, a juramento quo promiserat quod Apostolorum limina bienniis singulis visitaret, absolvit.	518	730
13	»	Episcopo et capitulo Astoricensibus prebendarum in ecclesia sua numerum augmentandi concedit facultatem.	520	735
13	»	M., episcopo Astoricensi, absolvendi nonnullos clericos diocesis sue, qui, occasione decime contra Sarracenos Africe concesse non solute, excommunicationis sententiam incurrerant, concedit facultatem.	535	756

1287			Col. 501	No. 696
Januarii 23	Apud S. Sabinam	Abbati monasterii de S. Savino, Pisane diocesis, et guardiano fratrum Minorum Pisano mandat quatinus Henricum in hospitalis novi Misericordie S. Spiritus Pisani rectorem electum confirment.	Col. 501	No. 696
28	»	Gerardo, episcopo Sabinensi, Apostolice Sedis legato, de electione Manfredi, S. Marci episcopi, confirmanda.	514	724
30	»	Eidem episcopo mandat quatinus electo Rossanensi per tres episcopos faciat munus consecrationis impendi.	516	725
Februarii 1	»	Episcopo Bethelemitano et suppriori S. Mathei heremitarum de Murano, de monasterio S. Georgii Majoris de Venetiis reformando.	517	729
4	»	Archidiacono, priori Predicatorum et guardiano Minorum Pergamensibus committit ut cum Theobaldo de Cataneis de Muzo et Gilla, filia Armanni de Bongis, de matrimonio invicem contracto dispensent.	529	744
4	»	Priorem et fratres S. Marie de Burgo S. Sepulchri, diocesis Castellane, sub beati Petri et sua protectione suscipit.	630	958
5	»	Cum Johanne Gregorii dispensat quod ecclesiam de Zatch, diocesis Pragensis, licite retinere valeat [1].	527	742
5	»	Johanni, S. Cecilie cardinali presbitero, Apostolice Sedis legato, mandat quatinus ad sedandam questionem que inter Johannem, episcopum Cathalaunensem, et capitulum Cathalaunense orta erat, se amicabiliter interponat [2].	542	767
6	»	Girardo, episcopo Cajacensi, in Ungarie, Polonie et Jadrensi provinciis ad decimam Terre Sancte colligendam deputato, magistrum Adam de Polonia subrogat.	541	765
6	»	Ade de Polonia, canonico Cracoviensi, de pecunia e Terre Sancte decima collecta vel colligenda societati Florentine de Alfanis assignanda.	542	766
6	»	Fragmentum littere qua Honorius papa IV cuidam fratri ordinis Minorum, qui dictum ordinem dimiserat, indulget ut in alio ordine licite remanere valeat.	569	815
9	»	Christoforo, priori de Saltiano, collectori decime regni Sicilie negotio concesse, de certa pecunie quantitate pro dicte decime totali solutione monasterio S. Petri de Cerreto imponenda.	376	541
9	»	Archiepiscopo Toletano et episcopo Burgensi mandat quatinus, si Petrus, abbas S. Facundi, provisionem de se factam acceptare noluerit, aliam personam ydoneam monasterio S. Facundi preficiant in abbatem.	520	732

1. Potthast, n° 22554, à la date du 5 février, et n° 22574, à la date du 25 février 1287.
2. Potthast, n° 22593, à la date du 15 mars 1287.

1287 Februarii 9	Apud S. Sabinam.	Guillelmo, episcopo Mimatensi, recipiendi et faciendi recipi unum clericum in Mimatensi ecclesia in canonicum concedit facultatem.	Col. 520	No. 734
9	»	Guidoni de Battifollis, comiti Tuscie palatino, reedificandi castrum de Gangareto, a civibus Florentinis destructum, licentiam concedit.	531	748
9	»	Decano, subdecano et scolastico ecclesie Pictavensis mandat quatinus Ysabellam de Podia, in monasterii S. Crucis Pictavensis abbatissam electam, citent ut coram Apostolica Sede compareat.	540	763
11	»	Stephano, episcopo Ulixbonensi, testandi concedit facultatem.	517	726
13	»	Priorem et fratres S. Marie site in burgo S. Petronii Bononiensis sub beati Petri et sua protectione suscipit.	630	959
14	»	Archiepiscopo Toletano et episcopo Burgensi mandat quatinus, si, Petro, abbate S. Facundi, provisionem de se factam acceptare nolente, alterum abbatem eidem monasterio prefecerint, ab eo fidelitatis erga Romanam ecclesiam juramentum recipiant [1].	520	733
14	»	Ad ecclesiam Vicentinam, Petrum, episcopum Monopolitanum, transfert. — In e. m. capitulo ejusdem ecclesie. — In e. m. clero diocesis Vicentine. — In e. m. populo ejusdem diocesis. — In e. m. vassallis ecclesie Vicentine.	521	736
14	»	Novariensi ecclesie, per obitum Singebaldi episcopi vacanti, fratrem Englesium preficit in episcopum. — In e. m. capitulo ejusdem ecclesie. — In e. m. populo diocesis Novariensis. — In e. m. vassallis ecclesie Novariensis.	523	738
14	»	Electionem de Regnaudo, monacho, in monasterii Corensis abbatem electum celebratam, confirmat. — In e. m. conventui ejusdem monasterii.	523	739
14	»	Belengerium, monachum, B. Marie de Pinarolio abbatem electum confirmat. — In e. m. conventui ejusdem monasterii. — In e. m. vassallis ejusdem monasterii. — In e. m. comiti Sabaudie.	530	746
14	»	* Paulum Rossanensem electum archiepiscopum confirmat.	630	960
15	»	Nidrosiensi ecclesie Jarundum, Hamarensem episcopum, preficit in archiepiscopum. — In e. m. capitulo ejusdem ecclesie. — In e. m. clero diocesis Nidrosiensis. — In e. m. suffraganeis ecclesie Nidrosiensis. — In e. m. populo diocesis Nidrosiensis. — In e. m. Ericomagno, regi Norwegie. — In e. m. Haquino, duci Norwegie.	529	745

1. La même bulle est au registre caméral sous le n° 816.

1287 Februarii 18	Apud S. Sabinam.	Monasterio S. Benedicti Floriacensis Guillehmum, prepositum, preficit in abbatem. — In e. m. priori et conventui ejusdem monasterii. — In e. m. vassallis ejusdem monasterii. — In e. m. Philippo, regi Francie.	Col. 532	No. 750
20	»	Tornacensi et Morinensi episcopis, de clericis, qui in comitis Flandrie terra excessus diversos commiserunt, castigandis. — In e. m. Cameracensi et Atrebatensi episcopis. — In e. m. episcopo Leodiensi. — In e. m. officiali Trajectensi.	534	755
20	»	Bernardo, electo Paduano, contrahendi mutuum nomine suo et Paduane ecclesie concedit facultatem.	630	961
20	»	Priori et fratribus S. Marie de Populo de Urbe ecclesiam parrochialem S. Triphonis de Urbe concedit.	631	962
22	»	Electionem de Girardo, monacho, in monasterii S. Marie de Alfiolo abbatem electo celebratam, confirmat. — In e. m. priori et conventui ejusdem monasterii.	526	740
22	»	Donationem quarumdam terrarum in Trajectensi diocesi, ex maris rejectibus de novo lucratarum, a Guidone, comite Flandrie, Johanni de Namurco, filio suo, factam confirmat.	533	752
22	»	Bertrando de Monte Acuto, abbati monasterii Moysiacensis, Bernardo Geraldi, priori provinciali Predicatorum in Provincia, et Radulpho de Mirabello, canonico Pictavensi, mandat quatinus de amotione Petri, prioris ordinis Grandimontensis, a prioratu ipsius ordinis facta, et de electione Bernardi ad eundem prioratum subsecuta inquirant.	535	757
25	»	Cum Johanne, filio Henrici de Ferreriis, et Aelipdi, filia Johannis de Haricuria, super matrimonio invicem contrahendo dispensat.	570	817
25	»	* Decanum S. Quintini in Viromandensi rogat ut, cum executores testamenti Margarite, comitisse Flandrie et Hannonie, ipsi pape exposuerint clericos et laicos hujus regionis pecunie summas et bona que dicta comitissa ad pietatis opera delegaverat sibi vendicare, dictos clericos et laicos compellat ut omnia que illegitime ceperint restituant.	631	963
26	»	Petro, preposito ecclesie de Bethunia, indulget ut, preter preposituram quam tenet, unicum alium personatum licite recipere possit.	533	751
28	»	Abbati monasterii de Valcellis et decano ecclesie Cameracensis, collectoribus decime Terre Sancte subsidio deputate, mandat quatinus G., comiti Flandrie, preter quatuor annos jam concessos, duos alios annos concedant ad restituendam certam pecunie summam, eidem comiti de pecunia dicte decime mutuatam.	534	753

1287				Col. 534	No. 754
Martii	1	Apud S. Sabinam.	Arnaldo, thesaurario ecclesie Tornacensis, concedit ut in male-factores, in dicta ecclesia ejusque cimiterio delinquentes, etiam si ad alia loca transiverint, possit censuram ecclesiasticam exercere.		
	1	»	B., Ravennati, et P., Montis Regalis archiepiscopis mandat qua-tinus E., regi Anglie, in tractatu concordie inter quosdam princi-pes reformande, consilio et auxilio assistant.	571	818
	1	»	E., regi Anglie, scribit se Ravennati et Montis Regalis archie-piscopis mandavisse quatinus dicto regi in concordiam inter quos-dam principes reformandam assisterent.	572	819
	1	»	L., episcopo Ostiensi, qui bona a clericis ecclesie S. Michaelis Frisonum in porticu S. Petri de Urbe emerat, hanc emptionem confirmat.	631	964
	3	»	Almoravium, secularis ecclesie de Alfaro abbatem, Calaguritane et Calciatensi ecclesiis preficit in episcopum.	507	715
	3	»	Electionem de Herrico dicto Barrali, monacho, in monasterii S. Justi de Secusia abbatem electo celebratam confirmat. — In e. m. priori et conventui ejusdem monasterii. — In e. m. vassallis ejusdem monasterii. — In e. m. A., comiti Sabaudie.	526	741
	3	»	* Conventionem inter abbatem et conventum S. Petri Gandensis, presbiteros ecclesiarum S. Johannis, S. Nicolai et S. Jacobi Gan-densium, ex una parte, et fratres Minores, ex altera, super inco-larum ejusdem urbis sepultura habitam confirmat.	631	965
	4	»	Ecclesie Paduane Bernardum, canonicum Agathensem, preficit in episcopum. — In e. m. capitulo ejusdem ecclesie. — In e. m. clero diocesis Paduane. — In e. m. populo ejusdem diocesis. — In e. m. vassallis ecclesie Paduane.	527	743
	4	»	Johanni Alfendorum, canonico Pergamensi, mandat quatinus Robertum, comitem Atrebatensem, et Gerardum, episcopum Sabi-nensem, bajulos regni Sicilie, qui Adenulphum, comitem Acerra-rum, bonis suis privaverunt, citet ut per procuratores coram Apos-tolica Sede compareant.	537	759
	4	»	Carolo, quondam Caroli regis Sicilie primogenito, indulget ut, durante ecclesiastico interdicto in Aragonum regno et Barcilonie comitatu, liceat ipsi, dum captus fuerit, divina officia facere cele-brari.	566	813
	4	»	Tractatum inter Carolum, quondam Caroli regis Sicilie primo-genitum, ex una parte, et Alfonsum et Jacobum, filios quondam Petri regis Aragonum, ex altera initum, reprobat et revocat.	566	814
	4	»	E , regem Anglie, qui per Odonem de Grandisono circa negotium Aragonie pontifici exposuerat quod ad christianitatis statum paci-ficum intenderet, hortatur ut in his perstet.	631	966

TABLE CHRONOLOGIQUE.

1287 Martii				Col. 572	No. 820
7	Apud S. Sabinam	Cum Willelmo, dicto Cumin, subdiacono, quod canonicatum et prebendam in ecclesia Aberdonensi unacum pluribus aliis ecclesiis insimul retinere valeat.		Col. 572	No. 820
7	»	Abbati et conventui S. Dionisii in Francia omnes libertates et exemptiones confirmat.		632	967
8	»	Priori B. Marie de Vantio Paduane mandat quatinus Matheum dictum Venerii de Venetiis, canonicum Cretensem, in ecclesie Cretensis archiepiscopum electum citare procuret ut coram Apostolica Sede compareat.		522	737
11	.	Vassallis monasterii S. Salvatoris Reatini, de possessionibus dicti monasterii episcopo Tiburtino assignandis.		537	758
11	»	Priori et fratribus S. Marie de Cafagio indulget ut, cum generale interdictum terre fuerit, divina officia celebrare possint.		632	968
12	»	L., regem Ungarie, rogat quatinus, paganorum dimissis erroribus, ad ecclesiam revertatur et uxorem suam, carceri traditam, resumat. — In e. m. archiepiscopo Strigoniensi, de verbo crucis in Ungaria contra paganos proponendo.—In e. m. eidem archiepiscopo mandat quatinus, si rex Ungarie reginam resumere noluerit, tunc illum ad id per censuram ecclesiasticam compellat. — In e. m. regi Romanorum mandat quatinus predicto archiepiscopo assistat. — In e. m. regi Boemie. — In e. m. duci Austrie. — In e. m. Polonie ac Sclavonie ducibus. — In e. m. omnibus ecclesiarum prelatis in Ungaria constitutis.		539	761
12	»	Archiepiscopum Strigoniensem rogat quatinus studeat reginam Ungarie de carcere educere eidemque faciat omnia jura tam dotalia quam alia impendi.		540	762
12	»	G., episcopo Sabinensi, Apostolice Sedis legato, concedit ut cum magistro Johanne de Pallaxono, pape scriptore, dispenset quod ipse unacum ecclesia S. Stephani de Aquaviva unum aliud beneficium recipere possit.		541	764
13	»	Cum magistro David de Haya, subdiacono, super ecclesia de Melchlek. et ecclesia de Ferdon. insimul retinendis dispensat.		574	822
15	..	Collectoribus decime negotio regni Sicilie concesse in Lombardie et Tuscie partibus mandat quatinus de redditibus fratrum hospitalis S. Peregrini de Alpibus decimam non exigant.		532	749
15	»	S., episcopo Tiburtino, monasterii S. Salvatoris Reatini administrationem committit. — In e. m. abbati et conventui ejusdem monasterii, de possessionibus suis dicto episcopo assignandis.		537	758
15	.	E., regi Anglie, ad quasdam petitiones negotium Terre Sancte attingentes respondet.		632	969

1287				
Martii 17	Apud S. Sabinam.	* Abbati S. Marie de Roccadia mandat quatinus causam inter abbates S. Marie de Scalis et Vallis Josaphat Paternonis dirimat.	Col. 632	No. 970
21	»	Episcopo Dunelmensi et priori provinciali Predicatorum Anglie mandat quatinus curent ut Margareta, filia Guidonis, comitis Flandrie, uxor Alexandri, regis Scotie primogeniti, super dotalitio suo a nemine molestetur.	539	760
23	»	Belengerium, monasterii de Pinarolio abbatem electum confirmat.	531	746
23	»	Abbati et conventui S. Dyonisii in Francia indulget ut privilegiis, quibus usi non fuerint temporibus retroactis, de cetero uti libere valeant.	633	971
26	»	Priori et fratribus S. Marie site in burgo S. Petronii Bononiensis concedit ut tempore generalis interdicti divina officia celebrare possint.	633	972
Aprilis 1	»	E., regi Anglie, ad assumendam crucem terminum prorogans, festum beati Johannis Baptiste proximo futurum festo Pentecostes subrogat.	633	973
1286-1287.	»	Monasterium S. Johannis de Argentella, diocesis Sabinensis, fratri Marco, priori generali ordinis s. Guillelmi, et eidem ordini concedit.	633	974
Sans date.	»	* P., regem Francie, rogat quatinus non permittat scolares Universitatis Parisiensis a burgensibus suis molestari.	638	975

ACTES DIVERS.

1267 Martii 31	Viterbii.	Sententia diffinitiva a Jacobo, diacono cardinali S. Marie in Cosmedin, pronuntiata in questione inter priorem et fratres heremi S. Marie de Mazapalo, ex una parte, et commune Urbevetanum, ex altera, mota.	Col. 308	No. 434
1268 Octobris 9	Apud Urbem Veterem.	Instrumentum limitationis facte inter possessiones heremi S. Marie de Mazapalo, ex una parte, et possessiones communis Urbevetani, ex altera, sitas in districtu Urbevetano.	310	434
1279 Januarii 31	In Urbe, in domo ecclesie S. Balvine.	Ambrosius, abbas monasterii S. Petri Aque Orte, dictum monasterium ordini s. Guillelmi incorporat.	57	67
Februar. 24	Rome, in domibus hospitalis S. Spiritus in Saxia.	Testamentum Jacobi, S. Marie in Cosmedin diaconi cardinalis.	577	823
Maii 8	Florentie, in domo fratrum Predicatorum.	Aldebrandinus, episcopus Urbevetanus, unionem monasterii S. Petri Aque Orte ordini S. Guillelmi factam approbat.	59	67
1281 Decemb. 27	In Pennensi civitate.	G., episcopus Pennensis et Adriensis, hospitale S. Claudii de Foce Gomani, totaliter desolatum, hospitali S. Spiritus in Saxia de Urbe concedit.	128	162
1283 Februar. 28	Capue.	Gerardus, episcopus Sabinensis, Jacobo, S. Marie in Cosmedin diacono cardinali, reformandi monasterium S. Johannis de Argentella concedit facultatem.	633	974
1284 Maii 10	Palumbarie.	Jacobus, S. Marie in Cosmedin diaconus cardinalis, monasterium S. Johannis de Argentella, diocesis Sabinensis, reformat atque ordini s. Guillelmi concedit.	635	974
Maii [10]	»	Frater Marcus, prior generalis ordinis s. Guillelmi, monasterium S. Johannis de Argentella recipit.	637	974
1285 Aprilis 20	Perusii.	Locum in Fulginati civitate situm ordini fratrum Predicatorum concedit Paparonus, episcopus Fulginas.	120	146
Maii 12	Aurelianis.	Instrumentum concordie inter capitulum Aurelianense et homines Aurelianensis civitatis, super bonis mobilibus decedentium ab intestato dicto capitulo debitis, habite, ab Egidio, episcopo Aurelianensi, approbatum.	440	623

1285				
Maii 18	In Coris (?)	Littere ab Argono, rege Tartarorum, ad Honorium IV misse de federe inter Tartaros et Christianos adversus Sarracenos jungendo.	Col. 346	No. 489
Julii 5	Palumbarie.	Testamentum, quod in minori officio constitutus condidit, ad apostolatus officium promotus confirmat et reformat Honorius papa IV.	588	830
Augusti 20	Tibure.	Sententia a Gervasio, S. Martini in Montibus presbitero cardinali, de Margarete abbatisse monasterii Kalensis electione, pronuntiata.	137	176
31	«	Sententia a Comite, S.S. Marcellini et Petri presbitero cardinali, in questione inter monasterium S. Victoris Parisiensis ex una parte et magistrum Bertaudum, canonicum Parisiensem, ex altera orta, pronuntiata.	153	202
Octobris 24	Apud Montem duorum amantium.	Guillelmus, archiepiscopus Rothomagensis, Matheum de Crepicordio, canonicum Rothomagensem, constituit procuratorem suum generalem.	476	666
Novemb.	[Parisius.]	Instrumentum venditionis cujusdam pecie terre, in loco qui dicitur Cardinetum Parisius site, ab abbate et conventu S. Victoris Parisiensis fratri Juvenali de Narnia, ordinis heremitarum s. Augustini vicario et procuratori, facte.	496	689
1286 Januarii 17	Atrebati.	Honorio pape IV supplicat G., Atrebatensis episcopus, quatinus duos ex ipsius pape nepotibus seu alios quoscumque pro suo libito in Atrebatensi ecclesia in canonicos faciat recipi.	627	946
Martii 18	Rome, apud S. Grisogonum.	Instrumentum venditionis loci, quem fratres Penitentie Jhesu Christi in Bononiensi civitate habebant, priori et capitulo S. Fridiani Lucani facte.	320	456
26	»	Sententia a B., episcopo Portuensi, in causa que inter Thedisium de Camilla, pape capellanum, ex una parte, et J., archiepiscopum Cantuariensem, diversosque clericos ex altera, super ecclesiis de Wingham et Terringes orta erat, prolata.	422	605
Julii 18	Tibure.	Instrumentum quo P., episcopus Bajocensis, ex una parte, et Matheus de Crepicordio, archiepiscopi Rothomagensis procuratorio nomine, ex altera compromittunt in Benedictum, diaconum cardinalem, tanquam in arbitrum.	476	666
Augusti 2	»	Ordinatio in questione, inter G., archiepiscopum Rothomagensem, et P., episcopum Bajocensem, occasione utriusque jurisdictionum orta, a Benedicto, S. Nicolai in Carcere Tulliano diacono carnali, pronuntiata.	469	666
Novemb. 12	Rome	Sententia qua electionem de Hermina, in monasterii B. Marie ad Moniales Trecensis abbatissam electa, canonice celebratam pronuntiat Gaufridus, S. Susanne presbiter cardinalis.	481	671

TABLE ALPHABÉTIQUE

DES

NOMS PROPRES.

Nota. — Les renvois de cette table se rapportent aux colonnes.

A

A. de Petra, precentor Vivariensis, 140, 221.

Abaga, rex Tartarorum, 347.

Abamons *vel* Abbamons, canonicus et archidiaconus Esculanus, 270, 629.

Abbate (Johannes de), canonicus Paduanus, 379, 527.

Abbatibus (Ranuccius *vel* Ranucius de), mercator Florentinus, 147, 454. *Voyez* Abbatis (Rinuctius).

Abbatibus (societas Florentina mercatorum de), 147. *Voyez* Abbatorum *et* Abbatum societas.

Abbatis (Rinuctius), 249. *Voyez* Abbatibus (Ranuccius de).

Abbatorum societas de Florentia, 249. *Voyez* Abbatibus *et* Abbatum societas.

Abbatum et Bacarellorum de Florentia (societas), 455. *Voyez* Abbatibus *et* Abbatorum.

Abberbyri (Thomas de), canonicus Eboracensis, 215. *Voyez* Aburby.

Aberconoweye (monasterium de), ord. Cisterciensis, dioc. Assavensis, 20.

Aberdonensis canonicus (Willelmus dictus Cumin), 572; — diocesis, 574; — ecclesia, 5, 28, 572.

Abolena (Godescalcus de), clericus, 310.

Abraghinus, campsor Acconensis, 141, 142, 434, 435.

Abrunamons, dominus de Clavano, 349.

Aburby (Thomas de), canonicus Eboracensis, 405. *Voyez* Abberbyri.

Accattano, dominus, 121.

Accon (domus fratrum Penitentie Jhesu Christi in), 196; — (Thomas de), canonicus Acconensis, 135.

Acconensis campsor (Abraghinus), 141, 142, 434, 435; — canonicus (Thomas de Accon), 135; — ecclesia, 195; — Egidii (S.) ecclesia 195; — episcopus, 195.

Accoridos Gilii de Turre, 311.

Accuntia, civis Tuscanensis, notarius apostolicus, 391.

Accurribone de Fulginate (Philippus), notarius, 121.

Acerrarum comes (Adenulphus), 384, 537, 538.

Acrima, villa dioc. Cameracensis, 124.

Aculeus, abbas monasterii Lesatensis, 131, 322, 457.

Ad Fabas (Aubertus dictus), civis Parisiensis, 497.

Ad Gulam (Jodoinus), civis Aurelianensis, 441.

Adam, abbas monasterii Aquicinctensis, 431, 444.

Adam de Hales, canonicus Cicestrensis, 299.

Adam de Nigella, canonicus Morinensis, 208.

Adam de Polonia, canonicus Cracoviensis, capellanus pape, 541, 542.

Adamutius Tancredi, civis S. Leonis, 494.

Ademariis (Rogerius Rubei de), 454.

Ademarus, cantor, postea episcopus Claromontensis, 394, 397, 398.

Adenulfus, canonicus Parisiensis. *Voyez* Adenulphus de Anagnia.

Adenulphus, comes Acerrarum, 384, 537, 538.

Adenulphus de Anagnia, canonicus Parisiensis, 108, 155, 502.

Adenulphus *vel* Adinulfus Mathie de Anagnia, civis Anagninus, 109, 630.

Adinulfus Muthie, civis Anagninus. *Voyez* Adenulphus.

Admattacontes, filius quondam Hugolini dicti Comitis, 514.

Admontensis monasterii abbas, ord. s. Benedicti, dioc. Salzburgensis, 5, 6.

Adolphus, comes Berghensis, 623.

Adria, civitas Italie, 128.

Adriani (S.) diac. cardinalis (Berardus), 415.

Adriaui (S.) monasterii abbas, ord. s. Basilii, dioc. Rossanensis, 516.

Adrianus papa V, 141, 406, 434.

Adriensis diocesis, 128; — episcopus (G.), 128.

Aelidis, thesauraria, postea electa abbatissa monasterii de Avenayo, 185, 186.

Aelipdis, filia Johannis domini de Haricuria, dioc. Eboracensis, 570, 571.

Aelydis de Villa Savoyr, thesauraria, postea electa abbatissa monasterii Jotrensis, 192.

Aenghien (Maria, domina de), 234.

Afre (S.) Misnensis monasterium, ord. s. Augustini, 603.

Africe (decima contra Sarracenos), 535.

Agathensis archidiaconus (G.), 417; — canonicus (Bernardus), 527, 528.

Agaunensis (Petrus de S. Sigismundo, abbas S. Mauritii), 302.

Agennensis clericus (Bernardus de Lanzela, notarius apostolicus), 147.

Aggerii (Raymundus), decanus Aniciensis, 321. *Voyez* Algerii.

Agia (Aymericus de), frater, postea electus prior domus Dei pauperum de Monte Maurilio, 1.

Aginecti (Henricus, filius quondam), frater, postea electus rector hospitalis novi Misericordie S. Spiritus Pisani, 500.

Agnello (Johannes de), rector hospitalis novi Misericordie S. Spiritus Pisani, 129, 500.

Agnes, relicta Auberti dicti ad Fabas, 497.

Agnes de Belvaco, monialis Kalensis monasterii, 136.

Agnes de Cantualaude, infirmaria monasterii B. Marie ad moniales Trecensis, 482.

Agnes de Ronceoay, monialis monasterii B. Marie ad moniales Trecensis, 480, 482.

Agolantis (Jacobus), mercator societatis Amannatorum de Pistorio 249, 434.

Agolantis (Lantus), mercator societatis Amannatorum de Pistorio, 143, 147, 249, 429.

Agrigentinus episcopus (Gotbertus), 434; — (R.), 387, 388.

Alábbro (Pandulfus de), dioc. Reatine, 207.

Aladensis episcopus, 390, 391.

Alamania (Johannes, episcopus Tusculanus, legatus in), 255, 381, 550, 551, 552, 553, 554, 555, 556, 557, 558, 559; — (prior Predicatorum fratrum in), 66.

Alamannia. *Voyez* Alamania.

Alanus de Curvilla, monachus monasterii S. Remigii Remensis, 487.

Alatrina diocesis, 102, 146.

Alaus, rex Tartarorum, 346.

Alba (Guillelmus de), miles, vicarius rectoris Romaniole, 494.

Albanensis civitas et diocesis, 249; — diocesis, 581, 588, 589;

— episcopus, 246, 312; — episcopus (Albinus), 444; — episcopus (frater Bentevenga), 85, 194, 266, 278, 394, 447.

Albanensis civitas, in Lombardia, 181. *Voyez* Albensis.

Albani (castrum), juxta Romam, 581, 588.

Albani (S.) prior, dioc. Lincolniensis, 406.

Albano (monasterium B. Pauli in), 312.

Albensis diocesis, 130; — episcopus, 130, 131. *Voyez* Albanensis civitas in Lombardia.

Alberti (Johannes dominus), 580.

Alberti de Liazano (Daniel), civis Veronensis, notarius apostolicus, 264.

Albertus, dux Austrie, 253.

Albertus, abbas monasterii S. Benedicti super Padum, 414.

Albertus, marchio Brandeburgensis, 381, 601.

Albertus de Holtsacia, prepositus Hamburgensis, 614.

Albertus, nobilis dioc. Januensis, 92.

Albertus de Lascala de Verona, 463, 464.

Albertus Malevolta (Hugolinus), civis Ferrariensis, 303.

Albertus, prior S. Marie de Virginibus de Venetiis, 505.

Albertus de Normannis de Urbe, archidiaconus Parisiensis, pape capellanus et nepos, 513.

Albertus, prior hospitalis monasterii de Padolirone, 11.

Albertus, canonicus B. Petri de Urbe, 39, 40.

Albertus de Salve, prior de Gordanicis, capellanus pape, 426.

Albiensis diocesis, 271; — episcopus, 457, 458; — episcopus (Bernardus), 131, 322.

Albini (S.) super Sedem ecclesia, ad Fiscannense monasterium pertinens, 265.

Albinus, episcopus Albanensis, 444.

Albizus, canonicus Pistoriensis, 365.

Albo Castro (Herbertus, prepositus monasterii Quatuor Turrium de), ord. s. Benedicti, dioc. Spirensis, 404.

Alcampus, prepositus ecclesie Pratensis, 174.

Aldebrandinus, episcopus Urbevetanus, 57, 59.

Aldebrandus Brunecti *vel* Bruneti, mercator societatis Alfanorum de Florentia, 105, 363, 364. *Voyez* Ildebrandinus.

Alderoctus, prepositus ecclesie Feretrane, 494.

Alemania. *Voyez* Alamania.

Alemannia. *Voyez* Alamania.

Alexander Cumin, comes de Bucham, 572.

Alexander, filius primogenitus Alexandri regis Scotie, 123, 539.

Alexander, frater ordinis Minorum, 238.

Alexander papa III, 265.

Alexander papa IV, 37, 69, 97, 98, 131, 144, 195, 211, 216, 233, 288, 293, 324, 329, 355, 391.

Alexander, rex Scotie, 123.

Alexandri (hospitale pape), *seu* hospitale novum Misericordie S. Spiritus Pisanum, 500.

Alfani de Florentia, societas mercatorum. *Voyez* Alfanorum societas.

Alfani (Forensis Johannis), mercator societatis Alfanorum de Florentia, 176, 177.

Alfani (Jacobinus), mercator societatis Alfanorum de Florentia, 105, 363, 364. *Voyez* Alfani (Jacominus).

Andreas magistri Oddonis, miles, 237.

Andreas de Reate, capellanus Jacobi, S. Marie in Cosmedin diac. cardinalis, 310.

Andreas, episcopus Soranus, postea episcopus Reatinus, 391, 501.

Andreas Sutor, civis S. Leonis, 494.

Andreas Theodalli, civis Romanus, 181.

Andree (B.) apostoli festum, 424.

Andree (S.) de Fractis de Urbe monasterium, ord. s. Augustini, 99.

Andree (S). Fulginatis ecclesie rector (Blasius Soniei), 121.

Andree (S.) Gratianopolitani ecclesie prepositus (Guillelmus), 401.

Andree et Gregorii (S.S.) in clivo Scauri de Urbe monasterii abbas, 328; — monachus (Johannes), 96.

Andree (Judex), 236.

Andree et Sabe (S.S.) de Urbe monasterii abbas (Jacobus), ord. s. Benedicti, 316.

Andree (S.) in Scotia archidiaconatus 239; — civitas, 572 573 ; — diocesis, 123, 539, 573, 575, 600 ; — episcopus, 64, 65.

Andree et Silvestri (S.S.) monasterium, ord. s. Benedicti, dioc. Civitatis Castellane, 338, 339.

Andree (S.) Tudertini ecclesie rector (Bernardus de Podio). 40.

Andree (S.) Urbevetani ecclesie secularis prior (Theodericus), 101, 125, 126, 127, 128, 302, 303, 454, 455.

Andree (S.) Wormaciensis ecclesie prepositus, 623.

Andreow (abbas monasterii de), ord. Cisterciensis, dioc. Cracoviensis, 622.

Andriolus, nobilis dioc. Januensis, 92.

Andriotis (Paulus de), frater ordinis Predicatorum, 310.

Angelart (Stephanus), civis Aurelianensis, 441.

Angeli (S.) Castriveteris ecclesia, fratribus Minoribus Montis Alcini concessa, 187.

Angeli (S.) diac. cardinalis Gregorius, 415.

Angeli Judicis de Urbe (Jacovellus), familiaris Paparoni episcopi Fulginatis.

Angeli de Manno (Petrus), dioc. Nepesine, 106.

Angeli (S.) de Monte Mureti supra Nimpham monasterium, ord. Floreni, dioc. Velletrensis, 146.

Angeli (Riczardellus), familiaris Paparoni episcopi Fulginatis, 121.

Angelottus de Alfanis, archidiaconus Florentinus, collector decime Sicilie, 18, 19, 34, 51.

Angelus Caremsonis, civis Romanus, 182.

Angelus Capucii, miles, 237.

Angelus Cintii de Urbe, miles, 583, 584.

Angelus, Fulginatis ecclesie prior, 629.

Angelus de Gandulfis, nobilis vir, 582.

Angelus de Malliano, vicarius civitatis Reatine, 350.

Angelus de Manganella, 584.

Angelus, S. Nicolai in Carcere de Urbe clericus, 58.

Angelus de Orton., canonicus Viterbiensis, 418.

Angelus Petri Mathei de Urbe, judex, 583, 584, 591, 636, 638.

Angelus de Reate, frater ordinis Minorum, inquisitor in Romana provincia, 341, 622.

Angelus Rubeus de Urbe, civis Romanus, 237, 478.

Angelus de Urbe, canonicus Cenomanensis, 138.

Angelus, archipresbiter Viterbiensis, 418, 419.

Angevina (Johanna), monialis monasterii S. Marie Xanctonensis, 399.

Angiolinus de Malchiavellis, 452.

Angisma (prioratus de), ad monasterium Dolense pertinens, 144.

Anglia, 38, 287 ; — (bona monasterii Fiscannensis in), 266 ; — (Giffredus de Vezano, nuntius in), 172, 234, 331, 335, 361; — (Gregorius de Neapoli, legatus in), 406 ; — (Petrus de Bellano Monte, nuntius in), 348. — (prior provincialis Predicatorum in) 539.

Anglie rex (Edwardus), 15, 19, 20, 30, 64, 216, 340, 371, 383, 393, 395, 448, 571, 572, 587, 591, 595, 620, 623, 625, 628, 629, 631, 632, 633 ; — (Henricus), 573, 574.

Anglon. (Stephanus de), nobilis vir. 117.

Angnellus Tabaoclii, 120.

Anguilaria (Girardus Insulani de), clericus dioc. Sutrine, notarius apostolicus, 64.

Anguillarie comes, 237.

Aniani (S.) prior (Laurentius), 456.

Anibaldi de Urbe (Johannes, filius), canonicus Furnensis, 462.

Aniciensis decanus (R. Algerii), 130, 140, 221, 321 ; — ecclesia, 130, 140, 236 ; — episcopus, 398 ; — episcopus (Fredolus), 236, 357, 358.

Ankaille (Petrus Ruffus dictus), clericus Ambianensis, notarius apostolicus, 35.

Annonie archidiaconus in ecclesia Cameracensi, 150, 173. Voyez Haynonie.

Anonia (Guillelmus de), prepositus, postea episcopus Cameracensis, 260, 298, 459.

Anselinus de Estrin, clericus, 422.

Anselmus de Parisius, monachus monasterii S. Benedicti Floriacensis, 532.

Anselloctus, canonicus ecclesie Castrensis, 22.

Antheradensis episcopus, 194, 360.

Anthiocensis princeps, 183, 378.

Anthonius, electus Civitatensis. Voyez Antonius Tauren.

Antibarensis archiepiscopus, 588.

Antimi (S.) Vallis Stratie monasterii abbas, dioc. Aretine, 187.

Antiochia (Corradus de), 220.

Antina civitas. Voyez Atina.

Antonii (S.) Viennensis hospitale, 173.

Antonius Tauren., thesaurarius, postea electus Civitatensis, 383, 384.

Antwerpiensis civitas, 625.

Apia (Johannes de), rector Romaniole, 178.

Apolinaris (S.) monasterium, ord. s. Benedicti, dioc. Assisinatis, 468.

Apostolorum (basilica Principis), in Urbe, 558, 562.

Apostolorum (basilice XII) presb. cardinalis (Gerardus), 437; — (Landulfus), 444.

Apostolorum ordo, 236.

Appamiarum monasterii abbas (Bernardus), ord. s. Augustin dioc. Tholosane, 428, 477.

cesis, 300, 397, 431, 444, 462,465, 487, 504, 533, 596, 630 ; — ecclesia, 626, 627 ; — episcopatus, 626 ; — episcopus, 431, 444, 535 ; — episcopus (Guillelmus), 626, 627 ; — officialis, 431.

Atrebati (dat.), 627.

Aubertus ad Fabas, civis Parisiensis, 496, 497.

Audoeni (S.) Rothomagensis monasterii abbas, 117.

Audoenus, canonicus Nidrosiensis, 3.

Audoenus, canonicus S. Trinitatis Dublinensis, 39.

Audoini de Maulia (Geraldus), clericus dioc. Engolismensis, notarius apostolicus, 504.

Audomaro (Yalienus de Pisis, canonicus ecclesie de S.), 531.

Augustensis diocesis, 600, 610.

Augustini (S.) Bononiensis monasterium, 139.

Augustini (S.) Cantuariensis foris muros monasterii abbas, ord. s. Benedicti, 428 ; — abbas (T.), 359.

Augustini (S.) festum, 372.

Augustini (S.) heremitarum ordinis frater (Egidius Romanus), 32 ; — frater, vicarius et procurator (Juvenalis de Narnia), 495, 496, 497 ; — privilegia, 372.

Augustini (S.) de Monte Alto vel extra Montem Altum monasterium, ord. Cisterciensis, dioc. Castrensis, ad monasterium S. Annstasii de Urbe pertinens, 98, 145.

Augustini (S) ordinis ecclesie et monasteria, 8, 15, 68, 99,113, 114, 134, 149, 150, 153, 154, 178, 230, 255, 271, 302, 320, 322, 330, 381, 382, 408, 410, 416, 428, 451, 463, 464, 496, 500, 598, 600, 602, 603, 610, 612, 615, 622, 624, 629, 630, 631, 632 ; — regula, 15, 36, 122, 605 ; — sorores incluse, 196, 197.

Augustini (S.) ordo, 64, 165, 283.

Augustini (S.) Reatini (prior domus), 501.

Auraga (Raymundus de), prior Castrinovi, 408, 409.

Aurasicensis ecclesia, 124, 125.

Aureevallis monasterium, ord. s. Augustini, dioc. Pictavensis, 113, 114.

Aureliaci archidiaconus (Bernadus Laguscelli), 426.

Aureliaco (Guillelmus de), clericus dioc. Caturcensis, notarius apostolicus, 111.

Aurelianense capitulum, 439, 440,442, 443; — suburbium, 440.

Aurelianenses cives, 243, 439, 440, 441.

Aurelianensis civitas, 243, 439 ; — decanus, 243, 439 ; — decanus (Johannes), 440, 442 ; — diocesis, 532 ; — ecclesia, 243, 439, 440, 441, 442, 443 ; episcopatus, 442 ; — episcopus, 243, 440 ; — episcopus (Egidius) 328, 443 ; — villa, 443. Voyez Crucis (S.), Evultii (S.), Maximini (S.) ecclesie et monasteria.

Aurelianis (Jodoynus de), canonicus Parisiensis, 155.

Auriensis ecclesia, 223 ; — electus (Petrus), 413, 477.

Austorgius, abbas S. Egidii, dioc. Nemausensis, 449.

Austoricensis diocesis. Voyez Astoricensis.

Austregisilii (S.) Bituricensis castri ecclesia, 245.

Austria (abbas monasterii S. Crucis in), ord. Cisterciensis, dioc. Pataviensis, 513.

Austrie dux, 540 ; — dux (Albertus), 255.

Auterminellis (Guillelmus de), canonicus Lucanus, plebanus plebis de S. Paulo, 232.

Autisiodorensis. Voyez Autissiodorensis.

Autissiodorensis diocesis, 112 ; — ecclesia, 348 ; — episcopus, 60, 179 ; — episcopus, (G[uillelmus],) 615. Voyez Germani (S.) monasterium.

Auximana civitas, 226, 595.

Auximani fratres ordinis Predicatorum, 226.

Auximanum commune, 595 ; — monasterium S. Florentii, 226.

Auximanus episcopus, 99, 225, 226, 624.

Auxitanus archiepiscopus, 457.

Avalonensis archidiaconus in ecclesia Eduensi, 524, 525.

Avella (Raynaldus de), capitaneus Aprucii, 117, 384.

Avenayo (monasterium de), ord. s. Benedicti, dioc. Remensis, 185, 186.

Avesnis (Balduinus de), dominus Bellimontis, 631.

Avinionensis diocesis, 67 ; — ecclesia, 67.

Aviscomonte (ecclesia de), in Francia, ad Fiscannense monasterium pertinens, 266.

Avitus Rosciompelli, mercator Lucanus societatis Ricciardorum, 147.

Aweltona (Willelmus de). Voyez Altona (Willelmus de).

Aydemarus, cantor, postea episcopus Claromontensis. Voyez Ademarus.

Aymericus de Agia, frater, postea electus prior domus Dei pauperum de Montemaurilio, 1.

Aymericus, cantor Engolismensis, 209, 210.

Aymericus, episcopus Lemovicensis, 209.

Aymericus Pascaudi, canonicus B. Marie Montismaurilii, dioc. Pictavensis, 158.

Aymo, monachus, postea electus abbas monasterii Reomensis, 524, 525, 526.

Aynordis, priorissa S. Crucis Pictavensis, 540, 541.

Azelinus, frater ord. Vallis Scolarium, capellanus Gaufridi, S. Susanne presb. cardinalis, 485.

Azo, canonicus Bononiensis, electus Esculanus, 269.

Azo, filius Petroccini de Bochinipanis, 303

Azulinus Salvi, mercator societatis Thomasii Spillati de Florentia, 177.

B

B., camerarius pape, 215. Voyez Berardus

B., episcopus Castellanus, 69.

B., cantor Matisconensis, 200.

Bacarellorum vel Bacharellorum societas de Florentia, 147, 249, 455.

Bacharelli (Johannes), mercator societatis Abbatorum et Bacharellorum de Florentia, 249.

Baetonia (Gualterus de), professor juris civilis, clericus Edwardi, regis Anglie, 63.

Baillet (Johannes), monachus, postea electus abbas monasterii Aquicinctensis, 397, 431, 432, 433, 444, 445.

Bajocense capitulum, 475.

Bajocenses canonici, 472.

Bajocensis canonicus (Gilebertus de Saana), 189, 190, 386; — civitas et diocesis, 108, 471, 472; — diocesis, 105, 106, 265; — domus Dei, 106; — ecclesia, 105, 106, 107, 147, 252, 626;

Bernardus de Malœrt, clericus dioc. Claromontensis, notarius apostolicus, 504.

Bernardus, præpositus S. Marie de Brugis, 436, 437.

Bernardus de Podio, rector S. Andree Tudertini, postea abbas S. Eleutherii, 40.

Bernardus, episcopus Portuensis et S. Rufine, legatus Apostolice Sedis, 15, 85, 116, 194, 242, 246, 257, 267, 278, 320, 321, 341, 365, 389, 402, 410, 421, 422, 423, 426, 427, 428, 447, 431, 463, 503, 517, 530, 565, 608.

Bernardus Rissa, frater, postea electus prior domus Grandimontensis, 229, 535, 537.

Bernardus de S. Romano, prior de Vaqueriis, 449.

Bernardus, episcopus Vicentinus, 477, 521.

Bernardus de Vilari, sacrista S. Pauli Narbonensis, 251.

Bernardus de Vincolis, canonicus Lascurrensis, 254.

Bernayo (abbatia de), ad Fiscannense monasterium pertinens, 266.

Bernhardi (S.) in Chrueg monasterium. Voyez Bernardi (S.)

Bernhardus de Plossike, 608.

Berstat (Gerardus de Eppinsteyn, canonicus in ecclesia de) 321.,

Berte (S.) de Ternesio monasterium, ad Fiscannense monasterium pertinens, 266.

Bertami (Citadinus), 311.

Bertaudus de S. Diouisio, canonicus Parisiensis, 150, 151, 152, 153, 154, 155, 156, 157, 158, 508.

Bertholdus, episcopus Bambergensis, 273.

Berthous, abbas Fuldensis, 368.

Bertona vel Bertone Tongrid. (ecclesia de), dioc. Norwicensis, 63, 298, 299.

Bertrandus de Andoniis, canonicus Lascurrensis, 254.

Bertrandus, archiepiscopus Arelatensis, 249, 408, 429.

Bertrandus de Ferreriis, officialis Tholosanus, 213.

Bertrandus, episcopus Lascurrensis, 254.

Bertrandus de Monte Acuto, abbas monasterii Moysiacensis, 535.

B[ertrandus], episcopus Nemausensis, 125.

Bertrandus, abbas monasterii S.Remigii Remensis,465,466,487.

B[ertrandus], episcopus Sabinensis, 93, 135, 262.

B[ertrandus], episcopus Tholosanus, 429.

Bertrandus, episcopus Uticensis, 187.

Bertulducius, dominus de Clavano, 349.

Beruhic vel Bervich, villa in Scotia, 123, 539.

Bestiaco (Rogerus de), clericus, 135.

Betani (Stephanus), plebanus S. Samuelis de Venetiis, postea electus Clugiensis, 508, 511.

Bethelemitana. Voyez Bethleemitana.

Bethelemitanus. Voyez Bethleemitanus.

Bethleemitana ecclesia, 142, 436.

Bethleemitanus episcopus, 16, 19, 34, 51, 110, 139, 147, 203, 517.

Bethunia (Petrus, prepositus ecclesie de), dioc. Atrebatensis, 533, 631.

Bevera, rivus Parisius, 497.

Bevreria (Gregorius de), subdiaconus dioc. Morinensis, 237, 238.

Biaudouzsire (Stephanus), civis Aurelianensis, 441.

Biccus Jacobi, mercator societatis Abbatum et Bacarellorum de Florentia, 455.

Bindus de Circulis de Florentia, 454.

Bindus Isquartia, mercator societatis Thomasii Spillati de Florentia, 176.

Bindus de Senis, professor juris civilis apud Sedem Apostolicam, 130.

Bisacie (Thomas), archidiaconus Tripolitanus, rector ecclesie S. Marie de Bercanstude Innort, capellanus pape, 503, 504.

Bisuntina civitas et diocesis, 382.

Bisuntinensis provincia, 174.

Biterrensis canonicus (Raymundus de Columberiis), 417; — ecclesia, 518; — succentor (Berengarius Freduli), 89.

Bituricensis archiepiscopus, 140, 222, 223; — archiepiscopus (Symo), 243, 261; — canonicus (Guillelmus Burre), 485; — diocesis, 144; — ecclesia, 141, 222, 261. Voyez Austregisilii (S.) ecclesia.

Blanca, filia Ludovici regis Francorum, 453.

Blancus Francini, civis Veronensis, 264.

Blanculli de Guarcino (Bartholomeus), laicus dioc. Alatrine, notarius apostolicus, 493.

Blankenouwe (monasterium de), ord. s. Benedicti, 595.

Blasii (S) de Carlon. plebanus (Riccardus), dioc. Florentine, 174.

Blasii (S.) Tiburtini ecclesia, 68.

Blasius Soniei, rector S. Andree Fulginatis, familiaris Paparoni, episcopi Fulginatis, 121.

Blesensis villa, dioc. Carnotensis, 118.

Blesis (Gilo de), civis Aurelianensis, 441; — (Petrus de), canonicus Turonensis, 118, 119.

Boamons de Calabro, canonicus Militensis, 387.

Bobiensis (monasterium S. Columbani), ord. s. Benedicti, 451.

Bobo, S. Theodori diac. cardinalis, 415.

Boccacinus Paganelli, mercator societatis Abbatum et Bacarellorum de Florentia, 455.

Boccamagii, vel Boccamaii, vel Boccamatii, vel de Boccamatiis (Johannes), archiepiscopus Montis Regalis, postea episcopus Tusculanus, Apostolice Sedis legatus in Alamania, 259, 267, 278, 347, 388, 404, 550, 551, 552, 553, 554, 555, 556, 557, 558, 583, 591, 636, 638.

Boccamatius de Urbe (Nicolaus), potestas civitatis Esine, 593, 594.

Bochardus, archiepiscopus Turonensis. Voyez Buchardus.

Bochinipanis (Petroccinus de), nobilis vir, 303.

Bocorelli (Johannes), mercator societatis Abbatum et Bacarellorum de Florentia, 455.

Boemia (Johannes Boccamatii, episcopus Tusculanus, legatus in), 550, 554.

Boemie clerus, 550, 554; — rex, 381, 540.

Bogagoc, nuntius regis Tartarorum, 346.

Bogo de Clara, decanus ecclesie de Staffordia, capellanus pape, 299.

Boiaco (Johannes de), canonicus Remensis, 465.

Bolonia (Jacobus de), archidiaconus Boloniensis in ecclesia Morinensi, 208.

HONORIUS.

53

Campis (planus de), locus pertinens ad hospitale S. Marie Florentine, 606.

Campitellis (podiolum de), in districtu Urbevetano, 311.

Campitellium, in districtu Urbevetano, 309.

Campus Tiburtinus, 636, 637.

Canalibus (monasterium S. Marie de), dioc. Ameliensis, 233.

Candidi (S.) senioris Rothomagensis ecclesie decanus, 108.

Cannis (monasterium S. Marie de), ord. s. Benedicti, dioc. Terracinensis, 353.

Cantarinus, rector ecclesie S. Crucis de Spagna, dioc. Mutinensis, 601.

Cantualaude (Agnes de), infirmaria B. Marie ad moniales Trecensis, 482.

Cantuariensis archiepiscopus, 256, 423, 424, 451, 563; — archiepiscopus (Johannes), 421, 422, 423, 425, 426, 428; — diocesis, 421, 422; — ecclesia, 427. *Voyez* Augustini (S.) monasterium.

Capella de Neapoli (abbas monasterii de), 116.

Capelle regie Parisiensis privilegia, 279, 463.

Capite de Urbe (monasterium S. Silvestri in), sororibus concessum, 104, 141.

Capotianus (Johannes), civis Romanus, notarius apostolicus, 514.

Cappiano (prior de), dioc. Lucane, 231, 232.

Capra (Paynus, dictus), prepositus S. Gaudentii Novariensis, postea electus Novariensis, 379.

Capuana civitas et diocesis, 356; — ecclesia, 356, 377, 486.

Capuanus archiepiscopus (Cinthius de Pinea de Urbe), 356; — archiepiscopus (Marinus), 356.

Capucii (Angelus), miles, 237.

Capudaquensis civitas et diocesis, 434; — ecclesia, 434; — electus (Gotbertus), 434; — episcopus (Petrus), 434.

Capue (dat.), 635.

Caputiis (Florentius de), miles, 237.

Caraseyo (Johannes, rector ecclesie de), familiaris episcopi Bajocensis, 106, 107.

Carbonelli (Arnaldus), clericus dioc. Caturcensis, notarius apostolicus, 397.

Carcassona, civitas Gallie, 418.

Carcassona (Bernardus de), canonicus Narbonensis, capellanus pape, 626; — (Bernardus Bardonier de), notarius apostolicus, 310, 583, 584, 591, 636, 637, 638.

Carcassonensis archipresbiter (Isarnus), 417; — civitas et diocesis, 133, 417; — ecclesia, 417, 602; — electus (G., archidiaconus Agathensis) 417; — episcopus (G.), 417.

Carcere Tulliano (S. Nicolai in) clerici (Angelus et Laurentius) 58; — diac. cardinalis (Benedictus), 56, 68, 86, 136, 137, 180, 187, 194, 211, 267, 272, 388, 409, 412, 448, 466, 468, 469, 476, 477, 526, 530, 533, 586, 626, 630; — diac. cardinalis (Johannes), 304; — diac. cardinalis (O[tto])[1], 216.

Cardinalis (Johannes dictus), archidiaconus Turonensis, 513.

Cardinetum, locus infra muros Parisienses, 495, 496, 497.

Care Vallis Mediolanensis monasterium, ord. Cisterciensis, 146.

Caremsonis (Angelus), civis Romanus, 182.

Carinthia, 6.

Carlon. (Riccardus, plebanus S. Blasii de), dioc. Florentine, 174.

Carmaniolus, laicus de Cesena, 178.

Carmignano (Guido, plebanus S. Marie de), dioc. Florentine, 174.

Carnilvare, civis S. Leonis, 494.

Carnotensis decanus (Guillelmus Duranti), 139, 494, 584; — civitas, 421; — comitissa, 419, 420; — diocesis, 60, 118, 455, 456; — ecclesia, 43, 178, 251, 287, 419, 420, 486, 487; — episcopus, 118; — episcopus (Symo), 297.

Carnotum (Gilbertus, prior Belliloci prope), ord. Cluniacensis, 105, 106, 472.

Carolus, rex Aragonum, filius Philippi III regis Francorum, 282, 283, 349, 549, 628.

Carolus I, rex Sicilie, 16, 42, 73, 86, 89, 91, 117, 143, 220, 249, 268, 333, 339, 341, 346, 429, 431, 516, 559, 566, 628.

Carolus, primogenitus filius Caroli I regis Sicilie, princeps Salernitanus, 74, 86, 566, 628.

Carregalupi (Neapoleo), generalis prelatus Militie Beate Marie, 210.

Cartusie monasterii privilegia, 52.

Cartusiensis ordinis monasteria, 146, 283; — privilegia, 52.

Casale de Columna, in dioc. Albanensi, 581.

Casemari monasterium, ord. Cisterciensis, dioc. Verulane, 144.

Casinense monasterium, ord. s. Benedicti, 112, 115, 116, 117, 128.

Casletensis ecclesie prepositus (Gerardus), dioc. Cameracensis, 260.

Cassalbatus, locus ad hospitale S. Marie Florentine pertinens, 606.

Cassanensis episcopus, 38.

Cassellensis archiepiscopus, 393, 448, 449.

Cassie castrum, Spoletane diocesis, 26.

Cassie (homines), 349.

Cassubie (Johannes, episcopus Tusculanus, legatus in ducatu), 550.

Castellana civitas et diocesis 303; — diocesis, 506, 518, 630. *Voyez* Civitate Castellana *et* Civitatis Castellane.

Castellana de Fulgosis, nobilis mulier, 465.

Castellanus episcopus, 21, 69, 238, 239, 341, 372, 377, 379, 511, 528.

Castellariis (privilegia monasterii de), ord. Cisterciensis, dioc. Pictavensis, 605.

Castelle (decima regni), 535.

Castelle et Legionis regnum, 562; — rex, 493; — rex (Alfonsus), 461, 535, 562, 628; — rex (F[ernandus]), 240.

Castelleto (Egidius de), notarius apostolicus, postea episcopus Nivernensis, 62, 110, 111, 149.

Castelli civitas, 18; — civitas et diocesis, 145, 147, 376.

Castillione (Huguitio *vel* Uguitio, plebanus plebis de), dioc. Aretine, 175, 176, 177, 191, 261, 262.

Castellione Vallispese, (prior ecclesie de). *Voyez* Castillione.

Castellionis castrum, in dioc. Sabinensi, 589, 634, 636, 637.

Castellis (Thomas, prior de), 456.

Castello (Oppizo de), canonicus Lucanus, 613; — (Symon.de), clericus dioc. Bajocensis, 105, 106, 107; — (Ysabella de), abbatissa B. Marie ad moniales Trecensis, 480, 481.

Castiglione Vallispese (prior ecclesie de). *Voyez* Castillione.

Clusiensis. *Voyez* Clusina *et* Clusinus.

Clusina diocesis, 145, 196, 596 ; — ecclesia,[196, 358.

Clusinus archidiaconus, 595, 596; — episcopus, 391 ; — episcopus (Petrus), 196, 358.

Cluzano (Jacobus de), electus Forosinbroniensis, 245, 246.

Cobla Cam, rex Tartarorum, 346, 347.

Colangiis super Yonam (Petrus Pognun de), clericus dioc. Autissiodorensis, notarius apostolicus, 112.

Colimbriensis ecclesia, 173. *Voyez* Crucis (S.) Colimbriensis monasterium, Dominicus archidiaconus Ulixbonensis.

Colline partes, in diocesi Civitatis Castellane, 581, 582, 588.

Collis S. Marie de Oliveto, monasterium Perusinum, 35, 36.

Collis Montani (castrum), in Marchia Anconitana, 594.

Coloniensis archiepiscopus, 124, 381 ; — diocesis, 123, 124, 376, 612 ; — ecclesia, 376 ; — provincia, 125, 127. *Voyez* Marie (B.) monasterium, Severini (S.) ecclesia.

Colti (Cinus), mercator societatis Thomasii Spillati de Florentia, 105, 363, 364.

Columba (monasterium S. Marie de), ord. Cisterciensis, dioc. Placentine, 145.

Columbani (S.) Bobiensis monasterium, ord. s. Benedicti, 431.

Columbe (S.) Senonensis monasterium, ord. s. Benedicti, 192, 194 ; — abbas (Petrus), 159, 192, 194 ; — privilegia, 608, 609.

Columberiis (Raymundus de), canonicus Biterrensis, 417.

Columna (casnle de). in dioc. Albanensi, 581.

Columpna de Urbe (Petrus de), canonicus Paduanus, 380, 528.

Comarceyo *vel* Commarceyo (Poncetus de), 480, 482, 483.

Comes (Heyndericus de Hallis dictus), Salis laicus, 622.

Comes (Hugolinus dictus), 514.

Comes, S.S. Marcellini et Petri presb. cardinalis, 13, 62, 85, 115, 116, 150, 151, 154, 187, 246, 255, 267, 270, 278, 368, 373, 374, 422, 448, 503, 508, 509, 510, 512, 530, 541, 598, 608.

Comillus (Matheus), frater ordinis Predicatorum, 59.

Comite de Urbe (Transmundus de), nobilis vir, 183.

Comitibus (Percivallus de), canonicus, postea electus Paduanus, 379, 380, 527, 528.

Comitissa, sponsa Joffredi Bridamne, 452.

Compendio (abbas monasterii de), ord. s. Benedicti. dioc. Suessionensis, 619.

Compostellana civitas et diocesis, 372 ; — ecclesia, 371, 372, 383.

Compostellanus archiepiscopus, 357 ; — archiepiscopus (Gundisalvus), 371 ; — archiepiscopus (Rodericus Gundisalvi), 371 ; — electus, 434. *Voyez* Jacobi (S.) ecclesia.

Comtis *vel* Contis (Prova), mercator societatis Amannatorum Pistoriensium, 143, 249, 429.

Conani (Daniel Guidonis), clericus dioc. Corisopitensis, notariu apostolicus, 252.

Concis (Yva de), monialis monasterii S. Marie Xanctonensis, 400.

Condis (Balduinus, prior prioratus de), 487.

Conradus, monachus monasterii S. Benedicti de Padolirone, 11.

Conradus Berignionis, mercator, 336.

Conradus, marchio Brandeburgensis, 381.

Conradus, arcis Mucille custos, 43.

Conradus, cantor monasterii Salsensis, 404.

Conradus de Sculcula, laicus dioc. Anagnine, 183.

Conraudus Asinarii, civis Aurelianensis, 441.

Consanus archiepiscopus, 19, 125, 181, 182.

Consilius de Viterbio, frater ordinis Predicatorum, 636, 638.

Consilius de Cerchiis (dominus), 59.

Constantia, filia Manfredi, uxor Petri regis Aragonum, 348, 559, 561, 566, 628.

Constantiensis canonicus (Gaufridus de Lochis), 108 ; — diocesis, 201 ; — ecclesia, 191 ; — episcopus, 191, 475.

Constantinopolitana ecclesia, 413, 522.

Constantinopolitanus patriarcha (Pantaleo), 413 ; — patriarcha (Petrus), 413, 522.

Contadinus, frater hospitalis novi Misericordie S. Spiritus Pisani, 500.

Contessa dicta Tessa, nepta Staldi Jacob de Florentia, 452.

Conventrensis et Lichefeldensis diocesis, 573, 574.

Conzaga, locus in diocesi Regina, 446, 460.

Cora (monasterium de). *Voyez* Corense monasterium.

Coratelle (fossatum), in districtu Urbevetano, 311 ; — podium, 311.

Corbeya (abbas monasterii de), 621.

Corbiani castrum. *Voyez* Corviani.

Cordube regnum, 562.

Corense monasterium, ord. s. Benedicti, dioc. Eduensis, 523, 524, 325, 526.

Corinthiensis archiepiscopus (G.), 462 ; — archiepiscopus (Robertus), 462 ; — canonicus (Symo de Luca), 462 ; — civitas et diocesis, 462 ; — ecclesia, 462.

Coririvel (Henricus de Somersete, rector ecclesie de), dioc. Bathoniensis, 41, 42.

Corisopitensis civitas et diocesis, 184 ; — diocesis 252.

Corlaon (Ysabellis de), monialis Kalensis monasterii, 135.

Cornelii (S.) de Yda monasterii, dioc. Coloniensis, possessiones in dioc. Cameracensi, 123, 124.

Cornente Nove castrum, 344, 622.

Cornente Veteris castrum, 344, 622.

Cornetanus populus, 419.

Corneto (castellum de), 64 ; — (Christoforus de), notarius apostolicus, 359 ; — (prior ecclesie S. Margarite de), 627; — (monasterium S. Nicolai de), 98, 145.

Cornubie comes (Eadmundus), 256.

Cornuda (Simo Maurus, canonicus ecclesie S. Martini de), dioc. Tervisine, 506.

Corradinus, nepos Frederici imperatoris, 240, 557.

Corradus de Antiochia, 220.

Corradus, filius Frederici, imperatoris Romanorum, 557.

Corradus, frater Wolfranii de Linach, 404.

Corrano (Raymundus de), prior claustralis ecclesie Arelatensis, 408.

Corsica insula (decima Sicilie in), 19 ; — (decima Terre Sancte in), 70, 105, 363, 364.

Corviani castrum, 344, 622.

Demetrii (S.) civitatis Neapolitane monasterium, ord. s. Benedicti, monasterio S. Johannis ad Nidum concessum, 248.

Denfago (abbates et priores monasterii de), 312.

Deodatus de Cretone, miles, 237.

Deodatus, monachus, postea abbas S. Marie Vallis Pontis, ord. s. Benedicti, dioc. Perusine, 450.

Deodatus, frater ordinis Predicatorum, electus Militensis, 387.

Deodatus de Urbe, archidiaconus Lexoviensis, capellanus pape, 344, 345.

Deppa (ecclesie parrochiales S. Jacobi et S. Remigii ville de), 453, 454.

Derval (Benabius de), miles dioc. Macloviensis, 101, 102.

Deustesalve, civis S. Leonis, 494.

Deutabina, civis Tuscanensis, 391.

Deutegardis, canonicus S. Georgii in Brayda Veronensis, 464.

Diensis ecclesia, 119, 189 ; — episcopus (Johannes), 119.

Dietinchon (Rudolfus de), canonicus Constantiensis, nepos Radulfi regis Romanorum, 191.

Dinus Donati, mercator societatis Amannatorum Pistoriensium, 143, 249, 429.

Dinus Guidi, mercator societatis Amannatorum Pistoriensium, 147.

Dinus de Grappo S. Petri, nobilis dioc. Lunensis, 321.

Dinus Tadolini, mercator societatis Ricciardorum de Luca, 147.

Dionisii (S.) Ambianensis prior, 486.

Dionisii (S.) in Francia monasterii abbas, 278, 285, 344, 467, 592, 617, 618, 620 ; — abbas (Matheus), 617, 620 ; — privilegia, 596, 617, 619, 621, 632, 633.

Dionisii (S.) in Francia villa, 617, 618.

Dionisio (Bertaudus de S.), canonicus Parisiensis, 150, 151, 152, 153, 154, 155, 156, 157, 158.

Diotaviti (Franciscus), mercator societatis Lambertutii Frescobaldorum de Florentia, 455.

Disertinensis monasterii bona, ord. s. Benedicti, dioc. Curiensis, 591.

Disesia vel Dysesia, in ecclesia Nivernensi (Robertus, archidiaconus de), 314, 462.

Ditkirchen (prepositura ecclesie de), dioc. Treverensis, 321.

Divione (Johannes de), canonicus Belnensis, capellanus Gaufridi, S. Susanne presb. cardinalis, 485 ; — (hospitale S. Spiritus de), 94, 95 ; — (abbas monasterii S. Stephani de), 52.

Divionensis (abbas monasterii S. Benigni), dioc. Lingonensis, 67, 226.

Divizellus, civis S. Leonis, 494.

Dodei (Robertus), laicus, 237.

Dolense monasterium. Voyez Marie (B.) de Burgo Dolensi monasterium.

Dolensis diocesis, 107 ; — episcopus, 107 ; — officialis (Matheus), 105, 107.

Dolensis (Johannes prior prioratus S. Florentii), ord. s. Benedicti, 105, 106, 472.

Domassi, vel de Luca (Symo), canonicus Lichefeldensis et Corinthiensis, collector decime Sicilie, 19, 34, 51, 110, 145, 146, 188, 376, 462.

Dominici (S.) (privilegia ordinis Penitentie), in Italia, 610.

Dominicus (beatus), confessor, 120.

Dominicus Leonardi de Penestre, scriptor pape, 256.

Dominicus de Lucardo, frater ordinis Predicatorum, 59.

Dominicus Michaelis, clericus Bracharensis dioc., 113.

Dominicus, archidiaconus ecclesie Ulixbonensis, canonicus ecclesie Colimbriensis, capellanus Gottefridi, S. Georgii ad Velum aureum diac. cardinalis, 173.

Domo Tedesca (mons de), in dioc. Albanensi, 581.

Domus Dei Bajocensis prior (Petrus Droconis), 106.

Domus Dei pauperum de Monte Maurilio, dioc. Pictavensis, 1.

Donadei (Johannes, filius), clericus Ameliensis, notarius apostolicus, 397.

Donadeus Berardi de Amelia, notarius apostolicus, 484, 485.

Donati (S.) de Brugis ecclesie canonicus (Britius), 592.

Donati (Dinus), mercator societatis Amannatorum Pistoriensium, 143, 249, 429.

Doni (Fredericus), mercator, 336, 337.

Donnino (S.) (Gerardinus de Ravarano, administrator, et Hugo Rubei prepositus ecclesie de), 488.

Donotre (ecclesia de), dioc. S. Andree, 28.

Donus dictus Dux, filius Angiolini de Malchiavellis, 432.

Doublet (Nicolaus), 154.

Douvrendio (Gilebertus de Saana, rector ecclesie de), dioc. Rothomagensis, 189, 190, 386.

Drarcone (Rogerius de), rector de Harewellis, dioc. Saresbiriensis, 256.

Droco de Pruvino, frater ordinis Minorum, doctor theologice facultatis Parisius, 192.

Droconis (Petrus), prior domus Dei Bajocensis, 106.

Duacensis (ecclesia S. Amati), 630 ; — prior ordinis Minorum, 631.

Dublinensis archiepiscopus, 30, 31, 234 ; — civitas, 30 ; — ecclesia, 15, 30, 31, 39 ; — electus, 38, 39. Voyez Duoublinensis.

Duglas (Archembaudus, rector ecclesie de), dioc. Glasguensis, 5.

Dulceti (Johannes), clericus, familiaris episcopi Dolensis, 105, 107, 108.

Dunelmensis diocesis, 490, 572 ; — episcopus, 490, 539.

Dunemunde (bona monasterii de), ord. Cisterciensis, dioc. Rigensis, 601.

Dunio (Radulphus de), monachus S. Trinitatis de Exaquio, electus prior B. Marie de Boxgrava, 201, 202.

Dunkeldensis (Gregorius, archidiaconus S. Andree in Scotia, canonicus ecclesie), 239.

Dunum (ecclesie apud), ad monasterium Fiscannense pertinentes, 265.

Duodecim Apostolorum basilice presb. cardinalis (Gerardus), 135.

Duorum Amantium (littere Guillermi, archiepiscopi Rothomagensis, date apud Montem), 476.

Duoublinensis archidiaconus (Guillelmus de Salinguis), 407. Voyez Dublinensis.

Durandi (Guillelmus) rector Romaniole. Voyez Duranti.

Durandus Pelagii, prior claustralis, postea prior monasterii S. Crucis Colimbriensis, 113.

Duranti (Guillelmus), rector Romaniole, decanus Carnotensis, postea episcopus Mimatensis, 43, 139, 140, 178, 221, 223, 231, 251, 360, 494, 520, 584.

Durantia, mater Gualhardi de Mazlaco, 489.

Duriard (Riccardus de), canonicus Lichefeldensis, consanguineus H., S. Laurentii in Lucina presb. cardinalis, 253.

Dux (Donus, dictus), filius Angiolini de Malchiavellis, 452.

Dyonisii (S.) in Francia monasterium et villa. *Voyez* Dionisii.

Dyonisius de Falesia, canonicus Parisiensis, 193.

E

E., regina Ungarie, 539.

Eadmundi (S.) monasterii, ord. s. Benedicti, dioc. Norwicensis, abbas, 433 ; — bona, 330 ; — prior (Stephanus), 329.

Eadmundus, comes Cornubie, 256.

Eadmundus, filius Henrici regis Anglie, 573, 574.

Eberhardus Hervich, laicus dioc. Augustensis, 600.

Eberhardus de Yseni, canonicus ecclesie Maguntine, 622, 623.

Ebolus, prior de Briva, 209, 210.

Eboracensis archiepiscopus, 490, 564 ; — archiepiscopus (Guillelmus), 214 ; — archiepiscopus (Johannes dictus Romanus), 214, 215, 216, 217, 218, 219 ; — canonicus, (Thomas de Abberbyri *vel* Aburby), 215, 405 ; — civitas et diocesis, 215, 216, 219 ; — diocesis, 102, 217, 571 ; — ecclesia, 214, 215, 216, 218, 219. *Voyez* Marie (B.) Eboracensis monasterium.

Ebredunenses canonici, 401;

Ebredunensis archiepiscopus, 402 ; — archiepiscopus (Guillelmus), 401 ; — archiepiscopus (Jacobus), 401 ; — civitas et diocesis, 403 ; — ecclesia, 401, 402, 403 ; — provincia, 174.

Ebroicis (abbatia S. Taurini de), ad monasterium Fiscannense pertinens 266.

Edinburch (abbas monasterii S. Crucis de), dioc. S. Andree, 600.

Edmundi (S.) regis de Graschirch ecclesie rector (Robertus de Horsele), 602.

Eduensis diocesis, 287, 523, 524 ; — ecclesia, 524 ; — episcopus, 52, 370, 371.

Edwardus, rex Anglie, 15, 19, 20, 30, 64, 216, 340, 371, 383, 393, 395, 448, 571, 572, 587, 591, 595, 620, 623, 625, 628, 629, 631, 632, 633.

Egeas, canonicus Visensis, 383.

Egeas (Petrus), canonicus, postea electus Lamecensis, 368.

Egidii (S.) monasterium, ord. s. Benedicti, dioc. Nemausensis, 449.

Egidii (S.) Acconensis ecclesia, 195.

Egidii de Erignano (Nicolaus), laicus Civitatis Castellane diocesis, notarius apostolicus, 504.

Egidii et Homoboni (S.S.) ecclesie Cremonensis prepositus. 451.

Egidio (S.) in Provincia (fratres hospitalis S. Johannis Jerosolimitani de), 330.

Egidiolus Berardi, 120.

Egidius, episcopus Aurelianensis, 328, 443.

Egidius de Brugis, canonicus S. Marie de Brugis, 436, 437, 438.

Egidius de Castelleto, notarius apostolicus, postea episcopus Nivernensis, 62, 110, 111, 149.

Egidius, monachus, postea electus abbas monasterii S. Marie Vallis Pontis, 450.

Egidius Martini, capellanus pape, consanguineus Johannis pape XXI, 486.

Egidius, episcopus Nivernensis, 62.

Egidius Pauli Roffredi de Urbe, miles, 583, 584.

Egidius, abbas S. Pontiani Lucani, postea electus abbas S. Benedicti de Padolirone, 12, 13.

Egidius Romanus, frater ordinis heremitarum s. Augustini, 32.

Egidius, archiepiscopus Senonensis, 40, 41, 43, 44.

Egidius, archidiaconus Spoletanus, postea episcopus Urbinas, 113.

Egidius, decanus Turonensis, 317.

Egidius, decanus Ulixbonensis, postea electus Lamecensis, capellanus pape, 368.

Egiptus. *Voyez* Egyptus.

Egitaniensis episcopus, 383.

Egyptus, 346, 347.

Ehistetensis *vel* Eistetensis civitas et diocesis, 6, 101, 251, 455.

Elchela, villa dioc. Cameracensis ad monasterium S. Cornelii de Yda pertinens, 124.

Eleutherii (S.) Tudertini monasterii abbas (Bernardus de Podio), 40.

Elfiensis episcopus, 390, 391.

Eligii (S.) Parisiensis prior, 155.

Elisabeth, soror domus collis S. Marie de Oliveto Perusine, 35.

Elizabet (S.) de Valencenis (privilegia hospitalis pauperum beghinarum), dioc. Cameracensis, 252, 253.

Elnensis canonicus (Raymundus Petri), 321.

Emicho, comes de Heininge, 645.

Englesius, frater ordinis Minorum, electus Novariensis, 523.

Engolismensis (Aymericus), 209, 210 ; — diocesis, 504.

Ensigisheim (allodium in), ad domum fratrum S. Augustini in Landowen pertinens, 645.

Eppestcyn *vel* Eppinsteyn (Gerardus de), archidiaconus Treverensis, canonicus Maguntinus, prepositus S. Petri Maguntini et ecclesiarum de Munstermenevel ac de Frankenvorden., beneficiatus in Cisse, Rokerode, Strayshem et Berstat ecclesiis, electus Maguntinus, 271, 321.

Equitii (Hugo, presb. cardinalis S. Martini tituli), 414.

Erfordensis oppidi consules et universitas, dioc. Maguntine, 272.

Erfordia (scolasticus ecclesie S. Marie in), dioc. Maguntine, 603.

Ericomagnus, rex Norweie, 530.

Erignano (Nicolaus Egidii de), laicus dioc. Civitatis Castellane, notarius apostolicus, 504.

Esculana civitas et diocesis, 270 ; — ecclesia, 269, 270.

Esculanus archidiaconus (Abamons *vel* Abbamons), 270, 629;

— episcopus (Bonus Johannes), 269 ; — episcopus (R.), 269.

Esina civitas, 593.

Esini cives, 613.

Esio (Guillelmus, Mercennarius et Raynaldus Symoneti de), fratres, 593, 594, 595.

Eslettot-(ecclesia de), ad monasterium Fiscannense pertinens, 265.

Estria (Anselinus de), clericus, 422.

Estridingie archidiaconus in ecclesia Eboracensi (Johannes), 214, 405.

Eufrano, frater ord. Predicatorum, electus Salernitanus, 262, 263.

Eugendi (S.) Jurensis monasterii monachus (Thebaldus), ord. s. Benedicti, dioc. Lugdunensis, 32.

Eugubina diocesis, 21, 319, 526 ; — ecclesia, 318.

Eugubinus episcopus, 98, 318, 385 ; — episcopus (B[envenutus]), 319 ; — episcopus (Jacobus), 319.

Eugubio (Galganus de), frater ordinis Minorum, inquisitor heretice pravitatis in ducatu Spoletano, 507.

Euphemie (S.) Placentine ecclesie canonicus (Jacobus de Verdeto), ord. s. Augustini, 451.

Europe reges, 346.

Eustachii (S.) diac. cardinalis (Jordanus), 85, 92, 132, 136, 240, 246, 252, 255, 262, 263, 267, 270, 323, 343, 437, 448, 458, 512, 608 ; — diac. cardinalis (Robertus), 117 ; — diac. cardinalis (U[bertus]), 135.

Eustachio (S.) (Johannes de), civis Romanus, 478.

Euvrardus, abbas monasterii Dolensis, 144.

Evrardus, monachus monasterii S. Remigii Remensis, postea abbas monasterii Aquicinctensis, 444, 461, 462, 465, 466, 487.

Evullii (S) Aurelianensis monasterii abbas, 243, 440.

Exaquio (abbas et conventus monasterii S. Trinitatis de), ord. s. Benedicti, dioc. Constantiensis, 201.

Exoniensis diocesis, 271, 451.

Expallerii de Guiore (Zacharias), clericus dioc. Lugdunensis, notarius apostolicus, 35.

Eynordis Vigeria, monialis S. Marie Xanctonensis, 400.

F

Fabas (Aubertus ad), civis Parisiensis, 496.

Fabiorum seu de Sasso (mons), in Urbe, 580, 588.

Fabri (Bonus, Fabricius, Johannes, Laurentius, Rigosantus), cives S. Leonis, 494.

Fabriano (Gonzolinus de), canonicus Forosinbroniensis, 245.

Fabrucius Fabri, civis S. Leonis, 494.

Faculi (Ferrus), civis S. Leonis, 494.

Facultas theologica Parisiensis, 32, 33, 218.

Facundi (S.) monasterium, ord. s. Benedicti, 519 ; — abbas (Petrus), 519, 520, 569, 570.

Fagia (Petrus de), clericus dioc. Lemovicensis, notarius apostolicus, 359.

Fajole (castrum), in diocesi Tusculana, 581, 588. Honorius.

Falerius vel Falctrus de Venetiis (Leonardus), electus Clugiensis, 374, 375, 509, 510, 511. Voyez Faletrus.

Falesia (Dyonisius de), canonicus Parisiensis, 193.

Faletrus de Venetiis (Nicolaus), sindicus ducis Venetorum, 341. Voyez Falerius.

Fallera (monasterium S. Marie de), ord. Cisterciensis, dioc. Civitatis Castellane, 145.

Fanguini vel Franguini (Lapus), mercator societatis Abbatorum et Bacharellorum de Florentia, 249, 455.

Fantolinus, canonicus Pistoriensis, 365.

Farfense monasterium, ord. s. Benedicti, dioc. Sabinensis, 94, 376 ; — abbas (Jacobus), 316.

Farimonasterio (monasterium de), ord. s. Benedicti, dioc. Meldensis, 179.

Farum (regnum Sicilie citra), 339.

Favagna (prior de), dioc. Florentine, 174.

Faverio (Gentilis, plebanus plebis de), 586.

Felicis (S.) in Pincis (Raynaldus de Monasterio, plebanus plebis), dioc. Aretine, 272, 273.

Felicis (S.) de Vada monasterii soror, postea electa priorissa (Philippa), ord. s. Augustini, dioc. Pisare, 322.

Felicitate (S.) (plebes de), dioc. Lucane, 613.

Felines (privilegia monasterii de), ord. Cisterciensis, dioc. Atrebatensis, 596.

Felisius, canonicus Laudunensis, capellanus pape, 485.

Felix, capellanus pape, 195.

Ferdidelantie (dominus), 120.

Ferdon. (ecclesia de), dioc. S. Andree, 574. 575.

Ferentinas episcopus, collector decime Sicilie (Jacobus), 18, 33, 51, 144, 145, 146, 183, 203, 249, 250, 353, 376, 438, 439, 583.

Ferentino (Rollandus de), rector ducatus Spoletani, capellanus pape, 26.

Feretrana ecclesia, 494.

Feretranus episcopus, 494.

Fernandi (Gometius), archidiaconus de Barrosa in eccl. Bracharensi, canonicus Auriensis et Bracharensis ecclesiarum, capellanus O., episcopi Tusculani, 223.

Fernandus, filius Alfonsi, regis Castelle, 461, 628.

F [ernandus], rex Castelle ac Legionis, 240.

Fernandus, electus Seguntinus, 478, 479.

Fernensis episcopus, 39.

Ferrandus Roderici, electus Toletanus, 486.

Ferrarie (castrum), in diocesi Tuscanella et Viterbiensi, 582, 589.

Ferrariensis canonicus (Ferrarinus), 611 ; — civitas et diocesis, 18, 34, 249 ; — episcopus, 303 ; — guardianus Minorum, 303, 304 ; — prior Predicatorum, 303, 304. Voyez Bartholomei (S.) Ferrariensis monasterium.

Ferrarinus, canonicus ecclesie Ferrariensis, 611.

Ferraterii (Bernardus), clericus dioc. Vivariensis, notarius apostolicus, 185.

Ferrentinas. Voyez Ferentinas.

Ferreriis (Bertrandus de), officialis Tholosanus, 213.

Ferreriis (Henricus, dominus de), 570, 571.

54

Ferricus, subdecanus Bajocensis, 106.

Ferrus Faculi, civis S. Leonis, 494.

Fervensis ecclesie thesaurarius (Johannes de Stanford), dioc. Lincolinensis, 15.

Fesulana civitas et dioc., 230; — ecclesia, 495, 646.

Fesulanus episcopus, 174, 175.

Ficecchio (abbas monasterii de), dioc. Lucane, 231, 232.

Ficheclo (Rulinus de), canonicus Remensis, 465.

Fidantius, S. Marcelli presb. cardinalis, 414.

Fidentius, frater ordinis Minorum, 238.

Fidis de Senis (Pascalis), laicus, notarius apostolicus, 493.

Fidolo (Ysabella de S.) cantrix, postea electa abbatissa B. Marie moniales Trecensis, 481, 482, 483, 484.

Fildesmidus, canonicus, postea electus Nucerinus, 65.

Filibertus, monachus, postea electus abbas monasterii S. Salvatoris Papiensis, 366.

Filie Dei Parisienses, 416.

Filiis Ursi de Urbe (Ursus de), rector civitatis Reatine, postea senator Urbis, 344, 350, 622.

Filitionis (Martinellus), civis S. Leonis, 494.

Finitia, soror Honorii pape IV, 580.

Firmana diocesis, 112, 203, 629 ; — ecclesia, 587.

Firmanus episcopus 237 ; — episcopus (Philippus), 304.

Firme (S.) de Civitate Veteri ecclesia, 145.

Fiscanensis vel Fiscannensis monasterii, ord. s. Benedicti, dioc. Rothomagensis, bona et privilegia, 37, 38, 265, 266.

Fiscanensis vel Fiscannensis parrochia, 265.

Flammavilla (Robertus de), rector ecclesie de Wyvelfforde, dioc. Lincolniensis, 234.

Flandrie comes, 506; — comes (Guido), 123, 220, 221, 234, 299, 301, 533, 534, 539, 592; — comitatus, 533, 534. — comitissa (Margareta), 253, 300, 631 ; — comitissa (Ysabella), 221, 592. Voyez Margareta, filia Guidonis.

Flisco (Ottobonus de), nobilis dioc. Januensis, 92.

Fliscobaldis (societas Lambertutii de). Voyez Frescobaldis.

Floreni ordinis monasteria (S. Angelus de Monte Mureti et S. Maria de Gloria), 146.

Florensis Johannis Alfani, Voyez. Forensis.

Florentia (guardianus Minorum et prior Predicatorum de), 452, 454. Voyez Abbatorum societas, Alfanorum societas, Bacarellorum societas, Bindus de Circulis, Jacobus de Cavalcantibus, Jhesu Christi fratres, Lambertutii de Frescobaldis societas, Lapi Hugonis Spine societas, Laurentii (S.) ecclesia, Marie (S.) Florentine monasterium, Petri (S.) Skeradii ecclesia, Raynerius Tholomei, Staldus Jacob, Thomasii Spiliati societas.

Florentie (actum), 59.

Florentii (S.) Auximani monasterium, ord. s. Benedicti, ordini Predicatorum concessum, 226.

Florentii (S.) Delonsis p.ioratus prior (Johannes), ord. s. Benedicti, 105, 106, 472.

Florentina civitas, 130; — civitas et diocesis, 230, 355, 503, 619, 620 ; — diocesis, 19, 34, 51, 138, 145, 146, 147, 174, 251, 303, 376, 495, 616; — ecclesia, 355, 495, 502, 503.

Florentini fratres Predicatores, 620 ; — fratres Penitentie Jhesu Christi, 385; — mercatores, 56, 127, 147, 176, 177, 364, 382, 438, 439, 455, 542. Voyez Abbatorum, Bacarellorum, Lambertutii de Frescobaldis societates, Obertus de Pulcis.

Florentinum commune, 130, 133, 531; — hospitale S. Marie ad Gallum, 605.

Florentinus archidiaconus (Angelottus de Alfanis), 18, 19, 34, 51; — electus (frater Jacobus de Perusio, 355, 502; — episcopatus, 632 ; — episcopus 230 ; — episcopus (Andreas), 502.

F[lorentius], episcopus Acconensis, 195.

Florentius de Caputiis, miles, 237.

Florentius Petrinus, civis S. Leonis, 494.

Floriacense monasterium. Voyez Benedicti (S.) Floriacensis monasterium.

Foce Gomani (hospitale S. Claudii de), in territorio Adrie situm, hospitali S. Spiritus in Saxia de Urbe concessum, 128.

Focolinio (Arnaldus, prior loci Pomposiani de), 321.

Fontana de Rovis, locus in districtu Urbevetano, 311.

Fontana Vekia, locus in districtu Urbevetano, 312.

Fontaneto (Ysabella de), monialis B. Marie ad moniales Trecensis, 480, 482, 483, 484.

Fontebodoyre (Guillelmus de), canonicus monasterii Aureevallis, 114.

Fontis (Leo de), civis Cerviensis, 514.

Fontis Ebraudi monasterii monialis (Ysabella de Podia), ord. s. Benedicti, dioc. Pictavensis, 540.

Forcalquerii comitatu (decima Sicilie in), 429, 431. Voyez Forkalkerii.

Forcilles (Philippa de), monialis monasterii Kalensis, 134, 136.

Forensis Johannis Alfani, mercator societatis Alfanorum de Florentia, 176, 177.

Foresi (Bonacursus), mercator societatis Lambertutii de Frescobaldis de Florentia 438.

Foresi vel Foresii (Petrus), mercator societatis Lambertutii de Frescobaldis, de Florentia, 38, 438, 455.

Foresi (Vanna), mercator societatis Amannatorum de Pistorio, 249.

Foresius Johannis, mercator societatis Alfanorum de Florentia, 363, 364.

Forkalkerii comitatu (decima concessa Philippo, regi Francie, in), 174. Voyez Forcalquerii

Forojuliensis diocesis, 330, 370.

Forolivienses cives, 336.

Foro Lucano (Minellus, canonicus ecclesie S. Michaelis in), 231, 232, 233.

Foropopuliensis diocesis, 178.

Forosinbroniensis civitas et diocesis, 246; — ecclesia, 245, 246 ; — episcopus, 246 ; — episcopus (Gentilis) 245; — episcopus (Jacobus de Cluzano) 245, 246.

Fortinus, sigillifer curie Bajocensis, 106.

Fossa Nova (monasterium de), ord. Cisterciensis, dioc. Terracinensis, 145.

Fovonice plebis (Gerardus domini Bevengatis, prior), dioc. Fulginatis, 121.

G

G., archidiaconus Agathensis, postea electus Carcassonensis, 447.

G. Brucii vel Bruni, sacrista ecclesie Vivariensis, 140, 221.

G., episcopus Carcassonensis, 447,

G., patriarcha Jerosolimitanus, 194, 195.

G., episcopus Pataviensis, 255.

G., episcopus Pennensis et Adriensis, 128.

G., episcopus Pistoriensis, 322.

G., episcopus Urbinas, 112.

Gabriellis (S.) ecclesia in dioc. Bajocensi, ad Fiscannense monasterium pertinens, 266.

Gactuzarii (Johannes Francisci), civis Romanus, notarius apostolicus, 112.

Gadicensis episcopus (Sugerius), 461.

Gaitanus de Anagnia (Benedictus), canonicus Atrebatensis, 626.

Galandi (Johannes), frater ordinis Predicatorum, inquisitor in regno Francie, 133, 602.

Galganus, natus Conradi de Sculcula, dioc. Anagnine, 183.

Galganus de Eugubio, frater ordinis Minorum, inquisitor in ducatu Spoletano, 507.

Galienus de Pisis, canonicus ecclesie de S. Audomaro, 531.

Galletie regnum, 562.

Gallianum, villa ad hospitale S. Marie Florentine pertinens, 606.

Gallicane ecclesie consuetudo, 481.

Gallum (privilegia hospitalis Florentini S. Marie ad S.), 605.

Gallerus, episcopus Pictavensis, 113, 114, 211, 212.

Gandano (Arnulfus de), canonicus ecclesie Tornacensis, 437.

Gandensis archidiaconus in ecclesia Tornacensi, 220 ; — decanus, 220; — guardianus et conventus fratrum Minorum, 631. Voyez Jacobi (S.), Johannis (S.), Nicolai (S.), Petri (S.) Gandenses ecclesie.

Gandulfis (Angelus de), nobilis vir, 582. Voyez Gandulforum et Gandulphis.

Gandulforum (turris), castrum dioc. Albanensis, 581, 588. Voyez Gandulphis.

Gandulphis (castrum de), in dioc. Albanensi, 589. Voyez Gandulforum.

Gandulphis (Laurentius de), 581.

Gangareto (castrum de), diocesis Aretine 133, 531.

Garda (Gaucelinus vel Guillelmus de), decanus Brivatensis, 140, 221 ; — (Guigo de), prior de Roncilione, monachus monasterii S. Egidii, 449.

Garde lacus, 464.

Garibaldasco (prior de), ord s. Benedicti, dioc. Placentine, 628.

Garsia, capellanus pape, 318.

Garsias, monachus, postea electus monasterii S. Facundi, 519.

Gaucelinus de Garda, decanus Brivatensis, 221. Voyez Guillelmus.

Gaudentii (S.) Novariensis ecclesie prepositus (Paynus dictus Capra), 379.

Gaufridus, prepositus Bariolensis, dioc. Forojuliensis, 370.

Gaufridus de Castronantonis, monachus monasterii S. Columbe Senonensis, 159.

Gaufridus de Lanucello, prepositus ecclesie Aptensis, nuncius Caroli quondam Caroli, regis Sicilie, primogeniti, 566.

Gaufridus, episcopus Lidensis, 434, 435.

Gaufridus de Lochis, canonicus Constantiensis, 108.

Gaufridus vel Gifredus, S. Susanne presb. cardinalis, 23, 56, 68, 85, 186, 192, 194, 201, 267, 278, 373, 402, 411, 412, 448, 466, 480, 482, 483, 509, 533, 608.

Gauso vel Gosso (Andreas), canonicus ecclesie Paduane, 380. Voyez Gossona.

Gebennensis diocesis, 252.

Geldeford (Petrus de), clericus, 422, 424.

Geminiano (Scolarius de S.), clericus, 202.

Genezano (Gregorius de), clericus, notarius apostolicus, 477.

Genovefe (S.) Parisiensis monasterii cancellarius, 615.

Gensiaco (Pontius de), infirmarius monasterii S. Egidii, 449.

Gentilis Boniscagni de Castrobono, laicus dioc. Spoletane, notarius apostolicus, 35.

Gentilis, civis Camerinensis, 586.

Gentilis, episcopus Forosinbroniensis, 245.

Gentilis, filius Gentilis civis Camerinensis, capellanus pape, plebanus plebis de Faverio, 586, 587.

Gentilis, filius Raynaldi de Morta, laicus dioc. Esculane, 629.

Georgii (S.) in Brayda Veronensis monasterii prior (Josep, filius Alberti de Lascala), ord. s. Augustini, 463, 464.

Georgii (S.) de Camme ecclesia, dioc. Wigorniensis, 361, 362.

Georgii (S.) in Olerone (Johannes, prior), 456.

Georgii (S.) ad Velum aureum diac. cardinalis (B[ernardus]), 324; — Gotefridus vel Gottifridus, 85, 99, 103, 173, 263, 267, 272, 278, 608.

Georgii (S.) Majoris de Veneliis monasterium, ord. s. Benedicti, dioc. Castellane, 517, 518.

Georgius Bejame de Saviliano, nobilis vir dioc. Taurinensis 130, Georgius de Interampne vel Interampnis, clericus, 136, 137, 138, 397.

Geraldi (Bernardus), prior provincialis Predicatorum in Provincia, 535.

Geraldi (Petrus), 399, 400.

Geraldus Audoini de Manlia, clericus dioc. Engolismensis, notarius apostolicus, 504.

Geraldus de Bononia, 400.

Geraldus, episcopus Lectorensis, 362.

Gerardi (Symon), mercator societatis Thomasii Spiliati de Florentia, 127.

Gerardinus, civis S. Leonis, 494.

Gerardinus de Ravarano, laicus, administrator ecclesie de S. Donnino, 488.

Gerardus, abbas monasterii S. Benedicti de Padolirone, 11.

Gerardus domini Bevengatis, prior plebis Fovonice, famularius Paparoni, episcopi Fulginatis, 121.

Gerardus de Bononia. Voyez Geraldus.

Gerardus, propositus ecclesie Casletensis, capellanus pape, 260.

Gerardus de Eppesteyn vel Eppinsteyn, archidiaconus Treverensis, 271, 321. Voyez Eppesteyn.

Gerardus de Latoelha, clericus dioc. Petragoricensis, notarius apostolicus, 512.

Isabela, filia Gruamontis, 303.

Isalanda, filia Petri regis Aragonum, 567.

Isarnus, archipresbiter, postea electus Carcassonensis, 417.

Ise, terchiman regis Tartarorum, 346.

Isolda, filia Pascalis Purpurerii, 225.

Ispania. *Voyez* Hispania.

Isquartia (Bindus), mercator societatis Thomasii Spillati de Florentia, 176.

Italia (ordo S. Clare in), 172 ; — (decima pro negotio Sicilie in), 16, 34, 44, 144, 147.

Itta, filia Bindi de Circulis de Florentia, 454.

J

Jacob de Florentia (Staldus), miles, 452.

Jacoba, nata Petri Angeli de Manno, dioc. Nepesine, 196.

Jacobi (Biccus), mercator societatis Abbatum et Bacarellorum de Florentia, 455.

Jacobi de Bononia (Johannes), notarius apostolicus, 321, 423, 426.

Jacobi (S.) de Brunna ecclesie plebanus, dioc. Olomucensis, 602.

Jacobi (S.) Compostellani (peregrinatio ad ecclesiam),182. *Voyez* Compostellanus.

Jacobi (S.) de Deppa ecclesia parrochialis, 453, 454.

Jacobi (S.) Gandensis ecclesie presbyter, 631.

Jacobi (Johannes), mercator societatis Amannatorum Pistoriensium, 143, 249, 429.

Jacobi (Johannes), mercator societatis Lambertutii Frescobaldorum de Florentia, 455.

Jacobi de Rucanato (Johannes), laicus, capellanus pape, notarius apostolicus, 318.

Jacobi (S.) Septiniani *vel* Septinniani de Urbe monasterii privilegia, ord. s. Augustini *vel* s. Benedicti, 226, 230.

Jacobina de Savinnen., relicta Hugolini Spinole de Janua, 241.

Jacobinus Alfani, mercator societatis Alfanorum de Florentia, 105, 363, 364. *Voyez* Jacominus.

Jacobonus, filius Pandulfi de Alabbro, dioc. Reatine, 207.

Jacobus, scriptor pape, 195.

Jacobus Agolantis, mercator societatis Amannatorum Pistoriensium, 249, 454.

Jacobus, abbas monasterii S.S. Andree et Sabe, postea monasterii Farfensis, 94, 316.

Jacobus (alter), prior, postea abbas monasterii S.S. Andree et Sabe de Urbe, 316.

Jacobus, filius Angeli Capucii, 237.

Jacobus de Barciaco, canonicus Modoecensis, 426.

Jacobus de Bolonia, archidiaconus Boloniensis in ecclesia Morinensi, 208.

Jacabus de Cavalcantibus de Florentia, plebanus S. Martini de Brozzi, canonicus Florentine, Fesulane ac Lucane ecclesiarum, 251, 495, 502, 503.

Jacobus, filius Christofori de Corneto, laicus dioc. Tuscanensis, notarius apostolicus, 359.

Jacobus de Cluzano, electus Forosinbroniensis, 245, 246.

Jacobus, archiepiscopus Ebredunensis, 401.

Jacobus, episcopus Eugubinus, 310.

Jacobus, episcopus Ferentinas, 18, 33, 51, 583.

Jacobus Franchi *vel* Franki, mercator societatis Bonaventure Bernardini Senensis, 142, 435, 436.

Jacobus, canonicus ecclesie S. Fridiani Lucani, 320, 321.

Jacobus, prior S. Fridiani Lucani, 320.

Jacobus, nobilis dioc. Januensis, 92.

Jacobus abbas S. Johannis de Argentella, postea S. Salbe de Urbe, 635.

Jacobus Judicis Roberti, civis Cajactiensis, notarius apostolicus, 505, 506.

Jacobus, episcopus Litterensis, 224.

Jacobus, archiepiscopus Lundensis, 8.

Jacobus, S. Marie in Via lata diac. cardinalis, 9, 32, 86, 255, 259, 267, 273, 395, 402, 448, 503, 583, 608.

Jacobus, canonicus, postea episcopus Marsicanus, 257.

Jacobus, episcopus Metensis, 324.

Jacobus, abbas monasterii de Monte Acuto, 225.

Jacobus, episcopus Nuscanus, frater ordinis Minorum, 129.

Jacobus Parreche, electus monasterii S. Petri Eugubini, 20.

Jacobus de Perusio (frater), prior Predicatorum S. Sabine de Urbe, postea electus Florentinus, 358, 502.

Jacobus Petri, civis Anconitanus, 455.

Jacobus, filius Petri regis Aragonum, 348, 549, 559, 560, 561, 562, 566, 567, 568, 628.

Jacobus, filius Petri Pallonis, civis Romanus, notarius apostolicus, 64.

Jacobus Roussiel, clericus Cameracensis, notarius apostolicus, 359.

Jacobus [de Sabellis], S. Marie in Cosmedin diac. cardinalis, postea Honorius papa IV, 12, 13, 14, 53, 56, 308, 310, 577, 582, 583, 584, 587, 635, 637, 638. *Voyez* Honorius papa IV.

Jacobus de Verdeto, canonicus S. Euphemie Placentine, 431, 452.

Jacobus de Viterbio, ordinis fratrum Predicatorum, 310.

Jacobus de Viterbio, canonicus Viterbiensis, clericus camere apostolice, 419.

Jacominus Alfani, mercator Florentinus societatis Alfanorum, 176, 177. *Voyez* Jacobinus.

Jacovellus Angeli Judicis de Urbe, familiaris Paparoni, episcopi Fulginatis, 121.

Jadrensiss provincia, 541.

Janua, civitas Italie, 211.

Janua (Pascalis, dictus Purpurerius de), 225.

Januense commune, 92, 267, 593.

Januensi provincia (decima Sicilie in), 18, 34, 249.

Januensis archiepiscopus, 92, 211, 225, 443, 427; — civitas, 92, 268, 593 ; — civitas et diocesis, 230 ; — diocesis, 98.

Januensis provincie (minister Minorum et prior Predicatorum), 26.

Johannes, archiepiscopus Dublinensis, frater ordinis Predicatorum, 38, 39, 234.

Johannes Dulceti, clericus, familiaris episcopi Dolensis, 105,107, 108.

Johannes, archidiaconus Ebredunensis, 402.

Johannes, archidiaconus Estriding. in ecclesia Eboracensi, 214.

Johannes de S. Eustachio, civis Romanus, 478.

Johannes Fabri, civis S. Leonis, 494.

Johannes, filius Finitie, sororis Honorii pape IV, 580.

Johannes, prior prioratus S. Florentii Dolensis, 105, 106, 472.

Johannes, canonicus Florentinus, 502, 503.

Johannes Francisci Gactuzarii, civis Romanus, notarius apostolicus, 112.

Johannes Galandi, frater ordinis Predicatorum, inquisitor in Francia, 133, 602.

Johannes, prior prioratus S. Georgii in Olerone, 456.

Johannes Gereberd, nuntius regis Anglie, 632.

Johannes, abbas monasterii S. Germani Autissiodorensis, 96.

Johannes Giffardi, dominus de Clifford, 614.

Johannes Gregorii, canonicus Pragensis et Wisscegradensis ecclesiarum, rector ecclesie de Zatch, 527.

Johannes Grilli, civis Romanus, 481.

Johannes Grosperini, canonicus Bajocensis, 105, 107.

Johannes Gualterocti vel Gualterotti, mercator societatis Alfanorum de Florentia, 176, 177.

Johannes, filius Guidonis, civis Policastrensis, notarius apostolicus, 512.

Johannes, dominus de Haricuria, dioc. Eboracensis, 570, 571.

Johannes, filius Henrici de Ferreriis, 570, 571.

Johannes Homodei de Remonvilla, laicus dioc. Remensis, 172.

Johannes Jacobi, mercator societatis Amannatorum Pistoriensium, 143, 249, 429.

Johannes Jacobi, mercator societatis Lambertutii Frescobaldorum de Florentia, 455.

Johannes Jacobi de Bononia, notarius apostolicus, 321, 423, 426.

Johannes de Racanato, laicus, notarius apostolicus, 318.

Johannes Judex de Clausura, civis Romanus, 478.

Johannes, decanus, postea episcopus Lamecensis, 367, 368, 434.

Johannes, prior Lateranensis ecclesie, 64.

Johannes Laurtatii, civis S. Leonis, 494.

Johannes de Luco, canonicus Londoniensis, 253, 361.

J[ohannes], archiepiscopus Lundensis, 319.

Johannes de Malignes, procurator Universitatis Parisiensis, 204, 205.

Johannes, monachus B. Marie de Boxgrava, 202.

Johannes de Marino, 225.

Johannes de S. Martino Lewensi, clericus, 422.

Johannes Maufaras, canonicus Aurelianensis, 443.

Johannes de Meinwaut, 438.

Johannes Monachus, archidiaconus de Citravada in ecclesia Bajocensi, capellanus pape, 147, 252.

Johannes Monoculus, cellarius S. Columbe Senonensis, 192.

Johannes Muscata, archidiaconus Lanciliensis in ecclesia Gneznensi, 148, 149.

Johannes de Musceyo, 485.

Johannes de Namurco, filius Guidonis comitis Flandrie, 534.

J[ohannes], S. Nicolai in Carcere Tulliano diac. cardinalis, 304, idem et Nicolaus papa III.

Johannes, filius Nicolai de Chaese, dioc. Trajectensis, 69, 70.

Johannes, archiepiscopus Nidrosiensis, 3, 529.

Johannes Octabiani, civis Tiburtinus, notarius apostolicus, 186, 187.

Johannes Origonis, mercator societatis Amannatorum de Pistorio, 454.

Johannes, filius Pagarelli de Montemagno, canonicus Pisanus, 613.

Johannes de Pallaxono, scriptor pape, 541.

Johannes papa XXI, 9, 13, 53, 133, 202, 210, 217, 209, 325, 326, 390, 407, 479, 486.

Johannes Paparonus vel Papparo, episcopus Fulginas, postea Spoletanus, frater ordinis Predicatorum, 65, 103, 119, 120, 594.

Johannes Pasacalderia, canonicus Placentinus, 451.

Johannes Peregrini, monachus S. Columbe Senonensis, 189.

Johannes magistri Petri, 311.

Johannes, filius Petri Johannis Cynthii, miles, 237.

Johannes, S. Prisce presb. cardinalis, 445.

Johannes Racaudi, clericus dioc. Pictavensis, notarius apostolicus, 316.

Johannes de Renham, monachus ecclesie Roffensis, 372.

Johannes de Renisso, 69, 70.

Johannes Renulphi de Ussello, clericus dioc. Lemovicensis, notarius apostolicus, 35.

J[ohannes], archiepiscopus Rigensis, 183.

Johannes de Rocca, capellanus pape, 202.

Johannes Rofulus, archidiaconus, postea electus Ravellensis, 239.

Johannes Romanus, precentor Lincolniensis, postea archiepiscopus Eboracensis, 214, 215, 216, 217, 218, 219.

Johannes, abbas monasterii Rothonensis, 304.

Johannes Rousselli, rector ecclesie de Wastantone, 573.

Johannes de Sabellis, frater Honorii papε IV, 578.

J[ohannes], episcopus Sabinensis, legatus in Ispania, 198.

Johannes, archidiaconus Salernitanus, 262.

Johannes Saumurelli de Pertiniaco, clericus dioc. Pictavensis, notarius apostolicus, 111.

Johannes de Saunfordia, decanus S. Patricii Dublinensis, postea archiepiscopus Dublinensis, 30, 31. Voyez Johannes de Stanford.

Johannes, monachus, postea electus abbas monasterii S. Savini, 242.

Johannes, prior, postea abbas monasterii S. Savini, dioc. Pisane, 242.

Johannes de Senon., capellanus Jacobi, S. Marie in Cosmedin diac. cardinalis, 302.

Johannes, abbas monasterii de S. Sequano, postea episcopus Valentinus et Diensis, 119, 189.

Johannes de Signia, monachus S. Laurentii, postea abbas monasterii Ville Magne, electus abbas S. Silvestri de Capite de Urbe, 105.

Kerenfolde, villa dioc. Veszprimiensis, 622.

Kilmany (ecclesia de), dioc. S. Andree, 28.

Kyllun (Robertus Lawys de), dioc. Eboracensis, 102.

Kyronensis episcopus, 377; — episcopus (Paganus), 522.

L

Lablanvillaine (Helissendis dicta), monialis monasterii Kalensis, 134.

Labrus Volpelli, mercator societatis Ricciardorum de Luca, 147.

Lacedemonensis ecclesia, 118; — episcopus (Nicolaus), 118.

Lacerona (heremus de), in districtu Urbevetano, 311.

Laci (Robertus de), clericus, 422.

L[adislaus], rex Ungarie, 539.

Laguscelli (Bernardus), archidiaconus Aureliaci in ecclesia Claromontensi, 426.

Lambertus Sornaci, civis Lucanus, notarius apostolicus, 359.

Lambertutii de Fliscobaldis vel Frescobaldis, vel Frescobaldorum de Florentia (societas mercatorum), 38, 439, 455.

Lamecensis civitas et diocesis, 368, — ecclesia, 367, 368, 434; — episcopus (Gundisalvus), 368; — episcopus (Johannes), 367, 368, 434.

Lamporchio (Johannes Bonaccursi de), mercator societatis Amannatorum de Pistorio, 454.

Lancitiensis archidiaconus in ecclesia Gneznensi (Joannes Muscata), 148.

Landis (Maria, monialis monasterii de), ord. s. Benedicti, dioc. Carnotensis, 60.

Landowen (domus ord. s. Augustini de), dioc. Spirensis, 615.

Laudrutii (Cinus), civis S. Leonis, 494.

Landulfus, presb. cardinalis basilice XII Apostolorum, 414.

Landulphus, abbas monasterii de Nonantula, 389.

Landus, monachus monasterii S. Laurentii extra muros Urbis, 14.

Lanfranchus, abbas monasterii S. Salvatoris Papiensis, 366.

Lanfrandus Bompertus, clericus Novariensis, notarius apostolicus, 494.

Laannutzia (Beatrix de S. Leverina, priorissa prioratus de), dioc. Petragoricensis, 399.

Lanta Agolantis, mercator Pistoriensis, 147. Voyez Lantus.

Lantus Agolantis, mercator societatis Amannatorum Pistoriensium, 143, 147, 249, 429.

Lanucello (Gaufridus de), prepositus ecclesie Aptensis, 566.

Lanzela (Bernardus de), clericus Agennensis, notarius apostolicus, 147.

Lapi Hugonis Spine de Florentia (societas mercatorum Thomasii Spiliati et), 105, 127, 176, 177, 363, 364. Voyez Lapus.

Lapus Bonaviti, mercator societatis Lambertutii de Frescobaldis de Florentia, 438, 439, 455.

Lapus Bonono, vel Bonushomo, mercator societatis Abbatum et Bacarellorum de Florentia, 147, 455.

Lapus Cielli, mercator societatis Amannatorum de Pistorio, 249.

Lapus Fanguini vel Franguini, mercator societatis Abbatorum et Bacharellorum de Florentia, 249, 455.

Lapus Hugonis Spine, mercator Florentinus, 363,364, 591. Voyez Lapi.

Larinensis civitas, 333; — episcopus (P[etronius]), 333, 334.

Lascala de Verona (Albertus de), 463, 464.

Lascurrensis civitas, 254; — diocesis, 253, 480; — ecclesia, 254, 255; — episcopus, 319, 489; — episcopus (Arnaldus), 254; — episcopus (Bertrandus), 254.

Lateranense concilium, 173, 284, 454.

Lateranensis ecclesie prior, 328; — prior (Johannes), 64.

Laterani (littera Alexandri pape IV data), 288; — (littera Celestini pape III data), 415.

Laterina de comitatu Aretii (frater Ubertinus de), ordinis Predicatorum, 120, 121.

Latinus, episcopus Ostiensis et Velletrensis, 3, 9, 23, 85, 187, 202, 211, 215, 229, 247, 263, 266, 270, 273, 278, 355, 365, 383, 412, 447, 503, 512, 533, 607, 631.

Latochla (Gerardus de), clericus dioc. Petragoricensis, notarius apostolicus, 512.

Latyera (Petrus de), canonicus Turonensis, 356.

Laudunensis canonicus (Felisius), 485; — canonicus (Milo), 543; — episcopus, 543.

Laurentii (S.) Bononiensis monasterium, 139.

Laurentii (S.) Florentini ecclesia secularis, 616.

Laurentii (S.) in Lucina presb. cardinalis Cencius, 414; — presb. cardinalis Hugo, 41, 85, 103, 215, 253, 267, 278, 290, 365, 395, 448, 526.

Laurentii (S.) de Mugello (monasterium de burgo), ord. s. Benedicti, 616.

Laurentii (S.) foris muros Urbis monasterium, ord. s. Benedicti, 14, 104, 105; — abbas (Girardus), 104, 105; — abbas (Guillelmus), 104.

Laurentii (S.) Panisperne de Urbe monasterium, ord. s. Benedicti, monasterio Cavensi subjectum, 182.

Laurentii (Paulus), civis Romanus, notarius apostolicus, 433.

Laurentius, prior S. Aniani, 456.

Laurentius, archiepiscopus Consanus, 125.

Laurentius Fabri, civis S. Leonis, 494.

Laurentius de Gandulphis, 581.

Laurentius, ord. s. Guillelmi procurator generalis, 58.

Laurentius Johannis, clericus dioc. Sutrine, notarius apostolicus, 64.

Laurentius, episcopus Metensis, 325, 326, 327.

Laurentius, S. Nicolai in Carcere Tulliano clericus, 58.

Laurentius, rector Pontiscurvi, 115.

Laurentius de Potena, canonicus Lexoviensis, 105, 106.

Laurentius Vicini, canonicus Carnotensis, 287.

Lauro Fontano (Arnaldus Guillelmi de), domicellus, 489.

Laurtatii (Johannes et Paganutius), cives S. Leonis, 494.

Lausanensis cantor (Gerardus de Oruns), 224; — diocesis, 66, 197, 371; — ecclesia, 223; — episcopus, 66, 197, 302; — guardianus Minorum, 197, 302; — prior Predicatorum, 302, 381, 382.

Laudensis diocesis, 376; — episcopus, 507.

Lavania (Franciscus Siccus de), canonicus Cathalaunensis, 477; — (Opizo de), rector S. Georgii de Camme, 361; — (Percivallus vel Perzivallus de), capellanus pape, vicarius generalis regis Romanorum in Tuscia, 215, 379, 617. Voyez Salvatoris (S.) de Lavania ecclesia.

Lavanie comites, 92.

Lavare (domus de), ad Majus Monasterium pertinens, 317.

Laventinus episcopus, 28, 29.

Lavinia, locus in districtu Urbevetano, 309.

Lawys de Kyllua (Robertus), dioc. Eboracensis, 102.

Lebufetier (Raginaldus), civis Aurelianensis, 441.

Lechlinensis episcopus, 39.

Lectorensis episcopus (Geraldus), 362.

Leghe (monasterium de), ord. s. Augustini, dioc. Exoniensis, 271, 431.

Legionensis diocesis, 519, 569.

Legionis regno (decima in), 535; — regnum (interdictum in), 562; — rex (Alfonsus), 562; — rex (F[ernandus]), 240.

Lemovicensis clericus (Petrus de Fagia), 359 ; — decanus (Helias de Malamorte), 209, 210 ; — diocesis, 33, 102, 112, 185, 229 ; — ecclesia, 209, 210; — episcopus (Aymericus), 209; — episcopus (Gilbertus), 209 ; — officialis (Gerardus), 209, 210 ; — predicator frater (Petrus de Planis), 209, 210. Voyez Marcialis (S.), Martini S. monasteria.

Le Noreys (Walterus), clericus dioc. Eboracensis, notarius apostolicus, 102.

Leo, filius Finitie sororis Honorii pape IV, 580.

Leo de Fontis, civis Cerviensis, 514.

Leodegario (Thomas de S.), electus Midensis, 394, 395.

Leodienses cives, 501.

Leodiensis civis (Segerus Godefridi), 147; — civitas, 501, 502; — civitas et diocesis, 174, 551; — diocesis, 123, 125, 126, 226, 300, 501, 502, 514; — ecclesia, 339; — episcopus, 237, 501, 504, 535. Voyez Bartholomei (S.), Pauli (S.) ecclesie.

Leonardi de Penestre (Dominicus), scriptor pape, 256.

Leonardi (S). Veronensis prior, ord. s. Benedicti, 464.

Leonardus, archiepiscopus Cretensis, 377, 522.

Leonardus Falerius vel Faletrus de Veneliis, electus Clugiensis, 374, 375, 509, 510, 511.

Leonardus, filius Johannis Bonifantis, civis Romanus, notarius apostolicus, 252.

Leonardus de Montefiascone, frater ordinis Predicatorum, electus Castrensis, 22.

Leonardus Stephani, civis Anconitanus, 435.

Leonardus Venerius, civis Venetus, 341.

Leonensis diocesis, 188 ; — episcopus, 188.

Leonis (S.) cives, 494; — civitas, 494; — civitas et diocesis, 110.

Leprimiani castrum, ad monasterium S. Pauli de Urbe pertinens, 180.

Lesatense monasterium, ord. Cluniacensis, dioc. Tholosane, 131, 322, 437.

Lesbise (Petrus de Sarragocia, rector ecclesie de), 472.

Letitia, filia Bonguadangni, 120.

Leven (Godefridus de), monasterii Aquicinctensis, 397.

Leverina (Beatrix de S.), priorissa prioratus de Lannutzia, electa abbatissa S. Marie Xanctonensis, 399, 400, 401.

Lewensi (Johannes de S. Martino), clericus, 422.

Lewensis prior (Johannes de Thientis), ord. Cluniacensis, dioc. Cicestrensis, 96.

Lexoviensis archidiaconus, 35 ; — canonicus (Laurentius de Potena), 103, 106; — diocesis, 265, 571; — ecclesia, 344; — episcopus, 117, 467, 473; — episcopus (G[uido]), 344; — thesaurarius, 103, 106.

Liazano (Daniel Alberti de), civis Veronensis, notarius apostolicus, 264.

Liberati (S.) castrum, diocesis Reatine, 501.

Lichefeldensis canonicus (Symo Domassi vel de Luca), 19, 31, 51, 110, 145, 146, 188, 376 ; — diocesis, 299, 573, 574; — ecclesia, 253.

Lideneya (ecclesia de), dioc. Herefordensis, 299.

Lidensis episcopus (Gaufridus), 434, 435.

Lignaio (Planus de), locus ad hospitale S. Marie Florentine pertinens, 606.

Linach (Wolfranius de), canonicus Herbipolensis, 404.

Limpevilla (eclesia de), ad Fiscannense monasterium pertinens, 265.

Lincolinensis vel Lincolniensis cancellaria, 217 ; — canonicus (Cinthius de Pinea), 182; — decanus, 219 ; — diocesis, 15, 233, 234, 406, 503, 504; — ecclesia, 216, 217; — episcopus, 219 ; — episcopus (Riccardus), 256; — precentor (Johannes dictus Romanus), 214, 215, 216, 217, 218, 219.

Lingonensis canonicus (Nicolaus de Barro), 200, 201 ; — diocesis, 15, 16, 67, 94, 119, 188, 189, 226, 263, 524; — ecclesia, 67; — episcopus, 94, 189; — archidiaconus, 198, 199.

Linlithen (manerium de), dioc. S. Andree in Scotia, 123, 539.

Lioncelli castrum, 494.

Liparensis ecclesia, 613; — episcopus (Pandulfus,) 613.

Lipe (Nicolaus de), archiepiscopus (?) Salisburgensis, 596.

Lismorensis episcopus (Riccardus), 507.

Litterensis episcopus (Jacobus), 224.

Livonie ducatu, (Johannes, episcopus Tusculanus, legatus in), 550.

Lochis (Gaufridus de), canonicus Constantiensis, 108.

Loctulus, civis Perusinus, 389.

Lodovicus, dux Bawarie, comes palatinus Reni, 384.

Loiano (Bonifacius de), canonicus ecclesie Bononiensis, 611. Voyez Lugliuno.

Loitheburche (ecclesia de), Lincolniensis diocesis, 15.

Lombardia, 299; — (decima Sicilie in), 145, 375, 376, 532 ; — (legatus in), 451; — (minister provincialis Minorum in), 26; — (prior provincialis Predicatorum in) 26, 181, 182, 416, 417, 498, 499.

Londonie, civitas Anglie, 424, 425.

Londoniensis canonicus (Johannes de Luco), 253, 361 ; — diocesis, 317, 602; — ecclesia, 253, 361; — episcopus, 317; — officialis (Radulphus de Innigeho), 407; — precentor, 407; — Turris, 602. Voyez Pauli (S.) Londoniensis ecclesia.

Lonesdale (ecclesia de Bulton. in), dioc. Eboracensis, 216, 217, 218, 219.

Lopia (Thomasinus, plebanus plebis de), dioc. Lucane, 369.

Lormerii (Symon), canonicus Bajocensis, 106, 107, 108.

Luca vel Domassi (Symo de), canonicus Lichefeldensis et Corinthiensis, collector decime Sicilie, 19, 34, 51, 110, 145, 146, 188, 376, 462.

Lucana civitas, 396, 490; — diocesis, 146, 190, 231, 232, 369, 532, 613; — ecclesia, 232, 495.

Lucani cives, 492; — mercatores, 56, 98. Voyez Ricciardorum societas.

Lucano (Minellus, canonicus ecclesie S. Michaelis in foro), 231, 232, 233.

Lucanum commune, 396, 490, 492.

Lucanus canonicus (Oppizo de Castello), 613; — civis (Lambertus Sornaci), 359; — prior Predicatorum, 231. Voyez Fridiani (S.) Lucani prioratus, Hugolinus de S. Michaele.

Lucardo (Dominicus de), frater ordinis Predicatorum, 59.

Lucas de Sabellis, pater Honorii pape IV, 580, 590.

Lucas de Sabellis, filius Johannis, nepos Honorii pape IV 578, 579, 588, 590, 636, 638.

Lucense monasterium, ord. Premonstratensis, dioc. Olomucensis, 600.

Luciani (S.) Belvacensis monasterii abbas, ord. s. Benedicti, 69, 592.

Lucie (S.) in Orthea diac. cardinalis (Cencius), 415.

Lucina (Cencius et Hugo, presb. cardinales S. Laurentii in). Voyez Laurentii (S.) in Lucina.

Lucius papa III, 289, 290, 414.

Luco (Johannes de), canonicus Londoniensis, 253, 361.

Ludham (ecclesia de) in Anglia, 406.

Ludovicus IX, rex Francie, 125, 126, 420, 453, 463.

Ludovicus, canonicus Palatiolensis, 325.

Ludovicus, filius Roberti comitis Nivernensis, 234.

Ludovicus de Sabaudia, 370.

Lugdunense concilium, 41, 70, 175, 191, 260, 300, 363, 400, 572, 574.

Lugdunenses Predicatores, 492, 493.

Lugdunensis archiepiscopus, 34, 52, 53, 54, 185, 370, 371; — archiepiscopus (R[adulfus]), 111; — civitas, 52; — diocesis, 32, 35; — ecclesia, 52, 53, 54, 111; — provincia, 174, 291; — senescalcus (Hugo de Turre,) 394.

Lugduni (littera Gregorii X pape data), 175; — (littere Innocentii pape IV date), 289, 413, 415, 433.

Lugliano (Bonifacius de), canonicus Bononiensis, 321. Voyez Loiano.

Lundensis archiepiscopus, 8 ; — archiepiscopus (J.) 319.

Lunensis diocesis, 321, 322, 396, 491; — ecclesia, 490, 492; — episcopus, 321, 322, 396, 490, 492.

Luphonsteyn (Gotfridus de), monachus monasterii Salsensis, 404.

Lutuardus, prior S. Marie de castello de Corneto, postea episcopus Nepesinus, 64.

M

M., episcopus Ulixbonensis, 357.

Mabilia, soror Honorii pape IV, uxor Johannis domini Alberti, 580.

Macciis (Petrus de), frater ordinis Predicatorum, 59.

Macignani (Podium apparitorii), locus in districtu Urbevetano, 311.

Macloviensis civitas et diocesis, 184; — episcopus, 101, 102.

Macorenia (Jassus de), locus ad hospitale S. Marie Florentine pertinens, 606.

Mactei Rubei (Neapolio), vir Marsilie, sororis Honorii pape IV, 580.

Macteus, diac. cardinalis S. Marie in Porticu. Voyez Matheus.

Mactuzus de Bovissis, miles, 237.

Magdeburgensis provincia, 125, 127.

Magistri Oddonis (Andreas), miles, 237.

Magna villa (ecclesia de), ad Fiscannense monasterium pertinens, 265.

Magni vel Manoi (Nottus vel Notus), mercator societatis filiorum Bonsignoris et Bonaventure Bernardini de Senis, 143, 429.

Magnus, electus Upsalensis, 319.

Magnus, canonicus Wibergensis, 8, 10.

Maguliano (Andreas de), 237.

Maguntina civitas et diocesis, 272; — diocesis, 321, 600, 602, 603; — ecclesia, 271, 272, 274, 321, 339, 622, 623, 624; — provincia, 6, 101, 251, 302, 303, 454, 455.

Maguntinus archiepiscopus, 381, 624; — archiepiscopus (Henricus), 271, 551, 624; — archiepiscopus (Wernerus), 271. Voyez Petri (S.) Maguntini ecclesia.

Maioli (corpus S.), in ecclesia Silviniacensi, 296.

Majoricensis civitas et diocesis, 315; — episcopus (Pontius), 345.

Majoris de Bello loco (Martialis), clericus dioc. Lemovicensis, notarius apostolicus, 102.

Majus Monasterium Turonense, ord. s. Benedicti, 317.

Malamorte (Helias de), decanus Lemovicensis, 209, 210.

Malchiavellis (Angiolinus de), 452.

Malevolta (Hugolinus Albertus), civis Ferrariensis, 303.

Malignes (Johannes de), procurator Universitatis Parisiensis, 204, 205.

Malliano (Angelus de), vicarius civitatis Reatine, 350.

Maloert (Bernardus de), clericus dioc. Claromontensis, notarius apostolicus, 504.

Mandagotto (Guillelmus de), archidiaconus Nemausensis, 321, 426.

Manegoldus, canonicus, postea electus Bambergensis, 273.

Manfredus, canonicus Cusentinus, postea episcopus S. Marci, 514, 515.

Manfredus Gifonis, canonicus Militensis, 387.

Manfredus, princeps Tarentinus, 224, 348.

Manganarius (Petrus), canonicus Salernitanus, 262.

Manganella (Angelus de), 581.

Manleyo (Petrus de), monachus monasterii Corensis, 525.

Marie (S.) de Cella in Brunna monasterium, ord. s. Augustini, dioc. Olomucensis, 602, 612.

Marie (B.) Coloniensis monasterii privilegia, ord. B. Marie de Monte Carmeli, 612.

Marie (S.) de Columba monasterium, ord. Cisterciensis, dioc. Placentine, 145.

Marie (S.) de castello de Corneto ecclesie prior, dioc. Tuscanensis, 64.

Marie (S.) in Cosmedin diac. cardinalis (Jacobus de Sabellis), 12, 13, 14, 53, 56, 308, 310, 577, 582, 583, 584, 587, 635, 637, 638; — diac. cardinalis (Nicolaus), 415.

Marie (B.) Eboracensis monasterii abbas, ord. s. Benedicti, 362, 363.

Marie (S.) in Erfordia (scolasticus ecclesie), dioc. Maguntine, 603.

Marie (S.) de Fallera monasterium, ord. Cisterciensis, dioc. Civitatis Castellane, 145.

Marie (B.) et S. Fridiani ecclesia, in loco de Vergario, civitatis Pistoriensis, 322.

Marie (S.) Florentine monasterium, ord. s. Benedicti, 230; — abbas, 616. Voyez S. Marie ad S. Gallum.

Marie (B.) de Franckenford (privilegia monasterii), ord. B. Marie de Monte Carmeli, dioc. Maguntine, 602. Voyez Frankenvorden.

Marie (S.) foris portam Fulginatis civitatis ecclesia, 120.

Marie (S.) ad S. Gallum Florentini hospitalis privilegia, 605.

Marie (S.) de Gloria monasterium, ord. Floreni, dioc. Anagnine, 146.

Marie (S.) de Grandellis ecclesia in Urbe, 580.

Marie (S.) de Groctaferrata monasterium, ord. s. Basilii, dioc. Tusculane, 376.

Marie (S.) Hoyensis ecclesie decanus, dioc. Leodiensis, 501.

Marie (B.) (monasterium de Humilitate), prope S. Clodoaldum, dioc. Parisiensis, 453, 531.

Marie (B.) de Huntragdin ecclesie vicarius perpetuus (Guillelmus de Gondige), 240, 406, 407.

Marie (B.) de Insula monasterii bona, ord. s. Augustini, 598.

Marie (S.) in Insula Danubii (monasterium sororum inclusarum), ord. s. Augustini, dioc. Vesprimiensis, 133, 134.

Marie (B.) Magdalene Cameracensis ecclesia, 150.

Marie (B.) Magdalene Rothomagensis monasterii prior, 117.

Marie (S.) Magdalene Valentine monasterium, ord. s. Augustini, in Hispania, 440.

Marie (S.) de Mazapalo heremus, ord. s. Guillelmi, dioc. Urbevetane, 307, 308, 309, 310, 312.

Marie (B.) militie ordinis prelatus generalis (Henricus de Septem Fontibus), 210, 211; — prelatus generalis et fratres, 31.

Marie (S.) in Monte Budensi ecclesia, dioc. Vesprimiensis, 134.

Marie (B.) de Monte Carmeli ordinis domus, 602, 612; — privilegia, 233.

Marie (B.) Montismaurilii ecclesie canonicus (Aymericus Pascaudi), dioc. Pictavensis, 158. Voyez Montemaurilio.

Marie (B.) Nivernensis monasterium, ord. s. Benedicti, 314.

Marie (S.) de Oliveto Perusine (sorores domus Collis), 35, 36,

Marie (S.) de Patyro monasterii abbas, ord. s. Basilii, dioc. Rossanensis, 516.

Marie (B.) de Pinarolio monasterium, ord. s. Benedicti, dioc. Taurinensis, 530, 531.

Marie (S.) in Ponte monasterium, ord. s. Benedicti, diocensis Perusine, 378.

Marie (S.) de Populo Urbis prior et fratres eremite, ord. s. Augustini, 631.

Marie (S.) in Porticu diac. cardinalis (Gregorius), 415; — diac. cardinalis (Matheus), 3, 13, 23, 116, 136, 240, 242, 257, 258, 267, 305, 343, 365, 390, 407, 582.

Marie (S.) de Reno monasterii prior, dioc. Bononiensis, 601.

Marie (S.) de Roccadia monasterii abbas, ord. s. Benedicti, dioc. Syracusiensis, 632.

Marie (S.) de Scalis monasterium in Sicilia, 632.

Marie (S.) Senensis hospitale, 188.

Marie (B.) de Siriexe ordinis domus, dioc. Trajectensis, Predicatoribus fratribus vendita, 261.

Marie (B.) de Surgeriis prior (Guillelmus), 456.

Marie (S.) Theotonicorum Jerosolimitane hospitalis ordinis privilegia, 595.

Marie (S.) Theotonicorum Jerosolimitane hospitalis ordo in Dacia, 177; — in Francia, 283; — in Hungaria, 540; — in Pollonia et Pomorania, 149.

Marie (S.) trans Tiberim, tituli Calixti, presb. cardinalis (Guido), 414.

Marie (S.) Trajectensis ecclesie thesaurarius (Henricus), 376.

Marie (B.) ad moniales Trecensis monasterium, ord. s. Benedicti, 186, 480, 481, 482.

Marie (S.) de Tuta Insula monasterii abbas, dioc. Nidrosiensis, 2, 3.

Marie (S.) in Vallibus Cathalaunensis ecclesia, 143; — canonicus (Petrus Romannutii), 583, 584.

Marie (S.) Vallis Pontis monasterium, ord. s. Benedicti, dioc. Perusine, 450.

Marie (S.) Vallis Viridis ordinis domus in Solodoro, 66.

Marie (B.) de Vantio Paduane prior, ord. s. Benedicti, 522.

Marie (S.) in Via lata diac. cardinalis (Jacobus), 9, 32, 86, 255, 259, 267, 273, 395, 402, 448, 503, 583, 608.

Marie (B.) in Vinea ecclesia parrochialis oppidi Wartburgensis, 609.

Marie (S.) ad Virgines vel Celle apud Civitatem monasterium, ord. s. Augustini, dioc. Aquilegensis, magistro et priori provinciali Lombardie ordinis Predicatorum commissum, 416.

Marie (S.) de Virginibus de Venetiis monasterium, 505.

Marie (S.) de Wasto ecclesia, ad Fiscannense monasterium pertinens, 263.

Marie (S.) Xanctonensis monasterium, ord. s. Benedicti, 398, 399.

Marie (S.) Zamorrensis monasterium, ord. s. Augustini, 121, 122, 416.

Marino (Johannes de), 225.

Marinus, archiepiscopus Capuanus, 356.

Maritima (bona ad Honorium papam IV pertinentia in), 581,

Maurithania (decanus ecclesie Omnium Sanctorum de), dioc. Sagiensis, 106.

Mauritii (S.) Agaunensis monasterii abbas (Petrus de S. Sigismundo), ord. s. Augustini, dioc. Sedunensis, 302.

Mauritii (S.) Remensis monasterii prior, 486.

Maurus, frater ord. s. Guillelmi, 636, 638.

Maurus, abbas monasterii S. Praxedis de Urbe, postea episcopus Ameliensis, 104, 439.

Maurus (Symo), plebanus ecclesiarum S. Barnabe et S. Pantaleonis de Venetiis, electus Clugiensis, 506, 511.

Maximini (S.) Aurelianensis monasterii abbas,'243, 440.

Maximino (Guillelmus de S.), civis Aurelianensis, 441.

Maximus de Amatiscis, civis Romanus, notarius apostolicus, 252.

Mayneclus, 56.

Mazapalo (bona heremi S. Marie de), ord. s. Guillelmi, dioc. Urbevetane, 307, 308, 309, 310, 312.

Mazlaco (Gualhardus de), clericus dioc. Lascurrensis, 489.

Medecine terra, ad ecclesiam Romanam pertinens, 231.

Medelicense monasterium, dioc. Pataviensis 4, 5.

Medicus Aliocti, mercator societatis Thomasii Spiliati de Florentia, 127.

Mediolanensis archiepiscopus, 26, 337; — canonicus (Ventura de Basilica Petri), 614; — civitas, 159, 353; — civitas et diocesis, 26, 250; — clerus, 353; — ecclesia, 378; — primicerius (Arditio), 234; — provincia, 18, 34, 249, 250, 337. Voyez Ambrosii (S.) et Care Vallis monasteria.

Mediolano (Nicolaus et Petrus de), fratres, capitanei, 336.

Mediolano (Petrus de), vicecancellarius ecclesie Romane, 2, 5, 8, 11, 86, 89, 104, 188, 267, 278, 335, 448, 608.

Meinwaut (Johannes de), 438.

M[elchior], episcopus Terdonensis, 181.

Melchlek. (David de Haya, rector ecclesie de), dioc. Aberdonensis, 574, 575.

Meldensis archidiaconus, 179; — canonicus (Petrus de Pontiaco), 134; — canonicus (Stephanus de Cathalaunis), 354; — diocesis, 170, 192; — ecclesia, 180.

Melendus, episcopus Astoricensis, 512, 521.

Melling. (ecclesia de), dioc. Eboracensis, 217, 218.

Mengilic, nuntius regis Tartarorum, 346.

Menhardus, dux Charintie, 381.

Mercennarius Symoneti de Esio, 593, 594, 595.

Merlus, civis S. Leonis, 494.

Mermondia (Ysabella de), monialis, postea electa abbatissa monasterii S. Crucis Pictavensis, 540.

Mestre (Symo Maurus, canonicus ecclesie de), dioc. Tervisine, 506.

Metenses Predicatores fratres, 302, 303.

Metensis civitas et dioc., 174, 551; — ecclesia, 323, 324, 326, 327, 339; — electus (Bouchardus), 174, 327, 328; — electus (Guillelmus), 324, 325; — episcopus, 323; — episcopus (Jacobus), 324; — episcopus (Laurentius), 325, 326, 327.

Meus Vitalis, mercator societatis Amannatorum de Pistorio, 249.

Michael de Bonavalle, canonicus S. Crucis Leodiensis, 158.

Michael, thesaurarius ecclesie Civitatensis, 383.

Michaele (Hugolinus de S.), capellanus pape, canonicus Lucanus, Voyez Hugolinus.

Michaelis (S.) de Castellione vel Castillione Vallispese prior (Raynutius), dioc. Florentine, 19, 34, 51, 138, 145, 147, 303, 376.

Michaelis (S.) de Castro Brittonum monasterii vicarius et administrator (Henricus de Septem Fontibus), dioc. Bononiensis, 210.

Michaelis (Cianus), mercator societatis Thomasii Spillati de Florentia, 177.

Michaelis (Dominicus), clericus dioc. Bracharensis, 113.

Michaelis (S.) in Foro Lucano ecclesie canonicus (Minellus), 231, 232, 233.

Michaelis (S.) Frisonum in porticu S. Petri ecclesia Urbis, 631.

Michaelis (S.) de Sevenhamthon. ecclesia, dioc. Bathoniensis, 41.

Michaelis (S.) de Verruca monasterium, dioc. Pisane, 146.

Midensis clerus, 393; — ecclesia, 395; — episcopus (Hugo), 393; — episcopus (Thomas de S. Leodegario), 394, 395; — populus, 395.

Miechoviensis (bona Sepulchri), monast. ord. s. Augustini, dioc. Cracoviensis, 622.

Milangis (Petrus de), prior domus Dei pauperum de Montemaurilio, 1.

Militensis civitas et dioc., 388; — ecclesia, 387, 388; — electus (Arnoldus de Bauro), 387; — electus (Deodatus), 387; — episcopus (Sabas), 387.

Militie B. Marie ordo. Voyez Marie (B.) militie ordo.

Militic Templi Jerosolimitani ordo. Voyez Templi Jerosolimitani ordo.

Militiis (Ricardus de), 237.

Milliaco (Helissendis de), monialis Kalensis monasterii, 135.

Milo, canonicus Laudunensis, familiaris Johannis, episcopi Cathalaunensis, 543.

Milo de Tignonvilla, armiger dioc. Senonensis, 60.

Mimatensis civitas et diocesis, 222, 223; — ecclesia, 139, 140, 141, 221, 222, 223, 520; — episcopus (Guillelmus Duranti), 221, 223, 231, 251, 360, 494, 520; — episcopus (Stephanus), 139, 221.

Minellus, canonicus ecclesie S. Michaelis in foro Lucano, 231, 232.

Minores fratres, 282, 370, 558, 569; — Gandenses, 631; — Hungarie, 540; — Lugdunenses, 492, 493; — Marchie Anconitane, 624; — Montis Alcini, 187; — Sistaricenses, 493; — Tuscie, 129. Voyez : Angelus de Reate, Englesius electus Novariensis, Galterus episcopus Pictavensis, Petrus episcopus Salamantinus, Petrus episcopus Wibergensis, Philippus de Mantua.

Minorum fratrum ordinis guardianus Anconitanus, 455; — Assisinas, 318; — Astoricensis, 358; — Bergensis, 2, 3; — Cameracensis, 123; — Castri Spelli, 592; — Duacensis, 631; — Ferrariensis, 303, 304; — de Florentia, 452, 454. — Gandensis, 631; — Insulensis, 506, 631; — Lausanensis, 302; — Pergamensis, 529; — Petragoricensis, 398; — Perusinus, 389; — Pisanus, 55, 129, 322, 500, 501; — Reatinus, 501;

— de Sarzana, 321, 322;—Sistaricensis, 493; — Toletanus, 486; — Tornacensis, 234, 235; — Trajectensis, 69; — Tullensis, 432; — Turonensis, 118; — Urbevetanus, 358.

Minorum fratrum ordinis minister generalis, 141, 200, 611.

Minorum fratrum ordinis minister provincialis Francie, 453; — Grecie, 118; — Lombardie et Januensis provincie, 26; — Romane provincie, 141.

Minorum fratrum ordinis privilegia, 159, 200, 611.

Minorum sororum inclusarum regula, 131.

Mirabello (Radulphus de), decanus Pictavensis, 535.

Misericordie S. Spiritus (hospitale novum Pisanum), 55, 129.

Misnensis (bona monasterii S. Afre), ord. s. Augustini, 603.

Mizo (Petrus de), laicus, 489.

Modoecensis canonicus (Jacobus de Barciaco), 426.

Modoetiensis (ecclesia S. Johannis), 614.

Moguntina diocesis. Voyez Maguntina.

Moisiacensis monasterii abbas, ord. Cluniacensis, dioc. Caturcensis, 212, 213, 535.

Molina (Alfonsus de), frater regis Castelle, 493.

Monachus (Johannes), archidiaconus de Citravada in ecclesia Bajocensi, capellanus pape, 147, 252.

Monasterio (Raynaldus de), nobilis vir, 273.

Monoculus (Johannes), cellarius S. Columbe Senonensis, 102.

Monopolitana civitas et diocesis, 238; — ecclesia, 238.

Monopolitanus episcopus (P.), 238; — episcopus (Petrus Saracenus de Urbe), 238, 521.

Monrohor., locus ad hospitale S. Marie Florentine pertinens, 606.

Mons Fabiorum seu de Sasso, in Urbe, 580, 588.

Mons Rofenus, locus in districtu Urbevetano, 310.

Montalpruno (Thomas, prior de). Voyez Monte Alpruno.

Monte (abbas et conventus S. Caterine de) prope Rothomagum, ord. s. Benedicti, 453.

Monte (bona monasterii S. Martini in), ord. Cisterciensis, dioc. Viterbiensis, 627.

Monte Acuto (Bertrandus de), abbas monasterii Moysiacensis, 535.

Monte Acuto (Jacobus, abbas monasterii de), ord. Cisterciensis, dioc. Perusine, 225.

Monte Alano (Martinus de), 480, 482, 483.

Monte Alpruno (Thomas, prior ecclesie de), 138, 365.

Monte Alto (monasterium S. Augustini de), ord. Cisterciensis, dioc. Castrensis, 98.

Monte Amiato (bona monasterii S. Salvatoris de), ord. Cisterciensis, dioc. Clusine, 145, 595, 596.

Montebruno (capella B. Stephani in castro de), dioc. Narbonensis, 128.

Monte Budensi (ecclesia S. Marie in), dioc. Vesprimiensis, 134.

Monte Carmeli (domus ordinis B. Marie de), 602, 612; — (privilegia ordinis B. Marie de), 233.

Monte Catino (plebanus S. Petri de), dioc. Lucane, 230.

Montefiascone (Leonardus de), frater ordinis Predicatorum, electus Castrensis, 22.

Monteflascone (Philippus de), canonicus Viterbiensis, 419.

Monte Jovis (privilegia hospitalis S. Bernardi de), 68, 381, 625.

Montemagno (Paganellus de), nobilis vir, 613.

Monte Maurilio(domus Dei pauperum de), dioc. Pictavensis 1. Voyez Montismaurilii.

Monte Mureti supra Nimpham (monasterium S. Angeli de), ord. Floreni, dioc. Velletrensis, 146.

Monte Odorisio (Thomasius, prepositus ecclesie S. Nicolai de), dioc. Theatine, 235.

Monte Prenestino (sorores in), 104.

Monte Rubiano (Servodeus Mathei de), laicus dioc. Firmane, notarius apostolicus, 112.

Monte Subasio (monasterium S. Benedicti de), ord. s. Benedicti, diocesis Asisinatis, 21, 376.

Monteuno (Scantus et Ugolinus de), cives S. Leonis, 494.

Montem Altum (monasterium S. Augustini extra), 145.

Montem Duorum Amantium (littere Guillelmi, archiepiscopi Rothomagensis, date apud), 476.

Montemflasconem (littere Martini pape IV date apud), 261.

Montibus (diac. cardinalis S. Martini in). Voyez Martini (S.) in Montibus.

Montibus (monasterium S. Petri de), ord. s. Benedicti, dioc. Astoricensis, 258, 358, 620.

Montis Acuti (castrum), in Tuscia, 42, 43.

Montis Alcini fratres Minores, 187.

Montis Albani monasterium, ord. s. Benedicti, dioc. Caturcensis, 212, 213, 214; — Predicatores fratres, 212, 213, 214.

Montisfalconis canonicus (Petrus de Bellano Monte), dioc. Remensis, 348.

Montis Fani (privilegia heremi), ord. s. Benedicti, dioc. Camerinensis, 225.

Montisferrati (Guillelmus, marchio), 181.

Montis Majoris monasterii abbas (Bernardus), ord. s. Benedicti, dioc. Arelatensis, 377, 440, 486.

Montismaurilii (ecclesia B. Marie), dioc. Pictavensis, 158. Voyez Montemaurilio.

Montisneronis (monasterium S. Petri de Massa), ord. s. Benedicti, dioc. Callensis, 103.

Montis S. Nicolai Daventrie monasterii prior, 614.

Montis Regalis archiepiscopatus, 348; — archiepiscopus (Johannes Boccamatii), 347, 388, 583, 591, 636, 638; — archiepiscopus (Petrus), 388, 391, 412, 501, 505, 571, 572, 628, 629; — civitas et diocesis, 388; — ecclesia, 347, 388.

Montis Viridis castrum in diocesi Sabinensi, 582, 588.

Moraviensis episcopus, 55.

Morici Boncantoni (Petrus), 120.

Morinensis diocesis, 237, 462; — ecclesia, 208; — episcopus, 534, 535.

Morlana (Sancius), archidiaconus in ecclesia Carcassonensi, 602.

Morta (Raynaldus de), laicus dioc. Esculane, 629.

Mosacensis monasterii abbas (Fredericus), ord. s. Benedicti, dioc. Aquelegensis 5, 6.

Mosayca lex, 563.

Petrus Droconis, prior domus Dei Bajocensis, 106.

Petrus, cautor Ebredunensis, 401.

Petrus Egeas, canonicus, postea electus Lamecensis, 368.

Petrus de Fagia, clericus dioc. Lemovicensis, notarius apostolicus, 359.

Petrus Foresii, mercator societatis Lambertutii Frescobaldorum de Florentia, 38, 438, 453.

Petrus dictus Fromentin, canonicus monasterii Aureevallis, 114.

Petrus de Geldeford, clericus, 422, 424.

Petrus Geraldi, 399, 400.

Petrus Henrici, civis Romanus, 433.

Petrus Herine, miles, hostiarius pape, 591.

Petrus Johannis Cynthii, 237.

Petrus de Latyera, canonicus Turonensis, 356.

Petrus de Macciis, frater ordinis Predicatorum, 59.

Petrus, prepositus Maguntinus, postea episcopus Basiliensis, 271, 274, 362.

Petrus Mangauarius, canonicus Salernitanus, 262.

Petrus de Manleyo, monachus monasterii Corensis, 525.

Petrus, canonicus Mantuanus, 13.

Petrus, primicerius ecclesie S. Marci de Venetiis, 477.

Petrus Martini de Cadulla, clericus dioc. Ruthenensis, notarius apostolicus, 35.

Petrus de Mediolano, capitaneus, 336.

Petrus de Mediolano, Romane ecclesie vicecancellarius, 2, 5, 8, 11, 86, 89, 104, 188, 267, 278, 335, 448, 608.

Petrus de Milangis, prior domus Dei pauperum de Montemaurilio. 1.

Petrus de Mizo, laicus, 489.

Petrus Morici Boncantoni, 120.

Petrus, abbas monasterii Oniensis, postea monasterii S. Facundi, 519, 520, 569, 570.

Petrus, episcopus Ostiensis, idem ac Innocentius V papa, 325, 521.

Petrus Pallonis, 64.

Petrus de Parisius, clericus, 485.

Petrus, monachus monasterii S. Petri Aque Orte, 57.

Petrus de Piperno, canonicus Suessionensis, 370.

Petrus de Planis, frater ordinis Predicatorum Lemovicensium, 209, 210.

Petrus de Podio Moysso, tabellio, 399.

Petrus Pognam de Colangiis super Yonam, clericus dioc. Autissiodorensis, notarius apostolicus, 112.

Petrus de Pontiaco, canonicus Meldensis, 134.

Petrus, episcopus Portuensis et S. Rufine, 414.

Petrus, episcopus Ravellensis, 239.

Petrus, episcopus Reatinus, postea archiepiscopus Montis Regalis, 388, 391, 412, 501, 505, 571, 573, 628, 629.

Petrus, archiepiscopus Remensis, 467, 610.

Petrus, filius Riccardi de Bucclano, laicus dioc. Theatine, notarius apostolicus, 316.

Petrus, filius Roberti phisici, civis Urbevetanus, 366.

Petrus Romanucii vel Romanutii, canonicus S. Marie in Vallibus Cathalaunensis, episcopus Anconitanus, postea

Viterbiensis et Tuscanensis, 338, 417, 418, 419, 583, 584, 636, 638.

P[etrus], abbas monasterii Rothonensis, 305, 306.

Petrus Ruffus, dictus Ankaille, clericus Ambianensis, notarius apostolicus, 35.

Petrus de Sabello, nepos Honorii pape IV, 121, 213.

Petrus, episcopus Salamantinus, frater ordinis Predicatorum, 241.

Petrus Sarracenus de Urbe, episcopus Monopolitanus, postea Vicentinus, 238, 521.

Petrus de Sarragocia, rector ecclesie de Lesbise, 472.

Petrus, prior de Sarmasia vel Sermexia, postea abbas monasterii S. Columbe Senonensis, 158, 159, 192, 194.

Petrus, abbas monasterii S. Saviñi, dioc. Pisane, 242.

Petrus Sigerii, prior monasterii S. Crucis Colimbriensis, 113.

Petrus de S. Sigismundo, abbas monasterii S. Mauritii Agaunensis, 302.

Petrus Stephani de Rainerio, 582.

Petrus Stephani de Urbe, rector Romaniole, 514.

Petrus Theodalli, civis Romanus, 181.

Petrus, camerarius monasterii S. Trinitatis Vindocinensis, 456.

Petrus, dictus Tyes, presbiter dioc. Senonensis, 348.

Petrus de Vico, 344.

P[etrus], abbas S. Victoris Parisiensis, 496.

Petrus, episcopus Wibergensis, frater ordinis Minorum, 8, 9, 10, 503.

Philippa, monialis, postea priorissa monasterii S. Felicis de Vada, 322.

Philippa de Forcilles, monialis monasterii Kalensis, 134, 136.

Philippi (Spina), mercator societatis Amannatorum de Pistorio, 143, 147, 240, 429.

Philippucius, nobilis vir Marchie Anconitane, 514.

Philippus Accurribone de Fulginate, notarius, 121.

Philippus de Amblevilla, canonicus Belvacensis, 134.

Philippus de Bretigniaco, canonicus Parisiensis, 193.

Philippus, canonicus ecclesie Castrensis, 22.

Philippus, episcopus Firmanus, legatus in Polonia, 304.

Philippus III, rex Francie, 25, 63, 126, 139, 173, 174, 184, 284, 335, 336, 339, 343, 344, 412, 549, 592.

Philippus IV, rex Francie, 194, 201, 223, 260, 278, 279, 280, 282, 283, 284, 285, 354, 393, 419, 420, 449, 460, 461, 463, 467, 533, 571, 628, 629.

Philippus III vel IV, rex Francie, 638.

Philippus, abbas secularis ecclesie S. Herasmi Veruláni, 477.

Philippus de Mantua, frater ordinis Minorum, inquisitor in Marchia Tervisina, 263, 264, 464.

Philippus de Monteflascone, canonicus Viterbiensis, 419.

Philippus, rex Navarre, comes Campanie, 97.

Philippus Palmerii, miles Spoletanus, 507.

Philippus Prepositi, civis Aurelianensis, 441.

Philippus, archiepiscopus Ravennas, 12.

Philippus de S. Romano, tabellio, 399.

Philippus, canonicus, postea archiepiscopus Salernitanus, 262, 263.

Philippus de Thoriaco, cancellarius ecclesie Parisiensis, 204.

Philippus, episcopus Tornacensis, 437.

Philippus, episcopus Viterbiensis et Tuscanensis, 125, 418.

Phylippi (Spina), mercator Pistoriensis. *Voyez* Philippi.

Phylippus III, rex Francie. *Voyez* Philippus.

Phylippus IV, rex Francie. *Voyez* Philippus.

Picchus, civis S. Leonis, 494.

Pichasairi (Raymundus Guillelmi de), clericus dioc. Aquensis, notarius apostolicus, 102.

Pictavensis canonicus (Stephanus), 485; — civitas, 211, 212; — decanus (Radulphus de Mirabello), 535; — diocesis, 1, 111, 114, 158, 316, 540, 605; — ecclesia, 1, 113, 540; — episcopus, 264, 541; — episcopus (Galterus), 114, 211, 212. *Voyez* Crucis (S.) Pictavensis monasterium, Radegundis (S.) ecclesia.

Pigognaga, locus in diocesi Regina, 447.

Piguere (Radulphus), 106.

Pinarolio (monasterium B. Marie de), ord. s. Benedicti, dioc. Taurinensis, 530, 531.

Pinayrolio (Martinus de Vivianis de), clericus dioc. Taurinensis, notarius apostolicus, 35.

Pincis (Raynaldus de Monasterio, plebanus plebis S. Felicis in), dioc. Aretine, 272, 273.

Pinea (Cinthius *vel* Cintius de), canonicus Aretinus et Curtracensis, electus Tripolitanus, postea archiepiscopus Capuanus, 182, 356, 377, 486, 583, 591.

Piniacensis monasterii prepositus, ord. s. Augustini, dioc. Forojuliensis, 330.

Piperno (Nicolaus de), canonicus S. Amati Duacensis, 630; — (Nicolaus de), notarius publicus Romane ecclesie, 469, 477; — (Petrus de), canonicus Suessionensis, 379.

Pisana civitas, 267; — diocesis, 146, 242, 322, 501; — ecclesia, 613.

Pisani cives, 268; — denarii, 230.

Pisanum.(hospitale novum Misericordie S. Spiritus), 55, 129, 500, 501.

Pisanus archiepiscopus, 321; — canonicus (Ventura de Spoleto), 477; — guardianus Minorum fratrum, 55, 322, 500, 501; — prior Predicatorum fratrum, 55, 322, 500.

Pise, civitas Italie, 267, 268.

Pisis (Galienus de), canonicus ecclesie de S. Audomaro, 531.

Pistoriense commune, 247, 248.

Pistorienses cives, 247; — mercatores, 147, 249, 382, 429, 454. *Voyez* Amannatorum societas.

Pistoriensis civitas, 247, 322, 366; — civitas et diocesis, 619, 620; — diocesis, 174, 366; — ecclesia, 365, 366; — episcopus, 396, 491; — episcopus (G.), 322; — episcopus (Guidaloztis), 365; — episcopus (Thomas), 365, 503.

Pistorio (Ghibelini de), 248.

Placentia (abbas monasterii S. Benedicti de), 464, 465.

Placentina civitas et diocesis, 250; — diocesis, 145, 628. *Voyez* Euphemie (S.) Placentine ecclesia, Francisci (S.) Placentini, Systi et Francisci (S.S.) monasteria.

Placentinus archidiaconus, 451.

Planis (Petrus de), frater ordinis Predicatorum Lemovicensium, 209, 210.

Planus de Lignaio, locus ad hospitale S. Marie Florentine pertinens, 606.

Ploagar (Thomas de Vaumereio, rector ecclesie de), dioc. Dolensis, 105, 107.

Plocensis episcopus, 100.

Plossike (Bernhardus et Hinricus de), fratres, 608.

Podia (Ysabella de), monialis Fontis Ebraudi, postea abbatissa electa monasterii S. Crucis Pictavensis, 540, 541.

Podio (Berardus de), capellanus pape, postea episcopus Anconitanus, 42, 43, 417, 478.

Podio (Bernardus de), rector ecclesie S. Andree Tudertini, postea abbas ecclesie S. Eleutherii, 40.

Podio Caprarii (domus de), ord. Grandimontensis, 229.

Podio Moysso (Petrus de), tabellio, 399.

Podium Comitis, locus in districtu Urbevetano, 309.

Podium apparitorii Macignani, in districtu Urbevetano, 311.

Pognun de Colangiis super Yonam (Petrus), clericus dioc. Autissiodorensis, notarius apostolicus 112.

Policastrensis civis (Johannes filius Guidonis), 512.

Polonia (Adam de), canonicus Cracoviensis, capellanus pape, 541, 542.

Polonia (decima Terre Sancte in), 511; — (denarius B. Petri in), 148; — (duces in), 148; — (Johannes, episcopus Tusculanus, legatus in), 550, 554; — (fratres hospitalis S. Marie Theutonicorum in), 149; — (Philippus, episcopus Firmanus, legatus in), 304; — (prelati ecclesiarum in), 149; — (fratres Predicatores in), 99, 100, 101.

Polonie dux, 540.

Pomeranie *vel* Pomoranie ducatu (duces in), 148; — (Johannes, episcopus Tusculanus, legatus in), 550; — (fratres hospitalis S. Marie Theutonicorum in), 149.

Pomposiani de Focolinio (Arnaldus, prior loci), 321.

Poncetus de Commarceyo, 480, 482, 483.

Pongneyo (Johanna de), monialis B. Marie ad moniales Trecensis, 480, 483, 484.

Pons (Parvus), Parisius, 495, 496.

Ponte (monasterium S. Marie in), ord. s. Benedicti, dioc. Perusine, 378.

Pontelabeo (Margarita de Borno, priorissa prioratus de), 399.

Ponte Rubeo (Thomas de), clericus dioc. Lemovicensis, notarius apostolicus, 185.

Pontiaco (Petrus de), canonicus Meldensis, 134.

Pontiani (S.) Lucani monasterii abbas (Egidius), 12, 13.

Pontiscurvi (Laurentius; rector), 115.

Pontius de Gensiaco, infirmarius monasterii S. Egidii, 449.

Pontius, episcopus Majoricensis, 315.

Pontius, monachus monasterii S. Petri de Rodis, electus abbas monasterii S. Benedicti Floriacensis, 532, 533.

Populo Urbis (prior et fratres ecclesie S. Marie de), ord. s. Augustini, 631.

Populonia (monasterium S. Quirici de), ord. s. Benedicti, Massane dioc., eremo S. Guillelmi concessum, 59.

Quirici (S.) de Populonia monasterium, ord. s. Benedicti, dioc. Massane, eremo S. Guillelmi concessum, 59.

R

R., archidiaconus, postea episcopus Camerinensis, 27.

R., episcopus Agrigentinus, 387, 388.

R., episcopus Cathalaunensis 23.

R., decanus Turonensis, 258, 259.

R., episcopus Vapincensis, 566.

R., episcopus Venafranus, 362.

Racenato (Johannes Jacobi de), laicus, notarius apostolicus, 348.

Racaudi (Johannes), clericus dioc. Pictavensis, notarius apostolicus, 346.

Radegundis (S.) Pictavensis ecclesie prior et capitulum, 430.

Radulfi (Bernardinus filius), 311.

Radulfus, canonicus ecclesie S. Quiriaci de Provino, dioc. Senonensis, 64.

Radulfus, rex Romanorum. Voyez Rodulphus.

Radulphi (Guillelmus), clericus Viennensis, notarius apostolicus, 35.

Radulphus, monachus monasterii S. Benedicti de Padolirone, 13.

Radulphus de Dunio, monachus monasterii S. Trinitatis de Exaquio, 201, 202, 203.

Radulphus de Innigeho, officialis Londoniensis, 407.

Radulphus, archiepiscopus Lugdunensis, 31, 54, 111.

Radulphus de Mirabello, decanus Pictavensis, 535.

Radulphus Peregrini de Roia, clericus dioc. Ambianensis, notarius apostolicus, 185.

Radulphus Piguere, 106.

Radulphus de Welcan, canonicus ecclesie S. Pauli Londoniensis, 407.

Raginaldus Lebufetier, civis Aurelianensis, 441.

Ragusinus archiepiscopus, 235.

Rainerio (Petrus Stephani de), 582.

Rambotus, archidiaconus postea electus Camerinensis, 583, 584, 636, 638.

Rampnulphus Fulcerii, canonicus Xanctonensis, 399.

Ranuccius vel Ranucius de Abbatibus, mercator societatis Abbatum de Florentia, 147, 454. Voyez Rinuctius Abbatis.

Ranulphus, episcopus Parisiensis, 151, 153, 154, 157.

Ranutius, prior S. Michaelis de Castiglione, dioc. Florentine, Voyez Raynucius.

Ranutius Viviani, 252.

Rao, episcopus Thelesinus, 411.

Raphael Bononiensis, advocatus in Romana curia, 159.

Rathkenni (Henricus de), canonicus Dublinensis, 39.

Ravarano (Gerardinus de), laicus, administrator ecclesie de S. Donnino, 488.

Ravellensis archidiaconus (Johannes Rofulus), 239; — civitas et diocesis, 239; — ecclesia, 239; — episcopus (Petrus), 239; — episcopus (Ptolomeus), 240.

Ravennas archiepiscopus, 12, 139, 222, 360; — archiepiscopus (Bonifacius), 571, 572, 628, 629; — moneta, 613; — provincia, 16, 17, 110, 139.

Raynaldus de Morta, laicus dioc. Esculane, 629.

Raynaldus, dominus de Palumbaria, 636, 637.

Raymundus Aggerii vel Atgerii, decanus Aniciensis, 130, 140, 221, 321.

R[aymundus], patriarcha Aquilegensis, 380, 528.

Raymundus de Auraga, prior Castrinovi, 408, 409.

Raymundus Bauderii, monachus Chandelii, postea S. Victoris Massiliensis, 271.

Raymundus de Columberiis, canonicus Biterrensis, 417.

Raymundus de Corrano, prior claustralis ecclesie Arelatensis, 408.

Raymundus, abbas monasterii S. Egidii, 449.

Raymundus Guillelmi de Pichasairi, clericus dioc. Aquensis, notarius apostolicus, 102.

Raymundus, episcopus Massiliensis, 212, 403.

Raymundus Petri, canonicus Elnensis, 321.

Raymundus de Rifulduno, archidiaconus Ripe Curtie in ecclesia Ylerdensi, 565.

Raymundus Sabo, precentor Arelatensis, 408.

Raynaldus de Avella, capitaneus Aprucii, 117, 384.

Raynaldus Mantellati, mercator, 336, 337.

Raynaldus de Monasterio, nobilis vir, 273.

Raynaldus, abbas monasterii S. Pauli de Urbe, 180.

Raynaldus, abbas monasterii S. Petri de Massa Montisneronis, 103.

Raynaldus Symoneti de Esio, 593, 595.

Raynerii (Boninus), mercator societatis Thomasii Spiliati de Florentia, 127.

Raynerius, canonicus Florentinus, 502, 503.

Raynerius, abbas monasterii de Fraxinorio, 369.

Raynerius, rector hospitalis novi Misericordie S. Spiritus Pisani, 55, 129.

Raynerius de Orio, prepositus de Clavasio, 127.

Raynerius, natus Raynaldi de Monasterio, plebanus ecclesie S. Felicis in Pincis, 272, 273.

Raynerius Tholomei de Florentia, notarius apostolicus, 138.

Raynerius Thomasi de Yndia, rector hospitalis novi Misericordie Pisani, 55.

Raynucius, prior S. Michaelis de Castillione Vallispese, Florentine diocesis, collector decime Sicilie, 19, 34, 51, 138, 145, 147, 303, 376.

Raynutius. Voyez Raynucius.

Reate (Andreas de), capellanus Jacobi S. Marie in Cosmedin diac. cardinalis, 310.

Reate (Angelus de), frater ordinis Minorum, inquisitor in Romana provincia, 344, 622.

Reatina civitas et diocesis, 145, 203, 207, 249, 350, 391; — diocesis, 501; — domus S. Augustini, 501; — ecclesia, 391, 501.

Reatinum capitulum, 391, 501; — commune, 349.

Reatinus episcopus, 40, 207, 208, 237, 478; — episcopus (Andreas), 391, 501; — episcopus (Petrus), 388, 391, 501; —

Rodanus, fluvius, 67.

Rodelfutius, civis S. Leonis, 494.

Roderici (Ferrandus), electus Toletanus, 486.

Rodericus Gundisalvi, prior provincialis Predicatorum Hispanie, postea archiepiscopus Compostellanus, 371.

Rodericus Sanctii de Calatambo, nuntius Alfonsi, filii Petri regis Aragonum, 565.

Rodis (Pontius, monachus monasterii S. Petri de), ord. s. Benedicti, dioc. Gerundensis, 532.

Rodulfus de Croso, clericus Roberti comitis Atrebatensis, 90.

Rodulfus, rex Romanorum. Voyez Rodulphus.

Rodulphus, archiepiscopus Lugdunensis. Voyez Radulphus.

Rodulphus, rex Romanorum, 128, 191, 255, 272, 379, 380, 381, 550, 551, 558, 617.

Roffensis ecclesie monachus (Johannes de Renham), ord. s. Benedicti, 372.

Roffensis episcopus, 299.

Roffredi de Urbe (Egidius Pauli), miles, 583, 584.

Rofulus (Johannes), archidiaconus, postea electus Ravellensis, 239.

Rogerius de Drarcone, rector de Harewellis, dioc. Saresbiriensis, 256.

Rogerius, prepositus ecclesie Fesulane, 616.

Rogerius, episcopus Massanus, 60.

Rogerius Rubei de Ademariis, 454.

Rogerius de Salerno, archidiaconus Panormitanus, capellanus pape, 459, 505.

Rogerius Soderini, notarius imperialis, 59.

Rogerus de Bestiaco, clericus, 435.

Rogerus, supprior monasterii S. Remigii Remensis, 486, 487.

Rogerus de Rowele, clericus, 422, 424.

Rogerus, canonicus Virdunensis, 101.

Roia (Radulphus Peregrini de), clericus dioc. Ambianensis, notarius apostolicus, 183.

Rokerode ecclesia (Gerardus de Eppinsteyn, beneficiatus in), 321.

Rolandus de Parma, episcopus Spoletanus, 103, 325, 326, 327.

Rolandus, prior hospitalis S. Spiritus Viterbiensis, 468.

Rollandus de Ferentino, rector ducatus Spoletani, capellanus pape, 26.

Roma, 381.

Romagna, 582.

Romana curia, 53, 70, 97, 134, 136, 138, 147, 153, 159, 202, 305, 364, 369, 370, 371, 373, 374, 407, 431, 444, 451, 473, 510; — ecclesia, 1, 5, 6, 8, 11, 14, 16, 20, 21, 26, 29, 30, 33, 37, 38, 55, 60, 67, 73, 85, 86, 87, 89, 94, 96, 99, 102, 103, 104, 105, 112, 113, 115, 117, 120, 128, 131, 132, 144, 148, 149, 172, 177, 178, 188, 190, 192, 195, 220, 225, 229, 230, 231, 238, 240, 241, 242, 250, 263, 265, 267, 268, 278, 287, 289, 290, 294, 295, 296, 297, 302, 304, 316, 317, 319, 320, 322, 323, 329, 330, 333, 335, 336, 339, 344, 343, 345, 359, 366, 369, 373, 376, 378, 384, 389, 398, 401, 404, 413, 414, 415, 423, 424, 430, 433, 446, 448, 449, 450, 455, 457, 458, 464, 468, 477, 485, 494, 498, 500, 505, 509, 514, 515, 516, 518, 519, 520, 526, 527, 530, 532, 535,

537, 538, 567, 569, 570, 580, 589, 593, 594, 596, 608, 609, 610, 611, 612, 617, 618, 619, 620, 624, 625, 627, 628, 632, 633.

Romana provincia (Angelus de Reate, inquisitor in), 344.

Romane provincie (minister provincialis Minorum), 141; — (prior provincialis Predicatorum), 35, 36.

Romani cives, 583. Voyez Andreas Calandrini, Angelus Caremsonis, Angelus Rubeus, Branca filius Johannis Judicis, Johannes Capotianus, Leonardus, Maximus de Amatiscis, Nicolaus de Cerinis, Paulus Laurentii.

Romani mercatores, 323; — pontifices, 279, 291, 293, 313, 551, 596, 599, 603, 606, 607, 608, 611, 621.

Romaniola (decima Terre Sancte in), 98; — (rebelles in), 336.

Romaniole rector (Guillelmus Duranti), 43, 140, 178, 222, 223, 231, 494, 584; — rector (Petrus Stephani de Urbe), 514.

Romanis partibus (decima Sicilie in), 249, 376.

Romannutii. Voyez Romanutii.

Romano (Bernardus de S.), prior de Vaqueriis, 449.

Romano (Philippus de S.), tabellio, 399.

Romanorum imperator (Fredericus), 210, 321, 557.

Romanorum rex, 339, 539; — rex (Rodulphus), 128, 191, 255, 272, 379, 380, 381, 530, 551, 558, 617.

Romanucii (Petrus). Voyez Romanutii.

Romanum imperium, 617.

R[omanus], episcopus Alifanus, 318.

Romanus (Johannes dictus), precentor Lincolniensis, postea archiepiscopus Eboracensis, 214, 215, 216, 217, 218, 219.

Romanus populus, 583.

Romanutii (Petrus), canonicus S. Marie in Vallibus Cathalaunensis, episcopus Anconitanus, postea Viterbiensis et Tuscanensis, 338, 417, 418, 419, 583, 584, 636, 638.

Rome (littere Celestini III pape date), 291; — (littere diverse date) 321, 426, 485; — (littere Honorii IV pape date), 16, 18, 19, 25, 26, 27, 28, 29, 30, 31, 32, 34, 35, 36, 37, 38, 39, 40, 41, 42, 43, 51, 52, 54, 56, 59, 62, 64, 65, 66, 68, 110, 112, 125, 129, 130, 131, 132, 133, 134, 139, 141, 143, 145, 146, 147, 150, 159, 168, 172, 173, 174, 175, 176, 178, 179, 180, 181, 182, 183, 185, 186, 187, 188, 189, 190, 191, 192, 194, 196, 197, 198, 199, 200, 201, 203, 207, 208, 209, 211, 212, 214, 215, 219, 220, 221, 222, 223, 224, 225, 226, 228, 230, 231, 233, 234, 235, 236, 237, 238, 239, 240, 241, 242, 244, 245, 246, 247, 248, 249, 250, 251, 252, 253, 254, 255, 256, 258, 259, 261, 262, 263, 264, 265, 267, 269, 270, 271, 272, 273, 274, 278, 279, 280, 281, 282, 283, 284, 285, 286, 287, 288, 289, 290, 294, 295, 296, 297, 298, 299, 301, 302, 303, 304, 307, 312, 313, 314, 315, 316, 317, 318, 319, 322, 323, 328, 329, 330, 338, 347, 348, 350, 353, 355, 356, 357, 358, 359, 360, 361, 362, 363, 364, 365, 366, 367, 368, 369, 370, 371, 372, 375, 376, 377, 381, 382, 384, 387, 393, 404, 408, 449, 451, 452, 453, 454, 455, 457, 458, 459, 460, 461, 462, 463, 464, 466, 467, 468, 478, 479, 486, 488, 489, 490, 492, 493, 494, 495, 497, 498, 499, 500, 501, 502, 503, 504, 505, 506, 507, 508, 512, 513, 514, 515, 516, 517, 518, 517, 520, 521, 523, 526, 527, 529, 531, 532, 533, 534, 535, 537, 538, 539, 541, 546, 550, 552, 557, 558, 562, 564, 565, 566, 568, 569, 570, 571, 572, 573, 574,

588, 589, 633, 634, 637; — episcopus, 74, 89, 90, 248, 390; — episcopus (B[ertrandus]), 93, 135, 262; — episcopus (Gerardus), 112, 128, 135, 136, 138, 219, 220, 224, 240, 263, 333, 338, 339, 348, 356, 384, 387, 437, 438, 514, 515, 516, 537, 538, 541, 634, 635, 637.

Sabo (Raymundus), precentor Arelatensis, 408.

Sacco (fratres de). *Voyez* Jhesu Christi Penitentie ordo.

Sagiensis diocesis, 106; — episcopus, 467.

Sala (Fossatum de), locus in districtu Urbevetano, 311.

Sala (hospitale de), dioc. Lucane, 613.

Salamantina civitas et diocesis, 241; — ecclesia, 197, 198, 241.

Salamantinus archidiaconus, 132; — decanus, 132, 383; — episcopus (Petrus), 241.

Salernitana civitas et diocesis, 263; — diocesis, 182; — ecclesia, 262, 263.

Salernitanus archidiaconus (Johannes), 262; — archiepiscopus (Matheus), 262; — archiepiscopus (Philippus), 262, 263; — princeps (Carolus), 86.

Salerno (Rogerius de), archidiaconus Panormitanus, capellanus pape, 459, 505.

Salernus, canonicus, postea electus Thelesinus, 411.

Salgani (S.) monasterium, ord. Cisterciensis, dioc. Wulterane, 146.

Salice (vicus de), dioc. Cameracensis, 253.

Salinguis (Guillelmus de), archidiaconus Duoublinensis, 407.

Salis laicus (Heyndericus de Hallis dictus Comes), 622.

Salisburgensis archiepiscopus (?) (Nicolaus de Lipe), 596. *Voyez* Salzburgensis.

Sallin. (ecclesia de), Wibergensis diocesis, 9.

Salsense monasterium, ord. s. Benedicti, dioc. Argentinensis, 404.

Salsensis abbas (Goffridus); — (Herbertus), 404.

Salsensis ecclesie prepositus, 566, 567.

Salteano. *Voyez* Saltiano.

Saltiano (Christoforus de Tholomeis, prior ecclesie de), 18, 21, 34, 44, 145, 146, 249, 250, 375, 376, 382.

Saltus, tenuta ad cives Terracinenses pertinens, 601.

Salvaticus comes, 43.

Salvatoris (S.) de Lavania ecclesia, dioc. Januensis, 98.

Salvatoris (S.) de Monte Amiato monasterii bona, ord. Cisterciensis, dioc. Clusine, 145, 595, 596.

Salvatoris (S.) Papiensis monasterium, ord. s. Benedicti, 366, 367.

Salvatoris (S.) Reatini monasterium, ord. s. Benedicti, 537.

Salvatoris (S.) de Septimo monasterium, dioc. Florentine, 140; — abbas, 616.

Salvatoris (S.) de Venetiis monasterium, ord. s. Augustini, 624.

Salve (Albertus de), prior de Gordanicis, 426.

Salvi (Azulinus), mercator societatis Thomasii Spillati de Florentia, 176, 177.

Salvii (S.) juxta Valencenas prioratus, ord. Cluniacensis, dioc. Cameracensis, 252.

Salzburgensis *vel* Salzeburgensis archiepiscopus, 6, 28, 29, 381; — diocesis, 5, 6, 29; — provincia, 5, 6, 231. *Voyez* Salisburgensis.

Samuelis (S.) de Venetiis ecclesie plebanus (Stephanus Beteni), 508, 511.

Sancius Morlana, archidiaconus in ecclesia Carcassonensi, 602.

Sanctii de Calatambo (Rodericus), nuntius Alfonsi, filii Petri regis Aragonum, 565.

Sanctorum Quatuor de Urbe (domus ecclesie), 586.

Saracini. *Voyez* Sarraceni.

Sardensis episcopus (Ptolomeus), 239.

Sardinensis episcopus, 373; — episcopus (T.), 372, 508.

Sardinia (decima Sicilie in), 19, 363; — (decima Terre Sancte in), 70, 103, 364;—(inquisitores in), 129 ;—(interdictum in), 104.

Sardinia (Guillelmus de). *Voyez* Sardynia.

Sardynia (Guillelmus de), professor juris civilis, 422, 423, 426.

Saresbiriensis diocesis, 256.

Sarmasia (Petrus, prior de), 192.

Sarraceni, 76, 316, 247, 535, 539.

Sarraceni (Stephanus), 157, 158.

Sarracenus de Urbe (Petrus), electus Monopolitanus, capellanus pape, 238.

Sarragocia (Petrus de), rector ecclesie de Lesbisc, 472.

Sartiano (prior secularis ecclesie de). *Voyez* Saltiano.

Sarzana (guardianus fratrum Minorum de), dioc. Lunensis, 321, 322.

Sasso (Mons Fabiorum seu de), in Urbe, 580, 588.

Saturnini (S.) de Marempnia prioratus, ad monasterium S. Marie Xanctonensis pertinentis, priorissa (Ylaria de Borno), 398, 399.

Saumurelli de Pertiniaco (Johannes), clericus dioc. Pictavensis, notarius apostolicus, 111.

Saunfordia (Johannes de), decanus S. Patricii Dublinensis, postea archiepiscopus Dublinensis, 30, 31. *Voyez* Stanford (Johannes de).

Saviliano (Georgius Bejame de), nobilis vir dioc. Taurinensis, 130.

Savini (S.) monasterium, ord. s. Benedicti, dioc. Pisane, 242, 243; — abbas, 501.

Savinnen. (Jacobina de), relicta Hugolini Spinole, 211.

Saxia de Urbe (hospitale S. Spiritus in), 94, 95, 128, 129, 231, 583, 584.

Saxonie dux, 381.

Saxonis (Guillelmus), electus Callensis, 99.

Scalensis ecclesie canonicus (Assaldus Trara), 244.

Scalis (monasterium S. Marie de), in Sicilia, 632.

Scami terra, videlicet Egyptus, 346, 347.

Scantus de Monteuno, civis S. Leonis, 494.

Sclavonie dux, 540; — (prelati constituti in provincia), 588.

Scolaris Chimenti, mercator societatis Lambertutii de Frescobaldis de Florentia, 439.

Scolarius de Geminiano, clericus, 202.

Scona (bona monasterii de), ord. s. Augustini, dioc. S. Andree, 600.

Scotia (decima Terre Sancte in), 19, 335 ; — (villa de Bervich in), 123, 539. Voyez Andree (S.) in Scotia.

Scotie rex, 55, 56, 539 ; — rex (Alexander), 123.

Scrofani (Castrum), 589.

Sculcula (Conradus de), dioc. Anagnine, 183.

Sebastiani (S.) Camerinensis ecclesie canonici, 438.

Secano (monasterium de S.), ord. s. Benedicti, dioc. Lingonensis, 119, 188, 189; — abbas (Guillelmus), 264.

Secusia (Barao, abbas monasterii S. Justi de), ord. s. Benedicti, dioc. Taurinensis, 526, 527.

Sedem (ecclesia S. Albini super), ad Fiscannense monasterium pertinens, 265.

Sedunensis diocesis, 08, 302, 382, 625 ; — ecclesia, 223.

Segerus Godefridi, civis Leodiensis, notarius apostolicus, 147

Seguntina ecclesia, 478.

Seguntinus episcopus (Fernandus), 478, 479 —; episcopus (Gundisalvus), 478, 479; — episcopus (Martinus), 478, 479.

Senense commune, 31, 379.

Senenses mercatores, 56. Voyez Bonaventure Bernardini societas, Bonsignoris (societas filiorum).

Senensis civis (Ranutius Viviani), 252; — diocesis, 18, 34, 44, 145, 249, 250, 375; — episcopus, 132, 187, 389, 391. Voyez Marie (S.) Senensis hospitale.

Senis (Bindus de), professor juris civilis, 130; — (Pascalis Fidis de), laicus, notarius apostolicus, 493 ; — (Vivianus de), 138.

Senon. (Johannes de), capellanus Jacobi, S. Marie in Cosmedin diac. cardinalis, 310.

Senonensis archiepiscopus, 60; — archiepiscopus (Egidius), 40, 41, 43, 44; — archiepiscopus (Guillelmus), 40 ; — canonicus (Guillelmus de Castro Nantonis), 598, 599; — civitas et diocesis, 44; — diocesis, 64, 155, 179, 348; — ecclesia, 40, 41, 43, 44; — officialis, 61, 604; — provincia, 41. Voyez Columbe (S.) Senonensis, Petri (S.) Vivi, Remigii (S.) Senonensis monasteria.

Sensus Bosi, mercator societatis Bonaventure Bernardini Senensis, 142, 435, 436.

Septem fontibus (Henricus de), generalis Militie B. Marie, 210, 211.

Septimo (monasterium S. Salvatoris de), dioc. Florentine, 146, 616.

Septiniani vel Septinniani de Urbe (privilegia monasterii S. Jacobi), ord. s. Augustini vel s. Benedicti, 226, 230.

Sepulchri de Balgentiaco (Reginaldus, prior S.), 456.

Sepulchri (monasterium S. Marie de Burgo S.), ord. s. Augustini, dioc. Castellane, 630.

Sepulchri Miechoviensis (bona domus), ord. s. Augustini, dioc. Cracoviensis, 622.

Sequano (monasterium de S.). Voyez Secano.

Sermexia (Petrus de), electus S. Columbe Senonensis, 158, 159.

Sermioni (insula), in laco Garde, 464.

Serneus, civis S. Leonis, 494.

Servodeus Mathei de Monte Rubiano, laicus dioc. Firmane, notarius apostolicus, 112.

Sessiaco (Margareta de), monialis Kalensis monasterii, 135.

Sesyriaco (Gerardus de), clericus dioc. Gebennensis, notarius apostolicus, 252.

Sevenhamthon. (ecclesia S. Michaelis de), dioc. Bathoniensis, 41.

Severini (S.) Coloniensis ecclesie propositus (Arnoldus), 273.

Sibilie regnum (interdictum in), 562.

Siccus de Lavania (Franciscus), canonicus Cathalaunensis, 477.

Sichimarius (Bartholomeus), diaconus Neapolitanus, electus Surrentinus, 244.

Sicilie (decima deputata ad negotium), 16, 17, 18, 19, 38, 44, 139. 143, 144, 145, 147, 172, 188, 190, 197, 203, 233, 249, 250, 303, 353, 364, 375, 376, 382, 429, 430, 438, 439, 532; — ecclesie cathedrales, 244, 347; — insula, 73, 90, 91, 340, 348, 517, 559, 561, 566 ; — regni ordinatio, 72, 86; — regnum, 72, 73, 74, 75, 76, 77, 78, 79, 80, 81, 86, 89, 90, 91, 103, 110, 112, 128, 220, 224, 263, 268, 303, 319, 339, 344, 364, 384, 429, 515, 537, 538, 549, 559, 566. Voyez Carolus I rex Sicilie, Carolus princeps Salernitanus, Gerardus episcopus Sabinensis, Robertus comes Atrebatensis.

Siculi, 73, 348, 549, 559, 561.

Sigerii (Petrus), prior monasterii S. Crucis Colimbriensis, 113.

Sigismundo (Petrus de S.), abbas monasterii S. Mauritii Agaunensis, 302.

Signia (Johannes de), monachus monasterii S. Laurentii foris muros Urbis, postea abbas monasterii Villemagne, 105.

Sigwatus, canonicus Nidrosiensis, 3.

Sillia (monasterium de), dioc. Suanensis, 146.

Silvaneclensis episcopus, 60, 61. Voyez Frambaudi (S.) Silvanectensis ecclesia.

Silvensis episcopus, 132.

Silvestri (S.) in Capite de Urbe monasterium, ord. s. Benedicti, 104, 131, 141.

Silvestri (S.) de Venetiis ecclesia parrochialis, 523.

Silvestris (Johannes), civis Balneoregensis, notarius apostolicus, 256.

Silviniacense monasterium, ord. Cluniacensis, dioc. Claromontensis, 289, 290, 296.

Simo Maurus. Voyez Symo Maurus.

Sine timore (Hugo, dictus), clericus Caturcensis, notarius apostolicus, 359.

Singebaldus, episcopus Novariensis, 523.

Sirioxe (domus fratrum ordinis B. Marie de), dioc. Trajectensis, 261.

Sirkis (Johannes de), canonicus Trevirensis, 623.

Sistaricensis ecclesia, 493; — guardianus Minorum, 493.

Sistaricum, urbs Gallie, 493.

Sixti (S.) Placentini monasterium, ord. s. Benedicti, 464. Voyez Systi et Francisci (S.S.) monasterium.

Skeradii Florentini (prior ecclesie S. Petri), 365.

Slavia (archiepiscopi et episcopi constituti in), 381.

Slesie *vel* Slezie dux, 148; — dux (H.), 304.

Snetlinge (ecclesia de), 601.

Soderini (Rogerius), notarius imperialis, 59.

Soffredus, presb. cardinalis S. Praxedis, 414.

Sollemmi*s vel* Sollesmis (Johannes de Clino Campo, prior prioratus de), ord. s. Benedicti, dioc. Cenomanensis, 465, 466, 467.

Solodoro (domus fratrum ordinis S. Marie Vallis Viridis in castro), dioc. Lausanensis, 66.

Somersete (Henricus de), rector ecclesie de Coririvel, 41, 42.

Soniei (Blasius), rector ecclesie S. Andree Fulginatis, familiaris Paparoni, episcopi Fulginatis, 121.

Sophia, uxor Johannis de Renisso, 70.

Sorana diocesis, 220; — ecclesia, 391, 412.

Soranus episcopus (Andreas), 391.

Sornaci (Lambertus), civis Lucanus, notarius apostolicus, 359.

Sotreio (Johannes de), monachus S. Petri Cathalaunensis, 485.

Spagna (Cantarinus, rector ecclesie S. Crucis de), dioc. Mutinensis, 601.

Spelli (Castrum), in dioc. Spoletana, 592.

Spiliati (Rostorus), mercator societatis Lambertutii de Frescobaldis de Florentia, 438.

Spiliati *vel* Spillati (societas mercatorum florentinorum Thomasii), 105, 127, 176, 177.

Spiliati *vel* Spill (Thomasius), mercator Florentinus, 363, 364, 591.

Spina Philippi *vel* Phylippi, mercator societatis Amannatorum Pistoriensium, 143, 147, 249, 429.

Spine (Lapus Hugonis), mercator Florentinus, 363, 364, 591.

Spine (societas mercatorum florentinorum Thomasii Spiliati et Lapi Ugonis), 105, 127, 176, 177.

Spinelli (Vannus), mercator societatis Amannatorum Pistoriensium, 143, 249, 429.

Spinola (Hugolinus), laicus de Janua, 211.

Spirenses cives, 611.

Spirensis diocesis, 404, 615; — prior Predicatorum, 611.

Spiritus (S.) de Divione hospitale, dioc. Lingonensis, 94, 95.

Spiritus (S.) Pisani (hospitale novum Misericordie), 55, 129, 500, 504.

Spiritus (S.) in Saxia de Urbe hospitale, 94, 95, 128, 129, 231, 583, 584.

Spiritus (S.) Viterbiensis hospitale, ord. Cruciferorum, 468.

Spoletana civitas et diocesis, 103; — diocesis, 35, 129, 592; — ecclesia, 65, 103, 104.

Spoletani ducatus rector (Rollandus de Ferentino), 26.

Spoletano ducatu (decima Sicilie in), 18, 19, 145, 303, 376; — (decima Terre Sancte in), 98; — (Galganus de Eugubio, inquisitor in), 507.

Spoletanus archidiaconus (Egidius), 113; — episcopus, 129; — episcopus (Paparonus), 103; — episcopus (Rolandus de Parma), 325, 326, 327; — miles (Philippus Palmerii), 507.

Spoleto (Ventura de), canonicus Pisanus, 477.

Sporensis civitas, 181.

Staffordia (Bogo de Clara, decanus ecclesie de), dioc. Lichefeldensis, 299.

Staguiensis ecclesia, 235.

Staldus Jacob de Florentia, miles, 452.

Stanford (Johannes de), decanus Dublinensis ecclesie, 15. *Voyez* Saunfordia (Johannes de).

Staninges (ecclesia de), in Anglia, ad Fiscannense monasterium pertinens, 266.

Stephani (S.) de Aquaviva ecclesie rector (Johannes de Pallaxono), dioc. Narbonensis, 541.

Stephani (S.) de Divione monasterii abbas, ord. s. Benedicti, dioc. Lingonensis, 52.

Stephani (Leonardus), civis Anconitanus, 435.

Stephani (B.) juxta Montembrunum capella, dioc. Narbonensis, 128.

Stephani de Rainerio (Petrus), 582.

Stephani de Urbe (Petrus), rector Romaniole, 514.

Stephanus Angelart, civis Aurelianensis, 441.

Stephanus de Anglon., nobilis vir, 117.

Stephanus, decanus Bracharensis, postea episcopus Ulixbonensis, 357, 517.

Stephanus, prior monasterii S. Benedicti Floriacensis, 532.

Stephanus Betuni, plebanus S. Samuelis de Venetiis, postea episcopus Clugiensis, 508, 511.

Stephanus Biaudouzsire, civis Aurelianensis, 441.

Stephanus de Cathalaunis, canonicus Meldensis et Cathalaunensis, 354, 355.

Stephanus Chalari, clericus dioc. Lemovicensis, notarius apostolicus, 102.

Stephanus, prior monasterii de S. Eadmundo, ord. s. Benedicti, dioc. Norwicensis, 329.

Stephanus, abbas Majoris Monasterii Turonensis, 317.

Stephanus, episcopus Mimatensis, 139, 224.

Stephanus, episcopus Parisiensis, 33.

Stephanus, canonicus Pictavensis, capellanus Gaufridi, S. Susanne presb. cardinalis, 485.

Stephanus Sarraceni, 157, 158.

Stephanus, episcopus Waterfordensis, postea archiepiscopus Tuamensis, 382, 390, 391, 393.

Stephanutii Guillelmi (Crescius), 311.

Stiria, 7. *Voyez* Styria.

Stochis (Thomas de), clericus dioc. Wigorniensis, 361.

Strayshem ecclesia (Gerardus de Eppinsteyn, beneficiatus in), 321.

Strigoniensis archiepiscopus, 134, 539, 540.

Styria (Goess, monasterium in), 596. *Voyez* Stiria.

Suanensis diocesis, 146.

Sublacense monasterium, ord. s. Benedicti, dioc. Tiburtine, 188, 189, 264, 265, 297.

Subura (Pandulfus de), capellanus pape, archidiaconus Tripolitanus, postea episcopus Pactensis, 102, 112, 146, 147, 185, 186, 244, 251, 252, 517.

Suecia (decima Terre Sancte in), 176, 191, 261; — (Johannes, episcopus Tusculanus, legatus in), 550; — (prelati ecclesiarum in), 177.

Suecie rex, 177.

S[uerus], episcopus Zamorrensis, 121.

Suessionensis canonicus (Petrus de Piperno), 379.

Sugerius, episcopus Gadicensis, 461.

Superbutius, civis S. Leonis, 494.

Surgeriis (Guillelmus, prior B. Marie de), 456.

Surrentina civitas et diocesis, 245 ; — ecclesia, 244, 245.

Surrentinus archiepiscopus (Johannes), 244; — archiepiscopus (Marcus), 244, 515.

Surrento (Cesarius de), clericus Salernitanus, 262.

Susanne (S.) presb. cardinalis (Gaufridus vel Gifredus), 23, 56, 68, 85, 186, 192, 194, 201, 267, 278, 373, 402, 411, 412, 448, 466, 480, 482, 483, 509, 533, 608.

Sutrina diocesis, 64.

Symo, archiepiscopus Bituricensis, 245, 261.

Symo, episcopus Carnotensis, 297.

Symo, S. Cecilie presb. cardinalis, 379; idem ac Martinus papa IV.

Symo Domassi vel de Luca, canonicus Lichefeldensis et Corinthiensis, collecta decime Sicilie, 19, 34, 51, 110, 145, 146, 188, 376, 462.

Symo Gerardi, mercator societatis Thomasii Spiliati de Florentia, 127.

Symo, pater Guidonis de Battifollis, 531.

Symo, S. Martini in Montibus presb. cardinalis, 12, 13.

Symo Maurus, plebanus ecclesiarum S. Barnabe et S. Pantaleonis de Venetiis, electus Clugiensis, 506, 511.

Symo, procurator hospitalis S. Spiritus in Saxia de Urbe, 128.

Symo, armarius, postea abbas monasterii S. Trinitatis Vindocinensis, 455, 456.

Symon de Castello, clericus dioc. Bajocensis, 105, 106, 107.

Symon Lormerii, canonicus Bajocensis, 106, 107, 108.

Symon, abbas monasterii S. Marie in Ponte, 378.

Symon, comes Tuscie palatinus, 132, 133.

Symonecti (Johannes), mercator societatis Ricciardorum de Luca, 147.

Symoneti de Esio (Guillelmus), — (Mercennarius), — (Raynaldus), fratres, 593, 594, 595.

Syracusiensis diocesis, 632.

Syres (ecclesia de), dioc. S. Andree, 572, 573.

Systi et Francisci (S.S.) monasterium Placentinum, 628. Voyez Sixti (S.) Placentini monasterium.

T

T., abbas monasterii S. Augustini Cantuariensis, 359.

T., patriarcha Jerosolimitanus, 99.

T., episcopus Sardinensis, 372, 508.

Tabaoclii (Angnellus), 120.

Tadolini (Dinus), mercator societatis Ricciardorum de Luca, 147.

Talamone (Ysabella de), armariola monasterii S. Marie Xanctonensis, 399.

Talglientis (Bartholomeus), civis Romanus, 319.

Tamitii (Rizulus, filius), civis S. Leonis, 494.

Tancredi (Adamutius et Bonajunta), cives S. Leonis, 494.

Tarantasiensis vel Tarentasiensis civitas et diocesis, 382; — provincia, 174.

Tarascona (fratres ordinis Penitentie Jhesu Christi de), dioc. Avinionensis, 67.

Tarentinus princeps (Manfredus), 224, 348.

Tartari, 346, 539.

Tartarorum rex (Argonus), 346.

Tauren. (Antonius), thesaurarius, postea electus Civitatensis, 383, 384.

Taurinensis diocesis, 35, 130, 527, 530.

Taurini (S.) de Ebroicis abbatia, ad monasterium Fiscannense pertinens, 266.

Tedesca (Mons de Domo), in diocesi Albanensi, 581. Voyez Todesca (turris).

Tegernscensis abbas, 640.

Tempesta (Johannes), notarius publicus, 374, 510.

Templariorum ordo, 165. Voyez Templi Jerosolimitani.

Templi Jerosolimitani (fratres domus militie), 195; — (privilegia domus militie), 446, 599, 600, 621.

Templi Jerosolimitani (fratres et domus ordinis militie), in Accon, 196 ; — in villa de Bromhola, 124 ; — in Francia, 283 ; — in Hungaria, 540; — in Pollonia et Pomorania, 149; — in Suecia, 177.

Templi Parisiensis domus thesaurarius, 336, 337.

Templum (Novum), Londoniis, 424.

Terdonensis ecclesia, 181; — episcopus (M.), 181.

Ternesio (monasterium S. Berte de), ad Fiscannense monasterium pertinens, 266.

Terracena (Nicolaus de), archidiaconus Lexoviensis, 35, 344, 345.

Terracinenses cives, 601, 623.

Terracinensis diocesis, 145, 353.

Terre Sancte (decima et subsidia deputata ad negotium), 5, 6, 19, 38, 56, 64, 66, 67, 70, 71, 98, 101, 102, 105, 110, 125, 126, 127, 128, 141, 142, 174, 175, 176, 191, 234, 251, 261, 262, 284, 285, 300, 301, 302, 303, 320, 334, 335, 336, 363, 364, 370, 428, 434, 435, 436, 454, 455, 534, 541, 542, 625, 632.

Terricus, decanus Virdunensis, 185.

Terringes (ecclesia de), dioc. Cicestrensis, 421, 422, 423, 424.

Tervisina ecclesia, 506; — diocesis, 506.

Tervisina (inquisitores in Marchia), 264, 464.

Tessa (Contessa dicta), nepta Staldi Jacob de Florentia, 452.

Thalamud, liber Judeorum, 563.

Thealdinis (Thomas de), miles, 237.

Theate (Mathias de). Voyez Theatinus (Mathias).

Theatina civitas et diocesis, 255, 316 ; — ecclesia, 255.

Theatinus (Mathias), 480, 481, 482, 483, 484, 485.

Theatinus episcopus (Nicolaus), 255; — episcopus (Thomasius), 255.

Thebaldus, monachus monasterii S. Eugendi Jurensis, filius Johannis comitis Cabilonensis, 31, 32.

Thebanus archiepiscopus, 118.

Thedelgarius, civis Romanus, 180, 181.

Thedisius, nobilis dioc. Januensis, 92.

Thedisius vel Tidisius de Camilla, capellanus pape, canonicus Ambianensis, 421, 422, 423, 424, 425, 426, 428, 477.

Theggingen (monasterium S. Martini in), 600.

Thelesina civitas et diocesis, 412; — ecclesia, 411, 412.

Thelesinus episcopus (Rao), 411; — episcopus (Salernus), 411.

Theobaldus de Cataneis de Muzo, nobilis vir, 529.

Theobaldus, prior de Chiviriaco, 456.

Theodalli (Andreas et Petrus), cives Romani, 181.

Theodericus, prior S. Andree Urbevetani, capellanus pape, 101, 125, 126, 127, 128, 302, 303, 454, 455.

Theodericus, cirurgicus, clericus Cameracensis, 150, 173.

Theodericus de Uffeyo, dictus de Pusseur, clericus dioc. Leodiensis, notarius apostolicus, 514.

Theodollus Octaviani, civis Romanus, 181.

Theodori (S.) diac. cardinalis (Bobo), 415.

Theotonicorum (hospitale et ordo S. Marie). Voyez Marie (S.) Theotonicorum ordo.

Theotonie (fratres et prior provincialis Predicatorum de provincia), 255, 256, 261.

Theutonici, 149.

Theutonicorum (ordo S. Marie). Voyez Marie (S.) Theotonicorum ordo.

Thientiis (Johannes de), prior Lewensis, electus abbas monasterii S. Germani Autissiodorensis, 96, 97.

Tholetanus archiepiscopus. Voyez Toletanus.

Tholomei (Johannes), civis Anagninus, notarius apostolicus, 256.

Tholomei de Florentia (Raynerius), notarius apostolicus, 138.

Tholomeis (Christoforus de), prior de Saltiano. Voyez Christoforus de Tholomeis.

Tholomeus Petri, mercator societatis Amannatorum de Pistorio, 454.

Tholosana diocesis, 131, 322, 428, 457; — ecclesia, 428, 429.

Tholosanum capitulum, 458.

Tholosanus episcopus, 132, 213, 322,457, 458; — episcopus (B.), 429; — episcopus (Hugo), 428, 429; — officialis (Arnaldus), 213; — officialis (Bertrandus de Ferreriis), 213.

Thomas de Abberbyri vel Aburby, canonicus Eboracensis, 215, 403.

Thomas de Accon, canonicus Acconensis, 135.

Thomas Bisacia, rector ecclesie S. Marie de Bercanstude Innort, 503, 504.

Thomas, archidiaconus Boloniensis in ecclesia Morinensi, 208.

Thomas, decanus, postea abbas monasterii Casinensis, 112, 115, 128.

Thomas, prior de Castellis, 456.

Thomas de S. Leodegario, episcopus Midensis, 395.

Thomas, prior prioratus B. Marie de Boxgrava, 201, 202, 203.

Thomas, electus Midensis, 394.

Thomas, prior ecclesie de Monte Alpruno, postea episcopus Pistoriensis, 138, 365.

Thomas, monachus monasterii de Nonantula, electus abbas monasterii de Fraxinorio, 369, 370.

Thomas, episcopus Pistoriensis, 503.

Thomas de Ponte Rubeo, clericus dioc. Lemovicensis, notarius apostolicus, 185.

Thomas de Stochis, clericus dioc. Wigorniensis, 361.

Thomas de Thealdinis, miles, 237.

Thomas, archiepiscopus Tuamensis, 382.

Thomas de Vaumereio, rector ecclesie de Ploagar, 105, 107, 108.

Thomas, primicerius ecclesie Virdunensis, 198, 199.

Thomasi de Yndia (Raynerius), rector hospitalis novi Misericordie Pisani, 55.

Thomasii (S.) Reatini monasterium, ord. Cisterciensis, 203.

Thomasii Spiliati vel Spillati de Florentia (societas mercatorum), 105, 127, 176, 177.

Thomasinus, plebanus plebis de Lopia, 369.

Thomasius, episcopus Nepesinus, 64.

Thomasius, prepositus S. Nicolai de Monte Odorisio, postea episcopus Theatinus, 235.

Thomasius, abbas monasterii S. Petri de Massa Montisneronis, 103.

Thomasius Spiliati vel Spillati, mercator Florentinus, 363, 364, 591.

Thomasso (Bartholus de), canonicus Spoletanus, 129.

Thome Amici (Massurus), familiaris Paparoni episcopi Fulginatis, 121.

Thome de Curte (Johannes), clericus dioc. Lemovicensis, notarius apostolicus, 112.

Thoriaco (Philippus de), cancellarius ecclesie Parisiensis, 204.

Tibure (littere Honorii IV pape date), 19, 34, 39, 40, 51, 55, 60, 62, 63, 64, 65, 67, 68, 69, 72, 86, 89, 90, 91, 92, 94, 95, 97, 98, 99, 100, 101, 102, 103, 104, 105, 108, 109, 110, 111, 112, 113, 115, 116, 117, 118, 119, 121, 122, 123, 124, 125, 126, 127, 128, 130, 131, 134, 142, 148, 158, 174, 182, 188, 197, 210, 339, 340, 341, 342, 343, 344, 345, 362, 375, 376, 378, 379, 382, 386, 388, 389, 390, 391, 393, 394, 395, 396, 397, 398, 401, 403, 405, 410, 411, 412, 413, 415, 416, 417, 418, 419, 421, 427, 428, 429, 430, 431, 433, 434, 435, 436, 438, 439, 444, 446, 448, 450, 452, 453, 454, 455, 465, 468, 477, 478, 504, 557, 559, 591, 592, 595, 596, 597, 598, 626, 627; — (diverse littere date), 138, 477.

Tiburtina civitas, 68; — civitas et diocesis, 249; — diocesis, 237, 265; — ecclesia, 343.

Tiburtinus (campus), 636, 637; — civis (Johannes Octabiani), 186, 187; — episcopus, 68, 69; — episcopus (S.), 537.

Tignonvilla (Milo de), armiger Senonensis dioc., 60.

Tingus Davini, mercator societatis de Abbatibus ac Bacarelli de Florentia, 147, 219, 455.

Tirasonensis diocesis, 507.

Titani (Perronus), canonicus Militensis, 387.

Todesca (Turris), in dioc. Albanensi, 588. Voyez, Tedesca (Mons de Domo).

Toletanus archiepiscopus, 121, 479, 520, 562, 569; — electus (Ferrandus Roderici), 486; — guardianus Minorum, 486; — prior Predicatorum, 486.

Toleti regnum (interdictum in), 562.

Thomas Banchrinus, nuntius regis Tartarorum, 346.

Topini flumen (privilegia monasterii S. Claudii juxta), extra muros Fulginates, ord. s. Clare, 601.

Torcellana diocesis, 517.

Tornacensis ca ionicus (Arnulfus de Gandano), 437; — canonicus (Gilebertus de Saana), 386;—diocesis, 300, 301, 436, 486, 506; — ecclesia, 221, 240, 459, 534; — episcopus, 221, 234, 436, 506, 534, 535; — episcopus (Philippus), 437; — guardianus Minorum, 234, 235.

Torneu (molendinum de), ad monasterium de Dunemunde pertinens, 601.

Trabaria (decima Sicilie in Massa), 110; — (Guillelmus Duranti, rector in Massa), 222, 223.

Trajectensis diocesis, 69, 261, 300, 533; — ecclesia, 261 ; — guardianus Minorum, 69; — officialis, 535; — prior Predicatorum, 69. *Voyez* Marie (S.) Trajectensis ecclesia.

Trampiz (ecclesia et grangia de), ad monasterium de Dunemunde pertinentes, 601.

Transmundus de Comite de Urbe, 183.

Transmundus, abbas S. Marie Vallis Pontis, 450.

Trara (Assaldus), canonicus Scalensis, 244.

Trecensis ecclesia, 235 ; — episcopus, 485; — officialis, 328. *Voyez* Marie (B.) ad moniales monasterium.

Trecorensis civitas et diocesis, 184; — diocesis, 66; — episcopus, 66.

Trenchefuyl (Willelmus de Aweltona dictus), rector ecclesie de Bertone, Norwicensis dioc., 63.

Trendringhe (ecclesia de), dioc. Londoniensis, 317.

Treventinus episcopus, 117.

Treverensis archidiaconus (Gerardus de Eppesleyn), 271 ; — canonicus (Johannes de Sirkis), 623;—diocesis, 321 ;—ecclesia, 321 ; — provincia, 101, 302, 303, 454, 455.

Tribuniensis ecclesia, 235.

Trinitatis (S.) Cathalaunensis ecclesia, 143.

Trinitatis (S.) Dublinensis ecclesia, 30, 31, 39.

Trinitatis (S.) de Exaquio monasterii abbas et conventus, ord. s. Benedicti, dioc. Constantiensis, 201.

Trinitatis (S.) Veronensis monasterii abbas, ord. s. Benedicti, 464.

Trinitatis (S.) Vindocinensis monasterium, ord. s. Benedicti, dioc. Carnotensis, 455, 457.

Triphonis (S.) de Urbe ecclesia parrochialis, 631.

Tripolitana civitas et diocesis, 183, 377; — diocesis, 142, 435 ; — ecclesia, 182, 183, 224, 356, 377, 486, 503, 504.

Tripolitanus archidiaconus (Pandulfus de Subura), 102, 146, 187, 251 ; — archidiaconus (Thomas Bisacie), 503, 504 ; — comes, 183, 378; — electus (Cinthius de Pinea), 182, 356, 377, 486; — episcopus (Bernardus), 377, 486; — episcopus (Paulus), 182, 224.

Trissulto (monasterium S. Bartholomei de), ord. Cartusiensis, dioc. Alatrine, 146.

Trojanus episcopus, 129, 130.

Trugillus, prepositus, postea electus Wibergensis, 8, 9.

Tuamensis archiepiscopus (Stephanus), 382, 390, 391, 393 ; — archiepiscopus (Thomas), 382 ; — civitas et diocesis, 382 ; — ecclesia, 382, 383.

Tudertina civitate et diocesi (decima Sicilie in), 18, 145, 147, 303, 376.

Tudertinus episcopus, 65. *Voyez* Andree (S.) Tudertini ecclesia, Benigni (S.) Tudertini monasterium.

Tuderto (Ugolinus de), frater ordinis Predicatorum, 636, 638.

Tullensis civitas et diocesis ,174, 551 ; — clericus (Henricus Nicolai dictus Guiot), 146; — guardianus Minorum, 452 ; — prior Predicatorum, 302, 303, 452.

Tulna (monasterium S. Crucis in), ord. s. Augustini, dioc. Pataviensis, 255, 256.

Tumba (Johanna, priorissa de), dioc. Senonensis, 179.

Tunitii tributum, 566.

Turmovilla(ecclesia de), ad Fiscannense monasterium pertinens, 265.

Turonensis archidiaconus (Johannes dictus Cardinalis), 513 ; — archiepiscopus, 259, 304, 513 ; — archiepiscopus (Bochardus *vel* Buchardus), 258, 264, 450 ; — canonicus (Petrus de Latyera), 356 ; — civitas et diocesis, 259, 260 ; — decanus (Egidius), 317; — ecclesia, 91, 258, 259, 264, 513 ; — electus (Oliverius de Credonio), 258; — moneta, 150, 199, 326, 336, 434, 435, 442, 474, 534, 613; — officialis, 118 ; — provincia, 183, 184. *Voyez* Majus Monasterium Turonense.

Turonis (Johannes de), civis Aurelianensis, 441.

Turre (Accoridos Gilii de), 311.

Turre (Hugo de), senescalcus Lugdunensis, 394.

Turris Gandulforum, castrum dioc. Albanensis, 584, 588. *Voyez* Gandulphis (castrum de).

Turris Londoniensis, 602.

Turris Todesca, castrum in dioc. Albanensi, 588.

Turritanus archiepiscopus, 104.

Turrite (castrum), in diocesi Nepesina, 582, 588.

Turvillis (ecclesia de), ad Fiscannense monasterium pertinens, 265.

Tuscanella et Viterbiensis diocesis, 582. *Voyez* Tuscanensis.

Tuscanense capitulum, 418, 419.

Tuscanensis civis (Accuntia), notarius apostolicus, 391 ; — civis (Deutabina), 391 ; — civitas et diocesis, 419 ; — diocesis, 64, 97, 98, 145, 359, 627 ; — ecclesia, 417, 418, 419 ; — electus (S.), 419 ; — episcopus, 419 ; — episcopus (Johannes), 414 ; — episcopus (P.), 418; — episcopus (Philippus), 417, 419. *Voyez* Viterbiensis.

Tuscia (beneficia ecclesiastica Guillelmi de Auterminellis in), 232 ; — (castra Honorii IV pape in), 582 ; — (decima Sicilie in), 18, 19, 98, 110, 145, 147, 188, 233, 303, 376, 532 ;—(militie Beate Marie prior provincialis in), 31 ; — (vicarius imperii in), 42, 379, 617.

Tuscie (Symon et Guido de Battifollis, comites palatini), 132, 133, 531.

Tusculana civitas et diocesis, 249 ; — diocesis, 376 ; — ecclesia, 347.

Tusculanus episcopus, 13, 68, 180 ; — episcopus (Johannes

W

Waterfordensis civitas et diocesis, 393 ; — ecclesia, 393 ; — episcopus, 390, 391 ; — episcopus (Stephanus), 382, 390, 391, 393; — episcopus (Walterus), 393.

Waudeke villa, dioc. Cameracensis, ad monasterium S. Cornelii de Yda pertinens, 124.

Wedersteden (monasterium de), ordinis s. Augustini, dioc. Halberstadensis, 610.

Wegga (Franco de), canonicus Cameracensis, 300, 301.

Welcau (Radulphus de), canonicus ecclesie S. Pauli Londoniensis, 407.

Wellis (ecclesia de), ad Fiscannense monasterium pertinens,265.

Werkin (parrochia ecclesie de), dioc. Tornacensis, 221.

Wernerus, archiepiscopus Maguntinus, 271.

Wessinsbrunnen (monasterium de), ord. s. Benedicti, dioc. Augustensis, 610.

Westimonasterii abbas, 407.

Wibergensis diocesis, 9; — ecclesia, 8, 9, 10, 505; — episcopus, 8; — episcopus (frater Petrus), 505.

Wibertus, abbas monasterii de Braudalo, 508, 509.

Wigorniensis diocesis, 361 ; — episcopus, 361 ; — episcopus (Gotifredus), 453.

Willelmus de Altona, presbyter dioc. Cicestrensis, 298, 299.

Willelmus de Aweltona, dictus Trenchefuyl, rector eccl. de Bertone, dioc. Norwicensis, 63.

Willelmus Camin, canonicus Aberdonensis, capellanus pape,572.

Willelmus de Glifford. Voyez Guillelmus.

Willelmus, decanus ecclesie S. Pauli Leodiensis, 126.

Wingham (ecclesia de), dioc. Cantuariensis, 421, 422, 423, 424.

Wissegradensis vel Wissegradensis ecclesia, 527, 623.

Witefine(ecclesiade),ad Fiscannense monasterium pertinens,265.

Wladislavie dominus (II.), 304. Voyez Wratislavie.

Wladislaviensis episcopus, 304.

Wolfranius de Linach, canonicus Herbipolensis, 404.

Wormaciensis (prepositus ecclesie S. Andree), 623.

Wratislavie dominus, 148 Voyez Wratislavie.

Wratislaviensis diocesis, 149.

Wullerana diocesis, 146.

Wyntoniensis diocesis, 246,

Wyveliforde (ecclesia de), dioc. Lincolniensis, 233, 234.

X

Xanctensis ecclesia, 376.

Xanctonenses canonici (Rampnulphus Fulcerii et Yterius Johannis), 399.

Xanctonensis scolasticus (Hugo), 209, 210. Voyez Marie (S.) Xanctonensis monasterium.

Y

Yardo (abbas monasterii S. Johannis de), dioc. Senonensis, 135, Ybernia, 38.

Yda (bona monasterii S. Cornelii de), dioc. Coloniensis, 123, 124.

Ylaria de Borno, priorissa S. Saturnini de Marempnia, postea S. Marie Xanctonensis abbatissa electa, 398, 399, 400, 401.

Ylerdensis ecclesia, 565.

Yndia (Raynerius Thomasi de), rector hospitalis novi Misericordie S. Spiritus Pisani, 55.

Yolendis, uxor Theoderici cirurgici, 150.

Yporensis civitas, 181.

Yporensis electus (F.), 514, 613.

Ysabella, abbatissa monasterii de Avenayo, 185.

Ysabella de Castello, abbatissa monasterii B. Marie Trecensis, electa abbatissa monasterii de Avenayo, 186, 480, 481.

Ysabella de S. Fidolo, cantrix, electa abbatissa monasterii B. Marie ad moniales Trecensis, 480, 481, 482, 483, 484.

Ysabella, comitissa Flandrie, 224, 592.

Ysabella de Fontaneto, monialis monasterii B. Marie ad moniales Trecensis, 480, 482, 483, 484.

Ysabella de Mermondia, monialis monasterii S. Crucis Pictavensis, 540.

Ysabella de Podia, monialis monasterii Fontis Ebraudi, abbatissa electa S. Crucis Pictavensis, 540.

Ysabella de Talamone, armariola monasterii S. Marie Xanctonensis, 399.

Ysabellis de Corlaon, monialis Kalensis monasterii, 135.

Yseni (Eberhardus de), canonicus Maguntinus, 622, 623.

Yspania. Voyez Hispania.

Yssiodoro (Guillelmus Girardi de), clericus dioc. Claromontensis, notarius apostolicus, 111.

Ysquetus Pauli, civis Aurelianensis, 444.

Yterius Johannis, canonicus Xanctonensis, 399.

Yva de Concis, monialis monasterii S. Marie Xanctonensis, 400.

Yva, abbatissa monasterii S. Marie Xanctonensis, 399.

Yvo, abbas monasterii Cluniacensis, 67, 287.

Z

Zacharias Expallerii de Guiore, clericus dioc. Lugdunensis, notarius apostolicus, 35.

Zamorrensis civitas et diocesis, 121; — ecclesia, 197, 198; — episcopus, 198 ; — episcopus (S.), 121. Voyez Marie (S.) Zamorrensis monasterium.

Zatch (ecclesia parrochialis de), dioc. Pragensis, 527.

ADDENDA ET CORRIGENDA

P. xv. M. L. Delisle a signalé dans la *Bibliothèque de l'Ecole des Chartes*, t. XLIX (1888), p. 272, une note marginale d'un manuscrit d'Eudes de Châteauroux, d'après laquelle Jacques Savelli, plus tard Honorius IV, alors cardinal-diacre de Sainte-Marie *in Cosmedin*, aurait assisté, comme délégué de Clément IV, au sacre de Charles d'Anjou, roi de Sicile.

P. xxv, ligne 26. *Au lieu de* Ricciardi, *lisez* Riccardi.

Col. 1, n° 1, ligne 6. *Au lieu de* fonds Moreau, *lisez* collection Moreau.

Col. 5, n° 5, ligne 4. *Au lieu de* anno primo, *lisez* anno quarto. — Même numéro, ligne 10. *Au lieu de* impendat, *lisez* recipiat.

Col. 8, n° 6, ligne 13. *Au lieu de* vicecancellerius, *lisez* vicecancellarius.

Col. 13, ligne 19. *Au lieu de* ae, *lisez* ac.

Col. 16, n° 12, ligne 11. *Au lieu de* premaximis, *lisez* permaximis. — Même numéro, ligne 13. *Au lieu de* dampnatibus, ausibus, *lisez* dampnabilibus ausibus.

Col. 17, ligne 12. *Au lieu de* Regina, *lisez* Regino.

Col. 45, article 4, ligne 5. *Le manuscrit porte* excedat *qu'il faut corriger en* excedant, *et à la 6ᵉ ligne* fuerit *qu'il faut corriger en* fuerint.

Col. 47, article 16, ligne 4. *Au lieu de* vel ecclesia de illo, *lisez* vel ecclesia, de illo.]

Col. 49, ligne 6. *Au lieu de* aliter si, *lisez* aliter, si.

Col. 57, n° 67, ligne 13. *Le manuscrit porte ici* Aque torte, *et partout ailleurs* Aque orte.

Col. 65, n° 79. La bulle n° 79 est indiquée dans Potthast sous le n° 22506, à la date du 9 août 1286.

Col. 66, n° 83, ligne 6. *Au lieu de* Villaxacina, *leçon du manuscrit, lisez* Villa Xativa.

Col. 70, n° 95. *Au lieu de* Trivoli, *lisez* Tivoli.

Col. 78, art. 16, ligne 34. *Au lieu de* non petita. Emptitia vero, *lisez* non petita; emptitia vero. — Même art., ligne 35. *Mettre une virgule entre* debetur *et* dummodo. — Ligne 36. *Supprimer la virgule entre* emptitiorum *et* delatio.

Col. 80, art. 20, ligne 21. *Mettre une virgule après* irrogetur.

Col. 82, art. 31, ligne 3. *Mettre une virgule après* fraude.

Col. 83, art. 37, ligne 3. Rationes, *corrigez* ratione.

Col. 88, art. 11, ligne 3. *Au lieu de* anferant, *lisez* auferant.

Col. 95, ligne 29. *Au lieu de* et, *lisez* eis.

Col. 104, n° 121, ligne 11. *Au lieu de* ascendi, *lisez* ascendit.

Col. 105, n° 127, ligne 3. *Au lieu de* Gillebertun, *lisez* Gillebertum.

Col. 117, n° 142, ligne 4. *Au lieu de* Lexoviensem ad, *lisez* Lexoviensem peremptorie citent ut ad.

Col. 123. La bulle n° 150 est indiquée par Potthast, sous le n° 22281, à la date du 21 août 1285.

Col. 124, n° 151, ligne 3. *Au lieu de* Bromhola, *lisez* Bronihola.

Col. 127, n° 157, lignes 2 et 3. *Au lieu de* Urberetani, *lisez* Urbevetani.

Col. 135, ligne 32. *Au lieu de* V., *lisez* U[bertum].

Col. 142, n° 184, ligne 17. *Au lieu de* Assisium, *lisez* assisium.

Col. 143, n° 186, ligne 10. *Au lieu de* societatum, *lisez* societatibus.

Col. 158, ligne 14. *Après* interfuit, *mettez* : (sic).

Col. 173, n° 209. *Au lieu de* Sainte-Sabine, *lisez* Saint-Pierre.

Col. 175, n° 214, ligne 3. *Au lieu de* Nidroniensi, *lisez* Nidrosiensi.

Col. 181, n° 228, ligne 10. *Au lieu de* Sporensis, *lisez* Yporensis.

Col. 186, ligne 33. *Au lieu de* quamplurinum, *lisez* quamplurimum.

Col. 188, n° 242, ligne 1. *Au lieu de* 1285, *lisez* 1286.

Col. 211, ligne 36. *Au lieu de* 274, *lisez* 275.

Col. 215, ligne 11. *Au lieu de* ecclesiam, *lisez* ecclesiam.

Col. 220, ligne 10. *Le manuscrit porte* Antine, *qu'il faut corriger en* Atine.

Col. 239, n° 317, ligne 13. *Au lieu de* conferenda, *lisez* conferendam.

Col. 242, ligne 18. Electionem, *corrigez* electione. — *Même col.*, ligne 35. Cesseris, *corrigez* cesserit. — Ligne 37. Nominaret, *corrigez* nominarent.

Col. 247, n° 328, ligne 5. *Après* civitatis, *ajoutez* ex altera.

Col. 250, n° 334, ligne 2. *Au lieu de* indulget, *lisez* indulget.

Col. 287, n° 400. Cette bulle est probablement celle que Potthast indique sous le n° 22447, sans date.

Col. 291, n° 411. Cette bulle est probablement celle que Potthast indique sous le n° 22431.

Col. 300, ligne 39. *Au lieu de* Haynonie, *lisez* Haynonia.

Col. 306, ligne 39. *Au lieu de* R. abbas, *lisez* P. abbas.

Col. 311, ligne 48. *Au lieu de* supradicta, *lisez* suprascripta.

Col. 312, ligne 21. *Au lieu de* singulis presens, *lisez* singulis attendendis et firmiter observandis, ego Matheus Christophani, auctoritate Sedis Apostolice notarius constitutus, predictis omnibus et singulis presens.

Col. 315, n° 443, ligne 16. *Au lieu de* bonis episcopi, *lisez* bonis ipsius episcopi.

Col. 316, n° 489, ligne 8 du texte. *Au lieu de* terra, *lisez* tera, *qui est la leçon du manuscrit.*

Col. 317, ligne 12. *Au lieu de* anbaxatoribus, *lisez* anbascatoribus, *leçon du manuscrit.*

Col. 354, ligne 6. *Au lieu de* fonds Moreau, *lisez* collection Moreau.

Col. 368, n° 529. Cette bulle est indiquée par Potthast, sous le n° 22454, à la date du 23 mai 1286.

Col. 375, ligne 33. Sed dictus Ubertus. *Le manuscrit porte* : sed dicto Uberto.

Col. 377, n° 543, ligne 3. *Au lieu de* episcopum, *lisez* archiepiscopum.

Col. 387, n° 559, ligne 14. *Au lieu de* si, *lisez* sibi.

Col. 392, n° 569, ligne 7. *Au lieu de* fonds Moreau, *lisez* collection Moreau.

Col. 394, n° 573, ligne 4. Même correction.

Col. 396, ligne 30. *Au lieu de* directionis, *lisez* direptionis.

Col. 397, n° 577, ligne 5. *Au lieu de* curet, *lisez* curent.

Col. 401, n° 582, ligne 3. *Au lieu de* episcopum, *lisez* archiepiscopum.

Col. 409, ligne 38. *Au lieu de* predictorum, *lisez* ipsorum.

Col. 420, ligne 25. Permisisse; *le manuscrit porte* promisisse.

Col. 435, n° 618, ligne 4. *Au lieu de* Asisium, *lisez* asisium.

Col. 436, ligne 2. Même correction.

Col. 461, n° 653, ligne 2. *Au lieu de* regi, *lisez* regine.

Col. 461, n° 654, ligne 2. Même correction.

Col. 497, ligne 6. *Au lieu de* Bevere nec, *lisez* Bevere, poterunt in aliquo impedire cursum aque Bevere, nec.

Col. 498, ligne 14. Modice; *le manuscrit porte* modicum.

Col. 528, ligne 16. *Au lieu de* Aymone ac, *lisez* Aymone suisque electoribus seu postulatoribus ad respondendum positionibus predictis citatis, et ab eodem Aymone ac.

Col. 563, n° 809. Cette bulle est indiquée par Potthast, sous le n° 22541, à la date du 30 novembre 1286.

Col. 564, ligne 26. *Au lieu de* confugere, *lisez* consurgere.

Col. 565, ligne 6. *Au lieu de* Calatambo, *lisez* Calataiubo.

Col. 582, ligne 11. *Au lieu de* Castri Versani, *lisez* castri Cersani.

Col. 595. Entre le n° 843 et le n° 844, il faut intercaler la bulle suivante, adressée à Edouard, roi d'Angleterre, et donnée à Tivoli le 5 août 1285; je ne l'ai connue, ainsi que deux autres, qu'après l'impression de l'*Appendice*. On en trouvera l'analyse dans l'*Introduction*, p. lviii. Elle est conservée en expédition originale à Londres, *Record Office, Papal bulls, box* 18, n° 25.

« Honorius, episcopus, servus servorum Dei, carissimo in Christo filio .. regi Anglie illustri, salutem et apostolicam benedictionem. Solita benignitate recepimus regalis celsitudinis litteras nobis per dilectum filium magistrum Willelmum, serenitatis. regie nuntium, latorem presentium, destinatas quarum inter cetera tenor habebat quod, intellectis nostre promotionis auspiciis, affluenti letitia exultasti; set hec affectio tam sincera sicut exhuberantem precordiis regiis jocunditatem suggerit, sic ingentis ad nos compassionis affectum debet pariter suadere quoniam summi pontificii altitudo summi ponderis sarcinam secum trahit, et sicut honorat, sic onerat, sicut elevat, ita premit et quemadmodum ad generale dominium ampliat, sic et artat ad publicam servitutem. Prosequimur autem uberibus actionibus gratiarum tam affectuose sollicitudinis studia ut tuas nobis speciales litteras et prefatum nuntium destinares, per eos magnitudinem regiam tuique animi promptitudinem quam acceptissimam gerimus, nostris et Apostolice Sedis beneplacitis offerendo. Porro sublimitas regia per easdem litteras postulavit ut ad pacem et concordiam inter carissimum in Christo filium nostrum Philippum, regem Francorum illustrem, et Petrum, quondam regem Aragonum, reformandas benigne intendere curaremus. Nos vero, considerantes attentius multam pectoris regii puritatem ac innate tibi affluentiam bonitatis que tam salubris sollicitudinis studium sensibus regiis assumere persuasit, tuam in hoc intentionem laudabilem piumque propositum multipliciter commendamus, cum patulis innotescat indiciis quod ad pacem populi christiani et quietem fidelium procurandam ac illorum evitanda discrimina fervens dirigitur desiderium cordis tui, hec nimirum et nos admodum cupimus et, exigente officio pastorali, non solum inter regias et sublimes, verum etiam inferiores personas desiderare debemus, presertim ut humani effusio sanguinis et animarum pericula evitentur. Verum notitiam regiam latere non credimus quam presumptuosus, quam temerarius et superbus in assumpta nequitia contra Deum et ecclesiam attemptata memoratus Petrus extiterit, quam etiam in prosecutione illius se reddiderit contumacem, cum multociens et publice monitus nec litteras nec nuntium quemlibet ad Sedem Apostolicam destinarit ad sue saltem contumacie pertinaciam excusandam. Nec ignoras, fili carissime, cum in totius pene sit orbis notitiam jam perductum, quam graviter et quam dure Romanam in intimis sauciarit ecclesiam et quam diris quamque acerbis punctionibus infra cordis uterum illam afflixerit Petri memorati nequitia, peculiarem terram illius, videlicet Sicilie insulam, contra Deum, contra fas et licitum, temerariis ausibus occupando et detinendo taliter occupatam, ut alias graves et enormes injurias non facile utique numerandas ipsi ecclesie suisque fidelibus ab eodem Petro illatas sera silentii concludamus, propter quod ecclesia eadem, cum sibi tunc ad ipsius Petri conatus nepharios reprimendos aliud se remedium non offerret, regnum Aragonie ac terras alias quas Petrus ipse tenebat, exposuit occupanda catholicis, cum tam illis quam honore regio, justicia exigente, privando regemque deputando prefatum ad hujusmodi negotium exequendum, qui tanquam christianissimus princeps et devotissimus ecclesie filius, ob reverentiam Dei et pro bono statu ipsius ecclesie ac populi christiani, negotium ipsum laboriosum et sumptuosum ac periculosum quantumlibet in spiritu humilitatis et devotionis assumpsit, se suosque liberos ac innumerum multitudinem gentis sue dispendiosis eventibus exponendo; unde rex ipse non immerito de ecclesia queri posset, sibique ab ea digne reputaret illusum si, eo tam ferventer, tam potenter tamque magnifice prefatum negotium prosequente, prout ipsa facti evidentia manifestat, dicta ecclesia inter cum et prelibatum Petrum, nulla signa penitudinis pretendentem, quin immo in sua contumacia obstinatum et insistentem pro viribus persecutioni ecclesie supradicte, concordie sive pacis tractatum assumeret reformande. Rogamus igitur excellentiam regiam et hortamur in filio Dei patris quatinus, premissis ad recte considerationi perductis examen, egre vel moleste non feras si hujusmodi petitioni regie ad presens non duximus annuendum. Dat. Tibure, nonis augusti, pontificatus nostri anno primo. »

Col. 611. A intercaler entre le n° 887 et le n° 888 la bulle suivante, conservée en expédition originale à Londres, *Record office, Papal bulls, box* 18, n° 30.

« Honorius, episcopus, servus servorum Dei, dilecto filio priori de Hurle, Saresbiriensis diocesis, salutem et apostolicam benedictionem. Ad audientiam nostram pervenit quod tam prior et conventus monasterii Sancte Trinitatis Londoniensis, per priorem soliti gubernari, ordinis sancti Augustini, quam

predecessores eorum decimas, terras, domos, vineas, prata, pascua, nemora, molendina, grangias, silvas, jura, jurisdicdictiones, maneria, possessiones et nonnulla alia bona ipsius monasterii, datis super hoc litteris, factis renunciationibus, juramentis interpositis et penis adjectis in gravem ejusdem monasterii lesionem, nonnullis clericis et laicis, aliquibus eorum ad vitam, quibusdam vero non ad modicum tempus et aliis perpetuo ad firmam vel sub censu annuo concesserunt, quorum aliqui super hiis confirmationis litteras in forma communi a Sede Apostolica impetrasse dicuntur; quia vero nostra interest lesis monasteriis subvenire, discretioni tue per apostolica scripta mandamus quatinus ea que de bonis ipsius monasterii per concessiones hujusmodi alienata inveneris illicite vel distracta, non obstantibus litteris, renunciationibus, juramentis, penis et confirmationibus supradictis ad jus et proprietatem prefati monasterii legitime revocare procures, contradictores per sententiam apostolicam, appellatione postposita, compescendo; testes autem qui fuerint nominati, si se gratia, odio vel timore subtraxerint, censura simili, appellatione cessante, compellas veritati testimonium perhibere. Dat. Rome apud Sanctam Sabinam, III nonas februarii, pontificatus nostri anno primo. »

Col. 623. A intercaler entre le n° 933 et le n° 934 la bulle suivante, donnée à Sainte-Sabine, le 27 mai 1286, d'après un vidimus du 26 octobre 1305, conservé à Londres, *Record office, Papal bulls, box* 18, n° 22.

« Honorius, episcopus, servus servorum Dei, dilectis filiis .. decano Xanctoniensis, et magistro Raymundo, canonico Sancti Severini Burdegalensis ecclesiarum, salutem et apostolicam benedictionem. Grandis affectus quem ad personam carissimi in Christo filii nostri. E., regis Anglie illustris, gerimus, merito nos inducit ut ad illos qui ejus insistunt negociis, intuitu ipsius apostolice provisionis dexteram extendamus. Ejusdem itaque regis precibus favorabiliter annuentes, faciendi recipi sex clericos dicti regis ad hoc ydoneos, quos idem rex ad id duxerit nominandos, in Vasatensi, Agennensi, Sancti Severini Burdegalensi, Aquensi, Lectorensi et Engolismensi ecclesiis, singulos eorundem videlicet in singulis ecclesiarum ipsarum, in canonicos et in fratres, ac providendi eis de prebendis nulli alii de jure debitis, si in ecclesiis ipsis vacant ad presens vel quam primum ad id optulerit se facultas, non obstantibus de certis canonicorum numeris et quibuslibet aliis statutis vel consuetudinibus earundem ecclesiarum contrariis, juramentis, confirmationibus Sedis Apostolice vel quibuscumque aliis firmitatibus roboratis, aut si pro aliis apostolica scripta in eisdem ecclesiis sint directa, quibus per hoc nolumus prejudicium generari, sive si aliquibus a prefata sede indultum existat quod ad receptionem vel provisionem alicujus minime teneantur, quodque ad id compelli aut quod interdici, suspendi, vel excommunicari non possint, seu quod de prebendis ecclesiarum ipsarum ac beneficiis ad eorum collationem spectantibus nequeat alicui provideri per litteras apostolicas non facientes plenam et expressam de verbo ad verbum de indulto hujusmodi mentionem et qualibet dicte sedis indulgentia generali vel speciali, cujuscumque tenoris existat, per quam presentibus non expressam vel totaliter non insertam effectus hujusmodi gratie impediri valeat vel differri, et de qua in nostris litteris specialis mentio sit habenda, necnon contradictores super hoc per censuram ecclesiasticam, appellatione postposita, compescendi, plenam et liberam vobis concedimus tenore presentium facultatem. Dat. Rome apud Sanctam Sabinam, VI kal. junii, pontificatus nostri anno secundo. »

Col. 832. *Au lieu de* Bromhola, *lisez* Bronihola.

Col. 834. *Au lieu de* Calatambo, *lisez* Calataiubo.

Col. 836. *Entre* Carmaniolus *et* Carmignano, *intercalez* : Carmeli (fratres ordinis B. Marie de Monte), 233.

Col. 837. *Au lieu de* Castrum Versani, *lisez* Castrum Cersani.

Col. 838. Cersani (castrum). *Ajoutez* 582.

Col. 919. *Au lieu de* Spiliati vel Spill, *lisez* Spiliati vel Spillati.

IMPRIMERIE GÉNÉRALE DE CHATILLON-SUR-SEINE. — A. PICHAT.

Ernest THORIN, Editeur, rue de Médicis, 7, à Paris.

BIBLIOTHÈQUE DES ÉCOLES FRANÇAISES D'ATHÈNES ET DE ROME

DEUXIÈME SÉRIE (Format grand in-4° raisin).

1° LES REGISTRES D'INNOCENT IV publiés ou analysés d'après les manuscrits originaux du Vatican et de la Bibliothèque nationale de Paris, par M. Elie Berger, membre de l'Ecole française de Rome, lauréat de l'Institut de France. Grand in-4° sur deux colonnes.
N. B. Ce grand ouvrage paraît par fascicules de dix à quinze feuilles environ. Il se composera de 270 à 300 feuilles, formant 3 beaux volumes grand in-4°. — Le prix de la souscription est établi à raison de *cinquante centimes* par feuille. Aucun fascicule n'est vendu séparément. Les cinq premiers fascicules formant le tome Ier complet et les fascicules I et II du tome II ont paru. Prix de ces 7 fascicules : 62 fr. Le 8e est sous presse.

2° LE REGISTRE DE BENOIT XI Recueil des bulles de ce pape, publiées ou analysées d'après le manuscrit original des archives du Vatican, par M. Ch. Grand-Jean, membre de l'Ecole française de Rome. — Cet ouvrage formera un beau volume grand in-4° raisin, à deux colonnes, en beaux caractères neufs. Il sera publié par fascicules de 15 à 20 feuilles environ, de 8 pages chacune, avec couverture imprimée. Le prix est fixé à *soixante centimes* par chaque feuille de texte, et à *un franc* par chaque planche de fac-similé. Aucun fascicule ne sera vendu séparément. Tout souscripteur s'engage à retirer les livraisons au fur et à mesure qu'elles paraissent. L'ouvrage complet se composera de 80 à 100 feuilles. — Les quatre premiers fascicules sont en vente. Prix : 43 fr. 80 c. — Le 5e et dernier fascicule est sous presse.

3° LE LIBER PONTIFICALIS Texte, introduction et commentaire, par M. l'abbé L. Duchesne, ancien membre de l'Ecole française de Rome, maître de conférences à l'Ecole pratique des hautes études. — Cet ouvrage sera publié en deux volumes grand in-4° et formera environ 180 feuilles de texte, avec planches; le prix en est établi à raison de *soixante centimes* par chaque feuille de texte et de *un franc* par chaque planche de fac-similé. Aucun fascicule n'est vendu séparément. Les trois premiers fascicules, formant le 1er volume en entier sont en vente. Prix : 68 fr.

4° LES REGISTRES DE BONIFACE VIII Recueil des bulles de ce pape, publiées ou analysées par MM. Georges Digard, Maurice Faucon et Antoine Thomas, anciens élèves de l'Ecole des Chartes, membres de l'Ecole française de Rome. — Cet ouvrage formera 3 volumes gr. in-4° à deux colonnes et sera publié en 260 feuilles de texte environ. Le prix de chaque feuille est fixé à *soixante centimes*. Les planches qui pourraient être publiées hors texte seront vendues 1 franc. — Aucun fascicule n'est vendu séparément. Les trois premiers fascicules sont en vente. Prix de ces trois fascicules : 33 fr.

5° LES REGISTRES DE NICOLAS IV Recueil des bulles de ce pape publiées ou analysées par M. Ernest Langlois, membre de l'Ecole française de Rome.
— *N. B.* Cet ouvrage formera environ 120 feuilles, divisées en 2 vol. gr. in-4° raisin à deux colonnes. Le prix de la souscription est établi à raison de *soixante centimes* par chaque feuille de texte. Les planches hors texte qui pourront être publiées seront vendues *un franc* chacune. — Aucun fascicule n'est vendu séparément. Le premier fascicule est en vente. Prix : 10 francs 20 centimes.

6° LE LIBER CENSUUM DE L'ÉGLISE ROMAINE Publié avec une préface et un commentaire par M. Fabre, membre de l'Ecole française de Rome. — *N. B.* Cet ouvrage formera environ 130 à 150 feuilles, divisées en 2 volumes. Le prix de la souscription est établi à raison de *soixante centimes* par chaque feuille de texte. Les planches hors texte qui pourront être publiées seront vendues *un franc* chacune. — Aucun fascicule ne sera vendu séparément. Le premier fascicule est sous presse.

7° LES REGISTRES D'HONORIUS IV Recueil des bulles de ce pape publiées ou analysées d'après les manuscrits originaux des archives du Vatican, par M. Maurice Prou, membre de l'Ecole française de Rome. — Cet ouvrage formera un beau vol. gr. in-4° à deux colonnes, divisé en fascicules de 10 à 15 feuilles environ. Le prix de chaque feuille est fixé à *soixante centimes*. — Aucun fascicule ne sera vendu séparément. L'ouvrage complet formera de 70 à 80 feuilles. Les deux premiers fascicules sont en vente. Prix : 18 fr.

8° LA NÉCROPOLE DE MYRINA Notice sur les fouilles archéologiques exécutées par l'Ecole française d'Athènes, de 1880 à 1882, par MM. E. Pottier et S. Reinach, anciens membres de l'Ecole française d'Athènes. — Ce magnifique ouvrage formera deux vol. gr. in-4°, dont un de texte et un de 52 planches (dont 50 héliogravures Dujardin). La 1re partie est en vente. — Prix de l'ouvrage complet : 120 fr. — Pour les souscripteurs avant la publication du second volume : 100 fr.

9° LES REGISTRES DE GRÉGOIRE IX publiés ou analysés d'après les manuscrits originaux du Vatican, par M. L. Auvray, archiviste-paléographe, membre de l'Ecole française de Rome. — Cet ouvrage formera deux volumes grand in-4°, et sera publié par livraisons de 15 à 20 feuilles environ, au prix de *soixante centimes* par feuille. — L'ouvrage complet formera environ 150 à 160 feuilles.

Imprimerie générale de Châtillon-sur-Seine. — A. Pichat.

BIBLIOTHÈQUE DES ÉCOLES FRANÇAISES D'ATHÈNES & DE ROME
PUBLIÉE
SOUS LES AUSPICES DU MINISTÈRE DE L'INSTRUCTION PUBLIQUE

2ᵉ SÉRIE.   VII. 4

LES

REGISTRES D'HONORIUS IV

RECUEIL DES BULLES DE CE PAPE

PUBLIÉES OU ANALYSÉES

D'APRÈS LE MANUSCRIT ORIGINAL DES ARCHIVES DU VATICAN

PAR

M. MAURICE PROU

ANCIEN MEMBRE DE L'ÉCOLE FRANÇAISE DE ROME, ANCIEN ÉLÈVE DE L'ÉCOLE DES CHARTES, ÉLÈVE DIPLÔMÉ DE L'ÉCOLE DES HAUTES ÉTUDES

QUATRIÈME FASCICULE

Texte (feuilles 46 à 59, colonnes 721 à 942). Introduction (feuilles *a* à *o*, pages ı à cxv)
Titre de l'ouvrage, avec couverture du volume.

PARIS
ERNEST THORIN, ÉDITEUR
LIBRAIRE DU COLLÈGE DE FRANCE, DE L'ÉCOLE NORMALE SUPÉRIEURE,
DES ÉCOLES FRANÇAISES D'ATHÈNES ET DE ROME
DE LA SOCIÉTÉ DES ÉTUDES HISTORIQUES
7, RUE DE MÉDICIS, 7

NOVEMBRE 1888

Ernest THORIN, Éditeur, rue de Médicis, 7, à Paris.

BIBLIOTHÈQUE DES ÉCOLES FRANÇAISES D'ATHÈNES ET DE ROME

PREMIÈRE SÉRIE (Format in-8° cavalier).

ancien membre de l'École française d'Athènes, professeur à la Faculté des lettres de Toulouse............... 5 fr.

FASCICULE TRENTE-SEPTIÈME. — Les transformations politiques de l'Italie sous les empereurs romains (43 av. J.-C.-330 apr. J.-C.), par M. Camille Jullian, ancien membre de l'École française de Rome, professeur à la Faculté des lettres de Bordeaux. 4 fr. 50

FASCICULE TRENTE-HUITIÈME. — La vie municipale en Attique. Essai sur l'organisation des dèmes au quatrième siècle, par B. Haussoullier, maître de conférences à l'École des Hautes Études, ancien membre de l'École française d'Athènes................... 5 fr.

FASCICULE TRENTE-NEUVIÈME. — Les figures criophores dans l'art grec, l'art gréco-romain et l'art chrétien, par M. A. Veyries, ancien membre de l'École française d'Athènes.................. 2 fr. 25

FASCICULE QUARANTIÈME. — Les ligues étolienne et achéenne, leur histoire et leurs institutions, nature et durée de leur antagonisme, par M. Marcel Dubois, ancien membre de l'École française d'Athènes, maître de conférences à la Faculté des lettres de Paris (avec deux cartes coloriées).............. 7 fr.

FASCICULE QUARANTE ET UNIÈME. — Les stratèges athéniens, par M. Am. Hauvette-Besnault, ancien membre de l'École française d'Athènes, maître de conférences à la Faculté des lettres de Paris.......... 5 fr.

FASCICULE QUARANTE-DEUXIÈME. — Étude sur l'histoire des sarcophages chrétiens. — Catalogue des sarcophages chrétiens de Rome qui ne se trouvent point au musée du Latran, par René Grousset, ancien membre de l'École de Rome. 3 fr. 50

FASCICULE QUARANTE-TROISIÈME. — La librairie des Papes d'Avignon. — Sa formation, ses catalogues (1316-1420), d'après les registres de comptes et d'inventaires des archives vaticanes, par M. Maurice Faucon, ancien membre de l'École française de Rome. Tom, Ier, 8 fr. 50

FASCICULES QUARANTE-QUATRIÈME et QUARANTE-CINQUIÈME. — La France en Orient au XIVe siècle, Expéditions du maréchal Boucicaut, par M. Delaville le Roulx, ancien membre de l'École française de Rome, docteur ès-lettres, 2 beaux volumes............ 25 fr.

FASCICULE QUARANTE-SIXIÈME. — Les Archives angevines de Naples. — Étude sur les Registres du roi Charles Ier (1265-1285), par M. Paul Durrieu, Tom. Ier................ 8 f. 50

references à la Faculté des lettres de Nancy, ancien membre de l'École française de Rome. 1 fort vol. .... 18 fr.

FASCICULE QUARANTE-HUITIÈME. — La Bibliothèque du Vatican au XVe siècle, d'après des documents inédits. Contributions pour servir à l'histoire de l'humanisme, par MM. Eugène Muntz et Paul Fabre. 12 fr. 50

FASCICULE QUARANTE-NEUVIÈME. — Les archives de l'intendance sacrée à Délos (315-346 av. J.-C.), par M. Théophile Homolle, ancien membre de l'École française d'Athènes, professeur suppléant au collège de France (avec une planche en héliogravure)............... 5 fr. 50

FASCICULE CINQUANTIÈME. — La Librairie des Papes d'Avignon, sa formation, sa composition, ses catalogues (1316-1420), d'après les Registres de comptes et d'inventaires des archives vaticanes, par M. Maurice Faucon, Tom. IIe et dernier................... 7 fr. »»

FASCICULE CINQUANTE-ET-UNIÈME. — Les archives angevines de Naples. Étude sur les Registres du roi Charles Ier (1267-1285), par M. Paul Durrieu. Tome II et dernier (avec 4 planches doubles en héliogravure)... 14 fr.

FASCICULE CINQUANTE-DEUXIÈME. — Le Sénat romain depuis Dioclétien, à Rome et à Constantinople, par Ch. Lécrivain, maître de conférences à la Faculté des Lettres de Toulouse.................... 6 fr. »»

FASCICULE CINQUANTE-TROISIÈME. — Études sur l'administration byzantine dans l'exarchat de Ravenne (568-751), par Charles Diehl, ancien membre des Écoles françaises de Rome et d'Athènes................ 10 fr.

FASCICULE CINQUANTE-QUATRIÈME. — Lettres inédites de Michel Apostolis, publiées d'après les manuscrits du Vatican, avec des Opuscules inédits du même auteur, une introduction et des notes, par Hippolyte Noiret, membre de l'École française de Rome (avec une planche en héliogravure.) (sous presse.)

FASCICULE CINQUANTE-CINQUIÈME. — Études d'archéologie byzantine.— L'église et les mosaïques du couvent de Saint-Luc en Phocides, par Charles Diehl, (avec sept bois intercalés dans le texte, et une planche hors texte) (sous presse)

FASCICULE CINQUANTE-SIXIÈME. — Documents inédits pour servir à l'histoire de la domination vénitienne en Crète, de 1380 à 1499, tirés des archives de Venise, publiés ou analysés par Hippolyte Noiret. (sous presse)

N. B.— Les fascicules 54, 55 et 56 paraîtront en Décembre 1888.

HISTOIRE
DE LA LITTÉRATURE GRECQUE

PAR MM.

ALFRED CROISET
Membre de l'Institut, professeur à la Faculté des Lettres de Paris.

MAURICE CROISET
Professeur de langue et de littérature grecques à la Faculté des lettres de Montpellier.

TOME PREMIER
Homère. — La poésie cyclique — Hésiode.

Par M. Maurice CROISET

Un beau vol. in-8°. ..... 8 francs.

N.-B. Cet ouvrage formera 5 vol. Les tomes II et III sont sous presse.

ANTONIN LE PIEUX
ET SON TEMPS

ESSAI SUR L'HISTOIRE DE L'EMPIRE ROMAIN,
AU MILIEU DU DEUXIÈME SIÈCLE
(138-161)

Par G. LACOUR-GAYET

ancien membre de l'École normale supérieure, docteur ès-lettres, professeur ancien membre de l'École française de Rome agrégé d'histoire au lycée Saint-Louis.

Un fort volume gr. in-3 raisin. — Prix : 12 fr.

EN COURS DE PUBLICATION :

MOMMSEN (Th.) et MARQUARDT (J.) — Manuel des Antiquités romaines, traduit de l'allemand et publié sous la direction de M. Gustave Humbert, professeur honoraire de la Faculté de droit de Toulouse, ancien procureur général près la Cour des comptes, ancien ministre de la justice, vice-président du Sénat. 15 tomes en 16 vol. gr. in-8° raisin.

PREMIÈRE SECTION

Le Droit public romain, par Th. Mommsen, traduit de l'allemand avec l'autorisation de l'auteur et de l'éditeur allemand, par Paul-Frédéric Girard, professeur agrégé de droit romain à la Faculté de droit de Paris. 7 tomes en 8 vol.

1re partie : La magistrature, 2 vol. — 2e partie : Les différentes magistratures, 3 vol.— 3e partie : Le Peuple et le Sénat, 2 tomes en 3 volumes.

DEUXIÈME SECTION

L'Administration romaine, par J. Marquardt, traduite de l'allemand avec l'autorisation de l'auteur et de l'éditeur allemand.
1re partie : Organisation de l'Empire romain, traduite en français par MM. A. Weiss et Paul Louis-Lucas, professeurs agrégés à la faculté de droit de Dijon. — 2e partie : L'organisation financière, traduit : 10 fr. et l'organisation militaire, traduites en français par M. A. Vigié, doyen de la Faculté de droit de Montpellier, lauréat de l'Institut de France. — 3e partie : Le Culte, traduite en français par M. Brissaud, prof. agrégé à la Faculté de droit de Toulouse, 2 volumes.

TROISIÈME SECTION

La Vie privée des Romains, par J. Marquardt, traduite de l'allemand en français, avec l'autorisation de l'auteur et de l'éditeur allemand, par MM. Paul Louis-Lucas et A. Weiss, professeurs agrégés à la Faculté de droit de Dijon.

EN VENTE :

Le Droit public romain, par Th. Mommsen, traduit par M. Paul-Frédéric Girard, professeur de droit romain à la Faculté de droit de Paris. Tome Ier. 1 vol. .... **10 fr.**
—   do   — Tome VI, 1re partie, 1 vol. **10 fr.**
L'organisation romaine, par J. Marquardt, traduit par MM A. Weiss et Paul Louis-Lucas. Tome Ier. 1 vol. **10 fr.**
L'organisation financière des Romains, par J. Marquardt, traduit par M. A. Vigié. 1 vol. **10 fr.**

SOUS PRESSE, pour paraître dans le courant de 1889 :

L'organisation romaine, par J. Marquardt, traduit par MM. A. Weiss et Paul Louis-Lucas. Tome 2°.
Le Culte, par J. Marquardt, traduit par M. Bussaud. 2 volumes.
Le Droit public romain, par Th. Mommsen, traduit par M. Paul-Frédéric Girard, tome VI, 2e partie, et tome VII.

ERNEST THORIN, Editeur, rue de Médicis, 7, à PARIS.

BIBLIOTHÈQUE DES ÉCOLES FRANÇAISES D'ATHÈNES ET DE ROME

DEUXIÈME SÉRIE (Format grand-in-4° raisin).

ÉTAT DE LA PUBLICATION AU 15 NOVEMBRE 1888

OUVRAGES EN COURS DE PUBLICATION

1° LES REGISTRES D'INNOCENT IV publiés ou analysés d'après les manuscrits originaux du Vatican et de la Bibliothèque nationale par M. Elie BERGER, ancien membre de l'Ecole française de Rome. Grand in-4° sur deux colonnes.

L'Académie des Inscriptions et Belles-Lettres a décerné à l'auteur, pour cet ouvrage, le PREMIER PRIX GOBERT (séance du 1er juin 1888).

N. B. Ce grand ouvrage paraît par fascicules de dix à quinze feuilles environ. Il se composera de 270 à 300 feuilles environ, formant 4 beaux volumes gr. in-4°.—Le prix de la souscription est établi à raison de *cinquante centimes* par feuille. Aucun fascicule n'est vendu séparément. Les huit premiers fascicules, formant les tomes I et II, ont paru. Prix de ces deux volumes : 80 fr. 75. — Le neuvième fascicule est sous presse.

2° LE REGISTRE DE BENOIT XI Recueil des bulles de ce pape, publiées ou analysées d'après le manuscrit original des archives du Vatican, par M. Ch. GRAND-JEAN, membre de l'Ecole française de Rome. — Cet ouvrage formera un beau volume grand in-4° raisin, à deux colonnes, en beaux caractères neufs. Il est publié par fascicules de 15 à 20 feuilles environ, de 8 pages chacune, avec couverture imprimée. Le prix est fixé à *soixante centimes* par chaque feuille de texte, et à *un franc* par chaque planche de fac-similé. Aucun fascicule n'est vendu séparément. Tout souscripteur s'engage à retirer les livraisons au fur et à mesure qu'elles paraissent. L'ouvrage complet se composera de 80 à 100 feuilles. — Les quatre premiers fascicules sont en vente. Prix : 43 fr. 80 c. — Le 5e et dernier fascicule est sous presse.

3° LE LIBER PONTIFICALIS Texte, introduction et commentaire, par M. l'abbé L. DUCHESNE, ancien membre de l'Ecole française de Rome, maître de conférences à l'Ecole pratique des hautes études. — Cet ouvrage sera publié en deux volumes grand-in-4° raisin et formera environ 180 feuilles de texte, avec planches; le prix en est établi à raison de *soixante centimes* par chaque feuille de texte et de *un franc* par chaque planche de fac-simile. Aucun fascicule n'est vendu séparément. Les quatre premiers fascicules, formant le 1er volume en entier et le commencement du tome II, sont en vente. Prix : 83 fr. — Le 5e fascicule est sous presse.

4° LES REGISTRES DE BONIFACE VIII Recueil des bulles de ce pape, publiées ou analysées par MM. Georges DIGARD, Maurice FAUCON et Antoine THOMAS, anciens élèves de l'Ecole des Chartes, membres de l'Ecole française de Rome. — Cet ouvrage formera 3 volumes gr. in-4° à deux colonnes et sera publié en 260 feuilles de texte environ. Le prix de chaque feuille est fixé à *soixante centimes*. Les planches qui pourraient être publiées hors texte seront vendues 1 franc. — Aucun fascicule n'est vendu séparément. Les trois premiers fascicules sont en vente. Prix de ces trois fascicules : 33 fr.

5° LES REGISTRES DE NICOLAS IV Recueil des bulles de ce pape publiées ou analysées par M. Ernest LANGLOIS, ancien membre de l'Ecole française de Rome. — N. B. Cet ouvrage formera environ 120 feuilles, divisées en 2 vol. gr. in-4° raisin à deux colonnes. Le prix de la souscription est établi à raison de *soixante centimes* par chaque feuille de texte. Les planches hors texte qui pourront être publiées seront vendues *un franc* chacune. — Aucun fascicule n'est vendu séparément. Les trois premiers fascicules sont en vente. Prix : 30 francs — Le quatrième fascicule est sous presse.

6° LE LIBER CENSUUM DE L'ÉGLISE ROMAINE Publié avec une préface et un commentaire par M. FABRE, ancien membre de l'Ecole française de Rome.—N. B. Cet ouvrage formera environ 130 à 150 feuilles, divisées en 2 volumes. Le prix de la souscription est établi à raison de *soixante centimes* par chaque feuille de texte. Les planches hors texte qui pourront être publiées seront vendues *un franc* chacune. — Aucun fascicule ne sera vendu séparément. — Le premier fascicule est sous presse et paraîtra en décembre 1888.

9° LES REGISTRES DE GRÉGOIRE IX publiés ou analysés d'après les manuscrits originaux du Vatican, par M. L. AUVRAY, archiviste-paléographe, membre de l'Ecole française de Rome. — Cet ouvrage formera deux volumes grand-in-4°, à 2 colonnes, et sera publié par livraisons de 15 à 20 feuilles environ, au prix de *soixante centimes* par feuille. — L'ouvrage complet formera environ 150 à 160 feuilles. — Le premier fascicule est sous presse.

OUVRAGES COMPLÈTEMENT TERMINÉS

7° LES REGISTRES D'HONORIUS IV Recueil des bulles de ce pape publiées ou analysées d'après le manuscrit original des archives du Vatican, par M. MAURICE PROU, ancien membre de l'Ecole française de Rome. — Un beau volume grand in-4° raisin : **45 fr.**

8° LA NÉCROPOLE DE MYRINA Texte et notices sur les fouilles archéologiques exécutées par l'Ecole française d'Athènes, de 1880 à 1882, suivis d'un Catalogue des terres cuites et autres antiquités de Myrina, exposées au Musée du Louvre, par MM. E. POTTIER et S. REINACH, anciens membres de l'Ecole française d'Athènes. — 2 beaux vol. gr. in-4° raisin, dont un de texte avec de nombreuses figures sur bois, et un de 52 planches (dont 51 héliogravures Dujardin et une carte coloriée). 120 fr.

N.-B. — *Les numéros placés en tête des ouvrages ci-dessus indiquent l'ordre dans lequel ils sont publiés dans la collection.*

Imprimerie Générale de Châtillon-sur-Seine. — A. PICHAT.

Imprimé en France
FROC031329100620
24226FR00017B/218

9 782012 782433